D0315441

COLLECTION ANTHOLOGIES

Anthologie de la littérature québécoise, tome I,
sous la direction de Gilles Marcotte
est le neuvième titre de cette collection
dirigée par Jean Royer.

Anthologie
de la littérature québécoise

TOME I

sous la direction de Gilles Marcotte

VOLUME 1

Écrits de la Nouvelle-France
1534-1760
par Léopold LeBlanc

VOLUME 2

La patrie littéraire
1760-1895
par René Dionne

l'HEXAGONE

Éditions de l'HEXAGONE
Une division du groupe Ville-Marie Littérature
1010, rue de la Gauchetière Est, Montréal, Québec H2L 2N5

Maquette de la couverture: Gaétan Venne

En couverture: Marc-Aurèle Fortin, *Montréal vu de l'île Sainte-Hélène*, aquarelle, 1920. VisArt.

Mise en pages:
Atelier MHR

DISTRIBUTEURS EXCLUSIFS:

• Pour le Québec, le Canada et les États-Unis:
LES MESSAGERIES ADP*
955, rue Amherst, Montréal H2L 3K4
Tél.: (514) 523-1182
Télécopieur: (514) 939-0406
* Filiale de Sogides ltée

• Pour la Belgique et le Luxembourg:
PRESSES DE BELGIQUE S.A.
Boulevard de l'Europe, 117, B-1301 Wavre
Tél.: (10) 41-59-66
(10) 41-78-50
Télécopieur: (10) 41-20-24

• Pour la Suisse:
TRANSAT S.A.
Route des Jeunes, 4 Ter, C.P. 125, 1211 Genève 26
Tél.: (41-22) 342-77-40
Télécopieur: (41-22) 343-46-46

• Pour la France et les autres pays:
INTER FORUM
Immeuble ORSUD, 3-5, avenue Galliéni, 94251 Gentilly Cédex
Tél.: (1) 47.40.66.07
Télécopieur: (1) 47.40.63.66
Commandes: Tél.: (16) 38.32.71.00
Télécopieur: (16) 38.32.71.28
Télex: 780372

Dépôt légal — 1er trimestre 1994
Bibliothèque Nationale du Québec
Biibliothèque Nationale du Canada

INTRODUCTION GÉNÉRALE

La littérature québécoise est un domaine plus ou moins vaste, selon le sens qu'on accorde au substantif et à l'adjectif. Jusqu'à ces dernières années, on convenait généralement d'en exclure à peu près complètement les écrits du Régime français, pour la double raison que formulait Camille Roy dans l'édition 1930 de son *Histoire de la littérature canadienne:* ces textes n'appartiennent pas à la littérature; ils ont « pour auteurs des écrivains qui sont de France bien plus encore que du Canada, et la France peut donc aussi bien que le Canada les réclamer comme siens ». Quinze ans plus tard, dans l'édition de 1945, il se ravise et accepte de leur donner quelques pages, mais sans abandonner ses réserves: « Il y a là une littérature française sur le Canada, plutôt qu'une littérature canadienne. On en peut faire un chapitre préliminaire de notre littérature. » À ce chapitre préliminaire, par contre, Berthelot Brunet accorde les plus grandes faveurs: « L'histoire de la littérature canadienne-française, écrit-il en 1946, offre cette singularité que ses meilleurs écrivains se rencontrent à ses débuts et à la période contemporaine: le prologue et l'épilogue ont plus d'importance que le corps de l'ouvrage. » Il ajoute, parlant de Cartier, de Lescarbot et de quelques autres: « Et puis ces livres sont nos archives, le terrier de nos origines. »

Le « corps de l'ouvrage », c'est le XIXe siècle, plus les premières décennies du XXe. Camille Roy et la plupart des historiens ont raison, sans doute, de situer nos débuts littéraires au milieu du dix-neuvième siècle, puisque, à ce moment-là seulement, l'on commence à écrire au Canada français des textes qui s'inscrivent manifestement dans l'ordre littéraire. Mais ne s'obligeaient-ils pas ainsi à proposer comme littérature nationale un ensemble d'œuvres exsangues, de pâles imitations du romantisme français? des œuvres littéraires, oui, par l'intention, mais dépourvues de la qualité littéraire, du plaisir de lire qu'un Berthelot Brunet découvrait chez Cartier? On connaît les impatiences d'un Olivar Asselin, d'un Victor Barbeau, d'un Jules Fournier. Ceux (Camille Roy mais aussi quelque Français trop bienveillant, comme Charles ab der Halden) qui leur parlent d'une « littérature canadienne », ils leur rient au nez. À mesure que se développe, comme une entreprise de salut public, le champ d'étude de la littérature canadienne-française, grandit l'agacement de ceux pour qui cette littérature ne peut être un donné, mais seulement un projet, un espoir. Du début du XXe siècle jusqu'aux années soixante, le désaccord règne entre les propagandistes de la littérature nationale et ceux qui *aiment* lire et écrire. Aimer la littérature, c'est d'abord, pour ces derniers, se débarrasser de ce que Berthelot Brunet appelle le « corps de l'ouvrage », c'est-à-dire ces longs chapitres de notre histoire littéraire dont on voudrait ne retenir que quelques noms — celui de Nelligan, au premier chef.

Qu'en est-il aujourd'hui? Le plus vrai serait de dire que nous voulons tout. Après s'être développé, depuis 25 ans, par une production d'une abondance, d'une diversité et d'une qualité remarquables, notre domaine littéraire s'enrichit également de nouveaux espaces littéraires en cultivant son passé. Ni le « corps de l'ouvrage » ni le Régime français ne sont oubliés. Ce qui, dans *l'Histoire littéraire de l'Amérique française* (1954) d'Auguste Viatte, n'avait droit qu'à une note en bas de page, est maintenant récupéré par le texte principal. Sans doute la recherche universitaire est-elle, dans une large mesure, responsable de cet agrandissement du domaine. Souvenons-nous que durant la première moitié du siècle la recherche en littérature canadienne-française n'était représentée, dans nos universités, que par Camille Roy. Ils sont, actuellement, des dizaines; et non seulement au Québec, mais dans d'autres provinces canadiennes, et jusqu'à Vancouver. À tant de chercheurs, il faut des sujets: on les trouve. Mais ces recherches ne suffisent pas à rendre compte de l'intérêt plus général qui se manifeste pour les époques reculées de notre littérature, et qui permet aux éditeurs de publier, sans risquer des pertes financières trop lourdes, des œuvres en apparence aussi éloignées de nos préoccupations actuelles que les *Relations* des Jésuites, *La Terre paternelle* de Patrice Lacombe ou *Une de perdue, deux de trouvées* de Boucher de Boucherville. D'autres raisons, qui débordent aussi bien le littéraire proprement dit que le cadre universitaire, doivent être signalées; notamment le désir de la collectivité québécoise, ou de certains de ses idéologues, de retrouver dans un passé plus ou moins lointain les signes d'une tradition sur laquelle pourrait s'appuyer une action contemporaine. Pour le XIXe siècle, faisons état d'un vibrant plaidoyer prononcé par le sociologue Fernand Dumont à l'Institut canadien des affaires publiques en 1959, où il demandait qu'on allât chercher dans les textes de 1775, de 1809, de 1837 ou de 1875 les éléments d'une « histoire de la liberté » qui fût vraiment la nôtre. Le retour au Régime français, d'autre part, obéit à des sollicitations analogues, mais la passion littéraire y a joué, me semble-t-il, un rôle particulièrement important: peut-être parce que cette époque lointaine, dominée par des forces politiques devenues radicalement désuètes, avait besoin d'être puissamment mythifiée pour s'imposer de nouveau à l'attention, et que la littérature est, pour une telle opération, mieux armée que la sociologie. C'est Félix-Antoine Savard parlant, dans *L'Abatis*, à propos des *Relations* de Cartier, de « leur titre de textes premiers », du « caractère sacré qu'elles ont pour nous d'une sorte de Genèse ». C'est, plus récemment, le poète Pierre Perrault plaçant sous le patronage du découvreur son livre *Toutes Isles*. Il s'agit sans doute de savoir, d'apprendre, de goûter; plus profondément, il s'agit de « servir le rêve québécois » (Jacques Godbout). S'il faut des racines aux êtres parlants et écrivants que nous sommes, où les trouverions-nous ailleurs que dans les premiers textes écrits sur notre sol?

Il va sans dire qu'un tel élargissement du domaine fait éclater la notion convenue du littéraire. Northrop Frye le soulignait, il y a quelques années, pour la littérature canadienne-anglaise: « Pour une telle littérature, écrivait-il,

VIII

le concept de ce qui est littéraire doit être considérablement élargi. Le littéraire, au Canada, n'est souvent que la qualité accidentelle d'écrits qui, comme ceux de nos premiers explorateurs, sont aussi dénués d'intention littéraire qu'un accouplement de palmipèdes. Même lorsque les œuvres se réfèrent à la littérature par les genres habituels de la poésie et de la fiction, on les étudiera avec plus de profit en les considérant comme des expressions de la vie canadienne, plutôt que du monde autonome de la littérature. » On peut assurément citer des écrivains québécois, de plus en plus nombreux, qui méritent d'être lus comme faisant partie du « monde autonome de la littérature »; mais comment ne pas reconnaître que, dans sa portée la plus générale, l'observation de Northrop Frye est difficilement réfutable, et qu'on ne saurait parler de littérature canadienne ou québécoise comme on parle de la littérature française, de l'anglaise, de l'allemande, voire de l'américaine? Nous lirons quelques textes de Cartier comme des poèmes, et parmi les plus beaux de notre littérature — ceci, par exemple, que Pierre Perrault découpe en versets:

le lendemain au matin, fismes voile et appareillames pour passer oultre:

et eusmes congnoissance d'une sorte de poisson desquelz il n'est mémoire d'homme avoir veu ny ouy...

Il nous arrivera également de préférer tel récit des *Relations* des Jésuites à bien des romans récents, et la critique formelle nous convaincra peut-être même qu'ils appartiennent vraiment à l'ordre littéraire, comme Guy Laflèche l'a fait il y a quelques années pour une *Relation* du père LeJeune. Il reste que le corpus québécois, pour peu qu'on veuille lui donner d'assez vastes dimensions, fait appel à d'autres intérêts, à d'autres sentiments que ceux de l'amateur de littérature. Nous ne saurions en exclure les grands discours d'un Étienne Parent, d'un Louis-Joseph Papineau, d'un Henri Bourassa: ce sont là des textes essentiels, incontournables, des moments capitaux de notre histoire politique et culturelle. Mais nous savons qu'ils n'entrent pas dans l'histoire littéraire au même titre que les essais d'un Jean LeMoyne ou d'un Pierre Vadeboncœur, où se donne libre cours une véritable passion de l'écriture.

Les critères qui nous ont guidés dans le choix des textes de cette anthologie sont donc multiples, parfois même un peu flous, difficilement justifiables dans l'abstrait. Et, par la force des choses, ils varient d'une époque à l'autre. Les auteurs de chacun des quatre volumes s'en expliqueront à leur tour. Le mot « Écrits » que nous appliquons aux textes du Régime français, souligne le caractère disparate et aléatoirement littéraire de ces textes. À de rares exceptions près, on n'écrit pas, à cette époque, pour charmer ou pour se faire un nom dans les lettres, mais pour renseigner, édifier, convaincre. On a des lettres, cependant, on a fréquenté de bons auteurs, et la Grammaire de Port-Royal n'est pas loin; ainsi s'élèvent au début de notre littérature quelques monuments littéraires de belles proportions, des Versailles en rondins donnant sur la forêt vierge et cernés de toutes parts par l'inquiétante réalité de l'Indien. D'autres, hommes d'action, capitaines, explorateurs, écrivent à la va-comme-je-te-pousse, mais leurs textes sont souvent pénétrés par la fraîcheur des premières rencontres avec la réalité physique et humaine d'un pays qui peu à peu devient le nôtre. On ne pensera littérature qu'après la Conquête; et l'idée de nation lui sera étroitement associée, non seulement parce que, pour le petit peuple abandonné sur les rives du Saint-Laurent, la survie de la langue paraît dépendre de son exercice écrit, mais encore parce qu'en Occident vient de s'imposer l'idée moderne de littérature nationale. Naissance d'une littérature: au Canada comme, à la même époque, dans plusieurs colonies en mal d'émancipation, en Australie, dans divers pays de l'Amérique du Sud, sans oublier les États-Unis qui jettent dans l'aventure leur jeune puissance. Le discours y tient une grande place peut-être la principale: dans l'article de journal, la conférence, sur les *hustings*, mais aussi, à peine masqué, dans le poème et le roman. Il s'agit de *se donner des preuves*. Comme la société (mais surtout la nouvelle bourgeoisie des professions libérales) se cherche une forme et un rôle dans les luttes constitutionnelles, ainsi le langage tend à se donner, prioritairement, une syntaxe, des articulations claires et fermes. Du même mouvement, on veut se donner une patrie et une littérature: une « patrie littéraire », une littérature patriotique.

La période suivante s'ouvre sur les paysages lunaires de Nelligan: voici le premier écrivain, le premier poète de notre littérature qu'on lise encore comme poète, dont les mots chantent encore dans les mémoires. Avec Nelligan, notre littérature devient littéraire. Mais à la tentation des lointains — lointains de l'âme, du sentiment, du mot vague, plutôt que de la géographie — que représente son œuvre, s'oppose un vigoureux mouvement de régionalisation; et il faut admettre que si la poésie se trouve plus à l'aise (mais pas toujours) du côté de Nelligan, le roman ne pouvait naître que dans le camp opposé, celui du terroir, la glèbe collée aux bottines. Les critiques ferraillent à qui mieux mieux, avec une ardeur qu'on ne retrouve plus guère aujourd'hui: « vaisseau d'or » ou « croix du chemin »? La question, dans sa forme générale, paraît maintenant assez futile, en tout cas périmée; l'est-elle vraiment? Elle reparaît périodiquement, sous divers déguisements, et peut-être n'est-elle pas périmable dans une société où la dialectique de l'errance et de l'enracinement se produit dans des conditions particulières de fragilité. Au moins peut-on dire qu'à partir de 1937 (année de parution du *Menaud* de Savard et des *Regards et Jeux dans l'espace* de Saint-Denys Garneau) elle tend à s'investir dans les jeux mêmes du langage, s'éloignant des prétextes idéologiques trop contraignants. Le dernier volume de l'anthologie est consacré, en majeure partie, à ceux qu'on peut appeler les *classiques* de la littérature québécoise d'aujourd'hui. Plusieurs d'entre eux sont encore parmi nous, et ajoutent à leur œuvre des pièces essentielles; mais d'autre part les poèmes, les romans et les essais qu'ils ont écrits entre 1935 et 1955 sont devenus des œuvres de référence, abondamment commentées, des seuils qu'il faut passer pour entrer dans la maison bien vivante qu'est devenue, depuis quelques décennies, notre littérature.

Nous avons décidé d'arrêter là (c'est-à-dire aux environs de 1955), quitte à citer des œuvres plus récentes, mais dont les auteurs avaient déjà donné des textes essentiels avant cette date. Il nous est apparu qu'une anthologie de la littérature actuelle relèverait de principes tout à fait différents de ceux que nous avons appliqués aux périodes précédentes; à cause de l'abondance des courants et des écrivains, nous aurions été amenés à pratiquer dans le domaine contemporain les coupes sombres appelées par cette critique « partiale, passionnée, politique » dont parlait Baudelaire. Dans les quatre volumes que nous présentons, nous ne prétendons pas avoir fait preuve d'une objectivité parfaite. Une telle affirmation n'aurait d'ailleurs aucun sens: qui choisit, et si abondant que soit le choix, prend parti. Mais nous avons constamment veillé à ne pas nous laisser arrêter par des présupposés esthétiques ou idéologiques trop exclusifs. Nous n'avions rien à démontrer, sauf que — pour parodier Shakespeare — il y a plus de choses, et de plus diverses, dans la littérature québécoise, qu'on n'en rêve dans les vues générales et les systèmes critiques. Les présentations sont brèves, et ne visent qu'à donner les informations indispensables sur les auteurs; il va de soi qu'une telle anthologie ne fait pas concurrence à l'histoire littéraire. Place aux textes.

C'est, précisément, par l'abondance et la diversité des textes qu'elle réunit, que notre anthologie peut prétendre à quelque nouveauté. Elle n'entre en concurrence avec aucune de celles qui existent déjà, et qui sont le plus souvent limitées à un genre littéraire (la poésie, par exemple), à une discipline (l'histoire) ou à quelque question particulière. Toutes les sortes d'écriture sont ici mêlées: le sermon et le poème, l'histoire et la simple relation de voyage, la critique littéraire et le roman, le discours politique et le journal intime. Nous les réunissons dans le *lieu commun* de l'écriture, dans cet espace général du langage où tous les textes, si divers qu'ils soient, concourent à dessiner le visage d'une collectivité. N'est-ce pas cela, *aussi*, une littérature?

Si je me présente comme le directeur de cette anthologie, c'est que j'en ai conçu le projet et réuni les collaborateurs. Pour le reste, je ne revendique aucune sorte de préséance. Nous avons travaillé ensemble, critiquant mutuellement nos choix d'auteurs et de textes, dans la franchise et l'amitié.

Gilles Marcotte

1

ÉCRITS DE LA NOUVELLE-FRANCE

par Léopold LeBlanc

INTRODUCTION

Lointains artisans du discours d'ici

Sans doute ne faut-il pas soutenir que seule l'histoire donne un sens à l'événement; que les grands, moyens et petits actes de l'obscure quotidienneté ne reçoivent leur vérité que d'un esprit lointain qui les ordonne après coup en séries judicieuses. Il reste cependant que toute nouvelle lecture des gestes de l'homme aboutit à un nouveau texte, que les événements ne cessent pas, au long des siècles, de nouer entre eux de nouvelles relations. Une petite religieuse de Montréal, qui s'était vouée au soin des malades, mais qui fut nommée supérieure ou économe avec le souci de rebâtir l'hôpital incendié, pouvait-elle, lorsqu'elle entreprit d'écrire les annales de la communauté, éviter le destin d'être appelée le premier historien de Ville-Marie? Et cette Elisabeth Begon, qui écrivait à son gendre des lettres pour lui seul et qu'elle lui commandait de détruire, ne peut maintenant échapper aux lectures qui en font la première image de ces vieilles femmes fortes qui traversent notre littérature: Grand-Mère Antoinette, Élodie, La Maussade.

Par leurs écrits, les personnages de l'histoire entrent dans un nouvel ordre et parfois dans leur véritable gloire. Aussi avons-nous voulu permettre aux plus lointains artisans du discours d'ici de prendre d'abord la parole. Ce sont généralement des gens qui écrivent « comme tout le monde » et qui font les écritures qu'exige le métier ou le devoir. Sur leur effort pèse le poids de la littérature, qui est autre chose, qui est ailleurs, et leur premier courage est d'écrire dans le non-lieu. Mais ces personnes ont l'habitude de lire et encore plus le goût de la parole, le besoin de mettre en mots les événements de leur vie, les sentiments de leur cœur. « Prenant la plume », ils obéissent déjà aux exigences des formes immanentes: parlant des lieux, ils font des descriptions; de quelques contemporains, ils esquissent des portraits, et partout ils cèdent à la tentation du récit. Des lectures plus subtiles peuvent s'amuser de la transparence ou du masque de l'écrivain, du jeu des temps et des points de vue, des inépuisables ressources du discours personnel ou idéologique au long du « narré ». Certes tout cela est aussi loin de la « vraie » littérature que l'enfant essayant ses premiers pas est loin du 1 500 mètres olympique. Mais un discours s'élabore, sur le pays et sur l'homme, qui est discours d'ici et qu'il n'est pas sans intérêt de saisir en ses premiers vagissements.

Ainsi l'Appel du Nord qui est une des lignes de force et l'une des voies d'explication de notre littérature peut recevoir, de la lecture des premiers textes, un éclairage étonnant: on soutiendrait avec quelque raison que le Québécois était d'abord polarisé par le Sud, que Boucher, Jolliet, d'Iberville ne songeaient qu'aux terres voisines du lac Ontario, au pays des Illinois, à la Louisiane (et aussi tant d'anonymes coureurs de bois, ancêtres pouilleux de nos villégiateurs de la Floride ou d'Acapulco); les Iroquois, puis la Métropole, puis la Défaite fermèrent le Sud, et l'Aventure qui s'orienta vers l'Ouest ou le Nord pourrait être considérée comme le rejeton d'un discours de refoulement. Le traditionnel débat littéraire du sédentaire et du nomade ou le conflit de la fidélité et de l'américanité, qui surgit périodiquement dans notre histoire culturelle, peut également recevoir quelque éclaircissement du projet civilisateur même. Vouloir fonder une Nouvelle-France, c'est instaurer, en plus pur, les valeurs fondamentales de l'ancienne France. Et c'est finalement cet ancrage à l'ancien que rejetait le coureur de bois, plus soucieux de nouvelles formes de vie qu'il cherchait dans les mœurs indiennes.

Ce premier temps du discours québécois n'est facile ni à saisir ni à présenter. Il semble qu'on puisse affirmer que personne ne possède une connaissance précise de l'ensemble des œuvres. La période couvre, en effet, plus de 200 ans d'histoire, allant du premier voyage de Jacques Cartier (1534) jusqu'au traité de Paris (1763); et comme aucune œuvre ne manifeste de caractère littéraire irrécusable, l'anthologie doit prendre en compte tout ce qui s'est écrit sur la Nouvelle-France. Aux textes publiés en livres, dès cette époque, s'ajoutent de nombreux documents que les historiens et archivistes exhument inlassablement du passé. L'idéal serait d'avoir tout lu. Mais qui, de nos jours, a lu à la fois Lafitau et Biard et Jérémie et Denys et Dièreville et LeBeau? Et ce ne sont là que gens qui ont fait des livres et sont assez bien recensés en longues listes bibliographiques. Nous n'avons pas ménagé nos peines mais ne serons pas étonné d'apprendre que nous avons ignoré d'excellents textes.

À la difficulté de connaître le corpus général, s'ajoute le problème essentiel du choix des écrivains et de certains de leurs textes. D'abord nous n'avons retenu que les textes écrits en français, éliminant par exemple le Suédois Kalm qui a bien décrit la Nouvelle-France et a indiqué en quoi elle différait de la Nouvelle-Angleterre. Nous n'avons voulu, également, considérer que les textes de ceux qui ont vécu en Nouvelle-France, au moins le temps d'une visite; de nombreux textes furent écrits en France par des gens (parfois des écrivains célèbres) qui n'avaient aucune connaissance immédiate du pays: nous les avons écartés. Par ailleurs, nous avons recherché activement les textes de ceux qui sont nés au pays. Ils sont beaucoup plus nombreux qu'on ne pense car en ces temps anciens on ne faisait pas qu'« abattre des arbres et des Iroquois » (de Grandpré); et si incroyable que cela puisse paraître, le quart des auteurs finalement retenus sont gens du pays.

Les textes furent soumis à deux grands principes de sélection: l'écriture et le témoignage humain. D'abord une certaine relation à l'écriture. Bien des textes du corpus se contentent de calquer le plus fidèlement possible la réalité; mais d'autres marquent quelque distance, indiquent la présence d'un esprit qui se mesure à cette réalité, la juge, la situe dans son propre ordre de valeurs. Le récit du vécu devient ainsi une seconde aventure, celle du langage, après celle des lieux et des événements. L'intérêt de la littérature sera encore longtemps de pouvoir dire l'homme d'une façon éminente. Aussi avons-nous éga-

2

lement recherché les textes qui disent une certaine façon d'être homme. Le discours le plus abondant est sans doute celui qui porte sur l'Indien. Malgré son apparent statisme, il évolue du discours missionnaire au discours scientifique. Mais il faudrait aussi distinguer le discours récollet du discours jésuite, plus rationnel, plus révélateur. L'Iroquois supplicié que Le Mercier nous montre dans l'attente du verdict puis dans des souffrances horribles, dit une certaine façon d'être homme, l'indienne, mais aussi un ordre « blanc » de valeurs qui n'est pas moins effarant. Le discours de la Foi et de la Raison, intimement mêlé au discours de l'Indien, se révèle, de nos jours, avant tout colonisateur et impérialiste et nous incite presque à une *dé*-lecture délectable. Un autre discours, épars parmi les textes, est celui de l'homme face à la nature. Ici encore, évolution. On passe de l'exultation de Cartier aux notations sèches de Jolliet ou Jérémie: le pays cesse d'être exotique, un peuple naît par longue et difficile acclimatation.

Il faut parfois lire de nombreuses pages du corpus pour qu'apparaissent nettement les valeurs qui déterminent le choix. Les courts passages retenus pourront sembler discutables. Nous avons cru aussi devoir faire des concessions à la tradition. On nous a habitués à lire des textes riches en informations, traitables en histoire; nous ne pouvions les rejeter tous: il faut respecter les Ancêtres. Ainsi nous avons conservé Champlain dont l'écriture nous semble terre à terre; Lescarbot également dont l'académisme perce partout. Il ne fallait pas être trop sévère; même les meilleurs textes sont peu différents des autres. Au terme de notre sélection, nous avions retenu une quarantaine d'écrivains et une centaine de textes.

La plupart de ces textes n'étaient disponibles qu'en des éditions anciennes. Aussi a-t-il fallu les moderniser. Jusqu'à quel point devions-nous le faire: Notre projet étant d'offrir des textes à lire, nous n'avons modernisé que ce qui rendait la lecture presque impossible. Nous avons corrigé la graphie de quelques lettres (v/u, j/i, f/s) et avons parfois modifié la ponctuation. Tout le reste, y compris l'orthographe, fut conservé: nous croyons que l'allure vieillotte des textes n'est pas étrangère au plaisir qu'on y prend. D'autres textes nous parvenaient déjà tout modernisés, plus modernisés que nous n'aurions aimé; nous n'avons pas entrepris de retrouver les originaux pour assurer à l'anthologie un degré uniforme de vétusté.

Ces textes anciens ne bénéficient pas d'une autosuffisance absolue. Des noms de lieux ou de personnes, des allusions à des événements antérieurs, des erreurs d'information parfois, bien des éléments auraient pu justifier, en histoire, une bonne note explicative. Là encore notre intervention fut très mesurée et nous avons laissé au texte une opacité qui mime le jeu littéraire. Nous devons ici reconnaître la dette que nous devons au *Dictionnaire biographique du Canada*: les courtes notices de présentation des auteurs lui doivent tout ce qui est bon... ou presque. Quant aux titres, ils ont généralement été tirés des textes mêmes.

Nous avons choisi de présenter ces textes selon l'ordre chronologique. Mais la datation ne va pas de soi. Nous avons daté la plupart des textes de l'année de publication, lorsque celle-ci avait eu lieu en des délais normaux. Pour les textes publiés récemment, nous avons daté de l'année de rédaction, pour peu qu'on puisse l'identifier, ou de l'année des événements racontés. Nous avons toutefois groupé à une même date tous les écrits d'un même auteur.

On a l'habitude de considérer, en histoire littéraire, toute cette période de 1534 à 1763 comme un bloc uniforme. Il n'est pas sans intérêt d'essayer de marquer des étapes qui soient à la fois chronologiques et psychologiques, et nous proposons de subdiviser ces deux siècles en quatre périodes qui ont sensiblement la même durée. On peut définir un premier moment (1534-1608) par les voyages de découverte et un deuxième (1608-1663) par la fondation du pays puisque c'est en cette période que se fondent Québec, Trois-Rivières puis Montréal. Ces deux périodes correspondent aussi à deux tendances de l'esprit qui se continuent jusqu'à nos jours: de nombreux étrangers (et aussi des Québécois) découvrent encore le Québec — et l'écrivent — et l'on continue d'occuper le territoire (Lac Saint-Jean, Abitibi, Baie James), d'en faire des livres.

De 1663 à 1713, le pays se développe considérablement, l'immigration est abondante, de nouvelles institutions se fondent. Le projet missionnaire ne prime plus et des intentions laïques diversifient la mentalité. C'est au début de cette période (1672) que cessent d'être publiées les *Relations* des Jésuites. Une préoccupation latente prend de l'ampleur: la description du pays. À la Relation des événements, succède donc l'Histoire naturelle (Boucher, Denys). Et dès lors cet amour pour le pays ne cessera d'inspirer des œuvres, jusqu'à l'Hexagone. Faut-il s'étonner que ce soit durant cette période que commencent à écrire les premiers « Québécois »?

La dernière période (1713-1763) semble davantage marquée par la vie urbaine et ses plaisirs ainsi que par l'attitude critique et scientifique que l'on développe face aux phénomènes. Frégault a pu parler pour cette fin du Régime français de « civilisation de la Nouvelle-France »; le mot ne semble pas trop fort. Il faudra attendre la seconde moitié du XIXe siècle avant que ne s'étale la deuxième phase de la civilisation québécoise.

Voilà, trop rapidement esquissés, nos objectifs et méthodes. Ce premier volume de l'anthologie ne veut pas être une sorte d'histoire de la Nouvelle-France par les textes. Ce ne sont pas des événements à mieux connaître qu'elle a choisi de présenter, mais des écrivains. Et aussi une orientation générale de lecture, avec insistance sur l'émergence d'écrivains nés au pays. Il n'est pas utopique de croire que d'ici une décennie l'histoire littéraire accordera au XVIIIe siècle québécois l'intérêt qu'on porte maintenant au XIXe après l'avoir longtemps méconnu. Nous serons fier d'y avoir contribué.

Léopold LeBlanc

4

PREMIÈRE PARTIE

DÉCOUVERTES ET FONDATIONS

Jacques Cartier

Marc Lescarbot

Samuel de Champlain

JACQUES CARTIER (1491-1557)

Capitaine malouin, Jacques Cartier découvrit et explora le golfe et le fleuve Saint-Laurent. Le récit de ces deux voyages comprend des textes étonnants. Homme de la Renaissance, contemporain de Rabelais, le narrateur se fait remarquer par son souci du phénomène nouveau qu'il observe et décrit d'un trait précis et cursif, par sa forte présence sensible et humaine au sein de l'aventure, par une relation à l'écriture qui devient une aventure seconde. Il est peu probable que Cartier ait lui-même écrit ces relations; il est presque invraisemblable qu'il n'ait pas au moins dicté la première, vu l'utilisation du je et du nous. Après le récit du départ et du premier contact en terre d'Amérique, on pourra lire deux descriptions de pays, l'aride et le fertile, deux images de l'Indien, la quotidienne et la théâtrale, et le poignant récit du premier hiver. La majeure partie des textes provient de la relation du premier voyage (1534), si naïve, si émerveillée, mais les deux derniers, tirés du voyage de 1535, disent déjà l'inquiétude indienne devant le projet européen.

Partimes...

Apres que missire Charles de Mouy, Chevallier, seigneur de La Milleraye, et vis-admiral de France, eut prins les sermens, et faict jurez les cappitaine, maistres et conpaignons desditz navires, de bien et loyaulment soy porter au service du Roy, soubz la charge dudit Cartier, partimes du havre et port de Sainct Malo, avecques lesdits deux navires, du port d'environ soixante tonneaulx chaincun, esquippez, les deux, de soixante ung homme, le vigntiesme jour d'apvril oudit an, mil cinq cens trente quatre. Et avecques bon temps navigans, et vinmes à Terre Neuffve, le dixiesme jour de may, et aterrames à cap de Bonne Viste[1], estant en quarente huyt degrez et demy de latitude, et en ... degrez de longitude. Et pour le grant nombre de glasses qui estoint le long d'icelle terre, nous convint entrer en ung havre, nonmé saincte Katherine, estant au su surouaist d'iceluy cap environ cinq lieues, où fumes l'espace dix jours, attendant nostre temps, et acoustrant noz barques.

Une chosse incréable

(L'Île-aux-Oiseaux se nomme maintenant Funk Island. Elle est située au nord de Terre-Neuve. L'historien de Percé, Mgr Charles-Eugène Roy, croit que ce sont les oiseaux de cette île qui ont émigré à l'île Bonaventure vu que Cartier ne signale pas d'oiseaux à cette île.)

Et le XXIe jour dudit moys de may, partismes dudit hable, avecques ung vent de ouaist, et fumes portez au nort, ung quart de nordeist de cap de Bonne Viste, jucques à l'isle des Ouaiseaulx, la quelle isle estoit toute avironnée et circuitte d'un bancq de glasses, rompues et departies par pièces. Nonobstant ledit banc, noz deux barques furent à ladite isle, pour avoir des ouaiseaulx,

---

1. Bonne Viste: Bonavista, côte est de Terre-Neuve.

desqueulx y a si grant numbre, que c'est une chosse increable, qui ne le voyt; car nonobstant que ladite isle contienne environ une lieue de circunferance, en soit si tres-plaine, qu'i semble que on les ayt arimez. Il y en a cent [fois] plus à l'environ d'icelle, et en l'oir, que dedans l'isle; dont partie d'iceulx ouaiseaulx sont grans comme ouays, noirs et blancs, et ont le bec comme ung corbin. Et sont tousjours en la mer, sans jamais povair voller en l'air, pource qu'ilz ont petites aesles, comme la moitié d'une [main]; de quoy ilz vollent aussi fort dedans la mer, comme les aultres ouaiseaulx font en l'air. Et sont iceulx ouaiseaux si gras, que c'est une chosse merveilleuse. Nous nonmons iceulx ouaiseaulx, *Apponatz*[2], desqueulz noz deux barques en chargèrent, en moins de demye heure, comme de pierres, dont chaincun de noz navires en sallèrent quatre ou cinq pippes[3], sans ce que nous en peumes mangier de froys.

Davantaige, y a une aultre sorte d'ouaiseaulx, qui vont en l'air et en la mer, qui sont plus petiz, que l'on nomme *godez*, qui se ariment et meptent à ladite isle soubz les plus grans. Il y en avoit d'aultre plus-grans, qui sont blans, qui se mettent à part des aultres, en une partie de l'isle, qui sont fort mauvais à assallir; car ilz mordent comme chiens; et sont nommez *margaulx*[4]. Et neantmoins que ladite isle soyt à quatorse lieues de terre, les ours y passent à no de la grant terre, pour mangier desdits ouaiseaulx; desqueulx noz gens en trouvrent ung, grant comme une vache, aussi blanc comme ung signe, qui saulta en la mer davent eulx. Et le lendemain, qui est le jour de la Penthecouste, en faisant nostre routte vers terre, trouvames ledit ours, environ le my chemin, qui alloit à terre aussi fort que nous faisions à la voille; et nous, l'ayant aperceu, luy baillames la chasse o noz barques, et le prinmes à force, la chair duquel estoit aussi bonne à mangier comme d'une genise de deux ans.

Bons hables et rochiers effrables

Le dixième jour dudit moys de juign, entrames dedans ledit hable de Brest o nos navires, pour avoir des eaux et du boays, et nous parez, et passez oultre ladite baye. Et le jour saint Barnabé, après la messe ouye, nous allames o nos barques oultre ledit hable, vers l'ouaist, descouvrir et veoirs quelz hables il y avoit. Nous passames par my les isles, qui sont en si grant nombre, qu'il n'est possible les sçavoir nombrez, qui contiennent[5] environ dix lieues oultre ledit hable. Nous couchames en l'une d'icelles isles, pour la nuyt passez, et y trouvames en grant quantité d'œufs de cannes, et aultres ouaiseaulx, qui hairent[6] es(t) isles. Lesdites isles furent nommées *Toutes Isles*.

Le landemain, dozeiesme, nous persumes oultre lesdites isles, et à la fin du fort d'icelles, nous trouvames ung bon hable, qui fut nonmé *sainct*

---

2. *Apponatz*: le grand pingouin.
3. Pippes: tonneaux.
4. Margaulx: plus souvent nommés fous de Bassan.
5. Contienent: occupent.
6. Hairent: font leur nid.

Anthoine. Et oultre, environ une lieue ou deux, nous trouvames une petite ripvière, fort parfonde, qui a la terre au surrouaist, et est entre deux haultes terres. C'est ung bon hable; et fut planté une croix audit hable, et nommé *sainct Servan*. Au surouaist dudit hable et ripvière, environ une lieue, y a ung islot, ront comme ung four, avironné de plusseurs aultres plus petiz islotz, qui donne congnoissance desdits hables. Plus oultre, à dix lieues, y a une aultre bonne ripvière, plus grande, où il y a pluseurs saulmons. Nous la non-masmes *la ripvière sainct Jacques*. Estans à icelle, nous aperseumes ung grant navire, qui estoit de la Rochelle, qui avoit passé la nuyt le hable de Brest, où il pensoit aller faire sa pescherie; et ne sçavoint où ilz estoint. Nous allames à bort, avecques noz barques, et le mysmes dedans ung aultre hable, à une lieue plus à ouaist que ladite ripvière sainct Jacques, lequel je pencze l'un des bons hables du monde; et iceluy fut nommé *le hable Jacques Cartier*. Si la terre estoit aussi bonne qu'il y a bons hables, se seroit ung bien; mais elle ne se doibt nonmer Terre Neuffve, mais pierres et rochiers effrables et mal rabbottez; car en toute ladite coste du nort, je n'y vy une charetée de terre, et si descendy en plusseurs lieux. Fors à Blanc Sablon, il n'y a que de la mousse, et de petiz bouays avortez. Fin, j'estime mieulx que aultrement, que c'est la terre que Dieu donna à Cayn. Il y a des gens à ladite terre, qui sont assez de belle corpulance, mais ilz sont gens effarables et sauvaiges. Ilz ont leurs cheveulx liez sur leurs testes, en faczon d'une pougnye de fain teurczé, et ung clou passé par my, ou aultre chosse; et y lient aulcunes plumes de ouaiseaulx. Ilz se voistent de peaulx de bestes, tant hommes que femmes; mais les femmes sont plus closes et serrées en leursdites peaux, et sçaintes par le corps. Ilz se paingnent de certaines couleurs tannées. Ilz ont des barques en quoy ilz vont par la mer, qui sont faictes d'escorche de bouays de boul, o quoy ilz peschent force loups marins.

Et bonnes erbes de grant odeur

(Se détachant de la côte ouest de Terre-Neuve, Cartier se dirige vers les Îles-de-la-Madeleine et l'Île-du-Prince-Édouard.)

Jucques au XXIIIIe jour dudit moys[7], qui est le jour saint Jehan, eumes tormente et vent contraire et serraison, tellement que ne peumes avoir congnoissance de terre, jucques audit jour saint Jehan, que nous eumes congnoissance d'un cap de terre, qui nous demouroit au suest, qui, à nostre esme, nous demouroit au surouaist de cap Royal, environ trante cinq lieues. Et celuy jour fist bruimes et mauvais temps, et ne peumes approcher de ladite terre; et pour ce que s'estoit le jour monseigneur saint Jehan, le nommames *le cap sainct Jehan*.

Le landemain, XXVe jour, fist [aussi] mauvais temps, obscur et venteux; et fymes courrir à ouaist nourouaist partie du jour, et le soir, nous mysmes en travers, jucques au segond quart, que apparroillames; et lors, par nostre

---

7. Dudit moys: juin 1534.

esme, estions au norouaist, ung quart d'ouaist, dudit cap sainct Jehan dix sept lieues et demye. Et lors que appareillames, le vent estoit norouaist, et fymes courrir au surouaist quinze lieues, et vynmes trouver trois isles, dont y en avoit deux petittes et acorez comme murailles, tellement que possible n'est de monter dessurs; entre lesquelles y a ung petit forillon. Icelles isles [estoient] aussi plaines de ouaiseaux que ung pré de herbe, qui heirent au dedans d'icelles isles; dont la plus-grande estoit plaine de margaulx, qui sont blancs, et plus-grans que ouays. Et en l'autre y en avoit paroillement, en une [partie] quantité d'elle, et en l'autre, plaine de godez. Et au bas, y avoit paroillement desdits godez, et des grans apponatz, qui sont paroilz de ceulx de l'isle, dont est cy davant faict mencion. Nous descendismes au bas de la plus petitte, et tuames de godez et de apponatz, plus de mille, et en prinmes, en noz barques, ce que nous en voullinmes. L'on y eust chargé, en une heure, trante icelles barques. Nous nommames icelles isles, *isles de Margaulx*. A cinq lieues des-dites isles estoit l'autre isle, à ouaist d'elles, qui a environ deux lieues de long et autant de leise. Nous y fumes posez pour la nuyt, pour avoir des eaux et du bouays à feu. Icelle isle est rangée de sablons, et beau fons, et possaige à l'antour d'elle à seix et à sept brassez. Cestedite ille est la milleure terre que nous ayons veu, car ung arpant d'icelle terre vault mielx que toute la Terre Neufve. Nous la trouvames plaine de beaulx arbres, prairies, champs de blé sauvaige, et de poys en fleurs, aussi espès et aussi beaulx, que je vis oncques en Bretaigne, queulx sembloict y avoir esté semé (r) par laboureux. Il y a force grouaiseliers, frassiers et rossez de Provins, persil, et aultres bonnes erbes, de grant odeur. Il luy a entour icelle ille, plusieurs grandes bestez, conme grans beuffz, quelles ont deux dans en la gueulle, conme dans d'olifant, qui vont en la mer. De quelles, y en avoict une, qui dormoict à terre, à la rive de l'eau, et allames o nos barcques, pour la cuydez prandre; mais incontinant que fumes auprès d'elle, elle se gecta en la mer. Nous y vimes paroillement des ours et des renars. Cette ille fut nommée *l'ille de Bryon*. Auxs environ d'icelles illes, y a de grandes marées, qui portent conme suest et norouaist. Je presume mielx que aultrement, à ce que j'ay veu, qu'il luy aict aulcun passaige entre la Terre Neuffve et la terre des Bretons[8]. Sy ainsi estoict, se seroict une grande abreviacion, tant pour le temps, que pour le chemyn, si se treuve parfection en ce voyage. A quatre lieues de ladite ille, [il luy a la terre ferme à ouaist surouaist, la quelle paroit comme une isle, avironnée d'isles de sablons.] Il luy a ung beau cap, que nommames *cap du Daulphin*, pour ce que c'est le conmancement des bonnes terres.

Chantant et dansant

Le jeudi, VIIIe dudit moys[9], pour ce que le vant n'estoict bon pour sortir o nos navires, esquippames nosdites barcques, pour allez descouvriz ladite baye, et courimes celuy jour dedans environ xxv lieues. Et le landemain au matin,

---

8. Terre des Bretons: l'île du cap Breton.
9. Dudit moys: juillet 1534.

eumes bon temps, et fysmes porter jusques environ dix heures du matin, alla quelle heure eusmes congnoissance du font de ladite baye[10], dont fusmes dollans et masriz. Au font de laquelle baye, y abvoict, par dessur les bassez terres, des terres à montaignes, moult haultes. Et voyant qu'il n'y abvoict passaige, commanczames à nous en retournez. Et faisant nostre chemyn le long de la coste, vismes lesdits sauvaiges sur l'orée d'un estanc et basses terres, queulx fessoint plusieurs feuz et fumées. Nous allames audit lieu[11], et trouvames qu'il luy abvoict une antrée de mer, qui entroict oudit estanc, et mysmes nosdites barcques d'un costé de ladite entrée. Lesdits sauvaiges passèrent o une de leurs barcques, et nous aportèrent des pièces de lou marin, tout cuict, qu'ilz mysdrent sur des pièces de bouays; et puix se retirèrent, nous faissant signe qu'ilz les nous donnoint. Nous envoyasmes deux homnes à terre avecques des hachotz et cousteaulx, patenostres et aultre marchandie, de quoy ilz demenèrent grande joye. Et incontinant passèrent alla foulle, o leursdites barcques, du costé où nous estions, avecques peaulx et ce qu'ilz abvoint, pour abvoir de nostre marchandie; et estoint en numbre, tant homnes, femmes que enffens, plus de troys cens, dont partie de leurs femnes, qui ne passèrent, danczoint et chantoint, estantes en la mer jusques aux jenouz. Les aulstres femmes, qui estoint passées de l'autre costé où nous estions, vindrent franchement à nous, et nous frotoint les bratz avecques leurs mains, et puix levoint les mains joingtes au ciel, en fessant plusieurs signes de jouaye; et tellement se assurèrent avecques nous, que en fin marchandames, main à main, avecques eulx, de tout ce qu'ilz abvoint, [de sorte qu'il ne leur restoit aultre chose que les nus corps, pource qu'ilz nous donnèrent tout ce qu'ilz abvoint,] qui est chose de peu de valleur. Nous congneumes que se sont gens qui seroint fassilles à convertir, qui vont de lieu en aulstre, vivant, et prenant du poysson, au temps de pescherie, pour vivre. Leur terre est en challeur plus temperée que la terre d'Espaigne, et la plus belle qu'i soict possible de voir, et aussi eunye que ung estanc. Et n'y a cy petit lieu, vide de bouays, et fust sur sable, qui ne soict plain de blé sauvaige, qui a l'espy comme seilgle, et le grain conme avoyne; et de poys, aussi espez conme si on les y abvoict seimés et labourez; grouaiseliers, blans et rouges, frassez, franbouaysses, et roses rouges [et blanches,] et aultres herbez de bonne et grande odeur. Parroillement, y a force belles prairies, et bonnes herbes, et estancq où il luy a force saulmons. Je estime mielx que aultrement, que les gens seroint faciles à convertir à nostre saincte foy. Ilz appellent ung hachot, en leur langue, *cochy*, et ung cousteau, *bacan*. Nous nonmames ladite baye, *la baye de Chaleur*.

Nous estans certains qu'i n'y avoict passaige par ladite baye, fysmes voille et aparoillames de ladite conche sainct Martin[12], le dimanche, douziesme jour de juillet, pour allez charcher et decouvriz oultre ladite baye; et fysmes couriz à l'est, le long de la coste qui ainsi gist, environ dix-ouict

---

10. Ladite baye: la baie des Chaleurs.
11. Audit lieu: Carleton.
12. Conche sainct Martin: anse de Port-Daniel.

lieues, jusques au cap de Pratto[13]. Et là, trouvames une merveilleuse marée, et petit fontz, et la mer fort malle. Et nous convint serrez à terre, entre ledit cap et une ille, qui est à l'est d'iceluy environ une lieue, et là, possames les encrez pour la nuyt. Et le landemain au matin, fismes voille pour debvoir rangez ladite coste, qui gist nort nordest; mais il sourvint tant de vant controire, qu'i nous convint relacher de là où nous estions partiz. Et y fusmes ledit jour et la nuyt, jusques au landemain, que fismes voille, et vysmes le trevers d'une ripvière[14], qui est à cinq ou seix lieues dudit cap [de Pratto], au nort. Et nous estans le travers d'icelle ripvière, nous vint le vent, [encore une fois], controire, et force bruymes et non veue, et nous convint entrer dedans icelle rivyère, le mardi, XIIIIᵉ jour dudit moys; et posames à l'entrée jusques au XVIᵉ, esperant avoyr bon temps, et sortyr. Et ledit jour, XVIᵉ, qui est jeudi, le vent rennfforça tellement, que l'un de noz navires perdyt une ancre, et nous convynt entrer plus avant, sept ou huit lieues amont icelle rivière, en ung bon hable et seur, que nous avyons esté veoyr avec nos barques. Et pour le mauvays temps, sarraize, et non veue qu'il fist, fusmes en icelluy hable et ryvière jusques au XXVᵉ jour dudit moys, sans en pouvoyr sortyr. Durant lequel temps, nous vint grant nombre de sauvaiges, qui estoient venuz en ladite rivière pour pescher des masquereaulx, desquelz il y a grant habondance. Et estoient, tant homes, femnes que enffans, plus de deux cens personnes, qui avoyent envyron quarante barques, lesquelz, après avoyr ung peu [practiqué] à terre avecques eulx, venoyent franchement avec leurs barques à bord de noz navyres. Nous leur donnasmes des cousteaulx, pathenostres de voyrée, pengnes, et aultres besongnes de peu de valleur; de quoy faisoient plusieurs signes de joyes, levant les mains au ciel, en chantant et dansant dedans leursdites barques. Celle gent se peult nonmer sauvaiger, car c'est la plus pouvre gence qu'il puisse estre au monde; car tous ensemble n'avoyent la valleur de cinq solz, leurs barques et leurs raitz à pescher hors. Ilz sont tous nudz, reservé une petite peau, de quoy ilz couvrent leur nature, et aulcunes vielles peaulx de bestes qu'ilz gectent sur eulx en escharpes. Ilz ne sont point de la nature, ny langue des premiers que avions trouvé. Ilz ont la teste truzée à reons, tout à l'entour, reservé ung rynet en le hault de la teste, qu'ilz laissent long, comme une queue de cheval, qu'i lyent et serrent sur leurs testes en ung loppin, avecques des coroyes de cuyr. Ilz n'ont aultre logis que soubz leursdites barques, qu'ilz tournent adans, et se couchent sur la terre dessoubz icelles. Ilz mangent leur chair quasi crue, après estre ung peu eschauffée sur les charbons, et pareillement leur poisson. Nous fusmes, le jour de la Magdelaine, o noz barques, au lieu où ilz estoient, sur l'orée de l'eaue, et descendismes franchement parmy eulx, dequoy ilz demenèrent grand joye, et se prindrent tous les homnes à chanter et danser, en deux ou troys bandes, faisant grant signe de joye de nostre venue. Mays ilz avoyent fait fouyr toutes les jeunes femmes dedans le boys, fors deux ou trois, qui demeurèrent, à qui nous donnasmes, chaincune ung pigne, et à chaincune une

---

13. Cap de Pratto: cap d'Espoir.
14. Rivière: baie de Gaspé.

petite clochette d'estang, dequoy ilz firent grand joye, remercyant le cappitaine, en luy frottant les bras et la poictryne avecques leurs mains. Et eulx,
voyant que on avoyt donné à celles qui estoient demourées, firent venir celles
qui estoient fuyes au boys, pour en avoyr autant comme les aultres, qui
estoient bien une vi[n]gtaine, que se assemblèrent sus ledit cappitaine, en le
frottant avec leursdites mains, qui est leur façon de faire chère. Et il leur
donna à chaincune sa petite rangette d'estaing, de peu de valleur; et incontinent, se assemblèrent ensemble à danser, et dyrent plusieurs chanssons. Nous
trouvasmes grant quantité de macquereaulx, qu'ilz avoyent pesché bort à bort
de terre, avecques des raiz qu'ilz ont à pescher, qui sont de fil de chanvre,
qui croist en leur pays, où ilz se tiennent ordinairement; car ilz ne vyennent
à la mer que au temps de la pescherye, ainsi que j'ay sceu et entendu. Pareillement, y croist de groz mil, comme poix, ainsi que au Brésil, qu'ilz mangent
en lieu de pain, dequoy ilz avoyent tout plain avecques eulx, qu'i nomment
en leur langaige, *kagaige*. Pareillement ont des prunes, qu'ilz seichent, comme
nous faisons, pour l'yver, qu'i nomment, *honnesta*; des figues, noix, poires,
pommes et aultres fruictz; et des febves, qu'i nomment, *sahe*, les noix, *caheya*,
les figues, *honnesta*, les pommes ... Si on leur monstre aucune choses dequoy
ilz n'ayent poinct, et qu'i ne sçavent que c'est, ilz secouent la teste, et dyent
nouda, qui est à dire qu'il n'y en a point, et qu'ilz ne sçavent que c'est. Des
choses qu'ilz ont, ilz nous ont monstré par signes, la façon comme il croyst,
et comme ilz l'acoustrent. Ilz ne mangent jamays chose où il y ait goust de
sel. Ilz sont larrons à merveilles, de tout ce qu'ilz peuvent desrober.

Le XXIIIIme jour dudict moys, nous fismes faire une croix, de trente
piedz de hault, qui fut faicte devant plusieurs d'eulx, sur la poincte de l'entrée
dudit hable, soubz le croysillon de laquelle mismes ung escusson en bosse,
à troys fleurs de lys, et dessus, ung escripteau en boys, engravé en grosse
lettre de forme, où il y avoit, VIVE LE ROY DE FRANCE. Et icelle croix
plantasmes sur ladicte poincte devant eulx, lesquelz la regardoyent faire et
planter. Et après qu'elle fut eslevé en l'air, nous mismes tous à genoulx, les
mains joinctes, en adorant icelle devant eulx, et leur fismes signe, regardant
et leur monstrant le ciel, que par icelle estoit nostre redemption, dequoy ilz
firent plusieurs admyradtions, en tournant et regardant icelle croix.

Nous estans retournez en noz navires, vint le cappitaine, vestu d'une
vielle peau d'ours noire, dedans une barque, avecques trois de ses filz et son
frère, lesquelz ne aprochèrent si près du bort comme avoyent de coustume,
et nous fit une grande harangue, nous monstrant ladite croix, et faisant le
signe de la croix avec deux doydz; et puis nous monstroit la terre, tout à
l'entour de nous, comme s'il eust voullu dire, que toute la terre estoit à luy,
et que nous ne devyons pas planter ladite croix sans son congé. Et après qu'il
eut finy sadite harangue, nous luy monstrasmes une hache, faignant la luy
bailler pour sa peau. Aquoy il entendit, et peu à peu, s'aprocha du bourt de
nostre navire, cuydant avoyr ladite hache. Et l'un de noz gens, estant dedans
nostre bateau, mist la main sur sadite barque, et incontinant il en entra deux
ou troys dedans leur barque, et les fist on entrer dedans nostre navire, dequoy
furent bien estonnez. Et eulx estans entrez, furent asseurez par le cappitaine
qu'ilz n'auront nul mal, en leur monstrant grant signe d'amour; et les fist on

boyre et manger, et faire grant chère. Et puis leurs montrasmes par signe, que ladite croix avoit esté plantée pour faire merche et ballise, pour entrer dedans le hable; et que nous y retourneryons bien tost, et leurs apporteryons des ferremens et aultres choses; et que nous voullyons emmener deux de ses filz avecques nous, et puys les rapporteryons audit hable. Et acoustrasmes sesdits deux filz de deux chemises, et en livrées, et de bonnetz rouges, et à chaincun, sa chainette de laton au col. Dequoy se contentèrent fort, et baillèrent leurs vieulx haillyons à ceulx qui retournoient. Et puis donnasmes aux troys que renvoyames, à chaincun son hachot et deux cousteaulx, dequoy menèrent grant joye. Et eulx estans retournez à la terre, dyrent les nouvelles aux aultres. Envyron midi d'icelluy jour, retournèrent six barques à bort, où il y avoit à chaincune cinq ou six hommes, lesquelz venoyent pour dire adieu aux deux que avyons retins; et leurs apportèrent du poisson. Et nous firent signe qu'ilz ne habbatroyent ladite croix, en nous faisant plusieurs harengues que n'entendions.

Théâtre

(De Québec, Cartier veut se rendre à Montréal (Hochelaga) mais les Indiens essaient de l'en dissuader.)

[Et] le landemain, XVIme jour dudict moys[15], nous mismes noz deulx plus grandz navires dedans ledict hable et ripvière[16], où il y a de plaine mer trois brasses, et de bas d'eaue, demye brasse; et fut laissé le gallion dedans la radde, pour mener à Ho(u)chelaga. Et tout incontinent que lesdictz navires furent audict hable et assec, se treuvèrent davant lesdictz navires lesdictz Donnacona[17], Taignoagny et dom Agaya[18], avecques plus de cinq cens personnes, tant hommes, femmes que [petis] enffans; et entra ledict seigneur, avecques dix ou douze aultres des plus grandz personnaiges [du pays], lesquelz furent par ledict cappitaine et aultres festoiez et receuz selon leur estat; et leur fut donné aucuns petitz présens. Et fut par Taignoagny dict audict cappitaine, que ledict seigneur [Donnacona] estoit marry dont il alloit à Hochelaga, et que ledict seigneur ne voulloit poinct que luy, qui parloit, [y] allast avecques luy, comme il avoyt promys, pource que la ripvière ne valloyt rien. A quoy fict responce ledict cappitaine, que pour tout ce, ne laisseroit y aller, s'il luy estoit possible, pource qu'il avoit commandement du Roy, son maistre, d'aller au plus avant qu'il luy seroit possible; mais si ledict Taignoagny y voulloit aller, comme il avoit promys, que on luy feroit présent, de quoy il seroit content, et grand chère, et qu'ilz ne feroient seullement que aller veoyr Hochelaga, puis retourner. A quoy respondict ledict Taignoagny qu'il n'[y] yroit poinct. Lors se retirèrent à leurs maisons.

---

15. Dudict moys: septembre 1535.
16. Ripviere: rivière Saint-Charles, près de Québec.
17. Donnacona: chef indien de Québec (Stadacona).
18. Taignoagny et dom Agaya: Indiens que Cartier avait amenés en France en 1534.

Et le landemain, XVIIe [jour] dudict moys, ledict Donnacona et les aultres revindrent, comme davant, et apportèrent force anguilles et aultres poissons, duquel se faict grand pescherie audict fleuve, comme sera cy après dict. Et lors qu'ilz furent arrivez davant nosdicts navires, commancèrent à dansser et chanter, comme ilz avoient de coustume. Et après qu'ilz eurent ce faict, fist ledict Donnacona mectre tous ses gens d'un cousté, et fict ung cerne sus le sablon, et y fict mectre ledict cappitaine et ses gens. Puys commança une grande harangue, tenant une fille, d'envyron de l'aige de dix [à douze] ans, en l'une de ses mains; puis la vint présenter audict cappitaine. Et lors, tous les gens dudict seigneur se prindrent à faire troys criz [et hurlemens], en signe de joye et alliance. Puys, de rechef, presenta deulx petitz garçons, de moindre aige, l'un apres l'aultre, desquelz firent telz criz et serimonyes que davant. Duquel présent [ainsi faict], fut ledict seigneur par ledict cappitaine remercyé. Et lors Taignoagny dist audict cappitaine que la fille estoit la propre fille de la seur dudict seigneur [Donnacona], et l'un des garçons frère de luy qui parloyt; et que on les luy donnoyt sur l'intencion qu'il ne allast poinct à Hochelaga. A quoy luy respondist nostre cappitaine, que si on les luy avoit donnez sur ceste intencion, que on les reprînt, et que pour rien [il] ne laisseroit essaigier à aller audict Hochelaga, pource qu'il avoit commandement de ce faire. Sur lesquelles parolles, dom Agaya, compaignon dudict Taignoagny, dist audict cappitaine que ledict seigneur luy avoit donné lesdictz enffans par bonne amour et en signe d'asseurance, et qu'il estoit content de aller avecq ledict cappitaine à Hochelaga. De quoy heurent grosses parolles lesdictz Taignoagny et dom Agaya, dont apersumes que ledict Taignoagny ne valloit riens, et qu'il ne songeoit que trahison [et malice], tant pour ce, que aultres mauvays tours que luy avyons veu faire. Et sur ce, ledict cappitaine fict mectre lesdictz enffans dedans les navires; et fict apporter deux espées, ung grand bassin d'arin, plain, et ung ouvré, à laver mains, et en fict présent audict Donnacona, qui fort s'en contenta, et remercia ledict cappitaine. Et commanda [ledict Donnacona] à tous ses gens chanter et dansser, et pria [ledict Donnacona] le cappitaine faire tirer une piece d'artillerye, pource que [lesdictz] Taignoagny et dom Agaya luy en avoient faict feste, et aussi que jamais n'en avoyent veu ny ouy. [A quoy] lequel cappitaine respondict qu'il en estoit content, et commanda tirer une douzaine de barges, avecques leurs boulletz, le travers du boys, qui estoit joignant lesdicts navires et gens. De quoy furent tous si estonnez, qu'ils panssoient que le ciel fust cheu sur eulx; et se prindrent à huller et hucher si très-fort, qu'il sembloit que enffer y fust vuydé. Et auparavant qu'ilz se retirassent, ledict Taignoagny fict dire, par interposéez personnes, que les compaignons du gallion, [lequel estoit demouré à la radde], avoyent tué deulx de leurs gens de coups d'artillerye; dont se retirèrent tous si à grand haste, qu'il sembloyt que les voulsissions tuer. Ce que ne se treuva vérité; car, durant ledict jour, ne fut dudict gallion tyré artillerye.

Le landemain, dix-huictiesme jour dudict moys, pour nous cuyder tousjours empescher d'aller à Hochelaga, songèrent une grande finesse, qui fut telle. Ilz firent habiller trois hommes en la façon de trois diables, lesquelz estoient vestuz [de peaulx] de chien, noirs et blancs, et avoyent [des] cornes aussi longues que le bras, et estoient painctz par le visaige de noir, comme charbon, et les firent mectre dedans une de leurs barques, à nostre non sceu. Puys vindrent avecq leur bande, comme [ilz] avoyent de coustume, auprès de noz navires, et se tindrent dedans le boys, sans apparestre, envyron deux heures, actendant que l'heure et marée fust venue pour l'arrivée de ladicte barque. A laquelle heure, sortirent tous [du boys], et se presentèrent davant nosdictz navires, sans eulx aprocher, ainsi qu'ilz soulloient faire. Et commança [ledict] Taignoagny à saluer le cappitaine, lequel luy demanda, s'il voulloyt avoyr le batteau. A quoy luy respondict ledict Taignoagny, que non pour l'heure, mais que tantost il entreroit dedans lesdictz navires. Et incontinent arryva ladicte barque, où estoient lesdictz troys hommes, apparessant estre trois diables, ayans de grandes cornes sus leurs testes, et faisoit celluy du meilleu, en venant, ung merveilleux sermon; et passèrent le long de noz navires avecq leurdicte barque, sans aucunement tourner leur veue vers nous; et allèrent assener et donner en terre avecq leurdicte barrque. Et tout incontinent, ledict [seigneur] Donnacona et ses gens prindrent ladicte barque et lesdictz trois hommes, lesquelz s'estoient laissez cheoir au fons d'icelle comme gens mors, et portèrent le tout ensemble dedans le boys, qui estoit distant desdictz navires d'un gect de pierre; et ne demoura une seulle personne [devant nosdictes navires], que tous ne se retirassent dedans ledict boys. Et eulx, estans retirez [audict boys], commancèrent une predication et preschement, que nous oyons de noz navires, qui dura envyron demye heure. Après laquelle, sortirent lesdictz Taignoagny et dom Agaya dudict boys, marchant vers nous, ayans les mains joinctes et leurs chappeaulx soubz leurs coddes, faisant une grande admyration. Et commança ledict Taignoagny à dire et proférer, par troys foys, « *Jesus, Jesus, Jesus,* » levant les yeulx vers le ciel. Puis dom Agaya commança à dire, « *Jesus,* » « *Maria,* » « *Jacques Cartier,* » regardant [vers] le ciel comme l'aultre. Et le cappitaine, voyant leurs mines et serymonies, leur commença à demander, qu'il y avoit, et que c'estoit qui estoit survenu de nouveau. Lesquelz respondirent qu'il y avoit de piteuses nouvelles, en disant, nenny est il bon. Et le cappitaine leur demanda de rechef, que c'estoit. Et ilz luy [repon]dirent que leur dieu, nommé Cudouagny, avoit parlé à Hochelaga, et que les trois hommes davantdictz estoient venuz de par luy, leur anoncer les nouvelles, et qu'il y auroit tant de glasses et neiges, qu'ilz mourroient tous. Desquelles parolles nous prinsmes tous à rire, et leur dire que [leur dieu] Cudouagny n'estoit que ung sot et qu'il ne savoit qu'il disoit, et qu'ilz le dissent à ses messaigiers; et que Jesus les garderoit bien de froit, s'ilz luy voulloient croyre. Et lors ledict Taignoagny et son compaignon demandèrent audict cappitaine, s'il avoit parlé à Jesus et il [leur] respondit que ses prebstres y avoient parlé et qu'il feroit beau temps. De quoy remercièrent fort ledict cappitaine, et s'en retournèrent dedans le boys dire les nouvelles aux aultres, lesquelz sortirent dudict boys, tout incontinent, faignans estre joieulx desdictes parolles [par ledict cappitaine ainsi dictes]. Et pour monstrer qu'ilz en estoient joieulx, tout incontinent qu'ilz furent davant les navires, commancèrent, d'une commune voix, à faire troys criz et hullemens, qui est leur signe de joie, et se prindrent [à] dansser et chanter, comme avoient de coustume. Mays, par resolution, lesdictz Taignoagny et dom Agaya dirent audict cappitaine que ledict [seigneur] Donnacona ne voulloit poinct que nul d'eulx allast à Hochelaga avecques luy, s'il ne bailloit pleige, qui demourast à terre avecq ledict Donnacona. A quoy leur respondict le cappitaine, que s'ilz n'estoient deliberez y aller de bon couraige, qu'ilz demeurassent, et que pour eulx, ne laisseroit mectre paine y aller.

Le landemain, dix-neufiesme jour dudict mois de septembre, comme dict est, nous appareillasmes, et fymes voille avecq le gallion et les deulx barques pour aller avecq la marée amont ledict fleuve, où trouvasmes à veoir, des deulx coustez d'icelluy, les plus belles et meilleures terres qu'il soit possible de veoir, aussi unies que l'eaue, plaines des beaulx arbres du monde, et tant de vignes, chargeez de raisins, le long dudict fleuve, qu'il semble mieulx qu'elles y aient estez plantées de main d'hommes, que aultrement.

La grosse maladie

Au moys de decembre[19], fumes advertiz que la mortalité s'estoit mise audict peuple de Stadaconé, tellement que ja en estoient mors, par leur confession, plus de cinquante; au moien de quoy leur fimes deffence de non venyr à nostre fort, ny entour nous. Mays non obstant les avoyr chassez, commança la maladie entour nous, d'une merveilleuse sorte et la plus incongnue; car les ungs perdoyent la soustenue, et leur devenoyent les jambes grosses et enfflées, et les nerfz retirez et noirciz comme charbon, et aucunes toutes semées de gouttes de sang comme pou[r]pre; puys montoyt ladicte maladie aux hanches, cuysses, espaulles, aux braz et au col. Et à tous venoyt la bouche si infecte et pourrye par les gensivez, que toute la chair en tumboyt, jusques à la racine des dents, lesquelles tumboyent presques toutes. Et tellement se esprint ladicte maladie en noz trois navires, que à la my febvrier, de cent dix hommes que nous estions, il n'y en avoyt pas dix sains, tellement que l'un ne pouvoyt secourir l'aultre, qui estoit chose piteuse à veoyr, consideré le lieu où nous estions. Car les gens du pays venoyent, tous les jours davant nostre fort, qui peu de gens voyoient debout; et ja y en avoyt huict de mors, et plus de cinquante [en qui] on n'esperoit plus de vye.

Nostre cappitaine, voyannt la pitié et maladie ainsi esmue, fict meptre le monde en prières et oraisons, et fist porte[r] ung ymaige et remembrance de la Vierge Marie contre ung arbre, distant de nostre fort d'un treict d'arc, le travers les neiges et glaces; et ordonna que, le dimanche ensuyvant, l'on diroyt audict lieu la messe; et que tous ceulx qui pourroient chemyner, tant sains que malades, yroient à la procession, chantant les sept pseaulmes de David, avecq la Letanye, en priant ladicte Vierge qu'il luy pleust pryer son cher enffant qu'il eust pitié de nous. Et la messe dicte et chantée davant ladicte ymaige, se fist le cappitaine pellerin à Nostre Dame qui se faict deprier à Rocquemado[20], proumectant y aller, si Dieu luy donnoyt grace de retourner

19. Décembre: en 1535.
20. Rocquemado: Rocamadour.

en France. Celluy jour trespassa Philippes Rougemont, natif d'Amboise, de l'aige de envyron vingt [deux] ans.

Et pource que ladicte maladie estoit incongnue, fist le cappitaine ouvryr le corps, pour veoyr si aurions aucune congnoissance d'icelle, pour preserver, si possible estoit, le parsus. Et fut trouvé qu'il avoyt le cueur tout blanc et fletry, envyronné de plus d'un pot d'eaue, rousse comme datte; le foye, beau; mays ayoyt le poulmon tout noircy et mortiffyé; et s'estoit retiré tout son sang au dessus de son cueur; car, quant il fut ouvert, sortit au dessus du cueur une grand habundance de sang, noyr et inffect. Pareillement avoyt la ratte, par devers l'eschine, ung peu entamée, envyron deulx doidz, comme si elle eust esté frottée sus une pierre rudde. Après cela veu, luy fut ouvert et incizé une cuisse, laquelle estoit fort noire par dehors, mais par dedans, la chair fut trouvée assez belle. Ce faict, fut inhumé au moings mal que l'on peult. Dieu, par Sa saincte grace, pardoinct à son ame, et à tous trespassez; Amen.

Et despuis, de jour en aultre, s'est tellement continué[e] ladicte maladie, que telle heure a esté, que, par tous lesdictz troys navires, n'y avoyt pas troys hommes sains, de sorte que en l'un desdictz navires n'y avoyt homme qui eust peu descendre soubz le tillat pour tirer à boyre, tant pour luy que pour les aultres. Et pour l'heure, y en avoyt ja plusieurs de mors, lesquelz il nous convynt meptre, par feblesse, soubz les naiges; car il ne nous estoit possible de pouvoyr, pour lors, ouvryr la terre, qui estoit gellée, tant estions foibles et avyons peu de puissance. Et si estions en une craincte merveilleuse des gens du pays, qu'ilz ne s'aperceussent de nostre pitié et foiblesse. Et pour couvryr ladicte maladie, lors qu'ilz venoyent près de nostre fort, nostre cap-pitaine, que Dieu a tousjours preservé debout, sortoyt audavant d'eulx, avecq deulx ou troys hommes, tant sains que malades, lesquelz il faisoit sortyr après luy. Et lors qu'il les voyoit hors du parc, faisoit semblant les voulloyr battre, en criant et leur gectant bastons après eulx, les envoyant à bort, monstrant par signes esdictz sauvaiges, qu'il faisoit besongner [tous] ses gens dedans les navires, les ungs à gallifester, les aultres à faire du pain, et aultres be-songnes; et qu'il n'estoit pas bon qu'ilz vinssent chommer dehors; ce qu'ilz croyoient. Et faisoit ledict cappitaine battre et mene[r] bruyt esdictz malades dedans les navires, avecq bastons et cailloudz, faignans gallifester. Et pour lors, estions si esprins de ladicte maladie, que avyons quasi perdu l'espérance de jamais retourner en France, si Dieu, par sa bonté infinye et misericorde, ne nous eust regardé en pityé, et donné congnoissance d'un remedde contre toutes maladies, le plus exellant qui fut jamays veu, ny trouvé sus la terre, ainsi qu'il sera faict mention en ce chappitre.

Despuis la my novembre jusques au XVme jour d'apvril, avons esté continuellement enfermez dedans les glaces, lesquelles avoyent plus de deux brasses d'espesseur, et dessus la terre, y avoit la haulteur de quatre piedz de naiges et plus, tellement qu'elle estoyt plus haulte que les bors de noz navires; lesquelles ont duré jusques audict temps, en sorte que noz breuvaiges estoient tous gellez dedans les fustailles. Et par dedans nosdictes navires, tant [de] bas que [de] hault, estoit la glace contre les bors, à quatre doidz d'espesseur. Et estoit tout ledict fleuve, par aultant que l'eaue doulce en contient, jusques au dessus de Hochelaga, gellé. Auquel temps nous decedda jusques au numbre de vingt cinq personne[s] des principaulx et bons compaignons que [nous] eussions, lesquelz mouroient de la maladie susdicte. Et pour l'heure, y en avoyt plus de quarrente en quy on n'esperoit plus de vye; et le parsus tous malades, que nul n'en estoit exempté, excepté troys ou quatre. Mays Dieu, par Sa saincte grace, nous regarda en pityé, et nous envoya [la] congnoissance et remedde de nostre garison et santé, de la sorte et manyère qu'il sera dict en ce chappitre ensuyvant.

Ung jour nostre cappitaine, voyant la maladie si esmue et ses gens si fort esprins d'icelle, estant sorty hors du fort, et soy promenant sus la glace, appersut venyr une bande de gens de Stadaconé, en laquelle estoit dom Agaya, lequel le cappitaine avoyt veu dix ou douze jours auparavant fort malade, de la propre maladie que avoyent ses gens; car il avoyt l'une des jambes, par le genoil, aussi grosse que ung enffant de deux ans, et tous les nerfz d'icelle retirez, les dentz perdues et gastées, et les genscives pourries et infectes. Le cappitaine, voyant ledict dom Agaya sain et deliberé, fut joieulx, espérant par luy sçavoir, comme il s'estoit guery, affin de donner aide et secours à ses gens. Et lors qu'ilz furent arrivez près le fort, le cappitaine luy demanda comme il s'estoit guery de sa maladie. Lequel dom Agaya respondit, que avecq le juz des feulhes d'un arbre et le marq, il s'estoit guery, et que c'estoit le singullier remedde pour maladie. Lors le cappitaine luy demanda s'il y en avoyt poinct là entour, et qu'il luy en monstrast, pour guerir son serviteur, qui avoyt prins ladicte maladie [audict Canada durant qu'il demouroit] en la maison du seigneur Donnacona, ne luy voulant déclerer le numbre des compaignons, qui estoient malades. Lors ledict dom Agaya envoya deulx femmes avecq nostre cappitaine, pour en querir, lesquelz en apportèrent neuf ou dix rameaulx; et nous monstrèrent, qu'il failloyt piller l'escorce et les feulhes dudict boys, et meptre le tout [à] boullyr en eaue; puys boyre de ladicte eaue, de deux jours l'un; et meptre le marc sus les jambes enfflées et malades; et que de toutes maladies ledict arbre garissoit. Ilz appellent ledict arbre en leur langaige, *annedda*[21]. Tost après, le cappitaine fict faire du breuvaige, pour faire boire es malades, desquelz n'y avoyt nul d'eulx qui voullust icelluy essaiger, sinon ung ou deulx, qui se myrent en adventure d'icelluy essayer. Tout incontinent qu'ilz en eurent beu, ilz eurent l'advantaige, qui se trouva estre ung vray et evident miracle; car de toutes maladies de quoy ilz estoient entachez, après en ayoyr beu deux ou troys foys, recouvrèrent santé et guarizon, tellement que tel [y avoyt] des[dictz] compaignons, qui avoyt la [grosse] verolle puis cinq ou six ans auparavant la[dicte] maladie, a esté, par icelle médecine, curé nectement. Après ce avoyr veu [et congneu], y a eu telle presse, que on se voulloit tuer sus ladicte médecine, à qui premier en auroyt; de sorte que ung arbre, aussi groz et aussi grand que je vidz jamais arbre, a esté employé en moings de huict jours, lequel a faict telle oppération, que si tous les médecins de Louvain et [de] Montpellier y eussent esté, avecques toutes les drogues d'Alexandrie, ilz n'en (n')eussent pas tant faict en ung an que ledict arbre a faict en huict jours; car il nous a tellement prouffité,

---

21. *Annedda*: ce serait le cèdre blanc (*thuja occidentalis*) selon Jacques Rousseau.

que tous ceulx qui en ont voullu user, ont recouvert santé et garizon, la grace à Dieu.

MARC LESCARBOT (1570-1642)

Lescarbot réussit ce tour incroyable de publier, moins d'un an après la fondation de Québec, une histoire de la Nouvelle-France de 877 pages. Il venait de passer un an en Acadie. Le volume eut un grand succès et connut 3 éditions en 10 ans; il fut ensuite réédité par Tross en 1866 et par la Champlain Society de Toronto de 1907 à 1914. La fortune littéraire de Lescarbot fut donc considérable et ce ne fut sans doute pas sans quelque raison. Érudit et lettré, diplomate et artiste, Lescarbot semble, cependant, un homme fascinant plus qu'un écrivain remarquable. Scolaire et précieuse, son écriture n'est pas sans agacer plus d'un lecteur contemporain. À son histoire, il avait ajouté, sous le nom de *Les Muses de la Nouvelle-France*, 13 courtes œuvres poétiques dont un jeu théâtral. Les historiens de la littérature ont surtout retenu ce premier théâtre « blanc » en Amérique; on peut cependant se demander si cette pièce vaut même celle que Taignoagny offrit à Cartier. Nous avons retenu l'adieu à la France de l'avocat-poète et le récit des joies de l'hivernement mais surtout et d'abord l'introduction générale qu'on peut lire comme une défense du colonialisme.

Bel œil de l'univers

A LA FRANCE

Bel œil de l'univers, ancienne Nourrice des lettres et des armes, Recours des affligez, Ferme appui de la Religion Chrétienne, tres-chere Mere, ce seroit vous faire tort que de publier ce mien travail (chose qui vous époinçonnera) souz vôtre nom, sans parler à vous, et vous en declarer le sujet. Voz enfans (tres-honorée Mere) noz peres et majeurs ont jadis par plusieurs siecles esté les maitres de la mer lors qu'ils portoient le nom de Gaullois, et voz François n'estoient point reputez legitimes si dés la naissance ils ne sçavoient nager, et comme naturelement marcher sur les eaux. Ils ont avec grande puissance occupé toute l'Asie. Ils y ont planté leur nom, qui y est encore. Ils en ont fait de méme és païs des Lusitaniens et Iberiens en l'Europe. Et aux siecles plus recens, poussez d'un zele religieux et enflammé de pieté, ils ont encore porté leurs armes et le nom François en l'Orient et au Midi, si bien qu'en ces parties là qui dit François il dit Chrétien: et au rebours, qui dit Chrétien Occidental et Romain, il dit François. Le premier Cæsar Empereur et Dictateur vous donne cette louange d'avoir civilisé et rendu plus humaines et sociables les nations voz voisines, comme les Allemagnes, lesquelles aujourd'huy sont remplies de villes, de peuples et de richesses. Bref les grans Evéques et Papes de Rome s'estans mis souz vôtre aile en la persecution, y ont trouvé du repos: et les Empereurs mémes en affaires difficiles n'ont dedaigné de se soubmettre au jugement de vôtre premier Parlement. Toutes ces choses sont marques de vôtre grandeur. Mais si és premiers siecles vous avez commandé sur les eaux, si vous avez imposé vôtre nom aux nations eloignées, et si vous avez esté zelée pour la Religion Chrétienne, si vous avez rendu d'autres temoignages de vôtre pieté et justice, il faut aujourd'hui reprendre les vieux errements en ce qui a esté laissé, et dilater les bornes de vôtre pieté, justice, et civilité, en enseignant ces choses aux nations de la Nouvelle-France, puis que l'occasion se presente de ce faire, et que voz enfans reprennent le courage et la devotion de leurs peres. Que diray-je ici (tres-chere Mere)? Je crains vous offenser si je di pour la Verité que c'est chose honteuse aux Princes, Prelats, Seigneurs et Peuple tres-Chrétiens de souffrir vivre en ignorance, et préque comme bétes, tant de creatures raisonnables formées à l'image de Dieu, lesquelles chacun sçait estre és grandes terres Occidentales d'outre l'Ocean. L'Hespagnol s'est montré plus zelé que nous, et nous a ravi la palme de la navigation qui nous estoit propre. Il y a eu du profit. Mais pourquoy lui enviera-on ce qu'il a bien acquis? Il a esté cruel. C'est ce qui souille sa gloire, laquelle autrement seroit digne d'immortalité. Depuis cinq ans le Sieur de Monts, meu d'un beau desir et d'un grand courage, a essayé de commencer une habitation en la Nouvelle-France, et a continué jusques à present a ses depens. En quoy faisant lui et ses Lieutenans ont humainement traité les peuples de ladite province. Aussi aiment-ils les François universellement, et ne desirent rien plus que de se conformer à nous en civilité, bonnes mœurs et religion. Quoy donc, n'aurons-nous point de pitié d'eux, qui sont noz semblables? Les lairrons-nous toujours perir à nos yeux, c'est à dire, le sçachans, sans y apporter aucun remede? Il faut, il faut reprendre l'ancien exercice de la marine, et faire une alliance du Levant avec le Ponant, de la France Orientale avec l'Occidentale, et convertir tant de milliers d'hommes à Dieu avant que la consommation du monde vienne, laquelle s'avance fort, si les conjectures de plusieurs anciens Chrétiens sont veritables, lesquels ont estimé que comme Dieu a fait ce grand Tout en six journées, aussi qu'au bout de six mille ans viendroit le temps de repos, auquel sera le diable enchainé, et ne seduira plus les hommes. (...)

Il vous faut, di-je (ô chere Mere), faire une alliance imitant le cours du Soleil, lequel comme il porte chaque jour sa lumière d'ici en la Nouvelle-France, ainsi, que continuellement vôtre civilité, vôtre justice, vôtre pieté, bref vôtre lumiere se transporte là-méme par vos enfans, lesquels d'orenavant par la frequente navigation qu'ils feront en ces parties Occidentales seront appellés Enfans de la mer, qui sont interpretés Enfans de l'Occident, selon la phraze Hebraïque, en la prophetie d'Osée. (...)

Plusieurs de lache cœur qui s'epouvantent à la veuë des ondes, étonnent les simples gens, disans (comme le Poëte Horace) qu'il vaut mieux contempler de loin la fureur de Neptune,

Neptunum procul è terra spectare furentem,

et qu'en la Nouvelle-France il n'y a nul plaisir. Il n'y a point les violons, les masquarades, les danses, les palais, les villes, et les beaux batimens de France. Mais à telles gens j'ay parlé en plusieurs lieux de mon histoire. Et leur diray d'abondant que ce n'est à eux qu'appartient la gloire d'établir le nom de Dieu parmi des peuples errans destituez de sa conoissance; ni de fonder des Republiques Chrétiennes et Françoises en un monde nouveau; ni de faire aucune chose de vertu, qui puisse servir et donner courage à la posterité. Tels faineans mesurans chacun à leur aune, ne sçachans faire valoir la terre, et n'ayans aucun zele de Dieu, trouvent toutes choses grandes impossibles; et qui les en voudroit croire, jamais on ne feroit rien. (...)

Et comme les hommes sots et scrupuleux font des difficultez partout, j'en ay quelquefois veu qui ont mis en doute si on pouvait justement occuper les terres de la Nouvelle-France et en depouiller les habitants d'icelles, aus-quels ma reponse a esté en peu de mots, que ces peuples sont semblables à celui duquel est parlé en l'Evangile, lequel avait serré le talent qui lui avoit esté donné dans un linge, au lieu de le faire profiter, et partant lui fut oté. Et comme ainsi soit que Dieu le Créateur ait donné la terre à l'homme pour la posseder, il est bien certain que le premier tiltre de possession doit appar-tenir aux enfants qui obeïssent à leur pere et le reconoissent, et qui sont comme les ainez de la maison de Dieu, tels que sont les Chrétiens, auxquels appartient le partage de la terre, premier qu'aux enfans desobeïssans, qui ont esté chassez de la maison comme indignes de l'heritage et de ce qui en depend.

Je ne voudroy pourtant exterminer ces peuples ici, comme a fait l'Hes-pagnol ceux des Indes Occidentales, prenant le pretexte de commandements faits jadis à Josué, Gedeon, Saul, et autres combattants pour le peuple de Dieu. Car nous sommes en la loy de grace, loy de douceur, de pitié et de misericorde, en laquelle notre Sauveur a dit: « Apprenez de moy que je suis doux et humble de cœur. » (...)

La terre donc appartenant de droit divin aux enfans de Dieu, il n'est ici question de recevoir le droit des Gents et politique, par lequel ne seroit loisible d'usurper la terre d'autrui. Ce qu'estant ainsi, il la faut posseder, et y planter serieusement le nom de Jesus-Christ et le vôtre, puis qu'aujourd'hui plusieurs de vos enfans ont cette resolution immuable de l'habiter et y conduire leurs propres familles. Les sujets y sont assez grans pour y attraire les hommes de courage et de vertu, qui sont aiguillonnez de quelque belle et honorable am-bition d'estre des premiers courans à l'immortalité par cette action, l'une des plus grandes que les hommes se puissent proposer. Et comme les poissons de la mer salée passent tous les ans par le detroit de Constantinople à la mer du Pont-Euxin (qui est la mer Major), pour y frayer et faire leurs petits, d'autant que là ils trouvent l'eau plus douce, à cause de plusieurs fleuves qui se dechargent en icelle, ainsi (tres-chere Mere) ceux d'entre vos enfans qui voudront quitter cette mer salée pour aller boire les douces eaux du Port-Royal en la Nouvelle-France, trouveront là bien-tôt (Dieu aidant) une retraite tant agreable, qu'il leur prendra envie d'y aller peupler la province et la remplir de génération.

Adieu, France amiable

Devant qu'arriver à la Rochelle, me tenant quelquefois à quartier de la compagnie, il me print envie de mettre sur mes tablettes un Adieu à la France, lequel je fis imprimer en ladite ville de la Rochelle le lendemain de nôtre arrivée, qui fut le troisieme jour d'Avril mil six cens six; et fut receu avec tant d'applaudissemens du peuple, que je ne dedaigneray point de le coucher ici.

ADIEU A LA FRANCE

Ores que la saison du printemps nous invite
A seillonner le dos de la vague Amphitrite,
Et cingler vers les lieux où Phœbus chaque jour
Va faire tout lassé son humide sejour,
Je veux ains que partir dire adieu à la France,
Celle qui m'a produit, et nourri dés l'enfance;
Adieu non pour toujours, mais bien sous cet espoir
Qu'encores quelque jour je la pourray revoir.
Adieu donc, douce mere; adieu, France amiable;
Adieu, de tous humains le sejour delectable;
Adieu celle qui m'a en son ventre porté,
Et du fruit de son sein doucement alaité.
Adieu, Muses aussi qui à vôtre cadence
Avez conduit mes pas dés mon adolescence;
Adieu riches palais, adieu nobles cités
Dont l'aspect a mes yeux mille fois contentés;
Adieu lambris doré, sainct temple de Justice,
Où Themis aux humains d'un penible exercice
Rend le Droit, et Python d'un parler eloquent
Contre l'oppression defend l'homme innocent;
Adieu tours et clochers dont les pointes cornuës,
Avoisinans les cieux, s'élevent sur les nuës;
Adieu prés emaillés d'un million de fleurs
Ravissans mes esprits de leurs soüeves odeurs;
Adieu belles forets, adieu larges campagnes,
Adieu pareillement sourcilleuses montagnes;
Adieu côtaux vineux, et superbes chateaux;
Adieu l'honneur des champs, verdure et gras troupeaux;
Et vous, ô ruisselets, fontaines et rivieres,
Qui m'avez delecté en cent mille manieres,
Et mille fois charmé au doux gazouillement
De vos bruyantes eaux, adieu semblablement.
Nous allons recherchans dessus l'onde azurée
Les journaliers hazars du tempeteux Nerée,
Pour parvenir au lieux où d'une ample moisson
Se presente aux Chretiens une belle saison. (...)
Toy qui par la terreur de ta saincte parole

Regis à ton vouloir les postillons d'Æole,
Qui des flots irritez peux l'orgueil abaisser,
Et les vallons des eaux en un moment hausser,
Grand Dieu, sois nôtre guide en ce douteux voyage,
Puis que tu nous y as enflammé le courage:
Lasche de tes thresors un favorable vent
Qui pousse nôtre nef en peu d'heure au Ponant,
Et fay que là puissions, arrivez par ta grace,
Jetter le fondement d'une Chrétienne race.

Pour m'egayer l'esprit ces vers je composois
Au premier que je vi les murs des Rochelois.

Gaillardise et Ordre de Bon-Temps

Apres beaucoup de perils (que je ne veux comparer à ceux d'Ulysses ni d'Æneas, pour ne souiller noz voyages saincts parmi l'impureté), le sieur de Poutrincourt arriva au Port-Royal le quatorziéme de Novembre[1], où nous le receumes joyeusement et avec une solennité toute nouvelle par-delà. Car sur le point que nous attendions son retour (avec grand desir, et ce d'autant plus que si mal lui fust arrivé nous eussions esté en danger d'avoir de la confusion), je m'avisay de representer quelque gaillardise en allant audevant de lui, comme nous fimes. Et d'autant que cela fut en rhimes Françoises faites à la hâte, je l'ay mis avec *Les Muses de la Nouvelle-France*, sous le tiltre de THEATRE DE NEPTUNE, où je renvoye le Lecteur. Au surplus, pour honorer davantage le retour et nôtre action, nous avions mis au dessus de la porte de nôtre Fort les armes de France, environnées de couronnes de lauriers (dont il y a là grande quantité au long des rives des bois) avec la devise du Roy: DUO PROTEGIT UNUS. Et au dessous celles du sieur de Monts avec cette inscription: DABIT DEUS HIS QUOQUE FINEM; et celles du sieur de Poutrincourt avec cette autre inscription: IN VIA VIRTUTI NULLA EST VIA, toutes deux aussi ceintes de chapeaux de lauriers.

Apres la rejouïssance publique cessée, le sieur de Poutrincourt eut soin de voir ses blés, dont il avait semé la plus grande partie à deux lieuës loin de nôtre Fort en amont de la riviere du Dauphin, et l'autre à l'entour de nôtre dit Fort; et trouva les premiers semez bien avancés, et non les derniers qui avoient esté semez les sixiéme et dixiéme de Novembre, lesquels toutefois ne laisserent de croitre souz la nege durant l'hiver, comme je l'ay remarqué en mes semailles. Ce seroit chose longue de vouloir minuter tout ce qui se faisoit durant l'hiver entre nous, comme de dire que ledit sieur fit faire plusieurs fois du charbon, celui de forge estant failli; qu'il fit ouvrir des chemins parmi les bois; que nous allions à travers les forets souz la guide du Kadran, et autres choses selon les occurrences. Mais je diray que pour nous tenir joieusement et nettement quant aux vivres, fut établi un Ordre en la Table dudit sieur de Poutrincourt, qui fut nommé L'ORDRE DE BON-TEMPS, mis

---

1. Novembre: en 1606.

24

premierement en avant par le sieur Champlein, auquel ceux d'icelle table estoient Maitres-d'hotel chacun à son jour, qui estoit en quinze jours une fois. Or avoit-il le soin de faire que nous fussions bien et honorablement traittés. Ce qui fut si bien observé, que (quoy que les gourmens de deçà nous disent souvent que nous n'avions point là la rüe aux Ours de Paris) nous y avons fait ordinairement aussi bonne chere que nous sçaurions faire en cette rüe aux Ours et à moins de frais. Car il n'y avoit celui qui deux jours devant que son tour vinst ne fut soigneux d'aller à la chasse, ou à la pécherie, et n'apportast quelque chose de rare, outre ce qui estoit de nôtre ordinaire. Si bien que jamais au déjeuner nous n'avons manqué de saupiquets de chair ou de poissons, et au repas de midi et du soir encor moins: car c'estoit le grand festin, là où l'Architriclin, ou Maître-d'hotel (que les Sauvages appellent *Atoctegic*), ayant fait preparer toutes choses au cuisinier, marchoit la serviete sur l'épaule, le baton d'office en main, et le colier de l'Ordre au col, qui valoit plus de quatre escus, et tous ceux d'icelui Ordre apres lui, portans chacun son plat. Le méme estoit au dessert, non toutefois avec tant de suite. Et au soir, avant rendre graces à Dieu, il resinoit le colier de l'Ordre avec un verre de vin à son successeur en la charge, et buvoient l'un à l'autre. J'ay dit ci-devant que nous avions du gibier abondamment, Canars, Outardes, Oyes grises et blanches, Perdris, Alouëttes, et autres oiseaux; plus des chairs d'Ellans, de Caribous, de Castors, de Loutres, d'Ours, de Lapins, de Chats-Sauvages, ou Leopars, de *Nibachés*, et autres telles que les Sauvages prenoient, dont nous faisions chose qui valoit bien ce qui est en la rotisserie de la rüe aux Ours et plus encor: car entre toutes les viandes il n'y a rien de si tendre que la chair d'Ellan (dont nous taisions aussi de bonne patisserie), ni de si delicieux que la queuë du Castor. Mais nous avons eu quelquefois demie douzaine d'Eturgeons tout à coup que les Sauvages nous ont apportez, desquels nous prenions une partie en payant, et le reste on le leur permettoit vendre publiquement et troquer contre du pain, dont nôtre peuple abondoit. Et quant à la viande ordinaire portée de France, cela estoit distribué egalement autant au plus petit qu'au plus grand. Et ainsi estoit du vin, comme a esté dit.

En telles actions nous avions toujours vingt ou trente Sauvages hommes, femmes, filles et enfans, qui nous regardoient officier. On leur bailloit du pain gratuitement comme on feroit à des pauvres. Mais quant au *Sagamos Membertou*, et autres *Sagamos* (quand il en arrivoit quelqu'un), ils estoient à la table mengeans et buvans comme nous: et avions plaisir de les voir, comme au contraire leur absence nous estoit triste, ainsi qu'il arriva trois ou quatre fois que tous s'en allerent és endroits où ils sçavoient y avoir de la chasse, et emmenerent un des nôtres, lequel véquit quelques six semaines comme eux sans sel, sans pain et sans vin, couché à terre sur des peaux, et ce en temps de neges. Au surplus ils avoient soin de lui (comme d'autres qui sont souvent allez avec eux) plus que d'eux-mesmes, disans que s'ils mouroient on leur imposeroit qu'ils les auroient tués; et par ce se conoit que nous n'estions point comme degradés en une ile, ainsi que le sieur de Villegagnon au Bresil. Car ce peuple aime les François, et en un besoin s'armeront tous pour le soutenir.

SAMUEL DE CHAMPLAIN (1570-1635)

Certains grands hommes de l'histoire sont d'étonnants écrivains: César, Napoléon, Churchill, De Gaulle. Tel n'est pas le cas du père de la patrie. Appliqué et consciencieux, il porte sur les choses et les gens un regard pratique qui les départit de tout humour, poésie ou grandeur. Dessinateur habile, il calque également son texte sur la réalité, le privant de toute distanciation. Étouffé dans sa fidélité, le texte de Champlain ne respire guère ni ne vit. L'œuvre est abondante: quatre séries de voyages et deux mémoires: 1, 480 pages dans l'édition de Laverdière que nous utilisons — et jalonne la vie de 1603 à 1632. Cette constance à écrire, ce recours au livre dans le dénuement et la solitude des hivers québécois d'alors, n'est certes pas sans grandeur.

Bon et parfait navigateur

Il m'a semblé n'estre hors de propos de faire un petit traitté de ce qui est necessaire pour un bon et parfait navigateur, et des conditions qu'il doit avoir: sur toute chose estre homme de bien, craignant Dieu; ne permettre en son vaisseau que son Sainct Nom soir blasphemé, de peur que sa divine Majesté, ne le chastie, pour se voir souvent dans les perils, et estre soigneux soir et matin de faire faire les prieres avant toute chose, et si le navigateur peut avoir le moyen, je luy conseille de mener avec luy un homme d'Eglise ou Religieux habile et capable, pour faire des exhortations de temps en temps aux soldats et mariniers, affin de les tenir tousjours en la crainte de Dieu, comme aussi les assister et confesser en leurs maladies, ou autrement les consoler durant les perils qui se rencontrent dans les hasards de la mer.

Ne doit estre delicat en son manger, ny en son boire, s'accommodant selon les lieux où il se treuvera, s'il est delicat ou de petite complexion, changeant d'air et de nourriture, il est suject à plusieurs maladies, et changeant des bons vivres en de grossiers, tels que font ceux qui se mangent sur mer, qui engendrent un sang tout contraire à leur nature: et ces personnes là doivent apprehender sur tout le Secubat[1] plus que d'autres qui ne laissent d'estre frappez en ces maladies de long cours, et doit on avoir provision de remedes singuliers pour ceux qui en sont atteints.

Doit estre robuste, dispos, avoir le pied marin, infatigables aux peines et travaux, affin que quelque accident qu'il arrive il se puisse presenter sur le tillac, et d'une forte voix commander à chacun, ce qu'il doit faire. Quelques fois il ne doit mespriser de mettre luy mesme la main à l'œuvre, pour rendre la vigilance des matelots plus prompte, et que le desordre ne s'en ensuive: doit parler seul pour ce que la diversité des commandements, et principalement aux lieux douteux, ne face faire une manœuvre pour l'autre.

Il doit estre doux et affable en sa conversation, absolu en ses commandements, ne se communiquer trop facilement avec ses compagnons, si ce n'est avec ceux qui sont de commandement. Ce que ne faisant luy pourroit avec le temps engendrer un mespris: aussi chastier severement les meschans,

---

1. Secubat: scorbut.

et faire estat des bons, les aymant et gratifiant de fois à autres de quelque caresse, loüant ceux là, et ne mespriser les autres, affin que cela ne luy cause de l'enuie, qui souvent fait naistre une mauvaise affection, qui est comme une gangrene qui peu à peu corrompt et emporte le corps, ny pour avoir preveu de bonne heure, apportant quelque fois à conspirations, divisions ou ligues, qui souvent font perdre les plus belles entreprises.

Que la justice en fut faite

De l'isle d'Orleans jusques à Quebecq, y a une lieue, et y arrivay le 3 Juillet[2]: où estant, je cherchay lieu propre pour nostre habitation, mais je n'en peu trouver de plus commode, ny mieux situé que la pointe de Quebecq, ainsi appellé des sauvages, laquelle estoit remplie de noyers. Aussitost j'emploiay une partie de nos ouvriers à les abbatre pour y faire nostre habitation, l'autre à scier des aix, l'autre fouiller la cave et faire des fossez: et l'autre à aller querir nos commoditez à Tadoussac avec la barque. La premiere chose que nous fismes fut le magazin pour mettre nos vivres à couvert, qui fut promptement fait par la diligence d'un chacun, et le soin que j'en eu.

Quelques jours aprés que je fus audit Quebecq, il y eut un serrurier qui conspira contre le service du Roy; qui estoit m'ayant fait mourir, et s'estant rendu maistre de nostre fort, le mettre entre les mains des Basques ou Espagnols, qui estoient pour lors à Tadoussac, où vaisseaux ne peuvent passer plus outre pour n'avoir la cognoissance du passage ny des bancs et rochers qu'il y a en chemin.

Pour executer son malheureux dessin, sur l'esperance d'ainsi faire sa fortune, il suborna quatre de ceux qu'il croyoit estre des plus mauvais garçons, leur faisant entendre mille faulcetez et esperances d'acquerir du bien.

Aprés que ces quatre hommes furent gaignez, ils promirent chacun de faire en sorte que d'attirer le reste à leur devotion; et que pour lors je n'avois personne avec moy en qui j'eusse fiance: ce qui leur donnoit encore plus d'esperance de faire reussir leur dessin: d'autant que quatre ou cinq de mes compagnons, en qui ils sçavoient que je me fiois, estoient dedans les barques pour avoir esgard à conserver les vivres et commoditez qui nous estoient necessaires pour nostre habitation.

Enfin ils sceurent si bien faire leurs menées avec ceux qui restoient, qu'ils devoient les attirer tous à leur devotion, et mesme mon laquay, leur promettant beaucoup de choses qu'ils n'eussent sceu accomplir.

Estant donc tous d'accord, ils estoient de jour en autre en diverses resolutions comment ils me feroient mourir, pour n'en pouvoir estre accusez, ce qu'ils tenoient difficile: mais le Diable leur bandant à tous les yeux: et leur ostant la raison et toute la difficulté qu'ils pouvoient avoir, ils arresterent de me prendre à de pourveu d'armes et m'estouffer, ou donner la nuit une fauce alarme, et comme je sortirois tirer sur moy, et que par ce moyen ils auroient

---

2. Juillet: en 1608.

plustost fait qu'autrement: tous promirent les uns aux autres de ne se descouvrir, sur peine que le premier qui en ouvriroit la bouche, seroit poignardé:
et dans quatre jours ils devoient executer leur entreprise, devant que nos
barques fussent arrivées: car autrement ils n'eussent peu venir à bout de leur
dessin.

Ce mesme jour arriva l'une de nos barques, où estoit nostre pilotte appelé
le Capitaine Testu, homme fort discret. Aprés que la barque fut deschargée
et preste à s'en retourner à Tadoussac, il vint à luy un serrurier appelé Natel,
compagnon de Jean du Val chef de la traison, qui luy dit, qu'il avoit promis
aux autres de faire tout ainsi qu'eux: mais qu'en effect il n'en desiroit l'execution, et qu'il n'osoit s'en declarer, et ce qui l'en avoit empesché, estoit la
crainte qu'il avoit qu'il ne le poignardassent.

Aprés qu'Antoine Natel eust fait promettre audit pilotte de ne rien declarer de ce qu'il diroit, d'autant que si ses compagnons le descouvroient, ils
le feroient mourir. Le pilotte l'asseura de toutes choses, et qu'il luy declarast
le fait de l'entreprinse qu'ils desiroient faire: ce que Natel fit tout au long:
lequel pilotte luy dist, Mon amy vous avez bien fait de descouvrir un dessin
si pernicieux, et montrez que vous estes homme de bien, et conduit du S. Esprit. Mais ces choses ne peuvent passer sans que le sieur de Champlain le
scache pour y remedier, et vous promets de faire tant envers luy, qu'il vous
pardonnera et à d'autres: et de ce pas, dit le pilotte, je le vays trouver sans
faire semblant de rien, et vous, allez faire vostre besoigne, et entendez tousjours ce qu'ils diront, et ne vous souciez du reste.

Aussitost le pilotte me vint trouver en un jardin que je faisois accommoder, et me dit qu'il desiroit parler à moy en lieu secret, où il n'y eust que
nous deux. Je luy dis que je le voulois bien. Nous allasmes dans le bois, où
il me conta toute l'affaire. Je luy demanday qui luy avoit dit. Il me pria de
pardonner à celuy qui luy avoit declaré: ce que je luy accorday bien qu'il
devoit s'adresser à moy; il croignoit dit-il qu'eussiez entré en cholere, et que
l'eussiez offencé. Je luy dis que je sçavois mieux me gouverner que cela en
telles affaires, et qu'il le fit venir, pour l'oyr parler. Il y fut, et l'amena tout
tremblant de crainte qu'il avoit que luy fisse quelque desplaisir. Je l'asseuray,
et luy dy qu'il n'eust point de peur et qu'il estoit en lieu de seureté, et que
je luy pardonnois tout ce qu'il avoit fait avec les autres, pourveu qu'il dist
entierement la verité de toutes chose, et le subjet qui les y avoit meuz, Rien,
dit-il, sinon que ils s'estoient imaginez que rendant la place entre les mains
des Basques ou Espaignols, ils seroient tout riches, et qu'ils ne desiroient
plus aller en France; et me conta le surplus de leur entreprinse.

Aprés l'avoir entendu et interrogé, je luy dis qu'il s'en allast à ses affaires: Cependant je commanday au pilotte qu'il fist approcher sa chalouppe:
ce qu'il fit; et aprés donnay deux bouteilles de vin à un jeune homme, et
qu'il dit à ces quatre galants principaux de l'entreprinse, que c'estoit du vin
de present que ses amis de Tadoussac luy avoient donné et qu'il leur en
vouloit faire part: ce qu'ils ne refuserent, et furent sur le soir en la Barque,
où il leur devoit donner la collation: je ne tarday pas beaucoup après à y
aller, et les fis prendre et arrester attendant le lendemain.

Voyla donc mes galants bien estonnez. Aussitost je fis lever un chacun (car c'estoit sur les dix heures du soir) et leur pardonnay à tous, pourveu qu'ils me disent la verité de tout ce qui s'estoit passé, ce qu'ils firent, et aprés les fis retirer.

Le lendemain je prins toutes leurs depositions les unes aprés les autres devant le pilotte et les mariniers du vaisseau, lesquelles je fis coucher par escript, et furent fort aises à ce qu'ils dirent, d'autant qu'ils ne vivoient qu'en crainte, pour la peur qu'ils avoient les uns des autres, et principalement de ces quatre coquins qui les avoient ceduits; et depuis vesquirent en paix, se contentans du traictement qu'ils avoient receu, comme ils deposerent.

Ce jour fis faire six paires de menottes pour les autheurs de la cedition, une pour nostre Chirurgien appelé Bonnerme, une pour un autre appelé la Taille que les quatre ceditieux avoient chargez, ce qui se trouva neantmoins faux, qui fut occasion de leur donner liberté.

Ces choses estans faites, j'emmenay mes galants à Tadoussac, et priay le Pont de me faire ce bien de les garder, d'autant que je n'avois encores lieu de seureté pour les mettre, et qu'estions empeschez à edifier nos logemens; et aussi pour prendre resolution de luy et d'autres du vaisseau, de ce qu'aurions à faire là dessus. Nous advisames qu'aprés qu'il auroit fait ses affaires à Tadoussac, il s'en viendroit à Quebecq avec les prisonniers, où les ferions confronter devant leurs tesmoins: et aprés les avoir ouis, ordonner que la justice en fut faite selon le delict qu'ils auroient commis.

Je m'en retournay le lendemain à Quebecq pour faire diligence de parachever nostre magazin, pour retirer nos vivres qui avoient esté abandonnez de tous ces belistres, qui n'espargnoient rien, sans considerer où ils en pourroient trouver d'autres quand ceux là manqueroient: car je n'y pouvois donner remede que le magazin ne fut fait et fermé.

Le Pont-gravé arriva quelque temps aprés moy, avec les prisonniers, ce qui apporta du mescontentement aux ouvriers qui restoient, craignant que je leur eusse pardonné, et qu'ils n'usassent de vengeance envers eux, pour avoir declaré leur mauvais dessin.

Nous les fismes confronter les uns aux autres, où ils leur maintindrent tout ce qu'ils avoient declaré dans leur depositions, sans que les prisonniers leur deniassent le contraire, s'accusans d'avoir meschamment fait, et merité punition, si on n'usoit de misericorde envers eux, en maudissant Jean du Val, comme le premier qui les avoit induits à telle trahison, dés qu'ils partirent de France. Ledit du Val ne sceut que dire, sinon qu'il meritoit la mort, et que tout le contenu és informations estoit veritable, et qu'on eust pitié de luy, et des autres qui avoient adheré à ses pernicieuses vollontez.

Aprés que le Pont et moy, avec le Capitaine du vaisseau, le Chirurgien, maistre, contre maistre, et autres mariniers eusmes ouy leurs depositions et confrontations, Nous advisames que ce seroit assez de faire mourir le dit du Val, comme le motif de l'entreprinse, et aussi pour servir d'exemple à ceux qui restoient, de se comporter sagement à l'advenir en leur devoir, et afin que les Espagnols et Basques qui estoient en quantité au pays n'en fissent trophée: et les trois autres condamnez d'estre pendus, et cependant les remmener en France entre les mains du sieur de Mons, pour leur estre fait plus ample justice, selon qu'il adviseroit, avec toutes les informations, et la sentence, tant dudict Jean du Val qui fut pendu et estranglé audit Quebecq, et sa teste mise au bout d'une pique pour estre plantée au lieu le plus eminent de nostre fort et les autres trois renvoyez en France.

Le gougou

Il y a encore une chose estrange, digne de reciter, que plusieurs sauvages m'ont asseuré estre vray: c'est que, proche de la Baye de Chaleurs, tirant au Su, est une isle où faict residence un monstre espouvantable que les sauvages appellent Gougou, et m'ont dict qu'il avoit la forme d'une femme, mais fort effroyable, et d'une telle grandeur, qu'ils me disoient que le bout des mats de nostre vaisseau ne luy fust pas venu jusques à la ceinture, tant ils le peignent grand; et que souvent il a devoré et devore beaucoup de sauvages; lesquels ils met dedans une grande poche, quand il les peut attraper, et puis les mange; et disoient ceux qui avoient esvité le peril de ceste malheureuse beste, que sa poche estoit si grande, qu'il y eust pu mettre nostre vaisseau. Ce monstre faict des bruits horribles dedans ceste isle, que les sauvages appellent le Gougou; et quand ils en parlent, ce n'est que avec une peur si estrange qu'il ne se peut dire plus, et m'ont asseuré plusieurs l'avoir veu. Mesme ledict sieur Prevert de Sainct Malo, en allant à la descouverture des mines, ainsi que nous avons dict au chapitre precedent, m'a dict avoir passé si proche de la demeure de ceste effroyable beste, que luy et tous ceux de son vaisseau entendoient des sifflements estranges du bruit qu'elle faisoit, et que les sauvages qu'il avoit avec luy, luy dirent que c'estoit la mesme beste, et avoient une telle peur qu'ils se cachoient de toute part, craignant qu'elle fust venuë à eux pour les emporter; et qu'il me faict croire ce qu'ils disent, c'est que tous les sauvages en general la craignent et en parlent si estrangement, que si je mettois tout ce qu'ils en disent, l'on le tiendroit pour fables; mais je tiens que ce soit la residence de quelque diable qui les tourmente de la façon. Voylà ce que j'ay appris de ce Gougou.

Pour l'espace de quinze années

Au Roy et à nosseigneurs de son Conseil

SIRE,

Vous remonstre très humblement le sieur de Champlain que, depuis seize ans, il auroit travaillé avec un soing laborieux tant aux descouverture de la Nouvelle-France que de divers peuples et nations qu'il a amenéz à nostre cognoissance, qui n'avoient jamais esté cognues que par luy; lesquels luy ont donné telle et si fidelle rellation des mers du nor et du su, que l'on n'en peut doubter, qui seroit le moyen de parvenir facilement au Royaume de la Chine et Indes orientales, d'où l'on tireroit de grandes richesses; oultre le culte divin qui s'y pourroit planter, comme le peuvent tesmoigner nos religieux récollés, plus l'abondance des marchandises dudict pays de la Nouvelle-France, qui se tireroit annuellement par la diligence des ouvriers qui s'y transporteroient. Que sy cedict pais estoit deslaissé et l'abitation abandonnée, faulte d'y apporter le soing qui seroit requis, les Anglois ou Flamens, envieux de nostre bien, s'en empareroist en jouissant du fruict de nos labeurs, et empeschant par ce moyen plus de mille vaisseaux d'aller faire paicherie de poissons sec, vert, et huilles de balleyne, comme ils ont desjà faict au nor et habitations du sieur de Poitrincourt, que des Jésuites qu'ils ont prises et brullées, comme l'a faict voir ledict Champlain à messieurs de la chambre de commerce, qui se sont bien et deuement informés sur chasque point des articles cy attachés. Et considérant le bien et utilité qui en peut revenir, tant à la gloire de Dieu que pour l'honneur de Sa Majesté et bien de ses subjects, elle auroit donné son advis pour le présenter à sadicte Majesté et nosdicts seigneurs de son Conseil les moyens qu'elle doibt donner pour une si saincte et glorieuse entreprise.

A ces causes, ledict Champlain supplie trés humblement sadicte Majesté et nosdicts seigneurs de son conseil luy donner moyen de fortiffier et augmenter son desseing. Et d'aultant que ledict de Champlain, en ceste présente année, faict le voiage de la Nouvelle-France, il supplie humblement sadicte Majesté d'avoir pour agreable que le sieur baron de Roussillon, l'un des commissaires de ladicte chambre de commerce, ayent le soing de vacquer aux choses necessaires pour ladicte entreprise, et poursuivre l'accomplissement dudict advis de ladicte chambre de commerce près de sadicte Majesté et nosdicts seigneurs de son conseil, pendant l'absence dudict de Champlain; lequel continuera à prier Dieu incessamment pour le bien et accroissement de vostre dicte Majesté. Signé

CHAMPLAIN.

PREMIÈREMENT. — Sadicte Majesté establira la foy chrestienne parmy un peuple infini d'ames, lequel ne tient ny n'a aucune forme de religion qu'elle qu'elle soit, et neantmoings ne respire autre chose que la cognoissance du culte divin et humain, selon qu'il est rapporté par la relation de tous ceux qui ont fait le voyage dans ladicte Nouvelle-France.

SECONDEMENT. — Le roy se rendra maistre et seigneur d'une terre de près de dix-huict cens lieues de long, arrousée des plus beaux fleuves du monde et des plus grands lacs en plus grande quantité, et les plus fertiles et abondants en toute sorte de poissons qui se peuvent trouver, comme aussy des plus grandes prairies, campagnes, forests remplies la plupart de noyers, et coutaulx très agréables où il se trouve grande quantité de vignes sauvages, lesquelles apportent le grain aultant ou plus gros que les nostres, toutes cultivées qu'elles sont.

TIERCEMENT. — Le sieur de Champlain prétend trouver le passage de la mer du sud pour aller à la Chine et aux Indes orientales par le moyen du fleuve Saint-Laurent, qui traverse les terres de ladicte Nouvelle-France, et sort icelluy fleuve d'un lac contenant environ trois cens lieues, duquel lac sort un fleuve, lequel entre dans ladicte mer du sud, suivant la relation faicte audict sieur de Champlain par quantité de peuples, ses amis audict païs; lesquels il a visités et recogneus, aïant remonté ledict fleuve Saint-Laurent plus de quatre cens lieues dans ledict lac de trois cens, auquel voyage il a trouvé des villes fermées en quantité, enceintes et closes de bois, à la mode qu'elles sont pour le jourdhuy dans Mouscovye; desquelles villes peut sortir deux mille hommes armés à leur mode; en quelcune autre, moins.

Que sadicte Majesté retireroit un grand et notable profit des impost et denrées qu'elle pourroit mettre sur les marchandises sortant dudict païs, suivant le mémoire donné, comme aussy de la douane des marchandises qui viendroient de la Chine et des Indes, laquelle surpasseroit en prix dix fois [au] moings toutes celles qui se lèvent en France, d'autant qu'au passage prétendu par le sieur de Champlain, passeroient tous les marchands de la chrestienté, s'il plaict au roy leur octroyer ledict passage, pour oster un racourcissement dudict passage de plus d'un an et demy de temps, sans le dangier des coursaires et de la fortune de la mer et du passage, par le grand tour qu'il convient de prendre maintenant, rapporte mille sorte d'incommodités aux marchands et aux voyageurs.

Ce que ledict sieur de Champlain dict d'abondant et entend de faire soubs le bon vouloir de sa Majesté, si elle a pour agréable de commencer et poursuivre ladicte entreprise et de faire à Quebec, lieu de l'habitation du sieur Champlain, assise sur la riviere Saint-Laurent, en un detroict d'icelle riviere, qui peut contenir environ neuf cens ou mille pas, une ville de la grandeur presque de celle de Sainct-Denis, laquelle ville s'appellera, s'il plaict à Dieu et au roy, LUDOVICA, dans laquelle l'on faira faire un beau temple au milieu d'icelle, dédié au Rédempteur, et nommé *le Rédempteur*, en signe et commemoration du bien qu'il plaira à Dieu de faire à ces pauvres peuples, lesquel n'ont aucune cognoissance de son sainct nom, de porter la volonté du roy à les faire venir à la cognoissance de la sainte foy chrestienne et au giron de nostre mère sainte église.

Il sera faict un fort composé de cinq bastions, à cousté de ladicte ville, sur un certain lieu relevé des deux coustés, lequel commandera sur ladicte ville et sur le destroit de ladicte riviere; de l'autre cousté de laquelle et vis-à-vis se fera un fort de mesme grandeur pour barrer entièrement le passage de ladicte riviere, comme estans l'entrée et la porte dudict païs, sans laquelle on n'y peut aucunement entrer, estant depuis l'embuchure de ladicte riviere jusques dans la mer, laquelle embouchure dans la mer peut contenir environ trente lieues jusques audit Quebec, qui est distant de ladicte embouchure de quelques six vingts lieues, le pays tout remply à droicte et à gauche de montagnes et rochers espouvantables et pays déserts, lesquels il n'y a moien de traverser, ne s'y trouvant aucun port ny havres pour tirer les vaisseaux, sinon un, nommé Tadoussac, auquel lieu se retirent les grands vaisseaux. Et là il sera faict un fort sur une poincte d'icelluy, fort advantageuse, auquel l'on mettra garnison, et laquelle garnison sera changée de six en six mois.

Ledict Tadoussac est au-dessoubs dudict Quebec, environ trente et cinq lieues. Entre ledict Quebec et Tadoussac ny amis ny ennemis, ne s'y peuvent loger.

Ce que ledict sieur de Champlain dict estre necessaire pour s'establir fermement dans ledict païs de la Nouvelle-France est: premierement, afin que ce saint œuvre soit bény de Dieu, d'y mener d'abord quinze religieux récolets, lesquels seront logés en un cloistre qui sera faict proche de ladite église du Rédempteur.

Secondement, y mener trois cens familles chascune composée de quatre personnes, sçavoir le mary et la femme, fils et fille, ou serviteur et servante, au-dessous de l'aage de vingt ans, sçavoir les enfants et serviteurs.

Et d'autant que tous les estats qui subsistent sont appuiés politiquement sur quatre arcs-boutants, lesquels sont la force, la justice, la marchandise et le labourage, ayant parlé en premier lieu pour ce qui est de l'église, il est nécessaire d'y porter la force, laquelle sera de trois cens bons hommes bien arméz et disciplinéz, et lesquels néantmoings ne laisseront de travailler à tour de role à ce qui sera nécessaire, n'estant besoing aux establissements de colonnyes d'y porter des personnes de quelque qualité que ce soit, qui ne sçachent à gaigner la vie. (...)

A s'il plaict à Sa Majesté octroier les deniers provenus des moyens ci-dessus, lesquels néantmoings ledict suppliant ne veut ni manier ni toucher, comme il a dict cy-dessus, pour l'espace de quinze années, l'on prévoira à cet accident; et le sieur de Champlain promet, ledict temps expiré, pourveu que desdicts moyens il en puisse tirer assez pour fournir aux frais desdictes familles et gens de guerre, sur le prix de son honneur et de sa vie, rendre la chose tellement establie à sa Majesté qu'il n'y aura force humaine à redoubter aux quatre villes basties en remontant ledict fleuve Saint-Laurent, accompagnées de bourgs et villages, comme aussy tous les peuples dudict pays tributaires à Sa Majesté.

DEUXIÈME PARTIE

LA GRANDE MISSION

Pierre Biard

Gabriel Théodat Sagard

Paul Le Jeune

Jean de Brébeuf

François Le Mercier

Barthelemy Vimont

Marie de l'Incarnation

François de Laval

Jérôme Lalemant

PIERRE BIARD (1567-1622)

La *Relation de La Première Mission d'Acadie* est un texte surprenant. Écrit au
début du XVIIe siècle, il paraît plus archaïque et difficile à lire que le texte de
Cartier, tant par la richesse du vocabulaire que par la complexité de la syntaxe.
C'est un texte éminemment volontaire. Biard y défend une cause qui est d'abord
l'évangélisation mais aussi sa propre conduite en Acadie. Le texte ne fait pas
que redire l'aventure temporelle: il est gonflé d'interprétations et d'intentions, il
est animé d'une passion froide et lucide, il s'insère dans une culture et une vision
de la vie. La plupart des textes choisis disent le projet d'évangélisation, qui ne
variera plus guère pour 50 ou 60 ans; deux textes cependant se situent plus près
de l'anthropologie. On ne saurait trop faire remarquer que les coutumes indiennes
varient beaucoup selon les peuplades et les époques. (Nous utilisons la magnifique édition qu'a faite de cette *Relation* le père Lucien Campeau.)

Bel Eden, pitoyable désert

A grande raison, amy lecteur, un des plus anciens prophètes, nous dépeignant
mystiquement soubs le sensible et historial dégast de la Judée les horribles
ravages, exterminations et ruines que Satan opère où sa fureur peut avoir le
domaine, a dit emphatiquement: « Au-devant de luy la terre est un paradis
de délices et derrière luy, la solitude d'un désert ». Car certes, qui jettera ses
yeux sur tout le vaste contour de la terre et y considérera les nations illuminées
du Soleil de justice, nostre Sauveur, Jésus-Christ, arrousées de son sang et
précieux sacrement, nourries de sa grâce et parole, vivifiées et resjouyes de
son esprit, cultivées et régies de ses divins offices, honnorées de son oracle
et présence réelle; qui, dy-je, contemplera cecy aura grande occasion de
s'escrier qu'au-devant du destructeur infernal et où il ne peut atteindre, la
terre est un paradis de délices, où toutes bénédictions mesmement temporelles
et séculière félicité accompagnent les peuples, estant planté au milieu d'eux
le vray arbre de vie, nostre Rédempteur, Jésus-Christ. Mais au contraire, si
l'on destourne la veue et que l'on regarde derrière ce maudit tyran, Lucifer,
et par où il a peu exercer ses intolérables cruautez, on ne trouvera que des-
tructions et solitudes, cris et lamentations, que désolation et ombre de mort.

Ores il n'est jà besoin que nous sortions hors de nostre hémisphère pour
voir à l'œil et recognoistre ceste vérité. La Grèce et la Palestine, jadis un bel
Eden, aujourd'huy un pitoyable désert, nous sont devant les yeux. Que s'il
vous plaist que nous nous regardions nous-mesmes pour, touchant à la main
cela mesme, rendre louange au libéral Donateur de nos biens, je vous prie,
suivons ce soleil corporel qui nous esclaire et l'accompagnons en son couchant, pour sçavoir à qui, par droicte ligne de nous, il va donner le bon jour
au-delà de nostre océan, nous ayant icy recommandé au repos de la nuict.
Cest la Nouvelle-France, ceste nouvelle terre, dy-je, descouverte premièrement au dernier siècle par nos François, terre jumelle avec la nostre, subjecte
à mesmes influences, rangée en mesme parallèle, située en mesme climat;
terre vaste et pour ainsi dire infinie; terre que nous saluons regardans nostre
soleil en son vespre; terre, cependant, de laquelle vous pourrez méritoirement

dire, si vous considérez Satan en front et venant de l'occident pour nous abbatre: « Devant luy est un paradis de délices et derrière luy, la solitude d'un désert ». Car en pure vérité, toute ceste région, quoy que capable de mesme félicité que nous, toutefois, par malice de Satan qui y règne, n'est qu'un horrible désert, non guière moins calamiteux pour la malencontreuse disette des biens corporels que pour celle qui absoluement rend les hommes misérables, l'extrême nudité des parements et richesses de l'âme. Et ne faut jà en accuser le sol ou malignité de la terre, l'air ou les eaux, les hommes ou leurs humeurs. Nous sommes tous faicts et relevons de mesmes principes. Nous respirons soubs mesme élévation de pôle; mesmes constellations nous tempèrent; et ne croy point que la terre, laquelle produit là d'aussi hauts et beaux arbres que les nostres, ne produisist d'aussi belles moissons si elle estoit cultivée. D'où vient donc une si grande diversité? D'où ce tant inégal partage de bon et mal heur, de jardin et désert, de paradis et d'enfer? Que m'interrogerez-vous? Interrogez celuy qui du ciel advisoit son peuple de considérer ceste tant opposite division entre Esaü et Jacob, frères jumeaux, et comme cestuy-là estoit logé en l'air avec les dragons et bestes sauvages et cestuy-cy en la mouelle et mammelle de la terre avec les anges.

Ceste considération de vray est puissante et devroit occuper d'admiration tous nos sentimens, nous retenant en une pieuse crainte et affectionnée volonté de communiquer charitablement ce comble de bien du christianisme, qui nous vient si gratuitement au rencontre. Car autrement, certes, il est facile à nostre bénin Père de croiser ses bras, comme fit Jacob, et mettre sa dextre sur le puysné et sa gauche sur le plus grand. O mon Dieu! où est icy l'ambition des grands? Où la contention des forts? Où la monstre des riches? Où l'effort des vertueux? Y a-[t]-il champ de Marathon ou lices olympiques plus propres aux courageux? Où est-ce que la gloire d'un chrestien le peut eslever plus heureusement que où elle apporteroit la félicité corporelle tout ensemble et la spirituelle à ses consorts et où, comme grand outil de Dieu, il feroit d'un désert un paradis, où il dompteroit les monstres infernaux et introduiroit la police et la milice du ciel en terre, où les générations et générations, à milliers et jusques aux derniers siècles, béniroyent son nom et mémoire sans cesse et le ciel mesme, qui se peupleroit de ses bienfaits, se resjouyroit des grâces et bénédictions versées dessus luy?

Or c'est, amy lecteur, l'ardent désir et zèle de voir ceste Nouvelle-France, que je dy, conquise à Nostre-Seigneur qui m'a fait prendre la plume en main pour vous dépeindre briefvement et en toute vérité ce que j'ay recogneu de ses contrées. Il y a quatre ans que j'y fus envoyé par mes supérieurs et, Dieu punissant mes péchez, j'en ay esté despuis enlevé par les Anglois, ainsi que je raconteray cy-après.

Jamais Salomon n'eust son hostel mieux ordonné

Leur vivre[1] est ce que la chasse et la pesche leur donnent. Car ils ne labourent

---

1. Leur vivre...: il s'agit des Indiens de l'Acadie.

point, mais la providence paternelle de nostre bon Dieu, laquelle n'abandonne pas les passereaux mesmes, n'a point laissé ces pauvres créatures capables de luy sans provision convenable, qui leur est comme par estape assignée à chasque lune. Car ils content par lunes et en mettent trèze en l'an. Par exemple donc, en janvier, ils ont la chasse des loups marins; car cest animal, quoy qu'il soit aquatique, fraye néantmoins sur certaines isles environ ce temps. La chair en est aussi bonne que du veau, et de plus ils font de sa graisse un'huyle qui leur sert de sausse toute l'année. Ils en remplissent plusieurs vessies d'orignac, qui sont deux ou trois fois plus amples et fortes que les nostres de porc; et voilà leurs tonneaux de réserve. En ce mesme mois de février et jusques à la my-mars, est la grande chasse des castors, loutres, orignacs, ours — qui sont fort bons — et des caribous, animal moitié asne, moitié cerf. Si le temps leur dit, ils vivent lors en grand'abondance et sont aussi fiers que princes et roys; mais s'il leur est contraire, c'est grande pitié d'eux, et souvent meurent de misérable faim. Le temps leur est contraire quand il pleut beaucoup et ne gèle pas, parce que lors ils ne peuvent chasser ny aux eslans ny aux castors. Item quand il nège beaucoup et ne gèle pas là-dessus, car ils ne peuvent pas mener leurs chiens à la chasse, pource qu'ils enfoncent dedans; ce qu'ils ne font pas, eux, parce qu'ils s'attachent des raquettes aux pieds, à l'aide desquelles ils demeurent dessus. Si ne peuvent-ils tant courir qu'il faudroit, la nège estant trop molle. Autres tels misérables accidents leur arrivent, qui seroyent longs à raconter.

Sur la my-mars, le poisson commence à frayer et monter de la mer en haut contre certains ruisseaux, souvent en si grand'abondance que tout en formille. A peine le croiroit qui ne l'auroit veu. On ne sçauroit mettre la main dans l'eau qu'on ne rencontre proye. Entre ces poissons, l'éplan est le premier. Cest éplan est deux et trois fois plus grand que n'est le nostre de rivière. Après l'éplan suit le harenc à la fin d'avril, et au mesme temps, les outardes arrivent du midy, qui sont grosses cannes au double des nostres et font volontiers leurs nids aux isles. Deux œufs d'outarde en valent richement cinq de poule. A mesme termoyement vient l'estourgeon et le saumon, et la grande queste des œufs par les islètes, car les oiseaux pescherets, qui sont là en très grande foison, pondent lors et souvent couvrent de leurs nids ces islettes. Dès le mois de may jusques à la my-septembre, ils sont hors de tout esmoy pour leur vivre, car les moulues sont à la coste, toute sorte de poisson et coquillage, et les navires françois avec lesquels ils trocquent. Et sçavez-vous s'ils entendent bien à se faire courtiser. Ils tranchent des frères avecques le Roy et ne leur faut rien rabbattre de toute la pièce. Il faut leur faire des présents et les bien haranguer avant qu'ils accordent la traicte; et icelle faicte, faut encores les tabagier, c'est-à-dire les banqueter. Alors ils danseront, harangu
ront et chanteront: « Adesq uidex, adesquidex »; sçavoir est qu'ils sont les bons amys, alliés, associés, confédérés et compères du Roy et des François.

Le gibier d'eau y abonde; celuy de terre non, sinon à certain temps les oiseaux passagiers, comme outardes et oyes grises et blanches. On y trouve des perdrix grises, qui ont une fort belle queue et sont deux fois plus grosses que les nostres. On y voit force tourtes, qui viennent manger les framboises au mois de juillet, plusieurs oiseaux de proye et quelques lapins et levraux.

Or nos sauvages, sur la my-septembre, se retirent de la mer, hors la portée du flux, aux petites rivières, où les anguilles frayent, et en font provision. Elles sont bonnes et grasses. En octobre et novembre est la seconde chasse des castors et des eslans. Et puis en décembre, admirable providence de Dieu, vient un poisson appelé d'eux « ponamo », qui fraye sous la glace. Item lors, les tortues font leurs petits, etc. Tels donc, mais en bien plus grand nombre, sont les revenus et censives de nos sauvages; telle leur table et entretien, le tout cotté et assigné, chasque chose en son endroit et quartier. Jamais Salomon n'eust son hostel mieux ordonné et policé en vivandiers que le sont ces pensions et les voicturiers d'icelles. Aussi un plus grand que Salomon les a constitués. A luy soit gloire à tout'éternité!

Adieus pitoyables

Si le mourant a quelques provisions, il faut qu'il en face tabagie à tous ses parents et amis. Cependant qu'elle cuit, les assistants luy font réciproquement leurs présents en signe d'amitié: des chiens, des peaux, des flesches, etc. On tue ces chiens pour les luy envoyer au-devant en l'autre monde. Lesdits chiens, encores, servent à la tabagie, car ils y trouvent du goust. Ayant banqueté, ils commencent leurs harengues de commisération et leurs adieus pitoyables, que le cœur leur pleure et leur saigne de ce que leur bon amy les quitte et s'en va; mais qu'il s'en aille hardiment, puis qu'il laisse de beaux enfans, qui seront bons chasseurs et vaillants hommes, et des bons amis, qui bien vengeront les torts qu'on luy a faicts, etc. Ce train dure jusques à ce que le trespassant expire; ce qu'arrivant, ils jettent des crys horribles; et est chose furieuse que de leurs naenies, lesquelles ne cessent ny jour ny nuict, quelque fois durent toute une sepmaine, selon que le défunct est grand et que les complorants ont de provision. Si la provision défaut entièrement, ils ne font qu'enterrer le mort et different ces obsèques et cérémonies à un autre temps et lieu, au bon plaisir du ventre.

Cependant, tous les parents et amis se barbouillent la face de noir. Et prou souvent se peignent d'autres couleurs; mais c'est pour se faire plus beaux et jolis. Le noir est marque de dueil et tristesse.

Ils enterrent leurs morts en ceste façon. Premièrement, ils emmaillottent le corps et le garrotent dans les peaux, non de son long, ains les genoux contre le ventre et la teste sur les genoux, tout ainsi que nous sommes dans le ventre de nostre mère. Après, la fosse estant faicte fort creuse, il l'y logent, non à la renverse ou couché comme nous, ains assis: posture en laquelle ils s'aiment fort et qui entr'eux signifie révérence. Car les enfans et jeunes s'assient ainsi en présence de leurs pères et des vieux qu'ils respectent. Nous autres, nous en rions et disons que c'est s'asseoir en guenon; eux prisent ceste façon et la trouvent commode. Depuis le corps logé et n'arrivant pas à fleur de terre pour la profondeur de la fosse, ils voûtent laditte fosse avec des bastons, à celle fin que la terre ne retombe dedans, et ainsi couvrent le tombeau au-dessus. Si c'est quelqu'illustre personnage, ils bastissent une forme de pyramide ou monument à tout des perches liées par ensemble, aussi cupides de gloire en cela que nous en nos marbres et porphyres. Si c'est un homme, ils y mettent pour enseignes et marque son arc, ses flesches et son pavois; si une femme, des cueilliers, des matachias ou jouyaux et parures, etc.

J'ay pensé m'oublier du plus beau. C'est qu'ils inhument avec le défunct tout ce qu'il a, comme son sac, ses flèches, ses peaux et toutes ses autres besongnes et bagage, et encores ses chiens, s'ils n'ont esté mangés. Voire les vivants y adjoustent encore plusieurs telles offrandes pour amitié. Estimés par là si ces bonnes gens sont loing de ceste maudite avarice que nous voyons entre nous, laquelle, pour avoir les richesses des morts, désire et pourchasse la perte et trespas des vivants.

Aider solidement à salut

Or maintenant, le tout bien considéré, en fin je croy que le résultat de toutes les opinions, advis, expériences, raisons et conjectures des sages ne pourroit estre guières que cestui-cy, sçavoir est qu'il n'y a point d'apparence de jamais pouvoir convertir ny aider solidement à salut ces nations, si l'on n'y fonde une peuplade chrestienne et catholique ayant suffisance de moyens pour vivre et de laquelle toutes ces contrées dépendent, mesmes quand aux provisions et nécessités du temporel. Tel est le résultat et conclusion des advis.

Or comment est-ce que s'y pourroit dresser, fournir et entretenir ceste colonie et peuplade? Ce n'est point icy le lieu d'en minuter et articuler les chefs. Seulement advertiray-je que c'est une grande folie à des petits compagnons, que de s'imaginer des barronnies et je ne sçay quels grands fiefs et tènements en ces terres, pour trois ou quatre mille escus, par exemple, qu'ils auront à y foncer. Le pis seroit quand ceste folle vanité arriveroit à gens qui fuyent la ruine de leurs maisons en France. Car à tels convoiteux infailliblement adviendroit, non que borgnes ils règneroient entre les aveugles, ains qu'aveugles ils s'yroient précipiter en la fosse de misère, et possible feroient-ils, au lieu d'un chasteau chrestien, une caverne de larrons, un nid de brigands, un réceptacle d'escumeurs, un refuge de pendarts, un attelier de scandale et toute meschanceté. Qui seroit lors plus en peine, à vostre advis, ou des gens de bien et craignants Dieu se trouvans enveloppés emmy telle compagnie, ou telle compagnie se trouvant liée et contrainte par des gens de bien entremeslez? Il y auroit des secousses infailliblement, des uns contre les autres, et Dieu sçait quelle en pourroit estre l'yssue.

Aussi, de l'autre costé, si ne faut-il point tant exaggérer les despenses, difficultez et inconvéniens possibles, qu'on en désespère les moyens et bon événement. Car à la vérité, pourveu qu'il y eust du mesnage et bonne conduitte, j'estime qu'il y a plusieurs maisons particulières, dans Paris et autre part, qui ont les moyens esgaux à l'entreprinse, voire, et sans grandement incommoder leurs affaires par-deçà, si Dieu leur en donnoit la volonté.

C'est contre nature, en quelque espèce que vous le voudrez prendre, que l'entant, aussi tost né, aussi tost se nourrisse et soustienne de soymesme. Car en fin, ce n'est pas en vain que les mammelles grossissent aux mères pour un temps. Aussi est-ce contre raison ce que quelques-uns se sont imaginez jusques icy, qu'il n'est point nécessaire de faire autre despense après ceste peuplade que nous establissons en la Nouvelle-France, sinon pour, du commencement, y porter et loger nos gens, estimans du reste qu'ils y trouveront assés de quoy s'entretenir, soit par la trocque, soit autrement. Cela est vouloir faire naistre des enfants avec les dents et la barbe et introduire des mères sans mammelles et sans laict, ce que Dieu ne veut pas. Il y faudra tousjours despenser, les premières années, jusques à ce que, la terre suffisamment cultivée, les artifices introduicts et les mesnages accommodés, le corps de la colonie ait prins une juste accroissance et fermeté; et à cela faut se résoudre. Or tout de mesme faut procéder pour le temporel, aussi convient-il le faire, et à semblable proportion, pour le spirituel: bien catéchiser, instruire, cultiver et accoustumer les sauvages, et avec longue patience, et n'attendre pas que d'un an ny de deux ils deviennent chrestiens qui n'ayent besoin ny de curé ny d'évesque. Dieu n'a point faict encores de tels chrestiens, ny n'en fera, comme je croy. Car nostre vie spirituelle dépend de la doctrine et des sacrements et, par conséquent, de ceux qui nous administrent l'un et l'autre, selon son institution saincte.

C'est un grand fruict que la confiance

Maintenant, quelqu'un ayant ouy tout nostre récit à bon droict nous dira: « Or sus, voilà beaucoup de travaux que vous nous avez conté, plusieurs entreprinses louables et divers accidents bien sauvages. Mais quoy ? Est-ce là tout le profit quant à l'avancement du culte de Dieu? N'avez-vous couru que pour ainsi vous lasser, despendu que pour consumer, pâty sinon pour encores pardessus en estre diffamez en France? Car si Canada ne rend point autre revenu, nous vous dirons qu'aucun, s'il n'est fol, ne travaille pour seulement pâtir et ne despend pour seulement s'espuiser. Ains a très bien dit le sainct Apôtre que, qui laboure, c'est en espérance de recueillir du fruict. Quel fruict doncques nous apportez-vous de vos travaux?

A cela je responds que par tout, et aussi bien en France qu'en Canada, il faut semer avant que moyssonner et planter avant que recueillir et ne point tant estre ou avare ou impatient qu'on veuille, comme les usuriers, aussi tost le profit que le prest. Combien que certes, au service de Dieu, il n'y auroit que despenses et travaux, elles ont de soy-mesme assez grand émolument et salaire, non jà pour estre despenses et travaux, ains pour estre preuves et exercices de nostre devoir et pieuse volonté envers nostre libéral donateur de toutes choses, nostre Dieu tout-puissant. Car il ne poise pas n'y n'estime nos conseils et desseins à la balance et au poids des événements, qui sont en sa main et ordonnance, ains à la solidité de nostre vouloir, à la massiveté de l'entreprinse, à l'intégrité de la dévotion et délibération.

Il dispose les événements comme il luy plaist, les rendant souvent plus heureux et plus fructueux que moins on les recognoit pour tels. « Car celuy qui plante n'est rien, ny celuy qui arrouse; ains celuy qui donne accroissement »; lequel accroissement se fait premièrement soubs terre et hors la veue des hommes.

Quant à moy, j'estime un très grand profit en ce que nous avons tousjours mieux et mieux descouvert le naturel de ces terres et païs, la disposition des habitans, le moyen de les pouvoir ayder, les contrariétez qui peuvent survenir au progrez de l'œuvre et les secours qu'il faut opposer à l'ennemy. L'architecte qui fait et deffaict ses plans et modèles jusques à la cinq et sixiesme fois ne se pense pas pour cela n'avoir rien faict en son premier et second essay, lesquels il aura deffaits pour s'arrester au sixiesme; parce que, dira-[t]-il, ce dernier n'a sa perfection que de l'imperfection des premiers. De mesme en est-il de l'orateur qui efface et raye deux et trois fois ce qu'il avoit escrit de première ardeur, parce que la beauté et force des concepts et paroles qu'il substitue pour la quatriesme fois luy naist de la réjection et du desplaisir des précédentes. Aussi, de vray, ce n'est pas autrement que Dieu nous donne pour l'ordinaire la prudence et l'améliorement des choses, sinon par diverses expériences et, pour la pluspart, de nos fautes et de celles d'autruy. Nous avons donc une partie de nos prétensions; nous avons expérimenté; nous sçavons ce qu'il faut et ce qui nuit, et où gist le poinct principal de l'affaire. Les moyens qu'on a employé n'ont point esté si grands ne si proportionnez à plus haute fin qu'il faille nous beaucoup mescontenter de ce que Dieu nous donne.

Mais encores, d'autre costé, c'est un grand fruict que la confiance et amitié que les sauvages ont prinse avecques les François par la grande familiarité et hantise qu'ils ont eu avec eux. Car tousjours faut-il mettre ceste base avant que d'eslever le chapiteau, sçavoir est de les nous rendre ou citoyens ou bons hostes et amis, avant que de les avoir pour frères. Or ceste confiance et ceste privauté est jà si grande que nous vivons entr'eux avec moins de crainte que nous ne ferions dans Paris. Car dans Paris, nous n'oserions dormir que la porte bien verrouillée, mais là nous ne la fermons que contre le vent et si n'en dormons pas pour cela moins asseurez.

GABRIEL THÉODAT SAGARD (?-c. 1636)

Avant les Jésuites, il y eut les Récollets, les « pauvres pères récollets mineurs », dira Sagard, qui fut l'un d'eux, vint un an au pays, passa presque tout ce temps chez les Indiens et écrivit, quelques années après son retour, une relation au titre superbe: *Le Grand Voyage du pays des Hurons* (1632). Il reprendra plus tard, en y ajoutant beaucoup, ce « premier crayon de (son) voyage » à l'intérieur d'une *Histoire du Canada* (1636) qui protestait contre l'exclusion des Récollets du pays. Composé de courts chapitres, écrit sous le choc d'un premier contact, le *Voyage* de Sagard constitue l'une des plus attachantes descriptions de cette civilisation huronne qui allait bientôt être détruite. Le référent, cette « civilisation de l'écorce » dirait Thériault, importe certes plus que les mots. Mais il y a cependant l'écrivain, rondouillard et soucieux de son confort, dont le code des valeurs vacille soudain, qui essaie de tout classer en honnête et malhonnête, en beau et laid, en chrétien et barbare, et qui ne peut s'empêcher de s'exclamer sans cesse que ces gens n'ont « rien de sauvage » et perçoit que la Raison n'est pas nécessairement européenne. Sagard n'a pas de forte passion personnelle, il n'a guère le sens de l'autre mais il saisit admirablement les ensembles, les coutumes et habitudes, la vie globale de la collectivité qui l'a accueilli. À la fin de son livre, on ne peut qu'acquiescer à ce qu'il disait auparavant: « Entre toutes les choses admirables du monde, l'écriture est digne de très grande admiration. »

Ces bons Sauvages et les Mistigoches

Puis, qu'avec la grace du bon Dieu, nous sommes arrivez jusques-là, que d'avoisiner le pays de nos Hurons, il est maintenant temps que je commence à en traicter plus amplement, et de la façon de faire de ses habitans, non à la manière de certaines personnes, lesquelles descrivans leurs Histoires, ne disent ordinairement que les choses principales, et les enrichissent encore tellement, quand on en vient à l'experience, on n'y voit plus la face de l'Autheur: car j'escris non-seulement les choses principales, comme elles sont, mais aussi les moindres et plus petites, avec la mesme naïfveté et simplicité que j'ay accoustumé.

C'est pourquoy je prie le Lecteur d'avoir pour agreable ma maniere de proceder, et d'excuser si pour mieux faire comprendre l'humeur de nos Sauvages, j'ay esté contrainct inserer icy plusieurs choses inciviles et extravagantes, d'autant que l'on ne peut pas donner une entiere cognoissance d'un pays estranger, ny ce qui est de son gouvernement, qu'en faisant voir avec le bien, le mal et l'imperfection qui s'y retrouve: autrement il ne m'eust fallu descrire les mœurs des Sauvages, s'il ne s'y trouvoit rien de sauvage, mais des mœurs polies et civiles, comme les peuples qui sont cultivés par la religion et pieté, ou par des Magistrats et Sages, qui par leurs bonnes lois eussent donné quelque forme aux mœurs si difformes de ces peuples barbares, dans lesquels on void bien peu reluire la lumiere de la raison, et la pureté d'une nature espurée.

Deux jours avant nostre arrivée aux Hurons, nous trouvasmes la mer douce, sur laquelle ayans traversé d'Isle en Isle, et pris terre au pays tant désiré, par un jour de Dimanche, feste sainct Bernard, environ midy, que le Soleil donnoit à plomb, mes Sauvages ayans serré leur Canot en un bois là auprés me chargerent de mes hardes et pacquets, qu'ils avaient auparavant tousjours portez par le chemin: la cause fut la grande distance qu'il y avait de là au Bourg, et qu'ils estoient desja plus que suffisamment chargés de leurs marchandises. Je portay donc mon pacquet avec une tres-grande peine, tant pour sa pesanteur, et de l'excessive chaleur qu'il faisoit, que pour une foiblesse et debilité grande que je ressentois en tous mes membres depuis un long temps, joinct que pour m'avoir fait prendre le devant, comme ils avoient accoustumé (à cause que je ne pouvois les suyvre qu'à toute peine) je me perdis du droict chemin, et me trouvay long temps seul, sans sçavoir où j'allois. A la fin, apres avoir bien marché et traversé pays, je trouvay deux femmes Huronnes proche d'un chemin croizé, et leur demanday par où il falloit aller au Bourg où je me devois rendre, je n'en sçavois pas le nom, et moins lequel je devois prendre des deux chemins: ces pauvres femmes se peinoient assez pour se faire entendre, mais il n'y avoit encore moyen. Enfin, inspiré de Dieu, je pris le bon chemin, et au bout de quelque temps je trouvay mes Sauvages assis à l'ombre sous un arbre en une belle grande prairie, où ils m'attendoient, bien en peine que j'estois devenu; ils me firent seoir auprés d'eux, et me donnerent des cannes de bled d'Inde à succer qu'ils avoient cueillies en un champ tout proche de là. Je pris garde comme ils en usoient, et les trouvay d'un assez bon suc: apres, passant par un autre champ plein de Fezolles j'en cueillis un plein plat, que je fis par apres cuire dans nostre Cabane avec de l'eau, quoyque l'escorce en fust desja assez dure: cela nous servit pour un second festin apres nostre arrivée.

A mesme temps que je fus apperceu de nostre ville de *Quieuindahian*, autrement nommée *Téqueunonkiayé*, lieu assez bien fortifié à leur mode, et qui pouvoit contenir deux ou trois cens mesnages, en trente ou quarante Cabanes qu'il y avoit, il s'esleva un si grand bruit par toute la ville, que tous sortirent presque de leurs Cabanes pour me venir voir, et fus ainsi conduit avec grande acclamation jusque dans la Cabane de mon Sauvage, et pour ce que la presse y estoit fort grande, je fus contrainct de gaigner le haut de l'establie, et me desrober de leur presse. Les pere et mere de mon Sauvage me firent un fort bon accueil à leur mode, et par des caresses extraordinaires, me tesmoignoient l'ayse et le contentement qu'ils avoient de ma venuë, ils me traiterent aussi doucement que leur propre enfant, et me donnerent tout suject de loüer Dieu, voyant l'humanité et fidelité de ces pauvres gens, privez de sa cognoissance. Ils prirent soin que rien ne se perdist de mes petites hardes, et m'advertirent de me donner garde des larrons et des trompeurs, particulierement des *Quieunontateronons*, qui me venoient souvent voir, pour tirer quelque chose de moy: car entre les Nations Sauvages celle-cy est l'une des plus subtiles de toutes, en faict de tromperie et de vol.

Mon Sauvage, qui me tenoit en qualité de frere, me donna advis d'appeller sa mere *Sendoué*, c'est à dire, ma mere, puis luy et ses freres *Ataquen*, mon frere, et le reste de ses parents en suite, selon les degrez de consanguinité, et eux de mesme m'appeloient leur parent. La bonne femme disoit *Ayein*, mon fils, et les autres *Ataquon*, mon frere, *Earassé*, mon cousin, *Hiuoittan*, mon nepveu, *Houatinoron*, mon oncle, *Aystan*, mon pere: selon l'aage des personnes j'estois ainsi appellé oncle ou nepveu, etc., et des autres qui ne me tenoient en qualité de parent, *Yatoro*, mon compagnon, mon camarade, et de ceux qui m'estimoient davantage, *Garihouanne*, grand Capitaine. Voylà comme ce peuple n'est pas tant dans la rudesse et la rusticité qu'on l'estime.

Le festin qui nous fut faict à nostre arrivée, fut de bled d'Inde pilé, qu'ils appellent *Ottet*, avec un petit morceau de poisson boucané à chacun, cuit en l'eau, car c'est toute la saulce du pays, et mes Fezolles me servirent pour le lendemain: dés lors je trouvay bonne la Sagamité qui estoit faicte dans nostre Cabane, pour estre assez nettement accommodée, je n'en pouvois seulement manger lorsqu'il y avoit du poisson puant demincé parmy, ou d'autres petits, qu'ils appellent *Auhaitsique*, ni aussi de *Leindohy*, qui est un bled qu'ils font pourrir dans les fanges et eauës croupies et marescageuses, trois ou quatre mois durant, duquel ils font neantmoins grand estat: nous mangions par-fois de Citroüilles du pays, cuites dans l'eau, ou bien sous la cendre chaude, que je trouvois fort bonnes, comme semblablement des espics de bled d'Inde que nous faisions rostir devant le feu, et d'autre esgrené, grillé comme pois dans les cendres: pour des Meures champestres nostre Sauvagesse m'en apportoit souvent au matin pour mon desjeuner, ou bien des Cannes *d'Honneha* à succer, et autre chose qu'elle pouvoit, et avoit ce soin de faire dresser ma Sagamité la premiere, dans l'escuelle de bois ou d'escorce la plus nette large comme un plat-bassin, et la cueillier avec laquelle je mangeois, grande comme un petit plat ou sauciere. Pour mon departement et quartier, ils me donnerent à moy seul, autant de place qu'en pouvoit occuper un petit mesnage, qu'ils firent sortir à mon occasion, dés le lendemain de mon arrivée: en quoy je remarquay particulierement leur bonne affection, et comme ils desiroient de me contenter, et m'assister et servir avec toute l'honnesteté et respect deus à un grand Capitaine et chef de guerre, tel qu'ils me tenoient. Et pour ce qu'ils n'ont point accoustumé de se servir de chevet, je me servois la nuict d'un billot de bois, ou d'une pierre, que je mettois sous ma teste, et au reste couché simplement sur la natte comme eux, sans couverture ny forme de couche, et en lieu tellement dur, que le matin me levant, je me trouvois tout rompu et brisé de la teste et du corps.

Le matin, apres estre esveillé, et prié un peu Dieu, je desjeunois de ce peu que nostre Sauvagesse m'avoit apporté, puis ayant pris mon Cadran solaire, je sortois de la ville en quelque lieu escarté, pour pouvoir dire mon service en paix, et faire mes prieres et meditations ordinaires: estant environ midy ou une heure, je retournois à nostre Cabane pour disner d'un peu de Sagamité, ou de quelque Citroüille cuite; apres disner je lisois dans quel que petit livre que j'avois apporté, ou bien j'escrivois, et observant soigneusement les mots de la langue, que j'apprenois, j'en dressois des memoires que j'estudiois, et repetois devant mes Sauvages, lesquels y prenoient plaisir, et m'aydoient à m'y perfectionner avec une assez bonne methode, m'y disant souvent, *Aviel*, au lieu de Gabriel, qu'ils ne pouvoient prononcer, à cause de la lettre B, qui ne se trouve point en toute leur langue, non plus que les autres lettres labiales, *Asséhoua*, *Agnonra*, et *Séatonqua*: Gabriel, prends ta plume et escris, puis ils m'expliquoient au mieux qu'ils pouvoient ce que je desirois sçavoir d'eux.

Et comme ils ne pouvoient parfois me faire entendre leurs conceptions, ils me les demonstroient par figures, similitudes et demonstrations exterieures, parfois par discours, et quelquesfois avec un baston, traçant la chose sur la terre, au mieux qu'ils pouvoient, ou par le mouvement du corps, n'estans pas honteux d'en faire de bien indecents, pour se pouvoir mieux donner à entendre par ces comparaisons, plustost que par longs discours et raisons qu'ils eussent pû alleguer, pour estre leur langue assez pauvre et disetteuze de mots en plusieurs choses, et particulierement en ce qui est des mysteres de nostre saincte Religion, lesquels nous ne leur pouvions expliquer, ny mesme le *Pater noster*, sinon que par periphrase, c'est à dire que pour un de nos mots, il en falloit user de plusieurs des leurs: car entr'eux ils ne sçavent que c'est de

Sanctification, de Regne celeste, du tres-sainct Sacrement, ny d'induire en tentation. Les mots de Gloire, Trinité, Sainct Esprit, Anges, Resurrection, Paradis, Enfer, Eglise, Foy, Esperance et Charité, et autres infinis, ne sont pas en usage chez eux. De sorte qu'il n'y a pas besoin de gens bien sçavants pour le commencement; mais bien de personnes craignans Dieu, patiens, et pleins de charité: et voilà en quoy il faut principalement exceller pour convertir ce pauvre peuple, et le tirer hors du peché et de son aveuglement.

Je sortois aussi fort souvent par le Bourg, et les visitois en leurs Cabanes et mesnages, ce qu'ils trouvoient tres-bon, et m'en aymoient davantage, voyans que je traictois doucement et affablement avec eux, autrement ils ne m'eussent point veu de bon œil, et m'eussent creu superbe et desdaigneux, ce qui n'eust pas esté le moyen de rien gaigner sur-eux; mais plustost d'acquerir la disgrace d'un chacun, et se faire hayr de tous: car à mesme temps qu'un Estranger a donné à l'un d'eux quelque petit suject ou ombrage de mescontentement ou fascherie, il est aussi-tost sceu par toute la ville de l'un à l'autre: et comme le mal est plustost creu que le bien, ils vous estiment tel pour un temps, que le mescontent vous a depeint.

A la volonté de la femme

Dans le pays de nos Huron, il se faict des assemblées de toutes les filles d'un bourg auprés d'une malade, tant à sa priere, suyvant la resverie ou le songe qu'elle en aura euë; que par l'ordonnance de Loki, pour sa santé et guerison. Les filles ainsi assemblées, on leur demande à toutes, les unes apres les autres, celuy qu'elles veulent des jeunes hommes du bourg pour dormir avec elles la nuict prochaine: elles en nomment chacune un, qui sont aussi tost advertis par les Maistres de ceremonie, lesquels viennent tous au soir en la presence de la malade, dormir avec celle qui l'a choysi, d'un bout à l'autre de la Cabane, et passent ainsi toute la nuict pendant que deux Capitaines aux deux bouts du logis chantent et sonnent de leur Tortuë du soir au lendemain matin, que la ceremonie cesse. Dieu vueille abolir une si damnable et mal-heureuse ceremonie, avec toutes celles qui sont de mesme aloy, et que les François qui les fomentent par leurs mauvois exemples, ouvrent les yeux de leur esprit pour voir le compte tres-estroict qu'ils en rendront un jour devant Dieu.

Nous lisons, que César loüait grandement les Allemans, d'avoir eu en leur ancienne vie sauvage telle continence, qu'ils reputoient chose tres-vilaine à un jeune homme, d'avoir la compagnie d'une femme ou fille avant l'aage de vingt ans. Au contraire des garçons et jeunes hommes de Canada, et particulierement du pays de nos Hurons, lesquels ont licence de s'adonner au mal si tost qu'ils peuvent, et les jeunes filles de se prostituer si tost qu'elles en sont capables, voir mesme les peres et meres sont souvent maquereaux de leurs propres filles: bien que je puisse dire avec verité, n'y avoir jamais veu donner un seul baiser, ou faire aucun geste ou regard impudique: et pour cette raison j'ose affirmer qu'ils sont moins sujets à ce vice que par deçà, dont on peut attribuer la cause, partie à leur nudité, et principalement de la teste, partie au defaut des espiceries, du vin, et partie à l'usage ordinaire qu'ils ont du petun, la fumée duquel estourdit les sens, et monte au cerveau.

Plusieurs jeunes hommes au lieu de se marier, tiennent et ont souvent des filles à pot et à feu, qu'ils appellent non femmes *Aténonha*, par ce que la ceremonie du mariage n'en a point esté faicte; ains *Asqua*, c'est à dire compagne, ou plustost concubine, et vivent ensemble pour autant longtemps qu'il leur plaist, sans que cela empesche le jeune homme ou la fille, d'aller voir parfois leurs autres amis ou amies librement, et sans crainte de reproche ny blasme, telle estant la coustume du pays.

Mais leur premiere ceremonie du mariage est; Que quand un jeune homme veut avoir une fille en mariage, il faut qu'il la demande à ses pere et mere, sans le consentement desquels la fille n'est point à luy (bien que le plus souvent la fille ne prend point leur consentement et advis, sinon les plus sages et mieux advisées). Cet amoureux voulant faire l'amour à sa maistresse, et acquerir ses bonnes graces, se peinturera le visage, et s'accommodera des plus beaux Matachias qu'il pourra avoir, pour sembler plus beau, puis presentera à la fille quelque collier, brasselet ou oreillette de Pourcelaine: si la fille a ce serviteur agreable, elle reçoit ce present, cela faict, cet amoureux viendra coucher avec elle trois ou quatre nuicts, et jusques là il n'y a encore point de mariage parfait, ny de promesse donnée, pource qu'apres ce dormir il arrive assez souvent que l'amitié ne continuë point, et que la fille, qui pour obeyr à son pere, a souffert ce passe-droit, n'affectionne pas pour cela ce serviteur, et faut par apres qu'il se retire sans passer outre, comme il arriva de nostre temps à un Sauvage, envers la seconde fille du grand Capitaine de Quieunonascaran, comme le pere de la fille mesme s'en plaignoit à nous, voyant l'obstination de sa fille à ne vouloir passer outre à la derniere ceremonie du mariage, pour n'avoir ce serviteur agreable.

Les parties estans d'accord, et le consentement des pere et mere estant donné, on procede à la seconde ceremonie du mariage en cette maniere. On dresse un festin de chien, d'ours, d'eslan, de poisson ou d'autres viandes qui leur sont accommodées, auquel tous les parens et amis des accordez sont invitez. Tout le monde estant assemblé, et chacun en son rang assis sur son seant, tout à l'entour de la Cabane; Le pere de la fille, ou le maistre de la ceremonie, à ce deputé, dict et prononce hautement et intelligiblement devant toute l'assemblee, comme tels et tels se marient ensemble, et qu'à cette occasion a esté faicte cette assemblée et ce festin d'ours, de chien, de poisson, etc., pour la resjouyssance d'un chacun, et la perfection d'un si digne ouvrage. Le tout estant approuvé, et la chaudiere nette, chacun se retire, puis toutes les femmes et filles portent à la nouvelle mariée, chacune un fardeau de bois pour sa provision, si elle est en saison qu'elle ne le peust faire commodement elle-mesme.

Or, il faut remarquer qu'ils gardent trois degrez de consanguinité, dans lesquels il n'ont point accoustumé de faire mariage: sçavoir est, du fils avec sa mere, du pere avec sa fille, du frere avec sa sœur, et du cousin avec sa cousine; comme je recogneus appertement un jour, que je monstray une fille à un Sauvage, et luy demanday si c'estoit là sa femme ou sa concubine, il me respondit que non, et qu'elle estoit sa cousine, et qu'ils n'avoient pas accoustumé de dormir avec leurs cousines; hors cela toutes choses sont per-mises. De doüaire il ne s'en parle point, aussi quand il arrive quelque divorce, le mary n'est tenu de rien.

Pour la vertu et les richesses principales que les pere et mere desirent de celui qui recherche leur fille en mariage, est, non seulement qu'il ait un bel entre gent, et soit bien matachié et enjolivé; mais il faut outre cela, qu'il se monstre vaillant à la chasse, à la guerre et à la pesche, et qu'il sçache faire quelque chose, comme l'exemple suyvant le monstre.

Un Sauvage faisoit l'amour à une fille, laquelle ne pouvant avoir du gré et consentement du pere, il la ravit, et la prit pour femme. Là dessus grande querelle, et enfin la fille luy est enlevée, et retourne avec son pere: et la raison pourquoy le pere ne vouloit que ce Sauvage eust sa fille, estoit, qu'il ne la vouloit point bailler à un homme qui n'eust quelque industrie pour la nourrir, et les enfans qui proviendroient de ce mariage. Que quant à luy il ne voyoit point qu'il sceust rien faire, qu'il s'amusoit à la cuisine des François, et ne s'exerçoit point à chasser: le garçon pour donner preuve de ce qu'il sçavoit par effect, ne pouvant autrement r'avoir la fille, va à la chasse (du poisson) et en prend quantité, et apres cette vaillantise, la fille luy est renduë, et la reconduit en sa Cabane, et firent bon mesnage par ensemble, comme ils avoient faict par le passé.

Que si par succession de temps il leur prend envie de se separer pour quelque sujet que ce soit, ou qu'ils n'ayent point d'enfans, ils se quittent librement, le mary se contentant de dire à ses parens et à elle, qu'elle ne vaut rien, et qu'elle se pourvoye ailleurs, et dés lors elle vit en commun avec les autres, jusqu'à ce que quelqu'autre la recherche; et non seulement les hommes procurent ce divorce, quand les femmes leur en ont donné quelque sujet; mais aussi les femmes quittent facilement leurs marys, quand ils ne leur agreent point: d'où il arrive souvent que telle passe ainsi sa jeunesse, qui aura eu plus de douze ou quinze marys, tous lesquels ne sont pas neantmoins seuls en la jouyssance de la femme, quelques mariez qu'ils soient: car la nuict venuë les jeunes femmes et filles courent d'une Cabane à autre, comme font, en cas pareil, les jeunes hommes de leur costé, qui en prennent par où bon leur semble, sans aucune violence toutefois, remettant le tout à la volonté de la femme. Le mary fera le semblable à sa voysine, et la femme à son voysin, aucune jalousie ne se mesle entr'eux pour cela, et n'en reçoivent aucune honte, infamie ou des-honneur.

Mais lorsqu'ils ont des enfans procreez de leur mariage, ils se separent et quittent rarement, et que ce ne soit pour un grand sujet, et lors que cela arrive, ils ne laissent pas de se remarier à d'autres, nonobstant leurs enfans, desquels ils font accord à qui les aura, et demeurent d'ordinaire au pere, comme j'ay veu à quelques-uns, excepté à une jeune femme, à laquelle le mary laissa un petit fils au maillot, et ne sçay s'il ne l'eust point encore retiré à soy, apres estre sevré, si leur mariage ne se fust r'accommodé, duquel nous fusmes les intercesseurs pour les remettre ensemble et apaiser leur debat, et firent à la fin ce que nous leur conseillasmes, qui estoit de se pardonner l'un l'autre, et de continuer à faire bon mesnage à l'advenir, ce qu'ils firent.

Une des grandes et plus fascheuses importunitez qu'ils nous donnoient au commencement de nostre arrivée en leur pays, estoit leur continuelle poursuite et prieres de nous marier, ou du moins de nous allier avec eux, et ne pouvoient comprendre nostre maniere de vie Religieuse: à la fin ils trouverent nos raisons bonnes, et ne nous en importunerent plus, approuvans que ne fissions rien contre la volonté de nostre bon Pere Jesus; et en ces poursuites les femmes et filles estoient, sans comparaison, pires et plus importunes que les hommes mesmes, qui venoient nous prier pour elles.

Il se nourrist de l'odeur des fleurs

PREMIEREMENT, je commenceray par l'Oyseau le plus beau, le plus rare et plus petit qui soit, peut-estre, au monde, qui est le Vicilin, ou Oyseau-mousche, que les Indiens appellent en leur langue Ressuscité. Cet oyseau, en corps, n'est pas plus gros qu'un grillon, il a le bec long et tres-delié, de la grosseur de la poincte d'une aiguille, et ses cuisses et ses pieds aussi menus que la ligne d'une escriture: l'on a autrefois pezé son nid avec les oyseaux, et trouvé qu'il ne peze d'avantage de vingt-quatre grains; il se nourrist de la rosée et de l'odeur des fleurs sans se poser sur icelles; mais seulement en voltigeant par dessus. Sa plume est aussi deliée que duvet, et est tres-plaisante et belle à voir pour la diversité de ses couleurs. Cet oyseau (à ce qu'on dit) se meurt, ou pour mieux dire s'endort, au mois d'Octobre, demeurant attaché à quelque petite branchette d'arbre par les pieds, et se réveille au mois d'Avril, que les fleurs sont en abondance, et quelques-fois plus tard, et pour cette cause est appellé en langue Mexicaine, Ressuscité. Il en vient quantité en nostre jardin de Kebec, lors que les fleurs et les poids y sont fleuris, et prenois plaisir de les y voir: mais ils vont si viste, que n'estoit qu'on en peut par fois approcher de fort prez, à peine les prendroit-on pour oyseaux; ains pour papillons: mais y prenant garde de prez, on les discerne et recognoist-on à leur bec, à leurs aisles, plumes, et à tout le reste de leur petit corps bien formé. Ils sont fort difficiles à prendre, à cause de leur petitesse, et pour n'avoir aucun repos: mais quand on les veut avoir, il se faut approcher des fleurs et se tenir coy, avec une longue poignée de verges, de laquelle il les faut frapper, si on peut, et c'est l'invention et la maniere la plus aysée pour les-prendre. Nos Religieux en avoient un en vie, enfermé dans un coffre; mais il ne faisoit que bourdonner là dedans, et quelques jours apres il mourut, n'y ayant moyen aucun d'en pouvoir nourrir ny conserver long-temps en vie.

PAUL LE JEUNE (1591-1664)

Ce fut un grand « écrivant ». Arrivé au pays avec l'équipe qui reprenait possession des lieux, après les trois ans d'occupation anglaise, il fit à son supérieur, « du milieu d'un bois de plus de 800 lieues d'estendue, à Kébec, ce 28 août 1632 », le compte rendu annuel, que demandait la Règle, sur le voyage et la mission. À Paris, on se hâta de publier le document et ce fut le début de la longue et estimable chronique des *Relations des Jésuites* (1632-1672). C'est Le Jeune, plus que tout autre, qui donna à la relation ses structures et ses objectifs: « Des 41 volumes qui constituent l'édition originale, 15 appartiennent en propre au père Le Jeune et il a collaboré à tous les autres jusqu'en 1662. » (Léon Pouliot) On peut certes louer, du professeur de rhétorique, la clarté de la disposition générale des matières, l'aisance de la phrase, l'animation du discours; aussi la conviction de l'engagement missionnaire, une large curiosité et d'autres qualités d'un esprit bien cultivé du Grand Siècle. Mais la culture est aussi une pierre d'achoppement. Mis en contact avec la civilisation indienne, Le Jeune, qui ne perçoit la Raison qu'à l'européenne et la Religion qu'à la chrétienne, ne loue chez l'Indien que les habitudes qui peuvent avoir quelque nuance européenne, condamnant et rejetant ce qui est trop différent; selon la formule de Guy Laflèche, « le missionnaire rapporte ce qu'il voit sur le mode du devrait pas ». Sa certitude même, qui pouvait passionner le lecteur traditionnel, le rend vulnérable aux lectures plus subversives.

Le port tant désiré

(En 1632, les Français reviennent à Québec, poste dont ils ont été chassés en 1629 par des huguenots au service de l'Angleterre.)

En fin le 5. de Juillet qui estoit un Lundy, deux mois et 18. jours depuis le 18. d'Avril que nous partismes, nous arrivasmes au port tant desiré; nous moüillames l'ancre devant le fort que tenoient les Anglois; nous vismes au bas du fort la pauvre habitation de Kebec toute bruslée. Les Anglois qui estoient venus en ce païs cy pour piller et non pour edifier, ont bruslé non seulement la plus grande partie d'un corps de logis que le Pere Charles l'Allemant avoit fait dresser, mais encor toute cette pauvre habitation en laquelle on ne void plus que des murailles de pierres toutes bouleversées; cela incommode fort les François, qui ne sçavent où se loger. Le lendemain on envoya sommer le Capitaine Thomas Ker, François de nation, né à Dieppe, qui s'est retiré en Angleterre, et qui avec David et Louys Ker ses freres, et un nommé Jacques Michel aussi Dieppois, tous huguenots, s'estoient venus jetter sur ce pauvre païs, où ils ont fait de grands degats, et empesché de tres-grands biens. Ce pauvre Jacques Michel plein de melancholie, ne se voyant point recompensé des Anglois, ou plus tost des François reniez et anglisez, comme il pretendoit, pressé en outre d'un remord de conscience d'avoir assisté ces nouveaux Anglois contre ceux de sa patrie, mourut subitement quelques temps apres la prise de ce païs cy. Il fut enterré à Tadoussac. J'ay appris icy que les Sauvages le deterrerent, et firent toute sorte d'ignominie à son corps, le mirent en pieces, le donnerent à leurs chiens: voilà le salaire des perfides, je prie Dieu qu'il ouvre les yeux aux autres. Monsieur Emery de Caën avoit desja envoyé de Tadoussac une chalouppe, avec un extrait des Commissions et Lettres Patentes des Roys de France et d'Angleterre, par lesquelles il estoit commandé au Capitaine Anglois de rendre le fort dans huict jours. Les Lettres veuës, il fit response qu'il obeiroit quand il auroit veu l'Original. On luy porta donc le lendemain de nostre arrivée; cependant nous allasmes celebrer la saincte Messe en la maison la plus ancienne de ce païs cy, c'est la maison de Madame Hebert, qui s'est habituée aupres du fort, du vivant de son mary; elle a une belle famille, sa fille est icy mariée à un honneste François, Dieu les benist tous les jours, il leur a donné de tres-beaux enfans; leur bestial est en tres bon point, leurs terres leur rapportent de bon grain; c'est l'unique famille de François habituée en Canada. Ils cherchoient les moyens de retourner en France, mais ayant appris que les François retournoient à Kebec, ils commencerent à revivre. Quand ils virent arriver ces pavillons blancs sur les mats de nos vaisseaux, ils ne sçavoient à qui dire leur contentement; mais quand ils nous virent en leur maison pour y dire la saincte Messe, qu'ils n'avoient point entenduë depuis trois ans, bon Dieu, quelle joye! les larmes tomboient des yeux quasi à tous, de l'extreme contentement qu'ils avoient. O que nous chantasmes de bon cœur le *Te Deum laudamus*, c'estoit justement le jour de l'octave de sainct Pierre et saint Paul. Le *Te Deum* chanté, j'offris à Dieu le premier sacrifice à Kebec. L'Anglois ayant veu les Patentes signées de la main de son Roy, promet qu'il sortiroit dans la huictaine, et de fait il commença à s'y disposer quoy qu'avec regret; mais ses gens estoient tous bien aises du retour des François, on ne leur donnoit que six livres de pain au poids de France, pour toute leur semaine. Ils nous disoient que les Sauvages les avoient aidez à vivre la plus part du temps. Le Mardy suivant 13. de Juillet, ils remirent le fort entre les mains de Monsieur Emery de Caën et de Monsieur du Plessis Bochart son Lieutenant. Et le mesme jour firent voile dans deux navires qu'ils avoient à l'ancre. Dieu sçait si nos François furent joyeux, voyant desloger ces François Anglisez, qui ont fait tant de maux en ces miserables contrées, et qui sont cause que plusieurs Sauvages ne sont pas baptisez, notamment aux Hurons où la Foy produiroit maintenant des fruicts dignes de la table de Dieu, si ces ennemis de la verité, de la vraye vertu et de leur patrie ne se fussent point jettez à la traverse. Dieu soit beny de tout: c'est à nos François de penser à leur conservation, et à mettre en peu de temps ce païs cy en tel estat, qu'ils ayent fort peu affaire des vivres de France, ce qui leur sera bien aisé s'ils veullent travailler. Les Anglois deslogeans, nous sommes rentrez dans nostre petite maison. Nous y avons trouvé pour tous meubles deux tables de bois telles quelles, les portes, fenestres, chassis, tous brisez et enlevez, tout s'en va en ruine, c'est encor pis en la maison des Peres Recollets; nous avons trouvé nos terres defrichées couvertes de pois, nos Peres les avoient laissées à l'Anglois couvertes de fourment, d'orge et de bled d'Inde, et cependant ce Capitaine Thomas Ker a vendu la recolte de ces pois, refusant de nous les donner pour les fruicts qu'il avoit trouvez sur nos terres. Nostre Seigneur soit honoré pour jamais: quand on est en un mauvais passage, il s'en faut tirer comme on peut; c'est beaucoup qu'un tel hoste soit sorty de nostre maison, et de tout le païs. Nous avons maintenant prou dequoy exercer la patience; je me trompe, c'est Dieu mesme qui porte la Croix qu'il nous donne: car en verité elle nous semble petite, quoy qu'il y ait dequoy souffrir.

L'yvrognerie que les Europeans ont ici apportée

Arrivez que nous fusmes à Kebec, on nous raconta la mort de six prisonniers que les Sauvages tenoient, laquelle est arrivée pour l'yvrognerie que les Europeans ont icy apportée. Le ministre Anglois, qui au reste n'estoit point de la mesme Religion que les ouailles, car il estoit Protestant ou Lutherien, les Ker sont Calvinistes ou de quelque autre Religion plus libertine, aussi ont-ils tenu six mois en prison ce pauvre Ministre dedans nostre maison; lequel m'a raconté que les Montagnards vouloient traicter la paix avec les Hiroquois, et que celuy qui tenoit les prisonniers luy avoit promis qu'on ne les feroit point mourir: neantmoins ce miserable estant yvre d'eau de vie, qu'il avoit traittée avec les Anglois pour des Castors, appella son frere, et luy commanda d'aller donner un coup de cousteau à l'un des Hiroquois et le tuer, ce qu'il fit. Voila les pensées de la paix évanouies; on parle de la mort des autres. Le Ministre entendant cela, dit à ce Sauvage qu'il n'avoit point tenu sa parole faisant mourir ce prisonnier. C'est toy, respond le Sauvage, et les tiens qui l'ont tué, car si tu ne nous donnois point d'eau de vie, ny de vin, nous ne ferions point cela. Et de fait depuis queje suis icy je n'ay veu que des Sauvages yvres; on les entend crier et tempester jour et nuict, ils se battent et se blessent les uns les autres, ils tuent le bestial de Madame Hebert, et quand ils sont retournez à leur bon sens, ils vous disent: Ce n'est pas nous qui avons fait cela, mais toy qui nous donnes ceste boisson. Ont-ils cuvé leur vin, ils sont entre eux aussi grands amis qu'auparavant, se disant l'un l'autre: Tu es mon frere, je t'ayme, ce n'est pas moy qui t'ay blessé, mais la boisson qui s'est servy de mon bras. J'en ay veu de tout meurtris par la face; les femmes mesmes s'envyrent et crient comme des enragées? je m'attends bien qu'ils tueront l'un de ces jours quelques François, ce qu'ils ont desja pensé faire, et passé huict heures du matin il ne fait pas bon les allez voir sans armes, quand ils ont du vin. Quelques uns de nos gens y estant allez apres le disner, un Sauvage les voulut assommer à coup de haches; mais d'autres Sauvages qui n'estoient pas yvres vindrent au secours. Quand l'un d'eux est bien yvre, les autres le lient par les pieds et par les bras, s'ils le peuvent attrapper. Quelques-uns de leur Capitaines sont venus prier les François de ne plus traitter d'eau de vie, ny de vin, disant qu'ils seroient cause de la mort de leur gens.

Des choses bonnes qui se trouvent dans les Sauvages

Si nous commençons par les biens du corps, je diray qu'ils les possedent avec avantage: ils sont grands, droicts, forts, bien proportionnez, agiles, rien d'effeminé ne paroist en eux. Ces petits Damoiseaux qu'on voit ailleurs, ne sont que des hommes en peinture, à comparaison de nos Sauvages. J'ay quasi creu autrefois que les Images des Empereurs Romains representoient plustost l'idée des peintres, que des hommes qui eussent jamais esté, tant leurs testes sont grosses et puissantes; mais je voy icy sur les épaules de ce peuple les testes de Jules Cesar, de Pompée, d'Auguste, d'Othon, et des autres que j'ay veu en France tirées sur le papier, ou relevées en des medailles.

Pour l'esprit des Sauvages, il est de bonne trempe. Je croy que les ames sont toutes de mesme estoc, et qu'elles ne different point substantiellement; c'est pourquoy ces barbares ayans un corps bien fait, et les organes bien rangez et bien disposez, leur esprit doit operer avec facilité; la seule education et instruction leur manque. Leur ame est un sol tres bon de sa nature, mais chargé de toutes les malices qu'une terre delaissée depuis la naissance du monde peut porter. Je compare volontiers nos Sauvages avec quelques villageois, pource que les uns et les autres sont ordinairement sans instruction; encore nos Paysans sont-ils precipuez en ce point; et neantmoins je n'ay veu personne jusques icy de ceux qui sont venus en ces contrées, qui ne confesse et qui n'advoüe franchement que les Sauvages ont plus d'esprit que nos paysans ordinaires.

De plus, si c'est un grand bien d'estre delivré d'un grand mal, nos Sauvages sont heureux, car les deux tyrans qui donnent la gehenne et la torture à un grand nombre de nos Europeans, ne regnent point dans leurs grands bois, j'entends l'ambition et l'avarice. Comme ils n'ont ny police, ny charges, ny dignitez, ny commandement aucun (car ils n'obeyssent que par bienveillance à leur Capitaine), aussi ne se tuent ils point pour entrer dans les honneurs; d'ailleurs comme ils se contentent seulement de la vie, pas un d'eux ne se donne au Diable pour acquerir des richesses.

Ils font profession de ne se point facher, non pour la beauté de la vertu, dont ils n'ont pas seulement le nom, mais pour leur contentement et plaisir, je veux dire, pour s'affranchir des amertumes que cause la fascherie. Le sorcier me disoit un jour, parlant d'un de nos François: Il n'a point d'esprit, il se fasche; pour moy rien n'est capable de m'alterer: que la famine nous presse, que mes plus proches passent en l'autre vie, que les Hiroquois nos ennemis massacrent nos gens, je ne me fasche jamais. Ce qu'il dit n'est pas article de foy: car comme il est plus superbe qu'aucun Sauvage, aussi l'ai je veu plus souvent alteré que pas un d'eux; vray est que bien souvent il se retenoit, et se commandoit avec violence, notamment quand je mettois au jour ses niaiseries. Je n'ay jamais veu qu'un Sauvage prononcer cette parole, *Ninichcatihin*, je suis fâché: encore ne la profera il qu'une fois; mais j'advertis qu'on prît garde à luy, car quand ces Barbares se faschent, ils sont dangereux et n'ont point de retenuë. Qui fait profession de ne se point fascher, doit faire profession de patience. Les Sauvages nous passent tellement en ce poinct, que nous en devrions estre confus: je les voyois dans leurs peines, dans leurs travaux souffrir avec allegresse. Mon hoste admirant la multitude du peuple que je luy disois estre en France, me demandoit si les hommes estoient bons, s'ils ne se faschoient point, s'ils estoient patients. Je n'ay rien veu de si patient qu'un Sauvage malade: qu'on crie, qu'on tempeste, qu'on saute, qu'on danse, il ne se plaint quasi jamais. Je me suis trouvé avec eux en des dangers de grandement souffrir; ils me disoient: Nous serons quelquefois deux jours, quelque fois trois sans manger, faute de vivre; prends courage, *Chibiné*, aye l'ame dure, resiste à la peine et au travail, garde toy de la tristesse, autrement tu seras malade; regarde que nous ne laissons pas de rire, quoy que nous mangions peu. Une chose presque seule les abbat, c'est quand ils voyent qu'il y a de la mort; car ils la craignent outre mesure; ostez cette apprehension aux Sauvages, ils supporteront toutes sortes de mespris et d'incommoditez, et toutes sortes de travaux et d'injures fort patiemment. Je produiray plusieurs exemples de tout cecy dans la suitte du temps, que je reserve à la fin de ces chapitres.

Ils s'entr'aiment les uns les autres, et s'accordent admirablement bien: vous ne voyez point de disputes, de querelles, d'inimitiez, de reproches parmy eux; les hommes laissent la disposition du ménage aux femmes sans les inquieter; elles coupent, elles tranchent, elles donnent comme il leur plaist, sans que le mary s'en fasche. Je n'ay jamais veu mon hoste demander à une jeune femme estourdie qu'il tenoit avec soy, que devenoient les vivres, quoy qu'ils diminuassent assez viste. Je n'ay jamais oüy les femmes se plaindre de ce que l'on ne les invitoit aux festins, que les hommes mangeoient les bons morceaux, qu'elles travailloient incessamment, allans querir le bois pour le chauffage, faisants les Cabanes, passans les peaux, et s'occupans en d'autres œuvres assez penibles; chacun fait son petit affaire doucement, et paisiblement sans dispute. Il est vray neantmoins qu'ils n'ont point de douceur ny de courtoisie en leurs paroles, et qu'un François ne sçauroit prendre l'accent, le ton et l'aspreté de leur voix, à moins que de se mettre en cholere, eux cependant ne s'y mettent pas.

Ils ne sont point vindicatifs entr'eux, si bien envers leurs ennemis. Je coucheray icy un exemple capable de confondre plusieurs Chrestiens. Dans les pressures de nostre famine, un jeune Sauvage d'un autre quartier nous vint voir; il estoit aussi affamé que nous. Le jour qu'il vint fut un jour de jeusne pour luy et pour nous, car il n'y avoit dequoy manger; le lendemain, nos chasseurs ayans pris quelques Castors, on fit festin, auquel il fut tres bien traitté; on luy dit en outre qu'on avoit veu les pistes d'un Orignac, et qu'on l'iroit chasser le lendemain; on l'invita à demeurer, et qu'il en auroit sa part: luy respondit qu'il ne pouvoit estre davantage; s'estant doncques enquis du lieu où étoit la beste, il s'en retourna. Nos Chasseurs ayans trouvé et tué le lendemain cest Elan, l'ensevelirent dans la neige, selon leur coustume, pour l'envoyer querir au jour suivant. Or pendant la nuict mon jeune Sauvage cherche si bien, qu'il trouve la beste morte, et en enleve une bonne partie sans dire mot; le larcin connu par nos gens, ils n'entrerent point en des furies, ne donnerent aucune malediction au voleur; toute leur cholere fut de se gausser de luy, et cependant c'estoit presque nous oster la vie, que de nous dérober nos vivres, car nous n'en pouvions recouvrer. A quelque temps de là, ce voleur nous vint voir; je luy voulus representer la laideur de son crime, mon hoste m'imposa silence, et ce pauvre homme rejettant son larcin sur les chiens, non seulement fut excusé, mais encore receu pour demeurer avec nous dans une mesme Cabane. Il s'en alla donc querir sa femme, qu'il apporta sur son dos, car elle a les jambes sans mouvement; et une jeune parente qui demeure avec luy apporta son petit fils, et tous quatre prirent place en nostre petit todis, sans que jamais on leur aye reproché ce larcin, ains au contraire on leur a tesmoigné tres-bon visage, et les a-on traittez comme ceux de la maison. Dites à un Sauvage, qu'un autre Sauvage a dit pis que pendre de luy, il baissera la teste, et ne dira mot; s'ils se rencontrent par apres tous, ils ne feront non plus de semblant de cela, comme si rien n'avoit esté dit, ils se traitteront comme freres: ils n'ont point de fiel envers leur nation.

Ils sont fort liberaux entr'eux, voire ils font estat de ne rien aimer, de ne point s'attacher aux biens de la terre, afin de ne se point attrister s'ils les perdent. Un chien dechira n'a pas long temps une belle robe de Castor à un Sauvage, il estoit le premier à s'en rire. L'une de leurs grandes injures parmy eux, c'est de dire: Cét homme aime tout, il est avare. Si vous leur refusez quelque chose, voicy leur reproche, comme je remarquay l'an passé: *Khisa-khitan Sakhita*, tu aimes cela, aime le tant que tu voudras. Ils n'ouvrent point la main à demy quand ils donnent, je dis entr'eux, car ils sont ingrats au possible envers les estrangers; vous leur verrez nourrir leurs parents, les enfans de leurs amis, des femmes veuves, des orphelins, des vieillards, sans jamais leur rien reprocher, leur donnans abondamment quelquefois des Orignaux tout entiers: c'est veritablement une marque d'un bon cœur, et d'une ame genereuse.

Comme il y a plusieurs orphelins parmy ce peuple (car depuis qu'ils se sont adonnez aux boissons de vin et d'eau de vie, ils meurent en grand nombre), ces pauvres enfans sont dispersez dans les Cabanes de leurs oncles, de leurs tantes ou autres parents: ne pensez pas qu'on les rabrouë, qu'on leur reproche qu'ils mangent les vivres de la maison; rien de tout cela, on les traitte comme les enfans du pere de famille, ou du moins peu s'en faut, on les habille le mieux qu'on peut.

Ils ne sont point delicats en leurs vivres, en leur coucher, et en leurs habits, mais ils ne sont pas nets. Jamais ils ne se plaignent de ce qu'on leur donne, qu'il soit froid, qu'il soit chaud, il n'importe; quand la chaudiere est cuitte, on la partage sans attendre personne, non pas mesme le maistre de la maison, on luy garde sa part qu'on luy presente toute froide. Je n'ay point oüy plaindre mon hoste de ce que l'on ne l'attendoit pas, n'estant qu'à deux pas de la Cabane. Ils couchent sur la terre bien souvent, à l'enseigne des estoiles. Ils passeront un jour, deux et trois jours sans manger, ne laissans pas de ramer, chasser, et se peiner tant qu'ils peuvent. L'on verra dans la suite de cette relation, que tout ce que j'ay dit en ce chapitre est tres-veritable, et neantmoins je n'oserois asseurer que j'aye veu exercer aucun acte de vraye vertu morale à un Sauvage: ils n'ont que leur seul plaisir et contentement en veuë; adjoustez la crainte de quelque blasme, et la gloire de paroistre bons chasseurs: voila tout ce qui les meut dans leurs operations.

Comment Messou repara le monde

Je diray que c'est un grand erreur de croire que les Sauvages n'ont cognoissance d'aucune divinité: je m'étonnois de cela en France, voyant que la nature avoit donné ce sentiment à toutes les autres nations de la terre. Je confesse que les Sauvages n'ont point de prieres publiques et communes, ny aucun culte qu'ils rendent ordinairement à celuy qu'ils tiennent pour Dieu, et que leur cognoissance n'est que tenebres: mais on ne peut nier qu'ils ne recognoissent quelque nature superieure à la nature de l'homme: comme ils n'ont ny loix ny police, aussi n'ont-ils aucune ordonnance qui concerne le service de ceste nature superieure, chacun fait comme il l'entend: je ne sçay pas leurs secrets, mais de ce peu que je vay dire, on verra qu'ils cognoissent quelque divinité.

Ils disent qu'il y a un certain qu'ils nomment *Atahocan*, qui a tout fait: parlant un jour de Dieu dans une cabane, ils me demanderent que c'estoit que Dieu; je leur dis que c'estoit celuy qui pouvoit tout, et qui avoit fait le Ciel et la terre: ils commencerent à se dire les uns aux autres *Atahocan*, *Atahocan*, c'est *Atahocan*.

Ils disent qu'un nommé Messou repara le monde perdu dans les eaux; Vous voyez qu'ils ont quelque tradition du deluge, quoy que meslée de fables, car voicy comme le monde se perdit, à ce qu'ils disent.

Ce Messou allant à la chasse avec des loups cerviers, au lieu de chiens, on l'advertit qu'il faisoit dangereux pour ses loups (qu'il appelloit ses freres) dans un certain lac aupres duquel il estoit. Un jour qu'il poursuivoit un eslan, ses loups luy donnerent la chasse jusques dedans ce lac: arrivez qu'ils furent au milieu, ils furent abysmez en un instant. Luy survenant là dessus, et cherchant ses freres de tous costez, un oiseau luy dit qu'il les voyoit au fond du lac, et que certaines bestes ou monstres les tenoient là dedans: il entre dans l'eau pour les secourir, mais aussitost ce lac se desborde, et s'aggrandit si furieusement, qu'il inonda et noya toute la terre.

Le Messou bien estonné, quitte la pensée de ses loups, pour songer à restablir le monde. Il envoye un corbeau chercher un peu de terre, pour avec ce morceau en restablir un autre. Le corbeau n'en peut trouver tout estant couvert d'eau. Il fait plonger une loutre, mais la profondeur des eaux l'empescha de venir jusques à terre. En fin un rat musqué descendit, et en rapporta: Avec ce morceau de terre il remit tout en estat: il refit des troncs d'arbres, et tirant des fleches à l'encontre, elles se changeoient en branches. Ce seroit une longue fable de raconter comme il repara tout: comme il se vengea des monstres qui avoient pris ses chasseurs, se transformant en mille sorte d'animaux pour les surprendre: bref ce beau Reparateur estant marié à une soury musquée, eut des enfans qui ont repeuplé le monde.

Chants et tambours

Les Sauvages sont grands chanteurs; ils chantent comme la pluspart des nations de la terre par recreation, et par devotion, c'est à dire en eux par superstition. Les airs qu'ils chantent par plaisir sont ordinairement graves et pesants; il me semble qu'ils ont par fois quelque chose de gay, notamment les filles; mais pour la pluspart, leurs chansons sont massives, pour ainsi dire, sombres, et malplaisantes; ils ne sçavent que c'est d'assembler des accords pour composer une douce harmonie; ils proferent peu de paroles en chantant, variants les tons, et non la lettre. J'ay souvent ouy mon Sauvage faire une longue chanson de ces trois mots *Kaie, nir, khigatoutaouim*, et tu feras aussi quelque chose pour moy. Ils disent que nous imitons les gazoüillis des oyseaux en nos airs, ce qu'ils n'improuvent pas, prenans plaisir quasi tous tant qu'ils sont à chanter, ou à ouïr chanter, et quoy que je leur die que je n'y entendois rien, ils m'invitoient souvent à entonner quelque air, ou quelque priere.

Pour leurs chants superstitieux, ils s'en servent en mille actions, le sorcier et ce vieillard, dont j'ay parlé, m'en donnerent la raison: Deux Sauvages, disoient ils, estans jadis fort desolés, se voyans à deux doigts de la mort faute de vivres, furent advertis de chanter, et qu'ils seroient secourus; ce qui arriva, car ayans chanté, ils trouverent à manger. De dire qui leur donna cest advis, et comment, ils n'en sçavent rien: quoy que c'en soit, depuis ce temps là toute leur religion consiste quasi à chanter, se servans des mots les plus barbares qu'ils peuvent rencontrer. Voicy une partie des paroles qu'ils chanterent en une longue superstition qui dura plus de quatre heures: *Aiasé manitou, aiasé manitou, aiasé manitou, ahiham, hehinham, hanhan, heninakhé hosé heninakhé, enigouano bahano anihé ouihini naninaouai nanahouai nanahouai aouihé ahahé aouihé.* Pour conclusion, *ho! ho! ho!* Je demanday que vouloient dire ces parolles, pas un ne m'en peut donner l'interpretation: car il est vray que pas un d'eux n'entend ce qu'il chante, sinon dans leurs airs, qu'ils chantent pour se recréer.

Ils joignent leurs tambours à leurs chants; je demanday l'origine de ce tambour; le vieillard me dit, que peut estre quelqu'un avoit eu en songe qu'il estoit bon de s'en servir, et que de là l'usage s'en estoit ensuivy. Je croirois plustost qu'ils auroient tiré cette superstition des peuples voisins, car on me dit (je ne sçay s'il est vray) qu'ils imitent fort les Canadiens qui habitent vers Gaspé, peuple encore plus superstitieux que celuy-cy.

Au reste, ce tambour est de la grandeur d'un tambour de basque; il est composé d'un cercle large de trois ou quatre doigts, et de deux peaux roidement estenduës de part et d'autre; ils mettent dedans des petites pierres ou petits caillous pour faire plus de bruit: le diametre des plus grands tambours est de deux palmes ou environ; ils le nomment *chichigouan*, et le verbe *nipagahiman*, signifie je fais joüer ce tambour. Ils ne le battent pas comme font nos Europeans; mais ils le tournent et remuent, pour faire bruire les caillous qui sont dedans; ils en frappent la terre, tantost du bord, tantost quasi du plat, pendant que le sorcier fait mille singeries avec cest instrument. Souvent les assistans ont des bâtons en mains, frappans tous ensemble sur des bois, ou manches de haches qu'ils ont devant eux, ou sur leurs *ouragans*, c'est à dire, sur leurs plats d'escorce renversés. Avec ces tintamarres, ils joignent leurs chants et leurs cris, je dirois volontiers leurs hurlements, tant ils s'efforçent par fois: je vous laisse à penser la belle musique. Ce miserable sorcier avec lequel mon hoste et le renegat m'ont fait hiverner contre leurs promesses, m'a pensé faire perdre la teste avec ses tintamarres: car tous les jours à l'entrée de la nuict, et bien souvent sur la minuict, d'autrefois sur le jour, il faisoit l'enragé. J'ay esté un assez long temps malade parmy eux, mais quoy que je le priasse de se moderer, de me donner un peu de repos, il en faisoit encore pis, esperant trouver sa guerison dans ces bruits qui augmentoient mon mal.

Ils se servent de ces chants, de ce tambour, et de ces bruits, ou tintamarres en leurs maladies. Je le declaray assez amplement l'an passé, mais depuis ce temps là, j'ay veu tant faire de sottises, de niaiseries, de badineries, de bruits, de tintamarres à ce malheureux sorcier pour se pouvoir guerir, que je me lasserois d'escrire et ennuierois vostre reverence, si je luy voulois faire lire la dixiesme partie de ce qui m'a souvent lassé quasi jusques au dernier poinct. Par fois cest homme entroit comme en furie, chantant, criant, hurlant, faisant bruire son tambour de toutes ses forces: cependant les autres hurloient comme luy, et faisoient un tintamarre horrible avec leurs bastons, frappans sur ce qui estoit devant eux: ils faisoient danser des jeunes enfans, puis des filles, puis des femmes. Il baissoit la teste, souffloit sur son tambour, puis vers le feu; il siffloit comme un serpent, il ramenoit son tambour soubs son menton, l'agitant et le tournoyant; il en frappoit la terre de toutes ses forces, puis le tournoyoit sur son estomach; il se fermoit la bouche avec une main renversée, et de l'autre, vous eussiez dit qu'il vouloit mettre en pieces ce tambour, tant il en frappoit rudement la terre; il s'agitoit, il se tournoit de part et d'autre, faisoit quelques tours à l'entour du feu, sortoit hors la cabane, tousjours hurlant et bruyant: il se mettoit en mille postures, et tout cela pour se guerir. Voila comme ils traictent les malades. J'ay quelque croyance qu'ils veulent conjurer la maladie, ou espouvanter la femme du Manitou, qu'ils tiennent pour le principe et la cause de tous les maux, comme j'ay remarqué cy dessus.

Ils chantent encore et font ces bruits en leurs sueries; ils croiroient que cette medecine, qui est la meilleure de toutes celles qu'ils ont, ne leur serviroit de rien, s'ils ne chantoient en suant. Ils plantent des bastons en terre faisants une espece de petit tabernacle fort bas: car un grand homme estant assis là dedans, toucheroit de sa teste le hault de ce todis, qu'ils entourent et couvrent de peaux, de robes, de couvertures. Ils mettent dans ce four quantité de grosses pierres qu'ils ont faict chauffer, et rougir dans un bon feu, puis se glissent tout nuds dans ces estuves; les femmes suent par fois aussi bien que les hommes; d'autrefois ils suent tous ensemble, hommes et femmes, pesle et mesle; ils chantent, ils crient, ils hurlent dans ce four, ils haranguent; par fois le sorcier y bat son tambour. Je l'escoutois une fois comme il faisoit du prophete là dedans, s'escriant qu'il voyoit des Orignaux, que mon hoste son frere en tueroit; je ne peus me tenir que je ne luy disse, ou plustost à ceux qui estoient presens, et qui luy prestoient l'oreille comme à un oracle, qu'il estoit bien croyable qu'on trouveroit quelque masle, puisque on avoit desja trouvé et tué deux femelles; luy cognoissant où je visois, me dit en grondant: Il est croyable que cette robe noire n'a point d'esprit. Ils sont tellement religieux en ces crieries, et autres niaiseries, que s'ils font sueries pour se guerir, ou pour avoir bonne chasse, ou pour avoir beau temps, rien ne se feroit s'ils ne chantoient, et s'ils ne gardoient ces superstitions. J'ay remarqué que quand les hommes suent, ils ne se veulent point servir des robes des femmes pour entourer leurs sueries, s'ils en peuvent avoir d'autres: bref quand ils ont crié trois heures ou environ dans ces estuves, ils en sortent tout mouillés et trempés de leur sueur.

Ils chantent encore et battent le tambour en leurs festins, comme je declareray au chapitre de leurs banquets: je leur ay veu faire le mesme en leurs conseils, y entremeslant d'autres jongleries. Pour moy je me doute que le sorcier en invente tous les jours de nouvelles pour tenir son monde en haleine, et pour se rendre recommandable: je luy vis un certain jour prendre une espée, la mettre la pointe en bas, le manche en hault (car leurs espées sont emmanchées à un long baston); il mit une hache proche de cette espée, se leva debout, fit jouër son tambour, chanta, hurla à son accoustumée; il fit quelques mines de danser, tourna à l'entour du feu: puis se cachant, il tira un bonnet de nuict, dans lequel il y avoit une pierre à esguiser, il la met dans une cuiller de bois, qu'on essuya exprés pour cest effect; il fit allumer un flambeau d'escorce, puis donna de main en main le flambeau, la cuiller, et la pierre, qui estoit marquée de quelques raies, la regardans tous les uns apres les autres, philosophant à mon advis sur cette pierre, touchant leur chasse, qui estoit le subjet de leur conseil ou assemblée.

Ces pauvres ignorants chantent aussi dans leurs peines, dans leurs difficultez, dans leurs perils et dangers: pendant le temps de nostre famine, je n'entendois par ces cabanes, notamment la nuict, que chants, que cris, battements de tambours, et autres bruits: et demandant ce que c'estoit, mes gens me disoient qu'ils faisoient cela pour avoir bonne chasse, et pour trouver à manger. Leurs chants et leurs tambours passent encore dans les sortileges que font les sorciers.

Niganipahau

Il faut que je couche icy, ce que je leur vis faire le douziesme Fevrier: comme je recitois mes heures sur le soir, le sorcier se mit à parler de moy, *Aïamiheou*, il fait ses prieres, dit-il: puis prononçant quelques paroles, que je n'entendis pas, il adjousta, *Niganipahau*, je le tueray aussi tost. La pensée me vint qu'il parloit de moy, veu qu'il me haïssoit pour plusieurs raisons, comme je diray en son lieu, mais notamment pource que je taschois de faire voir que tout ce qu'il faisoit n'estoit que badinerie et puerilité. Sur cette pensée qu'il me vouloit oster la vie, mon hoste me va dire: N'as tu point de poudre qui tuë les hommes: Pourquoy: luy dis-je. Je veux tuer quelqu'un, me respond il. Je vous laisse à penser si j'achevay mon office sans distraction, veu que je sçavois fort bien qu'ils n'avoient garde de faire mourir aucun de leurs gens, et que le sorcier m'avoit menacé de mort quelques jours auparavant, quoy qu'en riant, me dit-il apres; mais je ne m'y fiois pas beaucoup. Voyant donc ces gens en action, je r'entre dans moymesme, suppliant nostre Seigneur de m'assister, et de prendre ma vie au moment et en la façon qu'il luy plairoit; neantmoins pour me mieux disposer à ce sacrifice, je voulus voir s'ils pensoient en moy, je leur demanday donc où estoit l'homme qu'ils vouloient faire mourir; ils me repartent qu'il estoit vers Gaspé à plus de cent lieuës de nous. Je me mis à rire, car en verité je n'eusse jamais pensé qu'ils eussent entrepris de tuer un homme de cent lieuës loin. Je m'enquis pourquoy ils luy vouloient oster la vie. On me respondit que cest homme estoit un sorcier Canadien, lequel ayant eu quelque prise avec le nostre, l'avoit menacé de mort, et luy avoit donné la maladie, qui le travailloit depuis un long temps, et qui l'alloit estouffer dans deux jours, s'il ne prevenoit le coup par son art. Je leur dis que Dieu avoit deffendu de tuer, et que nous autres ne faisions mourir personne: cela n'empescha point qu'ils ne poursuivissent leur pointe. Mon hoste prevoiant le grand bruit qui se devoit faire, me dit: Tu auras mal à la teste, va-t'en en l'autre cabane voisine. Non, dit le sorcier, il n'y a point de mal qu'il nous voye faire. On fit sortir tous les enfans et toutes les femmes, horsmis une qui s'assit aupres du sorcier. Je demeuray donc spectateur de leurs mysteres, avec tous les Sauvages des autres cabanes qu'on fit venir. Estans tous assis, voicy un jeune homme qui apporte deux paux ou pieux fort pointus; mon hoste prepare le sort composé de petits bois formez en langue de serpent des deux costez, de fers de flesches, de morceaux de cousteaux rompus, d'un fer replié comme un gros hameçon, et d'autres choses semblables, on envelopa tout cela dans un morceau de cuir. Cela fait, le sorcier prend son tambour, tous se mettent à chanter et hurler, et faire le tintamarre que j'ay remarqué cy-dessus. Apres quelques chansons, la femme qui estoit demeurée se leve et tourne tout à l'entour de la cabane par dedans, passant par derriere le dos de tous tant que nous estions. S'estant rassise, le magicien prend ces deux pieux, puis designant certain endroit, commence à dire: Voila sa teste (je crois qu'il entendoit de l'homme qu'il vouloit tuer); puis de toutes ses forces, il plante ces pieux en terre, les faisant regarder vers l'endroict, où il croioit qu'estoit ce Canadien. Là dessus mon hoste va ayder son frere, il fait une assez grande fosse en terre avec ces pieux; cependant les chants et autres bruits continuoient incessamment. La fosse faite, les pieux plantez, le valet du sorcier, j'entens l'Apostat, va querir une espée, et le sorcier en frappe l'un de ces paux, puis descend dans la fosse, tenant la posture d'un homme animé qui tire de grands coups d'espée et de poignard; car il avoit l'un et l'autre, dans cette action d'homme furieux et enragé. Le sorcier prend le sort enveloppé de peau, le met dans la fosse, et redouble les coups d'espée, à mesme temps qu'on redoubloit le tintamarre.

En fin ce mystere cessa: il retire l'espée et le poignard tout ensanglanté, les jette devant les autres Sauvages; on recouvre viste la fosse, et le magicien tout glorieux, dit que son homme est frappé, qu'il mourra bien tost, demande si on n'a point entendu ses cris: tout le monde dit que non, horsmis deux jeunes hommes ses parens, qui disent avoir ouy des plaintes fort sourdes, et comme de loing. O qu'ils le firent aise! Se tournant vers moy, il se mit a rire, disant: Voyez cette robe noire, qui nous vient dire qu'il ne faut tuer personne. Comme je regardois attentivement l'espée et le poignard, il me les fit presenter: Regarde, dit-il, qu'est cela? C'est du sang, repartis-je. De qui? De quelque Orignac ou d'autre animal. Ils se mocquerent de moy, disants que c'estoit du sang de ce Sorcier de Gaspé. Comment, dis-je, il est à plus de cent lieuës d'icy? Il est vray, font-ils, mais c'est le Manitou, c'est à dire le Diable qui apporte son sang pardessous la terre. Or si cest homme est vrayement Magicien, je m'en rapporte, pour moy j'estime qu'il n'est ny Sorcier ny Magicien, mais qu'il le voudroit bien estre; tout ce qu'il faict selon ma pensée n'est que badinerie, pour amuser les Sauvages; il voudroit bien avoir communication avec le Diable ou Manitou, mais je ne crois pas qu'il en ait; si bien me persuaday-je, qu'il y a eu icy quelque Sorcier, ou quelque Magicien, s'il est vray ce qu'ils disent des maladies et des guerisons, dont il me parlent. C'est chose estrange, que le Diable qui apparoist sensiblement aux Ameriquains Meridionaux, et qui les bat et les tourmente de telle sorte, qu'ils se voudroient bien deffaire d'un tel hoste, ne se communique point visiblement ny sensiblement à nos Sauvages, selon ce que je crois. Je sçais qu'il y a des personnes d'opinion contraire, croyans aux rapports de ces Barbares, mais quand je les presse, ils m'advouënt tous, qu'ils n'ont rien veu de tout ce qu'ils disent, mais seulement qu'ils l'ont oüy dire à d'autres.

Ce n'est pas le mesme des Ameriquains Meridionaux: nos Europeans ont oüy le bruit, la voix et les coups que ruë le Diable sur ces pauvres esclaves, et un François digne de creance m'a asseuré l'avoir oüy de ses oreilles; surquoy on me rapporte une chose tres remarquable, c'est que le Diable s'enfuit, et ne frappe point ou cesse de frapper ces miserables, quand un Catholique entre en leur compagnie, et qu'il ne laisse point de les battre en la presence d'un Huguenot: d'où vient qu'un jour se voyans battus en la compagnie d'un certain François, ils luy dirent: Nous nous estonnons que le diable nous batte, toy estant avec nous, veu qu'il n'oseroit le faire quand tes compagnons sont presents. Luy se douta incontinent que cela pouvoit provenir de sa religion (car il estoit Calviniste); s'adressant donc à Dieu, il luy promit de se faire Catholique si le diable cessoit de battre ces pauvres peuples en sa presence. Le vœu fait, jamais plus aucun Demon ne molesta Ameriquain en sa compagnie, d'où vient qu'il se fit Catholique, selon la promesse qu'il en avoit faicte.

JEAN DE BRÉBEUF (1593-1649)

Il y a bien des inconvénients à être héros ou martyr. Brébeuf fut l'un et l'autre: « L'apôtre géant » et « L'apôtre au cœur mangé », selon le titre de deux biographies. Au Québec, il y a à peine 20 ans, sa mort était aussi connue que celle de Jésus-Christ. On ne savait guère, cependant, comment il avait vécu, ni qu'il avait écrit deux relations, un journal spirituel et une quinzaine d'autres textes. «Les deux relations, dit René Latourelle qui est son biographe le plus récent, sont écrites dans une langue très ferme, d'une étonnante vitalité, riche de mots et d'images, que n'a pas encore touchée l'influence épuratrice, mais appauvrissante, des salons français.» Le lecteur pourra juger.

Orphée sauvage

Je demandois un jour à un de nos Sauvages, où ils pensoient que fust le Village des âmes, il me répondit qu'il estoit vers la Nation du Petun, c'est à dire vers l'Occident, à huict lieuës de nous, et que quelques-uns les avoient veuës comme elles y alloient; que le chemin qu'elles tenoient estoit large et assez battu; qu'elles passoient aupres d'une roche, qu'ils appellent *Ecaregniondi*, qui s'est trouvée souvent marquée des peintures, dont ils ont accoustumé de se barboüiller le visage.

Un autre me dit, que sur le mesme chemin, avant que d'arriver au Village, on rencontre une Cabane, où loge un certain nommé *Oscotarach*, ou Perceteste, qui tire la cervelle des testes des morts, et la garde. Il faut passer une riviere, et pour tout pont, vous n'avez que le tronc d'un arbre couché en travers et appuyé fort legerement. Le passage est gardé par un chien, qui donne le sault à plusieurs âmes et les fait tomber; elles sont en mesme temps emportées par la violence du torrent, et étouffées dans les eaux. Mais, luy dis-je, d'où avez vous appris toutes ces nouvelles de l'autre monde? Ce sont, me dit-il, des personnes resuscitées qui en ont fait le rapport. C'est ainsi que le diable les abuse dans leurs songes; c'est ainsi qu'il parle par la bouche de quelques-uns, qui ayans esté laissez comme pour morts, reviennent par apres en santé, et discourent à perte de veuë de l'autre vie, selon les idées que leur en donne ce mauvais maistre. A leur dire, le Village des âmes n'est en rien dissemblable du Village des vivans; on y va à la chasse à la pesche, et au bois; les haches, les robbes et les colliers y sont autant en credit, que parmy les vivans. En un mot tout y est pareil, il n'y a que cette difference, que jour et nuict elles ne font que gemir et se plaindre; elles ont des Capitaines, qui de temps en temps mettent le hola, et taschent d'apporter quelque moderation à leurs soupirs et à leurs gemissemens. Vray Dieu, que d'ignorance et de stupidité! *Illuminare his qui in tenebris et in umbra mortis sedent.*

Or cette fausse creance qu'ils ont des âmes s'entretient parmy-eux, par le moyen de certaines histoires que les peres racontent à leurs enfans, lesquelles sont si mal cousuës, que je ne sçaurois assez m'estonner de voir comme des hommes les croyent et les prennent pour veritez. En voicy deux des plus niaises, que je tiens de personnes d'esprit et de jugement parmy eux.

Un Sauvage, ayant perdu une sienne sœur qu'il aymoit uniquement, et ayant pleuré quelque temps sa mort, se resolut de la chercher, en quelque part du monde qu'elle peust estre, et fit douze journées tirant vers le Soleil couchant, où il avoit appris qu'estoit le Village des âmes, sans boire ny manger; au bout desquels sa sœur luy apparut sur le soir, avec un plat de farine cuite à l'eau, à la façon du pays, qu'elle luy donna, et disparut en mesme temps qu'il voulut mettre la main sur elle pour l'arrester. Il passa outre, et chemina trois mois entiers, esperant tousjours venir à bout de ses pretensions; pendant tout ce temps elle ne manquoit pas tous les jours de se monstrer, et luy rendre le mesme office qu'elle avoit commencé, allant ainsi augmentant sa passion, sans luy donner autre soulagement, que ce peu de nourriture qu'elle luy apportoit. Les trois mois expirez, il rencontra une riviere, qui le mit en peine d'abord, car elle estoit fort rapide, et ne paroissoit pas gayable;

il y avoit bien quelques arbres abattus qui tenoient le travers, mais ce pont estoit si branlant, qu'il n'avoit pas la hardiesse de s'y fier. Que fera-il? il y avoit au delà quelque piece de terre défrichée, ce qui luy fit croire qu'il y avoit là quelques habitans. De fait apres avoir regardé de costé et d'autre, il apperceut à l'entrée du bois, une petite Cabane. Il crie à diverses reprises; un homme paroist et se renferme incontinent en sa Cabane, ce qui le réjoüit, et le fit resoudre à franchir le pas; ce qu'il fit fort heureusement. Il va droit à cette Cabane, mais il y trouve visage de bois; il appelle, il heurte à la porte; on luy répond qu'il attende, et qu'il passe premierement son bras, s'il veut entrer. L'autre fut bien estonné de voir un corps; il luy ouvre, et luy demande, où il alloit, et ce qu'il pretendoit, que ce pays n'estoit que pour les âmes. Je le sçay bien, dit cét Aventurier, c'est pourquoy j'y viens chercher l'âme de ma sœur. Oüy da, repart l'autre, à la bonne heure; allez, prenez courage, vous voila tantost au Village des âmes, vous y trouverez ce que vous desirez; toutes les âmes sont maintenant assemblées dans une Cabane, où elles dansent pour guerir *Aataentsic*, qui est malade; ne craignez point d'y entrer, tenez voila une courge, vous y mettrez l'âme de vostre sœur. Il la prend, et demande en mesme temps congé à son hoste bien aise d'avoir fait une si bonne rencontre. Sur le depart, il luy demande son nom: Contente toy, dit l'autre, que je suis celuy qui garde la cervelle des morts; quand tu auras recouvré l'âme de ta sœur, repasse par icy, je te donneray sa cervelle. Il s'en va donc, et arrivé qu'il est au Village des âmes, il entre dans la Cabane d'*Aataentsic*, où il les trouve en effet qu'elles dansoient pour sa santé; mais il ne peut encor voir l'âme de sa sœur: car elles furent si effrayées à la veuë de cét homme, qu'elles s'évanoüirent en un instant; de sorte qu'il demeura maistre de la Cabane toute la journée. Sur le soir, comme il estoit assis aupres du foyer, elles retournerent, mais elles ne se monstrerent du commencement que de loing; petit à petit s'estant approchées, elles se mirent de rechef à danser; il recogneut sa sœur parmy la troupe, il s'efforça mesme de la prendre, mais elle s'enfuit de luy; il se retira à l'écart, et prit enfin si bien son temps, qu'elle ne peut échapper; neantmoins il ne fut pas asseuré de sa proye qu'à bonnes enseignes: car il luy fallut lutter contre elle toute la nuict, et dans le combat elle diminua tellement et devint si petite, qu'il la mit sans difficulté dans sa courge. L'ayant bien bouchée, il s'en retourne sur le champ, et repasse chez son hoste, qui luy donne dans une autre courge la cervelle de sa sœur, et l'instruit de tout ce qu'il devoit faire pour la resusciter. Quand tu seras arrivé, luy dit-il, va-t'en au cimetiere, prends le corps de ta sœur, porte le en ta Cabane, et fais festin; tous les conviez estans assemblez, charge le sur tes espaules, et fais un tour par la Cabane, tenant en main les deux courges; tu n'auras pas si tost repris ta place, que ta sœur resuscitera, pourveu que tu donnes ordre que tous tiennent la veuë baissée, et que pas un ne regarde ce que tu feras, autrement tout ira mal. Le voila donc retourné dans fort peu de temps à son Village; il prend le corps de sa sœur, fait festin, et execute de point en point tout ce qui luy avoit esté prescrit; et de fait il sentoit déja du mouvement dans ce cadavre demy pourry; mais comme il estoit à deux ou trois pas de sa place, il y eut un curieux qui leva les yeux, et en mesme temps cette âme s'échappa, et ne luy demeura que ce cadavre sur les bras, qu'il fut contrainct de reporter au tombeau d'où il l'avoit tiré.

Voicy une autre de leurs fables de mesme tissure. Un jeune homme des plus qualifiez d'entre eux, apres s'estre bien fait prier, répondit enfin estant malade, que son songe portoit un arc roulé en écorce; que si on vouloit luy faire escorte, il n'y avoit qu'un seul homme sur terre qui en eust un. Une troupe de deliberez se mettent en chemin avec luy; mais au bout de dix jours il ne luy resta que six compagnons, le reste rebroussa à cause de la faim qui les pressoit. Les six vont avec luy à grandes journées, et sur les pistes d'une petite beste noire rencontrent la Cabane de leur homme, qui les advertit de ne manger rien de ce qu'une femme qui alloit revenir leur appresteroit pour la premiere fois; à quoy ayant obeï, et renversé les plats par terre, ils s'apperceurent, que ce n'estoient que bestes venimeuses, qu'elle leur avoit présenté. S'estans refaits du second service, il fut question de bander l'arc roulé, dont pas un n'ayant pù venir à bout, que le jeune homme pour qui le voyage avoit esté entrepris. Il le receut en don de son hoste, qui l'invita de suer avec luy, et au sortir de la suerie, metamorphosa un de ses compagnons en Pin. De là ils aborderent au Village des âmes, d'où ils ne revindrent que trois en vie et tous effarez chez leur hoste, qui les encouragea de retourner chez eux, à la faveur d'un peu de farine, telle que les âmes la mangent, et qui sustente les corps à merveille. Qu'au reste ils alloient passer à travers des bois où les Cerfs, les Ours, les Orignacs estoient aussi communs que les feüilles des arbres; et qu'estans pourveus d'un arc si merveilleux, ils n'avoient rien à craindre; que leur chasse seroit des meilleures. Les voila de retour en leur Village, et tout le monde à l'entour d'eux, à se réjouïr et apprendre leurs diverses rencontres.

Le festin des âmes

La feste des Morts est la ceremonie la plus celebre qui soit parmy les Hurons; ils luy donnent le nom de festin, d'autant que, comme je diray tout maintenant, les corps estans tirez des Cimetieres, chaque Capitaine fait un festin des âmes dans son Village; le plus considerable et le plus magnifique est celuy du Maistre de la Feste, qui est pour cette raison appellé par excellence le Maistre du festin.

Cette Feste est toute pleine de ceremonies, mais vous diriez que la principale est celle de la chaudiere, cette-cy étouffe toutes les autres, et on ne parle quasi de la feste des Morts, mesme dans les Conseils les plus serieux, que sous le nom de Chaudiere: ils y approprient tous les termes de cuisine, de sorte que pour dire avancer ou retarder la feste des Morts, ils diront détiser ou attiser le feu dessous la chaudiere, et quand on est sur ces termes, qui diroit, la chaudiere est renversée, ce seroit à dire, il n'y aura point de feste des Morts.

Or il n'y a d'ordinaire qu'une seule feste dans chaque Nation; tous les corps se mettent en une mesme fosse: je dis d'ordinaire, car cette année que s'est faite la feste des Morts, la chaudiere a esté divisée, et cinq Villages de cette pointe où nous sommes ont fait bande à part et ont mis leurs morts dans une fosse particuliere. Celuy qui estoit Capitaine de la feste precedente, et qui est comme le Chef de cette pointe, a pris pour pretexte que sa chaudiere et son festin avoit esté gasté, et qu'il estoit obligé d'en refaire un autre; mais en effet ce n'estoit qu'un pretexte, la principale cause de ce divorce est que les grosses testes de ce Village se plaignent il y a long temps de ce que les autres tirent tout à eux, qu'ils n'entrent pas comme ils voudroient bien dans la cognoissance des affaires du Païs, et qu'on ne les appelle pas aux Conseils les plus secrets et les plus importans, et au partage des presens. Cette division a esté suivie de défiance de part et d'autre; Dieu veuille qu'elle n'apporte point d'empeschement à la publication du sainct Evangile. Mais il faut que je touche briefvement l'ordre et les circonstances de cette feste, et que je finisse.

Les douze ans ou environ estant expirez, les Anciens et les Notables du Païs s'assemblent pour deliberer precisément de la saison en laquelle se fera la feste, au contentement de tout le Païs et des Nations estrangeres qui y seront invitées. La resolution prise, comme tous les corps se doivent transporter au Village où est la fosse commune, chaque famille donne ordre à ses morts, mais avec un soin et une affection qui ne se peut dire: s'ils ont des parens morts en quelque endroit du Païs que ce soit, ils n'épargnent point leur peine pour les aller querir; ils les enlevent des Cimetieres, les chargent sur leurs propres épaules, et les couvrent des plus belles robes qu'ils ayent. Dans chaque Village ils choisissent un beau jour, se transportent au Cimetiere, où chacun de ceux qu'ils appellent *Aiheonde*, qui ont eu soin de la sepulture, tirent les corps du tombeau en presence des parens, qui renouvellent leurs pleurs, et entrent dans les premiers sentimens qu'ils avoient le jour des funerailles. Je me trouvay à ce spectacle, et y invitay volontiers tous nos domestiques: car je ne pense pas qu'il se puisse voir au monde une plus vive image et une plus parfaite representation de ce que c'est que l'homme. Il est vray qu'en France nos Cimetieres preschent puissamment, et que tous ces os, entassez les uns sur les autres sans discretion des pauvres d'avec les riches, ou des petits d'avec les grands, sont autant de voix qui nous crient continuellement la pensée de la mort, la vanité des choses du monde et le mepris de la vie presente; mais il me semble que ce que font nos Sauvages à cette occasion touche encor davantage, et nous fait voir de plus prés et apprehender plus sensiblement nostre misere: car apres avoir fait ouverture des tombeaux, ils vous étallent sur la place toutes ces Carcasses, et les laissent assez long temps ainsi découvertes, donnant tout loisir aux spectateurs d'apprendre une bonne fois ce qu'ils seront quelque jour. Les unes sont toutes décharnées, et n'ont qu'un parchemin sur les os; les autres ne sont que comme recuites et boucannées, sans monstrer quasi aucune apparence de pourriture; et les autres sont encor toutes groüillantes de vers. Les parens s'estans suffisamment contentez de cette veuë, les couvrent de belles robes de Castor toutes neufves; en fin au bout de quelque temps ils les décharnent, et en enlevent la peau et la chair, qu'ils jettent dans le feu avec les robes et les nattes dont ils ont esté ensevelis. Pour les corps entiers de ceux qui sont nouvellement morts, ils les laissent en mesme estat, et se contentent seulement de les couvrir de robes

66

neufves. Ils ne toucherent qu'à un Vieillard dont j'ay parlé cy-devant, qui estoit mort cette Automne au retour de la pesche: ce gros corps n'avoit commencé à se pourrir que depuis un mois, à l'occasion des premieres chaleurs du Printemps; les vers fourmilloient de toutes parts, et le pus et l'ordure qui en sortoit rendoit une puanteur presque intolerable; cependant ils eurent bien le courage de le tirer de la robbe où il estoit enveloppé, le nettoyerent le mieux qu'ils peurent, le prirent à belles mains, et le mirent dans une natte et une robbe toute neufve, et tout cela sans faire paroistre aucune horreur de cette pourriture. Ne voila pas un bel exemple pour animer les Chrestiens, qui doivent avoir des pensées bien plus relevées, aux actions de charité et aux œuvres de misericorde envers le prochain. Apres cela, qui aura horreur de la puanteur d'un Hospital? et qui ne prendra un singulier plaisir de se voir aux pieds d'un malade tout couvert de playes, dans la personne duquel il considere le Fils de Dieu? Comme ils estoient à décharner toutes ces carcasses, ils trouverent dans le corps de deux une espece de sort, l'un que je vis de mes yeux estoit un œuf de Tortuë avec une courroye de cuir; et l'autre que nos Peres manierent estoit une petite Tortuë de la grosseur d'une noix; ce qui fit croire qu'ils avoient esté ensorcelez, et qu'il y avoit des Sorciers en nostre Village; d'où vint la resolution à quelques-uns de le quitter au plus tost: en effet deux ou trois jours apres, un des plus riches, craignant qu'il ne luy arrivast quelque malheur, transporta sa Cabane à deux lieuës de nous, au Village d'*Arontaen*.

Or les os estans bien nettoyez, ils les mirent partie dans des sacs, partie en des robbes, les chargerent sur leurs épaules, et couvrirent ces pacquets d'une autre belle robbe pendante. Pour les corps entiers, ils les mirent sur une espece de brancart, et les porterent avec tous les autres chacun en sa Cabane, où chaque famille fit un festin à ses morts.

Retournant de ceste feste avec un Capitaine qui a l'esprit fort bon et est pour estre quelque jour bien avant dans les affaires du Païs, je luy demanday pourquoy ils appelloient les os des morts *Atisken*. Il me répondit du meilleur sens qu'il eust, et je recueilly de son discours, que plusieurs s'imaginent que nous avons deux âmes, toutes deux divisibles et materielles, et cependant toutes deux raisonnables; l'une se separe du corps à la mort, et demeure neantmoins dans le Cimetiere jusques à la feste des Morts, apres laquelle, ou elle se change en Tourterelle, ou selon la plus commune opinion, elle s'en va droit au Village des âmes. L'autre est comme attachée au corps, et informe pour ainsi dire le cadavre, et demeure en la fosse des morts apres la feste, et n'en sort jamais, si ce n'est que quelqu'un l'enfante de rechef. Il m'apporta pour preuve de cette metempsychose, la parfaite ressemblance qu'ont quelques-uns avec quelques personnes defuntes. Voila une belle Philosophie. Tant y a que voila pourquoy ils appellent les os des morts, *Atisken*, les âmes.

Un jour ou deux auparavant que de partir pour la feste, ils porterent toutes ces âmes dans une des plus grandes Cabanes du Village, où elles furent une partie attachée aux perches de la Cabane, et l'autre estallée par la Cabane, et le Capitaine les traitta et leur fit un festin magnifique au nom d'un Capitaine defunct, dont il porte le nom. Je me trouvay à ce festin des âmes, et y remarquay quatre choses particulieres. Premierement, les presens que faisoient les parens pour la feste, qui consistoient en robbes, colliers de Pourcelaine et chaudieres, estoient étendus sur des perches tout le long de la Cabane, de part et d'autre. Secondement, le Capitaine chanta la chanson du Capitaine defunct, selon le desir que luy mesme avoit témoigné avant sa mort, qu'elle fust chantée en cette occasion. Tiercement, tous les conviez eurent la liberté de se faire part les uns aux autres de ce qu'ils avoient de bon, et mesme d'en apporter chez eux, contre la coustume des festins ordinaires. Quatriesmement, à la fin du festin pour tout compliment à celuy qui les avoit traittez, ils imiterent, comme ils disent, le cry des âmes, et sortirent de la Cabane en criant *haéé, haé*.

Le maistre du festin, et mesme *Anenkhiondic*, Capitaine general de tout le Païs, nous envoya inviter plusieurs fois avec beaucoup d'instance. Vous eussiez dit que la feste n'eust pas esté bonne sans nous. J'y envoyay deux de nos Peres quelques jours auparavant, pour voir les preparatifs et sçavoir au vray le jour de la feste. *Anenkhiondic* leur fit tres-bon accueil, et à leur depart les conduisit luy-mesme à un quart de lieuë de là où estoit la fosse, et leur monstra avec grand témoignage d'affection tout l'appareil de la feste.

La feste se devoit faire le Samedy de la Pentecoste; mais quelques affaires qui survindrent et l'incertitude du temps la fit remettre au Lundy. Les sept ou huict jours de devant la feste se passerent à assembler, tant les âmes, que les Estrangers qui y furent invitez; cependant depuis le matin jusques au soir, ce n'estoit que largesse que faisoient les vivans à la jeunesse en consideration des defuncts. D'un costé les femmes tiroient de l'arc à qui auroit le prix, qui estoit quelque ceinture de Porc-épic, ou quelque collier ou chaisne de Pourcelaine; de l'autre costé en plusieurs endroits du Village les jeunes hommes tiroient au baston à qui l'emporteroit. Le prix de cette victoire estoit une hache, quelques cousteaux, ou mesme une robbe de Castor. De jour à autre arrivoient les âmes. Il y a du contentement de voir ces convois, qui sont quelquefois de deux et trois cens personnes; chacun porte ses âmes, c'est à dire, ses ossemens empacquetez sur son dos, à la façon que j'ay dit, souz une belle robbe. Quelques-uns avoient accommodé leurs pacquets en figure d'homme, ornez de colliers de Pourcelaine, avec une belle guirlande de grand poil rouge. A la sortie de leur Village, toute la troupe crioit *haéé, haé*, et reïteroient ce cry des ames par le chemin. Ce cry, disent ils, les soulage grandement; autrement ce fardeau, quoy que d'âmes, leur peseroit bien fort sur le dos, et leur causeroit un mal de costé pour toute leur vie. Ils vont à petites journées; nostre Village fut trois jours à faire quatre lieuës, et à aller à *Ossossané*, que nous appellons la Rochelle, où se devoient faire toutes les ceremonies. Aussi-tost qu'ils arrivent aupres de quelque Village, ils crient encor leur *haéé, haé*. Tout le Village leur vient au devant; il se fait encor à cette occasion force largesses. Chacun a son rendez-vous dans quelqu'une des Cabanes; tous sçavent où ils doivent loger leurs âmes; cela se fait sans confusion. En mesme temps les Capitaines tiennent Conseil pour deliberer combien de temps la troupe sejournera dans le Village.

Toutes les âmes de huict ou neuf Villages, s'estoient rendus à la Rochelle dés le Samedy de la Pentecoste; mais la crainte du mauvais temps obligea, comme j'ay dit, de remettre la ceremonie au Lundy. Nous estions logez à un quart de lieuë de là, au vieux Village dans une Cabane, où il y avoit bien cent âmes penduës et attachées à des perches, dont quelques unes sentoient un peu plus fort que le musq.

Le Lundy sur le midy, on vint avertir qu'on se tinst prest, qu'on alloit commencer la ceremonie; on détache en mesme temps ces pacquets d'âmes, les parens les développent derechef pour dire les derniers adieux; les pleurs recommencerent de nouveau. J'admiray la tendresse d'une femme envers son pere et ses enfans; elle est fille d'un Capitaine, qui est mort fort âgé, et a esté autrefois fort considerable dans le Païs: elle luy peignoit sa chevelure, elle manioit ses os les uns apres les autres, avec la mesme affection que si elle luy eust voulu rendre la vie; elle luy mit aupres de luy son *Atsatonewai*, c'est à dire son pacquet de buchettes de Conseil, qui sont tous les livres et papiers du Païs. Pour ses petits enfans, elle leur mit des brasselets de Pourcelaine et de rassade aux bras, et baigna leurs os de ses larmes; on ne l'en pouvoit quasi separer, mais on pressoit, et il fallut incontinent partir. Celuy qui portoit le corps de ce vieux Capitaine marchoit à la teste, les hommes suivoient et puis les femmes, ils marchoient en cét ordre, jusques à ce qu'ils arriverent à la fosse.

Voicy la disposition de cette place. Elle estoit environ de la grandeur de la place Royale à Paris. Il y avoit au milieu une grande fosse d'environ dix pieds de profondeur et cinq brasses de diametre, tout autour un échaffaut et une espece de theatre assez bien fait, de neuf à dix brasses de diametre et de dix à neuf pieds de hauteur; au dessus du theatre, il y avoit quantité de perches dressées et bien arrangées, et d'autres en travers pour y pendre et attacher tous ces pacquets d'âmes. Les corps entiers, comme ils devoient estre mis au fond de la fosse, estoient dés le jour precedent sous l'échaffaut, étendus sur des écorces, ou des nattes dressées sur des pieux de la hauteur d'un homme aux environs de la fosse.

Toute la Compagnie arriva avec ses corps environ à une heure apres Midy, et se departirent en divers cantons, selon les familles et les Villages, et dechargerent à terre leurs pacquets d'âmes, à peu prés comme on fait les pots de terre à ces Foires de Villages; ils déployerent aussi leurs pacquets de robbes, et tous les presens qu'ils avoient apportés, et les étendirent sur des perches, qui estoient de 5. à 600. toises d'étenduë: aussi y avoit il jusques à douze cens presens qui demeurerent ainsi en parade deux bonnes heures, pour donner loisir aux Estrangers de voir les richesses et la magnificence du Païs. Je ne trouvay pas que la Compagnie fust grande comme je m'estois figuré; s'il y avoit deux mille personnes, c'estoit quasi tout. Environ les trois heures, chacun serra ses pieces, et plia ses robbes.

Sur ces entrefaites, chaque Capitaine par ordre donna le signal, et tout incontinent chargez de leurs paquets d'âme, courans comme à l'assaut d'une ville, monterent sur ce Theatre à la faveur des échelles qui estoient tout autour, et les pendirent aux perches; chaque Village y avoit son departement. Cela fait, on osta toutes les échelles, et quelques Capitaines y demeurerent, et passerent tout le reste de l'apresdinée jusques à sept heures à publier des presens qu'ils faisoient au nom des defuncts à quelques personnes particulieres.

Voila, disoient-ils, ce qu'un tel defunct donne à un tel son parent. Environ les cinq à six heures, ils paverent le fond de la fosse, et la borderent de belles grandes robes neufves de dix Castors, en telle façon qu'elles s'estendoient plus d'un pied au dehors de la fosse. Comme ils preparoient les robbes qui devoient estre employées à cét usage, quelques-uns descendirent au fond, et en apporterent leurs mains pleines de sable; je m'enquis que vouloit dire cette ceremonie, et appris qu'ils ont cette creance que ce sable les rend heureux au jeu. De ces douze cens presents qui avoient esté étallez sur la place, quarante-huit robbes servirent à paver et border la fosse, et chaque corps entier, outre la robbe dont il estoit enveloppé, en avoit encor une, et quelques-uns jusques à deux, dont ils furent couverts; voila tout: de sorte que je ne pense pas que chaque corps eust la sienne, l'un portant l'autre, qui est bien le moins qu'il peust avoir pour sa sepulture; car ce que sont les draps et les linceux en France, sont icy les robbes de Castor. Mais que devient donc le reste? je le diray tout maintenant.

Sur les sept heures, ils descendoient les corps entiers dans la fosse. Nous eusmes toutes les peines du monde d'en aborder; jamais rien ne m'a mieux figuré la confusion qui est parmy les damnez. Vous eussiez veu décharger de tous costez des corps à demy pourris, et de tous costez on entendoit un horrible tintamarre de voix confuses de personnes qui parloient et ne s'entendoient pas: dix ou douze estoient en la fosse, et les arrangeoient tout autour les uns aupres des autres. Ils mirent tout au beau milieu trois grandes chaudieres qui n'étoient bonnes que pour les âmes; l'une estoit percée, l'autre n'avoit point d'anse, et la troisiéme ne valoit gueres mieux. J'y vis fort peu de colliers de Pourcelaine; il est vray qu'ils en mettent beaucoup dans les corps. Voila tout ce qui se fit cette journée.

Tout le monde passa la nuit sur la place, ils allumerent force feux, et firent chaudiere. Nous autres nous nous retirasmes au vieux Village avec resolution de retourner le lendemain au poinct du jour qu'ils devoient jetter les os dans la fosse; mais nous ne peusmes quasi arriver assez à temps, nonobstant toute la diligence que nous apportasmes, à raison d'un accident qui arriva. Une de ces âmes, qui n'estoit pas bien attachée, ou peut-estre trop pesante pour la corde qui la portoit, tomba d'elle mesme en la fosse; ce bruit éveilla la compagnie, qui courut et monta incontinent à la foule sur l'échaffaut, et vuida sans ordre chaque paquet dans la fosse, reservant neantmoins les robbes desquelles elles estoient enveloppées. Nous sortions pour lors du Village; mais le bruit estoit si grand, qu'il nous sembloit quasi que nous y estions. Approchans nous vismes tout à fait une image de l'Enfer: cette grande place estoit toute remplie de feux et de flammes, et l'air retentissoit de toutes parts des voix confuses de ces Barbares; ce bruit neantmoins cessa pour quelque temps, et se mirent à chanter, mais d'un ton si lamentable et si lugubre, qu'il nous representoit l'horrible tristesse et l'abysme du desespoir dans lequel sont plongées pour jamais ces âmes malheureuses.

Tout estoit presque jetté quand nous arrivasmes, car cela se fit quasi en un tour de main; chacun s'estoit pressé, croyant qu'il n'y eust pas assez de place pour toutes ces âmes; nous en vismes neantmoins encore assez pour juger du reste. Ils estoient cinq ou six dans la fosse avec des perches, à arranger ces os. La fosse fut pleine à deux pieds prés; ils renverserent par dessus les robbes, qui la debordoient tout autour, et couvrirent tout le reste de nattes, et d'écorces. Pour la fosse, ils la comblerent de sable, de perches et de pieux de bois, qu'ils y jetterent sans ordre. Quelques femmes y apporterent quelques plats de bled, et le mesme jour et les suivants plusieurs Cabanes du Village en fournirent des mannes toutes pleines, qui furent jettées sur la fosse.

Nous avons quinze ou vingt Chrestiens enterrez avec ces infideles; nous dismes pour leurs âmes un *De profundis*, avec une ferme esperance, que si la divine bonté n'arreste le cours de ses benedictions sur ces Peuples, cette feste ne se fera plus, ou ne sera que pour les Chrestiens, et se fera avec des ceremonies aussi sainctes, que celles là sont sottes et inutiles: aussi commencent-elles à leur estre à charge, pour les excez et dépenses superfluës qui s'y font.

Toute la matinée se passa en largesses; et la plus-part des robbes, dans lesquelles avoient esté toutes ces âmes, furent coupées par pieces et jettées du haut du Theatre au milieu de l'assemblée à qui les emporteroit: c'estoit un plaisir quand ils se trouvoient deux ou trois sur une peau de Castor; car pour s'accorder il falloit la couper en autant de pieces, et ainsi ils se trouvoient quasi les mains vuides, car ce lambeau ne valoit pas quasi le ramasser. J'admiray icy l'industrie d'un Sauvage: il ne se pressoit pas bien fort pour courir apres ces pieces volantes; mais comme il n'y a rien eu de si precieux cette année dans le Païs que le Petun, il en tenoit quelque morceau dans ses mains, qu'il presentoit incontinent à ceux qui disputoient à qui auroit la peau, et en convenoit ainsi à son profit.

Avant que de sortir de la place, nous apprismes que la nuict qu'on avoit fait des presens aux Nations estrangeres de la part du maistre du festin, on nous avoit aussi nommez; et de fait comme nous nous en allions *Anenkhiondic*, nous vint presenter une robbe neufve de dix Castors, en consideration du collier, dont je leur avois fait present en plein Conseil, pour leur faire le chemin du ciel. Ils s'estoient trouvez si fort obligez de ce present, qu'ils en avoient voulu témoigner quelque recognoissance en une si belle assemblée. Je ne l'acceptay pas neantmoins, luy disant, que comme nous ne leur avions fait ce present, que pour les porter à embrasser nostre foy, ils ne nous pouvoient obliger davantage qu'en nous écoutant volontiers, et en croyant en celuy, qui a tout fait. Il me demanda ce que je desirois donc qu'il fist de la robbe; Je luy répondis qu'il en disposast comme bon luy sembleroit, dequoy il demeura parfaitement satisfaict.

Pour le reste des douze cens presens, quarante-huict robbes furent employées à parer la fosse. Chaque corps entier emporta sa robbe, et quelques-uns deux et trois. On en donna vingt au maistre du festin, pour remercier les Nations qui avoient assisté à la feste. Les defuncts en distribuerent quantité, par les mains des Capitaines, à leurs amis vivans. Une partie ne servit que de parade, et fut retirée de ceux qui les avoient exposées. Les Anciens et les grosses testes du Païs, qui en avoient l'administration et le maniement, en tirerent aussi souz-main une assez bonne quantité, et le reste fut coupé en pieces, comme j'ay dit, et jetté par magnificence au milieu de l'assemblée.

Cependant il n'y a que les riches qui ne perdent rien, ou fort peu à ceste feste. Les mendians et les pauvres y apportent et y laissent ce qu'ils avoient de plus précieux, et souffrent beaucoup pour ne point paroistre moins que les autres en cette celebrité. Tout le monde se picque d'honneur.

Au reste il ne s'en est presque rien fallu, que nous n'ayons aussi esté de la feste dés cét Hyver le Capitaine *Aenons*, dont j'ay parlé cy-devant, nous en vint faire ouverture de la part des Anciens de tout le Païs. Pour lors la chaudiere n'estoit pas encor divisée. Ils nous proposa donc, si nous serions contens de lever les corps des deux François qui sont morts en ce Païs, sçavoir est de Guillaume Chaudron et Estienne Bruslé, qui fut tué il y a quatre ans, et que leurs os fussent mis dans la fosse commune de leurs morts. Nous luy répondismes d'abord, que cela ne se pouvoit faire, que cela nous estoit defendu; que comme ils avoient esté baptisez et estoient comme nous esperions dans le ciel, nous respections trop leurs os pour permettre qu'ils fussent meslez avec les os de ceux qui n'ont point esté baptisez.

FRANÇOIS LE MERCIER (1604-1690)

Les écrivains des *Relations* ne sont peut-être pas aussi nombreux que les arbres de la forêt américaine, mais le lecteur novice ne finit pas d'en dénicher dans les replis de l'immense chronique. Il faut savoir que la *Relation* annuelle est souvent un livre composite constitué des *Relations* de deux ou trois missions avec en plus des lettres ou d'autres documents. François Le Mercier n'a pas le renom de Le Jeune ou de Brébeuf; il a cependant séjourné au pays de 1635 à 1672, d'abord chez les Hurons puis à Trois-Rivières et à Québec. Il fut même recteur du collège des Jésuites et supérieur général de la mission. Mais retenons qu'il paraît avoir été un homme d'action étonnant: infirmier, procureur, créateur d'une « ferme importante » chez les Hurons, promoteur de la fortification de Trois-Rivières (1653). C'est peut-être ce sens des situations concrètes qui nous vaut des pages très vivantes, dont le supplice (le martyre?) abondamment circonstancié d'un chef iroquois.

Les voyes du salut

Le 2. de Septembre, nous apprismes qu'on avoit amené au bourg d'Onnentisati un prisonnier Iroquois, et qu'on se disposoit à le faire mourir. Ce Sauvage avoit esté pris luy huictiesme, au lac des Iroquois, où ils estoient 25. ou 30. à la pesche; le reste s'estoit sauvé à la fuitte. Pas un, dit-on, n'eust eschappé si nos Hurons ne se fussent point si fort precipitez; ils n'en amenerent que sept, pour le huictiesme ils se contenterent d'en apporter la teste. Ils ne furent pas si tost hors des prises de l'ennemy, que selon leur coustume toute la troupe s'assembla, et tinrent conseil, où il fut resolu que six seroient donnez aux Atignenonghac et aux Arendarrhonons, et le septiesme à ceste pointe où nous sommes. Ils en disposerent de la sorte d'autant que leur bande estoit composée de ces trois nations. Quand les prisonniers furent arrivez dans le pays, les Anciens, ausquels les jeunes gens au retour de la guerre laissent la disposition de leur proye, firent une autre assemblée, pour aviser entr'eux, du bourg où chaque prisonnier en particulier seroit bruslé et mis à mort, et des personnes qui en seroient gratifiées: car c'est l'ordinaire que lors que quelque personne notable a perdu en guerre quelqu'un de ses parens, on luy fasse present de quelque captif pris sur les ennemis, pour essuyer ses larmes, et appaiser une partie de ses regrets. Cestuy-cy donc, qui avoit esté destiné pour ceste pointe, fut amené par le Capitaine Enditsacone au bourg d'Onnentisati, où les chefs de guerre tinrent Conseil, et resolurent que ce prisonnier seroit donné à Saoüandaoüascoüay, qui est une des grosses testes du pays, en consideration d'un sien neveu qui avoit esté pris par les Iroquois. La resolution prise, il fut mené à Arontaen, qui est un bourg esloigné de nous environ deux lieuës. D'abord nous avions quelque horreur d'assister à ce spectacle; neantmoins tout bien consideré, nous jugeasmes à propos de nous y trouver, ne desesperans pas de pouvoir gaigner ceste âme à Dieu: la charité fait passer par dessus beaucoup de considerations. Nous partismes donc, en compagnie du P. Superieur, le P. Garnier et moy, nous arrivasmes à Arontaen un peu auparavant le prisonnier; nous vismes venir de loin ce pauvre miserable, chantant au milieu de 30. ou 40. Sauvages qui le conduisoient. Il estoit revestu d'une belle robbe de castor, il avoit au col un collier de pourcelaine, et un autre en forme de couronne autour de la teste. Il se fit un grand concours à son arrivée; on le fit seoir à l'entrée du bourg, ce fut à qui le feroit chanter. Je diray icy que jusques à l'heure de son supplice nous ne vismes exercer en son endroit que des traicts d'humanité; aussi avoit-il desjà esté assez mal mené dés lors de sa prise, il avoit une main toute brisée d'un caillou, et un doigt non coupé, mais arraché par violence; pour l'autre main il en avoit le poulce et le doigt d'aupres emporté d'un coup de hache, et pour tout emplastre quelques feuilles liées avec des escorces; il avoit les joinctures des bras toutes bruslées, et en l'un une grande incision. Nous nous approchasmes pour le considerer de plus prés; il leva les yeux, et nous regarda fort attentivement, mais il ne sçavoit pas encor le bon heur que le Ciel luy preparoit par nostre moyen au milieu de ses ennemis. On invita le P. Superieur à le faire chanter, mais il fit entendre que ce n'étoit pas ce qui l'avoit amené, qu'il n'étoit venu que pour luy apprendre ce qu'il devoit faire pour aller au Ciel, et estre bien-heureux à jamais apres la mort; il s'approcha de luy, et luy témoigna que nous luy portions tous beaucoup de compassion. Cependant on luy apportoit à manger de tous costez, qui du sagamité, qui des citroüilles et des fruicts, et ne le traittoient que de frere et amy; de temps en temps on luy commandoit de chanter, ce qu'il faisoit avec tant de vigueur et une telle contention de voix, que, veu son âge, car il paroissoit avoir plus de 50. ans, nous nous estonnions comment il y pouvoit suffire, veu mesme qu'il n'avoit quasi faict autre chose nuict et jour depuis sa prise et nommément depuis son arrivée dans le pays. Sur ces entrefaites un Capitaine, haussant sa voix du mesme ton que font en France ceux qui proclament quelque chose par les places publiques, luy adressa ces paroles: Mon neveu, tu as bonne raison de chanter, car personne ne te faict mal, te voilà maintenant parmy tes parens et tes amis. Bon Dieu, quel compliment! tous ceux qui estoient autour de luy, avec leur douceur estudiée et leurs belles paroles, estoient autant de bourreaux, qui ne luy faisoient bon visage que pour le traitter par apres avec plus de cruauté. Par tout où il avoit passé on luy avoit donné dequoy faire festin; on ne manqua pas icy à ceste courtoisie, on mit incontinent un chien en la chaudiere; il n'étoit pas encor demy cuit, qu'il fut mené dans la cabane, où il devoit faire l'assemblée pour le banquet. Il fit dire au P. Superieur qu'il le suivist et qu'il estoit bien aise de le voir: sans doute cela luy avoit touché le cœur, de trouver, parmy des barbares que la seule cruauté rendoit affables et humains, des personnes qui avoient un veritable ressentiment de sa misere. Nous commençasmes dés lors à bien esperer de sa conversion. Nous entrasmes donc et nous mismes aupres de luy; le P. Superieur prit occasion de luy dire qu'il eust bon courage, qu'il estoit à la verité pour estre miserable le peu de vie qui luy restoit, mais que s'il le vouloit escouter, et croire ce qu'il avoit à luy dire, il l'asseuroit d'un bon heur eternel dans le Ciel apres la mort. Il luy parla amplement de l'immortalité de l'âme, des contentemens dont jouyssent les bienheureux dans le Paradis, et du malheureux estat des damnez dans l'Enfer. Cependant le P. Garnier et moy, pour contribuer quelque chose à la conversion de ce pauvre Sauvage, nous fismes un vœu de dire quatre Messes en l'honneur de la bien-heureuse Vierge, afin qu'il plust à Dieu luy faire misericorde et luy donner la grace d'estre baptisé. Vostre R. eust eu de la consolation de voir avec quelle attention il escouta ce discours; il y prit tant de plaisir et le comprit si bien, qu'il le repeta en peu de mots, et tesmoigna un grand desir d'aller au Ciel. Tous ceux qui estoient aupres de luy, conspiroient ce sembloit avec nous dans le dessein de l'instruire, entr'autres un jeune homme, lequel quoy que sans aucune necessité faisoit le devoir de truchement, et luy repetoit ce que le P. Superieur luy avoit expliqué. Mais je devois avoir dit à vostre R. que ce prisonnier n'estoit pas proprement du pays des ennemis; il estoit natif de Sonontoüan; neantmoins, d'autant que depuis quelques années les Sonontoüanhrronon avoient fait la paix avec les Hurons, cestui-cy n'ayant pas agreé cét accord s'estoit marié parmy les Onontaehronon, afin d'avoir tousjours la liberté de porter les armes contre eux. Voilà comme la sage providence de Dieu a conduit ce pauvre Sauvage dans les voyes de Salut. Peut-estre que demeurant à Sonontoüan, il fust aussi demeuré jusques à la mort dans l'ignorance de son Createur.

Mais retournons au festin qui se preparoit. Aussi tost que le chien fut cuit, on en tira un bon morceau, qu'on luy fit manger, car il luy falloit mettre jusques dans la bouche, estant incapable de se servir de ses mains; il en fit part à ceux qui estoient aupres de luy. A voir le traittement qu'on luy faisoit, vous eussiez quasi jugé qu'il estoit le frere et le parent de tous ceux qui luy parloient. Ses pauvres mains luy causoient de grandes douleurs, et luy cuisoient si fort, qu'il demanda de sortir de la cabane pour prendre un peu d'air; il luy fut accordé incontinent. Il se fit developper ses mains; on luy apporta de l'eau pour les rafraîchir. Elles estoient demy pourries et toutes groüillantes de vers; la puanteur qui en sortoit estoit quasi insupportable. Il pria qu'on luy tirast ces vers qui luy rongeoient jusques aux moüelles, et luy faisoient, disoit-il, ressentir la mesme douleur que si on y eust appliqué le feu. On fit tout ce que l'on pût pour le soulager, mais en vain, car ils paroissoient et se retiroient au dedans, comme on se mettoit en devoir de les tirer. Cependant il ne laissoit pas de chanter à diverses reprises, et on luy donnoit tousjours quelque chose à manger, comme quelques fruicts ou citroüilles.

Voiyant que l'heure du festin s'approchoit, nous nous retirasmes dans la cabane où nous avions pris logis: car nous ne jugions pas à propos de demeurer en la cabane du prisonnier, n'esperans pas trouver la commodité de luy parler davantage jusques au lendemain. Mais Dieu, qui avoit dessein de luy faire misericorde, nous l'amena, et nous fusmes bien estonnez et bien resjouys quand on nous vint dire qu'il venoit loger avec nous; et encor plus par apres, lors que, en un temps auquel il y avoit tout sujet de craindre que la confusion et l'insolence de la jeunesse amassée de tous les bourgs circonvoisins ne nous interrompist en nostre dessein, le P. Super. se trouva là dans une belle occasion de luy parler, et eut tout loisir de l'instruire de nos mysteres, en un mot de le disposer au S. Baptesme. Une bonne troupe de Sauvages, qui estoient là presens, non seulement ne l'interrompoient point, mais mesme l'escouterent avec beaucoup d'attention; où il prist suject de les entretenir sur la bonté de Dieu, qui ayme universellement tous les hommes, les Iroquois aussi bien que les Hurons, les captifs aussi bien que ceux qui sont en liberté, les pauvres et les miserables à l'esgal des riches, pourveu qu'ils croyent en luy et gardent ses Ss. Commandemens. Que c'est un grand avantage d'avoir la langue en maniment, d'estre aymé de ces peuples, et en credit parmy eux! Vous eussiez dit que tout ce monde se fust assemblé, non pour passer le temps autour du prisonnier, mais pour entendre la parole de Dieu. Je ne pense pas que les veritez Chrestiennes ayent esté jamais preschées dans ce pays en une occasion si favorable, car il y en avoit quasi là de toutes les nations qui parlent la langue Huronne. Le Pere Superieur le trouva si bien disposé, qu'il ne jugea pas à propos de differer plus long temps son baptesme; il fut nommé Joseph. Il estoit bien raisonnable que le premier baptisé de ceste nation fust en la protection de ce Sainct Patriarche. Nous avons desjà receu de Dieu tant de faveurs par son entremise, que nous esperons que quelque jour, et peut-estre plus tost que nous ne pensons, il nous moyennera aupres de ceste infinie misericorde l'entrée dans ces nations Barbares, pour y prescher courageusement le Sainct Evangile. Cela faict, nous nous retirasmes d'aupres de luy bien consolez, pour prendre un peu de repos; pour moy, il me fut impossible de clorre quasi l'œil, et remarquay autant que je puis entendre, qu'une grande partie de la nuict, les Anciens du bourg et quelques Capitaines qui le gardoient l'entretindrent sur les affaires de son pays et le suject de sa prise, mais avec des tesmoignages de bien veillance qui ne se peuvent dire. Le matin le Pere Superieur trouva encor moyen de luy dire un bon mot, de luy remettre en memoire la faveur qu'il avoit receuë du Ciel, et le disposer à la patience dans ses tourmens. Et puis il fallut partir pour aller à *Tondakhra*, qui est à une lieuë d'*Arontaen*; il se mit en chemin bien accompagné et chantant à son ordinaire. Nous prismes donc occasion nous autres, de faire un tour chez nous, pour dire la Messe et faire part de ces bonnes nouvelles à nos Peres. Le mesme jour nous allasmes à *Tondakhra*, où par une Providence particuliere, nous nous logeasmes sans le sçavoir, dans la cabane qu'on avoit destinée pour le prisonnier. Le soir il fit festin, où il chanta et dansa à la mode du pays une bonne partie de la nuict. Le Pere l'instruisit plus particulierement de tout ce qui touche le devoir d'un Chrestien et nommément sur les saincts Commandemens de Dieu. Il y avoit une bonne compagnie, et tous tesmoignoient prendre un singulier plaisir à cét entretien; ce qui donna suject au Pere, à l'occasion du sixiéme Commandement, de leur faire entendre jusques à quel poinct Dieu faisoit estat de la chasteté, et que pour cette consideration nous nous estions obligez par vœu de cultiver cette vertu inviolablement jusques à la mort. Ils furent bien estonnez d'apprendre que parmy les Chrestiens il se trouve tant de personnes de l'un et l'autre sexe qui se privent volontairement pour toute leur vie des voluptez sensuelles, ausquelles ils mettent toute leur felicité; ils firent mesme plusieurs questions, entre autres quelqu'un demanda pourquoy les hommes avoient honte de se voir nuds les uns les autres, et sur tout nous autres pourquoy nous ne pouvions supporter qu'ils fussent sans brayes. Le Pere leur respondit que c'estoit un effect du peché du premier homme, qu'auparavant qu'il eust transgressé la loy de Dieu, et que sa volonté se fust dereglée, ny luy ny Eve sa femme ne s'appercevoient pas de leur nudité, que leur desobeyssance leur avoit ouvert les yeux, et leur avoit fait chercher dequoy se couvrir. Je ne touche icy qu'en deux mots les longs et beaux discours que le P. Superieur leur fit en telles et semblables occasions. Un autre luy demanda d'où nous sçavions qu'il y avoit un Enfer, et d'où nous tenions tout ce que nous disions de l'estat des damnez; le Pere dit là dessus que nous en avions des asseurances indubitables, que nous le tenions par revelation divine; que le S. Esprit avoit luy-mesme dicté ces veritez à des personnages, et à nos Ancestres qui nous les ont laissées par escrit, que nous en conservions encor precieusement les livres. Mais nostre histoire ira trop loin, si je ne tranche ces discours.

Le lendemain matin, qui fut le 4. de Septembre, le prisonnier confirma encor la volonté qu'il avoit de mourir Chrestien, et son desir d'aller au Ciel; et mesme il promit au Pere qu'il se souviendroit dans les tourmens de dire: Jesus taïtenr, Jesus ayez pitié de moy. On attendoit encor le Capitaine Saoüandaoüascoüay, qui estoit allé en traitte, pour arrester le jour et le lieu de son supplice, car ce captif estoit tout à fait en sa disposition; il arriva un peu apres, et dés leur premiere entreveuë, nostre Joseph, au lieu de se troubler dans la crainte et l'apprehension de la mort prochaine et d'une telle mort, luy dit en nostre presence que le Pere l'avoit baptisé, *haiatachondi*; il usa de ce terme tesmoignant en estre bien aise. Le Pere le consola encor, luy disant que les tourmens qu'il alloit souffrir seroient de peu de durée, mais que les contentemens qui l'attendoient dans le Ciel n'auroient point d'autre terme que l'Eternité.

Saoüandaoüascoüay luy fit bon visage et le traicta avec une douceur incroyable. Voicy le sommaire du discours qu'il luy fit: Mon neveu, il faut que tu sçaches qu'à la premiere nouvelle que je receus que tu estois en ma disposition, je fus merveilleusement joyeux, m'imaginant que celuy que j'ay perdu en guerre estoit comme resuscité et retournoit en son païs; je pris en mesme temps resolution de te donner la vie. Je pensois desjà à te preparer une place dans ma cabane, et faisois estat que tu passerois doucement avec moy le reste de tes jours; mais maintenant que je te vois en cet estat, les doigts emportez, et les mains à demy pourries, je change d'avis, et je m'asseure que tu aurois toy-mesme regret maintenant de vivre plus long temps: je t'obligeray plus de te dire que tu te disposes à mourir, n'est-il pas vray? Ce sont les Tohontaenras qui t'ont si mal traitté, qui sont aussi la cause de ta mort. Sus donc, mon neveu, aye bon courage, prepare toy à ce soir, et ne te laisse point abattre par la crainte des tourmens. Là dessus Joseph luy demanda d'un maintien ferme et asseuré, quel seroit le genre de son supplice; à quoy Saoüandaoüascoüay répondit qu'il mourroit par le feu: Voilà qui va bien, repliqua Joseph, voilà qui va bien. Tandis que ce Capitaine l'entretenoit, une femme qui estoit la sœur du deffunct, luy apportoit à manger avec un soin remarquable; vous eussiez quasi dit que c'eust esté son propre fils, et je ne sçay si cét object ne luy representoit point celuy qu'elle avoit perdu; mais elle estoit d'un visage fort triste, et avoit les yeux comme tous baignez de larmes. Ce Capitaine luy mettoit souvent son petunoir à la bouche, luy essuyoit de ses mains la sueur qui luy couloit sur le visage, et le rafraischissoit d'un esventail de plumes.

Environ sur le midy, il fit son *Astataion*, c'est à dire festin d'adieu, selon la coustume de ceux qui sont sur le poinct de mourir; on n'y invita personne en particulier, chacun avoit la liberté de s'y trouver, on y estoit les uns sur les autres. Avant qu'on commençast à manger, il passa au milieu de la cabane, et dit d'une voix haute et asseurée: Mes freres, je m'en vay mourir, au reste joüez vous hardiment autour de moy, je ne crains point les tourmens ny la mort. Incontinent il se mit à chanter et à danser tout le long de la cabane; quelques autres chanterent aussi et danserent à leur tour; et puis on donna à manger à ceux qui avoient des plats, ceux qui n'en avoient point regardoient faire les autres; nous estions de ceux cy, aussi n'estions nous pas là pour manger. Le festin achevé, on le remena à Arontaen pour y mourir; nous le suivismes pour l'assister et luy rendre tout le service que nous pouvions. Estant arrivé, aussi tost qu'il vist le P. Superieur, il l'invita à se seoir aupres de luy, et luy demanda quand il le disposeroit pour le Ciel, pensant peut-estre qu'il le deust baptiser encor une fois, et d'autant que le Pere n'entendoit pas bien ce qu'il vouloit dire, luy ayant respondu que ce ne seroit pas encor si tost: *Enonske*, dit-il, fais le au plustost. Il fit instance, et luy demanda s'il iroit au Ciel. Le Pere luy respondit qu'il ne devoit point en douter, puis qu'il estoit baptisé; il luy repeta encore que les tourmens qu'il alloit souffrir finiroient bien tost, et que sans la grace du S. Baptesme il eust esté tourmenté à jamais dans les flammes eternelles. Il prit de là suject de luy expliquer comme Dieu hayssoit le peché, et avec quelle rigueur il punissoit les pecheurs; que tous les hommes estoient sujects au peché, que la misericorde de Dieu nous avoit neantmoins laissé un moyen tres-facile et tres-efficace pour retourner en grace, et le disposa à faire un acte de contrition.

Ceux qui estoient là presens avoient des pensées bien differentes: les uns nous consideroient, et s'estonnoient de nous voir si fort attachez à luy, de voir que nous le suivions par tout, que nous ne perdions point d'occasions de luy parler et luy dire quelque mot de consolation; d'autres ne songeoient ce semble qu'à luy faire du bien; plusieurs s'arrestoient à sa condition, et consideroient l'extremité de sa misere; entr'autres une femme, pensant comme il est à presumer, que ce pauvre patient seroit bien-heureux et espargneroit beaucoup de ses peines, s'il pouvoit se tuër et prevenir l'insolence et la cruauté de la jeunesse, demanda au Pere s'il y auroit du mal en ceste action. C'est ainsi que la divine bonté donnoit tousjours de nouvelles ouvertures pour faire cognoistre et expliquer sa sainte Loy à ce peuple barbare: le Pere les instruisit amplement sur ce poinct, et leur fit entendre qu'il n'y avoit que Dieu qui fust le maistre de nos vies, et qu'il n'appartenoit qu'à luy d'en disposer; que ceux qui s'empoissonnoient ou deffaisoient eux-mesmes par violence, pechoient griefvement, et que Saoüandanoncoüa, parlant de nostre Joseph, perdroit le fruict de son baptesme, et n'iroit jamais au Ciel, s'il avançoit d'un seul moment l'heure de sa mort.

Cependant le Soleil qui baissoit fort nous advertit de nous retirer au lieu où se devoit achever ceste cruelle Tragedie. Ce fut en la cabane d'un nommé Atsan, qui est le grand Capitaine de guerre: aussi est-elle appellée *Otinont-siskiaj ondaon*, c'est à dire la maison des testes couppées. C'est là où se tiennent tous les Conseils de guerre; pour la cabane où se traittent les affaires du pays, et qui ne regardent que la police, elle s'appelle *Endionrra ondaon*, la maison du Conseil. Nous nous mismes donc en lieu où nous peussions estre aupres du patient, et luy dire un bon mot si l'occasion s'en presentoit. Sur les 8. heures du soir, on alluma onze feux tout le long de la cabane, esloignez les uns des autres environ d'une brasse. Incontinent le monde s'assembla, les vieillards se placerent en haut, comme sur une maniere d'echaffauts qui regnent de part et d'autre tout le long des cabanes; les jeunes gens estoient en bas, mais tellement pressez qu'ils estoient quasi les uns sur les autres, de sorte qu'à peine y avoit-il passage le long des feux. Tout retentissoit de cris d'allegresse; chacun luy preparoit qui un tison, qui une escorce pour brusler le patient; avant qu'on l'eust amené, le Capitaine Aenons encouragea toute la troupe à faire son devoir, leur representant l'importance de ceste action, qui estoit regardée, disoit-il, du Soleil et du Dieu de la guerre. Il ordonna que du commencement qu'on ne le bruslast qu'aux jambes, afin qu'il pust durer jusques au poinct du jour; au reste que pour ceste nuict on n'allast point folastrer dans les bois. Il n'avoit pas quasi achevé, que le patient entre; je vous laisse à penser de quel effroy il fut saisi à la veuë de cét appareil. Les cris redoublerent à son arrivée; on le faict seoir sur une natte, on luy lie les mains, puis il se leve, et faict un tour par la cabane, chantant et dansant; personne ne le brusle pour ceste fois. Mais aussi est-ce le terme de son repos; on ne sçauroit quasi dire ce qu'il endurera jusques à ce qu'on luy coupe la teste. Il ne fut pas si tost retourné en sa place que le Capitaine de guerre prit sa robbe, disant: Oteiondi, parlant d'un Capitaine, le despoüillera de la robbe que je tiens, et adjousta: Les Ataconchronons luy coupperont ta teste, qui sera donnée à Ondessone, avec un bras et le foye pour en faire festin. Voila sa sentence prononcée. Cela faict, chacun s'arma d'un tison ou d'une escorce allumée, et luy commença à marcher ou plustost à courir autour de ces feux; c'estoit à qui le brusleroit au passage; cependant il crioit comme une âme damnée, toute la troupe contrefaisoit ses cris, ou plustost les estouffoit avec des esclats de voix effroyables; il falloit estre là pour voir une vive image de l'Enfer. Toute la cabane paroissoit comme en feu, et au travers de ces flammes, et ceste espaisse fumée qui en sortoit, ces barbares entassez les uns sur les autres, hurlans à pleine teste, avec des tisons en main, les yeux estincellans de rage et de furie, sembloient autant de Demons, qui ne donnoient aucune trève à ce pauvre miserable. Souvent ils l'arrestoient à l'autre bout de la cabane, et les uns luy prenoient les mains et luy brisoient les os à vive force, les autres luy perçoient les oreilles avec des bastons qu'ils y laissoient, d'autres luy lioyent les poignets avec des cordes qu'ils estreignoient rudement, tirant les uns contre les autres à force de bras. Avoit-il achevé le tour pour prendre un peu d'haleine, on le faisoit reposer sur des cendres chaudes et des charbons ardens. J'ay horreur d'escrire tout cecy à vostre R. mais il est vray que nous eusmes une peine indicible à en souffrir la veuë; et je ne sçay pas ce que nous fussions devenus, n'eust esté la consolation que nous avions de le considerer, non plus comme un Sauvage du commun, mais comme un enfant de l'Eglise, et en ceste qualité demander à Dieu pour luy la patience, et la faveur de mourir en sa saincte grace. Pour moy, je me vis reduit à tel poinct que je ne pouvois quasi me resoudre à lever les yeux pour considerer ce qui se passoit; et encor je ne sçay si nous n'eussions point faict nos efforts pour nous tirer de ceste presse et sortir, si ces cruautez n'eussent eu quelque remise. Mais Dieu permit qu'au septiesme tour de la cabane, les forces luy manquerent; apres s'estre reposé quelque peu de temps sur la braise, on voulut le faire lever à l'ordinaire, mais il ne bougea, et un de ces bourreaux luy ayant appliqué un tison aux reins, il tomba en foiblesse; il n'en fust jamais relevé, si on eust laissé faire les jeunes gens. Ils commençoient desjà à attiser le feu sur luy comme pour le brusler; mais les Capitaines les empescherent de passer outre, ils ordonnerent qu'on cessast de le tourmenter, disans, qu'il estoit d'importance qu'il vist le jour; ils le firent porter sur une natte, on esteignit la pluspart des feux, et une grande partie du monde se dissipa. Voilà un peu de tréves pour nostre patient, et quelque consolation pour nous. Que nous eussions souhaitté que ceste pasmoison eust duré toute la nuict! car de moderer par une autre voye ces excez de cruauté, ce n'estoit pas chose qui nous fust possible. Tandis qu'il fut en cét estat, on ne pensa qu'à luy faire revenir les esprits; on luy donna force breuvages qui n'estoient composez que d'eau toute pure: au bout d'une heure il commença un peu à respirer et à ouvrir les yeux; on luy commanda incontinent de chanter. Il le fit du commencement d'une voix casse et comme mourante, mais en fin il chanta si haut qu'il se fit entendre hors la cabane. La jeunesse se rassemble, on l'entretient, on le fait mettre à son seant, en un mot, on recommence à faire pis qu'auparavant. De dire en particulier tout ce qu'il endura le reste de la nuict, c'est ce qui me seroit quasi impossible; nous eusmes assez de peine à gaigner sur nous d'en voir une partie, du reste nous en jugeâmes de leur discours, et la fumée qui sortoit de sa chair rostie, nous faisoit connoistre ce dont nous n'eussions peu souffrir la veuë. Une chose à mon advis accroissoit de beaucoup le sentiment de ses peines, en ce que la colere et la rage ne paroissoit pas sur le visage de ceux qui le tourmentoient, mais plustost la douceur et l'humanité; leurs paroles n'estoient que railleries, ou des tesmoignages d'amitié et de bienveillance. Ils ne se pressoient point à qui le brusleroit, chacun y alloit à son tour; ainsi ils se donnoient le loisir de mediter quelque nouvelle invention, pour luy faire sentir plus vivement le feu; ils ne le bruslerent quasi qu'aux jambes, mais il est vray qu'ils les mirent en pauvre estat, et tout en lambeaux. Quelques-uns y appliquoyent des tisons ardens, et ne les retiroyent point qu'il ne jettast les hauts cris, et aussi tost qu'il cessoit de crier, ils recommençoient à le brusler jusques à sept et huict fois, allumans souvent de leur souffle le feu qu'ils tenoient collé contre la chair; d'autres l'entouroient de cordes, puis y mettoient le feu qui le brusloit ainsi lentement, et luy causoit une douleur tres-sensible. Il y en avoit qui luy faisoient mettre les pieds sur des haches toutes rouges, et appuyoient encor par dessus. Vous eussiez ouy griller sa chair, et veu monter jusques au haut de la cabane la fumée qui en sortoit. On luy donnoit des coups de bastons par la teste, on luy en passoit de plus menus au travers les oreilles, on luy rompoit le reste de ses doigts, on luy attisoit du feu tout autour des pieds: personne ne s'espargnoit, et chacun s'efforçoit de surmonter son compagnon en cruauté. Mais, comme j'ay dit, ce qui estoit capable parmy tout cela de le mettre au desespoir, c'estoit leurs railleries, et les complimens qu'ils luy faisoient, quand ils s'approchoient de luy pour le brusler: cestuy-cy luy disoit: Ça, mon oncle, il faut que je te brusle; Et estant apres, cét oncle se trouvoit changé en un canot; Ça, disoit-il, que je braye et que je poisse mon canot: c'est un beau canot neuf que je traictay nagueres, il faut bien boucher toutes les voyes d'eau; Et cependant, luy pourmenoit le tison tout le long des jambes. Cestuy-là luy demandoit: Ça, mon oncle, où avez vous pour agreable que je vous brusle? Et il falloit que ce pauvre patient luy designast un endroit particulier. Un autre venoit là dessus, et disoit: Pour moy, je n'entends rien à brusler, et c'est un mestier que je ne fis jamais, Et cependant faisoit pis que les autres. Parmy ces ardeurs, il y en avoit qui vouloient luy faire croire qu'il avoit froid: Ah! cela n'est pas bien, disoit l'un, que mon oncle ait froid; il faut que je te rechauffe. Un autre adjoustoit: Mais puis que mon oncle a bien daigné venir mourir aux Hurons, il faut que je luy fasse quelque present, il faut que je luy donne une hache; Et en mesme temps, tout en gaussant, luy appliquoit aux pieds une hache toute rouge. Un autre luy fit tout de mesme une paire de chausses de vieilles nippes auxquelles il mit par apres le feu. Souvent apres l'avoir bien fait crier, ils luy demandoient: Eh bien, mon oncle, est-ce assez? Et luy, ayant respondu: *Onna choüatan, onna, ouy* mon neveu, c'est assez, c'est assez: ces barbares repliquoient, non ce n'est pas assez, et continuoient encor à le brusler à diverses reprises, luy demandant tousjours à chaque fois si c'estoit assez. Ils ne laissoient pas de temps en temps de le faire manger, et luy verser de l'eau dans la bouche, pour le faire durer jusques au matin, et vous eussiez veu tout ensemble des espics verds qui rotissoient au feu, et aupres des haches toutes rouges, et quelquesfois quasi en mesme temps qu'on luy faisoit manger les espics, on luy mettoit les haches sur les pieds; s'il refusoit de manger: Eh quoy, luy disoit-on, penses-tu estre icy le maistre? Et quelques-uns adjoustoient: Pour moy je croy qu'il n'y avoit que toy de Capitaine dans ton pays; mais viens ça, n'estoistu pas bien cruel à l'endroit des prisonniers? dis nous un peu, n'avois tu pas bonne grace à les brusler? tu ne pensois pas qu'on te deust traitter de la sorte? mais peut estre pensois-tu avoir tué tous les Hurons?

Voilà en partie comme se passa la nuict, qui fut tout à fait douloureuse à nostre nouveau Chrestien, et merveilleusement ennuyeuse à nous, qui compatissions de cœur à toutes ses souffrances; neantmoins une âme bien unie avec Dieu, eust eu là une belle occasion de mediter sur les mysteres adorables de la Passion de N. S. dont nous avions quelque image devant nos yeux. Une chose nous consola, de voir la patience avec laquelle il supporta toutes ces peines, parmy ces brocards et ces risées; jamais il ne luy eschappa aucune parole injurieuse ou d'impatience; outre cela Dieu fit naistre 3. ou 4. belles occasions au P. Sup. de prescher son S. nom à ces barbares, et leur expliquer les veritez Chrestiennes: car quelqu'un luy ayant demandé si nous portions compassion au prisonnier, il luy tesmoigna qu'ouy, et que nous souhaittions grandement qu'il en fust bien tost delivré, et allast au Ciel pour y estre à jamais bien-heureux. De là il prit sujet de leur parler des joyes de Paradis, et des griefves peines de l'Enfer, et leur monstra que s'ils estoient cruels à l'endroit de ce pauvre miserable, les Diables l'estoient encore plus à l'endroit des reprouvez; que ce qu'ils luy faisoient endurer n'estoit qu'une peinture fort grossiere des tourmens que souffroient les damnez dans l'Enfer, soit qu'ils en considerassent la multitude, ou la grandeur et l'estenduë de leur durée; que ce que nous avions baptisé Saüandanoncoüa, n'estoit que pour l'affranchir de ces supplices, et afin qu'il pust aller au Ciel apres la mort. Et comment, repartirent quelques-uns, il est de nos ennemis: il n'importe pas qu'il aille en Enfer, et qu'il y soit bruslé à jamais. Le P. leur repartit fort à propos, que Dieu estoit Dieu des Iroquois aussi bien que des Hurons, et de tous les hommes qui sont sur la terre; qu'il ne mesprisoit personne, fust-il laid ou pauvre; que ce qui gagnoit le cœur de Dieu n'estoit pas la beauté du corps, la gentillesse de l'esprit ou l'affluence des richesses, mais bien une exacte observance de sa saincte Loy; que les flammes de l'Enfer n'estoient allumées et ne brusloyent que pour les pecheurs de quelque nation qu'ils fussent; qu'à l'article de la mort et au depart de l'âme d'avec le corps, celuy qui se trouvoit avec un peché mortel, y estoit condamné pour un jamais, fust il Iroquois ou Huron; que pour eux, c'estoit bien tout ce qu'ils pouvoient faire, de brusler et tourmenter ce captif jusques à la mort; que jusques là il estoit en leur disposition, qu'apres la mort il tomboit entre les mains et en la puissance de celuy qui seul avoit le pouvoir de l'envoyer aux Enfers ou Paradis. Mais penses-tu, dit un autre, que pour ce que tu dis là, et pour ce que tu fais à cestuy-cy, les Iroquois t'en fassent meilleur traictement, s'ils viennent une fois à ravager nostre pays: Ce n'est pas dequoy je me mets en peine, repartit le Pere; je ne pense maintenant qu'à faire ce que je dois, nous ne sommes venus icy que pour vous enseigner le chemin du Ciel; pour ce qui est du reste, et ce qui est de nos personnes, nous le remettons entierement à la providence de Dieu. Pourquoy, adjousta quelqu'un, es-tu marry que nous le tourmentions: Je ne trouve pas mauvais que vous le fassiez mourir, mais de ce que vous le traittez de la sorte. Et quoy, comment faites vous, vous autres François? n'en faites vous pas mourir: Ouy dea, nous en faisons mourir, mais non pas avec ceste cruauté. Et quoy, n'en bruslez vous jamais: Assez rarement, dit le Pere, et encore, le feu n'est que pour les crimes enormes, et il n'y a qu'une personne à qui appartienne en chef ceste execution; et puis on ne les faict pas languir si long temps, souvent on les estrangle auparavant, et pour l'ordinaire on les jette tout d'un coup dans le feu, où ils sont incontinent estouffez et consommez. Ils firent plusieurs autres questions au P. Super. comme, où estoit Dieu, et d'autres semblables, qui luy donnerent dequoy les entretenir sur ses divins attributs, et leur faire cognoistre les mysteres de nostre foy. Ces discours estoient favorables à nostre Joseph: car outre qu'ils luy donnoient de bonnes pensées, et estoient pour le confirmer en la foy, tandis que cét entretien dura, personne ne pensoit à le brusler, tous escoutoient avec beaucoup d'attention, exceptez quelques jeunes gens qui dirent une fois ou deux: Ça il faut l'interrompre, c'est trop discourir; Et incontinent se mettoient à tourmenter le patient. Luy-mesme entretint aussi quelque temps la compagnie sur l'estat des affaires de son pays, et la mort de quelques Hurons qui avoient esté pris en guerre: ce qu'il faisoit aussi familierement et d'un visage aussi ferme qu'eust fait pas un de ceux qui estoient là presens; cela luy valoit tousjours autant de diminution de ses peines: aussi, disoit-il, qu'on luy faisoit grand plaisir de luy faire force questions, et que cela luy dissipoit une partie de son ennuy. Dés que le jour commença à poindre, ils allumerent des feux hors du village, pour y faire éclater à la veuë du Soleil l'excez de leur crvauté; on y conduisit le patient. Le P. Superieur l'accosta pour le consoler et le confirmer dans la bonne volonté qu'il avoit tousjours tesmoignée de mourir Chrestien; il luy remit en memoire une action deshonneste qu'on luy avoit fait faire dans les tourmens, et quoy que tout bien consideré il n'y eust gueres d'apparence de peché, au moins grief, il luy en fit neantmoins demander pardon à Dieu, et apres l'avoir instruit briefvement touchant la remission des pechez, il luy en donna l'absolution sous condition, et le laissa avec l'esperance d'aller bien tost au Ciel. Sur ces entrefaictes ils le prennent à deux, et le font monter sur un eschaffaut de 6. à 7. pieds de hauteur; 3. ou 4. de ces barbares le suivent. Ils l'attacherent à un arbre qui passoit au travers, de telle façon neantmoins qu'il avoit la liberté de tournoyer autour; là ils se mirent à le brusler plus cruellement que jamais, et ne laissent aucun endroit en son corps qu'ils n'y eussent appliqué le feu à diverses reprises; quand un de ces bourreaux commençoit à le brusler et à le presser de prés, en voulant esquiver, il tomboit entre les mains d'un autre qui ne luy faisoit pas meilleur accueil. De temps en temps on leur fournissoit de nouveaux tisons; ils luy en mettoient de tout allumez jusques dans la gorge, ils luy en fourrerent mesme dans le fondement, ils luy brvslerent les yeux, ils luy appliquerent des haches toutes rouges sur les espaules, ils luy en pendirent au col, qu'ils tournoient tantost sur le dos, tantost sur la poitrine, selon les postures qu'il faisoit pour eviter la pesanteur de ce fardeau; s'il pensoit s'asseoir et s'accroupir, quelqu'un passoit un tison de dessous l'eschaffaut, qui le faisoit bientost lever. Cependant nous estions là, prians Dieu de tout nostre cœur qu'il luy plust le delivrer au plus tost de ceste vie. Ils le pressoient tellement de tous costez, qu'ils le mirent en fin hors d'haleine; ils luy verserent de l'eau dans la bouche pour luy fortifier le cœur, et les Capitaines luy crierent qu'il prist un peu haleine; mais il demeura seulement la bouche ouverte, et quasi sans mouvement. C'est pourquoy, crainte qu'il ne mourvst autrement que par le cousteau, un luy coupa un pied, l'autre une main, et quasi en mesme temps le troisiesme luy enleva la teste de dessus les espaules, qu'il jetta parmy la troupe à qui l'auroit pour la porter au Capitaine Ondessone, auquel elle avoit esté destinée pour en faire festin. Pour ce qui est du tronc, il demeura à Arontaen, où on en fist festin le mesme jour. Nous recommandasmes son âme à Dieu, et retournasmes chez nous dire la Messe.

BARTHELEMY VIMONT (1594-1667)

De Vimont, on peut lire les *Relations* de 1642, 43, 44 et 45. Il était le troisième supérieur général de la mission du Canada. Il vécut au pays durant 20 ans, de 1639 à 1659, mais il avait d'abord fait un court séjour au cap Breton, en 1629, avant la prise du pays par les Kirke. Vimont n'écrit pas plus mal que d'autres. Engagé dans le combat missionnaire, il rend honnêtement compte de ce qui se passe au pays.

Une grande porte ouverte aux croix

(Le discours indien était joué, comme sur une scène. Le passage suivant de la Relation en est un bel exemple. Fait prisonnier par un Indien catholique, un Iroquois a été remis en liberté et renvoyé en son pays pour l'assurer de la volonté des Français de faire la paix. Deux mois plus tard, l'Iroquois revient accompagné d'ambassadeurs. Vimont raconte l'événement.)

Le cinquiesme jour de Juillet, le prisonnier Iroquois mis en liberté et renvoyé en son pays, comme j'ay dit au Chapitre precedent, parut aux Trois Rivieres accompagné de deux hommes de consideration parmy ces peuples, deleguez pour venir traitter de paix avec Onontio (c'est ainsi qu'ils nomment Monsieur le Gouverneur), et tous les François et tous les Sauvages nos alliez.

Un jeune homme, nommé Guillaume Cousture, qui avoit esté pris avec le Pere Isaac Jogues, et qui depuis ce temps-là estoit resté dans le pays des Iroquois, les accompagnoit; si-tost qu'il fut reconnu, chacun se jetta à son col, on le regardoit comme un homme ressuscité qui donne de la joye à tous ceux qui le croyoient mort, ou du moins en danger de passer le reste de ses jours dans une tres-amere et tres-barbare captivité. Ayant mis pied à terre, il nous informa du dessein de ces trois Sauvages, avec lesquels il avoit esté renvoyé. Le plus remarquable des trois, nommé Kiotscaeton, voyant les François et les Sauvages accourir sur le bord de la riviere, se leva debout sur l'avant de la Chalouppe qui l'avoit amené depuis Richelieu jusques aux Trois Rivieres; il estoit quasi tout couvert de Pourcelaine; faisant signe de la main qu'on l'escoutast, il s'escria: Mes Freres, j'ay quitté mon pays pour vous venir voir, me voila enfin arrivé sur vos terres; on m'a dit à mon depart que je venois chercher la mort, et que je ne verrois jamais plus ma patrie, mais je me suis volontairement exposé pour le bien de la paix: je viens donc entrer dans les desseins des François, des Hurons et des Algonquins, je viens pour vous communiquer les pensées de tout mon pays. Et cela dit, la Chalouppe tire un coup de pierrier, et le Fort respond d'un coup de canon pour marque de resjoüissance.

Ces Ambassadeurs, ayans mis pied à terre, furent conduits en la chambre du sieur de Chanflour, lequel leur fit fort bon accueil; on leur presenta quelques petits rafraischissemens, et apres avoir mangé et petuné, Kiotsaeton, qui portoit tousjours la parole, dit à tous les François qui l'environnoient: Je trouve bien de la douceur dans vos maisons, depuis que j'ay mis le pied dans vostre pays je n'ay veu que de la resjouissance, je voy bien que celuy qui est au Ciel veut conclure une affaire bien importante, les hommes ont des esprits et des pensées trop differentes pour tomber d'accord, c'est le Ciel qui reünira tout. Ce mesme jour on envoya un canot à Monsieur le Gouverneur pour l'informer de la venuë de ces nouveaux hostes.

Cependant et eux et les prisonniers qui n'estoient pas encor rendus avoient toute liberté de s'aller promener où ils vouloient. Les Algonquins et les Montagnais les invitoient à leurs festins, et petit à petit ils s'accoustumoient à converser ensemble. Le sieur de Chanflour, les ayant bien traittez certain jour, leur dit qu'ils estoient parmy nous comme dans leur pays, qu'il n'y avoit rien à craindre pour eux, qu'ils estoient dans leur maison. Kiotsaeton repartit à ce compliment avec une pointe assez aiguë et assez gentile: Je te prie, dit-il à l'Interprete, de dire à ce Capitaine qui nous parle, qu'il use d'une grande menterie en nostre endroit, du moins est-il asseuré que ce qu'il dit n'est pas veritable. Et là-dessus il fit une petite pause pour laisser former l'estonnement; puis il adjousta: Ce Capitaine me dit que je suis icy comme dans mon pays, cela est bien esloigné de la verité: car je ne serois ny honoré ny caressé dans mon pays, et je voy icy que tout le monde m'honore et me caresse. Il dit que je suis comme dans ma maison; c'est une espece de menterie: car je suis maltraitté dans ma maison, et je fais icy tous les jours bonne chere, je suis continuellement dans les festins: je ne suis donc pas icy comme dans mon pays, ny comme dans ma maison. Il fit quantité d'autres reparties qui tesmoignoient assez qu'il avoit de l'esprit.

Enfin Monsieur le Gouverneur estant arrivé de Quebec aux Trois Rivieres, apres avoir consideré les Ambassadeurs, leur donna audience le deuxiéme Juillet. Cela se fit dans la cour du Fort où l'on fit estendre de grandes voiles contre l'ardeur du Soleil: voicy comme le lieu estoit disposé. D'un costé estoit Monsieur le Gouverneur, accompagné de ses gens, et du Reverend Pere Vimont, Superieur de la Mission. Les Iroquois estoient assis à ses pieds sur une grande escorce de prusse, ils avoient tesmoigné devant l'assemblée qu'ils se vouloient mettre de son costé pour marque de l'affection qu'ils portoient aux François.

A l'opposite estoient les Algonquins, les Montagnais et les Attikamegues, les deux costez estoient fermez de quelques François et de quelques

Hurons. Au milieu il y avoit une grande place un peu plus longue que large, où les Iroquois firent planter deux perches, et tirer une corde de l'un à l'autre pour y pendre et attacher les paroles qu'ils nous devoient porter, c'est à dire, les presens qu'ils nous vouloient faire, lesquels consistoient en dix-sept colliers de pourcelaine, dont une partie estoit sur leur corps; l'autre partie estoit renfermée dans un petit sac placé tout aupres d'eux. Tout le monde estant assemblé, et chacun ayant pris place, Kiotsaeton qui estoit d'une haute stature se leva et regardant le Soleil, et puis tournant ses yeux sur toute la Compagnie, il prit un collier de porcelaine en sa main, commençant sa harangue d'une voix forte: Onontio, preste l'oreille, je suis la bouche de tout mon pays, tu escoutes tous les Iroquois entendant ma parole, mon cœur n'a rien de mauvais, je n'ay que de bonnes chansons en bouche, nous avons des tas de chansons de guerre en nostre pays, nous les avons toutes jettées par terre, nous n'avons plus que des chants de resjoüissance. Et là-dessus il se mit à chanter, ses compatriotes respondirent, il se pourmenoit dans cette grande place comme dessus un theatre; il faisoit mille gestes, il regardoit le Ciel, il envisageoit le Soleil, il frottoit ses bras comme s'il en eust voulu faire sortir la vigueur qui les anime en guerre. Apres avoir bien chanté, il dit que le present qu'il tenoit en main, remercioit Monsieur le Gouverneur de ce qu'il avoit sauvé la vie à Tokhrahenehiaron, le retirant l'Automne passé du feu et de la dent des Algonquins; mais il se plaignit gentiment de ce qu'on l'avoit renvoyé tout seul dans son pays: Si son canot se fust renversé, si les vents l'eussent fait submerger, s'il eût esté noyé, vous eussiez long-temps attendu le retour de ce pauvre homme abysmé, et vous nous auriez accusez d'une faute que vous-mesmes auriez faites. Cela dit, il attacha son collier au lieu destiné.

En tirant un autre, il l'attacha au bras de Guillaume Cousture, en disant tout haut: C'est ce collier qui vous ramene ce prisonnier. Je ne luy ay pas voulu dire estant encore dans le pays: Va t'en, mon neveu, prends un canot et t'en retourne à Quebec: mon esprit n'auroit pas esté en repos, j'aurois tousjours pensé et repensé à part moy, ne s'est-il pas perdu; en verité je n'aurois pas eu d'esprit si j'eusse procedé en cette sorte. Celuy que vous avez renvoyé a eu toutes les peines du monde en son voyage. Il commença à les exprimer, mais si pathetiquement qu'il n'y a tabarin en France si naïf que ce Barbare. Il prenoit un baston, le mettoit sur sa teste comme un paquet, puis le portoit d'un bout de la place à l'autre, representant ce qu'avoit fait ce prisonnier dans les saults et dans le courant d'eau, ausquels estant arrivé, il avoit transporté son bagage piece à piece, il alloit et revenoit representant les voyages, les tours et retours du prisonnier, il s'échouoit contre une pierre, il reculoit plus qu'il n'avançoit dans son canot, ne le pouvant soustenir seul contre les courans d'eau, il perdoit courage, et puis reprenoit ses forces; bref, je n'ay jamais rien veu de mieux exprimé que cette action. Encore, disoit-il, si vous l'eussiez aidé à passer les saults et les mauvais chemins, et puis en vous arrestant et petunant si vous l'eussiez regardé de loin vous nous auriez consolez: mais je ne sçay où estoit vostre pensée, de renvoyer ainsi un homme tout seul dans tant de dangers: je n'ay pas fait le mesme. Allons, mon neveu, dit-il à celuy que vous voyez devant vos yeux, suis-moy, je te veux rendre dans ton pays au peril de ma vie. Voila ce que disoit le second collier qu'il attacha aupres de l'autre.

Le troisiéme témoignoit qu'ils avoient adjousté quelque chose du leur, aux presens que Monsieur le Gouverneur avoit donnez au captif qu'il avoit renvoyé en leur pays, et que ces presens avoient esté distribuez aux Nations qui leur sont alliées pour arrester leurs haches, pour faire tomber des mains de ceux qui s'embarquoient pour venir à la guerre, leurs armes et leurs avirons. Il nomma toutes ces Nations.

Le quatriéme present estoit pour nous asseurer que la pensée de leurs gens tuez en guerre ne les touchoit plus, qu'ils mettoient leurs armes sous leurs pieds. J'ay passé, disoit-il, aupres du lieu où les Algonquins nous ont massacrez ce Printemps. J'ay veu la place du combat où ils ont pris les deux prisonniers qui sont icy: j'ay passé viste, je n'ay point voulu voir le sang respandu de mes gens, leurs corps sont encore sur la place, j'ay destourné mes yeux de peur d'irriter ma colere. Puis frappant la terre et prestant l'oreille, j'ay oüy la voix de mes Ancestres massacrez par les Algonquins, lesquels voyans que mon cœur estoit capable de se venger, m'ont crié d'une voix amoureuse: Mon petit fils, mon petit fils, soyez bon, n'entrez point en fureur, ne pensez plus à moy, car il n'y a plus de moyen de nous retirer de la mort, pensez aux vivans, cela est d'importance, retirez ceux qui vivent encore du glaive et du feu qui les poursuit, un homme vivant vaut mieux que plusieurs trespassez. Ayant oüy ces voix, j'ay passé outre et m'en suis venu à vous pour delivrer ceux que vous tenez encore.

Le cinquiéme fut donné pour nettoyer la riviere, pour chasser les canots ennemys qui pourroient troubler la navigation. Il faisoit mille gestes comme s'il eust amassé les vagues, et donné un calme depuis Quebec jusques au pays des Iroquois.

Le sixiéme pour applanir les saults et les cheutes d'eau ou les grands courans qui se trouvent sur les rivieres sur lesquels il faut naviger pour aller en leur pays. J'ay pensé perir, disoit-il, dans des boüillons d'eau: voila pour les appaiser. Et avec ses mains et ses bras il unissoit et arrestoit les torrens.

Le septiéme estoit pour donner une grande bonace au grand Lac de Sainct Louys, qu'il faut traverser: Voilà, disoit-il, pour le rendre uny comme une glace, pour appaiser les vents et temperer la colere des eaux. Et puis ayant par ses gestes rendu le chemin favorable, il attacha un collier de porcelaine au bras d'un François, et le tira tout droit au travers de la place pour marque que nos canots iroient sans peine en leur pays.

Le huitiéme faisoit tout le chemin qu'il faut faire par terre, vous eussiez dit qu'il abattoit des arbres, qu'il couppoit des branches, qu'il repoussoit des bois, qu'il mettoit de la terre és lieux plus profonds. Voila, disoit-il, le chemin tout net, tout poly, tout droit, il se baissoit vers la terre, regardant s'il n'y avoit plus d'épines ou de bois, s'il n'y avoit point de butte qu'on pût heurter en marchant: C'en est fait, on verra la fumée de nos bourgades depuis Quebec jusques au fonds de nostre pays, tous les obstacles sont ostez.

Le neufiéme estoit pour nous enseigner que nous trouverions du feu tout prest dans leurs maisons, que nous n'aurions pas la peine d'aller querir du bois, que nous en trouverions de tout fait, et que ce feu ne s'esteindroit jamais ny jour ny nuit, que nous en verrions la clarté jusques dans nos fouyers.

Le dixiéme fut donné pour nous lier tous ensemble tres-estroittement, il prit un François, enlaça son bras dans le sien, et un Algonquin de l'autre, et s'estant ainsi lié avec eux: Voila le nœud qui nous attache inseparablement, rien ne nous pourra des-unir. Ce collier estoit extraordinairement beau. Quand la foudre tomberoit sur nous, elle ne pourroit nous separer, car si elle couppe ce bras qui vous attache à nous, nous nous saisirons incontinent par l'autre, et là-dessus il se retournoit et saisissoit le François et l'Algonquin par leurs deux autres bras, les tenant si ferme qu'il paroissoit ne vouloir jamais quitter.

Le unziéme invitoit à manger avec eux. Nostre pays est remply de poisson, de venaison, de chasse, tout y est plein de cerfs, d'eslans, de castors: quittez, disoit-il, quittez ces puans pourceaux qui courrent icy parmy vos habitations, qui ne mangent que des saletez, et venez manger de bonnes viandes avec nous, le chemin est frayé, il n'y a plus de danger. Il faisoit les gestes conformement à son discours.

Il esleva le douziéme collier pour dissiper tous les nuages de l'air, afin qu'on vist tout à descouvert, que nos cœurs et les leurs ne fussent point cachez, que le Soleil et la verité donnassent jour par tout.

Le treiziéme fut pour faire ressouvenir les Hurons de leur bonne volonté. Il y a cinq jours, disoit-il, c'est à dire cinq années, que vous aviez un sac remply de porcelaine et d'autres presens tous preparez pour venir chercher la paix: qui vous a détournez de cette pensée? Ce sac se renversera, les presens tomberont, ils se casseront, ils se dissiperont, et vous perdrez courage.

Le quatorziéme fut pour presser les Hurons qu'ils se hastassent de parler, qu'ils ne fussent point honteux comme des femmes, et que prenans resolution d'aller aux Iroquois, ils passassent par le pays des Algonquins et des François.

Le quinziéme fut pour tesmoigner qu'ils avoient tousjours eu envie de ramener le Pere Jogues et le Pere Bressani, que c'estoit leur pensée; que le Pere Jogues leur fut dérobé, et qu'ils avoïent donné le Pere Bressani aux Hollandois, pour ce qu'il l'avoit desiré: S'il eust eu patience, je l'aurois ramené; que sçay-je maintenant où il est? peut-estre est-il mort, peut-estre est-il noyé, nostre dessein n'estoit pas de le faire mourir. Si François Marguerie et Thomas Godefroy, adjoustoit-il, fussent restez en nostre pays, ils seroient mariez maintenant et nous ne serions plus qu'une Nation, et moy je serois des vostres. Le Pere Jogues entendant ce discours, nous dit en sousriant: Le bucher estoit preparé, si Dieu ne m'eust sauvé, cent fois ils m'eussent osté la vie, ce bon homme dit tout ce qu'il veut. Le Pere Bressani nous dit le mesme à son retour.

Le seiziéme fut pour les recevoir en ce pays icy quand ils y viendroient, et pour les mettre à couvert, pour arrester les haches des Algonquins et les canots des François: Quand nous ramenasmes vos prisonniers il y a quelques années, nous pensions estre de vos amys, et nous entendismes des arquebuses et des canons siffler de tous costez: cela nous fit peur, nous nous retirasmes, et comme nous avons du courage pour la guerre, nous prismes resolution d'en donner des preuves pour le Printemps suivant; nous parusmes sur vos terres et prismes le P. Jogues avec des Hurons.

Le dix-septiéme present estoit le collier propre que Honatteuiate portoit en son pays; ce jeune homme estoit l'un des deux prisonniers derniers. Sa mere, qui estoit tante du P. Jogues au pays des Iroquois, envoya son collier pour celuy qui avoit donné la vie à son fils; cette bonne femme, appercevant que le bon Pere qu'elle appelloit son neveu estoit en ce pays-cy, en fut fort resjoüye et son fils encore plus; car il parut tousjours triste jusques à tant que le P. Jogues fut descendu de Montreal, alors il commença à respirer et à se monstrer gaillard.

Apres que ce grand Iroquois eut dit tout ce que dessus, il adjousta: Je m'en vay passer le reste de l'esté en mon pays, en jeux, en danses, en res-joüissances pour le bien de la paix; mais j'ay peur que pendant que nous danserons, les Hurons ne nous viennent pincer et importuner. Voila ce qui se passa en cette assemblée; chacun avoüa que cét homme estoit pathetique et eloquent. Je n'ay recueilly que quelques pieces comme decousuës tirées de la bouche de l'interprete, qui ne parloit qu'a bâtons rompus, et non dans la suitte que gardoit ce Barbare.

Il entonna quelques chansons. entre ses presens, il dansa par resjoüis-sance, bref, il se monstra fort bon Acteur, pour un homme qui n'a d'autre estude que ce que la nature luy a appris sans regle et sans preceptes. La conclusion fut que les Iroquois, les François, les Algonquins, les Hurons, les Montagnets et les Attikamegues danseroient tous, et se resjoüyroient avec beaucoup d'allegresse.

Le lendemain, Monsieur le Gouverneur fit festin à tous ceux de ces Nations qui se trouverent aux Trois Rivieres, pour les exhorter tous ensemble à bannir toutes les deffiances qui les pourroient diviser. Les Iroquois tesmoi-gnerent toute sorte de satisfaction, ils chanterent et danserent selon leurs cous-tumes, et Kiotsaeton recommanda fort aux Algonquins et aux Hurons d'obeyr à Onontio, et de suivre les intentions et les pensées des François.

Le quatorziéme du mesme mois, Monsieur le Gouverneur respondit aux presens des Iroquois, par quatorze presens qui avoient tous leurs significa-tions, et qui portoient leurs paroles. Les Iroquois les accepterent tous avec de grands témoignages de satisfaction qu'ils faisoient paroistre par trois grands cris, poussez à mesme temps du fond de leur estomach à chaque parole ou à chaque present qui leur estoit fait. Ainsi fut concluë la paix avec eux à condition qu'ils ne feroient aucun acte d'hostilité avec les Hurons, ou envers les autres Nations nos alliées, jusques à ce que les principaux de ces Nations qui n'estoient pas presens eussent agy avec eux.

Cette affaire estant heureusement concluë, Pieskaret se levant, fit un present de quelque pelleterie à ces Ambassadeurs, s'écriant que c'estoit une pierre ou une tombe qu'il mettoit dessus la fosse de ceux qui estoient morts au dernier combat, afin qu'on ne remuast plus leurs os, et qu'on perdist la memoire de ce qui leur estoit arrivé sans plus jamais penser à la vengeance.

Noël Negabamat se leva en suitte, il mit au milieu de la place cinq grandes peaux d'Elans: Voila, dit-il aux Iroquois, dequoy vous armer les pieds et les jambes, de peur que vous ne vous blessiez au retour, s'il restoit encore quelque pierre au chemin que vous avez applany. Il en presenta encore cinq autres pour ensevelir les corps de ceux que le combat avoit fait mourir, et pour appaiser la douleur de leurs parens et amys qui ne les pourroient souffrir sans sepulture; qu'au reste que luy et ses gens qui sont à Sillery, n'ayant qu'un mesme cœur avec leur frere aisné Monsieur le Gouverneur, ils ne faisoient qu'un present avec le sien. Finalement on tira trois coups de canon pour chasser le mauvais air de la guerre, et se réjoüyr du bonheur de la paix.

MARIE DE L'INCARNATION (1599-1672)

On ne donne qu'aux riches. Marie de l'Incarnation fut une grande mystique, « la Thérèse du Canada », dit Bossuet; on en fit un grand écrivain. Certes, elle a beaucoup écrit: 7 000 à 8 000 lettres selon Dom Jamet qui entreprit l'édition moderne de son œuvre. Ces lettres, elle les a presque toutes écrites de Québec, où elle vécut de 1639 à 1672, fortement engagée dans les affaires de sa communauté et dans celles du pays. Elle avait « un bon sens supérieur », dit Jean LeMoyne qui la considère comme « la mère par excellence de la colonie ». Femme d'affaires et grande mystique, elle semble avoir vécu simultanément une double vie de géant. Son action matérielle n'est peut-être que le corps visible de l'action mystique; ses écrits historiques de même peuvent ne trouver leur vrai sens que dans les écrits spirituels. Sans doute, on ne sait plus toujours où se trouve le texte authentique de Marie de l'Incarnation ni comment exactement elle écrivait puisque ses écrits historiques sont souvent entrecoupés de longs passages empruntés à la *Relation* de l'année et que, surtout, Dom Martin, son fils, qui fut son premier éditeur, a souvent édulcoré le texte original. Les historiens ont fait l'éloge de son action et de son écriture épistolaire; les littéraires devraient sans doute aller davantage à ses écrits spirituels. Ils pourraient y découvrir un grand style, une permanence des images et des thèmes, la rare aventure humaine d'une âme de feu.

Il venait à moi

Dès mon enfance, la divine Majesté voulant mettre des dispositions dans mon âme pour la rendre son temple et le réceptacle de ses miséricordieuses faveurs, je n'avais qu'environ sept ans, qu'une nuit, en mon sommeil, il me sembla que j'étais dans la cour d'une école champêtre, avec quelqu'une de mes compagnes, où je faisais quelque action innocente. Ayant les yeux levés vers le ciel, je le vis ouvert et Notre-Seigneur Jésus-Christ, en forme humaine, en sortir et qui par l'air venait à moi qui, le voyant, m'écriai à ma compagne: « Ah! Voilà Notre-Seigneur! C'est à moi qu'il vient! » Et il me semblait que cette fille ayant commis une imperfection, il m'avait choisie [plutôt qu'] elle qui était néanmoins bonne fille. Mais il y avait un secret que je ne connaissais pas. Cette suradorable Majesté s'approchant de moi, mon cœur se sentit tout embrasé de son amour. Je commençai à étendre mes bras pour l'embrasser.

Lors, lui, le plus beau de tous les enfants des hommes, avec un visage plein d'une douceur et d'un attrait indicible, m'embrassant et me baisant amoureusement, me dit: « Voulez-vous être à moi? » Je lui répondis: « Oui. » — Lors, ayant ouï mon consentement, nous le vîmes remonter au ciel.

Après mon réveil, mon cœur se sentit si ravi de cette insigne faveur que je la racontais naïvement à ceux qui me voulaient écouter. L'effet que produisit cette visite fut une pente au bien. Quoique par mes enfances je ne réfléchissais ni ne pensais que cet attrait au bien vînt d'un principe intérieur, néanmoins, dans quelques occasions, dans mes petits besoins, je me sentais attirée d'en traiter avec Notre-Seigneur: ce que je faisais avec une si grande simplicité, ne me pouvant imaginer qu'il eût voulu refuser ce qu'on lui demandait humblement. C'était pourquoi, étant à l'église, je regardais ceux qui priaient et leur posture, et lorsque j'en reconnaissais selon cette idée, je disais en moi-même: « Assurément, Dieu exaucera cette personne, car en sa posture et en son maintien elle prie avec humilité. » Cela faisait impression sur mon esprit, et je me retirais parfois pour prier, poussée par l'esprit intérieur, sans toutefois savoir ni penser ce que c'était esprit intérieur, n'en sachant pas seulement le nom comme j'ai dit. Mais la bonté de Dieu me conduisait comme cela.

Et comme j'étais enfant, qui étais ignorante, j'y mêlais mes récréations. Ne faisant ni réflexion ni distinction de l'un ni de l'autre, je faisais compatir le tout ensemble, et ai passé le temps de la sorte, jusqu'à ce qu'étant âgée d'environ seize ans, les remords de conscience me pressaient lorsque j'allais à confesse, et je sentais bien que la divine Majesté voulait de moi que je m'éloignasse de mes enfances et puérilités, et qu'enfin, en cette matière, je fisse cas de tout. Mais je n'osais, j'avais honte, et je disais en moi-même que je ne croyais pas avoir jamais offensé Dieu en cette matière, ayant ouï dire qu'il n'y avait péché que ce que l'on croyait être tel en le commettant. Ainsi, je contrariais l'Esprit de Dieu qui, en effet, m'« occupait » intérieurement par une force et efficacité secrète pour me gagner entièrement à lui. (...)

Dès mon enfance, ayant appris que Dieu parlait par les prédicateurs, je trouvais cela admirable et avais une grande inclination de les aller entendre, étant si jeune que j'y comprenais fort peu de chose, excepté l'histoire que je racontais à mon retour.

Venant à être plus grande, la foi que j'avais en mon cœur, jointe à ce que j'entendais de cette divine parole, opérait de plus en plus un amour dedans moi qui m'invitait à l'aller écouter. J'avais en si grande vénération les prédicateurs qu'alors que j'en voyais quelqu'un par les rues, je me sentais portée d'inclination de courir après lui et de baiser les vestiges de ses pieds. Une petite prudence me retenait, mais je le conduisais de l'œil, jusqu'à ce que je l'eusse perdu de vue. Je ne trouvais rien de plus grand que d'annoncer la parole de Dieu, et c'était ce qui engendrait dans mon cœur l'estime de ceux auxquels Notre-Seigneur faisait la grâce de la porter et de la produire. Lorsque je l'entendais, il me semblait que mon cœur était un vase dans lequel cette divine parole découlait comme une liqueur. Ce n'était point l'imagination, mais la force de l'Esprit de Dieu qui était en cette divine parole, qui par un flux de ses grâces, produisait cet effet dans mon âme, laquelle ayant reçu cette plénitude abondante, ne pouvait la contenir qu'en l'évaporant en traitant avec Dieu en l'oraison; et même, il me fallait parler par paroles extérieures, parce que ma nature ne pouvait contenir cette abondance: ce que je faisais à Dieu avec une grande ferveur, et aux personnes de notre maison, leur disant ce que le prédicateur avait prêché et mes pensées là-dessus qui me rendaient éloquente. Une fois en un sermon du saint Nom de Jésus, que le prédicateur avait nommé plusieurs fois, cette divine parole, comme une manne céleste, remplit mon cœur si abondamment que tout le jour, mon esprit ne disait autre chose que: « Jésus, Jésus », sans pouvoir finir.

Dieu me donnait de grandes lumières dans cette assiduité d'entendre sa sainte parole, et mon cœur en était embrasé jour et nuit: ce qui me faisait parler à lui d'une façon intérieure qui m'était nouvelle et inconnue. Car, comme j'avais entendu dire qu'il fallait méditer pour faire l'oraison mentale, je ne pensais pas que ce que mon cœur disait à Dieu le fût, de manière que je suivais cet appel intérieur, ne sachant autre chose sinon que c'étaient de bons mouvements que la parole de Dieu produisait en mon âme et qui me poussaient de l'aller de plus en plus entendre, et à la pratique de la vertu qui se rencontrait en la condition [à] laquelle la divine Majesté m'avait appelée. Un carême qu'un bon Père Capucin prêcha la passion de Notre-Seigneur, mon esprit était si fort plongé dans ce mystère que, jour et nuit, je ne pouvais entendre à autre chose. (...)

J'avais pour lors dix-neuf ans, auquel temps, Notre-Seigneur fit une séparation, appelant à soi la personne[1] avec laquelle, par sa permission, j'avais été liée. Diverses affaires qui suivirent cette séparation m'apportèrent de nouvelles croix, et naturellement plus grandes qu'une personne de mon sexe, de mon âge et de ma capacité les eusse pu porter. Mais les excès de la Bonté divine mirent une force et un courage dans mon esprit et dans mon cœur qui me fit porter le tout. Mon appui était fondé sur ces paroles saintes qui disent: *Je suis avec ceux qui sont dans la tribulation.* Je croyais fermement qu'il était avec moi, puisqu'il l'avait dit, de sorte que la perte des biens temporels, les procès, ni la disette, ni mon fils qui n'avait que six mois, que je voyais dénué de tout aussi bien que moi, ne m'inquiétaient point. L'esprit étant sans expérience humaine, l'Esprit qui m'occupait intérieurement, me remplissant de foi, d'espérance et de confiance, me faisait venir à bout de tout ce que j'entreprenais. (...)

Après tous les mouvements intérieurs que la bonté de Dieu m'avait donnés pour m'attirer à la vraie pureté intérieure, en laquelle je ne pouvais entrer de moi-même, n'ayant eu jusqu'alors aucun directeur, ni qui que ce fût pour me conduire, ne m'en étant pas seulement avisée, ne sachant pas qu'il fallait traiter des affaires de son âme à personne qu'à Dieu, mais [qu'il suffisait] de dire seulement ses péchés à son confesseur, sa divine Majesté voulut enfin elle-même me faire ce coup de grâce: me tirer de mes ignorances et me mettre en la voie où elle me voulait et par où elle me voulait faire miséricorde:

---

1. Personne: son mari, Claude Martin.

ce qui arriva la veille de l'Incarnation de Notre-Seigneur, l'an 1620, le 24e de mars.

Un matin que j'allais vaquer à mes affaires que je recommandais instamment à Dieu avec mon aspiration ordinaire, *In Te Domine speravi, non confundar in aeternum*, que j'avais gravée dans mon esprit avec une certitude de foi qu'il m'assisterait infailliblement, en cheminant, je fus arrêtée subitement, intérieurement et extérieurement, comme j'étais dans ces pensées, qui me furent ôtées de la mémoire par cet arrêt si subit. Lors, en un moment, les yeux de mon esprit furent ouverts et toutes les fautes, péchés et imperfections que j'avais commises depuis que j'étais au monde, me furent représentées en gros et en détail, avec une distinction et clarté plus certaine que toute certitude que l'industrie humaine pouvait exprimer. Au même moment, je me vis toute plongée en du sang, et mon esprit, convaincu que ce sang était le Sang du Fils de Dieu, de l'effusion duquel j'étais coupable par tous les péchés qui m'étaient représentés, et que ce Sang précieux avait été répandu pour mon salut. Si la bonté de Dieu ne m'eût soutenue, je crois que je fusse morte de frayeur, tant la vue du péché, pour petit qu'il puisse être, est horrible et épouvantable. Il n'y a langue humaine qui le puisse exprimer. Mais de voir un Dieu d'une infinie bonté et pureté, offensé par un vermisseau de terre surpasse l'horreur même, et un Dieu fait homme, mourir pour expier le péché, et répandre tout son Sang précieux pour apaiser son Père et lui réconcilier par ce moyen les pécheurs! Enfin, il ne se peut dire ce que l'âme conçoit en ce prodige. Mais de voir qu'outre cela que personnellement on est coupable, et que quand on eût été seule qui eût péché, le Fils de Dieu aurait fait ce qu'il a fait pour tous, c'est ce qui consomme et comme anéantit l'âme. Ces vues et ces opérations sont si pénétrantes qu'en un moment elles disent tout et portent leur efficacité et leurs effets. En ce même moment, mon cœur se sentit ravi à soi-même et changé en l'amour de celui qui lui avait fait cette insigne miséricorde, lequel lui fit, dans l'expérience de ce même amour, une douleur et regret de l'avoir offensé la plus extrême qu'on se la peut imaginer. Non, il ne serait pas possible! Ce trait de l'amour est si pénétrant et si inexorable pour ne point relâcher la douleur, que je me fusse jetée dans les flammes pour le satisfaire. Et ce qui est le plus incompréhensible, sa rigueur semble douce. Elle porte des charmes et des chaînes qui lient et attachent en sorte l'âme qu'il la mène où il veut, et elle s'estime ainsi heureuse de se laisser ainsi captiver.

Or, en tous ces excès, je ne perdais point la vue que j'étais plongée dans ce précieux Sang, de l'effusion duquel j'étais coupable, et c'était d'où dérivait mon extrême douleur avec le même trait d'amour qui avait ravi mon âme et qui m'insinuait que je m'allasse confesser. Revenant à moi, je me trouvai debout, arrêtée vis-à-vis de la petite chapelle des Révérends Pères Feuillants, qui ne commençaient que de leurs établir à Tours. Je me trouvai heureuse de trouver mon remède si près. J'y entrai et rencontrai un Père, seul, debout au milieu de la chapelle, qui semblait n'y être que pour m'attendre. Je l'abordai, lui disant, étant pressée par l'Esprit qui me conduisait: « Mon Père, je me voudrais bien confesser, car j'ai commis tels péchés et telles fautes. » Je commençai par une abondance de l'esprit à lui dire tous les péchés qui m'avaient été montrés avec une abondance de larmes provenantes de la douleur que j'avais dans le cœur. Il y avait une dame à genoux devant le saint sacrement, laquelle put facilement entendre tout ce que je disais au Père assez haut; mais je ne me mis point en peine que d'apaiser celui que j'avais offensé. Après que j'eus tout dit, je vis que ce bon Père avait été grandement surpris de la façon de m'annoncer et de lui dire ainsi tous mes péchés, et de ma façon, qu'il connut n'être pas naturelle mais extraordinaire. Il me dit avec une grande douceur: « Allez-vous-en, et demain me venez trouver dans mon confessionnal. » Je ne fis pas seulement réflexion qu'il ne m'avait point donné l'absolution de mes péchés. Je me retirai et le vins trouver le lendemain, où je lui répétai ce que je lui avais dit; puis il me donna l'absolution de mes péchés. Depuis, tant qu'il fut à Tours, je me confessai à lui. Je ne m'étais encore jamais confessée à des religieux. Il se nommait Dom François de Saint-Bernard. Je ne lui dis pas néanmoins ce qui m'était arrivé ni ce qui occupait mon esprit, mais seulement mes péchés, ne croyant pas qu'il fallût parler d'autre chose à son confesseur; et plus d'un an de suite [que] je me confessai à lui, je me comportai de la sorte. Ayant entendu dire à une bonne fille qu'il fallait demander congé à son confesseur de faire des pénitences et de ne les point faire de soi-même, je lui demandai permission. En ce commencement, ce fut une ceinture de crin et la discipline, et il me régla l'ordre que je devais tenir en la confession et la communion, qui fut les fêtes et dimanches et les jeudis pour cette première année. Lorsque je désirais plus souvent, il me le permettait.

Revenant à ce qui m'était arrivé, je m'en revins en notre logis, changée en une autre créature, mais si puissamment changée que je ne me connaissais plus moi-même. Je voyais mon ignorance à découvert qui m'avait fait croire que j'étais bien parfaite, mes actions innocentes, et enfin que j'étais bien, et confessais que mes justices n'étaient qu'iniquités. (...)

Comme j'étais en l'état d'abnégation actuelle dont j'ai parlé, j'avais fréquemment crainte que mon directeur, — qui l'était aussi de mon frère et de ma sœur, — ne s'avisât de m'en tirer. Je ne sais pas ce qu'il fit, mais je vis qu'on projetait de m'employer dans le gros de leurs affaires, comme eux-mêmes: ce qui arriva en effet, et m'obligea à la conversation avec plusieurs personnes du dehors et à de grands soins. Mais tout cela ne m'ôta point le moyen des actions de charité, mais au contraire j'avais moyen de m'y employer davantage, car Notre-Seigneur me donna une augmentation de grâces et des forces pour tout ce qu'il voulait de moi. Mes pénitences continu[ai]ent, et l'Esprit me poussait d'en faire encore davantage. J'avais de grands sujets de pratiquer la patience, mais tout cela m'était délectable en la vue de celui qui me donnait tant d'accès avec sa divine Majesté. Comme j'ai dit, j'avais un grand amour pour ceux qui me donnaient sujet de croix. Je les regardais comme personnes choisies de Dieu pour me faire de si grands biens que j'avais crainte de perdre à cause de mes péchés. D'ailleurs, je me reconnaissais le néant et le rien, digne de tout mépris. Lorsque j'avais des sentiments contraires, j'étais bien honteuse en moi-même et me châtiais rigoureusement; et j'étais étonnée de ce que Notre-Seigneur me faisait tant de grâces et me prévenait si amoureusement, me donnant la hardiesse d'aspirer à la qualité d'épouse, de me consommer dans ses divins embrassements et de lui parler avec une grande privauté, lui disant: « Ah! mon Amour, quand est-ce que s'achèvera ce mariage? » Il ravissait mon esprit et charmait mon cœur auquel il voulait accorder sa requête, mais il y avait encore quelque ornement à préparer, et sur cela, mon âme languissait, quoiqu'elle fût unie de volonté à Celui qui la faisait souffrir et qui, après tant de soupirs, ne lui accordait pas sa demande.

Je faisais l'imaginable pour gagner son cœur, car rien ne me contentait que cela, dans ces langoureuses ardeurs et moyens que je prenais pour plaire à Celui que je voulais posséder. Comme j'étais dans ces sentiments, tout soudain me fut mis en esprit ce premier verset du psaume *Nisi Dominus aedificaverit domum...* etc., et une grande lumière qui m'en donna l'intelligence, en me faisant voir le néant et l'impuissance de la créature pour s'élever d'elle-même à Dieu et de s'avancer en ses bonnes grâces et enfin à toutes les prétentions de le posséder, si lui-même *n'édifiait l'édifice* et ne lui donnait les ornements convenables à un si haut dessein. Je vis ce néant de la créature si horrible et si certain que je ne pouvais comprendre son fond. Cela m'établissait en une abnégation de moi-même et me donnait une humilité généreuse qui, n'attendant rien de soi, attendait tout de Dieu et se tenait comme assurée de le posséder dans l'étroite union à laquelle il lui donnait tant d'attrait. Elle était soumise à tous les ordres de sa divine Majesté, mais tous les soupirs de l'âme aspiraient, comme l'Épouse, *au baiser de la bouche*[2].

Il ne se peut dire combien cet amour est angoisseux, et cependant l'âme ne voudrait point en sortir, sinon pour posséder Celui qu'elle aime. Il lui semble qu'elle a des bras intérieurs qui sont continuellement étendus pour l'embrasser, et, comme si déjà elle le possédait dans l'état où elle tend sans cesse, elle dit: « *Mon Bien-Aimé est à moi, et moi, je suis toute à Lui*[3]. C'est mon bien, c'est mon moi, c'est mon tout et ma vie. » Elle se trouve sans cesse en cet état. Tous ses soupirs, ses attentions et sa vie, sont sans cesse en cet état de tendance au Bien-Aimé. Dans les actions les plus humbles, c'est là où elle l'embrasse le plus étroitement. Je ne puis dire à quoi cet Amour réduit la créature pour la faire courir après lui. Il l'enchaîne de doubles chaînons. Il la captive sous ses amoureuses lois. Il lui ferait quitter jusques à sa peau pour la faire courir après lui. Elle estime sa vie être un rien pour la possession du Bien-Aimé, pourvu qu'elle le possède en la manière de laquelle il lui donne l'attrait, car elle ne se peut contenter de moins: « Non, dit-elle, mon chaste Amour, je ne vous veux point en partie, mais c'est tout entier que je vous veux. Si c'est ma vie qui vous empêche de venir, retranchez-la, car elle nuit, si c'est elle qui me retarde de vous posséder. Vous êtes si bon et si puissant en amour, et vous vous plaisez en mon tourment! Vous m'en pouvez délivrer par la mort. Hé! pourquoi ne le faites-vous pas: Vous pouvez encore par un de mes soupirs me faire expirer, et attirer mon esprit dans le vôtre, puisque vous tardez tant de venir. Mais vous êtes partout, et je sais que vous êtes dedans moi. Hé! pourquoi vous plaisez-vous à mon

---

2. Cantique des cantiques, I, i. (Note de l'édition de 1930).
3. Cantique des cantiques, II, 16. (*ibid.*).

tourment: Que vous plaît-il que je fasse: Commandez, et vos paroles feront des œuvres en moi qui vous seront agréables et qui vous rendront exorable. » (...)

Ayant atteint l'âge de trente ans, il lui plut me donner une connaissance particulière que le temps était venu. J'expérimentais en mon âme que c'était une affaire de grande importance, et [me] semblait qu'il y avait de grands préparatifs, et cependant, je ne voyais rien qui s'avançât à l'extérieur. Une voix intérieure me poursuivait partout qui me disait: « Hâte-toi, il est temps; il n'y a plus rien à faire pour toi dans le monde. » Je disais tout cela à mon directeur, qui était aussi pressé de Dieu à ce sujet. A ce temps-là, mon frère m'engageait et voulait de plus en plus m'engager en ses affaires, et l'on voyait que j'avais une forte batterie de ce côté-là, comme en effet j'y en ai eu une grande.

Cette même année 1630, la Mère Françoise de Saint-Bernard fut élue prieure en leur couvent de Tours. Dès l'heure, Dieu lui donna l'inspiration de faire, auprès de sa communauté, que j'y fusse reçue. Elle m'envoya querir le même jour, me témoignant beaucoup de bonne volonté pour cela. Je vis bien ce qu'elle me voulait dire, mais je n'en fis pas semblant, parce que je voulais savoir de mon directeur ce que j'avais à répondre. Je la remerciai simplement.

Ce que, raisonnablement parlant, je trouvais important de mon côté était mon fils, qui n'avait pas 12 ans, dénué de tout bien. Le diable me pressait de ce côté-là, me faisant voir que je n'avais point de jugement d'avoir ainsi laissé mes propres intérêts, n'ayant rien fait pour moi ni pour mon fils, et que, de le vouloir quitter en cet état, ce serait pour le perdre, et enfin engager ma conscience puissamment. Ces raisons-là m'étaient en quelque façon d'autant plus persuasives que je voyais le bien présent, à l'apparence humaine, que la chose était convaincante. Mais aussitôt, notre bon Dieu me donnait une confiance qu'il aurait soin de ce que je voulais quitter pour son amour, pour suivre ses divins conseils avec plus de perfection, que j'avais fortement gravés en l'esprit: après les vœux, ceux de quitter les parents, et le malheur de ceux qui, y étant appelés, ne les suivent pas; mais tout cela, si suavement gravé en mon âme qu'elle était résolue de les suivre et de se perdre, au sens que le sacré et suradorable Verbe Incarné l'a déclaré. J'aimais mon fils d'une amour bien grande, c'était à le quitter que consistait mon sacrifice; mais Dieu le voulant ainsi, je m'aveuglais volontairement et commettais le tout à sa Providence.

Mon directeur, ayant parole des Révérendes Mères Urselines, l'eut aussi de Monseigneur [l']Archevêque, à cause qu'il fallait aussi son consentement, parce qu'on me recevait sans dot. Mon frère et ma sœur furent les plus fortes pièces; néanmoins il les gagna, car il était aussi leur directeur. Il leur fit « lui » promettre qu'ils se chargeraient de mon fils.

Tout fut conclu et le jour pris pour mon entrée. Mais il arriva une affaire qui pensa tout perdre. Mon fils, qui ignorait mon dessein, n'avait douze ans accomplis qu'il lui prit envie de s'en aller à Paris pour se faire religieux avec un bon Père Feuillant qu'il connaissait et qui, par feinte, pour se défaire de cet enfant qui était toujours après lui, lui avait fait croire qu'il l'emmènerait avec lui, qui partit sans lui en rien dire. Lorsqu'il le sut, sans me dire rien de ce qu'il projetait, s'en alla. Il était pour lors en pension. Il fut trois jours perdu, sans qu'on pût le recouvrer, quelque perquisition qu'on en pût faire, car j'avais mis du monde de tous côtés. En cette perte, tous mes amis me condamnaient, disant que c'était là une marque évidente que Dieu ne voulait pas que je fusse religieuse. On m'affligeait de toutes parts. Ce me fut une grande croix, car le diable, se mettant de la partie, faisait ses efforts pour me troubler l'esprit, m'insinuant que j'étais la cause de cette perte... etc. Au bout de trois jours, après avoir fait d'instantes prières à Dieu avec plusieurs de mes amis qui entraient fortement en ma croix, un honnête homme me le ramena, qui l'avait trouvé sur le port de Blois. Ce fut alors que chacun me fit de nouvelles résistances, me remontrant que j'engageais ma conscience de le quitter si jeune, que ce qui était arrivé de sa <part> arriverait encore et que je serais coupable de sa perte, que Dieu me châtierait. Enfin, j'étais combattue de tous côtés et l'amour naturel me pressait comme si l'on m'eût séparé l'âme du corps, et il n'y a raison qui ne passât par mon esprit au sujet de mes obligations, outre cet amour que j'avais pour lui.

D'ailleurs, la voix intérieure qui me suivait partout me disant: « Hâte-toi, il est temps; il ne fait plus bon pour toi dans le monde » [ne cessait de se faire entendre à mon cœur. A la fin] celle-ci l'emporta par son efficacité. Mettant mon fils entre les bras de Dieu et de la sainte Vierge, je le quittai, et mon père aussi, fort âgé, qui faisait des cris lamentables. Lorsque je pris congé de lui, il n'y a raison qu'il ne me produisit pour m'arrêter; mais mon cœur se sentait invincible dans son intérieur. Je traitai de cette affaire avec mon divin Époux, plusieurs jours auparavant. Je ne pouvais lui dire autre chose que: « Mon chaste Amour, je ne veux pas faire ce coup, si vous ne le voulez pas. Voulez pour le moins, mon Bien-Aimé, tout me sera une même chose en votre divin vouloir. » Lors, il influait en mon âme un aliment et un nourrissement intérieur qui m'eût fait passer par les flammes, me donnant un courage à tout surmonter et à tout faire; et il emportait mon esprit où il me voulait.

Je quittai donc ce que j'avais de plus cher, un matin, jour de la Conversion de saint Paul, 1631. Mon fils vint avec moi, qui pleurait amèrement en me quittant. En le voyant, il me semblait qu'on me séparait en deux: ce que, néanmoins, je ne faisais pas paraître.

Pâtissant l'amour

Mon ordinaire occupation intérieure ç'a été une vue de l'Etre infini de Dieu, comme il est Tout et que nous ne sommes rien. Mon cœur était si satisfait en ce Tout, que tout mon plus grand contentement est de quoi je suis rien: ce qui me faisait tenir en une continuelle affection et élan d'amour en cette sorte: Grand merci, Amour, de quoi vous êtes Tout. Ah! Que je suis aise de quoi vous êtes Tout et de quoi je suis rien! Si j'étais quelque chose, vous ne seriez pas Tout. Quelle miséricorde est-ce à mon âme! Abîmez ce rien en votre Tout, ô abîme infini d'amour, ma vie et mes délices! L'on ne peut exprimer l'union qui se fait en l'âme par la vue de ce Tout, tant cela est intime et profond en l'âme qui pâtit tout ce que veut l'Amour.

De plus, pâtissant l'Amour et ensemble la vue de mes fautes, qui sont deux peines fort pressantes, je m'écriai: Qui est celui, ô l'Amour de mon âme, qui pourra parler des douces plaies que vous faites au cœur de vos amants? Vous vous plaisez de les faire languir et mourir mille fois le jour d'une mort mille fois plus douce que la vie; et n'est-ce pas mourir d'être en vos continuels embrassements et se voir encore en ce corps sujet à tant de misères et distractions, et de voir tant d'objets qui mettent barre entre le pur amour. O Pureté, Netteté, ô Dignation intime, ô Amour, le Dieu de mon cœur! Et de quelle importance est la moindre faute à l'âme qui vous veut aimer. L'Amour ne peut rien supporter. O Amour, ô Amour, retranchez en moi ce qui n'est pas le pur amour. C'est un martyre, ô mon Jésus, de voir tant de souillures. Hélas! Faites-moi digne d'amour, le pur Amour!

Pensant regarder Notre-Seigneur au désert, ainsi que voulait l'obéissance, je fus en une fort grande solitude intérieure, qui ne permettait point à mon esprit de s'attacher à d'autre objet qu'à l'union de l'âme sainte de Jésus avec le Verbe, donc que je ne puis pas exprimer. J'avais seulement l'âme fichée au regard amoureux de cette sainte âme et à l'amour dont elle jouissait, ce qui me transportait toute en des actes d'amour tout embrasés; et bien que j'adore cet Époux bien-aimé, une puissance possède mon cœur qui lui ôte toute crainte, (et lui) baille le moyen d'agir librement avec cet objet tant aimable. C'est ce qui ne se peut exprimer.

Et du depuis cette union, j'ai pâti un désir violent de mourir, qui me consommait, qui me faisait languir, et le sentais même à l'extérieur, et j'avais une fort grande aliénation de toutes les créatures et étais si fort occupée, qu'à quelque action extérieure que ce fût, j'étais toujours en langueur et en l'oraison actuelle. Tout ce que je pouvais faire, c'était de pâtir, et parfois je me plaignais à celui qui était sujet de ma peine: Hé! Amour, quand vous embrasserai-je à nu et détachée de cette vie? Aurez-vous point pitié de moi et du tourment qui me possède. Vous savez que je brûle du désir d'être avec vous, et n'est-ce pas beaucoup souffrir d'en être si longtemps absente: Hélas! hélas! Amour, ma Beauté, et ma Vie! Vous vous plaisez en mes travaux; votre amour le peut-il souffrir: Que gagnez-vous à cet éloignement: Vous savez bien que je n'aime que vous. Or, sus donc! Mon cher Bien-Aimé, qu'en un instant votre amour me consomme! Je ne puis plus me supporter, tant vous avez charmé mon âme. Venez donc, que je vous embrasse et je vous baise à mon souhait, et que je meure entre vos bras sacrés, sans faire du retour au monde, là où l'on ne vous connaît point! Puis, étant en de continuels transports, après mille embrassements et collements amoureux que je ne puis exprimer, je disais à l'Amour de mon âme: Si tu voulais, ton foudre me consommerait et me ferait mourir en un instant. Hé! Amour, si tu voulais je m'en irais avec toi. Ah! fais donc que je meure, mon Mignon, et ma chère Vie, mon cher et délectable Amour! J'ai honte; cela m'empêche de parler comme je voudrais.

FRANÇOIS DE LAVAL (1623-1708)

« Frontenac se faisait vieux. Sa petite taille s'était ramassée davantage. Il portait toujours ses moustaches à la mousquetaire, mais elles avaient blanchi. Il évitait la colère pour ménager son cœur. Il ne tenait plus l'indulgence pour le signe de la faiblesse. Il avait près de soixante-quinze ans. Dans les années qui précédèrent sa mort, il rencontrait parfois un long vieillard maigre et courbé qui s'appuyait en marchant sur une canne. Alors ils se saluaient comme les vieillards se saluent, précautionneusement, avec, au fond des prunelles, cette lueur humide et vive. M. de Laval et Frontenac se dégageaient peu à peu du monde des vivants. » (Alain Grandbois) Nous savons qu'il fut le premier évêque de la Nouvelle-France, qu'il fut mêlé à la querelle de la traite de « l'eau-de-feu ». Mais ses biographes disent aussi qu'il était issu d'une des grandes familles de France, qu'il avait étudié au collège de la Flèche et était demeuré un admirateur des Jésuites, qu'il fut un prêtre pieux et charitable, qu'il fut un administrateur avisé et infatigable. Son ministère ne fut pas facile. Il devint le lieu de rencontre d'intérêts divergents: la Cour et l'Église, l'évêque de Rouen et Rome, le pape et la propagande, les Jésuites et les Sulpiciens... On avait même dû le sacrer en secret. Il a vécu à Québec près de 50 ans, de 1659 à sa mort. Il s'était démis de ses fonctions à la fin de sa vie; on l'appelait Mgr l'Ancien. Ses écrits sont peu connus. Des mandements et ordonnances à l'écriture de grand commis, mais aussi des lettres nombreuses et plus humaines qu'il faudrait avoir le loisir de parcourir.

Comme membre infect et gâté

I

NOUS, FRANÇOIS DE LAVAL, par la grâce de Dieu et du Saint-Siège, Evêque de Petrée, Vicaire Apostolique en toute l'étendue de la Nouvelle-France et pays adjacents.

Ayant reconnu les grands désordres qu'ont apportés par le passé les boissons enivrantes de vin et d'eau-de-vie données aux sauvages et les suites encore plus funestes qui sont à craindre de jour en jour. Vu d'ailleurs les ordres du roi par lesquels il est fait défense expresse à tous habitants de ce pays, marchands, facteurs, capitaines, matelots, passagers, et à tous autres de traiter en quelque sorte et manière que ce soit, soit vin, soit eau-de-vie, avec les sauvages, à peine de punition corporelle; Vu en outre les règlements des gouverneurs qui ont été faits jusqu'à maintenant pour arrêter le cours de ces désordres, et que nonobstant le mal va croissant de jour en jour, autant d'excès qu'il va non-seulement au scandale tout public, mais encore qu'il met tout ce christianisme dans un péril évident d'une ruine totale, dans la crainte que nous avons que Dieu justement irrité ne retire le cours de ses grâces et réserve ses plus rigoureux châtiments sur cette Eglise de laquelle il a plu à sa Divine bonté nous commettre le soin, quoique nous en soyons très-indigne. Enfin nous voyant obligé d'apporter les derniers remèdes à ces maux arrivés dans l'extrémité; à cet effet nous faisons très expresse inhibition et défense, sous peine d'excommunication, encourue *ipso facto*, de donner en paiement aux sauvages, vendre, traiter ou donner gratuitement et par reconnaissance, soit vin, soit eau-de-vie, en quelque façon et manière, et sous quelque prétexte que ce soit, de laquelle excommunication nous nous réservons à Nous seul l'absolution. Nous déclarons toutefois que dans ces défenses, sous peine d'excommunication, nous ne prétendons pas y comprendre quelques rencontres qui n'arrivent que très rarement, et où l'on ne peut quasi se dispenser de donner quelque peu de cette boisson, comme il pourrait arriver en des voyages et fatigues extraordinaires et semblables nécessités; mais même dans ces cas l'on saura que l'on tomberait dans l'excommunication susdite si l'on y excédait la petite mesure ordinaire dont les personnes de probité et de conscience ont de coutume de se servir envers leurs domestiques en ce pays; et tous ceux qui prétendraient sous ce prétexte user de quelque fraude et tromperie en quelque rencontre que ce soit, se souviendront que rien ne peut être caché à Dieu, et que trompant les hommes, cela n'empêcherait pas que sa malédiction et sa juste colère retombât sur eux. Mais toutefois l'on saura que lorsqu'il s'agira directement ou indirectement de la traite de pelleteries, souliers, et de quoique ce soit, il ne sera aucunement permis de donner aucune boisson aux sauvages, non pas même ce petit coup, que, dans les cas susdits, afin qu'on ne tombe point dans notre défense et excommunication. Et afin que personne ne prétende cause d'ignorance de notre dite défense et censure, Nous voulons qu'elle soit envoyée en toute l'étendue de notre juridiction, et que publication en soit faite par trois dimanches consécutifs ou fêtes solennelles, s'il se rencontrait, et qu'elle soit réitérée de trois mois en trois mois, à un premier dimanche du mois, jusqu'à ce qu'autrement en ait été par Nous ordonné.

Donné à Québec, en notre demeure ordinaire sous notre sceau et seing et celui de notre secrétaire ce cinquième mai seize cent soixante.

FRANÇOIS, Evêque de Petrée.

II

FRANÇOIS, par la grâce de Dieu et du Saint-Siège, Evêque de Petrée, Vicaire Apostolique en la Nouvelle-France.

A Notre Grand-Vicaire, ou autre ayant charge d'âmes en la paroisse de Québec, Salut.

Comme il n'y a rien de plus pernicieux à la religion chrétienne que le scandale et le mauvais exemple que donnent ceux lesquels ayant perdu tout sentiment de Dieu, n'ont aucune honte, mais plutôt font gloire de l'offenser publiquement; aussi l'Eglise a établi certains remèdes à cette sorte de maux, lesquels quoique violents sont néanmoins nécessaires tant pour toucher le cœur des obstinés, que pour servir d'avertissement et de préservatif aux autres. C'est le sujet pour lequel, après avoir ci-devant usé de miséricorde, à l'endroit du nommé Pierre[1]..., qui aurait été convaincu d'avoir donné, vendu, et traité des boissons enivrantes aux Sauvages, contre les défenses expresses par Nous

---

1. Pierre Aigron dit Lamothe.

faites de ce faire, et souvent de fois publiées dans les paroisses de ce pays, sous peine d'excommunication majeure *ipso facto*, et à Nous réservée, ayant reconnu le dit crime être la ruine et la subversion de la foi en ces contrées; cause pour laquelle il aurait été défendu même sous peine de punition corporelle et griève par les ordres du Roi. De laquelle excommunication encourue par le dit Pierre... Nous lui aurions ci-devant très bénignement donné l'absolution avec promesse devant Dieu de sa part que jamais il ne retomberait à traiter des dites boissons enivrantes aux Sauvages, nonobstant quoi le dit Pierre... serait depuis scandaleusement retombé dans le même péché, et avec impudence et ce par plusieurs fois, dont les informations ayant été faites, et les témoins entendus par nous-même, et le dit Pierre... ayant été cité pour comparaître devant Nous, et pour y répondre sur la susdite accusation d'être relaps dans le dit même péché et excommunication avec plus de scandale qu'auparavant, il nous aurait avoué le tout comme chose trop notoire publique, à quoi toutefois il aurait refusé d'en recevoir l'absolution publiquement, selon que nous l'aurions ordonné suivant la sainte coutume de l'Eglise, et ce que Nous aurions reconnu avoir été beaucoup utile ci devant aux personnes qui sont tombées dans le même péché scandaleux au public: Ayant exhorté nous-même le dit Pierre... une, deux, trois et quatre fois avec toute la douceur à nous possible, sous peine de le déclarer nommément excommunié, et l'ayant fait avertir de se réduire à son devoir par diverses personnes d'honneur et de vertus, et Nous-même l'ayant conjuré et prié de ne se point perdre, mais plutôt d'ouvrir les yeux pour reconnaître combien les jugements de Dieu sont redoutables, et combien c'est une chose dangereuse de résister aux avertissements qu'il nous donne, toutes ces charitables semonces n'ayant pu lui toucher le cœur et n'ayant emporté de lui autre chose qu'un manifeste mépris de Dieu et de l'Eglise; même l'ayant tout récemment envoyé quérir exprès pour lui parler, désirant apporter nos derniers efforts pour le mettre à son devoir, il aurait répondu insolemment qu'il n'en ferait rien, le dit Pierre... étant d'ailleurs d'une vie très scandaleuse; Pour ces causes et vu qu'il semblerait que l'obéissance ne profiterait de rien aux humbles, si le mépris d'icelle n'était nuisible aux rebelles et contumaces; Nous de l'autorité de Dieu Tout-Puissant, Père, Fils, et St-Esprit, et des bienheureux Apôtres St-Pierre et St-Paul et de tous les saints, la contumace du dit Pierre... nous y ayant forcé, avons quoiqu'avec un extrême regret, excommunié et excommunions par ces présentes le dit Pierre..., et dès à présent le retranchons du corps de l'Eglise, comme membre infect et gâté, le privant des prières et suffrages des chrétiens et de tout usage des sacrements, lui interdisons l'entrée de l'église pendant le divin service, et en cas qu'il meure dans la présente excommunication, ordonnons que son corps soit privé de sépulture et jeté à la voierie; et à ce que personne n'en prétende cause d'ignorance, Nous voulons que la présente sentence que nous-mêmes lui avons déclarée, soit d'abondant publiée au prône et affichée aux portes de l'église, en telle sorte qu'elle soit notoire à un chacun, et que le dit Pierre... sera publiquement dénoncé pour excommunié. Admonestons un chacun et tous les fidèles de ne le fréquenter ni parler, ni saluer pour quelqu'occasion que ce soit, mais plutôt le fuir, éviter, comme une personne maudite et excommuniée, et ce sont les peines portées par les saints canons; et même au cas que le dit Pierre... soit si téméraire et si impudent que d'entrer dans aucune église pendant que l'on dira la sainte messe, et que l'on fera le divin service, nous commandons que l'on cesse le sacrifice de la messe et tout autre service, jusqu'à ce qu'il ait été chassé ou jeté dehors; de laquelle présente excommunication le dit Pierre... ne pourra être absous que par Nous ou ceux qui en auront charge de notre part, lorsqu'il aura reconnu sa faute. Et mandons à notre Grand-Vicaire, ou autre ayant charge de la paroisse, qu'il ait à notifier la présente sentence au dit Pierre... et lui en laisser copie, icelle faire publier au prône et le dénoncer pour excommunié en éteignant les chandelles, faisant sonner les cloches, et observant les autres solennités accoutumées en pareil cas, et en afficher copie aux portes des églises.

Donné à Québec le dix-huitième jour d'avril seize cent soixante et un.

FRANÇOIS, Evêque de Petrée.

Je vous ouvre mon cœur trop librement

A Mgr de Saint-Valier

Puisque vous voulez, Monseigneur, que je vous dise mes sentiments au sujet de votre retour, il me paraît que la divine Providence est l'unique cause de votre retardement et je crois que vous ne devez pas être surpris que le Roi étant pleinement informé de toutes les brouilleries et divisions qui ont continué jusqu'à présent entre vous et votre clergé, il vous ait fait déclarer l'ordre duquel vous avez pris la peine de m'écrire.

Vous me priez de vous dire en quoi vous pouvez avoir contristé votre clergé et que vous croyez qu'il n'y a personne plus capable que moi de vous faire connaître les moyens que vous auriez à prendre pour consoler ceux que vous avez affligés contre vos intentions. Vous savez que je suis très peu éclairé et que j'ai un juste sujet de me persuader que ce que je pourrai avoir à vous dire sur une affaire de cette nature, aura très peu d'effet, et je me crois d'autant plus incapable de vous donner aucune lumière que j'ai reconnu par une longue expérience le grand éloignement que vous avez toujours eu d'en recevoir aucune de ma part, jusqu'à m'avoir témoigné plusieurs fois, comme vous le savez, que j'aurais dû me conformer au désir que vous aviez que je me retirasse dans un lieu éloigné d'ici, sans néanmoins vous en avoir donné aucun sujet, sinon que je ne pouvais souvent convenir des principes qui font toute la règle de votre conduite. Cette considération, outre plusieurs autres, m'aurait dû obliger à garder le silence. Cependant, Monseigneur, comme vous me priez d'écrire pour demander et obtenir votre retour, je crois être obligé devant Dieu de vous parler avec toute la liberté et la confiance que doit une personne qui a des obligations très particulières de vous honorer, qui est près, étant à l'âge de soixante-quinze ans, de paraître au jugement de Dieu et qui n'a uniquement en vue que les intérêts d'une Église qui vous doit être et à moi également chère. Agréez donc, Monseigneur, que je vous ouvre mon cœur. Je le fais avec la sincérité et la simplicité que je suis obligé, sans vous rien dissimuler de la vérité.

Faites, je vous conjure, avec moi une sérieuse réflexion sur tout ce qui s'est passé depuis que je me suis démis de la conduite de cette Église en votre faveur, sur l'état dans lequel vous l'avez trouvée, la paix et l'union dont elle jouissait, sur tous les biens que le Séminaire des Missions étrangères y faisait, lesquels vous ne saviez assez admirer, ce qui vous obligeait de dire en toute sorte d'occasions que votre plus grande peine était de trouver une Église où il ne vous paraissait plus rien à faire pour exercer votre zèle. Vous avez reconnu et publié si fréquemment que le dit Séminaire était le lien de cette grande union qui avait existé dans cette Église.

Faites, Monseigneur, d'autre part, une semblable réflexion sur le grand changement que l'on y peut présentement remarquer et d'où il est provenu. N'a-t-il pas paru, au grand scandale de tout le peuple et au préjudice du salut des âmes, que votre principal dessein a été de détruire tout ce que vous avez trouvé de si bien établi et toute votre application à chercher tous les moyens possibles pour ruiner entièrement le Séminaire, que vous avez reconnu pour l'âme de cette Église naissante, n'ayant rien épargné pour le réduire dans l'extrême pauvreté et lui ôtant tout ce qui dépendait de vous et l'empêchant de recevoir ce qui lui appartenait et en beaucoup d'autres manières dont j'ai été témoin avec une douleur extrême, que Notre-Seigneur m'a fait la grâce de porter avec conformité à sa sainte volonté. Que n'avez-vous pas fait pour éloigner les Supérieur et Directeurs qui en ont la conduite et tous ceux que vous avez cru qui étaient capables de le soutenir. Vous leur avez ôté, autant que votre pouvoir s'est étendu, toutes leurs fonctions spirituelles, et non content de les exclure entièrement de la conduite des maisons religieuses, dont ils avaient eu le soin depuis vingt ans et dont ils s'étaient acquittés avec beaucoup de grâce et de bénédiction, pour en même temps donner cet emploi à des ecclésiastiques que vous ne pouviez pas ignorer être de très mauvaise vie, vous les avez encore privés de la part qu'ils avaient au gouvernement de l'Église, pour le confier à des personnes éloignées de la cathédrale et à de jeunes gens, à qui leur âge ne pouvait encore donner aucune expérience nécessaire pour s'acquitter de leur emploi. Les mêmes Supérieur et Directeurs du Séminaire possédant les premières dignités du Chapitre, vous avez pris occasion d'y former les plus grandes brouilleries qui soient arrivées en cette Église et vous les avez interdits sans aucun fondement, au grand scandale de tout le peuple, pendant un an entier, avec des marques d'une ignominie tout extraordinaire, jusqu'à les déclarer être la cause de faire blasphémer et d'être incapables de faire aucun bien en cette Église. Quels efforts n'avez-vous pas faits ensuite pour les faire chasser du pays et repasser en France, ne trouvant pas de moyen plus souverain pour détruire en même temps le Séminaire et le Chapitre, ce que vous avez poursuivi avec tant de force que l'on a été obligé d'en empêcher l'exécution par un ordre du Roi.

Je ne doute point, Monseigneur, que vous n'ayez de très bonnes intentions et je sais que vous avez fait paraître à l'extérieur avoir pris de fortes résolutions de rétablir toutes choses dans leur premier état. Mais en vérité il ne se trouve aucun rapport de la conduite que vous tenez à ces résolutions, et elle fait assez connaître que vous ne changez aucunement de maximes et de principes. Peut-il même y avoir la moindre apparence de se persuader que vous ayez ces sentiments dans le cœur. Quelle conformité pourrait avoir cette disposition avec les menaces que vous avez donné ordre à MM. Dollier et de Montigny de faire de votre part à tous ceux qui sont la cause de votre retention en France, de leur faire ressentir toute la force et le poids de l'autorité épiscopale, s'ils ne procurent efficacement votre retour. Je vous conjure, Monseigneur, de me permettre de vous dire, ce que vous savez beaucoup mieux que moi, qu'il semble que l'on doit attendre du cœur et de la bouche d'un évêque, qui est père, des sentiments bien différents et opposés à ces menaces, et qu'il serait bien plus efficace par imitation de l'esprit de Notre-Seigneur de leur faire ressentir la force de sa douceur et de son humilité, plus capable incomparablement de gagner à soi les cœurs que les menaces, qui est la voie ordinaire de laquelle se servent les puissances séculières dans leur gouvernement temporel. Il est bien facile de juger de cette conduite l'éloignement que vous avez de rétablir l'union et la paix dans cette Église, sans laquelle néanmoins il est impossible qu'elle puisse subsister. L'on y voit au contraire présentement deux partis qui s'y sont élevés par toutes ces divisions et se fortifient avec aliénation des esprits; ceux qui font profession d'être attachés à vos intérêts, se trouvant dans la nécessité pour obtenir quelque grâce [de] votre part de s'éloigner du Séminaire, et quelques-uns même se déclarer contre vous en voyant si fort aliéné et sachant que vous ne permettez à aucun ecclésiastique de s'y associer. Mais ce qui me touche le plus sensiblement est de ne voir aucun remède à tant de maux et si pressants, n'étant pas possible d'espérer de changement dont l'expérience du passé nous est une preuve très convaincante.

Tout ce que je puis et je dois dans cette extrémité est d'avoir recours à la bonté et miséricorde de Notre-Seigneur, à la protection de sa très sainte Mère. Mais je vous avoue ingénuement que je ne dois ni ne puis en conscience correspondre à la prière que vous me faites dans votre lettre de demander et procurer votre retour; et je suis bien persuadé au contraire qu'il n'y a point de serviteur de Dieu en France, auquel si on expose dans la pure vérité l'état de cette Église, qui ne fût de sentiment qu'il vous serait bien plus glorieux devant Dieu et devant les hommes d'imiter le grand saint Grégoire de Nazianze et plusieurs autres grands prélats qui se sont démis du gouvernement de leurs Églises pour y rétablir la paix et l'union; que si vous trouvez des personnes qui soient de sentiment contraire, ils vous flattent assurément ou ils ne vous connaissent pas. Il est vrai, Monseigneur, que je vous ouvre mon cœur trop librement, mais l'amour et la fidélité que je dois avoir pour une Église qui a été ci-devant confiée à mes soins, m'y obligent, nonobstant toutes les considérations humaines qui pourraient m'engager à garder le silence. Je vous conjure de n'être pas moins persuadé du respect sincère et véritable avec lequel je suis, Monseigneur,

Votre très humble et très obéissant serviteur et confrère,

François, ancien évêque de Québec.

JÉRÔME LALEMANT (1593-1673)

Lorsqu'il arriva au pays, en 1638, on le nomma aussitôt supérieur de la mission huronne. Il était déjà un homme prestigieux dans la communauté: « Peu de Jésuites ont eu avant leur venue au Canada une expérience aussi vaste que le père Jérôme Lalemant; et cela atteste bien en quelle haute estime il était tenu par ses supérieurs » (Léon Pouliot). Puis il fut deux fois supérieur général des Jésuites du Canada (1645-1650 et 1659-1665). Entre ces deux mandats il retourna en France pour être recteur du collège royal de LaFlèche. Il se montra très actif et pratique en ses différentes charges. Ainsi il fit le recensement de la Huronie (32 bourgs, 12 000 personnes en 1639); il créa l'institution des donnés (16 prêtres, mais 22 donnés en 1649). Il fut aussi un homme très religieux: « Le plus saint homme que j'aye connu depuis que je suis au monde », dira Marie de l'Incarnation. Fut-il aussi un bon écrivain? On lui doit les *Relations* des Hurons de 1639 à 1644 et probablement les *Relations* générales du temps de son supériorat. C'est plusieurs livres; et l'on pourrait lire avec intérêt le récit de l'heureuse mort du père Anne de Noüe ou des tourments du père Jogues. Le long extrait que nous citons semble s'inscrire dans un discours précieux qui est style d'époque, mais dominé et individualisé.

Le tremble-terre

Le Ciel et la Terre nous ont parlé bien des fois depuis un an. C'estoit un langage aimable et inconnu, qui nous jettoit en mesme temps dans la crainte et dans l'admiration, Le Ciel a commencé par de beaux Phenomenes, la Terre a suivy par de furieux soulevements, qui nous ont bien fait paroistre que ces voix de l'air, muettes et brillantes, n'estoient pas pourtant des paroles en l'air, puisqu'elles nous presageoient les convulsions qui nous devoient faire trembler, en faisant trembler la Terre.

Nous avons veu dés l'Automne dernier des Serpens embrasez, qui s'enlaçoient les uns dans les autres en forme de Caducée, et voloient par le milieu des airs, portez sur des aisles de feu. Nous avons veu sur Quebec un grand Globe de flammes, qui faisoit un assez beau jour pendant la nuict, si les estincelles qu'il dardoit de toutes parts, n'eussent meslé de frayeur le plaisir qu'on prenoit à le voir. Ce mesme meteore a paru sur Montreal; mais il sembloit sortir du sein de la Lune, avec un bruit qui égale celuy des Canons ou des Tonnerres, et s'estant promené trois lieuës en l'air, fut se perdre enfin derriere la grosse montagne dont cette isle porte le nom.

Mais ce qui nous a semblé plus extraordinaire, est l'apparition de trois Soleils. Ce fut un beau jour de l'Hyver dernier, que sur les huict heures du matin, une legere vapeur presque imperceptible s'eleva de nostre grand fleuve, et estant frappée par les premiers rayons du Soleil, devenoit transparente, de telle sorte neantmoins qu'elle avoit assez de corps pour soustenir les deux Images que cet Astre peignoit dessus; ces trois Soleils estoient presque en ligne droite, esloignez de quelques toises les uns des autres, selon l'apparence, le vray tenant le milieu, et ayant les deux autres à ses deux costez. Tous trois estoient couronnez d'un Arc-en-Ciel, dont les couleurs n'estoient pas bien arrestées, tantost paroissant comme celles de l'Iris, puis aprés d'un blanc lumineux, comme si au-dessous tout proche, il y eust eu une lumiere excessivement forte.

Ce spectacle dura prés de deux heures la premiere fois qu'il parut, c'estoit le septiéme de Janvier 1663.; et la seconde fois, qui fut le 14. du mesme mois, il ne dura pas si longtemps, mais seulement jusqu'à ce que les couleurs de l'Iris venant à se perdre petit à petit, les deux Soleils des costez s'eclipsoient aussi, laissant celuy du milieu comme victorieux.

Nous pouvons mettre en ce lieu l'éclipse de Soleil arrivée à Quebec, le premier jour de Septembre 1663. qui dans l'observation qui en a esté faite fort exactement, s'estant trouvée d'onze doigts entiers, rendoit nos forests pasles, sombres et melancholiques. Son commencement a esté à une heure vingt-quatre minutes, quarante-deux secondes d'aprés Midy; et sa fin à trois heures cinquante-et-deux minutes, quarante-quatre secondes.

Ce fut le cinquiéme Fevrier 1663. sur les cinq heures et demie du soir, qu'un grand brouissement s'entendit en mesme temps dans toute l'estenduë du Canadas. Ce bruit qui paroissoit comme si le feu eust esté dans les maisons, en fit sortir tout le monde, pour fuir un incendie si inopiné; mais au lieu de voir la fumée et la flamme, on fut bien surpris de voir les murailles se balancer, et toutes les pierres se remüer, comme si elles se fussent detachées; les toicts sembloient se courber en bas d'un costé, puis se renverser de l'autre; les Cloches sonnoient d'elles-mesmes; les poutres, les soliveaux et les planchers craquoient; la terre bondissoit, faisant danser les pieux des palissades d'une façon qui ne paroissoit pas croyable, si nous ne l'eussions veuë en divers endroits.

Alors chacun sort dehors, les animaux s'enfuient, les enfants pleurent dans les ruës, les hommes et les femmes saisis de frayeur ne sçavent où se refugier, pensant à tous moments devoir estre ou accablez sous les ruïnes des maisons, ou ensevelis dans quelque abysme qui s'alloit ouvrir sous leurs pieds: les uns prosternez à genoux dans la neige, crient misericorde; les autres passent le reste de la nuict en prieres, parce que le Terre-tremble continua tousjours avec un certain bransle, presque semblable à celuy des Navires qui sont sur mer, et tel, que quelques-uns ont ressenty par ces secousses les mêmes soulevemens de cœur qu'ils enduroient sur l'eau. Le desordre estoit bien plus grand dans les forests: il sembloit qu'il y eust combat entre les arbres qui se heurtoient ensemble; et non seulement leurs branches, mais mesme on eust dit que les troncs se destachoient de leurs places pour sauter les uns sur les autres, avec un fracas et un bouleversement qui fit dire à nos Sauvages que toute la forest estoit yvre.

La guerre sembloit estre mesme entre les Montagnes, dont les unes se deracinoient pour se jetter sur les autres, laissant de grands abysmes au lieu d'où elles sortoient, et tantost enfonçoient les arbres dont elles estoient chargées bien avant dans la terre jusqu'à la cime; tantost elles les enfoüissoient les branches en bas, qui alloient prendre la place des racines; de sorte qu'elles ne laissoient plus qu'une forest de troncs renversez.

Pendant ce debris general qui se faisoit sur terre, les glaces espaisses de cinq et six pieds se fracassoient, sautants en morceaux, et s'ouvrants en divers endroits, d'où s'evaporoient ou de grosses fumées, ou des jets de bouë et de sable qui montoient fort haut dans l'air; nos fontaines ou ne couloient plus, ou n'avoient que des eaux ensouffrées; les rivieres ou se sont perduës, ou ont esté toutes corrompuës, les eaux des unes devenans jaunes, les autres rouges; et nostre grand fleuve de Saint Laurens parut tout blanchastre jusques vers Tadoussac, prodige bien estonnant et capable de surprendre ceux qui sçavent la quantité d'eaux que ce gros fleuve roule au-dessous de l'Isle d'Orleans, et ce qu'il falloit de matiere pour les blanchir.

L'air n'estoit pas exempt de ses alterations, pendant celles des eaux et de la terre: car outre le brouïssement qui precedoit tousjours et accompagnoit le Terre-tremble, l'on a veu des spectres et des phantosmes de feu portants des flambeaux en main. L'on a veu des picques et des lances de feu voltiger, et des brandons allumez se glisser sur nos maisons, sans neantmoins faire autre mal que de jetter la frayeur partout où ils paroissoient; on entendoit mesme comme des voix plaintives et languissantes se lamenter pendant le silence de la nuict; et ce qui est bien rare, des Marsoüins blancs jetter de hauts cris devant le Bourg des Trois-Rivieres, faisant retentir l'air de meuglemens pitoyables; et soit que ce fussent de vrais marsoüins, ou des vaches marines, comme quelques-uns ont estimé, une chose si extraordinaire ne pouvoit pas arriver d'une cause commune.

On mande de Montreal que pendant le Tremble-terre, on voyoit tout visiblement les pieux des clostures sautiller, comme s'ils eussent dansé; que de deux portes d'une mesme chambre, l'une se fermoit, et l'autre s'ouvroit d'elle-mesme; que les cheminées et le haut des logis plioient comme des branches d'arbres agitées du vent; que quand on levoit le pied pour marcher, on sentoit la terre qui suivoit, se levant à mesure qu'on haussoit les pieds, et quelquefois frappant les plantes assez rudement, et autres choses semblables fort surprenantes.

Voicy ce qu'on en escrit des Trois-Rivieres. La premiere secousse et la plus rude de toutes commença par un broüissement semblable à celuy du tonnerre; les maisons avoient la mesme agitation que le coupeau des arbres pendant un orage, avec un bruit qui faisoit croire que le feu petilloit dans les greniers.

Ce premier coup dura bien une demi-heure, quoy que sa grande force ne fust proprement que d'un petit quart d'heure; il n'y en eut pas un qui ne creust que la terre deust s'entr'ouvrir. Au reste, nous avons remarqué que, comme ce tremblement est quasi sans relasche, aussi n'est-il pas dans la même egalité: tantost il imite le bransle d'un grand vaisseau qui se manie lentement sur ses ancres, ce qui cause à plusieurs des estourdissements de teste; tantost l'agitation est irreguliere et precipitée par divers élancements, quelquefois assez rudes, quelquefois plus moderez; le plus ordinaire est un petit tremoussement qui se rend sensible lors que l'on est hors du bruit et en repos. Selon le rapport de plusieurs de nos François et de nos Sauvages, tesmoins oculaires, bien avant dans nostre fleuve des Trois-Rivieres, à cinq ou six lieuës d'icy, les costes qui bordent la riviere de part et d'autre, et qui estoient d'une prodigieuse hauteur, sont applanies, ayant esté enlevées de dessus leur fondements, et deracinées jusqu'au niveau de l'eau: ces deux montagnes, avec toutes leurs forests, ayant esté ainsi renversées dans la riviere, y formerent une puissante digue, qui obligea ce fleuve à changer de lict, et à se repandre sur de grandes plaines nouvellement decouvertes, minant neantmoins toutes ces terres éboulées, et les demeslant petit à petit avec les eaux de la riviere, qui en sont encore si épaisses et si troubles, qu'elles font changer de couleur à tout le grand fleuve de S. Laurens. Jugez combien il faut de terre tous les jours pour continuer depuis prés de trois mois à rouler ses eaux, tousjours pleines de fange.

L'on voit de nouveaux lacs où il n'y en eut jamais; on ne voit plus certaines montagnes qui sont engouffrées; plusieurs saults sont applanis; plusieurs rivieres ne paroissent plus; la terre s'est fenduë en bien des endroits, et a ouvert des precipices dont on ne trouve point le fond; enfin, il s'est fait une telle confusion de bois renversez et abysmez, qu'on voit à présent des campagnes de plus de mille arpents toutes rases, et comme si elles estoient tout fraischement labourées, là où peu auparavant il n'y avoit que des forests.

Nous apprenons du costé de Tadoussac, que l'effort du Tremble-terre n'y a pas esté moins rude qu'ailleurs; qu'on y a veu une pluye de cendre, qui traversoit le fleuve comme auroit fait un gros orage, et que, qui voudroit suivre toute la coste depuis le Cap de Tourmente jusques-là, verroit des effets prodigieux. Vers la Baye dite de S. Paul, il y avoit une petite montagne sise sur le bord du fleuve, d'un quart de lieuë ou environ de tour, laquelle s'est abysmée, et comme si elle n'eust fait que plonger, elle est ressortie du fond de l'eau pour se changer en islette, et faire d'un lieu tout bordé d'écueils, comme il estoit, un havre d'asseurauce contre toutes sortes de vents. Et plus bas, vers la Pointe-aux-Alouëttes, une forest entiere s'estant détachée de la terre-ferme, s'est glissée dans le fleuve, et fait voir de grands arbres droits et verdoyants, qui ont pris naissance dans l'eau, du jour au lendemain.

Au reste, trois circonstances ont rendu ce Tremble-terre tres-remarquable: la premiere est le temps qu'il a duré, ayant continué jusques dans le mois d'Aoust, c'est-à-dire plus de six mois; il est vray que les secousses n'estoient pas tousjours également rudes; en certains endroits, comme vers les montagnes que nous avons à dos, le tintamarre et le tremoussement y a esté perpetuel pendant un longtemps; en d'autres, comme vers Tadoussac, il y trembloit d'ordinaire deux et trois fois le jour avec de grands efforts, et nous avons remarqué qu'aux lieux plus élevez, l'émotion y estoit moindre qu'au plat-païs. La seconde circonstance est touchant l'estenduë de ce Tremble-terre, que nous croions estre universel en toute la Nouvelle-France: car nous apprenons qu'il s'est fait ressentir depuis l'Isle Percée et Gaspé, qui sont à l'emboucheure de nostre fleuve, jusques au-delà de Montreal, comme aussi en la Nouvelle-Angleterre, en l'Acadie, et autres lieux fort esloignez; de sorte que, de nostre connoissance, trouvans que le Tremble-terre s'est fait en deux cents lieuës de longueur sur cent de largeur, voilà vingt mille lieuës de terre en superficie qui ont tremblé tout à la fois, en mesme jour et à mesme moment.

La troisiéme circonstance regarde la protection particuliere de Dieu sur nos habitations: car nous voyons proche de nous de grandes ouvertures qui se sont faites, et une prodigieuse estenduë de païs toute perduë; sans que nous y ayons perdu un enfant, non pas mesme un cheveu de la teste. Nous nous voyons environnez de bouleversemens et de ruines, et toutefois nous n'avons eu que quelques cheminées démolies, pendant que les montagnes d'alentour ont esté abysmées.

Nous avons d'autant plus de sujet de remercier le Ciel de cette protection toute aimable, qu'une personne de probité et d'une vie irreprochable, qui avoit eu les pressentiments de ce qui est arrivé, et qui s'en estoit declarée à qui elle estoit obligée de le faire, vit en esprit, le soir mesme que ce Tremble-terre commença, quatre spectres effroyables qui occupaient les quatre costez des terres voisines de Quebec, et les secoüoient fortement, comme voulans tout renverser: ce que, sans doute, ils auroient fait, si une Puissance superieure et d'une majesté venerable, qui donnoit le bransle et le mouvement à tout, n'eust mis obstacle à leurs efforts, et ne les eust empeschez de nuire à ceux que Dieu vouloit épouvanter pour leur salut, mais toutefois qu'il ne vouloit pas perdre.

Les Sauvages avoient eu des pressentiments, aussi bien que les François, de cet horrible Tremble-terre. Une jeune fille Sauvage Algonquine, aagée de seize à dix-sept ans, nommée Catherine, qui a tousjours vescu en grande innocence, et qui, mesme par la confiance extraordinaire qu'elle avoit en la Croix du Fils de Dieu, a esté guérie quasi miraculeusement d'une maladie qui l'a fait languir tout un Hyver, sans esperance d'en pouvoir jamais relever, a deposé avec toute sincerité, que la nuict avant que le Tremble-terre arrivast, elle se vit, avec deux autres filles de son aage et de sa Nation, dans un grand Escalier qu'elles montoient, au haut duquel se voyoit une belle Eglise où la Sainte Vierge avec son Fils parut, leur predisant que la terre trembleroit bientost, que les arbres s'entre-choqueroient, que les rochers se briseroient avec l'estonnement general de tout le monde. Cette pauvre fille bien surprise de ces nouvelles, eut peur que ce ne fussent quelques prestiges du demon, bien resoluë de decouvrir le tout au plustost au Pere qui a soin de l'Eglise Algonquine. Le soir du mesme jour, quelque peu de temps auparavant que commençast le Tremble-terre, elle s'écria toute hors de soy, et comme émeuë d'une forte impression, dit à ses parens: Ce sera bientost, ce sera bientost; ayant eu depuis les mesmes pressentimens à chaque fois que la terre trembloit.

Voicy une autre deposition bien plus particularisée, que nous avons tirée d'une autre Sauvage Algonquine, aagée de vingt-six ans, fort innocente, simple et sincere, laquelle ayant esté interrogée par deux de nos Peres sur ce qui luy estoit arrivé, a réspondu tout ingenuëment, et sa response a esté confirmée par son mary, par son pere et par sa mere, qui ont veu de leurs yeux, et entendu de leurs propres oreilles ce qui s'ensuit. Voicy sa deposition.

La nuict du 4. au 5. de Febvrier 1663. estant entierement éveillée, et en plein jugement, assise comme sur mon seant, j'ay entendu une voix distincte et intelligible qui m'a dit: Il doit arriver aujourd'huy des choses estranges, la terre doit trembler. Je me trouvay pour lors saisie d'une grande frayeur, parce que je ne voyois personne d'où peust provenir cette voix. Remplie de crainte, je taschay à m'endormir avec assez de peine; et le jour estant venu, je dis tout bas à Joseph Onnentakité, mon mary, ce qui m'estoit arrivé; mais m'ayant rebutée, disant que je mentois et luy en voulois faire accroire; je ne parlay pas davantage. Sur les neuf ou dix heures du mesme jour, allant au bois pour buscher, à peine estois-je entrée en la forest, que la mesme voix se fit entendre, me disant la mesme chose et de la même façon que la nuict precedente; la peur fut bien plus grande, moy estant toute seule; je regarday aussi de tous costez pour voir si je n'appercevrois personne, mais rien ne parut. Je buschay donc une charge de bois, et m'en retournant, j'eus ma sœur à la rencontre qui venoit pour me soulager, à laquelle je racontay ce qui me venoit d'arriver. Elle prit à mesme temps le devant et rentrant dans la cabane devant moy, elle redit à mon pere et à ma mere ce qui m'estoit arrivé; mais comme tout cela estoit fort extraordinaire, ils l'écouterent sans aucune re-flexion: la chose en demeura là jusques à cinq ou six heures du soir du mesme jour, où, un tremblement de terre survenant, ils reconnurent par experience que ce qu'ils m'avoient entendu dire avant midy, n'estoit que trop vray.

Quand Dieu parle, il se fait bien entendre, surtout quand il parle par la voix des Tonnerres ou des Terre-tremble, qui n'ont pas moins ébranlé les cœurs endurcis, que nos plus gros rochers, et ont fait de plus grands remuë-mens dans les consciences, que dans nos forests et sur nos montagnes.

Ce Tremble-terre commença le Lundy gras, à cinq heures et demie du soir. Dés ce moment, qui donne ordinairement entrée aux débauches du len-demain, tout le monde s'appliqua serieusement à l'affaire de son salut, un chacun rentrant dans soy-mesme, et se considerant comme sur le poinct d'es-tre abismé et d'aller comparoistre devant Dieu pour y recevoir ce jugement decisif de l'éternité, qui est terrible aux ames les plus saintes. De sorte que le Mardy gras fut heureusement changé en un jour de Vendredi Saint et en un jour de Pâque. Il nous representoit le jour du Vendredy Saint, dans la modestie et l'humilité, et dans les larmes d'une parfaite Penitence. Jamais il ne se fit de Confessions qui partissent plus du fond du cœur, et d'un esprit vrayment épouvanté des jugemens de Dieu. Ce mesme jour nous paroissoit aussi comme un jour de Pâque, par la frequence des Communions, que la plupart faisoient comme la derniere de leur vie. Le saint temps du Caresme ne fut jamais passé plus saintement, les Trembles-terre qui continuoient, fai-sans continuer l'esprit de componction et de la penitence.

TROISIÈME PARTIE

UN PAYS À CONSTRUIRE

Pierre Boucher

Chartier de Lotbinière

Nicolas Denys

Chrestien Le Clercq

Louis Jolliet

Jean-Baptiste de Saint-Vallier

Pierre Le Moyne d'Iberville

Pierre de Troyes

Marie Morin

Marguerite Bourgeoys

Louis-Armand de Lom d'Arce de Lahontan

Dièreville

PIERRE BOUCHER (1622-1717)

On ne peut guère le nommer sans susciter quelque réaction de louange. Un peu comme Montaigne. Il a peu de qualités que l'on retrouve ailleurs mais il est peut-être le seul à les posséder toutes. Qualités liées d'abord à la fonction: interprète, soldat, commandant, gouverneur et surtout défricheur. Il y a aussi son livre: *Histoire véritable et naturelle des mœurs et productions du pays de la Nouvelle-France vulgairement dit le Canada* (que je citerai d'après la magnifique édition de la Société historique de Boucherville, 1964); comme une protestation contre ceux qui soutiennent qu'on n'avait alors que le temps et la capacité d'abattre des arbres et des têtes. Peut-être y a-t-il davantage ce sentiment obscur qu'il fut le premier « Québécois ». Sans doute était-il pieux comme les missionnaires, mais surtout il rêvait d'un pays avec des villes, des routes, du monde, et les mille industries de l'activité humaine. Il avait 12 ou 13 ans quand il arriva ici; il allait avoir 95 ans quand il est mort. Toute sa vie il a aimé ce pays à construire; face aux Iroquois, il disait presque... « quand nous serons maîtres chez nous ». On peut retrouver dans son texte quelques-uns des thèmes majeurs de notre littérature: l'amour de la terre féminine et maternelle, la virilité sage et constructive, le goût du sud, du soleil et des beaux plans de terre. Son extrême souci de probité et de service à une cause ne peut que nous le rendre très fraternel.

Avec le plus de naïveté qu'il m'est possible

Mon cher Lecteur, vous sçaurez que deux raisons m'ont porté à faire ce petit Traité. La première est, que j'y ay esté engagé par quantité d'honnestes gens, que j'ay eu l'honneur d'entretenir pendant que j'ay esté en France, et qui ont pris un grand plaisir d'entendre parler de ce pays icy, et de se voir desabusez de quantité de mauvaises opinions qu'ils en avoient conceu: en suite dequoy ils m'ont prié de leur envoyer une petite Relation du Pays de la Nouvelle France, c'est à dire ce que c'est du Pays, et ce qui s'y trouve, afin de le faire sçavoir à leurs amis. Le nombre de ceux qui m'en ont prié estant grand, je n'aurois pû que malaisément y satisfaire; c'est pourquoy je me suis resolu de faire imprimer la presente Description, et les prier d'y avoir recours.

La seconde raison, c'est qu'ayant veu l'affection que sa Majesté témoignoit avoir pour sa Nouvelle France, et la resolution qu'il a prise de détruire les Iroquois nos ennemis, et de peupler ce Pays icy; j'ay pensé que j'obligerois beaucoup de monde, de ceux qui auroient quelques desseins d'y venir, ou d'y faire venir quelques-uns de leurs alliez, de leur pouvoir faire connoistre le Pays avant que d'y venir.

Il y a long-temps que j'avois cette pensée, et j'attendois toûjours que quelqu'un mist la main à la plume pour cét effet: mais voyant que personne ne s'en est mis en devoir, je me suis resolu de faire la presente description, en attendant que quelqu'autre la fasse dans un plus beau stile: car pour moy, je me suis contenté de vous d'écrire simplement les choses, sans y rechercher le beau langage; mais bien de vous dire la vérité avec le plus de naïveté qu'il m'est possible, et le plus briévement que faire se peut; obmettant tout ce que je crois estre superflu, et ce qui ne serviroit qu'à embellir le discours.

Je ne vous diray quasi rien qui n'aye déja esté dit par cy-devant, et que vous ne puissiez trouver dans les Relations des RR. PP. Jesuites, ou dans les Voyages du Sieur de Champlain: mais comme cela n'est pas ramassé dans un seul Livre, et qu'il faudroit lire toutes les Relations, pour trouver ce que j'ay mis icy; ce vous sera une facilité, sur tout pour ceux qui n'ont autre dessein que de connoistre ce que c'est du pays de la Nouvelle France, et qui ne se mettent pas en peine de ce qui s'y est passé, ny de ce qui s'y passe. C'est la raison pour laquelle je n'en parleray point, quoy qu'il y ayt eu quelque chose cette année de bien extraordinaire, dont je n'avois rien veu de semblable, depuis environ trente ans qu'il y a que je suis dans ce Pays icy; qui est un tremble-terre qui a duré plus de sept mois, sur tout vers Tadoussac, où il s'est fait sentir extraordinairement; il s'est fait là des remuëmens admirables. Nous en avons eu dans les commencemens des atteintes aux Trois-Rivieres, et mesme jusques au Mont-Royal. Mais ce qui est de plus aymable en tous ces bouleversemens, et ces secousses épouventables; c'est que Dieu nous a tellement conservé, que pas une seule personne n'en a receu la moindre incommodité. Je n'en diray pas davantage, les Peres Jesuites en font la Description, avec tous les effets qu'il a produit, dans leur Relation, que vous pourez voir avec bien plus de plaisir, le tout y estant mieux d'écrit que je ne le pourois pas faire. Vous verrez cy-apres les avantages que l'on peut tirer de ces pays pour le temporel, je veux dire pour les biens de la terre.

Pour le Spirituel, l'on ne peut rien desirer de plus. Nous avons un Evesque dont le zele et la vertu sont au delà de ce que j'en puis dire: il est tout à tous, il se fait pauvre pour enrichir les pauvres, et ressemble aux Evesques de la primitive Eglise. Il est assisté de plusieurs Prestres seculiers, gens de grande vertu car il n'en peut souffrir d'autres. Les Peres Jesuites secondent ses desseins, travaillant dans leur zele ordinaire infatigablement pour le salut des François et des Sauvages.

En un mot, les gens de bien peuvent vivre icy bien contens; mais non pas les meschans, veu qu'ils y sont éclairez de trop prés: c'est pourquoy je ne leur conseille pas d'y venir; car ils pourroient bien en estre chassez, et du moins estre obligez de s'en retirer, comme plusieurs ont déja fait: et ce sont ceux-là proprement qui décrient fort le Pays, n'y ayans pas rencontré ce qu'ils pensoient.

Je ne doute pas que ces gens-là, qui ont esté le rebut de la Nouvelle France, quand ils entendront lire cette mienne Description, ne disent que j'ajouste à la verité: et peut-estre encore quelques autres personnes diront le mesme, non pas par malice, mais par ignorance: Je vous asseure, mon cher Lecteur, que j'ay veu la plus grande partie de tout ce que je dis, et le reste je le sçay par des personnes tres-dignes de foy.

Je sçay bien que vous trouverez d'autres fautes, et quantité mesme contre l'ordre de la narration; mais je crois que vous me les pardonnerez bien volontiers, quand vous considererez que ce n'est pas mon mestier de composer; que d'ailleurs je n'ay fait ce petit abregé de la Nouvelle France, que pour obliger diverses personnes, en attendant que quelque meilleure plume le fasse plus exactement et dans un plus beau stile; c'est en partie pour cela que j'ay obmis quantité de belles choses dignes d'un Lecteur curieux, et n'ay cherché qu'à estre le plus bref qu'il m'a esté possible, et cependant donner à connoistre ce qui est absolument necessaire.

Parler de Québec

Comme je seray obligé dans la suitte de mon discours, de parler souvent de Quebec, qui est la principale habitation que nous ayons en la Nouvelle-France, et le lieu qui a esté le premier habité par les François; J'ay creu qu'il estoit à propos que j'en fisse dés le commencement une grossiere description, afin de donner plus d'intelligence au Lecteur.

Quebec est donc la principale habitation où reside le Gouverneur General de tout le Pays, il y a une bonne forteresse et une bonne garnison: comme aussi une belle Eglise qui sert de Paroisse, et qui est comme la Cathedrale de tout le Pays: le Service s'y fait avec les mesmes ceremonies que dans les meilleures Paroisses de France; c'est aussi dans ce lieu que reside l'Evesque. Il y a un College de Jesuites, un Monastere d'Urselines qui instruisent toutes les petites filles, ce qui fait beaucoup de bien au Pays; aussi bien que le College des Jesuites pour l'instruction de toute la jeunesse dans ce Pays naissant. Il y a pareillement un Convent d'Hospitalieres, qui est un grand soulagement pour les pauvres malades. C'est dommage qu'elles n'ont davantage de revenu. Quebec est situé sur le bord du grand fleuve saint Laurens, qui a environ une petite lieuë de large en cét endroit-là, et qui coule entre deux grandes terres élevées; cette forteresse, les Eglises et les Monasteres, et les plus belles maisons, sont basties sur le haut; plusieurs maisons et magazins sont bastis au pied du costeau, sur le bord du grand Fleuve, à l'occasion des Navires qui viennent jusques-là; car c'est là le terme de la Navigation pour les Navires; l'on ne croit pas qu'ils puissent passer plus avant sans risque.

Une lieuë au dessous de Quebec la riviere se separe en deux, et forme une belle Isle, qu'on appelle l'Isle d'Orleans, qui a environ dix-huit lieuës de tour, dans laquelle il y a plusieurs Habitans: les terres y sont fort bonnes, il y a aussi quantité de prairies le long des bords.

Quebec est basty sur le roc; et en creusant les caves, on tire de la pierre dequoy faire les logis; toutesfois cette pierre n'est pas bien bonne, et elle ne prend pas le mortier: c'est un espece de marbre noir; mais à une lieuë de là, soit au dessus ou au dessous, on en trouve qui est parfaitement bonne sur le bord dudit fleuve, qui se taille fort bien. On trouve dans Quebec de la pierre à chaux, et de la terre grasse pour faire de la brique, pavé, thuile, et autres choses semblables; quatre ou cinq cens pas au dessous de la forteresse, la terre est coupée par une belle riviere, nommée la riviere saint Charles, qui a prés d'une lieuë de large en sa décharge dans la grande riviere, quand la marée est haute; car de marée basse, elle est presque toute à sec, ce qui est une belle commodité pour bien prendre du poisson, qui est un bon rafraichissement aux Habitans de ce lieu-là; sur tout, le Printemps qu'il s'y pesche une infinité d'alozes. Au dessous de cette riviere, le pays devient plat, et est habité jusques à sept lieuës en bas; les marées y sont parfaitement reglées, elles descendent sept heures, et montent cinq, et chaque fois retardent de trois quarts d'heure.

Quebec est situé du costé du Nort, et est habitué assez avant dans les terres, qui s'y sont trouvées bonnes: Il est habitué aussi trois lieuës en montant; mais les terres n'y sont pas si bonnes: comme pareillement du costé du Sud, les terres quoy que bonnes, y semblent un peu plus ingrates.

La pesche est abondante en tous ces quartiers-là de quantité de sortes de poissons, comme Esturgeons, Saumons, Barbuës, Bar, Alozes, et plusieurs autres: mais je ne puis obmettre une pesche d'anguille qui se fait en Automne, qui est si abondante, que cela est incroyable à ceux qui ne l'ont pas veu. Il y a tel homme qui en a pris plus de cinquante milliers pour sa part. Elles sont grosses et grandes, et d'un fort bon goust, meilleures qu'en France de beaucoup, on en sale pour toute l'année qui se conservent parfaitement bien, et sont d'une excellente nourriture pour les gens de travail.

La chasse nest pas si abondante à present proche de Quebec, comme elle a esté: le Gibier s'est retire à dix ou douze lieuës de là. Il reste seulement des Tourterelles ou des Biseaux qui sont icy en abondance tous les estez, il s'en tuë jusques dans les Jardins de Quebec, et des autres habitations; elles durent seulement quatre mois de l'année.

On y seme de toutes sortes de choses, tant dans les champs que dans les jardins, tout y venant fort bien, comme je diray cy-apres, nonobstant la longueur de l'Hyver.

Puisque je suis tombé sur l'Hyver, je diray un petit mot en passant des Saisons: on n'en compte proprement que deux, car nous passons tout d'un coup d'un grand froid à un grand chaud, et d'un grand chaud à un grand froid; c'est pourquoy on ne parle que par Hyver et Esté; l'Hyver commence incontinent apres la Toussaints; c'est à diré les gelées, et quelque-temps apres les neiges viennent, qui demeurent sur la terre jusques environ le quinziéme d'Avril pour l'ordinaire: car quelquesfois elles sont fondues plustost, quelquesfois aussi plus tard; mais d'ordinaire, c'est dans le seiziéme que la terre se trouve libre et en estat de pousser les plantes et d'estre labourée.

Dés le commencement de May, les chaleurs sont extrémement grandes, et on ne diroit pas que nous sortons d'un grand Hyver: cela fait que tout avance, et que l'on void en moins de rien la terre parée d'un beau verd: et en effet, cela est admirable, de voir que le bled qu'on seme dans la fin d'Avril, et jusques au vingtiéme de May, s'y recueille dans le mois de Septembre, et est parfaitement beau et bon: et ainsi toutes les autres choses avancent à proportion; car nous voyons que les choux pommez, qui se sement icy au commencement de May, se replantent dans le vingt ou vingt-quatriéme de Juin, se recueillent à la fin d'Octobre, et ont des pommes qui pezent des quinze à seize livres.

Pour l'Hyvér, quoy qu'il dure cinq mois, et que la terre y soit couverte de neiges, et que pendant ce temps le froid y soit un peu aspre, il n'est pas toutesfois desagreable: c'est un froid qui est guay, et la pluspart du temps ce sont des jours beaux et serains, et on ne s'en trouve aucunement incommodé: on se promene par tout sur les neiges, par le moyen de certaines chausseures faites par les Sauvages, qu'on appelle Raquettes, qui sont fort commodes. En verité, les neiges sont icy moins importunes, que ne sont les boües en France.

Il y a quatre sortes d'escurieux

Pour satisfaire à la promesse que j'ay faite dans mon premier Chapitre, de traiter de chaque chose en particulier: Je vous feray ce Chapitre du nom des Animaux, et des lieux où ils se rencontrent d'ordinaire; car comme vous sçavez, toutes les choses ne sont pas en un mesme endroit. Par ce moyen, je vous osteray la confusion qu'on peut avoir dans l'esprit, prenant les choses en gros ou en general.

Commençons donc par le plus commun et le plus universel de tous les Animaux de ce Pays, qui est l'Elan, qu'on appelle en ces quartiers icy Original: ils sont plus grands d'ordinaire que de grands mulets, et ont à peu pres la teste faite de mesme. La difference qu'il y a, c'est que les masles portent des bois fourchus comme celuy des cerfs, sinon qu'ils sont plats. Ils leur tombent tous les ans, et croissent tous les ans d'un fourchon. La chair en est bonne et legere, et ne fait jamais de mal. La peau se porte en France pour la faire passer en buffle, la moüelle est medecinale contre les douleurs de nerfs. L'on dit que la corne du pied gauche est bonne pour le mal caduc; c'est un animal bien haut sur jambe et bien dispos: il a le pied fendu; il est sans queüe; il se deffend des pieds de devant comme les cerfs.

Le Caribou est un animal de la hauteur environ d'un Asne, mais qui est fort dispos. Le masle a le pied fourchu, et l'ouvre si large en courant, qu'il n'enfonce point l'Hyver dans les neiges quelques hautes qu'elles puissent estre. Il porte un bois fourchu, rond et bien pointu. La chair en est bonne à manger, et delicate.

L'Ours est de couleur noire, et n'y en a point de blancs en ces quartiers. La peau des petits est estimée pour faire des manchons. Ils ne sont point mal-faisans si on ne les irrite: la viande en est bonne à manger: la graisse fonduë devient comme de l'huile, et est bonne contre les humeurs froides: il est six mois sans sortir des lieux où il se tient caché: il se retire dans des creux d'arbres pour l'ordinaire: il ayme beaucoup le gland; de là vient qu'il y en a si grande abondance allant au pays des Iroquois: il est carnacier, tuë les cochons pour les manger quand il en attrape à l'écart.

Les Animaux qu'on appelle icy Vaches sauvages, sont espece de cerfs; les masles portent des bois tout semblables, et quittent leurs bois tout les ans: ils ont le pied fourchu; ils sont grands comme de grands Cerfs, la viande en est delicate, et ces Animaux vont ordinairement par bandes, et ne se rencontrent pas par tout. On n'en void point au dessous des trois-Rivieres, mais bien au dessus; plus on monte en haut vers les Iroquois, et plus il y en a.

Il y a aussi des Animaux qu'on appelle Cerfs, qui sont de la mesme façon que ceux de France, à la reserve qu'ils sont plus petits, et d'un poil plus blanchastre. De ceux-là il ne s'en trouve pas au dessous du Mont-Royal, mais bien au dessus; montant plus haut, il y en a sans nombre.

Quant est des Animaux que l'on appelle Bufles, il ne s'en trouve que dans le pays des Outaoüak, environ à quatre ou cinq cens lieuës de Quebec, tirant vers l'Occident et le Septentrion.

Il y a des Loups de deux sortes, les uns s'appellent Loups Cerviers, dont la peau est excellente à faire des fourures. Ces Animaux abondent du costé du Nort, et il s'en trouve peu proche nos habitations; les autres sont Loups Communs, qui ne sont pas du tout si grands que ceux de France, ny si malins, et ont la peau plus belle: ils ne laissent pas d'estre carnaciers, et font la guerre aux Animaux dans les bois: et quand ils trouvent de nos petits chiens à l'écart, ils les mangent. Il y en a peu vers Quebec. Ils sont plus communs à mesure que l'on monte en haut.

Il y a aussi quantité de Renards par tout le Pays: Comme je ne trouve point qu'il y ait de difference avec ceux de France, je n'en parleray point; sinon qu'il s'en trouve quelquesfois de noirs, mais bien rarement.

Il y a une autre sorte d'animal, plus petit qu'un renard, qui monte sur les arbres: on l'appelle Enfant du Diable; il est extremément carnacier, et il a l'industrie de tuer des Elans: la chair en est bonne.

Il y a aussi quantité de Martres; mais elles sont toutes rousses, et il ne s'en void point de noires.

Il y a d'autres Animaux que l'on appelle des Chats sauvages, quoy qu'ils ne ressemblent gueres aux autres Chats; mais c'est à cause qu'ils grimpent aux arbres: ils sont plus gros beaucoup que les nostres: ils sont d'ordinaire extremément gras, la viande en est bonne: les Sauvages se servent de la peau pour en faire des robes.

Il y a des Porcs-Epics Les Sauvages se servent du poil qui est fort gros, creux et pointu par les deux bouts, pour faire divers petits ouvrages qui leur servent d'ornemens parmy eux, comme les passemens parmy nous: la viande de cét animal est bonne.

Il y a un autre animal un peu plus petit, qu'on nomme Sifleur: il loge en terre, et fait une taniere comme le renard: la viande en est aussi bonne.

Il y a quantité de Liévres, ils ne sont pas si grands que ceux de France: Ce qui est remarquable, c'est qu'en Esté ils sont gris, et l'Hyver ils sont blancs: ainsi ils changent deux fois de couleur l'année.

Il y a d'autres animaux que l'on appelle Beste puante. Cét animal ne court pas viste: quand il se void poursuivy, il urine: mais cette urine est si puante, qu'elle infecte tout le voisinage, et plus de quinze jours ou trois semaines apres, on sent encor l'odeur approchant du lieu. Cét animal étrangle les poules quand il les peut atraper.

Il y en a une autre espece d'animaux qui leur font la guerre, qui sont beaucoup plus petits, que l'on nomme Pescheurs, parce qu'ils vont dans le fond de l'eau comme à terre.

Il y a quatre sortes d'escurieux, les uns sont roux comme ceux de France; d'autres sont plus petits, et ont deux barres blanches et noires tout le long du dos; on les nomme Escurieux Suisses: il y en a d'une troisiéme sorte, qui sont gros et cendrez, qu'on appelle Escurieux Volans, parce qu'ils volent en effet d'un arbre sur l'autre, par le moyen de certaines peaux qui s'estendent lors qu'ils ouvrent les pates: ils ne volent jamais en montant comme les oyseaux, mais droit ou en descendant; ils sont beaux et mignons: la quatriéme espece sont des Escurieux noirs; ils sont plus gros que tous les autres: la peau en est tres-belle, et les Sauvages s'en servent à faire des robes: cét animal est joly et curieux; mais il ne s'en trouve que dans le pays des Iroquois.

Apres cela, nous parlerons des animaux Amphibies, qui vivent et dans l'eau et sur terre, comme Castor, Loutre, et Rat musqué.

Le Castor ou Biévre est un animal qui a les jambes fort courtes, vit dans l'eau et sur terre: il a une grande queuë platte, dont la peau est en façon d'écaille: vous sçavez que le poil sert à faire des chapeaux, et c'est le grand traffic de ce Pays-icy.

Ces animaux multiplient beaucoup; la chair en est delicate comme celle de mouton: les testicules sont recherchez par les Apoticaires. Cét animal tout grossier qu'il est, a une merveilleuse industrie, non seulement à se loger dans l'eau et dans terre, mais sur tout à bastir des digues: car ils ont l'addresse d'arrester de petites rivieres, et de faire des chaussées que l'eau ne peut rompre, et font par ce moyen noyer un grand Pays, qui leur sert d'Estang pour se joüer, et pour y faire leur demeure: Les Sauvages qui vont à la chasse, ont toutes les peines du monde à rompre ces digues. Les Castors qui sont du costé du Nort valent bien mieux, et le poil en est plus excellent que de ceux du costé du Sud.

Pour les Loutres, ils se trouvent d'ordinaire dans les lacs; il y en a quelques-uns qui ont la peau assez belle.

Le Rat musqué est un animal qui vit dans l'eau, et qui est asseurément estimé pour ses testicules, qui sentent le musc pendant deux mois, qui est le temps qu'ils sont en chaleur, sçavoir Avril et May: leur peau ressemble à celle d'un Lapin, tant pour la couleur que pour la grandeur; la chair en est bonne.

Il y a aussi des Belettes, Mulots, Taupes, et Souris: Voila pour ce qui est des animaux du Pays. Voicy le nom de ceux que l'on amene de France, des Bœufs et des Vaches: les bœufs servent à labourer la terre, et à traîner du bois l'Hyver sur les neiges. Des Cochons en grand nombre: des Moutons il y en a peu: des Chiens, des Chats, et des Rats. Voila les animaux que l'on nous a amené de France, qui sont bonne fin en ce Pays-icy.

Apres avoir parlé de tous les animaux qui sont dans le Pays, disons un mot des Reptiles qui s'y trouvent.

Il s'y void des Couleuvres de plusieurs sortes: il y en a qui ont la peau émaillée de blanc et de noir: d'autres de jaune et de verd: elles ne sont pas mal-faisantes, du moins on ne s'en est pas encore apperceu: les plus longues sont environ d'un aulne; mais il y en a peu de si longues. Plus on va en haut, plus il y en a.

Dans le pays des Iroquois, il y en a d'une autre sorte qu'on appelle des Couleuvres à sonnettes: celles-là sont dangereuses, elles mordent quelquefois les Sauvages, qui en mourroient en peu de temps, n'estoit la connoissance d'une herbe qu'ils ont, laquelle croist en ce Pays, qui estant appliquée sur la blessure en forme de cataplasme, en tire tout le venin.

Il y a des Lezards et autres petits animaux semblables; des Crapaux; mais je n'en ay jamais veu de si gros en France.

Il y a des Grenoüilles de plusieurs sortes; j'en ay veu de trois, sçavoir les unes aussi grosses que le pied d'un cheval, qui sont vertes, et se trouvent sur le bord du grand Fleuve; elles meuglent le soir comme un Bœuf, et plusieurs de nos nouveaux venus y ont esté trompez, croyans entendre des Vaches sauvages: ils ne le vouloient pas croire quand on leur disoit que c'estoit des grenoüilles, on les entend d'une grande lieuë: Les Sauvages, Hurons, les mangent, et disent qu'elles sont fort bonnes.

Il y en a d'autres semblables à celles de France, et c'est de celles-là qu'il y en a plus grand nombre.

J'en ay veu d'une troisiéme sorte, qui sont toutes comme les grenoüilles communes, sinon qu'elles ont une queuë: je n'ay jamais veu de celles-là qu'en un seul endroit, le long d'une petite riviere; mais j'en vis plus d'un cent.

Il ne manque que du monde

Pendant mon sejour en France, il m'a esté fait diverses questions par plusieurs honnestes gens, concernant le pays de la Nouvelle France. J'ay creu que j'obligerois le Lecteur curieux de les mettre icy, et d'en faire un Chapitre exprés, avec les réponses, qui donneront beaucoup d'intelligence et de connoissance à ceux qui ont de l'affection pour ce pays icy, ou qui souhaiteroient d'y venir.

Je commenceray donc par une assez commune, qui est, si la vigne y vient bien. J'ay déja dit que les vignes sauvages y sont en abondance, et que mesme on en a éprouvé de celle de France, qui y vient assez bien. Mais pourquoy ne faites-vous donc pas des vignes? Je répons à cela, qu'il faut manger avant que de boire; et par ainsi qu'il faut songer à faire du bled avant que de planter de la vigne: on se passe mieux de vin que de pain; c'est tout ce qu'on a pû faire que de défricher des terres pour faire des grains, et non autre chose. (...)

L'air y est extrémément sain en tout temps: mais sur tout l'Hyver; on voit rarement des maladies en ces Pays-icy; il est peu sujet aux bruines et aux broüillards; l'air y est extrémément subtil. A l'entrée du Golfe et du Fleuve, les bruines y sont frequentes, à cause du voisinage de la mer: on y voit fort peu d'orages.

Mais quel profit peut-on faire là? Qu'en peut-on tirer? C'est une question qui m'a esté faite souventefois, et qui me donnoit envie de rire, toutes les fois qu'on me la faisoit: il me sembloit voir des gens qui demandoient à faire recolte avant que d'avoir semé. Apres avoir dit que le Pays est bon, capable de produire toutes sortes de choses comme en France, qu'on s'y porte bien, qu'il ne manque que du monde, que le Pays est extrémément grand, et qu'infailliblement il y a de grandes richesses que nous n'avons pas peu découvrir, parce que nous avons un ennemy qui nous tient resserré dans un petit coin, et nous empesche de nous écarter pour faire aucune découverte: Ainsi il faudroit qu'il fust détruit, qu'il vint beaucoup de monde en ce Pays-icy, et puis on connoistroit la richesse du Pays: mais pour faire cela, il faut que quelqu'un en fasse la dépence: mais qui la fera; si ce n'est nostre bon Roy? Il a témoigné le vouloir faire, Dieu luy veüille continuer sa bonne volonté.

Les Anglois nos voisins ont fait d'abord de grandes dépenses pour les habitations là où ils se sont placez; ils y ont jetté force monde, et l'on y compte à present cinquante mil hommes portans les armes: c'est merveille que de voir leurs Pays à present; l'on y trouve toutes sortes de choses comme en Europe, et à la moitié meilleur marché. Ils y bastissent quantité de Vaisseaux de toutes façons: ils y font valoir les mines de fer: ils ont de belles Villes: il y a Messagerie et Poste de l'une à l'autre: ils ont des Carosses comme en France: ceux qui ont fait les avances trouvent bien à present leurs comptes: ce Pays là n'est pas autre que le nostre: ce qui se fait là, se peut faire icy.

CHARTIER DE LOTBINIÈRE (1641-1709)

René-Louis Chartier de Lotbinière arriva au pays à l'âge de 10 ans. À sa mort, il était l'un des personnages les plus importants du Canada: le premier conseiller au Conseil supérieur. Sa fonction le plaçait immédiatement après le gouverneur, l'évêque et l'intendant. Le gouverneur le chargeait même de le remplacer en certaines fonctions. Mais il avait eu sa jeunesse. Il avait joué dans une petite pièce de théâtre montée par les Jésuites en l'honneur du gouverneur D'Argenson. À l'âge de 25 ans, il avait participé à la malheureuse campagne que Courcelle mena contre les Iroquois, au plus fort de l'hiver, du 9 janvier au 17 mars 1666. Il en avait fait le récit en un long poème burlesque de plus de 500 vers (dont je citerai le début et la fin). Le poème est généralement maladroit mais il atteste un goût d'écrire qui semble purement gratuit, et un plaisir de vivre qui cherche sa voie dans la littérature.

Sur des chevaux de fisselles

> La victoire auroit bien parlé
> De la démarche et défilé
> Que vous avez faict grand Courcelles
> Sur des chevaux faicts de fisselles[1]
> Mais en voyant vostre harnois
> Et vostre pain plus secq que noix
> Elle n'auroit peu nous descrire
> Sans nous faire pasmer de rire,
> Vos faicts en parlant tout de bon
> Utiles a nostre Bourbon.

---

1. Les chevaux de fisselles sont des raquettes.

Ce grand prince sans raillerie
Qui marche avec artillerie
Quand il cherche son ennemy
N'en auroit pu rire a demy
Ce fut la veille d'un dimanche[2]
Qu'en vous foullant un peu la hanche
Vostre dos chargé d'un bissacq
Pour mettre l'Iroquois à sacq
Feit voir a la gendarmerie
Que ce nestoit point resverie.

Donc le neufviesme de janvier
Comme autour ou comme esprevier
Sans considérer vostre charge
Vous volastes à ce carnage
Avec d'assez mauvais garçons
Qui navoyent que leurs caleçons
Leurs fusils et leurs couvertures[3]
Et qui traisnoent avidement
La charge de leur aliment

Mais qui croiroit la façon neuve
Dont vous courustes nostre fleuve
Et vous marchates sur les eaux
Sans bacq, sans barque et sans basteaux
C'est la que vostre grand courage
Qui n'a besoing dapprentissage
Se peut vanter avec raison
D'avoir combattu la saison
Vous y passates par les picques
Avec vos trouppes heroiques

Pourtant vous n'y perdites rien
Et lon sen retira fort bien
Ils en ont encor leurs oreilles
Ce ne sont pas grandes merveilles
De voir ceux qui sont avec vous
Avoir éschappé les grands coups
Dun vent nor ouest froid et contraire
Qui ne vous prit pas par derrière.
Il auroit eu plus de raison
Et jeusse aimé sa trahison

---

2. Le samedi, 9 janvier 1666.
3. Il manque un vers.

Mais sa fierté plus incommode
Faisant son attaque a sa mode
A vos gens donna de leffroy
Aucuns crioent Il faict grand froid
Dautres disoent avec courage
Il faict sy grand froid que jenrage
Quelques uns prenans a deux mains
Ce que cachent tous les humains
Malgré leur généreuse envie
Penserent y perdre la vie.

Ils en furent tous estonnez
Lun croyoit n'avoir plus de nez
Lautre sentant flestrir sa joue
Ne songeoit pas à faire moue
Enfin presque tous estropiez
Doreilles de mains ou des pieds
Malgré cette attaque gellée
Acheverent leur enfillée
Et chacun trouva son abry
Plus gaillard et sain qu'un cabry

Ce ne fut pas près dune souche
Mais en bon logis chez la Touche
Ou vous pustes mettre a raison
Les rigueurs de cette saison
Ce gentilhomme eust bonne grace
A vous regaler de sa tasse
Et vous vous en trouvastes bien
Aussy est-ce un bon entretien
Après une froide campagne
De faire moisson de Cocagne

Vous partistes le jour daprès
Au Cap[4] vous eustes bons aprests.
Et ce lieu joly de nature
Fut un Cap de bonne advanture
Vos soldats y sont fortunez
Et s'y refont un peu le nez
Dela rendus aux troys rivières
Ils font la nique aux cemetieres
On ne pense plus au passé
Chacun s'y trouve delassé

---

4. Au Cap: le cap de la Madeleine, près de Trois-Rivières.

Le pot boult on emplit lescuelle
Et cestait la bonne nouvelle
Mais il faut reprendre chemin
Dans vos souliers de parchemin
Ou sy vous voulez de bazanne
Sans cheval sans mulle et sans asne
Du havre sacq chacun chargé
Voila tout le monde arrangé
A la traisne chacun sattelle
Et lon enfille la venelle
Après avoir dit maint adieu
Affin de gaigner Richeieu

Mais ce lieu devenu stérille
Ne vous fournissant point dazile
Fallut y faire des remparts
De neige et de glaçons esparts
A labry de la belle estoille
Bastir maisons d'un peu de toille
Et se composer des hameaux
Avec buchettes et rameaux

Pour cela void on lespinette
Soubs le haut boys et sans musette
Le cedre la pruche et le pin
Qu'on faisait sauter sans grapin
Mais non sans chausser la raquette
Aussy-tost la cabanne faicte
Se séchant en pendu d'Esté
Chacun faisoit sagamité
Et mangeoit en de la bouillie
Plus en fumée que momie

La nécessité faict vertu
Vous n'en estiez point abbattu
Et falloit vous tenir a quattre
Pour ne pas vous laisser abattre
Tant vous aviez en passion
Le dessein de cette action
Vous avez faict ce personnage
Plus de quinze fois au voyage

Aussy pour ne pas ennuier
Si vous eustes du mal hier
Je diray partout que vos peines
Ne vous ayans pas esté vaines

Vous estes tout prest aujourd'huy
D'en faire autant pour nostre appuy

Quittons un peu cette louange
Pour vous veoir couché dans un lange
Le dos au froid le nez au feu
Et sans vous plaindre de ce jeu
Charmer vostre melancolie
Dun ronfle plein de melodie
Mais eveillé de bon matin
Lhome sattelle et le mâtin
La traisne glisse sur la neige
Plus froide que dans la Norvesge

On ne vid point de paresseux
Ils estoient tous assez crasseux
Mais ils avoient fort bonne grace
En marchant sur neige et sur glace
Ainsy tresnans avec grand soing
Tout ce qui leur foisoit besoing
Les capots bleufs[5] avec leurs armes
Se joignirent à vos pendarmes
Faisoit beau voir leurs battaillons
Sans obstacle de papillons
Ny de grenouilles ny de mouche
Braver cette saison farouche
Qui servoit a nos fantassins
Pour courir a ces assassins

Donc nos gens soubs vostre conduite
Jurent de les vaincre à la luitte
Et deschirer tous sans pitié
Et sans leur donner de quartier
Apres cette belle entrevüe
Qui ne se feit point dans la rue
Chambly Sorel et ceux des forts[6]
Admirerent vos grands efforts

Tous eûrent le visage blesme
Vous voyant faict comme un Boheme
Encor sy vous le voulez bien
Comme un More un Egyptien

---

5. Capots bleus: les miliciens canadiens.
6. Cestoit au fort St. Louis a 60 lieues de Quebecq que M. de Courcelles Gouverneur fit altc pour attendre les Sauvages Algonquins qui avoient promis de venir en guerre mais les vivres estants courts Monsieur le Gouverneur continua son chemin. Le sieur de Chambly commandoit au dit fort scitué sur la rivière des Yroquois. (Note de l'éd. de 1927)

Tant vous eustes sans railleries
De fumée aux hostelleries
Passons ce que vous feistes la
Les ordres et le qui va la
Le Conseil et la Conference
Et leffect de vostre prudence

Accompagnons vostre prouesse
Qui va sans mulle et sans asnesse
Cest la chanson du ricochet
Mais a bonne heure et sans eschet
Quoy que ce ne fut pas sans peine
Du lacq[7] vous courûtes la plaine
Avec cinc cens braves guerriers
Qui seroient chargés de lauriers
Sy la neige un peu trop ingratte
Ne les eust cachez soubs sa natte

Le soir on plantoit le picquet
Afin de faire sopiquet
On n'y voioit rien de profane
Chacun estoit en sa cabane
Ou lon se tenoit a couvert
Encor que tout y fut ouvert
On remplissait un peu sa pense
Mais hony soit qui mal y pense
Puisque tout le monde endormy
N'avoit du repos qu'a demy
Et quainsy les trouppes lassées
Navoient que de bonnes pensées.

Vostre vertu fit ce chemin
Sans ambre gris et sans jasmin
Mais non pas sans estre embausmée
De noire et cuisante fumée
Pour se munir les capots bleufs
Avoient chassé vaches et bœufs
Mais ce fut un pauvre orignac
Qui remplit premier le bissac

On en fit un peu de cuisine
Et quoy qu'on neust point de voisine
Pour accommoder proprement
Ce petit rafraischissement
On ne laissa pas a la mode

---

7. Lacq: le lac Champlain.

Qui vous estoit la plus commode
De trancher avec les couteaux
Les meilleurs et tendres morceaux
A la main chacun la jambette[8]
Eust bientost broché sa brochette
Et faict un regal assez bon
Sur la flame et sur le charbon
Mais faute de poivre en loffice
La cendre y couroit pour espice
Et sy vous ne laissates pas
Den faire un bien joly repas

Il y eut matiere de rire
Que je ne scaurais vous descrire
Car on voyoit ces fiierabras
Pour nettoyer leurs museaux gras
Se torcher au lieu de serviette
De leur chemise ou chemisette
Et quelques uns de leur capot
Dont ils frottoient souvent leur pot
Avec cette trouppe animée
Pour dessert vivant de fumée
Ou de substance de tabac
Vous passates ainsy le lacq
Ou vous fistes quelque curée
De quelque beste deschirée. (...)

Arrivant enfin dans les forts[9]
Froment fit ses meilleurs efforts
Pour remettre la gent lassée
Des froid et fatigue passée
Donc apres l'avoir visité
Chacun tirant de son costé
Le Montreal vit sa jeunesse
Au retour conter sa prouesse

Mais le soleil battant a plat
La neige qui faisoit esclat
Les sieurs Dugal et Lotbiniere
Penserent perdre leur visiere
Et comme aveugles sans baston
Ne pouvans marcher qu'a taston

8. Jambette: couteau dont la lame se replie dans le manche.
9. Les forts: retour à Chambly.

Furent conduits aux troys rivieres
Ou garantis par leurs prieres
Et par des effects tous divins
De chercher place aux quinze-vingts[10]
Ils trouvèrent hostellerie
On se fit bonne escorcherie
La jeunesse estant a bon port
Prenoit les plaisirs au raport
De la fortune, et des soufrances
Qu'avoent souffert leurs pauvres penses
Et se vantans sans vanité
Ne disoit rien qui n'eust esté.

Enfin nous avons le plaisir
De jouir de nostre desir
Encor que l'on voye a vos mines
Que le retour vaut bien matines
Vous vous cachiez comme un momon
Mais les enfants dans leur sermon
Crians tout haut vostre venue
Elle nous fut bientost cognue
Et le *Te Deum* fut chanté
Comme vous laviez mérité
Après avoir vaincu l'injure
Des temps et d'un monstre parjure.

Après ces beaux exploits et ces travaux guerriers
Grand Courcelle admirant l'objet de vos lauriers
En sérieux je diray que les peines dherculle
Que celles dAllexandre et dAuguste et de Julle
Ont eu beaucoup desclat mais leur ont moins cousté
Quapres tant daccidens nestant point rebutté
La victoire vous doict ce quelle a de plus rare
Puisque vos actions en domptant ce Barbare
Ont eu pour fondement au sortir de ce lieu
Le service du prince et la gloire de Dieu.

---

10. Quinze-vingts: hôpital de Paris.

NICOLAS DENYS (1598-1688)

On aimerait le connaître davantage. On dirait une sorte de géant soulevant toute la côte de l'actuel Nouveau-Brunswick. Une sorte d'entrepreneur moderne, surgi 300 ans avant le temps. Dès 1634, il faisait le commerce du bois, rêvant de radeaux descendant les rivières de l'Acadie; plus tard, il eut son propre vaisseau de pêche. Il avait fondé 4 ou 5 établissements, transporté des colons, défriché des terres. Il était « propriétaire de toutes les Terres et Isles qui sont depuis le Cap de Campseaux jusques au Cap des Roziers ». On parle de son courage, de son enthousiasme, de sa générosité, de son sens des affaires. Mais on lui fit querelles, on le spolia, on le mit en prison, on lui vola ses cargaisons, on détruisit ses établissements. Ruiné, à 70 ans, dans sa résidence de Nipisiguit (Bathurst), lui qui n'est presque pas allé à l'école, il compose son livre. Et va le faire publier à Paris. Sans grand succès. Quinze ans plus tard, il semble presque réduit à la mendicité. Il quitte Paris, revient en Acadie. Il a près de 90 ans. Les Indiens l'appellent La Grande Barbe. Son livre a les qualités (et les lacunes) de l'homme d'action; il n'est sans doute pas assez connu.

Lettre d'un pêcheur d'Acadie

Ce n'a pas été sans beaucoup de peine que je me suis enfin rendu à la priere de quelques-uns de mes amis, et que j'ay accordé à leur curiosité la Description que je vous donne de la plus belle partie de la Nouvelle France; ma resistance en cela ne venoit pas de la disette des choses que j'avois à dire, mais bien du peu d'application que j'ay eu toute ma vie à la symmetrie des mots ou à leur arrengement: En effet il auroit esté à souhaiter pour la satisfaction du Lecteur, que cet Ouvrage eust esté écrit d'un stile differend de celuy qu'il y a cinquante ans que je pratique, sans que mes occupations maritimes et une frequentation de prés de quarante années avec des Sauvages m'aient jamais pû donner le loisir de le changer. Mais si l'on ne trouve pas toute la grace et la regularité qui devroit estre dans le discours, du moins puis-je asseurer que la sincerité y supléra en toutes les choses que j'y traitte.

La chasse aux bébés phoques

Entre le cap fourchu et le cap de sable, trois ou quatre lieuës en mer il y a plusieurs Isles, les unes d'une lieuë, et les autres de deux, trois, et à quatre de tour, que l'on nomme les Isles[1] aux loups marins, elles sont assez difficiles à approcher à cause des rochers qui sont à l'entour, elles sont couvertes de sapins, bouleaux, et autres bois qui n'y sont pas fort gros, elles s'appellent Isles aux loups marins, parce qu'ils vont là faire leurs petits qui sont grands et puissans, il y en a de plusieurs especes dont je feray un article à part, ils viennent pour mettre bas vers le mois de Fevrier, montent sur les roches et se mettent autour des isles où ils font leur petits, qui sont en naissant plus

---

1. Ces îles se trouvent à l'extrémité sud de la Nouvelle-Écosse.

gros que le plus gros porc que l'on voye, et plus longs. Ils ne demeurent à terre que peu de temps, aprés quoy leurs pere et mere les emmennent à la mer, ils reviennent quelques-fois à terre ou sur des roches, où la mere les fait tetter. Monsieur d'Aunay y envoyoit du Port royal du monde avec des barques pour en faire la pesche dans la saison, qui est au mois de Fevrier lors que les petits y sont, l'on va tout autour des isles avec de forts bastons, les pere et mere fuyent à la mer, et on arreste les petits qui taschent de suivre, en leur donnant un coup de baston sur le nez dont ils meurent, l'on va le plus viste que l'on peut, car les pere et mere estans à la mer, font un grand bruit qui donnant l'alarme par tout, ce qui les fait tous fuïr, mais il se sauve peu de petits à qui l'on n'en donne pas le temps; il y a des journées que l'on en tuë jusques à six, sept, et huit cens, ce sont les petits qui sont les plus gras, car les pere et mere sont maigres; l'Hyver, il en faut bien trois ou quatre petits pour faire une barique d'huile qui est bonne à manger estant fraîche, et aussi bonne à brûler que l'huile d'olive, et n'a point d'odeur en brûlant comme les autres huiles de poisson qui sont toûjours pleines de lie épaisse, ou de saletez au fonds des bariques, mais celle-cy est toujours claire.

Le jeune Latour

*(Ce récit va constituer le sujet d'une des premières pièces du théâtre québécois, Le Jeune Latour, d'Antoine Gérin-Lajoie, qui l'avait puisé dans l'*Histoire du Canada *de Michel Bibaud.)*

En ce mesme lieu là[2] Monsieur de la Tour a eu une habitation, où il estoit pendant le siege de la Rochelle[3], il y avoit un bon Fort qui luy servit bien, d'autant que son pere estoit pour lors en Angleterre où il se maria à une Dame d'honneur de la Reine, de grande condition, et en faveur de ce mariage le Roy d'Angleterre le fit Chevalier de la Jarretiere, pour l'obliger d'aller trouver son fils et l'engager à remettre le Fort en l'obeyssance de sa Majesté Britanique. Pour cét effet on fit armer deux Navires de guerres, dans l'un desquels s'estoit embarqué la Tour et sa femme; ils ne furent pas plûtost arrivez à la veuë du Fort, que la Tour pere mit pied à terre, ou il fit son possible pour persuader son fils de remettre le Fort à l'obeyssance du Roy d'Angleterre, qu'il continuëroit d'y commander aussi absolument qu'il avoit fait jusques alors, et que luy et sa femme y demeureroient aussi pour sa seureté.

Que pour cét effet l'on avoit apporté des Commissions en son nom, avec l'Ordre de la Jarretiere pour les honorer, et d'autres avantages qui luy furent promis par ceux qui commandoient les vaisseaux, tout cela se passa sans qu'ils entrassent dans le Fort, et le jeune la Tour leur fit réponse qu'il avoit beaucoup d'obligation au Roy d'Angleterre d'avoir tant de bonne volonté pour luy; mais qu'il avoit un maistre capable de reconnoistre la fidelité qu'il

---

2. La baie de Sable, à l'extrémité sud-ouest de la Nouvelle-Écosse.
3. Siège de La Rochelle: 1628.

estoit obligé de luy garder; qu'il ne pouvoit pas leur remettre la place entre les mains, ny prendre d'autre Commission que celle qu'il avoit, qu'il remercioit le Roy d'Angleterre de l'honneur qu'il luy faisoit, mais qu'il ne pouvait recevoir de recompense que du Roy son maistre; ce qui obligea son pere et tous les Commandans des vaisseaux, d'employer toutes les plus belles paroles du monde à le persuader, mais inutilement, car il demeura ferme dans sa resolution et dit courageusement à son pere que luy ny sa femme n'entreroient jamais dans son Fort, ce qui le fit retirer avec les autres et retourner à bord de leurs Navires, d'où ils envoyerent le lendemain un homme à terre, avec une lettre du pere, par laquelle il luy mandoit tout ce qui pouvoit servir, à l'obliger de se rendre de bonne amitié; autrement qu'on estoit resolu de luy faire rendre de force, qu'ils avoient du monde pour cela, qu'il prist garde de ne se point mettre dans les mauvaises graces du Roy d'Angleterre, que c'estoit le vray moyen de se perdre, et qu'il n'estoit pas en estat de resister à ses forces. Tout cela n'eut pas plus de pouvoir qu'auparavant, et pour toute réponse de bouche à celuy qui luy avoit apporté la lettre, il dit que les Commandans et son pere en useroient comme ils le jugeroient à propos, et qu'il estoit tout préparé et son monde à les recevoir; le messager s'en retourna porter cette nouvelle, ensuite de quoy ils prirent resolution d'attaquer le Fort, et le lendemain ils firent mettre du monde à terre avec leurs grands batteaux, attaquerent le Fort; le combat dura tout ce jour et la nuit: ils tâcherent d'approcher pour couper les pieux, ou pour mettre le feu, mais ceux de dedans estoient tellement sur leurs gardes qu'ils n'en peurent venir à bout; il y eut beaucoup d'Anglois tuez et de blessez en cette attaque, ce qui ne leur confirma que trop la resolution du jeune la Tour; le lendemain ils debarquerent tous les Matelots et Soldats pour l'épouvanter par le grand nombre qu'ils firent paroistre, et se rengeant derriere des retranchemens de terre, qu'ils avoient fait la nuit aux quatre coings du Fort, d'où ils faisoient grand feu aussi bien que ceux de dedans, qui ne tiroient point à faux, et qui en tuerent encore et blesserent plusieurs, ce qui fit renoncer les Anglois à la prise du Fort, les Matelots ne voulant plus donner, et les Soldats n'estant pas en grand nombre n'en ayant amené que ce qu'il en falloit pour y mettre en garnison, tant ils estoient asseurez, sur le recit de la Tour pere de n'y trouver aucune resistance, dés qu'il luy auroit parlé des honneurs et des avantages dont sa Majesté l'honnoroit.

De la Tour voyant que les Capitaines des Vaisseaux étoient resolus d'abandonner l'entreprise et de partir, fut bien estonné, car il n'osoit pas retourner en Angleterre de crainte qu'on ne luy fit-là mauvais party; sa femme l'embarassoit fort aussi, à qui il n'osoit se découvrir, ce qu'il fut enfin obligé de faire, en luy disant qu'il ne trouvoit rien de plus asseuré ny d'autre party à prendre que celuy de demeurer avec son fils n'y ayant pas plus de seureté en France pour luy qu'en Angleterre apres la tentative qu'il venoit d'hazarder; qu'elle pouvoit y aller si bon luy sembloit, qu'à son égard il prieroit son fils de luy permettre de demeurer avec luy, sa femme luy témoigna qu'elle ne l'abandonneroit point si son fils leur vouloit permettre de demeurer; la resolution prise ils la communiquerent au Capitaine qui le trouva bon; il écrivit à son fils, et le pria de souffrir que sa femme et luy demeurassent dans le pays, qu'aprés ce qui s'estoit passé ils n'osoient pas retourner en Angleterre puis qu'il y alloit de sa teste; son fils luy fit réponse qu'il ne vouloit point estre la cause de sa mort, mais qu'il ne luy pouvoit accorder sa demande, qu'à condition qu'il n'entreroit ny luy ny sa femme dans son Fort, qu'il leur feroit bastir un petit logement au dehors, que c'estoit tout ce qu'il pouvoit faire; il receut la condition que son fils luy fit; le Capitaine envoya tout leur équipage[4] à terre, où la Tour pere décendit avec sa femme, deux hommes pour le servir et deux filles de chambre pour sa femme; le jeune de la Tour leur fit bastir un logement à quelque distance du Fort, où ils s'accommoderent du mieux qu'ils peurent.

L'Isle Percée

L'Isle Percée est une grande roche qui peut bien avoir cinquante à soixante brasses de hauteur escarpée à pied droit des deux costez, et peut avoir de largeur trois ou quatre brasses; de basse mer, l'on y va de terre ferme à pied sec tout autour, elle peut avoir de long trois cens ciquante ou quatre cens pas: elle a esté bien plus longue, allant auparavant jusques à l'Isle de Bonne-avanture, mais la mer l'a mangéé par le pied ce qui la fait tomber, et j'ay veu qu'il n'y avoit qu'un trou en forme d'arcade par où une chaloupe passoit à la voille, c'est ce qui luy avoit donné le nom de l'isle Percée; il s'en est fait deux autres depuis qui ne sont pas si grands, mais qui à present croissent tous les jours; il y a apparence que ces trous affoiblissant son fondement, et seront cause à la fin de sa cheute, apres quoy les navires n'y pourront plus demeurer: tous ceux qui y viennent faire leur pesche moüillent l'ancre à l'abry de cette Isle, à une longueur ou deux de cable d'icelles, il y a trois ou quatre brasses d'eau en s'éloignant on trouve toûjours plus de profondeur: ils sont tous ancrez à quatre cables, et mettent des flottes ou pieces de bois de cedre à leurs cables pour les supporter crainte des roches qui sont au fonds, quand le mauvais temps vient de la mer, qui porte sur l'Isle la houlle qui donne contre et fait une ressaque qui retourne contre les navires, qui empesche que les cables ne travaillent; à la longueur de quatre à cinq cables de l'Isle, il y a trois roches qui couvrent de pleine mer, et la plus au large est à deux ou trois longueurs de cable de la terre: ces rochers là rompent encore la mer, qui fait qu'elle n'en est pas si rude.

J'y ay veu jusques à unze navires pescheurs qui ont tous chargé de moluë: la pesche y est tres-abondante, on y prend grand nombre de maque-reaux et harangs pour la boitte, l'éperlan, et le lanson donnent aussi à la coste où ils s'échouent qui est encore tres-bon pour la boitte, la moluë les suit, ce qui rend la pesche bonne, la terre ne l'est pas moins: le long de la coste, qui est platte, les pescheurs y ont apporté de petits cailloux pour faire une grave, afin de faire secher la moluë; au de là de cette grave il y a des prairies où ils font des vignaux; ces prairies se sont faites par la grande quantité de sapins que les pescheurs y ont abbattus pour faire leur échaffaux, et qu'ils abattent

---

4. Les objets à leur usage.

tous les jours, toute cette coste là n'estant auparavant que sapins, à present il n'y en a plus que des petits qui y sont revenus, ils leurs en faut aujourd'huy aller chercher à la montagne qui est à deux portée de fuzil de la coste, et les apporter sur leurs épaules, ce qui est une grande fatigue, autrement ils les vont querir dans le fonds de la baye des moluës avec des chalouppes; il leur en faut pour faire leurs échaffaux sans quoy ils ne pourroient habiller la moluë; la montagne est fort haute et s'apelle la table à Rolant, elle se voit en mer de dix huit à vingt lieuës; elle est platte et de forme carrée, ce qui luy a donné ce nom: il y a d'autres montagnes joignantes aussi hautes. Ces montagnes-là vont toutes en descendant jusqu'au fonds de la baye des moluës, qui est à trois bonnes lieuës de l'isle Percée, où la chasse y est bonne, à la saison des tourtres où les pescheurs en font grand meurtre et grande chere: Ils font des jardins où ils cultivent des choux, des pois des féves, et de la salade, ils envoyent aussi à la chasse en la baye des moluës pour se bien traitter. Mais avant que d'y entrer, parlons de l'Isle de Bonne-avanture qui est à une lieuë et demie de l'isle Percée et vis à vis, elle est aussi haute que l'isle Percée et de figure ovalle; elle a deux lieuës de tour toute couverte de sapins, parmy lesquels il se trouve aussi d'autres arbres, la chasse des lapins y est bonne, de trente collets tendus le soir, l'on a du moins vingt lapins le lendemain matin: les tourtres y abondent par la quantité des fraises et des framboises dont elles sont friandes, pour la pesche elle y est aussi bonne qu'à l'isle Percée, mais la commodité n'y est pas pareille, il n'y a de grave que pour un navire, j'y ay veu trois navires moüiller devant une petite ance par où l'on aborde en cette Isle, tous les autres vaisseaux en cet endroit seulement peuvent avoir des vignaux, mais il faut qu'ils fassent un chemin avec des sapins depuis le bord de l'eau avec des eschaffaux qui vont toûjours en montant jusques à douze ou quinze brasses de haut par où il leur faut porter leur poisson pour le faire secher sur leurs vignaux.

La pesche des moluës

Aprés avoir fait voir que ce païs-là se peut habiter et produire comme celuy-cy pour sa subsistance; il vous faut faire connoistre ce qu'il a de plus que la France, les profits que l'on peut tirer, et que l'on tire de chaque chose l'une aprés l'autre. Commençons par la moluë si connuë en France, et dont le debit se fait par toute l'Europe, et principalement à Paris. Vous sçaurez donc que la moluë verte ou blanche, et la moluë seche ou merluche n'est qu'une mesme espece de poisson, dont la dénomination n'est differente que par les diverses manieres dont elle est accommodée, les differends lieux où la pesche s'en fait en ces païs-là, et leur diverses grandeurs: la plus grande se trouve ordinairement sur le grand Banc, et n'est pas propre à secher, comme la petite qui se pesche à la Coste, et se sale et se seche à terre comme je l'expliqueray cy-aprés.

Toute cette pesche se fait aux costes de la nouvelle France, tout ce qui s'en pesche ailleurs n'est pas considerable; bien que ce poisson soit une espece de manne intarissable, je ne puis m'empescher de m'estonner de ce qu'elle se vend si peu, eu égard à la peine que l'on y a, aux risques que l'on y court, allant et retournant, qui sont si grands qu'à peine le pourra-on croire. Je tascheray de vous rapporter icy le plus exactement que je pourray, tout ce qui se pratique en la pesche des moluës de l'une et de l'autre sorte. Ceux qui sçavent ce que c'est s'en mocqueront, mais ceux qui n'en sont pas informés seront peut-estre bien-aises de l'apprendre, et le nombre en est assurément plus grand que des autres.

Je commenceray par la moluë verte qui est celle que l'on mange à Paris, et qui se pesche sur le grand Banc de Terre-neufve. Le Banc qui s'appelle ainsi est une grande montagne qui est dans la mer et sous l'eau distante de vingt-cinq lieuës ou environ de l'Isle de Terre neufve, d'où la moluë verte prend son nom. Ce Banc a environ cent cinquante lieuës d'un bout à l'autre, et quelques cinquante lieuës en son plus large. Cette montagne qui est en la mer a au dessus d'elle en son plus haut vingt-cinq brasses d'eau, et en d'autres endroits trente, trente cinq, quarante, cinquante, et soixante brasses d'eau. Tout autour elle est coupée quasi tout droit, et en ce tour-là on ne trouve point de fonds à douze et quinze cens brasses de cordages; par là vous pouvez juger de la hauteur de la montagne qui est de roche, tout le haut en est plat quoy qu'elle aille en baissant, c'est où se pesche la moluë qui y trouve pour sa nourriture force coquillages de plusieurs sortes et autres poissons. Celuy-cy est fort glouton, et sa gourmandise s'étend sur tout, mesme sur ceux de son espece, et souvent on en pesche qui ne laissent pas depuis qu'ils sont pris à l'hameçon, dans le temps que l'on les tire en haut d'avaler à demy un de leur semblable si il se rencontre à son chemin; il ne trouve rien de trop dur, quelques-fois les pescheurs, laissent tomber leurs coûteaux; leurs mitaines, ou autres choses, si une moluë le rencontre elle l'avalle, et bien souvent ils peschent la moluë qui aura avallé ce qui sera tombé et le retrouvent dans son estomac, que les matelots appellent gau. Ce poisson a encore une propriété, qui est que ce qu'il avale qui ne se peut pas digerer, il le fait revenir de son gau qu'il retourne hors sa gueule, et en fait sortir tout ce qui luy nuit, aprés quoy il le retire en dedans, et ravalle cet estomac. Ceux qui vont ordinairement pour faire cette pesche sont des Normands du havre de Honfleur, de Dieppe, et d'autres petits havres de Normandie, mesme de Boulogne et de Calais, de Bretagne, d'Olonne et de tout le païs d'Aulnis; tout cela fait bien le nombre de deux cens à deux cens cinquante navires pescheurs tous les ans, et toute leur pesche n'est quasi que pour Paris, du moins les trois quarts: il y a tel navire qui rapporte jusques à trente, quarante et cinquante milliers de moluës, et un navire de cent tonneaux, par exemple, n'aura en comptant mesme le Capitaine, que quinze ou dix-huit hommes au plus d'équipage, et il raportera vingt et jusqu'à vingt-cinq milliers de poisson.

Il faut qu'un Capitaine qui part de France pour cette pesche fasse provision de victuailles pour six mois du moins pour tout son équipage qui est de plus ou moins d'hommes selon la grandeur de son vaisseau: aprés cela ils vont prendre leur sel en Broüage, Oleron, Ré, ou Bretagne, qui vaut dix, unze, et douze livres le muid, qui est de vingt-huit minots de sel comble et en penne, quasi tout le reste de ce que peut porter son navire. Cette pesche-là dépence beaucoup de sel; il faut de plus des lignes grosses comme des tuyaux de plumes de quatre vingts-brasses de long, il en faut huit à dix pour chaque homme, et quelquefois jusques à douze; il leur faut beaucoup plus d'ains ou hameçons, car il s'en perd que la moluë emporte, il luy faut encore pour chaque homme douze à quinze plombs de six livres pesant chacun, qui s'attachent au bout de la ligne pour la faire aller à fonds, des coûteaux pour ouvrir la moluë, et d'autres pour l'habiller, qui est la fendre jusques à la queuë, comme on la void à Paris, aprés qu'il est équipé de la sorte, il met à la voille et va à la grace de Dieu pour trouver le grand Banc, où estant arrivé l'on ploye toutes les voilles et accommode son navire pour cette pesche, l'on attache la barre du gouvernail d'un costé, en sorte que le navire demeure quasi comme s'il estoit à l'ancre, bien qu'il ne laisse pas de deriver lors qu'il y a du vent. Aprés cela les uns jettent d'abord les lignes à la mer pour voir si le poisson mord, et les autres travaillent à faire un échaffaut le long d'un des costez du navire par le dehors, à moins que le beau-temps n'ait permis à l'équipage de le faire pendant la route ou en approchant du Banc; sur cet échaffaut l'on met des barils qui sont demy muids qui viennent à hauteur de la ceinture, chaque pescheur se met dedans le sien, ils ont aussi un grand tablier de cuir qui leur va depuis la gorge jusques aux genoux, le bas du tablier se met par dessus le baril en dehors, pour faire que l'eau que la ligne apporte avec elle en tirant la moluë du fonds de l'eau n'entre en son baril, et le pescheur ayant sondé le fonds attache sa ligne au baril dans lequel il est, en sorte qu'il s'en faut environ deux brasses que le plomb ne touche au fonds, et il s'en faut aussi une brasse que le bout de ligne où est l'hameçon, et qui est attachée proche du plomb n'y touche aussi; il ne se pesche qu'une moluë à la fois, et pour sçavoir le nombre qu'il s'en pesche, chaque pescheur a un petit fer pointu proche de luy, et au mesme temps qu'il deffait l'hameçon de la moluë il en couppe la langue et la passe en ce fer; chaque pescheur a deux lignes, et pendant qu'il en tire une en haut il jette l'autre qui descend en bas quand il y a abondance de poisson au lieu où est le navire.

Un bon pescheur en peut prendre jusques à trois cens cinquante et quatre cens, mais cela lasse beaucoup les bras; la moluë est pesante, outre ce qu'elle resiste, et puis trente, quarante et suivant la profondeur jusques à soixante brasses de lignes ne sont pas si-tost tirées; s'ils faisoient tous les jours cela ils n'y pourroient pas durer; il se trouve bien des jours qu'ils n'en trouvent point, d'autres-fois ils n'en pescheront que vingt-cinq, trente, quarante, un cent, ou deux cens chacun par jour, tout cela est au hazard; pour la boite de la moluë c'est l'apast que l'on met à l'hameçon, sur la pointe duquel il pique un morceau de harang, dont la peau a un certain éclat qui reluit en la mer, et lors que la moluë l'apperçoit elle y court: outre cela ils gamissent entierement l'hameçon des tripailles de la moluë gros comme les deux poings; mais quand ils trouvent dans le Gau ou estomac de la moluë des coquillages ou autres poissons qui ne sont pas consommez ils s'en servent au lieu de harang.

Il y a tel navire qui sera assez heureux pour faire sa pesche en un mois ou six semaines, pendant qu'un autre sera trois, quatre et cinq mois à l'achever: cela dépend du bon-heur. Tous les navires pescheurs ne moüillent jamais l'ancre sur le banc; le jour ils ont une petite voille quarrée sur le cul de leurs vaisseaux qu'ils appellent tapecul, pour les soûtenir au vent et empescher la derive ou que le navire n'aille de costé; s'il y alloit les lignes s'éloigneroient trop du navire, et ne pourroient pas prendre le fonds où est la moluë.

Pour la nuit ils mettent leur grande voile, et tous ceux qui sont sur le banc la mettent toûjours d'un mesme costé, afin que les vaisseaux fassent leur derive toute semblable, et par ce moyen éviter la rencontre les uns des autres, parce qu'autrement ils courroient risque de se perdre, en ce que les vaisseaux se pourroient aborder avec fracas.

De plus il faut sçavoir que le grand Banc est rarement sans une brune ou broüillard, et quelquefois si épaisse que l'on ne void pas d'un bout du navire à l'autre, c'est ce qui les oblige à prendre cette precaution pour éviter le naufrage. (...)

Revenons à la façon de saller la moluë: Ayant couppé la langue ils jettent la moluë sur le pont du navire, où des garçons la donnent à ceux qui l'habillent: ce qu'estant fait l'on la donne au saleur qui la range en fonds de cale teste contre queuë, en ayant fait une couche longue d'une brasse ou deux selon qu'il void la pesche donner pour contenir le tout en une pille: le premier rang fait on la couvre toute de sel tant qu'elle en puisse prendre, comme on dit tout son saoul, puis on fait une autre couche dessus qu'on sale de mesme, ainsi continuant toute la pesche d'un jour, car on met que tres-rarement celle d'un jour sur l'autre, ayant demeuré ainsi trois ou quatre jours tant que son eau soit égouttée et qu'elle ait pris son sel, puis on la releve et on luy oste tout ce qu'elle a de sel de reste, et puis on fait une autre couche en un autre endroit du fonds du navire, et on la recouvre encore de nouveau sel, lit pour lit, aprés quoy l'on n'y touche plus et l'on continuë toûjours de mesme jusques à ce que le navire ait sa charge, si on les changeoit encore une autrefois de place, il y faudroit encore remettre de nouveau sel.

Civiliser

(Denys termine son livre par 2 chapitres qui décrivent les mœurs des Indiens de l'Acadie, telles, d'abord, qu'elles étaient à son arrivée au pays, et telles qu'elles sont devenues 50 ans plus tard, au contact des Blancs. Nous citons quelques extraits du dernier chapitre.)

Les Sauvages aujourd'huy pratiquent encore l'enterrement ancien en toutes choses, excepté que l'on ne met plus rien dans leurs fosses, dont ils sont entierement desabusez, ils se sont deffaits aussi de ces offrandes si frequentes et ordinaires qu'ils faisoient comme par hommage à leur *manitou*, en passant par des endroits où il y avoit quelque hazard à essuyer, ou bien où il estoit arrivé quelques disgraces, ce qu'ils faisoient pour en détourner autant de dessus eux ou leur familles: ils se sont encore corrigez d'autres petites superstitions qu'ils avoient, comme de donner des os aux chiens, de faire rostir des anguilles, et plusieurs autres de cette maniere qui sont entierement abolies, autant par un esprit d'interest que par aucune autre raison, car ils y donnoient souvent ce qu'ils avoient de plus precieux et de plus rare, mais comme ils ne pourroient pas recouvrer maintenant les choses qui viennent de Nous avec tant de facilité qu'ils en avoient à trouver des robbes de marte, de loutre ou de castors, des arcs, des fleches, et qu'ils se sont apperçeus, que les fuzils et autres choses ne se trouvoient ny dans leurs bois, ny dans leurs rivieres, ils sont devenus moins devots, ou pour mieux dire, moins supersticieux dés que leurs offrandes leurs ont trop cousté; mais ils pratiquent encore toutes les mesmes manieres de la chasse, avec cette difference neantmoins, qu'au lieu qu'ils armoient leurs fleches et leurs dards avec des os de bestes, pointus et aiguisez, ils les arment aujourd'huy avec des fers qu'on fait exprés pour leur vendré, et leurs dards sont faits maintenant d'une épée emmenchée au bout d'un baston de sept à huit pieds de long, dont ils se servent l'Hyver quand il y a de la nege, pour darder l'orignac, ou pour la pesche du saumon, de la truite et du castor, on leur fournit aussi des harpons de fer, de l'usage desquels nous avons parlé cy-dessus.

Le fuzil leur sert plus que tout cela à leurs chasses du Printemps, de l'Esté et de l'Automne, tant aux bestes qu'aux oyseaux: d'une fleche ils ne tuent qu'une outarde, mais d'un coup de fuzil ils en tuent des cinq ou six: pour la fleche il falloit approcher la beste de prés, avec le fuzil ils tirent la beste de loin avec une balle ou deux: les haches, les chaudieres, les coûteaux et tout ce qu'on leur donne leur est bien plus commode et plus portatif que ce qu'ils avoient le temps passé lors qu'ils estoient obligez d'aller cabaner auprés de leurs monstrueuses chaudieres au lieu qu'aujourd'huy ils ont la liberté d'aller camper où ils veulent, et on peut dire qu'en ce temps-là les chaudieres immobiles estoient la principale regle de leur vie, puis qu'ils ne pouvoient vivre qu'aux lieux où elles étoient. (...)

Pour leurs festins, ils les font comme ils faisoient anciennement, les femmes n'y entrent point; ceux qui ont leurs mois sont toûjours à part; ils y font toûjours des harangues, des dances, mais l'issue n'est pas semblable, depuis qu'ils boivent du vin et de l'eau de vie, ils sont sujets à se battre; leur querelle vient d'ordinaire sur leur condition, car estant saouls, ils se disent tous grands Capitaines, ce qui engendre des querelles entre eux, dans les commencemens il leur falloit peu de vin ou eau de vie pour les saouler.

Mais à present ils boivent bien d'une autre façon depuis qu'ils ont hanté les navires pescheurs, ils ne tiennent plus compte du vin et ne veullent plus que de l'eau de vie; ils n'appellent pas boire s'ils ne se saoulent, et ne croient pas avoir beu s'ils ne se battent et ne s'assomment; neantmoins lors qu'ils se mettent à boire, leurs femmes ostent de leurs cabannes, les fuzils, les haches, les épées emmanchées, les arcs, les flechess et mesmes jusques à leurs cousteaux, que les Sauvages portent pendus au col, elles ne leurs laissent rien dont ils se puissent tuer, et eux souffrent cela sans dire mot si c'est avant que de boire, autrement les femmes n'oseroient entrer dans les cabanes, et tout aussi-tost qu'elle leurs ont osté tout ce dont ils se pourroient blesser, elles l'emportent dans le bois au loing où elles se vont cacher avec tous leurs enfans: aprés cela ils ont beau se battre s'assomer et se tuer, les femmes n'y viennent point, jusques au lendemain qu'ils sont désaoulez, pour lors leur combat ne se fait que des perches de leurs cabannes qu'ils mettent en pieces pour les avoir, apres cela il faut que les pauvres femmes aillent chercher d'autres perches et d'autres écorces pour faire leur logement, et si il ne faut pas gronder, autrement elles seroient battuës.

S'il se trouve quelqu'un de blessé entr'eux, celuy qui l'aura fait luy demande pardon, en disant qu'il estoit yvre, il en est quitte pour cela, mais s'il y en a quelqu'un de tué, il faut que le meurtrier, outre l'aveu de son yvrognerie et le pardon qu'il demande, fasse quelque present à la vefve, à quoy tous les autres le condamnent; et pour faire la paix entiere il faut qu'il paye encore à boire, s'il n'a point de peaux, c'est comme qui diroit je n'ay point d'argent: pour acheter de l'eau de vie pour lors faut qu'il vende son fuzil, sa couverture ou autre chose pour en avoir, ce qui leur coûtera des cinq à six peaux ils le donneront aux pescheurs pour une bouteille ou deux d'eau de vie, ils recommencent à boire; si l'eau de vie qu'ils ont euë n'est pas capable de les enyvrer ils donneront tout ce qu'ils auront pour en avoir encore, c'est à dire qu'ils ne cesseront de boire tant qu'ils auront qulque chose, ainsi les pêcheurs les ruinent entierement.

Car aux habitations l'on ne leur en veut pas tant donner qu'ils en puissent boire au point de se tuer, et on leur vend davantage qu'aux navires, ce sont les Capitaines et les matelots qui leurs en donnent, ausquels il n'en couste que l'achapt, surquoy ils ne laissent pas de gagner beaucoup, car tous les dépens et frais du navire se font par les bourgeois, outre que l'équipage traite ou negocie avec les Sauvages, du biscuit, des plombs, des lignes toutes neufes, des voiles et de beaucoup d'autres choses aux dépens desdits bourgeois, cela fait qu'ils donnent aux Sauvages deux ou trois fois plus que l'on ne leur donne aux habitations. (...)

Les navires les ayant quitez, ils commencent à boire tout de bon à terre; s'il y demeure quelques femmes avec eux qui ayment à boire, quoy qu'elles soient assurez d'estre bien battuës, elles ne se mettent point en peine pourveu qu'elles se saoullent; celles qui ne veulent pas boire si cherement se retirent avec leurs enfans dans les bois et ne reviennent point que toute l'yvrognerie ne soit passée qui durera quelquesfois des deux ou trois jours sans désaouller, apres quoy il se trouve bien des testes, des bras, des jambes fort endommagées et force cheveux arrachez, ainsi il n'y a point de soumission à faire, chacun est marqué et ne songe qu'à se penser; leur plus grand remede c'est de la gomme de sapin qui est souveraine comme le baume pour les playes n'y ayant point d'os cassez, s'il y en a ils les sçavent bien rabiller et les remettre en leur estat; tout cela fait, il faut retourner où les pescheurs sont; là ils recommencent la mesme vie tant qu'ils ont dequoy boire, et se dépoüillent tous nuds, c'est à dire qu'ils vendent tout et boivent tout, conservant seulement du biscuit pour leur Hyver: ils passent ainsi tout l'Esté et partie de l'Automne, tant qu'il y a des navires à la coste, et il ne se passe point d'année qu'il ne se tuë des six, sept et huit Sauvages en toute la coste par l'yvrognerie.

Les femmes et les grandes filles boivent bien aussi à la dérobée, et se vont cacher dans les bois pour cela; les matelots sçavent bien les rendez-vous, ce sont eux qui fournissent l'eau de vie, et les mettent en si bon estat peuvent faire d'elles tout ce qu'ils veulent. Toutes ces frequentation des navires les ont entierement perduës, et ne se soucient plus de la Religion, elles jurent le nom de Dieu, sont larronnesses et fourbes, et n'ont plus la pureté du passé, ny femme ny filles, du moins celles qui boivent: ce n'est pas un crime à une fille d'avoir des enfans, elle en est plûtost mariée, parce qu'on est assuré qu'elle n'est point sterile: celuy qui l'épouse prend les enfans; ils ne repudient pas à present comme ils ont fait par le passé, et n'ont plus tant de femmes, n'estans pas bons chasseurs à cause de leur yvrognerie, et que les bestes n'y sont plus si abondantes: outre toutes les méchancetez dont j'ay parlé, les pescheurs leurs ont apris à se vanger les uns des autres: celuy qui voudra mal à son compagnon le fera boire en compagnie tant qu'il l'aye fait saouller pendant qu'il se reserve, il fait semblant d'estre saoul comme les autres et fait une querelle; la batterie estant commencée, il a une hache ou autre ferement qu'il a caché devant que de boire qu'il prend et dont il assomme son homme; il continuë de faire l'yvrogne et c'est le dernier reveillé: le lendemain on luy dit que c'est luy qui a tué l'autre, dont il fait le fasché, et dit qu'il estoit yvre; si le mort estoit marié, ce faux yvrogne fait ou promet de faire present à la veufve, et si c'est un garçon il témoigne les mesmes regrets au pere et à la mere, avec promesse aussi de leur faire des presens: si le deffunt a des freres ou des parens qui l'aiment celuy qui a tué est assuré qu'on luy en fera autant, et tost ou tard ils se vengeront.

Voila une grande difference entre leurs mœurs presents à ceux du passé; s'ils ont toûjours la liberté de frequenter les navires ce sera encore pis à l'avenir, car leurs peaux ne vallent pas tant qu'elles ont vallu; pour avoir dequoy boire comme ils ont eu il leur en faudra donner de force, comme ils ont déja obligé les navires qu'ils ont trouvez seuls, ce qui arrive assez souvent; ils en ont déja menacé, et mesme à un petit navire qui estoit seul à un havre, ils l'ont forcé à leur en donner, et ont pillé des chalouppes qui étoient au degrat, c'est la recompense de tout ce qu'ils leurs ont appris, et les Sauvages que les pescheurs ont amené en France y ont encore contribué par la frequentation des blâphemateurs, des cabarets et des lieux infames où on les a menez. (...)

A quoy je ne vois point de remede qu'en peuplant le païs, et pour y parvenir que sa Majesté maintienne un chacun en ce qui luy appartient, sans le donner à un autre aprés qu'on l'aura mis en bon estat, comme l'on a presque toûjours fait jusques à present, et ruiné ceux qui avoient bonne volonté de peupler, pour y mettre ceux qui n'y cherchoient que de grands profits de traitte, ce que n'ayant pas trouvé aussi abondamment qu'ils se l'estoient imaginez, ont tout abandonné et perdu bien du temps avec toutes leurs avances, mesme ruiné le païs qui seroit à present en estat de se maintenir, et de conserver au Roy les grands profits qu'il en a retiré, comme il feroit le païs estant aussi bon qu'ils est, s'il estoit habité comme il devroit estre; surquoy je souhaite que Dieu inspire ceux qui ont part au gouvernement de l'Estat, toutes les considerations qui les peuvent porter à l'execution d'une entreprise aussi glorieuse au Roy, comme elle peut-estre utile et avantageuse à ceux qui y prendront interest; ce que je souhaite qu'ils fassent, principalement pour la gloire de Dieu.

CHRESTIEN LE CLERCQ (1641-?)

Il fut le premier à écrire le mot *Gaspésie*. C'était un Récollet. Ces religieux à la robe grise avec cordon blanc étaient venus au Canada avant les Jésuites qui les avaient supplantés. Sagard était l'un d'eux. Ils étaient revenus au pays depuis quelques années lorsque Chrestien Le Clercq y vint en 1675. On l'envoya chez les Micmacs de la baie des Chaleurs. « Le Clercq apprit rapidement le dialecte des Gaspésiens et put leur enseigner la religion grâce à un système de caractères figuratifs qu'il inventa. Cette écriture hiéroglyphique demeura en usage par la suite et servit de base à l'écriture actuelle. » (G. M. Dumas) Son ministère ne fut pas facile. Le missionnaire eut même sa crise de découragement. Il rentra finalement en France en 1687 et donna, quatre ans plus tard, deux importants volumes: 1- *Premier établissement de la Foy dans la Nouvelle-France*; 2- *Nouvelle Relation de la Gaspésie*. Le Clercq n'est pas sans rappeler Sagard par une sensibilité et une certaine naïveté qui le situent plus près de la vie que les grands textes rationnels des Jésuites.

Le Soleil en pleura de douleur

L'origine de ces Peuples, et la maniere dont ce Nouveau Monde a été habité par une multitude presque infinie de Peuples de tant de Nations differentes, nous paroît tellement obscure, qu'aprés les recherches les plus curieuses et les plus éxactes qu'on en a faites jusques à present, tout le monde est obligé d'avoüer et de confesser ingenûment, qu'on n'en peut avoir une connoissance juste et veritable.

Il semble que ce secret devroit être uniquement reservé aux Sauvages, et que d'eux seuls on en devroit apprendre toute la verité; puisqu'enfin il a été un tems parmi nous, qu'on ignoroit qu'il y eût une Amerique Septentrionale, que les plus sçavans mêmes ne faisoient pas difficulté de loger dans les espaces imaginaires, ne la pouvant loger dans la capacité de leurs esprits, et qu'il n'y a pas encore deux cens ans qu'on en a fait la premiere découverte. Nos Gaspesiens cependant ne nous peuvent rien apprendre de certain sur ce sujet; peut-être parce qu'ils n'ont aucune connoissance des belles Lettres, qui leur pourroient donner celle de leurs ancêtres, et de leur origine. Ils ont bien, si vous voulez, quelque idée legere et fabuleuse de la creation du Monde et du deluge; disant que lorsque le Soleil, qu'ils ont toûjours reconnu et adoré comme leur Dieu, crea tout ce grand Univers, il divisa promtement la Terre en plusieurs parties, toutes separées les unes des autres par de grands lacs: que dans chaque partie il fit naître un homme et une femme, qui multiplierent, et vêcurent fort long-tems; mais qu'étant devenus méchans avec leurs enfans, qui se tuoient les uns les autres, le Soleil en pleura de douleur, et la pluie tomba du Ciel en si grande abondance, que les eaux monterent jusques à la cime des rochers et des montagnes les plus hautes et les plus élevées. Cette inondation, qui, disent-ils, fut generale par toute la terre, les obligea de s'embarquer sur leurs canots d'écorce, pour se sauver du gouffre furieux de ce deluge general: mais ce fut en vain, car ils perirent tous malheureusement, par un vent impetueux qui les culbuta, et les ensevelit dans cet horrible abîme;

à la reserve cependant de quelques vieillards et de quelques femmes, qui avoient été les plus vertueux et les meilleurs de tous les Sauvages. Dieu vint ensuite, pour les consoler de la mort de leurs parens et de leurs amis: aprés quoy il les laissa vivre sur la terre, dans une grande et heureuse tranquillité; leur donnant avec cela, toute l'adresse et l'industrie necessaire pour prendre des castors et des orignaux, autant qu'ils en auroient besoin pour leur subsistance.

Je m'étonne fort que les François aient si peu d'esprit

(Voici ce que les Gaspésiens) témoignerent un jour à quelques-uns de nos Messieurs de l'Isle Percée, qui m'ayant prié de leur servir d'interprete dans une visite qu'ils souhaitoient rendre à ces Sauvages, et de leur faire concevoir, que ce seroit une chose bien plus avantageuse pour-eux de vivre et de se bâtir à nôtre maniere, furent extrémement surpris, lorsque le chef qui avoit écouté avec beaucoup de patience, tout ce que je lui avois dit de la part de ces Messieurs, me répondit en ces termes. Je m'étonne fort, que les François aient si peu d'esprit, qu'ils en font paroître dans ce que tu me viens de dire de leur part, pour nous persuader de changer nos perches, nos écorces, et nos cabannes, en des maisons de pierre et de bois, qui sont hautes et élevées, à ce qu'ils disent, comme ces arbres! hé quoy-donc, continua-t-il, pour des hommes de cinq à six pieds de hauteur, faut-il des maisons, qui en aient soixante ou quatre-vingts; car enfin tu le sçai bien toy Patriarche, ne trouvons nous pas dans les nôtres toutes les commoditez, et les avantages que vous avec chez vous, comme de coucher, de boire, de dormir, de manger et de nous divertir avec nos amis, quand nous voulons? (...)

Tu nous reproche assez mal à propos, que nôtre païs est un petit enfer, par raport à la France, que tu compares au Paradis Terrestre, d'autant qu'elle te fournit, dis-tu, toutes sortes de provisions en abondance; tu nous dis encore que nous sommes les plus miserables, et les plus malheureux de tous les hommes, vivans sans religion, sans civilité, sans honneur, sans societé, et en un mot sans aucunes regles, comme des bêtes dans nos bois et dans nos forêts, privez du pain, du vin et de mille autres douceurs, que tu possedes avec excez en Europe. Hé bien, mon frere, si tu ne sçais pas encore les veritables sentimens, que nos Sauvages ont de ton païs, et de toute ta nation, il est juste que je te l'aprenne aujourd'huy: je te prie donc de croire que tous miserables que nous paroissions à tes yeux, nous nous estimons cependant beaucoup plus heureux que toi, en ce que nous sommes tres-contens du peu que nous avons, et crois encore une fois de grace, que tu te trompes fort, si tu prétens nous persuader que ton païs soit meilleur que le nostre; car si la France, comme tu dis, est un petit Paradis Terrestre, as-tu de l'esprit de la quitter, et pourquoy abandonner femmes, enfans, parens et amis? pourquoy risquer ta vie et tes biens tous les ans, et te hazarder temerairement en quelque saison que ce soit aux orages, et aux tempêtes de la mer, pour venir dans un païs étranger et barbare, que tu estimes le plus pauvre et le plus malheureux du monde: au reste comme nous sommes entierement convaincus du contraire, nous ne nous mettons guere en peine d'aller en France, parce que nous apprehendons avec justice, d'y trouver bien peu de satisfaction, voïant par experience que ceux qui en sont originaires en sortent tous les ans, pour s'enrichir dans nos côtes; nous croïons de plus que vous estes encore incomparablement plus pauvres que nous, et que vous n'estes que de simples compagnons, des valets, des serviteurs et des esclaves, tous maîtres, et tous grands Capitaines que vous paroissiez; puisque vous faites trophée de nos vieilles guenilles, et de nos méchans habits de castor, qui ne nous peuvent plus servir, et que vous trouvez chez nous par la pesche de Moruë que vous faites en ces quartiers, de quoy soulager vôtre misere, et la pauvreté, qui vous accable: quant à nous, nous trouvons toutes nos richesses et toutes nos commoditez chez nous-mêmes, sans peines, et sans exposer nos vies aux dangers où vous vous trouvez tous les jours, par de longues navigations; et nous admirons en vous portant compassion dans la douceur de nôtre repos, les inquietudes et les soins que vous vous donnez nuit et jour, afin de charger vôtre navire: nous voïons même que tous vos gens ne vivent ordinairement, que de la Moruë que vous pêchez chez nous; ce n'est continuellement que Moruë, Moruë au matin, Moruë à midi, Moruë au soir, et toûjours Moruë, jusques là même, que si vous souhaitez quelques bons morceaux; c'est à nos dépens, et vous êtes obligez d'avoir recours aux Sauvages, que vous méprisez tant, pour les prier d'aller à la chasse, afin de vous regaler. Or maintenant dis-moi donc un peu, si tu as de l'esprit lequel des deux est le plus sage et le plus heureux; ou celui qui travaille sans cesse, et qui n'amasse, qu'avec beaucoup de peines, de quoi vivre; ou celuy qui se repose agreablement, et qui trouve ce qui luy est necessaire dans le plaisir de la chasse et de la pêche. Il est vray, reprit il, que nous n'avons pas toûjours eu l'usage du pain et du vin, que produit vôtre France: mais enfin avant l'arrivée des François en ces quartiers, les Gaspesiens ne vivoient-ils pas plus long-tems qu'à present: Et si nous n'avons plus parmi nous de ces viellards de cent trente à quarante ans, ce n'est que parce que nous prenons insensiblement vôtre maniere de vivre, l'experience nous faisant assez connoître que ceux-là d'entre nous vivent d'avantage, qui méprisans vôtre pain, vôtre vin, et vôtre eau de vie, se contentent de leur nourriture naturelle de castor, d'orignaux, de gibier et de poissons, selon l'usage de nos ancêtres et de toute la nation Gaspesienne. Aprens donc, mon frere, une fois pour toutes puisqu'il faut que je t'ouvre mon cœur, qu'il n'y a pas de Sauvage, qui ne s'estime infiniment plus heureux, et plus puissant que les François.

Papkootparout et Ledelstaganne

L'erreur et l'imposture ont été les seuls fondemens de leur croïance (en l'immortalité de l'âme), selon la tradition de leurs ancêtres, qui porte: Que l'un des plus considerables de la Nation tomba dangereusement malade; et qu'aprés avoir perdu l'usage de tous les sens, dans les étranges convulsions de sa maladie, il revint à soi, et dit aux Sauvages qui luy demanderent où il avoit été si long-tems, Qu'il venoit du Païs des Ames, où toutes celles des

Gaspesiens qui mouroient se retiroient aprés la mort. Il ajoûta, Que par une faveur extraordinaire, qui n'avoit encore jamais été accordée à qui que ce soit, le *Papkootparout*, Gouverneur et Souverain de ce Païs, luy avoit donné la permission de retourner au monde, pour dire aux Gaspesiens des nouvelles du Païs des Ames, qui leur avoit été jusqu'alors inconnu, et leur presenter de sa part certains fruits, qu'il assûra être la nourriture de ces Ames, qu'il alloit rejoindre pour toûjours. expira en effet, en achevant ces paroles: et cette imposture, qu'ils prirent pour une verité indubitable, fut plus que suffisante pour les persuader que les Ames, aprés la sortie de leurs corps, avoient un lieu où elles alloient demeurer. n'en falut pas davantage pour déterminer quelques-uns des plus hardis de nos Sauvages, d'y faire un voïage en corps et en ame pendant leur vie; attendu que ce Païs n'étoit éloigné et separé du leur, que par le trajet d'un étang de quarante à cinquante lieuës, qu'on traversoit facilement à gué.

Il se presenta bien-tôt une occasion favorable de contenter leur curieuse resolution, rendant service à l'un de leurs amis, qui ne se pouvant consoler de la mort de son fils unique qu'il aimoit tendrement, les conjura tous, et les engagea par les presens ordinaires, à luy tenir compagnie dans le voïage qu'il avoit resolu de faire au Païs des Ames, pour en retirer son fils. Il n'eut pas beaucoup de peine à persuader ce voïage, à des gens qui ne demandoient pas mieux que de l'entreprendre. Ils se trouverent aussi bien-tôt en état de partir, et de commencer cette course perilleuse, qui fait encore aujourd'hui l'étonnement de toute la Nation Gaspesienne, laquelle pour lors n'avoit jamais entendu parler d'une entreprise si extraordinaire. En effet, ces Voïageurs s'étant munis de tous les vivres qui leur étoient necessaires, armez de leurs arcs, fléches, carquois, casse-têtes, et de plusieurs perches de neuf à dix pieds de hauteur, se mirent à l'eau, et marcherent à grandes journées, avec beaucoup de peines et de fatigues. Le soir étant venu, ils piquerent dans le sable quelques-unes de leurs perches, pour en former une espece de brancart ou de cabanne, afin de s'y reposer durant la nuit; ce qu'ils observerent toûjours dans la continuation de ce penible voïage, jusqu'à ce que plusieurs d'entr'eux étant morts de fatigues, les cinq ou six autres qui restoient encore en vie, enfin, arriverent heureusement au Païs des Ames, qu'ils cherchoient avec tant d'empressement.

Comme nos Gaspesiens, aussi bien que tous les autres Sauvages de la Nouvelle France, ont crû jusqu'à present, qu'il y a un esprit particulier en chaque chose, même dans celles qui sont inanimées, qui suivent les défunts dans l'autre Monde; afin de leur rendre autant de service aprés la mort, qu'ils en ont reçû pendant la vie: ils disent que nos Voïageurs furent également surpris et consolez, d'y voir à leur arrivée une infinité d'esprits d'orignaux, de castors, de chiens, de canots, de raquettes, qui voltigeoient agreablement devant leurs yeux, et qui par je ne sçai quel langage inconnu, leur firent comprendre qu'ils étoient tous au service de leurs peres; mais qu'un moment aprés ils penserent mourir de crainte et de fraïeur, lorsqu'approchant d'une cabanne semblable à celles qu'ils avoient dans leur Païs, ils apperçûrent un homme, ou plûtôt un geant, armé d'une grosse massuë, de son arc, de ses fléches et de son carquois, qui leur parla en ces termes, avec des yeux étincelans de colere, et un ton de voix qui marquoit toute son indignation: Qui que vous soïez, disposez-vous à mourir, puisque vous avez eu la temerité de passer le trajet, et de venir tout vivans dans le Païs des Morts; car je suis le Papkootparout, le Gardien, le Maître, le Gouverneur et le Souverain de toutes les Ames. En effet, outré qu'il étoit jusqu'à la fureur, de l'attentat que nos Sauvages avoient commis, il les alloit assommer à grands coups de cette horrible massuë qu'il avoit en main, lorsque ce pauvre pere vivement penetré de douleur de la mort de son fils unique, le conjura plûtôt par ses larmes et par ses soûpirs, que par ses paroles, d'excuser la temerité de son entreprise, qui à la verité meritoit tous les châtimens de sa juste colere, s'il n'en vouloit adoucir la rigueur, en consideration d'un pere qui ne se croïoit coupable, que parce qu'il avoit trop de tendresse et d'inclination pour son enfant. Décoches contre nous, si tu veux, toutes les fléches de ton carquois; accable-moi, par la pesanteur de ta massuë, continua ce pere affligé, en luy presentant son estomac et sa tête, pour recevoir les coups de l'un et de l'autre, puisque tu es le maître absolu de ma vie et de ma mort: mais enfin, s'il te reste encore quelques sentimens d'humanité, de tendresse et de compassion pour les mortels, je te suplie d'agréer les presens que nous avons apportez du Païs des Vivans, et de nous recevoir au nombre de tes amis. Ces paroles si soûmises et si respectueuses, toucherent de compassion le cœur de ce petit Pluton, lequel s'étant rendu luy-même sensible à la douleur de ce pere affligé, luy dit de prendre bon courage; qu'il luy pardonnoit pour cette fois l'attentat qu'il venoit de commettre; et qu'enfin, pour le combler de graces et de consolation, il luy donneroit avant son départ l'ame de son fils: mais qu'en attendant cette faveur extraordinaire, il vouloit bien se divertir avec luy, et joüer une partie de *Ledelstaganne*; c'est le jeu ordinaire de nos Gaspesiens.

Ce discours obligeant dissipa entierement toutes les inquietudes et les apprehensions de nos Voïageurs, qui mirent au jeu tout ce qu'ils avoient apporté de plus considerable de la Gaspesie. Papkootparout mit pour son compte du bled d'Inde, du petun, et quelques fruits, qu'il assûroit être la nourriture de ces Ames. Ils joüerent avec beaucoup d'application, depuis le matin jusques au soir. Nos Voïageurs cependant demeurerent les victorieux; ils gagnerent le bled d'Inde et le petun de Papkootparout, qui leur donna l'un et l'autre avec d'autant plus de plaisir, qu'il crut que ces hommes meritoient de vivre, qui avoient eu le bonheur de gagner tout ce que les Morts avoient de plus precieux et de plus rare dans le Païs des Ames. Il leur commanda de les planter dans la Gaspesie; les assûrant que toute la Nation en recevroit un avantage inconcevable: et voila, disent nos Sauvages d'aujourd'hui, la maniere dont le bled d'Inde et le tabac sont venus dans leur Païs, selon la tradition de leurs ancêtres.

Pendant que le pere se réjoüissoit de sa bonne fortune, voici que le fils arrive invisiblement dans la cabanne. On entendoit bien, à la verité, le chant de plusieurs esprits assez distinctement, et la réjoüissance qui se faisoit entre ces Ames; mais ce n'étoit pas là ce que le pere demandoit: il souhaitoit, suivant la promesse qu'on luy avoit faite, d'avoir l'Ame de son fils, qui demeura toûjours invisible; mais qui devint dans un instant, grosse comme une noix, par le commandement de Papkootparout, qui la prit entre ses mains, la serra bien étroitement dans un petit sac, et la donna à nôtre Sauvage, avec ordre de retourner incessamment dans son Païs; d'étendre immediatement aprés son arrivée, le cadavre de son fils au milieu d'une cabanne faite exprés; d'y remettre cette ame dans son corps; et sur tout, de prendre garde qu'il n'y eût aucune ouverture, de crainte, luy dit-il, que l'ame n'en sorte, et ne retourne au Païs, qu'elle ne quittoit qu'avec des repugnances extrémes.

Le pere reçut ce sac animé avec joie, et prit congé de ce Pluton Sauvage, aprés avoir vû et éxaminé curieusement tout ce qu'il y avoit de plus considerable dans le Gouvernement de Papkootparout: sçavoir le lieu tenebreux où couchoient les Ames méchantes, qui n'étoit couvert que de branches de sapin toutes seches et mal arrangées: celuy des bons Sauvages, n'avoit rien que de charmant et d'agreable, par une infinité de belles écorces qui ornoient le dehors et le dedans de leur cabanne, où le Soleil venoit les consoler deux fois le jour, et renouvelloit les branches de sapin et de cedre, qui ne perdoient jamais leur verdure naturelle; enfin, une infinité d'esprit de chiens, de canots, de raquettes, d'arcs, de fléches, dont les Ames se servoient pour leur divertissement.

Remarquez, s'il vous plaît, que depuis ce voïage imaginaire, ils n'ont pas crû seulement que les Ames étoient immortelles; mais ils se sont encore persuadez, par une étrange rêverie, que dans tout ce qui étoit à leur usage, comme canots, raquettes, arcs, fléches, et autres choses, il y avoit un esprit particulier, qui accompagnoit toûjours aprés la mort, celuy qui s'en étoit servi pendant la vie: et c'est justement pour ce sujet et par cette fole imagination, qu'ils enterrent avec les défunts tout ce qu'ils possedoient étant au monde, dans la pensée que l'esprit de chaque chose en particulier, leur rend les mêmes services dans le Païs des Ames, qu'ils faisoient lorsqu'ils étoient en vie.

Nos Voïageurs cependant retournerent joïeusement dans leur Païs, où étant arrivez, ils firent à toute la Nation Gaspesienne un ample recit des merveilles qu'ils avoient vûës dans le Païs des Ames, et commanderent à tous les Sauvages, de la part de Papkootparout, de planter incessamment le bled d'Inde et le petun qu'ils avoient gagné en joüant avec luy à *Leldesta-ganne*. Les ordres qu'on leur signifioit de la part du Gouverneur des Ames, furent éxecutez fidelement; et ils cultiverent avec succez le bled d'Inde et le petun l'espace de plusieurs années: mais la negligence de leurs ancêtres, disent-ils, les privent aujourd'hui de toutes ces commoditez, si utiles et si necessaires à toute la Nation.

On ne sçauroit exprimer quel fut l'étonnement et la joie de ces Peuples, quand ils apprirent toutes ces merveilleuses rêveries, et que le pere avoit apporté dans un sac l'Ame de son fils, qui les instruiroit de toutes choses, dés le moment qu'elle seroit rentrée dans son corps. L'impatience extréme où étoient ces Gaspesiens, d'apprendre des nouvelles de l'autre Monde, les obligea de faire promtement une cabanne, de la même maniere que le Papkootparout l'avoit ordonné. Leurs esperances cependant furent vaines et inutiles; car le pere aïant confié son sac aux soins d'une Sauvagesse, afin d'assister et danser plus librement aux festins publics qui se faisoient pour son heureux retour; cette femme eut la curiosité de l'ouvrir, et l'Ame en sortit aussitôt, et retourna d'où elle étoit venuë. Le pere en aïant appris la nouvelle, en mourut de chagrin, et suivit son fils au Païs des Ames, au grand regret de toute la Nation Gaspesienne: et voila justement ce qui fait croire à nos Sauvages l'immortalité des Ames.

L'amertume du cœur

Les Gaspesiens (...) sont si sensibles aux affronts qu'on leur fait, qu'ils s'abandonnent quelquefois au desespoir, et attentent même sur leur vie; se persuadant que l'insulte qu'on leur a faite, ternit l'honneur et la reputation qu'ils se sont acquis, soit à la guerre, soit à la chasse.

Tels furent les sentimens d'un jeune Sauvage, qui pour avoir reçû un coup de balet par mégarde, de la servante qui balaïoit la maison; se persuada qu'il ne devoit plus survivre à cet affront imaginaire, qui grossissoit dans son idée, à mesure qu'il y faisoit reflexion. Quoy, disoit-il en soi-même, avoir été chassé d'une maniere si honteuse, et en presence d'un si grand nombre de Sauvages mes compatriotes, et aprés cela paroître encore devant leurs yeux: Ah, j'aime mieux mourir! Quelle apparence de me trouver doresnavant dans les Assemblées publiques de ma Nation: Et quelle estime aura-t'on de mon courage et de ma valeur, quand il sera question d'aller en guerre, aprés avoir été batu et chassé confusément par une Servante, de l'Habitation du Capitaine des François: Il vaut mieux, encore un coup, que je meure. En effet il entra dans le bois, en chantant quelques chansons lugubres, qui exprimoient l'amertume de son cœur: il prit et attacha à un arbre, la courroie qui luy servoit de ceinture, et commença tout de bon à se pendre, et à s'étrangler. Il perdit bien-tôt le jugement, et même il eût perdu infailliblement la vie, si sa propre sœur ne se fût rencontrée par hazard, mais par un bonheur particulier, dans l'endroit même où son miserable frere s'étoit pendu. Elle coupa la corde promtement; et après avoir pleuré comme mort, celuy en qui elle ne voïoit plus aucune marque de vie, elle vint annoncer cette funeste nouvelle aux Sauvages qui étoient chez Monsieur Denys. Ils allerent dans le bois, apporterent à l'Habitation ce malheureux Gaspesien, qui respiroit encore tant soit peu. Je luy desserrai les dents; et luy aïant fait avaller quelques cueillerée d'eau-de-vie, il revint à luy: et peu de tems aprés, il recouvra sa premiere santé.

Son frere s'étoit autrefois pendu et étranglé tout-à-fait, dans la Baye de Gaspé, à cause du refus qu'on luy fit, d'une fille qu'il aimoit tendrement, et qu'il recherchoit en mariage: car enfin, quoique nos Gaspesiens, comme nous avons dit, vivent joïeux et contens, et qu'ils éloignent avec application, autant qu'ils peuvent, tout ce qui peut les affliger; cependant, plusieurs d'entr'eux tombent quelquefois dans une melancolie si noire et si profonde, qu'ils entrent tout d'un coup dans un cruel desespoir, et attentent même sur leur vie.

Les femmes et les filles ne sont pas éxemtes, non plus que les hommes, de cette phrenesie, s'abandonnant entierement à la douleur et à la tristesse, causée par un déplaisir qu'elles auront reçû, ou par le souvenir de la mort de leurs parens, et de leurs amis: elles se pendent et s'étranglent, comme autrefois les femmes et les filles Millesiennes, que la seule apprehension d'être exposées toutes nües dans les places publiques, selon la Loi que l'on fit exprés, empêcha de commettre de semblables cruautez. Rien cependant n'a encore été capable jusques-ici, d'arrêter la manie de nos Gaspesiennes, dont plusieurs finiroient miserablement leur vie, si dans le tems qu'on a connoissance de leurs chagrins et de leur desespoir, par les chansons tristes et lugubres qu'elles chantent, et qu'elles font retentir dans les bois, d'une maniere tout-à-fait douloureuse, on ne les suivoit par tout, pour empêcher et prévenir les effets funestes de leur rage et de leur fureur. Il est cependant surprenant, de voir que ce chagrin et ce desespoir se dissipent presque dans un moment, et que ces Peuples, quelque affligez qu'ils paroissent, essuient tout à coup leurs larmes, arrêtent leurs soupirs, et reprennent leur premiere tranquillité; protestant à tous ceux qui les accompagnent, qu'ils n'ont plus d'amertume dans le cœur: *Ndegouche*, disent-ils, *apche mou, adadaseou, apche mou oüahgahi, apche mou kedoukichtonebilchi.* Voila mon chagrin passé; je t'assûre que je ne pleurerai plus, et que j'ai perdu le dessein de me pendre et de m'étrangler.

LOUIS JOLLIET (1645-1700)

Nous savons tous qu'il a découvert le Mississipi et qu'il a failli se noyer au retour. Mais ce n'est là l'histoire que d'une année de sa vie. Sait-on qu'il fit son « cours classique » chez les Jésuites de Québec, qu'il eut l'idée de devenir prêtre, qu'il jouait de l'orgue, qu'il fut nommé océanographe du roi, qu'il enseignait à cet embryon d'études supérieures qu'on avait institué à Québec, que son avis était recherché, qu'il explora le Labrador et la baie d'Hudson, qu'il fut le premier (semble-t-il) à décrire les Esquimaux, qu'il aurait aimé s'établir chez les Illinois (la hantise du Nord n'est peut-être qu'un complexe d'après la conquête), qu'il travailla à mettre en valeur sa seigneurie de Mingan, qu'il disparut dans le Fleuve on ne sait trop quand? Il était né à Québec (ou tout près). C'est le premier « autochtone » dont l'anthologie cite un écrit. Déjà il ne s'agit plus du français de la métropole. La phrase semble se mouler aux sentiments et aux choses plus qu'à un modèle syntaxique; la relation aux indigènes et aux paysages n'a plus l'enthousiasme de Cartier: celui qui parle y est habitué; Dieu et le roi aussi semblent assez distants. Un nouvel ordre de valeurs semble se mettre en place.

Le plus beau pays qui se puisse voir sur la Terre

(À son retour de l'exploration du Mississipi, Jolliet faillit se noyer. Son canot versa, ses compagnons périrent et lui-même perdit la relation de son voyage. Il présenta cependant au gouverneur Frontenac une carte du pays découvert, avec une lettre. Voici cette lettre.)

Monseigneur,

C'est avec bien de la joye que j'ay le bonheur aujourd'huy de vous présenter cette carte, qui vous fera connaître la situation des rivières et des lacs sur lesquels on navigue au travers du Canada ou Amérique Septentrionale, qui a plus de 1,200 lieues de l'est à l'ouest. Cette grande rivière, qui porte le nom de rivière Colbert pour avoir esté découverte ces dernières années 1673 et 1674 par les premiers ordres que vous me donnates, entrant dans votre gouvernement de la Nouvelle-France, passe au delà des lacs Huron et Illinois entre la Floride et le Mexique, et pour se décharger dans la mer coupe le plus beau pays qui se puisse voir sur la terre. Je n'ay rien veu de plus beau dans la France que la quantité de prairies que j'y ai admiré tous les jours, ny rien d'agréable comme la diversité des bocages et des forêts où se ceuillent des prunes, des pommes, des grenades, des citrons, des meures et plusieurs petits fruits qui ne sont point en Europe: dans les champs on fait lever les cailles; dans les bois, on voit voler les perroquets; dans les rivières on prend des poissons qui nous sont inconnus pour leur goust, figure et grosseur.

Les mines de fer, les pierres sanguines qui ne s'amassent jamais que parmi le cuivre rouge n'y sont pas rares; non plus que l'ardoise, le salpêtre, les marbres et moulange et charbon de terre, pour du cuivre le plus grand morceau que j'ay veu estoit comme le poing et très purifié; il estoit auprès des pierres sanguines qui sont beaucoup meilleures que celles de France et en quantité.

Tous les sauvages ont des canots de bois de cinquante pieds de long; pour nourriture ils ne font point d'estait des cerfs; ils tuent des bufles qui marchent par bandes de 30 et 50; mesmes j'en ay compté jusques à 400, sur le bord de la rivière, et les coqs d'Inde sont si communs qu'on n'en fait pas grand cas. Ils font des bleds d'Inde, la plupart trois fois l'année, et ont des melons d'eau pour se rafraîchir pendant les chaleurs, qui n'y permettent point de glaces, et fort peu de neiges.

On auroit veu la discription de tout dans mon journal, si le bonheur qui m'avoit toujours accompagné dans ce voyage ne m'eust manqué devant que d'arriver au lieu d'où j'estois party; j'avois évité tous les dangers des sauvages, j'avois passé 42 rapides et j'estois prest de debarquer avec toute la joye qu'on pouvoit avoir du succès d'une si longue et si difficile entreprise, lorsque mon canot tourna hors des dangers. J'y perdis deux hommes et ma cassette à la veue des premières habitations françoises que j'avois quittées, il avoit presque deux ans. Il ne me reste que la vie et la volonté pour l'employer à tout ce qu'il vous plaira avec toute la joye possible, Monseigneur.

Vostre très-humble et très-obéissant serviteur,

JOLLIET.

Tcharacou

(À l'été de 1694, Louis Jolliet explore la côte du Labrador pour le compte de François Panchot, afin d'en connaître les possibilités de traite et de pêche. C'est ainsi qu'il vient en contact avec les Esquimaux et sera l'un des premiers à les

décrire. De sa longue relation nous avons retenu quatre passages qui racontent les principaux moments de cette rencontre.)

Desbarquant proche d'une pointe, nous apperceusmes (le 12 juillet) dans une petite ance, entre trois montagnes, une maison des Esquimaux, nous la treuvasmes comme nos sauvages[1] nous l'avoient dit: il y avoit chambre, et antichambre c'estoit plusieurs pieces de bois rond, de 8. 12. et 15 pieds de long, posées sur un feste, soustenû de poteaux; ces bois estoient joints l'un contre l'autre, et par dessus des tourbes et un pied de terre pour couverture. Une porte a l'antichambre au midy, et deux grandes fenestres a la chambre regardant le ciel, qui leur servoient de cheminée de beau temps, et apparemment de porte, outre la petite de trois pieds de haut, par ou on venoit de l'antichambre.

Ils faisoient du feû, mais peû, quoyque selon les apparences c'estoit un famille de plus de vint personnes, et quantité de chiens, mesmes on y avoit hyverné plusieurs hyvers. Des morceaux de graisses de loumarins tués depuis peu paroissoient dehors de tous costez, dans les chambres plusieurs ossements, et testes de renards, lievres, martres, ours, caribous, goilands, et corbeaux; partout aux environs du logis, et dans le havre, de grands et petits escoipeaux de charpentier.

Les restes des bordages de biscayennes et membres faisoient connoistre comme ils les avoient accommodés avec soin et adresse. Nous vismes proche de la maison, plusieurs briques, tuiles, et charbon de forge, avec quatre, our cinq douves de bariques ou il y avoit de l'huyle a brusler. Nous treuvasmes aussi un morceau d'estoffe de croiseau cousû avecques de la toille, et un autre morceau de rez a faire une puise. Dans la maison aussi bien que dehors quelques cloux et fiches, dont quelques uns servoient; il n'y avoit pas long-temps qu'ils en estoient partis toutes ces choses font croire qu'ils trafiquent avec quelques Europeans. (...)

XXX

Le vent venant un peu bon, nous partismes (le 15 juillet) et sortant du havre et baye St. Louis nous vismes une biscayenne au large, qui faisoit la route de terre-neuve on crût dabord que c'estoit d'un navire, parce qu'elle retourna sur ses pas, mais deux heures après, nous eusmes les Esquimaux a nous.

Il n'y vinrent que deux, chacun dans un canot de loumarin, de leur façon, avec quelques peaux a traitter, ils ne voulurent pas aborder mais criant incessament *ahé ahé, thou tcharacou*; nous voyons bien qu'ils nous faisoient signe d'aller a eux, ils estoient a la portée de mousquet du navire, je pris 3 hommes dans le batteau avec moy et quelques couteaux, pour leur traitter, l'abord se fit aisement; c'estoit un vieillard, qui avoit la barbe noire, et longue d'un demi doit, qui se nommoit capitena joanis: l'autre sans barbe, s'appeloit

---

1. Nos sauvages: Indiens rencontrés à Mecatina, trois jours plus tôt.

Kamicterineac. Tous deux grands, gras, blancs, et hauts. Nous estions a demie lieüe de terre; nous ne vismes rien des autres, n'y de la biscayenne. Ils nous firent signe d'entrer, et moüiller dans un havre qui paroissoit proche, que nous traiterions, et coucherions ensembles; et qu'ils nous donneroient des filles pour nous soulager la nuit; nous voulant par lâ faire connoistre que le *tcharacou*, (c'est a dire la paix) estoit partout. Les signes valloient le jeu, aussi en demeura t'on-lâ: ils estoient couverts chacun d'un capot de loumarin a capuchon comme un Recollect finissant avecques une queue derrierre, en pointe: — bien passé et cousû; chacun une culotte de peau, avec le poil, et des bottes de loumarin, le tout bien cousû e bien fait. — Leur rencontre et l'esperance de quelque traitte, et descouverte, nous firent resoudre a entrer dans ce havre qui fust nommé du nom du navire. Le St françois: tant a cause du vaisseau qu'a Raison du Sr françois Pachot qui avoit tout fournit pour l'entreprise. (...)

La nuit se passâ avec bon quart, et sur les huit heures, nous entendismes les mesmes sur une montagne, crier, *ahé, ahé*, je descendis a terre dans le batteau avec 4. hommes pour traiter avecques eux, parce qu'ils ne vouloient pas venir a bord; approchant de nous, ils crioient incessament, et a haute voix, *ahé, ahé, tho, tchouracou*, redoublant souvent *thou, tchouracou*, qui est un mot pour signifier, bas les armes, point de trahison; ils avoient leurs arcs, et fleches, avecques un fusil, qu'ils mirent a terre de loing, nous montrant de faire de mesme: Enfin eux et nous, criant toujours *tcharacou*, ils nous approcherent, portant quelques peaux de loumarins qu'ils estendoient et re-muoient comme des pavillons, disant sans cesse *tcharacou*; nous estions dans le batteau au bord des roches, je descendis seul a terre, croyant aller au devant d'eux, mais incontinant, se retirant en arrierre, paroissant tout estonnez me firent signe avec la main de retourner au batteau, ce que je fis, et alors, ils montrerent un visage contens, et gay, disant, *catchia*, Voyla qu'est bien.

Enfin ils nous joignirent, et traitterent avec nous; mais un gardoit tou-jours, les arcs, et les fleches, pendant que l'autre traitoit, et ne venoient que l'un après l'autre, disant toujours, *tcharacou*, paix partout, point de trahison, j'escrivis plusieurs mots de leur langue, qu'ils me donnerent avec tesmoignage de joye.

Ils nous firent entendre de retourner au navire, et qu'eux s'en alloient dans leur chaloupe, a leurs gens, qui estoient partis de ce havre ou nous contasmes onze cabannes du printemps; ils y avoient fait des canots, et ac-comodé quelques biscayennes. Nous nous separasmes sans voir qu'eux deux, et le lendemain nous sortismes en mer, mais le vent estant foible, et le courent grand qui porte au sud suest, nous fit reculer vers Belle-isle.

Je descendis a terre (le 21 juillet), et je montay avec deux hommes sur une montagnes, dans une isle, d'ou lon descouvroit de toutes parts, et bien loing, sans neantmoins voir aucun Esquimaux, sinon une vieille cabanne, que nous rencontrasmes en chemin; nous ne pusmes faire de feu, n'y fumée faute de bois et de tourbe.

Le lendemain, (le 22), le vent continuant sud soroüest, nous partismes tous esperant treuver du monde ce jour-la, et en effet nous allions sortir des isles dans le nord nordest, ou nous aurions bien eû 3 lieuës a faire, lorsque nous aperceusmes une grande baye qui se descouvroit dans la N. No.[2] dont le fond ne paroissoit point, nous jugeasmes aussitost que ce pouvoit estre, la grande Riviere que nous cherchions, ou devoient se treuver les Esquimaux, ou du moins un passage dans les isles pour abreger nostre route aprés avoir tout bien consideré, et d'embas, et du haut des mats, je resolû d'y entrer.

Ayant fait environ une lieuë; passant le long d'une isle de goüelands, nous entendismes dans une autre plusieurs voix et au mesme temps parurent les Esquimaux, et leur deux biscayennes mastées, qu'ils menerent au plus vite dans une isle pluis criant comme les autres, *ahé, ahé*, montrant des loumarins en guise de pavillon, s'en vinrent a bord du vaisseau au nombre de six, chacun dans un canot, (remarquez qu'ils ny peuvent ranger qu'un) et nous ayant traitté, quelque loumarins, nous firent signes daller dans la baye qui paroissoit devans nous, qu'ils nous alloient suivre avec leurs biscayennes, pour nous montrer leur village, ou nous traitterions davantage, (tout roule sur ce mot de traitte, et cependant cette traitte n'est pas grande-chose jusqu'icy), nous les crüsmes, et peu de temps aprés, nous les vismes venir a la voile derriere nous; nous cargasmes les nostres pour les attendre; deux canots s'avancerent pour nous dire, et montrer le passage ou il falloit entrer, et s'en retournerent a leur bord; nous les laissasmes prendre le devant, et avec plaisir nous les suivismes dans le canal faisant 4. lieuës jusquaux cabannes, du village. (...)

Nous moüillasmes sur les deux heures aprés midy, devant leur village, ou aprés quils y furent tout assemblées, nous contasmes neuf cabannes, trois biscayennes, et un charoüet; tout en fort bon ordre: neuf canots vinrent a nous avec leurs signaux, et harangues, a l'ordinaire, traitterent et s'en retournerent, tesmoignant beaucoup de joye.

Ils firent de la fumée, sur une montagne dans leur isle, pour advertir les autres, qui estoient dans la baie, c'estoit deux canots, dans un estoit le chef, nommé Quignac: qui voulut venir droit au navire, mais ils l'appellerent, et ensuite vinrent dix canots avec luy, tous arrangez de front, toujours haranguant et disant sans cesse le *tcharacou*, paix partout, bas les armes, point de trahison, bons cappitaines, de tous costez.

L'abort, les embrassades, les ceremonies de joye, et la traite se firent dans le batteau, contre le navire: et puis ils s'en retournerent montrant qu'ils reviendroient le lendemain.

Ce jouz-la ils nous traitterent une chemise neuve, et blanche, un mouchoir de toile peinte, et un sac, ou estoient quelques feüilles d'un livre Espagnol, on y lisoit en marge quelques passages des actes des Apostres; ils avoient aussi des restes de cinture, et de pouche de toile, toutes ces choses nous firent juger, outre leurs biscayennes, qu'ils avoient surpris des pescheurs ou traitté avecques eux.

Ils revinrent donc le matin, (le 23), le tout se passa comme le jour precedant; j'escrivis plusieurs mots de leur langue qui me paroist assez aisée a apprendre; ils nous parurent toujours de bon-humeur, affables, et aymant a rire; et parfois nous faisoient signe d'aller a leur cabannes.

---

2. N. No.: nord nord-ouest.

Le soir ils revinrent encore, mais je ne sçay ce qu'ils apperçeurent du bord du navire, ils n'oserent demeurer, et prirent pretexte d'aller querir quelque chose a terre, pour s'en retourner; ils firent garde toute la nuit, et incontinant le jour parut (le 24 juillet), une grande fumée, avec des acclamations de joye, parolles de paix, et de traitte, nous invitant d'aller a eux, firent chanter leurs femmes, dont les voix sont fort douces, et agreables; aprés une longue dance, et leur chant melodieux, je leur criay de venir traitter, et de ne rien craindre, je nommay toutes les marchandises en leur langue, ils m'escouterent attentivement, et s'embarquerent dans onze canots, ils approcherent, traitterent, et on fit comme un pacte d'alliance, et de paix, par le moyen d'un petit present, que le chef accepta, avec tesmoignage, de joye, de satisfaction, et de contentement, puis s'en retournerent.

Nous leur fismes entendre a nostre tour, la façon de chanter des françois, le R p. Recollect, entonna le *Sub tuum*, et le *domine salvum*, qu'ils escouterent, et ensuitte poursuivirent leur route, faisant des cris de remerciements et de joye. —

C'estoit sur les huit heures du matin, et aprés le disné, le R. p. Recollect, un de mes enfans, et cinq hommes de l'Esquipage descendirent a terre, tous dans le batteau, a dessein de les aller visiter, ce qui reussit tres bien, car le chef, nommé Quigna vint au devant d'eux, dans son canot, leur montra le lieu propre pour aborder, a la portée du fusil des cabanes, et leur ayant fait paroistre de la joye de leur descente, prit le pere par la main, et le conduisit au village; les françois resterent au batteau avec leurs armes, ou ils furent visités de la jeunesse, les femmes estoient dehors, chacune admiroit cette entreveüe, personne ne disoit mot, sinon, doucement, et d'un visage riant, passant la main sur l'estomac et sur les bras, *catchia, catchia,* Voyla qu'est bien. —

Le pere fut mené droit a la cabanne du chef, sa femme y entra la premiere, le pere ensuite, et le chef le dernier, il luy fit voir tout son mesnage, et par aprés les autres cabannes, toujours le tenant par la main, chaque famille luy faisoit present de viande et d'huyle de loumarin, c'estoit alors le meilleur de leur vivres; ces visites faites, il le ramena au batteau, l'embrassa et s'en retourna disant, *tcharaco,* paix partout; *catchia,* voyla qu'est bien.

Le jour suivant, (le 25), je descendis dans le batteau, faisant suivre le canot, avec huit hommes tous armez. Le Cappitaine Quignac, ne manqua pas a la mesme civilité, il vint seul dans son canot au devant de nous, nous haranguer, et nous montrer le desbarquement, ils desbarqua le premier, vint me recevoir au batteau, m'ayant embrassé, me prit par la main droite, et un autre vieillart me tenoit la main gauche, Mr. de la ferté estoit tenû par le second chef, toutes les jeunesses que nous rencontrions en chemin, nous faisoient de grandes amitiez, embrassades, et compliments, en leur langue, que nous expliquions aisement par leurs gestes.

J'entray dans sa cabannes, il me montra sa femme qui estoit vieille, elle me prit la main, m'embrassa a la françoise, sa fille fit la mesme chose, qui estoit mariée, et avoit un Enfant fort blanc, gras, et bien fait, aagé de dix mois; le gendre me montra que c'estoit sa femme et son fils, je les embrassay tous trois faisant reflexion aux embrassements de la grande mere, en consequence de quoy je prejugé, que c'estoit une marque d'amitié honneste, et de civilité parmi eux; (on peut remarquer icy en passant qu'elles n'ont rien de desagreable;) ils nous menerent par la main dans les autres cabannes, et partout on nous reçeu tres bien, et avec les mesmes civilitez.

Je demanday a les entendre chanter, et dancer; aussitost seize femmes se mirent en rang, et le second chef au milieu, qui dançoit pendant que les femmes chantoient; leur dance a quelque chose de celle de nos sauvages, leur chant, est plus melodieux mais aussi leurs voix sont plus belles;

Les hommes sont bien habillés, chacun a un justaucorps de loumarin une culotte de peau de chien, de renard, ou d'ours, avecques une paire de bottes, le tout bien passé, bien fait, et bien cousû, les cheveux noirs et coupés au dessous des oreilles, la barbe noire et se la font quasi tous, le chef Quigna, n'avoit que de grands cros a l'Espagnol; ils ne sont pas si bazanés que les nostres: ayment surtout a rire, et a l'esgar de l'esprit, et de la facon d'agir tiennent tout du françois, et rien du Sauvage. —

Les femmes sont bien faites, or qu'elles sont la plus part camuses, mais toutes blanches, grandes, grosses, et grasses: elle portent des bottes qui d'un bout a l'autre vont toujours en s'eslargissant, en sorte que par en haut, elles ont plus d'un pied de large, elles montent jusqu'a la cinture, et par dedans il y en a de petites, qui ne vont que jusqu'au genoüil, toutes de loumarin, et bien accommodé.

Depuis le nombril jusqu'au bas du ventre, c'est un tour de peau de loutre, caribou, ou d'autre peau, qui passe entre les iambes pour cacher ce qu'elle ne doivent pas montrer; —

pour le reste du corps, elle le couvrent d'un justaucorps de loumarin, qui descend jusqu'a la cinture, avec des manches comme de nos capots, et un capuchon comme celuy d'un Recollect, qu'elles mettent par fois sur leurs testes; elle le font grand, parce quelle portent leurs Enfans dedans;

leur sein est toujours caché, et quoy qu'elles le donnent a leurs Enfans, on ne le voit jamais, en quoy elles sont plus reservées que nos françoises qui en font gloire, surtout dans les premieres années de leur marriage;

j'oubliois a dire, qu'au derriere de leur justaucorps, est une grande queüe, large de plus de demi pied, qui descend a deux doits proche de terre; pour leurs cheveux, il y en a (ce sont les jeunes), qui en font un bouquet sur chacune de leurs oreilles, le reste, se tresse, et se met en rond, sur la teste, et finit faisant comme une belle rose espanoüie, cette coiffure, avec un visage doux, blanc, et une voix qui n'a rien de rude, n'est pas desagreable —

la pluralité des femmes, est permise parmi eux, elles ont soin du mesnage, les hommes de la chasse, et la bonne intelligences paroist beaucoup dans leurs familles. —

Je vis dans leurs cabannes trois grandes chaudieres, dans lesquelles ils faisoient cuir de la viande, elles sont rares, n'ayant pas de commerce asseuré avec personne, et ne traittant que par hazard, a quelques navires pescheurs, dans terre neuve,

Ils mettent leurs eaux dans des sçeaux de cuir de vache marine, Mr de la ferté qui estoit avec moy, voulant voir si elle estoit douce, (car on nous avoit dit quils buvoient de l'eau sallée) en prit dans sa main, incontinant, le chef parla, et fit donner une tasse de bois, dont ils se servoient pour boire, l'eau estoit douce, et la c[i]vilité remarquable.

Leurs lits sont eslevés d'un pied sur terre, ou paroissent plusieurs peaux passées en poil, de caribous, loumarins, ours, et autres pour se couvrir la nuit, leur cabannes sont nettes, et propres, faites en rond, l'esté, et couvertes de loumarin passé, ce sont des tentes, mais l'hyver ils font des maisons comme j'ai dit cy devant: ils font aussi des pots de terre, grands et petits, pour fondre leurs huyles, et faire cuir leur viande, je n'en ay point veû veu de rotie comme chez nos sauvages. —

La rade n'estoit pas moins agreable, il y avoit trois biscayennes, et un charoüet, tous les quatres bastiments, neufs, avec grapins, devant et derriere, mats, voyles, avirons, baril d'arcanson, demi baril de cloux, a carvelle, et demi carvelle, barique vüide, et un coffre, sur un estoit escrit en gros caractere J.H.S. Maria Joseph. Je ne pus regarder que dans une, je ne sçay pas ce qu'il y avoit dans les autres, mais tout paroissoit neuf, bien peinturé et accommodé, nous ne pusmes pas sçavoir d'ou, comment et en eschange de quoy ils les avoient euës; —

de l'endroit ou estoit nostre basteau, il y avoit une ance a faire le tour, pour venir aux cabannes, j'appelay le canot, pour abreger le chemin de mon retour, les deux chefs s'embarquerent dedans avec nous; et les femmes avec le reste des hommes, vinrent a pied au basteau, ou j'avois quelques marchandises que nous traitasmes pour des huyles, ensuitte nous nous separasmes, nous embrassant avec les tesmoignages d'amitié a l'ordinaire; —

Le jour de Ste. anne, fut pluvieux, grande brume et grand vent on ne fit rien, la nuit suivante fut meschante de pluye de vent de suest, nord et norouest, avec grand froid.

Au jour (le 27 juillet), sur les sept heures du matin la brume s'esleva, de vent de noroüest, et aprés le midy le Ciel parut clair, le vent vint au sud soroüest, et nos esquimaux de terre a bord, qui apporterent quelques graisses de loumarin; les deux chefs, entrerent dans le navire (ils n'avoient encore osé le faire,) l'un aprés l'autre, nous leurs fismes a chacun un present en particulier, et furent fort contens.

Ils nous firent entendre que nous devions treuver dans nostre route, aprés avoir marché cinq jours, un cappitaine Esquimaux nommé Ipillac, avec sa bande; qu'ils partiroient dans leurs chaloupes en mesme temps que nous, et que dans dix iours, ils se treuveroient encore icy pour nous attendre en retournant;

c'estoit le dernier adieu, on s'embrassa, et nous nous separasmes avec toutes les ceremonies de civilité, et d'amitié, dans de pareilles rencontres; —

dés le soir, ils appareillerent, pour aller coucher un peu plus loing, nous crûsmes que c'estoit pour se mettre en parage du vent, ou pour laisser en cache leur viande seiche, ils en avoient plusieurs paquets qu'ils accommodent pour l'hyver, c'est une partie de leur provisions. (...)

XXX

Le vent du large nous empescha de partir (le 10 aout) le soir, nos esquimaux nous rejoignirent, nous faisant entendre, que le lendemain, ils apporteroient de la graisse de loumarin. — La nuit se passa avec le mesme vent et beaucoup de pluye.

Au jour elle continua, et avec brume jusqu'a midy, peû aprés le temps changea, et nous aurions fait route, mais trois canots arriverent a bord, qui estoient commandés par le cappitaine Alienak, comme on achevoit de lever l'ancre, et nous fit entendre, qu'il y avoit dans la baye, qui estoit par le travers de nous, plusieurs sauvages, dont le chef se nommoit Amaillouk: qu'il les avoit envoyé advertir, et que sans faute ils vienderoient le lendemain avant midy, nous ayant fait signe de jetter l'ancre, a plusieurs fois, mesme se faschant, de nous voir estendre nos voiles, nous resolusmes de demeurer; —

a peine eust-t'on remoüillé, que lon apperçeut les canots, ils estoient huit, avec quatres biscayennes; ce jour-là il n'y eust que les canots qui vinrent a bord, ils traiterent fort peu de chose, puis s'en retournerent coucher a terre.

Aussitost que le jour parut (le 12), on vit venir, 22. canots, et trois biscayennes, pleines de femmes, filles, garçons, de tout aage, et grandeur, jeunes, vieilles, petits et grands: —

ils traiterent le peu qu'ils avoient de loumarin, et chanterent a leur mode, toujours faisant paroistre beaucoup de joye de nous voir, et de pouvoir traitter leur petites necessitez.

Le R. p. Recollet entra dans une de leur biscayennes, fit quelques presents, aux femmes et aux Enfans: il y fut tres bien reçeu, et sur tout des femmes, les une l'embrassaient d'un costé, les autres de l'autre, pendant que quelques vieilles le baisoient et faisoient semblant de le vouloir manger avec les dents, ce qui n'estoit a leur façon, que des ceremonies, et marques d'amitié le pere leur ayant plusieurs fois, et avec accent, dit, *tcharacou*, qui veux dire, paix partout, fut bien aise d'avoir le temps de sortir au plus vite de leur chaloupe, et se remettre au vaisseau, et depuis ce temps-là, ne montra pas d'envie, de retourner leur faire des present, — ils ayment beaucoup la rallerie. —

Amaillouk entra dans le navire aprés que je l'en eût prié, et avec luy un jeune homme, qui a son entrée, montra l'addresse, qu'ils ont a dérober, car estant dans la chambre pendant que je parlois, au vieillard, il prit fort adroitement ma bousserolle, et estant de retour a son canot, la donna a sa femme qui estoit dans une de leur chaloupe, on luy vit mettre dans une de ses bottes, je l'envoyé demander, elle fit difficulté de la rendre je commanday absolument qu'on la foüilla, elle voulut la mettre dans un endroit que je ne veux pas nommer, mais la main de celuy qui cherchoit fut aussi prompte que la sienne et prit la bousserolle, qui a raison de ce qu'elle contient vaut plus de deux louis. — J'aurois fait plus de perte, qu'elle n'auroit fait de gain. — la suitte fut un Ris de tous costez; —

Toutes nos harangues et ceremonies faites, la baye nommé baye Ste claire, a cause du jour de sa feste, nous nous separasmes, le vent cessa aussitost, et il fallut malgré nous, rejetter l'ancre, on ne fit pas une lieue de chemin.

L'esté de ces climats toujours froids

Voyant donc, que, nous estions comme sans ancres, et sans cables, pour tenir l'automne, de mauvais temps, dans des moüillages, qui ne sont pas toujours bons, que nous estions avancés dans l'esté de ces climats toujours froids, ou les glaces naviguent toute l'année, et ou toujours les collines, les vallons, et le sommet des montagnes se voyent blancs, je veux dire pleins, et couverts de nege, que nous avions nostre sel a employer, en molue, qu'il falloit chercher ailleurs, que nous nous trouvions cent six lieuës en droite ligne hors de belle-isle. a 15. ou 20. lieuës au plus du havre St. pierre, et ne voyant pas lieu de treuver sitost des sauvages, dont le trafic peut payer ce que le vaisseau coustoit tous les jours, nous resolumes d'un commun consentement de chercher havre, et accommoder le navire pour le retour a Quebec. —

Nous eusmes du bon-heur ce jour-la, car outre que nous en treuvasmes un, fort beau a l'abry de tous costez, entre des montagnes a 15. et 18 brasses d'eau, vis a vis d'un beau bois, de beaux russeaux et d'une belle greve, tant au nordest qu'au soroüest; le soir au milieu du souper, qui estoit fort megre a l'ordinaire, on apperçeut deux caribous qui traversoient le dit havre, a la nage, c'estoit une mere et son petit, le canot et le batteau furent bien tost aprés, et nous eusmes le plaisir de les voir, et de les avoir en nostre disposition, c'estoit le veau gras que la providence nous donnoit, dont nous avions bien besoin, j'ai dit qu'il n'y avoit point de molue, et le gibier est fort rare, dans ces païs de nege, et de rochers; —

Le lendemain, jour de l'assomption, se passa en prierres. (...)

Dieu nous veüille reconduire, avec le mesme bon-heur que sommes venüs jusqu'icy. —

JEAN-BAPTISTE DE SAINT-VALLIER (1653-1727)

Il était contre la comédie; toute sa vie en fut une. Sur les conseils des Jésuites, Laval l'avait choisi pour être son successeur. Dès sa première visite au pays, avant même d'être sacré, il suscitait l'hostilité, on demandait son désistement. Il n'était pas homme à céder: on « verrait bien s'il était évêque ou non ». Il le fut pendant 42 ans. À sa mort, le gouverneur refusa de faire sonner le glas et le clergé se querella. Ce n'était pas la première fois. En 1693-94, Saint-Vallier était brouillé avec Frontenac, Callières, des officiers de l'armée, le chapitre de la cathédrale, les prêtres du séminaire, les Récollets, les Jésuites, les religieuses de l'Hôtel-Dieu et les Dames de la Congrégation. Ce fut aussi l'année qu'il condamna la représentation du *Tartuffe*. Fait prisonnier par les Anglais, en 1704, on se demanda à la cour de France si on ne devait pas le laisser en prison. Issu de l'austère mouvement de la Contre-Réforme, il avait été élevé dans le château de Diane de Poitiers puis nommé aumônier à la cour de Louis XIV au temps de Mme de Montespan. Sa vertu s'en était affermie. À son arrivée au pays, les mœurs canadiennes s'étaient grandement relâchées. Son catéchisme ni ses mandements ne purent y changer grand-chose: répétant les propos d'une dame de qualité, Glandelet écrivait en 1708 que « la moitié de Québec était un franc bordel ». Les écrits de Saint-Vallier sont assez proches de la rigueur religieuse qui a prévalu au Québec jusqu'à récemment. Lui aussi nous dit d'où nous venons.

Les meilleurs n'en valent rien

ou

l'exemple de la malheureuse Prétextate

(Lorsque Denonville fut nommé gouverneur de la Nouvelle-France (1685), Mgr de Saint-Vallier prépara une série d'avis sur la conduite vertueuse et le bon exemple qu'il attendait du chef de la société québécoise.)

Sur ce que Monseigneur l'Evêque a désiré savoir ce qu'il serait plus à la gloire de Dieu de faire connaître à monsieur le Gouverneur[1] et à madame la Gouvernante touchant les articles suivants, voici après avoir demandé les lumières du Saint-Esprit, ce qu'on a cru pouvoir leur être représenté de plus juste dans la connaissance qu'on a de leur probité et de leur vertu.

1. Lorsque monsieur le Gouverneur et madame la Gouvernante feront l'honneur à quelque particulier d'aller manger chez lui, il est à propos que ce soit pour y dîner et non pour souper, afin de retrancher par là les longues veilles, les passe-temps dangereux, et les autres suites fâcheuses qui ont coutume d'arriver des festins et des assemblées de nuit.

Qu'ils se déclarent mécontents, désobligés, et même congédiés pour toujours, s'il arrive que les repas qu'on leur donne soient trop somptueux et magnifiques; c'est ainsi que ne se trouvant qu'à des tables où la frugalité soit observée, ils accoutumeront peu à peu les personnes à retrancher de leurs festins cette abondance fastueuse qui n'incommode pas moins les familles, qu'elle est opposée aux règles de la tempérance et blesse la modestie et bienséance chrétienne.

Qu'ils ne souffrent jamais que ces sortes de régals soient accompagnés du bal et de la danse, et de plusieurs autres récréations et libertés dangereuses; leur présence à de semblables divertissements causerait un mal que l'expérience a fait reconnaître depuis longtemps pour l'un des plus grands de Québec.

2. Quoique le bal et la danse soit une chose indifférente de sa nature, néanmoins elle est si dangereuse à cause des circonstances qui l'accompagnent, et des suites mauvaises et presque inévitables qu'on en voit arriver, qu'au sentiment de saint François de Sales il en faut dire ce que les médecins disent des champignons: les meilleurs n'en valent rien. Aussi ce saint de nos jours qui a pris à tâche de rendre la dévotion douce et facile aux personnes du

---

1. Denonville (1685-1689).

siècle, ne peut toutefois souffrir qu'on se trouve au bal et à la danse, à moins d'être réduit à ce point de ne pouvoir s'en dispenser, et en ce cas il veut qu'on assaisonne ce divertissement de tant de modestie, de bonne intention, de dignité, et de tant de considération chrétienne, et de pieux sentiments, qu'on puisse se préserver par là de la corruption qu'un tel amusement fait presque toujours glisser dans les consciences. Que si la fuite du bal et de la danse est si importante aux personnes privées et particulières, elle est bien d'une autre conséquence pour les personnes publiques, et qui tiennent le premier rang, leur exemple servant pour l'ordinaire de règle aux autres, surtout quand on les voit faire ou consentir à des choses qui plaisent aux sens, et que l'estime qu'on a de leurs vertus par la profession qu'elles en font donne occasion d'approuver et faire ces mêmes choses à leur imitation.

Cela étant ainsi, il est d'une grande importance pour la gloire de Dieu et le salut du prochain que M. le Gouverneur et Madame la Gouvernante, sur la conduite desquels la plupart ne manqueront pas de former la leur, tiennent ferme, non-seulement pour ne point aller en des maisons où se feraient des assemblées de bal et de danse, mais encore pour interdire de la leur l'entrée à ces sortes de divertissements qui se répandant ensuite de chez eux partout ailleurs ne s'y pratiqueraient pas sans doute avec la même innocence qu'on le pourra faire, au moins pour l'extérieur, en leur maison s'ils y étaient présents.

Cependant comme l'âge et la vivacité de mademoiselle leur fille a besoin de quelque divertissement et récréation, l'on peut user de condescendance en lui permettant quelques danses honnêtes et modérées, mais avec les personnes de son sexe seulement, et en la présence de madame sa mère, de peur qu'on ne se licencie à des paroles et des chansons peu honnêtes, mais non en la présence des hommes et des garçons, ce mélange de sexe étant à proprement parler ce qui cause les inconvénients et les désordres du bal et de la danse.

Ce n'est pas toutefois que la danse qui se pratique entre des personnes du même sexe n'ait aussi de grands inconvénients, entre lesquels l'un des plus à craindre est la disposition qu'elle donne à y admettre dans la suite des personnes de différent sexe, ce qui ne manque guère d'arriver, soit parmi les danses que l'on tient chez soi, soit en d'autres danses qui s'introduisent ailleurs à l'imitation des premières, et c'est ce qu'on peut faire remarquer à Monsieur le Gouverneur et Madame la Gouvernante afin qu'ils examinent s'il ne serait pas mieux que mademoiselle leur fille prenne un autre divertissement pour se récréer.

3. Mais l'on ne croit pas qu'il soit bienséant à la profession du christianisme de lui permettre la liberté de représenter un personnage de comédie, et de paraître devant le monde comme une actrice en déclamant des vers, quelque sainte qu'en puisse être la matière; et bien moins encore croit-on qu'on doive souffrir que des garçons déclament avec des filles; ce serait renouveler ici sans y penser l'usage du théâtre et de la comédie, ou autant ou plus dangereuse que le bal et la danse, et contre laquelle les désordres qui en sont arrivés autrefois ont donné lieu d'invectiver avec beaucoup de véhémence.

4. Comme le luxe et la vanité des habits dans les filles et femmes est l'un des principaux désordres qui se remarquent ici depuis longtemps, et qui a de plus fâcheuses suites en toute manière, il est extrêmement à désirer que Monsieur le Gouverneur et Madame la Gouvernante exercent souvent leur zèle sur ce point, témoignant dans les rencontres par leurs paroles, comme ils font par leurs exemples, l'indignation qu'ils ont contre cet abus, et avertissant ou reprenant même en particulier celles qui affectent de se montrer avec des habits fastueux et mondains.

Ce faste des habits paraît premièrement dans les étoffes riches et éclatantes dont elles sont revêtues, et qui excèdent beaucoup leur condition ou leurs moyens, il paraît encore dans les ajustements excessifs qu'elles mettent sur elles, dans les coiffures extraordinaires qu'elles affectent dans leurs têtes découvertes et pleines d'afiquets, et dans ces frisures immodestes qui sont si expressément défendues dans les Épitres de Saint Pierre et de Saint Paul et par tous les Pères et Docteurs de l'Église, et contre lesquels Dieu a souvent exercé de sévères punitions, comme il se voit entre autres par l'exemple de la malheureuse Prétextate, dame de grande condition, laquelle au rapport de Saint Jérôme dont elle était connue, eut les mains desséchées et cinq mois après mourut subitement et fut précipitée dans les enfers, ainsi que Dieu l'en avait menacée par un ange, pour avoir par le commandement de son mari frisé et habillé mondainement sa nièce.

Mais la circonstance qui rend le luxe des habits dans les filles et femmes infiniment pernicieux est l'indécence et l'immodestie scandaleuse des habits mêmes, qui parait dans les nudités d'épaules et de gorges qu'elles font voir à découvert, ou qu'elles se contentent de couvrir de toiles transparentes, ce qui est absolument défendu, et ne doit jamais être toléré, comme étant la cause de la perte d'une infinité d'âmes, suivant cette parole du Saint-Esprit en l'Ecriture Sainte, qui nous avertit de détourner nos yeux d'une femme indécemment parée, parce que plusieurs ont péri charmés par son extérieur vain et pompeux.

Tous ces dérèglements prennent leur naissance dès le bas âge où l'on voit des petites filles, même celles qui sont de basse extraction, parées et ajustées comme des poupées et que l'on fait paraître avec les épaules et la gorge nues, ce qu'elles continuent quand elles sont plus grandes et même mariées. Et voilà ce qui perpétue dans le pays, au grand scandale de ce nouveau christianisme, le luxe et un grand nombre d'autres péchés qui en sont les suites comme inséparables.

Quoique les prédicateurs aient souvent invectivé contre ces désordres, et qu'il est à croire que les confesseurs font leurs devoirs à l'égard de celles qui se montrent incorrigibles, l'expérience néanmoins fait voir que tout cela a servi de peu jusques à présent, parce que les prédicateurs et les confesseurs n'ayant pas été soutenus, une simple parole des gouverneurs a eu plus de force pour l'emporter sur les esprits que toutes les raisons de la chaire et du confessionnal. De sorte que l'intérêt, le respect humain ou la complaisance étant pour l'ordinaire ce qui fait plus d'impression sur les personnes, pour les faire agir, il est aisé de voir quelle gloire Monsieur le Gouverneur et Madame la Gouvernante procureront à Dieu, de combattre fortement les immodesties et la pompe des habits, en se déclarant hautement en faveur de ceux et de celles qui garderont en leurs habits la médiocrité de leur état et de leurs moyens, et qui s'en tiendront aux règles de la modestie chrétienne; et au contraire témoignant de la froideur, du rebut, et même de l'aliénation contre les personnes qui affectent cet extérieur mondain tout à fait contraire aux promesses qu'elles ont solennellement faites dans leur baptême. C'est ainsi que ne trouvant plus l'applaudissement qu'elles recherchaient par leur luxe, elles auront honte d'y continuer et seront enfin obligées d'y renoncer.

5. (...) Monsieur le Gouverneur et Madame la Gouvernante qui édifient tout le monde par la piété et modestie qu'ils font paraître dans les églises, feront une chose digne de leur zèle pour l'honneur de Dieu d'obliger toutes les personnes de leur suite et de leur cour à s'y tenir dans la retenue et le respect, y être dans des postures décentes, y garder le silence, et s'y comporter enfin avec la révérence que demande la sainteté de ces lieux.

JEAN, Evêque de Québec.

Comme pourrait être la comédie du Tartuffe

(En 1694, Frontenac, le gouverneur de la Nouvelle-France, se proposait de faire jouer le Tartuffe *de Molière et en avait confié la mise en scène au Sieur de Mareuil. Saint-Vallier n'aimait pas la conduite de Mareuil ni le choix du* Tartuffe. *Il émit trois textes qui stoppèrent net le projet de Frontenac et firent disparaître le théâtre de la Nouvelle-France jusqu'à la cession du pays aux Anglais.)*

1. MANDEMENT SUR LES DISCOURS IMPIES

JEAN, par la grâce de Dieu et du Saint-Siège Apostolique, Evêque de Québec.

Après avoir gémi depuis longtemps de voir devant nos yeux un mal auquel nons ne pouvons rémédier par la prière seule, et par les avis particuliers que nous avons fait donner à plusieurs de prendre garde à la licence qu'ils se donnent de traiter les choses saintes, d'une manière indigne non-seulement d'un chrétien mais même d'un homme raisonnable, nous nous croyons obligé de les avertir publiquement que nous sommes résolu de recourir à des remèdes plus forts et plus efficaces pour les arrêter, dont le premier sera de les dénoncer publiquement comme des pestes de la république chrétienne, qui par des discours pleins d'impiété et d'une impureté scandaleuse ébranlent les fondements les plus solides de la religion.

Nous voulons pour cette fois nous contenter de nommer le Sieur de Mareuil qui, au mépris des avis souvent réitérés que nous lui avons donnés et fait donner par des personnes très dignes de foi, continue à tenir des discours en public et en particulier, qui seraient capables de faire rougir le ciel, et d'attirer les careaux de la vengeance de Dieu sur sa tête, et qui sans paraître respecter les noms et les personnes des Saints, ose même parler avec une indignité sans exemple de la sacrée et adorable personne de Notre Seigneur Jésus-Christ, dont nous avons devers nous des preuves incontestables; ce qui nous oblige à lui dire que s'il continue à tenir un pareil langage, nous nous verrons contraint de le retrancher du nombre des fidèles, de lui interdire la porte de l'Eglise et de le priver de la participation des sacrements, dont le regardant indigne, nous lui conseillons de s'abstenir, jusqu'à ce que par une pénitence salutaire il ait satisfait au scandale qu'il a donné, ordonnant jusqu'à ce temps à tous les prêtres, séculiers et réguliers, de ce diocèse, de le refuser à la Sainte Table, s'il venait s'y présenter, et ce sous les peines de droit contre ceux qui y manqueraient.

Fait à Québec dans le cours de notre visite le 16 janvier 1694.

JEAN, Evêque de Québec.

2. MANDEMENT AU SUJET DES COMÉDIES

JEAN, par la grâce de Dieu et du Saint-Siège Apostolique, Evêque de Québec.
   A tous les fidèles de notre diocèse, Salut en Notre Seigneur.

   L'instruction[2] qui fut faite, le dimanche dix de ce mois, dans l'église de la Basse-Ville pour l'éclaircissement des consciences touchant les comédies qui se jouent dans le monde, nous a donné lieu par les discours qu'elle a fait naître dans les conversations, de découvrir le besoin qu'il y a d'appuyer de notre autorité pour l'affermissement des mêmes consciences les choses qui furent dites, dans cette même instruction que nous nous sommes fait apporter.

   Et comme il est de notre devoir pastoral de détourner par tous les moyens qui peuvent dépendre de nous les occasions de péchés qui pourraient perdre les âmes que Dieu nous a confiées, et de les soutenir dans le bien, nous nous croyons obligé de vous publier par un mandement exprès nos sentiments et nos intentions touchant les spectacles et les comédies qui se font dans le monde. C'est pourquoi après avoir approuvé comme nous faisons par le présent Mandement l'Instruction ci-dessus, dont nous avons jugé qu'on pourrait utilement faire distribuer des copies, nous exhortons tous les fidèles de notre Diocèse de faire une sérieuse attention sur le sentiment unanime de tant de personnes illustres en doctrine et en sainteté, qui parlent des comédies qui se jouent dans le monde selon qu'elles sont à présent en usage, enseignent tous que celles mêmes qui sont honnêtes de leur nature ne laissent pas que d'être très dangereuses par les circonstances du temps ou du lieu, ou des personnes, ou de la fin, ou des manières qui ont accoutumé de précéder, d'accompagner et de suivre ces sortes de divertissements, et s'efforcent d'en imprimer à toutes sortes de personnes l'aversion, et tout l'éloignement possible. Nous les conjurons de tout notre cœur pour l'amour de Notre Seigneur de déférer plutôt

---

2. Sermon de Charles Glandelet contre le théâtre, le 10 janvier 1694.

en ce point par un acquiescement docile aux sentiments des Saints qu'à leur propre lumière et à leur inclination naturelle dont ils doivent se défier.

Mais au regard des spectacles et comédies impies, ou impures, ou injurieuses au prochain, qui ne tendent d'elles-mêmes qu'à inspirer des pensées et des affections tout-à-fait contraires à la Religion, à la pureté des mœurs, et à la charité du prochain, comme sont certaines pièces de théâtre qui tournent la piété et la dévotion en ridicule, qui portent les flammes de l'impureté dans le cœur, qui vont à noircir et à déchirer la réputation, ou qui sous le prétexte apparent de réformer les mœurs ne servent qu'à les corrompre et sous couleur de reprendre le vice l'insinuent adroitement et avec artifice dans l'âme des spectateurs, comme pourrait être la comédie du *Tartuffe*, ou de l'imposteur, et autres semblables, Nous déclarons que ces sortes de spectacles et de comédies ne sont pas seulement dangereuses, mais qu'elles sont absolument mauvaises et criminelles d'elles-mêmes et qu'on ne peut y assister sans péché, et comme telles nous les condamnons et faisons défenses très expresses à toutes les personnes de notre Diocèse de quelque qualité et condition qu'elles soient de s'y trouver.

Et à ce que personne ne puisse prétendre cause d'ignorance, nous voulons que notre présent mandement soit lu et publié dans Québec et ailleurs ou besoin sera au prône de la messe et dans les autres assemblées de dévotion qui se tiennent réglément au dit Québec. En foi de quoi nous l'avons signé de notre main et fait contresigner par notre secrétaire et y apposer le sceau de nos armes.

Donné à Québec le 16 de janvier mil six cent quatre vingt quatorze.

JEAN, Evêque de Québec.
Par Monseigneur,
LEVALLET.

3. ÉCLAIRCISSEMENT TOUCHANT LA COMÉDIE

J'ai su que plusieurs personnes seraient bien aises d'être instruites touchant le divertissement de la comédie pour avoir là-dessus les éclaircissements de conscience qui leur sont nécessaires; j'ai cru qu'il était de mon devoir de déclarer mes sentiments sur ce sujet et de faire connaître à mes auditeurs ce qu'ils ne doivent pas ignorer pour la sûreté de leur conscience; il m'a paru même que je serais infidèle à mon ministère si sachant le besoin que plusieurs ont d'être éclaircis sur ce point et le désir qu'ils en ont, je leur refusais une satisfaction si juste et si importante au bien de leurs âmes, et qu'on me pourrait justement faire le reproche qui se trouve chez un prophète: *parvuli petierunt panem et non erat qui frangeret eis*; cela ne serait ni juste ni charitable, les prédicateurs et les ministres de la parole de Dieu ayant une obligation spéciale de ne pas taire à leurs auditeurs les vérités qu'ils ont intérêt de savoir pour leur salut; c'est pourquoi en satisfaisant au besoin aussi bien qu'au désir de mes auditeurs pour l'éclaircissement de leur conscience, je satisferai en même temps au devoir de la mienne qui m'oblige de prêcher la vérité.

J'ai lu quantité d'auteurs qui traitent de la comédie, j'ai vu ce qu'en disent les Conciles, les Saints Pères et Docteurs de l'Eglise: il est constant que ces Conciles et ces Pères-là condamnent tous comme une chose très mauvaise et contre laquelle ils font de grandes invectives; c'est ce qui paraît dans leurs sermons et dans leurs autres écrits qu'ils ont laissés au public: ils emploient ce qu'ils ont d'éloquence et de force pour en donner de l'horreur aux chrétiens aussi bien que du bal, du luxe et du faste dans les habits, comme de choses qu'ils disent être comprises sous le nom de pompes de Satan auxquelles les chrétiens ont renoncé dans leur baptême.

On renonçait même autrefois expressément et distinctement et clairement en plusieurs Eglises aux comédies quand on était baptisé, comme le rapporte Soliman, évêque de Marseilles, qui dit que cela se pratiquait de son temps, et c'est l'ancienne croyance de l'Eglise au rapport de Saint Cyprien, de Saint Cyrille, de Saint Augustin et des autres Pères de l'Eglise que le renoncement aux comédies est facilement renfermé dans la renonciation solennelle qui se fait dans le baptême, au démon, à ses pompes et à ses œuvres.

Il est encore certain que les auteurs qui ont parlé de la comédie depuis les Saints Pères jusqu'à présent et qui sont en grand nombre, en parlent tous, à prendre la comédie selon la manière avec laquelle elle est à présent en usage dans le monde, comme une chose ou criminelle, ou dangereuse, comme une chose qui est ou péché, ou occasion de péché. C'est un grand préjugé de la vérité lorsque tant de docteurs, écrivant ou parlant sur un même sujet, disent tous la même chose.

Cela me donne lieu de distinguer deux sortes de comédies qui se jouent dans le monde: les unes sont absolument mauvaises et criminelles d'elles-mêmes dans leur nature et dans leur substance, comme sont certaines pièces de théâtre qui sont ou impies, ou injurieuses au prochain, qui ne sont propres ou qu'à tourner la religion, la prière ou la dévotion en ridicule, ou à inspirer un amour lascif, ou à déchirer la réputation du prochain, sans épargner même les personnes les plus sacrées. Je dis hardiment que ces sortes de spectacles et de comédies sont absolument défendues et qu'on ne peut en conscience et sans pécher mortellement y assister. Pourquoi?

— C'est parce qu'outre le danger manifeste où l'on s'exposerait de recevoir de mauvaises impressions que de semblables spectacles ont accoutumé d'y faire d'eux-mêmes dans les esprits, ce serait encore coopérer au péché de ceux qui les représentent et qui ne le feraient pas si personne ne les venait entendre, et cela n'est pas permis. Et comme on peut en conscience se plaire à ouïr des paroles ou impies ou lascives, ou injurieuses au prochain, on ne peut aussi en conscience se plaire à un divertissement qui n'est fait que pour récréer les assistants aux dépens de la religion, de la piété, de la chasteté et de la charité du prochain.

Ce que je viens de dire n'est pas seulement conforme aux lois et à la profession du christianisme, mais encore aux lumières du bon sens et de la raison et ne peut souffrir aucune difficulté.

Les autres comédies qui se jouent dans le monde sont celles qui ne sont pas absolument mauvaises d'elles-mêmes et considérées dans leur nature et dans leur substance, telles que sont les pièces qui sont honnêtes et sérieuses, lorque l'habit, le geste, la déclamation, le maintien et l'état des personnes qui les représentent n'ont rien que d'honnête. S'il est question de ces sortes de comédies, je tombe d'accord que les considérer en spéculation et par rapport à leur objet seulement, c'est une chose de soi indifférente; mais comme il ne faut pas regarder une action en général et en spéculation seulement, puisqu'elle n'existe point sans être revêtue de ses accidents ou circonstances, je dis que si on examine comme on doit la comédie en particulier, selon qu'elle est présentement en usage dans le monde, c'est-à-dire si on l'envisage dans l'assemblage de toutes les circonstances du temps, du lieu, des personnes, de la fin et de la manière qui ont accoutumé de précéder, d'accompagner et de suivre la comédie, il s'en faut bien pour l'ordinaire que toutes ces circonstances soient indifférentes; au contraire il s'y en trouve presque toujours plusieurs qui sont mauvaises et qui font que la comédie pour honnête qu'elle soit de sa nature, et à raison de la pièce sérieuse qui s'y représente, devient un divertissement qui n'est plus innocent, mais dangereux, ou même souvent fort mauvais. Pourquoi cela: — C'est parce qu'une action morale ne tire pas seulement sa bonté de son objet, mais encore de l'assemblage de toutes les circonstances qui concourent à la produire et à la faire subsister, de sorte qu'il ne faut que l'absence d'une seule de ces circonstances ou la rencontre d'une seule mauvaise pour que cette action cesse d'être bonne ou indifférente, et pour la rendre mauvaise et vicieuse, suivant cet axiome de Saint Denis et après lui de tous les théologiens: *bonum ex integra causa, malum ex quocumque defectu*; si bien que la comédie indifférente de soi est souvent déterminée au mal par ses accompagnements.

Et c'est pour cette raison que les docteurs et les prédicateurs ont toujours invectivé, comme ils invectivent encore à présent contre la comédie dans tous les lieux où elle se joue, à cause des suites funestes pour la conscience que ce divertissement attire ordinairement après soi, quelqu'indifférent qu'il soit de sa nature.

C'est pourquoi le grand Saint François de Sales, dont le témoignage ne doit point être suspect, car il est, comme vous le savez, celui de tous les Saints, de l'aveu même des personnes du monde, qui a rendu la dévotion plus douce, plus aisée et plus accommodante aux personnes qui vivent dans le monde, c'est, dis-je, après avoir dit dans son livre de l'Introduction, qu'il a fait pour les personnes qui vivent à la cour et dans le siècle, que les comédies honnêtes (car il ne fait mention que de celles-là) sont indifférentes en elles-mêmes et dans leur substance, il ne laisse pas d'ajouter qu'elles sont dangereuses; et parlant dans le même livre des divertissements dangereux sous le nom desquels il comprend pareillement les bals et les danses, il en dit tout ce qu'il en peut dire pour les décrier, pour les faire appréhender par les personnes qui vivent dans le monde et pour leur donner tout l'éloignement possible.

Car il dit que ces divertissements penchent fort du côté du mal, qu'ils sont pleins de dangers et de périls, qu'ils sont la source d'un grand nombre de péchés, qu'ils dissipent l'esprit de dévotion, qu'ils font perdre le moyen de servir Dieu, qu'ils alanguissent les forces de l'âme, qu'ils refroidissent la charité et qu'ils réveillent en l'âme mille mauvaises affections, que ce sont

164

des assemblées ténébreuses etc. Ce sont les propres termes de ce Saint Evêque; et cela n'est que trop confirmé par l'expérience de quantité de péchés qui se commettent soit à l'extérieur, soit intérieurement dans le cœur.

Après cela on ne peut pas disconvenir que les bals et les comédies qui se jouent dans le monde, pour honnêtes qu'elles soient de leur nature, ne soient des divertissements très dangereux pour toutes sortes de personnes en général et très préjudiciables à plusieurs en particulier.

Si cela est vrai, comme il l'est en effet, il s'ensuit manifestement que ces sortes de divertissements sont des occasions prochaines de péché à plusieurs, lesquels par conséquent ne peuvent et ne doivent en conscience s'y trouver, puisqu'il y a une obligation indispensable à tout chrétien d'éviter les occasions prochaines du péché et de sa perte. Je parle comme vous voyez des comédies dont la pièce est même honnête et sérieuse et qui seraient néanmoins des occasions prochaines de péché aux personnes qui s'y trouvent, comme il n'arrive que trop souvent.

Car pour ce qui est des comédies dont la pièce est ou impie, ou impure, ou injurieuse à la réputation du prochain, propre à produire un amour impudique et à tourner en raillerie et en dérision les choses de la religion, de piété et de dévotion, on ne peut douter qu'elles ne soient défendues, comme j'ai déjà dit, à toutes sortes de personnes, comme étant très mauvaises et très pernicieuses d'elles-mêmes, quand même on se servirait du prétexte de les représenter pour reprendre le vice et corriger les mœurs; car outre que le théâtre de la comédie dans le monde n'est pas une école propre à faire des leçons de vertu, il est encore constant par l'expérience qui s'en fait, que sous de beaux prétextes ces sortes de pièces insinuent adroitement et artificieusement le vice même, l'impureté, et le mépris de la religion et de la dévotion dans l'âme des assistants, ainsi que le philosophe Sénèque l'a remarqué de son temps.

Voilà l'éclaircissement que j'ai cru être obligé de donner à mes auditeurs; je n'ai rien dit de moi-même, mais appuyé seulement sur le témoignage des Saints qui ne peut être soupçonné de fausseté, étant unanime comme il est; ce sont nos pères, nos maîtres, nos docteurs et les juges nés des affaires de la conscience qui méritent d'être crus et qui ne voudraient pas nous tromper, puisque ce sont des Saints. C'est pourquoi je m'assure que ceux qui aiment la vérité seront bien aises de l'explication que je viens de leur faire.

—

Nous avons approuvé l'instruction ci-dessus, comme il paraît par notre ordonnance ci-jointe.

JEAN, Evêque de Québec.

PIERRE LE MOYNE D'IBERVILLE (1661-1706)

Voilà un homme auquel de très nombreux Québécois accepteraient de s'identifier. Un héros authentique. Avec la dramatisation de quelques gestes privilégiés et l'ignorance voulue de presque tout le reste. Il fut l'un des plus grands marins de son temps. Un homme de guerre habile, courageux et impitoyable. Ses hommes l'admiraient et auraient tout osé sous son commandement. Il fit le commerce à sa façon, qui était proche de la piraterie, et s'enrichit. Il avait des projets de grande politique continentale. Canadien sans avoir à le dire, il semble n'avoir aucun lieu fixe, être toujours en mouvement, toujours de passage: la métropole et la cour, la Bretagne, Terre-Neuve et la baie d'Hudson, Québec, la côte atlantique, la Louisiane, les îles. Il était peut-être déjà, et avant tout, montréalais. Il mourut à La Havane, à 45 ans. Nous avons de lui de nombreux mémoires, des lettres à ses associés et aux ministres, le journal de quelques expéditions. Il avait la tête solide et les idées claires; il établissait une relation au monde qui s'exprimait en dénotations concrètes et précises. Mais comment lui faire une place parmi les « écrivains »? Peut-être n'est-il jamais allé à l'école. Par ailleurs, qui a jamais dit que c'était à l'école qu'on apprenait à écrire?

Brigantin, frégate, quaiche et chaloupe

Plaisance, le 24 septembre 1696.

Monseigneur[1], je me sers de la première occasion pour vous rendre compte de mon voyage. Nous nous sommes rendus, le *Profond*, moi et le *Vesp*, à la Baie des Espagnols[2] le 27 juin. Le *Vesp* est parti aussitôt pour aller à Québec.

Trois Sauvages vinrent à bord, qui attendaient ici les navires depuis un mois. Ils nous apprirent que vingt-cinq de leurs hommes étaient à Saint-Pierre, où était un des habitants de Beaubassin, avec sa barque, et qui a des lettres de M. de Villebon. Je fis partir ces sauvages aussitôt pour l'aller quérir. Pendant ce temps, nous nous fîmes de l'eau et du bois.

Le 1er juillet, Germain Bourgeois, qui était cet habitant, arriva en canot avec tous ces sauvages et la barque. Il nous donna une lettre de M. de Villebon, écrite du 12 mai, par laquelle il nous donnait avis que les Bostonnais avaient dessein d'enlever le navire qui a accoutumé de lui porter secours, et ont pour cela le navire qui se battit contre M. de Bonaventure l'année dernière, et une frégate de vingt-quatre canons.

Le 4 juillet, nous sommes sortis du Havre-à-l'Espagnolle pour continuer notre route, ayant embarqué avec nous vingt-quatre sauvages qui ont voulu venir à la prise du fort Pemquid.

Le 14, sur les huit heures du matin, de brume à ne pas voir de terre, nous mouillâmes l'ancre tous deux, à trente brasses d'eau à une demi-lieue au sud-est de la Pointe-au-Lapin, distante de la rivière Saint-Jean de cinq lieues.

---

1. M. de Pontchartrain.
2. Sidney, en Nouvelle-Écosse.

Sur les deux heures après-midi, la brume s'étant dissipée, nous avons aperçu deux navires et un brigantin à une lieue et demie au vent de nous, allant à la rivière Saint-Jean, qui vinrent à nous. Aussitôt nous nous mîmes sur les voiles, allant à eux à petite voile, le *Profond* avec le pavillon anglais, comme s'il eût été une prise, sa batterie de bas fermée, pour les attirer le plus près de nous que nous pourrions. Ils arrivèrent sur nous, jusqu'à ce qu'ayant connu que le *Profond* était navire de guerre, ils nous prêtèrent le costé à une grande portée de canon.

Le grand se trouva à mon travers, qui n'avait que trente-six canons, qui força de voile à ma troisième volée et me dépassa tenant le vent. Le petit, de vingt-quatre canons, se trouva dans le moment à mon travers, après avoir essuyé la volée du *Profond*. Je lui en envoyai deux; la troisième le démâta de son grand mât d'hune. Cela l'obligea d'arriver vent arrière avec toutes ses voiles devant, pour se sauver dans la Baie Française: ce que je l'empêchai de faire, arrivant un peu sur le large en le croisant et le canonnant, étant prêt à l'aborder. Il amena, et mit en panne.

Je continuai à chasser le gros, et laissai celui-là au *Profond* à l'amariner, qui n'allait pas si bien que moi ce jour-là. Je joignis le gros à la portée du canon, sur les cinq heures et demie du soir. Nous nous canonnâmes deux heures, ce que je fis de loin, pour tâcher de le démâter et de le désemparer devant la nuit, qui vint si obscure, et la brume si forte, qu'il me fut impossible de le garder.

Je fis jusqu'à minuit la manœuvre que je croyais qu'il fallait faire, afin de voir si je ne pourrais point entendre les signaux qu'il ferait à son brigantin, n'osant pas dans la brume m'engager entre les îles. Je fis la route pour joindre le *Profond*, que je ne pus joindre, dans la brume, au bruit du canon, et m'en allai mouiller à la rivière Saint-Jean.

Le 15, sur les neuf heures du matin, la brume se hausse un peu. J'aperçus la prise, mouillée proche de l'île aux Perdrix, qui appareillait pour entrer dans la rivière Saint-Jean. Je lui tirai deux coups de canon, avec pavillon en berne, pour qu'elle m'envoyât mon canot, que je lui avais envoyé le jour d'auparavant avec trois hommes. Afin d'aller plus vite, j'avais envoyé ma chaloupe avec trois hommes, devant le combat, par la barque de Germain Bourgeois, qui était venu avec nous du Cap-Breton.

A dix heures du matin, j'aperçus à l'éclaircie le *Profond*, à trois lieues au ouest-sud-ouest, qui revenait vent arrière. La marée étant bonne, j'entrai dans la rivière Saint-Jean, avec la prise, à laquelle je fus obligé d'envoyer vingt hommes pour pomper le bâtiment, ayant échoué sur une roche, d'où j'envoyai le retirer, et l'entrer dans la rivière, où je la fis échouer. Aussitôt M. de Villebon vint à bord, auquel je donnai, monseigneur, les paquets dont vous m'aviez fait l'honneur de me charger.

Le 16, le *Profond* vint mouiller dans la rade de la rivière contre moi. Nous nous disposâmes à décharger ce que nous avions dans nos vaisseaux, et M. de Villebon envoya un canot à Québec pour y porter les paquets dont j'étais chargé. J'ai écrit par ce canot au P. Simon, missionnaire, d'envoyer avertir M. de Thury, missionnaire, auquel j'écrivis de faire assembler tous les sauvages à Pentagouët, où nous allions nous rendre.

Nous envoyâmes de nos matelots au haut de la rivière, quérir les barques pour décharger nos vaisseaux, le faisant, en attendant, avec nos chaloupes, portant toutes choses au haut du saut, où M. de Villebon souhaita que l'on les mît. Il n'avait pas compté que l'on lui enverrait cette année de quoi rétablir le fort. Il n'avait qu'une partie des madriers de faits, à vingt-cinq lieues de là; et au Port-Royal deux cent-vingt, dont les Anglais en avaient fait brûler cent. C'est pourquoi le secours que nous lui aurions pu donner pour le rétablissement de ce fort a été inutile.

Le 18, j'ai été obligé de faire tout-à-fait décharger tout ce qui était dans le *New-Port* (la prise), pour l'échouer et le raccommoder, étant à deux pompes, et s'étant emporté vingt pieds de long de bordage de chaque bord au deuxième bordage du rebord. qu'il a fallu changer. Cette frégate est à un pont, sur lequel il y a vingt pièces de canon de six livres, et quatre sur sa chambre de trois livres de balles. Elle est toute neuve de l'année dernière. Il y avait soixante dix-huit hommes dessus, avec des vivres pour quinze jours.

Le 20, j'ai fait décharger les huit pièces de canon que j'avais pour le fort, et les ai fait jeter à l'eau à marée haute, vis-à-vis du fort, du côté du portage, où M. de Villebon a souhaité que nous les mîssions, et marquai le lieu. (...)

Le 7 du mois[3], nous nous sommes rendus à Pentagouët, l'*Envieux*, le *Profond*, et le *New-Port*, commandé par M. de Lozon, avec vingt-quatre hommes d'équipage. M. de Thury, missionnaire de cette rivière, est venu à bord, qui m'a dit avoir quatre vingt-dix sauvages de sa mission et soixante-dix de celle de Canibiguy.

Le 8, plusieurs sauvages de Pesmocoüady et de la rivière Saint-Jean y arrivèrent, ce qui faisait en tout 247 hommes.

Le 10, je les festinai, et les présents leur furent distribués en la présence des missionnaires.

Le 11, il arriva douze sauvages de guerre, venant de la rivière de Pascadouet, d'où ils ont amené un homme et deux filles, et y ont tué quatre hommes.

Le 12, la brume nous empêche de partir.

Le 13, nous partîmes, tous les sauvages en canot, avec M. de Saint-Castin à leur tête, et MM. de Vilieux et Montigny, avec seize de leurs soldats, pour s'aller emparer des postes par où les Anglais pourraient se sauver et donner avis à Boston.

Le 14, à huit heures du matin, j'envoyai la chaloupe de M. des Chauffours à terre au portage, dans laquelle j'avais chargé mes mortiers et bombes et deux pièces de canon et autres ustensiles nécessaires pour l'attaque du fort. Je la fis escorter jusque dans le havre par le *New-Port*, qui nous vint joindre dans la rade de Pemquid, où nous étions mouillés sur les trois heures aprèsmidi. J'envoyai aussitôt sommer le gouverneur du fort de me rendre sa place, à quoi il répondit en brave homme: ce qu'il ne soutint pas par la suite.

Le 15, à trois heures du matin, je fus à terre joindre M. de Vilieux et tous nos sauvages qui avaient accommodé le chemin le jour d'auparavant,

---

3. Août.

qui a deux tiers de lieue de long, pour charoyer les canons et mortiers. Je fis travailler aussitôt à deux batteries de mortiers et canons, ce qui fut fait à deux heures après-midi. Je leur tirai quatre bombes, sans les jeter dedans le fort; après quoi je les sommai de nouveau, les menaçant de ne leur plus donner de quartier, s'ils m'obligeaient de faire brèche; que je ne serais pas maître des sauvages dans ce temps-là; qu'ils pouvaient envoyer visiter mes forces, qui étaient plus que suffisantes pour les prendre: ce qu'ils firent: après quoi ils me rendirent le fort, à condition que je les enverrais à Boston, et que je leur conserverais leurs hardes. J'envoyai M. de Vilieux prendre possession du fort avec vingt soldats, et envoyai les Anglais à bord, n'osant les laisser exposés aux sauvages, qui sont véritablement animés contre eux.

Il y avait dans ce fort 92 bons hommes, cinq femmes, quatre enfants. Le fort était carré, ayant trois bastions, et une tour, du costé de la mer, de vingt-huit pieds dedans en dedans, de bonne maçonnerie de quatre à cinq pieds d'épaisseur, quinze canons de huit et vingt-quatre livres de balles, muni de toutes autres choses nécessaires pour la défense d'un fort, les poudres sous une roche voultée où la bombe ne pouvait rien faire. L'inventaire en a été fait, que j'aurai l'honneur, monseigneur, de vous envoyer par l'*Envieux*.

Le 17, je fis travailler à la démolition du fort, après avoir fait distribuer aux sauvages les vieilles hardes qui s'y trouvaient, les fusils de service, poudre et plomb comme je leur avais promis, me l'ayant demandé avant la prise du fort, me faisant connaître que plusieurs de leurs gens étaient mal armés. Je crois, monseigneur, que vous voudrez bien approuver ce que j'ai fait, et cela étant pour le service du roi.

Je fis partir le même jour la chaloupe de M. des Chauffours pour aller à Boston y mener le gouverneur et quarante-huit de ses gens des plus méchants, et de ceux du vaisseau les malades et le capitaine, pour aller solliciter l'échange de ces gens avec les flibustiers de Guyon et les autres Français, gardant le lieutenant et l'enseigne, et 136 hommes, qui me consommaient beaucoup de vivres.

Le 19, le fort étant entièrement démoli à ras des fondements, j'en fis dresser le procès-verbal, et le 20 au matin nous appareillâmes tous, emmenant les Anglais, pour aller aux Monts-Déserts, laissant M. de Montigny avec deux hommes pour attendre l'arrivée du bâtiment de Boston et leur dire où nous étions.

Jeter une colonie

Il me paroist qu'il est absolument nécessaire de jeter une colonie dans le Mississipy, à la rivière de la Mobile et se joindre aux Indiens, qui y sont assez nombreux, par villages et nations séparées et les armer pour se soustenir contre ceux que les Anglois ont dans leur party et faire repasser les Anglois au delà des montagnes, ce qui est facile, à présent qu'ils ne sont pas encore puissants dans l'ouest d'elles, n'ayant encore à eux de nation considérable que celle des Chicachas, avec lesquels nous sommes en pourparlers de paix, et les Chouanons, dans l'espérance d'avoir plus facilement de nous toutes les denrées d'Europe et à meilleur marché qu'eux, en ce que nous les leur porterons par les rivières au lieu que les Anglois leur portent par les terres sur des chevaux. C'est ce que je leur ay fait proposer l'année dernière, et ils m'ont promis de se trouver à une assemblée de tous les chefs des nations, qui se doit faire au fort du Mississipy au printemps prochain, où il sera facile de les engager à faire une paix générale entre eux et à nous remettre les Anglois interprètes qu'ils ont dans leurs villages moyennant quelque présent, et y establir aussitost des missionnaires qui les contiendront dans nos intérêts et attireront un très grand nombre de peuples à la Religion. Tout cela se peut faire avec peu de despence, au lieu qui si l'on attend plus tard, cela ne sera pas si facile: les Anglois, s'y fortifiant, ou diminueront les nations qui sont dans nos intérests, ou ils les obligeront de se mettre dans les leurs.

PIERRE DE TROYES (?-1688)

Pierre de Troyes n'a pas vécu longtemps au pays. Il arriva au Québec en 1685. Dès l'année suivante, il conduisit à la baie d'Hudson une troupe de 100 hommes pour en déloger les Anglais. Il se mit en route à la fin de mars; l'expédition dura 4 mois et fut couronnée de succès. En 1687 il fut nommé commandant du fort Niagara; il y mourut du scorbut, le printemps suivant. Nous avons retenu un passage du *Journal de l'expédition à la Baie d'Hudson*.

Le feu y devint furieux

Le 30e. de may ceux qui estoient restey derriere me rejoignirent, aiant fait trois portages dans le chemin. Ils travaillèrent un peu pour la halle apres quoy nous nous embarquâmes tous et fîmes dans cette journée en vingt cinq lieues huit portages, au dernier desquels il nous arriva un accident qui n'est pas moins terrible que digne de remarque.

Quelques uns de nos derniers canots aiant allumé du feu au rapides precedant, il courut dans le bois avec une impétuosité d'autant plus grande qu'il faisoit un fort grand vent. Les flames qu'il poussoit devant luy ne s'estendoient pas mais gagnoient toujours en longueur dans le bois, au gre du vent qui les chassoit; elles nous parurent redoutables en ce qu'apres avoir brulé le long d'un lac, avec vitesse, que nous avions passé, elles gagnerent l'endrot ou nous estions. Le danger estoit grand, parce que nos gens estoient occupey a faire le portage qui est de quinze cent pas, les uns chargeoient les autres marchoient chargey, une partie revenoit querir ce qui estoit a porter, et en un mot le chemin estoit si rempli d'allans et venans, que je ne scavois le mieux comparer qu'a celuy des fourmis autour de leur fourmillere; mais nostre malheur parut inevitable lorsque le vent aiant change, poussa effroiablement ces tourbillons de flames dans la longueur de nostre chemin de manière qu'il est aussi difficille d'escrire la peine que l'on eut de s'en garantir que de pouvoir bien exprimer la grandeur et la promptitude d'un si grand feu, qui obligea ceux qui estoient a l'entrée du portage de se jetter dans leurs canots avec les poudres, et tout ce qui pouvoit craindre les approches du feu, qui s'estant mis plus au large a cause du peu de largeur du lac en cet endroit, se couvrirent eux et leurs canots de couvertes mouillées, pour mieux résister aux flames qui passoient le plus souvant sur eux, qui se trouverent engagez dans le milieu du portage. Ils en gagnerent les extremites avec la derniere diligence, le risque n'y estant pas moins que d'estre brule vif. A mon egard, je me trouvé aux trois quarts du portage avec le P. Silvie, lorsque nous nous vimes contraints a courir de toutes nos forces au travers le bois tout embrazé, dont le feu nous serra de si près qu'une menche de ma chemise fut brulée par une confusion d'étincelles et de charbons ardans, qui tomboient continuellement. Enfin nous gaignâmes une petite prairie sur le bord de l'eau, où nous trouvâmes que ceux qui avoient acheve le portage, avoient imite ceux de l'autre bout s'estant mis a l'eau dans leurs canots avec tout ce qui ne se pouvoit gaster, jusques au sac de bled d'inde dont tout le detachement vivoit. Nous rencontrâmes une bende de sauvage, en entrant dans la prairie, qui nous aiderent beaucoup a sauver nos hardes et autres choses de l'embarquement. Nous estions dans cette prairie, qui n'avoit au plus que vingt pas de large, enfoncey jusques aux genoux, tant nous avions de precipitation de nous embarquer, ce que nous fîmes dans deux canots qui vinrent nous prendre sur le bord du lac qui n'a pas en cet endroit plus de trente pas de large, le feu y devint si furieux que les flames y pasoient comme un torrant par dessus nos testes, et allumerent le bois de l'autre bord. C'estoit une chose bien triste de nous voir exposey entre deux si impitoiables elemens, dans des canots qui n'estoient faits que d'ecorce et baraques de bois de cedres sont extrement combustibles. Il falloit pourtant si tirer d'un si mechant pas, de sorte que, aiant remarque, nous serions plus seures vis a vis l'endroit ou le feu avoit passé, j'y fis aller les cannots qui n'y trouvèrent nul danger, et deux heures apres ceux qui estoient restés au bout d'en bas continuerent leur portage, comme si rien n'avoit arrivé, n'y aiant plus que quelques arbres secs qui bruloient, et les autres estoient tous noirs et depouilley de leurs feuilles ceux qui pourront avoir la curiosité de connoistre la cause de cet embarquement (embrasement) dont le progrey fut si prompt et si subit, scauront que toutes les forests de ce climat ne sont que de cedres, sapins et bouleau, qui joint a la gomme qu'ils portent en abondence, prennent et entretiennent avec facilité le feu qui si communique. Nous perdîmes un cannot, des pouches de bled d'Inde et quelques fusils. Il y avoit des grenades dans une de ces poches qui ne prirent point feu quoy que la toille du sac fust toute brulée. Apres tant de fatigues nous fumes camper assey pres dela avec des sauvages que nous avions rencontré, qui nous traiterent un canot pour remplacer celuy qui nous avoit esté brulé. Je me croy pourtant obligé de marquer icy une circonstance qui, peut estre, ne deplaira aux supersticieux, qui est que le sr Lallemend prenoit soin de faire la carte de nostre voiage nommant tous les portages du nom des sts suivant le rang qu'ils ont dans les litennies. Il arriva que le portage ou nous essuiames cette incendie écheut sans affectation a st Laurans. Cette observation a este depuis observée et fortifiée par un autre bien deplorable. Je travaillois le 20e 8bre estant de retour à Quebecq, à mettre le journal de mon voiage au net, lorsque estant parvenu a l'article de cet embarquement, j'entendis sonner le toxin, à cause du feu qui avoit pris chez les Révérendes Mères Ursulines, qui brula en moins d'une heure tout leur monastere. Ce qui me donne lieu d'advertir le lecteur de prendre garde au feu en lisant ce passage, s'il en fait lecture à la chandelle.

MARIE MORIN (1649-1730)

Elle était née à Québec. Elle se percevait et se nommait « fille du pays ». Elle est contemporaine de Jolliet, de d'Iberville. Sa génération fut sans doute la première à se sentir « d'ici ». Son frère aîné fut le premier prêtre né au pays. Elle n'avait que 13 ans lorsqu'elle entra chez les Hospitalières de l'Hôtel-Dieu de Montréal. La ville n'était fondée que depuis 20 ans. Quelques-unes des compagnes de sœur Morin avaient bien connu les fondateurs. C'est d'elle-même, sans ordre de la supérieure, que sœur Morin entreprend de raconter l'histoire de son couvent. Elle a 48 ans; elle a étudié chez les Ursulines. Elle a été souvent nommée économe; elle a été deux fois supérieure. Elle a beaucoup à dire. Elle raconte avec simplicité et peut-être excelle-t-elle à faire le portrait. Serait-ce qu'en ce pays si peu peuplé l'homme est plus important que l'événement?

Sans parler hardiment

Je croy mes chères Sœurs qu'il est convenable de commencer ce petit ouvrage tout dédié à la gloire de la Ste famille de Jésus, Marie et Joseph, aujourdhuy, feste de St-Pierre et de St-Paul de l'année 1697, puisque c'est à [tel jour] que nos trois premières mères, qui ont fondé cette maison, s'embarquèrent à la [Rochelle] dans le navire qui les devoit porter en Canada, où elles arrivèrent heureusement le jour de la nativité de la très Ste Vierge, le huit de sepbre suivant, devant la ville de Kébec, capitale du Canada, après avoir essuyé tous les dangers et périls de la mer, pendant une navigation de plus de deux mois, où elles coururent de grands risques de se perdre, avec leur navire, qui fut battu des vents et orages si impétueux que plusieurs fois, tout l'équipage crut être perdu et se mit en estat de mourir, particulièrement nos chères Sœurs [quoiqu'elles] ne [devaient] pas craindre ce passage.

Peut-être que [N. Seigneur permettait] tous ces accidents afin de donner lieu à ses servantes de luy faire le sacrifice de leur vie, et de tous leurs desseins qui étaient grands et sublimes, pour l'entreprise desquels il leur fallait un grand courage et beaucoup de résolution, et encore plus pour les soutenir contre toutes les oppositions que le démon forma pour empêcher cette œuvre, se servant même des gens de bien pour cela, comme je le dirai dans la suite de cette petite histoire, lesquels pensant rendre gloire à Dieu, firent tout leur possible pour engager nos chères Sœurs de repasser en France ou quitter leur institut qui n'était encore que dans les vœux simples, pour entrer en celuy des Religieuses hospitalières de St Augustin, qui étaient venues de la ville de Dieppe, en Normandie, s'établir à Kébec vingt années auparavant, et qui désiraient avec ardeur aller fonder Montréal, que la Ste Providence avait destinée aux Filles de St-Joseph.

Mais nos dites [Sœurs] n'écoutèrent point ces propositions et demeurèrent fermes dans leur premier dessein et s'exposèrent de bon cœur, à toutes les croix qu'elles prévirent bien, que leur fermeté leur attirerait de la part de Monseigneur L'évesque de Pétrée, pour lors, Vicaire apostolique dans tout le pays de La Nouvelle-France et de Monsieur l'abbé de [Kélus] supérieur de la Communauté des prêtres de St-Sulpice, seigneurs de l'isle de Montréal, qui était demeuré sur les lieux avec cinq prêtres, qui desservaient la paroisse et dont je parlerai souvent à la suite de cette histoire.

Or cet abbé était un homme de grande qualité, fort considéré dans le monde; en outre Seig'r du Montréal, tout cela ramassé et considéré à part, luy donnait le pouvoir de nuire à nos Sœurs comme il fit, premièrement. Il persuada à Monseigr l'évesque de ne point établir, luy alléguant plusieurs raisons pour luy persuader qu'il était plus advantageux à la colonie d'y envoyer les hospitalières de Kébec; ce qu'il luy promit, et luy a gardé pendant douze ans, avec bien de la fidélité, n'ayant rien espargné pour faire réussir le dessein de Monsr de Quélus d'établir les hospitalières de Kébec à Ville-Marie, où deux Religieuses s'y estois rendues, il y avait près d'un an, savoir: la R'nde mère de St-Paul, et de la nativité pour prendre possession de l'hôpital, secrètement pendant l'absence de Mademoiselle Mance, qui devait passer en France et lessait le dit hôpital sans protection, à ce qu'ils pensaient en étant la mère, et l'administratrice. Laquelle y mit si bon ordre qu'en son absence il ne fut pas permis aux dites Rses de servir les malades qu'avec la permission de Mademoiselle La Bardillière, à qui Madelle Mance avait laissé tous ses pouvoirs pour l'administration dudit hôpital et qui rendait toutes les mesures de M. de Quélus toutes inutiles et partit pour France dans le mois d'octobre de l'année 1658 pour sommer messieurs de la compagnie de Montréal de luy faire avoir les Filles de St-Joseph que Mons. de la Dauversière luy avait promis pour y fonder et desservir l'hôpital des pauvres tant François que Sauvages.

D'autre part, ces révérendes mères firent leur possible pour qu'on obligeât les hospitalières que Mlle Mance était allée quérir en France de s'unir à elles et prendre leur habit, puisqu'elles étaient acceptées par Messieurs de la Compagnie, et avaient contracté avec eux, etc., toutes ces diligences servirent de peu, puisque Dieu avait d'autres desseins comme on le verra à la fin.

Ce combat de nos chères Sœurs a duré douze ans durant lesquels on les a sollicitées fortement ou de retourner en France ou de s'unir aux Religieuses; ce que le Seigr a permis pour exercer la vertu de nos chères mères et faire connaître leur fermeté dans leur dessein. Pendant tout ce temps elles souffrirent beaucoup de résister au sentiment de Monseigr l'évesque, de Monsr l'abbé de Quélus et des Révérans pères Jésuites qui se mirent aussy de la partie par complaisance, ayant d'ailleurs fait tous les pleisirs qu'ils ont pu aux Filles de St-Joseph, qui sont nées entre leurs mains et soubs leur direction puisque c'est eux qui ont conseillé et dirigé Monsr de la Dauversière dans son commencement et notre première mère Marie de La Ferre[1], qui leur estois soumis en tout avec une confiance toute filiale et pleine de respect à tous leurs sentiments, etc.

Je reviens à Monseigr l'évesque de Pétrée qui était grand serviteur de Dieu et un homme tout apostolique qui ne fit jamais violence aux sentiments de nos Sœurs, se contentant de leur dire qu'elles luy feraient un grand plaisir de faire ce que Monsr l'abbé de Quélus souhaitait qu'il y voyait aussy leurs advantages en atirant sur elles et sur leur entreprise la protection de cet homme qui était en pouvoir de leur faire beaucoup de bien si elles voulaient entrer en ces sentiments, qu'il luy avait donné parole de ne les point établir dans les formes, et qu'il ne le ferait pas, qu'elles ne devaient pas espérer de recevoir de filles qui ne voudraient pas s'exposer à tant de peines et de contradictions, que celles, où elles devaient s'attendre, tout cela affligeait beaucoup nos chères mères mais ne les abattait pas; elles trouvaient leur consolation dans la pensée que Dieu les voulait de la sorte pendant un temps, et quoy qu'elles prévisent que la disgrâce de ces deux personnes leur attirerait bien des croix, rien ne fut capable de les fléchir, s'abandonnant au travail envers les malades, qui était grand, à cause de leur petit nombre, au froid, qui était extrême dans ces commencements, à la peur des Yrocois, qui était une espèce de martyre, et à la pauvreté n'ayant que très peu de chose pour vivre et qui leur repugnet beaucoup, n'y estant pas accoutumés, tout cela paraissait peu à ces grands cœurs qui auraient voulu donner leur vie pour N. Seigneur. Je vous assure mes chères Sœurs, qui lirez secy après ma mort, que tout ce que vous souffrez aujourd'huy dans cette maison est doux auprès de ce qu'elles y ont souffert dans son commencement, vous cueillez des roses et elles ont eu les épines. Croyez que ce que je marque isy est la moindre partie de ce qu'elles ont souffert, mais de la belle manière, à la façon des saints, en désirant davantage, et comptant leurs travaux pour peu de chose, ce qui marque l'amour dont leurs cœurs étaient pénétrés et le désir de luy procurer de la gloire dans les œuvres de leur sainte vocation. Leurs noms étaient Judhit Moreau de Bresolles, qui a été la première supérieure, Catherine Macé, qui a gouverné après elle au moins dix-huit ans, en plusieurs trianaux, Marie Maillet, qui est morte la première des trois, 18 ans après son arrivée dans ce pays, toutes trois d'une vertu signalée comme il était convenable, estant les fondements de cet édifice où sa divine majesté doibt estre servie et honorée jusqu'à la fin des siècles par un grand nombre de filles, qui, à leur imitation, offriront leur vie et leur santé pour estre sacrifiées au service des pauvres malades soubs l'obéissance religieuse. Et comme j'ay plus de connaissance de ces choses que beaucoup d'autres, sans parler hardiment, estant la première

---

1. La sœur La Ferre fut la fondatrice des Hospitalières de Saint-Joseph de La Flèche, qui vinrent prendre charge de l'Hôtel-Dieu de Ville-Marie. (Note de l'éd. de 1921)

fille qu'elles resurent en leur sainte compagnie. La 3ᵉ année après leur arrivée au Canada, j'ay eu le bonheur d'estre témoin oculaire de presque tout ce qu'elles ont fait et souffert et ne croyez pas mes chères Sœurs que j'exagère, mais persuadez-vous comme il est vray, que ce n'est que la moindre partie et que c'est pour votre récréation que je prends plaisir à écrire ceci. car s'en est une de savoir les advantures, et les actions mémorables de ceux quy nous ont précédé dans les actions de notre estat, et je me flatte encore que vous en aurez de la consolation et vous trouverez animées à la vertu par ces exemples.

J'ay lu par le passé les fondations de Ste Thérèse avec assez d'application par le plaisir que j'y trouvais, mais il y en a peu, qui ais rapport à celles-ci, pour les contradictions et oppositions, de la part des gens de bien, qui sont les plus sensibles et la pauvreté qu'on y a souffert, dont je dirai les causes à la suite de cette petite histoire; j'ai attendu jusques jour d'huy à y travailler pour deux raisons. La première, mon incapacité; la seconde, mon peu de loisir, qui sont deux grands obstacles à surmonter tout à la fois, plusieurs de nos Sœurs de nos couvents de France m'en ont pressé fortement, ce qui m'a engagée d'en parler à ma supérieure, qui a approuvé mon désir et m'y a encouragée et permis d'y mettre tout le temps que je pourrais avoir de libre à moy, dans l'office de dépositaire qui sera bien interrompu à cause que y aura à répondre à bien des ouvriers qui rebâtissent notre monastère qui brusla la nuit du 23ᵉ février, feste de St Mathias, apostre, de l'année 1695, vers les trois heures du matin, 36 ans après sa fondation dont j'écrirai les particularités ailleurs. Si je puis.

Les charpantiers massons, taillieurs de pierre, menuisiers ayant besoin de me parler souvent, cela me distrait de mon sujet, et me fait faire des répétitions mal à propos et couper trop court un discours commencé; ce qui me servira d'excuse auprès de vous mes chères Sœurs, je vous en prie pour plusieurs fautes telles que je viens de marquer que vous remarquerez aisément, et si je ne savois vous faire plaisir en écrivant secy, je ne l'aurais jamais commencé, ne voulant pas m'exposer à la censure des sages, qui possible se moquerois de mon antreprise.

La précieuse ridicule

Ma sœur Geneviève Renaud est une fille qui a paru prévenue de la grâce dès son enfance, aimant la vertu dès son bas âge et fuyant avec grand soin l'apparance du mal seulement. Elle demeura orpheline fort jeune et prit la très Sainte Vierge pour sa mère et en a reçu de grands secours. Sa sagesse et modestie estois rares. Quelques-uns l'appelois par dérision la précieuse ridicule à cause qu'elle ne levait pas les yeux et ne parlait jamais aux hommes que quand la nécessité en étoit grande et en très peu de mots.

N. Seigneur luy donna désir d'estre religieuse. Mais n'ayant aucun bien temporel et obligée de servir pour gagner sa vie, la dame qu'elle servoit, voyant sa dévotion et autres vertus, luy dit un jour que si elle vouloit demeurer avec elle tant qu'elle vivroit, qu'elle luy laisseroit de quoy pour se retirer dans un couvent; ce qu'elle accepta avec joie et consolation, s'efforçant à la contenter en tout. Cette dame mourut peu d'années après; ce qui donna pleine liberté à Geneviève Renaud d'accomplir son désir et se donner à Dieu. En effet elle entra chez nous sans différer beaucoup, commença son noviciat âgée de 20 ans, en grande ferveur, persévérant généreusement dans son entreprise; fit profession, et le fils de la dame luy donna son dot comme sa mère l'avait ordonné.

Elle n'étoit pas d'une forte complexion naturelle; cependant elle travaillait avec tant de ferveur, qu'elle a esté très utile à la communauté par son grand soin, vigilance et propreté qui n'étoit pas communes. Son employ plus ordinaire étoit sœur des salles, qu'elle faisait très religieusement, estant fort désirée des malades; et le soin de la basse-cour, qui abondait en volailles entre ces mains par ses soins et diligence qui n'étoit pas petite et son amour pour la régularité, etc.

Cette chère ville future

Enfin le printemps arriva, Monsieur de Chomedy et Mademoiselle [Mance] ne perdirent pas un moment pour disposer toutes choses au voyage de Kebec à Ville-Marie, où l'on compte soixante lieues de chemin, qui se fait par eau en été et l'hiver en raquettes, sur les glaces; à présent on le fait à cheval avec des tresnes qui sont les carosses du pays de Canada, etc.

Madame d'Ailleboust voulut estre de la partie avec Mademoiselle de Boulogne, sa sœur, qui depuis s'est fait religieuse ursuline à Kebec, soubs le nom de St-Dominique, Madame de Lapeltrie avec une fille de chambre qu'elle avoit amenée de France et qu'elle a fait religieuse dans la suite, dans son mesme monastère, soubs le nom de St-Ignace, qui vit encore aujourd'huy dans une vénérable vieillesse et grande odeur de vertu s'y joignant aussy. Cette sainte et vénérable troupe s'embarqua avec Monsieur de Chomedy dans une chaloupe, qui est la voiture ordinaire du pays; ils partirent de Kebec, à ce qu'on peut conjecturer, dans le commencement du mois de may, puisqu'ils arrivèrent à l'isle de Ville-Marie, terre de promission et de grande espérance, le 17e du dit mois; aussy tôt qu'ils aperçurent cette chère ville future dans les desseins de Dieu, qui n'estoit encore que des forêts de bois debout, ils chantèrent des cantiques de joie et d'action de grâces à Dieu, de les avoir amenées si heureusement à ce terme, comme les Israélites firent autrefois, et mirent pied à terre dans le lieu où est bâtie la ville à présent. Mademoiselle Mance m'a raconté plusieurs fois par récréation, que le long de la grève, plus d'une demi-lieue de chemin ci-devant, on ne voit que prairies émaillées de fleurs de toutes couleurs, qui fesois une beauté charmante; après avoir descendu de la chaloupe et mis pied à terre, Monsieur de Chomedy se jeta à genoux pour adorer Dieu dans cette terre sauvage, et toutes la compagnie avec luy qui, tous ensemble, rendirent les devoirs de religion à la supresme Majesté de Dieu, qui ne luy avois point encore esté offerts en ce lieu barbare, habité par les nations qui nous font la guerre aujourd'huy jusqu'à lors.

Ils chantèrent encore des psaumes et des hymnes au Seigneur, puis les hommes travaillèrent à dresser des tentes ou pavillions, comme de vrais Israélites, pour se mettre à couvert du plus fort des pluies et des orages, qui furent grandes et extraordinaires cette année-là; le lendemain matin on dressa un autel, où toutes nos dames épuisèrent leur industrie et leurs bijoux, et firent en ces rencontres tout ce que leur dévotion leur suggéra, sur lequel le R. Père Dupairon, jésuite, offrit la sainte victime J.C.N.S. à son père éternel en odeur de suavité. Le 18e jour du mois de may de l'année 1641[2], on ne peut pas dire la joie et la consolation que ressentit alors cette troupe élue, car je les croy toutes des saintes; on entendoit de tous côtés que des voix de cantiques, d'hymnes et psaumes en action de grâces et de louanges à Dieu, surtout de nos dames, qui en firent leur principale affaire, pendant que les hommes commencèrent à travailler pour se faire du découvert et mettre leur vie plus en assurance. Monsieur de Chomedy voulut abattre le premier arbre, disant qu'estant le Gouverneur, cet honneur luy estoit dû.

Ils vivaient en saints

Le Montréal estoit pour lors fort petit en nombre d'habitations et en terres defrichées chacun n'ayant qu'un fort petit désert à cause que les Yrocois nos ennemis ne permettois pas de s'écarter beaucoup de son voisin afin d'en estre secouru au besoin; joint qu'il n'y avoit que 18 ans que led. Montréal étoit commencé et encore en fort petit nombre comme vous avez pu le voir dans les premiers chapitres de cette histoire.

Mais le Seigneur donnait tant de bénédiction aux travaux de ce petit peuple, qu'ils recueillois autant de bled de la semence d'un seul minot que nous fesons aujourd'huy de 28 et 30 sans hyperbolle. Aussy vivaient-ils en saints, tous unanimement, et dans une piété et Religion envers Dieu telles que sont maintenant les bons religieux. Celuy d'entre eux qui n'avait pas entendu la Ste messe un jour de travail, passait parmy les autres quasy pour excommunié à moins qu'il n'eût des raisons et empeschements aussy forts qu'on en demande aujourd'huy pour s'exempter de péché mortel, aux jours de fetes et dimanche. On voyait tous les hommes de travail à la première messe qui se disoit avant le jour pendant l'hiver et dans l'esté à quatre heures du matin, aussy modestes et recueillis que le pouvois estre les plus dévots religieux; et toutes les femmes à une autre qui se disait à huit heures qui ne cédaient en rien à leurs maris en dévotion et vertu. Rien ne fermait à clef en ce temps ni maison, ni coffre, ni caves, tout estoit ouvert sans jamais rien perdre. Celuy qui avait des commodités à suffisance en aidait celuy qui en avoit moins, sans attendre qu'on luy demandât; se faisant au contraire un fort grand plaisir de le prévenir et luy donner cette marque d'amour et d'estime, quand l'impatience avoit fait parler durement à son voisin ou autre on ne se couchait point sans luy en faire excuse à genoux. On n'entendait pas parler seulement du vice d'impureté, qui estoit en horreur, mesme, aux hommes les moins dévots en apparence. Enfin c'étoit une image de la primitive église

---

2. 1642. (Note de l'édition de 1921)

que ce cher Montréal dans son commencement et progrès, c'est-à-dire pendant 32 ans, ou environ; mais ce temps heureux est bien passé, la guerre continuelle des Yrocois ayant obligé notre bon roy d'envoyer dans le Canada à plusieurs fois cinq ou six mil hommes soldats et officiers, qui ont ruiné la vigne du Seigneur et établi le vice et le péché qui est presque aussy commun à présent, que dans l'ancienne France. Même les plus grands crimes, ce qui fait gémir les gens de bien surtout les missionnaires, qui se consacrent à prescher et exhorer et n'en voient pas grand fruit, regrettant et pleurant avec sanglots ces heureuses années, où la Vertu fleurissait.

Monsieur de Chomedy

Ce fut une joie et consolation inexplicable pour la nouvelle colonie du Montréal d'apprendre l'arrivée de Monsieur de Chomedy ou Maisonneuve à Kebec, escorté de cent hommes[3], ce qui estoit aussy considérable alors que le seroit mille aujourd'huy. Ce n'estoit que des voix de réjouissance qu'on entendoit de toutes parts et des actions de grâces à Dieu, dans toute l'étendue de la petite Ville-Marie et à leur reine et protectrice, la très Sainte Vierge aux prières et faveurs de laquelle ils attribuaient d'abord tous les bienfaits du Seigneur envers eux, en quoy ils ne se trompaient pas; il fut reçu avec toutes les acclamations et comme un autre sauveur de la colonie qui se voyoit tous les jours dans le danger d'estre sacagée, sans se pouvoir défendre contre ces ennemis qui estois beaucoup plus forts que nos François, dont le nombre estoit petit; je n'ay pas su au juste ce qu'il y avoit d'hommes, mais je scay qu'il n'y avoit encore que 14 femmes et 15 enfants; ces cent hommes leur servoit de corps de gardes pour les défendre comme bons soldats; ils se mirent à couper les bois et faire de grands abatis pour à sa suite faire de grands déserts; les charpentiers à écarir des maisons; les menuisiers, couvreurs, scieurs de long, maçons, à préparer des matériaux pour s'employer chacun de son métier à quoy ils se portois d'un grand zèle et désir de bien faire. Les mieux accommodés des habitants se firent de petites maisons de bois pour se retirer du fort dans lequel ils avois tous demeuré jusqu'à lors sans qu'on y vît aucun différent entre eux, qui put blesser la ferveur de la sainte charité; celles à qui il échappait quelques mots de colère ou de mépris en demandoit pardon premier que de se coucher à ceux qu'elles avoit offensés aussy exactement que dans un monastère, bien fervent et régulier. Les R. R. pères Pijart et LeMoynes, jésuites, qui estois les pasteurs de ce troupeau, agissois avec eux à peu près comme un bon maistre de novice qui est toujours surveillant, qui loue, qui reprend, qui donne pénitence à ces novices bien disposés et friands de tels morceaux et qui reçoivent tout avec joie par le désir qu'ils ont de se perfectionner. Il y en avoit peu qui ne se confessasses et communiasses tous les 8 jours et d'autres plus souvent. On ne voyoit point de péchés publics, ni des haines ou rancunes, tous n'estois qu'un cœur en charité, toujours prêts à se servir et à parler des autres avec estime et affection, etc.

---

3. En 1653.

Monsieur de Chomedy, comme gouverneur, veilloit à la conservation de la vie; pour cela il establit une dévotion de soldats de la Sainte Vierge au nombre de 63, autant que cette Divine Reine a vescue d'années sur la terre, qui en son honneur exposois tour à tour leur vie pour la conserver à leurs frères, faisant la découverte autour des déserts et champs de bled pour avertir quand ils voyaient les ennemis ou leurs vestiges; celuy qui la fesoit se mettoit en estat de mourir, se confessoit et communiait le matin du jour qui luy estoit marqué, à quoy il estoit ponctuel, sans jamais y manquer, qu'au cas de maladie.

Plusieurs sont morts dans cet exercice de la plus parfaite charité, ce qui ne rebutoit point les autres et ne les empêchoit pas de se mettre au hasard d'être tués, parce qu'ils avaient l'honneur d'être soldats de la Vierge dans la confiance qu'elle porteroit leurs âmes en paradis. Cette confrèrie a duré à ce qui me parois jusqu'au retour de mon dit sieur de Maisonneuve en France, car je me souviens, moy qui suis venue dans cette maison en 62, avoir vu pratiquer cette louable dévotion plusieurs années que ces bons soldats de la très Sainte Reine du ciel venois communier à la première messe qui se disoit en notre église qui servoit alors de paroisse et en a servy longtemps après. Vous serez sans doute bien aises mes sœurs que je vous dise un fait bien remarquable et édifiant en un homme du monde comme estoit Monsieur de Chomedy en apparence, car il estoit vraiment religieux en piété, dévotion, bon comme un ange, ce qui luy a mérité la qualité de premier gentilhomme de la chambre de la Reine du ciel, il aimoit à se cacher en tout le bien qu'il fesoit et faire croire qu'il fesoit par nécessité bien des choses qui procédois uniquement de l'amour de Dieu et désir de luy plaire. Premièrement il n'avoit qu'un seul serviteur dans sa maison, pour faire sa cuisine qui estoit toujours bonne à son goût; sans faire aucune peine à son valet sur cela, exact à tous les jeûnes de l'église et d'autres encore de dévotion, quoy qu'il en souffrit beaucoup. Son habit estoit comme ceux des plus simples habitants, un capot de serge grise à la mode du pays. La sœur Marguerite Bourgeois l'a servy et demeuroit dans sa maison, les cinq premières années qu'elle fut en Ville-Marie, elle avoit soin de son linge et de son mesnage de chambre et de tous ses intérêts; luy n'en avoit point du tout ne se souciant non plus d'argent que de fumier, ce qui a paru à tout le monde visiblement. S'il avait voulu négocier il auroit amassé plus de deux cent mille livres de bien par la traite du castor, qui en ce temps la valoit jusqu'à 10 et 12 francs la livre, et qu'il pouvoit avoir facilement et à souhait par la voie d'un trafic licite et honnête et sans blesser la conscience; mais l'amour de la pauvreté évangélique qui estoit dans son cœur fermoit les portes à tout désir de posséder. Il estoit soutenu dans ce sentiment par Mademoiselle Mance, dont j'ay déjà parlé, et par la Sr Bourgeois qui avois tous les mesmes attraits que luy sur cet article et plus que nous n'aurions souhaité. Pour ce qui est de Mademoiselle Mance qui auroit laissé les affaires de son hospital en meilleur estat qu'elle ne l'a fait, si elle avoit esté plus mesnagère, qui estoit sur le bord de la ruine quand elle mourut. Il n'avoit pour tout revenu de sa fondation que 80 livres de rentes, pour les raisons que j'ay dites dy-devant, et chargé en outre de plusieurs dettes. Je scay qu'en Canada il avoit plus de mille escus, sans ce qui estoit dû en France, que je ne scay pas, de plus le bâtiment du dit hospital qui tombait en pourriture, n'estant que de bois et bien vieux.

Voilà mes chères sœurs où en estois les affaires de notre hospital, quand nous primes l'administration de son temporel et au refus du séminaire de Messieurs les Seigneurs qui l'aurois remise entre les mains de quelques laïques, s'en voulant défaire absolument. La seule crainte de la ruine totale de ce pauvre Hostel-Dieu nous a fait prendre ce fardeau, qui est bien au-dessus de nos forces, et contre le sentiment de nos meilleurs amis, qui prévoyois bien les peines, les travaux et peines sensibles que nous y ressentons aujourd'huy.

Mais je reviens à Monsieur de Maisonneuve dont je me suis un peu divertie. Il estoit sans pareil en constance dans l'adversité; ce qui auroit attristé un autre, ou mis en colère, ne fesoit que le faire rire et mieux divertir, trouvant des avantages à ce qu'il disoit, dans ces disgrâces, qu'on ne savoit pas. Quand il avoit des sujets de chagrin il rendoit visite à Ma Sr de Bresolles ou à la Sr Bourgeois, afin de rire à plaisir; elles riaient aussy avec luy et luy montrois grande joie de ses peines, ce qu'il aimoit beaucoup. Monsieur Souart estoit aussy de ses amis dans ces occasions; je les ai vus rire des heures entières pour semblables sujets, etc.

C'étoit un homme de grande oraison, généreux, bon soldat. Comme il estoit le premier de la confrèrie des soldats de la Vierge, il estoit le premier aussy à s'exposer au danger de la mort, il y couroit avec joie. Les deux dernières années qu'il a été à Ville-Marie, Monsieur le Gouverneur général qui estoit monsieur le baron d'Avaucourt[4] luy fit de grandes peines dans son gouvernement; il ne luy donnait point le rang qu'il devoit avoir auprès de luy, il fesoit publier les ordonnances publiques contre son sentiment et mesme sans luy en rien communiquer, ce qui luy attira bien des reproches et du mépris de ses sujets, ce qu'il souffroit à sa manière ordinaire, riant de tout son cœur, et se rendant assidu auprès de Monsieur le Gouverneur pendant qu'il estoit à Ville-Marie, il se rendait complaisant à tout ce qu'il souhaitoit sans jamais le contrarier, se contentant de luy dire ce qu'il n'approuvait pas et puis le laissoit faire tout ce qu'il vouloit; en sorte que cet homme qui avoit l'esprit du monde crut qu'il ne savoit pas se défendre et qu'il le craignoit; sur cela il se rendit plus hardy à le mépriser en sa présence et devant ses sujets, dit un jour qu'il ne croyait pas qu'il eut ces provisions de la cour; pour s'en assurer et voyant qu'il ne répondit rien, il crut qu'il estoit vrai et quoy que plusieurs personnes de mérite qui connaissois Monsieur de Chomedy, l'assurassent qu'il les avoit bien faites et signées mesme de sa Majesté, il n'en vouloit rien croire. Cette persécution dura deux ans, pendant lesquels il ne perdit de sa belle humeur, ni ne se plaignit point d'un procédé si dur d'une personne du mérite de Monsieur d'Avaucourt[5], fort estimé dans le monde, souffrant tout cela avec une humilité et silence d'un novice fervent,

---

4. Sœur Morin confond ici M. d'Avaugour avec M. de Mesy, gouverneur de mai 1663 à mai 1665. (Note de l'édition de 1921)
5. L'auteur veut parler ici de M. de Mesy, mais c'est M. de Tracy qui, en 1665, destitua M. de Maisonneuve. (*Ibid.*)

mesme le commandement qu'il luy fit de s'en retourner en France comme incapable de sa place et du rang qu'il tenoit icy de Gouverneur. Ce que j'aurois peine à croire si une autre que la Sœur Bourgeois me l'avoit dit; il prit ce commandement comme ordre par où Dieu luy marquoit sa volonté et disposa toutes choses pour s'en aller en France la mesme année, ce qu'il exécuta non pas pour aller s'y plaindre du mauvais traitement qu'on luy avoit fait icy et revenir triomphant comme il l'auroit pu faire s'il avoit voulu, mais pour y vivre petit et humble, agissant comme un homme du commun n'ayant qu'un seul valet, qu'il servoit plus qu'il n'en étoit servy, allant luy-mesme acheter ses vivres au marché. Une personne de mérite m'a assurée que l'estant allée voir à Paris, elle l'avoit trouvé dans les mesmes pratiques et sentiments qu'au Canada et que l'ayant fait manger avec luy, il alla luy-mesme quérir une bouteille de vin dans une auberge, ce qui l'a surpris plus qu'on ne sauroit le dire, ne croyant pas qu'un homme qui avoit encore l'habit du monde mais très simple et modeste eut assez de courage de faire des actes pareils au milieu de la ville de Paris et de faire litière de l'honneur si publiquement.

Voilà mes sœurs quelques petits fragments des mérites et de la vertu de Monsieur de Chomedy, premier gouverneur de Ville Marie, Montréal, qui en outre a esté un des meilleurs amis et plus fort appuy que nos mères qui ont fondé ont eu dans leurs plus grands travaux; il les a défendues fortement et plaidé leur cause contre Monseigneur de Pétrée, Monsieur l'abbé de Quélus et les Pères Jésuites qui estoient contre elles dans ce commencement, comme j'ay déjà dit et qui voulois installer les révérendes mères hospitalières de Kébec en leur lieu et place, ou leur faire prendre leur habit. Il n'a jamais donné dans ces sentiments bien loin, il représentait fortement leur bon droit à ces personnes, les conseillait, les encourageait à souffrir et persévérer, les aidait à vivre par ses aumosnes, car elles furent bien des années sans aucun revenu, n'ayant ni fondation, ni pension ni pas seulement 5 sous de rentes, comme je le ferai connestre plus au long plus bas. En partant pour la France, il leur donna six mille livres qui luy estois dues par le magasin du Roy pour restes de ces appointements que nous avons touchées et reçues quelques années après, qui nous ont fait un grand plaisir. J'ai omis, en parlant ci devant, deux articles considérables dont l'un prouve l'obéissance de Monsieur de Chomedy et l'autre son mespris et dégoût des adjustements du monde. Ma Sr Bourgeois, m'a dit que quand elle partit de France pour venir en Canada, en sa compagnie, seule de son sexe, elle ne le connaissait point du tout, quoy qu'elle eut demeuré plusieurs années avec une dame qui estoit sa sœur, à cause que le château de Monsieur son père estoit éloigné de la ville de Troys; or sa demeure avec cette sœur m'avait fait croire qu'ils se connaissois et me l'a fait écrire de mesme ci-devant, en quoy je me suis trompée. Je ne vous ay point dit que Monsieur de Chomedy père s'opposa fortement que son fils allât en Canada et qu'il n'y consentit qu'après qu'il l'eut assuré qu'il y amasserait plus de cent mille livres de bien et s'y ferait riche à jamais, selon son entente; mais luy, le prenant à la lettre, y consentit, aussy tost.

Peu de jours après s'estre embarqué sur la mer, la Sr Bourgeois, qui avoit soin de son linge, ramassa toutes ses dentelles et linge fin de son usage, dont elle fit un paquet qui tomba dans la mer et fut perdu; elle, bien en peine, fit tous ses efforts pour le faire repescher mais en vain; elle estoit bien affligée de cette perte qui estoit considérable. Madame sa sœur ayant pris le soin de cette provision qui estoit riche et très belle. La Sr Bourgeois qui ne connessoit pas encore son génie vint à luy toute tremblante luy annoncer cette perte, mais il n'en fit que rire, disant qu'il en estoit bien aise et que luy et elle estois bien débarrassés d'estre délivrés de tous ces ornements de Vanité.

Son confesseur luy dit un jour de se marier à cause de certaines peines d'esprit qu'il souffrait; luy bien en peine ne savait comment s'y prendre et y sentant des répugnances horribles, un jour il le dit à la Sr Bourgeois qui luy conseilla au contraire de faire un vœu de chasteté perpétuelle, ce qu'il fit après avoir été consulter le père Jérôme Lalemant, jésuite, qui estoit à Kébec, qui fut du mesme advis, ce qui luy donna la paix de l'âme et de là en avant alla deux fois chaque année voir ce bon père et le consulter pour sa conduite spirituelle, qui passait pour un directeur fort éclairé.

Le bras mort

Je ne pus savoir au vray l'année et le jour que Madelle Mance se cassa un bras sur la glace cependant il me paroit que ça esté en 56 ou 57[6]. Cette rupture fut extraordinaire et sans place et ne put estre guérie par tous les remèdes humains, qui ne luy furent pas épargnés au moins tous ceux qu'on pouvoit avoir en Canada, car estant aussy considérée et estimée quelle estoit, tout ce qu'il y avoit de personnes distinguées, mesme les gouverneurs, s'intéressèrent au recouvrement de sa santé, mais inutilement, Dieu réservant cette cure et guérison pour manifester quelques choses des mérites de son fidèle serviteur Monsieur Ollier comme je le dirai dans son lieu. Mademoiselle Mance demeura donc estropiée et sans se pouvoir s'aider en rien de ce bras, qui luy fesoit en outre de grandes douleurs qui luy ostois le sommeil et l'apétit cela l'obligeait d'autant plus qu'elle ne voyait plus d'espérance de continuer ses services à ses malades et dans la nécessité d'estre servie, elle demandait à Dieu instamment du secours pour son hospital. (*A l'été, Mademoiselle Mance passa en France.*) (...)

Peu après que Mademoiselle Mance fut rendue et arrivée à Paris, après avoir satisfait à ses dévotions elle pensa à faire guérir son bras rompu de plus d'un an. Monsieur D'Olbeau, chanoine de la chapelle du Roy, et une sienne sœur qu'il avoit à Paris, qui luy estoit parens, voulurent faire une consulte de médecins et chirurgiens; elle acquiesça par la grande envie qu'elle avoit de guérir. Tout ce qu'il y avoit lors à Paris d'habile en cet art y fut appelé, jusqu'au médecin, de Sa Majesté qui s'y trouva. La première chose qu'on fit fut de laver le bras malade qui estoit si grasseux qu'on n'en voyait pas la peau, qu'à peine par petits endroits. Enfin, après avoir regardé, manié et visité ce membre qui estoit desséché et tout livide, ils conclurent qu'il estoit mort et qu'il n'y avoit point de remède dans la nature qui put guérir ce bras; ce qui affligea notre pellerine qui avoit besoin en cette occasion de

---

6. Écrit en marge: c'est le 27 janvier 1657. (Note de l'éd. de 1921)

toute sa conformité à la volonté de Dieu pour estre contente de ne point guérir. Cependant elle en fit tous les actes qu'elle pouvoit faire avec respect et amour à la ste volonté de Dieu et ne pensa plus à guérir, mais bien à souffrir des douleurs et des incommodités le reste de ses jours, Etc.

La feste de la purification de la Ste Vierge arriva qui estoit d'une singulière dévotion pour elle, à cause qu'elle estoit la feste propre de l'église de Montréal. Elle se fit porter dans l'église de St-Sulpice pour faire ses dévotions, luy semblant que cela la rapprochait de sa chère paroisse. Estant là elle eut le mouvement de demander permission d'entrer dans la chapelle intérieure de leur maison, où estoit enterré le corps de leur père, Messire Jean-Jacques Ollier d'heureuse mémoire et dont le souvenir estoit et est encore en bénédiction.

Monsieur de Bretonvilliers, à qui elle s'adressa comme supérieur de la Communauté, l'y fit entrer et l'y laissa seule, pendant la procession. Il me semble luy avoir ouy dire qu'entrant dans cette chapelle elle eut confiance qu'elle seroit guérie par ce bon serviteur, qu'elle avoit connu et parlé plusieurs fois avec grande édification. Elle s'approcha de l'autel pour faire sa prière où elle fut attirée à une grande oraison dans laquelle elle goûtait Dieu avec des suavités très intimes et particulières et reçut beaucoup de caresses de sa Majesté. Dans le plus fort de sa prière, elle prit le cœur de Monsieur Ollier, qui estoit sur l'autel dans une petite caisse, le prit entre ses deux mains et l'y tint longtemps sans faire réflexion qu'elle s'en aidoit pas, félicitant ce St cœur qui avoit esté si amoureux de Dieu si zélé de sa gloire et le dépositaire de tant de grâces et de lumières qu'il avoit reçues de sa main libérale, Etc.

Aussitôt qu'elle eut ce saint dépôt des dons de Dieu elle sentit une chaleur s'écouler en son bras mort, qu'elle n'avoit point éprouvée depuis sa rupture puis s'aperçut qu'elle le remuait et estoit hors de son escharpe je n'entre pas d'écrire la joie et consolation dont elle fut comblée dans le moment: ses deux yeux devinrent deux fontaines de larmes, à peine put-elle se contenir dans la chapelle, son zèle et reconnaissance la portant à publier ce miracle; mais la porte de la chapelle estant fermée elle attendit le retour de la procession; quand elle vint à elle à peine pouvoit-elle parler pour dire les merveilles de la puissance et de la miséricorde du Seigneur à son égard et les mérites de son fidèle serviteur; ils rendirent tous ensemble des actions de grâces telles qu'on se les put imaginer. Je n'ai point su précisément ce qu'on fit alors, c'est pourquoy j'en demeure là.

Mademoiselle Mance demeura persuadée plus que jamais que son voyage estoit agréable à Dieu et qu'il voulait les filles de St-Joseph dans ville Marie; que ce grand serviteur de Dieu avoit accepté pour cela peu devant sa mort en qualité de Seigneur de cette colonie avec Messieurs de la compagnie. Elle se sentit encouragée de leur procurer une fondation, comme elle fit, après le miracle fait, quoy que je l'aie écrit devant; cette merveille fit grand bruit dans Paris. Elle estoit épuisée de parler, à toutes les personnes de la première qualité, qui la vinrent voir, pour savoir la vérité et les circonstances de l'histoire miraculeuse arrivée en sa faveur; qui sortois tous satisfaits de son esprit et édifiés de la piété et dévotion. Il y avoit empressement parmy les dames à qui auroit cette fille quelques heures en leur maison. Et comme le monde se gagne aisément par l'extérieur, on disoit tout haut qu'elle estoit sainte; quelques-uns coupèrent de ses habits par dévotion ce que je luy ay ouy raconter par récréation et comme une absurdité; ils me fesoient souffrir le martyre, disait-elle, par l'estime qu'ils fesoient de moy comme si j'avois contribué autre chose à cette merveille que ma misère et infirmité, qui a attiré sa miséricorde dessus moy. Il me semblait que je ne serois assez tost hors de Paris afin de n'estre plus connue. En effet, elle fit toute la diligence possible pour en sortir et n'oublia rien de tout ce qui pouvait avancer sa sortie de Paris. Madame de Bullion paya tous les frais de son voyage, luy donna mesme des sommes pour donner aux pauvres familles du Montréal, qui estois en nécessité quasy de toutes choses, des ornements d'église des bijoux pour payer les autels, Etc.

Monsieur L'Yroquois

Je voudrois bien mes chères Soeurs vous pouvoir faire connaître ce que nos premières mères souffrirent dans ces années[7]: 1- par les contradictions, 2- par la peur des Iroquois, 3- par la pauvreté, 4- par le délay de la stabilité et profession des vœux solennels. Pour le premier on ne peut estre plus contredit dans leur établissement et par les premières personnes du Canada qui ne pouvois pousser leur zèle plus loin sans violence tachois de les gagner par des promesses obligeantes et puis par des menaces de les renvoyer en France ou de les laisser mourir seules dans leur maison, sans former de communauté mesme après la réception de ma Sr. Morin qu'on disoit devoir mourir bien tost, estant impossible, ce qui leur sembloit, qu'une jeune fille pût vivre contente avec 3 vieilles. Tous ces discours n'empeschèrent pas que Mademoiselle Catherine Denis ne se fit de la bande. Monsr. Denis, son père, qui estoit un des premiers de la ville de Kébec, et qui mesme avoit tenu la place du gouverneur général en son absence, voyant le désir de sa fille de donner au service de Dieu en la personne des pauvres malades et n'ayant pas le moyen de luy donner un dot pour estre religieuse chez les Révérendes Mères Hospitalières de Kébec, où elle postuloit depuis plusieurs années, consentit enfin qu'elle entrât dans notre communauté, sur l'offre que luy fit monsieur Souart de la doter pour ici et non à Kébec; ce qui engagea lad. damoiselle Le Monts, en la compagnie de feu monsieur Pérot, curé de Ville-Marie et de la Sœur Marie Raisin qui sortit du couvent des Révérendes Mères Ursulines, où elle avoit entré dans le désir de s'y faire religieuse. Mais ayant connu que Dieu ne l'y vouloit pas, elle montoit à Ville-Marie pour se réunir à ces Sœurs les congréganistes. Ils s'embarquèrent vers le 15 ou 16 du mois de novembre de l'année 1666, et arrivèrent ici le 20e après avoir bien souffert du froid. Mademoiselle Denis entra et fut reçue au noviciat le mesme jour avec un désir particulier de se consacrer et donner entièrement à Notre Seigneur. Monsr. Souart connaissoit son esprit si capable de résolution, qu'il ne douta jamais de sa persévérence et l'événement a fait connaître qu'il ne se trompoit

---

7. 1663-1670.

pas puis qu'elle fit profession des vœux simples dans l'attente des solennels qu'elle fit ensuite sans aucune répugnance; travaillant mesme autant qu'elle pouvoit auprès de ses amis pour en avancer le temps et a vescu avec édification dans la communauté où elle a presque toujours tenu les premières charges d'assistante maîtresse des novices et de dépositaire et comme elle est encore vivante je n'en dirai pas davantage crainte d'offenser sa modestie. Ma Sr. Morin eut une consolation particulière de cette compagne que le Seigneur lui donna tant pour ses bonnes qualités et ses vertus que parce qu'elles se connessois un peu estant du mesme lieu et d'un âge et humeur revenant au sien. Cela leur servit à toutes deux à attendre en paix et patience le temps ordonné par la Sainte Providence pour leur donner des Sœurs autant qu'elles en avois besoin pour le service des pauvres malades qui ne manquois pas pendant tout ce temps depuis l'année 1660 jusqu'à 66 que la guerre des Yrocois étoit la plus allumée. D'où vient que presque tous les malades estois blessés par eux à la teste par des playes considérables qui obligeois les Hospitalières à des veilles continuelles; ce qui étoit pénible à un si petit nombre de religieuses, sans les travaux du jour dans les offices du ménage et à l'observance de la règle qui étoit gardée ponctuellement, et à la lettre. Mais quoy que cela fût pénible à la nature j'ose assurer que ce n'étoit rien ou peu de choses comparé à la peur continuelle où l'on étoit, d'estre pris par les Yrocois par les exemples qu'on avoit tous les jours de ces amis et voisins, qui passois par leurs mains et qui estois traités d'une manière si cruelle; dont les spectacles estois devant nos yeux et ce qu'on savoit qu'ils font souffrir à ceux qu'ils menois au pays; les faisant brusler tout vifs à petit feu.

Tout cela imprimoit tant de frayeur de ces barbares que je vous assure mes Sœurs que nul ne le scait que ceux qui y ont passé. Pour moi je croy que la mort auroit esté plus douce de beaucoup qu'une vie mélangée et traversée de tant d'alarmes et de compassion de nos pauvres frères qui estois si mal traités. Toutes les fois qu'on sonnoit le tocsin pour avertir les habitants de secourir ceux que les ennemis avois attaqués et ceux qui estois en des lieux dangereux à travailler de s'en retirer. Ce qu'on fesoit aussy tost au signal de la cloche. Ma Sr. Maillet tomboit dès lors en faiblesse par l'excès de la peur et ma Sr. Macé demeuroit sans paroles et dans un estat à faire pitié tout le temps que duroit l'alarme allant se cacher l'une et l'autre dans un coin du jubé devant le très St-Sacrement pour se préparer à la mort, ou dans leur cellule. Moy, qui savois le lieu de leur retraite, je les allois consoler aussy tost que j'avois appris que les Yrocois s'étois retirés et qu'ils ne paressois plus. Ce qui leur redonnoit la vie. Ma Sr. de Brésolles est plus forte et constante dans sa peur qui ne l'empechoit pas de servir ses malades et secourir ceux qu'on apportoit blessés. Mais après de telles occurrences mesme montoit avec moy au clocher quand nous en avions le temps pour y sonner le tocsin, afin de ne pas occuper un homme qui alloit courir sus l'ennemy. En ce cas, de ce lieu eslevé, nous voyons quelquefois le combat qui étoit fort proche ce qui nous causoit beaucoup de peur, et nous fesoit redescendre au plutost en tremblant craignant d'estre à son dernier jour. D'autres fois, quand les ennemis étois plus éloignés et nos gens les plus forts, c'étoit un plaisir d'estre là monter voir tout le monde courir au secours de leurs Frères et exposer leur vie pour conserver la leur. Les femmes mesme comme des amazônes y courois armées comme les hommes. Je l'ai vu plusieurs fois. Messieurs les prestres ne manquois point d'y courir aussy un ou deux pour confesser les moribonds qui très souvent n'avois de vie que pour cela, et mourois après l'avoir fait sur la place. Ce qu'on doibt compter pour un zèle excellent et une charité très sublime, exposant leur vie autant de fois qu'il étoit besoin sans prendre aucune arme pour se défendre. A quoy les autres ne manquois pas et estant fort bien garnis ayant chacun plusieurs coups à tirer et fort adroitement. Ce qui soit dit à la louange des premiers habitants du Montréal méritèrent par leur valeur de passer tous unanimement pour bons soldats par les coups généreux qu'ils firent contre les ennemis, qui de leur part leur en voulois aussy, plus qu'aux autres terres habitées du Canada, à cause, disent-ils, que celles-ci leur appartient et que leurs ancestres y ont toujours demeuré comme en leur habitation de choix et d'élection. Ne croyez pas, mes Sœurs, que la crainte que nous avions d'estre prises ou tuées des Yrocois fut sans fondement; car humainement parlant cela devoit arriver. Le Montréal n'estant pas comme il est aujourd'huy, car premièrement nous étions dans une méchante maison de bois fort facile à y mettre le feu, sans hommes à nous défendre que le valet de l'hospital, qui, quelquefois, n'auroit pu le faire. Et quand il l'auroit pu, il n'avoit point d'armes ni nous à luy donner. Mademoiselle Mance, qui étoit notre plus proche voisine, étoit à peu près aussy capable de défendre sa maison, que nous la nôtre, n'ayant que des filles à la servir et d'homme que son seul cuisinier, qui de mon temps, était un vieillard, qui n'auroit pas fait grand peur aux Yroquois, s'ils nous avois attaqués. Je ne scay mesme pas s'il auroit pu tirer un coup de fusil adroit. — De plus, il a été avéré par plusieurs que des Yrocois ont couché dans la cour et proche les fenestres de la maison de Mademoiselle Mance qui touchoit à la nôtre d'un bout, qui, à la vérité, étoit de pierre, mais qui auroit bruslé avec la nôtre si on y avoit mis le feu. Ils couchèrent aussy dans la nôtre et dans celle des congréganistes dans de grandes herbes appelées moutardes, où ils étois tous cachés, sans qu'on les put voir. Ils ont dit depuis que leur dessein étoit de prendre ceux qui aurois sorty la nuit pour quelque nécessité. Notre Seigneur leur ostant la connaissance du mal qu'ils nous aurois pu faire par bien d'autres endroits. Je scay aussy que nous sortions la nuit assez souvent pour le service de nos malades et qu'il leur étoit fort aisé de nous prendre si Dieu leur avoit permis. Mais très assurément sa providence nous gardoit et sa puissance nous défendoit contre nos ennemis. Monsieur de Chomedy qui étoit gouverneur du Montréal, quoy que notre amy, avoit la dévotion de mettre dans notre hospital les prisonniers Irocois qui étois blessés pour les guérir, quelques-uns desquels n'étois pas si malades qu'ils n'eussent tué et égorgé les Hospitalières sans qu'on l'eut pu apprendre qu'après que le mal auroit esté sans remèdes. Quelques fois il mettoit un soldat en sentinelle pour les garder tant la nuit que le jour mais le plus souvent il n'en mettoit point, et puis un homme n'étoit pas capable de résister à 3 ou 4 de ces mâtins qui sont grands et forts comme des turcs.

Je suis témoin qu'un jour un d'eux voulut et tâcha d'étouffer ma Sr. de Bresolles entre une porte et une armoire où elle étoit si pressée qu'elle en perdit la respiration et cela en plein jour. Ce qui marquoit une grande hardiesse. Je connus son dessein en passant par là par hasard, car c'étoit un lieu assez secret et courus promptement appeler les malades à son secours. Plusieurs desquels se jetèrent du lit et coururent de tout leur cœur secourir leur chère Mère, pour laquelle conserver ils aurois donné leur vie. Ils battirent monsr. l'Yrocois et lui en donnèrent en riant autant qu'il en put porter; luy de sa part adret et rusé dit pour excuse qu'il ne pansoit pas à faire du mal à celle qui luy fesoit mil biens; qui luy pansoit ses playes qui lui donnois des médecines pour le guérir qui fesoit son lit afin qu'il dormît à son aise et luy donnoit tous les soirs de bonne sagamité et blédindes à manger avec du lait. Prenant aussy en riant les coups qu'on luy avoit donnés, durant qu'il vouloit seulement luy faire peur de l'Iroquois, mais qu'il convenait avoir tort. Il en fut quitte pour cela, et demeura comme auparavant. Il est vrai qu'eux et généralement tous les sauvages avois une estime et vénération pour elle toutes singulièrement. Ils la nommèrent d'un nom sauvage qui veut dire: le *soleil qui luit*, à cause disoit-ils qu'elle redonnoit la vie aux malades par ses soins et ses médecines comme le soleil la donne aux plantes de la terre.

Et quand ils voulois me flatter ils me disois tu ressembleras un jour à la mère, me croyant sa fille, à cause que j'étois presque toujours sa compagne dans l'office d'hospitalière et de la potiquèrie il m'en disois autant à l'égard de ma Sr. Maillet, les voyant âgées et moy jeune; et n'estant pas instruits lors comme ils le sont à présent que les Religieuses n'ont point d'enfants, ce qui nous fournissoit matière de récréation.

MARGUERITE BOURGEOYS (1620-1700)

Elle fut la fondatrice de la Congrégation de Notre-Dame. Elle venait de Troyes en Champagne; elle y était institutrice. Maisonneuve, dont elle connaissait la sœur, la recruta en 1653. C'est dans une étable qu'elle ouvrit la première classe de Montréal. Sa pédagogie sut s'adapter aux conditions et besoins du pays: avant la fin du siècle, elle aura fondé une douzaine d'autres écoles et recruté une quarantaine de compagnes. À 77 ans, elle écrivit ses mémoires. Mais le manuscrit n'a pas été publié, puis il a passé au feu avec les autres textes de la fondatrice connus sous le nom d'*Écrits autographes*. On en possède heureusement une copie certifiée authentique qui fut faite pour la cause de la béatification. Ces textes ont été enfin publiés, pour usage interne, en 1964, par les soins de sœur Saint-Damase-de-Rome, sous le titre de *Les Écrits de mère Bourgeoys*. C'est le texte que nous citerons.

L'année des cent hommes

Quand Monsieur de Maisonneuve revint de France, amenant cent huit hommes, il en mourut huit dans le voyage, qui fait que l'on dit: « l'année des cent hommes ». J'étais avec cette troupe et pour l'embarquement, Monsieur de La Dauversière envoya la femme de Milot, Marie Dumesnil, une autre femme avec son mari et quelques autres filles, je ne [me] souviens [pas] quelles. On n'avait plus guère d'espérance que nous dussions arriver.

On manda à Montréal que Québec voulait quitter. Mademoiselle Mance descend à Québec avec quelques soldats qui espéraient s'en retourner en France; mais nous arrivâmes le jour Saint-Maurice, 22 septembre 1653: ce qui redonna la joie à tout le monde. Mademoiselle Mance retourna à Montréal et je reste seule pour faire fournir les provisions aux soldats, qui étaient doux comme de vrais religieux. Ce qui me donna bien de la joie d'aller à Montréal. Les Ursulines me firent la grâce de m'offrir leur maison, mais ce n'était pas où je désirais de demeurer.

Quand nous embarquâmes à Nantes, Monsieur Lecoq, maître du navire, me donna un matelas et une couverture et fit mettre plusieurs barriques d'eau, plus qu'il n'aurait fait, à cause que je ne buvais point de vin; mais quand le navire fut hors de la vue de Nantes, l'eau me fut refusée et fallut boire du breuvage[1].

À trois cent cinquante lieues de mer, le navire, qui faisait de l'eau plus qu'on n'en pouvait tirer jour et nuit, fut contraint de relâcher à Saint-Nazaire où, en approchant, nous périssions sans le secours que, par la grâce de Dieu, nous eûmes de ce lieu-là; de quoi c'était fort en peine, car nous étions près de cent vingt passagers, sans prêtre, et les cent huit soldats mal préparés pour mourir, aussi bien que tout le reste.

Il fallut bien du temps pour trouver et ravitailler un autre navire. Monsieur de Maisonneuve fut, avec tous ses soldats, en une île d'où l'on ne pouvait se sauver, car autrement, il n'en serait pas demeuré un seul. Il y en eut même qui se jetèrent à la nage pour se sauver, car ils étaient comme des furieux et croyaient qu'on les menait en perdition.

Enfin, on a un autre navire et les autres besoins, et l'on ne fit voile que le jour Sainte-Marguerite, 20 juillet, que j'entendis encore la sainte messe à l'église. Dans ce voyage, huit soldats moururent, le reste [étant réduit] à cent soldats. Arrivant devant Québec, on n'avait pas pris garde qu'il y avait, sous ce navire, une arête qui s'enfonça tellement que les grandes marées n'ont pu le relever. Il a été brûlé. Il n'avait, à Québec, que cinq ou six maisons; et dans la basse-ville, le magasin des Pères et celui de Montréal. Les Hospitalières étaient habillées de gris, car tout était si pauvre que cela faisait pitié. Je n'arrivai à Montréal que environ quinze jours après la Toussaint.

Quatre ans après mon arrivée, Monsieur de Maisonneuve me voulut donner une étable de pierre pour faire une maison pour loger celle qui y ferait l'école. J'y fis faire une cheminée et ce qui était nécessaire pour y loger. Les enfants la curèrent et y travaillèrent en tout ce qu'ils pouvaient. Et j'y entrai le jour Sainte-Catherine de Sienne et commençâmes la Congrégation séculière le jour de la Visitation.

---

1. Vin grossier à l'usage des matelots. (Note de l'édition de 1964)

Qu'elle ne soit pas infidèle à Dieu

(Conditions d'admission à la Congrégation de Notre-Dame)
Une fille qui demande à être admise en cette Communauté doit se résoudre
à quitter toutes les maximes du monde, tous les divertissements qui s'y pratiquent, quoique permis, toutes les délicatesses pour le vivre, le vêtir, le coucher et les autres choses nécessaires à la vie, toutes les paroles railleuses ou
qui peuvent tant soit peu offenser les personnes de la maison ou du dehors.
Elle doit encore se quitter soi-même, rompre ses humeurs, ses méchantes
habitudes et ses inclinations perverses, l'attache à ses parents, à ses amis et
à tout ce qui lui peut occuper inutilement l'esprit. On l'avertit aussi qu'il faut
qu'elle se résolve à être employée aux offices les plus ravalés et les plus
pénibles et les plus désagréables de la maison.

On lui déclare que peut-être on la fera taire pour faire parler une petite
fille; qu'on lui fera porter le reste des autres; qu'on la mettra en mission avec
une sœur qui la contrariera en tout; enfin, qu'elle doit embrasser la croix
pour suivre son Sauveur à qui elle s'engage, et se proposer de suivre le
chemin de la perfection, et après qu'elle sera reçue, qu'elle ne soit pas infidèle
à Dieu, à qui elle s'est donnée; mais qu'elle obéisse promptement en toutes
choses et à toutes les personnes qui ont droit sur elle, sans se plaindre, ni
murmurer; qu'elle estime la pauvreté d'esprit et de cœur, la faisant paraître
partout et en toutes rencontres; que ses paroles, ses gestes et ses mouvements
ne sentent point la dissipation et la légèreté, mais plutôt la modestie, la retenue
et la dévotion; qu'elle mortifie ses sens; qu'elle évite les entretiens qui ne
sont pas nécessaires, autant que cela se pourra faire raisonnablement, et
qu'elle tâche d'avoir la présence de Dieu en tout ce qu'elle fait.

Blâme-t-on saint François d'avoir fait aller ses religieux nu-pieds? et de
leur avoir ordonné tant d'austérités? Un autre fondateur d'avoir prescrit aux
siens de jeûner toute leur vie? Et d'autres d'avoir donné pour règle, à des
filles délicates, d'être sans linge, avec des robes bien rudes et de faire quantité
de mortifications bien austères?

J'entends une voix plus ancienne

On me dit qu'il faut conserver ma santé, être bien couchée, bien nourrie et
me mettre en état d'éviter les maladies et infirmités; et en même temps,
j'entends une voix plus ancienne et plus forte, tant par les lectures des livres
approuvés, les évangiles, les paroles et instructions de Notre Seigneur. Et ma
propre expérience qui me dit pourquoi je me défie de la conduite de la Providence de Dieu qui m'a si heureusement conduite depuis plus de cinquante
ans. Ç'a été par son inspiration que j'ai commencé une vie non austère, ni
dans les déserts, mais une petite vie simple et proportionnée à ma condition
de pauvre fille.

Mon expérience m'apprend que les aises du corps se prennent avec facilité, à quoi la nature s'accommode quelquefois avec quelques petits scrupules
qui se passent en un moment, spécialement quand on s'y sent obligé par

quelques paroles qui nous flattent... « et par condescendance, mais après avoir été quelque temps dans cette vie molle et relâchée, s'il faut retourner à la petite vie, il faut de grands efforts et notre ennemi ne manque point de venir au secours de notre pauvre nature qui ne dit jamais: C'est assez; et ensuite, à des recherches inutiles et souvent nuisibles. Mais on trouve aisément nécessaire ce qui nous plaît. »

Sans se mettre du nombre

Le chemin de la perdition est la prudence humaine qui cherche partout ses commodités. On ne croit jamais avoir failli; on s'excuse en toutes choses et sait bien trouver des adresses, souvent aux dépens de la pure vérité.

La prudence humaine dit qu'il faut servir Dieu, mais qu'Il veut bien que l'on se réserve quelque bien pour sa vieillesse et ses maladies, que l'on ait son nécessaire, que l'on se porte mieux d'être bien nourri, qu'on prie mieux quand on est à son aise, que le coucher durement peut bien engendrer des infirmités, que de souffrir les mépris fait souvent bien du tort et donne trop de liberté de faire des péchés.

On se met de toutes les dévotions; on a toutes sortes de livres, chapelets, médailles, croix et des autres marques de dévotion. On ne veut point être critiqué; en toutes sortes de compagnies sans scrupule, dans l'espérance que l'on a assez de prudence pour ne point offenser Dieu. Si on parle du prochain, c'est, dit-on, avec compassion. On rapporte à d'autres ce qu'on en a dit et on condamne son prochain pour toutes ses fautes.

Si on n'obéit pas, on croit que l'on n'est pas obligé d'obéir en toutes choses, qu'il faut examiner si le commandement est bien à propos. On veut que tout le monde soit saint et fasse son devoir, sans se mettre du nombre; on veut redresser tout le monde et n'être redressé de personne. On croit que personne n'est suffisant pour nous apprendre notre devoir et on se mêle de tout, on veut savoir tout ce qui se passe. On remplit son esprit de tant de choses que l'on ne se donne pas le temps de penser sérieusement à la vraie et solide vertu.

La règle extérieure obéit à la cloche et à la Supérieure, mais elle est bien aise de ne pas entendre ni l'une ni l'autre. Elle se mortifie quand cela paraît et qu'on le sait, mais elle cherche ses aises tant qu'elle peut; elle trouve des nécessités pour avoir ce qu'elle veut. Elle recherche la propreté dans l'excès et ne croit jamais avoir d'amour-propre. Elle veut être la servante des plus méprisés et elle répugne de rendre quelques services humiliants à la maison.

Elle veut suivre la prudence humaine et ne croit pas que l'on puisse suivre la sagesse divine, dans ces temps-ci; et pourvu qu'elle ne trouve pas de péché, elle n'aspire pas plus haut. Les scrupules ne la piquent point. La coutume est sa règle ordinaire. Elle aime d'être regardée et considérée quand elle a réussi en quelque chose et y prend bonne part. Elle craint le mépris plus que l'offense de Dieu, dans ses fautes. Elle embrasse toutes les dévotions et s'en acquitte par humeur et sans attention, comme ses autres prières.

190

Elle hasarde sa santé, même sa vie pour se rendre accommodée et satisfaire son amour-propre, et pour le service de Dieu et le soulagement du prochain, elle craint le froid, les crottes et toutes les petites difficultés qui se
présentent pour cela. Elle préfère les avantages de la maison, aux talents et
à la vertu des filles qui se présentent. Si elle a quelque office, elle ne manque
pas d'en étudier toutes les circonstances, mais l'étude de la perfection chrétienne n'est point à son goût.

Elle ne se lasse point des entretiens de récréation et des personnes du
siècle. Elle pardonne en apparence et réserve son ressentiment. Elle n'a jamais
rien à donner aux pauvres, ni à faire plaisir à personne, sinon à ses amis.
Elle ne croit jamais avoir failli et s'excuse en toutes rencontres, et sait bien
trouver ses excuses aux dépens souvent de la vérité. Elle dissimule pour avoir
tout le plus à son goût.

LOUIS-ARMAND DE LOM D'ARCE DE LAHONTAN (1666-1715)

Officier de marine, il vécut au Canada de 1683 à 1693. Il était jeune, curieux
et contestataire. Il dut quitter le pays pour ne pas être mis sous arrêt. Puis il
vécut en Europe, sans pays fixe. En 1703, il publia, à La Haye, trois ouvrages
qui connurent un succès extraordinaire et furent immédiatement traduits en plusieurs langues. Ce sont: 1- *Les Nouveaux Voyages de M. le Baron de Lahontan
dans l'Amérique septentrionale*, qui, sous forme épistolaire, sont une relation de
son séjour au Canada; 2- *Les Mémoires de l'Amérigue septentrionale*, qui constituent une sorte d'histoire naturelle traitant successivement du pays, des coloni-
sateurs, des Indiens; 3- *Les Dialogues curieux entre l'auteur et un sauvage de
bon sens qui a voyagé*, qui tendent à montrer que les mœurs des Indiens valent
mieux que celles de l'Europe sur cinq sujets: la religion, la loi, la propriété, la
médecine, le mariage. La véracité de Lahontan est contestée; selon Parkman, « il
disait d'ordinaire la vérité quand il n'avait pas de raison de faire autrement ».
Il faut sans doute retenir davantage sa forte contribution à la contestation de la
civilisation européenne, bien avant Swift, Rousseau, Voltaire, Diderot.

Haute et basse ville

Quebec est partagé en haute et basse Ville, les Marchands demeurent à la
basse pour la commodité du port, le long duquel ils ont fait bâtir de très-belles
maisons à trois étages d'une pierre aussi dure que le marbre. La haute Ville
n'est pas moins belle ni moins peuplée. Le Château bâti sur le terrain le plus
élevé, la commande de tous côtez. Les Gouverneurs Generaux qui font leur
résidence ordinaire dans ce Fort y sont commodément logez, joüissant en
même tems de la veüe la plus belle et la plus étendüe qui soit au monde. La

Ville manque de deux choses essentielles, qui sont un quai et des fortifications, il seroit facile d'y faire l'un et l'autre, car les pierres se trouvent sur le lieu même. Elle est environnée de plusieurs sources d'eau vive la meilleure du monde, mais comme il ne s'y trouve personne qui entende assez bien l'Hydrostatique pour les conduire à quelques places où l'on pourroit élever des fonteines simples où jaillissantes, chacun est obligé de boire de l'eau de puits. Les gens qui habitent au bord du Fleuve de la basse Ville ne ressentent pas la moitié tant de froid que ceux de la haute, outre qu'ils ont la commodité de faire transporter en bâteau jusque devant leurs maisons, le bled, le bois et les autres provisions necessaires. Si ceux de la haute sont exposez aux vents froids de l'hiver, ils ont aussi le plaisir de jouïr du frais en Eté. Il y a un chemin assez large de l'une à l'autre, mais un peu escarpé, et des maisons à droit et à gauche. Le terrain de *Quebec* est fort inégal, et la cimetrie mal observée. L'Intendant demeure dans un fonds un peu éloigné sur le bord d'une petite Riviere, qui se joignant au Fleuve de S. Laurent renferme la Ville dans un angle droit. Il est logé dans le Palais où le Conseil Souverain s'assemble quatre fois la semaine. On voit à côté de grands Magazins de munitions de guerre et de bouche. Il y a six Eglises à la haute Ville; la Cathedrale est composée d'un Evêque et de douze Chanoines qui sont de bons Prêtres, vivant en communauté comme des religieux, dans la Maison du Chapitre, dont la grandeur et l'Architecture sont surprenantes. Ces pauvres Prêtres qui se contentent du necessaire, ne se mêlent uniquement que des affaires de leur Eglise; où le service se fait à l'usage de Rome. La seconde est celle des Jesuites située au centre de la Ville. Elle est belle, grande et bien éclairée. Le grand Autel est orné de 4. grandes colomnes Cilyndriques et massives d'un seul bloc, de certain porphire de Canada noir comme du Geai sans tâches et sans fils. Leur Maison est commode en toutes maniéres, car il y a beaucoup de logement. Ces Peres ont de beaux jardins, plusieurs allées d'arbres si touffus, qu'il semble en été qu'on soit dans une glaciere plûtôt que dans un bois. On peut dire aussi que la glace n'en est pas loin, car ils ne manquent jamais d'en conserver en deux ou trois endroits, pour avoir le plaisir de boire frais. Leur College est si petit qu'à peine ont-ils jamais eu cinquante Ecoliers à la fois. La troisiéme est celle des Recolets, qui graces à Mr. le Comte de *Frontenac* ont obtenu du Roi la permission d'y construire une petite Chapelle (à laquelle je donne le nom d'Eglise,) malgré l'opposition de Monsieur de *Laval* nôtre Evêque, qui de concert avec les Jesuite fit tout ce qu'il pût il y a dix ans pour l'empêcher. Ils demeuroient avant ce tems-là dans une Hospice qu'il fit bâtir où quelques-uns de ces Peres se tiennent encore. La quatriéme est celle des Urselines qui a été brûlée et rébâtie deux ou trois fois de mieux en mieux. La cinquiéme est celle des Hospitalieres qui ont un soin très-particulier des malades, quoi que ces religieuses soient pauvres et mal logées.

Le Conseil souverain de *Canada* se tient icy. Il est composé de douze Conseillers de *Capa y de Spada*, qui jugent souverainement et sans appel toutes sortes de Procés. L'Intendant s'attribuë le droit d'y presider, mais le Gouverneur General prend sa seance à la Salle de justice dans un endroit où se trouvant tous les deux face à face et les Juges à leurs côtez, il semble qu'ils y president également. Du tems que Monsieur de *Frontenac* étoit en Canada, il se moquoit de la prétenduë préseance des Intendans. Il traitoit les Membres de ce Parlement comme *Cromwel* ceux d'Angleterre. Chacun y plaide sa cause, car on ne voit ni Procureurs ni Avocats, ainsi les Procès sont bien-tôt finis, sans qu'il en coûte ny frais ny épices aux parties. Les juges qui ne reçoivent du Roy que quatre cent livres de pension par an sont dispensez de porter la robe et le bonnet, Outre ce tribunal il y a encore un Lieutenant General civil et criminel, un Procureur du Roi, un Grand Prevôt et un grand Maître des Eaux et Forêts. Les voitures dont on se sert pendant l'hiver à la Ville et à la Campagne sont des traineaux qui sont tirez par des chevaux qui semblent être insensibles au froid. J'en ai veu cinquante en Janvier et Février qui vivoient dans les bois et dans la nége presque jusqu'au poitral, sans s'appocher des Maisons de leurs Maîtres. L'on va d'ici à la Ville de *Monreal* durant l'hiver sur le Fleuve glacé, par le moyen des traineaux sur lesquels on fait quinze lieuës par jour. D'autres se servent de deux gros dogues pour faire ce voyage, mais ils demeurent plus long-tems en chemin.

Rat et ruses

Je ne puis m'empêcher de vous faire une digression qui sera de longue étenduë, pour vous apprendre le malicieux stratageme, dont ce rude Sauvage[1] se servit l'année derniere, afin d'empecher que Mr. *de Denonville*[2] ne fit la paix avec les *Iroquois*. Je n'aurois pas manqué de vous en faire le recit dans ma précédente lettre, si le tems me l'eut permis; la voici.

Ce Sauvage, Chef de Guerre et de Conseil des *Hurons*, âgé de quarante ans, et galand homme s'il en fut, se voyant pressé, prié et sollicité de la part de Mr. *de Denonville*, pour entrer dans son Alliance l'année 1687. comme je vous l'ai déja marqué y consentit à la fin, avec cette clause que la guerre ne finiroit que par la destruction des *Iroquois*, ce que ce Gouverneur lui fit promettre, et dont il l'assura lui-même le 3. Septembre de la même année, c'est-à-dire, deux jours avant que je partisse de *Niagara* pour mon voyage des grands Lacs. Ce Sauvage comptant sur la promesse de Mr. *de Denonville*, partit de Missilimakinac à la tête de cent Guerriers, comme je vous l'ai expliqué en ma quatorsiéme Lettre, pour aller aux Païs des *Iroquois*, à dessein de faire quelque coup d'éclat. Cependant comme il étoit question d'agir prudemment en cette rencontre, il jugea à propos de passer au Fort *Frontenac* pour prendre langue. Dés qu'il y fut arrivé, le Commandant lui dit que Mr. *de Denonville* travailloit à faire la Paix avec les cinq Nations *Iroquoises*, dont il attendoit les Ambassadeurs avec des Otages qu'ils devoient conduire à *Monreal* dans huit ou dix jours, pour conclure le Traité; que par conséquent il étoit à propos qu'il s'en retournât à Missilimakinac avec tous ses Guerriers, sans passer outre. Le Sauvage fort étonné d'une nouvelle à laquelle il s'attendoit si peu, et qui étoit si facheuse pour lui et pour toute sa Nation, qu'il

---

1. Le Rat.
2. Denonville: gouverneur général.

prévoyoit être sacrifiée pour le salut des François, répondit au Commandant que *cela étoit raisonnable*, mais au lieu de suivre le conseil qu'il lui avoit donné, il s'en alla attendre les Ambassadeurs et les Otages Iroquois aux endroits des Cataractes, où il falloit absolument qu'ils abordassent. A peine y demeura-t-il quatre ou cinq jours que ces malheureux Deputez accompagnez de quarante jeunes hommes arriverent, lesquels furent tous tuez ou pris en débarquant. Aussi-tôt que les prisonniers furent liez, ce rusé Sauvage leur dit, que le Gouverneur des François l'ayant fait avertir de se trouver là pour y attendre un parti de cinquante Guerriers, qui devoient y passer en tel tems, il étoit venu se saisir de ce poste. Ces *Iroquois* fort surpris de la perfidie qu'ils croyoient que Mr. *de Denonville* leur faisoit, raconterent au *Rat* le sujet de leur voyage. Alors ce *Huron* faisant le desesperé et le furieux, commença à déclamer (pour mieux joüer son role) contre Mr. *de Dénonville*, disant qu'il se vangeroit tôt ou tard de ce qu'il s'étoit servi de lui pour la plus horrible trahison qui eût jamais été faite; et regardant ensuite fixement tous ces prisonniers, entre lesquels se trouvoit le principal Ambassadeur nommé Theganessorens, il leur dit, *allez mes freres, je vous délie et vous renvoye chez vos gens, quoique nous ayons la guerre avec vous. C'est le Gouverneur des François qui ma fait faire une action si noire que je ne m'en consolerai jamais, à moins que vos cinq Nations n'en tirent une juste vengeance.* Il n'en fallut pas davantage pour persuader ces *Iroquois* de la sincérité des paroles du *Rat*, et sur le champ même ils l'assurérent qu'en cas qu'il voulut faire la Paix de son particulier les cinq Nations y consentiroient. Quoi qu'il en soit, le *Rat* qui ne perdit qu'un seul homme dans cette occasion, voulut garder un esclave *Chaouanon* adopté des *Iroquois* pour remplacer le *Huron* qui avoit été tué; et après avoir donné des fusils, de la poudre et des balles à ces prisonniers *Iroquois* pour s'en retoumer à leurs Païs, il prit la route de Missilimakinac, où il presenta au Commandant François l'esclave qu'il avoit amené. Celui-ci ne fut pas plutôt livré qu'on le condamna à être fusillé parce qu'on ignoroit que Mr. *de Denonville* voulut faite la Paix avec les *Iroquois*. Ce misérable eut beau raconter son avanture et celle des Ambassadeurs, on s'imagina que la crainte d'aller à l'autre monde le faisoit parler, d'autant plus que le *Rat* et ses Guerriers disoient qu'il radotoit, tellement que nos François tuérent ce pauvre malheureux, malgré toutes les raisons qu'il pût alleguer. Le jour même le *Rat* apellant un ancien esclave *Iroquois* qui le servoit depuis-long-tems, lui dit, qu'il avoit résolu de lui donner la liberté de s'en retourner dans sa Patrie, pour passer le reste de ses jours avec les gens de sa Nation, et qu'étant témoin oculaire du mauvais traitement que les François avoient fait à l'*Iroquois* qu'ils avoient fusillé; malgré tout ce qu'il avoit pû dire à leur Commandant pour se justifier, il ne devoit pas manquer de leur raconter une action si noire. Cet esclave s'aquitta si pontuellement de sa commission, que les *Iroquois* firent peu de tems après l'incursion suivante, dans le tems que Mr. *de Denonville* ne songeoit à rien moins qu'à une semblable visite, d'autant qu'il avoit eu la précaution de faire savoir aux *Iroquois* qu'il desaprouvoit tellement la trahison du *Rat*, qu'il avoit envie de le faire pendre. Cela est si vrai qu'il entendoit à tous momens dix ou douze Deputez pour faire cette Paix tant desirée. Ils arrivérent en effet au bout de quelque tems, mais en plus grand nombre, pour un dessein bien different de celui que ce Gouverneur s'en étoit promis. Ils débarquerent au bout de l'Isle au nombre de douze cens Guerriers, qui brûlerent et saccagerent toutes ses habitations. Ils firent un massacre épouvantable d'hommes, de femmes et d'enfans. *Madame de Denonville* qui se trouvoit alors avec Monsieur son Epoux à *Monreal*, ne s'y croyoit pas trop assurée; la consternation étoit générale, car on craignoit extrémement l'aproche de ces Barbares, qui n'étoient qu'à trois lieuës de *Monreal*. Ils bloquerent deux Forts, aprés avoir brûlé toutes les habitations d'alentour. Cependant Mr. *de Denonville* y envoya un détachement de cent Soldats avec cinquante Sauvages, ne voulant pas faire sortir de la Ville un plus grand nombre de combattans; mais ceux-ci furent tous pris ou taillez en piéces, car il ne s'en sauva que douze Sauvages; un Soldat et Mr. *de Longueil* Commandant de ce détachement; qui aprés avoir eu la cuisse cassée fut emporté par ces douze Alliez; les autres Officiers à sçavoir, les Sieurs de de la *Raberre*, S. *Pierre Denis, la Plante*, et *Ville Dené*, furent pris. Ces Barbares désolerent presque toute l'Isle, et ne perdirent que trois des leurs, lesquels aprés s'être bien enyvrez du vin qu'ils trouvérent aux habitations, furent attirez dans un Fort par un vacher *Canadien* qu'ils tenoient esclave depuis quelques années. Dès que ces *Iroquois* infortunez furent dans ce Fort on les jetta dans une cave, afin qu'ils cuvassent leur vin; mais s'étant éveillez ils se repentirent sans doute d'en avoir tant bû. Ils se mirent aussi-tôt à chanter, et lors qu'on vint pour les lier et les amener au *Monreal*, ils se saisirent de quelques bâtons qu'ils trouverent dans cette cave, et se deffendirent avec tant de vigueur et d'intrepidité qu'on fut obligé de les tuër à coups de fusil dans le lieu même. Ce vacher qui fut amené à Mr. *de Denonville*, lui dit, que le coup de *Rat* étoit irréparable, que les cinq Nations *Iroquoises* avoient cèt outrage si fort à cœur, qu'il seroit impossible de les porter si-tôt à le Paix, et qu'elles blâmes si peu l'action de ce *Huron*, qu'elles étoient prêtes d'entrer en Traité avec lui, parce qu'il n'avoit fait avec son parti que ce qu'un bon Guerrier et un bon Allié devoit faire. Ces Barbares n'eurent pas plûtôt achevé de mettre tout à feu et à sang, qu'ils se rembarquerent pour retourner à leur Païs chargez du butin qu'ils avoient fait, ne trouvant aucune opposition dans leur retraite.

Les Canadiens ou Creoles

Pour reprendre le fil de ma narration vous sçaurez que les *Canadiens* ou *Creoles* sont bien faits, robustes, grands, forts, vigoureux, entreprenans, braves et infatigables, il ne leur manque que la connoissance des belles Lettres. Ils sont presomptueux et remplis deux-mêmes, s'estimant au dessus de toutes les Nations de la Terre, et par malheur ils n'ont pas toute la vénération qu'ils devroient avoir pour leur parens. Le sang de *Canada* est fort beau, les femmes y sont generalement belles; les brunes y sont rares, les sages y sont communes; et les paresseuses y sont en assez grand nombre; elles aiment le luxe au dernier point, et c'est à qui mieux prendra les maris au piege.

Il y auroit de grands abus à reformer en *Canada*. Il faudroit commencer par celui d'empêcher les ecclesiastiques de faire des visites si fréquentes chez les Habitans, dont ils exigent mal à propos la connoissance des affaires de leurs familles jusqu'au moindre détail, ce qui peut être assez souvent contraire au bien de la societé par des raisons que vous n'ignorez pas. Secondement, défendre à l'Officier de ne pas retenir la paye de ses Soldats; et d'avoir le soin de leur faire faire le maniment des armes les Fêtes et les Dimanches. Troisiémement, taxer les Marchandises à un prix assez raisonnable, pour que le Marchand y trouvât son compte et son profit, sans écorcher les Habitans et les Sauvages. Quatriémement, défendre le transport de France en *Canada*, des brocards, des galons, et rubans d'or ou d'argent et des dentelles de haut prix. Cinquiémement, ordonner aux Gouverneurs Généraux de ne pas vendre de congez pour aller en traite chez les Sauvages des grands Lacs. Sixiémement, établir des Cures fixes. Septiémement, former et discipliner les milices pour s'en servir dans l'occasion aussi utilement que des troupes. Huitiémement, établir les Manufactures de toiles, d'etoffes, etc. Mais la principale chose seroit d'empêcher que les Gouverneurs, les Intendans, le Conseil Souverain, l'Evêque et les Jesuites ne se partageant en faction, et ne cabalassent les uns contre les autres; car les suites ne peuvent être que prejudiciables au service du Roi, et au repos public. Aprés cela ce Païs-là vaudroit la moitié plus que ce qu'il vaut à present.

Je suis surpris qu'au lieu de faire sortir de France les Protestans qui passant chez nos ennemis, ont causé tant de dommage au Royaume par l'argent qu'ils ont aporté dans leurs Païs, et par les Manufactures qu'ils y ont établi, on ne les ait pas envoyez en *Canada*. Je suis persuadé que si on teur avoit donné de bonnes assurances pour la liberté de conscience, il y en a quantité qui n'auroient pas fait difficulté de s'y établir. (...)

Quoiqu'il en soit, je parle à peu près comme ce Roi *d'Aragon* qui se vantoit d'avoir pû donner de bons conseils à Dieu pour la simetrie et le cours des Astres s'il eût daigné le consulter. Je dis aussi que si le Conseil d'Etat eut suivi les miens, la nouvelle France auroit été dans trente ou quarante ans un Royaume plus beau et plus florissant que plusieurs autres de l'Europe.

Les Hurons le tien et le mien

(Les Dialogues *sont vite devenus célèbres: 13 éditions en 14 ans, dit-on. Lahontan s'y met en scène, dialoguant avec Adario, « un sauvage de bon sens qui a voyagé ». En 5 journées, ils discutent de 5 sujets: la religion, la loi, la propriété, la médecine, le mariage. Feignant de promouvoir la civilisation européenne, Lahontan, en fait, l'attaque allégrement et montre la supériorité de l'homme de nature. Nous avons retenu quelques passages du dialogue sur la propriété.)*

LAHONTAN

Il me semble, mon cher Ami, que tu ne viendrois pas de si bonne heure chez moy, si tu n'avois envie de disputer encore. Pour moy, je te déclare, que je ne veux plus entrer en matiére avec toy, puisque tu n'és pas capable de concevoir mes raisonnemens, tu es si fort prévenu en faveur de ta Nation, si fort préocupé de tes manieres sauvages, et si peu porté à examiner les nôtres, comme il faut, que je ne daigneray plus me tuer le corps et l'ame, pour te faire connoître l'ignorance et la misére dans lesquelles on voit que les Hurons ont toûjours vêcu. Je suis ton Ami, tu le sçais; ainsi je n'ay d'autre intérêt que celuy de te montrer le bonheur des François; afin que tu vives comme eux, aussi bien que le reste de ta Nation. Je t'ai dit vint fois que tu t'ataches à considérer la vie de quelques méchans François, pour mesurer tous les autres à leur aune; je t'ay fait voir qu'on les châtioit; tu ne te paye pas de ces raisons-là, tu t'obstines par des réponses injurieuses à me dire que nous ne sommes rien moins que des hommes. Au bout du conte je suis las d'entendre des pauvretez de la bouche d'un homme que tous les François regardent comme un trés habile Personnage. Les gens de ta Nation t'adorent tant par ton esprit que par ton expérience et ta valeur. Tu es Chef de guerre et Chef de Conseil; et sans te flatter; je n'ay guére veu de gens au monde plus vifs et plus pénétrans que tu l'es; Ce qui fait que je te plains de tout mon cœur, de ne vouloir pas te défaire de tes préjugés.

ADARIO

Tu as tort, mon cher Frére, en tout ce que tu dis, car je ne me suis formé aucune fausse idée de vôtre Religion ni de vos Loix; l'exemple de tous les François en général, m'engagera toute ma vie, à considérer toutes leurs actions, comme indignes de l'homme. Ainsi mes idées sont justes, mes préjugez sont bien fondés, je suis prêt à prouver ce que j'avance. Nous avons parlé de Religion et de Loix, je ne t'ay répondu que le quart de ce que je pensois sur toutes les raisons que tu m'as alléguées; tu blâmes nôtre maniére de vivre; les François en général nous prénent pour des Bétes, les Jésuites nous traitent d'impies, de foux, d'ignorans et de vagabons: et nous vous regardons tout sur le même pied. Avec cette différence que nous-nous contentons de vous plaindre, sans vous dire des injures. Ecoute, mon cher Frére, je te parle sans passion, plus je réfléchis à la vie des Européans et moins je trouve de bonheur et de sagesse parmi eux. Il y a six ans que je ne fais que penser à leur état. Mais je ne trouve rien dans leurs actions qui ne soit au dessous de l'homme, et je regarde comme impossible que cela puisse être autrement, à moins que vous ne veuilliez vous réduire à vivre, sans le *Tien* ni le *Mien*, comme nous faisons. Je dis donc que ce que vous appelez argent, est le démon des démons, le Tiran des François; la source des maux; la perte des ames et le sepulcre des vivans. Vouloir vivre dans les Païs de l'argent et conserver son ame, c'est vouloir se jetter au fond du Lac pour conserver sa vie; or ni l'un ni l'autre ne se peuvent. Cet argent est le Pére de la luxure, de l'impudicité, de l'artifice, de l'intrigue, du mensonge, de la trahison, de la mauvaise foy, et généralement de tous les maux qui sont au Monde. Le Pere vend ses enfants, les Maris vendent leurs Femmes, les Femmes trahissent leurs Maris, les Fréres se tuent, les Amis se trahissent, et tout pour l'argent. Di-moy, je te prie, si nous avons tort aprez cela, de ne vouloir point ni manier, ni même voir ce maudit argent.

Quoy, sera-t'il possible que tu raisoneras tousjours si sottement! au moins écoute une fois en ta vie avec attention ce que j'ay envie de te dire. Ne vois-tu pas bien, mon Ami, que les Nations de l'Europe ne pourroient pas vivre sans l'or et l'argent, ou quelque autre chose précieuse. Déjà les Gentishommes, les Prêtres, les Marchans et mille autres sortes de gens qui n'ont pas la force de travailler à la terre, mourroient de faim. Comment nos Rois seroient-ils Rois? Quels soldats auroient-ils? Qui est celuy qui voudroit travailler pour eux, ni pour qui que ce soit? Qui est celui qui se risqueroit sur la mer? Qui est celuy qui fabriqueroit des armes pour d'autres que pour soi? Crois-moy, nous serions perdus sans ressource, ce seroit un Cahos en Europe, une confusion, la plus épouvantable qui se puisse imaginer.

ADARIO

Vraîment tu me fais là de beaux contes, quand tu parles des gentishommes, des Marchans et des Prêtres! Est-ce qu'on en verroit s'il n'y avoit ni *Tien* ni *Mien?* Vous seriez tous égaux, comme les Hurons le sont entr'eux. Ce ne seroit que les trente premiéres années après le banissement de l'intérêt qu'on verroit une étrange désolation; car ceux qui ne sont propres qu'à boire, manger, dormir, et se divertir, mourroient en langueur; mais leurs décendans vivroient comme nous. Nous avons assez parlé des qualitez qui doivent composer l'homme intérieurement, comme sont la sagesse, la raison, l'équité etc. qui se trouvent chez les Hurons. Je t'ai fait voir que l'interêt les détruit toutes, chez vous; que cet obstacle ne permet pas à celuy qui conoît cet intérêt d'être homme raisonable. Mais voyons ce que l'homme doit être extérieurement; Premiérement, il doit sçavoir marcher, chasser, pêcher, tirer un coup de fléche ou de fusil, sçavoir conduire un Canot, sçavoir faire la guerre, connoître les bois, être infatiguable, vivre de peu dans l'ocasion, construire des Cabanes et des Canots, faire, en un mot, tout ce qu'un Huron fait. Voilà ce que j'appelle un homme. Car di-moy, je te prie, combien de millions de gens y a-t-il en Europe, qui, s'ils étoient trente lieües dans des Forêts, avec un fusil ou des Fléches, ne pourroient ni chasser de quoi se nourrir, ni même trouver le chemin d'en sortir. (...)

LAHONTAN

Appelles-tu vivre heureux, d'estre obligé de gîter sous une miserable Cabane d'écorce, de dormir sur quatre mauvaises couvertures de Castor, de ne manger que du rôti et du boüilli, d'être vêtu de peaux, d'aller à la Chasse des Castors, dans la plus rude saison de l'année; de faire trois cens lieües à pied dans des bois épais, abatus et inaccessibles, pour chercher les Iroquois; aller dans de petits canots se risquer à périr chaque jour dans vos grands Lacs, quand vous voyagez. Coucher sur la dure à la belle étoile, lorsque vous aprochés des Villages de vos ennemis: être contrains le plus souvent de courir sans boire ni manger, nuit et jour, à toute jambe, l'un deçà, l'autre de là, quand ils vous poursuivent, d'estre réduits à la dernière des miséres, si par amitié et par commisération les Coureurs de Bois n'avoient la charité de vous porter des fusils, de la poudre, du plomb, du fil à faire des filets, des haches, des couteaux, des aiguilles, des Alesnes, des ameçons, des chaudiéres, et plusieurs autres marchandises.

ADARIO

Tout beau, n'allons pas si vite, le jour est long, nous pouvons parler à loisir, l'un après l'autre. Tu trouves, à ce que je vois, toutes ces choses bien dures. Il est vray qu'elles le seroient extrémement pour ces François, qui ne vivent, comme les bêtes, que pour boire et manger; — qui n'ont esté élevés que dans la molesse; mais di-moy, je t'en conjure, quelle différence il y a de coucher sous une bonne Cabane, ou sous un Palais; de dormir sur des peaux de Castors, ou sur des matelats entre deux draps; de manger du rosti et du boüilli; ou de sales pâtez et ragoûts, aprêtez par des Marmitons crasseux: En sommes nous plus malades, ou plus incommodez que les François qui ont ces Palais, ces lits, et ces Cuisiniers? Hé! combien y en a-t-il parmi vous, qui couchent sur la paille, sous des toits ou des greniers que la pluye traverse de toutes parts, et qui ont de la peine à trouver du pain et de l'eau? J'ay esté en France, j'en parle pour l'avoir veu. (...) Tu finis en concluant que les François nous tirent de la misère par la pitié qu'ils ont de nous. Et comment faisoient nos Pères, il y a cent ans, en vivoient-ils moins sans leurs marchandises: au lieu de fusils, de poudre, et de plomb, ils se servoient de l'arc et des flèches, comme nous faisons encore. Ils faisoient des rets avec du fil d'écorce d'arbre; ils se servoient des haches de pierre; ils faisoient des coûteaux, des aiguilles, des Alesnes etc. avec des os de cerf ou d'élan; au lieu de chaudière on prenoit des pots de terre. Si nos Péres se sont passez de toutes ces marchandises, tant de siècles, je croy que nous pourrions bien nous en passer plus facilement que les François ne se passeroient de nos Castors, en échange desquels, par bonne amitié, ils nous donnent des fusils qui estropient, en crevant, plusieurs Guerriers, des haches qui cassent en taillant un arbrisseau, des coûteaux qui s'émoussent en coupant une citroüille, du fil moitié pourri, et de si méchante qualité, que nos filets sont plûtôt usez qu'achevez; des chaudiéres si minces que la seule pesanteur de l'eau en fait sauter le fond. Voilà, mon Frére, ce que j'ay à te répondre sur les miséres des Hurons.

LAHONTAN

Hé bien, tu veux donc que je croye les Hurons insensibles à leurs peines et à leurs travaux, et qu'ayant esté élevez dans la pauvreté et les soufrances, ils les envisagent d'un autre œil que nous; cela est bon pour ceux qui n'ont jamais sorti de leur païs, qui ne connoissent point de meilleure vie que la leur, et qui n'ayant jamais été dans nos villes, s'imaginent que nous vivons comme eux; mais pour toy, qui as été en France, à Quebec, et dans la Nouvelle Angleterre, il me semble que ton goût et ton discemement sont bien sauvages, de ne pas trouver l'estat des Européans préférable à celuy des Hurons. Y a-t-il de vie plus agréable et plus délicieuse au Monde, que celle d'un nombre infini de gens riches à qui rien ne manque? Ils ont de beaux Carosses, de belles Maisons ornées de tapisseries et de tableaux magnifiques; de beaux Jardins où se cueillent toutes sortes de fruits, des Parcs où se trouvent toutes sortes d'animaux; des Chevaux et des Chiens pour chasser, de l'argent pour faire grosse chére, pour aller aux Comédies et aux jeux, pour marier richement leurs enfans, ces gens sont adorés de leurs dépendans. N'as-tu pas vû nos Princes, nos Ducs, nos Marêchaux de France, nos Prélats et un million de gens de toutes sortes d'états qui vivent comme des Rois; à qui rien ne manque, et qui ne se souviénent d'avoir vêcu que quand il faut mourir?

ADARIO

Si je n'estois pas si informé que je le suis de tout ce qui se passe en France, et que mon voyage de Paris ne m'eût pas donné tant de conoissances et de lumiéres, je pourrois me laisser aveugler par ces apparences exterieures de félicité, que tu me représentes; mais ce Prince, ce Duc, ce Marêchal, et ce Prélat, qui sont les premiers que tu me cites, ne sont rien moins qu'heureux à l'égard de Hurons; qui ne conoissent d'autre félicité que la tranquillité d'ame, et la liberté. Or ces grands seigneurs se haïssent intérieurement les uns les autres, ils perdent le sommeil, le boire et le manger pour faire leur cour au Roy, pour faire des piéces à leurs ennemis, ils se font des violences si fort contre nature, pour feindre, déguiser, et souffrir, que la douleur que l'ame en ressent surpasse l'imagination. N'est-ce rien, à ton avis, mon cher Frère, que d'avoir cinquante serpens dans le cœur? Ne vaudroit-il pas mieux jetter Carosses, dorures, Palais, dans la riviére, que d'endurer toute sa vie tant de martires? Sur ce pied là j'aimerois mieux si j'étois à leur place, estre Huron, avec le Corps nû, et l'ame tranquille. Le corps est le logement de l'ame, qu'importe que ce Corps soit doré, étendu dans un Carrosse, assis à une table; si cette ame le tourmente, l'afflige et le désole? Ces grands seigneurs, dis-je, sont exposez à la disgrace du Roy, à la médisance de mille sortes de Personnes; à la perte de leurs Charges; au mépris de leurs semblables; en un mot leur vie molle est traversée par l'ambition, l'orgueil, la présomption et l'envie. Ils sont esclaves de leurs passions, et de leur Roy, qui est l'unique François heureux, par raport à cette adorable liberté dont il joüit tout seul. (...)

LAHONTAN

Il faut que tu croye, mon cher Ami, que comme les Hurons sont élevez dans la fatigue et dans la misére, ces grands Seigneurs le sont de même dans le trouble, dans l'ambition, et ils ne vivroient pas sans cela; et comme le bonheur ne consiste que dans l'imagination, ils se nourrissent de vanité. Chaqu'un d'eux s'estime dans le cœur autant que le Roy. La tranquillité d'ame des Hurons n'a jamais voulu passer en France; de peur qu'on ne l'enfermât aux petites Maisons. Etre tranquille en France c'est être fou, c'est être insensible, indolent. Il faut toûjours avoir quelque chose à souhaiter pour être heureux; un homme, qui sçauroit se borner seroit Huron. Or personne ne le veut être; la vie seroit ennuyeuse si l'esprit ne nous portoit à desirer à tout moment

200

quelque chose de plus que ce que nous possédons: et c'est ce qui fait le bonheur de la vie, pourvû que ce soit par des voïes légitimes.

ADARIO

Quoy! n'est ce pas plutôt mourir en vivant, que de tourmenter son esprit à toute heure, pour aquérir des Biens, ou des Honneurs, qui nous dégoûtent dez que nous en jouïssons? d'afoiblir son corps et d'exposer sa vie pour former des entreprises qui échouent le plus souvent? Et puis tu me viendras dire que ces grands Seigneurs sont élevez dans l'ambition, et dans le trouble, comme nous dans le travail et la fatigue. Belle comparaison pour un homme qui sçait lire et écrire! Dis-moy, je te prie, ne faut-il pas, pour se bien porter, que le corps travaille et que l'esprit se repose? Au contraire, pour détruire sa santé, que le corps se repose, et que l'esprit agisse? Qu'avons-nous au monde de plus cher que la vie? Pourquoy n'en pas profiter? Les François détruisent leur santé par mille causes diférentes; et nous conservons la nôtre jusqu'à ce que nos corps soient usez; parce que nos ames exemptes de passions ne peuvent altérer ni troubler nos corps. Mais enfin les François hâtent le moment de leur mort par des voïes légitimes; voilà ta conclusion; elle est belle, asseurément, et digne de remarque! Croi-moy, mon cher Frére, songe à te faire Huron, pour vivre long-temps. Tu boiras, tu mangeras, tu dormiras, et tu chasseras en repos; tu seras délivré des passions qui tiranisent les François; tu n'auras que faire d'or, ni d'argent, pour être heureux; tu ne craindras ni voleurs, ni assassins, ni faux témoins; et si tu veux devenir le Roi de tout le monde, tu n'auras qu'à t'imaginer de l'estre, et tu le seras. (...)

LAHONTAN

Ecoute, Adario, je croy qu'il est inutile que nous raisonnions davantage, je vois que tes raisons n'ont rien de solide; je t'ay dit cent fois que l'exemple de quelques méchantes gens, ne concluoit rien; tu t'imagines qu'il n'y a point d'Européan qui n'ait quelque vice particulier caché ou connu; j'aurois beau te prêcher le contraire d'icy à demain, ce seroit en vain; car tu ne mets aucune diférence de l'homme d'honneur au sçelerat. J'aurois beau te parler dix ans de suite, tu ne démordrois jamais de la mauvaise opinion que tu t'es formée, et des faux préjugez touchant nôtre Religion, nos Loix et nos maniéres. Je voudrois qu'il m'eut couté cent Castors que tu sçusse aussi bien lire et écrire qu'un François; je suis persuadé que tu n'insisterois plus à mépriser si vilainement l'heureuse condition des Européans. Nous avons veu en France des *Chinois* et des *Siamois* qui sont des gens du bout du Monde, qui sont en toutes choses plus opposez à nos maniéres que les Hurons; et qui cependant ne se pouvoient lasser d'y admirer nôtre maniére de vivre. Pour moy, je t'avoüe que je ne conçois rien à ton obstination.

ADARIO

Tous ces gens-là ont l'esprit aussi mal tourné que le corps. J'ay veu certains Ambassadeurs de ces Nations dont tu parles. Les Jésuites de Paris me racontérent quelque histoire de leurs Païs. Ils ont le *tien* et le *mien* entr'eux, comme les François; ils connoissent l'argent aussi bien que les François; et comme ils sont plus brutaux, et plus intéressez que les François, il ne faut pas trouver étrange qu'ils aïent approuvé les maniéres des gens qui les traitant avec toute sorte d'amitié, leur faisoient encore des présens à l'envi les uns des autres. Ce n'est pas sur ces gens-là que les Hurons se régleront. Tu ne dois pas t'ofencer de tout ce que je t'ay prouvé; je ne méprise point les Européans, en leur présence; Je me contente de les plaindre. Tu as raison de dire que je ne fais point de diférence, de ce que nous appellons homme d'honneur à un brigand. J'ay bien peu d'esprit, mais il y a assez de temps que je traite avec les François, pour sçavoir ce qu'ils entendent par ce mot d'homme d'honneur. Ce n'est pas pour le moins un Huron; car un Huron ne connoît point l'argent, et sans argent on n'est pas homme d'honneur parmi vous. Il ne me seroit pas dificile de faire un homme d'honneur de mon esclave; Je n'ay qu'à le mener à Paris, et luy fournir cent paquets de Castors pour la dépense d'un Carosse, et de dix ou douze Valets; il n'aura pas plûtôt un habit doré avec tout ce train, qu'un chacun le saluera, qu'on l'introduira dans les meilleures Tables, et dans les plus célébres Compagnies. Il n'aura qu'à donner des repas aux Gentishommes, des présens aux Dames, il passera par tout pour un homme d'esprit, de mérite, et de capacité; on dira que c'est le Roy des Hurons; on publiera par tout que son Païs est couvert de mines d'or, que c'est le plus puissant Prince de l'Amérique; qu'il est sçavant; qu'il dit les plus agréables choses du monde en Conversation; qu'il est redouté de tous ses Voisins; enfin ce sera un homme d'honneur, tel que la plûpart des Laquais le deviennent en France; aprés qu'ils ont sçeu trouver le moyen d'attraper assez de richesse pour paroître en ce pompeux équipage, par mille voyes infames et détestables.

DIÈREVILLE (?-?)

On ne sait ni son prénom, ni l'année de sa naissance, ni celle de sa mort. Mais il n'est pas un inconnu. Il a même eu une certaine célébrité. C'était un chirurgien de l'hospice de Pont l'Évêque; il était venu en Acadie à titre de commis à la surveillance de la cargaison. Son protecteur, Michel Begon (le père de l'intendant du même nom et qui donna son nom au bégonia), lui avait imposé, en retour, de raconter son voyage en vers, Dièreville ayant déjà publié des poèmes dans *Le Mercure galant*. Le voyage dura du 20 août 1699 au 9 novembre 1700. Le récit eut au moins 5 000 vers. *La Relation du voyage de Port Royal de l'Acadie* fut publiée en 1708, connut 2 réimpressions, fut traduite en anglais et en allemand, rééditée à Québec en 1885 et finalement à Toronto par la Champlain Society (1933). Sur les conseils de ses amis, Dièreville fit alterner la prose et les vers, ce qui en fait un texte à la fois léger et sérieux. Dièreville s'intéressa particulièrement aux plantes et Tournefort en nomma quelques-unes de son nom.

Sa publication lui valut une longue analyse dans *Le Journal des Scavans*. Il était aussi gourmet et Jacques Rousseau soutient que son livre est la « première œuvre importante de la littérature gastronomique du Canada ». À bon dégustateur, salut!

Chacun sous un rustique toit

Apres avoir décrit les divers mouvemens de la Mer et des Vents, et tout ce qui m'arriva dans ma Traversée de la Rochelle au Port Royal de l'Acadie, il faut que je fasse maintenant le Recit de tout ce que j'ay remarqué dans le Pays.

> Théagene l'attend, j'en ay fait la promesse,
> Si je ne luy dis rien dans l'ardeur qui me presse
> Qui puisse contenter sa curiosité,
>   Son cœur n'a pas moins de bonté
>   Que son esprit a de délicatesse.

Disons d'abord que trois seules Habitations font le partage d'un si grand Pays, et que les Habitans de ces lieux-là ont les mêmes occupations. Le Port Royal est la premiere, et je n'ay rien à ajoûter au Plan que j'en ay fait. La seconde, sont les Mines et Beaubassin, la troisiéme. Je n'ay point été à ces deux dernieres, ainsi je n'en ferai point la Description; je sçai seulement que les Mines fournissent plus de Bled que tout le reste du Pays par le dessechement qu'on a fait de ses Marais qui sont assez étendus, et que les Habitans du Port Royal y ont établi leurs enfans dans les concessions qu'ils y ont achetées pour peupler le Pays et le rendre fecond; ils reüssissent en tout cela fort bien. A l'égard de Beaubassin, qu'on nomme ainsi par sa situation, c'est l'Habitation la moins peuplée, et qui produit aussi le moins. Le Climât de tous ces lieux est égal à celuy de la France, c'est presque le même degré, l'Eté y est aussi chaud, mais l'Hyver y est plus froid: Il y neige presque toûjours dans cette saison, et les vents qui soufflent sont si froids qu'ils gelent le visage; on n'ose sortir pendant ces foudrilles, c'est le nom que les Habitans donnent au temps quand il neige et vente beaucoup tout à la fois. Si les neiges y fondoient comme en France par des dégels, il n'y feroit pas plus froid: mais elles durent sept ou huit mois sur la terre, et particulierement dans les Bois, et c'est ce qui en rend l'air si glacial.

> De ce séjour les Habitans
>   Où chacun pour vivre travaille,
>   Ne laissent pas d'être contens;
> On ne leur parle point ny d'Impôts ny de Taille,
>   Ils ne payent quoy que ce soit,
>   Chacun sous un rustique toit
> Vuide en repos sa Huche et sa Futaille,
>   Et se chauffe bien en temps froid,
> Sans acheter le Bois denier ny maille:

Où trouve-t-on des biens si doux?
Ce Pays pourroit être un Pays de Cocagne,
S'il avoit seulement un Côteau de Champagne,
Il seroit le meilleur de tous.

Mais on n'y fait que de la Biere avec des sommitez de Sapin, dont on fait une forte décoction qu'on entonne dans une Barique où il y a du Levain et de la Melasse, qui est une espece de Syrop de Sucre de couleur de Raisine. Tout cela fermenté ensemble pendant deux ou trois jours: Quand la fermentation est passée, les matieres se rassoient, et l'on boit la Liqueur claire qui n'est pas mauvaise; mais la plus ordinaire boisson est l'Eau, et ceux qui ne boivent pas autre chose, ne laissent pas d'être vigoureux, et de resister au travail, parce qu'ils mangent beaucoup, et qu'ils ne travaillent pas toûjours.

L'oysiveté leur plaît, ils aiment le repos,
De mille soins fâcheux le Pays les délivre,
N'étant chargez d'aucuns Impôts.
Ils ne travaillent que pour vivre.
Ils prennent le temps comme il vient,
S'il est bon ils se réjoüissent,
Et s'il est mauvais ils patissent,
Chacun comme il peut se maintient.
Sans ambition, sans envie,
Ils attendent le fruit de leurs petits travaux,
Et l'aveugle fortune en les rendant égaux
Les exempte de Jalousie.
Dans ce Pays les Habitans
Se donnant au travail peu de grandes fatigues,
Font à leurs femmes maints enfans,
Car ils n'ont point d'autres intrigues,
De la vertu c'est le séjour,
Elle est bien rare ailleurs dans le temps où nous sommes;
Les Femmes n'ont rien pour les Hommes,
Si l'hymen ne permet l'amour.
Il leur inspire seul ses amoureuses flames,
Et je puis dire à leur honneur,
Que la sagesse et la pudeur
Sans pouvoir sur trop d'autres Femmes,
Pour regner dans ces lieux ont passe dans leurs Ames.
Un Pere, une Mere chez eux
Ne gardent pas long-temps une Fille nubile;
La garde cependant n'en est pas difficile,
Selon leurs volontez elle regle ses vœux.
Si quelque tendre Amant vient déclarer ses feux.
Et que la Maîtresse y réponde,
L'hymen les unissant tous deux,
Ils n'ont plus qu'à peupler le Monde;

204

C'est ce qu'ils font aussi le mieux,
Ne partageant point leur tendresse,
Dés les premiers transports de la verte Jeunesse,
Ils font bien des enfans jusqu'à ce qu'ils soient vieux.

Deux couples voisins, et bien unis par l'amour et l'hymen, ont fait à l'envy l'un de l'autre chacun dix-huit Enfans tous vivans, c'est être fort habiles en ce métier; cependant un autre couple a été jusqu'à vingt-deux, et en promet encore davantage.

Plus qu'ailleurs on s'y mes-allie,
On ne regarde point à la condition,
Dans son transport on se marie,
Rien ne rebutte, tout est bon,
Le Noble dans sa Couche, ou plûtôt sa Cabane,
Pour étendre sa race admet la Païsanne,
Et lorsque par un coup fatal,
La Parque vient couper le Lien Conjugal,
Et que sans nul égard l'Homme Noble elle emporte,
La Veuve moins sensible à la Mort qu'à l'Amour,
A son premier état faisant un prompt retour,
Reprend un Mary de sa sorte.
Par cette nouvelle union
Elle perd le titre de Dame,
Pour contenter sa passion,
C'est ainsi qu'en fait une Femme.
C'est sçavoir le secret d'avoir pour Heritiers
Des Nobles et des Roturiers.
On voit de même aussi par la Foy Conjugale
Une Fille de qualité,
Plûtôt que de rester Vestale,
Avec un Roturier perdre sa dignité:
Malgré l'Alliance inégale,
On veut avoir posterité.

Presque dans toutes les familles on voit cinq et six Enfans, et souvent beaucoup plus; il faut voir comme la marmaille y fourmille; et si l'on ne va point là comme ailleurs en Pellerinage pour en avoir, ils se suivent de prés, et l'on diroit qu'ils sont presque tous d'un même âge.

Dans un Pays qu'on va rarement secourir,
Et qui souffre souvent la derniere misere,
On s'étonne de voir que le Pere et la Mere
De leur petit travail en puissent tant nourrir.

Mais c'est la richesse du Pays, quand ils sont en état de travailler, ce qu'ils font de bonne heure; ils épargnent à leurs Peres des journées d'hommes qui coûtent là vingt-cinq et trente sols, et cela va à une dépense qu'ils ne sçauroient faire. Il en coûte beaucoup pour accommoder les terres qu'on veut cultiver, celles qu'ils apellent Hautes, et qu'il faut défricher dans les Bois ne sont pas bonnes, le grain n'y leve pas bien, et quelque peine que l'on prenne pour le faire venir par des Engrais dont on a trés-peu, on n'y recüeille presque rien, et on est quelquefois contraint de les abandonner. Il faut pour avoir des Bleds dessecher les Marais que la Mer en pleine marée inonde de ses eaux, et qu'ils apellent les Terres Basses; celles-là sont assez bonnes, mais quel travail ne faut-il pas faire pour les mettre en état d'être cultivées? On n'arrête pas le cours de la Mer aisément; cependant les Acadiens en viennent à bout par de puissantes Digues qu'ils apellent des Aboteaux, et voicy comment ils font; ils plantent cinq ou six rangs de gros arbres tous entiers aux endroits par où la Mer entre dans les Marais, et entre chaque rang ils couchent d'autres arbres de long les uns sur les autres, et garnissent tous les vuides si bien avec de la terre glaise bien battuë, que l'eau n'y sçauroit plus passer. Ils ajustent au milieu de ces Ouvrages un Esseau de maniere qu'il permet à la marée basse, à l'eau des Marais de s'écouler par son impulsion, et défend à celle de la Mer d'y entrer. Un travail de cette nature qu'on ne fait qu'en certains temps que la Mer ne monte pas si haut, coûte beaucoup à faire, et demande bien des journées; mais la moisson abondante qu'on en retire dés la seconde année, apres que l'eau du Ciel a lavé ces terres, dédommage des frais qu'on a faits. Comme elles apartiennent à pluisieurs, ils y travaillent de concert: Si ce n'étoit qu'à un Particulier, il faudroit qu'il payât les autres, ou bien que dans d'autres travaux, il leur donnât autant de journées qu'on en auroit employé pour luy, et c'est comment ils s'accommodent ordinairement entre eux.

Faisons icy l'Apologie
De divers Habitans de la vaste Acadie,
   Ma Muse, il faut s'en aquitter,
   Et nous ne sçaurions trop vanter
   Leur adresse et leur industrie.
   Sans avoir apris de métiers,
   Ils sont en tout bons Ouvriers,
   Il n'est rien dont ils ne s'aquittent,
   Cent besoins divers les excitent
   A se donner ce qu'ils n'ont pas,
De leur laine, ils se font Habits, Bonnets et Bas.
Ne se distinguant point par de nouvelles modes,
   Ils portent toûjours des Capots,
Et se font des Souliers toûjours plats et commodes
De peaux de Loups-Marins et de peaux d'Originaux.
De leur lin, ils se font encore de la Toille,
Enfin leur nudité par leur travail se voile
   Quand l'esprit de l'invention
   N'opere rien dans leur cervelle,
   A voir seulement un modelle,
   Ils trouvent tout aisé pour l'execution;

C'est comme faire un Vers à moy quand j'ay la rime:
Loin de les rebuter l'ouvrage les anime,
De mille differens ils sont venus à bout,
Je n'aurois jamais fait si je décrivois tout.

Pour prouver leurs talents, je vais dire seulement un Ouvrage où j'eus quelque part. Ils n'avoient de leur vie vû construire ny Barque, ny Chaloupe; et cependant dés qu'ils sçûrent que j'avois envie de faire pêcher de la Moruë, pêche qui leur étoit inconnuë jusques alors, ils en construisirent fort bien, et ils entreprirent avec succés de les conduire sur la Mer. Enfin ils entreprirent tous la pêche dans l'attente d'y faire du profit. Je leur donnois par là moyen de gagner mieux leur vie, et moy je trouvois mon compte à prendre leur Poisson. Sur la fin de l'Hyver ils se mirent à faire leurs Chaloupes qui avoient bien vingt pieds de quille pour aller courir la Mer, et tirer de son fonds dequoy établir mieux leur petite fortune, et dés le Printemps on ne voyoit par tout sur la côte que Bâtimens occupez à prendre, et à aporter de la Moruë à des magazins qui ne servoient de rien, et que je loüois pour leur faire encore plus de plaisir. Pour payer leur Poisson je leur avois donné d'avance tous leurs besoins, et c'étoit un bien qui se répandoit sur toute la famille; il étoit bien juste aussi qu'il y fût partagé, car le Pere, la Mere les Enfans s'étoient engagez à cette pêche, dans laquelle ils trouvoient le moyen de s'acquiter de leurs dettes, et moy celuy d'en être payé. Je vis pendant le Printemps et l'Eté saller et mettre en pile plus de trente milliers de Poisson; aussi me donna-t-on au Port Royal par reconnoissance le titre de Pere des Pêcheurs: On y pêchoit presque autant qu'à Plaisance dans l'Isle de Terre Neuve; ce qu'il y avoit de difference, c'est qu'on ne faisoit pas secher la Moruë, et qu'on la mettoit en verd, ce qu'on n'avoit pas encore vû dans ce Pays-là. Il faut avoüer qu'elle n'y étoit pas si propre, ny si bonne que celle du grand Banc; mais j'avois de fortes raisons pour ne la pas faire accommoder autrement. Enfin j'eus de ces Habitans pendant six mois plus de Poisson qu'une ancienne et illustre Compagnie établie dans ces lieux pour la pêche sedentaire, n'en a pû tirer en vingt ans.

Disons encor plus à la gloire
De tous ces Habitans, ils l'ont bien merité,
Ne finissons pas leur Histoire
Sans y mettre un beau trait de leur fidelité.
Cent fois la Nouvelle Angleterre,
La plus voisine de leur terre,
A voulu les soûmettre et ranger sous sa loy;
Ils ont plûtôt souffert tous les maux de la guerre,
Que de vouloir quitter le parti de leur Roy.
De tous leurs Bestiaux le carnage,
De leurs maisons le brûlement,
Et de leurs meubles le pillage,
C'étoit des Ennemis le commun traitement.
Dans quel temps marquoient-ils avoir tant de constance?

Dans le temps même que la France
Ne pouvoit pas les soulager,
Et qu'on leur promettoit une entiere assistance,
S'ils avoient bien voulu changer.
Ils ne se laissoient point aller à cette amorce,
Ils ne vouloient point être Anglois,
Et de tout leur courage ils défendoient leurs droits;
Contraints de ceder à la force,
Tous vaincus qu'ils étoient, ils demeuroient François.

Les Anglois s'étant enfin rendus maîtres de leur Patrie, établissoient des Gouverneurs qui leur procuroient tout ce qui leur étoit necessaire, tant pour la vie, que pour le vétement; mais ne pouvant avec tout cela gagner leurs cœurs, et ne se trouvant pas trop en sûreté avec eux, ils se retiroient, et abandonnoient la partie.

C'est ainsi qu'avec fermeté
Leur zele pour Loüis s'est toûjours fait connoître;
Que de Peuples réduits à leur extrémité,
Pour étre plus heureux auroient changé de Maître!
Le repos et la liberté,
Dont depuis un long-temps sous la France ils joüissent,
Peut-être bien les affermissent
A luy garder toûjours tant de fidelité.
Mais lorsque de l'autre côté,
Je regarde le bien qu'ils en pouvoient attendre,
Et que malgré leur pauvreté,
Ils n'ont jamais voulu s'y rendre,
Quand l'interêt sur l'Homme à tant d'autorité,
Et qu'on en voit peu s'en défendre,
Je croy que pour leur Prince un amour pur et tendre,
Sur l'attrait du profit l'a toûjours emporté:
Leur mérite est plus grand, et je ne puis comprendre
Comment ils ont tant resisté.

Dans un si grand Pays où le Commerce devroit être ouvert à tous pour l'établir, pas un Habitant n'ose négocier, s'il entreprend quelque chose, même avec ceux du Pays d'une Habitation à l'autre, on le trouble par un beau prétexte, mais specieux, et qu'un vil interest suggere toûjours, on luy prend ses bâtimens, et on rend ainsi des lieux qui pourroient devenir fertiles, toûjours deserts. La Cour n'a jamais été bien informée de ce qui s'y passe, peut-être le sera-t-elle bientôt, que tout y changera de face. Nous n'entendons rien au Commerce, bon François que je suis, faut-il que je l'avoüe icy, et qu'en dépit de moy je donne des loüanges aux autres Nations! Nous sçavons mieux qu'elles prendre des Villes, toute l'Europe en est témoin, mais nous ne sçavons pas si bien établir des Pays.

Nous n'avons en cela jamais fait de jaloux,
 Ce n'est point là nôtre genie,
 En matiere de Colonie,
 Les autres l'emportent sur nous.
 Voyons la Nouvelle Angleterre,
Bâton pour le Commerce aujourd'huy sans égal,
Qui trafique sans cesse avec toute la Terre,
Etoit moins autrefois que n'est le Port Royal.
 Qui nous retient? Qui nous empêche
 De traverser toutes les Mers,
Et de tirer aussi de cent Climats divers,
Les retours précieux d'une abondante Pêche?
 N'avons-nous pas des Vaisseaux et des Ports,
Pourquoy n'allons-nous point negocier sur l'Onde,
 Et puiser dans son sein les immenses Tresors
 Dont elle enrichit tant de Monde?
 Quel bien ne reviendroit-il pas
Du Bois et du Poisson que produit l'Acadie?
On formeroit de l'un, Madriers, Courbes, Mâts,
L'autre satisferoit aux besoins de la vie.
 Elle serviroit d'Entre-Port
 Entre les Isles et la France,
Et de pauvre qu'elle est s'enrichiroit bien-tôt,
 En se procurant l'abondance.
Les Habitans iroient trafiquer sur les flots,
Et pourroient ruïner le riche et grand Commerce,
Qu'avec tant de succés l'Anglois voisin exerce,
Et feroient pour leur Prince encor des Matelots.
 Mais ce n'est point là mon affaire,
 Laissons à d'autres ce debat,
 C'est à nos Ministres d'Etat,
 A remplir leur grand ministere;
 Souvent ils ne font pas d'état
De ce qu'on leur fait voir par les yeux du Vulgaire;
 Cependant les Acadiens,
 Je ne sçaurois encor m'en taire,
 Exigeroient d'eux les moyens
 De se tirer de leur misere.

S'ils commerçoient, ils ne seroient pas si oisifs pendant la plus grande partie de l'année; car aprés avoir ensemencé leurs terres et fait la recolte, ils n'ont presque rien à faire, par bonheur l'intervalle est petit entre ces deux saisons; au commencement du Printemps on seme les Grains, et sur la fin de l'Eté on moissonne. Ce n'est pas comme en France où l'on seme ordinairement dans le mois d'Octobre, pour ne recüeillir que dans le mois d'Aoust suivant. Les Bleds ne pourroient pas y passer l'Hyver sans mourir à cause de sa rigueur. Pendant cette rude saison, et même de l'Automne, quelques-uns vont faire la chasse aux Martres, aux Renards, aux Loutres, aux Castors, aux Ours, aux Orignaux ou Elans; mais ils trouvent à cette Chasse bien moins de profit que de mal, et c'est cependant comme ils passent leur temps.

> Lorsque les Loups Marins dans le premier des mois
>   Vont faire leurs petits à terre,
>   Ils peuvent leur faire la guerre,
> Et profiter assez par de sanglans Exploits.
> Sur un Roc spacieux environné de l'Onde,
>   S'assemblent tous ces animaux,
>   Pour mettre des petits au Monde,
>   Qui ne vivent que dans les eaux,
>   Les Habitans peuvent s'y rendre
>   Du Port Royal dans un seul jour,
>   Mais il faut doucement descendre,
>   Et se poster vïte à l'entour.
> Les Chasseurs n'ayant plus de mesures à prendre,
> S'avancent sur le Roc d'un gros bâton armez,
>   Et par le bruit qu'ils font entendre,
>   Les animaux tout allarmez,
> Par leur fuïte à la Mer tâchent de se défendre
>   De ces Chasseurs à leur perte animez;
>   Mais étant là comme enfermez,
> Quelques chemins qu'ils puissent prendre,
>   Ils sont dans leur route assommez.
> Peres, Meres, Petits, tout s'enfuit pêle-mêle,
>   Mais on rend vains tous leurs efforts,
>   A droite, à gauche sur leurs corps,
>   Les coups tombent drû comme grêle.
>   Pour peu qu'ils soient bien assenez,
>   Et qu'on les frape par le nez,
>   C'en est fait, la Bête demeure,
>   Par tels coups elle perd les sens,
>   Et quelquefois en moins d'une heure,
>   On en abat cinq ou six cents.

Ces animaux dont les peres et les meres sont quelquefois aussi gros que de petits Bœufs, et les Petits comme des Veaux, et tous gras à lard, sont fort pezans, et ne font que roûler, ne pouvant courir sur leurs pieds qui sont fort courts, et faits en nageoires, et les Chasseurs ont tout le temps qu'il faut pour les arrêter en les frapant, comme j'ay dit. D'ailleurs ils ne se servent point de leurs dents pour se défendre, quoy qu'ils en soient assez bien fournis, et qu'ils ayent la tête fort grosse, et faite comme celle d'un Veau; ils ne font que des cris, mais impuissans quoyque terribles. Cette Chasse est aussi agreable qu'elle est utile, et on la fait à peu de frais. Quand on a aporté ces animaux, on en leve la graisse qu'on fait fondre pour en tirer l'huile, qui est la meilleure de toutes à brûler; et qui se vend le mieux. La peau sert à faire des Souliers aux Habitans comme aux Sauvages; on en couvre des Bahurs en France et ailleurs; les vieux Loups Marins l'ont tachetée de noir et de blanc sale, et les jeunes l'ont toute blanche; le poil des uns et des autres est fort court. A l'égard de la viande, ceux qui aiment le goût sauvagin en peuvent manger, mais c'est un fort méchant ragoût, quelque sausse qu'on y fasse.

Parlons de ce que les Acadiens aiment mieux, et dont ils font ordinairement leur nouriture. Ils sont assez difficiles dans leur manger, ils choisissent leurs viandes, quoyque ce ne soit pas toûjours des plus délicates dont ils usent; rien ne leur semble si bon que le lard, et sans s'en rebuter, ils en mangent deux fois par jour, ils le preferent aux Perdrix et aux Lapins, dont on trouve beaucoup dans les Bois; aussi ne leur font-il la Chasse que pour les vendre.

> Je ne m'en trouvois pas trop mal,
> Ce qui déplaît à l'un, est à l'autre agreable,
> Les Perdrix me sembloient d'un fumet admirable,
> Et souvent à vil prix j'en faisois mon regal.
> Je les trouvois enfin bien meilleures qu'en France,
> Celles d'Auvergne et d'Angoumois
> Ne sont pas à mon goût d'une telle excellence,
> Et si j'avois à faire choix
> Dans un festin entre les trois,
> Celle de l'Acadie auroient la préference.
> Mais quand je vante leur bonté,
> Disons des autres l'avantage,
> Elles ont bien plus de beauté,
> Que de femmes voudroient avoir un tel partage!

Remet la vie au corps

Revenons aux Sauvages qui se guérissent de la mort même; Quel Paradoxe, dira-t-on! Mais je le prouve. Ces pauvres Gens sont sujets à se noyer, et cela n'arrive que trop souvent dans leurs Canots d'écorce qui virent pour la moindre chose. Ceux qui s'échapent heureusement du naufrage, s'empressent à retirer de l'eau ceux qui y sont demeurez; ils remplissent de fumée de Tabac une pance d'animal, ou un gros et long boyau, leurs vaisseau ordinaires pour conserver leurs huiles de Poisson, ou de Loup Marin; aprés cela ils apliquent à un des bouts, l'autre étant bien lié, un bout de calumet ou de Pipe pour servir de Canule qu'ils introduisent dans le derriere des Noyez, pour leur faire recevoir la fumée contenuë dans le boyau, en le comprimant avec les mains: Ils les pendent ensuite par les pieds au plus prochain arbre qu'ils trouvent, ils les y observent, et ils ont presque toûjours le plaisir de voir que ce Lavement de vapeur leur fait rendre toute l'eau qu'ils ont prise, et leur remet la vie au corps; ils reconnoissent ce surprenant et salutaire effet par des gambillemens que les Pendus ne sont pas long-temps à faire. N'oubliez pas ce divin remede assûré par mille experiences, sa vertu dans l'occasion n'opereroit pas moins dans vos amis, que dans les Sauvages.

Ils ont un remede infallible pour l'Epilepsie. Un Soldat du Fort de la Riviere Saint Jean en étoit tourmenté depuis quinze ou vingt ans, et il en tomboit presque tous les jours. Une Sauvagesse se trouvant là par hazard dans le temps du Paroxisme, fut si sensiblement touchée de le voir écumer, et faire des mouvemens extraordinaires, qu'elle alla dans les Bois d'alentour chercher un remede qu'elle sçavoit specifique pour son mal. Elle aporta deux prises grosses comme deux Féves d'une racine de plante ratissée; elle en fit prendre une au Malade quand son mal fut passé, et le fit bien couvrir; elle fit entendre qu'il suëroit fort, et qu'il rendroit beaucoup par haut et par bas, effets bien surprenans tous à la fois dans un même remede. On observa la chose, et l'on vit arriver tout ce qu'elle avoit marqué. On en informa le Commandant du Fort qui n'y fit pas grande attention, il dit seulement qu'il ne falloit plus que la guérison du Malade, pour ajoûter foy aux promesses de la Sauvagesse. Elle le laissa le lendemain en repos, et comme elle s'en alla ce jour-là, elle dit qu'on luy donnât le jour suivant la prise qui restoit, et qu'il seroit entierement guéri; il fit ce qu'elle avoit dit, le même effet du remede arriva comme auparavant, et depuis ce temps-là le Malade n'a eu aucune attaque de son mal: Je l'ay vû long temps aprés en parfaite santé. Quand sept ou huit jours furent passez, et qu'on vit que son mal ne le reprenoit plus contre l'ordinaire, le Commandant étoit bien fâché de n'avoir pas demandé la composition d'un remede si rare et si salutaire. Il fit chercher par tout où il put la Sauvagesse, mais toujours vainement, il n'a pû en avoir de nouvelles, quelques perquisitions qu'il ait faites. Si cela étoit arrivé au Fort dans le temps que j'y étois, j'aurois mieux profité d'une si belle découverte, et j'aurois aporté de l'Acadie un remede qui m'auroit été en France aussi avantageux qu'utile au Public. Je fis tout ce que je pus pour en avoir connoissance, mais je ne fus pas assez heureux pour y reüssir, et ce fut un grand malheur.

Sur le vaste sein d'Amphitrite

On sçait que l'honnêteté et la politesse, qualitez rares autrefois dans les Hommes de Mer, sont jointes présentement à la plus parfaite connoissance de la Navigation dans tous les Officiers de la Marine.

> Il n'est point de perils qu'ils ne bravent sur l'Onde,
> Pour la gloire ils iroient jusques au bout du Monde;
> C'est ainsi qu'il les faut pour le plus grand des Rois
> Dans l'execution des projets qu'il médite;
>   Il suffit qu'ils soient de son choix,
>   C'est la preuve de leur mérite.

Mais si Monsieur le Chevalier de Chavagnac étoit tout à la fois aussi galant et honnête Homme que trés-habile Officier, marquons le caractere des autres qui l'accompagnoient, et qui servoient dans son Bord.

Monsieur de Fontenu qui servoit en qualité de Commissaire de la Marine, et qui étoit chargé des Ordres de la Cour pour l'établissement qu'elle projette en la Nouvelle France, homme poly, d'une humeur enjoüée et toûjours égale, me faisoit admirer tous les jours la beauté de son esprit; à l'entendre parler il est malaisé de juger s'il a plus de brillant que de solidité.

Monsieur des Places qui servoit de Lieutenant à Monsieur de Chavagnac, remplissoit aussi agréablement qu'utilement sa place: c'est un Homme sage, plein d'esprit, et toûjours attentif à ce qui se passe dans un Vaisseau; nul ne sçait mieux y commander et se faire obeïr. Comme il a beaucoup voyagé, j'appris de luy quelques particularitez des Sauvages que je ne sçavois pas.

Monsieur d'Albon qui servoit d'Enseigne du Vaisseau, d'une humeur sociable, et toûjours prêt à faire tout ce que l'on veut, quoique studieux et toûjours apliqué à la connoissance de la Navigation, nous donnoit d'agréables momens; il aime la Musique et chante assez bien.

Monsieur le Gardeur encore jeune, et cependant autre Enseigne du Vaisseau qui promet devenir un bon Officier de Mer, et qui n'y voit jamais de perils qu'il craigne, chantoit encore fort agreablement.

Monsieur Obrien Irlandois nôtre Aumônier, homme de commerce et d'esprit, remplissoit parfaitement bien tous ses devoirs, et ne laissoit pas de faire voir qu'il aimoit sobrement le plaisir. Enfin je ne vis jamais une Compagnie de plus honnêtes Gens.

> Pouvois-je m'ennuyer un moment avec eux,
>   Les jours ne passoient que trop vîte;
>   Sur le vaste sein d'Amphitrite,
> Il sembloit que les ris, les plaisirs et les jeux
>   Etoient toûjours à nôtre suite.

Monsieur de Fontenu qui aime beaucoup la Musique, et qui chante proprement, avoit mené un Musicien avec luy: Il avoit un Clavessin, une Basse, et d'autres Instrumens ausquels trois Haut-bois de la Compagnie de Monsieur le Chevalier de Chavagnac joignoient les leurs: Dans le beau temps on concertoit, et le plaisir que nous y trouvions, nous faisoit oublier que nous étions sur les flots.

> Je n'étois plus alors dans la Royale Paix[1],
> Où le chagrin, l'ennuy, la peur, l'inquietude,
> Me causerent toûjours une peine si rude,
>   Que je crûs n'en sortir jamais.
> Pour me faire oublier tant de peines cruelles,
>   Et m'en épargner de nouvelles.
> J'avois besoin de l'Avenant[1];
> Je n'avois en allant senti que des allarmes,
> Il étoit juste en revenant,
> Que je trouvasse quelques charmes.
> La Musique, ses instrumens,

---

1. *Royale Paix, Avenant*: Vaisseaux de l'aller et du retour.

Sans cesse nous donnoient mille contentemens:
    Sur le vaste Empire des Ondes,
    Nous faisions retentir nos Airs,
Les Dieux Marins quittoient leurs demeures profondes,
    Pour mieux entendre nos Concerts.
    Eole retenoit l'haleine
    Des impetueux Aquilons,
    La plus venteuse des Saisons,
    Nous laissoit naviguer sans peine:
De nos doux Instrumens rien ne troubloit les sons,
    Les Muses quittoient l'Hippocrene
Pour venir sur les Eaux de la liquide plaine
    Nous Inspire mille Chansons.

Ce n'étoit pas assez pour nous que d'en avoir de faites. Apollon m'en inspira de nouvelles que je fis sur les Airs d'un divertissement que nôtre Musicien avoit tiré de plusieurs Opera. Les voici pour ceux qui voudront les chanter aprés nous.

Fuyons les Rivages
De ces lieux Sauvages,
Le vent est pour nous.

Il s'est fait attendre,
Nous devons le prendre,
Pour plutot nous rendre
Dans des climats plus doux.

Fuyons les rivages, etc.

L'Amour a des ailes,
Auprés de nos Belles
Tendres et fidelles,
Volons, volons tous.

214

QUATRIÈME PARTIE

CIVILISATION DE LA NOUVELLE-FRANCE

Paul-Augustin Juchereau

François Mariauchau d'Esgly

Joseph de La Colombière

Louis de Villette

Marie-Andrée Duplessis de Sainte-Hélène

Nicolas Jérémie

Bacqueville de La Potherie

Joseph-François Lafitau

Étienne Marchand

Claude Le Beau

Pierre-François-Xavier de Charlevoix

Élisabeth Begon

Bonnefons

Marie-Joseph Legardeur de Repentigny

CANTIQUES ET CHANSONS

En 1711, le Québec échappa à une formidable attaque par terre et par mer lancée depuis Boston. Tout le monde le sait. On sait aussi que Notre-Dame-de-la-Victoire devint alors Notre-Dame-des-Victoires. On sait moins l'explosion de joie populaire que l'événement suscita. L'analyste de l'Hôtel-Dieu écrit: « Les poètes épuisèrent leur veine pour rimer de toutes les façons sur ce naufrage. Ils firent des chansons sur tous les grands et les petits airs (...) le parnasse devint accessible à tout le monde; les Dames même prirent la liberté d'y monter, et ce fut quelqu'unes d'entr'elles qui commencèrent et qui mirent les Messieurs en train d'exercer leur esprit sur ce sujet. » L'Anthologie cite quelques chansons et cantiques retrouvés par le père Hugolin. Hélas! il ne s'y trouve aucune « dame ». Voici les auteurs retenus: 1- PAUL-AUGUSTIN JUCHEREAU, né à Québec en 1658, qui s'occupait de commerce et fut mêlé à la fondation de la Compagnie de la Colonie; 2- FRANÇOIS MARIAUCHAU D'ESGLY, un militaire qui semble être un bel esprit de l'époque et fut aussi le père du premier évêque canadien; 3- JOSEPH DE LA COLOMBIÈRE qui était un célèbre prédicateur; 4- LOUIS DE VILLETTE, un ecclésiastique qui venait d'arriver au pays. Ces quelques chants ne devraient-ils pas nous proposer l'image d'un Québec gai et vivant?

PAUL-AUGUSTIN JUCHEREAU (1658-1714)

WALKER, VETCH ET NICHOLSON

Walker, Vetch et Nicholson,
Par une matinée
Prirent résolution
De lever deux armées.
Ah! que de besogne à leur fusée,
   Elle est mêlée.

Prirent résolution
De lever deux armées.
L'une partit de Boston,
Sur cent vaisseaux portée.
Ah! que de besogne etc.

L'une partit de Boston,
Sur cent vaisseaux portée.
Les plus beaux ont fait le plongeon
Dans notre mer salée.
Ah! que de besogne etc.

Les plus beaux ont fait le plongeon
Dans notre mer salée.
La plus belle, Nicholson

Ne l'a point amenée.
Ah! que de besogne etc.

La plus belle, Nicholson
Ne l'a point amenée.
Elle avait mal aux yeux, dit-on,
Craignait trop la fumée.
Ah! que de besogne etc.

Elle avait mal aux yeux, dit-on,
Craignait trop la fumée
Des mousquets et du canon,
De la mèche allumée.
Ah! que de besogne etc.

Des mousquets et du canon,
De la mèche allumée,
Ils reviendront, dit Pigeon[1],
Dès la prochaine année.
Ah! que de besogne etc.

FRANÇOIS MARIAUCHAU D'ESGLY (c. 1670-1730)

MAINTES TROUPES PARPAILLOTTES

Maintes troupes parpaillottes,
Par l'avis de Nicholson
Venaient pointer leur canon
Sur Saint Michel et ses hôtes,
Mais saint Michel, à deux pieds
Leur a dansé sur les côtes,
Mais saint Michel, à deux pieds
Les a tous bien étrillés.

Plus qu'un diable je redoute
L'intrépide Nicholson:
Il menace, ce dit-on,
De mettre tout en déroute.
Il aurait pris Montréal,
S'il eût poursuivi sa route,
Il aurait pris Montréal,
Mais le cœur lui faisait mal.

---

1. Pigeon: jeune Anglais gardé prisonnier au fort Saint-Louis.

Matelots, soldats et drilles,
Mousses, goujats et cochons,
Chiens, chevaux, chèvres et moutons,
bœufs, vaches, femmes et filles,
Sont ensemble à l'endroit où
Vital grippa leurs guenilles,
Sont ensemble à l'endroit où
Ils ont bû plus que leur saôul.

La flotte bien étonnée,
Pleine d'horreur et d'effroi,
En désordre, en désarroi,
Vers Boston est retournée,
Mais ils comptent pour certain
De mieux faire une autre année,
Mais ils comptent pour certain
De revenir l'an prochain.

Pigeon par sa foi nous jure
Que nous les verrons bientôt
Par en bas et par en haut,
Qu'ils feront bonne figure.
Walker, Vetch et Nicholson,
Soutenez bien la gageure,
Walker, Vetch et Nicholson,
Venez délivrer Pigeon.

JOSEPH DE LA COLOMBIÈRE (1651-1723)

AH! QUEL BONHEUR

(*Cantigue sur l'air de* Un inconnu pour vos charmes soupire)

Ah! quel bonheur pour la Nouvelle-France,
On n'y craint plus les armes des Anglais,
    Le Ciel s'offense
    De leurs projets,
Et pour ne point exposer les Français,
Il prend tout seul le soin de leur défense.

Londres, Boston, Manhatte et Albanie,
Les Mohicans, les Loups, les Iroquois,
    Quelle manie!
    Ces gens sans lois
S'entendent tous à traverser les bois,
Pour s'emparer de cette colonie.

Des alliés la flotte formidable
Croit de monter le fleuve Saint-Laurent.
    Onde intraitable,
    Dans son courant
Il la reçoit d'abord en murmurant,
Puis il se plaint d'une voix lamentable:

'A mon secours, on en veut à l'Eglise,
'Reine des Cieux, soulage mon tourment.
    'Je favorise
    'Innocemment,
'Malgré mon cours si long, si rebutant,
'Sur vos vaisseaux une injuste entreprise.

'On veut brûler vos autels, vos images,
'Mettre en oubli votre nom glorieux
    'Que de ravages
    'Si furieux,
'Feront couler de larmes dans ces lieux!
'Qu'ils vont causer de maux sur ces rivages!

'— Tirez, mon Fils, dit à Jésus sa mère,
'De vos trésors un vent impétueux;
    'Que la colère
    'Des orgueilleux
'Sente au plus tôt par un sort malheureux,
'Qu'avec raison ce pays me révère.'

La nuit survient, nulle étoile n'éclaire.
Un tourbillon fait un bruit effrayant;
    L'Anglais espère,
    Quoiqu'en tremblant,
Qu'étant à l'ancre il fera tête au vent
Bientôt le vent lui fait voir le [contraire].

Le lendemain, au retour on s'apprête.
Neuf gros vaisseaux ont été submergés.
    La guerre est faite,
    Les cieux vengés,
Trois mille morts dans le sable engagés,
C'en est assez, on sonne la retraite.

Incessamment on porte la nouvelle
De ce désastre au camp de Nicholson.
    Ce chef fidèle
    Fuit sans façon;
Chacun, touché de sa belle leçon,
Suit le transport de sa frayeur mortelle.

Qui l'aurait cru? Ce héros vient de France.
Le mauvais temps n'a pu le retarder,
   La Providence
   L'a su garder,
Les ennemis, bien loin d'en aborder,
N'en ont pas eu la moindre connaissance.

Mère d'amour, puissante tutélaire,
Sous votre appui tout est en sûreté
   Quelle misère
   Ç'aurait été,
Sans les efforts qu'à faits votre bonté
Pour repousser votre fier adversaire!

On voit ici l'une et l'autre Angleterre
En un seul jour succomber sous vos coups.
   Faisant la guerre
   Ainsi, pour nous,
Le monde entier en doit être jaloux,
Et respecter désormais cette terre.

Vous triomphez, Vierge! votre victoire
Doit aujourd'hui surmonter ma tiédeur;
   Que la mémoire
   De ce bonheur
Fasse du moins cet effet sur mon cœur,
Qu'il soit brûlant d'amour pour votre gloire.

LOUIS DE VILLETTE (?-?)

OBJET DE NOS CŒURS

Objet de nos cœurs,
Grâce à vos faveurs,
Aimable Marie,
Source de vie,
Nous voilà vainqueurs.
Dans son naufrage,
L'Anglais change en rage
Tous ses ris moqueurs.
Que dans son courroux
Boston en gémisse,
Londres en frémisse,
Marie est pour nous.
Vois par morceaux,
Anglais, tes vaisseaux,

Qui portaient la foudre
Pour nous mettre en poudre,
Flotter sur les eaux;
Vois tes débris:
Peux-tu te résoudre
D'armer à tel prix:

O Reine des Cieux,
O nom glorieux!
Que votre victoire,
Que votre gloire
Se chante en tous lieux.
Quittons les armes,
Changeons nos alarmes
En des airs joyeux;
Chantons les hasards,
Chantons la retraite,
Chantons la défaite
Des fiers Léopards.
Que désormais
L'hérétique Anglais,
Malgré sa furie,
Respecte Marie
Dont il sent les traits.
Qu'il sache enfin,
Que quand on la prie,
Ce n'est pas en vain.

MARIE-ANDRÉE DUPLESSIS DE SAINTE-HÉLÈNE (1687-1760)

Les Annales de l'Hôtel-Dieu de Québec sont peut-être la première œuvre de collaboration France-Québec. La sœur Juchereau, qui était québécoise, en avait eu l'idée et avait recueilli les documents; elle en confia la rédaction à Marie-Andrée Duplessis qui était arrivée au pays à l'âge de 15 ans et était entrée chez les Hospitalières en 1709. Cette histoire fut probablement écrite en 1719-1720; elle fut publiée à Montauban en 1751. Dom Jamet en a préparé une très belle édition critique que nous citerons. *Les Annales* racontent l'histoire de la communauté et de son hôpital de 1636 à 1716 avec de larges fresques de la vie du pays. La composition en est souple tout en restant rigoureusement chronologique. Le style n'a peut-être aucune qualité particulière, si ce n'est une étonnante justesse et simplicité. La vision du monde non plus n'a guère de force; sœur

Duplessis semble assez loin de Marie de l'Incarnation, et plus près des salons et de la société policée du XVIIIe siècle. Elle échangeait, dit-on, des épigrammes avec Talon. Nous ne citerons qu'un long passage de son texte: l'expédition de Walker et son désastre. Le texte choisi raconte comment furent vécus ces événements à Québec.

C'étoit l'image de l'enfer

Dieu appesantit encore sa main sur ce païs et redoubla les coups dont il vouloit le châtier; du moins nous en eûmes toute la crainte, car en cette année 1711, les Anglois, constants dans leur entreprise, se virent enfin à la veille de se rendre maitres du Canada. Ils avoient levé une puissante armée qui devoit venir par en haut commandée par Neglesson[1]. Les canots, les vivres, les munitions, rien ne leur manquoit; ils s'etoient associez plusieurs nations sauvages qu'ils avoient chargez de présents et qui devoient les accompagner et les fortifier considerablement. Les gros vaisseaux qu'ils avoient attendus si longtems de l'ancienne Angleterre êtoient arrivez à Baston, avec un bon secours de trouppes aguerries. Ils avoient, en un mot, fait les derniers efforts pour équiper une flotte capable (...)[2]

De plus, ils avoient dequoy former un tres long siege, tant ils êtoient bien munis. Un certain Anglois, nomme Vetche, qui, avec la permission de nos gouverneurs, êtoit venu en Canada en 1701 et en 1705, dans un petit vaisseau, soûs pretexte d'apporter des marchandises, avoit bien visité tous les postes de ces quartiers, et sondé la riviere en beaucoup d'endroits. Il encourageoit ceux de sa nation à nous venir prendre et travailloit fortement a faire réüssir leur projet. Il montra tant d'ardeur pour cette campagne, que la Reine Anne luy donna le gouvernement de L'accadie pour récompenser son zele contre la Nouvelle France. Monsieur le Marquis de Vaudreüil, nôtre gouverneur général, êtoit informé tres fidellement de tout ce qui se passoit à Baston et aux environs. Il prenoit la dessus ses mesures, et ce qu'il assuroit de l'armement des Anglois paroissoit si incroyable que plusieurs personnes le blâmoient de parler comme il faisoit, dans la pensée que cela pourroit mettre la terreur icy. Cependant la suite prouva bien qu'il n'en disoit pas trop. Ce qui auroit dû redoubler nos craintes, si on avoit sçû ce qui en êtoit, c'est qu'il n'y avoit pas dans Quebec dequoy se battre plus d'un jour. On êtoit dégarni de tout: il n'y avoit presque point de poudre, les armes êtoient en tres mauvais état, les vivres en petite quantité, et nous êtions menacez d'une famine parce que toutes ces allarmes avoient interrompu les récoltes en beaucoup d'endroits.

Des découvreurs envoyez par Monsieur le Gouverneur avoient donné ordre dans toutes les seigneuries, depuis Tadoussac jusqu'icy, de faire des signaux des que la flotte paroîtroit, en sorte que par le moyen des feux qu'on devoit allumer de côtes en côtes a de certains endroits, nous devions sçavoir en moins de deux heures à Quebec, que les ennemis êtoient la bas. Monsieur de Vaudreüil eût avis que les Anglois êtoient partis de Baston et qu'ils

---

1. Neglesson: sir Francis Nicholson (1660-1728).
2. L'édition Jamet a sauté une ligne.

devoient nous attaquer en même temps à Quebec par leur flotte et à Montreal par l'armée qu'ils amenoient par les terres. Cela l'obligea de partager son monde.

Comme nos ennemis se croyoient avec raison plus forts que nous, ils se tenoient si assurez de la victoire que leur fierté avoit même choqué les Dames de Baston, et, avant leur départ, elles leur disoient par un principe de vertu qui se trouve quelquefois dans les hérétiques: « Vous ne réüssirez pas, vous avez trop d'orgueüil. » Cela ne rabaissoit gueres leur fanfaronnades, mais pour montrer qu'ils ne se confioient pas tout a fait dans leur multitude, ils avoient fait ordonner des jeûnes publics afin de mettre Dieu de leur coté. On n'oubloit rien icy pour nous le rendre favorable. Nous continuâmes à prier Nôtre Seigneur et la tres sainte Vierge de combattre pour nous, puisqu'il y alloit de leur gloire, et depuis fort longtems nous ne cessions point de demander à Dieu qu'il eût pitié du Canada. Nous faisions tour a tour des communions, des penitences et des pratiques de devotion pour flechir sa misericorde, et toutes ensemble nous tâchions d'appaiser sa colere, jugeant bien qu'il êtoit fort irrité contre ce pauvre païs, ou, en effet, les pechez croissoient tous les jours. Tout ce qu'il y avoit de gens de bien s'efforçoient d'obtenir par leurs prieres et par leurs larmes la délivrance de ce fleau, prévoyant que la vraye religion seroit bientôt abolie dans ces quartiers si les Anglois en devenoient les maîtres.

La crainte de tant de malheurs dont nous êtions menacez produisit de bons effets pour un temps: les Dames en devinrent plus modestes, elles renoncerent a plusieurs ajustements et se rendirent plus exactes aux devoirs de la vie chrêtienne; les demoiselles firent des neuvaines publiques ou elles avoient leur jour marqué pour communier. A Montreal elles encherirent sur Quebec, car elles s'obligerent par vœu a ne point porter de rubans ni de dentelles, a se couvrir la gorge et a s'acquitter fidelement de plusieurs saintes pratiques qu'elles s'imposerent pendant un an. Les demoiselles firent encore vœu de faire bâtir une chapelle en l'honneur de la tres sainte Vierge, soûs le titre de Nôtre Dame des Victoires si la Mere de Dieu nous preservoit du danger ou nous êtions exposez.

Vers le vingt-cinquième de septembre, un petit bâtiment arriva de la pêche qui dit avoir vû la nombreuse flotte angloise dans la baye de Gaspé. Cela nous confirma dans l'attente ou nous êtions de la voir arriver à toute heure. On commença pour lors a serrer ce qu'on avoit de meilleur; chacun transporta tous ses effets comme on avoit fait en 1709, dans les endroits ou on les croyoit le plus en sûreté. Nos voûtes servirent encore d'azile a tous ceux qui voulurent y loger leurs biens. Nous y mîmes nous mêmes ce que nous avions de plus précieux.

On jugea qu'il seroit expedient pour déconcerter un peu les Anglois, de ne pas les laisser venir jusqu'aux portes de la ville de Montreal, sans qu'ils rencontrassent quelque embuscade. C'est pourquoy on fit un petit détachement, dont on donna le commandement à Monsieur le Baron de Longueüil, lieutenant de Roy de Montreal, de qui la valeur et la prudence êtoit parfaitement connuës, pour aller les attendre a un endroit proche de Chambly par ou ils devoient surement passer. Ce brave officier, qui comptoit beaucoup plus sur la protection du Ciel que sur son courage, ne voulut point se mettre en marche qu'il n'eût reçu publiquement dans l'eglise, des mains de Monsieur de Belmont, grand vicaire, une ample benediction et un drapeau marqué du nom de MARIE, autour duquel Mademoiselle Le Ber, une vertueuse reclûse de Montreal, avoit écrit une priere à la sainte Vierge, qu'elle avoit composée elle même pour ce sujet en ces termes: « Nos ennemis mettent toute leur confiance dans leurs armes, mais pour nous, nous la mettons au Nom de la Reine des Anges que nous invoquons. Elle seule paroît terrible comme une armée toute entiere rangée en bataille; soûs sa protection nous esperons vaincre nos ennemis. » Il partit promptement, plein de confiance, avec cette enseigne, ne doutant point que la Mere de Dieu ne l'assistât, et alla, suivi de tres peu de monde, au devant de plus de trois mille hommes.

Il ne fut pas longtems la, qu'on apprit que l'armée angloise qui venoit par terre avoit relaché, qu'ils avoient brûlez leurs forts et toutes les munitions dont ils êtoient remplis. On ne sçavoit icy à quoy attribuer cette déroute, mais comme elle nous êtoit avantageuse, elle ranima nôtre esperance. On fit descendre les trouppes et la milice de Montreal, au secours de Quebec, et on ne laissa la haut que des vieillards, êtant bien assurez qu'il n'y avoit plus d'ennemis à craindre de ce côté la. Tout ce monde arriva gayement, montrant même de l'impatience pour aller au combat; le jour, ils êtoient occupez à fortifier la ville, et la nuit, ils la passoient à se divertir, à danser et a rire, jusqu'à empêcher de dormir les citoyens de Quebec, de sorte qu'un jeune Anglois, fort honnête homme, nommé Pigeon, qui avoit été fait prisonnier par un petit party sauvage vers l'Accadie, êtant témoin de cette joye, en paroissoit tout surpris et ne pouvoit cacher son étonnement: il disoit aux officiers de ce païs qu'il admiroit l'inclination guerriere des Canadiens, qu'il les voyoit danser et sauter en attendant l'ennemi, et qu'en Angleterre il falloit battre les habitants pour leur faire prendre les armes; qu'encore ils les portoient et s'en servoient fort mal, mais qu'icy les femmes mêmes montroient du courage et qu'elles êtoient des amazones.

Le tems s'écouloit, sans que nous entendissions parler de la flotte. Les vents sembloient luy être favorables, et elle n'avançoit point. Plusieurs personnes êtoient tentées de croire que tout ce qu'on avoit debité de cet armement n'êtoit que des rêveries. Cependant le quinziême d'octobre, on vint dire à Quebec, des la pointe du jour, que l'on avoit vû deux gros vaisseaux à quinze lieuës d'icy, qu'ils avoient voulu mettre à terre et que les habitants avoient tiré dessus; cela reveilla toutes les allarmes, et jusqu'à huit heures du matin on ne douta point que ce ne fut l'avant garde de la flotte. On finissoit ce jour la une neuvaine à Nôtre Dame de Pitié à la cathedrale, à laquelle on s'êtoit rangé fort assidument, et, en sortant de la Messe, ce fut une agréable surprise de voir des passagers de France, qui assuroient qu'ils n'avoient rien rencontré de facheux dans la riviere; qu'à la verité les habitants avoient tiré sur leur chaloupe et qu'ils n'avoient pû mettre à terre; qu'ils avoient jugé qu'on les prenoit pour des ennemis; que le vaisseau du Roy, le *Héros*, êtoit proche; qu'il êtoit commandé par Monsieur de Beaumont, frere de Monsieur de Beauhamois, cy-devant intendant de Canada; qu'il êtoit tres richement chargé et fort bien armé, et que si nous attendions les Anglois il nous aideroit à les battre.

Il seroit dificile d'exprimer l'etonnement, la joye et la reconnoissance que cet événement nous inspira. On ne pouvoit comprendre comment ce vaisseau avoit pû échapper des mains de nos ennemis; cela paroissoit miraculeux et l'êtoit en effet, comme on le reconnut quand on sçut le dénoüment de l'affaire. Plusieurs jours se passerent encore dans l'attente, mais le dise nœuf-viême d'octobre, Monsieur de la Valterie arriva de Labrador, qui assura que les Anglois avoient fait naufrage à l'Ile aux Œufs[3]. Presqu'aussy tôt que luy un habitant de Quebec qui venoit de la pêche confirma la même chose et, quoy que cette nouvelle répandit tout une grande joye, celuy-cy fut fort blâmé de ne s'être pas pressé davantage de l'apporter. Il êtoit demeuré huit jours la bas à tirer plusieurs choses de ce débris, ou il y avoit une prodigieuse quantité de bons effets. Il avoit fait des caches et s'êtoit nanty de tout ce qu'il avoit voulu y prendre. On le mit en prison comme coupable d'infidélité à sa patrie, et il eût assez de peine de sortir de la. Il s'en tira enfin par les instances que firent pour luy aupres de nos puissances quantité de personnes considerables qui, s'interessant pour ce pauvre malheureux, tâcherent de le justifier.

Comme on ignoroit toutes les circonstances de ce fameux naufrage, chacun en raisonnoit de son mieux, tout le monde avoüoit que la main de Dieu y avoit travaillé. On êtoit véritablement pénetré d'une tres vive reconnoissance, et les moins dévots êtoient touchez de la grandeur de ce miracle, car cette deffaite de nos ennemis ne fut point regardée icy autrement que comme un effet merveilleux de la puissance de Dieu et de son amour pour le Canada, qui de tous ces cantons est le seul endroit ou la vraye religion soit professée.

Nous apprîmes dans la suite que les Anglois avoient pris à l'entrée de la riviere des le mois d'aoust le *Neptune*, qui venoit de La Rochelle. Ils trouverent dans ce vaisseau le Capitaine Paradis, ancien navigateur qui connoissoit parfaitement les dangers du fleuve St-Laurent. Ils le contraignirent à leur servir de pilote, et quoy qu'ils eûssent déja perdu deux vaisseaux, ils prirent une nouvelle confiance soûs la conduite de ce mariniers. Il les conduisit à petites journées, afin qu'on eût icy le temps de se préparer à les recevoir et les Anglois s'apperçevant qu'il retardoit leur route, le menacerent de le punir s'il ne se pressoit de les faire arriver. Ainsy, quand ils furent vers l'Ile aux Œufs, du côté du nord, le Capitaine Paradis eût beau leur dire que l'endroit ou ils êtoient êtoit tres dangereux, qu'il ne falloit point le passer la nuit, sur tout avec un vent de sud qui immanquablement les pousseroit sur la terre, ils ne donnerent point de créance à ses paroles et s'imaginerent que ce pilote françois vouloit leur inspirer une terreur panique; ils l'obligerent donc à les guider, et le navire dans lequel il êtoit passa assez heureusement le premier. Tous les autres le voulurent suivre, mais le vent du sud ayant fraichit et êtant devenu orageux, il souffla avec tant d'impetuosité qu'en moins d'une demy-heure, huit des plus gros vaisseaux se briserent avec une violence épouvantable sur les rochers et sur la bature. A grande peine, les autres pûrent

---

3. Île aux Œufs: île située à mi-chemin de Baie-Comeau et de Sept-Îles.

ils se conserver, en jettant promptement leurs anchres pour tenir contre le mauvais temps. Les éclairs et le tonnerre, se mêlant au bruit des flots et des vents et aux cris perçant de tous ces naufragiez, augmentoient l'effroy de tous les spectateurs, de sorte que ceux qui en ont été témoins nous ont dit depuis qu'ils s'etonnoient de ce que nous n'en avions rien entendu à Quebec, et que c'étoit l'image de l'enfer. Il semble que la justice de Dieu les poursuivit et les châtia de toute maniere, car le tonnerre tomba sur un de leurs vaisseaux et le fit sauter si loin que la quille qui avoit plus de cinquante pieds de long fut trouvée bien avant sur la grêve. Tous ces miserables tâcherent de gâgner terre, et environ trois mille moururent des qu'ils y furent arrivez, sans compter ceux qui furent submergez à l'heure même et qui n'eurent pas la force de nager et de combattre contre les eaux pour differer un peu leur mort.

Ils se perdirent la nuit du deux au trois de septembre, et le pêcheur qui leur avoit échappé, et qui nous assura qu'il avoit vû leur flotte dans la baye de Gaspé, ne les y rencontra qu'apres leur naufrage, comme ils s'en retournoient. Il crut et nous fit entendre qu'ils faisoient la route de Quebec; en quoy il se trompa, car des le lendemain de cet accident qui leur fut si fatal et à nous si favorable, quand ils eûrent un peu repris leurs esprits, ils tinrent un conseil de guerre, pour voir ce qu'ils avoient à faire. Celuy qui devoit commander les trouppes étoit d'avis que l'on vint assieger Quebec. Quoy qu'ils eûssent fait une perte fort notable, il assuroit qu'ils étoient encore assez forts pour nous prendre. L'amiral fut d'un avis contraire, ne jugeant pas a propos de perdre le reste de sa flotte, et son sentiment l'emporta.

Ils relâcherent tres desolez de leur triste aventure, et detacherent une frégate légere, nommée le *Léopard*, pour aller porter cette facheuse nouvelle à la Cour d'Angleterre; elle fit une diligence surprenante et en tres peu de jours elle arriva à Londres. Cet événement fut mandé promptement au Roy de France, Louïs quatorze, qui en conçut autant de joye que si le Canada eût été une des plus riches colonies de son royaume. Cela fut mis dans la *Gazette*[4], et on le sçavoit par tout en France, avant que nous le sçussions a Quebec. Cecy sans doute paroitra incroyable, mais c'est pourtant une vérité constante et bien avérée.

Ces pauvres fuyards écrivirent aussy par plusieurs voyes a Neglesson, qui venoit par en haut dans les terres, afin de luy apprendre leur naufrage et leur retraite, pour qu'il ne s'engageât pas plus avant. Aussy-tôt qu'il fut informé du mauvais succès de la flotte, il fit rebrousser chemin à son armée et ordonna qu'on brûlât les forts qu'ils avoient bâti avec tant de peine et qui étoient abondamment remplis de toutes sorte de vivres et de munitions. C'est ce que nous avions appris, sans en deviner la cause, car leur naufrage ne fut découvert que plusieurs semaines apres. Ainsy la guerre fut finie à nôtre avantage sans avoir tiré un seul coup de mousquet.

Les Anglois n'en furent pas encore quittes. L'Amiral qui s'en retournoit droit à Londres avec le peu de vaisseaux qui luy restoient, craignant d'être mal reçu de la Reine, fit sauter en l'air son navire nommé *Ledgad* quand il fut sur la Tamise, tout proche du port; il y périt et tout son équipage, excepté

---

4. La *Gazette*: *La Gazette de France*, fondée en 1631 par Théophraste Renaudot.

deux hommes. Les autres arriverent à Baston ou la consternation êtoit générale, et ce jour la même, leur affliction fut redoublée par un incendie qui consuma plus de quatre vingts maisons. Il se trouva la un officier françois, qui êtoit de ce païs cy, qui demanda aux Anglois, en insultant à leur malheur, si c'êtoit la le feu de joye qu'ils faisoient pour remercier Dieu de leur victoire.

Je ne sçay de qu'elle sorte ils offroient leurs prieres au Seigneur, mais je croy qu'ils nous laisserent le soin de luy rendre graces; nous en avions un tres juste sujet. La premiere fête solemnelle que l'on fit fut celle de Nôtre Dame de Victoire, que l'on nomma Nôtre Dame des Victoires, n'attribuant pas moins la seconde à la tres sainte Vierge que l'on avoit fait la premiere. Ce fut encore Monsieur de la Colombiere qui prêcha avec un nouveau zele le triomphe de la Mere de Dieu. Il fit voir combien nous luy êtions redevables et à quelle fidélité ce bienfait nous engageoit. Comme tous ses auditeurs êtoient dans le transport d'une sainte joye que cet événement si peu attendu leur avoit causé et que pas un ne doutoit que le Ciel ne s'en fut mêlé, sa prédication fut écoutée avec beaucoup de satisfaction; elle fut suivie de grands applaudissements, et la devotion envers la tres sainte Vierge devint mieux établie que jamais.

On ne parloit que de cette merveille operée en nôtre faveur; les poëtes épuiserent leur veine pour rimer de toutes les façons sur ce naufrage. Ils firent des chansons sur tous les grands et les petits airs; les unes êtoient historiques et faisoient agreablement le détail de la campagne des Anglois; les autres êtoient satiriques et railloient assez plaisamment sur la maniere dont ils s'êtoient perdus. Enfin le parnasse devint accessible a tout le monde; les Dames mêmes prirent la liberté d'y monter, et ce fut quelqu'unes d'entr'elles qui commencerent et qui mîrent les Messieurs en train d'exercer leur esprit et leur plume sur ce sujet. Non seulement les séculiers, mais les Prêtres et les Religieux faisoient tous les jours des pieces nouvelles. Nous chantons encore avec plaisir des Cantiques admirablement beaux qu'ils ont composez en ce temps là, à la loüange de nôtre Reine victorieuse.

Monsieur de Beaumont partit au commencement de novembre. Il emmena Monsieur Raudot, le pere, qui ne manqua pas de rendre témoignage en France de la merveille arrivée en Canada. Il en êtoit si charmé qu'il ne pouvoit se lasser d'admirer la Providence. Nous restâmes sans Intendant pendant une année seulement.

Plusieurs particuliers de Quebec, poussez par un mouvement de piété, voyant que jusqu'alors on s'êtoit contenté de parler du naufrage des Anglois et de faire des chansons sur leur malheur et sur leur fuite, jugerent qu'on ne pouvoit assez marquer la reconnoissance que l'on devoit à la tres sainte Vierge, pour nous avoir delivrez de leurs mains, et qu'il falloit du moins établir quelque dévotion publique qui pût entretenir le souvenir de ce bienfait et l'apprendre à ceux qui n'en auroient pas été les témoins. Ils dresserent un projet de leur dessein, ou ils expliquerent leurs bonnes intentions, et l'ayant fait voir à plusieurs personnes, il fut goûté et approuvé du plus grand nombre. Ainsy, sans avoir égard aux dificultez que quelques uns alleguerent, il fut conclut dans une assemblée considerable que l'on feroit une quête dans Quebec et aux environs, pour faire bâtir le portail de l'eglise de la Basse Ville, à qui on donna le titre de Nôtre Dame des Victoires, d'une maniere qui fit connoître aux étrangers que l'on n'y avoit rien épargné et que ce monument de nôtre gratitude pût attirer sur nous de nouvelles benedictions. On voulut encore fonder des Messes du saint Sacrement tres solemnelles, les sept mois de l'année ou il n'y a point de fête de la sainte Vierge, afin qu'il y en eût douze par an, en comptant celles que Messieurs de la Congrégation fonderent aprés le siege des Anglois tous les lendemain des fêtes de Nôtre Dame; le *Cantemus* devoit être chanté à celles cy, comme un récit tout naturel de ce qui s'êtoit passé dans le naufrage de nos ennemis: cette seconde partie du projet êtoit ce qui plaisoit davantage à tout le monde.

La quête ayant été faite se monta à six mille livres, chacun s'êtant porté à donner selon ses moyens et même au dela, puisque pour participer à ces bonnes œuvres, nous donnâmes deux cents livres, dans un temps ou nous manquions de plusieurs choses nécessaires. Cette somme fut mise entre les mains de quelques personnes que l'on choisit pour la garder et pour la faire valoir, en attendant qu'on l'employât. On s'obligea à la batisse du portail de l'église et à chanter les sept grandes Messes avec les cérémonies stipulées dans la fondation, ce qu'on a fait fort exactement pendant deux ans. Mais depuis le retour de Monseigneur de Quebec, le clergé s'êtant trouvé trop chargé de ces Messes, on a cessé cette sainte pratique et on a cassé cette fondation. Je ne sçay ce qu'est devenu l'argent destiné pour l'eglise de la Basse Ville; il ne paroit pas encore que l'on pense à y toucher. Nôtre Seigneur ne laissera pas sans doute de nous tenir compte du desir que nous avons eû de l'honorer et de remercier sa sainte Mere. Nous continuons à chanter le *Cantemus* le deuxième dimanche de chaque mois à cette intention, parce que, des le mois de janvier 1712 que l'on nous parla de la fondation qu'on vouloit faire et à laquelle nous avons contribué, pour nous conformer à la dévotion publique et pour joindre nos reconnoissances à celle des autres, nous convinmes dans une délibération du chapitre que nous chanterions ce beau cantique une fois le mois, et de plus le troisième de septembre ou nous faisons une fete extraordinaire, parce que c'est dans la nuit qui a précedé ce jour que Dieu à fait périr nos ennemis à nos portes. Nous devons être d'autant plus soigneuses de luy en rendre graces, que nous sommes peut-être les seules qui le fassions, et qu'il semble que cette merveille operée en nôtre faveur soit effacée de tous les esprits. On voit cependant à Montreal chez les Sœurs de la Congregation, la chapelle que les Demoiselles de Ville Marie avoient fait vœu de bâtir en l'honneur de Nôtre Dame des Victoires; elles se sont fidellement acquittées de leur promesse et elles travaillent tous les jours à l'orner pour preuve de leur reconnoissance.

Tous ceux qui avoient vû le débris des Anglois avoient assuré qu'il y avoit dequoy charger plusieurs navires de tres bons effets. On crût devoir y envoyer pour profiter de leurs dépoüilles, et Monsieur Duplessis, comme receveur des droits de Monsieur l'Amiral, avec Monsieur de Monseignat, agent de la ferme, frêterent ensemble une barque, et gagerent environ trente ou quarante hommes, à qui ils donnerent un aumônier et bonne provision de vivres, pour aller passer l'hyver dans cet endroit, afin que des le printems ils tirassent tout ce qu'ils pourroient de cet amas confus de toute sorte de choses.

Ils partirent fort tard l'automne de 1711 et revinrent en 1712, au mois de juin, avec cinq bâtiments extrêmement chargez de butin. Ils trouverent là un spectacle dont le seul récit fait horreur. Plus de deux mille cadavres nuds sur la grêve qui avoient presque tous des postures de désesperez: les uns grinceoient les dents, les autres s'arrachoient les cheveux, quelques uns êtoient à demy enterrez dans le sable, d'autres s'embrassoient. Il y avoit des femmes jeunes et délicates; ils en virent jusqu'a sept qui se tenoient par la main et qui apparemment avoient péri ensemble.

On pourra s'etonner de ce qu'il s'est trouvé des femmes dans ce naufrage, mais il faut sçavoir que les Anglois se tenoient si assurez de prendre ce païs-cy qu'ils en avoient deja distribué tous les gouvernements et autres employs. Ainsy, ceux qui devoient les remplir amenoient leurs femmes et leurs enfants, afin de s'établir en arrivant. Les François prisonniers qui êtoient dans la flotte y virent quantité de Dames et de Demoiselles qui suivoient leurs peres ou leurs maris; il y avoit aussy grand nombre de familles entieres de gens du commun qui venoient pour prendre des habitations.

Non seulement la vuë de tant de morts leur paroissoit affreuse, mais l'odeur qui en sortoit êtoit insupportable, et quoy que la marée en emportât tous les jours quelques-uns, il en restoit toûjours assez pour infecter l'air. Ils en trouverent qui s'êtoient mis dans le creux des arbres, d'autres qui s'etoient fourez dans les herbes; quelques-uns avoient été enterrez par un petit nombre d'hommes, dont nos gens virent les pistes pendant deux ou trois lieuës, ce qui leur fit croire qu'ils avoient été rejoindre un peu plus bas les navires qui avoient échappé du naufrage. Ils se persuaderent aussy avec raison que ceux à qui on avoit donné la sépulture êtoient des personnes considérables. Il falloit qu'il y eût dans cet armement de vieux officiers, car on trouva des commissions signées du Roy d'Angleterre, Jacques deuxième, qui êtoit refugié en France des l'année 1689. Il y avoit aussy des catholiques, parce que parni les hardes de quelques-uns il s'y trouva des images de la sainte Vierge.

On rapporta dela des anchres d'une grosseur surprenante, des canons, des boulets, des chaînes de fer, des habits fort étofez et en grand nombre, des couvertures, des scelles de chevaux magnifiques, quelques épées d'argent, des tentes bien doublées, des fusils en abondance, de la vaisselle, des férures de toutes les sortes, des cloches, des agrez de vaisseau en quantité, et une infinité d'autres choses dont le détail seroit ennuyeux. On en vendit pour cinquante mille livres; tout le monde couroit à cet ancan, chacun vouloit avoir quelque chose des Anglois. Les hommes que l'on avoit envoyez à ce naufrage laisserent beaucoup plus d'effets qu'ils n'en purent enlever, parce que cela êtoit si avant dans l'eau quil leur fut impossible de tirer tout ce qu'ils virent. Un officier en rapporta encore deux ans apres pour douze mille livres, sans compter tout ce qu'on avoit ôté de la avant qu'on eût averty de ce débris. Cela fut toujours suffisant pour nous convaincre que nos ennemis avoient beaucoup perdu, pour augmenter l'esperance que nous avons qu'un tel malheur les empêchera d'entreprendre jamais la prise du Canada, et pour affermir nôtre confiance en Dieu.

NICOLAS JÉRÉMIE (1669-1732)

Il y a 250 ans déjà, il parlait des immenses possibilités des territoires de la baie d'Hudson. Il y avait passé une quinzaine d'années, en sédentaire, à titre d'interprète, de directeur de commerce et même de gouverneur du fort Bourbon. On n'imagine pas sans malaise cette lente solitude. Un personnel de quelques dizaines d'hommes, la brève saison d'été, l'investissement de l'espace par les neiges, le vent, le froid. On y fut 4 ans sans recevoir la visite d'un seul vaisseau. Le passage des animaux constitue l'événement essentiel. Et Jérémie parle de ce pays avec fierté. Il était né à Sillery; il avait épousé une Indienne que le Conseil souverain le força à répudier parce qu'il n'avait pas l'âge; et c'est l'année suivante qu'il part pour la baie. Faut-il inventer un drame? Faut-il refuser de voir en ce départ une prédilection québécoise pour le silence et la nature sauvage? Jérémie écrivit sa *Relation de la Baie d'Hudson* en France, sans doute à la demande d'un haut fonctionnaire de l'État; elle fut publiée dès 1720. Charlevoix en fit l'éloge: « J'ai connu l'auteur qui était un fort honnête homme et un habile voyageur. Sa relation est fort instructive et fort judicieusement écrite. » Peut-être sommes-nous en présence d'un cas de *rewriting*. Mais on ne peut contester l'originalité de certaines images, la probité sans éclat littéraire, certain vagabondage du discours. Le texte de Jérémie pénètre progressivement tout le territoire, s'adjoignant, au passage des lieux, une riche information historique et ethnographique. Certaines pages ne manquent pas d'être étonnantes.

Il l'aimait plus que les autres

En 1713, Messieurs de la Compagnie envoyèrent un navire qui nous apporta toutes sortes de raffraichissements et des marchandises pour la traite dont les Sauvages avait grand besoin. Car il y avait quatre ans qu'ils étaient en souffrance, parce que je n'avais plus de marchandises à leur traiter; ce qui était cause qu'il en était mort beaucoup par la faim, ayant perdu l'usage des flèches depuis que les Européens leur portent des armes à feu. Ils n'ont d'autre ressource pour la vie, que le gibier qu'ils tuent au fusil ou à la flèche. Ils ne savent aucunement ce que c'est que de cultiver la terre pour faire venir des légumes. Ils sont toujours errants, et ne restent jamais huit jours dans un même endroit.

Lorsqu'ils sont tout à fait pressés par la faim, le père et la mère tuent leurs enfants pour les manger; ensuite le plus fort des deux mangent l'autre; ce qui arrive fort souvent. J'en ai vu un qui, après avoir dévoré sa femme et six enfants qu'il avait, disait n'avoir été attendri qu'au dernier qu'il avait mangé, parce qu'il l'aimait plus que les autres, et qu'en ouvrant la tête pour en manger la cervelle, il s'était senti touché du naturel qu'un père doit avoir pour ses enfants, et qu'il n'avait pas eu la force de lui casser les os pour en sucer la moëlle. Quoique ces gens-là essuient beaucoup de misère, ils vivent cependant fort vieux, et lorsqu'ils viennent dans un âge tout à fait décrépit et hors d'état de travailler, ils font faire un banquet, s'ils on le moyen, auquel ils convient toute leur famille. Après avoir fait une longue harangue dans laquelle ils les invite à se bien comporter et à vivre en bonne union les uns avec les autres, il choisit celui de ses enfants qu'il aime le mieux, auquel il présente une corde qu'il se passe lui-même dans le cou, et prie cet enfant de l'étrangler pour le tirer de ce monde où il n'est plus qu'à charge aux autres. L'enfant charitable ne manque pas aussitôt d'obéir à son père, et l'étrangle le plus promtement qu'il lui est possible. Les vieillards s'estiment heureux de mourir dans cet âge, parce qu'ils disent que lorsqu'ils meurent bien vieux, ils renaissent dans l'autre monde comme de jeunes enfants à la mamelle, et vivent de même toute l'éternité; au lieu que lorsqu'ils meurent jeunes, ils renaissent vieux, et par conséquent toujours incommodés comme sont toutes les vieilles gens.

Ils n'ont aucune espèce de religion, chacun se fait un Dieu à sa mode, à qui ils ont recours dans leur besoin, surtout lorsqu'ils sont malades. Ils n'implorent que ce Dieu imaginaire qu'ils invoquent en chantant et en heurlant autour du malade, en faisant des contorsions et des grimaces capables de le faire mourir. Il y a des chanteurs de profession parmi eux, auxquels ils ont autant de confiance que nous en avons à nos médecins et chirurgiens. Ils croient avec tant d'aveuglement ce que leurs charlatans leur disent, qu'ils n'osent rien les refuser; de manière que le chanteur a tout ce qu'il veut du malade; et lorsque c'est quelque jeune femme ou fille qui demande la guérison, ce chanteur ne le fait point qu'il n'en ait reçu quelque faveur. Quoique ces gens-là vivent dans la dernière des ignorances, ils ont cependant une connaissance confuse de la création du monde et du déluge dont les vieillards font des histoires tout à fait absurdes aux jeunes gens qui les écoutent fort attentivement. Ils prennent autant de femmes qu'ils en peuvent nourrir, et surtout toutes les sœurs, parce qu'ils disent qu'elles s'accommode mieux ensemble que si elles étaient étrangères.

BACQUEVILLE DE LA POTHERIE (1663-1736)

On pourrait croire qu'il fut très *mon-oncle-le-ministre*. À 25 ans, il est nommé écrivain principal de la marine à Brest. Six ans plus tard, en 1697, il est appointé contrôleur de la marine au Canada et il fait la traversée avec l'escadre de d'Iberville. Il ne restera au pays que 3 ou 4 ans mais y épousera une Saint-Ours. En 1701, il est affecté à la Guadeloupe. Il essaye d'y commander mais n'y occupera que des postes mineurs et y demeurera jusqu'à sa mort. Aux îles comme au Canada (où il ne revint pas), il n'est pas sans avoir suscité quelques différends. Il connut encore plus de difficultés avec son livre. Dès 1702, il obtenait le visa de la censure mais il semble que Jérôme Phelypeaux, ministre de la marine, s'opposa à la publication de l'*Histoire de l'Amérique Septentrionale* de crainte de trop renseigner l'ennemi. Quatorze ans plus tard (1716), Bacqueville de la Potherie obtient le privilège royal mais on ne connaît aucune édition antérieure à 1722: le manuscrit aurait donc attendu 20 ans son éditeur. Sans ce livre, cependant, on mentionnerait à peine ce commis dont la carrière dura près de 50 ans.

Essuyer la tempête

Monsieur,

Si vous ne m'aviez permis de vous faire la relation d'une partie de mon Voyage de l'Amerique Septentrionale, je n'aurois eû garde de prendre cette liberté. En effet, que pourrois-je vous dire que vous ne sachiez beaucoup mieux que moi, qui ne m'étant trouvé que rarement dans des tempêtes, viens ici vous en faire un recit qui paroît assez inutile pour vous, Monsieur, qui en avez essuyé de si rudes, et dans des occasions tout autrement considerables, et qui les avez affrontées avec tant d'intrepidité et surmontées avec tant d'habileté et de sagesse. Je vous avoüe que plus je fais reflexion à la liberté que vous m'avez donnée, plus je trouve qu'il y a de l'indiscretion à m'en servir, mais souvenez-vous, s'il vous plaît, que vous me l'avez permis. C'est pourquoi je commencerai cette Relation, en vous disant que les vaisseaux du Roi, le Pelican, le Palmier, le Weesph, le Profond, et le Violent, étoient à Chef de Baye aux rades de la Rochelle, prêts à faire voile lors que je reçûs un ordre de Sa Majesté pour m'embarquer Commissaire à la suite de cette Escadre.

Je réglai toutes mes affaires en moins de deux ou trois jours, et m'embarquai sur le Pelican: Comme je n'avois point été à l'armement je voulus faire la revuë generale, et prendre connoissance de l'Escadre avant la Partance. Je la fis donc le jour de Pâques, qui étoit le sept Avril mil six cens quatre-vingt dix-sept, et nous fimes voile le lendemain à quatre heures du matin, d'un vent d'Est.

Serigni Lieutenant de Vaisseau, qui montoit le Palmier, se trouva le Commandant en l'absence de Monsieur d'Iberville son frere, Capitaine de Fregate, que nous devions prendre à Plaisance pour l'entreprise des Forts Anglois de la Baye d'Hudson, qui est au Nord du Canada.

Le Marquis de Château Morand, Capitaine de Vaisseau, Neveu de Monsieur le Maréchal de Tourville, qui s'en alloit aux Isles de l'Amerique, avec plusieurs Vaisseaux Marchands, nous convoya jusqu'au onziéme du même mois, vingt à vingt-cinq lieuës par de là le Cap de Finis-Terre, où nous nous separâmes les uns des autres.

Les vents d'Est nous furent tout à fait favorables pendant neuf jours, et s'ils eussent continué nous fussions arrivez en peu de jours à Plaisance, mais ils changerent le vingt et un avec une brume fort épaisse et un froid aussi rude que dans le mois de Janvier, et commencerent à être fort contraires avec des broüillards extrémement épais, en sorte que la Mer devint tout à fait rude, et presque impraticable.

Il n'y eut que la mousqueterie et le canon, que l'on tiroit de temps en temps l'espace de vingt et un jour, qui nous empêcherent de nous separer: nous pouvions alors dire avec un juste sujet, que du Printemps nous étions rentrez dans le plus rude Hiver, et nous avions tout lieu de craindre un triste naufrage, tant il est difficile de naviger sur les Mers, sans se trouver exposez à de rudes coups de vents; c'est ce que nous éprouvâmes bien tôt: car le vingt cinq du même mois le Weesph que montoit Chatrier, Enseigne de vaisseau, démâta de ses deux huniers, et le lendemain le Pelican donna chasse d'un vent Sud Sud Oüest, sur les quatre heures du soir, à une corvette Angloise, de quatorze canons, et déja nous nous proposions à en faire le butin, mais la joye qui commençoit à naître parmi notre équipage, qui ne s'en voyoit qu'à une petite portée, fut bien tôt ralentie par un orage affreux et plein de nége, qui s'éleva tout d'un coup.

En effet, cette triste constellation n'eût pas si-tôt paru, que tous les vents se mirent de la partie, et se déchaînant horriblement l'on eut vû dans le moment des gens tout troublez, lors qu'on entendit un bruit sourd et confus, qu'excitoient les Manœuvres.

Le Ciel s'obscurcit de telle sorte, que nous ne pouvions nous reconnoître, et nous nous prenions les uns pour les autres.

Il sembloit que cette vaste étenduë de Mer, formoit une montagne escarpée, d'une hauteur prodigieuse, sur laquelle nous étions.

Puis venant tout d'un coup à s'écrouler, formoit des abîmes dans lesquels nous paroissions être engloutis.

Mais ils en furent raportez plus vîte qu'ils n'étoient montez. En vain nous efforcions-nous de sortir de ces affreux abîmes, lorsque l'impetuosité d'un autre flot nous élevoit jusques dans les nuës, où nous paroissions comme suspendus et immobiles.

Tantôt la Mer paroissoit comme une vaste et profonde Valée, entre deux montagnes escarpées, au pied desquelles nous appercevions les flots entr'ouverts.

Le moment d'aprés les concavitez se remplissoient, et la Mer demeurant neanmoins toûjours agitée, on voyoit les vagues s'enfoncer avec fureur dans le sable, presque jusqu'au centre de la terre.

Cette cruelle tempête dura deux jours entiers, pendant lesquels nous essuyâmes tout ce qu'on peut s'imaginer de fatigues, et nous nous vîmes plusieurs fois à la veille de notre perte: Mais enfin il ne nous en couta que notre grand hunier, et ce fut un espece de miracle pour nous d'en être quitte à si bon marché. Ce fut aussi un grand bonheur pour la corvette Angloise à qui nous avions donné chasse, car aprés l'avoir perdûë de vuë, nous l'aperçûmes ensuite au vent une demie-heure aprés démâtée de tous ses mâts, ayant chassé à sec.

Notre Escadre se trouva pour lors dispersée jusqu'au vingt-sept, que nous trouvâmes le Profond, et le vingt-huit sur le soir, le Palmier vint nous ranger dans un assez pitoyable état.

Serigni nous dit que la nuit du Vendredi vingt-sixiéme au Samedi, le Palmier et le Weesph s'étoient abordez: le premier avoit eû tout son éperon emporté, et sa bouteille et son ancre de bas bord rompuës. Il n'avoit n'y mât de Hune, n'y Perroquets, n'y hune de Beaupré, point de Vergue de Civadiere, le Beaupré étant tout dégarni; rien n'étoit plus affligeant que ce spectacle, joint à celui de l'équipage qui étoit dans une extrême consternation. En effet, le choc que s'étoient fait reciproquement les deux vaisseaux dans une grande obscurité, avoit été si violent que dans le temps que le Weesph rouloit, les canons de la seconde baterie, le frapoient entre la quille et la ligne de flottaison, et son Beaupré donnant debout au corps dans le mât d'Artimon, le cassa en deux. Le coup fut d'autant plus favorable au Weesph, qu'il l'empêcha de sombrer sous voiles. Dans le moment celui ci n'ayant plus paru, les Officiers du Palmier crûrent pour lors qu'il étoit coulé bas.

Quand nous n'aperçûmes plus le Weesph revenir avec le Palmier, nous demandâmes à Serigni s'il ne l'avoit point vû, et il nous fit comprendre qu'il croyoit l'avoir vû perir.

Comme il ne parut plus, nous ne savions qu'en penser et flottans entre l'esperance et la crainte, nous nous imaginions tantôt qu'il avoit relâché aux Acores, et tantôt qu'il s'étoit perdu dans la tempête.

Dans cette incertitude nous continuâmes le reste de notre voyage, avec les trois autres.

La bonne conduite de Serigni étoit extrêmement utile dans cette conjoncture, où en vingt six jours à peine vîmes nous six fois le Soleil. Pendant ce temps-là les maladies survenoient de jour à autre dans notre bord. Le scorbut commença à s'y insinuër et y regner generalement.

Notre malheur ne se termina pas à cela, car les vents vinrent tout à fait contraires.

Les Pilotes ne savoient plus où ils étoient, il n'y avoit pas moyen de prendre hauteur; en sorte que nous étions tous au desespoir.

Toute notre consolation étoit de voir quelquefois grande abondance d'oiseaux, qui nous servoient comme de présages pour nous faire conjecturer que nous n'étions pas loin du grand Banc: cependant nous ne pouvions y arriver.

Nous nous trouvâmes à la fin banquez le septiéme Mai, sur les quatre heures aprés midi.

Les Pilotes trouverent quarante cinq brasses d'eau, fond de gravaille, noirâtre un peu pourri et plat, nous carguâmes nos voiles, pour avoir le plaisir de pêcher de la Morüe. Nous en prîmes une grande quantité qui servit de rafraîchissement à nos équipages, la plûpart des volailles et des moutons qui avoient été embarquez pour cet effet, étans morts de froid ou des coups de Mer qui passoient continuellement sur le pont, ou de maladie, comme nous avons dit ci-dessus.

Le Violent même que montoit Bigot enseigne de Vaisseau, se trouva entre deux eaux pendant un temps assez considerable, jusques là que des coups de Mer briserent des épontilles en son fond de cale.

Nous apareillâmes deux heures aprés d'un vent d'Est quart Nord-Est, qui ne dura guere, car les vents changerent encore.

Pendant ce temps-là neanmoins nous arrivâmes sur le Boulevard; mais les brumes augmenterent toûjours.

Aprés treize jours de tempête nous connûmes terre sur les quatre heures du soir, à quatre lieuës au Nord Oüest quart-Oüest.

Les sentimens des Pilotes de l'Escadre furent partagez, l'on crût que ce pouvoit être le Cap de Saint-Laurent de l'isle de Terre-Neuve: c'est pourquoi nous revirâmes de bord pour éviter cette Côte, et portâmes vers le Sud. Nous reconnûmes encore terre le seize, sur les dix heures du matin; mais les brumes empêcherent de nous en trop approcher, de crainte de quelque naufrage. Les sentimens furent derechef partagez. Nous fimes venir le Pilote du Profond, qui nous dit que c'étoit le Chapeau rouge de l'isle de Terre-Neuve, dont nous n'étions éloignez que de six lieuës tout au plus.

Nous nous retirâmes la nuit, et le dix-septiéme le temps s'étant éclairci, nous vîmes du vent de Sud Oüest quart de Sud, le Cap de Sainte-Marie. C'est la premiere Terre que l'on reconnoît ordinairement pour entrer dans la Baye de Plaisance. Il est au quarante-sixiéme degré, vingt min. de lat. Nord, à quatorze lieuës de Plaisance.

Nous entrâmes dans cette Baye, laissant le Cap sur les sept heures du soir, au Sud-Sud Est, environ trois lieuës et demie, aprés avoir cargué nos basses voiles, et les huniers. Le calme nous prit sur la minuit.

Le vent fraîchissant le dix huit, nous fimes trois bordées, aprés lesquelles nous moüillâmes sur les dix heures du matin à la pointe verte, qui est habitée des François, à une lieuë de Plaisance; et aprés beaucoup de fatigues et de mauvais temps que nous eûmes dans notre route, nous entrâmes enfin le même jour dans le Port, le Weesph y arriva trois jours aprés, aussi en peine d'apprendre des nouvelles du Palmier, que le Palmier l'étoit d'apprendre des siennes.

JOSEPH-FRANÇOIS LAFITAU (1681-1746)

On le considère comme un précurseur de l'anthropologie moderne, voire un structuraliste avant la lettre. Et ce ne sont pas ses contemporains du Siècle des Lumières qui l'apprécièrent le plus, mais les nôtres. Il ne passa que quelques années au Canada (1712-1717) et fut affecté aux Iroquois chrétiens de la mission Sault-Saint-Louis (qu'il déplacera et que l'on nomme maintenant Caughnawaga). Mais il se prit à considérer les Iroquois comme des hommes et non comme des païens baptisés, à étudier leur système social, à songer qu'eux aussi avaient une culture. C'est de son enfance, sans doute, qu'il tenait cette curiosité ouverte. Son père étant grand commerçant de vins à Bordeaux, le jeune Joseph-François dut entendre et goûter les histoires étranges des équipages qui arrivaient d'Orient ou d'Amérique. Puis sa longue formation de jésuite l'avait fait circuler, pendant plus de 15 ans, parmi les collèges les plus remarquables de la compagnie, tels La Flèche et Louis Le Grand. Au pays, où il vint à sa demande et dès la fin de ses études, il travailla à la fois sur le terrain et sur les nombreux documents déjà constitués. Il émit l'hypothèse originale que les coutumes des Indiens pourraient être les résidus et transformations des coutumes des hommes de la plus lointaine antiquité européenne ou asiatique. Il tâcha de vérifier. Ce fut son livre: *Mœurs des sauvages ameriquains comparées au mœurs des premiers temps*.

Le feu c'est notre livre

Leurs sorts et leurs remedes aux sorts ont le même caractere que ceux des Anciens, et la même disproportion avec le mal qu'ils veulent donner, ou guérir. Cueillir les herbes à certains temps de la Lune, à certaines heures de la nuit; observer avant de les cueillir, et en les cueillant, mille cérémonies superstitieuses; proferer, en les arrachant, des paroles confuses et magiques; faire des figures de pâte, ou de feüilles de bled d'Inde, ou de fil de coton, qui supposent pour la personne que le sort regarde; les percer avec des épines, les frapper avec de petites flêches proportionnées à la grandeur de la figure; croire que ces sorts ainsi préparés puissent agir, et avoir leur effet par la seule direction d'intention, en les ensevelissant sous un seüil de porte, sous une natte, ou même dans les sépulchres; tout cela, dis-je, est de l'idée et du caractere de ces sorts; cela en fait comme la propriété essentielle, et en est la condition absolument nécessaire. Cela se trouve en même temps si conforme à ce que nous lisons des sortileges des Anciens, et à ce que nous trouvons dans les Livres qui traitent de la Nécromantie, que nos Sauvages ne feroient pas mieux, s'ils les avoient étudiez.

Le Pere Garnier avoit entre les mains plusieurs de ces sorts, que les Sauvages qu'il avoit convertis, lui avoient remis. Un jour j'excitai en lui une curiosité qu'il n'avoit pas encore eüe, et je le priai que nous les examinassions ensemble. Il y en avoit une assez grande quantité; c'étoient des paquets de cheveux entrelassés, des os de serpens, ou d'animaux extraordinaires, des morceaux de fer, ou de cuivre, des figures de pâte, ou de feüilles de bled d'Inde, et plusieurs autres choses semblables, qui ne pouvoient avoir par elles-mêmes aucun rapport avec l'effet qu'on s'étoit proposé, et qui ne pouvoient operer, que par une vertu au-dessus des forces humaines, en consequence de quelque pacte formel, ou tacite.

Les Jongleurs ont en eux quelque chose, qui tient encore plus du divin. On les voit entrer manifestement dans cette extase, qui lie tous les sens, et les tient suspendus. L'esprit étranger paroît s'emparer d'eux d'une maniere palpable et sensible, et se rendre maître de leurs organes, pour agir en eux plus immédiatement. Il les fait entrer dans l'enthousiasme, et dans tous les mouvemens convulsifs de la Sibylle; il leur parle au fonds de la poitrine, ce qui fit donner aux Pythonisses le nom de *Ventriloques*; il les enleve quelque-fois en l'air, ou les fait paroître plus grands, que leur stature naturelle.

Dans cet état d'enthousiasme, leur esprit paroît absorbé dans celui qui les possede; ils ne sont plus à eux-mêmes, semblables à ces Devins dont parle Jamblique, en qui l'esprit étranger operoit de telle sorte, que non seulement ils ne se connoissoient point, mais qu'ils ne se sentoient pas même, et ne recevoient aucun dommage de tout le mal qu'on pouvoit leur faire pendant ce temps-là; de maniere qu'on pouvoit impunément leur appliquer le feu, les percer avec des broches ardentes, leur donner des coups de haches sur les épaules, et leur découper les bras avec des razoirs. En effet dans ces extases on leur voit avaler le feu, marcher sur les charbons ardens, sans en être blessez; comme ceux, dont parle Virgile, qui étoient inspirés d'Apollon au Mont-Soracte, ou comme ceux, dont Strabon fait mention, qui devinoient par l'impression de la Déesse Feronie, ou comme les femmes de Castaballe dans la Cilicie, dont parle le même Auteur, lesquelles étoient consacrées à Diane Perasia. Outre cela ils enfoncent de longs morceaux de bois dans leur gosier, ils roulent des serpens vivans dans leur sein, et font mille autres choses, qui paroissent tenir du merveilleux.

C'est pendant qu'ils font ces merveilles, qu'ils voyent les choses au-dedans d'eux-mêmes, ou qu'elles leur sont représentées au-dehors d'une infinité de manieres differentes; car ils ont à peu près les mêmes manieres de deviner par la Pyromantie, l'Hydromantie, et les autres, qu'on peut voir dans les Auteurs, qui ont traité de la Magie et de la Divination. L'esprit agit aussi en eux, comme dans l'Antiquité, à certains signaux, tels qu'étoient le son des Cymbales d'airain, ou de quelque autre instrument de Musique, certaines potions, les baguettes divinatoires, la farine, les calculs, et le reste.

Un Officier François, qui parle la Langue Huronne, comme les Hurons même, parmi lesquels il a vêcu dès son bas âge, et qui connoît fort bien le génie des Sauvages, m'a raconté un fait, dont il a été le témoin, et que je rapporte ici, parce que le trait est singulier, et peut faire juger des autres. Quelques Sauvages intrigués, au sujet d'un parti de sept Guerriers de leur Village, et dont tout le monde commençoit à être en peine, prierent une vieille Sauvagesse de *jongler* pour eux. Cette femme étoit en grande réputation, et on avoit vérifié plusieurs de ses prédictions: mais on avoit beaucoup de peine à la déterminer à faire ces sortes d'operations, quoiqu'on la payât bien, parce qu'elle souffroit beaucoup. Comme elle avoit de l'amitié pour moi, dit cet Officier, et que même elle avoit jonglé autrefois à mon occasion, je me mis de la partie avec les Sauvages, ajoûtant néanmoins très-peu de foy à ces sortes de choses, je la priai très-fortement, et je fis tant, qu'elle s'y résolut.

Elle commença d'abord par préparer un espace de terrain qu'elle nétoya bien, et qu'elle couvrit de farine, ou de cendre très-bien bluttée (je ne me souviens pas exactement laquelle des deux.) Elle disposa sur cette poudre, comme sur une Carte Geographique, quelques paquets de buchettes, qui représentoient divers Villages de differentes Nations, observant parfaitement leur position, et les rhumbs de vent. Elle entra ensuite dans de grandes convulsions, pendant lesquelles nous vîmes sensiblement sept bluettes de feu sortir des buchettes qui représentoient nôtre Village, tracer un chemin sur cette cendre ou farine, et aller d'un Village à l'autre. Après s'être éclypsées, pendant un assez long-temps, dans l'un de ces Villages, ces bluettes reparurent au nombre de neuf, tracerent un nouveau chemin pour le retour, jusqu'à ce qu'enfin elles s'arrêterent assez près du Village, ou paquet de buchettes, d'où les sept premieres étoient d'abord sorties. Alors la Sauvagesse, toûjours en fureur, troubla tout l'ordre des buchettes, foula aux pieds tout le terrain qu'elle avoit préparé, et où cette scene venoit de se passer. Elle s'assit ensuite, et après s'être donné le temps de se tranquilliser, et de reprendre ses esprits, elle raconta tout ce qui étoit arrivé de singulier aux Guerriers, la route qu'ils avoient tenuë, les Villages par où ils avoient passé, le nombre des prisonniers qu'ils avoient fait; elle nomma l'endroit où ils étoient dans ce moment, et assura qu'ils arriveroient trois jours après au Village, ce qui fut vérifié par l'arrivée des Guerriers; qui confirmerent de point en point ce qu'elle avoit dit.

Les Abenaquis et les Algonquis sont fort adonnés à la Pyromantie, ou Divination par le feu. Ils font un charbon de bois de cédre, qu'ils broyent, et réduisent en poudre presque impalpable, et qu'ils disposent d'une certaine façon; après quoi ils y mettent le feu, et devinent par la maniere dont le feu court. Quoiqu'aujourd'hui les Abenaquis fassent tous profession du Christianisme, ils ne laissent pas encore d'avoir quelquefois recours à cet art qu'ils ont reçû de leurs Peres. Ils s'en confessent néanmoins, à cause de l'horreur qu'on leur en a inspiré; mais il s'en trouve quelques-uns qui cherchent à le justifier, comme s'il n'y avoit rien en cela qui pût être blâmable. Une Sauvagesse disoit à un Missionnaire, qui tâchoit de lui faire concevoir sa faute: je n'ai jamais compris qu'il y eut à cela aucun mal, et j'ai peine à y en voir encore; écoute, Dieu a partagé differemment les hommes: à vous autres François, il a donné l'Ecriture, par laquelle vous apprenez les choses qui se passent loin de vous, comme si elles vous étoient présentes; pour ce qui est de nous, il nous a donné l'art de connoître par le feu les choses absentes et éloignées; suppose donc que le feu, c'est nôtre Livre, nôtre Ecriture; tu ne verras pas qu'il y ait de difference; et plus de mal dans l'un que dans l'autre. Ma mere m'a appris ce secret pendant mon enfance, comme tes parens t'ont appris à lire et à écrire; je m'en suis servie plusieurs fois avec succès, avant d'être Chrétienne; je l'ai fait quelquefois avec le même succès, depuis que je le suis; j'ai été tentée, et j'ai succombé à la tentation, mais sans croire commettre aucun péché.

La seconde chose qui m'a frappé, c'est l'intime persuasion où ils sont tous, du pouvoir que le Démon a sur eux, de l'efficace des sorts, et de la vertu qu'ont leurs Jongleurs pour connoître, et pour découvrir ceux qui les ont donnez. Est-il bien probable, que depuis leur origine qu'ils sont infatués de ces opinions, ils n'eussent pas découvert la fourbe, s'il n'y avoit que pure forfanterie? Chacune de ces Nations étant peu nombreuse, la fraude en est plus aisée à connoître; et les Anciens, les considerables, ceux enfin qui sont les plus sensés, étant instruits, cela eut été plus que suffisant pour détruire une pareille prévention. Mais cette persuasion est si generale et si incarnée, qu'il n'y a pas une Nation de l'Amerique dans toute son étenduë; qui n'ait ses Devins, ou ses Jongleurs, pas une qui n'apprehende les sorts, pas une, où personne refuse de recourir aux Jongleurs, et ne subisse volontiers toutes les épreuves des Initiations, pour être fait Jongleur soi-même.

Dans l'Amerique Meridionale tous les Peuples craignent le Démon; et parce que le feu a quelque chose de sacré chez eux, et de divin, et que depuis un temps immemorial, ils sont accoûtumés à le regarder comme un remede efficace contre l'insulte des malins esprits; ils ont soin d'entretenir un feu allumé pendant toute la nuit autour de leurs Hamacs; les Devins eux-mêmes, hors les cas de leurs operations magiques, n'oseroient faire un seul pas dans l'obscurité, sans porter un tison ardent de ce bois, qu'on appelle, pour cette raison, *Bois de Chandelle*, moins pour se conduire, que pour se garantir de la rencontre des mauvais génies. Generalement toutes ces Nations Barbares sont dans une défiance continuelle de ceux qui peuvent les ensorceler, des yeux qui pourroient les fasciner; elles ont mille superstitions pueriles pour détourner l'effet des sorts, et se mettre à l'abry du charme. On peut dire aussi, universellement parlant, qu'il n'y a point de plus mauvaise réputation parmi eux, que celle de donner des malefices, et que cette réputation est partout suivie de la fin tragique du plus grand nombre de ceux qui se la sont faite.

Dans les païs des Iroquois cette opinion des sorts cause souvent des scenes funestes; et lorsqu'ils en viennent aux éclaircissemens, la multitude des accusations est si grande, qu'ils sont obligez de faire des présens, et de jetter des colliers de porcelaine pour en arrêter les suites. Parmi ceux qui sont Chrétiens, on doit regarder comme un acte heroïque, quand, dans leurs maladies, ils n'ont point recours aux Jongleurs, sur-tout s'il y a quelque apparence, ou quelque songe, qui fasse naître un soupçon de sortilege.

Quoique je n'aime pas à rapporter leurs fables, dont l'absurdité me choque, je vais cependant en raconter une que j'ai apprise d'eux-mêmes, et qui fera connoître plus clairement l'idée qu'ils ont de ceux qui jettent des sorts. Je parlerai dans la suite de la maniere dont les Jongleurs tâchent d'en guérir, en parlant de leur médecine.

Il y avoit autrefois parmi eux un célebre Solitaire, nommé *Shonnonkouiretsi*, ou *la très-longue chevelure*, dont la mémoire est encore en venération. De son temps le Village où il étoit né, fut attaqué d'une mortalité publique, qui s'attachoit aux têtes les plus considerables, et les moissonnoit les unes après les autres. Toutes les nuits un oiseau funébre volant au-dessus des Cabanes, secouoit ses aîles avec grand bruit, et poussoit plusieurs cris lugubres, ce qui augmentoit l'allarme et la consternation. On ne doutoit point que ce ne fut l'*Oïaron*, ou la Bête de celui qui jettoit des malefices; mais on ne sçavoit à qui s'en prendre pour aller à la source du mal, et les Devins consultés, ne voyoient goute dans leur art. Dans cette terrible extrémité, le Conseil des Anciens députa trois des plus considerables à *Shonnonkouiretsi*, pour le prier d'avoir pitié d'eux; son état ne lui permettoit pas de quitter sa retraite, et il ne put jamais condescendre à en sortir pour aller au Village. Il se laissa pourtant fléchir en quelque chose, et il donna jour aux Députés, pour revenir apprendre de lui sa derniere résolution. Ils revinrent au temps marqué. Le Solitaire leur montra trois flèches qu'il avoit travaillées dans leur absence; et sans leur rien communiquer de son dessein, il leur dit seulement de les bien examiner, afin de pouvoir les reconnoître.

Le soir, vers le coucher du Soleil, *Shonnonkouiretsi* alla se mettre en embuscade sur un petit coteau, qui étoit assez prêt du Village. L'oiseau prétendu, sortit du tronc d'un arbre à l'entrée de la nuit, et secouant ses aîles à l'ordinaire, il nomma distinctement quelques-uns des principaux, qu'il destinoit à mourir le lendemain. Dès que le Solitaire l'apperçût, il s'avance peu à peu, lui décoche une de ses flèches, et se retire, assuré de l'avoir bien blessé.

Le jour suivant, le bruit se répandit dans le Village, qu'un certain jeune homme, qui étoit seul dans une pauvre Cabane avec une bonne femme de mere, étoit fort mal. Les Anciens, attentifs à tout ce qui se passoit, l'envoyerent visiter secretement, et comme sans dessein, par les trois Députés, qui avoient été vers *Shonnonkouiretsi*. Le malade étoit trop pressé de son mal pour pouvoir le dissimuler; il avoit une flèche qui lui entroit bien avant dans le côté. La flèche du Solitaire fut reconnuë. On avoit donné des instructions secretes à ceux qui devoient traiter le malade; et ceux-ci s'étant mis en devoir, comme pour ôter la flèche, ils la dirigerent si bien, qu'ils percerent le cœur à ce miserable.

La Vieille encore plus coupable que son fils, n'ignoroit pas d'où partoit le coup, et s'apperçût bien de l'office que les Anciens lui avoient rendu. Elle étoit femme, et n'étoit pas d'humeur à démentir son sexe sur l'article de la vengeance; elle résolut de s'immoler le Solitaire pour premiere victime. Son crime ne fut pas conduit avec tant de secret, malgré ses differentes metamorphoses, qu'il ne fût enfin découvert. On la fit brûler avec tout le raffinement de la cruauté Iroquoise; elle avoüa que son fils et elle irrités, avoient voulu se vanger, de ce qu'au retour d'une chasse, on les avoit négligés dans une distribution publique de viandes; elle soûtint les tourmens les plus affreux, en riant, en insultant, en menaçant.

Après sa mort, les maux precedens recommencerent, Les Devins consultés répondirent, que cette malheureuse Vieille en étoit la cause, qu'elle avoit été métamorphosée en siffleur ou marmotte, qui étoit son *Oïaron*, ou sa bête durant sa vie. On l'épia, et on s'apperçut qu'elle se retiroit dans une taniére, au pied du coteau, où son fils se métamorphosoit lui-même, et avoit été blessé. On y appliqua le feu, et la fumée l'ayant contrainte de sortir, on la tua. Les Iroquois Agniez montrent encore l'entrée de cette taniére toute enfumée, comme un monument autentique de la verité de cette belle fable.

Le nom de *Shonnonkouiretsi*, qui signifie la *très-longue chevelure*, me fait croire que cet homme vivoit comme les Pénitens des grandes Indes, qui laissent croître leurs cheveux, et qui les ont de plusieurs brasses de longueur, de maniere que leur tête en est chargée comme d'un pesant fardeau. Il y en a de cette sorte en Amerique, et ils étoient du nombre de ceux qui s'habilloient en femmes. Acosta raconte la même chose des Prêtres Mexiquains.

Il semble qu'on peut recüeillir de tout ceci, que ce sont-là des restes de l'Idolatrie, et une suite de la séduction des hommes, trompés par les prestiges des Démons, ou par les fourberies de ses Ministres. Ces femmes accusées de jetter des sorts, sont ce qu'étoient la Canidie d'Horace, les Hôtesses d'Apulée et de Lucien, les empoisonneuses de Thessalie, et les femmes connuës sous les noms de *Lamiœ, Sagœ, Veneficœ*, qui étoient l'exécration des payens même; les Jongleurs au contraire, et les Pythonisses employés et honorés dans leurs employs, sont ce qu'étoient, ainsi que je l'ai dit, Orphée, Mopfus, Thamgris, Eumolpe, Calchas, la plûpart des Prêtres et des Prêtresses des faux Dieux; et ceux, qui, dans l'Ecriture, sont nommés *Magi* et *Arioli*, que les Payens connoissoient aussi sous les differens noms de Devins, Mages, Chaldéens, Aruspices, Hierophantes, Saliens, Druides, et semblables, dont la profession ayant été longtemps en honneur, commença à tomber avec le culte des Idoles, lorsque le Christianisme s'établissant sur leur ruïne, dévoila aux yeux des Peuples la vanité de leurs fausses Divinités.

Le calumet du soleil

Le Pere Marquette Jesuite Missionnaire du Canada, s'étant embarqué avec le Sieur Joliet François Canadien, dans le dessein d'aller à la découverte de la Mer de l'Ouest, et de tenter une route par le Canada jusqu'à la Chine, fut le premier des François, qui pénétra jusqu'au grand fleuve Missisippi, et qui eut connoissance des Nations de la Louisiane, qui sont répanduës dans les terres que ce grand Fleuve arrose. Ce fut le 17. Juin de l'an 1673. (c'est-à-dire, sept ou huit ans avant que le Sieur Cavelier de la Salle allât sur ses traces prendre possession de ce païs-là au nom du Roy) qu'après avoir remonté le fleuve Saint-Laurent, fait quarante lieuës dans le fleuve *Ouisconsin*, ou *Misconsin*, comme il l'appelle, ils tomberent dans une autre beaucoup plus considerable vers le quarante-deuxiéme degré et demi de latitude Nord. La beauté de ce grand Fleuve leur ayant persuadé, qu'il avoit quelque part son debouquement dans la Mer, ils se laisserent aller à son courant, et le parcoururent en effet jusqu'au trente-quatriéme degré, à deux ou trois journées du golphe du Mexique, selon leur estime. Mais ayant remarqué que son cours les éloignoit de leur premiere route, et la crainte des Espagnols les ayant empêchés d'aller jusqu'à son embouchure, ils prirent le parti de le remonter, et retournerent par les Ilinois à Missilimakinak, et delà à Quebec, où ils firent le rapport des particularités de leur découverte.

C'est dans la Relation de son Voyage qu'on fit imprimer alors, que le Pere Marquette nous donne connoissance du Calumet de Paix; et comme il est le premier qui en ait parlé, qu'il est aussi celui qui en a parlé le mieux, c'est de lui que je prendrai ce que je dois en dire ici.

Le vingt-cinq du mois de Juin dè la même année le Sieur Joliet et le Pere Marquette ayant apperçû sur le bord du fleuve Missisippi quelques vestiges d'hommes, et un sentier battu, ils résolurent de le suivre, et de tenter une avanture assez hazardeuse pour deux hommes seuls, qui s'exposoient à la merci d'un Peuple barbare et inconnu. Ils ne furent pas longtemps sans découvrir trois Villages. Ils se recommanderent à Dieu, et continuant à marcher en silence, ils arriverent si près de l'un de ces Villages sans être découverts, qu'ils entendoient les Sauvages parler. Jugeant donc qu'il étoit temps de se manifester, ils pousserent un cri de toutes leurs forces, et s'arrêterent pour en attendre l'évenement. A ce cri, les Sauvages sortent en foule de leurs Cabanes, et les ayant reconnus pour Européans, ils députent vers eux quatre Vieillards pour aller leur parler. D'eux d'entr'eux portoient des pipes à fumer du Tabac, bien ornées et bien empannachées de divers plumages. Ils marchoient à pas graves, et élevant leurs pipes vers le Soleil, ils sembloient lui présenter à fumer sans néanmoins dire aucun mot. Ils furent assez long-temps à faire le peu de chemin qu'il y avoit depuis leur Village jusqu'à eux. Enfin les ayant abordés, ils s'arrêterent pour les considerer avec attention. Le Pere rassuré par cette cérémonie, et par leurs couvertures d'étoffe, leur parla le premier, leur demanda qui ils étoient; à quoi ils répondirent qu'ils étoient Ilinois, et pour marque de Paix ils leur présenterent leurs pipes pour fumer, ensuite ils les inviterent d'entrer dans leur Village, où tout le monde les attendoit avec impatience.

A la porte de la Cabane, où ils devoient être reçûs, se trouva un Ancien, qui les attendoit dans une posture assez surprenante; mais qui est usitée chez eux à la réception de tous les Etrangers. Cet homme étoit debout et tout nud, tenant ses mains étenduës et élevées vers le Soleil, comme s'il eut voulu se défendre de ses rayons, lesquels néanmoins passoient sur son visage entre ses doigts. Lorsqu'ils furent près de lui, il leur fit ce compliment. « Que le

Soleil est beau, François, quand tu viens nous visiter! Tout nôtre Village t'attend; tu entreras en paix dans toutes nos Cabanes. » Il les introduisit dans la sienne, où il y avoit une foule de monde qui les dévoroit des yeux, et qui cependant gardoit un profond silence. On entendoit seulement ces paroles qu'on leur adressoit de temps en temps et à voix basse. « Que voilà qui est bien, mes freres, que vous nous visités! »

Après qu'ils eurent pris place, on leur fit la civilité accoûtumée de leur présenter des Calumets. On ne doit pas les refuser si on ne veut passer pour ennemi; mais il suffit de faire semblant de fumer.

Pendant que tous les Anciens fumoient successivement après eux pour leur faire honneur, on vint les inviter de la part du Chef General des Ilinois, de se transporter dans sa Bourgade, où il vouloit tenir Conseil avec eux. Ils y allerent en bonne compagnie; car ces Peuples qui n'avoient jamais vû de François chez eux, et qui ne les connoissoient que de réputation, et par le commerce qu'ils ont avec les Nations situées vers Missilimakinak, ne se lassoient point de les regarder: ils se couchoient sur l'herbe le long des chemins, ils les devançoient, puis ils retournoient sur leurs pas pour les revoir: tout cela se faisoit néanmoins sans bruit, et avec des marques du respect qu'ils avoient pour eux.

Le grand Chef les attendoit à l'entrée de sa Cabane au milieu de deux Anciens: ils étoient tous trois debout et nuds, tenant le Calumet tourné vers le Soleil. Il les harangua en peu de mots, les félicita de leur arrivée; il leur présenta son Calumet, et les fit fumer en même temps qu'ils entroient dans sa Cabane, où ils reçûrent toutes les caresses qu'on a accoûtumé de faire en ces sortes d'occasions.

Tout le monde étant assemblé, et gardant un profond silence, le Pere leur parla par quatre présens, à quoi le Chef des Ilinois lui répondit par trois autres. Le Conseil fut suivi d'un grand festin, qui consistoit en quatre mets qu'il fallut prendre en se soûmettant à toute l'Étiquette de leur cérémonial. Le premier fut un grand plat de sagamité assaisonnée de graisse. Le Maître des Cérémonies tenant une cuillere pleine, la présenta trois fois à la bouche du Pere, et fit la même chose au Sieur Joliet. Ensuite parut un second plat où il y avoit trois poissons; le Maître des Cérémonies en prit quelques morceaux pour en ôter les arêtes; et ayant soufflé dessus pour les rafraîchir, il les leur mit à la bouche, comme qui donne la bechée aux oiseaux. On apporta pour troisiéme service un grand chien qu'on venoit de tuer; mais ayant appris qu'ils n'en mangeoient point, on le retira de devant eux. Enfin le quatriéme fut une piéce de *Pisikiou* ou de Bœuf sauvage, dont on leur mit dans la bouche les morceaux les plus gras.

Après le festin il leur fallut aller visiter les Cabanes du Village. Pendant qu'ils marchoient dans les ruës, un Orateur haranguoit continuellement pour exhorter le monde à les voir sans leur être importuns, on leur présentoit partout des ceintures, des jarretieres, et d'autres ouvrages faits de poils d'Ours et de Bœuf sauvage, qui sont les seules raretés qu'ils ont. Ils coucherent dans la Cabane du grand Chef, et le lendemain ils prirent congé de lui. Il les accompagna avec plus de six cens personnes, qui s'efforçoient de leur témoigner par toutes sortes de démonstrations d'amitié, la joye qu'ils avoient de leur visite.

Le Pere Marquette, après avoir donné en abbregé une idée des Ilinois et de leurs mœurs, parle ensuite du Calumet en cette maniere.

» Il n'est rien parmi eux de plus mysterieux, ni de plus recommandable.
» On ne rend pas tant d'honneur au sceptre des Rois qu'ils lui en rendent.
» Il semble être le Dieu de la Paix et de la Guerre, l'arbitre de la vie et de
» la mort. C'est assez de le porter sur soi, et de le faire voir, pour marcher
» en assurance au milieu des Ennemis, qui dans le fort du combat mettent
» bas les armes quand ils le montrent. C'est pour cela que les Ilinois m'en
» donnerent un pour me servir de sauve-garde auprès des Nations, par les-
» quelles je devois passer dans mon voyage. Il y a un Calumet pour la Paix,
» et un pour la Guerre. Ils s'en servent encore pour terminer leurs differends,
» et pour affermir leurs alliances, ou pour parler aux Etrangers.

» Il est composé d'une pierre rouge polie comme du marbre, et percée
» d'une telle façon, qu'un bout sert à recevoir le Tabac, et l'autre s'enclave
» dans le manche, qui est un bâton de deux pieds de long, gros comme une
» canne ordinaire, et percé par le milieu. Il est embelli de la tête et du col
» de divers oiseaux dont le plumage est très-beau; ils y ajoûtent aussi de
» grandes plumes rouges, vertes, et d'autres couleurs, dont il est tout empan-
» naché. Ils en font état, particulierement parce qu'ils le regardent comme le
» Calumet du Soleil; et de fait ils le lui présentent pour fumer, quand ils
» veulent obtenir du calme, ou de la pluye, ou du beau temps: ils font scrupule
» de se baigner au commencement de l'Eté, ou de manger des fruits nouveaux
» qu'après l'avoir dansé. En voici la façon.

» La danse du Calumet, qui est fort célebre parmi ces Peuples, ne se
» fait que pour des sujets considerables; c'est quelquefois pour affermir la
» Paix, ou se réünir pour quelque grande Guerre; c'est d'autrefois pour une
» réjoüissance publique: tantôt on en fait honneur à une Nation qu'on invite
» d'y assister: tantôt ils s'en servent à la réception de quelque personne consi-
» derable, comme s'ils vouloient lui donner le divertissement du Bal ou de
» la Comédie. L'Hyver, la Cérémonie se fait dans une Cabane. L'Esté, c'est
» en rase campagne. La Place étant choisie, on l'environne d'arbres pour
» mettre tout le monde à l'ombre de leurs feüillages, pour se défendre des
» chaleurs du Soleil. On étend une grande natte de jonc, peinte de diverses
» couleurs, au milieu de la place, elle sert comme de tapis pour mettre dessus
» avec honneur le Dieu de celui qui fait la danse. Car chacun a le sien qu'ils
» appellent leur *Manitou*. C'est un serpent ou un oiseau, ou une pierre, ou
» chose semblable qu'ils ont rêvé en dormant, et en qui ils mettent toute leur
» confiance pour le succès de leur Guerre, de leur Chasse, et de leur Pêche.
» Près de ce *Manitou*, et à sa droite, on met le Calumet en l'honneur de qui
» se fait la fête. On fait comme un trophée, et on étend les armes dont se
» servent les Guerriers de ces Nations, sçavoir la massuë, la hache d'armes,
» l'arc, le carquois, et les flêches.

» Les choses étant ainsi disposées, et l'heure de la danse approchant,
» ceux qui sont nommés pour chanter, prennent la place la plus honorable
» sous les feüillages. Ce sont les hommes et les femmes qui ont les plus

» belles voix, et qui s'accordent parfaitement bien ensemble. Tout le monde
» vient ensuite se placer en rond sous les branches; mais chacun en arrivant,
» doit salüer le *Manitou*, ce qu'il fait en petunant, et jettant de sa bouche la
» fumée sur lui, comme s'il lui présentoit de l'encens. Après cela, celui qui
» doit commencer la danse, paroît au milieu de l'Assemblée, et va d'abord
» avec respect prendre le Calumet, et le soûtenant des deux mains, il le fait
» danser en cadence, s'accordant bien avec l'air des chansons: Il lui fait faire
» des figures bien differentes; tantôt il le fait voir à l'assemblée, le tournant
» de côté et d'autre; et tantôt il le présente au Soleil, comme s'il le vouloit
» faire fumer; tantôt il l'incline vers la terre, et tantôt il lui étend les aîles
» comme pour voler; d'autrefois il l'approche de la bouche des Assistans
» afin qu'ils fument; le tout en cadence, et c'est comme la premiere scéne
» du Ballet.

» La seconde consiste en un combat, qui se fait au son d'une espece de
» Tambour, qui succede aux chansons, ou même qui s'y joignant, s'accordent
» fort bien ensemble. Le Danseur fait signe à quelque Guerrier de venir pren-
» dre les armes, qui sont sur la natte, et l'invite à se battre au son des Tam-
» bours; celui-ci s'approche, prend l'arc et la flêche avec la hache d'armes,
» et commence le Duel contre l'autre, qui n'a point d'autre défense que le
» Calumet: ce spectacle est fort agréable, sur-tout se faisant toûjours en ca-
» dence; car l'un attaque, l'autre se défend; l'un porte des coups, l'autre les
» pare; l'un fùit; l'autre le poursuit; et puis celui qui fuyoit, tourne visage,
» et fait füir son ennemi: ce qui se fait si bien par mesure et à pas comptés,
» et au son reglé des voix et des Tambours, que cela pourroit passer pour
» une assez belle entrée de Ballet en France.

» La troisiéme scéne consiste en un grand discours que fait celui qui
» tient le Calumet. Car le combat étant fini sans qu'il y ait de sang répandu,
» il raconte les Batailles où il s'est trouvé, les victoires qu'il a remportées;
» il nomme les Nations, les lieux, et les captifs qu'il a faits; et pour récom-
» penser celui qui préside à la danse, il lui fait présent d'une belle robbe de
» castor, ou de quelqu'autre chose: et l'ayant reçû, il va présenter le Calumet
» à un autre; celui-ci a un troisiéme, et ainsi de tous les autres, jusqu'à ce
» que tous ayant fait leur devoir; le Président de l'assemblée fait présent du
» même Calumet à la Nation qui a été invitée à cette cérémonie, pour marque
» de la Paix éternelle qui sera entre les deux Peuples.

Le Pere Marquette rapporte ensuite une des chansons qu'on chante sur
le Calumet, ausquelles, dit-il, ils donnent un certain ton qu'on ne peut assez
exprimer par la note, qui néanmoins en fait toute la grace. J'ai remarqué en
effet que les chants des Nations d'enhaut sont plus harmonieux que ceux des
Iroquois et des autres Sauvages, qui sont au voisinage de Quebec.

Après la Guerre qu'on fit ces dernières années aux Outagamis, nommés
autrement les Renards, on fit présent d'un Esclave de cette Nation aux Sauvages de la Mission où j'étois, qui lui donnerent la vie selon la coûtume des
Sauvages Chrétiens. Cet Esclave leur inspira du goût pour la danse du Calumet, et nos gens mouroient d'envie de l'apprendre. Ils s'assembloient souvent
pour ce sujet dans la Cabane où il avoit été adopté, afin de le voir danser,
et de l'entendre chanter. Je m'y suis arrêté quelquefois moi-même, ne voyant

encore rien de mauvais dans cette cérémonie du Calumet que je ne connois-
sois pas, et j'y prenois assez de plaisir. Mais ce qui me surprenoit davantage,
c'est qu'en chantant, il ne disoit autre chose que cette seule parole *Alleluia*,
prononçant l'*u* comme les Italiens, et séparant le mot en deux parties égales
en cette maniere *Alle-luia*. Il répétoit souvent la premiere, et puis la seconde,
revenant tantôt sur l'une, tantôt sur l'autre, et les roulant successivement sur
differens tons d'une musique qui étoit assez agréable. Lescarbot écrit, qu'il
avoit entendu ce même mot dans les chansons des Souriquois. Je ne sçais
quelle signification ce terme peut avoir dans leur Langue.

Rien ne représente mieux le Caducée de Mercure que le Calumet de
Paix. Mercure étoit une Divinité étrangere par rapport aux Grecs, qui l'avoient
prise des Egyptiens et des autres Peuples barbares. C'est pour cela qu'il n'est
pas étonnant que les Grecs ayent travesti par des fables, et qu'ils ayent même
ignoré plusieurs choses, lesquelles pouvoient concerner ce Dieu. Dans la Religion Hieroglyphique des Anciens, le rapport de Jupiter et de Mercure aux
hommes, n'étoit dans son origine, selon toutes les apparences, qu'un mystere
qui leur représentoit l'Estre suprême, lequel leur imposoit l'obligation de se
respecter les uns les autres, quoique Etrangers, dans les devoirs de la societé
civile; de regarder le droit des Gens comme sacré; de l'honorer dans les
personnes, qui, dans un esprit de paix venoient se mettre à leur discrétion;
de ne point leur faire de tort; et sur-tout de leur garder la foy jurée. C'étoit
dans cet esprit, que ceux qui passoient d'une Nation à l'autre, étoient regardés,
dans un sens, comme les Ambassadeurs de Jupiter même, c'est-à-dire, comme
des personnes envoyées immédiatement de la part du Seigneur. Le Caducée
qu'on leur mettoit en main, étoit leur sauve-garde, et la marque de leur Mission, comme l'est encore de nos jours le Bâton des Heraults. Sa figure étoit
symbolique; les aîles et les serpens sont des marques de Religion. Peut-être
vouloient-ils signifier par les aîles, la diligence qu'ils devoient faire, et que
les serpens dont il étoit entortillé, désignoient la prudence avec laquelle ils
devoient traiter dans leurs négociations. Les Argonautes dans leur voyage
avoient leur Herault et leur Ambassadeur qu'ils députoient à toutes les Nations
qui étoient sur leur route. » C'étoit Ethalides Ambassadeur prompt et diligent,
» à qui ils avoient confié le soin des négociations, et à qui ils mettoient en
» main le Bâton de Mercure.

Le Calumet ressemble en quelque chose au Caducée pour sa figure: c'est
un Bâton à peu près de la même longueur; il est toûjours orné de grandes
plumes, ou quelquefois d'aîles entieres comme le Caducée, ainsi qu'il est
représenté dans une des planches de la nouvelle Histoire de la Virginie. Il
ne manque, ce semble, au Calumet pour la ressemblance parfaite du Hiero-
glyphe, que les serpens entortillés, qui ont toûjours été conservés au Caducée,
par les Grecs et par les Romains, dans les statuës et dans les emblêmes de
Mercure. Mais si les Sauvages n'ont pas ce point de ressemblance, qui peut
paroître indifferent, n'étant peut-être qu'un de ces ornemens sur lesquels on
a pû varier, selon le goût et l'humeur bizarre de chaque Nation, les Grecs et
les Romains n'ont point conservé de leur côté au Caducée ce qui est le plus
essentiel au Calumet de Paix. C'est cette pipe, laquelle, selon l'opinion que
j'en ai, est un véritable Autel, où les Sauvages offrent au Soleil un sacrifice

dans toutes les formes: Sacrifice qui concilie au Calumet ce respect, auquel sont attachés par un esprit de Religion ancienne la sainteté des sermens, et le droit inviolable des Nations, de la même maniere que ces choses étoient annexées autrefois au Caducée.

Quand je dis que les Grecs et les Romains n'ont point conservé au Caducée cette pipe du Calumet, qui est un véritable Autel, où les Sauvages offrent encore aujourd'hui un sacrifice au Soleil, je ne parle ainsi que sur l'idée que j'ai, que le Caducée et le Calumet n'étoient qu'une même chose dans la premiere origine. Mon idée paroîtra bien fondée à ceux qui voudront approfondir le nom de πυρφερος, ou de *Porte-feux*, qu'on donnoit aux Caduceateurs, s'il m'est permis de me servir de ce terme, pour signifier ceux qui étoient revêtus du caractere d'Ambassadeurs, dans le temps que le Caducée étoit le symbole sacré de leur Mission. On trouve le terme « purpheros » dans Herodote, dans Xenophon, dans Philon Juif, dans Pollux, et dans Suidas. On peut recuëillir de ce qu'on dit ces Auteurs anciens, et après eux Alexander ab Alexandro, et Cœlius Rhodiginus: 1°. Que c'étoient des Prêtres et des Devins, qui faisoient en même temps l'Office d'Ambassadeurs et de Heraults, dont la personne étoit si sacrée, qu'on regardoit comme un des plus grands crimes d'user du droit de la Guerre contre eux, et de leur faire la moindre insulte. 2°. Qu'ils portoient entre leurs mains un Autel nommé *Pyranon* et un feu sacré, qui leur fit donner le nom de *Pyrophores*, et que c'étoit ce feu qui leur concilioit ce respect de la part même de leurs Ennemis. 3°. Que c'étoit par eux qu'on décidoit en dernier lieu de la Paix ou de la Guerre. 4°. Qu'avant le combat ils s'avançoient au-devant des premiers Etendards pour faire des propositions, en consequence desquelles, ou l'on mettoit bas les armes, ou l'on commençoit la bataille. 5°. Que le respect qu'on avoit pour eux, obligeoit le Vainqueur à faire cesser toute hostilité, dès qu'ils se présentoient pour faire de nouvelles propositions, ou pour témoigner qu'on se soûmettoit; de sorte que pour marquer une victoire complette, et une défaite bien entiere, il avoit passé en proverbe, qu'il n'étoit pas même resté un Pyrophore pour faire tomber les armes des mains aux Vainqueurs. 6°. Que c'étoit une coûtume generale chez les Grecs, en particulier chez les Lacédemoniens, de se servir de Pyrophores, et de les faire marcher à la tête des armées. Enfin que c'étoit une coûtume si ancienne, qu'elle étoit en usage même avant qu'on eut inventé les Trompettes, dont on s'est servi depuis pour sonner la Charge. Les Peuples du Pont et de la Cappadoce avoient quantité de ces Devins qu'on appelloit *Pyreihes*, nom dont la signification revient à celle de Pyrophores. Les Auteurs à la verité ne nous instruisent pas assez, pour nous faire connoître comment étoit fait cet Autel portatif; mais il nous suffit de trouver dans le Calumet un veritable Autel, un feu sacré, et une victime, qui sont les herbes, dont nous avons déja dit que les Anciens faisoient des sacrifices aux Dieux.

J'ai lû aussi dans quelque Auteur, qu'on ornoit le Caducée avec des cheveux qu'on nattoit proprement, de la même maniere qu'on en use pour le Calumet; mais quelque soin que je me sois donné, je n'ai pû retrouver mon Auteur. On n'aura cependant point de peine à se le persuader, si l'on fait réflexion, que les Epithétes, que les Auteurs donnent au Bâton de Mercure, marquent qu'il étoit doré, et fort orné: que dans l'usage des Anciens on consacroit les cheveux aux Dieux: et que les Romains, lesquels au lieu de Caducée, se servoient de branches d'olive, de verveine, et d'autres herbes qu'on nommoit *Sagmina* les ornoient avec de la laine et des bandelettes.

Dans tout le reste le Caducée et le Calumet sont absolument semblables; car les Sauvages sont persuadés, comme on l'étoit dans l'Antiquité, que c'est un symbole de Paix à ceux qui l'offrent, et le reçoivent, et de Guerre à ceux qui le méconnoissent et le rejettent: qu'il porte droit de vie et de mort: qu'il retire des Enfers, et qu'il y précipite: qu'ils irriteroient la colere des Dieux, et qu'ils attireroient de grands malheurs sur eux, s'ils en avoient violé la foy. En effet il n'y a point de plus sûr garand, que ce Calumet, qui, comme dit le Pere Marquette, fait tomber les armes des mains, quand on le montre au plus fort du combat. Enfin les Sauvages disent, que c'est le Soleil qui leur a donné le Calumet, de la même maniere que les Anciens disoient, que Mercure avoit reçû le Caducée des mains d'Apollon.

Comme il y a des Calumets de Paix, et des Calumets de Guerre, il faut sçavoir les discerner, sans quoi on court risque d'être la dupe de son ignorance ou de son inadvertance; car les Sauvages n'osant pas violer directement la foy du Calumet, tâchent d'user de surprise envers ceux contre qui ils méditent quelque trahison pour les en rendre en quelque sorte responsables, et afin qu'ils ne puissent imputer leur perte qu'à eux-mêmes. Un Officier François qui connoît parfaitement bien les mœurs des Sauvages, pensa néanmoins donner dans un piége semblable. Les Sioux, chez qui il étoit, avoient envie de se défaire de quelques Sauvages, qui étoient venus vers ce Commandant, et ils l'auroient enveloppé avec tous les François qu'il avoit sous ses ordres, dans le massacre qu'ils en vouloient faire. Ils firent donc semblant de venir lui parler d'affaires, et lui présenterent douze Calumets. L'Officier, à qui ce nombre de Calumets parut suspect, ne se hâta point de donner sa réponse; et étant de retour dans son Fort, il consulta sur cette avanture un Sauvage des siens qui étoit habile. Celui-ci lui fit remarquer, que parmi ces Calumets, il y en avoit un, qui n'étoit point natté de cheveux comme les autres, et sur le bâton duquel étoit gravée la figure d'un serpent, dont il étoit entortillé; il lui fit ensuite comprendre que c'étoit-là le signe d'une trahison couverte. L'Officier prit sur cela ses mesures, il éluda la demande des Sioux, et se tint sur ses gardes dans son Fort avec tout son monde. C'est un signe de guerre encore plus ordinaire, à ce qu'on m'a dit, quand ils peignent le bâton du Calumet avec du vermillon dans l'entre-deux des cheveux.

Le Calumet est non seulement un symbole de Paix ou de Guerre; mais il l'est encore du Commerce, ainsi que le Caducée de Mercure, qui pour cette raison, devoit procurer la sureté des chemins, lesquels lui étoient spécialement consacrés; et à qui on met pour la même raison une bource à la main, pour montrer qu'il étoit le Dieu des Marchands, et le garand de leur bonne foy. On a fait injure à Mercure en le faisant le Dieu des Larrons. Rien n'est plus opposé à l'obligation qu'il avoit de procurer la sureté des voyageurs, que d'en faire une Divinité qui favorisât le larcin. Il y a apparence que cette attribution a été un effet de la malignité des Anciens, lesquels ont voulu taxer la fidelité des Commerçans, en faisant de leur Dieu un Dieu des Voleurs.

Les Nations Sauvages commercent les unes avec les autres de tout temps. Leur Commerce a cela de commun avec celui des Anciens, qu'il est un pur troc de denrées contre denrées. Elles ont toutes quelque chose de particulier que les autres n'ont pas, et le trafic fait circuler toutes ces choses des unes aux autres. Ce sont des grains, de la porcelaine, des fourrures, des robbes, du Tabac, des nattes, des canots, des ouvrages en poil d'Orignal, de porc-épic, de Bœuf sauvage, des licts de cotton, des ustanciles de ménage, des Calumets, en un mot tout ce qui est là en usage pour le secours de la vie humaine.

Les festins et les danses que font les Sauvages en allant en traitte chez les autres Nations, font de leur Commerce un divertissement agréable. Ils passent de l'une à l'autre, comme quand ils y vont en Ambassade. Tel étoit autrefois le Commerce des Peuples de la Thrace et du Pont, lorsqu'ils alloient en Gréce porter leurs marchandises, lesquelles consistoient en des bleds, des pelleteries, du castoreum, et des saumures de poisson, qui étoient très-renommées; car ils y alloient en dansant, et en faisant de continuels festins, à l'imitation des Peuples qui accompagnoient Bacchus. C'est ainsi que Dalechamp explique un mot d'un vers de Nicostrate ou de Philétere, rapporté par Athenée.

Leur maniere de commercer se fait par voye de présent. Il y en a qui se font au Chef, et en gros au Corps de la Nation, avec qui on commerce, et qui répond par un équivalent, lequel s'accepte toûjours sans y regarder de trop près, parce que cette espece de présent peut être regardé comme une sorte de Droit levé sur les marchandises. Ils trafiquent ensuite de particulier à particulier, et d'une Cabane à l'autre. On envoye à l'une de ces Cabanes la chose qui est en vente, de-là on renvoye quelque autre chose qui en est le prix; mais si l'on n'est pas content, on la fait rapporter d'où elle est venuë; et on retire sa marchandise, à moins qu'on n'offre quelque chose de mieux, ou qui agrée davantage. L'estimation et l'envie d'avoir quelque chose, en reglent seules le prix. Il faut avoir bon œil avec les Sauvages; ils jouënt d'adresse, comme par-tout ailleurs, et ils sont un peu fripons envers les Etrangers.

M. Frezier rapporte une chose singuliere de la maniere de commercer de quelques Indiens du Chili, qui habitent sur les montagnes des Andes, laquelle est assez dans le goût, et dans le génie des Sauvages. Il dit, que dès que les Commerçans Espagnols arrivent dans un endroit, ils vont directement chez le Chef de la Bourgade à qui ils font un présent, aussi-bien qu'à chaque personne en particulier de celles qui composent sa famille; après quoi le Chef fait avertir à son de trompe ses Sujets dispersés de l'arrivée des Marchands avec qui ils peuvent traiter. Ceux-ci étant venus, voyent les marchandises, qui sont des miroirs, des coûteaux, des haches, des peignes, des éguilles, etc. Dès qu'ils ont tout vû, et sont convenus de troc, chacun emporte chez soi ce qui lui convient, et se retire sans payer, de sorte que le Marchand a tout livré sans sçavoir à qui, ni voir aucun de ses débiteurs. Enfin quand le Marchand veut se retirer, le Chef par un autre son de trompe donne ordre de payer, et chacun revient apporter fidellement ce dont il est convenu.

Enfin il y a chez les Sauvages certains Droits à payer dans les lieux de passage, quand ils font voyage pour aller en traitte, et qu'ils passent sur les terres d'une Nation chez qui ils ne veulent point s'arrêter, et qu'ils ont intention de passer outre; car la moindre personne de cette Nation arrêtera vingt et trente canots, en disant qu'elle *barre La Riviere*, ou parce qu'on n'a pas couvert le corps d'un tel Capitaine, ou pour tel autre prétexte qu'il lui plaira d'alléguer. On ne sçait pas ce que c'est que de résister dans ces sortes de rencontres; mais avec un présent on en est quitte.

Quelque désinteressé que paroisse le Sauvage, il ne l'est point, et est même assez entendu dans ses affaires; mais comme les Etrangers ne sont pas toûjours à couvert de ses mains qui sont fort légeres, il n'est pas aussi à couvert de ceux qui veulent le tromper, ou qui se flattent de l'avoir trompé, quand ils ont usé à son égard d'une violence, à laquelle il voit bien qu'il lui est inutile de s'opposer.

Je dirai ici en finissant cet Article, que jusqu'à présent les Européans qui ont commercé avec les Illinois, et avec les autres Peuples de la Louisiane, se sont servis du Calumet de Paix à l'imitation de ces Peuples, et qu'ils ont participé à toutes les cérémonies qu'ils ont coûtume de pratiquer, pour recevoir les Etrangers, pour obtenir la liberté du passage, pour assurer la tranquillité du Commerce, pour pleurer les morts, et pour serrer les nœuds des alliances qu'ils contractent. Je ne sçais pas ce que les Missionnaires des differens Ordres pensent sur ce point, s'ils ont pénétré les motifs de Religion renfermés dans cet usage, et s'ils en font un sujet de scrupule à ceux qui l'observent, ou bien s'ils croyent devoir le permettre, en supposant que les Sauvages n'ont point du tout de Religion, ou que ce qui auroit été anciennement pratique de Religion, ne fait plus d'impression sur eux, et ne doit plus être regardé que sur le pied d'une coûtume purement civile. Pour moi qui sçais que les Sauvages sont très-superstitieux, qui crois appercevoir chez eux de grands restes du Paganisme, et qui vois dans celui-ci une Idolatrie très-marquée, je crois aussi devoir faire connoître l'obligation où l'on est d'abolir entierement cet usage, de l'interdire absolument aux Européans, et de le faire quitter aux Nations, qui ont embrassé, ou qu'on dispose à embrasser nôtre sainte Foy.

ÉTIENNE MARCHAND (1707-1774)

Lorsque mourut Jean-Baptiste de la Croix de Saint-Vallier, au lendemain de Noël 1727, il se produisit dans l'Église canadienne une séquence invraisemblable d'intrigues qui aboutirent d'abord à l'inhumation clandestine de l'évêque, durant la nuit du 2 janvier, puis à de multiples sanctions ecclésiastiques et à une querelle ouverte entre l'intendant et le gouverneur. Le clergé députa, en plein hiver, via la Nouvelle-Angleterre, un chanoine auprès du roi qui trancha le différend en faveur du gouverneur. Étienne Marchand, qui devint plus tard curé de Boucherville, était sans doute alors séminariste au Séminaire de Québec. Il était né à Québec et pouvait avoir une vingtaine d'années. Il composa un long poème héroï-comique de 480 vers qui fut publié 100 ans plus tard par Pierre-Georges Roy. Le poème est nettement inspiré du *Lutrin* de Boileau (terminé en 1683) mais il faut le lire pour voir qu'il ne s'agit pas d'une anémique copie. Vu sa longueur, son intention purement littéraire — gratuite —, son étonnante originalité, ce poème pourrait être considéré comme le début authentique de notre littérature. D'autant plus qu'il prend naissance parmi une production assez abondante de cantiques et de chansons qui sont à peu près les seules formes de littérature que pouvait se permettre une société privée d'imprimerie. Nous citons tout le premier chant du poème, avec les notes de Pierre-Georges Roy.

Ces hommes de Dieu

Je chante les excès de ce zèle profane
Qui dans les cœurs dévots enfanta la chicane
Et qui dans une Eglise exerçant sa fureur
A semé depuis peu le désordre et l'erreur.

Sous ce masque un chanoine abusant d'un vain titre[1]
Fier de sa dignité, méprisant le chapitre,
Pour soutenir les droits de l'archidiaconat
Enterre de son chef un illustre prélat[2].
C'est en vain qu'à l'envi partout on se prépare
A lui rendre un honneur dont il fut trop avare[3]
Lotbinière assisté d'un juge et d'un bourreau
Le fait par des laquais traîner dans le tombeau.

Muse, raconte-moi quelle jalouse envie
De ces hommes de Dieu peut corrompre la vie
Et comment en public, préchant l'humilité,
Ils conservent dans l'âme autant de vanité.

Parmi les embarras et les troubles du monde
Québec voyait l'Eglise en une paix profonde.
Saint-Vallier veillait toujours sur son troupeau
Par son exemple était sa règle et son flambeau.
Ce vigilant Pasteur ennemi des intrigues
Par sa rare prudence assoupissait les brigues
Et chacun par ses soins, tenu dans le devoir,
S'il avait un penchant n'osait le faire voir
Mais de ses jours passés à nos yeux comme une ombre
L'éternelle nuit vint terminer le nombre.

---

1. M. Louis-Eustache Chartier de Lotbinière. (Note de l'édition de 1897)
2. Mgr de Saint-Vallier. (*Ibid.*)
3. Mgr de Saint-Vallier avait refusé de faire sonner les cloches à la mort du marquis de Vaudreuil, arrivée le 10 octobre 1725. (*Ibid.*)

Il mourut... aussitôt le chapitre assemblé
Malgré le noir chagrin dont il est accablé
Règle, dispose tout pour la pompe honoraire,
Songe au bien public et nomme un grand vicaire
L'Eglise avait besoin d'un solide rempart
D'une commune voix on reconnut Boulard[4]
Et cette élection (que)[5] la règle autorise,
Dispose entre ses mains les rênes de l'Eglise.

L'archidiacre aspirait à ce nouvel emploi
Mais au faible parti le plus fort fait la loi.
Il ne s'agissait plus que des devoirs funèbres
Et ce fut sur ce point que l'esprit des ténèbres
Dans les cœurs prévenus répandant le poison
Y fit voir le scandale en habit de raison.

Par un jaloux orgueil la charité bannie
Et de l'autorité l'injustice munie
Le chapitre à Boulard prodiguant sa faveur
De tout l'enterrement veut décerner l'honneur.
L'archidiacre y prétend; la question s'agite
Bientôt de toutes parts, on dispute, on s'irrite.
Il apporte pour lui la coutume et les lois,
L'air retentit au loin des accents de sa voix
Mais dans ses volontés le chapitre immobile
Se rit de son courroux avec un air tranquille,
Et malgré ses clameurs imprime sur son front
Par ce nouveau mépris un éternel affront.

A ce coup imprévu sa voix reste au passage,
Il soupire, il gémit, mais sourds à ce langage
Les chanoines contents se retirent chez eux
Et le laissent en proie à son sort malheureux.
Sitôt que la douleur lui permet de se rendre
Au logis où déjà l'on se lasse d'attendre,
Où malgré tous les soins le souper refroidit,
A l'odeur d'un ragoût son grand cœur se raidit,
Et sa vertu domptant sa mauvaise fortune,
Il calme tous ses maux excepté sa rancune.
Après un bon souper l'impatient sommeil
Qui travaille à son tour à le rendre vermeil
Dans un oubli profond vint plonger sa tristesse
Et changer tous ses maux dans une douce ivresse.

---

4. M. Étienne Boulard. (Note de l'édition de 1897)
5. *Bulletin des recherches historiques*: par.

Tout était calme alors et l'Eglise en repos
Se délassait ainsi de ses pieux travaux.
Cependant la discorde aux yeux creux, au teint blême,
Au souffle envenimé, déplaisant à soi-même,
Sortant de chez Noian lasse d'un long séjour
Fut trouver l'archidiacre avant le point du jour
Et pour mieux déguiser sa difforme nature
D'un conseiller d'état elle prend la figure;
Elle jette en passant ses yeux sur le Palais[6].
Ce superbe édifice hérissé de ses traits
Que jamais on ne vit mépriser sa menace
Lui porta dans le cœur une nouvelle audace.
Elle vole et les vents allumant son tison,
Font pleuvoir de ses mains les feux et le poison
Sur les communautés elle souffle sa rage.
Ses serpents détachés avancent son ouvrage,
Tandis que poursuivant sa course dans les airs
Elle va captiver l'Eglise dans ses fers.

Elle arrive et bientôt vient frapper à l'oreille
Du chanoine endormi qu'en sursaut elle éveille:
Quoi, tu dors, paresseux, lui dit-elle; tu dors
Tranquille à tant d'affronts qui sont autant de morts,
Tu souffres que Boulard, de récente mémoire,
De tout l'enterrement te ravisse la gloire.
Tu lui céderas donc et de ta dignité,
Lâche, tu soutiendras, si mal l'autorité!
Quoi, tu verras demain avec un cœur de glace
Tes titres méprisés et Boulard à ta place
Ce rang mal soutenu répond-il donc au choix
Du prélat dont la main t'y plaça dans six mois:
Lève-toi sans tarder, va présenter requête
Au Conseil Souverain et l'intendant en tête,
Au chapitre étonné fais voir des combattants,
Fais-toi connaître enfin par des coups éclatants.
Elle dit et sur lui répandant son haleine
Le dangereux poison glisse de veine en veine
Qui bientôt faisant voir son prix par ses excès,
Elle se retira certaine du succès.

Mais d'abord que l'aurore avec ses doigts de roses
Eut de la nuit au jour fait la métamorphose,
Qu'au retour du soleil l'Orient aimanté
Eut à l'autre hémisphère envoyé sa clarté
Plein du trouble qu'excite une sainte colère

---

6. Palais de l'intendant. (Note de l'édition de 1897)

Même avant de (rien)[7] prendre on peut voir Lotbinière
Bravant imprudemment la rigueur des climats
Arriver au Palais tout couvert de frimas.
Faible, défiguré, chancelant, hors d'haleine,
Autant saisi de froid que pénétré de peine,
Il se laisse en entrant tomber dans un fauteuil
Et paraît en tombant se choisir un cercueil.

A cet aspect funeste une vieille servante,
Qui toujours est debout avant que le coq chante,
Par ses cris effrayants qu'enfante la terreur,
A toute la maison communique sa peur.
Laquais et marmitons au sommeil tous font trève
Et l'Intendant[8] lui-même en désordre se lève,
Passe dans l'antichambre où l'archidiacre assis
Entre vivre et mourir paraissait indécis.
Et par un prompt secours d'un verre d'eau divine,
Eau qui du corps humain réchauffe la machine
Que le souffrant ne prit que par dévotion,
A ses membres glacés il rendit l'action.
Puis dans un cabinet près d'un feu qu'on allume
Le conduit doucement et l'asseoit sur la plume.

Là, bientôt ses esprits reprennent leur vigueur,
Sa langue se délie et de tout son malheur
Il conte mot à mot la déplorable histoire.
L'intendant qui l'écoute à peine ose l'en croire;
Son épouse en frémit; cette chère moitié
Dont le cœur fut toujours nourri dans la pitié,
Du droit de décider se croyant investie,
Prend cent fois avant lui le chapitre à partie
Et poussant plus avant l'esprit de charité
Lui suggère un dessein sur le champ médité.
S'il est vrai qu'aux grands maux il faille de grands remèdes
Et qu'à de prompts secours il n'est rien qui ne cède,
Il en faut à ceux-ci, lui dit-elle, appliquer
Dont l'infaillibilité ne nous puisse manquer.

Le conseil est à nous, mais sa conduite lente
Ne nous servirait pas au gré de mon attente,
Une cause douteuse y languit trop longtemps.
J'ai des chemins plus courts dont nous serons contents
Puisque malgré vos droits, le chapitre s'obstine
Et nous ravit l'honneur où le sang vous destine,

7. *Bulletin des recherches historiques*: n'en.
8. Claude-Thomas Dupuy. (Note de l'édition de 1897)

Demain sans plus tarder, lorsque le jour cessant
Aura fait du chemin retirer le passant,
Que la nuit sur la ville aura jeté ses voiles,
Vous irez tous les deux guidés par les étoiles,
Et suivis seulement de deux ou trois recors,
De l'évêque défunt faire enlever le corps.

Vous en avez le droit, vous comme grand vicaire
Et vous comme exécuteur testamentaire.
Tout vous sera facile, ou vous ne voudrez pas.
André[9] sans balancer marchera sur vos pas,
Vous serez secondés par le père Lachasse[10]
L'ouvrage sera fait avant qu'une heure passe
Et par vos mains bientôt votre évêque enterré,
Le chapitre à Boulard n'aura rien déféré
Contents vous en serez et de votre victoire
Partout la Renommée annoncera la gloire.

A ce noble dessein, l'archidiacre applaudit
Par un tendre baiser, l'intendant répondit,
Et bénissant le Ciel qui lui montre la voie,
Tout le reste du jour se passa dans la joie.
Cependant l'heure vient qui doit les signaler
L'Hôpital est déjà prêt à les receler
Esclave, qui ne voit que par l'œil d'un Jésuite
Ce couvent abusé n'en prévoit pas la suite;
Il leur ouvre son sein, il les reçoit chez lui,
Tout cède sans obstacle à la voix de Dupui,
Qui de chaque côté partageant son escorte,
L'engage par serment à bien garder la porte

Il entre avec André, l'archidiacre les suit:
Deux laquais, un bourreau, gens devant qui tout
Et tous d'un même esprit portés vers la chapelle
Où prompt au rendez-vous Lachasse les attend,
A pas précipités notre troupeau se rend.
Là, chacun de son mieux faisant son personnage,
Ou contrefait sa voix, ou change son visage.

L'aspect de leur prélat, étendu sur un ais,
Qu'ils ont vu tant de fois, glorieux sous le dais,
Retrace à leur esprit une funeste image,
Des honneurs de la vie et de leur prompt passage

---

9. André de Leigne, lieutenant général de la prévôté. (Note de l'éd. de 1897)
10. Le R. P. Joseph de La Chasse, jésuite. (*ibid.*)
11. L'hôpital Général de Québec. (*ibid.*)

L'archidiacre surtout semble se reprocher
Le forfait qu'il médite et n'ose en approcher;
Mais l'enfant de Thémis qui le voit en balance
Lui répète trois fois qu'il est temps qu'il commence
Et pour mettre la fin à ce triste opéra
Entonne sur le champ lui-même un libéra.
Lachasse lui répond et sa voix assurée
Fut malgré les remords d'un chorus honorée,
Et la troupe faisant les devoirs du clergé
Donne quelqu'appareil d'un service abrégé

On vit nos trois héros... Doucement je vous prie
Muse, j'entends déjà le lecteur qui s'écrie
Qu'on devrait à jamais cacher à l'avenir,
Un forfait que le ciel se réserve à punir.
Si vous êtes forcée à raconter le reste,
Craignez vous-même aussi quelque revers funeste,
Ou bien défendez-vous de présenter aux yeux
Tout ce que ce récit peut avoir d'odieux....
« Deux effrontés laquais » — taisez-vous ils sont hommes
Et dans un pareil cas ils sont ce que nous sommes —
Signalant à l'envi leur intrépidité,
A peine eurent-ils ouï le libéra chanté,
Que prenant le prélat de leurs mains scandaleuses
... Muse, encore une fois, il n'est d'âmes pieuses
Qui ne tremblent d'horreur à ce récit nouveau —
Le trainèrent en terre assistés d'un bourreau.

CLAUDE LE BEAU (?-?)

La justice le recherchait; on le décrit ainsi: « de petite taille portant perruque brune, marqué au visage de petite vérole, les yeux noirs et petits, un peu enfoncés, bégayant un peu dans son parler ». Par ailleurs, on ne sait ni le lieu ni la date de sa naissance ou de son décès. « On ne sait que fort peu de choses de sa vie, dit son biographe, en dehors de ce qu'il en raconta lui-même. » Mais on relève des erreurs notoires dans son livre, publié à Amsterdam en 1738, sous le titre d'*Aventures du Sr C. Le Beau, avocat en parlement ou Voyage curieux et nouveau parmi les Sauvages de l'Amérique septentrionale*. Le *Journal* de Trévoux considère que c'est une sorte de roman mais le lit comme une relation et n'en dit guère de bien. Il faut sans doute le considérer comme une autobiographie romancée et noter qu'il s'agit peut-être d'une autre étape des écrits de la Nouvelle-France: après le genre Relation puis l'Histoire naturelle, on peut presque parler de littérature. Lebeau s'est forgé une biographie probablement plus respectable que la vraie, mais moins originale. En mai 1728, « un ordre du roi envoyait Le Beau à Bicêtre, prison réservée aux malfaiteurs de bas étage ». Il était sans doute coupable de libertinage. Un an plus tard, il était déporté au Canada avec d'autres condamnés, « pour y demeurer le reste de leurs jours ». Dès l'année suivante il s'évadait: l'intendant promettait une prime pour son arrestation (14-11-1730); il était ensuite condamné par contumace et pendu en effigie le 13 janvier 1731. On ne sait plus rien de sa vie. Son livre a le mérite de situer une action semi imaginaire dans un milieu canadien. Il fut ensuite traduit en allemand; on en fit une réimpression en 1966.

Célébration du batême du Grand Banc de Terre Neuve

Ce fut le 4 *Mai* 1729 sur les huit heures du matin, que ces Seigneurs[1] se rendirent à Bord. Ils étoient accompagnés d'un grand nombre de Prêtres Missionnaires de *St. Sulpice*, de Jesuites, de Recollets, d'autres Passagers et d'un assez grand nombre de Domestiques. Ce même jour, aussi-tôt qu'ils furent entrés, on leva les ancres pour ne les plus jetter de long-tems, et après avoir salué la Ville de quelques coups de Canons, nous fimes voile pour *Quebec*, vers les dix heures du matin. La saison étoit belle et le vent favorable. (...)

Je ne m'amuserai point à raconter quantité de bagatelles qui ne serviroient qu'à allonger cette Histoire. Au reste il ne nous arriva rien d'extraordinaire jusques à notre arrivée vers *Le Grand Banc de Terre neuve*. Nous eûmes quelque gros tems à cet approche; car le moindre vent en cet endroit, y peut mettre la Mer en fureur. Ce fut alors que nous souffrimes, d'autant que les Cuisiniers, faute de feu, ne nous pouvoient rien fournir à manger. Heureusement que cette première tempête ne fut pas de longue durée. Elle cessa au bout de deux fois 24. heures, après quoi les vents étant appaisés, nous nous trouvames sur ce fameux Banc. Là, le calme succedant au mauvais tems, nous eûmes tout celui de pêcher de la *Moruë*.

C'étoit un plaisir de voir cette pêche. A peine nos Matelots avoient-ils jetté l'hameçon, au bout duquel étoit attaché un morceau de lard ou de beuf salé, gros comme le poing, qu'ils faisoient capture, malgré la profondeur qui est bien de trente à quarante brasses d'eau. Ainsi il n'y avoit qu'à jetter et tirer, tant il est vrai que la prodigieuse quantité de *Moruës* que l'on voit en *Europe*, vient principalement de cet endroit.

Cette *Moruë* est longue d'environ trois pieds, large à proportion, marbrée sur le dos de taches cendrées et roussâtres; sa gueule et ses yeux sont grands et sa tête est grosse à peu près comme celle d'un Enfant de six ou sept mois. Elle a quatre dents dures, pointuës, blanches, serrées, formant une espèce de lime au fond du gosier; deux en haut, deux en bas, repondant l'une à l'autre, ayant les pointes tournées vers le dedans; sa chair est blanche et de si bon goût, que j'ose dire qu'étant fraîche pêchée, elle surpasse par l'excellence de sa délicatesse toute celle des autres Poissons: mais il est impossible de la pouvoir goûter de cette façon en *Europe*. Il y a deux sortes de *Moruës salées*; l'une qui s'apelle *Moruë blanche*, ou *verte*, et l'autre se nomme *Moruë seche*

---

1. L'intendant et l'évêque.

ou *parée* et quelquefois *Merlu* ou *Merluche*. Ce n'est néanmoins que la même espèce de Poisson, mais diversement salée, ou preparée pour la rendre de garde. La pêche de la *Moruë verte*, se fait vers le *Canada*, sur le *Grand Banc de Terre-neuve* et sur les Battures de ce Banc.

Après cette petite Pêche que l'on cessa au bout d'un quart-d'heure, car souvent on passe sans s'arrêter, le Sr. *Chaviteau,* premier Pilote du Navire, fit avertir tout son monde, c'est-à-dire, tous les Matelots de l'Equipage, qu'ils eûssent à se preparer promtement pour la célébration du Batême. C'est une coûtume ancienne si bien observée par ces sortes de Gens, que je crois qu'ils renonceroient plus volontiers au Batême de l'Eglise qu'à celui-ci, dont l'origine ne provient que d'un badinage, que se firent autrefois entre eux les premiers Matelots. Cette Cérémonie est aussi absurde que ridicule. On y joüe sans scrupule le Mistère de notre Régéneration et de la manière du monde la plus impertinente. Quoi-que plusieurs Auteurs en ayent parlé, je ne puis m'empêcher d'en dire ici quelque chose, par raport au grand nombre de *Catechumenes* ou *Anabaptistes* que nous étions pour ce Batême, dont personne n'est exempt, à moins que d'y avoir déja passé. Et je suis persuadé, que si le *Pape* s'y trouvoit, *Sa Sainteté*-même n'en seroit pas plus privilegiée que les autres qui ne l'ont pas encore recû.

Toutes choses étant bien preparées pour cette solennité, le Sr. *Chaviteau* qui étoit monté dans la Hune du grand Mât, se fit entendre en tremblottant de toutes ses forces, comme un Vieillard transi de froid. Il représentoit le Bonhomme *Terre-neuve* ayant une barbe sale postiche, qui lui pendoit depuis le menton jusqu'à l'estomach. Ses cheveux étoient à peu près de même. Outre cela, il étoit vêtu d'un vieux capot, qui lui descendoit jusqu'aux talons, et dont le poil long, noirâtre étoit assez semblable à celui d'un Ours. Ce capot avoit pour franges tous les bouts des queuës et nageoires des *Moruës*, que nous venions de pêcher et dont il s'étoit aussi fait une ceinture.

Dans cet état, pour commencer ce beau ceremonial, il se mit à crier, mais d'une voix cassée: *D'où le Navire?* Ses Gens qui étoient en bas sur le Pont, lui repondirent: *De la Rochelle. A la bonne heure* repartit-il, *j'en suis bien aise.* Ensuite, pour la forme, il demanda le nom du Bâtiment et celui du Capitaine qui le commendoit. A peine lui eut-on repondu qu'il se nommoit l'*Elephant*, commendé par Mr. le Comte de *Vaudreuil*, qu'il s'écria: *Ah! cher* Elephant, *qu'il y a long-tems que je t'attends! Et Mr. le Comte ce bon ami, comment se porte-t-il? A-t-il toujours de bonnes liqueurs? Car de toutes celles qu'ont apporté ceux qui ont passé par ici depuis lui, je n'en ai goûté aucune qui ait pu me ravigoter le cœur comme les siennes.* On lui cria aussi-tôt: qu'il se portoit bien; qu'il conduisoit avec lui une nombreuse et honorable compagnie, entre-autres Mr. l'Evêque de *Samos* et Mr. l'Intendant de *la Nouvelle-France*, qui lui rempliroient volontiers ses flaccons. *Oh, quelle joye, mes chers Enfans!* dit-il, en s'éclatant de rire. *Allons, vîte qu'on me descende. Ah! que je vais bien me dilater la rate!* Sur le champ quatre Matelots vêtus d'une façon tout à fait bizare lui servent d'Ecuyers. Deux le tiennent par dessous les bras et les deux autres lui soutiennent les deux jambes, comme s'ils eussent eu peur qu'il ne tombât.

D'abord qu'il fut descendu sur le Pont, tous les Pilotins, Maîtres, Contre-Maîtres et Matelots de l'Equipage, qui composoient un nombre de plus de quatre-vingt personnes, vinrent le recevoir. Ils étoient tous armés de piques et de bâtons; Tous barbouillés et vêtus d'une manière aussi grotesque que ridicule pour l'action qu'ils pretendoient faire. Ils avoient aussi presque tous de méchans habits ou haillons attachés avec des cordages qui faisoient plusieurs fois le tour de leur corps. Quelques-uns même avoient des poulies grosses et petites, qui étant enfilées les unes contre les autres, leurs servoient de bandolliere; Quelques-autres enfin en tenoient dans leurs mains, en forme de chapelets. Tels étoient donc leurs beaux habits sacerdoteaux.

Dans cet équipage, ils conduisirent premiérement leur Bon-homme *Terre-neuve* en procession, au tour du Navire, en chantant des chansons ou hymnes de leur façon. Ensuite ils le firent asseoir sur un banc qui lui servoit de trône vis à vis d'une grande Baille d'eau que l'on avoit mise exprès sur le Gaillard de derrière[2] pour y celébrer le Batême. Sur cette Baille pleine d'eau étoit une planche assez chancelante sur laquelle devoient s'asseoir tous les *Catechumenes*, de sorte qu'elle pouvoit tomber dans l'eau au moindre attouchement d'un Matelot qui étoit exprès à côté, pour y faire culbuter ceux qui ne donneroient rien dans le bassin que tenoit un autre Matelot, pour y recevoir les offrandes des Baptisés. C'étoit-là, le vrai nœud baptismal ou le principale motif de toute cette cerémonie! Ce qui faisoit que le *Catechumene* en donnant seulement une piéce de 20. à 30. sols plus ou moins, pouvoit passer pour bien baptisé et éviter par ce moyen une inondation de laquelle il n'auroit pu échaper, d'autant qu'outre la force majeur dont il étoit environné, il se trouvoit encore retenu par un petit crochet de fer, qui étant attaché à un bout de cette Baille lui repondoit à la ceinture de sa culotte.

Ils commencérent par Mgr. l'Evêque qu'ils firent asseoir sur cette vénérable planche, où après lui avoir fait prendre un Parrain, ils lui donnèrent le nom d'une Montagne située dans une Ile dont je ne me souviens point, et lui firent faire serment sur un Livre de Cartes Hydrographiques: *qu'il ne baiseroit jamais la Femme d'aucun Matelot; que comme Evêque il recevoit ce Batême pour bon et qu'en telle qualité il s'engageoit à en faire faire autant, en pareille occasion, à ceux ou à celles qui ne l'auroient pas encore reçû*, et s'ils le lâchèrent, ce ne fut qu'après qu'il eut lâché lui-même un Louis d'or à l'offrande. Tel est le serment qu'ils font prêter ordinairement.

Mr. l'Intendant fut le second à qui ils en firent autant. Ensuite ils allèrent tour à tour aux Prêtres Missionnaires, dont quelques-uns vouloient se cacher, mais il ne leur fut pas possible, car tous ces Satellites du Bon-homme *Terreneuve* avoient des yeux marins qui penétroient par tout et gardoient tous les coins et passages du Navire. Ils connoissoient par avance tous les *Catechumenes* dont ils s'étoient déja formé dans la tête une liste du profit qu'ils esperoient en tirer: c'est pour cela qu'il étoit impossible qu'aucun leur échapât.

---

2. C'est le pont du navire le plus élevé, où est toujours la chambre du capitaine et des officiers. (Note de l'édition de 1738)

Quelques-uns donc de ces Prêtres; voulant faire les scrupuleux, leur bigoterie ne servit qu'à faire élever des éclats de rire de toutes parts, d'autant qu'on les vit subir en murmurant, ce qu'ils auroient dû faire de bonne grace. Mrs. les Officiers et Gardes-Marine, qui n'y avoient pas encore passé, les suivirent gaillardement à leur tour sans se faire prier. Et immediatement après eux on vint à nous-autres *Lettres de cachet* (car c'est ainsi qu'on nous appelloit). Chacun en fut quitte après avoir donné selon sa volonté. Nous y fumes suivis des Passagers et des Soldats de nouvelle levée. Mais il n'en fut pas de même de ces derniers; car, comme ils n'avoient pas assez d'argent pour satisfaire à l'offrande et que Mr. le Comte de *Vaudreuil* avoit défendu qu'on les inondât, les Matelots pour s'indemniser d'une telle défense leur donnèrent à chacun des coups de queuës de *Moruës*, qu'ils avoient détrempées dans du noir.

Ce Batême selon les Matelots ne doit point être imparfait. Il leur faut toujours un objet sur lequel ils puissent exercer les derniers traits que requiert une pareille cerémonie, pour qu'elle soit conduite à son dégré de perfection. Le Sr. *Pelletier*, fils d'un Marchand de *Paris*, fut la malheureuse Victime qu'on leur abandonna pour cet effet. On l'avoit trouvé quelques jours auparavant à vouloir badiner avec un jeune homme, d'une maniere qui sentoit le fagot et pour lequel crime il avoit été amarré sur un canon et frappé de coups de garcettes. Ce miserable croyoit qu'on l'avoit oublié et rioit déja de ce qu'on n'avoit pas pensé à lui, quand un Matelot vint poliment le saluer et le prier d'avoir la bonté de venir s'asseoir sur cette planche. Il n'y fut pas plutôt qu'on l'y accrocha un peu mieux qu'un autre. Comme il ne se doutoit de rien il paya assez généreusement: mais les Matelots n'eurent pas plutôt reçû son argent, qu'ils le jettèrent impitoyablement dans la Baille et l'inondèrent d'une si horrible façon, que les seaux d'eau lui tomboient d'en haut, d'en bas et de tous côtés. Il avoit beau crier, heurler, demander misericorde il n'en fut ni plus, ni moins baptisé d'importance.

Après ce beau lavement maritime, les Matelots qui avoient reçu de quoi se laver copieusement le gosier, allèrent se baptiser eux-mêmes intérieurement de vin et d'eau-de-vie. Cette cerémonie ne s'exerce que sous l'*Equateur*, sous les *Tropics*, sous les *Cercles Polaires*, sur ce *Grand Banc de Terre-neuve*, aux Detroits de *Gibraltar*, du *Sond* et des *Dardanelles*.

PIERRE-FRANÇOIS-XAVIER DE CHARLEVOIX (1682-1761)

Voltaire l'avait connu à Louis-le-Grand et l'avait jugé « un peu bavard ». C'est sans doute cette propension à la parole qui l'incita à entreprendre un volumineux « corps d'histoire du Nouveau Monde », comprenant sous ce terme « tous les pays qui étaient inconnus aux Européens avant le XIVe siècle ». Et qui lui fit écrire l'*Histoire et description générale de la Nouvelle-France* (1744) avec celles de l'Isle Espagnole (1730), du Japon (1715 et 1746) et du Paraguay (1752). Charlevoix n'était pas sans connaissance de l'Amérique. Il avait séjourné à Québec de 1704 à 1709; il y était revenu en 1720 et avait continué, par fleuves et rivières, jusqu'à la Nouvelle-Orléans (ce qui nous vaudra une annexe à son *Histoire*, sous le titre de *Journal d'un voyage fait par ordre du roi dans l'Amérique septentrionale*). Les historiens l'ont généralement en bonne estime. Avant celle de Garneau, son histoire était la plus complète et la plus juste. Il l'avait écrite à la fin du Régime français; il avait dépouillé les textes publics, fait le tri, et réécrit. Tout cela semble très honnêtement fait même si l'on n'utilise guère les papiers officiels, ni les sources premières, même si le moindre lecteur peut relever des énormités comme celle de l'Orignal ou Grand'Bête dont « les naseaux sont si grands qu'on y peut aisément fourrer la moitié du bras » (111, 126). Les littéraires, eux, qu'en peuvent-ils penser? Cette histoire reflète les qualités d'un esprit bien formé mais on n'y décèle pas de vision particulière de l'homme, ni une contestation de la société, ni une relation particulière à l'écriture. On ne sait, d'ailleurs, à quel point le texte est de Charlevoix: à ceux qui craignaient qu'il n'eût le temps d'exécuter son vaste projet, il répondit: « La nature de cet Ouvrage ne demande pas que toutes les parties, qui le composeront, soient de la même main. » La partie la plus intéressante est sans doute son *Journal* dont on peut davantage croire qu'il est complètement de sa main.

Rien d'éclatant

Voici le troisiéme Ouvrage, que je presente au Public, pour m'acquitter de la promesse que je lui ai faite, de lui donner un Corps d'Histoires du nouveau Monde, suivant le projet, que j'en ai annoncé. On retrouvera ici ce projet, qu'il faut encore moins perdre de vûë par rapport à la nouvelle France, que dans les autres Histoires, qui suivront, pour se regler dans le jugement qu'on en portera. On doit surtout se souvenir que mon dessein est de rapporter sur chaque partie du nouveau Monde, tout ce que je pourrai découvrir de curieux, d'utile et d'interessant; par conséquent de ne rien omettre de ce qu'on a pû voir avec plaisir dans les Histoires, dans les Relations et dans les Journaux qui en ont traité, après en avoir démêlé le vrai d'avec le faux.

    On m'objectera qu'une Histoire générale ne permet point de petits détails, et qu'on y regarde comme des minucies bien des choses, qu'on souffre volontiers dans une Relation. A cela je réponds qu'il faut distinguer deux sortes d'Histoires générales. Celle d'un grand'Empire, ou d'une République célebre, veut être écrite d'un style, qui se sente de la majesté du sujet; rien n'y doit entrer, qui détourne de l'attention, qu'on doit toute entiere aux grands événemens qu'elle présente: mais il en est, qui n'offrent rien d'éclatant, et qui ne laissent pas de contenir une suite d'objets capables d'interesser le Lecteur et de l'instruire. On voit avec plaisir les Batailles d'Alexandre de M. le Brun; en a-t-on moins à considerer les Paysages du Poussin? Un pinceau fort et hardi, conduit par une grande imagination, frappe dans les uns; une belle nature, des graces naïves, beaucoup de varieté et de simplicité, une sage distribution, de l'harmonie entre les parties, l'assortiment et les proportions font le merite des autres. D'ailleurs ce ne sont pas toujours les grandes révolutions, et les événemens les plus surprenans, qui fournissent à l'Historien les réflexions les plus judicieuses et les caracteres les plus singuliers. La Comedie, qui prend toujours ses Sujets, et ordinairement ses Acteurs, dans la vie privée, n'est-elle point parvenuë à une aussi grande perfection, n'a-t'elle pas été autant goûtée sous la plume de Moliere, que la Tragedie, qui n'admet que des actions et des Personnages héroïques, sous celles du grand Corneille et de Racine?

Il y a pour les Ouvrages de Litterature un goût de convenance, que tout le monde n'apperçoit peut-être pas d'abord; mais auquel on revient tôt ou tard. La République des Lettres n'a peut-être jamais eu en même tems un plus grand nombre de Censeurs, qu'elle en a aujourd'hui; mais comme plusieurs consultent moins les lumieres de leur esprit, que la prévention, ou quelque autre motif étranger, les Auteurs mêmes les plus dociles, et les moins prévenus en leur faveur, seroient souvent bien embarrassés, s'ils vouloient avoir égard à toutes les Critiques, qu'on fait de leurs Ouvrages. (...)

Obligé depuis un grand nombre d'années d'employer une partie de mon tems à rendre compte au Public des Ecrits des autres[1], et usant, j'ose le dire, avec moderation, avec impartialité, mais avec liberté, du droit que me donne, ou plutôt de l'obligation que m'impose l'emploi de Journaliste, je ne desire rien tant que d'être traité de mes confreres en Critique, comme je traite ceux, dont je dis mon sentiment. (...)

Il m'auroit été sans doute plus aisé et plus agréable de ne prendre, si j'ose ainsi m'exprimer, que la crême de l'Histoire du nouveau Monde. J'aurois été bien-tôt à la fin de ma carriere, et j'aurois eu apparemment plus de Lecteurs; mais ceux, qui en veulent être instruits à fond, seroient obligés d'avoir recours à une infinité d'autres Livres, qu'on n'a pas aisément à la main, dont quelques-uns sont très-rares, où les choses interessantes sont noyées dans des détails et des récits fort ennuyeux, et où il n'est pas facile de démêler le vrai d'avec le faux; outre qu'il en est plusieurs, dont la lecture n'est pas sans danger du côté des mœurs et de la Religion.

Pour venir au sujet de l'Ouvrage, que je présente aujourd'hui au Public, j'en connois tous les desavantages. Il s'agit d'un pays immense, et qui après plus de deux Siécles, qui se sont écoulés depuis que nous l'avons découvert, est encore moins peuplé qu'il ne l'étoit alors, quoiqu'il y ait passé assez de François pour remplacer au triple les Sauvages qu'on y trouva, et qu'on ne puisse pas leur reprocher de les avoir détruits. Cela n'annonce point une Histoire remplie de faits interessans; mais on la demandoit cette Histoire, et on avoit raison de la demander. C'est celle de toutes les Colonies Françoises du nouveau Monde, qui ont été honorées du titre de la nouvelle France, ou qui en ont fait partie; et elle nous manquoit.

---

1. Charlevoix était directeur des *Mémoires de Trévoux*.

Les François canadiens

A Montreal, ce vint-deuxiéme d'Avril, 1721.

Madame[2],

Il est surprenant qu'en France, où l'on voit si souvent des Personnes, qui ont passé une bonne partie de leur vie en Canada, on ait une idée si peu juste de ce Pays. Cela vient sans doute de ce que le plus grand nombre de ceux, à qui on s'adresse, pour en apprendre des nouvelles, ne le connoissent, que par son mauvais côté. L'Hyver est ordinairement commencé avant que les Vaisseaux mettent à la Voile pour retourner en France, et il commence toujours de maniere à étonner quiconque n'y est pas fait. Les premieres Gélées remplissent en peu de jours les Rivieres de Glaçons, et bientôt la Terre est couverte de Néges, qui durent six mois, et s'élevent toujours à la hauteur de six pieds dans les endroits, où le vent n'a point de prise.

A la vérité on ne manque point de Bois pour se précautionner contre le Froid, qui devient bientôt extrême, et empiette beaucoup sur le Printems: mais c'est quelque chose de fort triste, que de ne pouvoir sortir au-dehors, sans être glacé, à moins que d'être fourré comme les Ours. D'ailleurs, quel spectacle, qu'une Nége, qui vous éblouit, et vous cache toutes les beautés de la Nature? Plus de difference entre les Rivieres et les Campagnes, plus de variété, les Arbres mêmes sont couverts de Frimats, et il pend à toutes leurs Branches des Glaçons, sous lesquels il n'y a pas trop de sûreté à se trouver. Que peut-on penser, quand on voit aux Chevaux des Barbes de Glaces d'un pied de long, et comment voyager dans un Pays, où les Ours mêmes pendant six mois n'osent se montrer à l'Air? Aussi n'ai-je jamais passé d'Hyver dans ce Pays, que je n'aye vû apporter à l'Hôpital quelqu'un, à qui il falloit couper des Bras et des Jambes gelés. En effet, si le Ciel est serein, il soufle de la Partie de l'Ouest un Vent, qui coupe le Visage. Si le Vent tourne au Sud, ou à l'Est, le tems s'adoucit un peu, mais il tombe une Nége si épaisse, qu'on ne voit pas à dix pas en plein midi. S'il survient un Dégel dans les formes, adieu les Chapons de rente, les Quartiers de Bœufs ou de Moutons, les Volailles et les Poissons, qu'on avoit mis dans les Greniers sur la bonne foi de la Gelée; ensorte que, malgré les rigueurs d'un Froid excessif, on est encore réduit à souhaiter qu'il ne discontinuë pas.

On a beau dire que les Hyvers ne sont plus aussi rudes, qu'ils l'étoient il y a quatre-vint ans, et que selon toutes les apparences ils s'adouciront encore dans la suite: le mal de ceux, qui sont venus avant nous, et le bonheur de ceux, qui viendront après, ne guérit point le mal présent, que nous souffrons. Un Créole de la Martinique, qui seroit débarqué pour la premiere fois en France pendant le grand Froid de 1709, auroit-il été fort soulagé de m'entendre dire à moi, qui revenois alors de Quebec, que ces Froids n'étoient pas encore au point de ceux du Canada: Je lui aurois pourtant dit vrai, et j'en avois de bons témoins; mais il auroit pu me répondre qu'il n'en trouvoit pas

---

2. Lettre adressée à la duchesse de Lesdiguières.

le Froid de France moins piquant, en apprenant qu'il en faisoit encore de plus vifs dans le Canada.

Cependant, dès que le mois de Mai est venu, on change bientôt de langage; la douceur de cette fin du Printems, d'autant plus agréable, qu'elle succede à une Saison plus rigoureuse: la chaleur de l'Eté, qui nous fait voir en moins de quatre mois les Semences et les Recoltes, la serenité de l'Automne, pendant lequel on jouit d'une suite de beaux jours, qu'on voit rarement dans la plûpart des Provinces de France: tout cela, joint à la liberté, dont on jouit en ce Pays, forme une compensation, qui en fait trouver à bien des Gens le séjour pour le moins aussi agréable, que celui du Royaume, où ils sont nés, et il est certain que nos Canadiens ne balancent pas à lui donner la préférence. (...)

Tout le Monde a ici le nécessaire pour vivre: on y paye peu au Roi; l'Habitant ne connoît point la Taille; il a du Pain à bon marché; la Viande et le Poisson n'y sont pas chers; mais le Vin, les Etoffes, et tout ce qu'il faut faire venir de France, y coûtent beaucoup. Les plus à plaindre sont les Gentilshommes, et les Officiers, qui n'ont que leurs Appointemens, et qui sont chargés de Familles. Les Femmes n'apportent ordinairement pour Dot à leurs Maris que beaucoup d'esprit, d'amitié, d'agrémens, et une grande fécondité; mais Dieu répand sur les Mariages dans ce Pays la bénédiction, qu'il répandoit sur ceux des Patriarches: il faudroit pour faire subsister de si nombreuses Familles, qu'on y menât aussi la vie des Patriarches; mais le tems en est passé. Il y a dans la Nouvelle France plus de Noblesse, que dans toutes les autres Colonies ensemble. Le Roi y entretient encore vint-huit Compagnies des Troupes de la Marine, et trois Etats-Majors. Plusieurs Familles y ont été annoblies, et il y est resté plusieurs Officiers du Régiment de Carignan-Salieres, ce qui a peuplé le Pays de Gentilshommes, dont la plupart ne sont pas à leur aise. Ils y seroient encore moins, si le Commerce ne leur étoit pas permis, et si la Chasse et la Pêche n'étoient pas ici de droit commun.

Après tout, c'est un peu leur faute, s'ils souffrent de la disette: la Terre est bonne presque par-tout, et l'Agriculture ne fait point déroger. Combien de Gentilshommes dans toutes les Provinces envieroient le sort des simples Habitans du Canada, s'ils le connoissoient? Et ceux, qui languissent ici dans une honteuse indigence, sont-ils excusables de ne pas embrasser une Profession, que la seule corruption des mœurs, et des plus saines maximes a dégradée de son ancienne noblesse? Nous ne connoissons point au Monde de Climat plus sain, que celui-ci: il n'y regne aucune Maladie particuliere, les Campagnes et les Bois y sont remplis de Simples merveilleux, et les Arbres y distilent des Baumes d'une grande vertu. Ces avantages devroient bien au moins y retenir ceux, que la Providence y a fait naître; mais la légereté, l'aversion d'un travail assidu et réglé, et l'esprit d'indépendance en ont toujours fait sortir un grand nombre de jeunes Gens, et ont empêché la Colonie de se peupler.

Ce sont-là, Madame, les défauts, qu'on reproche le plus, et avec plus de fondement aux François Canadiens. C'est aussi celui des Sauvages. On diroit que l'air, qu'on respire dans ce vaste Continent, y contribuë, mais l'exemple et la fréquentation de ses Habitans naturels, qui mettent tout leur bonheur dans la liberté et l'indépendance, sont plus que suffisans pour former ce caractere. On accuse encore nos Créoles d'une grande avidité pour amasser, et ils font véritablement pour cela des choses, qu'on ne peut croire, si on ne les a point vûes. Les courses, qu'ils entreprennent; les fatigues, qu'ils essuyent; les dangers, à quoi ils s'exposent; les efforts, qu'ils font, passent tout ce qu'on peut imaginer. Il est cependant peu d'Hommes moins intéressés, qui dissipent avec plus de facilité ce qui leur a coûté tant de peines à acquerir, et qui témoignent moins de regret de l'avoir perdu. Aussi n'y a-t'il aucun lieu de douter qu'ils n'entreprennent ordinairement par goût ces courses si pénibles et si dangereuses. Ils aiment à respirer le grand air, ils se sont accoûtumés de bonne heure à mener une vie errante; elle a pour eux des charmes, qui leur font oublier les perils et les fatigues passés, et ils mettent leur gloire à les affronter de nouveau. Ils ont beaucoup d'esprit, sur-tout les Personnes du Sexe, qui l'ont fort brillant, aisé, ferme, fécond en ressources, courageux, et capable de conduire les plus grandes affaires. Vous en avez connu, Madame, plus d'une de ce caractere, et vous m'en avez témoigné plus d'une fois votre étonnement. Je puis vous assûrer qu'elles sont ici le plus grand nombre, et qu'on les trouve telles dans toutes les conditions.

Je ne sçai si je dois mettre parmi les défauts de nos Canadiens la bonne opinion, qu'ils ont d'eux-mêmes. Il est certain du moins qu'elle leur inspire une confiance, qui leur fait entreprendre et exécuter, ce qui ne paroîtroit pas possible à beaucoup d'autres. Il faut convenir d'ailleurs qu'ils ont d'excellentes qualités. Nous n'avons point dans le Royaume de Province, où le Sang soit communément si beau, la Taille plus avantageuse, et le Corps mieux proportionné. La force du Tempéramment n'y répond pas toujours, et si les Canadiens vivent lontems, ils sont vieux et usés de bonne heure. Ce n'est pas même uniquement leur faute; c'est aussi celle des Parens, qui, pour la plupart, ne veillent pas assez sur leurs Enfans, pour les empêcher de ruiner leur santé dans un âge, où, quand elle se ruine, c'est sans ressource. Leur agilité et leur adresse sont sans égales: les Sauvages les plus habiles ne conduisent pas mieux leurs Canots dans les Rapides les plus dangereux, et ne tirent pas plus juste.

Bien des Gens sont persuadés qu'ils ne sont pas propres aux Sciences, qui demandent beaucoup d'application, et une étude suivie. Je ne sçaurois vous dire si ce préjugé est bien ou mal fondé; car nous n'avons pas encore eu de Canadien, qui ait entrepris de le combattre, il ne l'est peut-être que sur la dissipation, dans laquelle on les éleve. Mais personne ne peut leur contester un génie rare pour les Méchaniques; ils n'ont presque pas besoin de Maîtres pour y exceller, et on en voit tous les jours, qui réussissent dans tous les Métiers, sans en avoir fait d'apprentissage.

Quelques-uns les taxent d'ingratitude, ils m'ont néanmoins paru avoir le cœur assez bon; mais leur légereté naturelle les empêche souvent de faire attention aux devoirs, qu'exige la reconnoissance. On prétend qu'ils sont mauvais Valets; c'est qu'ils ont le cœur trop haut, et qu'ils aiment trop leur liberté, pour vouloir s'assujettir à servir. D'ailleurs ils sont fort bons Maîtres. C'est le contraire de ce qu'on dit de ceux, dont la plupart tirent leur origine. Ils seroient des hommes parfaits, si avec leurs vertus ils avoient conservé celles de leurs Ancêtres. On s'est plaint quelquefois qu'ils ne sont pas Amis constans: il s'en faut bien que cela soit général, et dans ceux, qui ont donné lieu à cette plainte, cela vient de ce qu'ils ne sont pas accoûtumés à se gêner, même pour leurs propres affaires. S'ils ne sont pas aisés à discipliner, cela part du même principe, ou de ce qu'ils ont une discipline, qui leur est propre, et qu'ils croyent meilleure pour faire la Guerre aux Sauvages; en quoi ils n'ont pas tout-à-fait tort. D'ailleurs il semble qu'ils ne sont pas les maîtres d'une certaine impétuosité, qui les rend plus propres à un coup de main, ou à une expédition brusque, qu'aux opérations régulieres et suivies d'une Campagne. On a encore observé que parmi un très-grand nombre de Braves, qui se sont distingués dans les dernieres Guerres, il s'en est trouvé assez peu, qui eussent le talent de commander. C'est peut-être, parce qu'ils n'avoient pas assez appris à obéir. Il est vrai que, quand ils sont bien menés, il n'est rien, dont ils ne viennent à bout, soit sur Mer, soit sur Terre; mais il faut pour cela qu'ils ayent une grande idée de leur Commandant. Feu M. d'Iberville, qui avoit toutes les bonnes qualités de sa Nation, sans en avoir les défauts, les auroit menés au bout du Monde.

Il y a une chose, sur quoi il n'est pas facile de les excuser: c'est le peu de naturel de plusieurs pour leurs Parens, qui de leur côté ont pour eux une tendresse assez mal entenduë. Les Sauvages tombent dans le même défaut, et il produit parmi eux les mêmes effets. Mais ce qui doit sur toutes choses faire estimer nos Créoles, c'est qu'ils ont un grand fonds de piété et de religion, et que rien ne manque à leur éducation sur ce point. Il est vrai aussi que hors de chez eux ils ne conservent presqu'aucun de leurs défauts. Comme avec cela ils sont extrémement braves et adroits, on en pourroit tirer de grands services pour la Guerre, pour la Marine et pour les Arts, et je crois qu'il seroit du bien de l'Etat de les multiplier plus qu'on n'a fait jusqu'à présent. Les Hommes sont la principale richesse du Souverain, et le Canada, quand il ne pourroit être d'aucune utilité à la France, que par ce seul endroit, seroit encore, s'il étoit bien peuplé, une des plus importantes de nos Colonies.

ÉLISABETH BEGON (1696-1755)

Voici un texte découvert près de 200 ans après sa rédaction. De Montréal, Élisabeth Begon écrit à son gendre qu'elle appelle cher fils. Ils sont veufs tous deux, ont à peu près le même âge. Elle aimerait aller vivre avec lui, en France. Puis elle vend sa maison et quitte le pays. Mais le gendre est déjà parti pour la Louisiane où il mourra, sans la revoir. C'était en 1748-1753. La correspondance de Mme Begon a pris la forme d'un journal dont l'archiviste Claude Bonnault a découvert la plupart des cahiers à Paris. Publiée dans le *Rapport de l'archiviste de la Province de Québec*, en 1935, cette correspondance fit l'objet d'une édition moderne chez HMH-Hurtubise; Nicole Deschamps présente le texte et fait de Mme Begon un premier crayon de la femme québécoise. Cette correspondance peut constituer une sorte de Canada raconté par lui-même car y défilent, en leurs gestes les plus quotidiens, les grands, moyens et petits habitants du pays. Davantage elle révèle un étonnant type humain et montre la sensibilité, le bon sens et la qualité d'écriture auxquels pouvait parvenir, à la fin du régime français, une personne qui était née au pays et ne l'avait jamais quitté. Cette histoire est aussi une histoire d'amour malheureux — ce pourrait être un roman — rendue encore plus tragique par l'absence de sa contrepartie. Privé des lettres du gendre, on ne peut parcourir cette correspondance que du seul point de vue d'Élisabeth Begon, passant avec elle de l'espoir à l'amour déçu, dans la dignité et une tendresse qui ne se dément pas.

Adieu jusqu'à demain

Le 12 novembre 1748

A présent, mon cher fils, que je me vois débarrassée de tant d'écrits qui m'ont beaucoup coûté, je pourrai, avec la même satisfaction que j'ai toujours eue à m'entretenir avec toi, le faire tous les jours, et te répéter cent fois que c'est tout ce qui me reste de consolation. Tu sais, cher fils, combien ton absence m'est dure à supporter. Si j'ai eu de la peine à te voir partir, juge quelle doit être celle où je suis à présent, seule les trois quarts du jour avec ma chère petite-fille.

Je t'ai mandé que Mater et Tilly ont été à Québec avec M. de Tilly le 15 juillet. Elles ne sont revenues qu'il y a quelques jours, très enthousiasmées des plaisirs de Québec où M. l'intendant fait danser à toute main. Leur habit noir les a privées d'assister à toutes ces fêtes, mais elles y ont mangé et vu cette belle argenterie qui fait le bel air des conversations à la mode. Madame Lanodière (Lanaudière) y est la brillante, tout le reste n'est rien en comparaison; il y va souvent et nous tournons (?) les yeux, conmme tu sais, de la bonne façon.

Notre général est toujours le même et je crois regarde tout en pitié. On dit qu'il rend des comptes à la Cour comme ils n'en ont point encore eu. Je crois que le pays perdra beaucoup en le perdant.

Adieu, cher fils, jusqu'à demain. Je te souhaite une parfaite santé et voudrais bien avoir encore de tes nouvelles.

Le 13

Je te disais hier, cher fils, que j'aurais bien voulu avoir encore de tes nouvelles. Tu le juges aisément puisque c'est tout ce qui peut me dédommager de ton absence; mais c'est à quoi il faut renoncer jusqu'à la fin de mai. Que le terme est long et que de châteaux je vais faire sur ce que tu me marques, cher fils, que l'on voudrait te dégoûter du Mississipi! J'en louerais volontiers le Seigneur, si j'étais cependant persuadée que ce fût ton avantage, car je t'avouerai que j'ai une aversion pour ce pays que je ne puis penser à te voir y aller sans une peine dont je ne suis pas maîtresse et j'espère que la Providence y pourvoira et ne voudra pas m'écraser de toute façon et me fera rejoindre un fils qui ferait toute ma consolation.

Il faut que je te parle un peu des nouveautés de notre pays. M. Picquet est parti pour aller visiter un endroit vers le fort Frontenac pour y faire un établissement pour y planter la foi chez les Cinq-Nations; tu connais la dévotion de ces peuples et tu jugeras de la réussite mieux qu'un autre. M. de Longueuil n'en paraît pas content, il n'est pas difficile d'en démêler les sujets. Il compte bien sur le gouvernement d'ici, je ne sais s'il réussira, mais il n'a rien épargné; il s'arrange en conséquence et le dit si hautement que l'on en rit.

Adieu, en voilà assez pour toi, car pour moi, je ne voudrais faire autre chose que de te dire que je suis là.

Le 14

Je ne t'ai point parlé, cher fils, de la venue des Cinq-Nations que M. de Longueuil a envoyées à Québec. J'étais si fatiguée de tous les écrits et du train qu'il faut faire l'automne.

Pour commencer mon journal, je t'ai marqué ce que M. Varin a fait à Joncaire qui a amené des sauvages; ils sont prêts à revenir et on assure que M. de la Galissonnière les a traités comme ils le méritent. Je le sais de bonne part et qu'il rend compte de tout de façon à lui faire beaucoup d'honneur. Que de regrets, cher fils, de ce que tu ne partages pas tout cela!

Longueuil fils, qui était allé cet été au Détroit pour y tenir garnison, vient d'arriver, qui rapporte que depuis que les sauvages ont su la suspension d'armes, ont l'oreille basse. Il n'y a que Nicolas qui fait toujours l'insolent et qui s'est retiré avec quelques vauriens et quelques Anglais, où ils font beaucoup de menaces. Le reste paraît tranquille, mais on ne s'y fie pas. Il est venu pour annoncer la prise de trois misérables Sauteurs qui ont tué l'année dernière des Français; ils sont en prison au Détroit. M. le chevalier de Longueuil demande leur grâce, je ne sais si elle leur sera accordée.

Je ne sais, cher fils, si je t'ai mandé que M. le général a envoyé, il y a un mois, Ligneris en ambassade à New-York, pour ravoir nos gens qui sont encore chez les Agniers. Nous en venons d'avoir des nouvelles; ils sont à St-Jean, où l'on a fait un fort et un chemin qui vient de Laprairie: on les attend demain, je te dirai ce qu'ils auront fait.

Adieu, cher fils, aime ta pauvre mère autant qu'elle t'aime.

Le 15

M. de Varin est arrivé de Québec avec son grand cortège, car il faut que tout se fasse avec dignité. Il avait deux canots magnifiquement armés, et, à sa suite, M. Martel qui est descendu avec lui et qu'il a gardé là-bas avec lui sans s'embarrasser s'il était nécessaire ici. Il fait le personnage d'un sot, mais je sors de mon discours et le reprends.

M. de La Corne l'aîné, le chevalier, la Colombière et Foucher, étaient du canot. Ce n'est pas tout. Mesdemoiselles La Corne et Poudret y étaient aussi. On est arrivé en carriole ou calèche à deux chevaux, car on ne saurait aller avec un, et enfin on s'est rendu ici en parfaite santé. L'intérêt que tu y prends comme moi, mon cher fils, fait que je serais fâchée de rien omettre.

Aussitôt, on court faire sa cour et M. de Longueuil prie à dîner la puissance arrivante avec Ligneris qui est arrivé aussi ce matin avec 3 Anglais qui viennent parler à M. le général.

Ligneris n'a ramené que deux Français qui ont été pris sur un vaisseau venant des îles. Les Agniers gardent nos gens et ne veulent point les rendre qu'ils n'aient ceux que le chevalier de La Corne leur a pris. Les Anglais disent avoir fait leur possible pour retirer nos gens d'entre leurs mains, mais qu'ils n'ont pu réussir. M. de Ligneris m'a dit avoir été reçu au mieux, que les Anglais n'avaient pas voulu qu'ils fissent aucune dépense. Ils ont payé jusqu'au barbier de tous ceux qui étaient avec lui. Ils ont été régalés et provisionnés pour revenir magnifiquement et paraissent très contents de ce voyage. Il doit partir demain pour Québec avec ces trois Anglais.

Adieu, cher fils, je te souhaite une parfaite santé; je crois que tu auras bien mes lettres si tu es en France.

Le 16

Je ne te dirai pas grand'chose aujourd'hui, cher fils, ayant écrit presque toute la journée, ne se passant point d'occasions que je n'écrive à notre cher général en réponse de celles dont il m'honore. Il ne se contente pas de m'écrire à moi, il écrit aussi à ta fille, elle lui répond, et tout cela est de l'ouvrage pour cette pauvre vieille mère. Il faut faire notre école. Tout cela nous tient du temps que je ne regrette point, parce qu'elle en profite bien. Il n'y a qu'à l'écriture que nous avons de la peine, mais cela viendra. Pour tout ce qui est de mémoire, elle l'apprend autant que tu le peux souhaiter. Elle est toujours en procès avec M. le général pour son langage de chou et pigeon qu'elle prononce mal. Je crois qu'il a cherché tous les mots en h et g et j pour lui composer une lettre qui est très jolie; mais elle la veut lire comme elle est écrite et fait des grimaces terribles, car elle veut plaire à son cousin et fait ce qu'elle peut pour bien parler à son retour à Montréal, ce qu'il nous promet cet hiver. M. l'intendant y doit venir aussi de façon que les belles vont arranger leurs atours pour ce temps.

Adieu, cher fils, je te souhaite le bonsoir et une bonne santé.

Le 17

Il nous est tombé cette nuit, cher fils, un pied de neige, ce qui m'a fait grogner dès le matin. Que tu es heureux d'être dans un pays exempt de ces froids! Je tremble d'avance lorsque je pense que nous voilà pour neuf mois dans la neige. Mais il ne tiendra pas à moi si je n'en sors pas l'automne prochain. Que ferai-je en Canada seule, si M. de La Galissonnière s'en va? C'est bien pour le coup que je serai battue! Tu sais comme l'on pense en ce pays. On fait volontiers la cour à ceux qui sont aimés des grands ou qui leur appartiennent mais, quand cela ne se trouve pas, je sais comme on les mène. C'est ce qui me fera prendre mon parti avec grande satisfaction et surtout pour me rapprocher de toi, cher fils, qui est tout ce qui me reste de consolation. Adieu.

Notre petit Sabrevois est enfin revenu du fort Saint-Frédéric, très content. C'est M. de Lusignan qui l'a été relever et qui s'y est rendu le plus tard qu'il a pu.

Nos messieurs de Québec ne sont pas plus pressés que tu les a vus, cher fils, de sortir de la capitale. Rien ne les émeut et se contentent d'être en extase des beaux meubles de M. l'intendant et de sa belle argenterie. Il veut tout mettre sur le bon pied et ne veut plus que l'on parle de retrancher rien sur les mémoires. Il veut bâtir des casernes à Montréal, des magasins et une belle maison pour l'intendant. Je ferai tout ce que je pourrai sans paraître cependant trop d'empressement pour lui faire prendre la nôtre, dans l'espérance que je pourrai gagner mon cher père pour faire le voyage l'année prochaine.

L'idée dans laquelle sont une partie de nos citoyens que M. le général a beaucoup d'attention pour moi et qu'il ne peut me rien refuser les engage souvent à me venir voir. Mais je n'en suis point la dupe et j'ai dit à M. le marquis, que ses attentions si marquées pour moi me mettaient souvent dans le cas de voir des gens que je n'aime guère et me sollicitent à lui faire de mauvaises questions; mais je sais la façon de lui demander. Quelle pitié, cher fils, que ce monde! Celui qui ne te pouvait souffrir ni moi et qui te regarde comme ce gratteur de papier m'a fait et sa femme beaucoup de visites. J'en ai tous les jours de cette espèce dont je me passerais volontiers et aimerais beaucoup mieux être seule à te renouveler ma parfaite amitié que le temps ni l'éloignement ne peuvent diminuer. Adieu, cher fils, jusqu'à demain!

C'est aujourd'hui, cher fils, la fête de toute ta famille. Tu n'y as peut-être pas seulement pensé. Ta fille m'a demandé pour bouquet d'aller voir sa maman Bosseron. Tu penses bien qu'elle n'a point été refusée, pas plus que pour la demande qu'elle m'a faite de lui mettre au bras cette « chère mine » pour toute la journée, qu'elle baise tant que je crois qu'il y faudra bientôt une autre glace. Elle le montre à tout le monde qui le trouve tous comme moi fort ressemblant, mais les yeux tristes et moins beaux que les tiens. Tu penses bien, cher fils, que cette peinture m'est infiniment chère. Je m'imagine qu'elle me dit qu'elle m'aime et qu'elle prend part à toutes mes peines; mais quelle différence si je t'avais! C'est à quoi il ne faut pas penser et attendre avec impatience le moment où je pourrai te rejoindre, ce qui seul peut me satisfaire.

M. de Lantagnac sort d'ici, qui est toujours de plus en plus gascon. Il est logé chez Morand le charpentier, où il dit qu'il donne une grosse pension. Je trouve toujours nouveau de voir des officiers-majors dans des pensions. M. de Saint-Ours vit aux Trois-Rivières à peu près comme il faisait à Montréal. Il s'est logé chez le canonnier qui a épousé notre Catherine; il y donne quatre cents livres de pension et dit qu'elle l'écorche; elle le loge, chauffe et fournit de tout. Juge si elle y gagne! A la vérité, il tire de bonnes ventrées chez Cardin avec tous les passants dont ils se moquent tous.

M. de Longueuil, commandant de cette ville, fait mieux, car il donne volontiers à dîner aux arrivants; mais il se plaint de même à ceux de qui il peut espérer quelque grâce. S'il n'est pas gouverneur de Montréal l'année prochaine, je ne sais s'il ne se détruira pas, car il y compte sûrement. Ta fille babille plus que jamais et deux autres qui la suivent en tout. Juge si on a de quoi s'ennuyer! Il me fait exactement une visite tous les jours à l'imitation de son général, à ce qu'il dit, mais je n'ai pas le même plaisir à le voir. Adieu, cher fils.

Le 20

Tous nos vaisseaux sont partis. Je souhaite, mon cher fils, que tu reçoives en France ce que je t'ai écrit et ton coffre dont M. de Tilly est chargé. Je ne sais, aimable fils, ce que je dois souhaiter pour ma satisfaction. Je te voudrais en France, mais, de la façon dont tu écris, tu auras bien de l'avantage en allant à la Louisiane. Que la divine Providence en décide donc pour ton bien et celui de mes chers enfants et un peu pour ma consolation! J'essaye tous les jours à faire des sacrifices bien et solidement faits, mais ils ne peuvent partir que des lèvres.

Je ne sais, cher fils, si je t'ai mandé que M. Varin avait loué la maison de madame Montigny pour sept ans et qu'il lui donne deux cents livres par année et qu'il y doit faire toutes les réparations nécessaires à ses dépens. Il y a bientôt un an qu'il l'a et il n'y loge que depuis un mois, ayant fait refaire cette maison du haut en bas, les plafonds, cheminées, planchers, couverture tout à neuf, des cheminées de plâtre partout. C'est une maison magnifique aujourd'hui. Il y fait faire une galerie avec un fer à cheval à mettre une table de 20 couverts. Et tout cela se paye, à ce qu'ont dit les ouvriers, avec des certificats sur les réparations des maisons du Roi et sur celles des fortifications.

Avoue donc que tu n'as été, cher fils, qu'une grosse dupe de n'avoir pas mieux su t'arranger; au moins en aurais-tu eu quelque chose en sortant de Canada. Mais je t'assure que j'en serais fâchée et t'aime mieux comme tu es que si habile, puisqu'il fait faire des raisonnements qui ne lui font point d'honneur. J'ai vu tous les jours sa femme en son absence: c'est son père tout copié. Adieu, cher fils, aime la plus tendre et la plus malheureuse mère qu'il y ait. Je voudrais bien savoir ton sort.

Le 21

Je n'ai pas grand'chose à te dire aujourd'hui, cher fils. Nous sommes dans le temps de tranquillité où tout le monde s'arrange pour son hivernement. Ceux qui ont quelque chose sont inquiets de n'avoir point de nordest. Nous avons six barques encore en chemin qui ne m'intéressent qu'autant que M. le général y a du vin; car, pour moi, je n'ai ni attends rien, ayant perdu tout ce que je pouvais espérer dans les vaisseaux qui ont été pris partant de Bordeaux.

Je m'étais flattée que si tu avais connaissance de ce que nous y avions perdu, que tu nous aurais renvoyé quelques barriques de vin; mais je me suis flattée mal à propos, n'y ayant plus rien à espérer et tu m'en aurais marqué quelque chose. J'en serai quitte pour le payer le double.

Adieu, cher fils, je ne veux pas t'ennuyer de tant de riens.

Le 22

Bonjour, cher fils, mais que c'est de loin! Crois-tu que je puisse m'accoutumer à te le dire, si éloignée: Non, je t'assure, plus je vais et plus je ressens ton absence. Monière, que bien tu connais, sort d'ici, qui arrive de Québec. Il dit que M. de Joncaire et les Iroquois sont près d'arriver. Je ne sais s'ils pourront repartir pour leurs pays avant les glaces. Il a longtemps causé seul avec moi et m'a beaucoup parlé de la façon aimable avec laquelle M. le général gouverne tout. Il en est fort enthousiasmé et, dans ses « hélas! » que tu lui connais, il m'a dit: « Entre nous, madame, je dirai comme celui qui disait, il y a quelques années: nous sommes bien en gouverneurs, un anglais, l'autre iroquois. » Je lui ai demandé ce que c'était que l'Anglais. Il dit que c'est M. de la Chassaigne dont on parlait et que M. de Longueuil n'aimait que ses Iroquois. Cela est un peu vrai, mais ce n'est pas la seule chose qu'il faudrait retrancher pour en faire un bon gouverneur.

Adieu.

Le 23

Joncaire est arrivé, qui ne nous apporte rien de nouveau. Les sauvages sont très contents malgré les corrections que leur a faites leur père. Ils ont obtenu un de leurs prisonniers qui ont été pris de ton temps par le chevalier de La Corne; c'est un Oneyout. Les autres sont bien gardés dans la prison ainsi que les Anglais qui étaient avec eux.

Adieu, cher fils, j'ai un peu mal à la tête et n'ai rien de nouveau.

Le 25

Je ne pus, cher fils, t'écrire hier, quoique ce soit toute ma satisfaction. Mais j'eus tant de mal à ma pauvre tête que je ne fus capable de rien tout le jour. C'est aujourd'hui la fête de notre chère mignonne. Elle m'a demandé ce matin, pour son bouquet, le portrait de cette « chère mine » et de lui mettre au bras pour toute la journée. Elle a reçu des visites des grosses têtes: de M. de Longueuil, Lantagnac et Varin. Tu vois que les voilà tous. Elle ne les aime pas mieux les uns que les autres. Si tu la voyais, tu dirais: c'est bien ma fille, plus maligne que jamais et beaucoup d'esprit. Elle nous tient quelquefois des discours hors de son âge et cela sur des choses très graves et souvent sur des points de religion. J'ai le plaisir de la voir bien apprendre tout ce que je lui montre et de voir qu'elle entend et comprend bien tout ce qu'elle dit.

Adieu, cher fils, je ne me lasse point de m'entretenir avec toi, de ce qui nous est cher. Comme tu vois, je ne sais rien de nouveau. Tout est paisible et tranquille. Moi seule ne puis avoir de tranquillité dans l'état où je suis éloignée de tout.

Voilà une nouveauté: des barques qui arrivent à présent et qui, je crois, ont couru des risques par les glaces. Encore, si elles m'apportaient des lettres de mon cher fils; mais je n'en espère plus, hors que ce *Saint-Yves* que l'on attend encore n'en apporte. J'ai été avec toi en conversation une partie de la nuit, ce qui me fait penser que tu auras reçu mes lettres. Mais quelles nouvelles pour toi. Je te rends trop de justice pour ne pas penser que tu partageras bien mes peines. Encore si nous étions à portée de nous donner quelques consolations, mais loin de cela, j'ignore ton sort et ne le puis savoir sitôt: c'est encore pour moi une nouvelle peine.

Adieu, aimable fils, je ne me porte point bien sans savoir ce que j'ai. Adieu!

Que te dirai-je, cher fils? Je ne sais rien, que je t'aime? — Cela ne t'est pas nouveau. — Que je m'ennuie de ton absence? — Tu dois le savoir. — Que je suis presque toujours malade? — Mon âge y contribue. Que te dire? — Que je vois tous les jours des physionomies qui m'ennuient et que je sais qu'elles ne me viennent voir parce qu'elles croient faire leur cour à M. le général. Tu me connais et tu te doutes bien que je ne leur ai pas grande obligation. Il n'y a que notre Outy qui nous tient souvent compagnie le soir et, pour nous amuser, Mater lit *Polexandre*. Voilà où nous en sommes. Mon cher père se porte toujours bien et la chère petite Tilly est toujours comme tu l'as vue, avec ses douleurs tantôt aux mains, tantôt aux pieds, et Mater, toujours le derrière à feu, à prier Dieu ou à courir.

Adieu, cher fils, aime et plains ta pauvre mère.

Le bal chez Bigot

Les dames et demoiselles ont un beau bal ce soir que M. l'intendant leur donne et, comme sa maison est trop petite, il a pris tout le bas de celle de M. Varin qu'il a démeublée de tout et y a fait porter des chaises de paille et tout ce qu'il faut pour son bal. Toutes les femmes et filles d'officier en sont priées: juge ce qu'il y aura de monde. Mater y va, c'est la seule de la maison. Tilly en est priée, mais elle est malade. Je te dirai demain des nouvelles de cette belle fête qui ne doit commencer qu'à 8 heures du soir.

Adieu, cher fils, aime ta mère.

Bonjour, cher fils. Je crois que toute la ville est plus endormie que moi, car on est sorti du bal que ce matin à six heures et demie. Mater est revenue de fort mauvaise humeur, ne voyant point d'endroit de ressource ici pour se coucher, car il n'y a de lit que dans ma chambre que je veux qui soit faite.

Juge de sa figure. Elle est sur le canapé, le derrière en l'air, qui ronfle comme je n'ai jamais vu ronfler. Chaque personne qui entre ou sort, elle s'éveille et dit que je serais heureuse si j'étais comme ceux qui sont chez eux; enfin, elle se lève, se met dans un fauteuil, la tête entre les jambes. M. Picquet, qui a charrié une partie de la matinée, l'a fort badinée et prêchée. Effectivement, elle est d'âge à se passer de ces sortes d'assemblée. Je crois que c'est ce qui l'afflige à présent, car elle n'est pas assez bête pour ne pas penser qu'on se moque d'elle à plaisir; mais quand on est fait pour être dans le monde, il faut s'y mettre, en dût-il coûter. M. Picquet a eu beau prêcher, il n'a pu la persuader. Adieu.

Le 11

Toute la cour a été fort tranquille aujourd'hui, quoique les deux puissances aient dîné chez M. de Beaucour, ce qui m'a surprise comme tout le reste de la ville, puisque l'on nous annonçait Mme de Beaucour mourante; mais tu sais ce que c'est que cette femme qui fait, comme bien d'autres, de son corps ce qu'elle veut. Toutes les grosses têtes y étaient, y compris Deschambault.

M. le général se divertit hier au soir à son aise de Mater. Il ne l'avait pas je crois crue encore assez folle pour passer la nuit au bal. Il l'a vue comme nous de fort mauvaise humeur, mais cela n'a donné que plus belle matière à badiner. Je ne crois pas aussi qu'il y ait rien de pareil à cette fille. Elle n'est plus occupée que de son ajustement et de ses prières; c'est une alternative des plus originales. Nous ne la voyons plus, car elle est à prier Dieu ou à sa toilette ou à courir. Encore ne faut-il pas lui demander où elle va ni d'où elle vient, car elle se met en colère et cela nous fait rire. Car mon cher père est toujours le même qui se divertit de tout et, comme je ne cherche qu'à lui conserver la santé, je ris souvent sans en avoir grande envie.

Il paraît que M. l'intendant n'a pas envie de faire grand ouvrage ici, hors que ce ne soit ce carême. Adieu, cher fils; tu m'as fait son portrait bien au naturel. Je te souhaite une bonne santé.

Le 12

Il y eut grand souper, hier, chez M. l'intendant: tous les Ramesay, y compris la femme de Ramesay et sa fille. On y dansa beaucoup, jusqu'à minuit, dont la petite « Ramesaite » a été fort aise, n'ayant pu aller au bal de dimanche et ne pense pas que sa mère la laisse aller aux autres.

Je n'ai su qu'aujourd'hui que Mme Duplessis avait été fort mécontente dans le bal de ce qu'apparemment les honneurs dus à ses filles ne leur avaient point été rendus. Elle sortit, ou du moins en fit la mine, vers onze heures, en disant qu'il y avait assez longtemps qu'on lui faisait des malhonnêtetés. On la fit rentrer et ne sais pas les suites.

M. le général donne un grand dîner de cérémonie où est M. l'intendant, M. et Mlle de Longueuil, M. de Lantagnac, M. et Mme de Noyan et toutes les Ramesay, dame et demoiselle. On dit qu'on y joue et qu'il y a nombre de dames en visite. Morpeaux (Monrepos) n'en a point été, car il sort d'ici, qui m'a priée de demander le congé de ce certain soldat de Sabrevois que tu connais. Comme il m'a servie, je lui ai promis de le faire.

Adieu, on m'annonce M. le général.

Le 13

Notre général vient passer une heure tous les jours avec nous et se délasse, je crois, de ses visites et travaux. Ta chère fille y tient son coin à merveille. J'ai appris ce qui avait amené La Martinière ici. On lui avait dit que La Vérandrie (Verendrye) poursuivait de près madame Lestage, ce qu'il a trouvé vrai; mais heureusement pour eux, c'est que madame Lestage assure qu'elle n'a point envie de se remarier. C'est la plus jolie chose du monde de voir la mine que La Vérandrie fait à La Martinière. Je l'ai fait remarquer après dîner à M. le général avec qui j'en ai badiné longtemps tout bas, car nous ne rions pas tout haut.

Je puis te dire, mon cher fils, sans prévention, que c'est le plus aimable caractère que Dieu ait créé. Ta fille lui est venue faire une grande révérence en lui demandant: « Monsieur, voulez-vous bien me permettre de vous faire voir ma chère mine? » Il comprenait que c'était un chat et lui a dit: « Assurément, je le veux, si cela vous fait plaisir. » Elle lui a présenté ce « cher mine » avec grâce et qu'il a vu avec satisfaction, le trouvant bien fait.

Je crains, cher fils, de t'ennuyer. Je te dirai, avant de finir, qu'il y a encore grand bal ce soir, toujours chez M. Varin, donné par M. Bigot. Adieu.

Le 14

Il est heureux, cher fils, pour tous ceux qui se livrent à la danse, qu'ils aient deux jours à se reposer, car je crois qu'ils en mourraient: ils sont sortis ce matin du bal à 6 heures. Je ne doute point qu'une partie de tout cela ne fasse point de Pâques et surtout ceux qui iront à la comédie qui doit se jouer les 3 derniers jours gras. Toutes les dames et demoiselles de la ville étaient hier priées, jusqu'à Mme du Vivier qui y a dansé jusqu'à ce matin. De Muy me disait après dîner qu'il ne voulait plus que sa femme et sa fille y fussent et qu'il ne convenait point de passer les nuits à danser et dormir le jour, pendant que le saint sacrement est exposé. Je ne sais s'il soutiendra cela aisément.

M. Bigot passe, à ce que l'on dit, les nuits de ces bals à regarder les mains jointes devant lui. S'il danse deux ou trois menuets, c'est le tout. Tu m'as fait son portrait fort au naturel; il est d'une tranquillité admirable.

Madame Thiery y est la brillante, et madame Bonaventure, madame La Valtrye (Lavaltrie) et les Ramesay. Mlle La Corne se damne, je crois, de ce que l'on a amené du Breuille (Dubreuil) son frère mourant, du fort Saint-Frédéric. Le médecin le croit hydropique et m'a dit qu'il ne pensait pas qu'il en revînt, ce qui met quelques bornes au plaisir de la belle Marianne; mais il n'en est pas de même de La Corne l'aîné ni du chevalier, car ils sont de toutes les fêtes et de tous les bals.

La Colombière n'a pas voulu que sa femme y ait été et a même poussé la mauvaise humeur, voilée de délicatesse, pour refuser que « Robiche » y fût avec ses tantes et cousines. Je n'ai pas même vu Mme La Colombière de l'année, quoiqu'elle ait fait des visites partout, mais tu sais, cher fils, comme tout cela me touche.

J'ai bien d'autres choses à penser dans l'état où je suis et éloignée de toi. Tu me connais et peux mieux juger qu'un autre de l'état de mon âme: elle est toujours, cher fils, pénétrée de douleur de tous les coups dont le Seigneur m'a frappée. Que je serais heureuse si tout cela pouvait me servir à me faire faire de solides retours! C'est ce que je demande de tout mon cœur et ce que j'espère que le Seigneur m'accordera.

Je suis uniquement occupée de ma chère petite-fille qui fait toute ma satisfaction. Nous raisonnons souvent sérieusement. Quelquefois, il faut la réjouir. Elle me demanda hier de la laisser aller voir, au travers les fenêtres, le bal et qu'elle ne ferait que regarder un instant. Je lui permis. Charlotte la mena et ne fut qu'un moment. Elle revint contente et me dit que tout cela était fort joli, mais qu'elle aimait encore mieux être avec moi.

Adieu, cher fils, en voilà trop: mais quand je puis m'entretenir avec toi à mon aise, si je me croyais, je ne ferais autre métier. Adieu, cher fils.

Le 15

Si on n'a pu danser hier, cher fils, on s'est dédommagé par les tours de ville. Les carrioles ont marché une partie de la nuit et à grand bruit, par la pluie qu'il y a eu et la gelée, qui rend les chemins très durs, mais quand la jeunesse est en goût, rien ne la distrait. Que fais-tu, toi, cher fils, et où es-tu? C'est ce que je ne sais, ni ne saurai si tôt, dont bien me fâche, adieu.

Le 16

Grand dîner, cher fils, chez M. le général. Voici un temps où l'on ne parle d'autre chose que de régal et de danse. Mais celui-ci n'est pas danseur, il se contente d'engager à chanter à table et à s'y divertir. M. l'intendant y est et toute la maison, de façon que j'aurais dîné seule sans Mme Varin qui est entrée comme je me mettais à table avec la chère petite.

Il faut que je te réjouisse d'une de ses pensées. Elle me disait, il y a un moment: « Maman, avoue donc que M. le général aime bien tantine et ma cousine, car il les a priées avec tout ce qu'il y a de plus laid afin de les faire briller. » Il est question, à présent, cher fils, de te dire ce que c'est que cette assemblée: Mme La Corne et Marianne, qui est plus laide que jamais, Mme Duplessis et ses trois filles, au moins aussi laides; Mme de Blainville et 2 filles qui n'auront jamais le plaisir de s'entendre dire qu'elles sont jolies; Mme de Contrecœur. Juge si ce n'était pas là rassembler ce qu'il y a de beau!

Ils y sont restés jusqu'à sept heures à table à chanter, mais point de danse, cela est réservé à M. Bigot. Je pense que toutes les dames et demoiselles de la ville l'aimeront bien, car le bal est ce soir et mardi encore. On commence à huit heures et ne finit qu'au jour. Je ne doute point qu'il n'en fasse mourir quelqu'une, car comme me disait, il y a quelques jours, M. Picquet, il est impossible qu'il n'y en ait pas quelqu'une qui ne soit en mauvais état.

Adieu, cher fils. Je te souhaite une parfaite santé et aime ta pauvre mère qui t'aime de tout son cœur. Adieu.

Le 17

J'ai vu, en me levant, cher fils, passer une partie des dames et messieurs du bal. Jusqu'à 7 heures ils ont charrié. Je ne doute point que nos prêtres ne se désespèrent. M. le général en rit de tout son cœur. Il vient toujours à son ordinaire nous voir tous les soirs, depuis 5 heures jusqu'à sept. Il soupe ce soir chez M. Bigot. Mon cher père en est prié, Mater et Tilly, mais, comme il ne soupe qu'à neuf heures, j'ai prié mon cher père de n'y point aller et il me l'a promis. Je craindrais que cela ne dérangeât sa santé, qui est plus belle et meilleure que jamais. Aussi ne suis-je plus occupée que de lui et de notre chère petite qui devient de plus en plus maligne et spirituelle. Je n'ai rien de nouveau à te dire et te vais souhaiter le bonsoir. Adieu.

Le 18

Voici enfin le dernier jour, cher fils, où l'on fera tout ce qu'il faut pour se faire mourir. Je suis si ennuyée d'entendre passer jour et nuit des carrioles qui m'empêchent de dormir que je voudrais être au carême.

Regretter le Canada

Le 1er janvier 1750 (Rochefort)

C'est seulement, mon très cher fils, pour te souhaiter une bonne et heureuse année. Je ne te ferai point l'étalage de tous les vœux que je fais en ta faveur, — le rhume ne me le permet point, — mais sois persuadé que je ne changerai jamais sur ton compte et que mes sentiments pour toi seront toujours les mêmes que tu m'as vus, et je souhaite avoir le plaisir de te revoir. C'est là où je mets toute ma satisfaction et les vœux que je fais pour moi-même, ne pouvant m'accoutumer à être éloignée de toi, surtout dans un temps où j'aurais grandement besoin de consolation.

Adieu, cher fils. Je te souhaite une parfaite santé et que tu aimes ta mère.

Le 10 janvier

Peux-tu penser, cher fils, quel a été mon ennui depuis que je n'ai eu le plaisir de m'entretenir avec toi: J'ai eu un rhume qui m'a tourmentée au point que j'ai cru avoir une bonne fluxion de poitrine et je n'en suis pas encore quitte mais, au moins, puis-je te dire quelque chose. C'est bien assurément toute ma consolation, car d'ici je n'en tire aucune.

Où est ce temps où je vivais si tranquille et où tu me donnais des soins et des attentions que je n'espère de personne? Si je pouvais encore me flatter d'avoir la satisfaction de te revoir je serais contente, mais je m'imagine n'être plus faite que pour avoir des croix et je crains bien d'être à portée de regretter le Canada bien des fois par les duretés que je vois ici.

Adieu, cher fils. Je crois que c'est t'ennuyer de te faire passer du temps à lire mes chagrins.

Le 20

Tout conspire, cher fils, à m'ennuyer dans ce pays. On ne parle plus que de danse, de bals, mascarades, etc. M. de Tilly est arrivé et n'est plus occupé que de la cour, de grandeurs et peu d'attentions pour les siens. Je ne sais comme tout cela pense, mais j'y vois peu d'agrément à espérer de leur part et pense qu'ils voudraient bien nous voir hors de chez eux. Je le voudrais bien aussi et ta fille encore mieux.

Il a promis de mener ces demoiselles au bal, mais il faut une robe neuve à celle que j'ai amenée et il n'est pas séant d'aller autrement. J'ai eu beau dire que tout était fort cher et qu'elle n'aurait rien de joli pour ce qu'elle avait vendu, il a fallu donner l'argent qu'elle doit avoir en août prochain des hardes qu'elle a vendues en Canada, pour en avoir une pour le bal. Il paraît que je ne sais point la façon dont on doit vivre et que je ne suis qu'une Iroquoise. Je ne dis mot, mais, si je puis être chez moi une fois, je serai bien contente. Je sens qu'il y a de la jalousie de toute façon.

Adieu, car je n'ai pas la tête bonne. Je te souhaite le bonsoir.

Le 22

Je n'eus pas un moment hier à te rien dire. Je t'ai écrit par un vaisseau que l'on m'a dit qui devait partir de La Rochelle. On nous fait espérer *la Chimène* tous les jours, mais elle ne paraît point, dont bien me fâche.

Je vois que l'on est à peu près aussi sot ici que dans notre pays pour les visites du jour de l'an, car cela ne finit point. J'en ai vu depuis 20 jours de toute espèce et il faudra rendre. C'est ce qui me fâche le plus, n'ayant point de voiture que des chaises à porteurs. Encore me demandent-ils quinze sols pour aller seulement à la messe! Vois comme je déplore mon sort après avoir eu tant de calèches à ma disposition. Où est le temps que je t'avais? Tout me revient dans ces moments de tristesse.

Le 25

Je n'ai pu trouver un moment à me satisfaire, cher fils. Il a fallu écrire à toute la famille, tant à la tienne qu'à celle de Bégon, de qui j'ai reçu des compliments sans fin. J'ai le plaisir d'en avoir souvent de M. de Rostan et de ta sœur. J'ai fait écrire notre petite et elle a reçu des réponses pleines d'amitiés. Le petit frère de Brest lui fait mille caresses dans les lettres qu'il m'écrit. C'est un aimable homme, c'est ton frère: en voilà assez pour moi.

Il y a bal demain et toutes les frisures sont en l'air, jusqu'à la petite que M. de Tilly doit mener, car je ne puis me résoudre, n'ayant pas le cœur content, à me produire que quand il le faut absolument et, de plus, je tousse toujours. Mais je ne veux pas que notre chère innocente n'ait pas le plaisir de voir, au moins une fois, ces belles assemblées.

Adieu, je vais travailler à l'ajustement.

Le 27

Si tu eusses vu ta fille hier, cher fils, tu serais resté comme elle fit à la vue de ce damas couleur de rose que tu lui donnas. Elle était coiffée en cheveux au mieux, avec un corps neuf qui lui fait la taille belle, de bonne grâce, et partit bien contente avec la peine, cependant, de ne savoir point danser et elle revint très satisfaite d'avoir vu une aussi belle assemblée, mais toujours fachée de voir des dames aussi barbouillées de rouge qu'il y en a ici. On lui demanda si elle trouvait cela beau. Elle répondit qu'elle avait vu d'aussi belles assemblées à Montréal. Tilly en dit autant, ce qui ne paraît pas flatter Mme Tilly, car elle est tout enthousiasmée de son Rochefort et de sa seigneurie. Adieu.

Le 29

Bonjour, cher fils. Je passai hier ma journée à recevoir des compliments sur la figure de ta fille, car on est ici tout extrême. Je ne puis revenir de t'avoir tant ouï vanter la France et à tant d'autres. Je me repentirais volontiers d'y être, si je croyais que tu fusses longtemps sans y venir, car je ne vois aucune ressource pour moi. Ne voulant point donner dans le monde ni dans la bagatelle, je n'y aurai que bien de l'ennui.

Je n'entends parler dans cette maison que de ce qu'il faudrait faire pour gagner du bien, que celui-ci est bien heureux d'en avoir et qu'il n'y a que les gens de rien que l'on favorise. C'est toujours la même histoire et histoire qui m'impatiente souvent, surtout lorsque cela tombe sur certain métier.

Adieu, car je ne suis pas trop libre de mon temps: il faut toujours du cérémonial. Bonsoir, cher fils.

Le 2 février 1750

Quelle différence, cher fils, d'être ici ou en Canada! Il fait un temps magnifique, c'est tout aussi, car s'il y avait de la neige et des sauvages, ce pays serait tout ce qu'il y a de plus laid.

On nous annonce une grande promotion. Deux vice-amiraux, des lieutenants généraux et un chef d'escadre, qui est notre cher M. de La Galissonnière. On lui donne aussi les journaux et est l'un des commissaires nommés pour les limites entre l'Angleterre et nous pour le Canada. On dit qu'il y a deux seigneurs anglais qui doivent venir pour cela incessamment à Paris, ce qui nous éloigne de M. de La Galissonnière pour du temps, selon toutes les apparences.

Il m'écrit de temps en temps, mais je l'aimerais mieux dans cette ville, sentant bien qu'il faudra que j'y reste quelques années par rapport à Bégon, qui n'est point encore d'âge à abandonner à sa conduite. On me le laisse comme une grâce spéciale, étant garde-pavillon, et j'espère que j'aurai bientôt une maison. M. de La Galissonnière en ayant une ici dont il n'a plus besoin, restant à Paris, je lui ai demandé de me céder son bail qu'il a encore pour deux ans.

Adieu, cher fils. En voilà assez. Je t'embrasse.

Le 3

On est ici, cher fils, comme en Canada, d'une jalousie terrible. La conversation n'est plus que sur le bonheur de notre marquis d'avoir été fait chef d'escadre. Comme s'il n'était pas du bois dont on les fait! Ses meilleurs amis en raisonnent. Je crois qu'il a pourtant assez travaillé en Canada pour mériter quelque chose. Il a écrit à ta fille une lettre dont elle est enchantée, car il est toujours son Noyan et elle en est folle.

Il n'en est pas de même de bien des gens d'ici, car elle ne peut les souffrir. M. de Givry lui a donné une petite Laville pour compagnie, qui est fort aimable par le caractère. C'est la sœur de cette dame Levasseur et de celle à qui tu faisais les yeux doux; ainsi, tu ne seras pas fâché que ta fille ait une de ses sœurs pour amie. Elles sont toutes très aimables et donnent bien de la jalousie à nos dames, ce qui me réjouit quelquefois.

Adieu, car on me demande: visite ennuyante.

Le 4

Bonjour, cher fils. Si tu étais ici, je serais charmée d'y être par le beau temps que nous avons. J'ai eu un bouquet de violettes ce matin et la saison est aussi belle que nous l'avons en Canada à la fin de mai. Mais je ne puis, aimable fils, goûter de satisfaction à rien, étant éloignée de toi qui pourrais faire toute ma consolation.

Je me regarde ici tombée des nues, ne trouvant pas plus de secours dans mes proches que dans les étrangers. Que de croix, cher fils! et que je crains que ma pauvre vie ne se passe avec bien des chagrins! Encore si j'avais cette misérable Mater, cela me donnerait des moments plus doux. Mais je n'ai personne que mon cher père, à qui je ne dirai point mes peines, crainte de lui en faire; mon fils qui est un enfant et ma chère petite qui n'est pas d'âge à rien exiger: voilà pourtant toutes mes ressources. Plains-moi, cher fils, et aime ta mère assez pour te conserver et pour revenir vivre avec elle tranquillement. Adieu.

Le 15 février

J'ai cru, mon cher fils, que je n'aurais plus le plaisir de pouvoir m'entretenir avec toi. Nous avons pensé brûler chez M. de Tilly et si ce qui nous est arrivé le jour fût arrivé la nuit, nous étions tous perdus par la cheminée de sa cuisine qui donne dans ma chambre, où il y a une boisure. La cheminée est crevée et fort sale; le feu y a pris et sortait par ma boisure. Juge du délabrement qu'il a fallu faire: abattre une partie de cette boisure et la cheminée, ce qui m'a privée de te rien dire depuis bien du temps et m'a fort ennuyée, couchant au froid et dans les pierres et le mortier.

Encore, si nous avions la paix, ce ne serait rien, mais nous ennuyons, nous fatiguons et suis aussi bien lasse de cette vie. M. de La Galissonnière m'a mandé de prendre sa maison et, sitôt que j'aurai quelques ustensiles de ménage, je décamperai. Malheureusement, les ouvriers ne sont pas plus hâtés ici qu'en Canada et il y a un mois que j'ai des couchettes et lits de commandés et des chaises de paille avec des lits de cotonnade. Ce sera mon ameublement jusqu'à ton retour, ce que je souhaite avec empressement.

Adieu, cher et aimable fils. Aime ta pauvre mère.

Le 20

J'ai travaillé, cher fils, tous ces jours-ci à rendre les visites à tout le monde, du moins aux dames, mais c'est avec un cérémonial étonnant. Mme L'Etenduaire nous a prêté son carrosse et M. de Tilly a bien voulu que ses demoiselles soient venues. La chère petite ne s'est point accommodée de tout cela, car elle n'est point dans son assiette ordinaire lorsqu'elle se trouve seule avec sa tante. J'ai eu des frayeurs dans ces misérables rues, dans ce carrosse, que je ne crois pas que j'y retourne de sitôt, mais il n'y a pas moyen d'aller à pied. Ici, les pavés me tuent les pieds et, si je veux sortir, il m'en coûte mon petit écu pour mon après-dîner dans ces misérables chaises à porteurs, où ils ne veulent seulement pas mener cette chère innocente: ce qui fait que je me tiens dans ma chambre volontiers. Plains-moi, cher fils, car je suis à plaindre. Adieu, je te souhaite le bonsoir.

Le 10 mars

J'ai bien payé, cher fils, les visites que j'ai faites. J'y ai attrapé un rhume que j'ai cru périr et j'ai encore de la peine à écrire, tant je suis faible, mais je ne puis tenir à l'envie que j'ai de te dire que je t'aime et que je me meurs d'ennui de n'avoir point de tes nouvelles. On nous en avait promis et je ne vois rien venir. J'aimerais autant être en Canada. J'aurais du moins avec qui parler de toi et me désennuyer.

Adieu, cher fils. Toujours des incommodes qui me mettent de fort mauvaise humeur.

Le 18 mars 1750

Il m'ennuie grandement, cher fils, de me trouver chez moi. J'y suis enfin de ce matin, mais encore très mal arrangée, ce qui me prive de te dire grand'chose pour le présent avec ce que je suis des plus fatiguée et sans espérance de me reposer encore sitôt, n'ayant qu'un très mauvais torchon de servante qui ne sait rien faire. Je puis dire que j'éprouve toutes sortes de croix, ce que je soutiendrais plus volontiers si j'avais espérance de te revoir bientôt, mais je crains que tu ne t'accoutumes où tu es et que tu n'y restes longtemps.

Adieu, car je ne puis plus tenir debout, je vais me coucher. Ta fille dort bien tranquillement et est très contente de n'être plus chez sa tante, ainsi que son petit oncle. Adieu.

Le 20

Je ne pus te dire un mot hier, cher fils, tout était sens dessus dessous ici. Le ménage de M. de La Galissonnière m'embarrasse plus que le mien, du moins ses meubles étant en plus grande quantité et que j'ai voulu tout serrer avant de m'arranger. Il me cède sa maison, ne pensant pas qu'il revienne ici qu'en cas d'armement. Tu sais la place qu'il a. Ainsi je ne t'en dirai rien, mais je perds de ce qu'il n'habite pas Rochefort, ce qui serait fort différent pour nous. Je suis également fâchée de ne pas trouver une autre maison, celle-ci étant de 550 de loyer, ce qui me chagrine grandement, n'étant guère en état de payer cela et pouvoir vivre.

Adieu, cher fils. Plains ta mère et l'aime, j'oublierai tout le reste. Adieu.

Le 25 mars

Croirais-tu, cher fils, que j'ai eu la complaisance pour ta fille de la mener voir l'enterrement de M. de Saint-Clair qui mourut hier? Avec tout l'embarras que j'ai, ce n'est pas peu et la peine que j'ai à marcher sur ce pavé. Je commence à m'arranger et espère qu'en quelques jours, je serai plus tranquille. Il faut être cette semaine en dévotion, ce qui recule un peu mes travaux, les ouvriers étant trop dévots. Rien de nouveau, si ce n'est la maladie de M. de l'Etenduaire que l'on dit sérieuse. Adieu, cher fils.

Le 26

Il était bien vrai, cher fils, que la maladie de M. de l'Etenduaire était sérieuse, puisqu'il vient de mourir, ce qui m'afflige infiniment. C'était au moins un ami que j'avais et une connaissance ici pour nous qui n'avons plus que M. de Vaudreuil, que nous connaissions particulièrement. Je le vois souvent et il se trouve aujourd'hui commandant jusqu'à nouvel ordre.

On assure que ce sera M. de Macnémara qui sera commandant du port. Il paraît un très aimable homme, mais je ne le connais point comme M. de l'Etenduaire. C'est une affliction générale. Il était fort aimé ici. Il est mort, à ce que l'on dit, d'un abcès dans les reins qu'il a négligé, ne s'en étant plaint que trop tard.

Adieu, cher fils. Je te souhaite le bonsoir.

Le 28

Je fus malade hier, cher fils, comme une misérable et dirai comme cette pauvre Catin, que la dévotion m'est contraire. Les stations de cette ville m'ont tuée et ne peux plus marcher, tant j'ai de mal aux pieds. On enterra hier M. de L'Etenduaire, avec toute la pompe et la magnificence possible, mais cela ne rend rien à Mme L'Etenduaire ni à Mme sa fille, qui sont dans une affliction des plus grandes. On est ici comme en Canada: les uns la plaignent, les autres en rient. Pour moi, je partage bien sincèrement sa peine. Je ne veux point t'ennuyer et te souhaite une bonne santé. Adieu.

Rien de nouveau, cher fils. On est dans la dévotion du jour de Pâques et on n'est occupé que de cela. Dieu veuille que ces Pâques changent bien des cœurs, car il ne laisse pas d'y en avoir d'assez malins, quand ce ne serait que moi.

Ta fille, mon cher père, Bégon et moi jouissons tous d'une assez bonne santé. On me fait espérer que Bégon ira avec M. de Macnémara, qui doit commander une escadre; mais on ne sait où elle va, car tout est aujourd'hui plus secret que jamais. Adieu, cher fils. Je te souhaite le bonsoir.

Le 31

Je ne pus te rien dire, hier, cher fils; nous dînâmes en grande cérémonie chez M. de Tilly où ta fille n'était pas pressée d'aller. Elle est plus maligne de beaucoup que tu ne l'as laissée et pour peu qu'elle augmente, ce sera une maligne pièce. Mais elle a de l'esprit et espère qu'elle en fera un bon usage et que la raison corrigera bien des petites malices. Elle fait bon ménage avec son oncle qu'elle aime bien plus qu'elle ne le respecte: ce que j'approuve fort. Adieu, cher fils.

Le 1er avril 1750

J'ai tant d'envie être au mois de mai, cher fils, que j'ai cru y être et cela parce que l'on me promet que j'aurai de tes nouvelles en ce temps. Que cela est long! J'aimerais presque autant être en Canada. Quoi, n'avoir de tes nouvelles qu'une fois l'an! Penses-tu, cher fils, dans quelle inquiétude je suis et comme je passe ma pauvre vie: Encore si je savais quand tu reviendras, je prendrais mon parti, mais je ne sais rien et ne puis rien savoir.

BONNEFONS (?-?)

Il n'avait signé que de ses initiales: J. C. B. Le manuscrit était cependant rédigé avec soin, pourvu d'une table analytique. L'auteur semble y avoir travaillé plusieurs années; il avait sans doute l'intention de le publier, il dut se contenter de le faire relier avec soin. Quand on le découvrit, on en parla à l'abbé H.-R. Casgrain qui le fit éditer. Il le présenta. L'auteur serait un certain Bonnefons « parti tout jeune de Paris pour aller chercher fortune au Canada », qui devint militaire, monta en grade et fut apprécié de ses chefs. Son livre parle bien des dernières batailles françaises; nous avons préféré des textes qui disent davantage la population et le pays.

La capitale du Canada

Le 4[1], nous profitâmes de la marée et doublâmes une pointe de terre à notre gauche, laquelle avance un peu au nord et au dessous de l'Ile d'Orléans, on la nomme Pointe-Lévis. C'est alors seulement qu'on aperçoit la ville de Québec qui est vis-à-vis à la traverse d'une lieue au couchant; nous entrâmes dans la rade et y jettâmes l'ancre, à quatre heures après-midi, et après une malheureuse traversée de près de cinq mois, comme il était trop tard pour le debarquement, on remit au lendemain à le faire.

Le 5, dans la matinée, nous débarquâmes à terre, les recrues furent conduites à la caserne, et moi je fus me loger chez un négociant nommé Samson établi à la basse-ville; j'étais fort bien logé. Je restai cinq jours chez cet honnête marchand qui me reçut avec affabilité, dans cet intervalle, je parcouru, la ville et ses environs, prenant de mon hôte les renseignements que je désirais.

La ville de Québec, capitale du Canada, est construite en amphithéâtre sur un rocher formant une pointe, entre la rivière St-Charles qui est à sa gauche et le cap au Diamant à droite, sur le fleuve Saint-Laurent; elle a devant elle la Pointe Lévis et l'Ile d'Orléans. Il y a ville haute et ville basse. La haute ville est fortifiée, du côté de terre, d'un fort rempart élevé de vingt-cinq pieds sur autant d'épaisseur plus en dehors d'un bon mur en pierres et plusieurs redoutes et bastions qui avec le rempart forment un circuit, depuis la côte d'Abraham du côté de la rivière Saint-Charles jusqu'au cap Diamant. Ce rempart, avec les bastions et redoutes, peut contenir trois cent cinquante pièces de canons, toutes sur des plates-formes; mais il n'y en avait alors que cent vingt, toutes en fer, et de différents calibres. Le commencement de l'établissement de cette ville remonte à 1608, que le navigateur Samuel Champlain, alors gouverneur, fit dresser des barraques en bois, abattre les bois et défricher le terrain où elle est maintenant. Trois ans après, on y envoya de France des Jésuites et des Récollets, comme missionnaires pour les Sauvages; cependant cette ville quoiqu'elle eût un fort en pierres, construit dès l'an 1623, époque où il n'y avait pas plus de cinquante familles de population française, fut prise par les Anglais, en 1629. Ils la rendirent par le traité de Saint-Germain en 1632. Et quatre ans après avoir été rendue, c'est-à-dire en 1636, il y passa des familles de France avec une flotte et des munitions; alors on commença à la fortifier de ses remparts et elle s'agrandit en population.

La rade de cette ville est sûre et peut contenir plus de cent vaisseaux. Son mouillage a une lieue d'étendue prise depuis la pointe de Québec jusqu'au cap Diamant, où est une redoute garnie de canons pour battre sur la rade. Le fonds du mouillage a vingt à vingt-cinq brasses. L'enceinte de la ville est d'une lieue en forme triangulaire. On ne l'aperçoit pas de loin à cause des montagnes qui en dérobent les deux tiers, lorsqu'on en est un peu éloigné. Cette ville n'est fermée du côté de terre que par les portes Saint-Louis et Saint-Jean pratiquées dans l'épaisseur du rempart.

---

1. Le 4 novembre 1751.

La basse-ville n'a qu'une rue qui règne le long de la rade, sur une grève assez haute pour ne pas craindre l'inondation à marée haute. Il n'y a que des négociants qui l'habitent, ainsi que des pêcheurs. La rue se prolonge jusqu'à l'endroit appelé le Sault au Matelot, qui est un lieu fort escarpé. Au milieu de la basse-ville, est une petite église paroissiale sous le nom de Notre-Dame des Victoires. D'abord simple chapelle, bâtie en raison d'un vœu fait pendant le siège de Québec en 1690, et que les anglais furent obligés d'abandonner, n'étant pas secourus comme ils le croyaient par les sauvages iroquois qui leur avaient promis de les seconder et qui leur manquèrent de parole. Sur la place de débarquement est une batterie de douze canons à fleur d'eau qui bat sur la rade, il y a une pareille batterie au Sault au Matelot qui est à l'extrémité de la basse-ville et où l'on fait hiverner les barques; un peu plus loin est l'anse des mers au pied du cap Diamant, où sont des barraques de bois occupées par des matelots et des pêcheurs.

La haute-ville, qui est beaucoup plus considérable, communique à la basse-ville par une rue taillée dans le roc et aux deux côtés de laquelle sont construites des maisons. Le premier bâtiment remarquable, au haut à gauche, est l'église cathédrale et paroissiale, le séminaire et l'évêché, ensuite le château, le tout ayant vue sur la rade et entrée sur la Place d'Armes.

Le château est bâti sur le roc, son entrée dont il n'est séparé que par une grille de fer qui le ferme avec un corps de garde à chaque côté intérieur de l'entrée, une belle cour pavée. Ce château est une forteresse flanquée de deux pavillons saillants avec une galerie et trois batteries de canons battants sur la rade, jusqu'à l'île d'Orléans qui en est à deux lieues. A gauche, en sortant, est une esplanade ou redoute formée par la nature et embellie par l'art: on y arrive par une pente douce qui y conduit et qui se nomme le cap au Diamant dont il a été parlé plus haut.

La forme de la Place d'Armes, qui est aussi celle du gouvernement, est un carré long, entouré de belles maisons en pierres.

Vis-à-vis le château sont deux couvents et églises l'une de Recollets et l'autre de Jésuites; ces deux bâtiments sont forts beaux. Deux rues aboutissent sur la Place d'Armes, l'une se nomme rue Saint-Louis, elle a deux couvents celui des Recollets et celui des Ursulines, elle conduit de la Place d'Armes jusqu'au dehors de la ville par une porte du même nom de Saint-Louis, sur laquelle est un bâtiment qui sert de logement à une des deux compagnies de canonniers; cette porte fait l'entrée de la ville par le faubourg où il y a peu d'habitants. L'autre rue Saint-Jean prend également de la Place d'Armes et se prolonge comme la rue Saint-Louis, avec une porte sur laquelle est aussi la seconde compagnie de canonniers. Cette rue qui est presque vis-à-vis celle qui descend à la basse ville, a au quart de sa longueur, à droite en allant de la Place d'Armes, la rue du Palais à l'entrée et à droite de laquelle est l'Hôtel-Dieu, hôpital fort bien situé ayant vue sur la rivière Saint-Charles; il y a deux grandes salles l'une pour les hommes et l'autre pour les femmes; les lits y sont propres et bien entretenus et les malades servis proprement. Un peu plus bas, à gauche de cette rue, est la caserne des troupes; plus bas, sur le même côté, est la rue Saint-Charles ou de l'Intendance qui fait coude avec la rue du Palais et qui conduit à l'Hôpital-Général. La rue de l'Intendance est bordée, à droite, de maisons dont les derrières donnent sur la rivière Saint-Charles; c'est ce qui a fait donner à ce faubourg le nom de Saint-Charles.

La maison de l'Intendance, nommée le Palais, parce que le Conseil Supérieur s'y assemble, est un grand pavillon dont les deux extrémités se prolongent en avant et débordent de quelques pieds. Au milieu de cette maison est un perron à double rampe, par lequel on monte; sur le derrière de ce bâtiment est un assez joli jardin, dont la vue donne sur la rivière Saint-Charles; c'est le côté le plus riant, car toute la rue est masquée par une côte fort élevée, nommé d'Abraham, qui est un roc escarpé qui se prolonge d'une demie lieue. Après l'Intendance et du même côté, est la maison du lieutenant du Roi. C'est dans cette maison qu'on dépose ordinairement les enfants nouveaux-nés, que le libertinage abandonne et que l'humanité accueille sous le nom d'enfants trouvés; ils sont élevés à la campagne jusqu'à ce qu'ils soient en âge de gagner leur vie, ou qu'ils aient été adoptés; ce qui arrive presque toujours dans ce pays, où les habitants sont naturellement humains et hospitaliers. Après cette hospice, on entre dans la campagne.

L'Hôpital-Général construit à une demi-lieue de la ville, dans une anse au fond de la rivière Saint-Charles, est la plus belle maison du pays. Il fut bâti par les soins et aux frais de l'évêque de Québec nommé St-Valier qui succéda au Sr de Laval, en 1674, époque où l'église de Québec fut érigée en Evêché.

Cet établissement fondé d'abord pour le soulagement des infirmes, servit aussi depuis à celui des militaires invalides. Il est desservi par trente-six religieuses chanoinesses, de l'institution de l'évêque de St-Valier leur fondateur, et toutes choisies dans la noblesse du pays. Cet hôpital est très sain et en bon air, quoique bâti dans un marais et dans une anse, au delà de laquelle sont deux villages nommés La Canardière et Notre-Dame des Anges. Il y avait de mon temps, dans cet hôpital, cent cinquante lits tous fondés par les plus aisés du pays.

J'y ai vu, en 1753, un vieil infirme alors âgé de cent neuf ans, il était passé de France au Canada en 1665, comme soldat dans le régiment de Carignan Salière qui revenait alors de la Hongrie, où il avait été envoyé dans la guerre contre les Turcs et dans laquelle il avait fait des prodiges de valeur. Ce régiment était destiné à se fixer dans le pays ainsi que plusieurs familles françaises, sous la protection du ministre Colbert qui leur avait distribué des terres en propriété, auxquelles les officiers donnèrent leur nom. Ce vieux militaire se faisait encore fort bien entendre; mais il était sourd et marchait difficilement, il se nommait le père Carignan nom de son régiment dont il restait seul; il se disait parisien, c'était un vieux célibataire sans fortune, il y est mort en 1767 âgé de cent treize ans; étant, en 1644, passé en Canada à l'âge de vingt-un ans, il y a vécu quatre vingt-douze ans.

La ville de Québec ne contenait pas plus de quinze mille habitants de mon temps, sans compter la garnison de deux mille quatre cents hommes. C'est la résidence du Gouverneur-Général, celui qui commandait en 1751, était le marquis de la Jonquière; il y avait un état major, un intendant chef du conseil supérieur, un lieutenant de Roi, un commissaire de marine, un trésorier, un grand prévot, un grand voyer, un maître des eaux et forêts. Hors la ville entre les portes Saint-Jean et Saint-Louis est le magasin à poudre et le parc d'artillerie gardés, l'un et l'autre, par une compagnie de fusiliers. Il y avait dans cette ville de bons commerçants, il y règne beaucoup d'ordre, les habitants sont affables et de bonne société, les amusements de l'été sont les promenades en calèche et le jeu. Ceux d'hiver sont les courses en carioles ou en traîneaux et en patins sur la glace; le soir, le jeu et le bal. Tout le monde y jouit d'une honnête aisance, sans richesse, chacun aimant à se faire honneur de son avoir. Les femmes l'emportent sur les hommes par la beauté, la vivacité, la gaité et l'enjouement; elles sont coquettes et galantes, préfèrent les Européens aux gens du pays. Les manières douces et polies sont communes, même dans les campagnes environnantes qui sont agréables surtout de l'autre côté de la rivière Saint-Charles que l'on nomme la côte de Beauport.

Après avoir parcouru Québec et ses environs, je passai sur son côté droit qui rencontre le fleuve Saint-Laurent, je fus à six lieues dans les habitations que je trouvai de peu de conséquence; à une lieue et demie au dessus de la ville sont la rivière et le village du Cap Rouge qui n'ont rien de remarquable. Plus haut à la même distance est la rivière Sainte-Croix, communément appelé rivière Jacques-Cartier, parce que ce navigateur lors de son voyage y perdit, un de ses trois vaisseaux, sur une grosse roche qui est à l'entrée de cette rivière; mais qu'on ne peut voir qu'à marée basse. Cet accident lui arriva en 1535, plus de quatre vingts ans avant qu'on ne pensa à s'établir à Québec. Il faut croire que ce navigateur fit naufrage à marée montante, car autrement il eut évité la roche qu'il n'aurait pas manqué de voir à marée basse.

Presque vis-à-vis cette rivière et de l'autre côté, au sud du fleuve Saint-Laurent, est le village de Sillery, autrefois habité par des familles françaises et depuis par des sauvages Abénaquis et Algonquins, gouvernés par des missionnaires Jésuites. Auprès de ce village est une cascade nommée le Sault de la Chaudière.

Ayant visité, pendant cinq jours, ce qu'il y avait de plus remarquable, je me vis alors forcé de me soustraire tout à la fois au besoin et à l'oisiveté, et je me déterminai en conséquence à prendre le parti des armes lequel, tout en me paraissant rigoureux, me mettait néanmoins tout à coup hors d'embarras.

Les loups de Montréal

(Montréal) est en forme d'un carré long, entourée d'abord de fortes palissades et plusieurs années après, on y substitua un bon mur de pierres crénelées de la hauteur de quinze pieds.

La population de cette ville dont l'aspect est riant n'a pas de mon temps excédé huit mille habitants; elle avait un gouverneur particulier, un état major, des compagnies de garnison, une belle place d'armes, des magasins de marchandises et de vivres, une cathédrale, une paroisse, un séminaire, deux couvents d'hommes; un de Jésuites et un de Recollets, un autre de religieuses de la Congrégation, un Hôpital-Général et un Hôtel-Dieu. Cette ville, la troisième et dernière qui subsistait de mon temps au Canada, n'avait pas d'autres habitations françaises au dessus d'elle, sinon des postes où l'on entretenait garnison.

La température est à quatre degrés de différence de celle de Québec pour la chaleur et cependant la distance n'est que de soixante lieues. Le climat de Québec est très froid et sain en hiver, le ciel est toujours beau, le thermomètre de Réaumur descend ordinairement, en janvier et février, de 27 à 33 degrés et l'été les chaleurs s'élèvent de même.

Les habitants de Montréal sont beaucoup plus vifs, actifs, braves, ardents, entreprenants et guerriers que ceux de Québec; ils ont la prétention de se croire invincibles, ce qui cependant ne les a pas toujours garantis de se laisser surprendre quelquefois par les sauvages iroquois; mais comme ils sont bons guerriers et accoutumés avec les sauvages, il est plus difficile de les vaincre; ils sont bons voyageurs, conduisant bien leurs canots toujours en chantant, également bons chasseurs; mais peu riches parce qu'ils dépensent aisément ce qu'ils gagnent dans les voyages qu'ils font quelque fois d'un an et plus, avec les commerçants qui vont tous les ans en traite chez les nations sauvages du nord.

Les habitants de Montréal qualifièrent ceux de Québec de *moutons*; ces derniers ont effectivement le caractère plus doux et moins orgueilleux, ils appellent par représailles les montréalais *loups*; qualification assez juste parce qu'ils ne fréquentent que les sauvages et les bois. Les quebécois au contraire sont plus exercés à la pêche et ne commercent qu'avec les Européens, ce gui les rend plus civilisés, quoi qu'aussi courageux que les Montréalais; en général les canadiens sont francs, humains et hospitaliers; le crime, le meurtre n'existe pas chez eux non plus que le vol; mais ils sont généralement peu instruits.

Une jeune fille nommée Rachile

ANNÉE 1755. — Dans le courant de janvier on se proposa à Québec d'envoyer encore du renfort dans le pays haut, on équipa en conséquence six cents hommes de troupes et milices; je fus aussi du nombre.

Le premier février nous partîmes par terre et par un froid excessif avec des traînes; le 6 de février nous arrivâmes à la ville des Trois Rivières et de là nous fûmes à Montréal où nous arrivâmes le 13, nous y prîmes un renfort de deux cents miliciens, nous en partîmes le 17 avec des traînes et quelques raquettes, nous cotoyâmes les rapides, nous nous rendîmes au fort Frontenac le 5 mars. Là nous prîmes des bateaux qui nous conduisirent par le sud du lac Ontario jusqu'au fort de Niagara où nous mîmes pied à terre le 15.

Le lendemain nous en partîmes par terre pour aller au poste de Toronto, d'où nous partîmes le 19 sur des bateaux et canots; nous suivîmes le sud du lac Erié jusqu'au fort de la Presqu'île où nous arrivâmes le 27. Nous y laissâmes trois cents hommes et passâmes de suite à pied au fort de la rivière aux Bœufs où nous prîmes des canots et des pirogues pour nous conduire jusqu'au fort Duquesne où nous arrivâmes le 8 avril. Le surlendemain on renvoya les canots et les pirogues conduits à vide chacun par deux hommes, pour aller chercher le reste des provisions restées en arrière faute de voiture d'eau.

Il y avait alors au fort Duquesne plusieurs sauvages de différentes nations venus exprès pour aller en guerre chez les Anglais. Ils formèrent cinq divisions et furent séparément sur les habitations anglaises; douze jours après, il revint au fort deux de ces divisions avec seulement un prisonnier et cinq chevelures, les trois autres divisions rentrèrent successivement avec ensemble dix-neuf chevelures seulement. D'autres partis se suivirent en course, brulèrent quelques habitations et rapportèrent vingt-sept chevelures sans un seul prisonnier.

Dans les premiers jours de mai il arriva du Nord soixante sauvages Outaouas, lesquels après trois jours de repos partirent pour la Virginie, d'où dix sept jours après ils revinrent avec vingt cinq prisonniers et trente chevelures. Ils avaient brûlé une habitation toute entière de cinquante cinq familles dont le surplus avait péri dans les flammes et voici comment: ces familles s'étaient réunies par précaution et pour leur sureté dans une enceinte par elles faites en pieux debout et qui enfermait toutes les maisons rapprochées de l'habitation formant un village et où toutes ces familles se croyaient à l'abri des surprises pendant la nuit; les sauvages épièrent pendant trois jours les hommes de cette habitation qui travaillaient journellement dans leurs champs sans s'apercevoir qu'ils étaient guettés. Au bout des trois jours les sauvages profitant de l'obscurité de la nuit du quatrième, portèrent des broussailles au pied de l'enceinte y mirent le feu qui gagna les maisons construites en bois, les sauvages épiaient et n'attendirent pas longtemps, le progrès du feu fit sortir les habitants hommes, femmes et enfants, tous cherchèrent leur salut dans la fuite; mais les sauvages qui avaient prévu cette fuite, fusillaient tous ceux qui voulaient se sauver et qui ne le pouvaient sans beaucoup de risque. Enfin l'animosité des sauvages ne se ralentit que lorsqu'ils furent rassasiés de tuer et alors ils firent vingt-cinq prisonniers, reste de cent quarante individus des deux sexes que contenait l'habitation et dont très peu se sauvèrent au rapport des prisonniers qui reçurent à leur arrivée au fort la bastonnade suivant l'usage; il en fut donné dix au commandant, il voulut racheter les autres, les sauvages ne voulurent pas les vendre.

Au nombre des dix prisonniers donnés était une jeune fille nommée Rachile; cette fille fort jolie née en Virginie de pauvres parents, fut prise avec sa tante qu'elle était venue voir de six lieues par amitié et chez laquelle elle était depuis huit jours lorsque les sauvages s'en emparèrent pendant l'incendie de l'habitation. Sa tante et la nièce se trouvèrent entre les mains de leurs ennemis, mais sur le soir du premier jour de marche, la nièce ne voyant plus sa tante jugea qu'elle avait été tuée; en effet cette femme n'ayant pu marcher aussi vite que les sauvages le voulaient, ils prirent le parti de la tuer, c'est ce que la jeune Rachile avait jugé n'ayant plus revu sa tante depuis le premier jour de marche et qu'elle la connaissait petite marcheuse. Cette fille reçut comme les autres à son arrivée au fort la bastonnade, elle manqua y perdre un œil par les coups de poings qu'elle reçut, heureusement qu'elle fut du nombre de ceux donnés en présent, on la fit soigner par le chirurgien; elle fut un mois à se rétablir et pendant deux elle eut un tremblement qui lui prenait chaque fois qu'elle voyait un sauvage et cela arrivait fort souvent. Cette fille apprit aisément la langue française, comme elle était jolie et d'un caractère doux et affable elle toucha sans y penser le cœur d'un canadien qui, désirant l'avoir pour femme, en fit la demande au commandant; celui-ci n'y trouva d'autre obstacle que d'instruire la jeune fille de la religion catholique. L'aumônier du fort fut chargé de cette mission et lorsqu'il la crut en état, le commandant permit le mariage qui se fit de suite. Cette union fut peu de temps après contrariée sans être altérée, un incident inattendu en troubla la tranquillité.

Des sauvages qui avaient contribué à donner la bastonnade à la jeune Rachile et qui étaient revenus pour aller en guerre, la reconnurent; ils voulurent s'en emparer pour l'amener dirent-ils dans leur village, la regardant toujours comme une esclave. Le canadien son mari s'étant aperçu de l'intention de ces sauvages et craignant qu'ils n'employassent la surprise et même la violence, prit le parti d'en prévenir le commandant, qui fit dire aux jeunes sauvages que la femme qu'ils convoitaient ayant été rachetée par lui, n'était plus esclave et qu'elle était de son consentement mariée à un Français. *Si ce que tu dis est vrai,* lui répondirent-ils, *nous méprisons le Français qui s'est lâchement allié avec son ennemie.* Le commandant voyant l'acharnement de ces sauvages qui pour avoir la femme aurait volontiers sacrifié le mari dont la mort suivant eux rendait la femme esclave et persuadé que le libertinage était le seul motif qui animait ces sauvages, le commandant ne vit pas de meilleur moyen pour soustraire ces deux jeunes époux à leurs ennemis, que de les faire partir incognito et nuitamment dans un bateau avec des vivres et deux conducteurs qui les conduisirent à la Louisiane. Ce projet exécuté fut tenu secret pendant huit jours, après lesquels le commandant fit dire aux sauvages que leur conduite l'avait forcé d'envoyer la jeune femme et son mari à Ononthio. Il n'est pas douteux que cette sage précaution évita le malheur qui serait indubitablement arrivé à ces deux individus dont trois mois après on apprit l'arrivée à bon port et l'établissement à la Nouvelle Orléans, capitale de la Louisiane, où ils furent très bien reçus au moyen d'un passe-port et d'une lettre de recommandation qui leur furent donnés lors de leur départ.

MARIE-JOSEPH LEGARDEUR DE REPENTIGNY (?-?)

On connaît au moins six relations du siège de Québec en 1759. Et nous ne choisissons ni la plus célèbre ni la plus instructive. Mais le récit que sœur de la Visitation rédigea a le mérite d'un point de vue exceptionnel. Hors des combats mais aussi proche d'eux que nulle femme, au-dessus des nationalités par profession mais de cœur patriote engagée, elle écrit des souvenirs récents mais dont elle sait alors, puisque c'est en 1765, la lourde conséquence historique. Et déjà elle esquisse la justification que va reprendre le XIXe siècle: ce fut providentiel. Un autre motif guide notre choix: il semble que Marie-Joseph Legardeur, fille de Pierre, soit née au pays comme Élisabeth Begon, comme Marie Morin.

Le Ciel semblait vouloir combattre contre nous

Après avoir été très près de trois mois à l'ancre, à se morfondre au port, sans oser s'exposer à une seconde attaque[1] (nos ennemis) prenaient le parti de s'en retourner, n'espérant plus réussir dans leurs entreprise; mais le Seigneur, dont les vues sont inpénétrables et toujours justes, ayant résolu dans son conseil de nous livrer, inspira au Général Anglais de faire encore une tentative avant son départ. Il la fit de nuit, par surprise. On devait, cette même nuit, envoyer des vivres à un corps de troupes qui gardait un poste sur une hauteur proche de la Ville. Un malheureux déserteur les en instruisit, et leur persuada qu'il leur serait facile de nous surprendre et de faire passer leur berges sous le Qui vive de nos Français qui devaient s'y rendre. Ils profitèrent de l'occasion, et la trahison réussit. Ils débarquèrent à la faveur du Qui vive; l'Officier qui commandait s'aperçut de la surprise mais trop tard. Ils se défendit en brave, avec son peu de monde, et y fut blessé. L'ennemi se trouva par cette entreprise aux portes de Québec. Mr. De Montcalm, Général, s'y transporta à la tête de ses troupes en diligence; mais une demi lieue de chemin qu'il fallut faire, donna le temps aux ennemis de faire ranger leur artillerie et de se mettre en état de recevoir les nôtres. Nos premiers bataillons ne se donnèrent pas le temps d'attendre que notre armée fût arrivée et en état de les seconder; ils donnèrent, à leur ordinaire, avec impétuosité sur l'ennemi qu'ils tuèrent en grand nombre; mais ils furent bientôt accablés par leur artillerie. Ils perdirent de leur côté leur Général, et grand nombre d'Officiers. Notre perte n'égala pas la leur en nombre, mais elle ne fut pas moins douloureuse. Mr. De Montcalm, Général, et ses principaux Officiers y perdirent la vie. Plusieurs Officiers Canadiens, chargés de famille, eurent le même sort. Nous vîmes de nos fenêtres[2] ce massacre. C'est là où la charité triompha et nous fit oublier nos propres intérêts et les risques que nous courons à la vue de l'ennemi; nous étions au milieu de morts et de mourants que l'on nous amenait par centaines à la fois, dont plusieurs nous touchaient de très près — il fallut ensevelir notre juste douleur et chercher à les placer. Chargées de trois Communautés[3] et de tous les Faubourgs de Québec que l'approche de l'ennemi avait fait déserter, jugez de notre embarras et de notre frayeur. L'ennemi, maître de la campagne et à deux pas de notre Maison; exposées à la fureur du Soldat, nous avions tout à appréhender. Ce fut alors que nous expérimentâmes la vérité de cette parole de l'Écriture, « que celui qui est sous la garde du Seigneur n'a rien à craindre. » Mais, sans manquer de foi ni d'espérance, la nuit qui approchait redoubla nos inquiétudes. Les trois

---

1. Une tentative de débarquement sur la côte de Beauport avait échoué.
2. L'hôpital Général avait été bâti environ un mille et demi en dehors de la ville (actuel boulevard Langelier).
3. L'hôpital Général avait accueilli les Hospitalières de l'Hôtel-Dieu et les Ursulines.

Communautés, à l'exception de celles qui étaient répandues dans la Maison, se prosternèrent au pied des autels pour implorer à la Divine miséricorde — semblables à Moïse, nous ne faisions parler que notre cœurs. Le silence et la consternation qui régnaient parmi nous, nous donnèrent lieu d'entendre les coups violents et répétés que l'on donnait dans nos portes. Deux jeunes Religieuses qui portaient des bouillons aux malades se trouvèrent, sans pouvoir l'éviter, à l'ouverture. La pâleur et l'effroi dont elles furent saisies, touchèrent l'Officier et il empêcha la garde d'entrer; il ordonna aux trois Supérieures de se présenter; il sçavait qu'elles s'étaient retirées chez nous; il leur dit de nous rassurer toutes, qu'une partie de leur armée allait investir et se saisir de notre Maison, craignant que la nôtre, qu'il savait n'être pas loin ne vint les forcer dans leurs retranchements; ce qui n'aurait pas manqué d'arriver, si nos troupes avaient pu se rejoindre avant la capitulation. Nous vîmes dans un instant leur armée rangée en bataille sous nos fenêtres, et la perte que nous avions faite la veille, nous fit craindre, et avec raison, qu'elle ne décidât de notre malheureux sort — les nôtres n'étant plus en état de se rallier. Mr. De Lévi, second Général des troupes est devenu le premier par la mort de Mr. de Montcalm, était parti depuis quelques jours du Camp, et avait amené près de 3,000 hommes pour renforcer les garnisons des postes d'en-haut qui étaient harcelés journellement par nos ennemis.

La perte que nous venions de faire et l'éloignement de ceux-ci firent prendre le parti à Mr. le Marquis de Vaudreuil, Gouverneur Général de la Colonie, d'abandonner Québec, qu'il n'était plus en état de sauver; les ennemis ayant formé leurs retranchements et dressé leur champ à la principale porte, et leurs vaisseaux fermant l'entrée du côté du port, il était impossible d'y porter secours. Mr. De Ramsay, Lieutenant du Roi, qui commandait avec une faible garnison, sans vivres et sans munitions, y tint ferme jusqu'à l'extrémité.

Les Bourgeois lui représentèrent qu'ils avaient sacrifié de grand cœur leur biens et leurs maisons, mais que pour leurs femmes et leurs enfants, ils ne pouvaient se résoudre à les voir égorger; l'on était à la veille d'être pris d'assaut, il faut donc se résoudre à capituler.

Les Anglais accordèrent sans difficulté les articles que l'on avait demandés, tant pour la religion que pour l'avantage du citoyen. La joie qu'ils eurent de se voir en possession d'un Pays où ils avaient échoué plus d'une fois pour en faire la conquête, les rendit les plus modérés de tous les vainqueurs. Nous ne pourrions sans injustice nous plaindre de la façon dont ils nous ont traités, et il se pourrait faire que l'espérance de se le conserver y aurait contribué. Quoi qu'il en soit, leur bon traitement n'a point encore tairi nos larmes.

Nous ne les versons point comme ces bons Hébreux sur les bords du Fleuve de Babylone, puisque nous sommes encore sur la terre promise; mais nous ne ferons retentire nos Cantiques, que quand nous serons purgés du mélange de ces nations, et nos temples rétablis: c'est alors que nous célébrerons, pleines de reconnaissance, la miséricorde du Seigneur.

Tout ce qui était resté de familles et de personnes de distinction, suivirent l'armée à Montréal après la Capitulation. Mgr. notre saint Évêque fut forcé de prendre ce parti, n'ayant plus où se retirer. (...)

Revenons à nos Français. Nos Généraux, ne se trouvant pas en état de revenir prendre sitôt leur revanche, prirent le parti de faire construire un fort à cinq lieues au dessus de Québec, et d'y mettre une garnison capable de s'opposer aux entreprises des ennemis, et les empêcher de pénétrer plus avant; elle n'y demeura pas oisive, il y eut sans cesse des camps volants pour inquiéter l'ennemi. Ils n'étaient pas en sûreté aux portes de Québec. Mr. Murray, Gouverneur de la place, s'y trouva plus d'une fois à la veille de perdre sa liberté; et sans les faux frères, on ne l'aurait pas manqué. En outre, on leur faisait souvent des prisonniers, ce qui mit le Gouverneur de si mauvaise humeur, qu'il envoya des soldats brûler et piller nos pauvres habitants.

Le désir de reprendre ce pays et d'acquérir de la gloire coûta cher aux citoyens. On ne vit tout l'hiver que combats; la dureté de la saison ne fit point mettre les armes bas; partout où paraissait l'ennemi, on le poursuivait à toute outrance: ce qui leur fit dire « qu'ils n'avaient jamais vu de nation si attachée et fidèle à leur Prince que les Canadiens. »

Les Anglais n'avaient pas manqué d'exiger le serment de fidélité pour leur Roi; mais, malgré cette sorte d'engagement forcé, que nos habitants ne se croyaient pas dans l'obligation de garder, ils se joignaient à nos camps volants, partout où ils en trouvaient l'occasion.

Nos Français ne faisaient pas moins de dégâts dans nos campagnes; ils vivaient aux dépens de qui il pouvait en appartenir. Nous y perdîmes considérablement, à une Seigneurie que nous avions à six lieues au-dessous de Québec. L'Officier qui y commandait s'empara de tous les bestiaux de notre métairie qui étaient en grand nombre, et des bleds de nos moulins, et cela pour faire vivre sa troupe. Le Munitionnaire ne nous en a pas tenu compte. Malgré cette perte, il fallait soutenir plus de trois cents blessés qui nous étaient venus de la bataille du treize[4]. (...)

Le désir de rentrer dans nos droits, et de reprendre le pays, nous fit seconder de notre mieux l'idée qu'on avait conçue. Comme nous avions à notre Hôpital beaucoup de soldats de la garnison de Québec, et de la bataille qui s'était donnée pour en empêcher la prise, ils nous demandaient en grâce, quand ils se voyaient rétablis, de les laisser sauver pour aller rejoindre l'armée; nous le faisions de grand cœur, et à nos dépens, leur fournissant des vivres et hardes pour les mettre en état de le faire; ce qui nous attira les reproches et les menaces les plus dures, de la part de l'ennemi, qui nous menaçait de nous laisser mourir de faim.

Comme notre Maison était encore pleine de malades, M. le Grand Vicaire, qui veillait de près à nos intérêts, renvoya un grand nombre d'Aumôniers qui ne pouvaient que nous être à charge, par la charité et la rareté des vivres. Il se chargea, avec M. de Rigauville, Chanoine du Chapitre de Québec, et Aumônier de notre Maison, Prêtre d'un mérite et d'une vertu distinguée, d'administrer les sacrements aux malades et de veiller jour et nuit auprès des moribonds. Ils avaient encore tous les habitants des environs à confesser et

---

4. Bataille des plaines d'Abraham, 13 septembre 1759.

à assister dans le besoin. Ce qui occupait et affligeait infiniment M. notre Grand Vicaire, était de ne pouvoir remettre la clôture. Nous eûmes alors plus de deux cents Anglais qui occupaient nos salles et nos dortoirs, et autant de Français dans notre Communauté et dans nos infirmeries, et nous n'avions pour nous retirer qu'un petit appartement. C'est là où toutes ensemble, abimées dans nos réflexions, nous ne savions que penser. La communication étant interdite, nous ne savions ce qui ce passait dans le pays d'en-haut. Nos ennemis, mieux instruits que nous, nous annonçaient tous les jours l'arrivée de notre armée; les mesures qu'ils prenaient et les fortifications qu'ils faisaient dans Québec, soutenu d'une garnison nombreuse, nous faisaient craindre pour la réussite. Nous avions de notre côté de faux prophètes, et des femmes qui formaient un siège en peinture, et qui, sans mortiers et sans canons, prenaient la ville d'assaut. Il n'en fallut pas d'avantage pour ranimer ceux qui ne demandaient qu'à combattre.

Aussitôt que la saison parut propre à se mettre en campagne, on suivit les glaces, peu muni de vivres, et encore moins d'artillerie propre à former un siège. Nos Généraux ne doutant point de la valeur de leurs troupes; mais ils ne se flattaient de réussir qu'à la faveur d'un secours promis de la part de la France; ce qui n'aurait pas manqué d'arriver, si quelques uns de nos vaisseaux avaient paru à la rade de Québec dans le temps que l'on battait ses murailles. Quoi qu'il en dût arriver, notre armée se mit en marche; elle arriva près Québec, le 26 Avril. Le 27 fut employé à faire passer le peu de canon que l'on avait de Montréal. Un cannonier, en voulant monter la côte, tomba sur une glace qui le porta directement vis-à-vis de la maison qu'occupait le Gouverneur. La voiture extraordinaire de cet envoyé frappa les sentinelles. Ils avertirent; le Gouverneur ordonna qu'on lui donnât un prompt secours. Il se le fit amener et le questionna. Le pauvre homme saisi et effrayé des risques qu'il venait de courir, ne fut pas en état de dissimuler; il dit avec franchise, qu'il était un des canonniers de l'armée qui était à deux lieues de Québec; qu'en voulant monter un canon, le pied lui avait manqué; que la glace l'avait emporté et fait dériver malgré lui; jusque là, la marche de l'armée avait été secrette. Pour le moment, ce secret développé, nous parut de mauvais augure, et dirigé par une puissance à laquelle on ne put s'opposer. Le Gouverneur, instruit par cette voie, ne perdit pas un instant. Il commença par retirer une forte garnison qu'il avait mise à une lieue de Québec pour s'opposer aux courses des nôtres; il emporta ses canons et fit sauter l'Église de Ste. Foy qui servait de retraite à sa troupe; après quoi, il assembla son conseil et fut presque seul d'avis de sortir de la Ville, de s'emparer d'un poste avantageux, d'y dresser des batteries et d'attendre de pied ferme notre armée. Sa proposition ne fut pas du goût du grand nombre, mais cependant, elle fut exécutée comme il l'avait projettée.

Notre armée, ignorant le trait de providence qui venait de se passer à l'avantage de l'ennemi, continua sa marche. La nuit du 27 au 28, fut des plus terribles. Le Ciel semblait vouloir combattre contre nous, Le tonnerre et les éclairs, peu communs dans cette saison, en ce pays, nous annonçaient par avance les coups de foudre auxquels les nôtres allaient être exposés. La pluie qui tombait à seaux, et les chemins impraticables par la fonte des neiges, ne leur permettaient point de marcher en ordre. M. de Bouglamarque, second Général des troupes de terre, se trouva à la vue des ennemis, à la tête des premiers bataillons, et sans avoir eu le temps de les ranger. L'artillerie de l'ennemi ne manqua pas, en les voyant paraître, de faire une décharge qui en mit beaucoup hors de combat. M. de Bouglamarque fut blessé et obligé de se retirer. Le fort de l'armée était encore à plus d'une demi-lieue de l'endroit où commença le premier feu. Nos troupes de la Marine et nos Milices, plus au fait des chemins, arrivèrent à temps pour soutenir un régiment qui se faisait tailler en pièces plutôt que de reculer. Ce fut alors que le combat devint furieux et des plus sanglants. Comme l'Anglais avait été à même de se choisir le terrain le plus avantageux, il ne le manqua pas. Notre armée en arrivant ne s'attendait pas à trouver l'ennemi rangé en bataille; elle fut obligée de faire halte, et ne trouvant pas le terrain propre à se déployer, il n'y eut que la première colonne qui fut en pouvoir de combattre. Le choc se donna à quelques pas de Québec, sur une hauteur vis-à-vis de notre Maison. Il ne se tira pas un coup de canon ni de fusil qui ne vînt retentir à nos oreilles. Jugez par là de notre situation; l'intérêt de la nation et celui de nos proches qui étaient du nombre des combattants; cet état de souffrance ne se peut peindre. M. notre Grand Vicaire (aujourd'hui notre Évêque), qui ne souffrait pas moins que nous, nous exhortait à soutenir cet assaut avec résignation et soumission aux ordres de Dieu; après quoi, il alla se renfermer dans l'Église, pénétré de la plus vive douleur, où comme le Grand Prêtre Aaron, il courut au pied des Autels, et où faisant monter l'encens de sa prière jusqu'au trône du Tout-puissant, il demandait avec confiance au Dieu de toute miséricorde d'arrêter ses coups et d'épargner le troupeau qu'on venait de lui confier. Il se leva plein d'espérance, au milieu de l'action, pour se transporter sur le champ de bataille, malgré notre opposition qui n'était pas sans raison; car il courut des risques. Ce qui lui fit prendre ce parti était, nous disait-il, qu'il n'y eût pas assez d'Aumôniers pour assister les mourants qu'il croyait être en grand nombre.

Mr. de Rigauville, notre Aumônier, plein de zèle, l'y voulut suivre. Il n'était pas sans inquiétude; M. son unique frère, et plusieurs de ses proches, étaient dans l'armée. Ils eurent la consolation de voir l'ennemi tourner le dos et prendre la fuite. L'action avait duré deux heures. La valeur et l'intrépidité du Français et du Canadien repoussèrent l'ennemi de la position avantageuse où il se trouvait. Cependant, on le menait toujours battant sous le canon de la Ville; nous demeurâmes maîtres du champ de bataille, et de toute leur artillerie, et fîmes quantité de prisonniers. L'ennemi, renfermé là n'osant plus paraître, nous pouvions bien chanter victoire. Nous l'avions bien gagnée. Mais qu'elle nous coûta cher, et qu'elle fut arrosée de larmes!

Mr. De Lévi, aux approches de Québec, avait assemblé son Conseil. On y met en délibération de faire sauter notre Maison, de crainte qu'elle fût une ressource pour l'ennemi; mais le Seigneur eut pitié de nous et d'eux; il leur ouvrit les yeux et leur fit voir qu'elle était un bien plus grand pour eux. Il prit le parti de nous écrire pour nous signifier de faire partir de chez nous toutes les personnes dont nous étions chargées et qui s'étaient réfugiées chez nous, ne voyant que nous de capables de se charger des blessés du siège qu'il allait entreprendre; qu'il nous les recommandait par avance. Nous ne manquâmes pas de lui répondre que nous allions travailler à vuider notre Maison, à l'exception de deux cents Anglais que nous avions malades, et que nous n'étions pas en pouvoir de renvoyer; et que du reste, nous étions toujours prêtes à seconder ses intentions, et à rendre tous les services dont nous étions capables.

Après le gain de la bataille, il nous envoya un Officier, avec une garde Française, sans que cela nous délivrât de l'Anglaise. Il fallut encore trouver à la loger. Mais, ce n'était là que le prélude de ce qui nous allait arriver. Il faudrait une autre plume que la mienne pour peindre les horreurs que nous eûmes à entendre pendant vingt-quatre heures que dura le transport des blessés les cris des mourants et la douleur des intéressés. Il faut dans ces moments une force au dessus de la nature pour pouvoir se soutenir sans mourir.

Après avoir dressé plus de cinq cents lits que nous avions eus des magasins du Roi, il en restait encore autant à placer. Nos granges et nos étables étaient remplies de ces pauvres malheureux. Il nous aurait été, aussi, difficile d'en trouver le temps. Nous avions dans nos infirmeries soixante et douze Officiers, dont il en mourut trente trois. On ne voyait que bras et jambes coupés. Pour surcroît d'affliction, le linge nous manqua; nous fûmes obligées de donner nos draps et nos chemises. Ce n'est point qu'on n'ait pris des précautions pour en apporter de Montréal; mais, le vaisseau qui l'apportait fut pris (en se battant et défendant bien) par les Anglais qui le guettaient.

Il n'en était pas de cette bataille comme de la première; nous ne pouvions espérer de secours des Hospitalières de Québec — les Anglais s'étaient emparés de leur Maison, ainsi que de celle des Ursulines et des particuliers, pour loger leurs blessés qui étaient encore en plus grand nombre que nous. Il nous vint encore une vingtaine d'Officiers qu'ils n'eurent point le temps d'enlever, et dont il fallut aussi se charger; en outre, plusieurs Officiers des leurs nous avaient été envoyés pour les loger.

Mes Révérendes Mères, comme je n'ai fait cette Relation qu'en rappelant dans ma mémoire ce qui s'est passé sous nos yeux, et pour vous donner la consolation de voir que nous avons soutenu avec courage et rempli avec édification les devoirs que nous imposait notre vocation, je ne vous ferai point le détail de la reddition entière du Pays; je ne pourrais le faire qu'imparfaitement, et sur le rapport d'autrui; je vous dirai seulement, que le plus grand nombre de nos Canadiens se sont fait ensevelir plutôt que de céder, et que le peu de troupes qui nous restaient, manquant de munitions et de vivres, ne se sont rendues que pour sauver la vie aux femmes et aux enfants exposés au dernier malheur où l'assaut ne manque pas de plonger les villes.

Hélas! M. R. M., il est bien malheureux pour nous que l'ancienne France n'ait pu nous envoyer au printemps quelques Vaisseaux, des vivres et des munitions: nous serions encore sous sa domination. Elle perd un pays immense, un peuple fidèle et attaché à son Roi, perte que nous ne pouvons trop regretter tant pour la Religion que pour la différence des lois auxquelles il faut se soumettre. Nous nous flattions, mais en vain, que la paix nous remettrait dans nos droits, et que le Seigneur nous traiterait en père et ne nous humilierait que pour un temps; mais son courroux dure encore. Nos péchés sont sans doute montés à leur comble; ce qui nous fait appréhender que cela soit pour longtemps, c'est que l'esprit de pénitence n'est pas général dans le peuple, et que Dieu y est encore offensé, malgré le désir et l'espérance qu'il conserve de rentrer dans peu sous la domination de ses anciens maîtres.

2

LA PATRIE LITTÉRAIRE

par René Dionne

INTRODUCTION

La patrie perdue recréée

Sous le Régime français, une littérature a bien existé, ainsi qu'en témoigne le premier volume de la présente anthologie. Cette littérature est nôtre et, bien qu'elle ne soit pas encore complètement québécisée, il ne fait pas de doute que les œuvres de cette époque s'intègrent de plus en plus à la littérature québécoise, dont elles constituent en quelque sorte les origines françaises (1534-1760).

Les origines canadiennes (1760-1836)

Apparemment, toutefois, il y a coupure entre cette période française et celle qui suit, canadienne à part entière, ou presque. Après la conquête anglaise de 1760, on a l'impression que tout est fini: la situation économique est désastreuse, la société a été décapitée, la politique est aux mains du conquérant et le système d'enseignement est délabré, sinon désorganisé; sur les ruines de la Nouvelle-France pourrait s'élever un nouveau Canada qui n'aurait rien de français après quelques décennies. Ce ne sera pas le cas: les vaincus, réduits au silence, ne sont pas résignés à mourir; ils veulent vivre et leur résistance est servie par les circonstances. L'agitation américaine leur vaut, en 1774, un nouveau régime politique, celui de l'Acte de Québec, qui se trouve à introduire la diversité constitutionnelle dans l'Empire britannique en rétablissant l'usage du droit civil français et en garantissant une plus grande liberté religieuse. La loyauté canadienne à l'Angleterre reçoit ainsi quelque récompense, que nos pères s'empressent de mettre à profit.

Durant les trois premières décennies du régime anglais, ils parlent peu et n'écrivent guère, occupés qu'ils sont à refaire leurs forces vives à même les traditions qu'ils maintiennent. À partir de 1783 arrivent des Loyalistes américains qui, par leur nombre, posent, pour la première fois, à l'étendue du pays le problème de la coexistence de deux nations de langue et de religion différentes. S'ensuit l'Acte constitutionnel de 1791 qui partage le territoire canadien en deux provinces: le Haut-Canada et le Bas-Canada. Les Canadiens retrouvent en ce dernier un pays qu'ils auront tendance à considérer comme le leur; ils y sont la majorité et ils voudraient se comporter comme une majorité, c'est-à-dire gouverner à leur guise. Malheureusement, la minorité anglaise entend bien que l'administration anglaise, représentée par le gouverneur et son conseil exécutif, lui permettra de gérer la province conquise. C'est la lutte politique qui s'ouvre, à la Chambre d'Assemblée d'abord, puis dans la presse; en 1806, *Le Canadien* est fondé, qui sera l'organe du parti du même nom, formé l'année précédente. L'on peut dire que, avec ce journal, la littérature canadienne commence pour de bon. Il existe bien, depuis 1764, un journal bilingue, *La Gazette de Québec*, mais ce journal ne peut pas être un lieu de création littéraire originale: il s'abreuve à des sources européennes et il est lié aux intérêts du vainqueur. *La Gazette* de Montréal, elle, n'a été ce lieu de création que de façon éphémère, puisque son opposition aux autorités civiles et religieuses lui a valu d'être supprimée en juin 1779, soit moins d'un an après sa fondation, et que, lors de sa reparution en 1785, elle est devenue bilingue, avant que d'être anglaise à partir de 1822. Un journal français, *Le Courrier de Québec* (1788), et deux journaux bilingues, *Le Magasin de Québec* (1792-1794) et *Le Cours du temps* (1794-1795), n'ont connu qu'une brève existence, de trois semaines à quelque deux ans, faute, eux aussi, de caractère national et d'assises politiques solides, deux éléments qui feront la fortune littéraire du *Canadien*. Toutes les pages de ce journal appartiennent aux habitants français et l'on y exploite un thème qui est à la fois valable et cher au cœur de chacun: la liberté de la presse pour le meilleur service des libertés politiques et nationales. De là, dès ses vraies origines, le caractère nationaliste de notre littérature, qu'elle ne perdra jamais, étant donné la situation collective de ceux qui la feront.

En faisant naître notre littérature du journal *Le Canadien*, nous n'oublions pas les écrits du régime français: ils sont là, qui demeurent, prêts pour la récupération qu'en feront nos écrivains à partir de 1845; nous n'oublions pas non plus ceux qui, par la voix plutôt que par la plume, ont gardé vivante la parole française: par exemple, un prédicateur comme J.-O. Plessis et un tribun populaire comme L.-J. Papineau; nous savons également que la lecture de journaux comme *La Gazette de Québec* et *La Gazette* de Montréal a contribué à maintenir un certain courant littéraire, malgré la provenance étrangère ou la banalité de leurs textes. Cependant, nous croyons aussi que, par-delà la nécessité de parler et d'écrire pour survivre collectivement qui a fourni un thème et donné un ton aux discours et aux écrits de l'époque, ce qui a le plus contribué au maintien d'une certaine possibilité de vie littéraire, c'est l'enseignement français que, à travers un système désorganisé ou pas organisé, n'a cessé de maintenir le groupe francophone; l'enseignement vivote, mais il existe, qui permettra la relevée le jour où l'on prendra conscience de la menace que l'ignorance ou l'analphabétisme font peser sur la nation. Existe également, qui maintient l'oreille et la voix littéraires, la tradition orale; elle est faite de ces vieilles chansons folkloriques qui sont venues de la France avec les pionniers et de ces contes de même source que le verbe populaire non seulement répète, mais recrée en les amplifiant le soir à la veillée. La vie nationale a beau être plus ou moins latente depuis la Conquête, il reste qu'elle se réchauffe à la lampe du foyer et que l'imagination ne cesse pas de créer aux feux de l'âtre. Lorsque *Le Canadien* paraît en 1806, c'est cette vie sourde, mais continue depuis 1760, qui, après s'être manifestée de plus en plus à la Chambre d'Assemblée à partir de 1792, naît à la littérature, pour peu que celle-ci existe chaque fois que se fait entendre une voix dans un ton à nul autre pareil. Une vie littéraire débute, originale, que ne soutiendront plus seulement la vieille mémoire française et des luttes politiques incessantes, mais des écoles et des collèges qui vont aller se créant et s'organisant avec rapidité.

Handicapé par la guerre de la Conquête, l'enseignement primaire et secondaire s'était fait par la suite dans des conditions de pénurie de maîtres et de ressources financières. En 1789, un premier essai de législation scolaire avait échoué, parce qu'il proposait une école unique pour les catholiques et les protestants; en 1801, nos pères avaient cru bon de s'opposer à l'Institution Royale, système d'enseignement qu'ils jugeaient, à tort ou à raison, trop anglicisant et protestant. Dans les dernières années du XVIIIe siècle et les premières du XIXe, des écoles privées ou paroissiales avaient surgi en petit nombre, ici et là, qui avaient maintenu chez quelques-uns une petite flamme de connaissance. En 1824, le gouvernement établit des écoles de fabriques, ainsi nommées parce que les conseils paroissiaux en étaient responsables sous la direction des curés; puis, en 1829, ce furent les écoles de syndics, premier système d'enseignement public. En même temps progresse l'enseignement secondaire. La Conquête n'avait laissé survivre finalement qu'un seul collège: le Séminaire de Québec; un collège se fonde à Montréal en 1790, puis sept autres à travers la province de 1803 à 1832. C'est de ces écoles et de ces collèges que proviendront les écrivains de 1837 et des années suivantes. Pour le moment, ils sont à l'école et ceux qui occupent la scène littéraire sont pour une bonne part des autodidactes qui, sur les tribunes ou dans les journaux, luttent pour les droits de leurs compatriotes. Les littéraires « purs » sont rarissimes et leurs écrits, empreints de préciosité et piqués par le ver de la rhétorique, empruntent au siècle de Boileau ses préceptes, mais ni son souffle ni sa science; il en résulte, par exemple, un Michel Bibaud, qui a le mérite de publier en 1830 notre premier recueil de poèmes, alors que la tradition orale entretient le feu poétique par ses chantres du pays et de la liberté, premiers hérauts de 1837. Dans le sillage du *Canadien* naissent des journaux politiques et littéraires, dont la plupart, *La Minerve* exceptée, connaissent une vie brève (quelques mois ou quelques années): ne peuvent subsister en cette période que les journaux soutenus par des partis politiques; les fonds manquent pour les journaux littéraires, et les écrivains aussi. Il n'empêche que le souci littéraire va croissant et que, le 10 avril 1837, à la veille de la révolution, un journal naissant, *Le Populaire*, trouve, pour lancer un appel à la jeunesse canadienne en faveur de la littérature, l'argument qui sied à l'époque: « La littérature fonde la gloire des peuples; chaque nation regarde comme un bienfait l'avantage de compter, dans son propre sein, des hommes capables d'honorer leur patrie par leurs écrits, des hommes propres à placer leur pays sur la même ligne que les États voisins. »

La patrie littéraire (1837-1865)

Voilà la raison d'être de notre littérature: elle fondera la gloire de notre peuple et cette raison, qui sera sans cesse reprise tout au long du XIXe siècle, arrive à point. Les Canadiens français — ils commencent de s'appeler ainsi, encore que la simple appellation de « Canadiens » subsistera longtemps — sont en voie de perdre leur pays, le Bas-Canada. Depuis 1830 surtout, la lutte est vive entre l'Assemblée et le gouverneur qui s'appuie sur ses deux conseils, exécutif et législatif, lesquels n'hésitent pas à rejeter les lois que vote l'Assemblée; celle-ci riposte en n'approuvant pas les crédits nécessaires à l'administration. Londres permet alors au gouverneur de se servir lui-même dans la caisse; la révolution éclate. Mal organisée et partielle, elle échoue; la répression est sanglante, démesurée. Le gouvernement anglais impose au Bas-Canada et au Haut-Canada un régime d'union qui doit conduire à l'assimilation des Canadiens français. Pendant un moment, la mort plane sur la nation; puis, à partir de 1842, grâce à l'énergie et au sens politique de L.-H. Lafontaine et de A.-N. Morin, c'est une lente remontée vers la reconnaissance des droits du français et la conquête, en 1848, du gouvernement responsable, qui sera suivie par une expansion économique favorable.

Mais, pendant toute cette période, en même temps que se reconquiert une certaine position de force politique et économique, subsiste un climat malaisé, propice pourtant à la création d'une littérature: la peur que la nation ne disparaisse un jour pousse certains esprits à composer en quelque sorte son épitaphe. Ainsi c'est en pessimiste que F.-X. Garneau entreprend d'écrire l'histoire de son peuple et ce dernier a tôt fait de reconnaître en elle le monument de sa survie collective: plus tard, les Canadiens disparus, l'on se souviendrait de leur brave nation en lisant son *Histoire du Canada*, avait songé Garneau; or, il se trouve que, en la lisant immédiatement, les contemporains y puisent, au rappel de leurs origines, des raisons de combattre, d'espérer et de bâtir. En 1858 naît la Société historique de Montréal et, vers 1860, la ville de Québec connaît un mouvement littéraire qui opère un retour aux sources. Sous la conduite de l'historien Ferland, un groupe d'hommes de lettres s'efforcent de donner à leur pays une littérature qui dira, à la face des peuples, que la nation canadienne-française existe. Pour cela, pense le groupe, il faut construire la littérature sur le passé collectif et la faire utile; ses œuvres sont donc plus sérieuses que divertissantes, plus didactiques que gratuites. Il arrive, cependant, que ces écrivains ont été formés à bonne école: la plupart sont le produit des collèges classiques, dont les programmes d'études s'inspirent du fameux *Ratio studiorum* des Jésuites; ils se soucient donc du style et de la forme littéraire de leurs écrits et ils allient presque toujours le plaisir d'écrire à leur volonté d'enseigner, qui repose sur des connaissances solides. Cette volonté d'enseigner n'avait pas préoccupé nos premiers romanciers, même s'ils entendaient faire œuvre nationale. En effet, *L'Influence d'un livre* (1837) et *Les Fiancés de 1812* (1844), tout comme, plus tard, *Une de perdue, deux de trouvées* (1849-1865), manifestent un goût d'évasion par l'imaginaire, à la façon certes des contes et nouvelles qui les ont précédés, mais l'on peut supposer aussi que leurs auteurs ont trouvé dans l'œuvre d'imagination un débouché pour leurs ambitions à un moment, celui d'avant et d'après la révolution, où, la place publique étant bien gardée par le conquérant anglais, l'on refoulait de l'administration les Canadiens qui, d'eux-mêmes d'ailleurs, se gardaient souvent de vouloir y accéder. Avec *La Terre paternelle* (1846) et

Charles Guérin (1846-1853), la fantaisie et l'aventure cèdent la place à l'éducation sociale et nationale, qui sera le premier souci des littéraires du mouvement de Québec. *Jean Rivard* (1862-1864), récit d'un grand rêve, enseigne que la colonisation est la clef du salut collectif. *Les Anciens Canadiens* (1863), tout en livrant les mémoires d'un ancien seigneur, montrent, à travers l'histoire d'un destin personnel et familial, que la réconciliation des adversaires de 1760 est possible et qu'elle peut aboutir à une vie harmonieuse. *Forestiers et Voyageurs* (1865) entrepose pour la postérité coutumes et mœurs que l'on pourrait oublier. *Jacques et Marie* (1866) illustre, grâce aux aventures d'un couple héroïque, le courage exemplaire d'un peuple qui n'a pas consenti à disparaître. À se remémorer ainsi dans le rêve et l'espérance, l'on fouette sa fierté et l'on construit petit à petit une littérature qui, pour manquer de gratuité, n'en reste pas moins une littérature d'imagination; dans cette création vit le nerf de la résistance collective: ce que l'on peut imaginer en français existe en français et la patrie que l'on compose situe ses créateurs. Un peuple entier se met ainsi à exister et à vivre dans son passé et dans son avenir, en même temps qu'il exprime sa nostalgie à travers la poésie d'un Crémazie, dont l'exil symbolise aujourd'hui l'aliénation de ses compatriotes, et qu'il lutte pour ses droits politiques derrière Lafontaine, puis à la suite de G.-E. Cartier.

Il s'en faut, toutefois, que dans cette lutte il n'y ait qu'homogénéité. La vie, quand elle existe vraiment, tend à fleurir en toutes directions. Or il se trouve que la vie intellectuelle ressuscitée par les collèges classiques force les cadres que le caractère clos de ces institutions lui a d'abord imposés. Pour former les esprits, on les a enfermés dans des systèmes bien rodés, mais, une fois leur intelligence avivée, les individus ont demandé à s'épanouir et leurs opinions se sont diversifiées. Les troubles de 1837-1838 ont divisé le parti patriote en deux clans: celui des modérés, où l'on retrouvait Étienne Parent, directeur du *Canadien*, et celui des radicaux, dominé par L.-J. Papineau. Ce dernier, exilé pour un temps, revient en 1845; il a conservé sa popularité, mais le pouvoir est passé à Lafontaine et Morin, ses anciens disciples devenus modérés: ils acceptent le régime d'Union et tentent d'en tirer le meilleur parti possible avec l'appui des réformistes du Haut-Canada. Papineau s'oppose à eux et son attitude entraîne une scission au sein de la société littéraire la plus prometteuse de l'époque: l'Institut canadien de Montréal. Fondé en 1844, « dans un but d'union et d'instruction mutuelle », par des jeunes gens qui souffraient du manque d'organisation des études universitaires de langue française, l'Institut avait pris un bon départ lorsqu'un certain nombre de ses membres s'engagent, en 1848, à la suite de Papineau; sous la conduite du neveu de ce dernier, L.-A. Dessaulles, ils prêchent l'annexion aux États-Unis et leur attitude ou leurs propos anticléricaux les entraînent dans une guerre ouverte avec Mgr Bourget. Cet évêque de Montréal, conservateur et ultramontain, sait utiliser les armes de l'époque pour contrer les libéraux au fur et à mesure que leur groupe se radicalise: à leur institut il peut opposer le Cercle littéraire (octobre 1857), l'Union catholique (11 avril 1858) et l'Institut canadien-français (3 mai 1858); à leur bibliothèque, le Cabinet de lecture paroissial (16 février 1857); à leurs journaux, *L'Avenir* (1847-1857) et *Le*

Pays (1852-1871) suivis de: *L'Ordre* (1858-1871), de *L'Écho du Cabinet de lecture paroissial* (1859-1875) et du *Nouveau Monde* (1867-1900); à leurs critiques, les avertissements et la condamnation; en 1858, le sort des armes favorise définitivement Mᵍʳ Bourget et, en 1870, c'est le coup de grâce à l'Institut canadien. L'on peut déplorer ces querelles qui ont divisé la nation à partir des troubles de 1837-1838 jusqu'au triomphe de l'évêque de Montréal; elles ont quand même fait de cette période un lieu de confrontation idéologique extrêmement intéressant et les écrits de Bourget et de Dessaulles, malgré leur lourdeur stylistique, témoignent d'une vigueur et d'une richesse de pensée qui rejoignent l'originalité d'Étienne Parent. La valeur de ces combats, la recherche historique qui engendre les œuvres de Garneau et de Ferland et provoque la création de la Société historique de Montréal, les efforts des hommes de lettres québécois de 1860 pour développer une littérature nationale, voilà autant de composantes qui font du milieu du XIXᵉ siècle la période la plus vivante et la plus actuelle de ce siècle.

La survie messianique (1866-1895)

La troisième et dernière période, dont l'esprit se prolonge jusqu'à la troisième décennie du XXᵉ, ne manifeste pas la même vitalité. Mᵍʳ Bourget l'a emporté: les libéraux sont vaincus et leur résistance d'agonisants (par exemple, lors du célèbre procès Guibord, à qui l'évêque avait refusé la sépulture ecclésiastique) ne trouble qu'à la manière d'un épiphénomène l'homogénéité de pensée qui s'installe à l'époque de la Confédération de 1867. Avec ce régime politique, la majorité des Québécois ont l'impression d'avoir retrouvé, sous le couvert de la souveraineté provinciale, un pays à eux; ce n'est pas avant les années 1890 qu'ils sortiront de leur sommeil, à la suite de l'affaire Riel et de la poussée du libéralisme politique de Laurier. Sur le plan religieux, Mᵍʳ Bourget et son épigone, Mᵍʳ Laflèche, tiennent la dragée haute à tous ceux qui n'allient pas assez ouvertement ni étroitement les intérêts de la nation à ceux de la religion; la gouverne leur est d'autant plus facile que l'enseignement, à tous les niveaux, est sous l'emprise du clergé. Cet enseignement, conservateur, ultramontain et nationaliste, est solide et efficace. La littérature en profite, en ce sens qu'elle se fait plus dense, plus correctement française; elle y perd aussi, car son homogénéité et son orthodoxie catholico-nationales la privent de la richesse qu'apportent presque nécessairement la diversité et l'originalité. La forme est meilleure, soit! mais le fond, sorte de lieu commun de tout un peuple, est d'un intérêt moindre: quand tout le monde pense et écrit la même chose à peu près de la même façon, la première version du texte seule passionne, les autres lassent.

La première version, c'est celle qu'Henri-Raymond Casgrain donne, en 1866, dans son étude sur le mouvement littéraire au Canada: notre littérature « sera le miroir fidèle de notre petit peuple dans les diverses phases de son existence, avec sa foi ardente, ses nobles aspirations, ses élans d'enthousiasme, ses traits d'héroïsme, sa généreuse passion de dévouement. Elle n'aura point ce cachet de réalisme moderne, manifestation de la pensée impie, matérialiste ». Ce miroir fidèle, notre littérature le sera durant au moins un demi-siècle, mais il n'en résultera nullement, comme le croyait le bon abbé, « plus de vie, de spontanéité, d'originalité, d'action ». Au contraire, après les trente années de luttes politiques et idéologiques de 1837 à 1865, c'est le calme politique et littéraire, si l'on excepte la période libérale et romantique d'Arthur Buies, le meilleur écrivain de cette fin de siècle; le peuple se repose, engourdi par ses chefs qui le vouent à une espérance de nouveau peuple élu. Descendant des Français, ce peuple, avait écrit en 1859 Rameau de Saint-Père, qui n'avait encore jamais mis les pieds au Canada, a mieux à faire que d'essayer de prendre en main les destinées politiques de son pays et de concurrencer les Anglo-Saxons sur le plan économique; il est destiné à cultiver les arts et les idées générales sous le regard d'une Providence qui, s'il sait être catholique fidèle et bon, lui conférera, en récompense de sa spiritualité et de son intellectualité, la suprématie sur l'Amérique anglaise qu'auront gangrenée le matérialisme et le culte du veau d'or. Le Canada français — on ne parle pas encore du Québec, la nation de cette époque se reconnaissant des frontières linguistiques plutôt que géographiques — attend donc son entrée dans la Terre promise de par la vertu même de son histoire sainte qui lui a déjà valu de survivre jusqu'à ce jour. Même des libéraux comme Arthur Buies et L.-O. David finissent par croire à cette histoire; ils se rangent et l'originalité de leur plume se transforme en militantisme orthodoxe. Le seul poète de l'époque qui rouspète un tant soit peu est Louis Fréchette, et il frappe l'air ou l'eau; W. Chapman, P. Le May, N. Beauchemin, A. Garneau gardent la maison de la terre paternelle où il fait bon vivre en paix, romantiques assoupis. Les romanciers sont didactiques: Marmette et Conan enseignent le nationalisme par le roman historique, qui emprunte ses sujets à la valeureuse et sainte époque de la Nouvelle-France; Tardivel, plus combatif, pourfend les francs-maçons à coups de miracles et prédit le séparatisme québécois pour 1945. Les chroniqueurs instruisent eux aussi, qu'il s'agisse de Buies qui réfléchit sur le destin personnel et parcourt le pays en journaliste, puis en géographe, ou de Faucher de Saint-Maurice, qui raconte ses voyages et recueille contes et légendes. À la fin du siècle, Edmond de Nevers songe, en son séjour européen, à nos destinées littéraires et nationales; on admire aujourd'hui la lucidité de ses vues, on l'écoutait peu alors. Celui qui a l'oreille du peuple littéraire et l'appui des autorités religieuses et politiques, c'est A.-B. Routhier, dont les *Causeries du dimanche*, entre autres, reflètent la pensée ultramontaine et conservatrice à son niveau moyen.

L'adage veut que les vainqueurs aient toujours raison et les vaincus toujours tort; les vainqueurs au XIXe siècle, ce sont les conservateurs et les ultramontains, et le grand homme, c'est Mgr Bourget: il a écrasé le libéralisme et provoqué l'homogénéité de la fin du siècle et du début du XXe. Le libéralisme qui régnera politiquement à partir de 1896 à Ottawa et à compter de l'année suivante à Québec n'aura pour ainsi dire rien du libéralisme du milieu du siècle; d'ailleurs, s'il règne, c'est pour avoir appris à compter avec ses adversaires à un point tel qu'il fait bon ménage avec bon nombre d'entre eux. La voix qui domine tout est encore celle de l'Église, servante de la nation, ainsi qu'il apparaît manifestement dans les discours-sermons d'un

Mgr Laflèche ou d'un Mgr Paquet. En subissant la défaite, le libéralisme doctrinaire du XIXᵉ siècle a privé notre littérature d'une voix originale et stimulante pour l'intelligence; en triomphant, le conservatisme ultramontain a permis aux forces vives de la nation de s'unifier et de composer ensemble pour une même fin: la survivance collective, et, de ce point de vue, il a été bénéfique. Un triomphe libéral eût-il mieux servi notre destin intellectuel? Vraisemblablement, encore que ce soit là une hypothèse pure, car ce destin n'a pas paru, à l'époque, dissociable du destin politique, et il appert que l'annexion aux États-Unis, option libérale, n'aurait pas mieux servi notre nationalité que la Confédération canadienne, option conservatrice. Le fait est que cette période d'assoupissement de la fin du XIXᵉ siècle a permis à notre peuple de se sentir un et fort, et survivant pour de bon. Le manque d'originalité littéraire, qui est également une dormition, a été compensé par une sorte d'approfondissement de l'art d'écrire, en ce sens que, si l'on écrit les mêmes choses, on les écrit de mieux en mieux: Fréchette, Le May, Beauchemin et Garneau savent composer et versifier mieux que Crémazie; plus que Gérin-Lajoie et Aubert de Gaspé, Marmette et Conan savent construire un roman; Buies a plus de style que tous ses devanciers et Routhier expose ses idées plus clairement et plus correctement que Dessaulles, qui était servi avant tout par sa fougue. En somme, la fin du siècle, malgré son aspect terne, constitue un apport solide à notre littérature; l'École littéraire de Montréal, qui inaugurera le XXᵉ siècle, ne se comprend bien qu'en référence à la période précédente qui avait préparé le lit d'un nouvel art poétique, et le roman qui évoluera dans les années 1930 aura profité de la tradition du roman rural et historique du XIXᵉ siècle. Bien plus, lorsque le thème du pays reviendra à la mode à partir de la fondation de l'Hexagone en 1953, puis, lorsque le séparatisme renaîtra pour de bon à partir de 1957, l'on reviendra volontiers, encore qu'inconsciemment souvent, à ce bon vieux XIXᵉ siècle, dont l'on redécouvrira la grandeur politique et la richesse littéraire, en particulier à travers les patriotes de 1837-1838 et les libéraux (Doutre, Dessaulles, Papineau) et conservateurs (Bourget) de la période de l'affrontement. À notre avis, cette période a été décisive pour notre histoire et notre littérature; c'est pourquoi nous n'avons pas hésité à en faire le corps principal du présent volume et à donner à ce dernier le titre même que nous avions retenu pour la période qui va de 1837 à 1865 — « La patrie littéraire » —, considérant la précédente comme celle de nos « origines canadiennes » (1760-1836) et la suivante comme celle de notre « survie messianique » (1866-1895). Le XXᵉ siècle ne sera pas un début, mais une suite, le prolongement d'une tradition littéraire dont les racines, à travers ses origines françaises (1534-1760), remontent aux récits de voyages de Jacques Cartier, tout comme la littérature française reconnaît, sans rougir, ses premiers éléments dans la *Vie de Saint-Léger*, sinon dans les *Serments de Strasbourg* et la *Cantilène de sainte Eulalie*.

L'anthologie qui suit comprend un choix d'auteurs que nous jugeons représentatifs de la pensée et de l'écriture du XIXᵉ siècle. Nous n'avons donc pas cru bon d'en multiplier le nombre ni de mutiler les textes par la seule reproduction des meilleures lignes ou des meilleurs paragraphes. Pour donner une bonne et juste idée de l'œuvre, il fallait, nous a-t-il semblé, citer intégralement les passages retenus, soit un poème entier ou un chapitre complet, par exemple. Ainsi, choisis d'abord en fonction de leur valeur de représentation et de leurs qualités de forme ou de fond (relativement toujours à l'œuvre entière de leurs auteurs et à celles de la même époque), les textes se trouvent à conserver leurs faiblesses et leurs défauts comme les rides et les malformations des corps ou des visages canadiens typiques au XIXᵉ siècle; de plus, ces textes, d'ordinaire, sont à la fois suffisamment longs pour donner une bonne idée des œuvres et des auteurs auxquels ils appartiennent et suffisamment complets (un sermon, un poème, un chapitre, une conférence, un article, etc.) pour permettre d'en étudier le genre et la composition ou la structure. Nous avons également attaché de l'importance soit à l'intérêt historique de certains textes (p. ex. la lettre que signe « Un Canadien » dans *Le Canadien* du 4 novembre 1809 contient, sur la situation des Canadiens français avant et après la Conquête, des opinions qui ressemblent à celles que Mᵍʳ Plessis a exprimées dans son sermon du 10 janvier 1799, jour de la célébration canadienne de la victoire d'Aboukir, ainsi qu'à celles de Papineau dans son éloge de George III en 1820), soit à leur intérêt documentaire ou actuel (p. ex. l'essai d'Arthur Buies sur la peine de mort). Nous n'avons pas cherché à retrouver ceux qui écrivaient ou pensaient comme nous, mais à montrer, à l'aide de textes, ce que l'on pensait et écrivait de diverses façons à différents moments du XIXᵉ siècle. Notre choix, comme tout choix, comporte des partis pris; nous en sommes conscient. Ainsi nous avons laissé de côté les auteurs qui n'étaient pas canadiens de naissance ni suffisamment naturalisés ou représentatifs d'ici à notre goût, Pierre du Calvet, Joseph Quesnel et Joseph Mermet, par exemple; nous avons également omis Joseph Lenoir, Eudoré Evanturel et bien d'autres, en pensant que notre représentation du XIXᵉ siècle ne souffrirait aucunement de leur absence; nous n'avons presque pas accordé de place non plus au théâtre du XIXᵉ siècle, car nous le croyons d'un intérêt et d'une valeur secondaires (qu'est-ce, par exemple, que le théâtre de Fréchette, non seulement en fonction de nos goûts d'aujourd'hui, mais à côté des contes, des mémoires et des poèmes de cet auteur?).

Nous avons voulu présenter le plus brièvement possible, et d'une manière propre à chacun, les auteurs et leurs textes; des livres existent à leur sujet, que nous citons en petit nombre et d'après leur utilité et leur accessibilité en librairie: en les lisant ou consultant, les lecteurs désireux de connaissances plus larges ou plus précises pourront se renseigner selon leur gré et leurs goûts. Nous n'avons pas cherché à faire une édition critique des textes choisis; lorsqu'une telle édition existe (c'est un fait rare), nous l'avons d'ordinaire utilisée, mais, dans les autres cas, nous avons simplement essayé de reproduire la meilleure édition du texte, de préférence la première, ou la version définitive donnée par l'auteur, ou une édition du XIXᵉ siècle, exceptionnellement une édition du XXᵉ. Sauf pour quelques textes du XVIIIᵉ siècle où nous nous sommes permis de moderniser certains caractères typographiques (p. ex. les *f*), nous avons reproduit, telles quelles, même avec leurs fautes, les éditions et versions choisies (en l'absence d'éditions critiques de ces textes, mieux vaut leur conserver leur physionomie première, révélatrice, elle aussi, de l'auteur et de son époque).

Comme la plupart des auteurs du XIXᵉ siècle en écrivant leurs œuvres, nous avons voulu faire œuvre utile en préparant une anthologie qui soit suffisamment abondante en textes intégraux et représentatifs pour pallier la pénurie de bonnes éditions d'œuvres de ce siècle; nous avons pensé, bien sûr, aux lecteurs curieux de connaître davantage un passé littéraire qui est de plus en plus l'objet d'études sérieuses de la part de chercheurs de différentes disciplines (histoire, sociologie, etc.), mais nous avons songé aussi, sinon surtout, aux professeurs qui enseignent la littérature québécoise et à leurs étudiants: les uns et les autres trouveront à travers les pages de ce volume, nous l'espérons, quelques facettes d'un siècle que l'on fréquente avec utilité, voire avec passion, du moment que l'on peut accéder au contexte qui donne aux paroles et aux écrits leur pleine dimension de vie. Faut-il ajouter que la littérature qui naît ou celle qui se fait présentent un intérêt que n'offrent pas les littératures faites ou arrivées? Et cet intérêt n'est-il pas centuplé lorsqu'il arrive que c'est une nation, et la nôtre par-dessus le marché, qui naît ou se fait en même temps que cette littérature et que celle-ci devient, comble d'importance, une patrie à défaut de l'autre, perdue, qui tarde à se recréer?

RENÉ DIONNE

Note: Mis à la suite d'un titre de texte, l'astérisque indique que ce titre est de R. D. Toutes les notes infrapaginales appartiennent aux textes reproduits.

PREMIÈRE PARTIE

LES ORIGINES CANADIENNES (1760-1836)

Journaux

LA GAZETTE DE QUÉBEC

Le 21 juin 1764, William Brown et Thomas Gilmore, deux Américains qui s'étaient associés en août 1763 après leur arrivée de Philadelphie, font paraître *The Quebec Gazette/La Gazette de Québec*. Ce journal est à l'image de la situation qui existe au Québec depuis 1760: s'adressant aussi bien aux Canadiens de vieille souche qu'aux nouveaux venus de langue anglaise, la *Gazette* est bilingue; au service du conquérant qui la subventionne en lui donnant à imprimer les annonces et les documents officiels, elle arbore fièrement les armes royales et les devises anglaises: « Dieu et mon droit » et « Honni soit qui mal y pense »; toute dévouée aux intérêts britanniques, elle va épouser les fluctuations et les caprices de la pragmatique politique londonienne, en étant tour à tour voltairienne, carletonienne, révolutionnaire, antirévolutionnaire, antibonapartiste. Avec elle commence le règne de la traduction au Canada; c'est l'apparition d'un métier nouveau et rentable pour nos gens, mais aussi le début d'une série d'avanies pour notre langue. Que l'on en juge en lisant le prospectus qui suit et que nous avons tenu à publier dans les deux langues, la comparaison des deux versions s'avérant tout aussi intéressante que l'étude de leur contenu.

The PRINTERS to the PUBLICK.

As every kind of knowledge is not only entertaining and instructive to individuals, but a benefit to the community, there is great reason to hope, that a NEWS-PAPER, *properly, and written with* ACCURACY, FREEDOM, *and* IMPARTIALITY, *cannot fail of meeting with universal encouragement; especially as it is allowed by all, that such a paper is at present much wanted in this colony.*

Every one expects, and expects with reason, that when the attention of the publick is sollicited, the principles should be laid down, on which the claim to publick favour is founded.

Our design therefore is to publish in English *and* French, *under the title of* THE QUEBEC GAZETTE, *a view of foreign affairs, and political transactions; from which a judgment may be formed of the interests and connections of the several powers of Europe: We shall also take particular care to collect the transactions, and occurences of our mother-country, and to introduce every remarkable event, uncommon debate, extraordinary performance, and interesting turn of affairs, that shall be thought to merit the notice of the reader as matter of entertainment, or that can be of service to the publick as inhabitants of an English colony.*

With regard to the MATERIAL OCCURENCES *of the* American Colonies, *and* West-Indian Islands, *we may venture to affirm, that from the extensive correspondence established for this purpose in each of them, many interesting* TRUTHS *will be laid before the publick, with all becoming impartiality and candour.*

The rigour of winter preventing the arrival of ships from Europe, *and in a great measure interrupting the ordinary intercourse, with the southern provinces, during that season, it will be necessary, in a paper designed for general perusal, and publick utility, to provide some things of general entertainment, independent of foreign intelligence; we shall, therefore, on such occasions, present our readers with such* Originals, *both in* Prose *and* Verse, *as will please the* FANCY, *and instruct the* JUDGMENT. *And here we beg leave to observe, that we shall have nothing so much at heart, as the support of* VIRTUE *and* MORALITY, *and the noble cause of* LIBERTY: *The refined amusements of* LITERATURE, *and the pleasing veins of well pointed* WIT, *shall also be considered as necessary to this collection; interspersed with other chosen pieces, and curious essays, extracted from the most celebrated authors: So that blending* PHILOSOPHY, *with* POLITICKS, HISTORY, &C. *the youth of both sexes will be improved, and persons of all ranks agreeably and usefully entertained — Upon the whole, we will labour, to attain to all the exactness that so much variety will permit; and give as much variety as will consist with a reasonable exactness. And as this part of our project cannot be carried into execution without the correspondence of the* INGENIOUS, *we shall take all opportunities of acknowledging our obligations, to those who shall take the trouble of furnishing any matter which shall tend to entertainment, or instruction.*

As many disappointments may accrue to such subscribers as reside in the remote parts of the country, by want of care in those to be employed in distributing our papers; we pray such gentlemen as may hereafter subscribe, as also those who have already subscribed to this undertaking, to point out to us (in writing) their proper address, and the particular conveyances by which they would chuse to have their papers sent.

Advertisements, the use of which is so well known to everybody, by their effects on the sale of lands, and goods, will be inserted with particular care, and at reasonable prices. And as our papers will not only circulate through the several capitals, and other cities and towns of the British *colonies in* America, *and through the Islands in the* West-Indies, *but also through the trading ports of* Great-Britain, *and* Ireland, *by which means, those who advertise therein, cannot fail of a very extensive correspondence.*

This is a sketch of the plan on which we propose to establish this paper, and as such an undertaking must in its infancy be attented with a heavy expence, we flatter ourselves that it will meet such farther encouragement as the execution thereof may deserve.

We take this earliest opportunity of acknowledging the favours we have received from the GENTLEMEN *of this city, who have generously subscribed to our paper, and whose example will, we hope, influence a number sufficient to enable us to carry on our undertaking with a prospect of success.*

Our intentions to please the Whole, *without offence to any* Individual, *will be better evinced by our practice, than by writing volumes on this subject.*

This one thing we beg may be believed, That PARTY PREJUDICE, *or* PRIVATE SCANDAL, *will never find a place in this* PAPER.

Les IMPRIMEURS *au PUBLIC.*

Comme tout genre de science ne sert pas seulment à instruire, et à amuser le lecteur particulier, mais doit aussy conduire au bien du Public, il y a lieu d'espérer, qu'une Gazette soigneusement compilée, écrite avec choix des matiéres, sans partialité, et avec une liberté convenable, ne manquera pas d'etre encouragée, comme tout le monde sent combien un imprimé de cette nature est nécessaire dans cette colonie.

Chaqu'un s'attend, et ce avec raison, que celuy qui sollicite l'attention du Public, exposera les raisons sur lesquelles il fonde ses prétentions à son suffrage.

Notre dessein est donc, de publier en *Anglois*, et en *François*, sous le titre de LA GAZETTE DE QUEBEC, un recueil d'affaires étrangeres, et de transactions politiques, à fin qu'on puisse se former une idée des différens intérets, et des connexions réciproques, des puissances de l'*Europe*. Nous aurons aussy un soin particulier, de cueillir les transactions, et les occurrences de la mere patrie, faisans attention à chaqu'évenement remarquable, à chaque debat interessant, et à tout ouvrage extraordinaire, ainsy qu'aux tours que prendront les affaires, autant qu'on les jugera dignes de l'attention du lecteur comme matiére d'amusement, ou qu'elles puissent être utiles au Public en qualité d'habitans d'une colonie *Angloise*.

A l'egard des occurrences matérielles des provinces, et des isles de l'*Amérique*, nous osons affirmer, que par le moyen d'une correspondance établie en chaqu'un de ces lieux, le Public sera instruit de plusieures vérités intéressantes, avec impartialité, et avec une franchise convenable.

Comme la rigeur des Hivers suspend l'arrivée des navires en ce port, pendant cette saison, et interrompt en quelque façon, le commerce ordinaire avec les provinces voisines, au Sud de nous, il sera necessaire, dans un Papier destiné à la Lecture et à l'utilité du public, de trouver de quoy l'entretenir, sans le secours des nouvelles des pais étrangers, à cette fin, quand de telles occasions l'exigeront, nous présenterons au lecteur, des piéces originalles en vers et en prose, qui plairont à l'imagination, au meme tems qu'elles instruiront le jugement; qu'il nous soit icy permis d'observer, que nous n'aurons rien tant à cœur, que le soutien de la vérité, de la morale, et de la cause noble de la liberté; on considérera les amusements raffinées de la litérature, et les saillies d'esprit, comme necessaires à cette collection, entresemmées d'autres piéces choisies, et d'essays curieux, tirés des plus célébres auteurs; en melant ainsy la Philosophie, et la Politique, avec l'Histoire, &c. la jeunesse des deux sexes profitera, tandis que les personnes de tous rangs pouront s'amuser agréablement, et utilement: En fin, nous travaillerons à observer toute l'exactitude que la grande variété des sujets nous permettra, au meme tems que nous tâcherons de regaller nos lecteurs de toute la variété qui poura consister avec une exactitude raisonnable; et comme cette partie de notre projet ne peut etre mise en exécution sans la correspondence des personnes ingenieuses, nous saisirons toutes les occasions de témoigner notre reconnaissance des obligations que nous devrons, à ceux qui voudront se donner la peine de nous fournir matiere d'agrement ou d'instruction.

Comme les personnes qui demeurent au loin dans la campagne, pouroient etre frustrées de leur attente, par le defaut d'attention de ceux qui se chargéront de la distribution de nos Gazettes, nous prions ces Messieurs qui souscriront cy apres à notre liste, aussy bien que ceux qui ont déja souscrit, de nous faire parvenir (par ecrit) leurs addresses, et les voyes par lesquelles ils souhaiteront qu'on leur fasse tenir leurs Gazettes.

Les avertissements dont chaqu'un connoit si bien l'utilité, par l'expérience de l'effet qu'ils font à la vente des biens fonds, et des marchandises, seront inserés avec un soin particulier, à un prix raisonnable, et comme nos Gazettes se disperseront non seulement dans les capitales et autres villes, tant des provinces, que des isles de l'*Amérique* appartenantes à l'Angleterre, mais aussy dans les villes maritimes de la *Grande Bretagne*, et d'*Irlande*, au moyen de quoy ceux qui feront inserer des avertissements dans cette Gazette, ne pouront manquer de bien étendre leur correspondance.

Cecy est un abrégé du plan que nous nous proposons de suivre dans la publication de cette Gazette, et comme cette entreprise nous causera de gros frais au commencement, nous espérons qu'on nous encouragera à proportion que l'execution de ce projet poura meriter.

Nous saisissons cette premiere occasion de temoigner notre reconnoissance, des faveurs que nous avons reçu des Messieurs de cette ville, qui ont généreusment souscrit à notre liste, et dont nous espérons que l'example servira à nous procurer un nombre de souscriptions suffisant pour nous mettre en état de poursuivre notre entreprise avec apparence de succés.

Notre résolution de contenter le Public en général, sans offenser aucun particulier, se maniféstéra mieux par l'épreuve de notre conduite, qu'en écrivant des volumes à ce sujet. Nous prions seulement qu'on soit assuré, que ni le préjugé de la partialité, ni le scandal particulier, ne trouveront place dans notre Gazette.

LA GAZETTE DE MONTRÉAL

La Gazette du Commerce et littéraire [sic] *pour la ville et district de Montréal* paraît pour la première fois le 3 juin 1778. Imprimée par Fleury Mesplet, Lyonnais, venu de Philadelphie comme ses confrères de *La Gazette de Québec*, elle est rédigée par Valentin Jautard, avocat français et rude polémiste. Les imprudences langagières de ce dernier amèneront le gouverneur Haldimand à suspendre le journal le 2 juin 1779. Mesplet en reprendra la publication en 1785, dans les deux langues cette fois, et cette nouvelle *Gazette* deviendra, après maints changements et transformations, *The Gazette*, montréalaise d'aujourd'hui. Née sous l'égide de l'Académie voltairienne fondée à Montréal le 21 octobre 1778, la première *Gazette* de Mesplet fut surtout voltairienne et proaméricaine, encore qu'elle publia volontiers les textes et les lettres de ses adversaires, ce qui donna lieu parfois à d'intéressantes joutes littéraires. Nous citons deux lettres tirées d'une discussion sur le rôle de la science dans la formation de la jeunesse: la première, signée « Moi, un » est adressée au « Spectateur tranquille » (pseudonyme de Valentin Jautard); dans la seconde, « Adieu » répond à « Moi, un ».

Au Spectateur tranquille

Pourquoi faire tant d'efforts pour engager la Jeunesse à acquérir de la Science? C'est le plus mauvais service que vous puissiez lui rendre. Je vous le prouverai très-aisément.

Juvenes, intenti, ora tenete.

La Science est toujours imparfaite, par conséquent plus capable de former des doutes que de les résoudre; aussi dans tous les états est-il plus d'ignorans que de Sçavans; la Science est en nous la source de l'orgueil, l'ignorance au contraire recèle de l'humilité. Le Sçavant dédaigne, l'ignorant recherche les conseils d'autrui. L'ignorance est la mère nourrice de la simplicité, on trouvera difficilement l'homme simple vicieux: combien n'auroient jamais fait le mal s'ils ne l'eussent connu. Nos premiers pères demeurèrent dans l'innocence tant qu'ils n'eurent point la connoissance du bien & du mal, leurs descendans ne s'adonnèrent au luxe que par la connoissance qu'ils eurent de faire des habits & construire des maisons; ils ne furent enclins à la gourmandise que lorsqu'ils cessèrent de vivre d'herbes & de fruits; Noé ne se fut jamais enyvré s'il n'eût vu ni connu le vin. La Philosophie du temps présent, si vantée, nourrit plus de sécurité & de présomption qu'elle n'excite à la Vertu; elle est plus vaine que solide. Parcourez tous les objets qui occupent les prétendus Philosophes, presque tous doivent leur commencement au hazard; la Science s'est présentée seulement pour en rechercher les causes.

Par qui se commettent les plus grands crimes? D'où naissent les hérésies, l'impiété, l'athéisme & ce nombre infini d'erreurs qui inondent l'Univers: sinon des Sçavans, ou de ceux que l'on a cru tels. D'où les chicannes, les vols, les meurtres & en général tous les crimes: sinon de ceux qui en sçavent le plus. Parcourez les Villages & les lieux où règne l'ignorance, c'est le temple de la Vertu. Rentrez dans les Villes où résident le plus grand nombre de Sçavans, vous y trouverez des impies, des luxurieux, des avares, des fourbes, des scélérats, enfin un amas confus de vices & de crimes. — Ô jeunesse! vous oseriez travailler pour devenir sçavans. Je crois qu'il suffit pour vous détourner d'un pareil dessein, de vous mettre devant les yeux la félicité promise & même acquise aux ignorans. *Bienheureux les pauvres d'esprit car le Royaume des cieux leur appartient.*

Mais, direz-vous, du moins ne trouvez pas dangereux qu'ils apprennent à parler & écrire correctement leur langue naturelle. Quelle nécessité? Ne suffit-il pas qu'ils s'entendent mutuellement, n'importe qu'ils parlent bien ou mal? Un d'eux prononcera un mot choisi que ses condisciples n'entendront pas, il s'enorgueillira se croyant plus Sçavant; matière à controverse, & souvent occasion de rompre l'amitié qui est entr'eux, & ce pour un seul mot. Il en est de même de l'Orthographe. Il est très-inutile qu'ils connoissent les Restaut, Danet, Girard, le Roi, Voltaire; pourvu qu'ils écrivent comme ils parlent, & qu'ils lisent ce qu'ils écrivent; cela ne suffit-il pas?

La connoissance de la langue française les engageroit à en rechercher les beautés dans les divers Auteurs. Croyez-vous, de bonne foi, qu'ils s'arrêteroient aux Œuvres des Fénelon, Labruyère & plusieurs autres qu'il seroit trop long de citer, dont les productions tendent à former l'esprit & le cœur, dont les préceptes conduisent infailliblement dans le sentier de la Vertu? Non, ils liront Boileau & deviendront Satyriques. S'ils goûtent son art poétique, la fureur de la Poésie les rendra fous, ils pâliront sur les ouvrages des Corneille, Racine, Crébillon, & malheur à eux s'ils connoissoient Rousseau; la lecture de *La Nouvelle Héloïse*, ses épigrammes & autres pièces les rendroit aussi mauvais que lui. Boccace, L'Arioste, les amours de Pétrarque & de Laure, les *Contes* de La Fontaine & mille autres dans le même genre rempliront tout leur temps; ils deviendront assez curieux pour lire Voltaire. Voltaire... le plus sçavant de notre siècle... mais le plus impie, le plus scélérat, le moins honnête-homme. Ses Œuvres en général ne sçavent que faire naître ou nourrir les passions, elles tendent ou à la destruction des États ou à l'extinction de la Religion. N'eût-il pas mieux valu pour lui & pour bien d'autres qu'il fût ignorant?... Ne s'aviseront-ils pas de lire les Œuvres infâmes des Grecourt, Piron & les différens Romans dont les Auteurs même n'ont osé se déclarer l'être: Quel sera le remède à un si grand mal? Quelle eau pourra éteindre cette incendie?

Mais encore direz-vous, admettons qu'ils parlent & écrivent suffisamment leur langue, ne pourroient-ils pas sans danger s'attacher à la langue Latine? elle est utile &... arrêtez; non, elle est très-inutile & très-préjudiciable. S'ils l'apprennent imparfaitement elle leur deviendra inutile; si au contraire, ils en recherchent la pureté dans les Œuvres de Cicéron, ils acquerront le talent de séduire les hommes par leur éloquence. Oh! le bel avantage pour la Société! Que puiseront-ils dans les Poètes: Dans Ovide, la débauche; dans Horace, l'esprit satyrique ou la passion de parler en cadence. Dans Virgile, à faire des fictions; encore si ce Poète avoit tu les Amours d'Enée & Didon, s'il se fût dispensé du *novimus & qui tel* & autres morceaux licencieux dans ses Bucoliques; ses Géorgiques donnent des préceptes impraticables. Quant aux Historiens qui ont écrit en langue Latine, quelle nécessité qu'ils les lisent & connoissent l'Histoire de la République Romaine? Il ne connoissent pas encore l'Histoire de leur nation, & il est très-inutile, qu'ils sçachent l'un & l'autre.

En admettant qu'ils soient, malheureusement, parvenus à parler & entendre parfaitement cette langue, les Œuvres des Docteurs de l'Église ne seroient-ils point pour eux un sujet de curiosité? Elle est louable, direz-vous. Oui, s'ils se bornoient aux Thomas, Augustin, & autres semblables. Mais ils désireront connoître leurs opposés & bien-tôt Pélagiens, Semipélagiens,

Jansénistes (...) Priscillianistes, &c. & peut-être, avec autant de connoissance, ils ne seront d'aucune Religion. Ne vaut-il pas mieux qu'ils restent ignorans?

Pour ne pas vous occuper trop long-temps, je finis par vous dire que toutes les Sciences en général sont ou nuisibles ou inutiles, & j'ai connu par les soins que j'ai pris de m'instruire, & dont j'ai regret, que les Orateurs sont des factieux, les Poètes des conteurs de Fables & Bagatelles, les Philosophes des fantasques, les Médecins des homicides, les Astrologues des imposteurs, les Géomètres des fanfarons, les Philosophes des Visionnaires, les Naturalistes des rêveurs, les géographes des vagabonds, les Chimistes des vendeurs de fumée, les Jurisconsultes des harpies, les Mathématiciens des sorciers, & les Historiens des menteurs.

Le pasteur le moins expert conduira un troupeau de moutons & ne pourra conduire un renard.

Faites réflexions, j'ose me flatter que vous serez de mon avis, & que vous ne prêcherez plus la Science.

MOI, UN

À l'Ennemi des sciences, signé « Moi, un »

Me voilà donc, Monsieur, grâce à vos raisonnements, content de vivre en bête. *Sicut equus & mulus quibus non est intellectus.* Je suis débarrassé du pénible travail de l'étude. Hélàs! que n'avois-je, il y a trente ans, un Précepteur comme vous, j'aurois passé mes jours dans une profonde ignorance; que de peines, que de travaux, que de fatigues vos conseils m'auroient épargnés. J'ai consommé ma vie dans une étude continuelle, encore la veille que vous avez donné votre Feuille au Public, je pâlissais sur le discours prononcé par Cicéron contre Catilina, j'en admirois les Beautés, le Style, les Expressions m'enchantoient; je me proposois de faire tous mes efforts pour l'atteindre. Plus je repassois Virgile plus je le trouvois inimitable. Scarron me le rendoit encore plus familier. Ovide, suivant moi, étoit un honnête voluptueux; Horace l'ennemi du vice & le Maître de la Poésie. Les révolutions de l'Empire Romain, l'Histoire de ma Nation, & combien d'autres objets remplissoient ce que vous appelez le vuide de l'imagination. Tantôt je parcourois les Docteurs de l'Église, l'Histoire du Concile de Trente, par Fra Paolo Sarpi, son *Traité des Bénéfices*. Tantôt fatigué des matières abstraites et sérieuses, J.-J. Rousseau m'enchantoit par son *Héloïse*, La Fontaine m'instruisoit par la morale de ses *Contes*, la confiance & la délicatesse de l'amour de Pétrarque pour la belle Laure, & plusieurs autres Ouvrages dans ce genre me récréoient quelquefois. Curieux de connoître les Loix de ma Nation, je parcourois le Droit Romain, d'où tirent leur origine la plus grande partie de nos Loix. Je m'attachois aux Coutumes & aux Commentateurs; enfin, je m'étois proposé de former en moi un magasin de sçavoir aux dépens de ma santé, mais je suis revenu de cette folie; car

Une éternité de Science
Vaut-elle une nuit de bonheur?

L'application à la pureté de ma Langue, m'a causé & me cause tous les jours bien des travaux. Il n'a pas été possible de fixer la Prononciation ni l'Orthographe. Je suis dans une grande perplexité, quand j'écris; sur cent personnes, à peine s'en trouve-t-il dix qui sçavent me lire; il en est de même quand je parle.

J'avois ignoré la Béatitude promise, aussi j'avois suivi le torrent de mon inclination... Mais faisons réflexion; tous vos Arguments ne seroient-ils pas des sophismes: Permettez-moi de lever l'écorce qui les enveloppe. Le principe sur lequel vous appuyez l'inutilité de la Science, est que les grandes connoissances rendent les hommes vicieux; suivant ce, tous les Sçavants le seroient. Il paroît par votre écrit que vous êtes Sçavant; êtes-vous vicieux? Vous me répondrez, sans doute, que non, que vous avez sçu vous préserver de la contagion; que vous avez choisi le bon & rejetté le mauvais dans chaque Auteur; que vous avez employé votre éloquence, non à séduire, mais à instruire, que vous n'avez considéré dans les Ouvrages licencieux, que la Beauté du Style & la Richesse des Expressions, que vous n'admirez pas l'esprit satyrique de Boileau, mais qu'il vous a plu par la manière noble & ingénue de le développer; & sans une plus longue dénumération, que vous avez recueilli seulement, de chaque Auteur, ce qui pouvoit orner & enrichir l'esprit & le cœur, & avez rejetté tout ce qui pouvoit le corrompre. Eh! pourquoi les autres n'en fairoient-ils pas autant: seriez-vous le seul qui auroit cet avantage? Vous proposez nos premiers pères pour exemple; mais il faut dire qu'ils ont abusé de la connoissance qu'ils avoient du bien & du mal. Si Noé avoit connu les qualités du vin, il ne se fut point enivré; sa faute a été occasionnée par son ignorance. La Science n'induit au mal que par accident & par l'abus que l'on en fait. L'ignorance au contraire est la mère nourrice, non de la simplicité, mais du vice. L'Ignorant ne fait jamais du bien, parce que ne pouvant connoître les contraires que par leur contraire, & l'Ignorant ne connoissant ni l'un ni l'autre, ses actes sont indifférents. De plus, dans l'Écriture-Sainte l'Ignorance est mise au nombre des péchés. *Delicta juventutis meoe, & ignorantias meas Deus ne memineris.*

La promesse faite aux pauvres d'esprit n'exclud pas les Sçavants; les Pères de l'Église possédoient plusieurs Sciences outre la Théologie, cependant l'Église les met au rang des Saints.

Nouvel Agrippa, ne croyez pas nous séduire par vos détours captieux! Nous ne lirons jamais le Livre *De Vanitate Scientiarum*. Vous ne nous montrez que les défauts des Sçavants, vous ne développez que les vices qu'ils peuvent avoir; mais vous vous gardez bien de mettre au jour leurs vertus, les avantages que procurent à un État, à la société universelle, leurs Ouvrages, fruits inestimables de leurs travaux & de leurs veilles. Aussi sans écouter & dédaignant même vos conseils, je suis résolu de continuer à m'instruire, & j'exhorte les autres à faire de même. Je sçais bien que quelques efforts que je fasse je mourrai ignorant. La vie est trop courte, mais qu'importe! je me serai satisfait, et j'exhorte les Jeunes Gens à *manger du Beurre & du miel,* afin qu'ils connoissent le bon & rejettent le mauvais.

ADIEU

LE CANADIEN

La parution du premier numéro du *Canadien* à Québec le 22 novembre 1806 est un événement important dans la vie littéraire bas-canadienne. Enfin, grâce à Pierre Bédard, aidé entre autres de François Blanchet, le parti canadien-français possède un journal où il peut exprimer librement et totalement ses vues. Bien que de ton modéré, *Le Canadien* est essentiellement un journal de combat. Stimulé par les circonstances politiques difficiles, les « habitants » se mettent à écrire, et bien, parce qu'il s'agit de leurs droits, qu'ils réclament au nom de la justice et de la liberté que toute constitution anglaise, y compris celle de 1791, garantit aux sujets britanniques qu'ils sont devenus. Au Canada comme en Angleterre, il ne peut exister de bon gouvernement que si la presse est libre et le peuple souverain. Nous reproduisons le « Prospectus » du journal et une lettre du 4 novembre 1809, signée « Un Canadien », qui répond à un texte paru dans *La Gazette de Québec.*

PROSPECTUS, *d'un* PAPIER PÉRIODIQUE.

Il y a déjà longtems que des personnes qui aiment leur pays et leur Gouvernement, regrettent en secret, que le trésor rare que nous possédons dans notre constitution, demeure si longtems caché, faute de l'usage de la liberté de la presse, dont l'office est de répandre la lumière sur toutes ses parties.

Ce droit qu'a un peuple Anglois, sous une telle constitution, d'exprimer librement ses sentimens sur tous les actes publics de son Gouvernement, est ce qui en fait le principal ressort.

L'exercice de ce pouvoir censorial si redoutable pour tous ceux qui sont chargés de l'administration, est ce qui assure le bon exercice de toutes les parties de la constitution, et surtout l'exécution exacte des loix, en quoi consiste la liberté d'un Anglois, qui est à présent celle d'un Canadien.

Ce pouvoir est si essentiel à la liberté, que l'État le plus despotique ou il seroit introduit, deviendroit par là même un État libre; et qu'au contraire la constitution la plus libre, telle que celle d'Angleterre, deviendroit tout à coup despotique, par le seul retranchement de ce pouvoir.

C'est cette liberté de la presse qui rend la constitution d'Angleterre propre à faire le bonheur des peuples qui sont sous sa protection. Tous les gouvernemens doivent avoir ce but, et tous désireroient peut-être de l'obtenir, mais tous n'en ont pas les moyens. Le despote ne connoît le peuple que par le portrait que lui en font les courtisans, et n'a d'autres conseillers qu'eux. Sous la constitution d'Angleterre, le peuple a le droit de se faire connoître lui-même par le moyen de la liberté de la presse, et par l'expression libre de ses sentimens, toute la nation devient pour ainsi dire le conseiller privé du Gouvernement.

Le gouvernement despotique toujours mal informé, est exposé sans cesse, à heurter maladroitement les sentimens et les intérêts du peuple qu'il ne connoît pas, et à lui faire, sans le vouloir, des maux et des violences dont il ne s'apperçoit qu'après qu'il n'est plus tems d'y remédier, d'où vient que ces gouvernemens sont sujets à de si terribles révolutions. Sous la constitution d'Angleterre où rien n'est caché, où aucune contrainte n'empêche le peuple de dire librement ce qu'il pense, et où le peuple pense pour ainsi dire tout haut, il est impossible que de pareils inconvéniens puissent avoir lieu, et c'est là ce qui fait la force étonnante de cette constitution qui n'a reçu aucune atteinte, quand toutes les constitutions de l'Europe ont été bouleversées les unes après les autres.

La liberté de la presse en faisant connoître le peuple à celui qui gouverne, fait connoître au peuple l'excellence de son gouvernement, et le rend continuellement témoin du bien qu'il lui fait, par la part qu'il y prend il s'y attache et s'y affectionne, et le regarde comme à lui, et voilà pourquoi il ne faut pas s'étonner si le peuple qui a une fois joui d'une telle constitution, est toujours prêt à tout sacrifier pour la défendre.

La communication continuelle, entretenue par la liberté de la presse, entre le Gouvernement et le Peuple, unit étroitement l'un à l'autre de sentimens, et forme ce tout si désiré, mais si rarement obtenu dans la formation des États.

En un mot par la liberté de la presse la constitution d'Angleterre est celle dont on peut dire qu'elle ne craint ni l'œil ni l'observation du sujet.

En représentant continuellement l'intérêt général et entretenant une communication continuelle entre toutes les parties du peuple, la liberté de la presse efface les divisions et les factions qui sont toujours entretenues par le préjugé, qui est lui-même entretenu par l'isolement et le défaut de communication. On ne se hait que parce qu'on ne se connoît pas; tel qui a regardé son concitoyen avec les yeux de ses anciens préjugés, finit par rire de sa simplicité lorsqu'il vient à le connoître.

Mais pour que l'exercice de la liberté de la presse ait ces bons effets, il faut qu'il soit général pour tous les côtés. S'il étoit asservi à un parti, il auroit un effet tout contraire, il ne serviroit qu'à créer des divisions odieuses, à entretenir d'un côté des préjugés injustes, et à faire sentir profondément à l'autre côté, l'injustice de la calomnie, sans lui laisser les moyens de la repousser.

Les Canadiens, comme les plus nouveaux sujets de l'empire Britannique, ont surtout intérêt de n'être pas mal représentés.

Il n'y a pas bien longtems qu'on les a vus flétris par de noires insinuations, dans un papier publié en Anglois, sans avoir eu la liberté d'y insérer un mot de réponse; tandis que certain parti vantoit sans pudeur, la liberté de la presse dans les exertions illibérales de ce papier.

Si les Canadiens ne méritent pas ces insinuations, la liberté de la presse, à laquelle ils ont droit aussi, leur offre le moyen de venger la loyauté de leur caractère, et de défier l'envie du parti qui leur est opposé, de venir au grand jour avec les preuves de ses avancés.

Ils ont intérêt de dissiper les préjugés qu'entretient ce parti envieux dans l'esprit d'un nombre des anciens sujets de sa Majesté avec qui ils ont à vivre unis dans ce pays; ils ont intérêt surtout d'effacer les mauvaises impressions que les coups secrets de la malignité de ce parti auroient pu faire dans l'esprit des sujets de sa Majesté en Angleterre, et peut-être dans celui même de sa Majesté; et ils y ont d'autant plus d'intérêt que les bienfaits qu'ils ont reçus les rendroient coupables d'ingratitude; et qu'ils mériteroient de perdre ces mêmes bienfaits et les avantages de leur constitution, si ces insinuations étoient vraies.

On leur a fait des crimes, on leur en a même fait de se servir de leur langue maternelle pour exprimer leurs sentimens et leur faire rendre Justice, mais les accusations n'épouvantent que les coupables, l'expression sincère de la loyauté est loyale dans toutes les langues, celle de la déloyauté, de la bassesse et de l'envie, celle qui sème la division entre des concitoyens qui ont à vivre en frères, déshonorent également toutes les langues. Ce n'est pas au langage, c'est au cœur qu'il faut regarder, celui qui ne s'y sent rien que de loyal n'a rien à craindre. *Fiat Justitia ruat Cœlum*. Ce sera le motto du papier. LE CANADIEN en sera le nom. C'est celui dont l'honneur est à venger.

Cette publication déjà encouragée par des personnes qui ont à cœur l'honneur de leur pays et le soutien de leur constitution, est offerte aux Canadiens pour les faire jouir de la liberté de la presse. C'est à eux à la soutenir. Qu'ils s'y expriment librement et on les connoîtra tels qu'ils sont.

La souveraineté du peuple*

Monsieur,

J'ai lu votre production insérée dans la *Gazette de Québec* avec la plus douce satisfaction. Ce n'est pas que j'approuve tous les sentimens que vous mettez au jour, mais j'ai été flatté d'y trouver cette honnêteté qui devroit caractériser toutes les productions de ce genre. D'ailleurs votre ouvrage paroît être le fruit des intentions les plus pures et les plus droites, celles enfin d'un bon Citoyen trop timide peut-être, mais qui désire la paix et l'union, qui veut le bonheur de son pays, et craint jusqu'aux apparences de ce qui pourroit le troubler. Ces sentimens, lors même qu'ils sont portés trop loin, sont encore un titre à notre estime pour celui qui les professe; ils ne peuvent naître que dans une âme bien née, disposée à remplir ses devoirs et à travailler à en inspirer le goût aux autres.

Ces observations préliminaires, Monsieur, peuvent vous faire sentir que mon dessein, en vous adressant cette lettre, n'est pas de vous ôter le genre d'approbation que votre production mérite. Si j'entreprends de mettre au jour des sentimens différens des vôtres, c'est avec les mêmes intentions que vous;

nous désirons le bien tous deux, notre but est le même, nous ne différons que quant aux moyens.

Vous avez peut-être vécu dans ces tems malheureux qui ont précédé la conquête de ce pays, où un Gouverneur étoit une Idole devant laquelle il n'étoit pas permis de lever la tête. Il existe encore dans la ville de Québec un Vieillard, dont l'existence semble se prolonger pour attester un fait peu connu et digne de l'être; qui peut nous donner l'idée de l'espèce du Gouvernement de cette colonie à cette Époque. C'étoit un Navigateur. Il étoit à Montréal. Il en partoit lorsqu'on annonça la nouvelle de la Victoire de Carillon. Un vent favorable le conduit à Québec avant que les courriers chargés de la nouvelle l'eussent apportée officiellement au Gouvernement. En arrivant en ville le brave Capitaine la répandit avec enthousiasme, sans songer qu'il en pût résulter aucun danger, et avec la joie que devoit sentir un bon Citoyen de la gloire qui en revenoit à son pays. Malheureusement la nouvelle alla chez l'Intendant ou quelqu'autre grand subordonné au Gouverneur qui, piqué, fit mettre l'imprudent Navigateur en prison, et ce, pour raison qu'il auroit dû l'en avertir le premier, et que c'étoit lui manquer en fait d'égards. À peu près dans le même tems on mettoit aussi à Montréal un Citoyen respectable en prison, parce qu'il n'avoit pas ôté son chapeau devant une Dame à qui il croyoit avoir quelque raison de refuser cet hommage. Je prends ces deux exemples au hazard. On en pourroit citer mille autres du même genre. J'ai vu quelques bonnes gens regretter ce bon tems passé; il faut croire qu'ils ne sont pas du nombre de ceux qui obéissoient alors.

Je voulois vous faire sentir par ces deux exemples la différence du tems où vous vivez. Un homme, le peuple n'étoit rien ou étoit moins que rien. Un Gouverneur auroit cru s'avilir, s'il eût souffert qu'on lui fît éprouver la moindre contradiction. Une remontrance, un avis, un reproche eussent été des crimes irrémissibles. Aussi ce pays gouverné par un despote entouré d'esclaves, ministres de sa volonté suprême, qui se dédommageoient de leur servitude en exerçant eux-mêmes despotiquement l'autorité qui leur étoit déléguée, vit bientôt tout languir, les campagnes se dépeupler, le peuple avili et dépouillé, en proie à la famine et à la plus affreuse pénurie. Il fut soumis par des voisins qu'il avoit fait trembler; et ce fut un bonheur, puisque la conquête l'empêcha de périr de misère au dedans, à la suite de ses triomphes au dehors.

Depuis cette Époque le règne des lois a graduellement établi son Empire, et nous jouissons maintenant d'une Constitution où tout le monde est à sa place, et dans laquelle un homme est quelque chose. Le peuple a ses droits; les pouvoirs d'un gouverneur sont fixés et il les connoît: les Grands ne peuvent pas aller au-delà des bornes que la loi met à leur autorité. Qu'en résulte-t-il, Monsieur? Qu'un Gouverneur trompé et entraîné dans de fausses mesures, n'est pas un Dieu qui lance la foudre, sans qu'on puisse se soustraire à des coups inévitables; c'est un Ange conservateur qui, dans le tems même où il exerce le droit suprême qui lui est dévolu pour faire valoir son autorité, soutient sans s'en douter l'édifice qu'il pourroit être tenté de vouloir ébranler. C'est qu'il existe un équilibre tellement ménagé entre les droits du peuple et les siens, que s'il va au-delà des bornes que la Constitution lui a assignées, ou s'il faisoit de son autorité un usage inutile, le peuple a un moyen sûr et juste de l'arrêter dans sa marche.

De ces principes de Gouvernement résulte nécessairement le droit de remontrance et de censure. Comme le peuple est aussi intéressé à la conservation de l'ordre que le Chef du Gouvernement, il en résulte qu'il a droit de faire entendre ses plaintes, soit en corps, soit par des individus qui tous ont droit de publier leurs idées sur les affaires publiques. Cela ne peut se faire sans qu'on attaque les mesures qui peuvent avoir été imprudemment employées pour faire réussir des projets dont l'exécution pourroit entraîner des conséquences ou fatales ou dangereuses ou contraires aux loix.

On n'a cessé de répéter dans les papiers publics qu'un Gouverneur en ce pays ne peut être considéré comme coupable de la plus grande partie des fautes qui peuvent se glisser dans l'administration, pendant le tems que dure l'exercice du pouvoir passager qui lui est confié. Il est obligé de prendre avis et de consulter des subalternes qui se donnent comme les organes de la Province, qui s'annoncent ou se font annoncer comme les maîtres de l'opinion publique, la dirigeant à leur gré. Un Gouverneur qui n'a pas la science infuse qu'on attribue aux esprits célestes, n'a comme les autres hommes que les voies ordinaires de l'expérience pour acquérir de l'instruction. Le tems et les circonstances seuls peuvent lui donner les connoissances locales nécessaires pour faire un choix de mesures convenables au tems et au lieu. Loin de s'avilir en écoutant quelquefois le langage un peu crud de quelques individus qui croyent avoir droit de se plaindre, il se montre digne de la place qu'il occupe en respectant un droit sacré, qui sera toujours l'idole des peuples et des Monarques mêmes qui connoîtront les vrais principes du Gouvernement, celui de la liberté de la Presse. Vous direz peut-être que cette liberté peut dégénérer en licence? Mais, Monsieur, il existe des tribunaux, et croyez que celui qui nous gouverne, vous et moi, connoît les moyens de faire valoir les droits du Souverain si quelque particulier passoit les bornes dans lesquelles il doit se renfermer pour l'exercice de ses droits.

Dans les pays où le despotisme d'un côté, l'esclavage de l'autre étouffent jusque dans le germe les idées de la liberté naturelle et des droits de l'homme en Société, le silence de la mort ou celui de la rage succèdent à un acte d'autorité déplacé. Il faut éprouver les horreurs de la révolte quand la patience manque, ou anéantir et détruire les malheureux sujets qui veulent s'opposer au développement du mal. Le Despote lui-même, dérobé aux regards de la multitude, entouré d'hommes qui le trompent et abusent de sa crédulité, ne voit que des coupables et des criminels dans ceux qui sont la victime des injustices commises par ses employés. Ceux-ci, sûrs de la confiance d'un maître aveugle, exercent sans frein l'autorité arbitraire qui leur est déléguée. Là il n'y a pas de remède aux maux, quelqu'affreux qu'ils soient. La Constitution Britannique est peut-être la seule où les intérêts et les droits des différentes branches dont la Société est composée, sont tellement ménagés, si sagement opposés et tous ensemble liés les uns aux autres, qu'ils s'éclairent mutuellement et se soutiennent par la lutte même qui résulte de l'exercice simultané des pouvoirs qui leur sont confiés.

Je pourrois vous citer à ce sujet des exemples frappans tirés de la conduite même du Gouvernement de la Grande-Bretagne dans ces derniers tems; ils sont d'une trop grande publicité pour qu'il soit nécessaire d'en rappeller le souvenir à un homme qui lit sans doute habituellement les papiers publics. Vous n'avez pas médité d'une manière assez approfondie sur nos droits constitutionels et sur les avantages qui naissent de la liberté de la presse. Je sais bien qu'une pareille liberté ne conviendroit pas au gouvernement de Bonaparte; mais le meurtre du libraire Palm, envoyé à la mort par une commission militaire, et d'autres atrocités de la même nature suffisent pour nous faire juger des conséquences qu'entraînent l'établissement d'un ordre de choses différent de celui sous lequel nous avons le bonheur de vivre.

UN CANADIEN

LA MINERVE

Le 9 novembre 1826, alors que *Le Canadien* a suspendu sa publication, un étudiant en droit âgé de vingt-trois ans, Augustin-Norbert Morin, lance *La Minerve*. Le 18 janvier suivant, Ludger Duvernay en devient le propriétaire-imprimeur. Grâce à lui et à d'excellents rédacteurs comme Antoine Gérin-Lajoie et Raphaël Bellemare, ainsi qu'à l'appui de G.-É. Cartier, le journal aura une longue vie (jusqu'en 1899) et beaucoup d'influence. Le prospectus du 9 novembre 1826, rédigé par Morin, exprime avec modération et sérénité les opinions et les aspirations d'un patriote de cette époque.

Prospectus

Un des plus célèbres écrivains du dernier siècle a prétendu que les sciences et les arts n'étoient pas favorables à la cause des mœurs, et que l'éducation étoit inutile et même dangereuse aux peuples. Si ce paradoxe étoit vrai, si une société humaine privée du flambeau des sciences pouvoit être plus parfaite que celles qui marcheroient à leur lumière, ce ne seroit que chez un peuple encore demi-barbare, qu'un sage législateur auroit prémuni contre une vaine curiosité en lui créant des habitudes simples, en lui inspirant de l'aversion pour le luxe, et du goût pour les paisibles travaux de l'agriculture. Mais lorsque le luxe et la corruption se sont perpétués à travers les siècles, lorsque la plupart des gouvernemens, accoutumés à se faire obéir sans contrôle, mettent à profit les vices et les préjugés pour conserver une prépondérance que le génie des temps veut leur arracher, ce n'est qu'au moyen des sciences et des arts que l'individu peut reconquérir ses droits sur les masses qu'arme encore contre lui la force des habitudes.

Ce n'est pas qu'il soit donné à un grand nombre de personnes de se livrer aux sciences contemplatives et aux recherches abstraites. L'agriculture demande trop de bras, les arts trop d'adeptes. Ce ne sont pas des considérations philosophiques qu'il importe de répandre parmi le peuple, mais des connoissances pratiques à la portée de tout le monde. Philosophes! Voulez-vous bien mériter de l'humanité? Cessez de parler aux peuples de leurs droits sans leur apprendre leurs devoirs. N'essayez pas d'élever jusqu'à vos hautes conceptions l'intelligence du simple artisan ou du paisible laboureur. Apprenez-leur plutôt à aimer leurs semblables, à honorer la vieillesse, à obéir à leurs parens, à respecter la religion et la morale. Adoucissez la misère du pauvre, en répandant dans son cœur le baume de la consolation; élaguez la route épineuse des arts, rendez-en le sanctuaire plus accessible; enseignez au cultivateur à retourner plus facilement la glèbe que ses sueurs arrosent; faites connoître et chérir à tous leurs libertés, leurs lois, leur gouvernement. Si les peuples vous écoutent, ils seront assez justes, assez libres, et aimeront assez la patrie.

Si jamais on a eu lieu de s'applaudir du progrès des connoissances, et de l'accroissement des lumières, c'est sans doute dans notre siècle, qui, par la régénération presque totale des institutions politiques du monde et la naissance de tant de nouveaux États, fait une époque à jamais mémorable dans l'histoire des âges. Quel tableau pour les siècles futurs que la Grèce se relevant de ses ruines, la monarchie absolue mitigée en Europe par le gouvernement représentatif, et l'Amérique couverte de nouveaux États, et habitée par des peuples libres depuis l'embouchure de la Plata jusqu'aux glaces du Nord!

Heureux de vivre sous la protection d'un empire d'où sont sortis les germes de tant de liberté, c'est dans ces circonstances que nous entreprenons un Journal.

Les Canadiens imitant l'antique loyauté de leurs pères, et vivant dans une paisible enfance, n'ont eu guères besoin d'éducation ou plutôt n'en ont pu faire usage, tant que des obstacles physiques isolant toutes les parties de la province, en faisoient autant de petites sociétés étrangères les unes aux autres. Dès que leurs relations intérieures se sont agrandies, ils ont acquis des traits plus uniformes, un caractère plus frappant, et leurs facultés générales se sont développées davantage. C'est alors seulement qu'ils ont compris ce que c'étoit que la chose publique, et senti qu'il appartenoit à l'éducation de lier toutes ces parties et de les intéresser à la cause commune. Aussi a-t-on vu depuis quelques années s'élever un grand nombre d'établissemens destinés à l'instruction de la jeunesse; mais comme on ne connoit bien la nécessité des connoissances qu'à mesure qu'elles se répandent, il reste à ce sujet beaucoup à désirer. Puisse notre journal contribuer à remplir les vœux de nos compatriotes!

Nous aurons pour la Religion le respect que lui assure son caractère divin et les sublimes vérités qu'elle enseigne aux hommes.

Nous suivrons avec attention la politique du pays. Ardents à soutenir les intérêts des Canadiens, nous leur enseignerons à résister à toute usurpation de leurs droits, en même temps que nous tâcherons de leur faire apprécier et chérir les bienfaits et le gouvernement de la mère-patrie. Nous donnerons les débats de la Chambre d'Assemblée avec un précis des lois qui y seront proposées. Le peuple a un intérêt majeur à connoître la conduite de ses représentans pour motiver son choix et faire respecter l'opinion publique à ceux qu'il charge de le défendre.

L'histoire de notre pays sera aussi un des objets principaux de nos recherches. Nous prions ceux qui connoissent d'anciennes traditions canadiennes, de vouloir bien nous les communiquer, afin de les soumettre à la critique avant que les monumens qui peuvent servir à leur examen disparoissent entièrement. Tout écrit qui aura rapport à l'histoire naturelle du pays, ou à l'état de l'industrie et des arts parmi nous, sera reçu avec une vive reconnoissance. Nous insérerons aussi toutes les communications qui entreront dans le plan de ce journal, lorsqu'elles seront de nature à y être admises, et qu'elles seront signées de l'auteur lorsque les circonstances l'exigeront.

Enfin *La Minerve* s'occupera de l'Agriculture, de la Littérature, de la Politique étrangère; elle contiendra aussi les nouvelles récentes, les ventes par décret, et en général on n'y oubliera rien de ce qui peut intéresser ou plaire.

Nous recommandons notre entreprise aux amis de leur pays; c'est de leur zèle que nous attendons notre succès.

LE POPULAIRE

La vie du *Populaire*, comme celle de la majorité des journaux canadiens du XIXᵉ siècle, fut brève: né le 10 avril 1837, il disparut le 3 novembre 1838. Le prospectus du 10 avril 1837 n'en est pas moins un texte important: à ceux qui vont sortir écrasés des « troubles » de l'automne et de l'année suivante, le rédacteur fait remarquer que « la littérature fonde la gloire des peuples »; au pays dont on se voit dépossédé, l'on substituera la patrie littéraire.

À la jeunesse canadienne

La littérature fonde la gloire des peuples; chaque nation regarde comme un bienfait l'avantage de compter, dans son propre sein, des hommes capables d'honorer leur patrie par leurs écrits, des hommes propres à placer leur pays sur la même ligne que les États voisins.

Jusqu'à ce jour la littérature n'a acquis aucun point fixe en Canada; elle n'a pour ainsi dire aucun commencement, et par conséquent ne peut aspirer à aucune propension vers un accroissement désirable. Ce ne sont point les élémens qui manquent au pays pour atteindre un but aussi glorieux; la religion, l'histoire et la politique sont des champs assez vastes à exploiter; ils regorgent de faits intéressans, de phases variées, de circonstances extraordinaires, et peuvent exercer les plumes en tout genre. Tout concourt donc à imprimer à une littérature nationale un caractère, neuf, original, héroïque, attrayant, piquant, brillant et sublime, qui serait apprécié autant que recherché même dans la vieille Europe, où le mérite littéraire de chaque peuple du monde ne manque point d'admirateurs éclairés. D'un autre côté, quoique l'éducation soit extrêmement négligée dans nos campagnes, malgré que cette mère des hommes n'ait point encore pris dans toute la province l'essort qui lui convient et ne soit pas arrivée au terme qu'elle doit atteindre, ce n'est point à l'ignorance qu'il faut attribuer l'absence d'une littérature canadienne. Nous possédons une jeunesse brillante de feu, de connaissances et d'espérances, qui a puisé d'excellens élémens d'études dans les collèges recommandables ouverts aux efforts des studieux.

Il faut donc chercher ailleurs que dans la privation des matériaux ou des notions primitives, l'insouciance, l'apathie ou la paresse des Canadiens pour se créer une littérature particulière. Il sera facile de rencontrer la véritable source du mal, dans l'abandon où notre jeunesse se trouve placée au sortir des études, dans le peu de liaison qui existe au milieu de notre propre société, dans l'indifférence de nos hommes de mérite pour former des sujets dignes de leur succéder, dans le peu d'encouragement que reçoivent ceux qui consacrent leur plume à l'instruction commune, enfin dans la rareté des modèles dont il soit possible de suivre les traces.

Dans toute chose, il faut un point de départ; l'étude est une nécessité, les conseils sont indispensables, une direction éclairée devient la base primitive. La littérature n'est point exempte de ces conditions préliminaires, et c'est à leur stricte observation que chaque pays doit la création de son érudition littéraire, la naissance de ses grands écrivains, les lumières de ses citoyens, sa prépondérance dans les sciences et les arts. On s'instruit en général sur les anciens; mais on se forme beaucoup plus efficacement avec les modernes, car ils vous indiquent les progrès du siècle où vous vivez; on se façonne surtout par la critique, qui vous signale les fautes et vous apprend à les éviter; c'est ainsi qu'on acquiert une illustration incontestable en poésie, en éloquence, en histoire, en philosophie morale et politique.

Les journaux sont généralement une école dans laquelle il est facile de se former à la littérature, et c'est là que les débutans doivent se présenter pour se préparer à marcher dans les voies d'une érudition plus élevée. Le peu de Canadiens qui se sont adonnés aux écrits périodiques, et qui ont dirigé ou dirigent encore les journaux du pays, ont donné des preuves d'une grande capacité; ils ont prouvé qu'ils étaient faits pour la polémique et qu'ils ne manquaient d'aucune des conditions exigées pour produire de bons écrivains. Mais, d'une part, on ne peut se dissimuler que ces modèles sont en petit nombre, qu'ils se retirent chaque jour de la carrière, et qu'ils ne s'appliquent point à former des élèves qui puissent perpétuer leur gloire; d'autre part, il tient encore à la vérité d'avouer que la rédaction des feuilles françaises, en Canada, n'a pas atteint le style, la fermeté, la logique et la solidité des journaux Européens.

De tout cet exposé, il faut tirer la funeste conséquence que la rédaction des journaux finira par perdre beaucoup de son intérêt primitif dans cette partie du monde, ou qu'il faudra, de toute nécessité, en confier la direction aux Européens; tandis qu'il existe sur le sol canadien une pépinière d'hommes propres, non seulement à conduire la polémique, mais encore à lui donner un lustre nouveau.

Nous sommes loin de voir avec plaisir les résultats que nous envisageons pour l'avenir, et nous sommes encore plus éloignés de désirer conserver le monopole de la rédaction des journaux. C'est pour parvenir à entretenir la littérature nationale que nous nous dévouerons avec plaisir à l'instruction de nos frères. Notre attachement pour la jeunesse, notre désir de la voir se placer au rang qu'elle est faite pour occuper dans le monde littéraire, deviendront de sûrs garants de la franchise de nos vœux, et la proposition que nous allons faire ne laissera aucun doute sur la sincérité de nos protestations.

Notre éditeur en chef invite toutes les personnes qui se destinent à écrire, à s'adresser à lui avec confiance; il se fera un plaisir comme un devoir de leur indiquer les études qu'elles doivent faire, de leur donner ses conseils, de seconder leurs efforts, de guider leurs pas, et de leur tracer pour ainsi dire la route qu'elles auront à parcourir pour suivre avec succès la carrière littéraire. Il recueillera la plus douce récompense qu'il puisse ambitionner, s'il parvient à former des écrivains pour le pays, à initier des cathécumènes dans la politique, et à concourir à la gloire de la littérature canadienne.

Orateurs

JOSEPH-OCTAVE PLESSIS (1763-1825)

Lorsque Joseph-Octave Plessis est ordonné prêtre en 1786, il est déjà, depuis trois ans, secrétaire de Mgr Briand et il va continuer d'œuvrer aux côtés des évêques de Québec jusqu'à ce qu'il leur succède en 1806. On ne s'étonnera donc pas de voir ce fils de forgeron montréalais perpétuer rigoureusement la politique de ses prédécesseurs: il sera à la fois un défenseur acharné des droits de ses compatriotes et un loyal sujet de l'Angleterre. Il obtiendra la reconnaissance civile de son titre d'évêque catholique romain, puis s'emploiera à structurer l'Église catholique dans toutes les régions de l'Amérique britannique. L'orateur manque de grâce, mais ses sermons sont solidement construits. Selon lui, la conquête anglaise est un événement providentiel, puisqu'elle a permis aux Canadiens d'échapper à la Révolution française, et il faut savoir gré à la nouvelle mère patrie de s'être montrée libérale envers ses fils adoptifs.

Oraison funèbre de Mᵍʳ J.-O. Briand*

(Le 15 juin 1794 décède Mᵍʳ Jean-Olivier Briand, évêque de Québec de 1764 à 1784; les funérailles ont lieu dans la cathédrale deux jours plus tard et c'est l'abbé Joseph-Octave Plessis, son ancien secrétaire, qui prononce l'oraison funèbre. Conformément à la tradition classique, le sermon se divise en trois points; dans le premier, M. Plessis parle de la docilité de Mᵍʳ Briand, dans le deuxième, de la supériorité de ses vues et de son génie, et, dans le troisième, de sa fermeté et de sa constance dans les épreuves. Nous citons le deuxième point.)

Les désordres qui régnaient dans cette colonie s'étaient élevés jusqu'au ciel, avaient crié vengeance et provoqué la colère du Tout-Puissant. Dieu la désola par les horreurs de la guerre, et ce qui fut considéré par les âmes justes comme un fléau encore plus terrible, l'Église du Canada se trouva veuve et sans chef par la mort du prélat qui la gouvernait depuis dix-neuf ans. Perspective désolante! Ah! qu'elle répandit d'amertume dans toutes les familles chrétiennes! Chacun plaignait son malheureux sort et s'affligeait de ne pouvoir quitter un pays où le royaume de Dieu allait être détruit pour toujours. Nos conquérants, regardés d'un œil ombrageux et jaloux, n'inspiraient que de l'horreur et du saisissement. On ne pouvait se persuader que des hommes étrangers à notre sol, à notre langage, à nos lois, à nos usages et à notre culte, fussent jamais capables de rendre au Canada ce qu'il venait de perdre en changeant de maîtres. Nation généreuse, qui nous avez fait voir avec tant d'évidence combien ces préjugés étaient faux; nation industrieuse, qui avez fait germer les richesses que cette terre renfermait dans son sein; nation exemplaire, qui dans ce moment de crise enseignez à l'univers attentif, en quoi consiste cette liberté après laquelle tous les hommes soupirent et dont si peu connaissent les justes bornes; nation compatissante, qui venez de recueillir avec tant d'humanité les sujets les plus fidèles et les plus maltraités de ce royaume auquel nous appartinmes autrefois; nation bienfaisante, qui donnez chaque jour au Canada de nouvelles preuves de votre libéralité; non, non, vous n'êtes pas nos ennemis, ni ceux de nos propriétés que vos lois protègent, ni ceux de notre sainte Religion que vous respectez. Pardonnez donc ces premières défiances à un peuple qui n'avait pas encore le bonheur de vous connaître; et si, après avoir appris le bouleversement de l'État et la destruction du vrai culte en France, et après avoir goûté pendant trente-cinq ans les douceurs de votre empire, il se trouve encore parmi nous quelques esprits assez aveugles ou assez mal intentionnés pour entretenir les mêmes ombrages et inspirer au peuple des désirs criminels de retourner à ses anciens maîtres, n'imputez pas à la multitude ce qui n'est que le vice d'un petit nombre.

Bien éloigné de donner dans ces erreurs M. Briand vit à peine les armes britanniques placées sur nos portes de villes, qu'il conçut en un instant que Dieu avait transféré à l'Angleterre le domaine de ce pays; qu'avec le changement de possesseurs nos devoirs avaient changé d'objet; que les liens qui nous avaient jusqu'alors unis à la France étaient rompus, que nos capitulations ainsi que le traité de paix de 1763 étaient autant de nœuds qui nous attachaient à la Grande-Bretagne en nous soumettant à son souverain, il apperçut (ce que personne ne soupçonnait) que la religion elle-même pouvait gagner à ce chan-

331

gement de domination. Aussi, messieurs, l'époque de notre passage sous l'empire britannique fut-elle en même temps celle où commença à briller dans tout son éclat la grandeur d'âme de notre illustre mort, également plein et d'affection pour l'Église de Jésus-Christ et de loyauté pour son roi, *cor splendidum*. Héritier des pouvoirs du dernier évêque comme il avait été maître de sa confiance, chargé en chef de la conduite d'une grande partie du diocèse, abandonné de la plupart des chanoines, ses confrères, sans autre secours que la prière, son étude particulière et son expérience, je le vois faire face aux affaires avec une activité et une supériorité de talents dont on trouve peu d'exemples, rendant à César ce qui appartient à César, mais se gardant bien de ravir à Dieu ce qui appartient à Dieu.

Convenons, messieurs, de la double difficulté où le jettait la vacance du siège épiscopal jointe au changement de domination. Il avait à ménager d'un côté la délicatesse d'un nouveau gouvernement, et de l'autre la faiblesse d'un peuple mal instruit de ses intentions bienfaisantes. D'un côté la cause de la religion, de l'autre les intérêts politiques des fidèles confiés à ses soins. D'un côté les droits de l'évêque défunt considéré comme délégué du Saint-Siège, de l'autre ceux du chapitre dépositaire né de la juridiction épiscopale pendant la vacance. Il fallait pourvoir à la conduite des monastères et en même temps ne pas négliger la desserte des paroisses, s'attirer la confiance des officiers du roi, sans rien perdre de celle du clergé dont il avait également besoin. Il fallait plier la règle sans la rompre, faire céder à la religion quelque chose de sa rigidité sans blesser les principes de la discipline. La nouveauté des circonstances amenait devant lui une infinité de questions différentes. Pour les résoudre et satisfaire tout le monde, les nuits se consumaient à feuilleter les canons de l'Église et les jours à prendre des informations, à voir les personnes, à confronter les intérêts, à traiter des affaires en apparence totalement étrangères les unes aux autres, mais que son grand et puissant génie savait rapporter toutes à un seul but, celui de la gloire de Dieu à laquelle il s'était dévoué. Un jour, amené ignominieusement devant le représentant du roi, pour répondre de la conduite d'un prêtre calomnié, il se présente avec intrépidité, étonne le gouverneur par la solidité et la noblesse de ses réponses, dissipe tous les ombrages qu'on lui avait inspirés et se retire plein de gloire, laissant la plus haute opinion de sa grandeur d'âme et de sa vertu. Ainsi les disciples de Jésus-Christ avaient-ils appris de leur divin maître à ne point trembler devant les rois et les gouverneurs, à ne pas s'inquiéter de ce qu'ils auraient à répondre persuadés que l'Esprit-Saint ne manquerait pas de leur suggérer des réponses convenables. *Non enim vos estis qui loquimini, sed spiritus patris mei qui loquitur in vobis.*

Ici, grand Dieu, vos desseins éternels se découvrent. En assimilant M. Briand aux apôtres dans le cours de son vicariat vous indiquez qu'il sera un de leurs successeurs dans l'épiscopat. N'ayez donc égard ni à sa répugnance extrême, ni à la persuasion où il est de son insuffisance, ni aux instantes prières, ni aux démarches pleines d'humilité auxquelles il se livre pour faire tomber ce pesant fardeau sur d'autres épaules que les siennes. Ah! voilà la pierre de touche à laquelle on reconnaît les véritables vocations. Défiez-vous, mes frères, de celles qui porteraient des caractères différents.

M. Briand a pour lui les désirs du peuple, le suffrage du clergé, l'élection du chapitre de la cathédrale, la volonté positive du représentant du roi, et néanmoins il tremble à l'aspect de l'épiscopat, et si après grand nombre de résistances, il consent enfin à l'accepter et même à faire les démarches nécessaires pour l'obtenir, c'est parce qu'il n'apperçoit aucun autre moyen de le perpétuer en Canada; et parce que ses oreilles sont frappées de ces paroles imposantes de son confesseur: Si vous ne l'acceptez pas, vous répondrez au tribunal de Dieu de la perte de la religion en ce pays. En effet, il en est de la vacance du siège épiscopal dans une Église comme d'un interrègne ou d'une régence dans un État politique. L'autorité subsistante n'est pas assez forte, les ressorts de la discipline se relâchent; l'impunité encourage les vices; les abus se glissent; les désordres croissent lorsqu'il n'y a qu'un demi-pouvoir pour les réprimer. De tels inconvénients ne pouvaient échapper à la pénétration de notre illustre mort, et comme il consentait à être le second fondateur de ce diocèse en y ramenant l'épiscopat après six ans d'interruption, il voulut l'y rétablir sur une base solide et permanente, en se donnant un coadjuteur avec droit à sa succession.

Or je vous le demande, mes frères, où trouverez-vous des exemples d'un zèle aussi prévoyant, des mesures aussi sages pour perpétuer le royaume de Jésus-Christ en Canada? Remontez dans l'histoire de cette Église, mais remontez lentement, prenez haleine, il vous faudra faire des pauses. Vous verrez dans M. de Pontbriand un prélat recommandable par une connaissance profonde de la théologie et des lois de l'Église, par une régularité de vie et de conduite qui le rendait infiniment cher à ses diocésains; dans M. de Lauberivière une jeune et tendre fleur que le même jour vit naître et s'épanouir, et dont on eut à peine le temps de respirer la bonne odeur; dans M. Dosquet, un évêque vigilant, singulièrement attaché à la conduite des monastères et à la visite du diocèse; dans M. de Saint-Valier un homme ami de l'ordre, exact à tenir des synodes et à faire des règlements pour la conservation de la foi et de la discipline. Mais comme dans le temps critique dont nous parlons il ne s'agissait plus seulement d'entretenir mais de régénérer, vous ne trouverez à vous arrêter qu'au fondateur de cette Église, au premier de ses pontifes. Dans M. de Laval seul vous rencontrerez ce courage infatigable, cette étendue de desseins, cette prévoyance habile, ce génie créateur que tout le monde a admiré dans M. Briand.

Que ne puis-je, messieurs, vous le représenter pendant son séjour en Angleterre, attentif au but de son voyage, éprouvant des contrariétés sans nombre, mettant en œuvre toutes les ressources que ses grands talents lui fournissaient, dérangé dans ses premières démarches par le changement subit du ministère, obligé de renouer de nouvelles correspondances avec les nouveaux ministres, flottant entre l'espérance de parvenir à son but et la crainte d'un mauvais succès, toujours occupé de ses chères ouailles du Canada, les consolant par ses lettres, vivant dans la pauvreté pour épargner leurs aumônes et tâchant par mille privations volontaires d'obtenir du ciel l'épiscopat qu'il redoutait pour lui-même, mais qu'il désirait ardemment pour eux. Ainsi voit-on une mère tendre mais pauvre, s'oublier elle-même pour procurer la subsistance à ses enfants nécessiteux, et se persuader par une pieuse illusion qu'elle est dans l'abondance dès qu'elle leur voit quelques aliments.

Enfin après beaucoup de voyages, de peines, de traverses, d'amertumes, notre illustre prélat victorieux de tous les obstacles se rend à Paris, et prêt à revenir en Canada il incline sa tête vénérable pour recevoir l'onction pontificale et avec elle cet esprit de sagesse profonde qui a fait de sa vie publique un miroir d'édification. Mer, applanissez-vous, retenez vos vents et vos tempêtes et frayez à ce missionnaire, à ce véritable évêque, à cet homme apostolique un prompt accès à son Église. Entreprendrai-je d'exprimer l'allégresse publique occasionnée par son retour? Non, elle ne peut être estimée que par l'inquiétude qu'avait causé son absence. En peu de jours, le bruit de son arrivée se répand aux extrémités de la province, la joie, les applaudissements, les transports sont universels. On ne parle que du nouvel évêque, de ses grandes qualités, de la gloire que la religion va retirer de son ministère. C'est à qui le verra le premier. Les fidèles pleurent de consolation, lèvent les mains au ciel, remercient Dieu d'avoir jeté des regards de miséricorde sur son peuple et de s'être servi d'un aussi digne sujet pour le rétablissement de l'épiscopat. Dis-je rien là, mes frères, dont un grand nombre d'entre vous ne se souviennent encore d'avoir été les témoins?

Le voilà donc élevé sur le chandelier de l'Église de Québec et donné en spectacle, mais en spectacle édifiant et imposant au plus vaste diocèse du monde. Représentez-vous-le, messieurs, sur les bords du fleuve qui arrose ce pays, comme Jean-Baptiste sur les bords du Jourdain, prêchant la pénitence aux peuples de la campagne, distribuant les dons du Saint-Esprit, donnant de sa propre main la communion à tous ceux qu'il confirmait, jeûnant tous les jours, annonçant le royaume de Dieu et la rémission des péchés, mettant dans ses discours une onction, dans ses ordonnances une fermeté, dans le choix des ministres subalternes un discernement dont on voit peu d'exemples. Il rétablit et encourage dans son séminaire les études interrompues par le malheur des temps, ne dédaigne pas d'en visiter fréquemment les plus basses classes et de leur donner des prix sur ses épargnes. Quel soin n'avait-il pas des monastères? Quelle exactitude à les visiter, quelle ardeur à défendre leurs intérêts, quelle habilité à y maintenir, la ferveur et la régularité, en un mot, à les mettre sur le pied respectable où nous les voyons encore! Qui montra jamais plus d'attention à favoriser les vœux monastiques, plus d'amours pour le culte divin, plus de grâce et de majesté dans les cérémonies, plus de goût pour la décoration des autels, plus de tendresse pour les membres de Jésus-Christ souffrant? Temples qu'il a ornés, chapelles qu'il a construites, monastères qu'il a reparés, vierges qu'il a dotées, clercs qu'il a formés, pauvres qu'il a nourris, familles qu'il a honorées et soutenues, parlez ici en sa faveur. Vous nous rappellerez bien ce qu'il a fait pour vous; mais vous n'exprimerez jamais la manière noble dont il le faisait; jamais vous ne pourrez nous rendre combien ses paroles étaient consolantes, combien son visage était gracieux, combien ses larmes étaient touchantes, combien ses conversations étaient instructives, combien ses lettres étaient moelleuses et paternelles, combien ses mandements étaient affectueux et attendrissants.

Au reste, mes frères, notre illustre mort n'aurait cru être qu'à demi évêque, si en remplissant ses devoirs de pasteur il eût négligé ceux de citoyen. Persuadé qu'un État ne jouit des douceurs de la paix qu'autant que l'union y règne entre l'empire et le sacerdoce, il regarda toujours comme un devoir essentiel d'entretenir la concorde la plus parfaite avec le gouvernement. De là, cette délicatesse à ne rien entreprendre où la puissance civile se trouvât heurtée. De là, cette vigilance extrême à prévenir tout ce qui aurait pu occasionner le moindre conflit. De là cette soumission pour les ordres du Roi qu'il considérait dans la personne de ses représentants. De là aussi cette considération singulière, cette confiance sans réserve, ces égards précieux que lui a montré jusqu'à la fin celui de tous les gouverneurs de cette Province dont la bonté d'âme et la grande sagesse, annoncent le mieux, expriment le plus parfaitement la dignité de la personne royale.

M. Briand avait pour maxime qu'il n'y a de vrais chrétiens, de catholiques sincères, que les sujets soumis à leur souverain légitime. Il avait appris de Jésus-Christ qu'il faut rendre à César ce qui appartient à César; de saint Paul que toute âme doit être soumise aux autorités établies, que celui qui résiste à la puissance, résiste à Dieu même et que par cette résistance il mérite la damnation; du chef des apôtres que le Roi ne porte pas le glaive sans raison, qu'il faut l'honorer par obéissance pour Dieu, *propter Deum*, tant en sa personne qu'en celle des officiers et magistrats qu'il députe, *sive ducibus tanquam ab ea missis*. Tels sont, chrétiens, sur cette matière, les principes de notre sainte religion: principes que nous ne saurions trop vous inculquer ni vous remettre trop souvent devant les yeux, puisqu'ils font partie du corps de cette morale évangélique à l'observance de laquelle est attaché votre salut. Néanmoins lorsque nous vous exposons quelquefois vos obligations sur cet article, vous murmurez contre nous, vous vous plaignez avec amertume, vous nous accusez de vues intéressées et politiques et croyez que nous passons les bornes de notre ministère. Ah! mes frères, quelle injustice! Avez-vous jamais lu que les premiers fidèles fissent de tels reproches aux apôtres ou ceux-ci au Sauveur du monde lorsqu'il leur développait la même doctrine? Cessez donc de vouloir nous imposer silence, car nonobstant vos reproches, nous ne cesserons de vous le redire: Soyez sujets fidèles, ou renoncez au titre de chrétiens.

Lors de l'invasion de 1775, notre illustre prélat connaissait déjà la délicatesse ou plutôt l'illusion d'une partie du peuple à cet égard, mais il aurait cessé d'être grand, si une telle considération l'avait fait varier dans ses principes ou dérangé dans l'exécution. Sans donc s'inquiéter des suites, il se hâte de prescrire à tous les curés de son diocèse la conduite qu'ils doivent tenir dans cette circonstance délicate. Tous reçoivent ses ordres avec respect et en font part à leurs ouailles. Le prélat prêche d'exemple en s'enfermant dans la capitale assiégée. Dieu bénit cette résolution. Le peuple après quelque incertitude reste enfin dans son devoir. Les citoyens se défendent avec zèle et avec courage. Au bout de quelques mois, un vent favorable dissipe la tempête; les Assyriens confus se retirent en désordre: Béthulie est délivrée, la province préservée, et ses temples retentissent de chants de victoire et d'actions de grâces.

Il me reste, messieurs, à vous faire voir M. Briand dans les dernières années de sa vie; retiré du monde et se préparant à la mort avec une fermeté, un héroïsme digne de la docilité de cœur et de la grandeur d'âme qui l'avaient déjà rendu si recommandable, *cor confirmatum*. C'est le dernier trait de son éloge.

Sermon à l'occasion de la victoire d'Aboukir*

(Le 10 janvier 1799, jour d'action de grâces que le gouverneur du Canada a fixé pour célébrer la victoire de l'amiral Nelson sur la flotte napoléonienne à Aboukir le 2 août précédent, M. Plessis prononce en la cathédrale de Québec un sermon qui est demeuré célèbre. Nous le reproduisons en entier.)

Dextera tua, Domine, percussit inimicum.
« Votre main droite, Seigneur, a frappé l'ennemi. » — Exod. 15.

Exorde. — Rien n'arrive ici bas sans l'ordre ou la permission de Dieu: attribuer aux hommes, à leur degré d'habileté, de valeur, d'expérience, les bons ou mauvais succès de leurs entreprises, c'est méconnoitre la souveraine Sagesse qui, du haut de son Trône Éternel, dispose, comme il lui plait, du sort des États et des Empires, et permet souvent qu'ils n'ayent rien de fixe et de certain que l'inconstance même et l'instabilité qui les agite sans cesse. Si Pharaon et son armée sont ensevelis dans les flots de la mer Rouge; si Sennacherib est obligé de lever avec précipitation le siège de Jérusalem; si les troupes d'Holopherne se retirent honteusement de devant Béthulie; ce n'est ni à Moyse, ni à Ézéchias, ni à Judith que l'on doit rapporter ces événements heureux. La main de Dieu seul opère, tous ces prodiges: *dextera rua, Domine, percussit inimicum*. Ainsi il est glorieux pour le contre-Amiral Horatio Nelson, d'avoir été l'instrument dont le Très-Haut s'est servi pour humilier une puissance injuste et superbe. Mais qui d'entre nous, mes frères, ignore assez les principes de sa religion, pour ne pas rapporter à Dieu tout le succès des armes de ce savant et célèbre guerrier?

C'est donc vers vous, Seigneur, que doivent être dirigées nos acclamations et nos actions de grâces. C'est dans votre Temple que retentiront aujourd'hui nos cris d'allégresse et nos chants de victoire. *Vota mea Domina reddam in atriis domûs Domini.*

Proposition. — Loin de nous, Chrétiens, cette joie profane et terrestre à laquelle s'abandonneront peut-être en ce jour les enfans du siècle. Réjouissons-nous dans le Seigneur. Remercions-le des avantages que nous procure le brillant succès dont la mémoire nous rassemble, et n'allons pas regarder avec indifférence un événement dans lequel nos intérêts de toute espèce se trouvent si étroitement concernés.

Division. — Car quiconque voudra considérer dans son vrai point de vue la victoire remportée dans les premiers jours du mois d'Août dernier par les forces navales de sa Majesté Britannique, doit avouer, 1ent. que cette victoire humilie et confond la France. 2nt. qu'elle relève la gloire de la Grande

Bretagne et couronne sa générosité. 3nt. qu'elle assure le bonheur particulier de cette Province. Développons, Messieurs, ces trois réflexions et redisons avec action de grâces: C'est votre main, Seigneur, qui a frappé notre ennemi. *Dextera tua, Domine, percussit inimicum.*

CONFIRMATION

Premier Point. — Ne vous paroit-il pas dur, mes frères, d'être obligés d'appeler ennemi un peuple auquel cette Colonie doit son origine; un peuple qui nous a été si longtemps uni par les liens étroits du sang, de l'amitié, du commerce, du langage, de la religion; qui nous a donné des pères, des protecteurs, des gouverneurs, des pasteurs, des modèles achevés de toutes les vertus, des Souverains chéris dont le gouvernement sage et modéré faisoit nos délices et méritoit notre affection et notre reconnoissance?

Telle étoit, en effet, la France quand nous l'avons connue, chère à ses enfants, formidable à ses ennemis, attachée à sa religion, respectée par toutes les nations du monde. Ne méritoit-elle pas bien, par tous ces titres, les regrets que vous avez exprimés en vous en séparant, et les généreux efforts que vous avez faits pour vous maintenir sous sa domination? Mais depuis que Dieu dans sa miséricorde nous a fait passer sous un autre empire, ô Ciel! quels changements funestes n'a pas éprouvé cet infortuné royaume! l'ennemi du salut, jaloux apparemment d'y voir le règne de Dieu si solidement établi, est venu dans les ombres de la nuit, je veux dire avec les artifices ténébreux d'une philosophie trompeuse, couvrir d'une dangereuse ivraie, de productions impies, de livres incendiaires, toute la surface de cette riche et fertile contrée. Cette ivraie a germé: l'impiété et la dissolution ont pris racine: les esprits et les cœurs se sont laissé entraîner aux attraits séduisans d'une religion sans dogmes, d'une morale sans préceptes. Les expressions enchanteresses de raison, de liberté, de philanthropie, de fraternité, d'égalité, de tolérance, ont été saisies avec avidité et répétées par toutes les bouches. À leur faveur, l'indépendance et l'incrédulité ont établi leur fatal empire. La souveraine autorité du Prince a été nommée tyrannie; la religion, fanatisme; ses saintes pratiques, superstitions; ses ministres, imposteurs; Dieu lui-même, une chimère!

Ces barrières une fois rompues, que devient l'homme, mes frères? Abandonné à sa raison dépravée, est-il égarement dont il ne soit capable? Jugez-en par ceux de nos concitoyens qui ont eu le malheur de donner dans les principes monstrueux des Diderot, des Voltaire, des Mercier, des Rousseau, des Volney, des Raynal, des d'Alembert et autres déistes du siècle. En sont-ils devenus meilleurs époux, pères plus vigilans, fils plus obéissans, citoyens plus honnêtes, amis plus sincères, sujets plus fidèles? non, chrétiens. De tels arbres ne sauroient produire que de mauvais et détestables fruits. Mais si des particuliers infatués des systêmes du jour, deviennent des êtres si nuisibles à la société, quels ravages épouvantables n'a pas dû faire en France cette foule d'impies et de sacrilèges qui se sont, pour ainsi dire, levés en masse contre la commune existence de la religion et de la royauté, et ont formé l'horrible complot d'exterminer et d'anéantir l'une et l'autre?

Non, Messieurs, ne cherchons pas ailleurs que dans les conspirations de l'impiété la cause prochaine et immédiate de la révolution Françoise. Voilà le maudit instrument qui l'a préparée de longue main, qui l'a ménagée avec dissimulation et souplesse, et qui enfin l'a fait éclater avec le plus grand fracas. Explosion terrible! elle a étonné la terre; infecté l'air de ses vapeurs pestilentielles; fait trembler tous les trônes et menacé de sa flamme bitumineuse toutes les Églises du monde.

Révolution rapide! elle a eu le secret fatal d'électriser en un moment presque tous les esprits. À peine déclarée dans la Capitale, elle est déjà rendue au fond des provinces les plus reculées. Partout on crie au despotisme: partout les liens de la subordination disparoissent: Le moyen peuple se soulève contre les grands pour mieux opprimer les plus petits: l'autorité des loix est méprisée; les propriétés mises au pillage; la force substituée aux droits les plus anciens et les plus légitimes.

Révolution conquérante. D'abord elle ne devoit pas étendre sa prétendue réforme au delà des limites de la France. Mais bientôt débordée comme un torrent qui a rompu ses digues, elle a inondé toutes les régions d'alentour. Les Pays-Bas, la Hollande, l'Espagne, la Suisse, l'Italie, l'Allemagne sont devenus successivement les théâtres d'une guerre affreuse déclarée contre les despotes, disoient ses auteurs, mais réellement conduite par les tyrans les plus cruels et les plus pernicieux.

Révolution sanguinaire. Elle a commencé par le feu, continué par les massacres, inventé pour les accélérer, un nouvel instrument de supplice. Que de têtes, hélas! en ont été les malheureuses victimes! Princes, Prêtres, nobles, royalistes, vous en avez fait la funeste expérience. Que dis-je? et entre les révolutionaires mêmes, combien de chefs de factions n'y ont pas laissé leurs têtes criminelles?

Révolution parricide. Le plus religieux, le plus paisible des Souverains est devenu à ses yeux un objet de haine implacable. Eh quoi! n'étoit-ce pas assez de l'avoir mis au dessous de ses sujets par une constitution aussi illégale et bizarre dans sa forme que monstrueuse dans ses principes? Falloit-il encore l'arracher avec violence du palais des Rois ses ayeux, le garder à vûe aux Thuilleries, l'emprisonner au Temple, lui faire son procès comme à un prisonnier d'État, le conduire à l'échaffaut, le décapiter ignomineusement pour des crimes imaginaires et supposés? Ô Louis XVI! ô Roi, digne d'une plus longue vie, si une mort anticipée n'eût été pour vous un sort plus heureux qu'une vie remplie de tribulations et d'amertumes! mais Dieu, mes frères, avoit résolu de récompenser les vertus sublimes de ce Prince vraiment chrétien, et voilà, sans doute, pourquoi il dirigea contre lui la rage des usurpateurs de son autorité souveraine.

Révolution sacrilège. Il n'y a pas d'excès en ce genre qui aient été à son épreuve. Les lieux de piété proscrits; les monumens de la religion mis en pièces; les Prêtres égorgés auprès des Autels qu'ils vouloient défendre; le culte Divin anéanti; les SS. Mystères foulés aux pieds; les jours solemnels abolis; l'idole placée dans le temple du vrai Dieu, les Vierges Saintes chassées de leurs azyles chéris; le chef de l'Église Catholique, digne et vénérable successeur des Apôtres, mis cruellement hors de son siège, obligé dans son extrême vieillesse d'errer de ville en ville, en attendant qu'il plaise à Dieu récompenser par la couronne de gloire une vie pleine de vertus, de travaux et de mérites. Ce n'est là, mes frères, qu'une légère esquisse des atrocités auxquelles se sont portés les propagateurs de la révolution Françoise. Jusqu'à quand Seigneur, souffrirez-vous qu'ils vous insultent de la sorte? *usquequò, Domine, improperabit inimicus?* Quoi! ne mettrez-vous pas de frein à leur audace? Levez enfin votre main Toute-puissante pour la réprimer. *Leva manus tuas in superbius eorum in finem.*

Le moment en est arrivé, mes frères. Cet orgueilleux Pharaon, cet ambitieux Nabuchodonosor, ce Goliath insolent va commencer à perdre ses avantages. Allez, peuple estimé invincible. Équippez une flotte puissante. Entreprenez la conquête de l'Orient. Publiez par avance des succès qui ne se réaliseront pas. Glorifiez-vous de la force de vos vaisseaux et du nombre de vos troupes. Dieu, qui pour châtier le monde, s'est servi de vous comme d'un fléau vengeur, ne tardera pas à vous faire sentir combien son bras est pesant sur les impies. Vous serez surpris, enveloppés, vaincus à votre tour, et de la manière la plus éclatante, la plus propre à réjouir l'Afrique et l'Asie dont vous aviez préludé le bouleversement. Quelques ressources que vous affectiez d'avoir encore, vous ne pourrez dissimuler l'humiliation que traîne avec elle cette perte immense et inattendue.

Quel dessein a eu la Providence, mes frères, en ruinant par ce revers la flotte Françoise de la Méditerranée? A-t-elle seulement voulu déconcerter et confondre nos ennemis? A-t-elle prétendu, en outre, rassurer les bons citoyens qui depuis près de dix ans gémissent en secret sur l'aveuglement de leur infortunée patrie? C'est sur quoi nous hazarderions vainement nos conjectures. Mais voici ce qui paroit certain, c'est qu'elle a voulu par ce brillant succès relever la gloire de la Grande-Bretagne et récompenser sa générosité. C'est ma seconde réflexion.

Second Point. — Longtemps spectateur attentif des scènes barbares qui désoloient la France, l'Empire Britannique hésitoit prudemment sur le parti qu'il devoit prendre dans une querelle dont il étoit impossible de prévoir quelle seroit l'issue. D'un côté, des sujets révoltés faisant les plus grands efforts pour détruire l'autorité légitime: de l'autre, un Souverain cherchant par des cessions volontaires à calmer la rage de ces furieux. D'un côté, des décrets sans nombre, tendant tous à l'établissement d'un monstrueux système d'anarchie; de l'autre, un silence, une facilité à les adopter qui sembloit trahir la bonne cause et concourir à l'innovation. D'un côté, des cris multipliés de *Vive Le Roi*; de l'autre, des mesures qui ne tendoient à rien de moins qu'à son dépouillement total et à sa destruction personnelle. D'un côté, des promesses d'une liberté indéfinie à tous les citoyens de la France; de l'autre, des massacres innombrables, sous les prétextes les plus frivoles, qui ne déceloient que trop l'esprit de la révolution. Au milieu de tout cela, le Roi vivoit, quoique captif, et la diversité d'opinions qui régnoit entre ses sujets, faisoit espérer, à chaque instant, le retour du bon ordre.

Vous ne l'avez pas voulu, grand Dieu! les péchés de ce malheureux peuple avoient crié trop haut et provoqué trop longtemps votre colère. Mais en la faisant éprouver aux villes criminelles du royaume, vous préparez dans la générosité d'un État voisin un azyle sûr et hospitalier aux justes qu'il renferme encore. Car ce fut là, Messieurs, le premier intérêt actif que l'Angleterre parut prendre à la révolution Françoise, et vraisemblablement la cause réelle de la guerre qu'elle eut bientôt à soûtenir contre ses perfides auteurs. Mais sans s'inquiéter des suites, venez, dit ce peuple bienfaisant, venez, restes précieux d'une nation toujours notre rivale, mais dont nous avons toujours honoré le courage et respecté la vertu. Prélats vénérables, Ministres édifians d'une religion que nous ne connoissons plus; descendans des anciens héros de la France, sujets de toutes les classes, que l'amour du devoir a rendus malheureux, qui avez renoncé à vos places, à vos titres, à vos sièges, à vos propriétés, plutôt que de trahir vos consciences et de consentir au renversement de l'Autel et du Trône; venez, nous vous offrons une nouvelle patrie dans une terre étrangère. Venez partager nos foyers, nos fortunes, nos emplois, notre abondance. Si vous ne retrouvez pas au milieu de nous tout ce que vous avez perdu; vous serez au moins dédommagés par nos efforts pour adoucir votre exil et vos malheurs. Le Prophète l'avoit dit, il y a longtemps. Je n'ai jamais vu le juste abandonné. *Non vidi justum derelictum.* François émigrés, vous en faites aujourd'hui la douce expérience. Mais de quelle main se sert le Ciel pour vous procurer les secours les plus abondans? De la main d'un peuple qui fut toujours l'émule du vôtre, que des intérêts d'État rendoient votre ennemi, et qui sembloit vous haïr de bonne foi, mais qui dans vos malheurs n'apperçoit plus en vous que des frères souffrans. *Salutem ex inimicis nostris et de manu omnium qui oderunt nos.*

Au reste, Messieurs, si d'un côté l'Angleterre tend une main secourable aux victimes de la révolution, et les comble de bienfaits et de largesses; elle arrête, de l'autre, une partie des désordres dont ses monstrueux instrumens menaçoient l'Univers entier. Non seulement ses sages ministres prennent des mesures pour maintenir la paix dans l'intérieur et prévenir la perversion des esprits, mais je la vois accepter avec avidité la guerre qui lui fut offerte en 1793 par les usurpateurs de l'autorité souveraine en France. Quelle ardeur, quelle force, quelle énergie n'a-t-elle pas déployées pour la soûtenir honorablement? Armemens formidables; troupes nombreuses sur le continent; flottes redoutables sur la mer; envoi d'argent aux alliés; impositions nouvelles sur tout le Royaume; contributions volontaires des particuliers; promotions encourageantes dans l'armée et dans la marine; tout a été mis en œuvre pour cette noble fin.

Puissances de l'Europe, États et Provinces de l'Amérique, riches possessions des Indes Orientales, vous fixez à bon droit vos regards sur l'Angleterre. Elle est le grand boulevard sur lequel reposent toutes vos espérances. Si elle triomphe, sa gloire sera votre salut et vous assurera la paix. Mais si elle succombe, c'en est fait de votre repos et de vos gouvernemens. Le funeste arbre de la liberté sera planté au milieu de vos villes; les droits de l'homme y seront proclamés; des réquisitions d'argent épuiseront vos finances; vos loix deviendront le jouet et la fable des arrogans ennemis du genre humain; vous aurez en partage tous les maux qui vous font plaindre le sort de la France; vous serez librés, mais d'une liberté oppressive, qui vous donnera pour maîtres la lie des Citoyens, et abymera dans la poussière les respectables chefs qui possèdent maintenant votre amour, et votre confiance.

Mais que dis-je? non, grand Dieu! vous ne permettrez pas que le succès abandonne nos armes; et puisque c'est votre cause que nous défendons, levez-vous, Seigneur; dissipez vos ennemis: mettez en fuite ceux qui vous haïssent. Qu'ils disparoissent comme la fumée: qu'ils fondent comme la cire en présence du feu. *Sicut fluit cera à facie ignis, sic pereant peccatores à facie Dei.*

Tel sera, Messieurs, l'événement des choses, abandonnée de ses plus forts alliés, la Grande-Bretagne soutiendra presque seule tout le poids de cette formidable guerre. La voilà qui multiplie ses flottes et les promène sur l'océan avec un air de supériorité qui ne convient qu'à elle. Tantôt elle les réunit; tantôt elle les divise; tantôt elle les transporte d'un hémisphère à l'autre, mais avec une activité, une intelligence incroyable. L'une protège les côtes de l'Amérique: l'autre facilite la conquête du Cap de Bonne-Espérance: celle-ci accompagne les riches productions des Indes: celle-là veille à la garde des côtes d'Irlande. Une autre, victorieuse de la flotte Espagnole, la tient captive dans un de ses ports. Une autre bloque tous les havres de l'ennemi, et lui défend d'en sortir. Une autre se couvre de gloire par la défaite des Hollandois. Si les succès sont capables d'encourager, en voilà, mes frères, qu'on ne sauroit évoquer en doute, et qui sont bien propres à soûtenir l'énergie Anglaise. Mais enfin un coup plus décisif, une victoire plus signalée étoit réservée aux armes de cet Empire. Le Ciel n'a pas voulu différer plus longtemps à récompenser sa générosité et à le dédommager de ses exertions sans nombre. L'intrépide Amiral Nelson, avec une escadre inférieure en hommes et en vaisseaux, assez hardi pour attaquer la flotte Françoise de la Méditerranée, vient de remporter sur elle une des victoires navales les plus complettes dont l'histoire fournisse des exemples. Neuf vaisseaux de guerre pris, un coulé à fond, trois réduits en cendres, le reste dispersé, nombre de transports poussés à la côte et perdus: voilà l'événement mémorable que nous célébrons dans cette solemnité. Ne méritoit-il pas bien qu'un jour fût consacré tout exprès pour remercier le Dieu des batailles?

Où est le bon patriote, où est le loyal sujet, je dis plus, où est le vrai chrétien dont le cœur n'ait été réjoui à cette heureuse nouvelle? l'empire des eaux assuré à la Grande-Bretagne; son pavillon déployé majestueusement sur toutes les mers; ses ennemis confondus et humiliés; une paix après laquelle toute la terre soupire, devenue plus facile. Ces seules considérations ne suffisent-elles pas pour porter l'allégresse dans toutes les âmes? Ajoutons ici, que cette victoire a pour nous un mérite particulier, parce qu'en affermissant la puissance de la Grande-Bretagne, elle assure la continuation du repos et du bonheur de cette Province. C'est ma dernière réflexion.

Troisième Point. — Quel est, Messieurs, le Gouvernement le mieux calculé pour notre bonheur, sinon celui qui a la modération en partage, qui respecte la religion du pays, qui est plein de ménagements pour les sujets, qui donne au peuple une part raisonnable dans l'administration provinciale? Or tel s'est toujours montré en Canada le Gouvernement Britannique. Ce ne sont point ici des coups d'encensoir que la flatterie prodigue lâchement à l'autorité existante. À Dieu ne plaise, mes frères, que je profane la sainteté de cette chaire par de basses adulations ou par des louanges intéressées. C'est un témoignage que la vérité exige impérieusement aussi bien que la reconnoissance, et je ne crains pas d'être démenti par aucun de ceux qui connoissent l'esprit du gouvernement d'Angleterre. Une sage lenteur préside à ses opérations. Rien de précipité dans sa marche méthodique. Voyez-vous chez lui cet enthousiasme trompeur, cet amour irréfléchi de la nouveauté, cette liberté sans frein et sans bornes qui bouleverse à nos yeux des états mal affermis? Quels ménagements n'a-t-il pas pour les propriétés des sujets? quelle industrieuse habileté à leur faire supporter d'une manière insensible les frais du gouvernement civil! entendez-vous parler, depuis près de quarante ans de conquête, de ces tailles, de ces impôts, de ces capitations multipliées, sous lesquelles gémissent tant de nations; de ces réquisitions arbitraires de sommes immenses, qu'un vainqueur injuste impose fièrement à de malheureux conquis? Avez-vous été réduits, par un défaut de prévoyance de la part de l'Administration, à ces famines qui affligèrent autrefois la Colonie, et dont on ne se rappèle encore les détails qu'avec horreur et frémissement? N'avez-vous pas vû, au contraire, dans des années de disette, le Gouvernement arrêter sagement l'exportation du grain, jusqu'à ce que votre subsistance fut assurée? Vous a-t-on, depuis la conquête, assujetti au service militaire, obligé de laisser dans l'indigence vos femmes et vos enfans pour aller au loin attaquer ou repousser l'ennemi de l'État? Avez-vous contribué le moins du monde aux frais de la guerre dispendieuse que la Grande-Bretagne soutient depuis près de six ans? L'Europe presque entière est livrée au fer, au feu, au carnage, les plus sacrés azyles sont violés; les vierges déshonorées, les mères, les enfans égorgés en plusieurs endroits. Vous en appercevez-vous, et ne peut-on pas dire qu'au plus fort de la guerre vous jouissez de tous les avantages de la paix? À qui, après Dieu, êtes-vous redevables de ces faveurs, mes frères, sinon à la vigilance paternelle d'un empire, qui, dans la paix comme dans la guerre a, j'ose le dire, vos intérêts plus à cœur que les siens propres? En toute matière, je vois des marques de cette prédilection. Votre code criminel, par exemple, étoit trop sévère, n'offroit point de règle assez sûre pour distinguer l'innocent du coupable, exposoit le faible à l'oppression du puissant. On lui a substitué les loix criminelles d'Angleterre, ce chef-d'œuvre de l'intelligence humaine; qui ferment tout accès à la Calomnie, qui ne reconnoissent pour crime que l'action qui enfreint la loi, pour coupable que celui dont la conviction est portée à l'évidence; qui donnent à un accusé tous les moyens d'une défense légitime et sans rien laisser à la discrétion du Juge, ne punissent que par l'application précise du châtiment que la loi prononce. Que dirai-je enfin? tandis que toutes les coûtumes de France sont renversées, que toutes les Ordonnances qui portoient l'empreinte de la Royauté sont proscrites, n'est-il pas admirable de voir une Province Britannique régie par la Coûtume de Paris et par les Édits et déclarations des Rois de France? D'où vient cette singularité flatteuse? De ce que vous avez désiré le rétablissement de ces anciennes loix; de ce qu'elles ont paru plus adaptées à la nature des propriétés foncières du pays. Les voilà conservées sans autre altération que celles que la Législation provinciale a la liberté d'y faire; Législation où vous êtes représentés dans une proportion infiniment plus grande que le peuple des isles Britanniques dans les Parlemens d'Irlande et d'Angleterre.

Quel retour, Messieurs, exigent de nous tant de bienfaits? Un vif sentiment de gratitude envers la Grande-Bretagne; un ardent désir de n'en être jamais séparés; une persuasion intime que ses intérêts ne sont pas différens des nôtres; que notre bonheur tient au sien; et que si quelquefois il a fallu nous attrister de ses pertes nous devons, par le même principe, nous réjouir en ce jour de la gloire qu'elle s'est acquise, et regarder sa dernière victoire comme un événement non moins consolant pour nous, que glorieux pour elle.

Que sera-ce, Chrétiens, si à ces considérations politiques vous en ajoûtez une autre, par laquelle cet empire mérite surtout votre reconnoissance et vos éloges? Je veux parler de la liberté laissée à notre culte et assurée par la loi; de ce respect porté aux personnes engagées dans les monastères; de cette succession non-interrompue d'Évêques Catholiques, qui ont possédé jusqu'à ce jour la faveur et la confiance des Représentans du Roi; de cette protection soûtenue, dont jouissent dans les villes et dans les campagnes ceux qui doivent, par état, veiller à la conservation de la foi et de la morale. Car si cette foi s'affoiblit parmi nous, mes frères, si cette morale se relâche, ce n'est pas au changement de domination, c'est à vous-mêmes qu'il faut imputer ce désordre; c'est à votre peu de docilité pour la parole qu'on vous annonce; c'est à vos folles recherches d'une liberté dont vous jouissez sans la connoître; c'est aux discours envenimés de ces hommes sans caractère et sans principes, de ces murmurateurs inépuisables, que le bon ordre offense, que l'obéissance humilie, que l'existence de la religion outrage.

Hélas! où en serions-nous, mes frères, si de tels esprits prenoient le dessus, si leurs désirs étoient remplis, si ce pays, par un fâcheux revers, retournoit à ses anciens maîtres? Maison de Dieu, temple auguste, vous seriez bientôt converti en une caverne de voleurs! Ministres d'une religion sainte, vous seriez déplacés, proscrits et peut-être décapités! Chrétiens fervens, vous seriez privés des consolations ineffables que vous goûtez dans l'accomplissement de vos devoirs religieux! Terre, consacrée par les larmes et les sueurs de tant de vertueux missionaires qui y ont planté la foi, vous n'offririez plus aux regards de la religion, qu'une triste et vaste solitude! Pères et Mères catholiques, vous verriez sous vos yeux des enfans chéris sucer, malgré vous, le lait empoisonné de la barbarie, de l'impiété et du libertinage! Tendres enfans, dont les cœurs innocens ne respirent encore que la vertu, votre piété deviendroit la proie de ces vautours, et une éducation féroce effaceroit bientôt les heureux sentimens que l'humanité et la religion ont déjà gravés dans vos âmes!

Conclusion. — Mais que fais-je et pourquoi insister sur des réflexions douloureuses dans un jour où tout doit respirer la joie! Non, non mes frères. Ne craignons pas que Dieu nous abandonne si nous lui sommes fidèles. Ce qu'il vient de faire pour nous ne doit inspirer que des idées consolantes pour l'avenir. Il a terrassé nos ennemis perfides. Réjouissons-nous de ce glorieux événement. Tout ce qui affoiblit la France, tend à l'éloigner de nous. Tout ce qui l'en éloigne, assure nos vies, notre liberté, notre repos, nos propriétés, notre culte, notre bonheur. Rendons-en au Dieu des victoires d'immortelles actions de grâces. Prions-le de conserver longtemps le bienfaisant, l'auguste Souverain qui nous gouverne, et de continuer de répandre sur le Canada ses plus abondantes bénédictions.

Te Deum laudamus, etc.

LOUIS-JOSEPH PAPINEAU (1786-1871)

Élu député à la Chambre d'Assemblée du Bas-Canada en 1809 et orateur de cette même Chambre en 1815, chef du Parti canadien, puis du Parti patriote, Louis-Joseph Papineau, malgré son agnosticisme et ses idées libérales, sut rallier autour de lui la masse de ses compatriotes. De 1815 à 1827, il est leur chef incontesté, monarchiste et nationaliste; durant les années suivantes, démocrate et républicain, il se radicalise et, sans trop s'en rendre compte, mène son peuple à la révolte armée; le désastre arrive, Papineau s'exile; quand il revient, en 1845, son parti est devenu celui de Lafontaine et Papineau ne parvient pas à s'y ranger confortablement; peu à peu, il délaisse la politique, puis se retire, en 1854, à Montebello, dans sa seigneurie de la Petite-Nation. Depuis longtemps déjà, sa figure était devenue légendaire au Canada français; ce foudre d'éloquence demeure notre plus grand tribun. Si ses discours ne nous en fournissent pas la preuve, c'est qu'il leur manque le panache du chef et le ton de sa voix.

Éloge de George III*

(Le 29 janvier 1820, George III décède. Comme le veut la coutume constitutionnelle de l'époque, le Parlement est dissous. Aux élections qui ont lieu en juillet, Papineau est réélu par acclamation après avoir prononcé devant ses électeurs de Montréal une harangue dont nous citons le fragment suivant dans la version française de Thomas Chapais.)

Peu de jours se sont écoulés depuis que nous sommes assemblés dans ce lieu pour le même motif qui nous réunit aujourd'hui, le choix de représentants. La nécessité de ce choix venant d'une grande calamité nationale, la mort du souverain bien-aimé qui a régné sur les habitants de ce pays depuis qu'ils sont devenus sujets britanniques, il est impossible de ne pas exprimer nos sentiments de gratitude pour les bienfaits que nous avons reçus de lui et les sentiments de regret pour sa perte si profondément sentie ici et dans toutes les parties de l'empire. Et comment pourrait-il en être autrement, quand chaque année de son règne a été marquée par de nouvelles faveurs accordées à ce pays. Les énumérer et détailler l'histoire de la province depuis tant d'années prendrait plus de temps que je puis en espérer de ceux à qui j'ai l'honneur de parler. Qu'il suffise donc, à première vue, de comparer l'heureuse situation où nous nous trouvons aujourd'hui avec celle où se trouvaient nos ancêtres lorsque George III devint leur monarque légitime.

Qu'il me suffise de rappeler que sous le gouvernement français, gouvernement arbitraire et oppressif à l'intérieur et à l'extérieur, les intérêts de cette colonie ont été plus fréquemment négligés et mal administrés que ceux d'aucune autre partie des dépendances françaises. Dans mon opinion, le Canada semble ne pas avoir été considéré comme un pays qui, par la fertilité du sol, la salubrité du climat, et le territoire étendu, pouvait être la paisible résidence d'une population considérable et heureuse, mais comme un poste militaire dont la faible garnison était condamnée à vivre dans un état d'alarme et de guerre continuelles — souffrant fréquemment de la famine, sans commerce, ou avec un commerce de monopole par des compagnies privilégiées, la propriété publique et privée souvent mise au pillage, et la liberté personnelle chaque jour violée, en même temps que chaque année la poignée de colons établis en cette province étaient arrachés de leur maison et de leur famille pour aller répandre leur sang et porter le meurtre et la ruine des rives des grands lacs du Mississipi et de l'Ohio à celles de la Nouvelle-Écosse, de Terre-Neuve et de la baie d'Hudson.

Telle était la position de nos pères; voyez le changement. George III, souverain respecté pour ses qualités morales et son attention à ses devoirs, succède à Louis XV, prince justement méprisé pour ses débauches et son peu d'attention aux besoins du peuple, sa prodigalité insensée pour ses favoris et ses maîtresses. Depuis cette époque le règne de la loi a succédé à celui de la violence, depuis ce jour les trésors, la marine et les armées de la Grande-Bretagne ont été employés pour nous procurer une protection efficace contre tout danger extérieur; depuis ce jour ses meilleures lois sont devenues les nôtres, tandis que notre religion, nos propriétés et les lois par lesquelles elles étaient régies nous ont été conservées; bientôt après les privilèges de sa libre constitution nous ont été accordés, garants infaillibles de notre prospérité intérieure, si elle est observée. Maintenant la tolérance religieuse, le procès par jury, la plus sage des garanties qui ait jamais été établie pour la protection de l'innocence, la protection contre l'emprisonnement arbitraire, grâce au privilège de l'*habeas corpus*, la sécurité égale garantie par la loi à la personne, à l'honneur et aux biens des citoyens, le droit de n'obéir qu'aux lois faites par nous et adoptées par nos représentants, tous ces avantages sont devenus pour nous un droit de naissance, et seront, je l'espère, l'héritage durable de notre postérité! Pour les conserver sachons agir comme des sujets anglais et des hommes indépendants.

Discours de Saint-Laurent*

Discours de l'Honorable Louis-Joseph Papineau à l'Assemblée du Comté de Montréal, tenue à St. Laurent, le 15 de Mai courant [1837], pour prendre en considération les Résolutions Coercitives du Ministère anglais contre les droits et les libertés de cette Colonie.

Concitoyens,

Nous sommes réunis dans des circonstances pénibles, mais qui offrent l'avantage de vous faire distinguer vos vrais d'avec vos faux amis, ceux qui le sont pour un temps, de ceux qui le sont pour toujours. Nous sommes en lutte avec les anciens ennemis du pays. Le gouverneur, les deux conseils, les juges, la majorité des autres fonctionnaires publics, leurs créatures et leurs suppôts que vos représentants ont dénoncés depuis longtemps comme formant une faction corrompue, hostile aux droits du peuple et mue par l'intérêt seul à soutenir un système de gouvernement vicieux. Cela n'est pas inquiétant. Cette faction quand elle agira seule est aux abois. Elle a la même volonté qu'elle a toujours eue de nuire, mais elle n'a plus le même pouvoir de le faire. C'est toujours une bête malfaisante, qui aime à mordre et à déchirer, mais qui ne peut que rugir, parce que vous lui avez rogné les griffes et limé les dents. (*Applaudissemens.*)

Pour eux les temps sont changés, jugez de leur différence. Il y a quelques années lorsque votre ancien représentant, toujours fidèle à vos intérêts et que vous venez de choisir pour présider cette assemblée, vous servait au parlement, lorsque bientôt après lui j'entrais dans la vie publique en 1810, un mauvais gouverneur jetait les représentants en prison; depuis ce temps les représentants ont chassé les mauvais gouverneurs. Autrefois, pour gouverner et mettre à l'abri des plaintes de l'Assemblée les bas courtisans ses complices, le tyran Craig était obligé de se montrer, pour faire peur, comme bien plus méchant qu'il n'était. Il n'a pas réussi à faire peur. Le peuple s'est moqué de lui, et des proclamations royales, des mandements et des sermons déplacés, arrachés par surprise, et fulminés pour le frapper de terreur. Aujourd'hui pour gouverner, et mettre les bas courtisans ses complices à l'abri de la punition que leur a justement infligée l'Assemblée, le gouverneur est obligé de se montrer larmoyant pour faire pitié, et de se donner pour bien meilleur qu'il n'est en réalité. Il s'est fait humble et caressant pour tromper. Le miel, sur ses lèvres, le fiel dans le cœur, il a fait plus de mal par ses artifices, que ses prédécesseurs n'en ont fait par leurs violences; néanmoins le mal n'est pas consommé, et ses artifices sont usés. La publication de ses instructions qu'il avait mutilées et mésinterprétées; la publication des rapports, dans lesquels l'on admet que cette ruse lui était nécessaire pour qu'il put débuter dans son administration avec quelque chance de succès, ont fait tomber le masque. Il peut acheter quelques traîtres, il ne peut plus tromper des patriotes. Et comme dans un pays honnête le nombre des lâches qui sont en vente et à l'encan ne peut pas être considérable, ils ne sont pas à craindre. La circonstance nouvelle dont nos perpétuels ennemis vont vouloir tirer avantage, c'est que le parlement britannique prend parti contre nous. C'est que le ministre ne comptant pour rien les justes plaintes du peuple, n'a de sensibilité et de prédilections que pour des employés corrompus; qu'il veut voler votre argent pour payer vos serviteurs que vos représentants ont refusé de payer parce que d'après l'avis de cette autorité compétente ils ont été paresseux, infidèles, incapables; qu'ils ont voulu renvoyer de votre service parce qu'ils vous faisaient du tort; qui insolemment sont restés chez vous malgré vous, et qui, lorsque vous leur refusez un salaire qu'ils n'ont pas gagné, s'associent avec des voleurs étrangers pour vous dérober. Cette difficulté est grande, mais elle n'est pas nouvelle, mais elle n'est pas insurmontable. Ce parlement tout-puissant, les Américains l'ont glorieusement battu, il y a quelques années. C'est un spectacle consolateur pour les peuples que de se reporter à l'époque de 1774; d'applaudir aux efforts vertueux et au succès complet qui fut opposé à la même tentative qui est commencée contre vous. Ce parlement tout-puissant, son injustice nous a déjà mis en lutte avec lui, et notre résistance constitutionnelle l'a déjà arrêté. En 1822 le ministère s'était montré un instrument oppresseur entre les mains de la faction officielle du Canada, et les communes s'étaient montrées les dociles esclaves du ministre en l'appuyant dans sa tentative d'union des deux provinces par une très grande majorité. Le ministère Melbourne est également l'instrument oppresseur que fait jouer à son service la même faction officielle et tory du Canada, et la grande majorité des communes dans une question coloniale qu'elles comprennent peu et à laquelle elles n'attachent aucun intérêt, est encore la tourbe docile qui marche comme le ministre la pousse. Les temps d'épreuve sont arrivés; ces temps sont d'une grande utilité au public. Ils lui apprennent à distinguer ceux qui sont patriotes aux jours sereins, que le premier jour d'orage disperse, ceux qui sont patriotes quand il n'y a pas de sacrifices à faire, de ceux qui le sont au temps des sacrifices; ceux dont tout le mérite consiste à crier: Huzza, nous sommes avec la majorité, mais si elle ne réussit pas bien vite, nous nous tiendrons à l'écart et tranquilles, et ceux qui disent: dans la bonne et dans la mauvaise fortune, nous sommes pour le peuple; s'il est maltraité nous ne nous tiendrons pas à l'écart; nous ne serons pas tranquilles, nous le défendrons à tout risque: nous sommes pour les principes, et s'ils sont violés nous les maintiendrons contre quelqu'autorité que ce soit, tant que nos cœurs battront; tant que nos bouches pourront proclamer la vérité, pourront exhaler la plainte et le reproche. (*Applaudissemens.*)

Vous comprenez l'importance du sujet qui nous réunit. Nous ne sommes pas ici pour nous livrer à des élans d'une juste indignation, à de brûlants appels à la vengeance et aux passions, qui ne seraient que trop justifiables, nous sommes pour discourir ensemble, familièrement, sans réserve ni réticence, sans dissimulation ni ménagement pour des hommes pervers et des mesures iniques, pour nous occuper de nos communs intérêts; pour mesurer quelle est l'étendue du mal que l'on nous veut faire; quels en sont les odieux auteurs; quels obstacles nous pouvons opposer, quelle punition nous leur devons infliger.

L'étendue du mal que l'on nous veut faire, c'est l'insulte et le mépris avec lesquels un gouvernement persécuteur repousse toutes et chacune des réformes que vous avez demandées! C'est de vous préparer un avenir plus mauvais que ne l'a été un passé déjà insupportable; c'est enfin de vous voler, de vous arracher le fruit de vos sueurs et de vos travaux pour soudoyer et rendre plus insolents vos serviteurs, dont vous n'avez déjà que trop de raisons de vous plaindre. (*C'est vrai.*)

Dans tous les temps, les Anglais, depuis qu'ils ont le système représentatif, ont professé la doctrine, et l'ont scellée de leur sang, que leurs rois et leurs officiers n'avaient droit à recevoir aucun autre salaire, aucun autre subside, que ceux auxquels ils auraient donné leur libre consentement exprimé par leurs représentants. Ils ont toujours cru qu'il était également juste de tirer l'épée contre celui qui violait la loi, en cherchant à briser la porte de leur maison pour les dérober, et contre ceux qui violaient la loi en cherchant à briser les portes du dépôt de l'argent public, dont ils avaient remis les clefs à leurs représentants. Dans cette juste et légitime défense de leurs propriétés, ils ont quelquefois chassé du royaume les gouvernans qui violaient des droits aussi chers, quelquefois ils leur ont tranché la tête. Tout cela était pour établir un droit que lord Russell à l'instigation de lord Gosford s'apprête à violer à notre égard. L'histoire nous dit que les Anglais ont bien fait de haïr leurs oppresseurs jusqu'à les emprisonner, à les chasser, à les tuer; nous ferions donc bien de haïr les nôtres jusqu'à les prier au moins pour leur honneur et notre bonheur de faire voile au plus vite. [...]

Le système colonial européen doit être refait et refondu; ou la misère, la paralysie de l'esprit et de l'industrie, les haines et les dissensions en sont le résultat si naturel et si constant, que toutes les colonies ont les motifs les plus urgents d'avancer l'heure de leur séparation. Qui dit colonie, dit pillage et insolence chez les gouvernans, abaissement et pénurie chez les gouvernés. Les États-Unis ne peuvent avoir de colonies. Leur constitution pourvoit d'avance à ce qu'un territoire dès qu'il a 60,000 habitants puisse se constituer en un État libre et indépendant. Il devient le maître et l'arbitre absolu de son sort. Il n'a pas à craindre la nomination d'officiers, qui y seraient envoyés passagèrement, pour s'enrichir au galop, et aller digérer d'énormes richesses mal acquises à mille lieues de distance; pour solliciter du gouvernement général, qu'il intervienne et donne à des monopoleurs étrangers les terres de l'État à un tiers du prix auquel il les vendra aux citoyens résidents; pour qu'il dépouille la législature locale du droit de régler toutes ses dépenses locales quand et comme elle l'entendra; pour qu'il altère et refasse les lois et coutumes locales sans y rien comprendre, et porte l'insécurité dans la jouissance des propriétés et l'incertitude dans l'administration de la justice.

Pour faire la paix, déclarer la guerre, et régler le commerce, le gouvernement général, formé de délégations de chaque état particulier, décide souverainement. À part ces attributions restreintes, il n'a guères plus d'autorité sur le plus faible des États de l'Union, qu'il n'en a sur le plus puissant empire étranger. Quiconque vient s'établir dans une des souverainetés, ne peut avoir, pour la raison qu'il vient d'ailleurs, la prétention insultante pour la société à laquelle il vient s'aggréger, de dire, pas même d'imaginer, qu'une différence d'origine lui puisse donner droit à des priviléges spéciaux; qu'il faut pour sa protection modifier les institutions que veut l'immense majorité native; et mille autres extravagances que tous les Européens vont débiter dans toutes les colonies. Ce gouvernement est si bien réglé que les treize provinces toutes désunies et en querelles incessantes, quand elles étaient anglaises, se sont étendues sur un territoire quadruple de celui qu'elles occupaient, ont quintuplé leur population, doublé leur nombre des États et formé vingt-six souverainetés indépendantes groupées autour du gouvernement général, et qui se gouvernent avec infiniment plus de facilité, d'harmonie, d'ensemble, de puissance, de prospérité, qu'elles n'en ont jamais connus, qu'elles n'en auraient jamais pu connaître, si elles fussent demeurées dans la dépendance et la servitude coloniale. Ce gouvernement est si bien réglé par les limites connues et définies des attributions distinctes et séparées de toutes les autorités, qu'un égal nombre d'États nouveaux additionnels, un continent entier, pourraient ainsi et s'y adjoindre et s'y confédérer, sans qu'il en résultât le plus léger trouble dans le mouvement uniforme et le progrès continu de l'ensemble. Des accessions successives d'un État, puis d'un autre, n'y peuvent créer un hors-d'œuvre, n'y glisser une pièce déplacée qui vienne heurter celles qui se meuvent dans une orbite régulière, dont rien ne les peut faire sortir. La place de qui que ce soit qui voudra s'y réunir, est marquée d'avance: c'est celle de l'égalité et de la fraternité, avec les plus libres associations qu'il y ait au monde.

Cette union est séduisante, et la nôtre dans le moment actuel est humiliante. Est-ce à dire que de suite nous devons répudier l'une, pour épouser l'autre? Doucement. Si cet arrangement était le seul qui pût rétablir la paix du ménage, oui, il y faudrait avoir recours. [...]

Dans les communes, l'élite des talens les plus distingués de l'Angleterre se sont élevés avec cent fois, mille fois, plus d'éloquence, que je ne le puis faire, en expressions d'indignation la plus amère contre l'atroce persécution que les ministres préparaient contre nous; en dénonciations les plus propres à les avilir aux yeux de l'Europe, sur l'inconséquente contradiction qu'il y a dans leur politique, qui à la fin et après des siècles d'oppression contre l'Irlande infortunée, devient libérale, parce que l'Irlande se fait craindre; qui est si basse et si rampante vis-à-vis de la Russie, qui aussi se fait craindre; et qui est si injuste, arrogante, et dédaigneuse à l'égard du Canada, qu'ils ne craignent point. Ils ressentent l'indignité avec laquelle nous sommes maltraités, aussi vivement que nous le pouvons faire, et nous conseillent avec plus de hardiesse que je ne le ferai, d'employer de suite la résistance. Ils nous font des reproches, si nous n'y avons pas recours. Un membre du parlement, de la plus grande fortune, des plus beaux talens, des meilleurs principes, du dévouement le plus honorable à la cause du Peuple, à l'amour de la justice, à la liberté du Canada, s'est écrié en présence des ministres: Oui si vous prétendez consommer votre œuvre d'iniquité, c'est pour les Canadiens une obligation morale que de vous résister. Oui! si le même sang coulait dans leurs veines, que celui qui a produit les Washington, les Franklin, les Jefferson, ils vous chasseraient de leur pays, comme vous avez été justement chassés des anciennes colonies. Il y a eu à Londres des assemblées, dans lesquelles le peuple a fait écho à ces nobles sentimens, à ces énergiques invectives contre de coupables ministres, à cette bienveillante sympathie pour vos souffrances, à ces encourageants avertissements qu'il est de notre devoir et de notre intérêt de repousser la violence par la violence. Je dois le dire, ce n'est ni la peur, ni le scrupule, qui me porte à dire que l'heure n'a pas sonné, où nous devons répondre à cet appel.

Ce n'est pas la peur; si la nécessité y était, la force du pays, dans son éloignement de l'Angleterre et sa proximité des États-Unis, pourrait effectuer cet objet. Ce n'est pas le scrupule; quiconque est familiarisé avec la connaissance de l'histoire de la juste et glorieuse révolution des États-Unis, voit un concert si unanime des hommes les plus éclairés et les plus vertueux de tous les pays du monde, qui applaudissent à la résistance héroïque et morale, qu'opposèrent les Américains à l'usurpation du parlement britannique, qui voulut les dépouiller, et approprier leur revenu, comme il prétend aujourd'hui faire du nôtre, que ce serait pour ainsi dire s'associer aux réputations les plus grandes et les plus pures des temps modernes, que de marcher avec succès dans la voie qu'ont tracé les patriotes de 74. La situation des deux pays est différente; et nos amis d'Angleterre ne la comprennent pas, quand ils nous croient dignes de blâme, et une race inférieure, si nous ne résistons pas de suite. Je connais un peu mon pays, pour avoir étudié son histoire, pour avoir été par les circonstances, jeté depuis trente ans de la manière la plus active dans les embarras de la vie publique, décidé à y faire inflexiblement mon devoir tant que j'y serais engagé, indifférent quant à moi à y demeurer, ou plutôt désireux d'en sortir, si le triomphe des droits du peuple m'en donnait l'occasion favorable. Pendant ce long espace de temps, j'ai vu vos représentants sans cesse et sans relâche, assaillis tour à tour par les violences, les calomnies, les caresses et les artifices de l'exécutif, et de la presse vénale qu'il a soudoyée quelquefois directement, toujours par des préférences pour les impressions, souvent par les largesses de ceux à qui il a donné ou promis du gain ou des honneurs, sortir de chaque lutte victorieux, de chaque élection générale de plus en plus épurés et dévoués aux intérêts populaires. L'opinion publique s'est formée. Plus vous les avez vus maltraités, plus vous vous êtes montrés affectionnés et empressés à les prendre sous votre protection. Quiconque s'est détaché de la majorité de la chambre a fini par épouser les passions et les intérêts d'employés dont il avait prouvé la corruption et pressé le châtiment, il a perdu votre confiance. Le flot démocratique a coulé irrésistiblement par une fente qui devenant de plus en plus rapide, renversera sans violens efforts, les impuissans obstacles que l'on peut tenter de lui opposer. Dans ces circonstances, faut-il abattre, ou n'est-il pas mieux d'user, un mauvais gouvernement, par la résistance constitutionnelle que l'on peut, que l'on doit, lui faire éprouver en parlement? Certains du succès des futures élections dans un avenir de plusieurs années, faut-il meurtrir l'arbre violemment le premier jour d'automne, avec des pierres et des bâtons, quand tout indique que les fruits tomberont au second jour? Ceux qui commettent un vol qui justifierait en principe des mesures extrêmes, ont perdu en Canada toute influence morale. Vous avez vu avec quelle facilité vos représentants ont biffé les insolentes menaces de Stanley. Il est vrai qu'il s'en rappelle, qu'il exhale sa rage et ses projets de vengeance; mais sa rage et ses projets sont impuissants, quand il n'est pas saisi du pouvoir, et ses trahisons à tous les partis, l'en ont probablement exclu pour longtemps. Néanmoins, si lui, ou ceux à qui il peut inspirer ses préjugés et ses fureurs, redoublent d'effort contre nous, nous devons nous préparer pour être en mesure de les rencontrer, partout où ils voudront aller. S'ils marchent dans la voie de l'illégalité et de l'injustice, marchons d'un pas égal ou plus rapide dans celle de la résistance. Ils ont dans leur voie fait un pas, nous en ferons deux aujourd'hui dans la nôtre. Ils suffiront pour le moment; ils nous en faciliteront d'autres pour la suite, s'ils devenaient nécessaires.

Il faut que le pécheur soit puni par où il a péché. Le gouverneur des nobles de l'Angleterre vous hait pour toujours; il faut le payer de retour. Il vous hait parce qu'il aime le despotisme, et que vous aimez la liberté; parce que vous avez cessé de lui envoyer de loyales adresses, et les avez remplacées par des remontrances et des protestations contre l'inconduite de ses employés au milieu de vous. Mais tout ce qui excite contre nous les persécutions du gouvernement, est ce qui excite les sympathies du peuple anglais, exprimées pour nous jusqu'à l'enthousiasme.

Nous étions faibles, parce qu'au milieu de nous, il y avait une portion nombreuse de nos concitoyens, qui avait le tort de croire que le gouvernement de la métropole était plus éclairé, était à notre égard moins malveillant, était plus forte à la justice, que celui de la colonie. Les voilà maintenant détrompés. L'un et l'autre subordonnent toute autre considération à celle de la sollicitude pour leurs employés. Dans le temps où vous attendiez des réformes, l'administration actuelle appelle à la magistrature des hommes qui l'ont avilie, qui l'ont dominée, qui l'ont effrayée par l'appui qu'ils ont prêtés à ces carabiniers, qui, s'ils avaient pu un jour faire du mal dans la ville auraient été châtiés le lendemain par les campagnes; elle y appelle des hommes, dont les mains encore rougies par l'effusion du sang innocent, n'ont pas été lavées par l'acquittement d'un petit juré, et qui ont vu toutes les autorités civiles et judiciaires combinée pour les soustraire au procès sérieux qu'ils devaient subir. Elle renvoie siéger sur le tribunal un juge que l'ivresse en avait fait tomber. Elle soustrait au procès criminel qu'ils devraient subir, des fonctionnaires prévaricateurs, qu'elle a convaincus de dilapidation, qu'elle a l'air de ne déplacer qu'à regret, en suspendant en leur faveur le cours de la loi. Et comment oserait-elle en effet punir sévèrement un crime qu'elle s'est permis sous une autre forme. Dans le pays, elle est la continuation de celles contre lesquelles vos plaintes ont été unanimes; auprès des ministres, ses pernicieux conseils ont été plus désastreux. Elle ne peut donc demander votre confiance et votre argent, qu'après qu'elle aura obtenu, que vous exprimiez votre repentir des protestations, que vous avez signées depuis dix ans, et des élections libérales que vous avez faites; qu'après que vous lui aurez dit, que vous êtes disposés à biffer vos signatures, à changer vos représentans, fidèles au mandat que vous leur avez donné. Je crois pouvoir lui dire, au nom des neuf dixièmes des électeurs, qu'elle vienne donc, si elle l'ose, faire ces extravagantes propositions.

Vous connaissez le mal que l'on veut vous faire, et ses coupables auteurs, délibérons sur les moyens de porter remède au mal, et d'en punir les auteurs. Vos oppresseurs vous refusent insolemment les réformes auxquelles vous avez droit. Combinons-nous de plus en plus fortement pour les harceler et les contrarier dans tous leurs projets. Ils se croient la mission de vexer la majorité sous le prétexte menteur de protéger la minorité; qu'ils continuent le système inconstitutionnel de gouvernement de minorité. Ceux de leurs fauteurs qui ne sont pas achetés, sont à la veille de voir, qu'il n'y a pas d'autre motif de persister dans cette absurdité, que la sale considération de leurs émoluments et qu'ils sont incapables de tout sentiment plus relevé. L'or est le dieu qu'ils adorent, tuons leur dieu, nous les convertirons à un meilleur culte. Les réformes que nous demandons diminueraient les dépenses du gouvernement de vingt mille louis par an, voilà l'objection réelle des ministres à consentir à nos demandes. S'ils privent leurs amis ici de ce revenu, cinquante colonies et possessions diverses demanderont les mêmes réformes. Chacune d'elles séparément n'offrirait pas une grande diminution aux moyens de l'influence, c'est-à-dire, de la corruption ministérielle, mais les réformes étendues à toutes, restitueraient aux peuples des millions que la noblesse leur dérobe. Puisqu'ils ne veulent pas d'une restitution volontaire, qu'ils la fassent forcée. C'est l'avidité qui les rend insolents et coupables; la pauvreté les convertira à la modestie. Nous pouvons bien vite leur arracher au-delà des vingt mille louis qu'ils reçoivent de trop; et quand les ministres verront que nous avons repris la substance, ils cesseront de nous persécuter pour l'ombre. Il faut que nous fassions du bien à nous-même et à nos amis, ou du mal à nos ennemis. Je serais loin d'invoquer la même maxime dans la vie privée: là il faut pardonner à son ennemi, et rendre le bien pour le mal. Mais un peuple doit repousser la persécution à tout prix, à tout risque et la rendre funeste à ceux qui se la permettent.

Le revenu que l'on veut nous voler, se compose pour les deux tiers, des taxes que nous payons chaque fois que nous buvons un verre de vin, ou de liqueurs spiritueuses, et une tasse de thé au sucre. Nos consommations en objet qui ne sont nullement de nécessité, sont plus fortes que celles que nous fesons en fer pour nous bâtir, défricher et cultiver nos terres, en cuir et en étoffes pour nous chausser et nous vêtir. Une année portant l'autre, il n'est pas sorti assez de bled du pays pour payer ce qui a été importé de vins et de spiritueux. Il suffit de cette erreur pour nous appauvrir, et enrichir nos ennemis. Pour réformer efficacement ce désordre funeste, nous n'avons pas besoin de l'aide des Messieurs. Ils sont trop souvent des sensualistes qui tiennent plus à leur vin et à leur luxe qu'aux intérêts de la patrie. Dans tous les pays c'est la masse du peuple, ce sont les classes moyennes et les classes pauvres qui forment le revenu, ce sont les classes supérieures qui le dévorent. Ce ne sont nullement les quinze à vingt piastres de taxes que paient un très petit nombre de familles riches, de leur industrie, de leur crédit, ou de leurs vols, qui grossissent le revenu, ce sont une, deux, ou trois piastres, que payaient volontiers cent mille chefs de famille, quand leurs représentants en pouvaient régler l'emploi pour soutenir des écoles et améliorer le pays, qu'ils cesseront bientôt de payer, quand on les insulte, quand on les vole. [...]

Est-il donc si pénible de se priver de quelques jouissances de luxe inutile, de se priver de boire des liqueurs empoisonnées d'une taxe désormais odieuse, puisqu'elle doit avoir l'effet de nous rendre si méprisables, si nous la payons? Quels conseils nous ont donnés ceux de nos amis qui ont si honorablement pris notre défense en parlement? Ils ont dit aux ministres: les Canadiens sauront vous punir, et se combiner pour appauvrir votre commerce et votre revenu. Ils sauront suivre l'exemple aussi sage qu'honorable que leur ont donné les Américains. Ces dénonciations sont un conseil basé sur la connaissance qu'ils ont, de l'effet qu'il peut produire sur ce qui les entoure. C'est la marche qu'ont pris les Américains dix ans avant de combattre. Ils ont bien commencé, et ils ont bien fini, dans des circonstances semblables à celles où nous sommes placés. Nous n'en sommes qu'à bien commencer. Nous ne savons pas où s'arrêtera l'Angleterre, nous ne pouvons donc dire encore où s'arrêtera le Canada. (*Applaudissemens.*)

En mille sept cent soixante-quatre commencèrent les combinaisons contre le commerce de la métropole; l'encouragement à l'établissement de manufactures domestiques, les habitudes louables du travail et de la fuite du luxe, et dès lors l'augmentation de la fortune publique, le moyen, dix ans plus tard, d'employer tout ce qu'ils avaient gagné, tout ce qu'ils n'avaient pas prodigué sur du vin ou des soieries, qui ne peuvent jamais être une nécessité, sur du canon et de la poudre qui étaient devenus pour eux une nécessité. Nous pouvons espérer, qu'éclairée par cette exemple, la métropole ne nous réduira pas aux mêmes extrémités. C'est une espérance, non une certitude. Sans aller jusques là, leur exemple d'industrie et d'économie nous est utile pour les temps de calme, il nous est indispensable pour les temps de trouble. Quel que soit l'avenir incertain qui nous est réservé, le temps est venu où leurs premiers bons exemples de non consommation, sont bons à copier. Il faut un dogmatisme et un pédantisme plus que cynique, pour ne voir que du ridicule dans un moyen de légitime défense que nous recommandent des contemporains infiniment éclairés et dévoués à notre cause, et qui fut si puissant et si efficace dans le temps passé; qui jeta le ministère dans des mouvements d'oscillation d'avant, poussé par sa convoitise du bien d'autrui, d'arrière par l'indignation du peuple anglais, qui ne voulait pas tolérer la moindre perte de ses gains pour ménager l'orgueil ministériel, ou pour accroître la trop grande influence, et la puissance oppressive de l'aristocratie, et qui enhardiraient les colonistes à cette résistance salutaire qu'ils étaient éloignés de prévoir ni de vouloir, quand ils commencèrent leur organisation de comités, de correspondance et de non consommation. Il est des hommes qui croient que des protestations et la non consommation sont des moyens insuffisants, et que les circonstances en demandent de plus rigoureux. Ceux-là du moins sont bons Anglais, sont bons Canadiens, peut-être meilleurs que nous qui ne sommes pas prêts encore à les suivre, mais ceux qui cherchent à déverser du ridicule sur les moyens proposés, comme trop violents; qui les rejettent sans en proposer de meilleurs, je ne puis me défendre de les soupçonner d'avoir par légèreté, par ignorance, par manie de contredire, ou par vénalité, dépouillé le capot gris des Canadiens pour endosser la livrée dorée du Château.

Messieurs, je vois ici des citoyens de toutes les paroisses du comté, j'y reconnais les influences solides, durables, méritées qui ont fait toutes les élections. Pesez les raisons que je vous donne, pesez celles que d'autres amis éprouvés vous donneront à l'appui des résolutions qui vont être lues, et dont ma conversation avec vous n'est que le commentaire. Si vous les trouvez bonnes, si vous les adoptez, je sais qu'elles deviendront à votre recommandation, d'après vos exemples et vos explications, la règle de conduite de vos concitoyens. Cela suffit à l'objet que nous devons avoir en vue, celui d'obtenir justice, avec le degré d'action qui suffira chaque jour à l'état de nos affaires; avec les moyens d'après le nouvel aspect qu'elles pourraient prendre d'accroître ce degré d'action: avec la détermination inflexible et persévérante de finir par avoir justice.

Je crois que nous devons prendre l'engagement de discontinuer l'usage des vins, eaux-de-vie, rhums et de toutes autres liqueurs spiritueuses, importées et taxées. L'on trouvera l'avantage public et particulier dans l'abstinence de ces objets. Mais qu'au moins, ceux qui croient trouver de l'utilité dans l'usage des spiritueux, ceux qui veulent en faire usage prennent de ceux qui sont fabriqués dans le pays, plutôt que de ceux qui viennent du dehors. Vous, en particulier, cultivateurs, vous feriez par là votre bien. C'est une remarque que font tous les étrangers, que font les meilleurs cultivateurs parmi vous, qu'il y a une trop forte proportion de terres ensemencées en bled. Cela s'explique, par la circonstance que jusqu'à ces dernières années, les menus grains n'avaient pas un prix assez élevé pour dédommager des frais de culture. Les brasseries et les distilleries leur donneront cette valeur plus élevée. Les faire consommer aux bestiaux et aux troupeaux serait encore mieux, mais du moins en les vendant à un prix plus élevé, près de la demeure des cultivateurs de chaque comté, l'aisance générale sera promue. Lorsque les grains inférieurs n'avaient pas de prix, l'on mettait du bled sur une terre qui n'était pas naturellement propre à la produire abondamment, ou qui était mal en ordre, parce que la saison pressait trop pour lui bien donner toutes les préparations nécessaires. L'on avait une mauvaise récolte de bled, qui ne laissait pas de profit, là où l'on aurait pu en recueillir une excellente en seigle ou en avoine. Tout étant semé en bled, dans une mauvaise année, la perte était grande pour le pays. La variété des cultures est la meilleure amélioration à la terre, donne une plus longue saison pour les travaux, et pour chaque pièce de terre la semence qui lui convient le mieux. Si l'une manque, une autre réussit, et l'on ne peut pas éprouver autant de gêne que si tout manquait à la fois. Que ceux qui veulent amener cet heureux résultat et faire usage de boissons, prennent au moins les eaux-de-vie de leurs grains distillés, pris de chez eux de préférence à celles qui viennent du dehors, qui sont empoisonnées souvent par des drogues nuisibles qui tuaient nos corps, empoisonnées maintenant par une taxe qui tuerait nos libertés, et flétrirait notre honneur. Ils diminueront un revenu souillé par l'usurpation. Ils feront leur propre bien, et le mal des ennemis de leur pays, de ceux qui consentent à recevoir le prix illégitime de leur asservissement.

Quelques-uns vous crieront: mais c'est détruire le commerce. Je réponds en premier lieu, que si le commerce était inséparable du triomphe de nos oppresseurs, inséparable de notre dégradation, il faudrait détruire le commerce. Mais il n'en est rien. Nos efforts peuvent lui donner une nouvelle et une meilleure direction; ils n'ont aucune tendance ni à le détruire ni à le diminuer. Ce qui sera épargné sur un article inutile ou dangereux sera employé à un meilleur achat, voila toute la différence.

Le commerçant s'accommodera bien vite aux goûts du chaland. Il n'achètera pas les effets dont vous ne voudrez pas, il achètera ceux que vous rechercherez. Peu de personnes sont assez folles pour entasser des piastres pour le sot plaisir de les voir et de les compter, c'est pour le plaisir de les employer à de sages ou à de folles dépenses, à celles qui honorent ou à celles qui déshonorent. Formez des associations de paroisse, rendez-les les plus nombreuses que vous pourrez; dites aux divers marchands que vous donnerez la préférence aux produits Canadiens et Américains.

Ils deviendront les dépositaires de nos fabriques et de celles de nos voisins au lieu de celles d'outre-mer. Il y aura des différences de prix et de qualité, et selon le goût et les ressources de chacun, les dépôts des marchands seront visités et leur trouble et leur aunage seront payés et ils vous seconderont; dites aux aubergistes qu'après un court délai, pour qu'ils vendent ce qu'ils avaient avant ce jour de produits taxés, vous n'irez pas chez ceux qui ne vendront pas de préférence les eaux-de-vie des grains du pays, ils vous seconderont; il suffira de votre appui donné à une maison, pour que les autres en fassent bientôt tout autant.

Quant aux sucres, la providence se déclare en faveur du pays opprimé, et nous en a donné une abondante récolte, qui aidera à beaucoup de pauvres, et nuira au revenu du mauvais riche, qui veut vivre d'un argent volé. Ce n'est pas par une vaine gloriole que je le dis, la résolution me paraît trop naturelle pour qu'elle ait beaucoup de mérite, j'ai de suite renoncé à l'usage du sucre raffiné, mais taxé, et acheté pour l'usage de ma famille du sucre d'érable. Je me suis procuré du thé venu en contrebande et je sais plusieurs personnes, qui en ont fait autant. J'ai écrit à la campagne pour me procurer des toiles et des lainages fabriqués dans le pays, et j'espère les avoir assez à bonne heure pour me dispenser d'en acheter d'importation. J'ai cessé de mettre du vin sur ma table, et j'ai dit à mes amis: Si vous voulez vous contenter de la poule au pot, d'eau, de bierre ou de cidre canadiens, puis de propos bien pleins d'indignation, si par hazard la politique whig ou tory vient en question; bien pleins de gaieté sur des sujets légers; les plus variés que nous pourrons trouver sur le temps présent ou passé, surtout ce qui nous passera par la tête, allons, venez, et dînons sans un verre de vin. *On rit* et plusieurs voix s'écrient: *c'est bien.* Aux premiers moments, cet éloignement des usages reçus embarrasse, mais j'ai déjà appris en huit jours qu'il n'y a rien à quoi l'on s'habitue si aisément que de faire à sa tête, quand on a la conviction que l'on fait bien multiplier nos troupeaux, pour avoir plus de laines, notre bétail pour le manger, pour bonifier la terre, pour tanner plus de cuirs, et avoir plus d'artisans qui mettront en œuvre des produits plus abondants; semer plus de lin pour avoir plus de toiles; et pendant nos longs hivers occuper utilement nos industrieuses et jolies concitoyennes, les entendre gaiement chanter au métier, et nous aider à affranchir le pays de taxes arbitraires. Tout cela se fera bien vite dans tout ce comté, si ceux qui sont ici présents le veulent. *(Oui, oui.)*

Dans d'autres comtés, d'autres hommes qui nous valent, et qui ne valent pas mieux que nous, en feront autant. Ne nous soucions pas des hommes timides que toute nouveauté effarouche, des égoïstes à qui le plus léger sacrifice paraît impraticable, des hommes frivoles qui ne vivent que pour leurs plaisirs, des hommes vendus au pouvoir, qui ne distinguent jamais entre l'exercice légitime ou illégitime de l'autorité; qui la remercient quand elle leur donne du pied au derrière, qu'elle ait eu la bonté de ne pas le leur donner au ventre. Tous ces hommes, nous ne sommes pas faits pour aller avec eux, ni comme eux. Commençons notre association; elle sera plus forte au second mois qu'au premier, et ainsi toujours de plus en plus. Nous sommes pris à l'improviste. Nous ne sommes pas aussi prêts à attaquer le revenu, que les intéressés ont été prêts à le ravir. D'honnêtes gens ne s'attendent jamais à tout ce que les méchants exécutent. [...]

Ceux qui font le malheur du pays qui ont exercé le pouvoir si abusivement, qu'ils ont porté la conviction dans tous les esprits, que le déplacement de quelques hommes coupables ne serait qu'un insuffisant répit aux souffrances de la société; qu'il n'y a qu'un changement de système qui puisse créer une responsabilité, sans laquelle les remplaçants seraient pervertis et bientôt aussi criminels que les remplacés; ont l'insolence de dire quelquefois aux réformateurs: que n'allez vous ailleurs jouir des institutions que vous trouvez si belles? C'est parce que nous les trouvons si belles que nous voulons rester au pays pour les lui procurer. — C'est parce que d'anciennes colonies anglaises ont joui du droit d'élire leurs gouverneurs, leurs conseillers législatifs et exécutifs, leurs juges, leurs magistrats, leurs officiers de milices, que le peuple a droit à toute cette étendue de privilèges, quand il la désirera. C'est parce qu'au moment où le ministère anglais s'apprête à une violence, qui détruit pour toujours tout sentiment d'estime et de confiance pour les hommes de sa caste pris en masse, l'un d'eux admet qu'ils ne doivent pas s'opiniâtrer à gouverner ce pays contre la volonté de la majorité, et que si elle persiste dans ses instances, il sera du devoir du parlement de finir par y procéder, que j'espère quoique faiblement que nous avons le moyen d'obtenir plus que nous n'avons encore demandé et successivement tout ce que nous demanderons. Tant que cet espoir sera celui d'une grande partie de la société, il faudra se renfermer dans des mesures analogues à celles que nous prenons aujourd'hui; s'il s'éteint tout à fait les circonstances décideront de celles qu'alors il faudra adopter. Mais je suis sûr de vous comme de moi-même. Les principes qui m'ont invariablement guidé depuis trente ans, chaque nouvelle vexation contre mon pays n'a fait que les fortifier, et vous et moi nous ne cesserons de demander justice pleine et entière, à bon poids et à bonne mesure comme le peuple le veut et l'entend, et non pas goute à goute dans le mesquin petit détail, qui suffit à la capacité et à la bonne volonté pour nous qu'ont eue tous les gouverneurs et tous les ministres depuis lord North jusqu'à ce jour. Dans la vie publique les circonstances m'ont mis en lutte pendant trente ans avec la plupart des gouverneurs, et dès lors avec la foule innombrable et insatiable des flatteurs et des parasites qui attendent toute leur importance et leur aisance des faveurs du maître parce qu'ils ne trouvent aucune ressource en eux-mêmes, ou n'apprécient pas ce qu'il vaut, le premier des biens, l'indépendance de l'esprit et du caractère. De là des ennemis politiques violents et en grand nombre. Il n'y a rien à quoi l'homme public quand il est sincère, doive demeurer aussi indifférent. Il en doit être fier et réjoui plutôt qu'attristé. — Et pour moi j'espère, quelque besoin que je puisse avoir de me corriger sous d'autres rapports, que je vivrai jusqu'au dernier moment dans la profession de foi politique que pendant tant d'années, qu'au milieu d'autant d'animosités, je n'ai jamais cessé de confesser.

Poètes

MICHEL BIBAUD (1782-1857)

À Michel Bibaud revient l'honneur d'avoir publié le premier recueil de poésie au Canada: *Épîtres, satires, chansons, épigrammes et autres pièces de vers* (1830). Disciple de Boileau et moraliste, ce poète n'a d'ordinaire rien de gracieux ni d'enjoué; il versifie avec plus d'application que de rythme et ses rimes sont pour l'œil plus que pour l'oreille. Sa satire contre l'ignorance intéresse dans la mesure où elle nous renseigne sur le poète et son époque.

Satire contre l'ignorance* (1819)

Mon étoile, en naissant, ne m'a point fait poëte;
Et je crains que du ciel l'*influence secrète*[1]
Ne vienne point exprès d'un beau feu m'animer:
Mais comment résister à l'amour de rimer,
Quand cet amour provient d'une honorable cause,
Quand rimer et guérir sont une même chose?
L'autre jour, arrivant au troisième feuillet
Contre l'*Ambition*, je reçois ce billet:
« Croyez-moi, cher ami, laissez-là la satire;
« Renoncez pour toujours au métier de médire:
« Ainsi que vous, je vois des torts et des travers;
« Mais jamais je n'en fis le sujet de mes vers,
« Et jamais je n'aurai cet étrange caprice.
« Je conviens qu'il est beau de combattre le vice;
« Moi-même, je tiendrais la lutte à grand honneur,
« Si j'osais espérer de m'en tirer vainqueur.
« Mais, peut-on l'espérer? Dans le siècle où nous sommes,
« Est-ce bien par des vers qu'on corrige les hommes!
« Non, se l'imaginer serait un grand travers;
« L'homme méchant se rit de la prose et des vers:
« Soyez bien convaincu qu'il est incorrigible,
« Et n'ayez pas le tort de tenter l'impossible.
« Croyez-vous que P.....r devienne moins pervers,
« Moins fourbe, moins menteur, pour avoir lu vos vers?
« Sans devenir meilleur, il en a bien lu d'autres;
« Quel effet pourrait donc avoir sur lui les vôtres?
« Tenez, ami, tenez votre esprit en repos. »

---

1. Hémistiche de Boileau.

Un autre me rencontre, et me tient ce propos:
« Chacun vous dit l'auteur des essais satiriques,
« Que naguère on a lus dans les feuilles publiques:
« Tous vos amis pour vous en seraient bien fâchés,
« Croiraient, par-là, vous voir expier vos péchés.
« Que si votre destin à rimer vous oblige,
« Choisissez des sujets où rien ne nous afflige:
« Des bords du Saguenay peignez-nous la hauteur,
« Et de son large lit l'énorme profondeur;
« Ou du Montmorency l'admirable cascade,
« Ou du Cap-Diamant l'étonnante esplanade.
« Le sol du Canada, sa végétation,
« Présentent un champ vaste à la description;
« Tout s'y prête à la rime, au moral, au physique,
« La culture des champs, les camps, la politique.
« Dites-nous, pour chanter sur un ton favori,
« Les exploits d'IBERVILLE ou de SALABERRY:
« Tous deux dans les combats se sont couverts de gloire;
« Ils méritent, tous deux, de vivre en la mémoire
« Des vaillants Canadiens. Mais, aux travaux de Mars
« Si de l'heureuse paix vous préférez les arts,
« Prenez un autre ton; dites, dans l'Assemblée,
« Qui nous conviendrait mieux, de NEILSON ou de LEE;[2]
« En quoi, de ce pays la constitution
« Est diverse, ou semblable à celle d'Albion;
« Qui nous procurerait le plus grand avantage,
« De la tenure antique, ou du commun soccage.
« Si de ces grands objets vous craignez d'approcher,
« Libre à vous de choisir, libre à vous de chercher
« Des sujets plus légers, des scènes plus riantes:
« Décrivez et les jeux, et les fêtes bruyantes;
« Peignez les traits de *Laure*, ou ceux d'*Amaryllis*;
« Dites par quel moyen sont les champs embellis,
« Les troupeaux engraissés; comment se fait le sucre;
« Qui, du chanvre ou du bled, produit le plus grand lucre;
« Par quel art méconnu nos toiles blanchiraient;
« Par quel procédé neuf nos draps s'affineraient.
« Enfin, le champ est vaste et la carrière immense. »
Qu'on veuille ouir[3] ma réponse, ou plutôt ma défense:
Le sentier qu'on m'indique est déjà parcouru;
Et, l'autre soir, Phébus m'est en songe apparu,
M'a tiré par l'oreille, et d'un moqueur sourire,

---

2. Ce vers indique l'époque de la composition de cette pièce; celle de l'élection contestée entre Mr. Neilson et Mr. Lee, pour le Comté de Québec.
3. Je crois qu'il en est d'*ouir* comme d'*hier*, et qu'on peut faire ce mot d'une ou de deux syllabes, suivant le besoin.

« Crois-tu qu'impunément l'on se permet de rire, »
M'a-t-il dit, « des neuf Sœurs, de Minerve et de moi?
« Elles ont eu, pourtant, quelque pitié de toi,
« Ont cru qu'il convenait d'entendre raillerie,
« Et n'ont, dans tes propos, vu qu'une étourderie:
« Minerve t'a laissé quelques grains de raison;
« Les Muses, souriant comme à leur nourrisson,
« T'ont laissé parcourir les rives du Permesse,
« Et combattre assez bien l'*Envie* et la *Paresse*.
« Moi-même, j'ai prescrit, me montrant indulgent,
« À ton grave délit ce léger châtiment:
« Tu n'iras point porter, sans mon feu, sans ma grâce,
« Tes téméraires pas au sommet du Parnasse;
« Tu resteras au bas: ainsi je l'ai voulu,
« Ainsi l'a décrété mon pouvoir absolu:
« Tu seras, en un mot, plus rimeur que poète:
« Différent de celui que ton pays regrette,
« Qui, fort du beau génie et de l'heureux talent
« Que des mains de Nature il reçut, en naissant,
« Et que je réchauffai de ma divine flamme,
« Brilla dans la chanson, l'épître et l'épigramme,
« Y montra de l'esprit les grâces et le sel:
« N'espère point, enfin, d'être un autre QUESNEL:[4]
« Avant de rien produire, il faudra que tu *jongles*,[5]
« Et te grattes la tête, et te rognes les ongles;
« Et ta verve, asservie à mon divin pouvoir,
« Ne s'exercera point au gré de ton vouloir. »
    Apollon parlait mieux, mais je ne saurais rendre
Le langage divin que je crus lors entendre.
Ce dieu, pour me punir d'un coupable discours,
Me défend de chanter les combats, les amours.
Ne pourrait-on pas même appeller téméraires
Mes efforts pour traiter des choses plus vulgaires,
Si des esprits plus forts, des rimeurs plus experts,
En ont fait, avant moi, le sujet de leurs vers?
Qui dirait le berger, l'abeille, après VIRGILE?[6]

---

4. Il n'est aucun Canadien tant soit peu instruit, qui n'ait lu au moins quelques-unes des productions de feu Mr. Joseph Quesnel, et qui n'y ait remarqué un vrai génie poétique. Malgré
quelques négligences, quelques fautes même de versification, et peut-être à cause de ces négligences mêmes, c'est bien de cet aimable et spirituel rimeur, qu'on peut dire qu'il était né poète.
Il serait bien à désirer, selon moi, que ses ouvrages, du moins ses *Œuvres choisies*, fussent enfin
données au public, après les corrections permises à un éditeur. On y trouverait, je n'en doute
point, ce qui fait le plus grand mérite d'un livre, l'utile et l'agréable, allant de compagnie, et se
prêtant la main.
5. *Jongler*, penser d'une manière vague et incongrue; et populairement, dans ce pays, être absorbé
dans ses pensées, ou rêver, non pas en dormant, mais en commençant à s'endormir.
6. Immortel auteur des *Bucoliques*, des *Géorgiques* et de l'*Énéide*.

Qui dirait les jardins, les champs, après DELILLE?[7]
Et, quand on l'oserait, y gagnerait-on bien,
Serait-on bien compris, au pays canadien,
Où les arts, le savoir, sont encor dans l'enfance;
Où règne, en souveraine, une crasse ignorance?
Peut-on y dire, en vers, rien de beau, rien de grand?
Non, l'ignorance oppose un obstacle puissant,
Insurmontable même au succès de la lyre
Qui s'élève au-dessus du ton commun de dire
Comme on dit en famille, en conversation,
Prodigue du tour neuf et de l'inversion,
L'un et l'autre proscrits par la rustre ignorance,
Par elle regardés comme une extravagance.
Oui, l'ignorance, ici, doit restreindre un rimeur,
Ou, s'il est obstiné, doit lui porter malheur:
Pour l'ignorant lecteur, obscur, impénétrable,
Il est qualifié d'insensé, d'exécrable;
On vous l'envoie au diable, à la maison des fous.
Particularisons: où trouver, parmi nous,
Qui ne confonde point le granit et le marbre;
Qui sache distinguer, sur la plante, ou sur l'arbre,
Style, pétale, anthère, étamine, pistil;
Qui du même œil ne voie émeraude et béryl;
Qui de l'ordre toscan distingue l'ionique,
Le convexe du plan, le carré du cubique;
Qui ne confonde point la bise et le zéphir,
Le pôle et l'équateur, la zône et le nadir;
Qui n'ignore comment se soutient notre terre;
Pour qui le moindre effet ne soit un grand mystère.[8]
    Pourtant, je ne veux point, d'un style exagéré,
Dire, avec un auteur, que tout est empiré;
Que les premiers colons, nos ancêtres, nos pères,
Furent, bien plus que nous, entourrés de lumières;
Qu'ils apprenaient bien mieux le latin et le grec;
Que les arts florissaient beaucoup plus dans Québec.
Suivant moi, ce langage est loin d'être orthodoxe;
Et, pour mettre à néant ce hardi paradoxe,
Il n'est aucun besoin d'un long raisonnement;
Un regard en arrière, un coup d'œil le dément.
Il suffit de savoir que, sous notre ancien maître,
LOUIS, nul imprimeur ici n'osa paraître;
Qu'on n'y faisait, vendait ni livre, ni journal:

---

7. Auteur du poëme des *Jardins*, de celui de l'*Homme des Champs*, et de plusieurs autres ouvrages bien connus des amateurs de la belle et bonne poésie.
8. Ces exagérations ne sont que pour faire entendre combien il y en a peu parmi nous qui aient du goût pour l'étude de l'Histoire naturelle, de la Géographie, de l'Architecture, de la Géométrie, de la Physique, de l'Astronomie, &c.

Voyez, à ce sujet, quelques mots de RAYNAL;[9]
L'exagération à part, on l'en peut croire.
Avant lui, CHARLEVOIX[10] offre, dans son histoire,
D'une ignorance étrange un exemple frappant:
Un mal épidémique, inconnu, se répand,
Met aux derniers abois tous les colons qu'il frappe:
Ainsi qu'en pareils cas, aux enfans d'ESCULAPE[11]
On recourt; mais voyant tous leurs soins superflus,
Ils déclarent, tout net, qu'ils ne soigneront plus;
Proclament que le mal provient de maléfice;
Accusent des sorciers l'envie et la malice,
Et, sans les secourir, laissent mourir les gens.
Vit-on des médecins, ailleurs, plus ignorans?

Non, certes! mais, sans faire aucun pas rétrograde,
Quelque part,[12] on a vu maint ignorant malade,
Qui, voyant dans son mal un ordre exprès des Cieux,
Et dans les soins de l'art un grand péché contre eux.
Fuyait tout médecin, refusait tout remède.
Mais, Dieu dit: « Aide-toi, si tu veux que je t'aide »;
Et, se laisser mourir, quand on peut l'empêcher,
Ce n'est pas plaire au Ciel, c'est contre lui pécher.

Loin de moi, cependant, le dessein téméraire
De voir tout du même œil: l'ignorant volontaire
De l'ignorant par sort doit être distingué,
Et seul, sur son état, vertement harangué.
L'ignorant volontaire est toujours méprisable.
Pourtant, le temps n'est plus, où, chose inexplicable,
Un noble campagnard paraissait dédaigner
L'art de lire, était fier de ne savoir signer.
Mais, est-il suffisant de ne faire un droit-lige
De l'ignorance? Non, il faut qu'on s'en afflige:
Ignorer de son choix est un tort important:
Qu'est-ce, alors, l'ignorance, ou plutôt, l'ignorant?
L'ignorant est celui qui put, dans son enfance,
Apprendre, mais, par goût, manqua de diligence;
Qui, pouvant être utile à ses concitoyens,
De les servir un jour négligea les moyens.

L'ignorant, quel qu'il soit, est un homme coupable,
S'il se charge d'un soin dont il n'est pas capable.
Qui croirait qu'on a vu plus d'un représentant,
Par la foule porté dans notre parlement,
Ignare jusqu'au point de ne savoir pas lire,

---

9. Auteur de l'*Histoire Philosophique et Politique du Commerce et des Établissemens des Européens dans les deux Indes.*
10. Auteur de l'*Histoire générale de la Nouvelle France*, et de plusieurs autres ouvrages.
11. Fils d'Appolon, et dieu de la médecine, suivant la mythologie.
12. Particulièrement au Mexique.

Et de la main d'autrui se servir pour écrire?
« À la chambre, » dit-on, « si tous savaient parler,
« Ils ne finiraient plus. » Mais, s'il faut leur souffler:
Oui, non, n'est-ce pas chose et honteuse et nuisible?
    Quelquefois, l'ignorant ne se rend que risible;
Surtout, quand, par son or ayant fait quelque bruit,
Il commence à vouloir trancher de l'homme instruit:
Oyez parler *Toinon*, oyez parler *Beausire*,
Et, si vous le pouvez, abstenez-vous de rire.
Un soir, la nappe otée, et le repas fini,
De convives instruits un cercle réuni,
Après mainte chanson, mainte plaisanterie,
Parle des écrivains et de la librairie:
Chacun prône, défend son auteur favori:
L'un est pour MASSILLON,[13] et l'autre pour MAURY;[13]
L'un exalte ROUSSEAU;[14] l'autre exalte VOLTAIRE:[14]
« Le plus beau des *auteurs*, c'est bien le *Formulaire*, »
S'écrie un ignorant, croyant être applaudi.
Le cercle, du bon mot, tout d'abord, étourdi,
Se regarde, sourit, puis éclate de rire.
    Si l'on en croit Rousseau, l'erreur est encor pire
Que l'ignorance. Soit: mais l'erreur est le fruit,
Le triste rejetton, le malheureux produit,
De la présomption unie à l'ignorance;
Et de cette union naît encor l'imprudence.
L'ignorant est peureux; l'abusé, confiant:
L'un hésite, incertain, et l'autre se méprend:
J'ignore où le danger gît, craintif, je m'arrête;
Je le suppose ailleurs, follement je m'y jette.
    Mais voyons pis encor que la présomption;
L'ignorance produit la superstition;
Monstre informe, hideux, horrible, détestable;
Pour l'homme instruit néant, mais être formidable.
Pour l'ignorant, surtout, pour notre agriculteur;
De plus d'un accident inconcevable auteur;
Cahos, confusion de notions bizarres,
Roulant, s'accumulant dans des cerveaux ignares,
D'où naissent, tour à tour, mille fantômes vains:
Revenans, loups-garous, sylphes, sabbats, lutins;
Les nécromanciens, les sorts, l'astrologie,
Le pouvoir des esprits, des sorciers, la magie,
Et mille autres erreurs dont le cerveau troublé
Du superstitieux croit le monde peuplé.
Pour le peuple ignorant, l'orage, le tonnerre,

---

13. Auteurs de sermons très estimés.
14. Écrivains philosophes, connus de tout le monde.

Les tourbillons de vent, les tremblemens de terre,
Tout est miraculeux, tout est surnaturel.
Heureux, encore heureux, si Dieu, si l'Éternel
Est cru l'auteur puissant des effets qu'il admire,
Ou leur cause première; et si, dans son délire,
Sous les noms de sorcier, d'enchanteur, ou devin,
Il n'attribue à l'homme un pouvoir surhumain:
Le pouvoir de créer le vent et la tempête,
De s'élever en l'air, de se changer en bête;
De rendre un frais troupeau tout à coup languissant,
Une épouse stérile, un époux, impuissant.
Insensé, d'où viendrait ce pouvoir détestable?
Dis-moi si c'est de Dieu; dis-moi si c'est du diable:
L'attribuer au Ciel, c'est blasphême, à mon gré;
Dire qu'il vient du diable, et s'exerce malgré[15]
La volonté de Dieu, ce serait pis encore:
L'un combat la bonté qu'en cet être on adore;
L'autre abaisse et détruit son suprême pouvoir.
Delà, les mots-sacrés, les cartes, le miroir,
Les dés, les talismans, le sas, les amulettes,
Folles inventions d'ignares femmelettes.
    Il est d'autres erreurs moins coupables, au fond,
Mais qui marquent toujours un esprit peu profond,
Un homme peu sensé, parfaitement ignare,
Ou, pour dire le moins, extrêmement bizarre.
Tel, des anciens jongleurs savourant les discours,
Et de l'astre des nuits redoutant le décours,
Pour semer le navet, la carotte ou la prune,
Attend patiemment le croissant de la lune.
La lune, selon lui, fait croître les cheveux,
Rend les remèdes vains, ou les travaux heureux:
Dans son croissant, les vins, les viandes sont plus saines,
Les cancres, les homards, les huîtres sont plus pleines:
De tout, enfin, la lune, en poursuivant son cours,
Et selon qu'on la voit en croissant ou décours,
Et gouverne et conduit la crue ou la *décrue*.[16]
De voyager, sortir, se montrer dans la rue,
Même de commencer un ouvrage important,
Tel autre écervelé se garde, redoutant,
Ou des astres errants la *maligne* influence,

---

15. Quoi! va-t-on s'écrier: une préposition à la fin d'un vers, en son régime au commencement du suivant! Est-ce là une licence poétique? J'avoue que je n'ai vu cela nulle part dans nos bons poëtes; mais pourtant cela ne me paraît pas aussi hardi que le *quorum Cumque*, et autres licences d'Horace; et, d'ailleurs, si l'oreille est satisfaite du petit repos qu'on peut trouver, ou mettre, entre *malgré* et *La volonté*, pourquoi l'esprit ne le serait-il pas aussi?
16. *Décrue* est un mot de mon invention: je le crois pour le moins aussi élégant que *crue*, et dérivant aussi bien de *décroître*, que ce dernier de *croître*.

Ou d'un jour *malheureux* la *funeste* présence.
    Au village, quels sont les communs entretiens?
Il est vrai que, vivant en des climats chrétiens,
Nos vierges ne vont pas, jongleuses Mexicaines,
Se flageller, tirer le sang pur de leurs veines,
Pour, humaines, sauver un astre du trépas,
Ou du moins du ménage appaiser les débats,
Quand, d'un brutal époux, dans la lune éclipsée,
L'ignorance leur montre une épouse blessée;
Il est vrai qu'à l'aspect de ces astres brunis,
Nos peuples ne vont pas, par la peur réunis,
Et dévots, jusqu'au cou plongés dans les rivières,
Au Ciel pour leur salut adresser des prières;
Ou pour en éloigner un horrible dragon,
Et battre du tambour et tirer du canon.
Non, mais combien encore, à l'aspect des comètes,
Se sentent inspirés, et deviennent prophètes:
Comme on dit au pays, prophètes de malheurs,
Troublant leurs alentours de leurs folles terreurs?
Combien d'autres, voyant l'avenir dans leurs songes,
Sont faits tristes ou gais par d'absurdes mensonges?
Des superstitions le mode est infini.
    Pourtant, ne faisons point un tableau rembruni:
Bientôt, nous jouirons d'un horizon moins sombre;
Déjà, des gens instruits je vois croître le nombre;
Déjà, BRASSARD,[17] suivant les pas de CURATEAU,[18]
Donne au district du centre un collège nouveau.
Et, si mon vœu fervent, mon espoir ne m'abuse,
Ou plutôt, si j'en crois ma prophétique muse,
(Une déesse, un dieu peut-il être menteur?)
Ce noble exemple aura plus d'un imitateur.[19]
Je crois même entrevoir, dans un avenir proche,
Le temps, où, délivré d'un trop juste reproche,
Où par le goût, les arts, le savoir illustré,
Comptant maint érudit, maint savant, maint lettré,
Le peuple canadien, loué de sa vaillance,

---

17. Feu Messire Brassard ne fut pas, à proprement parler, le fondateur du Collège de Nicolet, mais d'une École devenue Collège, ou Petit-Séminaire, par les soins bienfaisants et généreux du dernier Évêque de Québec, feu Mgr Joseph Octave PLESSIS.
18. Tout le monde sait que l'établissement du Collège de Montréal est dû à feu M. Curateau, prêtre du Séminaire de cette ville.
19. L'événement a surpassé l'espérance qu'on pouvait raisonnablement concevoir en 1819; puisque depuis lors, c'est-à-dire dans l'espace de dix années, on a vu s'élever, successivement, les Collèges de St. Hyacinthe, de Chambly et de Ste. Anne de la Pocatière; collèges dus au zèle éclairé et patriotique de MM. GIROUARD, MIGNAULT et PAINCHAUD, Curés de ces paroisses, aidés des contributions pécuniaires de quelques citoyens généreux.

Ne sera plus blâmé de sa rustre ignorance;
Où, justement taxé d'exagération,
Mon écrit, jadis vrai, deviendra fiction.

CHANTRES DU PAYS ET DE LA LIBERTÉ

À côté de Bibaud, l'on trouve, plus simples et plus vrais, les chantres du pays
et de la liberté. Ils riment, eux, non par souci d'écolier, mais par besoin profond;
ils aiment leur pays, et ils le disent; ils crient les aspirations de leur peuple,
appellent la liberté, narguent le conquérant, célèbrent leurs héros méconnus. Si
les pièces de ces poètes populaires, obscurs ou anonymes, se lisent mal, elles
ne laissent pas de nous faire soupçonner avec quel cœur vibrant nos pères les
chantèrent.

Chanson patriotique (1825)

Air: *Brûlant d'amour et partant pour la guerre*

Riches cités, gardez votre opulence,
Mon pays seul a des charmes pour moi:
Dernier asile où règne l'innocence,
Quel pays peut se comparer à toi?
Dans ma douce patrie
Je veux finir ma vie;
Si je quittais ces lieux chers à mon cœur,
Je m'écrierais: j'ai perdu le bonheur!

Combien de fois à l'aspect de nos belles
L'Européen demeure extasié!
Si par malheur il les trouve cruelles,
Leur souvenir est bien tard oublié.
Dans ma douce patrie
Je veux finir ma vie;
Si je quittais ces lieux chers à mon cœur,
Je m'écrierais: j'ai perdu le bonheur!

Si les hivers couvrent nos champs de glaces,
L'été les change en limpides courants,
Et nos bosquets fréquentés par les grâces
Servent encor de retraite aux amants.
Dans ma douce patrie
Je veux finir ma vie;

Si je quittais ces lieux chers à mon cœur,
Je m'écrierais: j'ai perdu le bonheur!

Oh! mon pays, vois comme l'Angleterre
Fait respecter partout ses léopards;
Tu peux braver les fureurs de la guerre,
La liberté veille sur nos remparts.
Dans ma douce patrie
Je veux finir ma vie;
Si je quittais ces lieux chers à mon cœur,
Je m'écrierais: j'ai perdu le bonheur!

A.-N. MORIN

Chanson batelière (1828?)

Vive la Canadienne,
   Vole, mon cœur, vole,
Vive la Canadienne
Et ses jolis yeux doux,
Et ses jolis yeux doux,
Tout doux,
Et ses jolis yeux doux.

Nous la menons aux noces,
   Vole, mon cœur, vole,
Nous la menons aux noces
Dans tous ses beaux atours,
Dans tous ses beaux atours,
Tout doux,
Dans tous ses beaux atours.

Là, nous jasons sans gêne,
   Vole, mon cœur, vole,
Là nous jasons sans gêne,
Nous nous amusons tous,
Nous nous amusons tous,
Tout doux,
Nous nous amusons tous.

Nous faisons bonne chère,
   Vole, mon cœur, vole,
Nous faisons bonne chère,
Et nous avons bon goût,
Et nous avons bon goût,
Tout doux,
Et nous avons bon goût.

On passe la bouteille,
    Vole, mon cœur, vole,
On passe la bouteille,
On verse tour à tour,
On verse tour à tour,
Tout doux,
On verse tour à tour.

Et sans perdre la tête,
    Vole, mon cœur, vole,
Et sans perdre la tête,
Nous chantons nos amours,
Nous chantons nos amours,
Tout doux,
Nous chantons nos amours.

Alors toute la terre,
    Vole, mon cœur, vole,
Alors toute la terre
Nous appartient en tout,
Nous appartient en tout,
Tout doux,
Nous appartient en tout.

Nous nous levons de table,
    Vole, mon cœur, vole,
Nous nous levons de table,
Le cœur en amadou,
Le cœur en amadou,
Tout doux,
Le cœur en amadou.

En danse avec nos blondes,
    Vole, mon cœur, vole,
En danse avec nos blondes,
Nous sautons en vrais fous,
Nous sautons en vrais fous,
Tout doux,
Nous sautons en vrais fous.

Ainsi le temps se passe,
    Vole, mon cœur, vole,
Ainsi le temps se passe,
Il est, ma foi, bien doux,
Il est, ma foi, bien doux,
Tout doux,
Il est, ma foi, bien doux.

Avant tout je suis Canadien (1832)

Air: *De la pipe de tabac*

Souvent de la Grande-Bretagne
J'entends vanter les mœurs, les lois;
Pour leurs vins, la France et l'Espagne
À nos éloges ont des droits;
Aimez le ciel d'Italie,
Louez l'Europe, c'est fort bien:
Moi je préfère ma patrie,
Avant tout je suis Canadien. *(Bis.)*

Sur nous quel est donc l'avantage
De ces êtres prédestinés?
En sciences, arts et langage,
Je l'avoue, ils sont nos aînés,
Mais d'égaler leur industrie
Nous avons chez nous les moyens:
À tout préférons la patrie,
Avant tout soyons Canadiens.

Vingt ans les Français de l'histoire
Ont occupé seuls le crayon,
Ils étaient fils de la Victoire
Sous l'immortel Napoléon:
Ils ont une armée aguerrie,
Nous avons de vrais citoyens:
À tout préférons la patrie,
Avant tout soyons Canadiens.

Tous les jours l'Europe se vante
Des chefs-d'œuvre de ses auteurs;
Comme elle ce pays enfante
Journaux, poètes, orateurs.
En vain le préjugé nous crie:
Cédez le pas au monde ancien,
Moi je préfère ma patrie,
Avant tout je suis Canadien.

Originaires de la France,
Aujourd'hui sujets d'Albion,
À qui donner la préférence
De l'une ou de l'autre nation?
Mais n'avons-nous pas, je vous prie,

Encore de plus puissants liens?
À tout préférons la patrie,
Avant tout soyons Canadiens.

Chant patriotique (1834)

Nobles descendants de la France,
Prêtez l'oreille à mes accents,
Et défendez avec constance
L'héritage de vos enfants.
Du Saint-Laurent que la rive affranchie
Répète au loin ce cri de la patrie:
Au Canada jurons fidélité,   } *(Bis.)*
Vivent nos droits, vive la liberté!

Ennemis de tout esclavage,
Nous saurons conserver nos droits,
Et préserver de tout outrage
Nos privilèges et nos lois.
En vrais enfants de la mère-patrie,
Du fond du cœur chacun de nous s'écrie:
Au Canada jurons fidélité,
Vivent nos droits, vive la liberté!

Canadien, sujet fidèle,
Les Bretons jugèrent ton bras,
Quand, pour supporter leur querelle,
Tu les guidas dans les combats.
Braves soldats, mais fils de la patrie,
N'oublions pas cette voix qui nous crie:
Au Canada jurons fidélité,
Vivent nos droits, vive la liberté!

Nous avons promis allégeance
Pour que nos droits soient respectés;
Nous oublierons l'obéissance
Le jour qu'ils seront menacés.
Chacun de nous, à son pays fidèle,
Répond de loin à l'honneur qui l'appelle:
Au Canada jurons fidélité,
Vivent nos droits, vive la liberté!

Si notre horizon politique
Se noircit par les factions,
Qu'un noble élan patriotique
Nous garde des divisions.

Soyons unis! que chacun se rallie
Au cri sacré, poussé par la patrie:
Au Canada jurons fidélité,
Vivent nos droits, vive la liberté!

Honneur à ce puissant génie
Dont la patriotique voix
Fait reculer la tyrannie
Devant l'égide de nos lois.
Ô Papineau, foudre de la tribune!
Tu rediras avec la voix commune:
Au Canada jurons fidélité,
Vivent nos droits, vive la liberté!

À l'autre bord de l'Atlantique
Si nos chants peuvent parvenir
À cet essai patriotique,
Noble Viger, daigne applaudir.
De ton pays défenseur magnanime,
Notre refrain fut toujours ta maxime:
Au Canada jurons fidélité,
Vivent nos droits, vive la liberté!

Bravant la mer, les vents contraires,
Où tend ce noble messager?
Chargé des plaintes de ses frères,
Il les quitte pour les venger.
Morin, Viger! quel moment plein de charmes,
Quand vous direz en confondant vos larmes:
Au Canada jurons fidélité,
Vivent nos droits, vive la liberté!

Dans nos forêts, dans nos campagnes
Qu'on entende le cri sacré!
Que sur le sein de nos compagnes
Nos fils puisent la liberté!
Pour le pays s'il faut donner sa vie,
Qu'en expirant chacun de nous s'écrie:
Au Canada jurons fidélité,
Plus de tyrans, vive la liberté!

Essayiste

ÉTIENNE PARENT (1802-1874)

Nestor de la presse canadienne et Victor Cousin de l'Amérique, ainsi a-t-on appelé à juste titre Étienne Parent. Directeur du *Canadien* pendant près de quinze ans, ce patriote sincère combat avec acharnement et éclat pour la reconnaissance de notre langue, de nos institutions et de nos lois, conformément à la célèbre devise qu'il donne à son journal en 1831. Fort de son prestige de journaliste et guidé par son réalisme et sa clairvoyance, il ose, lui, naguère l'allié de Papineau, s'opposer au radicalisme des Patriotes, lorsqu'il se rend compte que le conflit politique menace de dégénérer en une ruineuse lutte armée. Jugé « traître à la nation » par des compatriote extrémistes, emprisonné par le gouvernement sous l'accusation de « menées séditieuses », déçu par la solution politique de 1840, Parent reste quand même fidèle à sa démarche de modéré; faisant de nécessité vertu, il appuie Lafontaine dans la lutte que ce dernier mène pour obtenir la responsabilité ministérielle et tirer de la situation le meilleur parti possible. En 1842, affligé par une demi-surdité contractée en prison, il se retire de la politique et devient fonctionnaire. Désormais, c'est un sage que l'on consulte. Sociologue autodidacte, il donne, de 1846 à 1852, une dizaine de conférences marquées au double coin de l'actualité et d'une pensée canadienne-française originale comme il n'en existera guère plus durant le demi-siècle suivant.

Adresse au public canadien

(Premier article de Parent dans Le Canadien*, qu'il ressuscite le samedi 7 mai 1831.)*

Nous ne saurions nous présenter devant le public sans commencer par le remercier de l'accueil qu'il a fait généralement à l'entreprise patriotique que nous commençons aujourd'hui; et la bonne disposition qu'on a montrée depuis qu'a été faite la proposition d'établir un papier Français à Québec, nous fait concevoir les meilleures espérances de succès. Il semble que ce succès ne doive plus maintenant dépendre que de nous, de nos efforts et de notre zèle à remplir la tâche importante que nous nous sommes imposée, et à satisfaire l'attente d'un public libéral. Ce but nous tâcherons de l'atteindre; tout nous y invite, notre intérêt, notre honneur, notre réputation, et nos sentimens.

Notre mot d'ordre dans la campagne que nous ouvrons, nous le tirerons des cœurs de tous ceux pour qui l'amour du pays n'est pas un mot vide de sens; de ceux qui dans la vie jettent les yeux au delà de leur existence individuelle, qui ont un sentiment national, cette belle vertu sans laquelle les sociétés ne seront entre autre chose que des assemblages d'êtres isolés incapables de ces grandes et nobles actions, qui font les grands peuples, et qui rendent les nations un spectacle digne de l'œil divin; ce mot qui sera notre

guide dans la carrière épineuse dans laquelle nous faisons le premier pas sera
« *nos institutions, notre langue, et nos lois!* » Car c'est le sort du peuple
Canadien d'avoir non seulement à conserver la liberté civile, mais aussi à
lutter pour son existence comme peuple: c'est ainsi que l'histoire représente
nos pères conduisant d'une main la charrue, et de l'autre repoussant les attaques des barbares indigènes. C'est par des efforts et une constance aussi
héroïques que nos premiers ancêtres ont créé le nom Canadien. Ce nom que
nos pères nous ont légué sans souillure; ce nom dont ils ont soutenu l'honneur
sur le champ de bataille, et maintenu l'existence dans nos conseils contre les
efforts constans d'une politique aveugle et intéressée, c'est à la génération
croissante à le transmettre aussi beau qu'elle l'a reçu. C'est la noble tâche
de cette belle jeunesse qui à la voix du peuple, est venue dernièrement se
ranger dans les rangs vénérables de nos anciens défenseurs, eux qui ont
conduit jusqu'ici, au milieu des écueils, l'arche de la liberté Canadienne.
Avec elle nous avons applaudi aux efforts, nous avons admiré les vertus et
les talens de ces vétérans patriotes, et avec elle nous travaillerons à suivre
leurs traces, & à compléter leur ouvrage.

Nous aurons, pour nous guider dans la carrière de la liberté, l'exemple
des deux plus belles nations, du globe, à l'une desquelles nous tenons par
les liens du sang, et à l'autre, par ceux d'une adoption honorable et avantageuse pour nous. Nous y serons de plus suivis des vœux et de l'approbation
de tout le monde civilisé. Car tous les peuples se trouvent simultanément
animés d'un même esprit, d'un même désir, celui de participer à leur gouvernement, de manière à ce que d'antiques préjugés, de vieilles maximes et
des intérêts individuels, ne puissent les priver d'institutions rendues nécessaires par de nouveaux besoins, et les empêcher d'exercer des droits essentiels
à leur bonheur. C'est ce que les Anglais appellent *self-government*, c'est à
dire le gouvernement de soi. C'est le besoin de ce gouvernement, qui dans
les trois mémorables journées de juillet, a multiplié les prodiges au milieu
de Paris, et qui selon l'expression d'un poète patriote, a renfermé trois siècles
en trois jours; c'est ce même besoin qui fait maintenant sortir des cris de
réforme de toutes les parties de l'Angleterre; c'est ce besoin impérieux qui
fait aujourd'hui affronter à un peuple intéressant le danger imminent de la
destruction, qui allume dans la Pologne un courage presque miraculeux, à
l'approche du colosse russe; c'est encore ce noble besoin, qui vient de placer
la Belgique au nombre des nations. Rapprochons-nous de notre hémisphère
et nous verrons sous nos yeux la pratique de ce gouvernement de soi donner
au monde le beau spectacle de la civilisation marchant à pas de géant, et
renouvelant et multipliant de nos jours les prodiges de la lyre d'Orphée.

Canadiens, à la vue de si nobles exemples, serons-nous indolens? Méri-
terons-nous de devenir le rebut des peuples, un troupeau d'esclaves, les serfs
de la glèbe, que nous tournerons au profit de quiconque voudra se rendre
notre maître? C'est pourtant le sort qui nous est réservé, si nous ne prenons
le seul moyen que nous avons de nous y soustraire, qui est d'apprendre à
nous gouverner nous même. Point de milieu, si nous ne nous gouvernons pas,
nous serons gouvernés. Toute la différence qu'il y a entre les sujets du Roi
d'Angleterre, (& elle est immense,) et entre ceux du Grand Turc, vient de ce

que les premiers participent au gouvernement; tandis que les derniers sont trop ignorans, trop démoralisés même pour le vouloir.

Mais ce n'est pas tout que de le vouloir, il faut en être capable. L'Amérique Méridionale l'a voulu, mais ayant croupi pendant des siècles dans l'ignorance, qu'entretenait un gouvernement avide et despotique, elle se déchire le sein avec les chaînes qu'elle vient de briser. Ne pourrions-nous pas, sans outrer la comparaison, comparer le Canada à l'Amérique du Sud? Comme elle nous avons passé presque tout-à-coup, du gouvernement le plus despotique au gouvernement le plus libre. Longtemps l'indifférence du peuple Canadien sur les affaires a permis à une petite classe d'hommes d'entasser à leur profit un monceau d'abus, sous lequel nous avons failli être écrasés, et que nous ne ferons disparaître qu'avec des efforts presque surhumains. Heureux encore que notre union avec une nation généreuse, libre et puissante, ait épargné le sang Canadien! Heureux que cette grande nation ait prêté l'oreille au récit de près d'un demi-siècle de souffrances, d'abus et d'injustices, et ait promis de nous rendre justice; mais lorsqu'elle nous aura été rendue, quel bien permanent pourra-t-il en résulter, si nous ne savons empêcher le retour des maux dont nous nous plaignions? Que nous servira d'avoir vu la déroute de nos ennemis actuels, si nous ne prenons les moyens d'en empêcher d'autres de prendre pied au milieu de nous?

Quels sont donc ces moyens, ce palladium de notre bonheur social et politique? Le secret, Canadiens, vous l'avez dans votre propre intérieur. Qui est celui d'entre vous, qui, pour s'exempter du trouble voudrait confier la conduite de ses affaires domestiques, à son voisin? Vous craindriez, sans doute et avec raison, que votre patrimoine ne fût pillé et diverti par ceux à qui vous en auriez abandonné la régie absolue. Eh bien! c'est pourtant ce que fait tout homme qui sous une constitution comme la nôtre ne fait aucune attention aux affaires publiques de son pays. Sous le gouvernement anglais, c'est l'opinion publique qui fait tout; les autorités voudraient en vain récuser son pouvoir, elles sont obligées de s'y soumettre. Mais cette opinion ne peut se former que dans le sein des lumières; pour être forte il faut qu'elle soit éclairée, et il n'y aura jamais une telle opinion chez un peuple qui ne voudra pas se donner la peine de suivre et d'étudier les affaires de son gouvernement; témoins l'Espagne et le Portugal, où l'ignorance et l'abrutissement du peuple ont fait de nos jours avorter tous les efforts d'une classe trop peu nombreuse de patriotes. Si lors de l'invasion du Duc D'Angoulème, le peuple de Londres ou de Paris se fut trouvé à Madrid, eût-il aussi facilement rivé les fers qui enchaînent aujourd'hui l'Espagne?

De tous les moyens, après celui d'une étude régulière que ne peuvent faire qu'un petit nombre de personnes, nous offrons au public, dans la publication actuelle, le plus efficace et le plus avantageux, et peut-être le moins coûteux. *Le Canadien* étant publié pour un peuple nouveau et encore peu avancé dans la connaissance des affaires publiques, (et ce n'est pas là le moindre mal dont le pays doit accuser l'administration,) nous nous attacherons d'une manière toute particulière à répandre des notions de pratique et de droit constitutionnels, par des extraits et des précis des meilleurs ouvrages en ce genre, et en ne laissant échapper aucune occasion de discuter soit par nous-même, soit par quelques plumes plus habiles, tout sujet qui sera de quelque intérêt public; enfin par tous les autres moyens qui se présenteront; et le moindre ne sera pas la publication des débats de la Législature, ceux surtout de la Chambre d'Assemblée que nous ne manquerons pas de donner pendant les sessions. Nous ne négligerons pas non plus les nouvelles de la politique étrangère, car dans ce temps d'agitation générale, vers un meilleur ordre de choses; dans ce temps que se fait le grand procès contre le despotisme et les droits naturels des peuples, il n'arrive pas une seule malle qui ne donne quelque utile leçon, un exemple à suivre, ou une faute à éviter.

Nous nous résumons: notre politique, notre but, nos sentimens, nos vœux et nos désirs, c'est de maintenir tout ce qui parmi nous constitue notre existence comme peuple, et comme moyen d'obtenir cette fin de maintenir tous les droits civils et politiques qui sont l'apanage d'un pays Anglais. C'est avec ces sentimens que nous nous présentons, c'est dans ces sentimens que nous agirons, c'est avec eux que nous prospérerons ou que nous tomberons.

Si pour réveiller l'attention de nos concitoyens, il était nécessaire de leur montrer que nos institutions ont été en danger, et que même la coignée a été plusieurs fois mise à l'arbre; nous leur rappellerions la soustraction et le pillage des biens des Jésuites, ces belles dotations faites en faveur de la jeunesse Canadienne, et dont la privation s'est fait vivement sentir dans le retardement de l'éducation; nous leur rappellerions les tentatives sourdes et multipliées contre la religion des habitans du pays, et la dotation d'un *clergé protestant* à même les terres du pays, et ce qui est encore plus frappant, la tentative de soumettre notre clergé au *bon plaisir*, cette invention machiavélique qui a été poussée dernièrement jusqu'à un point qui en a couvert les auteurs du dernier ridicule. Nous verrions d'un autre côté réduit en pratique le principe insultant et impolitique, que le prince dans la dispensation de la justice doit parler une langue étrangère à celle de ses sujets; ce peuple qui à la voix de son souverain a couru bravement sur le champ de bataille, ne mérite-t-il pas que son souverain lui adresse des paroles intelligibles? C'est ainsi que des ministres insensés travaillent à briser les liens qui attachent un peuple Royal à son roi. Mais forçons notre répugnance et jetons les yeux sur une mesure plus odieuse encore; nous venons de voir notre langue chassée des tribunaux, voyons maintenant nos lois exilées, voyons-nous nous-mêmes repoussés d'une belle portion du pays que deux fois nous avons pavée de notre sang. Nous ne dirons rien de nos fameuses difficultés de finances; elles eussent toujours existé, soit que nous eussions été protestans ou juifs, sous les lois anglaises ou écossaises, parlant la langue espagnole ou l'allemande. L'amour de l'argent du peuple est la passion dominante de toutes les administrations, et nous en souffrons ici, comme on en souffre ailleurs, et avec le temps nous viendrons à bout de la modérer: l'Angleterre est après nous montrer l'exemple.

Canadiens de toutes les classes, de tous les métiers, de toutes les professions, qui avez à conserver des lois, des coutumes et des institutions qui vous sont chères, permettez-nous de vous répéter qu'une presse canadienne est le plus puissant moyen que vous puissiez mettre en usage. Le célèbre Canning a dit quelque part, que celui qui écrivant sur la constitution anglaise, oublierait l'action de la presse, ne donnerait qu'une idée très imparfaite de la constitution. Montesquieu va plus loin encore en disant, que si la liberté de la presse s'introduisait en Turquie, elle y produirait bientôt la liberté civile et politique. De toutes les presses, la presse périodique est celle qui convient le mieux au peuple, c'est de fait la seule bibliothèque du peuple. Mais dans un nouveau pays comme le nôtre, pour que la presse réussisse et fasse tout le bien qu'elle est susceptible de produire, il faut que tous ceux qui en connaissent les avantages s'y intéressent particulièrement, qu'ils s'efforcent, chacun dans le cercle de son influence, de procurer des lecteurs; et en cela ils peuvent se flatter de travailler pour le bien de leur pays; car le savoir est une puissance, et chaque nouveau lecteur ajoute à la force populaire.

Soyons des réformistes et non des révolutionnaires*

(Le 13 novembre 1837, en même temps qu'il publie dans son journal la fameuse « Adresse de la Confédération des Six Comtés », sorte d'appel aux armes, Étienne Parent met ses concitoyens en garde contre le drame qui se prépare.)

Nous publions aujourd'hui l'Adresse des Six Comtés aux autres Comtés du Pays, qui sont invités à s'organiser dans des vues de résistance physique aux mesures de la Métropole; et à cette occasion nous renouvellerons à nos compatriotes nos instantes représentations sur l'absolue nécessité qu'il y a pour eux de se prononcer hautement sur la part qu'ils sont déterminés à prendre dans le drame dont notre pays est devenu le théâtre. C'est au nom de notre honneur national menacé, au nom de nos libertés et franchises politiques également menacées, que nous en appelons au patriotisme du peuple Canadien entier, car rien moins qu'un mouvement prompt, général, simultané ne peut maintenant sauver le pays des maux qui planent au-dessus de nos têtes. Pour s'en convaincre il ne faut que jeter les yeux sur l'enchaînement des événements qui se sont succédé jusqu'à ce jour depuis que le Parlement Britannique s'est prononcé contre la demande que nous avions faite d'un Conseil Électif, en déclarant que si la Chambre d'Assemblée continuait à refuser les subsides, ils seraient payés à même nos deniers en vertu d'un acte du Parlement. On se rappelle que l'arrivée en ce pays des résolutions du Lord JOHN RUSSELL fut suivie d'assemblées de Comtés auxquelles on adopta un système de résistance extra-constitutionnelle, et de déclarations qui ont créé à l'extérieur la conviction que le peuple Canadien était sur le point de se déclarer indépendant. Il est vrai qu'il n'y a eu rien moins que de l'unanimité parmi la population Canadienne, même dans les Comtés où l'agitation a seule élevé la voix, et la plus grande partie du pays a gardé le silence, ou en se prononçant s'est renfermée dans les bornes d'une résistance légale et constitutionnelle; mais comme presque nulle part l'on n'a osé se mettre ouvertement en arrêt contre l'agitation extrême dont le Comté de Richelieu a sonné le premier la trompette, il est arrivé que dans le restant de l'Amérique et en Europe, il est partout reçu que le peuple Canadien en masse n'attend que l'occasion d'offrir une résistance armée au gouvernement existant. Les déclarations, les démarches qui ont fait croire au dehors à une révolution imminente, ont provoqué de la part du gouvernement des préparatifs, qui, quoique poussés avec activité, ne seraient pas néanmoins assez formidables pour arrêter un peuple entier qui serait dans la pente d'une révolution, où l'on nous croit bien sérieusement lancés. Ainsi, la Révolution et le Gouvernement sont au pied du mur, les deux armées sont en présence, et le monde est dans l'attente de quelque grand événement. Notre intention n'est pas du tout d'adresser des reproches à qui que ce soit; nous supposons que tout le monde a agi consciencieusement dans l'intérêt de la cause qu'il avait à défendre; nous ne voulons que signaler le fait, qu'aux yeux de la Métropole et des Peuples étrangers, nous en sommes rendus à l'*ultima ratio regum*, à plaider notre cause au tribunal sans appel du Dieu des armées.

Maintenant nous demanderons aux notabilités des parties nombreuses et importantes du pays, qui n'ont pas approuvé l'agitation et les procédés extrêmes de certains Comtés, et qui ont vu l'intérêt du pays dans une marche plus réfléchie, nous leur demandons, disons-nous, si les habitants de leurs endroits sont prêts à entrer dans la carrière révolutionnaire que les Six Comtés viennent d'ouvrir. S'ils sont prêts, eh bien, qu'ils le disent; que le gouvernement sache que pour obtenir *toutes* nos demandes, nous sommes *tous*, prêts à *tout* risquer. Peut-être que la Métropole, cédant aux influences morales si puissantes aujourd'hui en faveur des peuples qui cherchent à améliorer leur existence politique, reculera devant l'odium d'écraser un peuple qui demande plus de liberté qu'il n'en a. Nous dirons cependant que l'on doit peu fonder sur l'espoir que la Métropole cède à cette considération; elle nous écrasera donc à la fin, car elle est toute-puissante et nous sommes faibles et sans appui; mais nous pourrions dire après une victoire vigoureusement disputée: « Nous avons tout perdu, fors l'honneur. » Oui, telle est la position dans laquelle nous a mis l'agitation, auprès des peuples étrangers, que nous en sommes rendus aujourd'hui où, il y a quelque temps, nous prédisions que nous serions bientôt, « entre la mitraille et le déshonneur. » En effet, si malgré la prédiction du *Vindicator*, les troupes qu'on va stationner dans la Rivière Chambly et ailleurs, s'y trouvent encore saines et sauves le printemps prochain; si malgré les milliers et les milliers d'habitants auxquels on a fait passer tant de résolutions flamboyantes; si malgré l'organisation d'une Milice révolutionnaire sur différents points du pays, la révolution ne se trouve pas plus avancée le printemps prochain qu'elle l'est aujourd'hui, que pensera-t-on des Canadiens, eux les descendants d'hommes dont une poignée tint pendant si longtemps en échec les anciennes colonies anglaises, qui avaient une population trente fois plus nombreuse qu'eux? Cependant le déploiement de l'étendard de l'insurrection, sur quelques points seulement du pays serait plus qu'une extravagance, ce serait une absurdité dans les circonstances actuelles. Il ne sera donc rien fait, et tout le bruit qu'on aura fait ne sera qu'un bruit, une vaine mutinerie de collège, dont les suites seront malheureusement plus sérieuses que la férule ou le pensum. Rassuré par notre inaction, que ne pourra pas tenter le pouvoir pour étouffer non plus la résistance physique, mais même toute résistance constitutionnelle de notre part, et pour se mettre en état de législater et de gouverner tout à son aise sans aucun contrôle de la part d'une Chambre représentative? Déjà même le mot de « gouvernement provisoire » a retenti à nos oreilles. Les Ministres se fondant sur l'état de complète anarchie dans lequel se trouve plongé le pays, obtiendraient facilement du Parlement une loi pour nous remettre sous le régime de 74, avec un Conseil et un Gouverneur, jusqu'à ce que les esprits fussent revenus à des idées d'ordre, à des sentiments pacifiques. Un pareil coup d'État mettrait en suspension pour un temps indéfini toutes nos libertés et franchises politiques; nous perdrions d'un trait de plume toutes les conquêtes politiques, fruits d'une lutte constante d'un demi-siècle; peut-être perdrions-nous sans retour les privilèges et droits nationaux qui nous sont maintenant garantis, et le nom Canadien disparaîtrait à jamais de l'histoire des peuples.

En résumé, si nous opposons une résistance vigoureuse aux forces Métropolitaines qui se déploient, laquelle résistance ne peut avoir lieu sans un soulèvement général et spontané, nous courons bien le risque de tout perdre, libertés politiques et droits nationaux, mais nous conservons notre honneur; si nous n'opposons aucune résistance, ou une résistance toute faible, nous perdons nos libertés politiques et nos droits nationaux, et de plus nous perdons notre honneur; nous passons pour une race dégénérée ou irréfléchie, qui ne sait que provoquer de loin l'ennemi, et qui se cache à son approche, ou qui ne sachant pas calculer ses forces se jette à l'étourdi dans une lutte folle et désespérée.

Nos lecteurs qui nous ont vus jusqu'à présent prêcher la paix et le respect pour l'ordre établi, sont peut-être surpris de nous voir prêcher indirectement la guerre et la révolution. Il faudrait donc se battre, selon vous, nous demandent-ils. — Oui, lecteurs, il le faudrait, et coûte que coûte, si vous aviez concouru à l'agitation dont la dernière manifestation est l'Adresse des Six Comtés que nous publions aujourd'hui, et dont le fruit le plus récent, et qui n'est peut-être pas le dernier malheureusement, est l'émeute déplorable qui a failli encore une fois ensanglanter les rues de Montréal, qui les a jonchées des ruines d'un établissement d'imprimerie, et qui a mis en danger les propriétés et la vie des citoyens; si vous aviez participé à cette agitation, et qu'ainsi vous lui eussiez donné le caractère d'universalité qu'elle n'a pas, il faudrait se battre, lecteurs, non pour vaincre, nous croyons la victoire impossible, mais pour mettre l'honneur du peuple Canadien à l'abri, car l'honneur passe avant tout. Le tableau que nous venons de faire, servira de leçon pour l'avenir; à montrer au peuple avec quel soin il doit examiner la conduite de ses chefs, réfléchir sur les conséquences de cette conduite avant de s'élancer à leur suite dans des démarches hazardeuses, dont l'issue n'est pas bien certaine, et dans quelle position se trouverait aujourd'hui le pays si quelques voix ne se fussent élevées avec force et avec constance, malgré les cris d'anathème et de proscription suscités contre elles, contre une agitation qui ne pouvait nous conduire qu'à une perte certaine.

Il nous reste encore un moyen de salut, un moyen de réparer tout le mal qui a été fait, et de prévenir celui qui ne l'a pas encore été. Ce moyen, nous l'avons déjà indiqué, et il consiste à guérir le mal par un procédé semblable à celui qui l'a produit, mais par l'application d'une composition contraire. C'est par des assemblées publiques qu'on a fait croire au loin que nous voulions la révolution, et que l'on a mis notre honneur en danger dans le cas où l'on n'opposerait pas une résistance vigoureuse aux préparatifs du gouvernement; c'est par des assemblées publiques que nous proposons de mettre notre honneur à l'abri, en déclarant que c'est contre le gré de la grande majorité du peuple qu'a été agitée la question d'une résistance armée à l'autorité de la Métropole; que tout en voulant la réforme, le peuple n'a jamais eu l'intention de la conquérir de vive force, mais seulement par les voies paisibles, légales et constitutionnelles; en un mot que ceux qui ont été au delà de ces bornes se sont mépris sur les sentiments et dispositions du peuple, ou qu'ils ont mis leur volonté, leurs désirs à la place des siens. Une pareille déclaration dans les circonstances actuelles de la part des comtés qui ne se sont pas encore prononcés et de ceux qui l'ont fait d'une manière constitutionnelle, peut tout réparer, selon nous, au-dedans comme au-dehors: au-dedans en arrêtant l'agitation désordonnée qui règne dans certains endroits et qui menace de s'étendre davantage par l'intimidation sinon par la conviction; au-dehors en rectifiant les idées qui s'y sont formées sur les dispositions du peuple Canadien, qui ne pourra plus alors paraître reculer au moment du danger qu'il aurait lui-même appelé, et en ôtant aux autorités impériales tout prétexte de nous priver des avantages du gouvernement représentatif. Nous nous montrons alors non plus dans la position des anciennes Colonies à la veille de leur déclaration d'indépendance, mais bien dans celle d'O'CONNELL et de l'Irlande, demandant avec insistance la répression des abus et ne voulant y parvenir que par les voies paisibles, croyant avec lui que toutes les améliorations politiques ne valent pas une goutte de sang humain; nous sommes des Réformistes, nous cessons d'être des Révolutionnaires, et dans cette position nous pouvons braver tout le mauvais vouloir de la Bureaucratie Métropolitaine et de l'Oligarchie Coloniale réunies; on pourra résister encore quelque temps à nos plus justes demandes, mais on n'osera pas nous arracher cette Chambre d'Assemblée, le principal moyen de les faire réussir à la fin, et dans un avenir plus rapproché qu'on ne pense. Révolutionnaires au contraire, le Parlement accordera tout aux Ministres et à l'Oligarchie locale.

Nous terminerons en déclarant que dans le plan que nous soumettons à nos compatriotes, il n'entre, de notre part, aucune intention malveillante ou vindicative contre ceux de nos concitoyens qui ont soulevé et dirigé l'agitation politique depuis le printemps dernier. Certes, les germes de division et de rancune que cette agitation a semés partout sur son passage, ont trop souvent excité nos regrets, pour que nous ayons la moindre pensée de jeter de nouveaux brandons de discorde au sein de notre population. Bien au contraire, nous voudrions s'il est possible, cicatriser les plaies déjà faites, au lieu d'en ouvrir de nouvelles. Dans tout ce qui toucherait aux chefs de l'agitation et à ceux qui y ont prêté la main, nous désirerions qu'on conservât le ton de l'avis amical, de l'exhortation fraternelle. Grâce à Dieu! nous ne partageons pas l'erreur funeste de ceux qui pensent que la Patrie peut gagner au sacrifice d'aucun de ses enfants, pour raison de dissidence d'opinions, et nous espérons que l'amour-propre, ni la vengeance ne nous aveugleront jamais assez pour appeler la proscription sur aucune nuance d'opinion parmi nos compatriotes.

Honneur au Comté qui le premier entrera dans la voix que nous venons de tracer, honneur à ceux qui le suivront, car ils seront appelée Sauveurs de la Patrie.

L'industrie considérée comme moyen de conserver la nationalité canadienne-française

(Conférence prononcée à l'Institut canadien de Montréal le 22 janvier 1846.)

MESSIEURS, — Si j'ai bien compris le but de cet Institut, il est tout national. Il a été formé pour offrir, au sein de la nouvelle capitale, aux hommes actifs et intelligents de notre origine, un point de réunion, un foyer de lumières, un centre d'action, au profit de ce que, faute d'un autre mot, nous sommes convenus d'appeler notre nationalité, la nationalité canadienne-française.

Ce devra donc être un sujet intéressant pour vous, et partant propre à mériter votre indulgence sur la manière dont il sera traité, que de vous entretenir d'un moyen de raffermir et de conserver cette nationalité, qui nous est si chère et à juste titre, non seulement sous le rapport du sentiment et de l'honneur, mais encore sous celui de l'intérêt de notre race.

Je sais qu'il y a malheureusement des hommes qui, soit par peur de la lutte que nous aurons à soutenir, soit pour n'avoir pas su apprécier les chances de salut qui nous restent encore, soit enfin parce que la marche à suivre répugne à leurs penchants ou prédilections politiques, — je sais, dis-je dans toute l'amertume de mon cœur, qu'il y en a qui ont perdu la foi dans la conservation de notre nationalité, et qui, comme ces Romains d'autrefois, désespérant du salut de la patrie, se sont placés dans leurs chaises curules, et attendent stoïquement, je ne dirai pas avec indifférence, que l'ennemi victorieux vienne fouler aux pieds leurs dieux pénates et renverser les autels de la patrie. Ce n'est pas à eux que je m'adresse aujourd'hui, mais bien aux vrais et fermes croyants, qui, je le crois sincèrement, forment la grande masse de notre origine. Si je n'avais cette croyance, je me tairais, et je me bornerais à pleurer en silence sur la destruction d'une espérance qui a fait ma joie dans les temps heureux, mon appui dans les temps de malheur, mon guide dans les temps difficiles et orageux. En effet, quels sacrifices, quel dévouement demander à des gens qui ne croient pas? Et l'on ne s'imagine pas, sans doute, que nous maintiendrons notre nationalité sans quelques efforts, sans quelques sacrifices, sans dévouement, surtout situés comme nous le sommes, environnés, étreints de toutes parts, imprégnés même sur plusieurs points importants du dissolvant d'une nationalité étrangère.

Ici, messieurs, pour prévenir toute fausse interprétation de notre pensée, disons que nous ne nourrissons aucun sentiment de haine ou de jalousie contre cette nationalité étrangère, dans laquelle je ne comprends pas seulement la population anglo-saxonne du Canada, mais aussi celle des pays voisins qui, à mon avis, est encore plus menaçante que l'autre. Par le cours d'événements providentiels, les deux nationalités se sont trouvées jetées dans ce quartier du globe; et il est pareillement dans l'ordre de la Providence, dans la nature des choses humaines, que chacune fasse tout ce qui sera en elle pour se maintenir et s'étendre. Des deux côtés on aurait tort de s'en vouloir du mal; car de part et d'autre on est des instruments entre les mains de Dieu. C'est à chacun de faire ce que le devoir, l'honneur et son intérêt légitime lui commandent, toujours en respectant les règles sacrées de la morale publique; de remplir le mieux qu'il pourra le rôle que le dramaturge suprême lui a donné dans le grand drame du monde, et d'attendre avec confiance, et en toute charité chrétienne envers les autres acteurs, le dénouement qui doit terminer la pièce, et dont la nature est le secret de l'avenir. Et s'il y en avait qui vissent dans l'attachement que nous avons pour notre nationalité de la désaffection pour notre mère-patrie, il nous serait facile de les convaincre par les faits du passé, par les symptômes du présent, comme par les présages de l'avenir, que la meilleure et la plus forte garantie de permanence qu'ait la souveraineté britannique sur cette partie du continent américain, gît dans la conservation de la nationalité canadienne-française. Au reste, notre nationalité c'est notre propriété: en cherchant à la conserver, nous ne faisons qu'user de notre droit, d'un droit que nous tenons de l'auteur même de toutes choses. Ainsi: Dieu et mon droit, et Honni soit qui mal y pense.

Maintenant, venons-en plus directement à notre sujet.

Les moyens de maintenir notre nationalité peuvent se diviser en trois classes: moyens religieux, moyens politiques, moyens sociaux. Religieux et politiques, en tant qu'ils sont mis en œuvre par les chefs religieux ou les chefs politiques, et tiennent à l'ordre religieux ou à l'ordre politique proprement dits, et sociaux en tant qu'ils sont l'œuvre des particuliers composant la société civile, et en dehors du mouvement politique ou de l'action religieuse.

Mon intention n'est pas de vous parler des moyens religieux ni des moyens politiques; ma tâche serait trop longue et peut-être trop délicate. D'ailleurs, notre clergé en général a si bien compris sa position, il s'est montré si dévoué, si national, il a tant fait déjà pour la cause commune, que l'on peut être assuré qu'il ne reculera pas plus devant les exigences de l'avenir qu'il ne l'a fait devant celles du passé. On peut en dire autant de nos chefs politiques des différentes nuances; le dévouement, les sacrifices, les efforts ne leur ont point manqué. Si quelquefois il a pu arriver qu'ils eussent pu, selon quelques-uns, faire mieux qu'ils n'ont fait, jamais on n'a pu, je crois, leur supposer avec droit de mauvaises intentions. Ils ont pu se tromper comme les plus grands politiques de tous les pays l'ont fait; mais leur réputation de bons patriotes ne doit pas en souffrir. Bornons-nous donc à espérer qu'ils continueront, eux et ceux qui leur succéderont, leurs efforts et leur dévouement pour la cause commune. Prions-les surtout de ne pas nous épargner les sacrifices d'amour-propre. Ce sont ceux dont nous avons le plus besoin peut-être de la part de tout le monde, dans notre position actuelle, et ce sont aussi ceux qui se font le plus difficilement. Et la raison en est bien simple: les hommes politiques sont toujours portés, et plus ils sont consciencieux dans leurs convictions, plus ils sont entraînés à s'identifier avec la cause publique, à confondre leur cause avec celle du pays. Il leur est alors très difficile de distinguer les sacrifices personnels, qu'ils feraient très volontiers, des sacrifices de principes politiques, qu'ils savent ne pouvoir point faire. L'histoire de tous les peuples est remplie d'exemples à l'appui de cette observation et des malheurs incalculables qu'ils ont produits.

Eh! messieurs, ce n'est qu'hier encore que l'on a vu rentrer en France tout ce qui lui reste des trésors et des flots de sang qu'elle versa, pendant vingt ans, sur les pas du plus grand politique comme du plus grand capitaine de notre temps... et c'était un peu de cendres et un cercueil: cendres et cercueil environnés de gloire, si vous voulez. Il en eût été bien autrement si cet homme prodige n'eût pas trop souvent pris les inspirations de sa propre gloire pour celles de la gloire et des intérêts de la France. Ainsi, dans toutes nos courses périlleuses dans le domaine de la politique, que la pensée de notre nationalité soit toujours présente à notre esprit; qu'elle soit pour nous un moyen de salut, comme autrefois la vue du serpent d'airain pour les Hébreux; ayons constamment l'œil fixé sur elle, de peur qu'au retour nous ne trouvions d'elle... pas même une tombe glorieuse à arroser de nos larmes.

Encore une fois, prions nos hommes publics, qu'ils soient au pouvoir ou qu'ils en soient dehors, de se tenir toujours prémunis contre cette illusion; car si, comme quelqu'un l'a remarqué, il faut que nous ayons deux fois raison pour avoir justice, nous aurons toujours deux fois tort lorsqu'il nous arrivera de nous tromper.

Et voulons-nous ne nous tromper que le moins souvent possible, que l'idée de notre nationalité soit toujours notre phare, notre boussole, notre étoile polaire, au milieu des écueils dont est semée la mer orageuse de la politique. Soyons bien persuadés que ce qu'il y a de plus menacé, de menacé avant tout, pour nous, ce n'est pas la liberté politique, qui est pour ainsi dire indigène à ce continent, mais bien notre nationalité. C'est donc de ce côté que doit principalement se tourner notre attention. Lorsque dans un mouvement, dans une démarche quelconque, il y aura clairement à gagner pour notre nationalité, ne nous inquiétons du reste que secondairement. Notre nationalité pour nous, c'est la maison; tout le reste n'est que l'accessoire, qui devra nécessairement suivre le principal. Soyons nationalement ou socialement forts et puissants, et nous le serons politiquement. Au contraire, si nous négligeons le soin de notre nationalité, les occasions de raffermir, soyons bien sûrs que personne ne viendra nous tendre la main au moment du besoin ou du danger.

De cette vérité que nous n'avons rien à attendre du dehors, résulte pour nous la nécessité, le devoir d'éviter, autant que possible, l'aigreur et l'animosité dans les discussions, lorsqu'il s'en élève au milieu de nous, je dirai même entre nous et ceux de l'autre origine, car la passion ne fait jamais de bien à une cause. Toutes nos haines, toutes nos disputes tourneront nécessairement, en nous affaiblissant, au profit de la nationalité rivale. Discutons avec vigueur, avec chaleur même, mais ne trempons jamais notre plume dans le fiel et le poison; et que, lorsque l'opinion de nos compatriotes se sera prononcée pour un côté ou pour l'autre, le parti vaincu, loyalement vaincu, fasse comme ce citoyen de Sparte qui, en arrivant chez lui d'une élection populaire où il avait succombé, s'écria: Rendons grâces aux Dieux, il s'est trouvé dans Sparte trois cents citoyens valant mieux que moi.

Mais j'ai dit que je ne voulais pas vous entretenir des moyens politiques de conserver notre nationalité. Pardonnez-moi donc ce petit écart; pardonnez-le à une crainte qui s'est plus d'une fois emparée de mon esprit, au milieu de nos discussions politiques; c'est que si notre nationalité succombe un jour, la politique avec ses entraînements et ses passions aura sa bonne part dans ce déplorable événement!

Venons-en donc aux moyens que j'appelle sociaux, c'est-à-dire, à ceux que les particuliers, en tant que membres de la société, peuvent employer en dehors de l'action religieuse ou politique.

Si nous voulons conserver notre nationalité, il faudra nous assurer une puissance sociale égale, pour le moins, à celle qui lui sera opposée. En vain nous retrancherions-nous derrière des traités; en vain nous ferions-nous un rempart de tous les principes de la morale publique, du droit naturel et du droit des gens; il est un droit qui, dans le monde et surtout entre peuples, l'a presque toujours emporté sur tous les autres droits, et ce droit est celui du plus fort, ou, ce qui presque toujours revient au même, le droit du plus habile. Or, s'il est des moyens d'augmenter ou de maintenir notre puissance ou notre importance sociale, nous nous empresserons, n'est-ce pas, de les employer; et s'il existe des préjugés qui s'opposent à l'emploi de ces moyens, nous nous efforcerons individuellement et collectivement de les détruire. C'est ce que je vais vous demander en vous sollicitant d'ennoblir la carrière de l'industrie, en la couronnant de l'auréole nationale; et cela dans un but tout national: car de là je veux tirer un moyen puissant de conserver et d'étendre notre nationalité. Je viens vous supplier d'honorer l'industrie; de l'honorer non plus de bouche, mais par des actes, mais par une conduite tout opposée à celle que nous avons suivie jusqu'à présent, et qui explique l'état arriéré où notre race se trouve dans son propre pays.

Non, messieurs, l'industrie n'est pas suffisamment honorée parmi nous: elle ne jouit pas de ce degré de considération qu'elle devrait avoir dans l'intérêt de notre nationalité. Oui, nous avons encore des restes de ce préjugé qui régnait autrefois chez la nation dont nous descendons contre le travail des mains, voire même contre toute espèce de travail ou d'industrie, où un noble cachait son écusson, lorsqu'il se trouvait obligé de s'occuper de quelque négoce, où la robe même avait peine à trouver grâce. Maintenant et chez nous, on ne peut plus, Dieu merci, viser à la noblesse; mais l'on veut être homme de profession; c'est encore l'amour des parchemins. Disons-le, on méprise l'industrie. S'il en était autrement, verrions-nous tous les jours nos industriels aisés s'épuiser pour faire de leurs enfants des hommes de profession médiocres, au lieu de les mettre dans leurs ateliers ou dans leurs comptoirs, et d'en faire d'excellents artisans ou industriels? Verrions-nous ceux d'une classe plus élevée préférer voir leurs enfants végéter dans des professions auxquelles leurs talents particuliers ne les appellent pas, ou, ce qui est pis encore, leur préparer une vie oisive, inutile à eux et à leur pays, au lieu de les mettre dans la voie de quelque honnête et utile industrie? Et qu'arrive-t-il de ce fol engouement pour les professions libérales? C'est que ces professions sont encombrées de sujets, et que la division infinie de la clientèle fait perdre aux professions savantes la considération dont elles devraient jouir.

Ainsi l'on manque le but qu'on avait en s'y portant en foule. Ce dernier résultat n'est guère à regretter cependant, s'il peut amener le remède au mal dont je me plains. Mais qu'arrive-t-il encore de ce funeste préjugé qui fait qu'on a honte d'une honnête industrie? Il arrive, messieurs, — et c'est ici que le mal prend les proportions d'un mal national, — il arrive, en général, que les sujets que nous jetons, pour ainsi dire, à l'industrie, cette force des nations modernes, sont toujours, à de rares exceptions près, bien inférieurs à ceux qui sortent du sein de la population nouvelle.

L'on pense bien que je n'entends pas confesser ici l'infériorité de notre race à aucune autre race au monde. Non, certes: loin de là. Sans parler de la vieille France qui marche depuis plusieurs siècles à la tête de la civilisation, qui bat la marche aux idées, qui est le souverain arbitre du goût pour tout le monde civilisé; en nous bornant à parler de ce scion qu'elle a laissé orphelin dans ce coin reculé du globe, on peut dire avec orgueil qu'un petit peuple qui dans les professions libérales, depuis moins d'un demi-siècle qu'il a pris l'élan, a produit des hommes comme les Papineau, père et fils, les Bédard, père et fils aussi, les Viger, les Rolland, les Vallières, les Moquin, les Plamondon, les Quesnel, les Caron, les Cherrier, les Morin, les Duval, les Girouard, et nombre d'autres hommes distingués que l'on pourrait citer, et d'autres que l'on pourra citer, lorsqu'ils auront eu le temps ou l'occasion de faire leurs preuves, sans excepter ceux qui se sont acquis une juste considération dans d'autres branches, — on peut, dis-je, proclamer tout haut qu'un pareil peuple, avec tous les obstacles qu'il a rencontrés, peut avoir la prétention de ne se croire inférieur à aucun autre sous le rapport de l'intelligence. Si, de fait, il se trouve dans une position inférieure sous le rapport de l'industrie, cela est dû en grande partie à un préjugé que mon objet, ce soir, est d'aider à détruire; qu'il est de notre intérêt comme peuple de déraciner d'au milieu de nous: il y va de notre nationalité, messieurs.

Une nationalité, pour se maintenir, doit avoir pour point d'appui des hommes réunis en société, et ces hommes doivent posséder une importance sociale égale, pour le moins, à toute force dénationalisatrice qui agit soit au dedans, soit du dehors. Or, qui fait la puissance sociale surtout en Amérique? Il n'y a pas à s'y méprendre, c'est l'industrie. Il ne pouvait en être autrement dans ce monde que l'on appelle nouveau, où le plus grand obstacle à surmonter pour les Européens qui y abordèrent, était une nature vierge et sauvage qu'il s'agissait de réduire en servage. Qu'avions-nous besoin, quel besoin avaient nos pères de ces preux de la féodalité qui autrefois s'asservirent l'Europe? Ce n'était pas des guerriers qu'il leur fallait, mais de paisibles et vigoureux artisans; la hache et non l'épée, voilà l'arme qui a fait la vraie conquête de l'Amérique. C'est donc l'industrie qui est la fondatrice des sociétés civilisées d'Amérique, et si les fondateurs des sociétés européennes furent, et si leurs descendants sont encore les nobles d'Europe, les industriels, les hommes du travail manuel dirigé par l'intelligence, voilà les nobles d'Amérique.

Le préjugé qui ravalait le travail des mains et l'industrie en général, quoique bien absurde aux yeux de la raison, se conçoit dans les sociétés européennes, où pourtant il s'affaiblit de jour en jour; il se conçoit, dis-je, dans les sociétés fondées dans l'origine sous les auspices ou par l'épée de la féodalité. Mais en Amérique, il est plus qu'absurde, il est contre nature; et dans le Bas-Canada, il est suicide. Il est contre nature, parce qu'il nous fait renier nos pères, qui étaient tous des industriels; il est suicide, parce qu'il tend à nous affaiblir comme peuple, et à préparer notre race à l'asservissement sous une autre race. Arrêtons-nous un peu à cette considération.

L'intelligence est une puissance sans doute; mais elle l'est à la condition de s'appliquer à des choses qui peuvent donner de la puissance. Or, fussiez-vous le peuple le plus intelligent du monde, si vous n'exercez pas utilement votre intelligence, elle ne vous rapportera rien, pas plus que la flèche que vous lanceriez dans le vide. À quoi vous servira votre intelligence si vous la laissez oisive, ou si vous vous jetez dans une carrière déjà encombrée, où les chances de succès doivent être nécessairement fort minimes, et où par conséquent l'insuccès et la ruine attendent le plus grand nombre? Mais c'est sous le rapport national que je veux considérer la question. Quelle puissance sociale conserverons-nous, acquerrons-nous, si nous continuons à user notre énergie dans des luttes ingrates, tandis que nous laissons à une autre origine la riche carrière de l'industrie? Nous avons bien nos hommes de peine, nos artisans mercenaires; mais où sont nos chefs d'industrie, nos ateliers, nos fabriques? Avons-nous dans le haut négoce, la proportion que nous devrions avoir? Et nos grandes exploitations agricoles, où sont-elles? Dans toutes ces branches nous sommes exploités; partout nous laissons passer en d'autres mains les richesses de notre propre pays, et partant le principal élément de puissance sociale. Et la cause de cela, c'est que les hommes que nous mettons en concurrence avec ceux de l'autre origine, leur sont inférieurs et sous le rapport de l'instruction et sous celui des capitaux employés. Et cela, parce que ceux des nôtres qui auraient pu soutenir cette concurrence avec avantage, ont dédaigné de se livrer à telle ou telle industrie, préférant végéter avec un maigre parchemin dans leur poche, ou dissiper dans l'oisiveté un patrimoine qu'ils auraient pu faire fructifier à leur profit et à celui de leur pays.

Qu'on me permette ici de rapporter une anecdote dont les personnages sont encore vivants, et que je pourrais nommer. Un riche industriel de Québec ayant fait faire un cours complet d'études à son fils, lui tint à peu près ce langage, à propos du choix d'un état:

« Eh bien! mon fils, parmi tous les états, il faut en choisir un. Ils te sont tous ouverts; car, grâce à Dieu, ma fortune me permet de te laisser libre, et les dépenses, quelles qu'elles soient, ne me coûteront pas. Mais avant de te décider, jette les yeux sur ce relevé de mes affaires de l'année, et vois quels profits me reviennent. Considère, quelle que soit la profession que tu prennes, si, après bien des années d'études et de travail, tu peux jamais te flatter d'en réaliser seulement la moitié. Considère aussi s'il te sera bien facile d'acquérir la considération dont je puis me flatter de jouir dans la société. »

Le fils réfléchit, et prit une résolution que je désirerais bien voir prendre par un grand nombre de mes jeunes compatriotes au sortir du collège: il ceignit le tablier de son père, et il est aujourd'hui à la tête d'une des premières boutiques de Québec. Ce brave père et ce fils digne de lui appartiennent à l'origine bretonne. Ils ont assuré dans leur famille la continuation d'une source de richesses, et à leur origine une source d'influence sociale. Dites-moi, ces deux hommes n'ont-ils pas bien mérité de leurs compatriotes?

L'anecdote que je viens de rapporter me mène tout naturellement à vous parler d'une chose qui entre parfaitement dans notre cadre, savoir: le peu de soin que l'on prend généralement parmi nous de perpétuer, de génération en génération, les maisons de commerce et autres, que réussissent quelquefois à établir nos compatriotes actifs et intelligents. Cela contribue plus qu'on ne pense à l'état d'infériorité relative dans lequel nous nous trouvons sous le rapport de l'industrie. Il n'y a que ceux qui ont formé une maison prospère qui peuvent vous dire ce qu'elle a coûté de travail, de soucis, de vigilance et d'économie; ce qu'elle a exigé d'intelligence, de constance et de régularité. Et cependant, chose inconcevable, l'on voit tous les jours de nos compatriotes qui, sans chagrin, j'allais presque dire sans remords ferment eux-mêmes ou laissent finir avec eux une maison qui eût été un instrument de fortune tout monté pour un autre. Une clientèle nombreuse, des relations, des correspondances sûres sont formées, un crédit considérable est établi, il faudra des années pour créer tout cela, et tout cela on le sacrifie comme si rien n'était. On n'a pas d'enfants, ni de parents; mais n'a-t-on pas des compatriotes, à qui on puisse épargner des années de labeur et de lutte aux premiers échelons de l'échelle industrielle, pendant lesquelles peut-être des étrangers ayant quelque avantage sur eux, — et ils en ont beaucoup sur nous, on le sait par expérience, — viendront élever à leur côté une concurrence inégale, désespérante et ruineuse. Oh! messieurs, que du sein de cet Institut s'élève une voix et que cette voix soit assez forte pour réveiller l'écho dans toute la chaîne des Laurentides, et que cette voix proclame bon et excellent patriote et méritant la couronne civique, celui d'entre nous qui aura eu le talent de former une bonne maison, et qui, au prix même de quelques sacrifices, aura le patriotisme de la remettre aux mains de quelque Canadien industrieux. Cela nous aidera à créer avec le temps une industrie canadienne, qui pourra se mesurer en tout et sur tous les points avec l'industrie de l'autre race, et qui nous attirera l'estime et le respect de cette dernière. Alors il y aura entre les deux races une noble émulation, laquelle exploitera avec le plus de succès les immenses ressources de ce vaste et beau pays.

Ces souhaits, messieurs, adressons-les spécialement à la classe des marchands canadiens, qui, soit dit à son honneur, a pris depuis quelque temps un essor tout à fait encourageant pour les autres branches d'industrie. Jusqu'à tout récemment, on ne saurait s'empêcher de l'avouer, nos marchands en général n'étaient guère que les agents secondaires des marchands bretons pour l'écoulement de leurs marchandises parmi la masse du peuple. Mais depuis peu, ils semblent vouloir s'émanciper d'une tutelle peu honorable et peu profitable à la fois. Plusieurs d'entre eux se sont mis en rapport direct avec les manufacturiers et les marchands des îles Britanniques; leurs efforts et leurs talents promettent d'être couronnés de succès; d'heureux symptômes de prospérité se sont déjà manifestés chez plusieurs, et il faut espérer que leur exemple sera contagieux. Mais que ceux qui réussiront se rappellent ce que leur aura coûté l'établissement de leur maison, et qu'avant de se retirer des affaires, ou du moment qu'ils sentiront leur activité s'affaiblir, ils assurent la continuation de leur maison. Ce sera mettre de jeunes compatriotes sur la voie d'une fortune assurée sans qu'il en coûte beaucoup. Ce sera en même temps le moyen d'assurer à notre race la part qui lui appartient dans l'industrie et la richesse du pays, et partant la part d'importance sociale sans laquelle nous espérerions en vain de conserver notre nationalité.

Si je ne craignais d'abuser de votre patience, je pourrais vous présenter une foule d'autres considérations sur plusieurs autres points qui se rattachent étroitement à notre sujet. Par exemple, il y aurait beaucoup à dire sur les moyens à prendre pour imprimer l'élan à l'industrie canadienne dans ses différentes branches, et surtout dans la plus importante de toutes, l'agriculture. Oui, messieurs, l'agriculture qui, dans nos anciens établissements, se traîne ignoblement dans l'ornière d'une routine surannée, et qui, pour cela même et par d'autres causes, ne fait que de lents et timides progrès vers la conquête du sol vierge qui nous environne de toutes parts. Hélas! je vous le demande, qu'a-t-on fait pour l'avancement de notre agriculture? On a voté beaucoup d'argent, il est vrai, pour aider les sociétés d'agriculture à donner des prix... Des prix à qui? À des gens qui ne connaissent que les procédés d'une vieille routine. Autant vaudrait offrir des prix à des écoliers de 36e pour des thèses de philosophie. Faites donc d'abord des agriculteurs, et ensuite vous entre-tiendrez l'émulation en donnant des prix aux plus méritants.

Qu'a-t-on fait aussi pour étendre à notre avantage le défrichement des terres incultes dont notre pays abonde? Où sont nos sociétés pour faciliter l'accès à ces terres à la surabondance de notre population agricole, dans les anciens établissements, et lui fournir les moyens de s'y fixer et de s'y étendre, comme on le fait pour les colons de l'autre origine? On a laissé faire, on a laissé aller les choses à cet égard comme à beaucoup d'autres. Eh! messieurs, sommes-nous bien dans un siècle et dans des circonstances où l'on puisse impunément laisser faire, laisser aller les choses? Nous sommes dans un monde où tout se meut, s'agite, tourbillonne. Nous serons usés, broyés, si nous ne remuons aussi. Il y a une quarantaine d'années, le navigateur de notre beau fleuve Saint-Laurent s'en rapportait uniquement aux vents et aux courants, — il laissait faire. Aujourd'hui que la navigation attache à ses vais-seaux ses centaines de bouillants chevaux de vapeur, elle marche, vole en dépit des vents et des flots, chassant devant elle l'ancien cabotage partout où elle apparaît. Voilà, messieurs, l'image du laisser-aller et du mouvement in-dustriel. Que cette révolution qui s'est opérée de nos jours, sous nos yeux, ne soit pas perdue pour nous, et qu'elle nous apprenne que l'empire du monde moderne a été donné au mouvement, à l'activité, à l'action vive, constante de l'homme sur la matière.

Mais encore une fois, je ne veux pas abuser de votre indulgence, et je dois laisser à votre intelligence le soin de suppléer aux lacunes qui se trouvent dans cette lecture, comme je vous laisse celui de corriger les imperfections qui s'y rencontrent. Avant de finir, cependant, je vous prierai de me prêter votre attention quelques moments de plus, pour entendre quelques explica-tions, qui entrent bien dans mon sujet, mais qui auraient interrompu le fil des idées principales, si je les eusse données à l'endroit auquel elles se rapportent.

Lorsque dans le cours de cette lecture, j'ai déploré la manie, le préjugé qui fait que les pères de toutes conditions poussent leurs enfants vers les professions libérales, l'on pourrait penser, de quelques expressions un peu vagues ou trop générales, que ceux que je destine à l'industrie occupent dans mon esprit, ou doivent occuper dans celui des autres, sous le rapport de l'intelligence, un rang inférieur à ceux que je voudrais seuls voir dans les professions libérales, — ce qui serait prononcer contre les classes industrielles un jugement d'infériorité intellectuelle. Rien n'est plus loin de ma pensée, et rien, à mon sens, ne serait plus loin de la vérité. En fait d'intelligence, il en faut très souvent, pour atteindre à l'éminence dans la carrière de l'industrie, plus que pour exercer avec succès une profession libérale. Ce seront, si vous voulez, des facultés intellectuelles différentes appelées en exercice dans l'un et l'autre cas, mais la somme d'intelligence requise pourra être aussi forte dans un cas que dans l'autre. Et qui a jamais été chargé de régler les titres de noblesse et de préséance entre les différentes facultés intellectuelles de l'homme? L'homme donc qui s'élève par l'industrie doit avoir autant de droit à notre considération que celui qui brille dans une profession quelconque. Que l'industriel connaisse bien son droit à cet égard, et qu'il sache le faire respecter dans l'occasion. Qu'il ne craigne pas de lever la tête, il est le père de l'Amérique civilisée; sans lui nous ne serions pas. C'est à toi surtout, homme des champs, à te redresser devant tous les autres, toi le nourricier de l'État! Le plus grand poète de Rome a chanté tes travaux; le plus grand monarque du monde en donne le signal chaque année et s'y associe, proclamant ainsi à trois cent millions d'hommes que ton état est le premier entre tous. Il y a plus, l'Égypte nous confond par les prodiges éternels de sa mécanique; la Grèce et Rome ont poussé les beaux-arts à un point qui fait le désespoir des modernes; elles ont eu dans tous les genres des hommes que nous sommes forcés d'appeler encore grands auprès de nos grandeurs; mais le grand agriculteur, elles n'ont pu le produire. Ce n'est que la science moderne qui nous a appris que l'agriculture était la première des sciences, comme sous le rapport industriel elle était reconnue depuis longtemps comme la première des industries. Il a donc fallu à l'intelligence humaine travailler pendant quatre mille ans pour former le grand agriculteur. Voilà, messieurs, ce me semble, pour l'agriculture un titre de noblesse passablement respectable, et qui vaut bien les parchemins et les diplômes dont s'enorgueillissait certaine classe de la société.

Voulez-vous que je vous donne un petit aperçu historique de la science agronomique chez les anciens? Je vous dirai que le premier agronome que cite l'histoire, est Caton l'Ancien, qui vécut dans le IIIe siècle avant Jésus-Christ, et qui a laissé un tout petit traité d'agriculture. Dans le siècle suivant, Magon, Carthaginois de naissance, qui écrivit vingt-huit livres sur l'agriculture, et Varron, dans le premier siècle avant Jésus-Christ, qui laissa un écrit sur le même sujet, sont les seuls noms de l'ère ancienne qui se trouvent associés aux études agronomiques. Dans le premier siècle de notre ère, on rencontre Columelle, qui fut le plus grand agronome de l'Antiquité, et de là il faut sauter jusqu'au cinquième siècle pour trouver un agronome, Palladius. Puis, il paraît que la science agronomique resta endormie dans toute l'Europe jusqu'au treizième siècle, pendant lequel Crescenzi, natif de Bologne, mérita par ses études le titre de restaurateur de l'agriculture. Mais ceux qui ont pu apprécier l'importance, pour l'agriculture, des progrès de la chimie, qui est une science toute moderne, savent combien loin derrière eux les agronomes modernes ont laissé les anciens, sous une infinité de rapports. Le nombre seul des agronomes notables depuis le commencement du dernier siècle, — lequel dépasse le nombre de cent, — suffit pour démontrer combien il restait à ajouter aux travaux des anciens. Remarquons en passant que Chaptal en France, et sir Humphrey Davy en Angleterre, le premier mort en 1832, l'autre en 1839, — deux des plus célèbres chimistes du siècle, — ont laissé chacun dans sa langue un excellent ouvrage sur les applications de la chimie à l'agriculture. Ce sont, que je sache, les deux premiers ouvrages de ce genre qui aient jamais été publiés.

Enfin, messieurs, résumons. J'ai dit plus haut, — et je l'ai démontré, il me semble, — que l'industriel est le noble de l'Amérique; et ses titres valent mieux et dureront plus longtemps que ceux des nobles du vieux monde. Les revers ni les révolutions ne les détruiront.

Ce sont des cités sans nombre et des empires que l'industriel a conquis sur la nature sauvage, non plus avec l'épée et le sang d'autres hommes, mais bien avec la hache et les sueurs de son propre front. Honorons donc l'industrie, messieurs, non pas seulement de gestes et de paroles, mais par nos actes. Si nous avons des enfants qui montrent du talent pour quelque genre d'industrie, encourageons-les à s'y livrer. Le plus souvent nous consulterons leur intérêt, et nous mettrons l'industrie en honneur parmi nous, et nous assurerons à notre nationalité la garantie de permanence la plus forte que nous puissions lui procurer. Les moyens d'instruction ont été rares parmi nous jusqu'à présent, et si ceux qui ont assez de fortune pour faire donner une bonne éducation à leurs enfants, méprisent l'industrie, elle nous échappera pour passer irrévocablement en d'autres mains, et la masse de notre population passera corps et âme sous la domination et l'exploitation d'une autre race. Et ce n'est pas de moi que vient cette idée; elle vient de cette race-là même. C'est ce qu'elle a voulu dire, lorsque voyant notre répugnance pour la carrière industrielle, elle nous a jeté cette prédiction sarcastique: que nous étions destinés à lui servir de charrieurs d'eau et de scieurs de bois. — C'est aussi ce que voulait dire un écrivain américain, en nous donnant l'avis charitable, qu'ils nous balayeraient de la surface du globe: — *We will reform them out of the face of the earth.* — Telles étaient ses expressions mêmes, si je me le rappelle bien.

Oh! messieurs, nous les ferons mentir, n'est-ce pas, ces prophètes de malheur; nous ne permettrons pas que les descendants des héroïques pionniers de la vallée du Saint-Laurent en deviennent les parias. Vous empêcherez l'histoire d'avoir un jour à parler ainsi: — « La partie inférieure du Canada, faisant partie de ce qu'on appela dans l'origine la Nouvelle-France, fut d'abord colonisée par des colons venus de France. Cette population sut se maintenir quelque temps par sa masse après la cession du pays à l'Angleterre. Les moyens d'instruire le peuple, soit par calcul ou autrement, furent longtemps négligés à la suite de cet événement, et il en résulta que les émigrés de la nouvelle métropole, ayant l'avantage d'une instruction industrielle supérieure, mus d'ailleurs par l'esprit d'industrie qui caractérise leur race, réussirent avec le temps à s'emparer de toutes les ressources du pays. Bientôt la nouvelle race obtint un ascendant marqué sur la société, et finit par lui imprimer son cachet particulier; de sorte que aujourd'hui l'élément français de la société canadienne a été ou absorbé ou étouffé. C'est à peine si dans quelques coins reculés du pays se trouvent encore, sans mélange, quelques restes d'un peuple qui fut renommé par sa bravoure dans les combats, par son activité dans les courses aventureuses du Nord-Ouest, autant que par ses qualités aimables dans la société, à tel point qu'il fut nommé le peuple gentilhomme. Si l'on en croit les mémoires du temps, la principale cause de la décadence d'un peuple aussi intéressant fut l'éloignement des classes aisées, les seules qui pussent se procurer de l'éducation alors, pour toute espèce d'industrie. Cela se conçoit en effet dans un pays où l'industrie était la seule source de richesse, et où la richesse était le plus grand sinon le seul moyen d'acquérir de l'importance sociale. La masse du peuple dut être livrée à l'influence et à l'action dénationalisatrice des chefs d'industrie de la race rivale, et perdre ainsi avec le temps son caractère national. »

Voilà, messieurs, ce que dira l'histoire, bien mieux assurément, mais enfin, voilà ce qu'elle dira si les classes aisées parmi nous ne sentent bientôt l'importance de leur mission, et ne se mettent à la hauteur des exigences de notre position sociale. Mais chacun fera ce que la patrie, ce que notre postérité attendent de lui. Et aujourd'hui peut-être suis-je moins le provocateur que l'interprète d'un sentiment qui fermente et germe déjà au cœur de notre population, et qui bientôt produira des fruits abondants, manne fortifiante dont notre nationalité s'alimentera, et qui nous mettra en état de transmettre intact à nos enfants l'héritage le plus précieux que nous ayons reçu de nos pères.

DEUXIÈME PARTIE

LA PATRIE LITTÉRAIRE (1837-1865)

Historiens

FRANÇOIS-XAVIER GARNEAU (1809-1866)

François-Xavier Garneau peut être considéré à bon droit comme l'écrivain le plus important du XIXe siècle. Journaliste et poète au temps pénible qui précéda la révolution de 1837-1838, il en vint presque à désespérer de l'avenir de sa nation. C'est pour que l'on se souvînt d'elle qu'il commença de rédiger son *Histoire du Canada*. Le rapport de Lord Durham, qui traitait les Canadiens de peuple sans histoire et sans littérature, fouetta la fierté et les énergies de l'écrivain. En 1845, Garneau publiait son premier tome, puis deux autres suivirent, qui s'arrêtaient à 1792; deux éditions remaniées devaient paraître, en 1852 et 1859, qui continueraient cette histoire jusqu'à l'Union (nous citerons la troisième, la dernière qui ait paru du vivant de l'auteur). Garneau avait commencé son *Histoire* dans l'angoisse d'une disparition collective et à un moment de crise; il la terminait en période de prospérité, avec un semblant d'optimisme: tout n'était pas perdu, si les Canadiens savaient être fidèles aux traditions de leurs pères. L'œuvre, jugée trop libérale par certains, donna lieu à des critiques assez dures; on ne la regarda pas moins comme un monument de légitime fierté. Son influence, déterminante pour le destin de l'historiographie canadienne-française, fut considérable sur les écrivains de la seconde moitié du siècle, entre autres sur les romanciers qui y puisèrent maints sujets.

Au Canada (1837)

« POURQUOI MON ÂME EST-ELLE TRISTE? »

I

Ton ciel est pur et beau; tes montagnes sublimes
Élancent dans les airs leurs verdoyantes cimes;
Tes fleuves, tes vallons, tes lacs et tes coteaux
Sont faits pour un grand peuple, un peuple de héros.
À grands traits la nature a d'une main hardie
Tracé tous ces tableaux, œuvre de son génie,
Et sans doute qu'aussi, par un dernier effort,
Elle y voulut placer un peuple libre et fort,
Qui pût, comme le pin, résister à l'orage,
Et dont le fier génie imitât son ouvrage.
Mais, hélas! le destin sur ces hommes naissants
A jeté son courroux et maudit leurs enfants.
Il veut qu'en leurs vallons, chassés comme la poudre,
Il ne reste rien d'eux qu'un tombeau dont la foudre
Aura brisé le nom, que l'avenir en vain

Voudra lire en passant sur le bord du chemin.
De nous, de nos aïeux la cendre profanée
Servira d'aliment au souffle de Borée;
Nos noms seront perdus et nos chants en oubli,
Abîme où tout sera bientôt enseveli.

II

Ainsi chantait ma muse et sa lyre plaintive
Comme le vent du soir murmurait sur la rive;
Mais les échos muets étaient sourds à sa voix,
Et le peuple qu'autrefois
Enthousiasmaient ses chants, enivrait son histoire,
Peu soucieux de sa gloire,
S'endormait maintenant pour la première fois.
　　　　Hélas! dans son insouciance
Il passe comme un bruit qu'on oublie aussitôt:
Rien de lui ne dira son nom ni sa puissance;
　　Il s'éteindra comme un flot
Qui se brise sur le rivage,
Sans même à l'œil du matelot
Laisser empreinte son image.

Où sont, ô Canada! tes histoires, tes chants?
Tes Deluc, tes Rousseau, l'honneur de l'Helvétie,
Tous ces hommes enfin qu'illustrent les talents,
Qui font un peuple fier, grandissent la patrie,
Font respecter au loin son nom, ses lois, ses arts,
Et, pour sa liberté, lui servent de remparts?
L'étranger cherche en vain un nom cher à la science.
Notre langue se perd, et dans son indigence,
L'esprit, ce don céleste, étincelle des Dieux,
S'éteint comme une lampe, ou comme dans les cieux
Une étoile filante au funeste présage.
Déjà l'obscurité nous conduit au naufrage;
Et le flot étranger envahissant nos bords,
De nos propres débris enrichit ses trésors.
Aveuglés sur le sort que le temps nous destine,
Nous voyons sans souci venir notre ruine.
Ô peuple subjugué par la fatalité,
Tu sommeilles devant l'oracle redouté.
Il rejette ton nom comme un arbre stérile
Que l'on veut remplacer par un scion fertile.
Il dit: laissons tomber ce peuple sans flambeau,
　　　Errant à l'aventure;
Son génie est éteint, et que la nuit obscure
　　　Nous cache son tombeau.

III

Pourquoi te traînes-tu comme un homme à la chaîne,
Loin, oui, bien loin du siècle, où tu vis en oubli?
L'on dirait que vaincu par le temps qui t'entraîne,
À l'ombre de sa faux tu t'es enseveli!
    Vois donc partout dans la carrière,
    Les peuples briller tour à tour,
    Les arts, les sciences et la guerre
    Chez eux signalent chaque jour.

    Dans l'histoire de la nature
    Audubon porte le flambeau;
    La lyre de Cooper murmure,
Et l'Europe attentive à cette voix si pure,
    Applaudit ce chantre nouveau.
    Enfant de la jeune Amérique,
    Les lauriers sont encore verts;
    Laisse dans sa route apathique
    L'Indien périr dans les déserts.
Mais toi, comme ta mère, élève à ton génie
    Un monument qui vive dans les temps;
    Il servira de fort à tes enfants:
Faisant par l'étranger respecter leur patrie.

Cependant, quand tu vois au milieu des gazons
S'élever une fleur qui devance l'aurore,
    Protège-la contre les aquilons
    Afin qu'elle puisse éclore.
Honore les talents, prête-leur ton appui;
    Ils dissiperont la nuit
    Qui te cache la carrière:
Chaque génie est un flot de lumière.

IV

Ô peuples fortunés! ô vous dont le génie
Au monde spirituel découvrit jusqu'aux Dieux,
Qui brillez dans les temps comme l'astre des cieux,
L'esprit est immortel, et chaque œuvre accomplie
Par sa divine essence est et sera toujours;
Dieu même n'en saurait interrompre le cours.
Ainsi Rome et la Grèce éternisant leur gloire,
À l'immortalité léguèrent leur mémoire.
L'Europe rajeunie, instruite à leurs leçons,
Poursuivit les travaux des Plines, des Platons;
Et l'homme remontant ainsi vers la nature,
Élève au créateur toujours la créature.

Mais pourquoi rappeler ce sujet dans mes chants?
La coupe des plaisirs effémine nos âmes;
Le salpêtre étouffé ne jette point de flammes;
    Dans l'air se perdent mes accents.
Non, pour nous plus d'espoir, notre étoile s'efface,
Et nous disparaissons du monde inaperçus.
Je vois le temps venir, et de sa voix de glace
    Dire: il était, mais il n'est plus.
Ma muse abandonnée à ces tristes pensées,
Croyait déjà rempli pour nous l'arrêt du sort,
Et ses yeux parcourant ces fertiles vallées,
Semblaient à chaque pas trouver un champ de mort.
Peuple, pas un seul nom n'a surgi de ta cendre;
Pas un pour conserver tes souvenirs, tes chants,
    Ni même pour nous apprendre
    S'il existait depuis des siècles ou des ans.
Non! tout dort avec lui, langue, exploits, nom, histoire;
Ses sages, ses héros, ses bardes, sa mémoire,
Tout est enseveli dans ces riches vallons
Où l'on voit se courber, se dresser les moissons.
Rien n'atteste au passant même son existence;
S'il fut, l'oubli le sait et garde le silence.

HISTOIRE DU CANADA...

Préface

Nous présentons au public une troisième édition de l'*Histoire du Canada* depuis sa découverte jusqu'à l'Union accomplie en 1840.

Lorsque nous avons commencé cet ouvrage, nous n'avions pas la correspondance officielle des gouverneurs français avec la métropole, depuis la fondation de Québec jusqu'à la conquête. Nous ne possédions qu'un petit nombre de documents, lesquels jetaient peu de lumière sur notre histoire sous la domination anglaise. Il s'est fait depuis plusieurs compilations de pièces historiques d'un immense intérêt. Nous citerons la collection d'Albany, que la législature de l'État de New York achève de faire traduire et imprimer sous les soins de M. O'Callaghan, auteur d'une excellente histoire de la Nouvelle-Hollande; celle de la bibliothèque du parlement canadien; les pièces publiées dans les deux derniers volumes de l'*Histoire du Canada* de M. Christie; enfin, la collection des documents apportés de Paris, ou trouvés dans nos archives par M. l'abbé Ferland, de l'archevêché de Québec.

Ces précieuses acquisitions nous ont permis de rectifier certains faits, exposés d'une manière peu exacte dans nos deux premières éditions; de parler avec plus de certitude de plusieurs événements, et d'ajouter à notre récit des détails curieux ou nécessaires. Nous n'avons pas hésité à faire la dépense d'une nouvelle impression pour que ce livre fût moins imparfait.

Il y a peu de pays en Amérique sur lesquels on ait autant écrit que sur le Canada, et il y en a peu qui soient, après tout, aussi pauvres que lui en histoires; car on ne doit pas prendre pour telles, plusieurs ouvrages qui en portent le nom, et qui ne sont pas autre chose que des mémoires ou des narrations de voyageurs, comme « l'Amérique Septentrionale » de La Potherie.

Pendant longtemps on vit paraître en France une foule de livres dans lesquels on recueillait soigneusement tout ce qui se passait en Canada, théâtre d'une lutte sanglante entre la civilisation et la barbarie. Ils avaient, pour la plupart, peu de mérite littéraire; mais ils contenaient une multitude de choses singulières et intéressantes, qui les faisaient rechercher en Europe avec avidité. Peu à peu, cependant, l'intérêt qu'excitaient ces livres s'affaiblit avec la nouveauté des scènes qui y étaient retracées, et le Canada occupait à peine l'attention de la France, lorsque le sort des armes le fit passer sous la domination d'une autre puissance. Après cet événement, les écrivains qui laissent des matériaux pour nos annales, deviennent plus rares.

Parmi les auteurs qui sont antérieurs à la conquête, il faut remarquer le célèbre jésuite Charlevoix. Le plan étendu de son livre de « La Nouvelle-France, » l'exactitude des faits qu'il développe, son style simple et naturel, lui ont assuré depuis longtemps un rang élevé; et le Canada, le regarde encore aujourd'hui comme le meilleur de ses historiens.

S'il s'abandonne quelquefois à une pieuse crédulité, si ses affections exercent sur lui une influence à laquelle il ne peut pas toujours se soustraire, tous les savants reconnaissent qu'il parle des hommes et des choses avec autant de modération que de jugement; qu'il sait apprécier les événements avec sagesse et impartialité, et que ses relations avec la cour de France lui ont procuré l'avantage de puiser à des sources précieuses. Notre histoire, qui n'était encore qu'une œuvre imparfaite, a pris, sous sa plume, les proportions et le développement d'une histoire complète. S'il est tombé dans quelques erreurs sur les voyages de Jacques Cartier et sur les premiers temps de la colonie, pouvait-il en être autrement à une époque où la plupart des matériaux dont il avait besoin, étaient encore épars ou inconnus. Ce n'est qu'à grands frais et après des recherches infinies, qu'il a pu en rassembler assez pour son entreprise; car ce n'est que de nos jours que les gouvernements ont fait quelque chose en Amérique, pour compléter les annales des pays soumis à leur domination.

Cependant Charlevoix n'embrasse que la première moitié des temps écoulés depuis la fondation de Québec jusqu'à nos jours. Le but et le caractère de son ouvrage ne conviennent plus d'ailleurs aux circonstances où nous sommes et à notre état politique. Écrit principalement au point de vue religieux, il contient, sur les travaux des missionnaires, répandus au milieu des tribus indigènes, de nombreuses digressions, qui ont perdu leur intérêt pour la pluralité des lecteurs. Puis l'auteur, s'adressant à la France, est entré dans une foule de détails nécessaires en Europe, mais inutiles en Canada; d'autres détails ont perdu leur intérêt par l'éloignement des temps.

Le plan que nous avons choisi, a dû occuper sérieusement notre attention, parce que les théâtres, sur lesquels se passe l'action, pour ainsi dire, multiple de la colonisation de la Nouvelle-France, dont Québec était le centre, sont aussi divers qu'ils sont nombreux. Quoique, par son titre, cette histoire ne paraisse embrasser que le Canada proprement dit, elle embrassera en réalité toutes les colonies françaises de l'Amérique du Nord, jusqu'à la paix de 1763. L'unité de gouvernement et les rapports qui existaient entre elles, ne nous permettent point d'en séparer l'histoire sans diminuer beaucoup l'intérêt de l'ensemble, et sans nous exposer à nous tromper sur l'esprit du système qui les régissait. Néanmoins nous ne mènerons pas toujours de front les événements arrivés dans ces différents pays, parce que cela produirait plusieurs inconvénients, dont le moindre serait de causer des interruptions fréquentes, qui deviendraient fatigantes à la longue pour le lecteur. Nous rapporterons les faits qui se sont passés dans chaque colonie, séparément, autant que cela pourra se faire sans nuire à l'enchaînement et à la clarté.

Dans cette méthode de présenter les faits comme par tableaux, pour que l'on puisse voir leur ensemble d'un coup d'œil, l'aperçu des mœurs des sauvages, le précis du régime civil et du régime ecclésiastique, la relation des découvertes dans l'intérieur du continent, etc., formeront autant de chapitres, qui permettront d'abréger, lorsqu'il s'agira des provinces qui dépendaient autrefois du gouvernement canadien, et qui en ont été ensuite séparées, comme la Louisiane, dont l'histoire ne nous intéresse plus que d'une manière générale.

L'époque mémorable de l'établissement du gouvernement constitutionnel dans ce pays, nous rappelle un de ces actes glorieux, dont toute une race aime à s'honorer jusque dans ses plus lointaines ramifications; et nous devons l'avouer, nous portons nos regards sur les hommes qui ont conquis autrefois la charte des libertés anglaises, dont les fruits sont venus jusqu'à nous, — avec d'autant plus de vénération que la race normande, dont sortent une partie de nos pères, est celle qui a doté l'Angleterre de ce bienfait, cause principale de sa gloire et de sa puissance aujourd'hui.[1] L'histoire de cette colonie redouble d'intérêt à partir de ce moment. On voit, en effet, les sentiments, les tendances et le génie du peuple, longtemps comprimés, se manifester soudainement; de grandes luttes politiques et de races agitent aussitôt la société; le gouvernement et les représentants du peuple combattent avec ardeur sur les limites extrêmes de leurs pouvoirs, pour des droits et pour des privilèges toujours contestés: tout attache dans le spectacle animé de ces joutes paisibles de l'intelligence et de la raison, qui ont pour objet l'amélioration d'un pays et le bien-être de ses habitants. Cette partie de notre tâche ne sera ni la moins difficile ni la moins importante.

À la cause que nous avons embrassée dans ce livre, la conservation de notre religion, de notre langue et de nos lois, se rattache aujourd'hui notre propre destinée. En persévérant dans les croyances et la nationalité de nos pères, nous nous sommes fait peut-être l'ennemi de la politique de l'Angleterre, qui a placé les deux Canadas sous un même gouvernement, pour faire

---

1. Tous les barons qui ont forcé le roi Jean-sans-terre à signer la Grande-Charte, écrite en français et en latin, portent en apparence des noms français. Thierry: *Histoire de la conquête de l'Angleterre par les Normands.*

disparaître ces trois grands traits de l'existence des Canadiens, et peut-être nous sommes-nous attiré aussi par là l'antipathie de nos compatriotes, qui sont devenus les partisans de cette politique. Nous pouvons dire toutefois que dans tout ce que nous avons écrit, nous n'avons été inspiré par aucun motif d'hostilité contre personne. Nous n'avons fait qu'écouter les sympathies profondes de notre cœur pour une cause qui s'appuie sur ce qu'il y a de plus saint aux yeux de tous les peuples.

Nous n'ignorons pas les conséquences qui résultent pour nous de cet attachement à des sympathies répudiées. Nous savons qu'en heurtant de front les décrets d'une métropole toute-puissante, nous allons nous faire regarder par elle comme le propagateur de doctrines funestes et par les Canadiens ralliés au gouvernement qu'elle nous impose, comme le disciple aveugle d'une nationalité qui doit périr. Néanmoins malgré cette répudiation, nous sommes consolé par la conviction que nous suivons une voie honorable, et nous sommes sûr que, quoique nous ne jouissions pas de tout l'éclat de la puissance et de la fortune, le conquérant ne peut s'empêcher de respecter le motif qui nous anime.

Au reste, si l'avenir des Canadiens se trouve aujourd'hui menacé, qui sait encore ce qu'il renferme dans ses entrailles? L'ismanlisme croyait avoir détruit les Grecs, et cependant Byron a chanté la Vierge d'Athènes et l'Épousée d'Abydos. Le souffle de la Grèce antique gémit encore sur ses rives. « Un grand peuple, dit Thierry,[2] ne se subjugue pas aussi promptement que sembleraient le faire croire les actes officiels de ceux qui le gouvernent par le droit de la force. La résurrection de la nation grecque prouve que l'on s'abuse étrangement en prenant l'histoire des rois ou même des peuples conquérants pour celle de tout le pays sur lequel ils dominent. » Un peuple plus petit survit encore longtemps à sa chute.

En effet, pour certains peuples il y a des jours où la providence semble venir à eux pour ranimer leurs espérances. Les États-Unis ont déjà plus d'une fois arrêté, par leur attitude, l'oppression des Canadiens. Le drapeau de cette république possède cet avantage qu'en se déployant dans le ciel, il impose à la violence et paralyse le bras qui cherche à effacer un peuple du livre des nations.

Discours préliminaire

L'histoire est devenue, depuis un demi-siècle, une science analytique et rigoureuse: non seulement les faits, mais leurs causes, veulent être indiqués avec discernement et précision, afin qu'on puisse juger des uns par les autres. La critique sévère rejette tout ce qui ne porte pas en soi le sceau de la vérité. Ce qui se présente sans avoir été accepté par elle, et sans avoir été discuté et approuvé au tribunal de la saine raison, est traité de fable et relégué dans le monde des créations imaginaires. Au double flambeau de la critique et de la raison s'évanouissent le merveilleux, les prodiges, et toute cette fantasma-

---

2. *Histoire de la conquête de l'Angleterre.*

gorie devant laquelle les nations à leur enfance demeurent frappées d'une secrète crainte, ou saisies d'une puérile admiration; fantasmagorie qui animait jadis les sombres forêts du Canada dans la vive imagination de ses premiers habitants, ces indigènes belliqueux et barbares, dont il reste à peine aujourd'hui quelques traces.

Cette révolution dans la manière d'apprécier les évènements, est le fruit incontestable des progrès de l'esprit humain et de la liberté politique. C'est la plus grande preuve que l'on puisse fournir du perfectionnement graduel des institutions sociales. Les nuages mystérieux qui enveloppaient le berceau de la Grèce et de Rome,[3] ont perdu toute leur horreur; l'œil peut oser maintenant en scruter les secrets; et s'il pénètre jusqu'à l'origine du peuple lui-même, il voit le merveilleux disparaître comme ces légers brouillards du matin aux rayons du soleil. Cependant bien qu'on ait donné aux premiers rois une origine céleste, bien que l'adulation des zélateurs de la monarchie, les ait enveloppés de prodiges, pour le peuple, aucun acte surnaturel ne marque son existence; sa vie prosaïque ne change même pas dans les temps fabuleux.

À venir jusqu'à il y a trois siècles à peu près, une ignorance superstitieuse obscurcissait et paralysait l'intelligence des peuples. Les trois quarts du globe qu'ils habitent étaient inconnus; ils ignoraient également la cause de la plupart des phénomènes naturels, qui les ravissaient d'admiration ou les remplissaient de crainte; les sciences étaient enveloppées de pratiques mystérieuses; l'alchimiste passait pour un devin ou un sorcier, et souvent il finissait par se croire lui-même inspiré par les esprits.

L'invention de l'imprimerie et la découverte du Nouveau Monde commencèrent à dissiper les nuages qui avaient couvert le Moyen Âge de si épaisses ténèbres. Mais Colomb livrant l'Amérique à l'Europe étonnée, et dévoilant tout à coup une si grande portion du domaine de l'inconnu, porta peut-être le coup le plus funeste à l'ignorance et à la superstition.

La liberté aussi, quoique perdue dans la barbarie universelle, ne s'était pas tout à fait éteinte dans quelques montagnes isolées; elle contribua puissamment au mouvement des esprits. En effet l'on peut dire que c'est elle qui l'inspira d'abord, et qui le soutint ensuite avec une force toujours croissante.

Dès ce moment, le peuple apparaît dans l'histoire. Jusque-là il a été comme un fond pâle sur lequel se sont dessinées les ombres gigantesques et menaçantes de ses maîtres. Nous ne voyons agir que ces chefs absolus qui viennent à lui armés d'un diplôme divin; le reste des hommes, plèbe passive, masse inerte et souffrante, ne semble exister que pour obéir. Aussi les historiens courtisans s'occupent-ils fort peu du peuple pendant une longue suite de siècles. Mais à mesure qu'il rentre dans ses droits, l'histoire change quoique lentement; elle se modifie quoiqu'elle paraisse encore soumise à l'influence des préjugés qui s'évanouissent. Ce n'est que de nos jours que les annales des nations ont réfléchi tous leurs traits avec fidélité, et que chaque

---

3. Les historiens de ce continent n'ont point à surmonter les difficultés qui ont embarrassé pendant longtemps ceux de l'Europe par rapport à la question de l'origine des races. Ils peuvent indiquer sans peine le point de départ des flots d'émigrants venus de l'Ancien Monde, et suivre leur route jusque dans la plus obscure vallée de l'Amérique.

partie du vaste tableau a repris les proportions qui lui appartiennent. A-t-il perdu de son intérêt, de sa beauté? Spectacle sublime! Nous voyons maintenant penser et agir les peuples; nous voyons leurs besoins et leurs souffrances, leurs désirs et leurs joies; mers immenses, lorsqu'ils réunissent leurs millions de voix, agitent leurs millions de pensées; lorsqu'ils marquent leur amour ou leur haine, les peuples produisent un effet autrement puissant et durable que la tyrannie même si grandiose et si magnifique de l'Asie. Mais il fallait la révolution batave, celle d'Angleterre, celle des colonies anglaises de l'Amérique, et surtout la révolution française, pour rétablir solidement le lion populaire sur son piédestal.

Cette époque si célèbre dans la science de l'histoire en Europe, est celle où l'on voit apparaître les premiers essais des historiens américains de quelque réputation. On ne doit donc pas s'étonner si l'Amérique, habitée par une seule classe d'hommes, le peuple, dans le sens que l'entendent les vieilles races privilégiées de l'Ancien Monde, la *canaille* comme disait Napoléon, adopte dans son entier les principes de l'école historique moderne qui regarde la nation comme la source de tout pouvoir.

Les premiers hommes qui aient commencé à dissiper les fantômes qui défendaient le sanctuaire de la royauté absolue contre les attaques sacrilèges du grand nombre, sont un Italien et un Suisse, nés par conséquent dans les deux pays alors les plus libres de l'Europe. Laurent Valla donna le signal au XIIe siècle. Glareanus, natif de Glaris, marcha sur ses traces. « La Suisse est un pays de raisonneurs, dit Michelet. Malgré cette gigantesque poésie des Alpes, le vent des glaciers est prosaïque; il souffle le doute. »[4]

L'histoire des origines de Rome exerça leur esprit de critique. Érasme, Scaliger et d'autres savants hollandais vinrent après eux. Le Français, Louis de Beaufort, acheva l'œuvre de destruction; mais s'il démolit, il n'édifia point. Le terrain étant déblayé, le célèbre Napolitain, Vico, parut et donna (1725) son vaste système de la métaphysique de l'histoire,[5] dans lequel existent déjà, en germe du moins, tous les travaux de la science moderne. Les Allemands saisirent sa pensée et l'adoptèrent; Niebuhr est le plus illustre de ses disciples.

Cependant la voix de tous ces profonds penseurs fut peu à peu entendue des peuples, qui proclamèrent, comme nous venons de le dire, l'un après l'autre, le dogme de la liberté. De cette école de doute, de raisonnement et de progrès intellectuels, sortirent Bacon, la découverte du Nouveau Monde, la métaphysique de Descartes, l'immortel ouvrage *De l'esprit des lois*, Guizot, et enfin Sismondi, dont chaque ligne est un plaidoyer éloquent en faveur du pauvre peuple tant foulé par cette féodalité jadis si puissante, mais dont il ne reste plus que quelques troncs décrépits et chancelants, comme ces arbres, frappés de mort par le fer et le feu, que l'on rencontre dans un champ nouvellement défriché.

Il est une remarque à faire ici, remarque qui semble toujours nouvelle tant elle est vraie. Il est glorieux pour le christianisme de pouvoir dire que

---

4. *Histoire Romaine.* Nous suivons ici les données de ce savant et ingénieux historien, et Niebuhr.
5. Son livre, dédié au pape Clément XII, porte le titre de la Nouvelle Science *(Scienza nuova.)* La Biographie universelle contient un article très détaillé sur cet auteur et sur ses ouvrages.

les progrès de la civilisation moderne sont dus en partie à l'esprit de ce livre fameux et sublime, la Bible, objet continuel des méditations des scolastiques et des savants. Le Régénérateur-Dieu est né au milieu du peuple, il n'a prêché que le peuple, et a choisi, par une préférence trop marquée pour ne pas être significative, ses disciples dans les derniers rangs de ces Hébreux infortunés, esclaves des Romains, qui devaient renverser bientôt leur antique Jérusalem. Ce fait, plus que tout autre, explique les tendances du christianisme et l'empreinte indélébile qu'il a laissée sur la civilisation moderne.[6]

C'est sous l'influence de cette civilisation et de ces doctrines que l'Amérique septentrionale s'est peuplée d'Européens.

Une nouvelle phase arriva alors dans l'histoire du monde. C'était le deuxième débordement de population depuis le commencement de l'ère chrétienne. Le premier, on le sait, fut l'irruption des barbares, qui précipita la chute de l'empire romain; le second fut l'immigration européenne en Amérique, qui précipita à son tour la ruine de la barbarie.

Si le spectacle qu'offre l'ancienne civilisation corrompue par la sensualité et tombant sous la torche et le fer des barbares, doit exciter des sentiments profonds d'horreur et de pitié, celui que présentent la découverte et la colonisation du Nouveau Monde, malgré quelques points lugubres, inspire des sentiments d'espérance et de grandeur qui élèvent l'âme. On est touché en voyant sortir, de différents points de l'Europe, ces longues processions d'humbles, mais industrieux colons qui se dirigent de ce côté-ci des mers. L'épée avait jusque-là frayé le chemin de toutes les émigrations. « La guerre seule, dit un auteur, a découvert le monde dans l'antiquité. » L'intelligence et l'esprit de travail accompagnent, chez les modernes, ceux qui viennent prendre possession de l'Amérique. Leurs succès rapides prouvèrent l'avantage de la paix et d'un travail libre sur la violence et le tumulte des armes pour fonder des empires riches et puissants.

L'établissement du Canada date de ce grand mouvement de population vers l'ouest, mouvement dont les causes générales intéressent cette contrée comme le reste de l'Amérique. Nous ne devons pas méconnaître la direction de la civilisation américaine. Cette étude est nécessaire à tous les peuples de ce continent qui s'occupent de leur avenir.

Tel est, nous le répétons, le caractère de cette civilisation et de la colonisation commencée et continuée sous son influence toute-puissante. Entre les établissements américains, ceux-là ont fait le plus de progrès qui ont été le plus à même d'en utiliser les avantages. Le Canada, quoique fondé, pour ainsi dire, sous les auspices de la religion, est une des colonies qui ont ressenti le plus faiblement cette influence, pour des raisons qu'on aura lieu d'apprécier plus d'une fois dans la suite.

Au surplus, dans une jeune colonie chaque fait est fertile en conséquences pour l'avenir. On se tromperait gravement si l'on ne voyait dans le

---

6. L'ordre de Saint-Benoit donna au monde ancien, usé par l'esclavage, le premier exemple du travail accompli par des mains libres. Cette grande innovation sera une des bases de l'existence moderne (MICHELET.) Cet ordre célèbre, fondé en Italie à la fin du Ve siècle, servait d'asile à ceux qui fuyaient la tyrannie des Goths et des Vendales. Ce sont les Bénédictins qui ont perpétué dans leurs cloîtres le peu de connaissances qui restaient parmi les hommes.

pionnier, qui abattit autrefois les forêts répandues sur les rives du Saint-Laurent, qu'un simple bûcheron travaillant pour satisfaire un besoin d'un instant. Son œuvre, si humble en apparence, devait avoir des résultats beaucoup plus vastes et beaucoup plus durables que les brillantes victoires qui portaient alors si haut la renommée de Louis XIV. L'histoire de la découverte et de l'établissement du Canada ne le cède en intérêt à celle d'aucune autre partie du continent. La hardiesse de Cartier, qui vient planter sa tente au pied de la montagne d'Hochelaga, au milieu de tribus inconnues, à près de trois cents lieues de l'Océan; la persévérance de Champlain, qui lutte avec énergie, malgré la faiblesse de ses moyens, contre l'apathie de la France et la rigueur du climat, et qui, triomphant enfin de tous les obstacles, jette les fondements d'un empire dont les destinées sont inconnues; les souffrances des premiers colons et leurs guerres sanglantes avec la fameuse confédération iroquoise; la découverte de presque tout l'intérieur de l'Amérique septentrionale, depuis la baie d'Hudson jusqu'au golfe du Mexique, depuis la Nouvelle-Écosse jusqu'aux montagnes Rocheuses; les expéditions militaires des Canadiens dans le nord, dans l'île de Terre-Neuve et jusque dans la Virginie et la Louisiane; la fondation, par eux ou par leurs missionnaires, des premiers établissements européens du Michigan, de l'Ouisconsin, de la Louisiane et de la partie orientale du Texas; voilà, certes, des faits bien dignes de notre attention et de celle de la postérité. Ils donnent aux premiers temps de notre histoire une variété, une richesse de couleurs qui nous intéressent sans cesse.

Si l'on contemple l'histoire du Canada dans son ensemble, depuis Champlain jusqu'à nos jours, on voit qu'elle a deux phases, la domination française et la domination anglaise, que signalent l'une, les guerres avec les tribus sauvages et les provinces qui forment aujourd'hui les États-Unis; l'autre, la lutte politique et parlementaire des Canadiens pour conserver leur nationalité et leur religion. La différence des armes, à ces deux époques, nous les montre sous deux points de vue distincts; mais c'est sous le dernier qu'ils nous intéressent davantage. Il y a quelque chose de touchant et de noble tout à la fois à défendre la nationalité de ses pères, cet héritage sacré qu'aucun peuple, quelque dégradé qu'il fût, n'a jamais répudié. Jamais cause plus grande et plus sainte n'a inspiré un cœur haut placé, et n'a mérité la sympathie des hommes généreux!

Si la guerre a fait briller autrefois sur le champ de bataille la valeur des Canadiens, depuis, les débats politiques ont fait surgir au milieu d'eux des noms qu'honorera la postérité; des hommes dont les talents, l'éloquence ou le patriotisme sont pour nous un juste sujet d'orgueil et une cause de digne et généreuse émulation. Les Papineau, les Bédard, les Vallières, les Stuart, ont, à ce titre, pris la place distinguée que leurs compatriotes leur donnent dans l'histoire comme dans leur souvenir.

Par cela même que le Canada a éprouvé de nombreuses vicissitudes, dont la cause lui est étrangère, vicissitudes qui tiennent à la nature de sa dépendance coloniale, les progrès n'y ont marché qu'au milieu d'obstacles, de secousses sociales, qu'augmentent aujourd'hui l'antagonisme des races qui sont en regard, les haines, les préjugés, l'ignorance et les écarts des gouvernements et quelquefois des gouvernés. Les auteurs de l'union des deux provinces du Canada, projetée en 1822 et exécutée en 1840, ont donné en faveur de cette mesure diverses raisons spécieuses pour couvrir d'un voile une grande injustice. L'Angleterre, qui ne veut voir dans les Canadiens-Français que des colons turbulents, des étrangers mal affectionnés, feint de prendre pour des symptômes d'insurrection leur inquiétude, leur attachement à leurs institutions et à leurs usages menacés, artifice indigne d'un grand peuple. Cette conduite prouve trop qu'elle ne croit rien de ce qu'elle dit, et que ni les traités ni les actes publics les plus solennels n'ont pu l'empêcher de violer des droits d'autant plus sacrés qu'ils servaient d'égide au faible contre le fort.

Mais, quoiqu'on fasse, la destruction d'un peuple n'est pas chose aussi facile qu'on pourrait se l'imaginer.

Nous sommes loin de croire que notre nationalité soit à l'abri de tout danger. Comme bien d'autres, nous avons eu nos illusions à cet égard. Mais l'existence du peuple canadien n'est pas plus douteuse aujourd'hui qu'elle ne l'était il y a un siècle. Nous ne comptions que 60,000 âmes en 1760, et nous dépassons aujourd'hui un million.

Ce qui caractérise la race française par-dessus toutes les autres, c'est « cette force secrète de cohésion et de résistance, qui maintient l'unité nationale à travers les plus cruelles vicissitudes, et la relève triomphante de tous les obstacles. » La vieille étourderie gauloise, dit un auteur,[7] a survécu aux immuables théocraties de l'Égypte et de l'Asie, aux savantes combinaisons politiques des Hellènes, à la sagesse et à la discipline conquérante des Romains. Doué d'un génie moins flexible, moins confiant et plus calculateur, ce peuple antique et toujours jeune, quand retentit l'appel d'une noble pensée ou d'un grand homme, ce peuple eût disparu comme tant d'autres plus sages en apparence, et qui ont cessé d'être parce qu'ils ne comprenaient qu'un rôle, qu'un intérêt ou qu'une idée.

Tout démontre que les Français établis en Amérique ont conservé ce trait caractéristique de leurs pères, cette puissance énergique et insaisissable qui réside en eux-mêmes, et qui, comme le génie, échappe à l'astuce de la politique comme au tranchant de l'épée. Ils se conservent, comme type, même lorsque tout semble annoncer leur destruction. Un noyau s'en forme-t-il au milieu de races étrangères, il se propage, en restant comme isolé, au sein de ces populations avec lesquelles il peut vivre, mais avec lesquelles il ne peut s'incorporer. Des Allemands, des Hollandais, des Suédois se sont établis par groupes dans les États-Unis, et se sont insensiblement fondus dans la masse, sans résistance, sans qu'une parole même révélât leur existence au monde. Au contraire, aux deux bouts de cette moitié du continent, deux groupes français ont pareillement pris place, et non seulement ils s'y maintiennent comme race, mais on dirait qu'une énergie qui est comme indépendante d'eux-mêmes, repousse les attaques dirigées contre leur nationalité. Leurs rangs se resserrent; la fierté du grand peuple dont ils descendent, laquelle les anime alors qu'on les menace, leur fait rejeter toutes les capitulations qu'on leur offre; leur nature gauloise, en les éloignant des races flegmatiques, les soutient aussi dans les circonstances où d'autres perdraient toute espérance.

---

7. M. Maillefer: *De la puissance et des institutions de l'Union Américaine.*

Enfin cette force de cohésion, qui leur est propre, se développe d'autant plus que l'on veut la détruire.

Les hommes d'État éminents, qui dirigèrent les affaires de la Grande-Bretagne après la cession du Canada arrivée en 1763, comprirent que la situation particulière des Canadiens, à l'extrémité du continent, était un gage de leur fidélité; et ces prévisions sont une preuve de leur sagacité en cette occasion.

Livrés aux réflexions pénibles que leur position dut leur inspirer, après la lutte sanglante et prolongée qu'ils venaient de soutenir, et dans laquelle ils avaient montré tant de dévouement à la France, les Canadiens jetèrent les yeux sur l'avenir avec inquiétude. Délaissés par leurs compatriotes les plus riches et les plus éclairés, qui, en abandonnant le pays, les privèrent du secours de leur expérience; faibles en nombre et mis un instant, pour ainsi dire, à la merci des populeuses provinces anglaises, auxquelles ils avaient résisté pendant un siècle et demi avec tant d'honneur, ils ne désespérèrent pas encore de leur position. Ils exposèrent au nouveau gouvernement leurs vœux, en réclamant les droits qui leur avaient été garantis par les traités; ils représentèrent avec un tact admirable que la différence même qui existait entre eux et leurs voisins, la diversité de races et d'intérêts, les attacherait plutôt à la cause de la métropole qu'à la cause des autres colonies. Ils avaient deviné la révolution américaine.

Le hasard a fait découvrir, dans les archives du secrétariat provincial à Québec, un de ces mémoires, écrit avec beaucoup de sens, dans lequel l'auteur faisait des prédictions que les événements n'ont pas tardé à réaliser. En parlant de l'indépendance future de l'Amérique, il observe, « que s'il ne subsiste pas entre le Canada et la Grande-Bretagne d'anciens motifs de liaison et d'intérêt, étrangers à ceux que la Nouvelle-Angleterre pourrait, dans le cas de la séparation, proposer au Canada, la Grande-Bretagne ne pourra non plus compter sur le Canada que sur la Nouvelle-Angleterre. Serait-ce un paradoxe d'ajouter, dit-il, que cette réunion de tout le continent de l'Amérique, formée dans un principe de franchise absolue, préparera et amènera enfin le temps où il ne restera à l'Europe de colonies en Amérique, que celles que l'Amérique voudra bien lui laisser; car une expédition préparée dans la Nouvelle-Angleterre sera exécutée contre les Indes occidentales, avant même qu'on ait à Londres la première nouvelle du projet.

« S'il est un moyen d'empêcher, ou du moins d'éloigner cette révolution, ce ne peut être que de favoriser tout ce qui peut entretenir une diversité d'opinions, de langage, de mœurs et d'intérêts entre le Canada et la Nouvelle-Angleterre. »

La Grande-Bretagne, influencée par ces raisons, qui tiraient une nouvelle force des événements qui se préparaient alors pour elle de ce côté-ci des mers, ne balança plus entre ses préjugés et une politique dictée si évidemment dans l'intérêt de l'intégrité de l'empire. Elle laissa aux Canadiens leur langue, leurs lois et leur religion dans un temps où il lui aurait été comparativement facile d'abolir les unes et les autres, puisqu'elle possédait alors la moitié de toute l'Amérique. Elle eut bientôt lieu de se réjouir de ce qu'elle avait fait. Deux ans à peine s'étaient écoulés depuis la promulgation de la loi de 74, que ses anciennes colonies étaient toutes en armes contre son autorité, et faisaient de vains efforts pour lui arracher le Canada, qu'elles ne lui avaient aidé à conquérir, disaient-elles, que pour l'intérêt et la gloire de la nation.

Les Canadiens, appelés à défendre leurs institutions et leurs lois, garanties par les traités et par cette même loi de 74, que le congrès des provinces en insurrection avait maladroitement « déclarée injuste, inconstitutionnelle, très dangereuse, et subversive des droits américains, » se rangèrent sous le drapeau de leur nouvelle mère-patrie, qui profita ainsi, plutôt qu'elle ne l'avait pensé, de la sagesse de sa politique. Cette politique a été sanctionnée depuis par le parlement impérial, dans deux occasions solennelles: en 1791, le parlement octroya une constitution à cette province, et, en 1828, il déclara que les Canadiens d'origine française ne seraient pas inquiétés dans la jouissance de leurs lois, de leur religion et des privilèges qui leur avaient déjà été assurés.

Si cette politique, qui a sauvé deux fois le Canada, a été répudiée par la loi d'Union, il n'est pas improbable que les événements y fassent revenir, et qu'on s'aperçoive que les Canadiens, en changeant de nationalité, ne deviennent rien moins qu'Anglais. Rien n'indique que l'avenir soit différent du passé; et ce retour pourrait être amené par le progrès des colonies qui restent encore à la Grande-Bretagne sur ce continent, et par la perspective d'une nouvelle révolution, semblable à celle qui a frayé le chemin à l'indépendance des États-Unis.

S'il en était autrement, il faudrait croire que l'Angleterre, partageant l'opinion de quelques-uns de ses hommes d'État, qui pensent que le Canada lui est à charge et qu'elle devrait l'abandonner à lui-même, tient trop peu à régner dans cette partie du monde, pour faire de grands efforts dans le but de s'y maintenir.

Conclusion

Nous avons donné l'histoire de quelques émigrants français qui ont fixé les destinées de leur postérité à l'extrémité septentrionale de l'Amérique du Nord. Détachés, comme quelques feuilles d'un arbre, ces émigrants ont été jetés dans un monde nouveau pour être battus de mille tempêtes, tempêtes excitées par l'avidité du négoce et la barbarie, par la décadence d'une ancienne monarchie et la conquête étrangère. À peine quelques mille âmes, lorsque ce dernier désastre leur est arrivé, ils ne doivent pas en vouloir trop à leur ancienne mère-patrie, car la perte de l'héroïque colonie du Canada fut une des causes de la révolution, et l'univers sait quelle vengeance cette nation polie et fière a exercé sur tous ceux qui avaient la main de près ou de loin au timon de l'État qui nous abandonnait au moment du danger.

Malgré toutes les tourmentes passées déjà sur le Canada, quelques centaines de colons français, car nous craindrions d'exagérer en disant quelques milliers, avaient atteint le chiffre fort peu important en Europe de 60,000 âmes environ au jour de la conquête. Aujourd'hui, après un siècle, ce chiffre s'élève à près d'un million, et cette population s'est accrue d'elle-même, sans secours étranger, dans sa propre foi religieuse, dans sa propre nationalité.

Pendant 150 ans, elle a lutté contre les colonies anglaises, trente à quarante fois plus nombreuses qu'elle, et son histoire nous a dit comment elle s'acquittait de son devoir sur le champ de bataille[8].

Quoique peu riches et peu favorisés de leurs métropoles, les Canadiens ont montré qu'ils conservent quelque chose de l'illustre nation dont ils tirent leur origine. Depuis la conquête, sans se laisser distraire par les déclamations des philosophes ou des rhéteurs sur les droits de l'homme et les autres thèses qui amusent le peuple des grandes villes, ils ont fondé leur politique sur leur propre conservation, la seule base d'une politique recevable par un peuple. Ils n'étaient pas assez nombreux pour prétendre ouvrir une voie nouvelle aux sociétés, ou se mettre à la tête d'un mouvement quelconque à travers le monde. Ils se sont resserrés en eux-mêmes, ils ont rallié tous leurs enfants autour d'eux, et ont toujours craint de perdre un usage, une pensée, un préjugé de leurs pères, malgré les sarcasmes de leurs voisins. Le résultat c'est que jusqu'à ce jour, ils ont conservé leur religion, leur langue et un pied à terre à l'Angleterre dans l'Amérique du Nord. Ce résultat, quoique funeste en apparence aux États-Unis, n'a pas eu les mauvaises suites qu'on devait en appréhender. Le drapeau royal anglais qui flotte sur la citadelle de Québec, a obligé la république d'être grave, de se conduire avec prudence et de ne s'élever que par degrés. La conséquence, disons-nous, c'est que la république des États-Unis est devenue grande et puissante.

Aujourd'hui les Canadiens forment un peuple de cultivateurs dans un climat rude et sévère. Ils n'ont pas, en cette qualité, les manières élégantes et fastueuses des populations méridionales; mais ils ont de la gravité, du caractère et de la persévérance. Ils l'ont fait voir depuis qu'ils sont en Amérique, et nous sommes convaincu que ceux qui liront leur histoire de bonne foi, avoueront qu'ils se sont montrés dignes des deux grandes nations aux destinées desquelles leur sort s'est trouvé ou se trouve encore lié.

Au reste, ils n'auraient pu être autrement sans démentir leur origine. Normands, Bretons, Tourangeaux, Poitevins, ils descendent de cette noble race qui marchait à la suite de Guillaume-le-Conquérant, et dont l'esprit, enraciné ensuite en Angleterre, a fait de cette petite île une des premières nations du monde; ils viennent de cette France qui se maintient à la tête de la civilisation européenne depuis la chute de l'empire romain, et qui, dans la bonne comme dans la mauvaise fortune, se fait toujours respecter; de cette France qui, sous ses Charlemagne comme sous ses Napoléon, ose appeler toutes les nations coalisées dans des combats de géants; ils viennent surtout de cette Vendée normande, bretonne, angevine, dont le monde à jamais respectera le dévouement sans bornes pour les objets de ses sympathies royales et religieuses, et dont le courage admirable couvrira éternellement de gloire le drapeau qu'elle avait levé au milieu de la révolution française.

Les lettres ont fait de grands progrès en Canada. Les écoles se sont répandues de toutes parts, sous la direction habile de M. Meilleur et de M. Chauveau. Les collèges et les universités fleurissent entre les mains du clergé. Les professions savantes comptent des hommes distingués. Les beaux

---

8. Le recensement de 1851 porte la population canadienne-française à 695 945 âmes.

sont cultivés avec succès. M. Plamondon, élève de M. Paulin-Guérin, peintre de Charles X, et M. Hamel, qui a étudié sous M. Plamondon et ensuite dans les écoles d'Italie, ont introduit en Canada le bon goût pour la peinture.

Que les Canadiens soient fidèles à eux-mêmes, qu'ils soient sages et persévérants, qu'ils ne se laissent pas séduire par le brillant des nouveautés sociales ou politiques! Ils ne sont pas assez forts pour se donner carrière sur ce point. C'est aux grands peuples à faire l'épreuve des nouvelles théories. Ils peuvent dans leurs orbites assez spacieuses se donner des libertés. Pour nous, une partie de notre force vient de nos traditions; ne nous en éloignons, ne les changeons que graduellement. Nous trouverons dans l'histoire de notre métropole, dans l'histoire de l'Angleterre elle-même, de bons exemples à suivre. Si l'Angleterre est grande aujourd'hui, elle a eu de terribles tempêtes à essuyer, la conquête étrangère à maîtriser, les guerres religieuses à apaiser et bien d'autres traverses. Sans vouloir prétendre à une pareille destinée, notre sagesse et notre ferme union adouciront beaucoup nos difficultés, et en excitant leur intérêt rendront notre cause plus sainte aux yeux des nations.

Lettre au gouverneur Elgin*

Milord,

Si j'avais su plut tôt que Votre Excellence daignait prendre quelque intérêt à l'ouvrage que j'ai commencé sur le Canada, je me serais empressé de lui faire parvenir ce que j'en ai d'imprimé, persuadé qu'elle aurait trouvé dans les événements dont je trace le tableau de quoi se former une juste idée des vœux et des sentiments d'une partie nombreuse des peuples qu'elle a été appelée à gouverner. Aujourd'hui qu'elle a bien voulu s'exprimer avec bienveillance à cet égard, je la prie de vouloir bien me faire l'honneur d'accepter l'exemplaire de l'*Histoire du Canada* que M. Fabre lui fera remettre aussitôt qu'il sera relié.

J'ai entrepris ce travail dans le but de rétablir la vérité, si souvent défigurée, et de repousser les attaques et les insultes dont mes compatriotes ont été et sont encore journellement l'objet de la part d'hommes qui voudraient les opprimer et les exploiter tout à la fois. J'ai pensé que le meilleur moyen d'y parvenir était d'exposer tout simplement leur histoire. Je n'ai pas besoin de dire que ma tâche m'obligeait d'être encore plus sévère dans l'esprit que dans l'exposition matérielle des faits. La situation des Canadiens-Français, tant par rapport à leur nombre que par rapport à leurs lois et à leur religion, m'imposait l'obligation rigoureuse d'être juste; car le faible doit avoir deux fois raison avant de réclamer un droit politique. Si les Canadiens n'avaient eu qu'à s'adresser à des hommes dont l'antique illustration, comme celle de la race de Votre Excellence, fût un gage de leur bonheur et de leur justice, cette nécessité n'aurait pas existé; mais soit que l'on doive en attribuer la cause aux préjugés, à l'ignorance ou à toute autre chose, il est arrivé souvent dans ce pays que cette double épreuve a été encore insuffisante.

Les outrages séditieux que l'on vient de faire à Votre Excellence, dont la personne devrait être sacrée comme celle de la Reine qu'elle représente, prouvent suffisamment l'audace de ceux qui s'en sont rendus coupables; audace qu'ils n'ont eue que parce qu'on les a accoutumés depuis longtemps, comme des enfants gâtés, à obtenir tout ce qu'ils demandaient, juste ou injuste. En quel autre pays du monde aurait-on vu une poignée d'hommes oser insulter la personne du souverain dans son représentant, et le pays tout entier dans celle de ses députés élus par un suffrage presque universel? Or si ces gens ont pu se porter à de pareils attentats aujourd'hui, de quelle manière ne devaient-ils pas agir envers les Canadiens-Français, qu'ils traitaient d'étrangers et de vaincus, lorsqu'ils avaient le pouvoir de les dominer? En jugeant ainsi par comparaison, Votre Excellence peut facilement se rendre compte de la cause des dissensions qui ont déchiré ce pays pendant si longtemps, et du désespoir qui a fait prendre les armes à une partie des Canadiens du district de Montréal en 1837.

Si les Canadiens ont enduré patiemment un pareil état de choses, il ne faut pas croire, malgré leur mœurs paisibles et agrestes, que ce soit la timidité ou la crainte qui les ait empêchés de songer à secouer le joug. Ils sortent de trop bonne race pour ne pas faire leur devoir lorsqu'ils y sont appelés. Leur conduite dans la terrible guerre de 1755, pendant le siège de Québec en 1775-1776, durant la guerre de 1812 et même, malgré leur petit nombre, dans les combats de Saint-Denis, de Saint-Charles et de Saint-Eustache en 1837 (s'il m'est permis de citer cette époque malheureuse), atteste suffisamment leur courage pour qu'on les respecte. Leur immobilité apparente tient à leurs habitudes monarchiques et à leur situation spéciale comme race distincte dans l'Amérique du Nord, ayant des intérêts particuliers qui redoutent le contact d'une nationalité étrangère. Ce sont ces deux puissants mobiles qui les ont fait revenir sur leurs pas en 1776, après avoir, pour la plupart, embrassé un instant la cause américaine; qui les ont fait courir aux armes en 1812, et qui les ont retenus en 1837. Je n'ai pas besoin d'ajouter que si les États-Unis étaient français ou le Canada tout anglais, celui-ci en formerait partie depuis longtemps; car la société, dans le Nouveau Monde, étant essentiellement composée d'éléments démocratiques, la tendance naturelle des populations est de revêtir la forme républicaine. Vous m'accuserez peut-être, Milord, de baser ici mes raisonnements sur l'intérêt seul; j'avoue que ce mobile n'est pas le plus élevé; mais il est fort puissant, surtout aux yeux des adversaires des Canadiens; et quant aux raisons qui tiennent à de plus nobles inspirations, je n'ai pas besoin de les faire valoir, Votre Excellence les trouve déjà dans son propre cœur.

J'en ai peut-être dit assez pour faire voir que ceux qui veulent réduire les Canadiens-Français à l'ilotisme, (car leur transformation nationale, si elle doit avoir lieu, ne peut être que l'œuvre du temps), ne le font point dans l'intérêt du grand empire dont nous faisons partie; qu'au contraire, ce sont les intérêts canadiens-français qui ont empêché jusqu'à présent le Canada de tomber dans l'orbite de la république américaine; que l'Écosse, avec des lois et une religion différentes de celles de l'Angleterre, n'est pas moins fidèle que cette dernière au drapeau britannique, et que sur le champ de bataille le montagnard calédonien ne cède point sa place au grenadier anglais malgré son dialecte gaulois. De tout cela, il résulte à mes yeux qu'il est de l'intérêt de la Grande-Bretagne de protéger les Canadiens, comme il est de l'intérêt d'un propriétaire prudent d'entretenir surtout la base d'un édifice pour le faire durer plus longtemps; car il est impossible de prévoir quel effet la perte de l'Amérique britannique et son union avec les États-Unis auraient avec le temps sur la puissance commerciale de l'Angleterre.

Ces considérations, Milord, et bien d'autres qui se présentent à l'esprit, ont sans doute déjà frappé l'attention de Votre Excellence et des autres hommes d'État de la métropole. Votre conduite, si propre à rassurer les colons sur leurs droits constitutionnels, recevra, je n'en doute point, l'appui du gouvernement impérial et contribuera au maintien de l'intégrité de l'Empire. En laissant le Haut-Canada à ses lois, et le Bas-Canada aux siennes, afin d'atténuer autant que possible ce qu'il peut y avoir d'hostile à mes compatriotes dans les motifs de l'Acte d'union; en abandonnant au pays toute la puissance politique et législative dont il doit jouir par la voie de ses chambres et de ministres responsables, en tant que cela n'affaiblit pas le nœud qui l'unit à l'Angleterre, celle-ci n'aura rien à craindre des cris de quelques mécontents, qui ne sauraient mettre en danger la sûreté de la colonie, si les partis politiques de Londres ont la sagesse de ne point s'en prévaloir dans leurs luttes pour obtenir le pouvoir.

Je prie Votre Seigneurie de me pardonner de m'être étendu si longuement sur la situation politique de ce pays. Je m'y suis trouvé entraîné par l'enchaînement de réflexions que me suggère l'étude que je suis obligé de faire du passé pour l'œuvre que j'ai entreprise, et dont le fruit remplirait le plus grand de mes vœux, s'il pouvait faire disparaître tous les préjugés du peuple anglais contre les Canadiens au sujet de leur fidélité, et ramener la confiance et la justice dans les appréciations réciproques des deux peuples, comme je suis convaincu que c'est le but éclairé de Votre Excellence dans la tâche noble mais difficile dont elle s'est chargée [...]

Québec, 19 mai 1846.

Lettre au premier ministre Lafontaine*

Québec, 17 septembre 1850.

Mon cher Monsieur,

Après vous avoir *tourmenté* pour avoir accès aux archives du gouvernement exécutif, je puis paraître lent à en profiter. Mais ce n'est pas ma faute. Je ne suis pas libre de m'absenter quand je veux de mon pauvre bureau, et puis, ne s'agit-il pas d'une histoire écrite par un Canadien-Français? Il faut que j'use de certains ménagements auprès d'une partie de notre conseil, dans lequel sont deux Sewell, pour ne pas éveiller des prétextes d'opposition, etc., etc. Je voulais monter à Toronto dans ce mois-ci, et des obstacles m'en empêchent. D'ailleurs je juge par ce que M. Parent vient de m'écrire, qu'il me faudra beaucoup plus de temps dans vos bureaux que je ne me l'imaginais pour faire *une bonne recherche.* Il paraît que vos papiers sont éparpillés dans les différents départements, que ceux du conseil exécutif présentent le beau et vaste désordre qui ferait à la fois la terreur et la joie de votre Jacques

Viger. Faire des recherches dans un pareil chaos exigerait plus de temps que je n'en puis donner hors de Québec. Je crains donc de me trouver forcé d'attendre, pour faire mes fouilles, que vous descendiez ici.

Dans l'intervalle, je perfectionnerai mon travail, car le premier jet est fait. Je suis rendu à 1828, où je vais m'arrêter, passant seulement en revue, dans une conclusion, les événements jusqu'à ce jour, pour tirer des conséquences.

Il est probable, à voir la tournure lente, mais inévitable peut-être, que prennent les choses dans notre pays, que ce soit le dernier, comme c'est le premier ouvrage historique français écrit dans l'esprit et au point de vue assez prononcés qu'on y remarque; car je pense que peu d'hommes seront tentés après moi de se sacrifier pour suivre mes traces. Mais enfin je me fais un honneur de ce qui paraîtra malheureusement singulier plus tard. J'écris avec une parfaite conviction. Je veux, si mon livre me survit, qu'il soit l'expression patente des actes, des sentiments intimes d'un peuple dont la nationalité est livrée aux hasards d'une lutte qui ne promet aucun espoir pour bien des gens. Je veux empreindre cette nationalité d'un caractère qui la fasse respecter par l'avenir. En rectifiant l'histoire militaire de conquête, j'ai mis les Canadiens en état de repousser toute insulte à cet égard, et il me semble que les journaux anglais ne parlent plus de cette époque comme ils en parlaient. Je crois pouvoir faire la même chose pour tout le reste.

Au surplus, je puis parler avec une parfaite indépendance. Je ne dois de reconnaissance spéciale, ni au gouvernement, ni à qui que ce soit, et je n'ai pris aucune part aux événements publics; ce qui me laisse dans la plus grande liberté de parler des hommes et des choses comme un historien éclairé indépendant et véridique doit le faire. [...]

VOYAGE EN ANGLETERRE ET EN FRANCE...

Quelques vues sur l'Angleterre*

En revenant de la Tour de Londres, j'avais rencontré des jeunes gens portant un costume particulier. J'en avais déjà entrevu quelques-uns dans les rues. Lorsque je m'enquis à ce sujet, l'on me répondit que c'étaient les élèves de Christ's Hospital, école des orphelins et des enfants trouvés, fondée par Édouard VI, en 1553. Ils sont habillés d'une longue robe de laine bleue, serrée à la taille avec un ceinturon rouge. Cette robe leur descend jusqu'aux pieds et ils portent dessous une espèce de jupe et des bas jaunes. Leurs cheveux sont coupés courts, et en guise de chapeau ils mettent un petit bonnet rond de laine noire qui leur effleure le sommet de la tête.

L'éducation occupe une grande place dans les institutions de l'Angleterre. Elle n'est pas régularisée et systématisée comme en France depuis la Révolution; mais elle est générale et pratique, surtout à Londres, où elle s'est pliée à tous les besoins. L'école de Christ's Hospital, ou *blue coat boy school*, comme on l'appelle souvent, a produit beaucoup de bien et est très populaire.

Plus tard un monsieur me procura une carte pour visiter l'institution et assister au souper que les enfants font en public tous les dimanches, de Noël à Pâques.

Quand j'entrai, je trouvai un grand nombre de messieurs et de dames dans une salle spacieuse, au milieu de laquelle il y avait sept à huit cents enfants rangés autour de vastes tables. Ces enfants chantaient des hymnes sacrés, accompagnés de l'orgue; ils répétèrent ensuite quelques prières, puis ils commencèrent leur repas, qui consiste en pain, beurre et bière. Chacun a sa portion, et une ménagère, placée à la tête de chaque table, maintient l'ordre. Le souper fini, quelques enfants desservirent, puis le chant recommença. Après quoi les élèves défilèrent deux à deux, en saluant le président de l'institution et en emportant les chandelles, les nappes, les plats de bois qui contenaient le beurre et les seaux qui contenaient la bière. Tout se fit avec un ordre et une régularité parfaits au son de l'orgue qui jouait des airs empreints d'une mansuétude tout évangélique. L'apparence et la propreté des enfants témoignent du soin que l'on prend d'eux. On leur enseigne les langues anciennes et modernes, les mathématiques, la physique, les belles-lettres, l'histoire, etc. J'ai entendu dire souvent pendant mon séjour à Londres que plusieurs hommes éminents, en différents genres, étaient sortis de cette institution.

L'éducation est, comme je l'ai dit, essentiellement pratique en Angleterre. Chacun reçoit l'instruction qu'il lui faut pour l'état qu'il doit embrasser. Aussi pour la plus grande partie des enfants l'éducation cesse-t-elle à quatorze ou quinze ans. C'est à cet âge qu'ils entrent dans les comptoirs ou dans les ateliers. Les instituts littéraires et d'artisans, créations toutes modernes dont les fruits sont des plus heureux, leur fournissent ensuite les moyens de pousser plus loin leurs études s'ils le désirent. Dans certains instituts, il y a des classes pour l'étude des langues vivantes et des langues mortes, pour celle des sciences, de la littérature, du dessin et même de la musique.

Londres possède une université, cinq collèges et une infinité de facultés et d'écoles supérieures pour l'étude de la théologie épiscopalienne, baptiste, indépendante, unitérienne, judaïque, etc., des classiques anciens et modernes, de l'histoire, de la philosophie, de la chimie, de la géologie, de la métallurgie, de la médecine, de l'art vétérinaire, du droit, du génie civil et militaire, des beaux-arts, de la musique, etc. L'université elle-même n'est qu'un corps examinant. Presque tous les collèges et toutes les écoles médicales de l'Angleterre, de l'Irlande et de l'Écosse, qui ne dépendent point d'Oxford ou de Cambridge, relèvent de cette université. Comme elle n'a point de caractère théologique, la plupart des collèges catholiques, baptistes, indépendants, wesleyens, etc., sont soumis à son contrôle, qui est, du reste, indépendant du gouvernement.

Il y a encore à Londres un grand nombre d'écoles de grammaire, qui répondent aux collèges royaux et aux gymnases de France, et des pensionnats, écoles d'un degré inférieur. Au-dessous de ceux-ci viennent enfin sept à huit cents écoles élémentaires pour la masse des filles et des garçons du peuple, sous les noms de *foundation schools, national and parish schools, British and foreign schools*, etc.

Dans toutes les institutions de l'Angleterre perce un esprit à la fois sectaire et pratique. L'on voit que tous les changements qui y ont eu lieu n'ont été obtenus qu'après une longue lutte; et qu'ils sont le fruit d'une espèce de traité où chaque partie a dû faire des concessions. Le morcellement de l'enseignement en est une preuve, les institutions politiques en sont une autre, mais il y en a une autre beaucoup plus éloquente et beaucoup plus expressive. Ce que nous allons dire ici sur ce dernier sujet est le résultat de nos observations.

Londres est la plus grande ville de l'Europe, et la première métropole de la liberté et de l'industrie. C'est là où la liberté est la mieux assise et où l'industrie est la plus vaste et la plus riche. Le sénat et le commerce forment la base de la puissance anglaise.

Après avoir étudié quelque temps sa physionomie physique, ses rues, ses monuments, son commerce, je me mis à considérer la population et l'organisation sociale de cette grande nation. Une chose me frappait sans cesse, c'était l'alliance de la liberté et du privilège, du républicanisme et de la royauté. Je cherchais à comparer cette organisation avec l'organisation américaine, c'est-à-dire, avec celle des États-Unis, car l'organisation coloniale est une chose exceptionnelle dont la durée est pour ainsi dire fixée d'avance, et dont le terme marche avec le chiffre de la population. Prenant les choses pour ce qu'elles étaient dans le moment, je finis par me convaincre que les deux pays avaient fondé leur constitution sur des faits réels et non sur des théories imaginaires, d'où provenait leur stabilité. Je voyais devant moi une royauté, une aristocratie et une plèbe dont les fortes racines remontaient à l'origine de la nation. L'aristocratie était puissante et considérée, le peuple nombreux et soumis, le roi regardé comme essentiel au maintien des boulevards qui servent de protection à ces deux grandes et seules divisions de la nation.

L'aristocratie, par ses souvenirs historiques et ses richesses, exerce un empire immense sur les idées, ou plutôt elle se considère et elle est presque considérée par le peuple comme une puissance qui ne pourrait être renversée que par le renversement de la nation elle-même. Elle est d'ailleurs si sage et si éclairée qu'elle ne s'expose jamais inutilement. Elle connaît la fragilité des choses humaines; elle sait que tout passe avec le temps. Elle ne s'oppose donc point aux progrès des choses et des idées. Elle s'étudie seulement à y prendre part de manière à faire rejaillir sur elle-même la plus grande partie de l'illustration personnelle qui en résulte; elle vote dans la législature pour les améliorations en toute chose, et ouvre ses rangs avec habileté au guerrier, au savant, au marchand heureux qui se distinguent, connaissant l'influence profonde qu'exercent sur les masses la bravoure, le génie et l'éclat moins noble si l'on veut, mais non moins réel de l'or. Elle renouvelle par là sa force et son prestige. Enfin, en consentant à discuter dans le parlement toutes les questions qu'on y traite avec les mandataires du peuple, et en s'y soumettant comme lui lorsqu'elles ont été adoptées par les deux parties et sanctionnées par l'arbitre suprême, le roi, elle ne semble plus qu'exercer un droit naturel. On oublie que c'est une petite classe d'hommes qui a le privilège de balancer la volonté générale, et que c'est le peuple lui-même qui entretient à la sueur de son front la source des richesses colossales qui la rendent si fière et si brillante dans ses domaines.

Sa soumission aux décrets du parlement et son respect pour la liberté de la parole sur la place publique, où souvent elle fait entendre la sienne au milieu des tribuns du peuple, font oublier son orgueil et son exclusion au foyer domestique de ses châteaux. Hors de la tribune, il n'y a plus en effet d'alliance et de communication entre la noblesse et la roture. Le rempart du Moyen Âge semble encore subsister dans toute sa force pour diviser les deux classes; mais le sens calculateur du peuple anglais ferme les yeux sur cette faiblesse humaine.

Voilà les réflexions que je faisais quand je passais du parlement à la place publique, de la place publique aux riches quartiers de la noblesse, et des riches quartiers de la noblesse aux quartiers plus sombres et plus sales du peuple dans la métropole de l'Angleterre.

La noblesse anglaise occupe une aussi grande place dans l'organisation de ce pays que dans celle de l'Europe féodale. Si elle est presque descendue au rang de la bourgeoisie en France, elle se maintient en Angleterre aussi forte et aussi puissante qu'en Russie. En se conformant aux idées du peuple, elle a su maintenir sa position du Moyen Âge. Ses ducs, ses comtes, ses barons sont aussi fiers que ceux de l'Allemagne, et leurs écussons n'en brillent pas moins dans leurs châteaux et sur leurs équipages de Londres.

Le contraste qui existe entre la société en Europe et la société en Amérique, et qui me frappait sans cesse, se trouve surtout dans cette classification des rangs. Nos souvenirs dans le Nouveau Monde ne sont que d'hier, et comme les colons n'appartenaient qu'à une classe d'Européens, il n'y a pour ainsi dire qu'une classe d'hommes. Une chose conséquemment qui doit frapper beaucoup l'Américain en Europe, c'est la diversité des rangs et la soumission constante des classes inférieures aux classes supérieures, c'est-à-dire, à l'aristocratie et aux rois. Depuis une suite de siècles les mêmes familles voient la nation entière répandre ses sueurs et son sang pour les soutenir dans le luxe et le haut rang où elles sont placées, et se soumettre à leur domination comme par une fatalité inévitable.

L'organisation sociale de l'Angleterre, comme du reste de l'Europe, tient, comme je l'ai dit, aux bases de la société elle-même. Le monarque, la noblesse ont leur racine dans le temps. Les grands souvenirs historiques de la nation se personnifient dans le roi, les ducs, les comtes, les barons. Vous ne pouvez faire un pas sans que le sol vous rappelle un événement auquel se rattache le souvenir d'un nom féodal. Guerres de conquêtes, luttes civiles, le prince, le noble y jouent un rôle dominateur. L'esprit de la nation en est tout imprégné, et le peuple y est si bien fait qu'il regarde la royauté et la noblesse comme partie intégrante et nécessaire du tout. L'homme de l'Amérique du Nord, quoique accoutumé au nom de ces deux véritables puissances au-delà des mers, trouverait cette organisation bien étrange si elle était introduite tout à coup dans son pays, car quoique nous dépendions d'une monarchie, notre organisation sociale n'en donne aucune idée. Rien n'est moins influent que la classe de nos seigneurs, qui devaient, dans l'esprit de Louis XIV, servir de germe à une aristocratie féodale, non pas puissante et rebelle comme celle qui existait au Moyen Âge, mais fidèle et soumise comme celle qu'il y avait alors en France.

414

Ainsi rien de surprenant en Europe que là même où existe la liberté, elle admette l'aristocratie, et qu'en Angleterre, par exemple, la constitution porte partout l'empreinte des rangs qui composent la nation.

En effet, la constitution anglaise est le résultat d'un compromis entre les trois grands partis personnifiés dans le roi, les lords et le peuple. Rien ne peut se faire sans leur assentiment conjoint, et les réunions où cet assentiment se donne s'appellent parlements. Le roi demeure saisi du pouvoir exécutif, les tribunaux du pouvoir judiciaire et le parlement du pouvoir législatif. Mais comme il s'élevait souvent des difficultés entre les pouvoirs exécutif et législatif, le parlement a limité le pouvoir du roi en l'obligeant de se soumettre à l'autorité législative, et d'avoir pour cela des ministres dépendant du parlement pour exercer l'autorité royale, et en rendant les juges inamovibles tant que leur conduite serait conforme aux lois.

Puisque je parle de la constitution anglaise, il est peut-être bon que je dise quelques mots de son origine, d'autant plus que les opinions ne s'accordent pas sur ce sujet. Pendant longtemps la doctrine du théoricien genevois Delolme, comme l'appelle Chateaubriand, appuyé de Blackstone, a été reçue comme une vérité; mais M. Frisel, dans sa *Vue générale de la constitution d'Angleterre*, procédant comme M. A. Thierry, a renversé tout l'échafaudage de ces deux publicistes. Pendant deux cents ans après Guillaume-le-Conquérant, le parlement anglais ressemblait au parlement de Paris, depuis Hugues Capet jusqu'à saint Louis, si ce n'est que le parlement anglais était composé des principaux personnages du royaume, et que son autorité s'étendait partout, et que celle du parlement de Paris ne s'étendait qu'au duché de France.

Les deux parlements étaient composés de barons, de chevaliers, de prélats et de gens de justice, convoqués par le roi, et ne formaient chacun qu'une seule chambre. Mais en France, le parlement étant local pour ainsi dire, perdait de son importance à mesure que l'autorité générale du roi augmentait; en Angleterre, le parlement parlant pour tout le pays, voyait augmenter la sienne, et changer graduellement sa voix consultative en voix délibérative, au point qu'il pouvait refuser les demandes du roi. Plus tard l'introduction des députés, des comtés et des villes dans le parlement amena insensiblement la formation de la chambre des communes. D'abord les subsides étaient accordés par les villes séparément, mais en 1283 Édouard Ier, ayant besoin d'argent et trouvant ce mode embarrassant, convoqua deux députés de chaque ville pour siéger en même temps et dans le même endroit que le parlement. Leurs fonctions se bornèrent alors à voter de l'argent, et ils ne furent pas même admis à siéger avec les députés des comtés, qui siégeaient alors avec les barons et pairs. Mais dans le XIVe siècle les députés de comtés, dont les pairs ne demandaient pas mieux que de se débarrasser, les regardant comme leurs inférieurs, furent réunis aux députés des villes. Ceux-ci n'en furent pas pour cela plus consultés sur les lois générales que l'on passait. Mais bientôt il fallut le faire; il fallut même leur permettre de prendre part aux délibérations, et dès la fin du siècle « ils avaient acquis tous les droits politiques de ceux des comtés, et ils étaient tous confondus sous le nom général de députés des communes ».

Telle fut la formation graduelle de la constitution anglaise.

Aujourd'hui le parlement se compose: 1° du monarque, dont le pouvoir est exercé par des ministres responsables; 2° de la Chambre des Lords, formée des pairs héréditaires, d'un certain nombre de pairs irlandais, élus à vie par les lords irlandais, d'un certain nombre de pairs écossais, élus à chaque parlement par les lords écossais, et d'une trentaine d'archevêques et évêques de l'Église établie, et 3° d'une Chambre des communes, formée de cinq à six cents membres, élus par le peuple des villes et des campagnes.

Le droit de suffrage était fort irrégulier de mon temps en Angleterre. Dans quelques localités ce droit appartenait à quelques hommes, dans d'autres à la classe des *freemen*, ici à une corporation, là à un seul individu. Le bill de réforme que l'on discutait alors a fait disparaître beaucoup de ces abus.

La couronne peut nommer de nouveaux pairs et mettre son veto sur les mesures du parlement; mais, comme avec le système de la responsabilité ministérielle, il faut que le gouvernement ait la majorité des chambres pour pouvoir marcher, ce privilège n'a aucun inconvénient.

La liberté de la presse est reconnue.

Le ministère consiste en dix à quinze conseillers d'État, dont l'un porte le nom de premier ministre, et les autres ceux de leurs départements, tels que le premier lord de la trésorerie, le grand-chancelier, le premier lord de l'amirauté, les secrétaires des affaires étrangères, des colonies, etc. Tous les ministres doivent être membres de la législature.

Le ministère doit résigner lorsqu'il se trouve en minorité dans le parlement, et le monarque est obligé d'en nommer d'autres. Le ministère a le contrôle sur tous les officiers publics, excepté les juges, qui sont, comme on l'a dit, inamovibles, tant qu'ils remplissent leurs fonctions d'une manière convenable. En général, chaque ministre est maître suprême dans son département, à moins que le ministère n'ait adopté quelque résolution contraire sur un point quelconque, et comme les ministres ne peuvent tout faire par eux-mêmes, ce pouvoir est exercé par des délégués ou chefs de département, de sorte qu'un simple commis du bureau colonial peut avoir un pays important sous son contrôle, idée peu rassurante quelquefois pour le colon.

L'un des secrétaires de la trésorerie, qu'on appelle le *whipper-in*, est chargé du patronage du gouvernement parmi les membres des communes, afin de s'assurer de leurs votes. Rien ne serait plus curieux ni plus triste peut-être, que la publication des mémoires secrets de cet agent, qui doit avoir nécessairement une fort mauvaise idée de la nature humaine. Les mémoires du bourreau contiendraient souvent des actes d'héroïsme; mais ceux du *whipper-in* nous feraient sans cesse rougir je le crains bien.

Un département de l'État surveille l'administration de la justice et de la police criminelle avec le grand-chancelier, le procureur général d'Angleterre et le lord avocat d'Écosse. Le secrétaire d'État pour l'Irlande conduit les affaires de ce pays sous la direction du ministère. Le président du conseil est le ministre de l'éducation.

La Chambre des Lords forme la cour suprême, dont la juridiction est exercée virtuellement par le grand-chancelier et les pairs versés dans l'étude du droit; c'est elle qui juge les rois, les ministres, les pairs, les gouverneurs:

c'est elle qui a jugé la reine Caroline, Mastings, gouverneur des Indes, lord Melville, premier lord de l'amirauté. Le comité judiciaire du Conseil privé, composé d'anciens juges, forme la cour suprême en matières civiles.

Les différents pouvoirs de l'État sont contrôlés sans cesse par le parlement et par les pouvoirs absolus donnés aux localités. Ainsi le gouvernement général ne peut intervenir dans le gouvernement particulier des villes, des bourgs, des townships; et il doit toujours se conformer aux lois du pays en Irlande, en Écosse, à Guernesey, tout comme en Angleterre. Cette espèce de dépendance fédérale va très loin et est très variable.

L'administration de la justice est fort compliquée en Angleterre, dont les lois remontent aux premiers âges de la monarchie, et ont pour ainsi dire leurs racines dans les temps de barbarie. Je n'entrerai point dans le détail des nombreuses juridictions judiciaires. Je ne pourrais éclairer la confusion qui règne à cet égard sans beaucoup de temps. Je ne finirais pas s'il me fallait définir les cours supérieures, les cours d'équité, les cours de chancellerie, les cours du *Master of the Rolls*, du vice-chancelier, du droit commun, du droit écrit ou des statuts, du Banc de la Reine, des plaids-communs, de l'amirauté; les cours ecclésiastiques et testamentaires, les cours *of arches*, les cours de *prerogatives*, les cours consistoriales, civiles, criminelles, etc., etc. Ce serait plus que je ne puis faire.

On sait que la presse joue aujourd'hui un grand rôle dans l'organisation politique de l'Angleterre. Elle a des organes dans presque toutes les villes, mais c'est la presse de la capitale qui donne le ton à toutes les autres.

Cette presse exerce une grande influence non seulement sur les opinions de la nation, mais sur celles de toute la race anglaise dans les deux hémisphères. Si les opinions politiques des États-Unis sont plus avancées, les luttes qui se passent en Angleterre dans les questions particulières qui s'y agitent sans cesse, ne laissent pas que de profiter à l'Amérique, vu l'empire réel que l'expérience exerce chaque jour de plus en plus sur les opinions des hommes.

On peut diviser la presse en trois parties bien distinctes, les journaux, les revues et les livres. Les opinions religieuses, politiques, littéraires, économiques ont leurs organes dans les trois; mais la dernière exprime plutôt des opinions individuelles que des opinions sectaires. Il n'en est pas ainsi des deux premières. Les partis ont leurs journaux et leurs revues. Ainsi la *Quarterly Review* et le *Times* représentaient les *tories* lorsque j'étais à Londres; l'*Edinburgh Review* et le *Morning Chronicle* les *whigs*, la *Westminster Review* et le *Daily News* les *radicaux*. Ces revues et ces journaux étaient conduits par des hommes de talent supérieur qui exposaient à chaque instant sous un nouvel aspect les questions qui agitaient la société.

Il y avait encore une foule d'autres journaux et revues, moins célèbres peut-être, qui servaient d'organes aux différents partis, aux différentes sectes religieuses, aux lettres, aux sciences, aux arts, à la médecine, à la jurisprudence, etc. Les revues s'occupent de science et de haute littérature. Les *Magazines* sont des publications mensuelles qui donnent des poésies, des romans et même de temps en temps des morceaux politiques, car la politique finit toujours par pénétrer un instant dans les esprits qui lui sont les plus rebelles. Les hommes d'État, les historiens, l'élite de la science travaillent aux *revues*;

les romanciers, les poètes, aux *magazines*. Plusieurs romanciers célèbres ont commencé leur réputation de cette manière. Il y a encore d'autres publications mensuelles ou hebdomadaires qui sont destinées à des spécialités. Ainsi l'armée, la marine, le génie civil, les artistes, les antiquaires, les banquiers, ont leurs organes dans cette presse qui répand sans cesse les idées et les lumières dans tous les rangs de la société. Il y en a d'autres pour les familles, tels que le *Chambers Journal* et le *Family Herald*, qui sont des journaux à bon marché et d'une lecture choisie, que chacun peut mettre entre les mains de son épouse et de ses enfants.

Ces différentes publications journalières, hebdomadaires, mensuelles, trimestrielles occupent une foule de rédacteurs, collaborateurs, correspondants, voyageurs, traducteurs, artistes, graveurs, correcteurs d'épreuves, imprimeurs dont la liste ne finit point. Je ne me rappelle plus le chiffre des hommes de toutes sortes employés au *Times*, depuis le premier rédacteur jusqu'à ceux qui distribuent ce journal aux abonnés. Le nombre en est considérable. Toutes les opinions, tous les partis, les absolutistes, les tories, les conservateurs, les protectionnistes, les whigs, les radicaux, les républicains, les démocrates, les jacobins, les économistes, les socialistes, les *high churchmen*, les *low churchmen*, les presbytériens, les wesleyens, réformés ou non, les indépendants, les unitériens, les Juifs, les déistes, les panthéistes, les athées, ont leurs organes pour défendre leurs systèmes. On pourrait croire que cette liberté laissée à toutes les idées même à celles qui paraissent les plus dangereuses, met la société sans cesse en danger, et pourtant c'est le contraire qui arrive. En effet, chaque opposition en rencontre une autre, et la multitude des conflits éloigne les hommes de lutte du seul point où leurs coups pourraient nuire à la société. Plus tard l'expérience, le jugement, les conséquences font rejeter les idées fausses ou dangereuses et choisir celles qui sont les plus avantageuses pour tout le monde. Le grand avantage de ce système, c'est de combattre l'ambition par l'ambition, l'égoïsme par l'égoïsme, la vanité par la vanité, en un mot les passions par les passions. Les passions épuisées, la raison, la vérité surnagent et reprennent leur empire.

Tel est le résultat qu'on ne tarde pas de voir dans la marche du gouvernement anglais. Sans cela on ne saurait comment expliquer la stabilité d'une aristocratie et d'une royauté au sein de l'agitation des éléments démocratiques, et la tranquillité au milieu de la diversité et de la jalousie excessive des rangs.

J.-B.-A. FERLAND (1805-1865)

Partageant la même vision fondamentale de l'histoire de leur nation, Ferland et Garneau s'estimaient réciproquement. L'on a prétendu que Ferland avait voulu corriger Garneau; il a plutôt écrit la même histoire dans une optique moins libérale et plus sympathique au clergé. Si Ferland est plus sûr et plus complet que

Garneau grâce à une meilleure documentation et à un sens critique plus aigu ou moins engagé, il est moins philosophe et moins littéraire; son œuvre, qui ne possède ni l'inspiration ni la profonde structure de celle de Garneau, fournit chronologiquement des renseignements froids: elle instruit bien, elle ne passionne pas. Jugé de ce point de vue, Ferland apparaît plus moderne que Garneau.

COURS D'HISTOIRE DU CANADA

Introduction

En étudiant l'histoire moderne, nos regards s'arrêtent naturellement sur la patrie de nos ancêtres, sur la belle France, qui apparaît au premier rang des nations. Fille aînée de l'Église et gardienne des nobles traditions, nous la voyons, appuyée sur la foi et sur l'honneur, conserver sa haute position, même après les plus terribles revers, et se relever saine et forte, lorsque ses ennemis croient l'avoir renversée pour toujours. Foi et honneur! c'était la devise qu'elle remettait à ses preux chevaliers, lorsqu'elle les envoyait en Orient délivrer le tombeau du Christ. Foi et honneur! Portant ces deux mots sur les lèvres et dans le cœur, les missionnaires français ont fait briller le flambeau du christianisme et de la civilisation au milieu des tribus qui dormaient plongées dans la nuit de l'infidélité. Foi et honneur! Tel fut le gage d'union et d'amour que la France remit à ses enfants qu'elle envoyait se créer une nouvelle patrie dans les forêts de l'Occident, sur les bords des grands fleuves de l'Amérique. Et ceux-ci, l'histoire nous l'apprend, ont respecté les enseignements de leur mère.

Si l'on trouve dans les annales de l'Europe tant de pages dignes de fixer l'attention, quel intérêt ne doit pas inspirer l'histoire de notre pays, puisqu'elle renferme le tableau animé des épreuves, des souffrances, des succès de nos ancêtres; puisqu'elle nous retrace les moyens qu'ils ont employés pour fonder une colonie catholique sur les bords du Saint-Laurent, et désigne en même temps la voie que doivent suivre les Canadiens afin de maintenir intactes la foi, la langue et les institutions de leurs pères!

Les histoires du Nouveau Monde sont, il est vrai, privées du grave cachet d'antiquité qui est empreint sur celles de l'ancien continent. Tandis que les temps historiques de l'Europe ont une étendue, ou, pour mieux dire, une profondeur qui fera toujours le désespoir des archéologues; au Canada, il suffit de remonter à deux siècles et demi pour assister avec Champlain à la fondation du *fort et habitation de Kébek*. Un siècle en arrière, et l'on arrive aux profondes ténèbres dans le sein desquelles ont pris naissance les traditions huronnes et algonquines.

En revanche, l'histoire du Canada jouit d'un avantage inconnu aux histoires européennes, qui, en remontant le cours du temps, vont se perdre dans les ténèbres de la fable. Au Canada, l'histoire a assisté à la naissance du peuple dont elle décrit l'enfance, et qu'elle voit arriver aujourd'hui à l'âge viril. Elle l'a connu dans toute sa faiblesse; elle a reçu ses plaintes lorsqu'il était tout petit et souffreteux; elle a entendu ses premiers chants de joie; elle est préparée à le suivre et à l'encourager dans les luttes que recèle encore l'avenir.

D'ailleurs, cette histoire présente, dans ses premiers temps surtout, un caractère d'héroïsme et de simplicité antique que lui communiquent la religion et l'origine du peuple canadien. En effet, dès les commencements de la colonie, on voit la religion occuper partout la première place. C'est en son nom que les rois de France chargeaient Jacques Cartier et Champlain d'aller à la découverte de pays à civiliser et à convertir au christianisme; elle était appelée à bénir les fondations des bourgades françaises sur le grand fleuve; elle envoyait ses prêtres porter le flambeau de la foi chez les nations sauvages de l'intérieur du continent, et ces courses lointaines de quelques pauvres missionnaires amenaient la découverte d'une grande partie des régions de l'ouest. Les apôtres infatigables de la compagnie de Jésus avaient déjà exploré tout le lac Huron, que les colons de la Nouvelle-Angleterre connaissaient à peine les forêts voisines du rivage de l'Atlantique. Les premières familles, venant pour habiter le pays, y arrivaient à la suite des religieux, qui dirigèrent les pères dans leurs travaux, et procurèrent aux enfants les bienfaits d'une éducation chrétienne.

Ainsi, la religion a exercé une puissante et salutaire influence sur l'organisation de la colonie française au Canada; elle a reçu des éléments divers, sortis des différentes provinces de la France; elle les a fondus ensemble; elle en a formé un peuple uni et vigoureux, qui continuera de grandir aussi longtemps qu'il demeurera fidèle aux traditions paternelles.

Pendant son enfance, il fut guerrier et chasseur par nécessité, étant obligé de négliger la culture de ses petits champs pour fournir à ses premiers besoins par la chasse, et pour lutter dans des combats de tous les jours contre les farouches tribus iroquoises. Au milieu des fatigues de la chasse et des dangers de la guerre, il acquit la force et l'expérience qui plus tard lui devaient servir à défendre son existence contre les ennemis de l'extérieur et de l'intérieur. Aussi lorsque, à la suite de revers causés par les désordres de la cour de Louis XV, par l'insouciance des autorités et par les spéculations honteuses des employés, la France se vit arracher sa plus ancienne colonie, les 70,000 Canadiens qui restèrent sur le sol de la patrie eurent foi dans la providence et dans leur union. Abandonné des nobles et des riches, délaissé par la mère-patrie, le peuple se réfugia sous les ailes de la religion, qui l'aida à conserver ses institutions, ses coutumes et sa langue. Parmi les bénédictions que Dieu lui a accordées, celle que le Seigneur donnait à Adam et à sa famille, *Crescite et multiplicamini*, ne lui a pas manqué, puisqu'aujourd'hui les provinces de l'Amérique britannique renferment au moins un million d'individus d'origine française.

Voilà, en peu de mots, l'histoire du Canada. Elle n'est pas très brillante, comme on le voit; mais elle est rendue intéressante, quelquefois même émouvante, par les traits de courage et de cruauté, de noble franchise et d'astuce, de dévouement et d'égoïsme, qui se présentent sous toutes les formes, dans les rapports entre l'homme civilisé et l'homme sauvage, entre le missionnaire chrétien armé de la croix et le jongleur secouant le sac de médecine, entre les soldats disciplinés de la France et le guerrier iroquois ou algonquin, fier de sa liberté et portant au combat ses habitudes d'indépendance.

Romanciers et conteurs

PHILIPPE AUBERT DE GASPÉ, FILS (1814-1841)

Le principal mérite de Philippe Aubert de Gaspé, fils, jeune, curieux, fantasque et sceptique, c'est d'avoir, en 1837, fait précéder son roman, l'un des premiers du Canada français, d'une préface qui a l'air d'un manifeste et d'avoir inséré dans cette œuvre mal composée deux légendes, dont la première, écrite par son père, futur romancier, est l'une des plus célèbres de notre terroir.

L'INFLUENCE D'UN LIVRE

Préface

Ceux qui liront cet ouvrage, le cours de Littérature de Laharpe d'une main, et qui y chercheront toutes les règles d'unités requises par la critique du dix-huitième Siècle, seront bien trompés. Le Siècle des unités est passé; la France a proclamé Shakespeare le premier tragique de l'univers et commence à voir qu'il est ridicule de faire parler un valet dans le même style qu'un Prince. Les Romanciers du dix-neuvième Siècle ne font plus consister le mérite d'un Roman en belles phrases fleuries ou en incidents multipliés; c'est la nature humaine qu'il faut exploiter pour ce Siècle positif, qui ne veut plus se contenter de Bucoliques, de tête-à-tête sous l'ormeau, ou de promenades solitaires dans les bosquets. Ces galanteries pouvaient amuser les cours oisives de Louis XIV et de Louis XV; maintenant c'est le cœur humain qu'il faut développer à notre âge industriel. La pensée! voilà son livre. — Il y a quelques années, j'avais jeté sur le papier le plan d'un ouvrage, où, après avoir fait passer mon héros par toutes les tribulations d'un amour contrarié, je terminais en le rendant heureux durant le reste de ses jours. Je croyais bien faire; mais je me suis aperçu que je ne faisais que reproduire de vieilles idées, et des sensations qui nous sont toutes connues. J'ai détruit mon manuscrit et j'ai cru voir un champ plus utile s'ouvrir devant moi. J'offre à mon pays le premier Roman de Mœurs canadien, et en le présentant à mes compatriotes je réclame leur indulgence à ce titre. Les mœurs pures de nos campagnes sont une vaste mine à exploiter; peut-être serais-je assez heureux pour faire naître, à quelques-uns de mes concitoyens, plus habiles que moi, le désir d'en enrichir ce pays. L'INFLUENCE D'UN LIVRE est historique comme son titre l'annonce. J'ai décrit les évènemens tels qu'ils sont arrivés, m'en tenant presque toujours à la réalité, persuadé qu'elle doit toujours remporter l'avantage sur la fiction la mieux ourdie. Le Canada, pays vierge, encore dans son enfance, n'offre aucun de ces grands caractères marqués, qui ont fourni un champ si vaste au génie des Romanciers de la vieille Europe. Il a donc fallu me contenter de peindre des hommes tels qu'ils se rencontrent dans la vie usuelle. Le Page et Amand font seuls des exceptions: le premier, par sa soif du sang humain; le second, par sa folie innocente. L'opinion publique décidera si je dois m'en tenir à ce premier essai. En attendant, j'espère qu'en terminant cet ouvrage mon lecteur aura une pensée plus consolante, pour l'auteur, que celle de Voltaire:

Tout ce fatras fut du chanvre en son tems.

L'étranger

C'était le Mardi gras de l'année 17—. Je revenais à Montréal, après cinq ans de séjour dans le nord-ouest. Il tombait une neige collante et, quoique le temps fût très calme, je songeai à camper de bonne heure: j'avais un bois d'une lieue à passer, sans habitation; et je connaissais trop bien le climat pour m'y engager à l'entrée de la nuit — ce fut donc avec une vraie satisfaction que j'aperçus une petite maison, à l'entrée de ce bois, où j'entrai demander à couvert — Il n'y avait que trois personnes dans ce logis lorsque j'y entrai: un vieillard d'une soixantaine d'années, sa femme et une jeune et jolie fille de dix-sept à dix-huit ans qui chaussait un bas de laine bleue dans un coin de la chambre, le dos tourné à nous, bien entendu; en un mot, elle achevait sa toilette. Tu ferais mieux de ne pas y aller Marguerite, avait dit le père comme je franchissais le seuil de la porte. Il s'arrêta tout court, en me voyant et, me présentant un siège, il me dit, avec politesse — Donnez-vous la peine de vous asseoir, Monsieur; vous paraissez fatigué; notre femme rince un verre; Monsieur prendra un coup, ça le délassera.

Les habitants n'étaient pas aussi cossus dans ce temps-là qu'ils le sont aujourd'hui; oh! non. La bonne femme prit un petit verre sans pied, qui servait à deux fins, savoir: à boucher la bouteille et ensuite à abreuver le monde: puis, le passant deux à trois fois dans le seau à boire suspendu à un crochet de bois derrière la porte, le bonhomme me le présenta encore tout brillant des perles de l'ancienne liqueur, que l'eau n'avait pas entièrement détachée, et me dit: Prenez, Monsieur, c'est de la franche Eau-de-vie, et de la vergeuse; on n'en boit guère de semblable depuis que l'anglais a pris le pays.

Pendant que le bonhomme me faisait des politesses, la jeune fille ajustait une fontange autour de sa coiffe de mousseline en se mirant dans le même seau qui avait servi à rincer mon verre; car les miroirs n'étaient pas communs alors chez les habitants. Sa mère la regardait, en dessous avec complaisance, tandis que le bonhomme paraissait peu content. — Encore une fois, dit-il, en se relevant de devant la porte du poêle et en assujettissant sur sa pipe un charbon ardent d'érable, avec son couteau plombé, tu ferais mieux de ne pas y aller, Charlotte. — Ah! voilà comme vous êtes toujours, papa; avec vous on ne pourrait jamais s'amuser. — Mais aussi, mon vieux, dit la femme, il n'y a pas de mal, et puis José va venir la chercher, tu ne voudrais pas qu'elle lui fit un tel affront?

Le nom de José sembla radoucir le bonhomme.

— C'est vrai, c'est vrai, dit-il, entre ses dents: mais promets-moi toujours de ne pas danser sur le Mercredi des Cendres: tu sais ce qui est arrivé à Rose Latulipe...

— Non, non, mon père, ne craignez pas: tenez voilà José.

Et en effet, on avait entendu une voiture; un gaillard, assez bien découplé, entra en sautant et en se frappant les deux pieds l'un contre l'autre; ce qui couvrit l'entrée de la chambre d'une couche de neige d'un demi-pouce d'épaisseur. José fit le galant; et vous auriez bien ri vous autres qui êtes si bien nipés de le voir dans son accoutrement des dimanches: d'abord un bonnet gris lui couvrait la tête, un capot d'étoffe noire dont la taille lui descendait six pouces plus bas que les reins, avec une ceinture de laine de plusieurs couleurs qui lui battait sur les talons, et enfin une paire de culottes vertes à mitasses bordées en tavelle rouge complétait cette bizarre toilette.

— Je crois, dit le bonhomme, que nous allons avoir un furieux temps; vous feriez mieux d'enterrer le Mardi gras avec nous.

— Que craignez-vous, père, dit José, en se tournant tout-à-coup, et faisant claquer un beau fouet à manche rouge, et dont la mise était de peau d'anguille, croyez-vous que ma guevale ne soit pas capable de nous traîner? Il est vrai qu'elle a déjà sorti trente cordes d'érable, du bois; mais ça n'a fait que la mettre en appétit.

Le bonhomme réduit enfin au silence, le galant fit embarquer sa belle dans sa cariole, sans autre chose sur la tête qu'une coiffe de mousseline, par le temps qu'il faisait; s'enveloppa dans une couverte; car il n'y avait que les gros qui eussent des robes de peaux dans ce temps-là; donna un vigoureux coup de fouet à Charmante qui partit au petit galop, et dans un instant ils disparurent gens et bête dans la poudrerie.

— Il faut espérer qu'il ne leur arrivera rien de fâcheux, dit le vieillard, en chargeant de nouveau sa pipe.

— Mais, dites-moi donc, père, ce que vous avez à craindre pour votre fille; elle va sans doute le soir chez des gens honnêtes.

— Ha! monsieur, reprit le vieillard, vous ne savez pas; c'est une vieille histoire, mais qui n'en est pas moins vraie! tenez: allons bientôt nous mettre à table; et je vous conterai cela en frappant la fiole.

— Je tiens cette histoire de mon grand-père, dit le bonhomme; et je vais vous la conter comme il me la contait lui-même:

Il y avait autrefois un nommé Latulipe qui avait une fille dont il était fou; en effet c'était une jolie brune que Rose Latulipe: mais elle était un peu scabreuse pour en pas dire éventée. — Elle avait un amoureux nommé Gabriel Lepard, qu'elle aimait comme la prunelle de ses yeux; cependant, quand d'autres l'accostaient, on dit qu'elle lui en faisait passer; elle aimait beaucoup les divertissements, si bien qu'un jour de Mardi gras, un jour comme aujourd'hui, il y avait plus de cinquante personnes assemblées chez Latulipe; et Rose, contre son ordinaire, quoique coquette, avait tenu, toute la soirée, fidèlle compagnie à son prétendu: c'était assez naturel; ils devaient se marier à Pâques-suivant. Il pouvait être onze heures du soir, lorsque tout-à-coup, au milieu d'un cotillon, on entendit une voiture s'arrêter devant la porte. Plusieurs personnes coururent aux fenêtres, et frappant, avec leurs poings sur les chassis, en dégagèrent la neige collée en dehors afin de voir le nouvel arrivé, car il faisait bien mauvais. Certes! cria quelqu'un, c'est un gros, compte-tu, Jean, quel beau cheval noir; comme les yeux lui flambent; on dirait, le diable m'emporte, qu'il va grimper sur la maison. Pendant ce discours, le Monsieur était entré et avoit demandé au maître de la maison la permission de se divertir un peu. C'est trop d'honneur nous faire, avait dit Latulipe, dégrayez-vous, s'ils vous plaît — nous allons faire dételer votre cheval. L'étranger s'y refusa absolument — sous prétexte qu'il ne resterait qu'une demi-heure, étant très pressé. Il ôta cependant un superbe capot de chat sauvage et parut habillé en velour noir et galonné sur tous les sens. Il garda ses gants dans ses mains, et demanda permission de garder aussi son casque; se plaignant du mal-de-tête.

— Monsieur prendrait bien un coup d'eau-de-vie, dit Latulipe en lui présentant un verre. L'inconnu fit une grimace infernale en l'avalant; car Latulipe, ayant manqué de bouteilles, avait vidé l'eau bénite de celle qu'il tenait à la main, et l'avait remplie de cette liqueur. C'était bien mal au moins — Il était beau cet étranger, si ce n'est qu'il était très brun et avait quelque chose de sournois dans les yeux. Il s'avança vers Rose, lui prit les deux mains et lui dit: J'espère ma belle demoiselle, que vous serez à moi ce soir et que nous danserons toujours ensemble.

Certainement, dit Rose, à demi-voix; et en jetant un coup-d'œil timide sur le pauvre Lepard, qui se mordit les lèvres à en faire sortir le sang.

L'inconnu n'abandonna pas Rose du reste de la soirée, en sorte que le pauvre Gabriel renfrogné dans un coin ne paraissait pas manger son avoine de trop bon appétit.

Dans un petit cabinet qui donnait sur la chambre de bal était une vieille et sainte femme qui, assise sur un coffre, au pied d'un lit, priait avec ferveur; d'une main elle tenait un chapelet, et de l'autre se frappait fréquemment la poitrine. Elle s'arrêta tout-à-coup, et fit signe à Rose qu'elle voulait lui parler.

Écoute, ma fille, lui dit-elle; c'est bien mal à toi d'abandonner le bon Gabriel, ton fiancé, pour ce Monsieur — Il y a quelque chose qui ne va pas bien; car chaque fois que je prononce les saints noms de Jésus et de Marie, il jette sur moi des regards de fureur — Vois comme il vient de nous regarder avec des yeux enflammés de colère.

— Allons, tantante, dit Rose, roulez votre chapelet, et laissez les gens du monde s'amuser.

— Que vous a dit cette vieille radoteuse, dit l'étranger?

— Bah, dit Rose, vous savez que les anciennes prêchent toujours les jeunes.

Minuit sonna et le maître du logis voulut alors faire cesser la danse, observant: qu'il était peu convenable de danser sur le Mercredi des Cendres.

— Encore une petite danse, dit l'étranger — Oh! oui, mon cher père, dit Rose; et la danse continua.

— Vous m'avez promis, belle Rose, dit l'inconnu, d'être à moi toute la veillée: pourquoi ne seriez-vous pas à moi pour toujours?

— Finissez donc, Monsieur, ce n'est pas bien à vous de vous moquer d'une pauvre fille d'habitant comme moi, répliqua Rose.

— Je vous jure, dit l'étranger, que rien n'est plus sérieux que ce que je vous propose; dites: Oui... seulement, et rien ne pourra nous séparer à l'avenir.

— Mais, Monsieur!... et elle jeta un coup-d'œil sur le malheureux Lepard.

— J'entends, dit l'étranger, d'un air hautain, vous aimez ce Gabriel? ainsi n'en parlons plus.

— Oh! oui... je l'aime... je l'ai aimé... mais tenez, vous autres gros Messieurs, vous êtes si enjoleurs de filles que je ne puis m'y fier.

— Quoi! belle Rose, vous me croiriez capable de vous tromper, s'écria l'inconnu, je vous jure par ce que j'ai de plus sacré... par...

— Oh! non, ne jurez pas; je vous crois, dit la pauvre fille; mais mon père n'y consentira peut-être pas?

— Votre père, dit l'étranger avec un sourire amer; dites que vous êtes à moi et je me charge du reste.

— Eh bien! Oui, répondit-elle.

— Donnez-moi votre main, dit-il, comme sceau de votre promesse.

L'infortunée Rose lui présenta la main qu'elle retira aussitôt en poussant un petit cri de douleur; car elle s'était sentie piquer, elle devint pâle comme une morte et prétendant un mal subit elle abandonna la danse. Deux jeunes maquignons rentraient dans cet instant, d'un air effaré, et prenant Latulipe à part ils lui dirent: — Nous venons de dehors examiner le cheval de ce Monsieur; croiriez-vous que toute la neige est fondue autour de lui, et que ses pieds portent sur la terre? Latulipe vérifia ce rapport et parut d'autant plus saisi d'épouvante, qu'ayant remarqué, tout-à-coup, la pâleur de sa fille auparavant, il avait obtenu d'elle un demi-aveu de ce qui s'était passé entre elle et l'inconnu. La consternation se répandit bien vite dans le bal, on chuchotait et les prières seules de Latulipe empêchaient les convives de se retirer.

L'étranger, paraissant indifférent à tout ce qui se passait autour de lui, continuait ses galanteries auprès de Rose, et lui disait en riant, et tout en lui présentant un superbe collier en perles et en or: Ôtez votre collier de verre, belle Rose, et acceptez, pour l'amour de moi, ce collier de vraies perles Or, à ce collier de verre, pendait une petite croix et la pauvre fille refusait de l'ôter.

Cependant une autre scène se passait au presbitère de la paroisse où le vieux curé, agenouillé depuis neuf heures du soir ne cessait d'invoquer Dieu: le priant de pardonner les péchés que commettaient ses paroissiens dans cette nuit de désordre: le Mardi gras — Le saint vieillard s'était endormi, en priant avec ferveur, et était enseveli, depuis une heure, dans un profond sommeil, lorsque s'éveillant tout-à-coup, il courut à son domestique, en lui criant:

Ambroise, mon cher Ambroise lève-toi, et attèle vite ma jument — Au nom de Dieu, attèle vite. Je te ferai présent d'un mois, de deux mois, de six mois de gages.

— Qu'y a-t-il? Monsieur, cria Ambroise, qui connaissait le zèle du charitable curé; y a-t-il quelqu'un en danger de mort!

— En danger de mort! répéta le curé; plus que cela mon cher Ambroise! une âme en danger de son salut éternel. Attèle, attèle promptement.

Au bout de cinq minutes, le curé était sur les chemins qui conduisaient à la demeure de Latulipe et, malgré le temps affreux qu'il faisait, avançait avec une rapidité incroyable; c'était, voyez-vous, Ste. Rose qui applanissait la route.

Il était tems que le curé arrivât; l'inconnu en tirant sur le fil du collier l'avait rompu, et se préparait à saisir la pauvre Rose; lorsque le curé, prompt comme l'éclair l'avait prévenu en passant son étole autour du col de la jeune fille et, la serrant contre sa poitrine où il avait reçu son Dieu le matin, s'écria d'une voix tonnante: — Que fais-tu ici, malheureux, parmi des Chrétiens?

Les assistants étaient tombés à genoux à ce terrible spectacle et sanglottaient en voyant leur vénérable pasteur qui leur avait toujours paru si timide et si faible, et maintenant si fort et si courrageux, face-à-face avec l'ennemi de Dieu et des hommes.

— Je ne reconnais pas pour chrétiens, répliqua Lucifer en roulant des yeux ensanglantés, ceux qui, par mépris de votre religion, passent, à danser, à boire et à se divertir, des jours consacrés à la pénitence par vos préceptes maudits; d'ailleurs cette jeune fille s'est donnée à moi, et le sang qui a coulé de sa main, est le sceau qui me l'attache pour toujours.

— Retire-toi, Satan, s'écria le Curé, en lui frappant le visage de son étole, et en prononçant des mots latins que personne ne put comprendre. Le diable disparut aussitôt avec un bruit épouvantable et laissant une odeur de soufre qui pensa suffoquer l'assemblée. Le bon curé, s'agenouillant alors, prononça une fervente prière en tenant toujours la malheureuse Rose, qui avait perdu connaissance, collée sur son sein, et tous y répondirent par de nouveaux soupirs et par des gémissements.

— Où est-il? où est-il? s'écria la pauvre fille, en recouvrant l'usage de ses sens — Il est disparu, s'écria-t-on de toutes parts. Oh mon père! mon père! ne m'abandonnez pas! s'écria Rose, en se traînant aux pieds de son vénérable pasteur, — emmenez-moi, avec vous... Vous seul pouvez me protéger... je me suis donnée à lui... Je crains toujours qu'il ne revienne... un couvent! un couvent! — Eh bien, pauvre brebis égarée, et maintenant repentante, lui dit le vénérable pasteur, venez chez moi, je veillerai sur vous, je vous entourerai de saintes reliques, et si votre vocation est sincère, comme je n'en doute pas après cette terrible épreuve, vous renoncerez à ce monde qui vous a été si funeste. —

Cinq ans après, la cloche du couvent de... avait annoncé depuis deux jours qu'une religieuse, de trois ans de profession seulement, avait rejoint son époux céleste, et une foule de curieux s'étaient réunis dans l'église, de grand matin, pour assister à ses funérailles — Tandis que chacun assistait à cette cérémonie lugubre avec la légèreté des gens du monde, trois personnes paraissaient navrées de douleur: un vieux prêtre agenouillé dans le sanctuaire priait avec ferveur, un vieillard dans la nef déplorait en sanglottant la mort d'une fille unique, et un jeune homme, en habit de deuil, faisait ses derniers adieux à celle qui fut autrefois sa fiancée: — la malheureuse Rose Latulipe.

L'homme de Labrador

Parmi les nombreux personnages groupés autour de l'âtre brûlant de l'immense cheminée, était un vieillard qui paraissait accablé sous le poids des ans. Assis sur un banc très bas, il tenait un bâton, à deux mains, sur lequel il appuyait sa tête chauve. Il n'était nullement nécessaire d'avoir remarqué la besace, près de lui, pour le classer parmi les mendiants. Autant qu'il était possible d'en juger dans cette attitude, cet homme devait être de la plus haute stature. Le maître du logis l'avait vainement sollicité de prendre place parmi les convives; il n'avait répondu à ses vives sollicitations que par un sourire amer et en montrant du doigt sa besace. C'est un homme qui fait quelques grandes pénitences, avait dit l'hôte, en rentrant dans la chambre à souper, car malgré mes offres, il n'a voulu manger que du pain. C'était donc avec un certain respect que l'on regardait ce vieillard qui semblait absorbé dans ses pensées. La conversation s'engagea néanmoins, et Amand eut soin de la faire tourner sur son sujet favori. Oui, Messieurs, s'écria-t-il, le génie et surtout les livres n'ont pas été donnés à l'homme inutilement! avec les livres on peut évoquer les esprits de l'autre monde; le diable même. Quelques incrédules secouèrent la tête, et le vieillard appuya fortement la sienne sur son bâton.

— Moi-même, reprit Amand, il y a environ six mois, j'ai vu le diable sous la forme d'un cochon.

Le mendiant fit un mouvement d'impatience et regarda tous les assistants.

— C'était donc un cochon, s'écria un jeune clerc notaire, bel esprit du lieu.

Le vieillard se redressa sur son banc, et l'indignation la plus marquée parut sur ses traits sévères.

— Allons, monsieur Amand, dit le jeune clerc notaire, il ne faudrait jamais avoir mis le nez dans la science pour ne pas savoir que toutes ces histoires d'apparitions ne sont que des contes que les grand'mères inventent pour endormir leurs petits-enfants.

Ici, le mendiant ne put se contenir davantage:

— Et moi, monsieur, je vous dis qu'il y a des apparitions, des apparitions terribles, et j'ai lieu d'y croire, ajouta-t-il, en pressant fortement ses deux mains sur sa poitrine.

— À votre âge, père, les nerfs sont faibles, les facultés affaiblies, le manque d'éducation, que sais-je, répliqua l'érudit.

— À votre âge! à votre âge! répéta le mendiant, ils n'ont que ce mot dans la bouche. Mais, monsieur le notaire, à votre âge, moi, j'étais un homme; oui, un homme. Regardez, dit-il, en se levant avec peine, à l'aide de son bâton; regardez, avec dédain même, si c'est votre bon plaisir, ce visage étique, ces yeux éteints, ces bras décharnés, tout ce corps amaigri; eh bien, monsieur, à votre âge, des muscles d'acier fesaient mouvoir ce corps qui n'est plus aujourd'hui qu'un spectre ambulant. Quel homme osait alors, continua le vieillard, avec énergie, se mesurer avec Rodrigue, surnommé Bras-de-fer? et quant à l'éducation, sans avoir mis, aussi souvent que vous, le nez dans la science, j'en avais assez pour exercer une profession honorable, si mes passions ne m'eussent aveuglé; eh bien, monsieur, à vingt-cinq ans une vision terrible, et il y a de cela soixante ans passés, m'a mis dans l'état de marasme où vous me voyez. Mais, mon Dieu, s'écria le vieillard, en levant, vers le ciel, ses deux mains décharnées: si vous m'avez permis de traîner une si longue existence, c'est que votre justice n'était pas satisfaite! Je n'avais pas expié mes crimes horribles! Qu'ils puissent enfin s'effacer, et je croirai ma pénitence trop courte!

Le vieillard, épuisé par cet effort, se laissa tomber sur son siège, et des larmes coulèrent le long de ses joues étiques.

— Écoutez, père, dit l'hôte, je suis certain que monsieur n'a pas eu intention de vous faire de la peine.

— Non, certainement, dit le jeune clerc, en tendant la main au vieillard, pardonnez-moi; ce n'était qu'un badinage.

— Comment ne vous pardonnerais-je pas, dit le mendiant, moi qui ai tant besoin d'indulgence.

— Pour preuve de notre réconciliation, dit le jeune homme, racontez-nous, s'il vous plaît, votre histoire.

— J'y consens, dit le vieillard, puisque la morale qu'elle renferme peut vous être utile, et il commença ainsi son récit: —

À vingt ans j'étais un cloaque de tous les vices réunis: querelleur, batailleur, ivrogne, débauché, jureur et blasphémateur infâme, mon père, après avoir tout tenté pour me corriger, me maudit, et mourut ensuite de chagrin. Me trouvant sans ressource, après avoir dissipé mon patrimoine, je fus trop heureux de trouver du service comme simple engagé de la compagnie de Labrador. C'était au printemps de l'année 17—, il pouvait être environ midi, nous descendions dans la goëlette *la Catherine*, par une jolie brise; j'étais assis sur la lisse du gaillard d'arrière, lorsque le capitaine assembla l'équipage et lui dit: ah ça, enfants, nous serons, sur les quatre heures, au poste du diable; qui est celui d'entre vous qui y restera? Tous les regards se tournèrent vers moi, et tous s'écrièrent unanimement: ce sera Rodrigue Bras-de-fer. Je vis que c'était concerté; je serrai les dents avec tant de force que je coupai en deux le manche d'acier de mon calumet, et frappant avec force sur la lisse, où j'étais assis, je répondis dans un accès de rage: oui, mes mille tonnerres, oui, ce sera moi; car vous seriez trop lâches pour en faire autant; je ne crains ni Dieu, ni diable, et quand satan y viendrait je n'en aurais pas peur. Bravo! s'écrièrent-ils tous. Huzza! pour Rodrigue. Je voulus rire à ce compliment; mais mon ris ne fut qu'une grimace affreuse, et mes dents s'entre-choquèrent comme dans un violent accès de fièvre. Chacun alors m'offrit un coup, et nous passâmes l'après-midi à boire. Ce poste de peu de conséquence était toujours gardé, pendant trois mois, par un seul homme qui y fesait la chasse et la pêche, et quelque petit trafic avec les sauvages. C'était la terreur de tous les engagés, et tous ceux qui y avaient resté, avaient raconté des choses étranges de cette retraite solitaire; de là, son nom de: Poste du diable — en sorte que depuis plusieurs années on était convenu de tirer au sort pour celui qui devait l'habiter. Les autres engagés qui connaissaient mon orgueil savaient bien qu'en me nommant unanimement, la honte m'empêcherait de refuser, et par là, ils s'exemptaient d'y rester eux-mêmes, et se débarrassaient d'un compagnon brutal, qu'ils redoutaient tous.

Vers les quatre heures, nous étions vis-à-vis le poste dont le nom me fait encore frémir, après un laps de soixante ans, et ce ne fut pas sans une grande émotion, que j'entendis le capitaine donner l'ordre de préparer la chaloupe. Quatre de mes compagnons me mirent à terre avec mon coffre, mes provisions et une petite pacotille pour échanger avec les sauvages; et s'éloignèrent aussitôt de ce lieu maudit. Bon courage! bon succès! s'écrièrent-ils, d'un air moqueur, une fois éloignés du rivage. Que le diable vous emporte tous mes!... que j'accompagnai d'un juron épouvantable. Bon, me cria Joseph Pelchat, à qui j'avais cassé deux côtes, six mois auparavant; bon, ton ami le diable te rendra plus tôt visite qu'à nous. Rappelle-toi, ce que tu as dit. Ces paroles me firent mal. Tu fais le drôle, Pelchat, lui criais-je; mais suis bien mon conseil, fais-toi tanner la peau par les sauvages; car si tu me tombes sous la patte dans trois mois, je te jure par... (autre exécrable juron,) qu'il ne t'en restera pas assez sur ta maudite carcasse, pour raccommoder mes souliers. Et quant à toi, me répondit Pelchat, le diable n'en laissera pas assez sur la tienne pour en faire la babiche. Ma rage était à son comble! Je saisis un caillou, que je lançai avec tant de force et d'adresse, malgré l'éloignement de la terre, qu'il frappa à la tête le malheureux Pelchat et l'étendit, sans connaissance, dans la chaloupe. Il l'a tué! s'écrièrent ses trois autres compagnons, un seul lui portant secours tandis que les deux autres fesaient force de rames pour aborder la goëlette. Je crus, en effet, l'avoir tué, et je ne cherchai qu'à me cacher dans le bois, si la chaloupe revenait à terre; mais une demi-heure après, qui me parut un siècle, je vis la goëlette mettre toutes ses voiles et disparaître. Pelchat n'en mourut pourtant pas subitement, il languit pendant trois années, et rendit le dernier soupir en pardonnant à son meurtrier. Puisse Dieu me pardonner, au jour du jugement, comme ce bon jeune homme le fit alors.

Un peu rassuré, par le départ de la goëlette, sur les suites de ma brutalité; car je réfléchissais que si j'eusse tué ou blessé Pelchat mortellement, on serait venu me saisir, je m'acheminai vers ma nouvelle demeure. C'était une cabane d'environ vingt pieds carrés, sans autre lumière qu'un carreau de vitre au sud-ouest, deux petits tambours y étaient adossés; en sorte que cette cabane avait trois portes. Quinze lits, ou plutôt grabats, étaient rangés autour de la pièce principale. Je m'abstiendrai de vous donner une description du reste; ça n'a aucun rapport avec mon histoire.

J'avais bu beaucoup d'eau-de-vie pendant la journée, et je continuai à boire pour m'étourdir sur ma triste situation; en effet, j'étais seul sur une plage éloignée de toute habitation; seul avec ma conscience! et, Dieu, quelle conscience! Je sentais le bras puissant de ce même Dieu, que j'avais bravé et blasphêmé tant de fois, s'appesantir sur moi; j'avais un poids énorme sur la poitrine. Les seules créatures vivantes, compagnons de ma sollicitude, étaient deux énormes chiens de Terre-Neuve: à peu près aussi féroces que leur maître. On m'avait laissé ces chiens pour faire la chasse aux ours rouges, très communs dans cet endroit.

Il pouvait être neuf heures du soir. J'avais soupé, je fumais ma pipe, près de mon feu, et mes deux chiens dormaient à mes côtés; la nuit était sombre et silencieuse, lorsque, tout-à-coup, j'entendis un hurlement si aigre, si perçant, que mes cheveux se hérissèrent. Ce n'était pas le hurlement du chien ni celui plus affreux du loup; c'était quelque chose de satanique. Mes deux chiens y répondirent par des cris de douleur, comme si on leur eût brisé les os. J'hésitai; mais l'orgueil l'emportant, je sortis armé de mon fusil chargé à trois balles; mes deux chiens, si féroces, ne me suivirent qu'en tremblant. Tout était cependant retombé dans le silence et je me préparais déjà à rentrer lorsque je vis sortir du bois, un homme suivi d'un énorme chien noir; cet homme était au-dessus de la moyenne taille et portait un chapeau immense, que je ne pourrais comparer qu'à une meule de moulin, et qui lui cachait entièrement le visage. Je l'appelai, je lui criai de s'arrêter; mais il passa, ou plutôt coula comme une ombre, et lui et son chien s'engloutirent dans le fleuve. Mes chiens tremblant de tous leurs membres s'étaient pressés contre moi et semblaient me demander protection.

Je rentrai dans ma cabane saisi d'une frayeur mortelle; je fermai et bar-ricadai mes trois portes avec ce que je pus me procurer de meubles; et ensuite mon premier mouvement fut de prier ce Dieu que j'avais tant offensé et lui demander pardon de mes crimes: mais l'orgueil l'emporta, et repoussant ce mouvement de la grâce, je me couchai, tout habillé, dans le douzième lit, et mes deux chiens se placèrent à mes côtés. J'y étais depuis, environ, une demi-heure, lorsque j'entendis gratter sur ma cabane comme si des milliers de chats, ou autres animaux, s'y fussent cramponnés avec leurs griffes; en effet je vis descendre dans ma cheminée et remonter avec une rapidité éton-nante, une quantité innombrable de petits hommes hauts d'environ deux pieds; leurs têtes ressemblaient à celles des singes et étaient armées de longues cornes. Après m'avoir regardé, un instant, avec une expression maligne, ils remontaient la cheminée avec la vitesse de l'éclair, en jetant des éclats de rires diaboliques. Mon âme était si endurcie que ce terrible spectacle, loin de me faire rentrer en moi-même, me jeta dans un tel accès de rage que je mordais mes chiens pour les exciter, et que saisissant mon fusil je l'armai et tirai avec force la détente, sans réussir pourtant à faire partir le coup. Je faisais des efforts inutiles pour me lever, saisir un harpon et tomber sur les diablotins, lorsqu'un hurlement plus horrible que le premier me fixa à ma place. Les petits êtres disparurent, il se fit un grand silence, et j'entendis frapper deux coups à ma première porte: un troisième coup se fit entendre, et la porte, malgré mes précautions, s'ouvrit avec un fracas épouvantable. Une sueur froide coula sur tous mes membres, et pour la première fois, depuis dix ans, je priai, je suppliai Dieu d'avoir pitié de moi. Un second hurlement m'annonça que mon ennemi se préparait à franchir la seconde porte, et au troisième coup, elle s'ouvrit comme la première, et avec le même fracas. Ô mon Dieu! mon Dieu! m'écriai-je, sauvez-moi! sauvez-moi! Et la voix de

Dieu grondait à mes oreilles, comme un tonnerre, et me répondait: non, malheureux, tu périras. Cependant un troisième hurlement se fit entendre et tout rentra dans le silence; ce silence dura une dizaine de minutes. Mon cœur battait à coups redoublés; il me semblait que ma tête s'ouvrait et que ma cervelle s'en échappait goutte à goutte; mes membres se crispaient et lorsqu'au troisième coup, la porte vola, en éclats, sur mon plancher, je restai comme anéanti. L'être fantastique que j'avais vu passer, entra alors avec son chien et ils se placèrent vis-à-vis de la cheminée. Un reste de flamme qui y brillait s'éteignit aussitôt et je demeurai dans une obscurité parfaite.

Ce fut alors que je priai avec ardeur et fis vœu à la bonne Ste. Anne, que si elle me délivrait, j'irais de porte en porte, mendiant mon pain le reste de mes jours. Je fus distrait de ma prière par une lumière soudaine; le spectre s'était tourné de mon côté, avait relevé son immense chapeau, et deux yeux énormes, brillants comme des flambeaux, éclairèrent cette scène d'horreur. Ce fut alors que je pus contempler cette figure satanique: un nez lui couvrait la lèvre supérieure, quoique son immense bouche s'étendît d'une oreille à l'autre, lesquelles oreilles lui tombaient sur les épaules comme celles d'un lévrier. Deux rangées de dents noires comme du fer et, sortant presque horizontalement de sa bouche, se choquaient avec un fracas horrible. Il porta son regard farouche de tous côtés et, s'avançant lentement, il promena sa main décharnée et armée de griffes, sur toute l'étendue du premier lit; du premier lit il passa au second, et ainsi de suite jusqu'au onzième, où il s'arrêta quelque temps. Et moi, malheureux! je calculais pendant ce temps-là, combien de lits me séparaient de sa griffe infernale. Je ne priais plus; je n'en avais pas la force; ma langue desséchée était collée à mon palais et les battemens de mon cœur, que la crainte me faisait supprimer, interrompaient seuls le silence qui régnait, autour de moi, dans cette nuit funeste. Je lui vis étendre la main sur moi; alors, rassemblant toutes mes forces, et par un mouvement convulsif, je me trouvai debout, et face à face avec le fantôme dont l'haleine enflammée me brûlait le visage. Fantôme! lui criais-je, si tu es de la part de Dieu demeure, mais si tu viens de la part du diable je t'adjure, au nom du Père, du Fils et du Saint-Esprit, de t'éloigner de ces lieux. Satan, car c'était lui, messieurs, je ne puis en douter, jeta un cri affreux, et son chien, un hurlement qui fit trembler ma cabane comme l'aurait fait une secousse de tremblement de terre. Tout disparut alors, et les trois portes se refermèrent avec un fracas horrible. Je retombai sur mon grabat, mes deux chiens m'étourdirent de leurs aboiements, pendant une partie de la nuit, et ne pouvant enfin résister à tant d'émotions cruelles, je perdis connaissance. Je ne sais combien dura cet état de syncope; mais lorsque je recouvrai l'usage de mes sens, j'étais étendu sur le plancher me mourant de faim et de soif. Mes deux chiens avaient aussi beaucoup souffert; car ils avaient mangé mes souliers, mes raquettes et tout ce qu'il y avait de cuir dans la cabane. Ce fut avec beaucoup de peine que je me remis assez de ce terrible choc pour me traîner hors de mon logis, et lorsque mes compagnons revinrent, au bout de trois mois, ils eurent de la peine à me reconnaître: j'étais ce spectre vivant que vous voyez devant vous.

— Mais, mon vieux, dit l'incorrigible clerc notaire.

Mais... mais... que... te serre..., dit le colérique vieillard, en relevant sa besace; et malgré les instances du maître il s'éloigna en grommelant.

— Eh bien, monsieur le Notaire, dit Amand d'un air de triomphe, qu'avez-vous à répondre, maintenant?

— Il me semble, dit l'étudiant, esprit fort, que le mendiant nous en a assez dit pour expliquer la vision, d'une manière très naturelle; il était ivrogne d'habitude, il avait beaucoup bu ce jour-là; sa conscience lui reprochait un meurtre atroce. Il eut un affreux cauchemar, suivi d'une fièvre au cerveau causée par l'irritation du système nerveux et... et...

— Et c'est ce qui fait que votre fille est muette, dit Amand impatienté.

JOSEPH DOUTRE (1825-1886)

Joseph Doutre n'a que dix-neuf ans lorsqu'il fait paraître *Les Fiancés de 1812*. Cependant, comme Philippe Aubert de Gaspé, fils, il a ses idées sur la littérature, entre autres sur ce que devrait être celle d'ici, et il les livre dans la préface de son roman, en même temps qu'il commence d'avoir ses idées sur les mœurs et la société de son époque. Sceptique, Aubert de Gaspé cherchait sa voie; Doutre, lui, la connaît déjà, qui montre le bout de l'oreille du libéral qu'il sera avec force durant les années tumultueuses de l'Institut canadien.

LES FIANCÉS DE 1812

Préface

Quand une nouvelle découverte fait son apparition dans le monde, il faut de longues démonstrations, de fréquentes expériences pour en faire apprécier le mérite, et mettre les résultats en pratique.

La littérature a éprouvé en Canada le même sort que les découvertes, chaque fois qu'elle y a tenté quelqu'effort. C'est-à-dire qu'il a fallu l'annoncer comme une chose inouïe. Mais ses partisans, plus malheureux encore que les inventeurs des arts, n'ont pu parvenir à convaincre le public de son utilité et de sa compatibilité avec le caractère canadien. Les écrivains étrangers ont toujours joui parmi nous d'une célébrité qui commandait une respectueuse admiration, et semblait interdire le désir de l'imitation. Telle est la généralité de ce préjugé en faveur de l'étranger que, sur quarante mille hommes lettrés, on n'en trouvera pas dix qui ne soient possédés de fureur pour les productions européennes; et à peine en rencontrera-t-on mille qui liront avec plaisir le travail d'un de leurs concitoyens, de quelque genre qu'il soit. On pourrait même dire qu'il y a plus que du préjugé contre ce qui est indigène,... qu'il y a une véritable antipathie. Ceci semblera peut-être outré; mais une expérience, acquise les listes de souscription à la main, peut parler ici hautement.

Il est naturel que la lecture des meilleurs écrivains français ait établi une trop grande différence entre eux et nos écrivailleurs pour nous permettre d'avoir autant de confiance en ces derniers. Mais nous avons rencontré quelques-uns de ces *dilettantissimis*, qui, pour avoir vu Paris, ne regardent plus les efforts de leurs concitoyens qu'avec une grimace de dédain. On dirait à les voir qu'ils n'ont plus qu'à goûter le miel parisien qu'ils viennent de sucer et qui afflue encore sur leurs lèvres délicates. Nous ne pourrions dire ce qu'il y a de plus charmant à admirer chez eux, de leur ton fat et mielleux, ou d'un génie grandiosement sublime et véritablement au-dessus de tout ce qui est Canadien. Quant à ce dernier point, c'est, tout au plus, une hypothèse en contemplation. Car, à part leur fatuité, ils n'ont encore rien manifesté. En parlant de la sorte nous désirons être bien compris. Car à Dieu ne plaise que nous veuillions jeter du louche sur nos jeunes compatriotes qui ont été perfectionner leurs études dans cette capitale des sciences. Ceux que de tels motifs y ont conduits n'en ont pu rapporter que des fruits heureux et utiles au pays.

Mais il en est, et ceux-là nous comprendront, il en est, disons-nous, qui, pour la seule satisfaction de pouvoir dire: « *J'ai vu plus que vous,* » ont parcouru quelques contrées de l'Europe et y ont glané l'orgueil et la suffisance des petits maîtres. De tels gens nous diront: « Écrivez comme un Dumas, un Eugène Sue, etc., en un mot, comme mes auteurs de prédilection, et alors je suis tout à vous. Mais croyez-vous que la fadeur de vos écrits, votre ton sec, votre style des premiers âges, enfin votre sauvage simplicité soient dignes de mon attention? Je craindrais d'en dépraver mon goût. Soyez noble dans vos idées, riche et nouveau dans votre style, et alors je me ferai non seulement un plaisir, mais un devoir, oui un devoir de favoriser vos efforts. »

« Merci cher Parisien, grand merci. Je n'ai pas une table assez bien servie pour vous, mais en revanche je n'ambitionne pas vos faveurs. Votre voisin est plus accommodant que vous et cependant voyez quel respect j'aurais eu pour ses conseils. S'il m'eût parlé, non pas comme vous le faites, car il n'a pas étudié la politesse à Paris, mais simplement pour me faire entendre d'abandonner mon entreprise, je n'aurais pas frappé à une seconde porte. Malgré son âge et ses connaissances, votre voisin m'a tendu la main en me disant: « Courage, jeune homme, courage! c'est avec bonheur que je vous « aiderai et je souhaite à votre essai les plus heureux succès. » Cette indulgence, cette bonhomie d'un vénérable citoyen me fait oublier votre galant accueil, adieu donc, cher Parisien. »

Véritables Icares, on dirait ces jeunes messieurs tombés du soleil sur une terre où ils ont mission d'enseigner à des idiots ce qu'ils ont vu sans comprendre, ce qu'ils pourraient voir même ici s'ils avaient la faculté de le comprendre. Types incarnés de l'orgueil ils en épuisent toutes les phases. Quand ils laissent le Canada pour leur voyage d'outre-mer, mille amis les saluent avec regret. Quand ils reviennent, ils ne sont ni Canadiens, ni Anglais, ni Français. Ils semblent toucher une terre inconnue, ils n'y reconnaissent plus personne. Ils étaient partis gamins, ils reviennent princes... princes de la fatuité. Leur manie ne se restreint pas à ne trouver rien de bien sur leur sol natal; leur extérieur a subi le travestissement de leur esprit. Leurs habits ne sont pas ceux du Parisien, ou s'ils le sont, ils les ont empruntés à la Comédie. Leurs petits saluts gracieux, leur démarche élégamment bouffonne ne suffisent pas pour attirer l'attention. Il leur faut un long froc sans coutures ni ouvertures, un sac en un mot. Sur la tête un caperon de *Jockey*. Et quelles moustaches! Foi de Turc, c'est à faire peur.

S'ils vont à cheval, ils ont un art tout particulier pour captiver les regards. Mille petites papillotes ornent leurs coursiers qui sont, sans contredit, de la meilleure race. En un mot rien ne manque pour produire une aussi brillante exhibition que celle d'une ménagerie.

Les Fiancés ne sont pas écrits pour ces messieurs. Le cœur leur en souleverait de dégoût. Aussi se garderont-ils bien d'y toucher.

Comme ce fut de leur part que nous vint la première et unique opposition, nous leur avions destiné la première place dans cet avant-propos.

Un autre personnage dont la célébrité est certainement mieux établie que la leur nous a fait, non pas de l'opposition, mais quelques remarques, dont ses grandes connaissances ne justifient pas, à notre opinion, le mérite.

« Les Romans, nous dit-il, ne sont pas ce que j'appelle de la littérature. Si, toutefois, on peut y puiser quelque chose de bien, c'est l'acheter à trop grand prix. Car les Romans sont comme le théâtre. Sur cent représentations, vous en avez une qui vous fournira quelqu'enseignement. Voyez *Les Mystères de Paris* qui passent aujourd'hui pour le roi des Romans. Quel est l'homme qui y trouvera de la morale, c'est-à-dire, dont la conscience en retirera quelque profit? Je n'ai pas d'objection à favoriser votre entreprise, mais j'aimerais beaucoup mieux voir mes jeunes concitoyens s'occuper de choses plus utiles pour le pays et eux-mêmes. Par exemple de l'étude du droit public. Je ne connais pas deux jeunes gens à Montréal, ajouta-t-il, qui aient de véritables notions de politique, etc, etc. » et de là une longue énumération d'économie politique, d'administration des États, de mœurs, une kyrielle d'études dont nous ne contesterons pas l'utilité et même la nécessité. Mais où serait donc la littérature, si elle ne se trouvait dans les ouvrages d'imagination? Sera-ce dans Domat ou Pothier qu'on en puisera le goût et les principes? Ce serait à souhaiter; l'étude de ces auteurs serait moins sèche et plus amusante. Quant aux avantages moraux de ces espèces d'ouvrages, nous sommes loin d'établir un parallèle entre eux et ceux des théâtres. Le spectacle n'a jamais opéré de grandes conversions. On pourrait peut-être en dire autant des Romans. Mais de même que la théorie du bien ne peut-être aussi efficace que la pratique de la vertu, la théorie du mal ne peut-être aussi préjudiciable que le spectacle d'une mauvaise action commise sous nos yeux.

Ceci est pour ce qu'il peut y avoir de condamnable dans les Romans et le théâtre. Car nous soutenons toujours qu'il y a du bien et beaucoup de bien à recueillir de la lecture des romans, quoique souvent le mal l'emporte sur le bien. Le vénérable monsieur citait *Les Mystères de Paris* comme une preuve de l'inutilité des romans en fait de morale. Peut-être que l'âge, les habitudes sages et épurées de sa vie ont rendu chez lui l'enseignement de la morale superflu. Mais nous le disons à son honneur, et nous parlons sérieusement, la pureté des mœurs antiques trouverait aujourd'hui peu de partisans aussi austères que lui.

Les Mystères de Paris sont une savante école de discipline privée et publique. Nous invoquerons à ce sujet le témoignage des milliers qui ont dévoré cette construction étonnante et sublime de l'imagination. Serions-nous d'ailleurs à une époque assez dépravée pour que le spectacle de la vertu et les horreurs du vice fussent pour rien dans les efforts et les progrès de la civilisation? Nous défions aucun homme public de produire autant de bien que l'a fait Eugène Sue par son admirable roman.

La régénération qu'il a opérée dans le secret des cœurs ne pourrait se démontrer par des paroles. Mais allons à son but principal: la répression d'un grand nombre d'abus, le dévoilement des vices de l'organisation sociale, le défaut d'institutions publiques pour l'encouragement de la vertu et la manière efficace d'opposer le torrent de crimes qui ravage le cœur de la France, comme celui de toutes les grandes villes d'Europe.

L'incomparable Romancier peut aujourd'hui se reposer sur ses brillants lauriers. Car le gouvernement français n'a pu s'empêcher de reconnaître et de rechercher les avantages dont il donnait l'avant-goût et qui avaient failli jusqu'alors à la sagacité des législateurs. De grandes améliorations ont eu lieu depuis la publication des *Mystères de Paris*. La classe pauvre a reçu une protection éminente; des institutions publiques ont propagé les œuvres de charité; le système légal a aussi subi d'heureux changements.

Nous sommes malheureusement trop éloignés pour apprécier pleinement les résultats avantageux de l'ouvrage du célèbre moraliste.

On nous dira peut-être que *Les Mystères de Paris* ne peuvent justifier les défauts des romans, parce que leur mérite est trop unique. Nous n'en parlons ici qu'accidentellement et sans avoir la folle présomption de les donner pour règle de jugement par rapport à notre œuvre. Ils n'en sont toujours pas moins roman et subsisteront comme une preuve immortelle de l'utilité de ces espèces d'ouvrages.

« Mais le droit public, nous répètera ce bon vieillard, vous en oubliez la nécessité absolue. Un moment de perdu est autant de bien que vous auriez pu faire à votre semblable. »

Nous avouons encore l'utilité de cette étude pour tout homme. Mais le vieillard à qui l'âge n'a pas laissé de dents, ne peut plus goûter les fruits dont la dureté fait l'envie des jeunes mâchoires. Il est un aliment pour chaque âge, il y a encore plus un goût et une occupation pour chaque période de la vie.

Quel est celui qui, avec toute la vigueur et la légèreté de ses dix-neuf ans, s'enfermera dans un cabinet pour calculer la marche des empires et les vicissitudes des choses humaines; qui recherchera avec opiniâtreté les principes erronés d'une constitution pour en démasquer les vices et montrer une meilleure voie. Plus malheureux encore que Phaéton, il sombrerait bien vite sous les ténèbres de l'éclipse. Car ce n'est pas tout d'étudier, il faut produire. Le jeune homme surtout s'instruit moins pour soi-même que pour faire étalage de ses connaissances. Faudrait-il le blâmer pour cela? Un sage et savant moderne disait: « J'aimerais mieux être brute qu'avoir toutes mes connaissances et devoir les cacher. » Montrons-nous ce que nous sommes. Qu'un jeune homme ne s'avise pas de prendre le ton d'un diplomate et de crier, « à

la réforme »... gare à vous, citoyens, les bases de votre constitution s'ébranlent...

Sur quelle étoile guiderait-il sa marche? De quels faux pas est entourée
la vie politique!

Dans un moment où le Canada se croyait sur le point de chanter l'âge
d'or, n'avons-nous pas vu s'évanouir tous ces brillants prestiges de justice et
de prospérité? N'avons-nous pas vu notre premier homme d'État, celui qui
avait salué le départ de nos pères et l'arrivée des conquérants; celui à qui
l'âge avait permis de voir se bouleverser les empires, mourir les rois et naître
de nouvelles puissances; celui à qui un demi-siècle d'expérience pouvait répondre des restes d'une vie passée dans les voies de la vérité et de la justice;
ne l'avons-nous pas vu sombrer à son tour, s'arrêter sur l'écueil et montrer
ses cheveux blancs comme un point de ralliement? Qu'en aurait-il été si la
tempête et le bruit d'une mer de dangers n'avaient étouffé la voix de ce vieux
patriote, devenue désormais celle de l'erreur, celle de la syrène qui prédit
l'ouragan? Le peuple aurait en foule suivi ses pas, et sur la fin du premier
jour de cette marche, le joug eût enchaîné ses libertés, anéanti ses privilèges
et proclamé l'esclavage.

Que feraient donc maintenant l'inexpérience et l'inhabilité d'un jeune
homme dans la balance des destinées d'un peuple? Quelques-uns s'y sont
hasardés, mais ils ont déjà trompé le peuple. « Retournez, leur dirons-nous,
retournez au port. Allez attendre en paix l'âge de briguer les suffrages du
peuple. Allez expier une faute de jeune homme dans l'accomplissement de
devoirs plus compatibles avec l'inexpérience de vos vingt-cinq années. » Il
faut sans aucun doute avoir quelque connaissance du droit public. Mais cette
étude n'est pas comme celle d'une autre science qui demande de la constance
et une profonde application. Les éléments s'en acquièrent comme l'enfant
apprend à marcher.

Suivre les affaires publiques comme une chose accessoire aux autres
occupations de la vie, voilà l'étude du droit public pour la généralité des
hommes. À moins qu'on ne soit placé de manière à diriger les opinions et à
aider de profession l'administration des États, cette étude suffit. Celui qui se
destine à remplir des fonctions publiques a, sans doute, besoin de plus grandes
connaissances que celles qui se recueillent sur les évènements du jour; mais,
nous le répétons, il y a un temps pour tout.

Quelques personnes se sont opiniâtrées à vouloir que l'auteur se nommât
avant la publication de l'ouvrage. Ceci est bon pour les lieux où la littérature
fleurit et peut compter des écrivains distingués. Mais, à part nos hommes
connus par leur position politique, nous ne savons s'il en est beaucoup en
Canada qui puissent se flatter d'une assez puissante célébrité pour n'avoir
besoin d'autre recommandation que celle de leur nom. C'est un assez grand
effort que d'attacher le nôtre à toutes les critiques qui vont accueillir cet
essai. Nous n'étions pas désireux d'en goûter d'avance l'amertume et la rigueur. Ce ne fut pas cependant dans le but d'engager le public à favoriser
une entreprise qu'il aurait désavouée s'il l'eût mieux connue, que nous nous
sommes annoncé si timidement. Car nous avons la petite présomption

d'avouer, que si nous n'eussions pas eu l'espoir de plaire quelque peu, nous ne publierions pas notre essai.

L'historien sera quelquefois choqué du peu de respect que nous avons pour la vérité. Mais nous lui en voudrons de notre part pour ne nous avoir pas mieux instruits. Que connaît-on de l'histoire du Canada depuis l'avènement de la domination anglaise sur notre pays? Nous n'en avons aucun écrit, ou s'il en existe, ce sont tout au plus, quelques feuilles périodiques que le temps a détruites.

Notre ignorance nous eût peut-être restreint dans un travail d'une autre nature. Mais nous nous sommes contenté de quelque relation verbale sur les évènements historiques avec lesquels nous lions notre nouvelle. Le public en sera-t-il satisfait?... La faute ne doit pas nous être imputée. C'était à nos prédécesseurs ou à nos vieux contemporains à y pourvoir.

On rencontrera quelque part des discussions qui n'auront pas beaucoup d'intérêt pour un grand nombre. Mais elles seront brèves, et si les quelques personnes auxquelles nous nous adressons nous comprennent, nos vues seront remplies.

Notre but principal est de donner quelqu'essor à la littérature parmi nous, si toutefois il est possible de la tirer de son état de léthargie. Nous nous consolerons volontiers des critiques, si l'humilité de notre nom peut faire comprendre à nos jeunes amis qu'ils sont plus capables qu'ils ne le pensent.

Puissent nos défauts trouver leur pardon dans les motifs.

Il ne faut pas juger sans connaître*

(Voici une digression que le romancier Doutre permet au « libéral » qu'il sera de plus en plus.)

Les préjugés ont presque toujours donné aux gens de guerre un caractère particulier qui les note d'immoralité et de cynisme. Il n'y a ce semble pour eux ni Dieu ni diable; rien enfin de ce qui prescrit l'ordre des choses humaines, et qui régit le reste des mortels. On leur crée un monde spécial, qui semble être entouré d'épées et de canons pour les protéger contre les bienfaits de la morale et des lois civiles. On entend parler un militaire, « Ah! horreurs! s'écrie-t-on. Écoutez donc, quels propos! quel scandale! »

— Mais qu'est-ce donc qui vous fait dresser les cheveux?

— Si vous entendiez comme il parle de Dieu, de la religion, de la Bible, des prêtres... des choses horribles!...

Un esprit un peu mieux apprivoisé s'approche et écoute. Ce sont deux amis qui s'entretiennent familièrement de tout ce qui leur passe par la tête. Des sujets les plus indifférents ils étaient passés à parler de Bible, de Jésuites et d'Athéisme. L'un est aussi bon chrétien que l'autre; mais l'un cite Bossuet, l'autre invoque Voltaire. Chacun s'échauffe, dogmatise à son genre; et dans un même verre de *punch*, ils noient les pères de l'Église avec les docteurs du matérialisme. L'un prend le bras de l'autre, ils vont de concert à l'office divin, avec ni plus ni moins de ferveur chez aucun d'eux. Au sortir de là, ils iront au théâtre; lorgneront de tout côté et partiront avec le même degré de satisfaction ou de désappointement.

Cependant dans l'esprit de l'ignorant qui les aura écoutés d'abord, l'un est un vrai Jésuite qu'il faut vite enfroquer de soutane; l'autre est un démon qu'il faut enfouir avec les bêtes qui trouvent après leur mort une retraite pour leur corps et leur âme.

Que l'on dise à ce pauvre ignorant qu'il est rempli de préjugés.

— Oui, dira-t-il, vous appelez des préjugés, les choses les plus *saintes de notre sainte religion*. Vous appelez des préjugés qu'on aille à la messe, &c. &c. &c.

— Eh! non, mon ami. Mais les prêtres et la Bible sont-ils choses plus sacrées que Dieu même. Faut-il ne les regarder que de loin, et prendre une lunette d'approche, de peur qu'ils ne s'apperçoivent qu'on les observe. Si un prêtre a un œil croche, faut-il dire qu'il l'a plus droit qu'aucun. N'est-il pas permis à l'homme de dire: « Moi je pense ainsi; je ne suis pas de votre opinion. »

Depuis l'époque de la régénération du monde, il s'est tenu plusieurs conciles pour décider sur des points capitaux de la religion. Dans ces assemblées de mille prélats et plus, chacun avait son opinion libre. Les dogmes les plus faux y ont été, non pas soutenus par les conciles, mais élevés par quelques membres de l'Église. A-t-on aussitôt soulevé contre eux des faisceaux d'anathèmes? C'aurait été injuste. Il s'agissait néanmoins de donner des lois à l'univers. Pourquoi serait-il donc moins permis à un cercle d'amis, qui ne prêchent aucune doctrine pour la faire adopter, mais qui expriment franchement ce qu'ils pensent, de discuter librement sur tout ce qui passe sur les ailes rapides de la conversation, et ne laisse pas plus de trace que l'oiseau dans les airs?

Regardez néanmoins derrière vous. Il y a là un jeune homme portant encore ceinture de collège. Il va vous entendre dire que le mystère de l'unité des trois personnes en Dieu est une chose incompréhensible et incroyable par les voies de la raison humaine. Vous ne croyez sans doute pas moins au mystère, parce que la foi vous l'ordonne. Mais ce jeune homme va partir en se bouchant les oreilles. « Horreurs! » criera-t-il.

— Mais qu'avez-vous donc?

— Ce monsieur est un pédant, un philosophe, un athée, un fou, qui fait consister le mérite de la science à combattre la religion.

Rien de plus commun que ces réputations d'impiétés, créées le plus souvent par ces pieux chevaliers de manchette, qui passent leur vie à l'église ou sous la soutane d'un prêtre. Et que sont ces détracteurs si chrétiens? En voici un...

— Monsieur le Commissaire des Banqueroutes, je vous salue très humblement. Je viens ici pour mettre mes affaires en ordre. Il est dix heures du matin. Croiriez-vous que sans la manière que je vais dire, je ne serais jamais parvenu à imaginer le moyen de me tirer d'embarras. Depuis cinq heures ce matin, je suis à l'église pour demander à Dieu la grâce de pouvoir donner bonne marche à mes affaires. Après donc cinq heures de prières ferventes, après m'être frappé la poîtrine avec humilité, après une confession générale et une communion des plus salutaires, après tout cela, dis-je, la reine du ciel et de la terre, notre benigne mère, la vierge, oh! non, dis-je, la très sainte et très miséricordieuse vierge Marie, m'a inspiré d'avoir recours à vous pour me délivrer d'un accablant *passif* de cent mille louis qui constituent à peine ma fortune. Tenez, monsieur s'il me faut payer cela, je perds l'avenir de ma famille et le rang que j'occupe dans la société.

— Mais, monsieur, vous êtes indigne de ce rang, avec une fortune acquise aux dépens des familles que vous aurez ruinées.

— Mais, ça donc! Monsieur le commissaire, vous n'y êtes pas. La très sainte vierge ne chante pas comme vous. La Bible ne dit pas un mot contre les Banqueroutes. Les prophètes, les apôtres, tous les saints, et Jésus-Christ même n'en ont jamais soufflé. D'ailleurs la loi approuve, autorise, favorise même la Banqueroute, nos prêtres n'en disent rien, pourquoi donc satisfaire des créanciers qui ont gauchement fait ma fortune. Voyez donc mon ami... qui sort de l'église avec moi, et qui vient de terminer une retraite en l'honneur de la sainte Vierge, mon ami, dis-je, a déjà suivi ses inspirations cinq fois. Cinq Banqueroutes l'ont rendu millionnaire. Mais aussi, quel homme charitable!... Vite, s'il vous plaît, écrivez ma déclaration. J'ai encore quelques petites affaires à régler; et je ne voudrais pas perdre le beau sermon qui se donnera ce soir à la cathédrale.

C'est ainsi que cet homme volera une fois, deux fois, cinq fois ses bienfaiteurs sous la protection de la loi. Mais que dire de lui? Vous le voyez tous les jours à l'église; de plus le cordon d'une relique sainte se marie au nœud de sa cravate. Qu'en dire? Ce serait blasphémer que de le dire malhonnête.

Voilà pour les actes publics de ces détracteurs de métier. Que ne peut-on sonder les secrets de ces hommes machiavéliquement hypocrites! Quelles fraudes cachées! Quels crimes ignorés! Quelle immoralité secrète! Plus le méchant se cache, plus ses coups sont terribles. Mais quand il paraît dans le public, c'est toujours pour quelqu'acte de bienfaisance.

Il a un carrosse. Un prêtre est à ses côtés. Il descend, prend son compagnon d'une main, et de l'autre verse une poignée d'or dans la main d'un pauvre aveugle. Il agit tranquillement, laissant aux passants le temps de lui voir performer sa charité. « Quel homme de bien! s'écrie-t-on. Quel digne citoyen. » Il remonte en sa voiture. En partant un homme, passe près d'eux.

— Voyez, donc, monsieur, tenez, voilà l'homme le plus méchant, le plus immoral, le plus impie que la terre ait jamais porté. Deux pareils à lui pervertiraient la société entière. » Voilà une réputation faite. Ceux qui l'auront entendu, parleront de cet homme de la même manière, toutes les fois que l'occasion s'en présentera. Tel juge-t-on des choses et des personnes.

Que deux amis soient à converser ensemble. L'un d'eux échappera quelques paroles qui ne seront pas conformes à la morale suivie par l'autre. Si ce dernier a le moindre tact de savoir vivre, le condamnera-t-il comme méchant parce qu'il se sera trop livré à l'abandon familier de l'amitié? Non, sans doute. Mais quand il l'aura vu agir méchamment et d'une façon à le rendre indigne de sa société, alors et alors seulement il devra se croire meilleur que lui. Ne jugeons donc jamais sans connaître.

Le grand voleur et les mauvais prêtres*

(Le passage suivant est tiré de la confession écrite que le frère de l'héroïne de Doutre fait à sa famille dans la dernière partie du roman; Gustave St. Felmar a été, pendant quelques années, le « roi » d'une bande de brigands.)

Mon siège *royal* était à la Jamaïque. J'y avais une caisse de trois millions à ma propriété personnelle. J'en aurais pu accumuler trente si je l'avais voulu mais ce que j'avais était suffisant pour tous les cas de mauvaise fortune. Je recevais annuellement de chaque loge un tribut de deux cents louis; ce qui me fesait un revenu clair de quarante mille louis. Mon système de rapine en améliorant le sort des victimes augmentait aussi les produits de nos courses. Le secrétaire de chaque loge était le plus instruit et le plus capable de tous. Il étudiait les affaires, prévoyait les échecs et dressait des plans méthodiques qui manquaient rarement de succès. Je portai mes vues plus loin. J'introduisis une espèce de morale parmi ces gens grossiers. J'ennoblissais ma profession par la manière dont je l'envisageais. Les brigands ont une origine aussi ancienne que le monde. On ne peut dire qu'ils sont nécessaires à l'ordre social, mais malheureusement il faut avouer que le mal a encore plus d'existence que le bien. Jamais les puissances n'ont pu restreindre le vol. Il se commet plus particulièrement sous les yeux des autorités qu'à l'écart. Pendant mon séjour à Paris, on y comptait trente mille personnes qui ne vivaient que de rapine. Quelle est cependant la ville la mieux gardée que Paris dans toute la France. Une gendarmerie puissante y est entretenue avec des frais énormes. Néanmoins plus la police est active et nombreuse, plus les vols et les voleurs se multiplient. Considérant donc l'existence de ces derniers comme nécessaire, je pris la mission de diminuer l'horreur de leur vie et les maux qu'ils causent au genre humain. Mon éducation d'enfance me fit découvrir une autre bonne œuvre à faire. J'avais été élevé dans les principes de la Religion Catholique. Mes fautes et mes brigandages n'avaient jamais altéré les bonnes maximes qu'on m'avait enseignées pendant mon enfance. Je m'étais marié dans l'Église grecque sans déroger à ma profession de foi. Mais j'ai toujours entretenu des idées de tolérance et de libéralisme envers les religionnaires d'une autre croyance. J'ai toujours aimé sincèrement la religion malgré le peu de relations que je professais ouvertement avec elle. Les plus douces distractions de mes voyages, je les ai dues à la foi de mon enfance et aux ministres d'un Dieu que ma vie semblait affronter. Dans mes visites à mes différents sujets, j'eus beaucoup de rapports avec les prêtres catholiques qui se trouvaient sur mon passage. J'avais un double but en explorant cette branche de la société. Celui de faire revivre des souvenirs encore pleins de charmes et en second lieu d'étudier leur manière de vivre afin d'en tirer un profit pour ma profession et de servir la religion en même temps. Sur trois cents à peu près que je visitai dans le cours de douze mois, je trouvai dix prêtres dignes de mon attention et favorables à mes vues. Je dois aussi faire entrer dans ce nombre quelques ministres de religions étrangères à la mienne. Quelques-unes de nos loges manquaient de secrétaires, vu qu'il ne s'était trouvé parmi eux aucun homme capable d'en remplir les fonctions. Chacune de ces dix personnes portait sur la figure la marque de leur dégradation et de l'indignité de leur conduite. Je les trouvai vieux dans le crime. Ils avaient trompé pendant longtemps par leur hypocrisie et une ostentation de vertus radicalement opposées à leurs vices. Cinq d'entre eux paraissaient éprouver un malaise invincible à la vue des femmes. Ils les maltraitaient ouvertement, mais en secret c'était autre chose. Leurs figures portaient l'empreinte d'une crapuleuse concupiscence. Je les épiai de près et découvris en peu de temps le fond des choses. L'autre moitié de mes dignes ministres s'était vouée au célibat pour embrasser avec plus d'étendue l'exercice d'autres passions aussi détestables. Tel qu'une avarice sordide qui ne connaissait ni frein ni loi, une ivrognerie dégradante, une tyrannie allumée par la méchanceté et couverte du manteau de la Religion. Je respectais trop le corps sacré auquel ils appartenaient pour leur permettre plus longtemps cette vie de sacrilèges. Mes gens les enlevèrent par mon ordre, et je les forçai d'exercer parmi des brigands une vertu qu'ils avaient méprisée parmi les honnêtes gens. Je parvenais ainsi à la double fin que je me proposais. La société était purgée des hommes les plus corrompus, et notre commerce en retirait un profit immense. Combien d'hommes dont l'éducation à jamais enfouie sous les sales dégradations des passions les plus bestiales, pourraient ainsi servir l'espèce humaine. Car on peut appliquer à de meilleures fins la répression des scélératesses d'une infinité de personnes qui se livrent à une profession plustôt qu'à une autre afin de mieux miner en dessous les bienfaits de l'ordre social. Une expérience constamment réalisée a prouvé qu'il n'y avait pas de place où le crime se déchaînait avec plus d'impétuosité que dans l'état ecclésiastique. Un homme d'Église ne peut tenir de milieu entre la vertu et le vice. Il doit être tout vertueux ou horriblement criminel. S'il penche vers ce dernier abîme, rien ne pourra s'opposer à sa marche d'abominations. Dans le court examen que j'en ai fait, j'ai découvert des crimes dont l'atrocité surprendrait les bandits des galères. Je mêlais donc ainsi le bien au mal. Je me fesais une espèce de gloire de ma mission à laquelle je prenais goût de jour en jour. Vers le mois d'avril 1812 je portai mes pas vers les Canadas, où je comptais vingt-cinq loges soumises à ma domination. La guerre venait de se déclarer activement entre les États-Unis et l'Angleterre.

PATRICE LACOMBE (1807-1863)

Si l'histoire littéraire retient le nom de Patrice Lacombe, c'est que le court roman que ce notaire montréalais a publié en 1846 marque le point de départ d'un genre romanesque qui a fleuri durant un siècle: le « bon » roman de mœurs paysannes, qui fait l'éloge de la vie rurale et considère la ville comme un endroit de perdition.

LA TERRE PATERNELLE
L'engagement d'un voyageur*

(Venus vendre les produits de la ferme Chauvin au marché de la ville, Charles et sa mère doivent passer la nuit dans une auberge où ils rencontrent des engagés des pays d'en-haut.)

Dans un coin, plusieurs jeunes gens tenaient ensemble une conversation très animée. Sans tenir aucun compte des sages directions que leur donnait l'enseigne à grandes lettres blanches qu'on lisait sur la porte d'entrée: *Divers sirops pour la tempérance*, la plupart étaient ivres, et faisaient retentir la salle de leurs cris. C'étaient des jeunes gens qui venaient de conclure leur engagement avec la compagnie du Nord-Ouest, pour les pays hauts, et auxquels l'agent avait donné rendez-vous dans cette auberge, pour leur en faire signer l'acte en bonne forme le lendemain, et leur donner un acompte sur leurs gages. On peut à peu près se figurer quelle était la conversation de ces jeunes gens, dont plusieurs n'en étaient pas à leur premier voyage, et qui se chargeaient d'initier les novices à tous les détails de la nouvelle carrière qu'ils se disposaient à parcourir. Le récit de combats d'homme à homme, de traits de force et de hardiesse, de naufrages, de marches longues et pénibles avec toutes les horreurs du froid et de la faim, tenait l'auditoire en haleine, et lui arrachait par intervalles des exclamations de joie et d'admiration. La conversation, fréquemment assaisonnée d'énergiques jurons dont nous ne blesserons pas les oreilles délicates de nos lecteurs, s'était prolongée fort avant dans la soirée, lorsque l'entrée de l'agent dans la salle vint la ralentir pour un moment; l'appel nominal qu'il fit des jeunes gens prouva quelques absents; mais sur l'assurance qu'ils lui firent que les retardataires arriveraient la nuit même, l'agent prit congé d'eux, en leur recommandant d'être ponctuels le lendemain au rendez-vous.

Charles avait été jusque-là spectateur tranquille de cette scène. Il fut à la fin reconnu par quelques-uns de ces jeunes gens, fils de cultivateurs de son endroit, et par eux présenté à la bande joyeuse. Ils lui firent alors les plus vives instances pour l'engager à se joindre à eux. Les plus forts arguments furent mis en jeu pour vaincre sa résistance. Charles continuait à se défendre de son mieux; mais les attaques redoublèrent, les sarcasmes même commençaient à pleuvoir sur lui, et portaient de terribles blessures à son amour-propre; peut-être même aurait-il succombé dans ce moment, si sa mère, inquiète de le voir en si turbulente compagnie, ne fût venue à son secours, et le prenant par le bras, elle l'entraîna loin du groupe. Le maître de l'auberge s'approchant alors des jeunes gens leur représenta que la plus grande partie de son monde était déjà couchée, et leur persuada, non sans peine, d'en faire autant. Alors s'étendant, les uns sur le plancher, près du poêle, les autres sur les bancs autour de la salle, nos jeunes gens finirent par s'endormir, et l'auberge redevint silencieuse.

Il n'en fut pas ainsi de Charles. Il ne put fermer l'œil de la nuit. Les assauts qu'il avait essuyés, la conversation qu'il avait entendue, avaient fait sur sa jeune imagination des impressions profondes. Ces voyages aux pays lointains se présentaient à lui sous mille formes attrayantes. Il avait souvent entendu de vieux voyageurs raconter leurs aventures et leurs exploits avec une chaleur, une originalité caractéristique; il voyait même ces hommes entourés d'une sorte de respect que l'on est toujours prêt à accorder à ceux qui ont couru les plus grands hasards et affronté les plus grands dangers; tant il est vrai que l'on admire toujours, comme malgré soi, tout ce qui semble dépasser la mesure ordinaire des forces humaines. D'ailleurs, la passion pour ces courses aventureuses (qui heureusement s'en vont diminuant de jour en jour) était alors comme une tradition de famille, et remontait à la formation de ces diverses compagnies qui, depuis la découverte du pays, se sont partagé successivement le commerce des pelleteries. S'il est vrai que ces compagnies se sont ruinées à ce genre de commerce, il est malheureusement vrai aussi que les employés n'ont pas été plus heureux que leurs maîtres; et l'on en compte bien peu de ces derniers qui, après plusieurs années d'absence, ont pu, à force d'économie, sauver du naufrage quelques épargnes péniblement amassées. Après avoir consumé dans ces excursions lointaines la plus belle partie de leur jeunesse, pour le misérable salaire de 600 francs par an, ils revenaient au pays épuisés, vieillis avant le temps, ne rapportant avec eux que des vices grossiers contractés dans ces pays, et incapables, pour la plupart, de cultiver la terre ou de s'adonner à quelque autre métier sédentaire profitable pour eux et utile à leurs concitoyens.

Charles n'était point d'âge à faire toutes ces réflexions; il n'envisageait ces voyages que sous leur côté attrayant et qui favorisait ses goûts et ses penchants; l'idée d'être enfin affranchi de l'autorité paternelle et de jouir en maître de sa pleine liberté l'entraîna à la fin; son parti fut arrêté. Restait le consentement de son père. Aussi ce ne fut pas sans laisser écouler plusieurs jours, et après beaucoup d'hésitation qu'il osa, en tremblant, lui faire part de son projet. Comme on le pense bien, le père s'indigna, gronda fortement et voulut interposer l'autorité paternelle qu'il avait maintenue avec succès jusqu'alors. La mère et Marguerite essayèrent le pouvoir des larmes, mais inutilement. On eut recours à l'intervention des amis, mais sans plus de succès. Alors le père, après avoir épuisé tous les moyens en son pouvoir pour détourner son fils de son dessein, se vit forcé d'y consentir, et l'engagement fut conclu pour le terme de trois ans. Comme on était alors vers le milieu d'avril, et que le jour du départ était fixé pour le premier mai suivant, on s'occupa d'en faire les préparatifs.

Misères de l'habitant devenu citadin*

(Craignant que leur fils aîné ne suive l'exemple de son cadet, les époux Chauvin « se donnent à lui »; ce dernier « mange » la terre paternelle et la famille doit gagner la ville où elle vit dans la misère.)

L'hiver venait de se déclarer avec une grande rigueur. La neige couvrait la terre. Le froid était vif et piquant. Le ciel était chargé de nuages gris que le vent chassait avec peine et lenteur devant lui. Le fleuve, après avoir promené pendant plusieurs jours ses eaux sombres et fumantes, s'était peu à peu ralenti dans son cours, et enfin était devenu immobile et glacé, présentant une partie de sa surface unie, et l'autre tout hérissée de glaçons verdâtres. Déjà l'on travaillait activement à tracer les routes qui s'établissent d'ordinaire, chaque année, de la ville à Longueuil, à Saint-Lambert et à Laprairie; partie de ces chemins était déjà garnie de balises plantées régulièrement de chaque côté, comme des jalons, pour guider le voyageur dans sa route, et présentait agréablement à l'œil une longue avenue de verdure.

Deux hommes, dont l'un paraissait de beaucoup plus âgé que l'autre, conduisaient un traîneau chargé d'une tonne d'eau, qu'ils venaient de puiser au fleuve, et qu'ils allaient revendre de porte en porte, dans les parties les plus reculées des faubourgs. Tous deux étaient vêtus de la même manière: un gilet et un pantalon d'étoffe du pays sales et usés; des chaussures de peau de bœuf dont les hausses enveloppant le bas des pantalons, étaient serrées par une corde autour des jambes, pour les garantir du froid et de la neige; leur tête était couverte d'un bonnet de laine bleue du pays. Les vapeurs qui s'exhalaient par leur respiration s'étaient congelées sur leur barbe, leurs favoris et leurs cheveux, qui étaient tout couverts de frimas et de petits glaçons. La voiture était tirée par un cheval dont les flancs amaigris attestaient à la fois, et la cherté du fourrage, et l'indigence du propriétaire. La tonne, au-devant de laquelle pendaient deux seaux de bois cerclés en fer, était, ainsi que leurs vêtements, enduite d'une épaisse couche de glace.

Ces deux hommes finissaient le travail de la journée: exténués de fatigue et transis de froid, ils reprenaient le chemin de leur demeure située dans un quartier pauvre et isolé du faubourg Saint-Laurent. Arrivés devant une maison basse et de chétive apparence, le plus vieux se hâta d'y entrer, laissant au plus jeune le soin du cheval et du traîneau. Tout dans ce réduit annonçait la plus profonde misère. Dans un angle, une paillasse avec une couverture toute rapiécée; plus loin, un grossier grabat, quelques chaises dépaillées, une petite table boiteuse, un vieux coffre, quelques ustensiles de fer-blanc suspendus aux trumeaux, formaient tout l'ameublement. La porte et les fenêtres mal jointes permettaient au vent et à la neige de s'y engouffrer; un petit poêle de tôle dans lequel achevaient de brûler quelques tisons, réchauffait à peine la seule pièce dont se composait cette habitation, qui n'avait pas même le luxe d'une cheminée, le tuyau du poêle perçant le plancher et le toit en faisait les fonctions.

Près du poêle, une femme était agenouillée. La misère et les chagrins l'avaient plus vieillie encore que les années. Deux sillons profondément gravés sur ses joues annonçaient qu'elle avait fait un long apprentissage des larmes. Près d'elle, une autre femme que ses traits, quoique pâles et souffrants, faisaient aisément reconnaître pour sa fille, s'occupait à préparer quelques misérables restes pour son père et son frère qui venaient d'arriver.

Nos lecteurs nous auront sans doute déjà devancé, et leur cœur se sera serré de douleur en reconnaissant, dans cette pauvre famille, la famille autrefois si heureuse de Chauvin!... Chauvin après s'être vu complètement ruiné, et ne sachant plus que faire, avait pris le parti de venir se réfugier à la ville. Il avait en cela imité l'exemple d'autres cultivateurs qui, chassés de leurs terres par les mauvaises récoltes et attirés à la ville par l'espoir de gagner leur vie, en s'employant aux nombreux travaux qui s'y font depuis quelques années, sont venus s'y abattre en grand nombre, et ont presque doublé la population de nos faubourgs. Chauvin, comme l'on sait, n'avait point de métier qu'il pût exercer avec avantage à la ville; il n'était que simple cultivateur. Aussi ne trouvant pas d'emploi, il se vit réduit à la condition de charroyeur d'eau, un des métiers les plus humbles que l'homme puisse exercer sans rougir. Cet emploi, quoique très peu lucratif, et qu'il exerçait depuis près de dix ans, avait cependant empêché cette famille d'éprouver les horreurs de la faim. Au milieu de cette misère, la mère et la fille avaient trouvé le moyen, par une rigide économie et quelques ouvrages à l'aiguille, de faire quelques petites épargnes; mais un nouveau malheur était venu les forcer à s'en dépouiller: le cheval de Chauvin se rompit une jambe. Il fallut de toute nécessité en acheter un autre qui ne valait guère mieux que le premier, et avec lequel Chauvin continua son travail. Mais ce malheur imprévu avait porté le découragement dans cette famille. Quelques petits objets que la mère et Marguerite avaient toujours conservés religieusement comme souvenirs de famille et d'enfance, furent vendus pour subvenir aux plus pressants besoins. L'hiver sévissait avec rigueur; le bois, la nourriture étaient chers; alors, des voisins compatissants, dans l'impossibilité de les secourir plus longtemps, leur conseillèrent d'aller se faire inscrire au *bureau des pauvres*, pour en obtenir quelque secours. Il en coûtait à l'amour-propre et au cœur de la mère d'aller faire l'aveu public de son indigence; mais la faim était là, impérieuse! Refoulant donc dans son cœur la honte que lui causait cette démarche, elle emprunte quelques hardes à sa fille, et se dirige vers le bureau. Elle y entre en tremblant: elle y reçoit quelque modique secours. Mais sur les observations qu'on lui fit, que le bureau avait été établi principalement pour les pauvres de la ville, et que étant de la campagne, elle aurait dû y rester et ne pas venir en augmenter le nombre, la pauvre femme fut tellement déconcertée du ton dont ces observations lui furent faites qu'elle sortit, oubliant d'emporter ce qu'on lui avait donné, et reprit le chemin de sa demeure en fondant en larmes.

PIERRE-JOSEPH-OLIVIER CHAUVEAU
(1820-1890)

En février 1846, soit l'année même de la publication du roman de Lacombe, *Charles Guérin* commence de paraître en feuilleton dans l'*Album littéraire et musical de la Revue canadienne;* la parution s'arrête en mars 1847, laissant le roman incomplet. Cinq ans plus tard, G.-H. Cherrier s'octroie le titre de premier éditeur canadien-français en achetant et publiant le manuscrit; le volume paraît par fascicules d'août 1852 à mars 1853. Alors que le notaire Lacombe avait le souffle court et la phrase classique, le jeune député Chauveau, futur grand orateur, possède une bonne imagination romanesque et la verve romantique du nationaliste. *La Terre paternelle* avait l'allure d'une fable; *Charles Guérin* tient du tableau et de l'essai. En même temps, en effet, qu'il se plaît à décrire la nature et les mœurs canadiennes, Chauveau expose la difficile situation qui est celle de ses concitoyens depuis 1830. Le drame de la famille Guérin qu'un étranger dépossède de sa terre, c'est celui de tout un peuple qui, à travers ses fils que l'on refoule de l'espace vaste et salubre de la campagne vers les misérables rues et maisons de la ville, prend conscience de la perte de son pays.

CHARLES GUÉRIN

L'encombrement des professions*

(« Que faire? » Telle est la question que, au début du roman, se posent les deux fils de la veuve Guérin, Pierre et Charles, qui terminent leurs études classiques.)

Que faire? — Cela se demande de soi-même, mais la réponse ne vient pas comme on veut. Plus le choix est circonscrit, plus il est difficile, et chacun sait que dans notre pays, il faut se décider entre quatre mots qui, chose épouvantable, se réduisent à un seul, et se résumeraient en Europe dans le terme générique de *doctorat*. Il faut devenir docteur en loi, en médecine ou en théologie, il faut être médecin, prêtre, notaire, ou avocat. En dehors de ces quatre professions, pour le jeune Canadien instruit, il semble *qu'il n'y a pas de salut*. Si par hasard quelqu'un de nous éprouvait une répugnance invincible pour toutes les quatre; s'il lui en coûtait trop de sauver des âmes, de mutiler des corps ou de perdre des fortunes, il ne lui resterait qu'un parti à prendre, s'il était riche, et deux s'il était pauvre: ne rien faire du tout, dans le premier cas, s'expatrier ou mourir de faim, dans le second.

Sous tout autre gouvernement que sous le nôtre, les carrières ne manquent pas à la jeunesse. Celui qui se voue aux professions spéciales que nous venons de nommer, le fait parce qu'il a ou croit avoir des talents, une aptitude, une vocation spéciale. Ici, au contraire, c'est l'exception qui fait la règle. L'armée et sa gloire bruyante, si belle par là même qu'elle est si péniblement achetée; la grande industrie commerciale ou manufacturière, que l'opinion publique a élevée partout au niveau des professions libérales, et sur laquelle Louis-Philippe a fait pleuvoir les croix de la Légion d'honneur; la marine nationale, qui étend ses voiles au vent plus larges que jamais, et, secondée par la vapeur, peut faire parcourir au jeune aspirant l'univers en trois ou quatre stations; le génie civil, les bureaux publics, la carrière administrative, qui utilisent des talents d'un ordre plus paisible; les lettres qui conduisent à tout, et les beaux-arts qui mènent partout, voilà autant de perspectives séduisantes qui attendent le jeune Français au sortir de son collège. Pour le jeune Canadien doué des mêmes capacités, et à peu près du même caractère, rien de tout cela! Nous l'avons dit: son lit est fait d'avance: prêtre, avocat, notaire ou médecin, il faut qu'il s'y endorme.

Voués à la misère collective*

(Pierre Guérin, découragé par la situation d'ici, part pour l'Europe; il en avertit sa mère par une lettre, après coup.)

Charles m'a conduit d'abord chez M. Wilby, et, quelque préjugé que j'aie contre lui, je dois vous dire qu'il a fait son possible pour me procurer une situation. Il n'y en avait pas de vacante dans son bureau; mais il a pressé et sollicité presque tous les marchands en gros de sa connaissance, et cela inutilement. Les uns n'avaient pas de place à donner, les autres attendent des neveux, et des cousins, et des petits cousins, et des cousins de leurs amis ou de leurs correspondants en Angleterre ou en Écosse; enfin je n'ai pu trouver de place nulle part. Quand j'ai vu cela, j'ai été sur le point d'écouter Charles, qui voulait bon gré mal gré me faire passer un brevet chez M. Dumont, ce vieil avocat ami de notre père, à qui vous nous aviez recommandés; mais je me suis convaincu de plus en plus que ce n'était pas mon état. Mon état à moi, ce n'est pas de sécher sur des livres, de végéter au milieu d'un tas de paperasses; c'est une vie active, créatrice, une vie qui ne fasse pas vivre qu'un seul homme, une vie qui fasse vivre beaucoup de monde par l'industrie et les talents d'un seul. C'est à peu près l'inverse de la vie *officielle*, où l'industrie et les travaux de beaucoup de gens font vivre un seul homme à ne rien faire. Je voudrais du commerce et de l'industrie; non pas du commerce et de l'industrie, par exemple, à la façon de notre voisin, M. Wagnaër. Dévorer comme un vampire toutes les ressources d'une population; déboiser des forêts avec rage et sans aucune espèce de prévoyance de l'avenir; donner à des bras que l'on enlève à l'agriculture, en échange des plus durs travaux, de mauvaises passions et de mauvaises habitudes; ne pas voler ouvertement, mais voler par réticence, et en détail, en surfaisant à des gens qui dépendent uniquement de vous, ce qu'ils pourraient avoir à meilleure composition partout ailleurs; reprendre sous toutes les formes imaginables aux ouvriers que l'on emploie le salaire qu'on leur donne; engager les *habitants* à s'endetter envers vous, les y forcer même de plus en plus une fois qu'on les tient dans ses filets, jusqu'à ce qu'on puisse les exproprier forcément et acheter leurs terres à vil prix: voilà ce que certaines gens appellent du commerce et de l'industrie; moi j'appelle cela autrement. Je voudrais, je vous l'avoue, faire toute autre chose. Je voudrais être dans ma localité le chef du progrès. Je voudrais établir quelque manufacture nouvelle, arracher pour de pauvres gens un peu de l'argent que l'on exporte tous les ans en échange des produits démoralisateurs de l'étranger. Mais lorsque j'ai voulu parler de quelque chose de semblable aux personnes âgées et influentes que j'ai rencontrées, elles ont levé les épaules, elles ont ri de moi, elles ont rendu justice à la bonté de mes intentions, mais elles m'ont paru ajouter en elles-mêmes: c'est bien dommage que ce jeune homme-là n'ait pas un peu de sens commun. Je vois que c'est l'idée dominante. Il faut faire ce que les autres ont toujours fait, et il n'y a pas que les *habitants* qui tiennent à la routine. Les gens riches et instruits sont tout aussi routiniers. Je n'aurais trouvé qu'à grand'peine quelqu'un qui m'aurait prêté un peu d'argent pour mes projets. Et puis il m'aurait fallu une place pour quelque temps dans une maison de commerce, pour me mettre au fait du négoce; il m'aurait fallu aussi passer quelque temps à visiter les manufactures dans les États-Unis. Je n'ai pas l'argent qu'il faudrait pour aller faire cette espèce d'apprentissage; je n'ai pas pu trouver de situation. Ainsi, que voulez-vous que je fasse? Je vous le répète, je ne veux être ni prêtre, je n'en aurais pas le courage, et c'est assez de Charles, qui se dévoue à cet état; ni médecin, cela m'irrite les nerfs rien que d'y penser; ni avocat, ce n'est plus un honneur; ni notaire, c'est par trop bête. Aucune de ces professions ne convient à mon caractère et à mes goûts.

Une autre chose, c'est le dédain profond que paraissent éprouver tous les jeunes gens pour tout ce qui n'appartient pas à l'une des quatre inévitables professions. J'avais l'idée de m'engager dans un des chantiers où l'on construit les vaisseaux à Saint-Roch; j'en ai parlé à un de mes compagnons de classe, dont le père est lui-même un pauvre journalier qui travaille dans ces chantiers; eh! bien, il m'a presque fait rougir de mon projet. Il me semble pourtant que ce serait une belle carrière. Il y a de ces constructeurs de vaisseaux qui sont plus riches que tous les hommes de profession que je connais; et la société anglaise, qui est pourtant assez grimacière de sa nature, ne leur fait pas trop la grimace. Mais quand j'ai vu mon ami, qui ne sort pas de la cuisse de Jupiter, croire déroger s'il faisait autre chose qu'étudier le droit, je me suis demandé ce que diraient à plus forte raison ceux qui ont des parents comme les miens...

C'est bien triste pour le pays qu'on ait de semblables préjugés. Cela nous mène tous ensemble à la misère. Le gouvernement nous ferme la porte de tous ses bureaux, le commerce anglais nous exclut de ses comptoirs, et nous nous fermons la seule porte qui nous reste ouverte, une honnête et intelligente industrie. Tandis qu'il faudrait toute une population de gens hardis jusqu'à la témérité, actifs jusqu'à la frénésie, vous rencontrez à chaque pas des imbéciles qui rient de tout, qui se croient des gens très supérieurs, lorsqu'ils ont répété un tas de sornettes sur l'incapacité, sur l'ignorance, sur la jalousie, sur l'inertie, sur la *malchance* (il y a de ces gens-là qui croient au destin comme des mahométans), sur la fatalité, qui empêchent leurs compatriotes de réussir, ce qui est en effet un excellent moyen de tout décourager et de tout empêcher. Si ce n'était de ces gens-là, qui se font passer pour des oracles, je crois que les choses iraient aussi bien ici qu'ailleurs. Je ne vois pas du tout pourquoi elles iraient moins bien. L'énergie de toute une population bien employée et constamment employée finirait par user à la longue la chaîne du despotisme colonial...

« Est-ce que nous avons un pays, nous autres? »*

(La discussion qui suit est extraite du chapitre IV de la première partie: « Trois hommes d'État ».)

Il y avait déjà près d'une heure que Charles était arrêté sur la même page de son livre, poursuivant dans son imagination des milliers de ces séduisants fantômes que la moindre des choses suffit pour évoquer à l'âge de seize ou dix-sept ans, et que la prose poétique de Chateaubriand plus que toute autre chose peut faire surgir en foule, lorsque la porte de la chambre s'ouvrit assez brusquement pour laisser entrer deux jeunes gens.

— Tu m'excuseras, mon bon Charles, dit l'un d'eux, si je viens te troubler dans tes études; mais il y a longtemps que j'ai promis à M. Henri Voisin, de lui procurer le plaisir de ta connaissance. En passant dans la rue nous avons vu de la lumière à ta lucarne, et j'ai pensé que l'occasion était bonne. M. Voisin vient justement d'être reçu avocat; c'est un de mes amis, il aime passionnément la littérature, et il est bon patriote. Ce sont deux points sur lesquels vous sympathiserez.

Celui qui aurait pu examiner notre héros dans ce moment, aurait vu dans sa contenance embarrassée la réaction extérieure d'une vanité satisfaite au delà de tous ses désirs. C'était pour lui un événement tellement flatteur et inattendu que d'être ainsi recherché sur *réputation*, par un *monsieur* qui venait d'entrer au barreau, qu'il avait peine à y croire. Il craignit même un instant d'être la dupe d'une mystification.

Cependant, *monsieur* Voisin parut tellement enchanté de faire la connaissance de *monsieur* Guérin; il se montra si bien au fait de l'histoire de sa famille, il lui parla avec tant d'intérêt, et de son frère, et de sa mère, et de sa sœur, il fit de si délicates allusions aux lauriers que Charles avait cueillis au collège, et aux succès beaucoup plus grands qui, disait-il, l'attendaient dans le monde, que le jeune étudiant de première année se crut pour tout de bon l'objet de l'admiration et des sympathies de toute la ville, et qu'il sut en même temps un gré infini à celui qui venait ainsi lui révéler son importance.

L'ami officieux qui s'était chargé de présenter *monsieur* Voisin à *monsieur* Guérin, se nommait Jean Guilbault. C'était un étudiant en médecine de seconde année, dont Charles avait fait son Pylade depuis cinq ou six semaines qu'il le connaissait. Fort heureusement, Jean Guilbault était un brave et loyal garçon, qui justifiait pleinement la confiance et l'amitié qu'on lui avait accordées si volontiers, pour ne pas dire si légèrement. Il y avait même plus, Jean Guilbault était un de ces jeunes gens rares, très rares, qui, au milieu de la licence générale, ont le courage de proclamer des principes sévères, et, ce qui vaut encore mieux, le mérite d'en faire une application constante. Gai, spirituel, enjoué, tant qu'il ne s'agissait que de choses permises, le jeune Esculape devenait intraitable, du moment que l'on se permettait quelque plaisanterie sur la religion, sur la morale, ou sur ce qu'il appelait ses convictions politiques. Il poussait jusque dans les détails les plus minutieux, jusque dans les choses les moins importantes en apparence, les conséquences rigoureuses de ses croyances sociales. Ainsi, persuadé que les liqueurs brûlantes et les draps brûlés que l'Angleterre nous vend au plus haut prix possible, contribuent à notre décadence et matérielle et morale, l'excellent jeune homme ne buvait absolument que de l'eau ou de la bière indigène, et il s'habillait de la tête aux pieds d'étoffes manufacturées dans le pays. Sa belle taille et sa figure intéressante rachetaient pleinement ce que sa toilette pouvait avoir d'étrange. Il pouvait passer pour excentrique aux yeux de ceux qui ignoraient les motifs de sa conduite; ceux qui les connaissaient éprouvaient pour lui une sorte de vénération. Dans tous les cas, peu lui importait ce que l'on disait de lui. Autant il respectait les préjugés du vulgaire dans ce qui lui semblait juste et utile (car il y a de bons comme de mauvais préjugés), autant il se plaisait à les braver dans ce qu'ils ont de funeste.

La conversation des trois jeunes gens ne tarda pas à se reporter sur la politique du pays en particulier, et sur la politique du monde entier en général. De quinze à vingt ans nos compatriotes sont tous plus ou moins des hommes d'État. Il y en a très peu, par exemple, qui le sont dans un âge plus avancé.

Quel dommage que tous ces précoces dévouements ne puissent être utilisés! Quel malheur que les pulsations ardentes et rapides de tous ces jeunes cœurs se ralentissent et se refroidissent si vite au contact de la vie réelle!

Oh! de quinze à vingt ans, que l'âme est noble et pure! Qu'alors on aime bien son pays sans la moindre arrière-pensée! Pourquoi faut-il que l'on manque de puissance alors que la volonté est si forte, et pourquoi, si rarement conserve-t-on si rarement la volonté lorsque le pouvoir nous est venu?

De quinze à vingt ans on ne sait encore rien des dégoûtantes vérités de ce monde; on n'a pas encore vu l'intrigue, cette impudente araignée, filer et nouer sa toile hideuse sur ce qu'il y a de plus saint et de plus vénérable; on ne connaît encore ni les mots qu'il faut dire pour ne rien dire, ni le lâche silence plus dangereux que la parole; on ne sait encore ni le prix que l'on doit offrir pour acheter ses ennemis, ni celui que l'on doit exiger pour vendre un ami; on ne sait encore ni nier publiquement ce que l'on affirme privément, ni inventer les scrupules du lendemain, hypocrites expiations des fautes de la veille; en un mot de quinze à vingt ans... ON MANQUE D'EXPÉRIENCE. C'est du moins ce que disent les vieilles prostituées politiques, et ce que répètent après elles les roués qui se forment à leur école.

S'il en est ainsi, un moment d'attention à ce qui se dit maintenant dans la mansarde de Charles Guérin, nous fera voir combien nos deux étudiants sont dépourvus de cette grande et précieuse vertu de ceux qui n'en ont pas: l'*expérience*.

Le départ de Pierre fournit tout naturellement un texte à la discussion.

— Comme cela, dit Jean Guilbault, ton frère nous a laissés, parce qu'il craignait de ne pouvoir gagner sa vie? C'est se décourager bien vite.

— Je crois, dit le jeune avocat, d'après ce que m'a dit Guilbault des idées de votre frère, qu'elles s'accorderaient parfaitement avec les miennes.

— Quoi, toi aussi, Voisin, tu n'aimes pas mieux ton pays que cela?

— Eh! bon Dieu, est-ce que nous avons un pays, nous autres? Vous parlez sans cesse de votre pays: je voudrais bien savoir si le Canada est un pays pour quelqu'un? Deux longues lisières, à peine habitées, à peine cultivées, de chaque côté d'un fleuve, avec une ville à chaque bout: de petites villes, du milieu desquelles on voit la forêt qui se termine au pôle!

— Oh! oui, Voisin est comme cela, il ne croit pas à notre nationalité: il dit qu'il faut s'anglifier.

— Ah! si M. Voisin est un anglomane, tu as eu tort, mon cher Guilbault, de me le présenter comme un patriote. La politique, à mes yeux, n'est qu'un accessoire, un instrument qui sert à conserver notre nationalité. Que m'importe à moi que mes petits-enfants (dans la supposition que j'aurai des enfants pour commencer) vivent sous un gouvernement absolu, constitutionnel ou républicain, s'ils doivent parler une autre langue, suivre une autre religion que la mienne, s'ils ne doivent plus être mes enfants? Tâchons d'être une nation d'abord, ensuite nous verrons comment nous gouverner.

— Ce que vous dites là, M. Guérin, est bien vrai. Cependant ce n'est que du sentimentalisme. Que nous importe ce que seront nos petits-enfants, après tout? L'essentiel, c'est le bien-être matériel de la génération présente. Croyez-vous que nous y gagnions beaucoup à nous isoler, et que si nous étions anglifiés, complètement anglifiés, nous serions maltraités comme nous le sommes? Voyons... là... de bonne foi... pourquoi les Anglais nous maltraiteraient-ils, si nous étions des Anglais comme eux?

— Mon cher monsieur, je viens vous interroger à mon tour. Est-ce que vous pensez que nos *habitants* s'anglifieraient à volonté? Pensez-vous qu'il n'y aurait qu'à dire: anglifiez-vous, et que demain, ils parleraient anglais, cultiveraient à l'anglaise, voyageraient à l'anglaise?

— Non, c'est bien certain, mais cela viendrait petit à petit. Il faudrait commencer par la haute classe, et puis la classe instruite, et puis la classe moyenne, et puis la basse classe, et enfin tout le monde. Ça serait l'œuvre de cinquante années tout au plus.

— Et en attendant, que deviendrait la basse classe sans la protection de la classe instruite? Quel lien aurait celle-ci à celle-là, et pour quelle raison voudriez-vous que nos gens instruits, une fois anglifiés, ne s'alliassent point avec les nouveaux venus, pour exploiter le pauvre peuple? Pensez-vous qu'il y aurait beaucoup de sympathie entre l'homme de profession anglifié, et nos *habitants*?

— Bravo, mon cher Guérin, bravissimo! C'est précisément cela. C'est ce qui est arrivé à notre noblesse d'autrefois: aussi est-elle tombée, et dans l'opinion des gouvernants, pour qui elle n'avait de valeur qu'en autant qu'elle représentait une nationalité, et dans l'opinion du peuple qui, la voyant, elle, fière et opulente envers lui, ramper aux pieds du pouvoir, dans l'ignorance et les excès, l'a énergiquement flétrie du nom de *noblaille*, tout comme il aurait dit *valetaille*. Il y a une nouvelle noblesse, la noblesse professionnelle, née du peuple, qui a succédé à la noblesse titrée. Qu'elle y prenne garde: si elle oublie son origine, si elle suit le même chemin... le même sort l'attend!

— Oh! mais, c'est bien différent cela! La noblesse, ou la noblaille, comme vous voudrez, s'est anglifiée pour se rendre encore plus aristocratique: ce n'est pas ainsi que je l'entends. L'anglification, gagnant peu à peu la masse du peuple, le préparerait à se fondre bien vite dans le vaste océan démocratique, qui...

— Halte-là! Je n'aime pas les grandes phrases, et je n'aime pas qu'on me fonde! La politique d'anglification en vient toujours là. Avec cela, il faut toujours être fondu. C'est une idée qui m'ennuie considérablement. Qu'en dis-tu, Guérin?

— À présent, c'est *l'américanisation* que M. Voisin veut nous prêcher. Je t'assure que ça m'est bien égal. Mordu d'un chien ou d'une chienne... Je ne suis pas pour les fusions. Les peuples comme les métaux ne se fondent pas à froid: il faut pour cela de grandes secousses, une grande fermentation.

— Que voulez-vous y faire? On ne vous demande pas si cela vous fera du mal ou du bien. On ne s'inquiète pas le moins du monde de vos sensations, si ça vous brûlera, ou si ça vous gèlera. On vous pose un fait: un fait, diable, que voulez-vous encore une fois? On ne répond pas aux faits, on ne répond pas aux chiffres. Voyons, nous sommes serrés entre l'émigration d'Angleterre et la population des États-Unis. Il n'y a pas à regimber. Si vous ne voulez pas être Anglais, soyez Yankees; si vous ne voulez pas être Yankees, soyez Anglais. Choisissez! Vous n'êtes pas un demi-million; pensez-vous être quelque chose? La France ne songe pas à vous: elle a bien de la peine à conquérir sa propre liberté...

— Oh! elle l'a glorieusement conquise! Cette année mil huit cent trente, qui vient de finir, est une grande année pour le monde! C'est l'ère de la liberté! La France libre et puissante dans l'ancien monde, pourquoi n'aiderait-elle pas, ne protégerait-elle pas une nouvelle France dans le nouveau monde?

— Voilà bien de l'enthousiasme; mais, pour cela, il faudrait d'abord que la France nous connût.

— Nous nous ferons connaître! Le premier réveil de son ancienne colonie, le premier cri de guerre, le premier coup de fusil d'une révolution attirera ici des centaines et des milliers de Français. Ne les a-t-on pas vus partout où il y a du danger et de la gloire? Pourquoi ne feraient-ils pas pour la Nouvelle-France ce qu'ils ont fait pour la Nouvelle-Angleterre[1]?

— Pourquoi? Mon Dieu, je vous le répète: ils ne nous connaissent pas. Les coups de fusil que vous tirerez ici, ils ne les entendront pas. Entendons-nous siffler à nos oreilles la flèche de l'Indien?

— Quant à cela, Voisin a raison. Il y a longtemps, pour la France, que nous sommes morts et enterrés. Nous ressusciterions qu'elle n'y croirait pas; elle ne saurait pas ce que cela voudrait dire. Il n'y a pas de peuple qui soit plus dans l'ignorance de ce qui se passe hors de chez lui que le peuple français. Un de mes amis, qui a fait ses cours à Paris, prétend qu'on n'a jamais voulu le prendre pour un Canadien, parce qu'il n'avait pas le visage tatoué. Lorsqu'il est parti, on a voulu le charger d'une lettre pour Tampico, parce que c'était sur son chemin! Et puis les peuples qui comptent sur l'étranger pour secouer le joug, comptent toujours sans leur hôte...

— Sur quoi comptes-tu, mon pauvre Guilbault? car tu es un révolutionnaire.

— Moi, jamais; pour une révolution, il faut un autre état de choses que le nôtre; je t'ai parlé d'indépendance quelquefois; c'est bien naturel. L'indépendance, surtout quand on est garçon et qu'on n'a que vingt ans... ça flatte toujours d'y penser.

— Penses-y bien, mon vieux, tu n'en jouiras peut-être pas longtemps. T'imagines-tu que ta femme te permettra de t'habiller en *étoffe du pays* de

---

1. Ces idées étaient généralement celles de la jeunesse canadienne avant 1837. L'événement a donné raison aux prédictions d'Henri Voisin.

la tête aux pieds. Il n'y a pas de demoiselle comme il faut qui ne s'évanouirait rien qu'à te voir fait comme tu es là. Ma mère et ma sœur, qui vivent à la campagne, ont pleuré toute une nuit, parce que je voulais me faire faire un gilet et des pantalons d'une étoffe qu'elles avaient faite elles-mêmes.

— C'est que je me moquerai joliment de ma femme, quand il s'agira de mon pays!

— Oui-dà! Je voudrais bien t'y voir. Je crois que M. Guérin a trouvé l'écueil où ton patriotisme fera naufrage.

— Je ferai mes conditions.

— Il n'y a rien de plus juste; on dira comme toi, on sera patriote tant que tu voudras. Quatre chaises de bois faites dans le pays, avec du bois du pays et de la paille du pays, on n'en demandera pas plus. Une chaumière et son cœur! Comme c'est touchant! Cependant, il faudra bien un piano, ne fût-ce que pour s'accompagner en chantant *À la claire fontaine*. Voilà déjà un meuble qui court bien des risques de n'être pas du pays.

— Oh! pour cela, je n'y ai pas d'objection. J'excepte tout ce qui tient aux beaux-arts.

— Bon! voilà une fameuse brèche de faite. Les beaux-arts, ça mène loin, n'est-ce pas, M. Guérin?

— Sans doute. Il faudra bien permettre à *madame* de faire quelques tapisseries en laine.

— C'est cela, un tabouret pour le piano.

— Oui, et il n'y aura pas moyen de ne pas faire monter cela en acajou.

— Justement, c'est si économique: les laines, le velours, l'acajou, le salaire de l'ouvrier, ne coûtent que sept ou huit fois le prix d'un tabouret en crin, que l'on achèterait tout bonnement dans la boutique d'un ébéniste.

— Mais, vous n'y pensez pas non plus; quel progrès pour les beaux-arts!

Deux fauteuils en laine, montés en acajou, ce serait encore une grande économie et un grand progrès. Il ne faudra pas dire par exemple que les laines sont importées d'Allemagne tout assorties, et que l'acajou ne croît pas dans ce pays-ci.

— Ah! voici où je vous prends; mes fauteuils seront montés en *érable piqué*.

— De l'*érable piqué*! Fi donc! ça *tuerait* tout l'effet des dessins. Il faut quelque chose qui fasse paraître les couleurs avec plus d'avantage. Quand on veut se mêler de beaux-arts, il faut du goût, et le goût n'admet pas de compromis. Tes fauteuils seront brodés sur velours avec monture en acajou, c'est-à-dire en *mahogany*; car les gens *comme il faut* ne parlent qu'à moitié français (et je suppose que madame Guilbault aura été bien élevée).

— À présent, il est impossible d'avoir un piano et des fauteuils, sans un sofa.

— Encore plus impossible d'avoir un sofa sans un tapis de Bruxelles...

— Fait en *Angleterre*, comme les tapis de *Turquie* et les vins de *Champagne*!

— Bref, mon cher Guilbault, te voilà *dans tes meubles* le plus patriotiquement du monde.

— Ce n'est pas tout, monsieur Voisin, vous oubliez la toilette. Croyez-vous, quand on a un salon semblable, et une femme qui s'habille en velours et en satin, que l'on porte de l'étoffe du pays? Mais, c'est impossible au superlatif!

— C'est l'impossible élevé au carré, élevé au cube; c'est l'impossible mathématique! Je te vois d'ici, mon pauvre Guilbault, avec un habit de drap *extra-superfine*, un gilet de tout ce qu'il y a de moins indigène, des pantalons transatlantiques, des gants jaunes, en un mot toute la toilette que tu critiques si amèrement chez les autres.

— Mille tonnerres! c'est vrai pourtant! Les femmes sont la ruine du pays! moralement et politiquement.

— En voilà-t-il un paradoxe!

— Comme s'il y avait des nationalités sans familles!...

— Et des familles sans femmes!

— Que diable aussi, vous êtes d'une exagération terrible tous les deux! Vous m'avez meublé et habillé comme cela, sans que je m'en sois aperçu.

— Et c'est justement cela: tu t'en apercevras encore bien moins.

— Oui, est-ce qu'on s'aperçoit de quelque chose?

— Mais à présent que j'y pense: quand on ne peut avoir le plus, on a le moins. Pourquoi toujours les gens qui vivent élégamment ne font-ils pas leur possible pour mettre à la mode les objets manufacturés dans le pays, les choses du pays?

— C'est encore vrai. Ils ne savent qu'afficher un luxe imbécile. Leur vanité est si lourde, si grossière, qu'elle n'invente rien. Dans toutes ces maisons élégantes, vous trouverez des glaces d'un prix fou; vous en verrez trois ou quatre dans le même appartement, mais je vous défie d'y trouver un seul tableau à l'huile. Nous avons des artistes; qui est-ce qui achète leurs toiles? Des étrangers. Tandis que, en Europe, c'est le luxe le plus à la mode, ici on ne sait pas ce que c'est qu'un tableau de salon.

— Il y aurait bien des réformes à faire dans la société telle qu'elle est; mais avant de la réformer, nous autres jeunes gens, il faudrait...

— Voyons, il faudrait quoi?

— Il faudrait inventer un moyen de ne pas mourir de faim. Disons tout le mal que nous voudrons de ceux qui nous ont précédés dans la vie, mais convenons qu'ils ne sont pas morts de faim. C'est un grand point.

— Oui, ils nous ont laissé cela.

— Fameuse preuve de leur habileté!

— Ou de leur égoïsme.

— Ou de leur imprévoyance.

— Ou de tous les deux à la fois.

— Ce sera la preuve de tout ce que vous voudrez, *mais c'est encore un fait*. Comment diable voulez-vous gagner votre vie avec les professions dans l'état où elles sont? Tout le monde n'a pas le courage de faire comme le frère de monsieur, de mettre à la voile.

— Je croyais, moi, que le barreau était une excellente carrière; vous avez dû partager cette opinion, puisque vous avez été jusqu'au bout de vos études, et que vous venez d'endosser la toge.

— Si je crois cela? Eh! bon Dieu, demandez à tous les autres, s'ils le croient! Chacun sait parfaitement à quoi s'en tenir là-dessus, mais chacun se considère comme une exception. On fait force jérémiades sur l'encombrement des professions, et c'est absolument comme le sermon du curé: on applique tout aux autres, et l'on ne garde rien pour soi. Au commencement de mes études, je savais bien qu'il n'y avait guère de place à se faire, mais je pensais qu'il y en aurait toujours pour un petit *phénix* comme moi. Il y a à peu près quinze jours que je suis détrompé; si c'était à commencer, je ne sais pas au juste ce que je ferais; mais je sais très bien ce que je ne ferais pas.

— Comment, est-il possible? Vous n'avez pas d'espoir de vous faire une clientèle?

— Pas d'ici à dix ans.

— Dix ans! Vous m'effrayez.

— Oui, c'est un peu long, dix ans à vivre sans manger! On s'y habitue difficilement, je vous assure.

— Mon cher monsieur, vous plaisantez. On gagne toujours un peu, de quoi payer sa pension et de quoi s'habiller. La profession peut bien d'ailleurs être exercée en amateur pendant quelque temps. J'aimerais assez à plaider une cause, et pour commencer je plaiderais pour rien.

— Ah! vous croyez qu'on plaide, lorsqu'on est avocat? C'est encore une illusion. C'est bien difficile de se procurer une affaire quelconque, mais, sur cent affaires, il n'y en a pas une qui se plaide. Vous avez bien quelquefois une espèce de discussion sur un point de forme, mais une cause à plaider tout de bon, c'est une huitième merveille du monde!

— Il y a une chose qui me console, c'est l'étude du droit. Quelle belle science, n'est-ce pas? Quel enchaînement? Quelle logique! Quelle admirable analyse du bon sens de toute l'humanité!

— Certes, vous avez fait des découvertes. Vous êtes un homme impayable! Vous étudiez le droit comme une science? Et quel droit étudiez-vous, s'il vous plaît? Car, l'analyse du bon sens de toute l'humanité diffère essentiellement chez les divers peuples du monde. Étudiez-vous le droit romain, le vieux droit français, le nouveau droit français, le droit anglais, si droit anglais il y a? Nous avons de tout cela ici. Nous avons tous les codes imaginables, ce qui fait que nous n'en avons pas du tout. J'oubliais de vous parler de quinze ou seize volumes de lois provinciales[2] et de deux ou trois mille volumes de *law reports*, publiés en Angleterre et aux États-Unis. Comme ces derniers (non plus que le nouveau droit français) n'ont pas la moindre force de loi, ce sont ordinairement des autorités invincibles, auxquelles la conscience des juges ne manque jamais de se rendre. À propos des juges, savez-vous que vous avez tort d'étudier? Sérieusement, mon cher, si vous vous mettez trop de science dans la tête, la première fois que vous vous trouverez en contact avec ces messieurs, vous éprouverez un choc tel que votre raison aura de la peine à y tenir. Savez-vous que, lorsque j'ai plaidé ma première cause, pas plus tôt ni plus tard que la semaine dernière, le juge m'a cité les lois romaines, les lois d'un pays à esclaves, pour prouver qu'en

---

2. Il faudrait dire aujourd'hui une quarantaine (en 1852).

455

Canada et au dix-neuvième siècle, un maître a le droit de battre et de fustiger son domestique tout autant que ça lui convient?[3]

— Eh bien! mais, c'était savant cela, j'espère!

— Il aura pu citer le code noir, tout de même.

— Vous voyez, mon cher monsieur, que vous avez tort d'étudier la profession comme une science. Il vaut mieux l'apprendre comme un métier.

— Au fait, lorsque je réfléchis sur l'immense quantité de matières dont se compose cette étude, je ne conçois pas comment, sans professeur, on peut venir à bout de distinguer ce qui s'applique au pays d'avec ce qui ne s'y applique pas.

— C'est une distinction qui ne se fait guère non plus. Il n'y a pas de jurisprudence établie. Il n'y en aura jamais.

— Qu'importe, après tout, si à la longue on peut se faire une existence? Qu'importe que tout cela soit absurde, si à la fin ça fait vivre son homme?

— Oui, eh! bien, vous vous trompez encore. On ne se fait pas d'existence assurée. Il n'y a rien de si fugitif que la clientèle; elle vient à vous aujourd'hui, demain à un autre. J'ai vu de vieux avocats qui, après avoir été célèbres dans leur temps, n'avaient pas plus de causes que les jeunes. Ce sont les clients que vous servez avec le plus de soin, qui vous abandonnent le plus volontiers. Brouillez-vous avec un de vos amis, ou exposez-vous à vous faire suspendre de vos fonctions, par excès de zèle pour un client, et vous êtes certain qu'il vous abandonnera à la première occasion. Puis, vous n'avez aucune idée des intrigants que fait naître l'encombrement de la profession. Dans le bon vieux temps, un avocat de renom pouvait jeter ses clients par la fenêtre, ils rentraient par la porte. Aujourd'hui les vieux avocats craignent tant la concurrence des jeunes, qu'ils plaident presque pour rien; et les jeunes sont obligés d'acheter des causes. Si cela continue, le métier de client vaudra beaucoup mieux que celui de procureur.

— Vraiment, vous me découragez. Vous m'enlevez une à une toutes mes illusions. Je n'avais pourtant pas besoin de cela. Tu sais, Guilbault, que je n'ai passé mon brevet chez mon Dumont qu'avec une extrême répugnance. Quand vous êtes entrés, il y a un instant, j'avais commencé à étudier les *Lois civiles* de Domat; mais, quoique cette lecture soit plus supportable que celle des autres légistes, je n'avais pu y tenir longtemps. Que sera-ce donc après ce que monsieur vient de me dire? Je vais manquer de courage tout à fait.

— Et à quoi bon, je t'en prie, manquer de courage? Est-ce que tu ne vois pas que notre ami Voisin a la berlue? Il voit tout en noir. T'imagines-tu que vous m'avez découragé avec vos plaisanteries sur mon patriotisme? Vous m'avez prouvé que, à la rigueur, on ne pouvait pas se servir uniquement d'objets manufacturés dans le pays. Ça n'est pas une raison pour ne pas employer ce que l'on peut employer. Voilà comme sont les gens en politique: parce que leur parti ne réussit pas du premier coup, ils ne veulent plus rien faire.

— Et où penses-tu que tout ce qui se fait en vienne, quand je te dis que nous n'avons pas de pays: qu'as-tu à répondre?

_____

3. Historique.

— Qu'il faut s'en faire un! Crois-tu donc qu'il n'y a pas quelque chose de providentiel dans le développement prodigieux de notre population? Quand nos pères sont devenus sujets anglais, quand ils ont brûlé leur dernière cartouche pour la France qui les a trahis, eux, leurs femmes et leurs enfants, ils ne formaient pas quatre-vingt mille âmes: à l'heure présente, nous sommes cinq cent mille! Un homme qui serait né alors pourrait vivre aujourd'hui; il n'y aurait pas de miracle. Durant le cours de sa vie, il aurait vu quintupler le nombre de ses concitoyens. Pourtant, il n'y a rien eu pour nous favoriser, n'est-ce pas? Pensez-vous qu'une nationalité aussi vivace se détruise dans un jour?

De la campagne à la ville*

(Dépossédée par un certain M. Wagnaër, la famille Guérin doit quitter sa riche paroisse de la « Côte du Sud » pour aller habiter à la ville.)

On profita du moment où l'on pouvait encore s'embarquer presque à pied sec, et l'on fut à bord longtemps avant que la goélette fût prête à mettre à la voile. On ne se parlait point: ce que l'on avait à se dire était trop triste. Seulement chacun de son côté regardait à terre et jetait un dernier coup d'œil sur les objets qui l'intéressaient le plus. Madame Guérin partageait son attention entre sa maison et l'église: elle avait tant de fois parcouru le chemin de l'une à l'autre! L'oncle Charlot ne pouvait se lasser d'admirer la grange et les autres bâtisses qu'il laissait en si bon ordre. Charles et Louise avaient dans ces parages une foule de vieilles connaissances à saluer au départ. Ici c'était une falaise avancée, où l'on avait pêché bien souvent ensemble de petits poissons aux écailles dorées ou argentées; là-bas une longue batture recouverte de jonc, que le jeune homme avait fréquemment parcourue avec son frère, en chassant l'alouette matinale ou le canard sauvage. De ce côté, c'était la chaussée du moulin nouvellement construite et le moulin lui-même qui n'était pas encore terminé. De l'autre côté, c'était le petit jardin auquel Louise avait prodigué tant de soins et qui lui avait fait espérer tant de jouissances, cet été-là même. Dans cette direction, c'étaient des coteaux où l'on avait improvisé tant de jolies parties de plaisir en allant cueillir des fruits et travailler aux champs. Plus loin était une belle *érablière*, où l'on avait eu tant de plaisir tous les printemps à recueillir l'eau des érables et à faire le sucre. Mais par-dessus tous ces objets, il y en avait un qui attirait plus fortement encore les regards du jeune homme et ceux de sa sœur: c'était la belle maison de M. Wagnaër, où Louise avait cru avoir une amie, et Charles quelque chose de plus qu'une amie.

Bientôt cependant les vagues arrivèrent jusqu'au vaisseau; peu à peu elles l'entourèrent, et la petite goélette se releva, et commença à flotter fière et coquette au souffle d'une jolie brise. On déploya les voiles, on ramena à bord l'ancre jetée la veille, et, docile au gouvernail, la goélette s'inclina légèrement et partit. Dans ce moment Charles crut voir une pâle figure de jeune fille s'approcher d'une fenêtre entr'ouverte chez M. Wagnaër, mais cette vision fut tellement fugitive, qu'il ne sut pas trop s'il devait y croire.

La *Friponne*, tel était le nom de la goélette, était une fine voilière, elle ne mit qu'un instant à gagner le large et passa triomphante tout près de deux lourds bateaux mis à flot longtemps avant elle.

À mesure que l'on s'éloignait et que l'on changeait de scène, le poids qui oppressait le frère et la sœur semblait diminuer et les amères pensées se dissoudre dans le sillon du vaisseau. Le ciel était si pur, le soleil si brillant, l'eau si limpide, le fleuve si majestueux, les belles campagnes de ses deux rives, si heureuses, si verdoyantes dans les flots de lumière qui les inondaient, qu'il fallait bien qu'un rayon d'espoir, sinon de bonheur, pénétrât bon gré mal gré dans le cœur même le plus attristé. C'était une nouvelle existence qui commençait pour eux et, quoique la raison leur dît qu'elle serait bien pénible, la première impression faite sur leurs sens la leur représentait comme agréable.

Il s'établit donc entre eux et leur mère une conversation plus animée et moins en harmonie avec leur position qu'on ne l'aurait imaginé. Louise s'informait du nom de chacune des îles qu'ils rencontraient sur leur passage, les unes petites et arides, amas de rochers pittoresques qui montraient leurs têtes chenues et bizarrement façonnées au-dessus des eaux, les autres longues et décorées d'une végétation luxuriante, celles-ci couvertes encore de la forêt vierge, celles-là cultivées et habitées et recelant dans de petites anses de blanches maisons qui de loin semblaient des troupes d'oies ou de cygnes se chauffant au soleil sur le rivage. Elle s'informait encore du nom de chacun des petits bourgs et des villages qui tout du long de la rive sud du fleuve forment une succession presque nulle part interrompue, de belles habitations groupées de mille manières différentes; les unes sur des pointes avancées dans le fleuve, les autres au loin sur des coteaux; celles-ci sur des rivages plats avec l'apparence d'être inondées par la première vague; celles-là sur des rochers escarpés suspendus pour ainsi dire au-dessus des flots. Elle s'étonnait aussi d'apercevoir sur les hautes montagnes du Nord, malgré leur mine sévère et sauvage, des preuves évidentes de culture, des champs verdoyants, et de longues files de maisons; elle se demandait comment on pouvait labourer et récolter sur ces terres qui lui semblaient presque perpendiculaires.

Un vent de plus en plus fort gonflait les voiles de la petite goélette, qui fendait rapidement les vagues, et, obéissant au gouvernail, se cabrait fièrement après chaque secousse. Bientôt les villages se trouvaient, sur la rive sud, si proches les uns des autres, qu'ils formaient comme une longue rue; et c'était ainsi non seulement au bord de l'eau, mais encore dans les profondeurs des paroisses. On naviguait au beau milieu du fleuve, à une grande distance de terre; les champs et les montagnes prenaient cette couleur bleue qu'affecte toujours la partie la plus éloignée du paysage. Avec un peu d'imagination, on aurait pu comparer la côte du sud à un vaste rideau d'une étoffe d'azur, orné de trois ou quatre longues franges de perles blanches posées symétriquement à d'égales distances.

Vers le soir, on aperçut en avant du vaisseau les grandes voiles de cinq ou six navires, qui, interposées entre les derniers rayons du soleil, paraissaient noires comme de l'encre, et se dessinaient sombres et gigantesques sur l'horizon teint des plus resplendissantes couleurs; c'étaient des vaisseaux arrêtés à la quarantaine de la Grosse-Île.

La goélette passa tout près d'un des navires, rempli d'émigrés irlandais; immense sarcophage nautique, où les maîtres de la belle et verte terre d'Hibernie entassent une bonne portion de son peuple, sans trop s'occuper de ce qui adviendra de ces cargaisons de chair humaine. Tout peint en noir comme un cercueil, et habité par de hâves créatures, dont les membres décharnés et demi nus visaient au squelette, le navire semblait un de ces vaisseaux fantastiques peuplés de revenants, dont parle la légende maritime de tous les pays. Une circonstance rendait son aspect plus sinistre encore. Le choléra, comme l'on sait, sévissait alors en Europe pour la première fois, et il était assez naturel de croire que, pour faire le voyage d'Amérique, le fléau avait dû prendre passage de préférence sur ce vaisseau infect. Tout le monde à bord de la goélette se sentit soulagé, lorsque l'on perdit de vue la Grosse-Île et son lazaret.

La lune se levait; et, selon l'expression des marins, elle eut bientôt *tué le vent*. Cependant la brise était encore assez forte pour que l'on filât avec une vitesse assez respectable. Charles et Louise ne furent nullement fâchés du ralentissement qui leur permettait d'observer plus à leur aise le panorama si varié qui se développait devant eux. La scène changea plusieurs fois de décoration; tantôt le vaisseau passait entre deux côtes abruptes et rapprochées, tantôt il voguait comme dans une espèce de lac dont les bords s'élevaient lentement et en amphithéâtre. Les anses et les pointes de la terre ferme du sud et de l'île d'Orléans causent ces contrastes, qui se répètent plusieurs fois avant que l'on atteigne la rade de Québec.

Louise n'eût pas voulu pour beaucoup perdre le coup d'œil de l'entrée dans le bassin qu'on lui avait toujours représenté comme un des plus beaux que l'on puisse imaginer. Elle passa avec Charles la plus grande partie de la nuit sur le pont, malgré le froid un peu vif contre lequel la protégeaient, bien entendu, tous les châles et les manteaux que sa mère avait pu trouver.

Dès que le vaisseau eut dépassé cette longue pointe de terre qui porte le nom de l'immortel vainqueur de la bataille de Sainte-Foye, le chevalier de Lévy, Louise ne put retenir un cri d'admiration.

Québec, qui de fait est peut-être une des villes les plus mal bâties de l'Amérique, qui n'a pas un seul édifice complet et régulier, qui n'a pas un seul monument où les règles de l'architecture n'aient été plus ou moins maltraitées, Québec produit cependant, même en plein jour, une illusion étrange sur le spectateur qui l'aperçoit du fleuve. La disposition, et mieux, si nous pouvons ainsi nous exprimer, les artifices du terrain font que l'objet le plus insignifiant prend une attitude pleine d'importance, si bien que l'on croit avoir devant soi une ville monumentale telle que Rome, Naples ou Constantinople.

Mais la nuit au clair de la lune, c'est bien plus encore. C'est une éblouissante imposture, un mirage phénoménal. La moindre flèche vous fait rêver de la cathédrale d'Anvers, le moindre dôme vous tranche du Saint-Pierre de Rome. Les tours et les bastions de la citadelle et de l'enceinte fortifiée, qui, eux, sont de bon aloi, vous font songer avec raison à Gibraltar et à Saint-

Jean-d'Acre. Les toits des moindres maisons recouverts en fer-blanc semblent d'argent et vous donnent l'idée d'une multitude de palais dignes des *Mille et une nuits*. Tout cela s'étage en amphithéâtre et se perd dans les derniers plans, de manière à faire supposer dix fois plus qu'il n'y a. La nature, imposante et gracieuse à la fois, a suppléé aux défauts de l'art et a répandu sa solennité et sa magie sur les œuvres de l'homme les plus mesquines en réalité.

Le Saint-Laurent d'un côté, la petite rivière Saint-Charles de l'autre, presque aussi large à son embouchure que le fleuve, sont littéralement couverts d'une multitude de vaisseaux de toutes les grandeurs, qui forment une autre ville flottante, où les effets d'ombre et de lumière varient à l'infini. Comme les navires sont principalement groupés à chaque extrémité du promontoire, et que deux belles nappes d'eau s'étendent dans deux directions divergentes, on pourrait se croire à l'entrée d'une vaste mer intérieure, obstruée par une île.

La côte de Lauzon, qui s'élève presque perpendiculairement en face de Québec, et contient les germes d'une autre ville qui paraît surgir par enchantement du milieu d'une forêt, l'île d'Orléans et la côte de Beaupré, recouvertes l'une et l'autre d'une végétation luxuriante et parsemées de blanches maisons, forment les autres côtés du vaste bassin.

Comme si la douce lumière de la lune n'avait pas suffi pour éclairer ce tableau grandiose, les lueurs de l'aurore boréale essayaient de lutter avec l'astre des nuits. Un segment de cercle noir couronnait les montagnes du nord et faisait ressortir un arc d'une blancheur éblouissante, de tous les points duquel s'élançaient comme des fusées parées de toutes les couleurs du prisme, d'innombrables jets de lumière. Éclipsés par la lune et par l'aurore boréale, les étoiles scintillaient à peine dans tout le reste du firmament; mais, en revanche, dans l'espace obscur qui se trouvait à l'horizon, elles brillaient d'un éclat inaccoutumé. Cette illumination céleste, jointe aux pâles lumières que l'on voyait dans la ville, dans les habitations de la campagne et à bord des vaisseaux, formait un mélange de lueurs douteuses et indéfinies qui donnait à la scène quelque chose de féerique.

Il n'en fallait pas tant pour exciter l'enthousiasme de Charles et de sa sœur, et comme la goélette mouilla à l'entrée de la petite rivière, ils purent contempler longtemps la ville qui allait devenir leur résidence. Ce ne fut qu'au jour, et même assez tard dans la matinée, que le petit vaisseau put s'approcher et prendre sa place parmi les nombreuses embarcations de tout genre qui se pressaient sur la grève à laquelle l'ancienne résidence des intendants français a laissé le nom de *Palais*.

Un spectacle un peu moins enchanteur que celui de la nuit s'offrit à Louise. Cet endroit était un de ceux qui pouvaient le mieux lui donner un avant-goût du bruit et des misères de la ville. Sur la place de la grève, sur les quais voisins, et dans les rues étroites qu'il lui fallut parcourir, s'agitait une foule bruyante, bigarrée de costumes étrangers, parlant et entremêlant deux idiomes différents, appliquant à mille occupations diverses cet empressement brutal qui forme un si grand contraste avec les travaux lents et paisibles de la campagne.

460

d'une eau s... ...c,
où il n'y a point d'aqu...
dans la langue de la fière A...

Ici, c'étaient des sauvages avec leurs capots ...,
dans des couvertes blanches; là, c'étaient des soldats anglais ...
uniforme écarlate, qui souvent tranchait vivement et de près sur lesdites
couvertes blanches. Des émigrés irlandais, portant l'habit bleu ou vert et la
culotte courte traditionnelle, celle-ci boutonnée assez souvent sur la jambe
nue, ce qui leur a fait donner par les Canadiens le sobriquet ironique de
bas-de-soie (lucus à non Lucendo); des femmes enveloppées de manteaux
bleus, quelques-unes portant le plus jeune de leurs enfants sur leur dos, à la
manière des sauvages et des bohémiens; des *habitants* aux vêtements de gros
drap gris de fabrique domestique, à la tuque bleue ou rouge, au tablier de
cuir, et aux grandes bottes rouges, rattachées par une courroie à la ceinture,
rouge aussi, le fouet sous le bras, et la pipe à la bouche; des *habitantes* à la
jupe de *droguet*, au mantelet d'indienne, au large chapeau de paille, aussi
vives et caquetantes que leurs maris semblaient insoucieux et taciturnes; des
voyageurs des pays d'en haut, célèbres dans toute l'Amérique comme un type
unique dans son genre, fiers et goguenards, avec leurs chapeaux chargés de
rubans et crânement posés sur le coin de l'oreille, leurs chemises et leurs
cravates éclatantes, et leurs belles et larges ceintures de *poil de chèvre* aux
flèches de mille couleurs; tout ce monde se mêlait à la population de la ville,
qui, ouvrière ou bourgeoise, française ou anglaise, se faisait également remarquer par une propreté exquise, une mise et une tenue décentes et même un
peu recherchées.

Tout ce peuple parlait, criait, bruissait, bourdonnait, allait et venait, et
au milieu du vacarme et du mouvement auquel se mêlaient les piétinements
et les cris des animaux que l'on conduisait au marché, Louise croyait sincèrement qu'elle allait perdre la tête et ne pourrait jamais se frayer un chemin.

Heureusement que leur bon ami Jean Guilbault se trouvait là, avec deux
calèches et une charrette qu'il avait eu le soin de retenir d'avance. Le jeune
disciple d'Esculape monta dans l'une des calèches avec madame Guérin,
Charles prit place dans l'autre véhicule avec sa sœur, et l'oncle Charlot prit
soin de la charrette, dans laquelle il eut bientôt fait placer tout le bagage que
l'on avait à bord de la goélette.

ANTOINE GÉRIN-LAJOIE (1824-1882)

De tous les romans du XIXᵉ siècle, *Les Anciens Canadiens* excepté, *Jean Rivard* (1862-1864) est celui qui a obtenu le plus de succès, si l'on en juge d'après le nombre d'éditions ou de réimpressions qu'il a connues: pas moins de vingt-quatre jusqu'à nos jours. Antoine Gérin-Lajoie, homme de lettres représentatif des écrivains de son époque, c'est-à-dire voué aux intérêts de sa nation, s'était fait connaître dès ses années de collège en composant *Un Canadien errant* (1842) et *Le Jeune Latour* (1844), première tragédie canadienne. Avec *Jean Rivard*, il veut enseigner à ses compatriotes, en mal d'émigrer de la campagne à la ville ou aux États-Unis par suite de l'encombrement des professions libérales et du surpeuplement des vieilles seigneuries, le chemin du bonheur et du patriotisme, tel qu'il le voit à la portée de tous et tel qu'il le rêve, lui, citadin nostalgique parce que campagnard déraciné. Son roman reprend et développe l'esquisse de solution que l'épilogue de *Charles Guérin* proposait pour certains problèmes nationaux du milieu du siècle dernier. Un jeune homme de dix-neuf ans quitte le collège et la ferme de sa mère, s'enfonce dans les bois, commence d'y défricher un lopin de terre, se marie deux ans plus tard, devient maire de la paroisse à laquelle ses efforts ont donné naissance, puis député de son comté, fonction qui le désabuse de la vie politique; après quinze ans de travail, ce jeune homme apparaît comme une sorte de *gentleman farmer* qui contribue à bâtir son pays en menant dans la joie, entouré de sa famille et de ses livres, une vie saine, grâce à l'alternance du travail physique et de la réflexion intellectuelle.

LE JEUNE LATOUR
[Acte III, scène II]

Le fils incorruptible*

(En 1629, au Cap-de-Sable (Acadie), Roger Latour résiste à son père qui d'abord l'invite, puis tente de le forcer à trahir son pays en se vendant aux Anglais comme lui-même l'a fait.)

LE PÈRE

Ô Roger, je t'implore,
Épargne-moi l'horreur de combattre mon fils.

ROGER

Mon père, mes tourments ne sont donc pas finis?
Si je perds mon honneur vous en serez la cause!

LE PÈRE

Je veux tout obtenir, et je ne me repose
Que lorsque j'aurai vu couronner mes combats.

ROGER

À vos premiers projets vous ne renoncez pas?
Ô mon père! s'il faut que je vous sacrifie

462

Un bien qui m'est plus cher que celui de la vie...
Je n'en ai pas le droit.

LE PÈRE

Mais quel est donc ce bien?

ROGER

C'est mon devoir.

LE PÈRE

Quoi donc! pour toi je ne suis rien!

ROGER

Oui, vous êtes pour moi tout après ma patrie.

LE PÈRE

Ce que je te demande, est-ce une perfidie?

ROGER

J'enfreindrais les serments que j'ai faits à mon roi;
Auprès de mon pays je trahirais ma foi.

LE PÈRE

Qu'en résulterait-il? une légère offense.

ROGER

La fureur, des remords, la peur de la vengeance,
Le cri de mon honneur, le désespoir enfin.

LE PÈRE

Non, livrez-moi ce fort, livrez-moi ce terrain,
C'est tout ce que je veux.

ROGER

Ô désir trop funeste!
Vous allez me ravir tout l'espoir qui me reste.

LE PÈRE

Roger, perdre ce Cap, est-ce un si grand malheur?

ROGER

Vous le livrer serait vous livrer mon honneur.
Ce sol n'est pas à moi, mais il est à la France;
Louis en est le maître, et j'en ai la défense.

LE PÈRE

L'honneur! c'est un vain nom que la langue des rois
Se plaît à répéter pour soutenir leurs droits

463

Contre ceux qu'établit l'auteur de la nature;
Ô vertu filiale, et si noble et si pure!

Mon père, écoutez-moi: le temps est précieux,
Je veux vous dire encor mes raisons et mes vœux.
S'il est vrai qu'aujourd'hui votre cœur me chérisse,
De moi n'exigez pas un si grand sacrifice.
Pour défendre ce sol contre des étrangers,
L'on a vu les Français affronter les dangers,
Ni les fers, ni la mort n'ébranlaient leur courage.
S'ils voyaient l'ennemi débarquer au rivage,
Ils s'armaient tout à coup, et ces preux combattants
Sur le champ de bataille allaient mourir contents,
Heureux de conserver aux dépens de leur vie
Un pays qu'ils aimaient comme une autre patrie.
Et moi j'irais, mon père, abjurant la pudeur,
Et de ces fils de Mars indigne successeur,
Sans respect pour mon nom, j'irais ternir la gloire
Attachée à ce Cap par plus d'une victoire?...
Tout ici parle d'eux: je regarde ce fort,
Ces remparts, ces maisons, ces murailles, ce port
Où pour votre malheur vos vaisseaux abordèrent,
Ces vastes bâtiments, ces champs qu'ils défrichèrent:
Mon père, ce sont là les fruits de leurs labeurs.
Pourrais-je, dites-moi, mépriser leurs sueurs
Au point de les offrir moi-même à l'Angleterre?
Puis-je dire aux Anglais: Occupez cette terre,
C'est moi qui la gouverne, et je puis volontiers
Moi-même en enrichir des peuples étrangers?
Que diriez-vous, héros de la Nouvelle-France?
Ah! vos mânes sanglants demanderaient vengeance!
Tu frémirais de rage, honneur de Saint-Malo,
Cartier, toi qui jadis arboras ton drapeau,
Le vieux drapeau français, sur cette vaste plage,
Après avoir bravé les autans et l'orage.
La Roche, au haut du ciel, en voyant ce forfait,
Tu gémirais aussi, ton cœur s'attristerait,
Toi pour qui notre sol offrait de si grands charmes
Qu'à son seul souvenir tu répandais des larmes!
Et toi surtout, Champlain, dont les soins paternels
Naguère protégeaient nos murs et nos autels!
Pour défendre Québec ton bras prenait la flamme,
Et le courage alors bouillonnait dans ton âme;
Et s'il fallut enfin succomber sous les coups,
Tu cherchas pour ta ville un destin noble et doux.
L'on ne t'attira point par quelque vile amorce,

Jamais tu n'as cédé que vaincu par la force.
Héros de mon pays, je veux suivre vos pas,
Ce Cap, rien ne pourra l'enlever à mon bras.
Qu'on le prenne de force; alors ma conscience,
Loin de me reprocher mon défaut de vaillance,
Lorsque je gémirai sur mon propre malheur,
Me rendra témoignage en calmant ma douleur.

JEAN RIVARD

Choix d'un état

(Le décès de son père oblige Jean Rivard, étudiant de rhétorique, à réorienter sa vie; sa mère avait espéré qu'il deviendrait prêtre, il se fera défricheur.)

S'il est dans la vie d'un jeune homme une situation pénible, inquiétante, c'est bien celle où se trouvait alors le pauvre Jean Rivard.

Il avait dix-neuf ans; la pensée de son avenir devait l'occuper sérieusement. Ne pouvant s'attendre à recevoir de personne autre chose que des conseils, il lui fallait, pour faire son chemin dans la vie, se reposer uniquement sur ses propres efforts. Or, disons-le à regret, l'instruction qu'il avait acquise, bien qu'elle eût développé ses facultés intellectuelles, ne lui assurait aucun moyen de subsistance. Il pouvait, à la rigueur, en sacrifiant son petit patrimoine, terminer son cours d'études classique, — et c'est ce que désiraient sa mère et ses autres parents, — mais il se disait avec raison que si sa vocation au sacerdoce n'était pas bien prononcée, il se trouverait après son cours dans une situation aussi précaire, sinon plus précaire que s'il n'eût jamais connu les premières lettres de l'alphabet.

La première chose qu'il décida fut donc de discontinuer ses études collégiales. Mais ce n'était pas là le point le plus difficile; il lui fallait de plus faire choix d'un état, démarche grave qu'un jeune homme ne peut faire qu'en tremblant, car de là dépend le bonheur ou le malheur de toute sa vie.

Le suprême ordonnateur de toutes choses a réparti chez ses créatures une diversité de talents et d'aptitudes conformes aux besoins des sociétés. Mais des circonstances particulières, une famille nombreuse, une grande gêne pécuniaire, le défaut de protection, et mille autres raisons forcent, hélas! trop souvent, de malheureux jeunes gens à embrasser une carrière où ils ne rencontrent que misère et dégoût. Trop souvent aussi, résistant à l'instinct qui les pousse vers un genre de vie plutôt que vers un autre, ils se laissent guider dans leur choix par des considérations de convenance, ou qui pis est, par une absurde et pernicieuse vanité.

Rarement le sage conseil du poète:

Soyez plutôt maçon, si c'est votre talent,

est écouté dans cette importante conjoncture.

Il existe aussi malheureusement chez nos populations rurales un préjugé funeste qui leur fait croire que les connaissances et l'éducation ne sont nullement nécessaires à celui qui cultive le sol: à quoi sert d'être savant, dira-t-on, pour manier le *manchon* de la charrue? Et rien n'est plus étrange aux yeux de certaines gens que de voir un jeune homme instruit ne pas faire choix d'une profession libérale.

Aussi les professions d'avocat, de notaire, de médecin, refuges obligés de tous les collégiens qui n'embrassent pas le sacerdoce, sont déjà tellement encombrées dans notre jeune pays qu'une grande partie de leurs membres ne peuvent y trouver le pain nécessaire à la vie matérielle. La carrière des emplois publics est pareillement encombrée; d'ailleurs, sans le secours de protecteurs puissants, un jeune homme ne peut rien attendre de ce côté. Le peu de considération accordée à la noble profession d'instituteur l'a fait regarder jusqu'à ce jour comme un pis-aller. L'arpentage, le génie civil, l'architecture ne sont une ressource que pour un très petit nombre d'individus. L'armée et la marine sont à peu près fermées à notre jeunesse.

Le pauvre Jean Rivard, obsédé de tous côtés par les donneurs d'avis, ne songea pas d'abord à braver le préjugé régnant, et quoiqu'il ne se sentît de vocation pour aucune des professions dont nous venons de parler, il songea à se faire admettre à l'étude du droit. La loi l'astreignait à cinq années de cléricature, mais il se flattait qu'après une première année passée chez son patron, il recevrait pour son travail une rémunération suffisante à ses dépenses d'entretien. Ce qui lui faisait aussi caresser ce projet, c'était la perspective de se retrouver avec son ami Gustave Charmenil, alors étudiant en droit à Montréal, ami intime, camarade d'enfance, compagnon de collège, dont le souvenir était encore tout chaud dans sa mémoire.

Cependant Jean Rivard ne voulut en venir à aucune détermination arrêtée avant d'avoir consulté le plus ancien ami de son père, M. l'abbé Leblanc, curé de Grandpré; car, dans nos paroisses canadiennes, le curé est presque toujours regardé comme le conseiller indispensable, le juge en dernier ressort, dans toutes les importantes affaires de famille.

Jean Rivard n'eut rien à apprendre à monsieur le curé qui avait déjà tout appris par la rumeur publique.

« Je m'attendais à votre visite, mon jeune ami, lui dit le vénérable prêtre, et je suis heureux de vous voir. J'ai pensé tous les jours à vous depuis un mois; j'ai partagé vos inquiétudes, vos embarras, et puisque vous venez, suivant votre coutume, me demander mon avis, je vous dirai franchement et sans détour, que nous n'en sommes pas venus tous deux à la même conclusion. Votre projet d'étudier le droit ne me sourit pas, je vous l'avoue. Vous savez que j'ai moi-même étudié cette profession avant d'entrer dans les ordres; je puis par conséquent vous parler en homme qui possède une certaine connaissance de son sujet. » Il se fit un moment de silence.

« Je ne vous cacherai pas, continua le curé, que cette carrière me souriait comme à vous, lorsque, il y a bientôt trente ans, je quittai le collège; elle sourit à presque tous les jeunes gens qui ont de l'ambition et qui se croient destinés à jouer un rôle dans les affaires de leur pays. Rien n'éblouit comme l'art de la parole, et c'est le plus souvent parmi les avocats qu'on rencontre les hommes qui exercent ce talent avec le plus de puissance.

« Il faut avouer que cette profession offre des avantages réels. L'étude de la loi exerce le jugement; l'habitude du raisonnement et de la discussion, donne par degré à l'homme doué de talents naturels une grande vigueur d'esprit, et une subtilité d'argumentation qui le font sortir vainqueur de presque toutes les luttes qui requièrent l'exercice des facultés intellectuelles.

« Dans l'étude de ses moyens, voyez-vous, l'avocat est sans cesse excité par deux des plus puissants mobiles du cœur humain, l'orgueil et l'amour du gain: sa raison, toujours tendue pour ainsi dire, prend graduellement de la force, comme le bras du forgeron qui se durcit chaque jour par le travail; et après un certain nombre d'années, surtout s'il a fait fortune et s'il jouit d'une forte santé, il peut déployer ses talents sur un plus grand théâtre. Partout les hommes d'État se recrutent, à quelques exceptions près, dans cette classe privilégiée.

« Vous voyez que je ne cherche pas à nier les avantages de la profession. Disons pourtant, puisque nous en sommes à considérer le pour et le contre, qu'on reproche aux avocats, devenus hommes publics, de rapetisser les grandes questions de politique, de les envisager d'un point de vue étroit, surtout de faire emploi de petits moyens, de ces raisons futiles connues sous le terme d'objections à la forme et qui dénotent chez leurs auteurs plus de subtilité d'esprit que de libéralité et de largeur de vues. Ces messieurs ont bien quelquefois leurs petits ridicules. Vous vous rappelez ce passage de Timon:

Les avocats parlent pour qui on veut, tant qu'on veut, sur ce qu'on veut, etc., etc.

et vous avez lu sans doute son chapitre sur l'éloquence du barreau.

— Je vous avouerai, M. le Curé, dit Jean Rivard, que l'amour des honneurs n'est pour rien dans le choix que j'ai voulu faire; je n'ai pas la prétention de faire un orateur ni un homme politique. Mon but, hélas! est peut-être moins élevé, moins noble: j'ai cru voir dans cette carrière un acheminement à la fortune, et un moyen d'aider à l'établissement de mes jeunes frères.

— Venons-en donc à cette question, puisqu'elle est la plus intéressante pour vous. Vous avouez qu'en vous lançant dans cette carrière vous avez, comme tous vos confrères, l'espoir d'y faire fortune; vous pourriez être un de ces rares privilégiés, bien que vous admettiez vous-même que vous ne possédez pas cette assurance, ni cette facilité d'expression qui font les avocats éminents. Mais il est un moyen assez simple de vous éclairer sur ce sujet. Prenez la liste des avocats admis depuis vingt ans aux divers barreaux de la province, et voyez dans quelle proportion se trouvent ceux qui vivent exclusivement de l'exercice de leur profession. Je ne pense pas me tromper en disant que c'est à peine si vous en trouvez un quart. Les trois autres quarts, après avoir attendu pendant plusieurs années une clientèle toujours à venir, se retirent découragés. Les uns se jetteront dans le journalisme, d'autres dans le commerce ou dans des spéculations plus ou moins licites; celui-ci cherchera un emploi dans les bureaux publics, celui-là ira cacher son désappointement dans un pays étranger; un grand nombre resteront à charge à leurs parents ou à leurs amis; les autres, abreuvés de dégoûts et d'ennuis, se laisseront aller à la dissipation, à la débauche, et finiront misérablement. Car sachez bien, mon ami, que les avocats de premier ordre, c'est-à-dire, les avocats de talents transcendants, sont presque seuls à recueillir les avantages attachés à la profession. César préférait être le premier dans une bicoque que le second dans Rome; pour ma part, je crois que sans avoir l'ambition de César, on peut être justifiable de préférer occuper le premier rang dans un état quelconque que le second dans la profession d'avocat.

« Une autre importante considération, mon enfant, c'est qu'il n'est guère possible à un jeune homme sans moyens pécuniaires, de faire une étude suffisante de la profession, ni de se créer ensuite une clientelle s'il n'a pas de protecteurs ou d'amis influents.

— Mais ne croyez-vous pas qu'après une première année passée dans un bureau d'avocat, je serais en état de subvenir à mes dépenses?

— J'admets que la chose est possible, mais il y a dix chances contre une que votre espoir sera déçu. Peut-être après de longues et ennuyeuses démarches, trouverez-vous à enseigner le français dans une famille, à tenir les livres d'un marchand ou à faire quelque autre travail analogue; mais cet avantage même, qui ne se rencontre que rarement, sera cause que vous négligerez vos études professionnelles. Vous savez le proverbe: on ne peut courir deux lièvres à la fois. J'ai connu des jeunes gens d'une grande activité d'esprit, pleins d'ardeur pour l'étude, qui se seraient probablement distingués au barreau, s'ils avaient pu faire une cléricature régulière, mais qui, obligés pour vivre, de se faire copistes, instituteurs, traducteurs, ou d'écrire pour les gazettes, ne purent acquérir une connaissance suffisante de la procédure et de la pratique, et durent se résigner bon gré mal gré à tenter fortune ailleurs. Car, sachez-le bien, mon ami, aucun état ne demande un apprentissage plus sérieux, plus consciencieux.

« Or, la somme nécessaire à la pension et à l'entretien d'un étudiant pendant quatre ou cinq années de cléricature, celle encore plus considérable qu'il doit consacrer à l'acquisition de livres, à l'ameublement de son bureau, et à attendre patiemment la clientelle tant désirée, tout cela réuni forme un petit capital qui, appliqué à quelque utile industrie, peut assurer l'avenir d'un jeune homme. »

Le pauvre Jean Rivard, qui songeait à ses cinquante louis, se sentit intérieurement ébranlé et fut sur le point de déclarer aussitôt qu'il renonçait à son projet; mais monsieur le curé continua:

« Puis, mon ami, comptez-vous pour rien tous les tourments d'esprit inséparables de cette existence précaire? Comptez-vous pour rien la privation des plaisirs du cœur, des jouissances de la vie de famille pendant les plus belles années de votre séjour sur la terre? Car, même en supposant que vous seriez un des privilégiés de votre ordre, vous vous rendrez à trente ans et peut-être plus loin, avant de pouvoir vous marier. La vanité, les exigences sociales sont pour beaucoup, il est vrai, dans cette fatale et malheureuse nécessité, mais le fait existe, et vous ne serez probablement pas homme à rompre en visière aux habitudes de votre classe. »

Cette dernière considération était de nature à faire une forte impression sur Jean Rivard, comme on le comprendra plus tard.

« Il y a enfin, mon cher enfant, ajouta le bon prêtre, une autre considération dont on ne s'occupe guère à votre âge, mais qui me paraît à moi plus importante que toutes les autres; c'est que la vie des villes expose à toutes sortes de dangers. Sur le grand nombre de jeunes gens qui vont y étudier des professions, ou y apprendre le commerce, bien peu, hélas! savent se préserver de la contagion du vice. Ils se laissent entraîner au torrent du mauvais exemple. Puis, dans les grandes villes, voyez-vous, les hommes sont séparés pour ainsi dire de la nature; l'habitude de vivre au milieu de leurs propres ouvrages les éloigne de la pensée de Dieu. S'ils pouvaient comme nous admirer chaque jour les magnificences de la création, ils s'élèveraient malgré eux jusqu'à l'auteur de toutes choses, et la cupidité, la vanité, l'ambition, les vices qui les tourmentent sans cesse n'auraient plus autant de prise sur leurs cœurs... »

Le bon prêtre allait continuer ses réflexions, lorsque Jean Rivard se levant:

« Monsieur le curé, dit-il, vos réflexions sont certainement bien propres à me convaincre que je me suis laissé entraîner dans une fausse voie. Veuillez en accuser mon peu d'expérience, et croyez que je suis prêt à abandonner sans hésitation, sans arrière-pensée, un projet pour lequel je ne sens d'ailleurs aucun enthousiasme. Mais, en renonçant à ce dessein, je retombe dans les soucis, dans les embarras qui m'ont tourmenté depuis la mort de mon père. C'est une terrible chose, M. le curé, pour un jeune homme sans fortune et sans expérience, que d'avoir à se décider sur le choix d'un état.

« Personne, mon enfant, ne comprend cela mieux que moi, et je vous dirai que le grand nombre de jeunes gens qui sortent chaque année de nos collèges m'inspirent la plus profonde compassion. Au point où nous en sommes rendus, si par un moyen ou par un autre on n'ouvre avant peu à notre jeunesse de nouvelles carrières, les professions libérales vont s'encombrer d'une manière alarmante, le nombre de têtes inoccupées ira chaque jour grossissant et finira par produire quelque explosion fatale.

« Si vous me demandez d'indiquer un remède à cet état de choses, je serai bien obligé de confesser mon impuissance. Néanmoins, après y avoir mûrement réfléchi, et avoir fait de cette question l'objet de mes méditations pendant de longues années, j'en suis venu à la conclusion que le moyen le plus naturel et le plus efficace, sinon d'arrêter tout-à-fait le mal, au moins de le neutraliser jusqu'à un certain point, c'est d'encourager de toutes manières et par tous moyens la jeunesse instruite de nos campagnes à embrasser la carrière agricole.

« C'est là, suivant moi, le moyen le plus sûr d'accroître la prospérité générale tout en assurant le bien-être des individus, et d'appeler sur la classe la plus nombreuse de notre population la haute considération dont elle devrait jouir dans tous les pays. Je n'ai pas besoin de vous répéter tout ce qu'on a dit sur la noblesse et l'utilité de cette profession. Mais consultez un moment les savants qui se sont occupés de rechercher les causes de la prospérité des nations, et vous verrez que tous s'accordent à dire que l'agriculture est la première source d'une richesse durable; qu'elle offre plus d'avantages que tous les autres emplois; qu'elle favorise le développement de l'intelligence plus que toute autre industrie; que c'est elle qui donne naissance aux manufactures de toutes sortes; enfin qu'elle est la mère de la prospérité nationale, et pour les particuliers la seule occupation réellement indépendante. L'agriculteur qui vit de son travail peut dire avec raison qu'« il ne connaît que « Dieu pour maître. » Ah! s'il m'était donné de pouvoir me faire entendre de ces centaines de jeunes gens qui chaque année quittent nos campagnes pour se lancer dans les carrières professionnelles, commerciales, ou industrielles, ou pour aller chercher fortune à l'étranger, je leur dirais: ô jeunes gens, mes amis, pourquoi désertez-vous? pourquoi quitter nos belles campagnes, nos superbes forêts, notre belle patrie pour aller chercher ailleurs une fortune que vous n'y trouverez pas? Le commerce, l'industrie vous offrent, dites-vous, des gages plus élevés, mais est-il rien d'aussi solide que la richesse agricole? Un cultivateur intelligent voit chaque jour augmenter sa richesse, sans craindre de la voir s'écrouler subitement; il ne vit pas en proie aux soucis dévorants; sa vie paisible, simple, frugale, lui procure une heureuse vieillesse.

« Vous ne doutez pas, mon jeune ami, de l'intérêt que je vous porte. Eh bien! je suis tellement persuadé que cette carrière, tout humble qu'elle puisse paraître à vos yeux, est préférable aux professions libérales, au moins pour la plupart des jeunes gens, que je n'hésite pas un instant à vous recommander de l'embrasser, malgré toutes les objections que l'on pourra vous faire. Pour avoir étudié pendant quelques années, ne vous en croyez pas moins apte à la culture de la terre. Au contraire, mon ami, l'étude a développé vos facultés naturelles, vous avez appris à penser, à méditer, à calculer, et nul état ne demande plus d'intelligence que celui de l'agriculteur. Si cet art n'a pas fait de plus rapides progrès parmi nous, il faut en accuser en grande partie la malheureuse répugnance qu'ont montrée jusqu'aujourd'hui nos hommes instruits à se dévouer à cette honorable industrie. Bravez, le premier, mon jeune ami, ce préjugé funeste, d'autres vous imiteront bientôt et en peu d'années l'agriculture sera régénérée. »

Chacune de ces paroles allait au cœur de Jean Rivard. C'était bien là son rêve de tous les jours, son idée favorite. Mais chaque fois qu'il en avait parlé dans sa famille, son projet avait excité de telles clameurs qu'il n'osait plus revenir sur ce sujet. D'ailleurs une difficulté existait à laquelle ne songeait pas le bon curé: comment, avec la petite somme de cinquante louis, songer à devenir propriétaire à Grandpré, lorsqu'une ferme de dimension ordinaire n'y pouvait coûter moins de douze à quinze mille francs[1], sans compter la somme nécessaire à l'acquisition du matériel agricole et des animaux indispensables à l'exploitation?

Jean Rivard passa donc encore plusieurs mois à considérer sa situation, à faire des projets de toutes sortes, à chercher tous les moyens imaginables de sortir d'embarras. Parfois le découragement s'emparait de son âme et l'avenir s'offrait à ses regards sous les couleurs les plus sombres. Eh quoi! se

---

1. On conserve encore la coutume dans les paroisses canadiennes éloignées des villes de compter par francs dans les conventions relatives aux biens-fonds.

disait-il, serai-je condamné à travailler comme journalier, comme homme de peine, dans les lieux mêmes où mon père cultivait pour son propre compte? La pensée d'émigrer, de s'expatrier, lui venait bien quelquefois, mais il la repoussait aussitôt comme anti-patriotique, anti-nationale.

Bonheur de l'homme des champs*

(Lettre de Gustave Charmenil, étudiant en droit, à son ami, Jean Rivard.)

Mon cher ami,

J'ai reçu ta lettre où tu m'annonces que tu te fais défricheur. Tu parais croire que ton projet va rencontrer en moi un adversaire acharné; loin de là, mon cher, je t'avouerai franchement que si je n'avais pas déjà fait deux années de cléricature, et surtout si j'avais comme toi cinquante louis à ma disposition, je prendrais peut-être aussi la direction des bois, malgré mes goûts prononcés pour la vie spéculative et intellectuelle. Tu ne saurais croire combien je suis dégoûté du monde. Je te félicite de tout mon cœur de n'avoir pas suivi mon exemple. Si je te racontais toutes mes misères, tous mes ennuis, tous mes déboires depuis le jour où j'ai quitté le collège, tu me plaindrais sincèrement, tu en verserais des larmes peut-être, car je connais ton bon cœur. Ah! mon cher ami, ces heures délicieuses que nous avons passées ensemble, à gamba- der à travers les bosquets, à nous promener dans les allées du grand jardin, à converser sur le gazon ou sous les branches des arbres, nos excursions les jours de congé dans les vertes campagnes, sur les rivages du lac ou sur les bords pittoresques de la rivière, tous ces plaisirs si doux me reviennent sou- vent à la mémoire comme pour contraster avec ma situation présente. Te le dirai-je, mon bon ami? ce bel avenir que je rêvais, cette glorieuse carrière que je devais parcourir, cette fortune, ces honneurs, ces dignités que je devais conquérir, tout cela est maintenant relégué dans le domaine des illusions. Sais-tu à quoi ont tendu tous mes efforts, toutes les ressources de mon esprit, depuis deux ans? À trouver les moyens de ne pas mourir de faim. C'est bien prosaïque, n'est-ce pas? C'est pourtant là, mon cher ami, le sort de la plupart des jeunes gens qui, après leurs cours d'études, sont lancés dans les grandes villes, sans argent, sans amis, sans protecteurs, et sans expérience de la vie du monde. Ah! il faut bien bon gré mal gré dire adieu à la poésie, aux jouissances intellectuelles, aux plaisirs de l'imagination, et, ce qui est plus pénible encore, aux plaisirs du cœur. Ce que tu me racontes de tes amours, des charmes ingénus de ta Louise, de votre attachement avoué l'un pour l'autre, de ton espoir d'en faire avant peu ta compagne pour la vie, tout cela est bien propre à me faire envier ton sort. Oui, je sais que tu seras heureux, comme tu mérites de l'être: quoique moins âgé que moi de plusieurs années, tu goûteras tout le bonheur d'une tendresse partagée, d'une union durable, quand moi j'en serai encore à soupirer... Tu es peut-être curieux de savoir si depuis deux ans que je suis dans le monde je n'ai pas contracté un attachement quelconque? Je n'imiterais pas ta franchise si je te disais que non; mais, mon cher, le sentiment que j'éprouve ne saurait être partagé puisque la personne que j'aime ne le sait pas et ne le saura jamais. Imagine-toi, que dès les premiers temps de mon séjour ici, je voyais tous les dimanches, à l'église, tout près du banc où j'entendais la messe, une jeune fille de dix-huit à vingt ans dont la figure me rappelait involontairement tout ce que j'avais lu et rêvé de la figure des anges: des traits de la plus grande délicatesse, un teint de rose, de beaux grands yeux noirs, une petite taille mignonne, de petites mains d'enfant, et comme diraient les romanciers, des lèvres de carmin, un cou d'albâtre, des dents d'ivoire, etc. Mais son maintien réservé, sa piété, (car durant toute la messe on ne pouvait lui voir tourner la tête, et son esprit était évidemment en rapport avec les chœurs célestes et les vierges de l'empyrée,) excitèrent mon admiration encore plus que sa beauté. On m'assure que parmi les jeunes demoiselles qui vont à l'église le dimanche quelques-unes ont en vue de s'y faire voir et d'y déployer le luxe de leurs toilettes; mais ce n'était assurément pas le cas pour ma belle inconnue. Tu ne me croiras peut-être pas quand je te dirai que sa présence m'inspirait de la dévotion. Je ne m'imaginai pas d'abord que ce sentiment d'admiration et de respect que j'éprouvais pût se changer en amour; mais je reconnus plus tard mon erreur. Le besoin de l'apercevoir tous les dimanches à l'église devint bientôt si fort que son absence me désappointait et me rendait tout triste. Lorsqu'elle sortait de l'église je la suivais de loin pour le seul plaisir de la voir marcher et de toucher de mon pied la pierre que le sien avait touchée. Le suprême bonheur pour moi eût été, je ne dis pas d'être aimé d'elle, mais d'avoir seulement le plus petit espoir de l'être un jour. Ma vie passée avec elle, c'eût été le paradis sur la terre. Mais ce bonheur je ne le rêvais même pas. Pourquoi me serais-je laissé aller à ce songe enchanteur, moi, pauvre jeune homme qui ne pouvais avant dix ans songer à m'établir? D'ici là, me disais-je, elle se mariera: elle fera le bonheur de quelque jeune homme plus fortuné que moi; elle ne saura jamais que le pauvre étudiant qui entendait la messe tout près d'elle à l'église fut celui qui l'aima le premier et de l'amour le plus sincère. Je n'ai pas honte, mon cher ami, de te faire cette confidence, car j'ai la conscience que le sentiment que j'éprouve n'a rien de répréhensible. Tu trouves sans doute étrange que je n'aie pas cherché, sinon à faire sa connaissance, du moins à savoir son nom, le nom de sa famille? C'est pourtant bien le cas, mon cher ami; non seulement je ne l'ai pas cherché, mais j'ai soigneusement évité de faire la moindre question à cet égard; tu es même le seul à qui j'aie jamais fait cette confidence. Je préfère ignorer son nom. Que veux-tu! c'est bien triste, mais ce n'en est pas moins vrai, les plaisirs du cœur me sont interdits et me le seront encore pendant les plus belles années de ma vie...

Ô heureux, mille fois heureux le fils du laboureur qui, satisfait du peu que la providence lui a départi, s'efforce de l'accroître par son travail et son industrie, se marie, se voit revivre dans ses enfants, et passe ainsi des jours paisibles, exempts de tous les soucis de la vanité, sous les ailes de l'amour et de la religion. C'est une bien vieille pensée que celle-là, n'est-ce pas? elle est toujours vraie cependant. Si tu savais, mon cher ami, combien de fois je répète le vers de Virgile:

Heureux l'homme des champs, s'il savait son bonheur!

Ce qui me console un peu, mon cher ami, c'est que toi au moins tu seras heureux: tu es tenace et courageux; tu réussiras, j'en ai la certitude. Donne-moi de tes nouvelles de temps à autre et sois sûr que personne ne prend plus d'intérêt que moi à tes succès comme défricheur, et à ton bonheur futur comme époux.

Ton ami dévoué,

GUSTAVE CHARMENIL

Malheur du citadin*

(Lettre de Gustave Charmenil, citadin, à Jean Rivard, défricheur.)

Mon cher ami,

Toujours gai, toujours badin, même au milieu des plus rudes épreuves, tu es bien l'être le plus heureux que je connaisse. Il est vrai que le travail, un travail quelconque, est une des principales conditions du bonheur; et lorsque à cela se joint l'espérance d'améliorer, d'embellir chaque jour sa position, le contentement intérieur doit être à peu près complet. Je te trouve heureux, mon cher Jean, d'avoir du travail: n'en a pas qui veut. J'en cherche en vain depuis plusieurs mois, afin d'obtenir les moyens de terminer ma cléricature. J'ai frappé à toutes les portes. J'ai parcouru les bureaux de tous les avocats marquants, ne demandant rien de plus en échange de mes services que ma nourriture et le logement; partout on m'a répondu que le nombre des clercs était déjà plus que suffisant. J'ai visité les bureaux des cours de justice et ceux de l'enregistrement: même réponse. Hier j'ai parcouru tous les établissements d'imprimerie, m'offrant comme correcteur d'épreuves, mais sans obtenir plus de succès.

Invariablement, chaque matin, je pars de ma maison de pension, et m'achemine vers les rues principales dans l'espoir d'y découvrir quelque chose à faire.

Souvent je me rends jusqu'à la porte d'une maison où je me propose d'entrer, mais la timidité me fait remettre au lendemain, puis du lendemain à un autre jour jusqu'à ce que je finisse par renoncer tout-à-fait à ma démarche.

J'ai été jusqu'à m'offrir comme instituteur dans une campagne des environs, sans pouvoir être accepté à cause de ma jeunesse et de mon état de célibataire.

Je passe des journées à chercher, et le soir je rentre chez moi la tristesse dans le cœur. Parmi ceux à qui je m'adresse, les uns me répondent froidement qu'ils n'ont besoin de personne, les autres me demandent mon nom et mon adresse, les plus compatissants laissent échapper quelques mots de sympathie. Mais je suis à peine sorti qu'on ne pense plus à moi. Ah! je me suis dit souvent qu'il n'est pas de travail plus pénible que celui de chercher du travail. Un ingénieux écrivain a fait un livre fort amusant intitulé: *Jérôme Paturot à la recherche d'une position sociale*; j'en pourrais faire un, moins amusant

473

mais beaucoup plus vrai, intitulé: *Gustave Charmenil à la recherche d'un travail quelconque*. Tu sais que j'ai toujours été timide, gauche: je ne suis guère changé sous ce rapport; je crois même que ce défaut qui nuit beaucoup dans le monde s'accroît chez moi de jour en jour. Te dirai-je une chose, mon cher ami? J'en suis venu à croire que, à moins d'avoir un extérieur agréable, une certaine connaissance du monde, une mise un peu élégante, et surtout une haute idée de soi-même et le talent de se faire valoir, il n'est guère possible de parvenir, ou comme on dit parmi nous, de « faire son chemin. » Le révolutionnaire Danton prétendait que pour réussir en révolution il fallait de l'audace, de l'audace et toujours de l'audace; on pourrait adoucir un peu le mot et dire que pour réussir dans le monde il faut du front, du front, beaucoup de front. J'en connais, mon cher ami, qui, grâce à cette recette, font chaque jour des merveilles.

L'agitation d'esprit dans laquelle je vis ne me permet de rien faire à tête reposée. Je ne puis pas même lire; si je prends un livre, mes yeux seuls parcourent les lignes, mon esprit est ailleurs. Je ne puis rien écrire, et cette époque est complètement stérile pour ce qui regarde mon avancement intellectuel.

Et pendant tout ce temps je suis seul à m'occuper ainsi de moi; pas un être au monde ne s'intéresse activement à mon sort, à moi qui aurais tant besoin de cela!

Mais ne va pas croire, mon cher ami, que je sois le seul à me plaindre. Une grande partie des jeunes gens instruits, ou qui se prétendent instruits, sont dans le même cas que moi, et ne vivent, suivant l'expression populaire, qu'en « tirant le diable par la queue. » Qu'un mince emploi de copiste se présente dans un bureau public, pas moins de trois ou quatre cents personnes le solliciteront avec instance. Vers la fin de l'hiver on rencontre une nuée de jeunes commis-marchands cherchant des situations dans les maisons de commerce; un bon nombre sont nouvellement arrivés de la campagne, et courent après la toison d'or; plusieurs d'entre eux en seront quittes pour leurs frais de voyage; parmi les autres, combien végèteront? combien passeront six, huit, dix ans derrière un comptoir avant de pouvoir ouvrir boutique à leur propre compte? Puis parmi ceux qui prendront à leur compte combien résisteront pendant seulement trois ou quatre ans? Presque tous tomberont victimes d'une concurrence ruineuse ou de l'inexpérience, et seront condamnés à une vie misérable. Ah! si tu savais, mon cher, que de soucis, de misère, se cachent quelquefois sous un paletot à la mode! Va, sois sûr d'une chose: il y a dans la classe agricole, avec toute sa frugalité, sa simplicité, ses privations apparentes, mille fois plus de bonheur et je pourrais dire de véritable aisance, que chez la grande majorité des habitants de nos cités, avec leur faste emprunté et leur vie de mensonge.

Quand je vois un cultivateur vendre sa terre à la campagne pour venir s'établir en ville, en qualité d'épicier, de cabaretier, de charretier, je ne puis m'empêcher de gémir de douleur. Voilà donc encore, me dis-je, un homme voué au malheur! Et il est rare qu'en effet cet homme ne soit pas complètement ruiné après trois ou quatre années d'exercice de sa nouvelle industrie.

Et ses enfants, que deviennent-ils? Dieu le sait.

Plus j'y songe, mon cher ami, plus j'admire le bon sens dont tu as fait preuve dans le choix de ton état. Et quand je compare ta vie laborieuse, utile, courageuse, à celle d'un si grand nombre de nos jeunes muscadins qui ne semblent venus au monde que pour se peigner, se parfumer, se toiletter, se dandiner dans les rues... oh! je me sens heureux et fier d'avoir un ami tel que toi.

Je suis tellement dégoûté de la vie que je mène, mon cher Jean, que si je me sentais la force physique nécessaire, je te prierais de m'adjoindre à ton Pierre Gagnon qui, d'après le portrait que tu m'en fais, est bien l'homme le plus complètement heureux qu'il soit possible de trouver. Où donc le bonheur va-t-il se nicher? Mais je ne te serais guère utile, au moins pendant longtemps; je n'ai plus cette santé robuste dont je jouissais au collège. Les soucis, les inquiétudes ont affaibli mon estomac; ma digestion ne se fait plus qu'avec peine. Je souffre déjà de cette maladie si commune parmi les gens de ma classe, la dyspepsie. Quelle différence encore entre toi et moi sous ce rapport! Tes forces, me dis-tu, s'accroissent de jour en jour, tu possèdes un estomac d'autruche, et tu ignores encore ce que c'est qu'une indisposition même passagère. Ah! mon cher ami, que je te félicite! La santé, vois-tu, je l'entends dire tous les jours, et avec vérité, c'est le premier des biens terrestres.

Tu veux absolument que je te donne des nouvelles de ma *Belle inconnue*. Eh bien! mon cher ami, je continue à la voir chaque dimanche à l'église, et j'en suis de plus en plus épris. J'ai fait un grand pas cependant depuis que je t'ai écrit; je sais maintenant où elle demeure. J'ai été assez hardi un jour pour la suivre (de fort loin, bien entendu) jusqu'à un bloc de grandes maisons en pierre de taille à trois étages, dans un des quartiers fashionables de la cité. Je la vis franchir le seuil de l'une des portes et entrer lestement dans la maison. Plusieurs fois ensuite, je la vis entrer par la même porte, de sorte que je n'eus plus de doute sur le lieu de sa résidence. Je puis maintenant diriger vers ce lieu poétique mes promenades du soir; durant les heures d'obscurité, je passe et repasse, sans être remarqué, vis-à-vis cette maison où elle est, où elle respire, où elle parle, où elle rit, où elle brode... N'est-ce pas que ce doit être un petit paradis? J'entends quelquefois dans le salon les sons du piano et les accents d'une voix angélique, je n'ai aucun doute que ce ne soit celle de ma belle inconnue. Imagine-toi que l'autre soir, comme je portais mes regards vers une des fenêtres de la maison, les deux petits volets intérieurs s'ouvrirent tout-à-coup et j'aperçus... tu devines?... ma belle inconnue en corps et en âme se penchant pour regarder dehors!... Tu peux croire si le cœur me bondit. Je fus tellement effrayé que je pris la fuite comme un fou, sans trop savoir où j'allais, et je ne suis pas retourné là depuis. J'y retournerai toutefois, mais je ne veux pas savoir son nom. Ah! quand on aime comme moi, mon cher ami, qu'il est triste d'être pauvre!

Adieu et au revoir.

GUSTAVE CHARMENIL

Le mariage et la noce

(Deux après avoir quitté sa vieille paroisse de Grandpré pour aller défricher un lot dans les bois du canton de Bristol, Jean Rivard est assez bien « établi » pour épouser Louise Routier, sa voisine d'autrefois, qui lui deviendra une femme « dépareillée ».)

Enfin, le dimanche, 5 octobre 1845, Monsieur le Curé de Grandpré fit au prône, avec toute la solennité accoutumée, la publication de bans qui suit:

« Il y a promesse de mariage entre Jean Rivard, ci-devant de cette paroisse, maintenant domicilié dans le Canton de Bristol, fils majeur de feu Jean Baptiste Rivard et d'Eulalie Boucher, ses père et mère de cette paroisse, d'une part; et Louise Routier, fille mineure de François Routier et de Marguerite Fortin, ses père et mère aussi de cette paroisse, d'autre part. C'est pour la première et dernière publication. »

Le contrat de mariage avait été signé la veille par-devant Maître Boudreau, notaire de Grandpré. On y avait stipulé communauté de biens entre les deux futurs époux, douaire coutumier en faveur de l'épouse, don mutuel en faveur du survivant des deux conjoints. Le père Routier avait donné à sa fille, en avancement d'hoirie, une somme de six cents francs en argent, une vache, deux mères moutonnes, dix poules, un lit garni, une armoire, un rouet, sans compter le trousseau qui n'avait rien, il est vrai, d'aussi riche que les trousseaux de la plupart de nos jeunes citadines, mais qui en revanche se composait d'objets plus utiles et plus durables et devait être par conséquent plus profitable à la communauté.

Mais la partie la plus précieuse de la dot de Mademoiselle Routier consistait dans ses habitudes d'industrie, d'ordre et d'économie. Elle avait été élevée par une mère de talent, et surtout de jugement, qui avait compris que l'un de ses principaux devoirs était d'initier de bonne heure sa fille à tout ce qui concerne les soins domestiques. Aussi était-elle, quoique n'ayant pas encore vingt ans, parfaitement au fait de tous les devoirs d'une maîtresse de maison. Elle pouvait présider à la cuisine et au besoin s'occuper des moindres détails de la basse-cour. Elle pouvait en outre coudre et tailler elle-même tout son linge de corps et de ménage, et confectionner sans le secours de personne ses divers effets de toilette. Aucune affaire d'intérieur ne lui était étrangère.

Pour le père Routier et surtout pour Madame Routier, le mariage de Louise et son départ de la maison étaient loin d'être considérés comme un avantage; c'était au contraire un sacrifice de plus d'un genre. Louise n'appartenait pas à cette classe de la société où la jeune fille douée d'intelligence, de force et de santé est cependant regardée comme une cause de dépenses plutôt que comme une source de richesse, où (chose pénible à dire!) elle est en quelque sorte comme un fardeau dans la maison de son père! Erreur impardonnable dans l'éducation de la famille, qui laisse incultes et sans utilité des facultés que Dieu donne à toutes ses créatures pour les développer, les perfectionner et les faire servir au bonheur général.

Si l'on songe maintenant à toutes les autres qualités de Mademoiselle Routier, à sa gaîté, à l'amabilité de son caractère, à sa sensibilité, et par-dessus tout, à sa nature aimante et dévouée, on admettra que Jean Rivard avait été aussi heureux dans le choix de sa femme que dans tout le reste.

Mardi, le 7 octobre, à sept heures du matin, une procession composée d'environ quarante *calèches*, traînées chacune par un cheval fringant, brillamment enharnaché, se dirigeait de la maison de monsieur François Routier vers l'église paroissiale de Grandpré.

C'était la noce de Jean Rivard.

Dans la première voiture on voyait la mariée, vêtue de blanc, accompagnée de son père; venait ensuite une autre voiture avec le garçon et la fille d'honneur, ou comme on dit plus généralement, le suivant et la suivante, dans la personne du frère aîné de Louise Routier, et celle de Mademoiselle Mathilde Rivard avec laquelle nous avons déjà fait connaissance. Il eut été sans doute facile pour Mademoiselle Routier d'avoir un plus grand nombre de filles d'honneur, mais elle se contenta volontiers d'une seule. Les parents, amis et connaissances des deux futurs venaient ensuite; puis enfin dans la dernière calèche, se trouvait, vêtu de noir, le marié accompagné d'un oncle qui lui servait de père.

En apercevant cette longue suite de voitures sur la route de Grandpré, les femmes et les enfants se précipitaient vers les portes et les fenêtres des maisons, en s'écriant: voilà la noce. Les gens occupés aux travaux des champs s'arrêtaient un instant pour les regarder passer.

Arrivés à l'église, le fiancé et la fiancée furent conduits par la main, par leurs pères respectifs, jusqu'au pied des balustres.

Après la messe et la cérémonie nuptiale, toute l'assistance se rendit à la sacristie où fut signé l'engagement irrévocable.

Sortis de la sacristie, les deux fiancés, devenus mari et femme, montèrent dans la même voiture, et prirent les devants, leurs pères respectifs occupant cette fois la calèche de derrière.

Il y avait dans le carillon des cloches, dans la propreté coquette des voitures, des chevaux et des attelages, dans les paroles, la tenue, la parure et les manières de toutes les gens de la noce un air de gaîté difficile à décrire.

Si quelque lecteur ou lectrice désirait obtenir de plus amples renseignements sur la toilette de la mariée et celle de sa fille d'honneur, je serais obligé de confesser mon ignorance; toutefois à en juger d'après ce qui se pratiquait alors en pareille circonstance dans la classe agricole, je pourrais affirmer sans crainte que l'habillement complet de Mademoiselle Routier, qui était mise à ravir, ne coûtait pas cent francs, et celui de sa suivante encore moins. Cette question d'ailleurs, toute importante qu'elle fût à leurs yeux, (auraient-elles été femmes sans cela?) ne les avait nullement empêchées de dormir.

Et les cadeaux de noces, cause d'insomnies et de palpitations de cœur chez la jeune citadine, sujet inépuisable de conversation, d'orgueil et d'admiration, à peine en fut-il question dans la famille Routier, ce qui pourtant ne nuisit en rien, j'en suis sûr, au bonheur futur du jeune ménage.

De retour chez Monsieur Routier, — car c'est là que devait se passer le premier jour des noces, — le jeune couple dut, suivant l'usage, embrasser l'un après l'autre tous les invités de la noce, à commencer par les pères, mères, frères, sœurs, et autres proches parents. Près de deux cents baisers furent ainsi dépensés dans l'espace de quelques minutes, au milieu des rires, des éclats de voix et d'un mouvement général.

Le repas n'étant pas encore servi, on alla faire un tour de voiture, après quoi les invités vinrent tous s'asseoir à une longue table, à peu près dans l'ordre suivant: le marié et la mariée occupaient le haut bout de la table appelé la place d'honneur; à leur droite le suivant et la suivante, et à gauche les père et mère de chacun des époux. Les autres convives se placèrent dans l'ordre qu'ils jugèrent convenable.

La table était dressée cette fois dans la grande chambre de compagnie, ce qui n'arrivait que dans les circonstances extraordinaires. Elle était littéralement chargée de mets de toutes sortes, surtout de viandes, dont les pièces énormes, d'un aspect appétissant, faisaient venir l'eau à la bouche et flamboyer les yeux des convives.

Pas n'est besoin de dire que l'on fit honneur au festin. Je ne voudrais pas même entreprendre d'énumérer les morceaux qui furent dépecés, servis et engloutis dans cette mémorable occasion.

Pour les petites bouches, plus friandes que gourmandes, il y avait force confitures aux fraises, aux prunes, aux melons, tartes de toutes sortes, crème au sucre d'érable: mets délicieux, s'il en est.

Parmi les hommes, quelques-uns regrettèrent, sans oser toutefois s'en plaindre tout haut, l'absence de spiritueux; un petit verre de bon rhum, comme on en buvait autrefois, n'eût, suivant eux, rien dérangé à la tête. Mais depuis quelques années, grâce aux prédications de quelques prêtres zélés, des sociétés de tempérance s'étaient établies dans toutes les villes et paroisses du Bas-Canada; et durant les chaleurs de l'été, le sirop de vinaigre, la petite bière d'épinette, et dans quelques maisons, le vin de *gadelle* remplaçaient invariablement les liqueurs fortes du « bon vieux temps. »

Le père Routier qui n'avait pourtant aucun péché d'ivrognerie à se reprocher, avait cru, pour donner l'exemple à ses enfants qui commençaient à grandir, devoir prendre un des premiers l'engagement de s'abstenir de boissons spiritueuses, et la croix de bois teint en noir était un des objets qui frappaient le plus les regards en entrant dans la maison.

Malgré cela, le repas fut gai, et devint même peu-à-peu assez bruyant. Ce qu'on appelle dans le grand monde les règles du bon ton et de la bonne tenue n'y étaient peut-être pas rigoureusement observées en tous points, mais en revanche on s'y ennuyait moins. Les femmes n'y passaient pas leur temps à s'examiner pour se critiquer réciproquement ensuite, et les hommes causaient et badinaient sans arrière-pensée. Il était facile de voir que la vanité, cette grande plaie de nos villes, n'était que pour très peu de chose dans les apprêts de cette réunion intéressante. Le sans-gêne, la bonne humeur, l'entrain, la franche gaîté qui règnaient dans toute l'assemblée des convives formaient un des plus beaux tableaux de mœurs qui se puissent imaginer.

Plusieurs des invités renommés pour leurs belles voix chantèrent pendant le repas diverses chansons populaires, chansons d'amour, chansons à boire, chansons comiques, etc., auxquelles toute l'assistance répondait en chœur. « Vive la Canadienne » n'y fut pas oubliée, non plus que « la Claire Fontaine » et nos autres chants nationaux.

Les premiers violons de la paroisse avaient été retenus d'avance, et les danses commencèrent de bonne heure dans l'après-midi. Le bal fut ouvert par le marié et la mariée (Jean Rivard avait dû apprendre à danser pour la circonstance), et par le garçon et la fille d'honneur qui dansèrent un *reel* à quatre; vinrent ensuite des cotillons, des gigues, des galopades, des menuets, des danses rondes, et nombre d'autres danses dont les noms nous sont à peine connus aujourd'hui et qu'on ne danse plus dans nos réunions sociales, quoiqu'elles soient de beaucoup plus intéressantes, au dire de certains connaisseurs, que la plupart des danses maintenant à la mode dans les salons canadiens.

La mariée avait la tête ceinte d'une couronne blanche qui servait à la distinguer des autres; sa fille d'honneur en avait une aussi, mais d'un goût plus simple et plus modeste.

La toilette de toutes les jeunes filles du bal se distinguait par une simplicité charmante. Les blanches épaules étaient soigneusement voilées aux regards indiscrets, les robes montantes ne laissant voir que des figures où se peignaient la candeur et la joie. Point de joyaux de prix, point d'autres ornements de tête que quelques fleurs naturelles. Et tout cela n'empêchait pas la plupart d'entre elles d'être ravissantes de beauté, non de cette beauté artificielle, effet de l'art et d'arrangements étudiés, mais de cette fraîcheur, indice d'un sang riche et d'une santé florissante.

Notre ami Pierre Gagnon qui, depuis surtout qu'il avait sauvé la vie à son jeune maître, était le favori de la famille Routier aussi bien que de la famille Rivard, prit part comme tous les autres aux danses et aux chansons. Il réussit même, dans le cours de la soirée, à faire faire, au son de sa *bombarbe*, quelques pas cadencés à sa gentille Dulcinée, au grand amusement de toute la réunion.

Les danses se prolongèrent fort avant dans la nuit et la soirée se termina par des jeux.

Le lendemain, les gens de la noce se rendirent chez la mère du marié, la veuve Jean Baptiste Rivard.

Il y avait là un convive de plus que la veille: c'était le vénérable M. l'abbé Leblanc, curé de Grandpré, qui n'ayant pu être présent à la fête, le premier jour des noces, s'était fait un plaisir de venir assister au dernier dîner que son jeune ami devait prendre à Grandpré, avant de partir pour sa future résidence du Canton de Bristol.

Par respect pour le vénérable convive, le repas fut un peu moins bruyant que la veille, quoique la gaîté ne cessât de régner.

Vers la fin du dîner, le digne curé se levant: « Mes jeunes amis, dit-il, en s'adressant aux mariés, permettez-moi de vous offrir encore une fois, avant votre départ, mes plus sincères félicitations. C'est un beau et touchant spectacle que celui de deux jeunes personnes dans toute la fraîcheur de leur printemps, qui se jurent, comme vous l'avez fait, devant Dieu et devant les hommes, d'être l'une à l'autre pour la vie, dans la santé comme dans la maladie, dans la bonne fortune comme dans l'adversité. Mais nulle part ce spectacle n'est plus touchant que dans cette classe de la société où le jeune homme et la jeune femme, en formant ce nœud indissoluble, se vouent en même temps à une vie de labeur et de renoncement, et se résignent courageusement, suivant les paroles de l'Écriture, « à gagner leur pain à la sueur « de leur front. »

« Je ne serais pas sincère si je vous disais que je vous vois avec indifférence quitter cette paroisse où vous êtes nés. Je vous ai baptisés tous deux, je vous ai préparés tous deux à recevoir le pain des anges, tous deux enfin je vous ai unis par ce lien à la fois si sacré et si doux du mariage chrétien; vous m'êtes chers à plus d'un titre, et en quelque lieu que vous portiez vos pas, mes vœux et mes bénédictions vous accompagneront. Ce qui me console en quelque sorte en me séparant de vous, c'est que la carrière que vous allez parcourir est plus propre qu'aucune autre à assurer le bonheur de l'homme. Tout en tirant du sein de la terre, par un travail modéré, les choses nécessaires à la vie matérielle, vous allez continuer à développer vos forces et votre intelligence, et à exercer dans une juste mesure, toutes les facultés physiques et morales que Dieu vous a départies; vous vous procurerez ainsi la santé du corps et de l'esprit et ce contentement de l'âme que les sages regardent avec raison comme la première condition du bonheur terrestre.

« Si, en considération de mes cheveux blancs, et de ma bonne et constante amitié, vous me permettez de vous adresser quelques conseils, je vous dirai:

« Conservez jusqu'à la fin de vos jours cette aimable gaîté qui semble être l'apanage exclusif de la jeunesse; aimez-vous toujours d'un amour tendre et dévoué; jouissez en paix de tous les plaisirs du cœur, et si le ciel, bénissant votre union, vous accorde des enfants, transmettez-leur intact, le bel héritage que vous avez reçu de vos ancêtres; faites-en des chrétiens pleins d'honneur et de foi, de braves et dignes citoyens.

« Vous, mon jeune ami, ne vous laissez jamais séduire par l'appât des honneurs et des richesses. Tenez à l'estime de vos concitoyens, et si dans le cours de votre carrière qui sera longue, je l'espère, vous êtes appelé à remplir des fonctions publiques, ne refusez pas vos services à cette société dont vous faites partie; mais que le devoir et non la vanité soit le mobile de vos actions. L'orgueil, le désir de s'élever, d'acquérir des distinctions illusoires, fait le malheur d'un grand nombre d'individus et par contrecoup celui de la société. C'est souvent parmi les hommes obscurs et inconnus que se trouvent les vrais sages, les âmes magnanimes, les nobles cœurs, les créatures d'élite les plus dignes du respect et de l'admiration de leurs semblables. Rappelez-vous toujours cette belle sentence de Fénelon: « les vrais biens sont la santé, la force, « le courage, la paix, l'union des familles, la liberté de tous les citoyens, le « simple nécessaire, l'habitude du travail, l'émulation pour la vertu et la soumission aux lois. » L'aisance, cette médiocrité que les poètes nous vantent avec raison, est préférable à une grande fortune. Il est permis et même louable de faire des économies pour les jours de la vieillesse et pour l'éducation des enfants; mais quelque richesse que vous amassiez, fuyez le luxe et l'ostentation; vivez simplement, modestement tout en faisant le bien autour de vous, vous souvenant toujours que cette vie n'est qu'un court passage sur la terre:

« C'est là, mes chers enfants, le secret du bonheur. »

Et les jeunes mariés, après les adieux d'usage, où les pleurs ne manquèrent pas de couler, partirent pour leur future demeure du Canton de Bristol.

PHILIPPE AUBERT DE GASPÉ, PÈRE (1786-1871)

Venu à l'écriture tardivement (il a soixante-dix-sept ans lorsque son premier livre paraît), Philippe Aubert de Gaspé, père, a créé le meilleur et le plus intéressant des romans du XIXe siècle. On ne lit pas *Les Anciens Canadiens*, on les ressent avec leur auteur dont les heurs et malheurs personnels et familiaux constituent le filigrane du récit et le fil de vie d'une époque faite de misère et de grandeur nationales: le pays a été conquis, mais après une lutte héroïque que les fils et les filles des combattants de 1759-1760 continuent dans l'intime de leur vie quotidienne. C'est par la mémoire que la fierté arrive à ces romantiques qui trouvent leur bonheur dans l'évocation de leurs souvenirs et leur plaisir dans les veillées familiales et les fêtes paroissiales et nationales.

LES ANCIENS CANADIENS

Les sorciers de l'île d'Orléans et la Corriveau*

(Au printemps de 1757, Jules d'Haberville, fils du seigneur de Saint-Jean-Port-Joli, et son ami écossais, Archibald Cameron of Locheill, terminent leurs études au Collège des Jésuites de Québec. José, un vieux serviteur de la famille, vient les chercher. Sur le chemin du retour, après avoir traversé le fleuve à Lévis, les jeunes gens prennent plaisir à écouter José, qui est un fin conteur.)

Si donc qu'un jour, mon défunt père, qui est mort, avait laissé la ville pas mal tard, pour s'en retourner chez nous; il s'était même diverti, comme qui dirait, à pintocher tant soit peu avec ses connaissances de la Pointe-Lévis: il aimait un peu la goutte, le brave et honnête homme! à telle fin qu'il portait toujours, quand il voyageait, un flacon d'eau-de-vie dans son sac de loup marin; il disait que c'était le lait des vieillards. [...]

Si donc que, quand mon défunt père voulut partir, il faisait tout à fait nuit. Ses amis firent alors tout leur possible pour le garder à coucher, en lui disant qu'il allait bien vite passer tout seul devant la cage de fer où la Corriveau faisait sa pénitence, pour avoir tué son mari.

Vous l'avez vue vous-mêmes, mes messieurs, quand j'avons quitté la Pointe-Lévis à une heure: elle était bien tranquille dans sa cage, la méchante bête, avec son crâne sans yeux; mais ne vous y fiez pas; c'est une sournoise, allez! si elle ne voit pas le jour, elle sait bien trouver son chemin la nuit pour tourmenter le pauvre monde.

Si bin, toujours, que mon défunt père, qui était brave comme l'épée de son capitaine, leur dit qu'il ne s'en souciait guère; qu'il ne lui devait rien à la Corriveau; et un tas d'autres raisons que j'ai oubliées. Il donne un coup de fouet à sa guevalle (cavale), qui allait comme le vent, la fine bête! et le voilà parti.

Quand il passa près de l'esquelette, il lui sembla bin entendre quelque bruit, comme qui dirait une plainte; mais comme il venait un gros *souroè* (sud-ouest), il crut que c'était le vent qui sifflait dans les os du *calâbre* (cadavre). *Pu n'y* moins, ça le *tarabusquait* (tarabustait), et il prit un bon coup, pour se réconforter. Tout bin considéré, à ce qu'*i* se dit, il faut s'entr'aider entre chrétiens: peut-être que la pauvre *créature* (femme) demande des prières. Il ôte donc son bonnet, et récite dévotement un *déprofundi* à son intention; pensant que, si ça ne lui faisait pas de bien, ça ne lui ferait pas de mal, et que lui, toujours, s'en trouverait mieux.

Si donc, qu'il continua à filer grand train; ce qui ne l'empêchait pas d'entendre derrière lui, tic tac, tic tac, comme si un morceau de fer eût frappé sur des cailloux. Il crut que c'était son bandage de roue ou quelques fers de son *cabrouette* qui étaient décloués. Il descend donc de voiture; mais tout était en règle. Il toucha sa *guevalle* pour réparer le temps perdu; mais, un petit bout de temps après, il entend encore tic tac sur les cailloux. Comme il était brave, il n'y fit pas grande attention.

Arrivé sur les hauteurs de Saint-Michel, que nous avons passées tantôt, l'*endormitoire* le prit. Après tout, ce que se dit mon défunt père, un homme n'est pas un chien! faisons un somme; ma *guevalle* et moi nous nous en trouverons mieux. Si donc, qu'il dételle sa *guevalle*, lui attache les deux pattes de devant avec ses *cordeaux*, et lui dit: Tiens, mignonne, voilà de la bonne herbe, tu entends couler le ruisseau: bonsoir.

Comme mon défunt père allait se fourrer sous son cabrouette pour se mettre à l'abri de la rosée, il lui prit fantaisie de s'informer de l'heure. Il regarde donc les trois Rois au sud, le Chariot au nord, et il en conclut qu'il était minuit. C'est l'heure, qu'il se dit, que tout honnête homme doit être couché.

Il lui sembla cependant tout à coup que l'île d'Orléans était tout en feu. Il saute un fossé, s'accote sur une clôture, ouvre de grands yeux, regarde, regarde... Il vit à la fin que des flammes dansaient le long de la grève, comme si tous les *fi*-follets du Canada, les damnés, s'y fussent donné rendez-vous pour tenir leur sabbat. À force de regarder, ses yeux, qui étaient pas mal troublés, s'éclaircirent, et il vit un drôle de spectacle: c'était comme des manières (espèces) d'hommes, une curieuse engeance tout de même. Ça avait bin une tête grosse comme un demi-minot, affublée d'un bonnet pointu d'une aune de long, puis des bras, des jambes, des pieds et des mains armés de griffes, mais point de corps pour la peine d'en parler. Ils avaient, *sous* votre respect, mes messieurs, le califourchon fendu jusqu'aux oreilles. Ça n'avait presque pas de chair: c'était quasiment tout en os, comme des *esquelettes*. Tous ces jolis gars (garçons) avaient la lèvre supérieure fendue en bec de lièvre, d'où sortait une dent de *rhinoféroce* d'un bon pied de long comme on en voit, monsieur Arché, dans votre beau livre d'images de l'histoire surnaturelle. Le nez ne vaut guère la peine qu'on en parle: c'était, ni plus ni moins, qu'un long groin de cochon, *sous* votre respect, qu'ils faisaient jouer à demande, tantôt à droite, tantôt à gauche de leur grande dent: c'était, je suppose, pour l'affiler. J'allais oublier une grande queue, deux fois longue comme celle d'une vache, qui leur pendait dans le dos, et qui leur servait, je pense, à chasser les moustiques.

Ce qu'il y avait de drôle, c'est qu'ils n'avaient que trois yeux par couple de fantômes. Ceux qui n'avaient qu'un seul œil au milieu du front, comme ces *cyriclopes* (cyclopes) dont votre oncle le chevalier, M. Jules, qui est un savant, lui, nous lisait dans un gros livre, tout latin comme un bréviaire de curé, qu'il appelle son Vigile; ceux donc qui n'avaient qu'un seul œil, tenaient par la griffe deux acolytes qui avaient bin, eux, les damnés, tous leurs yeux. De tous ces yeux sortaient des flammes qui éclairaient l'île d'Orléans comme en plein jour. Ces derniers semblaient avoir de grands égards pour leurs voisins, qui étaient, comme qui dirait, borgnes; ils les saluaient, s'en rapprochaient, se trémoussaient les bras et les jambes, comme des chrétiens qui font le carré d'un *menuette* (menuet).

Les yeux de mon défunt père lui en sortaient de la tête. Ce fut bin pire quand ils commencèrent à sauter, à danser, sans pourtant changer de place, et à entonner, d'une voix enrouée comme des bœufs qu'on étrangle, la chanson suivante:

> Allons' gai, compèr' lutin!
> Allons, gai, mon cher voisin!
> Allons, gai, compèr'qui fouille,
> Compèr' crétin la grenouille!
> Des chrétiens, des chrétiens,
> J'en f'rons un bon festin.

— Ah! les misérables *carnibales* (cannibales), dit mon défunt père, voyez si un honnête homme peut être un moment sûr de son bien. Non content de m'avoir volé ma plus belle chanson que je réservais toujours pour la dernière dans les noces et les festins, voyez comme ils me l'ont étriquée! c'est à ne plus s'y reconnaître. Au lieu de bon vin, ce sont des chrétiens dont ils veulent se régaler, les indignes!

Et puis après, les sorciers continuèrent leur chanson infernale, en regardant mon défunt père et en le couchant en joue avec leurs grandes dents de *rhinoféroce*.

> Ah! viens donc, compèr' François,
> Ah! viens donc, tendre porquet!
> Dépêch'-toi, compèr' l'andouille,
> Compèr' boudin, la citrouille;
> Du Français, du Français,
> J'en fr'ons un bon *saloi* (saloir)

— Tout ce que je peux vous dire pour le moment, mes mignons, leur cria mon défunt père, c'est que si vous ne mangez jamais d'autre lard que celui que je vous porterai, vous n'aurez pas besoin de dégraisser votre soupe.

Les sorciers paraissaient cependant attendre quelque chose, car ils tournaient souvent la tête en arrière; mon défunt père regarde itou (aussi). Qu'est-ce qu'il aperçoit sur le coteau? un grand diable bâti comme les autres, mais aussi long que le clocher de Saint-Michel, que nous avons passé tout à l'heure. Au lieu de bonnet pointu, il portait un chapeau à trois cornes, surmonté d'une épinette en guise de plumet. Il n'avait bin qu'un œil, le gredin qu'il était; mais ça en valait une douzaine: c'était, sans doute, le tambour major du régiment, car il tenait, d'une main, une marmite deux fois aussi grosse que nos chaudrons à sucre, qui tiennent vingt gallons; et, de l'autre, un battant de cloche qu'il avait volé, je crois, le chien d'hérétique, à quelque église avant la cérémonie du baptême. Il frappe un coup sur la marmite, et tous ces *insécrables* (exécrables) se mettent à rire, à sauter, à se trémousser, en branlant la tête du côté de mon défunt père, comme s'ils l'invitaient à venir se divertir avec eux.

— Vous attendrez longtemps, mes brebis, pensait à part lui mon défunt père, dont les dents claquaient dans la bouche comme un homme qui a les fièvres tremblantes, vous attendrez longtemps, mes doux agneaux; il y a de la presse de quitter la terre du bon Dieu pour celle des sorciers!

Tout à coup le diable géant entonne une ronde infernale, en s'accompagnant sur la marmite, qu'il frappait à coups pressés et redoublés, et tous les diables partent comme des éclairs; si bien qu'ils ne mettaient pas une minute à faire le tour de l'île. Mon pauvre défunt père était si embêté de tout ce vacarme, qu'il ne put retenir que trois couplets de cette belle danse ronde; et les voici:

C'est notre terre d'Orléans *(bis)*
Qu'est le pays des beaux enfants,
Toure-loure;
Dansons à l'entour,
Toure-loure;
Dansons à l'entour.

Venez tous en survenants *(bis)*,
Sorciers, lézards, crapauds, serpents,
Toure-loure;
Dansons à l'entour,
Toure-loure;
Dansons à l'entour.

Venez tous en survenants *(bis)*,
Impies, athées et mécréants,
Toure-loure;
Dansons à l'entour,
Toure-loure;
Dansons à l'entour.

Les sueurs abîmaient mon défunt père; il n'était pas pourtant au plus creux de ses traverses. [...]

— Si donc, dit José, que le défunt père, tout brave qu'il était, avait une si fichue peur, que l'eau lui dégouttait par le bout du nez, gros comme une paille d'avoine. Il était là, le cher homme, les yeux plus grands que la tête, sans oser bouger. Il lui sembla bien qu'il entendait derrière lui le tic tac qu'il avait déjà entendu plusieurs fois pendant sa route; mais il avait trop de besogne par devant, sans s'occuper de ce qui se passait derrière lui. Tout à coup, au moment où il s'y attendait le moins, il sent deux grandes mains sèches, comme des griffes d'ours, qui lui serrent les épaules: il se retourne tout effarouché, et se trouve face à face avec la Corriveau, qui se grapignait amont lui. Elle avait passé les mains à travers les barreaux de sa cage de fer, et s'efforçait de lui grimper sur le dos; mais la cage était pesante, et, à chaque élan qu'elle prenait, elle retombait à terre avec un bruit rauque, sans lâcher pourtant les épaules de mon pauvre défunt père, qui pliait sous le fardeau. S'il ne s'était pas tenu solidement avec ses deux mains à la clôture, il aurait écrasé sous la charge. Mon pauvre défunt père était si saisi d'horreur, qu'on aurait entendu l'eau qui lui coulait de la tête tomber sur la clôture, comme des grains de gros plomb à canard.

— Mon cher François, dit la Corriveau, fais-moi le plaisir de me mener danser avec mes amis de l'île d'Orléans. [...]

— Satanée bigre de chienne, lui dit mon défunt père, est-ce pour me remercier de mon *dépréfundi* et de mes autres bonnes prières que tu veux me mener au sabbat? Je pensais bien que tu en avais, au petit moins, pour trois ou quatre mille ans dans le purgatoire pour tes fredaines. Tu n'avais tué que deux maris: c'était une misère! aussi ça me faisait encore de la peine, à moi qui ai toujours eu le cœur tendre pour la créature, et je me suis dit: Il faut lui donner un coup d'épaule; et c'est là ton remerciement, que tu veux monter sur les miennes pour me traîner en enfer comme un hérétique!

— Mon cher François, dit la Corriveau, mène-moi danser avec mes bons amis; et elle cognait sa tête sur celle de mon défunt père, que le crâne lui résonnait comme une vessie sèche pleine de cailloux.

— Tu peux être sûre, dit mon défunt père, satanée bigre de fille de Judas *l'Escariot*, que je vais te servir de bête de somme pour te mener danser au sabbat avec tes jolis mignons d'amis!

— Mon cher François, répondit la sorcière, il m'est impossible de passer le Saint-Laurent, qui est un fleuve bénit, sans le secours d'un chrétien.

— Passe comme tu pourras, satanée pendue, que lui dit mon défunt père; passe comme tu pourras: chacun son affaire. Oh! oui! compte que je t'y mènerai danser avec tes chers amis, mais ça sera à poste de chien comme tu es venue, je ne sais comment, en traînant ta belle cage qui aura déraciné toutes les pierres et tous les cailloux du chemin du roi, que ça sera un escandale, quand le grand voyer passera ces jours ici, de voir un chemin dans un état si piteux! Et puis, ça sera le pauvre habitant qui pâtira, lui, pour tes fredaines, en payant l'amende pour n'avoir pas entretenu son chemin d'une manière convenable!

Le tambour-major cesse enfin tout à coup de battre la mesure sur sa grosse marmite. Tous les sorciers s'arrêtent et poussent trois cris, trois hurlements, comme font les sauvages quand ils ont chanté et dansé « la guerre », cette danse et cette chanson par lesquelles ils préludent toujours à une expédition guerrière. L'île en est ébranlée jusque dans ses fondements. Les loups, les ours, toutes les bêtes féroces, les sorciers des montagnes du nord s'en saisissent, et les échos les répètent jusqu'à ce qu'ils s'éteignent dans les forêts qui bordent la rivière Saguenay.

Mon pauvre défunt père crut que c'était, pour le petit moins, la fin du monde et le jugement dernier.

Le géant au plumet d'épinette frappe trois coups; et le plus grand silence succède à ce vacarme infernal. Il élève le bras du côté de mon défunt père, et lui crie d'une voix de tonnerre: Veux-tu bien te dépêcher, chien de paresseux, veux-tu bien te dépêcher, chien de chrétien, de traverser notre amie? Nous n'avons plus que quatorze mille quatre cents rondes à faire autour de l'île avant le chant du coq: veux-tu lui faire perdre le plus beau du divertissement?

— Va-t'en à tous les diables d'où tu sors, toi et les tiens, lui cria mon défunt père, perdant enfin toute patience.

— Allons, mon cher François, dit la Corriveau, un peu de complaisance! tu fais l'enfant pour une bagatelle; tu vois pourtant que le temps presse: voyons, mon fils, un petit coup de collier.

— Non, non, fille de Satan! dit mon défunt père. Je voudrais bien que tu l'eusses encore le beau collier que le bourreau t'a passé autour du cou, il y a deux ans: tu n'aurais pas le sifflet si affilé.

Pendant ce dialogue, les sorciers de l'île reprenaient leur refrain:

> Dansons à l'entour,
>   Toure-loure;
> Dansons à l'entour.

— Mon cher François, dit la sorcière, si tu refuses de m'y mener en chair et en os, je vais t'étrangler; je monterai sur ton âme et je me rendrai au sabbat. Ce disant, elle le saisit à la gorge et l'étrangla.

— Comment, dirent les jeunes gens, elle étrangla votre pauvre défunt père?

— Quand je dis étranglé, il n'en valait guère mieux, le cher homme, reprit José, car il perdit tout à fait connaissance.

Lorsqu'il revint à lui, il entendit un petit oiseau qui criait: *qué-tu?*

— Ah çà! dit mon défunt père, je ne suis donc point en enfer, puisque j'entends les oiseaux du bon Dieu! Il risque un œil, puis un autre, et voit qu'il fait grand jour; le soleil lui reluisait sur le visage.

Le petit oiseau, perché sur une branche voisine, criait toujours: *qué-tu?*

— Mon cher petit enfant, dit mon défunt père, il m'est malaisé de répondre à ta question, car je ne sais trop qui je suis ce matin: hier encore je me croyais un brave et honnête homme craignant Dieu; mais j'ai eu tant de traverses cette nuit, que je ne saurais assurer si c'est bien moi, François Dubé, qui suis ici présent en corps et en âme. Et puis il se mit à chanter, le cher homme:

Dansons à l'entour,
Toure-loure;
Dansons à l'entour.

Il était encore à moitié ensorcelé. Si bien toujours, qu'à la fin il s'aperçut qu'il était couché de tout son long dans un fossé où il y avait heureusement plus de vase que d'eau, car sans cela mon pauvre défunt père, qui est mort comme un saint, entouré de tous ses parents et amis, et muni de tous les sacrements de l'Église, sans en manquer un, aurait trépassé sans confession, comme un orignal au fond des bois, sauf le respect que je lui dois et à vous, mes jeunes messieurs. Quand il se fut déhâlé du fossé où il était serré comme dans un *étoc* (étau), le premier objet qu'il vit fut son flacon sur la levée du fossé; ça lui ranima un peu le courage. Il étendit la main pour prendre un coup; mais, bernique! Il était vide! la sorcière avait tout bu.

La débâcle

(En arrivant à Saint-Thomas de Montmagny, les voyageurs trouvent le village désert, puis entendent des « clameurs du côté de la chute, près du manoir seigneurial »; un drame se passe sur la Rivière-du-Sud.)

Le capitaine Marcheterre, vieux marin aux formes athlétiques, à la verte allure, malgré son âge, s'en retournait vers la brume à son village de Saint-Thomas, lorsqu'il entendit, sur la rivière, un bruit semblable à celui d'un corps pesant qui tombe à l'eau; et aussitôt après les gémissements, les cris plaintifs d'un homme qui appelait au secours. C'était un habitant téméraire, nommé Dumais, qui, croyant encore solide la glace, assez mauvaise déjà, qu'il avait passée la veille, s'y était aventuré de nouveau, avec cheval et voiture, à environ une douzaine d'arpents au sud-ouest du bourg. La glace s'était effondrée si subitement, que cheval et voiture avaient disparu sous l'eau. Le malheureux Dumais, homme d'ailleurs d'une agilité remarquable, avait bien eu le temps de sauter du traîneau sur une glace plus forte, mais le bond prodigieux qu'il fit pour échapper à une mort inévitable, joint à la pesanteur de son corps, lui devint fatal: un de ses pieds s'étant enfoncé dans une crevasse, il eut le malheur de se casser une jambe, qui se rompit au-dessus de la cheville, comme un tube de verre.

Marcheterre, qui connaissait l'état périlleux de la glace crevassée en maints endroits, lui cria de ne pas bouger, quand bien même il en aurait la force; qu'il allait revenir avec du secours. Il courut aussitôt chez le bedeau, le priant de sonner l'alarme, tandis que lui avertirait ses plus proches voisins.

Ce ne fut bien vite que mouvement et confusion: les hommes couraient çà et là sans aucun but arrêté; les femmes, les enfants criaient et se lamentaient; les chiens aboyaient, hurlaient sur tous les tons de la gamme canine; en sorte que le capitaine, que son expérience désignait comme devant diriger les moyens de sauvetage, eut bien de la peine à se faire entendre.

Cependant, sur l'ordre de Marcheterre, les uns courent chercher des câbles, cordes, planches et madriers, tandis que d'autres dépouillent les clôtures, les bûchers de leurs écorces de cèdre et de bouleau, pour les convertir en torches. La scène s'anime de plus en plus; et à la lumière de cinquante flambeaux qui jettent au loin leur éclat vif et étincelant, la multitude se répand le long du rivage jusqu'à l'endroit indiqué par le vieux marin.

Dumais, qui avait attendu avec assez de patience l'arrivée des secours, leur cria, quand il fut à portée de se faire entendre, de se hâter, car il entendait sous l'eau des bruits sourds qui semblaient venir de loin, vers l'embouchure de la rivière.

— Il n'y a pas un instant à perdre, mes amis, dit le vieux capitaine, car tout annonce la débâcle.

Des hommes moins expérimentés que lui voulurent aussitôt pousser sur la glace, sans les lier ensemble, les matériaux qu'ils avaient apportés; mais il s'y opposa, car la rivière était pleine de crevasses, et de plus le glaçon sur lequel Dumais était assis, se trouvait isolé d'un côté par les fragments que le cheval avait brisés dans sa lutte avant de disparaître, et, de l'autre, par une large mare d'eau qui en interdisait l'approche. Marcheterre, qui savait la débâcle non seulement inévitable, mais même imminente d'un moment à l'autre, ne voulait pas exposer la vie de tant de personnes sans avoir pris toutes les précautions que sa longue expérience lui dictait.

Les uns se mettent alors à encocher à coups de hache les planches et les madriers; les autres les lient de bout en bout; quelques-uns, le capitaine en tête, les halent sur la glace, tandis que d'autres les poussent du rivage. Ce pont improvisé était à peine à cinquante pieds de la rive que le vieux marin leur cria: Maintenant, mes garçons, que des hommes alertes et vigoureux me suivent à dix pieds de distance les uns des autres, que tous poussent de l'avant!

Marcheterre fut suivi de près par son fils, jeune homme dans la force de l'âge, qui, connaissant la témérité de son père, se tenait à portée de le secourir au besoin: car des bruits lugubres, sinistres avant-coureurs d'un grand cataclysme, se faisaient entendre sous l'eau. Chacun cependant était à son poste, et tout allait pour le mieux: ceux qui perdaient pied, s'accrochaient au flottage, et, une fois sur la glace solide, reprenaient aussitôt leur besogne avec une nouvelle ardeur. Quelques minutes encore, et Dumais était sauvé.

Les deux Marcheterre, le père en avant, étaient parvenus à environ cent pieds de la malheureuse victime de son imprudence, lorsqu'un mugissement souterrain, comme le bruit sourd qui précède une forte secousse de tremblement de terre, sembla parcourir toute l'étendue de la Rivière-du-Sud, depuis son embouchure jusqu'à la cataracte d'où elle se précipite dans le fleuve Saint-Laurent. À ce mugissement souterrain, succéda aussitôt une explosion semblable à un coup de tonnerre, ou à la décharge d'une pièce d'artillerie du plus gros calibre. Ce fut alors une clameur immense. — La débâcle! la débâcle! Sauvez-vous! sauvez-vous! s'écriaient les spectateurs sur le rivage.

En effet, les glaces éclataient de toutes parts, sous la pression de l'eau, qui, se précipitant par torrents, envahissait déjà les deux rives. Il s'ensuivit un désordre affreux, un bouleversement de glaces qui s'amoncelaient les unes sur les autres avec un fracas épouvantable, et qui, après s'être élevées à une grande hauteur s'affaissant tout à coup, surnageaient ou disparaissaient sous les flots. Les planches, les madriers sautaient, dansaient, comme s'ils eussent été les jouets de l'Océan soulevé par la tempête. Les amarres et les câbles menaçaient de se rompre à chaque instant.

Les spectateurs, saisis d'épouvante, à la vue de leurs parents et amis exposés à une mort certaine, ne cessaient de crier du rivage: « Sauvez-vous! sauvez-vous! » C'eût été, en effet, tenter la Providence que de continuer davantage une lutte téméraire, inégale, avec le terrible élément dont ils avaient à combattre la fureur.

Marcheterre, cependant, que ce spectacle saisissant semblait exalter de plus en plus, au lieu de l'intimider, ne cessait de crier: « En avant, mes garçons! pour l'amour de Dieu, en avant, mes amis! »

Ce vieux loup de mer, toujours froid, toujours calme, lorsque, sur le tillac de son vaisseau, pendant l'ouragan, il ordonnait une manœuvre dont dépendait le sort de tout son équipage, l'était encore en présence d'un danger qui glaçait d'effroi les hommes les plus intrépides. Il s'aperçut, en se retournant, qu'à l'exception de son fils et de Joncas, un de ses matelots, tous les autres cherchaient leur salut dans une fuite précipitée. « Ah! lâches! s'écriat-il; bande de lâches! »

Ces exclamations furent interrompues par son fils, qui, le voyant courir à une mort inévitable, s'élança sur lui, et, le saisissant à bras-le-corps, le renversa sur un madrier, où il le retint quelques instants malgré les étreintes formidables du vieillard. Une lutte terrible s'engagea alors entre le père et le fils; c'était l'amour filial aux prises avec cette abnégation sublime, l'amour de l'humanité!

Le vieillard, par un effort puissant, parvint à se soustraire à la planche de salut qui lui restait; et lui et son fils roulèrent sur la glace, où la lutte continua avec acharnement. Ce fut à ce moment de crise de vie et de mort, que Joncas, sautant de planche en planche, de madrier en madrier, vint aider le jeune homme à ramener son père sur le pont flottant.

Les spectateurs, qui, du rivage, ne perdaient rien de cette scène déchirante, se hâtèrent, malgré l'eau qui envahissait déjà la berge de la rivière, de haler les câbles; et les efforts de cent bras robustes parvinrent à sauver d'une mort imminente trois hommes au cœur noble et généreux. Ils étaient à peine, en effet, en lieu de sûreté, que cette immense nappe de glace restée jusque-là stationnaire, malgré les attaques furibondes de l'ennemi puissant qui l'assaillait de toutes parts, commença, en gémissant, et avec une lenteur majestueuse, sa descente vers la chute, pour de là se disperser dans le grand fleuve.

Tous les regards se reportèrent aussitôt sur Dumais. Cet homme était naturellement très brave; il avait fait ses preuves en maintes occasions contre les ennemis de sa patrie; il avait même vu la mort de bien près, une mort affreuse et cruelle, lorsque, lié à un poteau, où il devait être brûlé vif par les Iroquois, ses amis maléchites le délivrèrent. Il était toujours assis à la même place sur son siège précaire, mais calme et impassible, comme la statue de la mort. Il fit bien quelques signes du côté du rivage que l'on crut être un éternel adieu à ses amis. Et puis, croisant les bras, ou les élevant alternativement vers le ciel, il parut détaché de tous liens terrestres et préparé à franchir ce passage redoutable qui sépare l'homme de l'éternité.

Une fois sur la berge de la rivière, le capitaine ne laissa paraître aucun signe de ressentiment; reprenant, au contraire, son sang-froid habituel, il donna ses ordres avec calme et précision.

— Suivons, dit-il, la descente des glaces, en emportant tous les matériaux de sauvetage.

— À quoi bon? s'écrièrent ceux qui paraissaient les plus expérimentés; le malheureux est perdu sans ressources!

— Il reste pourtant une chance, une bien petite chance de salut, dit le vieux marin en prêtant l'oreille à certains bruits qu'il entendait bien loin dans le sud, et il faut y être préparé. La débâcle peut se faire d'un moment à l'autre sur le bras Saint-Nicolas[1], qui est très rapide comme vous savez. Cette brusque irruption peut refouler les glaces de notre côté; d'ailleurs, nous n'aurons aucun reproche à nous faire!

Ce que le capitaine Marcheterre avait prédit ne manqua pas d'arriver. Une détonation semblable aux éclats de la foudre se fit bientôt entendre; et le bras de la rivière, s'échappant furieux de son lit, vint prendre à revers cet énorme amas de glaces qui n'ayant rencontré jusque-là aucun obstacle, poursuivait toujours sa marche triomphante. On crut, pendant un moment, que cette attaque brusque et rapide, que cette pression soudaine refoulerait une grande partie des glaces du côté du nord, comme le capitaine l'avait espéré. Il s'opéra même un changement momentané qui la refoula du côté des spectateurs; mais cet incident, si favorable en apparence à la délivrance de Dumais, fut d'une bien courte durée; car, le lit de la rivière se trouvant trop resserré pour leur livrer passage, il se fit un temps d'arrêt pendant lequel, s'amoncelant les unes au-dessus des autres, les glaces formèrent une digue d'une hauteur prodigieuse; et un déluge de flots, obstrué d'abord par cette barrière infranchissable, se répandit ensuite au loin sur les deux rives, et inonda même la plus grande partie du village. Cette inondation soudaine, en forçant les spectateurs à chercher un lieu de refuge sur les écores de la rivière, fit évanouir le dernier espoir de secourir l'infortuné Dumais.

Ce fut un long et opiniâtre combat entre le puissant élément et l'obstacle qui interceptait son cours; mais enfin ce lac immense sans cesse alimenté par la rivière principale et par ses affluents, finit par s'élever jusqu'au niveau de la digue qu'il sapait en même temps par la base. La digue, pressée par ce poids énorme, s'écroula avec un fracas qui ébranla les deux rives. Comme la Rivière-du-Sud s'élargit tout à coup au-dessous du bras Saint-Nicolas, son affluent, cette masse compacte, libre de toute obstruction, descendit avec la rapidité d'une flèche: et ce fut ensuite une course effrénée vers la cataracte qu'elle avait à franchir avant de tomber dans le bassin sur les rives du Saint-Laurent.

Dumais avait fait, avec résignation, le sacrifice de sa vie: calme au milieu de ce désastre, les mains jointes sur la poitrine, le regard élevé vers le ciel, il semblait absorbé dans une méditation profonde, comme s'il eût rompu avec tous les liens de ce monde matériel.

----

1. Rivière qui coupe la Rivière-du-Sud à angle droit près du village.

Les spectateurs se portèrent en foule vers la cataracte, pour voir la fin de ce drame funèbre. Grand nombre de personnes, averties par la cloche d'alarme, étaient accourues de l'autre côté de la rivière, et avaient aussi dépouillé les clôtures de leurs écorces de cèdre pour en faire des flambeaux. Toutes ces lumières en se croisant répandaient une vive clarté sur cette scène lugubre.

On voyait, à quelque distance, le manoir seigneurial, longue et imposante construction au sud-ouest de la rivière, et assis sur la partie la plus élevée d'un promontoire qui domine le bassin et court parallèle à la cataracte. À environ cent pieds du manoir, s'élevait le comble d'un moulin à scie dont la chaussée était attenante à la chute même. À deux cents pieds du moulin, sur le sommet de la chute, se dessinaient les restes d'un îlot sur lequel, de temps immémorial, les débâcles du printemps opéraient leur œuvre de destruction. Bien déchu de sa grandeur primitive, — car il est probable qu'il avait jadis formé une presqu'île avec le continent, dont il formait l'extrémité, — cet îlot formait à peine une surface de douze pieds carrés à cette époque.

De tous les arbres qui lui donnaient autrefois un aspect si pittoresque, il ne restait plus qu'un cèdre séculaire. Ce vétéran, qui pendant tant d'années, avait bravé la rage des autans et des débâcles périodiques de la Rivière-du-Sud, avait fini par succomber à demi dans cette lutte formidable. Rompu par le haut, sa tête se balançait alors tristement au-dessus de l'abîme, vers lequel, un peu penché lui-même, il menaçait de disparaître bien vite, privant ainsi l'îlot de son dernier ornement. Plusieurs cents pieds séparaient cet îlot d'un moulin à farine situé au nord-est de la cataracte.

Par un accident de terrain, cette prodigieuse agglomération de glaces qui, attirées par la chute, descendaient la rivière avec la rapidité d'un trait, s'engouffrèrent presque toutes entre l'îlot et le moulin à farine dont elles rasèrent l'écluse en quelques secondes; puis, s'amoncelant au pied de l'écore jusqu'au faîte du moulin, elles finirent par l'écraser lui-même. La glace ayant pris cette direction, le chenal entre le moulin à scie et l'îlot se trouvait relativement à peu près libre.

La foule courait toujours le long du rivage en suivant des yeux, avec une anxiété mêlée d'horreur, cet homme qu'un miracle seul pouvait sauver d'une mort atroce et prématurée. En effet, parvenue à environ trente pieds de l'îlot, la glace qui emportait Dumais suivait visiblement une direction qui l'éloignait du seul refuge que semblait lui offrir la Providence, lorsqu'une banquise, qui descendait avec une rapidité augmentée par sa masse énorme, frappant avec violence un de ses angles, lui imprima un mouvement contraire. Lancée alors avec une nouvelle impétuosité, elle franchit la partie de l'îlot que l'eau envahissait déjà et assaillit le vieux cèdre, seule barrière qu'elle rencontrait sur la cime de la cataracte. L'arbre, ébranlé par ce choc imprévu, frémit de tout son corps; sa tête déjà brisée se sépara du tronc et disparut dans les flots d'écume. Déchargé de ce poids, le vieil arbre se redressa tout à coup; et athlète encore redoutable, se prépara à soutenir une nouvelle lutte avec d'anciens ennemis dont il avait tant de fois triomphé.

Cependant Dumais, lancé en avant par ce choc inattendu, saisit le tronc du vieux cèdre qu'il enlaça de ses deux bras avec une étreinte convulsive;

et, se soulevant sur une jambe, seul point d'appui qui lui restait, il s'y cramponna avec la ténacité d'un mourant, tandis que la glace sur laquelle reposait son pied unique, soulevée par l'eau qui augmentait à chaque instant de volume, et qui, attirée par deux courants contraires, oscillait de droite et de gauche, et menaçait à chaque instant de lui retirer ce faible appui.

Il ne manquait rien à cette scène d'horreur si grandiose! Les flambeaux agités sur les deux plages reflétaient une lueur sinistre sur les traits cadavéreux, sur les yeux glauques et à moitié sortis de leur orbite de cette victime suspendue sur les dernières limites de la mort! Certes, Dumais était un homme courageux; il avait déjà, à diverses époques, fait preuve d'une bravoure héroïque; mais, dans cette position exceptionnelle et inouïe, il lui était bien permis d'être complètement démoralisé.

Cependant, Marcheterre et ses amis conservaient encore quelque espoir de salut.

Avisant, sur la plage, près du moulin à scie, deux grandes pièces de bois carré, ils se hâtèrent de les transporter sur un rocher qui avançait dans la rivière à environ deux cents pieds au-dessus de la chute. En liant chacune de ces pièces avec un câble et les lançant successivement, ils espéraient que le courant les porterait sur l'îlot. Vain espoir! efforts inutiles! l'impulsion n'était pas assez forte; et les pièces, empêchées d'ailleurs par la pesanteur des câbles, dérivaient toujours entre la plage et l'îlot.

Il semblerait impossible d'ajouter une nuance à ce tableau unique dans son atroce sublimité, d'augmenter l'émotion douloureuse des spectateurs, pétrifiés à la vue de cet homme prêt à disparaître à chaque instant dans le gouffre béant de la cataracte.

Il se passait pourtant sur le rivage une scène aussi sublime, aussi grandiose. C'était la religion rassurant le chrétien prêt à paraître au pied du redoutable tribunal de son juge suprême; c'était la religion offrant ses consolations au chrétien prêt à franchir le terrible passage de la vie à la mort.

Le vieux curé de la paroisse, que son ministère avait appelé auprès d'un malade avant la catastrophe, était accouru sur le lieu du désastre. C'était un vieillard nonagénaire de la plus haute stature; le poids des années n'avait pu courber la taille de ce Nestor moderne, qui avait baptisé et marié tous ses paroissiens, dont il avait enseveli trois générations. Sa longue chevelure, blanche comme la neige, agitée par la brise nocturne, lui donnait un air inspiré et prophétique. Il se tenait là, debout sur le rivage, les deux mains étendues vers le malheureux Dumais. Il l'aimait: il l'avait baptisé; il lui avait fait faire cet acte touchant du culte catholique qui semble changer subitement la nature de l'enfant et le faire participer à la nature angélique. Il aimait aussi Dumais parce qu'il l'avait marié à une jeune orpheline qu'il avait élevée avec tendresse et que cette union rendait heureuse; il l'aimait parce qu'il avait baptisé ses deux enfants qui faisaient la joie de sa vieillesse.

Il était là, sur le rivage, comme l'ange des miséricordes, l'exhortant à la mort, et lui donnant non seulement toutes les consolations que son ministère sacré lui dictait, mais aussi lui adressant ces paroles touchantes qu'un cœur tendre et compatissant peut seul inspirer. Il le rassurait sur le sort de sa famille dont le seigneur de Beaumont prendrait soin, quand, lui, vieillard sur le bord de sa fosse, n'existerait plus. Mais, voyant que le péril devenait de plus en plus imminent, que chaque nouvelle secousse imprimée à l'arbre semblait paralyser les forces du malheureux Dumais, il fit un grand effort sur lui-même, et lui cria d'une voix forte, qu'il tâchait de raffermir, mais qui se brisa en sanglot: « Mon fils, faites un acte de contrition, je vais vous absoudre de tous vos péchés. » [...]

Ce fut au moment précis où le vieux pasteur administrait le sacrement de pénitence, que Jules d'Haberville, Arché de Locheill et leur compagnon arrivèrent sur les lieux. Jules fendit la foule, et prit place entre le vénérable curé et son oncle de Beaumont; Arché, au contraire, s'avança sur le rivage, se croisa les bras, saisit d'un coup d'œil rapide tout l'ensemble de cette scène de désolation, et calcula les chances de salut.

Après une minute de réflexion, il bondit plutôt qu'il ne courut vers le groupe où se tenait Marcheterre; et, tout en se dépouillant à la hâte de ses vêtements, il lui donna ses instructions. Ses paroles furent brèves, claires et concises: « Capitaine, je nage comme un poisson, j'ai l'haleine d'un amphibie; le danger n'est pas pour moi, mais pour ce malheureux, si je heurtais la glace en l'abordant. Arrêtez-moi d'abord à une douzaine de pieds de l'îlot, afin de mieux calculer la distance et d'amortir ensuite le choc: votre expérience fera le reste. Maintenant une corde forte, mais aussi légère que possible, et un bon nœud de marin. »

Il dit; et, tandis que le vieux capitaine lui attachait l'amarre sous le bras, il se ceignit lui-même le corps d'une autre corde, dont il fit un petit rouleau qu'il tint dans la main droite. Ainsi préparé, il s'élança dans la rivière où il disparut un instant; mais quand il revint sur l'eau, le courant l'entraînait rapidement vers le rivage. Il fit alors tous les efforts prodigieux d'un puissant nageur pour aborder l'îlot, sans pouvoir réussir; ce que voyant Marcheterre, il se hâta en descendant le long de la grève, de le ramener à terre avant que ses forces fussent épuisées. Une fois sur le rivage, de Locheill reprit aussitôt sa course vers le rocher.

Les spectateurs respirèrent à peine lorsqu'ils virent Arché se précipiter dans les flots pour secourir Dumais qu'ils avaient désespéré de sauver. Tout le monde connaissait la force herculéenne de Locheill et ses exploits aquatiques dans les visites fréquentes qu'il faisait au seigneur de Beaumont avec son ami Jules, pendant leurs vacances du collège. Aussi l'anxiété avait-elle été à son comble pendant la lutte terrible du jeune homme, repoussé sans cesse vers le rivage malgré des efforts qui semblaient surhumains, et un cri de douleur s'était échappé de toutes les poitrines en voyant la défaite. [...]

Les premiers efforts inutiles de Locheill n'avaient servi qu'à l'exalter davantage dans son œuvre de dévouement; il avait, avec une abnégation bien rare, fait le sacrifice de sa vie. La corde, sa seule chance de salut, pouvait fort bien se rompre lorsqu'elle serait surchargée d'un double poids, et exposée de plus à l'action d'un torrent impétueux. Il était aussi trop habile nageur pour ignorer le danger de remorquer un homme incapable de s'aider d'aucune manière. Il savait qu'il aurait en outre à demeurer sous l'eau, sans respirer, jusqu'à ce qu'il eût atteint le rivage.

Conservant néanmoins tout son sang-froid, il se contenta de dire à Marcheterre:

— Il faut changer de tactique: c'est ce rouleau, que je tenais dans ma main droite, qui a d'abord paralysé mes forces lorsque je me suis élancé dans la rivière, et ensuite lorsque j'ai voulu aborder l'îlot.

Il élargit alors le diamètre du nœud de la corde, qu'il passa de son épaule droite sous son aisselle gauche, pour laisser toute liberté d'action à ses deux bras. Ces précautions prises, il fit un bond de tigre, et disparaissant aussitôt sous les flots qui l'emportaient avec la vitesse d'un cheval lancé à la course, il ne reparut qu'à environ douze pieds de l'îlot, arrêté par la corde que raidit Marcheterre, ainsi qu'ils en étaient convenus. Ce mouvement pensa lui être funeste, car, perdant l'équilibre, il fut renversé la tête sous l'eau, tandis que le reste de son corps surnageait horizontalement sur la rivière. Son sang-froid, très heureusement, ne l'abandonna pas un instant dans cette position critique, confiant qu'il était dans l'expérience du vieux marin. En effet, celui-ci, lâchant tout à coup deux brasses de l'amarre par un mouvement saccadé, de Locheill, se servant d'un de ces tours de force connus des habiles nageurs, ramena subitement ses talons à s'en frapper les reins; puis, se raidissant les jambes pour battre l'eau perpendiculairement, tandis qu'il secondait cette action en nageant alternativement des deux mains, il reprit enfin l'équilibre. Présentant alors l'épaule gauche pour se préserver la poitrine d'un choc qui aurait pu lui être aussi funeste qu'à Dumais, il aborda le lieu du sinistre avec la vitesse de l'éclair.

Dumais, malgré son état de torpeur apparente, malgré son immobilité, n'avait pourtant rien perdu de tout ce qui se passait. Un rayon d'espoir, bien vite évanoui, avait lui au fond de son cœur déchiré par tant d'émotions sanglantes à la vue des premières tentatives de son libérateur; mais cette espérance s'était ravivée de nouveau en voyant le bond surhumain que fit de Locheill s'élançant de la cime du rocher. Celui-ci avait à peine, en effet, atteint la glace où il se cramponnait d'une seule main, pour dégager, de l'autre, le rouleau de corde qui l'enlaçait, que Dumais, lâchant le cèdre protecteur, prit un tel élan sur sa jambe unique, qu'il vint tomber dans les bras d'Arché.

Le torrent impétueux envahit aussitôt l'extrémité de la glace qui, surchargée d'un double poids, se cabra comme un cheval fougueux. Et cette masse lourde, que les flots poussaient avec une force irrésistible, retombant sur le vieux cèdre, le vétéran, après une résistance inutile, s'engouffra dans l'abîme, entraînant dans sa chute une portion du domaine sur lequel il avait régné en souverain pendant des siècles.

Ce fut alors une immense clameur sur les deux rives de la Rivière-du-Sud; acclamation triomphante des spectateurs les plus éloignés et cri déchirant d'angoisse sur la rive la plus rapprochée du théâtre où s'était joué ce drame de vie et de mort. En effet, tout avait disparu comme si la baguette d'un enchanteur puissant eût frappé la scène et les acteurs qui avaient inspiré un intérêt si palpitant d'émotions. Le haut de la cataracte n'offrit plus, dans toute sa largeur, entre les deux rives, que le spectacle attristant des flots pressés qui se précipitaient dans le bassin avec un bruit formidable, et le rideau d'écume blanche qui s'élevait jusqu'à son niveau. [...]

494

Marcheterre, aidé de ses amis, s'empressait, tout en descendant le long de la grève, de retirer, à fortes et rapides brassées, la corde à laquelle il sentait un double poids.

Il leur fallut de grands efforts pour dégager de Locheill, une fois en sûreté sur la plage, de l'étreinte de Dumais, qui ne donnait pourtant aucun signe de vie. Arché, au contraire, délivré de cette étreinte qui l'étouffait, vomit trois ou quatre gorgées d'eau, respira bruyamment et dit:

— Il n'est pas mort; il ne peut être qu'asphyxié; il vivait il y a une minute à peine.

On se hâta de transporter Dumais au manoir seigneurial, où des soins empressés et entendus lui furent prodigués. [...]

Le bon gentilhomme

(Avant de partir pour la France, où il commencera sa carrière militaire, Jules d'Haberville va s'entretenir avec un vieil ami de sa famille, qui ressemble fort à l'auteur du roman.)

Le temps était magnifique: quelques rayons de la lune, alors dans son plein, se jouaient dans l'onde, à leurs pieds. Le murmure de l'eau faisait seul diversion au calme de cette belle nuit canadienne. Monsieur d'Egmont garda le silence pendant quelques minutes, la tête penchée sur son sein; et Jules, respectant sa rêverie, se mit à tracer sur le sable, avec son doigt, quelques lignes géométriques.

— J'ai beaucoup désiré, mon cher Jules, dit le gentilhomme, de m'entretenir avec toi avant ton départ pour l'Europe, avant ton entrée dans la vie des hommes. Je sais bien que l'expérience d'autrui est peu profitable, et qu'il faut que chacun paie le tribut de sa propre inexpérience; n'importe, j'aurai toujours la consolation de t'ouvrir mon cœur, ce cœur qui devrait être desséché depuis longtemps, mais qui bat toujours avec autant de force que lorsque, viveur infatigable, je conduisais les bandes joyeuses de mes amis, il y a déjà plus d'un demi-siècle. Tu me regardais tantôt, mon fils, avec étonnement, lorsque je te disais qu'un homme comme moi ne meurt pas: tu pensais que c'était une métaphore; j'étais pourtant bien sincère dans le moment. J'ai imploré la mort tant de fois à deux genoux, que j'ai fini par cesser presque d'y croire. Les païens en avaient fait une divinité: c'était, sans doute, pour l'implorer dans les grandes infortunes. Si la physiologie nous enseigne que nos souffrances sont en raison de la sensibilité de nos nerfs, et partant de toute notre organisation, j'ai alors souffert, ô mon fils! ce qui aurait tué cinquante hommes des plus robustes.

Le bon gentilhomme se tut de nouveau, et Jules lança quelques petits cailloux dans la rivière.

— Vois, reprit le vieillard, cette onde qui coule si paisiblement à nos pieds; elle se mêlera, dans une heure tout au plus, aux eaux plus agitées du grand fleuve, dont elle subira les tempêtes, et, dans quelques jours, mêlée aux flots de l'Atlantique, elle sera le jouet de toute la fureur des ouragans qui soulèvent ses vagues jusqu'aux nues. Voilà l'image de notre vie. Tes jours, jusqu'ici, ont été aussi paisibles que les eaux de ma petite rivière; mais bien vite tu seras ballotté sur le grand fleuve de la vie, pour être exposé ensuite aux fureurs de cet immense océan humain qui renverse tout sur son passage! Je t'ai vu naître, d'Haberville; j'ai suivi, d'un œil attentif, toutes les phases de ta jeune existence; j'ai étudié avec soin ton caractère, et c'est ce qui me fait désirer l'entretien que nous avons aujourd'hui; car jamais ressemblance n'a été plus parfaite qu'entre ton caractère et le mien. Comme toi, je suis né bon, sensible, généreux jusqu'à la prodigalité. Comment se fait-il alors que ces dons si précieux, qui devaient m'assurer une heureuse existence, aient été la cause de tous mes malheurs? comment se fait-il, ô mon fils! que ces vertus tant prisées par les hommes, se soient soulevées contre moi comme autant d'ennemis acharnés à ma perte? comment se fait-il que, vainqueurs impitoyables, elles m'aient abattu et roulé dans la poussière? Il me semble pourtant que je méritais un meilleur sort. Né, comme toi, de parents riches, qui m'idolâtraient, il m'était sans cesse facile de suivre les penchants de ma nature bienfaisante. Je ne cherchais comme toi, qu'à me faire aimer de tout ce qui m'entourait. Comme toi, je m'apitoyais, dans mon enfance, sur tout ce que je voyais souffrir, sur l'insecte que j'avais blessé par inadvertance, sur le petit oiseau tombé de son nid. Je pleurais sur le sort du petit mendiant déguenillé qui me racontait ses misères; je me dépouillais pour le couvrir, et, si mes parents, tout en me grondant un peu, n'eussent veillé sans cesse sur ma garde-robe, le fils du riche Monsieur d'Egmont aurait été le plus mal vêtu de tous les enfants du collège où il pensionnait. Inutile d'ajouter que, comme toi, ma main était sans cesse ouverte à tous mes camarades; suivant leur expression, « je n'avais rien à moi. » C'est drôle, après tout, continua le bon gentilhomme en fermant les yeux, comme se parlant à lui-même, c'est drôle que je n'aie alors éprouvé aucune ingratitude de la part de mes jeunes compagnons. L'ingratitude est-elle le partage de l'homme fait? Ou, est-ce un piège que cette charmante nature humaine tend à l'enfant bon, confiant et généreux, pour mieux le dépouiller ensuite lorsque la poule sera plus grasse? Je m'y perds; mais non: l'enfance, l'adolescence ne peuvent être aussi dépravées. Ça serait à s'arracher les cheveux de désespoir, à maudire...

Et toi, Jules, reprit le vieillard après cet *aparté*, as-tu déjà éprouvé l'ingratitude de ceux que tu as obligés, cette ignoble ingratitude qui vous frappe de stupeur, qui perce le cœur comme une aiguille d'acier?

— Jamais! dit le jeune homme.

— C'est alors l'intérêt, conséquence naturelle de la civilisation, qui cause l'ingratitude; plus l'homme a de besoins, plus il doit être ingrat. Ceci me rappelle une petite anecdote, qui trouve sa place ici. Il y a environ vingt ans qu'un pauvre sauvage, de la tribu des Hurons, arriva chez moi dans un état bien pitoyable. C'était le printemps; il avait fait une longue et pénible marche, passé à la nage des ruisseaux glacés, ayant bien chaud, en sorte qu'il était attaqué d'une pleurésie violente, accompagnée d'une inflammation de poumons des plus alarmantes. Je jugeai qu'une abondante saignée pouvait seule lui sauver la vie. Je n'avais jamais phlébotomisé, et je fis, avec mon canif, mes premières armes dans cet art sur l'homme de la nature. Bref, des simples, des soins assidus opérèrent une guérison; mais la convalescence fut longue: il resta plus de deux mois chez moi. Au bout d'un certain temps, André et moi parlions le huron comme des indigènes. Il me raconta qu'il était un grand guerrier, un grand chasseur, mais que l'usage immodéré de l'eau-de-feu avait été sa ruine; qu'il avait une forte dette à payer, mais qu'il serait plus sage à l'avenir. Ses remercîments furent aussi courts que ses adieux:

— Mon cœur est trop plein pour parler longtemps, dit-il; le guerrier huron ne doit pas pleurer comme une femme: merci, mes frères.

Et il s'enfonça dans la forêt.

J'avais complètement oublié mon indigène, lorsqu'au bout de quatre ans, il arriva chez moi avec un autre sauvage. Ce n'était plus le même homme que j'avais vu dans un si piteux état: il était vêtu splendidement, et tout annonçait chez lui le grand guerrier et le grand chasseur, qualités inséparables chez les naturels de l'Amérique du Nord. Lui et son compagnon déposèrent, dans un coin de ma chambre, deux paquets de marchandises de grande valeur: car ils contenaient les pelleteries les plus riches, les plus brillants mocassins brodés en porc-épic, les ouvrages les plus précieux en écorce, et d'autres objets dont les sauvages font commerce avec nous. Je le félicitai alors sur la tournure heureuse qu'avaient prise ses affaires.

— Écoute, mon frère, me dit-il, et fais attention à mes paroles. Je te dois beaucoup, et je suis venu payer mes dettes. Tu m'as sauvé la vie, car tu connais bonne médecine. Tu as fait plus, car tu connais aussi les paroles qui entrent dans le cœur: d'un chien d'ivrogne que j'étais, je suis redevenu l'homme que le Grand-Esprit a créé. Tu étais riche, quand tu vivais de l'autre côté du grand lac. Ce wigwam est trop étroit pour toi: construis-en un qui puisse contenir ton grand cœur. Toutes ces marchandises t'appartiennent.

Je fus touché jusqu'aux larmes de cet acte de gratitude de la part de cet homme primitif: j'avais donc trouvé deux hommes reconnaissants dans tout le cours d'une longue vie: le fidèle André, mon frère de lait, et ce pauvre enfant de la nature qui, voyant que je ne voulais accepter de ces dons qu'une paire de souliers de caribou, poussa son cri aigu « houa, » en se frappant la bouche de trois doigts, et se sauva à toutes jambes, suivi de son compagnon. Malgré mes recherches, je n'en ai eu ni vent ni nouvelle. Notre respectable curé se chargea de vendre les marchandises, dont le produit, avec l'intérêt, a été distribué dernièrement aux sauvages de sa tribu.

Le bon gentilhomme soupira, se recueillit un instant, et reprit la suite de sa narration:

— Je vais maintenant, mon cher Jules, te faire le récit de la période la plus heureuse et la plus malheureuse de ma vie: cinq ans de bonheur! cinquante ans de souffrances! Ô mon Dieu! une journée, une seule journée de ces joies de ma jeunesse, qui me fasse oublier tout ce que j'ai souffert! Une journée de cette joie délirante qui semble aussi aiguë que la douleur physique! Oh! une heure, une seule heure de ces bons et vivifiants éclats de rire, qui dilatent le cœur à le briser, et qui, comme une coupe rafraîchissante du Léthé, effacent de la mémoire tout souvenir douloureux! Que mon cœur était léger, lorsque entouré de mes amis, je présidais la table du festin! Un de ces heureux jours, ô mon Dieu! où je croyais à l'amitié sincère, où j'avais foi en la reconnaissance, où j'ignorais l'ingratitude!

Lorsque j'eus complété mes études, toutes les carrières me furent ouvertes; je n'avais qu'à choisir: celle des armes s'offrait naturellement à un homme de ma naissance; mais il me répugnait de répandre le sang de mes semblables. J'obtins une place de haute confiance dans les bureaux. Avec mes dispositions, c'était courir à ma perte. J'étais riche par moi-même; mon père m'avait laissé une brillante fortune, les émoluments de ma place étaient considérables, je maniais à rouleaux l'or que je méprisais.

Je ne chercherai pas, fit le bon gentilhomme en se frappant le front avec ses deux mains, à pallier mes folies pour accuser autrui de mes désastres; oh! non! mais il est une chose certaine, c'est que j'aurais pu suffire à mes propres dépenses, mais non à celles de mes amis, et à celles des amis de mes amis, qui se ruèrent sur moi comme des loups affamés sur une proie facile à dévorer. Je ne leur garde aucune rancune: ils agissaient suivant leur nature: quand la bête carnassière a faim, elle dévore tout ce qu'elle rencontre. Incapable de refuser un service, ma main ne se ferma plus; je devins non seulement leur banquier, mais si quelqu'un avait besoin d'une caution, d'un endossement de billet, ma signature était à la disposition de tout le monde. C'est là, mon cher Jules, ma plus grande erreur; car je puis dire en toute vérité que j'ai été obligé de liquider leurs dettes, quatre-vingt-dix-neuf fois sur cent, de mes propres deniers, même dans mes plus grands embarras, pour sauver mon crédit et éviter une ruine d'ailleurs imminente. Un grand poète anglais a dit: « Ne prête, ni n'emprunte, si tu veux conserver tes amis ». Donne, mon cher fils, donne à pleines mains, puisque c'est un penchant irrésistible chez toi; mais, au moins, sois avare de ta signature: tu seras toujours à la gêne, mais tu éviteras les malheurs qui ont empoisonné mon existence pendant un demi-siècle.

Mes affaires privées étaient tellement mêlées avec celles de mon bureau que je fus assez longtemps sans m'apercevoir de leur état alarmant. Lorsque je découvris la vérité, après un examen de mes comptes, je fus frappé comme d'un coup de foudre. Non seulement j'étais ruiné, mais aussi sous le poids d'une défalcation considérable! Bah! me dis-je, à la fin, que m'importe la perte de mes biens! que m'importe l'or que j'ai toujours méprisé! que je paie mes dettes; je suis jeune, je n'ai point peur du travail, j'en aurai toujours assez. Qu'ai-je à craindre d'ailleurs? mes amis me doivent des sommes considérables. Témoins de mes difficultés financières, non seulement ils vont s'empresser de s'acquitter envers moi, mais aussi, s'il est nécessaire, de faire pour moi ce que j'ai fait tant de fois pour eux. Que j'étais simple, mon cher fils, de juger les autres par moi-même! J'aurais, moi, remué ciel et terre pour sauver un ami de la ruine; j'aurais fait les plus grands sacrifices. Que j'étais simple et crédule! ils ont eu raison, les misérables, de se moquer de moi.

Je fis un état de mes créances, de la valeur de mes propriétés, et je vis clairement que mes rentrées faites, mes immeubles vendus, je n'étais redevable que d'une balance facile à couvrir à l'aide de mes parents. La joie rentra dans mon cœur. Que je connaissais peu les hommes! Je fis part, en confidence, de mes embarras à mes débiteurs. Je leur dis que je me confiais à leur amitié pour garder la chose secrète, que le temps pressait, et que je les priais de me rembourser dans le plus court délai. Je les trouvai froids comme j'aurais dû m'y attendre. Plusieurs auxquels j'avais prêté, sans reconnaissance par écrit de leur part, avaient même oublié ma créance. Ceux dont j'avais les billets me dirent que c'était peu généreux de les prendre au dépourvu; qu'ils n'auraient jamais attendu cela d'un ami. Le plus grand nombre, qui avaient eu des transactions à mon bureau, prétendirent effrontément que j'étais leur débiteur. Ils avaient raison, je leur devais une bagatelle; mais eux me devaient des sommes considérables. Je leur demandai à régler; on me le promit, mais on n'en fit rien: on se plut, au contraire, à saper mon crédit en publiant que j'étais ruiné et que j'avais le front de réclamer des dettes imaginaires. On fit plus: on me tourna en ridicule en disant que j'étais un fou prodigue. Un d'eux, farceur quand même, qui dix-huit mois auparavant n'avait conservé une place qu'il devait perdre pour abus de confiance, que par les secours pécuniaires que je lui donnai et dont le secret mourra dans mon cœur, fut intarissable de verve satirique à mes dépens; ses plaisanteries eurent un succès fou parmi mes anciens amis. Ce dernier trait d'ingratitude m'accabla.

Un seul, oui un seul, et celui-là n'était qu'une simple connaissance que j'avais rencontrée quelquefois en société, ayant eu vent de la ruine qui me menaçait, s'empressa de me dire:

— Nous avons eu des affaires ensemble: voici, je crois, la balance qui vous revient; compulsez vos livres pour voir si c'est correct.

Il est mort depuis longtemps; honneur à sa mémoire! et que les bénédictions d'un vieillard profitent à ses enfants.

Le temps pressait, comme je l'ai dit, et quand bien même j'aurais eu le cœur de faire des poursuites, rien ne pouvait me sauver. Ajoutons les intrigues d'amis et d'ennemis pour profiter de mes dépouilles, et il est aisé de pressentir qu'il me fallait succomber; je baissai la tête sans faire face à l'orage, et je me résignai.

Je ne voudrais pas, ô mon fils! attrister ta jeune âme du récit de tout ce que j'ai souffert; il me suffira d'ajouter que, tombé entre les griffes de créanciers impitoyables, je dus boire la coupe d'amertume jusqu'à la lie. À part l'ingratitude de mes amis, j'étais homme à souffrir peu pour moi individuellement. Ma gaieté naturelle ne m'aurait pas même abandonné entre les murs de la Bastille: j'aurais pu danser à la musique discordante que produit le grincement des verrous. Mais, ma famille! Mais les remords cuisants qui poursuivent le jour, qui causent les longues insomnies, qui ne vous laissent ni trêve ni repos, qui font vibrer les nerfs de la sensibilité comme si de fortes tenailles les mettaient sans cesse en jeu avec leurs dents métalliques!

Je suis d'opinion, mon fils, qu'à de rares exceptions, tout homme qui en a les moyens, paie ses dettes: les tourments qu'il endure à la vue de son créancier sont plus que suffisants pour l'y contraindre, sans la rigueur des lois qui ne sont souvent faites que pour les riches au détriment des pauvres. Parcours tous les codes de lois anciens et modernes, et tu seras frappé du même égoïsme barbare qui les a dictés. Peut-on imaginer, en effet, un supplice plus humiliant, plus cruel que celui d'un débiteur en face de son créancier, un fesse-mathieu, le plus souvent, auquel il se voit obligé de faire la courbette? Peut-on imaginer humiliation plus grande que de louvoyer sans cesse pour éviter la rencontre d'un créancier?

Une chose m'a toujours frappé: c'est que la civilisation fausse le jugement des hommes, et qu'en fait de sens commun, de gros bon sens, que l'on doit s'attendre à rencontrer dans la cervelle de tout être civilisé (j'en excepte pourtant les animaux domestiques qui reçoivent leur éducation dans nos familles), le sauvage lui est bien supérieur. En voici un exemple assez amusant. Un Iroquois contemplait, il y a quelques années, à New York, un vaste édifice d'assez sinistre apparence; ses hauts murs, ses fenêtres grillées l'intriguaient beaucoup: c'était une prison. Arrive un magistrat.

— Le visage pâle veut-il dire à son frère, fit l'Indien, à quoi sert ce grand wigwam?

Le citadin se rengorge et répond d'un ton important:

— C'est là qu'on renferme les peaux-rouges qui refusent de livrer les peaux de castor qu'ils doivent aux marchands.

L'Iroquois examine l'édifice avec un intérêt toujours croissant, en fait le tour, et demande à être introduit dans l'intérieur de ce wigwam merveilleux. Le magistrat, qui était aussi marchand, se donne bien garde de refuser, espérant inspirer une terreur salutaire aux autres sauvages, auxquels celui-ci ne manquerait pas de raconter les moyens spirituels, autant qu'ingénieux, qu'ont les visages pâles pour obliger les peaux-rouges à payer leurs dettes.

L'Iroquois visite tout l'édifice avec le soin le plus minutieux, descend dans les cachots, sonde les puits, prête l'oreille aux moindres bruits qu'il entend, et finit par dire en riant aux éclats:

— Mais sauvages pas capables de prendre castors ici!

L'Indien, dans cinq minutes, donna la solution d'un problème que l'homme civilisé n'a pas encore eu le bon sens, le gros sens commun de résoudre après des siècles d'études. Cet homme si simple, si ignorant, ne pouvant croire à autant de bêtise de la part d'une nation civilisée, dont il admirait les vastes inventions, avait cru tout bonnement qu'on avait pratiqué des canaux souterrains, communiquant avec les rivières et les lacs les plus riches en castors, et qu'on y enfermait les sauvages pour leur faciliter la chasse de ces précieux amphibies, afin de s'acquitter plus vite envers leurs créanciers. Ces murs, ces grillages en fer lui avaient semblé autant de barrières que nécessitait la prudence pour garder ces trésors.

Tu comprends, Jules, que je ne vais te parler maintenant que dans l'intérêt du créancier qui inspire seul la sympathie, la pitié, et non dans celui du débiteur, qui, après avoir erré tout le jour, l'image de la défiance craintive sans cesse devant les yeux, mord, la nuit, son oreiller de désespoir après l'avoir arrosé de ses larmes.

J'étais jeune, trente-trois ans, âge où commence à peine la vie; j'avais des talents, de l'énergie, et une foi robuste en moi-même. Prenez, dis-je à mes créanciers, tout ce que je possède, mais renoncez à votre droit de contrainte par corps: laissez-moi toute liberté d'action, et j'emploierai toute mon énergie à vous satisfaire. Si vous paralysez mes forces, c'est vous faire tort à vous-mêmes. Ce raisonnement, si simple pourtant, était au-dessus de l'intelligence de l'homme civilisé: mon Iroquois, lui, l'eût compris; il aurait dit: « Mon frère pas capable de prendre castors, si le visage pâle lui ôte l'esprit, et lui lie les mains. » Eh bien, mon ami, mes créanciers n'ont tenu aucun compte de ce raisonnement si aisé cependant à comprendre, et ont tenu cette épée de Damoclès suspendue sur ma tête pendant trente ans, terme que leur accordaient les lois du pays.

— Mais, c'était adorable de bêtise! s'écria Jules.

— Un d'eux, cependant, continua le bon gentilhomme en souriant tristement de la saillie de Jules, un d'eux, dis-je, d'une industrie charmante en fait de tortures, obtint contrainte par corps, et, par un raffinement de cruauté digne d'un Caligula, ne la mit à exécution qu'au bout de dix-huit mois. Peut-on imaginer un supplice plus cruel que celui infligé à un homme entouré d'une nombreuse famille, qui la voit pendant dix-huit mois trembler au moindre bruit qu'elle entend, frémir à la vue de tout étranger qu'elle croit toujours porteur de l'ordre d'incarcération contre ce qu'elle a de plus cher! Ce qui m'étonne, c'est que nous n'ayons pas succombé sous cette masse d'atroces souffrances.

Cet état était si insupportable que je me rendis deux fois auprès de ce créancier, le priant, au nom de Dieu, d'en finir et de m'incarcérer. Il le fit, à la fin, mais à loisir. Je l'aurais remercié à deux genoux. Je jouissais d'un bonheur négatif, en défiant, à travers mes barreaux, la malice des hommes de m'infliger une torture de plus!

Le prisonnier éprouve un singulier besoin pendant le premier mois de sa captivité: c'est une inquiétude fébrile, c'est un besoin de locomotion continue. Il se lève souvent pendant ses repas, pendant la nuit même pour y satisfaire: c'est le lion dans sa cage. Pardon à ce noble animal de le comparer à l'homme! il ne dévore que quand il a faim: une fois repu, il est généreux envers les êtres faibles qu'il rencontre sur sa route.

Après tant d'épreuves, après cette inquiétude fébrile, après ce dernier râle de l'homme naguère libre, j'éprouvai, sous les verrous, le calme d'un homme qui, cramponné aux manœuvres d'un vaisseau pendant un affreux ouragan, ne ressent plus que les dernières secousses des vagues après la tempête; car, à part les innombrables tracasseries et humiliations de la captivité, à part ce que je ressentais de douleur pour ma famille désolée, j'étais certainement moins malheureux: je croyais avoir absorbé la dernière goutte de fiel de ce vase de douleur que la malice des hommes tient sans cesse en réserve pour les lèvres fiévreuses de ses frères. Je comptais sans la main de Dieu appesantie sur l'insensé, architecte de son propre malheur! Deux de mes enfants tombèrent si dangereusement malades, à deux époques différentes, que les médecins, désespérant de leur vie, m'annonçaient chaque jour leur fin prochaine. C'est alors, ô mon fils! que je ressentis toute la lourdeur de mes chaînes. C'est alors que je pus m'écrier comme la mère du Christ: « Approchez et voyez s'il est douleur comparable à la mienne! » Je savais mes enfants moribonds, et je n'en étais séparé que par la largeur d'une rue. Je voyais, pendant de longues nuits sans sommeil, le mouvement qui se faisait auprès de leur couche, les lumières errer d'une chambre à l'autre; je tremblais à chaque instant de voir disparaître ces signes de vie qui m'annonçaient que mes enfants requéraient encore les soins de l'amour maternel. J'ai honte de l'avouer, mon fils, mais j'étais souvent en proie à un tel désespoir que je fus cent fois tenté de me briser la tête contre les barreaux de ma chambre. Savoir mes enfants sur leur lit de mort, et ne pouvoir voler à leur secours, les bénir et les presser dans mes bras pour la dernière fois!

Et cependant mon persécuteur connaissait tout ce qui se passait dans ma famille, il le savait comme moi. Mais la pitié est donc morte au cœur de l'homme, pour se réfugier dans le cœur, j'allais dire dans l'âme de l'animal privé de raison! L'agneau bêle tristement lorsqu'on égorge un de ses compagnons, le bœuf mugit de rage et de douleur lorsqu'il flaire le sang d'un animal de son espèce, le cheval souffle bruyamment, renâcle, pousse ce hennissement lugubre qui perce l'âme, à la vue de son frère se débattant dans les douleurs de l'agonie, le chien pousse des hurlements plaintifs pendant la maladie de ses maîtres: l'homme, lui, suit son frère à sa dernière demeure, en chuchotant, en s'entretenant de ses affaires et d'histoires plaisantes.

Lève la tête bien haut dans ta superbe, ô maître de la création! tu en as le droit. Lève ta tête altière vers le ciel, ô homme! dont le cœur est aussi froid que l'or que tu palpes jour et nuit. Jette la boue à pleines mains à l'homme au cœur chaud, aux passions ardentes, au sang brûlant comme le vitriol, qui a failli dans sa jeunesse. Lève la tête bien haut, orgueilleux Pharisien, et dis: Moi, je n'ai jamais failli. Moins indulgent que le divin Maître que tu prétends servir, qui pardonne au pécheur repentant, ne tiens aucun compte des souffrances, des angoisses qui dessèchent le cœur comme le vent brûlant du désert, des remords dévorants qui, après cinquante ans de stricte probité, rongent encore le cœur de celui que la fougue des passions a emporté dans sa jeunesse, et dis: Moi, je n'ai jamais failli!

Le bon gentilhomme se pressa la poitrine à deux mains, garda pendant quelque temps le silence et s'écria:

— Pardonne-moi, mon fils, si, emporté par le souvenir de tant de souffrances, j'ai exhalé mes plaintes dans toute l'amertume de mon cœur. Ce ne fut que le septième jour après l'arrivée de ses amis, que ce grand poète arabe, Job, le chantre de tant de douleurs, poussa ce cri déchirant: *Pereat dies in qua natus sum!* Moi, mon fils, j'ai refoulé mes plaintes dans le fond de mon cœur pendant cinquante ans; pardonne-moi donc si j'ai parlé dans toute l'amertume de mon âme; si, aigri par le chagrin, j'ai calomnié tous les hommes, car il y a de nobles exceptions.

Comme j'avais fait à mes créanciers, depuis longtemps, l'abandon de tout ce que je possédais, que tous mes meubles et immeubles avaient été vendus à leur bénéfice, je présentai au roi supplique sur supplique pour obtenir mon élargissement après quatre ans de réclusion. Les ministres furent bien d'opinion que, tout considéré, j'avais assez souffert, mais il s'élevait une grande difficulté, et la voici: quand un débiteur a fait un abandon franc et honnête de tout ce qu'il possède, quand on a vendu tous ses meubles et immeubles, lui reste-t-il encore quelque chose? La question était épineuse. Néanmoins, après d'assez longs débats, on décida dans la négative, malgré un argument de trois heures d'un grand arithméticien, beau parleur, qui prétendait résoudre que, qui de deux paie deux, il reste encore une fraction. Et l'on finit par me mettre très poliment à la porte.

Mon avenir étant brisé comme mon pauvre cœur, je n'ai fait que végéter depuis, sans profit pour moi ni pour les autres. Mais vois, mon fils, la fatalité qui me poursuivait. Lorsque je fis abandon de mes biens à mes créanciers, je leur demandai en grâce de me laisser jouir d'un immeuble de peu de valeur alors, mais que je prévoyais devoir être d'un grand rapport par la suite, leur promettant d'employer toutes mes forces morales et physiques pour l'exploiter à leur profit. On me rit au nez, comme de raison, car il y avait castors à prendre là. Eh bien! Jules, cette même propriété dont la vente couvrit à peine alors les frais de la procédure, se vendit, au bout de dix ans, un prix énorme qui aurait soldé toutes mes dettes et au delà, car on s'était plu comme de droit à en exagérer le montant dans les journaux et partout; mais j'étais si affaissé, si abattu sous le poids de ma disgrâce, que je n'eus pas même le courage de réclamer contre cette injustice. Lorsque, plus calme, j'établis un état exact de mes dettes, je n'étais passif que d'un peu plus du tiers de l'état fabuleux qu'on avait publié.

L'Europe était trop peuplée pour moi: je m'embarquai pour la Nouvelle-France avec mon fidèle André, et je choisis ce lieu salutaire, où je vivrais heureux si je pouvais boire l'eau du Léthé. Les anciens, nos maîtres en fait d'imagination, avaient sans doute créé ce fleuve pour l'humanité souffrante. Imbu pendant longtemps des erreurs du seizième siècle, je m'écriais autrefois dans mon orgueil: Ô hommes! si j'ai eu ma part de vos vices, j'en ai rarement rencontré un parmi vous qui possédât une seule de mes vertus. La religion, cette mère bienfaisante, a depuis réprimé ces mouvements d'orgueil, et m'a fait rentrer en moi-même. Je me suis courbé sous la main de Dieu, convaincu qu'en suivant les penchants de ma nature je n'avais aucun mérite réel à réclamer.

Tu es le seul, mon fils, auquel j'ai communiqué l'histoire de ma vie, tout en supprimant bien des épisodes cruels; je connais toute la sensibilité de ton âme et je l'ai ménagée. Mon but est rempli; allons maintenant faire un bout de veillée avec mon fidèle domestique, qui sera sensible à cette marque d'attention avant ton départ pour l'Europe.

Lorsqu'ils entrèrent dans la maison, André achevait de préparer un lit sur un canapé, œuvre due à l'industrie combinée du maître et du valet. Ce meuble, dont ils étaient tous deux très fiers, ne laissait pas d'avoir un pied un peu plus court que ses voisins, mais c'était un petit inconvénient auquel l'esprit ingénieux de Francœur avait remédié à l'aide d'un mince billot.

— Ce canapé, dit le bon gentilhomme d'un air satisfait, nous a coûté, je pense, plus de calculs à André et à moi qu'à l'architecte Perrault, lorsqu'il construisit la colonnade du Louvre, l'orgueil du grand Roi; mais nous en sommes venus à bout à notre honneur: il est bien vrai qu'un des pieds présente les armes à tout venant, mais quelle œuvre est sans défaut? Quant à toi, mon ami Francœur, tu aurais dû te rappeler que dans ce lit de camp devait coucher un militaire, et laisser le pied, que tu as étayé au port d'arme.

André sans beaucoup goûter cette plaisanterie, qui froissait un peu sa vanité d'artiste, ne put s'empêcher de rire de la sortie de son maître.

Après une assez longue veillée, le bon gentilhomme présenta à Jules un petit bougeoir d'argent d'un travail exquis.

— Voilà, mon cher enfant, tout ce que mes créanciers m'ont laissé de mon ancienne fortune: c'était, je suppose, pour charmer mes insomnies! Bonsoir, mon cher fils, on dort bien à ton âge; aussi lorsqu'après mes prières sous la voûte de ce grand temple qui, en annonçant la puissance et la grandeur de Dieu, me frappe toujours de stupeur, je rentrerai sous mon toit, tu seras depuis longtemps dans les bras de Morphée.

Et il l'embrassa tendrement.

Le refus de Blanche*

(Archibald désirerait épouser Blanche d'Haberville; celle-ci refuse, par devoir patriotique, de s'unir à celui que le sort des armes a opposé aux hommes de sa race; elle accepte, cependant, que Jules, lui, marie une Anglaise.)

— Maintenant, reprit Arché, que nous avons évoqué tant d'agréables souvenirs, asseyons-nous sur ce tertre où nous nous sommes jadis reposés tant de fois, et parlons de choses plus sérieuses. Je suis décidé à me fixer au Canada; j'ai vendu dernièrement un héritage que m'a légué un de mes cousins. Ma fortune, quoique médiocre en Europe, sera considérable, appliquée dans cette colonie, où j'ai passé mes plus beaux jours, où je me propose de vivre et de mourir auprès de mes amis. Qu'en dites-vous, Blanche?

— Rien au monde ne pourra nous faire plus de plaisir. Oh! que Jules, qui vous aime tant, sera heureux! combien nous serons tous heureux!

— Oui, très heureux, sans doute; mais mon bonheur ne peut être parfait, Blanche, que si vous daignez y mettre le comble en acceptant ma main. Je vous ai...

La noble fille bondit comme si une vipère l'eût mordue; et, pâle de colère, la lèvre frémissante, elle s'écria:

— Vous m'offensez, capitaine Archibald Cameron de Locheill! Vous n'avez donc pas réfléchi à ce qu'il y a de blessant, de cruel dans l'offre que vous me faites! Est-ce lorsque la torche incendiaire que vous et les vôtres avez promenée sur ma malheureuse patrie, est à peine éteinte, que vous me faites une telle proposition? Est-ce lorsque la fumée s'élève encore de nos masures en ruine que vous m'offrez la main d'un des incendiaires? Ce serait une ironie bien cruelle que d'allumer le flambeau de l'hyménée aux cendres fumantes de ma malheureuse patrie! On dirait, capitaine de Locheill, que, maintenant riche, vous avez acheté avec votre or la main de la pauvre fille canadienne; et jamais une d'Haberville ne consentira à une telle humiliation. Oh! Arché! je n'aurais jamais attendu cela de vous, de vous, l'ami de mon enfance! Vous n'avez pas réfléchi à l'offre que vous me faites.

Et Blanche, brisée par l'émotion, se rassit en sanglotant[2].

Jamais la noble fille canadienne n'avait paru si belle aux yeux d'Arché qu'au moment où elle rejetait, avec un superbe dédain, l'alliance d'un des conquérants de sa malheureuse patrie.

---

2. Historique. Une demoiselle canadienne, dont je tairai le nom, refusa, dans de semblables circonstances, la main d'un riche officier écossais de l'armée du général Wolfe.

— Calmez-vous, Blanche, reprit de Locheill: j'admire votre patriotisme; j'apprécie vos sentiments exaltés de délicatesse, quoique bien injustes envers moi, envers moi votre ami d'enfance. Il vous est impossible de croire qu'un Cameron of Locheill pût offenser une noble demoiselle quelconque, encore moins la sœur de Jules d'Haberville, la fille de son bienfaiteur. Vous savez, Blanche, que je n'agis jamais sans réflexion: toute votre famille m'appelait jadis le grave philosophe et m'accordait un jugement sain.

Que vous eussiez rejeté avec indignation la main d'un Anglo-Saxon, aussi peu de temps après la conquête, aurait peut-être été naturel à une d'Haberville; mais moi, Blanche, vous savez que je vous aime depuis long-temps, vous ne pouvez l'ignorer malgré mon silence. Le jeune homme pauvre et proscrit aurait cru manquer à tous sentiments honorables en déclarant son amour à la fille de son riche bienfaiteur.

Est-ce parce que je suis riche maintenant, continua de Locheill, est-ce parce que le sort des armes nous a fait sortir victorieux de la lutte terrible que nous avons soutenue contre vos compatriotes; est-ce parce que la fatalité m'a fait un instrument involontaire de destruction, que je dois refouler à jamais dans mon cœur un des plus nobles sentiments de la nature, et m'avouer vaincu sans même faire un effort pour obtenir celle que j'ai aimée constam-ment? Oh! non, Blanche, vous ne le pensez pas: vous avez parlé sans ré-flexion; vous regrettez déjà les paroles cruelles qui vous sont échappées et qui ne pouvaient s'adresser à votre ancien ami. Parlez, Blanche, et dites que vous les désavouez; que vous n'êtes pas insensible à des sentiments que vous connaissez depuis longtemps.

— Je serai franche avec vous, Arché, répliqua Blanche, candide comme une paysanne qui n'a étudié ni ses sentiments, ni ses réponses dans les livres, comme une campagnarde qui ignore les convenances d'une société qu'elle ne fréquente plus depuis longtemps, et qui ne peuvent lui imposer une réserve de convention, et je vous parlerai le cœur sur les lèvres. Vous aviez tout, de Locheill, tout ce qui peut captiver une jeune fille de quinze ans: naissance illustre, esprit, beauté, force athlétique, sentiments généreux et élevés: que fallait-il de plus pour fasciner une jeune personne enthousiaste et sensible? Aussi, Arché, si le jeune homme pauvre et proscrit eût demandé ma main à mes parents, qu'ils vous l'eussent accordée, j'aurais été fière et heureuse de leur obéir; mais, capitaine Archibald Cameron de Locheill, il y a maintenant entre nous un gouffre que je ne franchirai jamais.

Et les sanglots étouffèrent de nouveau la voix de la noble demoiselle.

— Mais, je vous conjure, mon frère Arché, continua-t-elle en lui prenant la main, de ne rien changer à votre projet de vous fixer au Canada. Achetez des propriétés voisines de cette seigneurie, afin que nous puissions nous voir souvent, très souvent. Et si, suivant le cours ordinaire de la nature (car vous avez huit ans de plus que moi), j'ai, hélas! le malheur de vous perdre, soyez certain, cher Arché, que votre tombeau sera arrosé de larmes aussi abondantes, aussi amères, par votre sœur Blanche, que si elle eût été votre épouse.

Et lui serrant la main avec affection dans les siennes, elle ajouta:

— Il se fait tard, Arché, retournons au logis.

— Vous ne serez jamais assez cruelle envers moi, envers vous-même, répondit Arché, pour persister dans votre refus! oui, envers vous-même, Blanche, car l'amour d'un cœur comme le vôtre ne s'éteint pas comme un amour vulgaire; il résiste au temps, aux vicissitudes de la vie. Jules plaidera ma cause à son retour d'Europe, et sa sœur ne lui refusera pas la première grâce qu'il lui demandera pour un ami commun. Ah! dites que je puis, que je dois espérer!

— Jamais, dit Blanche, jamais, mon cher Arché. Les femmes de ma famille, aussi bien que les hommes, n'ont jamais manqué à ce que le devoir prescrit, n'ont jamais reculé devant aucun sacrifice, même les plus pénibles. Deux de mes tantes, encore jeunes alors, dirent un jour à mon père[3]: Tu n'as pas déjà trop de fortune, d'Haberville, pour soutenir dignement le rang et l'honneur de notre maison: notre dot, ajoutèrent-elles en riant, y ferait une brèche considérable; nous entrons demain au couvent, où tout est préparé pour nous recevoir. Prières, menaces, fureur épouvantable de mon père ne purent ébranler leur résolution: elles entrèrent au couvent, qu'elles n'ont cessé d'édifier par toutes les vertus qu'exige ce saint état.

Quant à moi, Arché, j'ai d'autres devoirs à remplir; des devoirs bien agréables pour mon cœur: rendre la vie aussi douce que possible à mes parents, leur faire oublier, s'il se peut, leurs malheurs, les soigner avec une tendre affection pendant leur vieillesse, et recevoir entre mes bras leur dernier soupir. Bénie par eux, je prierai Dieu sans cesse, avec ferveur, de leur accorder le repos qui leur a été refusé sur cette terre de tant de douleurs. Mon frère Jules se mariera, j'élèverai ses enfants avec la plus tendre sollicitude, et je partagerai sa bonne et sa mauvaise fortune, comme doit le faire une sœur qui l'aime tendrement. [...]

Le frère et la sœur, tout en s'aidant des pierres saillantes, des arbrisseaux qui poussaient dans les fentes du rocher, eurent bien vite monté le sentier ardu qui conduit au haut du cap; et là, après un moment de silence, employé à contempler le magnifique panorama qui se déroulait devant leurs yeux, Jules dit à sa sœur:

— Ce n'est pas sans dessein que je t'ai conduite ici: je désire t'entretenir privément sur un sujet de la plus grande importance. Tu aimes notre ami Arché; tu l'aimes depuis longtemps; et cependant, pour des raisons que je ne puis comprendre, par suite de sentiments trop exaltés qui faussent ton jugement, tu t'imposes des sacrifices qui ne sont pas dans la nature, et tu te prépares un avenir malheureux, victime d'un amour que tu ne pourras jamais extirper de ton cœur. Quant à moi, si j'aimais une Anglaise, et qu'elle répondît à mes sentiments, je l'épouserais sans plus de répugnance qu'une de mes compatriotes.

Les yeux de Blanche se voilèrent de larmes; elle prit la main de son frère; qu'elle pressa dans les siennes avec tendresse, et répondit:

— Si tu épousais une Anglaise, mon cher Jules, je la recevrais dans mes bras avec toute l'affection d'une sœur chérie; mais ce que tu peux faire, toi, sans inconvenance, serait une lâcheté de la part de ta sœur. Tu as payé noble-

---

3. Historique dans la famille de l'auteur.

ment ta dette à la patrie. Ton cri de guerre « à moi, grenadiers! » électrisait tes soldats dans les mêlées les plus terribles; on a retiré deux fois ton corps sanglant de nos plaines encore humides du sang de nos ennemis, et tu as reçu trois blessures sur l'autre continent. Oui, mon frère chéri, tu as payé noblement ta dette à la patrie, et tu peux te passer la fantaisie d'épouser une fille d'Albion. Mais, moi, faible femme, qu'ai-je fait pour cette terre asservie et maintenant silencieuse; pour cette terre qui a pourtant retenti tant de fois des cris de triomphe de mes compatriotes? Est-ce une d'Haberville qui sera la première à donner l'exemple d'un double joug aux nobles filles du Canada? Il est naturel, il est même à souhaiter que les races française et anglo-saxonne, ayant maintenant une même patrie, vivant sous les mêmes lois, après des haines, après des luttes séculaires, se rapprochent par des alliances intimes; mais il serait indigne de moi d'en donner l'exemple après tant de désastres; on croirait, comme je l'ai dit à Arché, que le fier Breton, après avoir vaincu et ruiné le père, a acheté avec son or la pauvre fille canadienne, trop heureuse de se donner à ce prix. Oh! jamais! jamais!

Et la noble demoiselle pleura amèrement, la tête penchée sur l'épaule de son frère.

— Tout le monde ignorera, reprit-elle, tu ne comprendras jamais toi-même toute l'étendue de mon sacrifice! mais ne crains rien, mon cher Jules, ce sacrifice n'est pas au-dessus de mes forces. Fière des sentiments qui me l'ont inspiré, toute à mes devoirs envers mes parents, je coulerai des jours paisibles et sereins au milieu de ma famille. Et sois certain, continua-t-elle avec exaltation, que celle qui a aimé constamment le noble Archibald Cameron de Locheill, ne souillera jamais son cœur d'un autre amour terrestre. Tu as fait, Jules, un mauvais choix de ce lieu pour l'entretien que tu désirais, de ce cap d'où j'ai tant de fois contemplé avec orgueil le manoir opulent de mes aïeux, remplacé par cette humble maison construite au prix de tant de sacrifices et de privations. Descendons maintenant; et, si tu m'aimes, ne reviens jamais sur ce pénible sujet.

— Âme sublime! s'écria Jules.

Et le frère et la sœur se tinrent longtemps embrassés en sanglotant.

GEORGES BOUCHER DE BOUCHERVILLE (1815-1898)

De janvier 1849 à juin 1851, trente-deux chapitres d'*Une de perdue, deux de trouvées* paraissent dans l'*Album littéraire et musical de la Minerve*; de janvier 1864 à juillet 1865, *La Revue canadienne* en donne une deuxième édition, rema-niée et augmentée de plusieurs chapitres. Boucher de Boucherville a tenu compte, dans l'une et l'autre versions, du climat politique propre à chaque décade. Aussi son œuvre tient-elle tout autant, pour celui qui connaît un peu l'histoire du XIXe siècle et sait lire entre les lignes, de la chronique que du roman d'aventures.

UNE DE PERDUE, DEUX DE TROUVÉES

(Des premiers romans québécois, celui de Boucherville est le seul, avec celui de Joseph Doutre, qui s'ouvre un tant soit peu sur le monde non canadien. Arrêté le 16 novembre 1837 et accusé de haute trahison pour avoir œuvré parmi les « Fils de la Liberté », puis libéré sur parole, Boucher de Boucherville avait cru bon de s'exiler pour un temps en Louisiane; lorsqu'il revient au Canada en 1846, il rapporte de ses voyages et de son séjour aux États-Unis des idées philosophiques et sociales ainsi que des données livresques et historiques qui serviront à alimenter la chronique romanesque qu'il va rédiger. Des deux chapitres que nous citons, le premier — trentième du livre — raconte une révolte d'esclaves louisianais, tandis que le second — trente et unième du livre — présente un plan pour leur émancipation et leur rachat graduel.)

Révolte des esclaves

Il se passait, en effet, à la paroisse St-Charles, des choses qui commençaient à prendre une tournure sérieuse. Les planteurs qui, dans les commencements, avaient traité la découverte avec indifférence, ne furent pas longtemps à s'apercevoir, aux proportions menaçantes que prenaient les désertions parmi les nègres, que le danger était grand et imminent.

Deux magasins avaient été enfoncés durant la nuit. Cinquante fusils, plusieurs barils de poudre, une quantité de haches et de faulx avaient été enlevés. La nouvelle s'en répandit avec la rapidité de l'éclair, et l'alarme devint générale.

Pour première mesure de sûreté, les femmes et les enfants furent expédiés à la Nouvelle-Orléans, où des exprès furent envoyés pour demander du secours, pendant que tous les esclaves suspects furent mis aux fers et enfermés dans les sucreries, aux portes desquelles des gardes furent placés.

Une assemblée des habitants de la côte fut immédiatement convoquée, pour délibérer sur ce qu'il y avait à faire, dans les circonstances alarmantes où ils se trouvaient. Il fut décidé de diviser en patrouilles de vingt personnes, tous ceux qui étaient en état de porter les armes. Toutes ces petites compagnies, organisées à la hâte, devaient agir séparément, mais obéissant néanmoins toutes à un chef commun qui dirigeait les opérations.

Dans la seule paroisse de St-Charles, d'après le relevé qui fut fait dans chaque habitation, il se trouva qu'il manquait cinq cents esclaves! Trente-cinq étaient partis de l'habitation du capitaine Pierre. Ce nombre était formidable et les probabilités étaient que les nègres révoltés pouvaient se trouver au nombre de près d'un mille. Le secret avait été si bien tenu, que ce n'était que de la veille que le complot avait été découvert; et encore ignorait-on le lieu du rendez-vous des nègres et le temps où ils commenceraient leur œuvre de pillage et de désolation. Toute la jeunesse créole était allègrement accourue s'enrôler dans les patrouilles, et caracolait sur ses chevaux, en attendant le moment où l'ordre leur serait donné d'aller attaquer l'ennemi. Les paroisses voisines avaient été averties dès le matin, et les mesures les plus promptes avaient été prises partout.

508

Plusieurs patrouilles furent envoyées dans les bois, et le long du fleuve; des partis à pied parcoururent les cyprières. Toutes les recherches furent inutiles, on ne put trouver aucun indice qui indiquât le lieu du rendez-vous des nègres; quoique partout dans les bois on eût découvert des traces évidentes de leur passage.

Vers les cinq heures de l'après-midi, lorsque toutes les patrouilles eurent fait leur rapport, l'opinion la plus générale fut que leur rendez-vous devait être quelque part derrière l'habitation de feu M. Meunier. Cette opinion fut bientôt confirmée par le rapport d'un parti de chasseurs, qui avait découvert une dizaine de vieux fusils soigneusement cachés au pied du Grand Chêne Vert, dont nous connaîtrons bientôt la situation.

Il fut proposé de faire une battue générale dans les bois en arrière de l'habitation de feu M. Meunier, maintenant la propriété du capitaine Pierre. Mais comme la nuit s'avançait rapidement, on craignit de s'aventurer dans les cyprières où il était difficile d'éviter de tomber dans les embuscades que les nègres pourraient leur tendre. Il fut résolu qu'on demeurerait sous les armes pendant toute la nuit, plaçant des gardes à chaque plantation, et conservant quelques patrouilles à cheval, dont le devoir serait de parcourir la paroisse d'un bout à l'autre, en suivant autant que possible la lisière des bois.

Aussitôt que la nouvelle fut arrivée à la Nouvelle-Orléans de l'insurrection des nègres sur la rive gauche du fleuve, le gouverneur donna les ordres pour faire partir immédiatement deux compagnies du corps des carabiniers, et trois compagnies du régiment louisianais.

Le capitaine Pierre, informé par un émissaire que lui avait expédié l'économe, de ce qui se passait sur son habitation de la paroisse St-Charles, fit à la hâte ses préparatifs; il alla choisir cinquante des meilleurs matelots du *Zéphyr* et s'embarqua avec eux à bord du vapeur, que le gouverneur expédiait avec les milices. Il aurait bien voulu avoir Trim avec lui; mais comme il n'était pas encore arrivé, il avait l'ordre de le faire partir aussitôt qu'il serait de retour.

Pendant que ce secours se rendait à la paroisse St-Charles, nous profiterons de ce temps pour dire un mot de l'organisation de la révolte.

Elle avait pour chef un nègre du nom de Sambo, frère de Trim, qui avec deux compagnons s'était enfui de chez son maître M. Meunier. Après avoir erré pendant quelque temps dans les prairies flottantes, ils avaient fini par trouver un asile sur les bords de la rivière Sabine, sur le territoire mexicain. De temps en temps ils faisaient des excursions qu'ils poussaient jusqu'aux Atacapas, recrutant à chaque voyage quelques nègres marrons. Au bout de quelques mois, Sambo et une dizaine de ses compagnons partirent pour aller faire une visite à l'habitation St-Charles, où il avait une vengeance à assouvir. Ils y arrivèrent durant la nuit sans avoir été découverts, et mirent le feu à la sucrerie.

L'économe et quelques-uns des planteurs voisins, qu'avait attirés l'incendie, se mirent à la poursuite de Sambo et de ses compagnons qui se réfugièrent dans les bois. L'économe s'étant imprudemment trop approché des nègres marrons, reçut une balle dans le bras, dont il fut obligé de se faire faire l'amputation quelques jours après.

Pendant près d'une année, Sambo continua à demeurer sur les bords de la Sabine, cultivant la terre avec ses compagnons, dont le nombre grossissait tous les jours, et faisant souvent des visites aux Atacapas ainsi qu'aux Oppelousas.

Quand il vit que le nombre de ses compagnons avait atteint le chiffre de cent, il pensa sérieusement à faire révolter tous les nègres de la Louisiane contre leurs maîtres. Du moment qu'il eut résolu de travailler à l'émancipation de ses frères, il fit part de ses plans à ses compagnons qu'il assembla à cet effet. Tous ses projets furent vivement approuvés. De ce moment tout fut mis en œuvre pour hâter l'exécution de son entreprise. Il envoya des nègres dans toutes les paroisses du sud du Mississipi, qui s'introduisaient la nuit dans les habitations où les esclaves les cachaient dans leurs cases. Mais l'œuvre était difficile et dangereuse, et plusieurs années se passèrent avant qu'ils eussent pu parvenir à infuser dans l'esprit des nègres cet esprit d'indépendance qui fait mépriser la mort pour obtenir la liberté.

Enfin, à force de persévérance, Sambo avait tout préparé, et le moment de frapper le coup décisif était arrivé. Il avait décidé de commencer à la paroisse St-Charles, et la torche de l'incendie, qu'il allait allumer à l'ancienne habitation de ses maîtres, devait être le signal d'un soulèvement général le long du fleuve.

Sambo commandait à tous les nègres révoltés, dont le nombre se montait à près de huit cents, tous hommes forts, robustes et animés des sentiments les plus invétérés de haine et de vengeance contre les blancs.

Pitre, un des anciens compagnons de fuite de Sambo, avait été expédié, avec un parti, au bayou Lafourche, pour y seconder un soulèvement qui devait se faire la même nuit.

Le rendez-vous général des nègres était à l'île Perdue. Ce rendez-vous avait été judicieusement choisi. Ceux qui en connaissaient les approches, pouvaient y arriver et du côté de la mer et du côté de la terre, en même temps qu'elle offrait une sûre retraite. Du haut des pacaniers on pouvait voir au loin dans les prairies, ce qui aurait donné le temps de se retirer, au cas où il y aurait eu danger. Toute surprise était impossible, excepté qu'ils eussent été dans la plus coupable négligence; mais sur ce point Sambo n'était pas homme à se trouver en défaut. Il y avait toujours un homme en sentinelle sur l'arbre le plus élevé de l'île.

Depuis une semaine, tous les nègres brûlaient d'impatience d'aller attaquer les habitations. Tout était prêt: les armes, les provisions, les embarcations.

On n'attendait plus que le jour qui avait été fixé au quatre novembre.

Le trois, Sambo envoya quinze nègres, en éclaireurs, qui devaient s'approcher autant que possible des habitations avec stricte injonction de ne pas donner la moindre alarme.

Les nègres, que Sambo avait envoyés à la découverte, exécutèrent les ordres qu'ils avaient reçus. Ils visitèrent durant la nuit un grand nombre de cases de nègres, desquels ils apprirent que les blancs ne se doutaient pas de l'attaque. Après avoir parcouru la plupart des principales plantations, et avoir averti leurs complices de se tenir prêts pour le lendemain soir, ils s'en retournèrent au bayou bleu, où Sambo devait se rendre.

Tout allait à merveille pour les nègres, et une partie de la Louisiane fût sans doute tombée en leurs mains, si ces quinze émissaires de Sambo se fussent contentés d'exécuter ses ordres. Mais en s'en retournant ils passèrent auprès d'un magasin, où ils savaient qu'il y avait des armes. Ils l'enfoncèrent et en enlevèrent tout ce qui leur tomba sous la main, sans qu'ils eussent été aperçus. Une demi-lieue plus loin, ils défoncèrent encore un autre magasin et en enlevèrent les armes et autres choses; mais cette fois ils furent découverts; et quoiqu'ils eussent le temps de gagner les bois, l'alarme fut bientôt donnée. Ils se rendirent à l'embouchure du bayou bleu et là attendirent l'arrivée de Sambo, qui, vers les quatre heures du soir, fit son apparition, suivi de tout son monde.

C'était une chose curieuse et en même temps formidable, que de voir tous ces nègres débarquant de leurs pirogues, armés de *bowie knives* et de pistolets à leurs ceintures de cuir, et portant gauchement sur leurs épaules de longs mousquets espagnols. Sambo, en apprenant que ceux qu'il avait expédiés la nuit précédente avaient été découverts, entra dans une grande fureur qu'il sut néanmoins contenir, se promettant bien de les punir sévèrement plus tard de leur désobéissance. Il sentit que cette imprudence de leur part pouvait compromettre le succès de l'entreprise, et il résolut de ne faire aucun mouvement ce soir-là, préférant ne commencer son œuvre de vengeance et de désolation qu'après le milieu de la nuit. Il fit immédiatement préparer à souper pour ses gens, après quoi il donna l'ordre de se coucher. Il ne leur fallait pas de grands préparatifs à cet effet, dix minutes après tout le monde dormait.

Vers les dix heures de la nuit, Sambo, après avoir fait placer des sentinelles dans tous les lieux par où il pouvait craindre une surprise, choisit une vingtaine de ses meilleurs hommes et partit avec eux, pour aller voir par lui-même ce qui se passait aux habitations. Quand il fut arrivé à la source du bayou bleu, il laissa dix hommes à la garde des pirogues et après être convenu avec eux de certains signaux, il poussa droit vers un grand sycomore qui se trouvait sur le bord du bayou-chêne, à peu de distance des premiers défrichements. Il s'y rendit sans que rien eût retardé sa marche; mais quand il fut là, il entendit comme un grand bourdonnement que la brise apportait des bords du Mississipi. C'était l'arrivée des milices, qui débarquaient à l'habitation de Pierre de St-Luc.

Au bout d'un quart d'heure, ce bourdonnement s'était à peu près calmé, mais malgré toute son attention, Sambo ne distinguait plus rien que le murmure ordinaire de l'habitation durant la nuit.

Les milices avaient été casernées dans l'immense sucrerie et autres bâtiments de l'habitation.

Sambo savait que l'alarme avait été donnée, et que les planteurs étaient sur leurs gardes, mais il était loin de se douter du renfort qui venait de leur arriver. Il n'osa pas avancer plus loin, dans la crainte que les chiens ne donnassent l'éveil; il avait pensé que ce grand bruit n'était que les adieux du soir que les planteurs s'étaient donnés, avant d'aller se reposer pour la nuit de l'alerte de la journée.

Il donna sans bruit l'ordre de retourner au bayou bleu. Mais au moment de partir il entendit des pas vers la direction du Chêne Vert. Il écouta. Le bruit semblait augmenter. Il fit coucher tous ses gens dans l'herbe. Peu de temps après une troupe, d'une cinquantaine de nègres, passait à quelque distance du grand sycomore. Ils parlaient à voix basse. Sambo reconnut la voix de quelques-uns des esclaves de l'habitation St-Charles, qu'il savait être initiés à la révolte.

En effet, c'étaient des nègres qui avaient déserté dans la matinée de l'habitation et qui, après s'être recrutés des nègres marrons des plantations voisines, se rendaient au bayou bleu.

Ils eurent bientôt fraternisé.

Sambo, voyant son parti inopinément renforcé de cinquante hommes hardis et déterminés, résolut de les laisser au grand sycomore, avec la formelle injonction d'éviter de se faire voir, au cas où quelque patrouille viendrait de leur côté. Il partit seul pour le bayou bleu.

Quand il arriva, tout était dans le plus profond silence. Le mugissement sourd des joncs, qu'agitait la brise, se mêlait et couvrait le ronflement solennel de sept cents nègres plongés dans un léthargique sommeil. Tout dormait; les soldats au repos, comme les sentinelles en faction! Sambo ne put s'empêcher de remarquer combien peu il pouvait compter sur la vigilance de gens qui n'avaient aucune discipline.

Cependant, comme il savait qu'au moment de l'action il pouvait se reposer sur leur courage, il n'osa témoigner son mécontentement autrement que par quelques reproches qu'il fit aux chefs.

Il pouvait être onze heures de la nuit. Tous les nègres furent bientôt sur pied, Sambo les fit former en compagnies de vingt, ayant chacune son chef, après quoi il fit servir des provisions froides et un verre de rhum à chacun. Sambo était inquiet; il hésita même un instant, et eut envie de remettre l'attaque à un jour ultérieur; mais il réfléchit que dans toutes les habitations les nègres s'attendaient à un soulèvement cette nuit même, il sentit que les choses étaient trop avancées pour qu'il lui fût permis de reculer.

— Le sort en est jeté, dit-il en se dirigeant vers un groupe qui s'était assis près des pirogues. Allons, mes amis, nous avons assez attendu; il est temps de partir.

Et toute cette foule sombre et sinistre se leva sans bruit, et, s'étant divisée sous la conduite de leurs chefs respectifs, s'embarqua dans les pirogues. Une à une les piroques poussèrent au large, et, comme un long serpent, elles glissèrent silencieusement sur le bayou bleu; la tête touchant bientôt au lieu du débarquement, que les anneaux de sa gigantesque queue ondulaient encore au loin sur les eaux.

Sambo fut le premier à sauter à terre; à mesure que les nègres débarquaient, il veillait lui-même à ce qu'ils fussent immédiatement formés en escouades régulières, les faisant de suite défiler vers le grand sycomore, dont chacun des chefs connaissait parfaitement la situation. La nuit était calme; la brise qui s'était levée au coucher du soleil s'était peu à peu perdue en un léger zéphyr qui soulevait à peine les feuilles de la forêt de son souffle tiède et humide. Ces nègres accoutumés à la vie des bois se mouvaient à travers les cyprières, sans s'arrêter un instant pour chercher leur route. Pas un mot ne se faisait entendre, pas le moindre bruit pour rompre le silence de la nuit. On eût dit une troupe de sept cents Faunes, parcourant silencieusement les domaines soumis à leur surveillance.

Sambo s'était placé à la tête de la colonne. Déjà ils avaient franchi plus des trois quarts de la distance qui sépare le bayou-chêne quand tout à coup une décharge de fusil se fit entendre dans la direction du grand sycomore. Sambo fit aussitôt entendre le sifflement d'un serpent, et ce signal, répété par chacun des chefs jusqu'au bout de la colonne, les amena sur le champ à une halte. Après avoir donné quelques ordres à voix basse à l'un des chefs il prit avec lui la première compagnie et se porta en avant, vivement mais sans bruit.

Quand il arriva, il vit un homme qui se défendait vigoureusement contre cinq à six nègres; un peu plus loin, il en vit un autre qui était prisonnier, et qu'on avait garrotté.

Voici ce qui était survenu:

Pierre de St-Luc, auprès de l'habitation duquel les milices étaient débarquées, voulant faire les honneurs de sa maison aux officiers, les avait invités à un réveillon qu'il fit préparer à la hâte. Tout ce que la cour et la basse-cour offraient de ressources fut mis à contribution.

Il avait été décidé, comme nous l'avons déjà dit, d'attendre au lendemain pour faire une battue générale dans les bois; et les officiers, qui ne demandaient pas mieux, se livraient en attendant à la dégustation des vins de l'économe.

Cependant le capitaine Pierre, ayant eu l'occasion de sortir un instant, remarqua que les chiens paraissaient singulièrement agités; humant l'air, courant dans tous les sens, et faisant entendre un sourd hurlement. D'abord il crut que l'arrivée des milices pouvait avoir causé cette agitation chez les chiens, mais il ne tarda pas à s'apercevoir qu'il y avait autre chose; les chiens allaient en dehors des cours du côté du bois; humaient l'air dans cette direction, écoutaient, puis revenaient en courant vers la maison, comme s'ils eussent voulu donner à entendre qu'il y avait quelque chose, qui n'était pas ordinaire du côté de la forêt.

Pierre de St-Luc fit appeler l'économe, auquel il fit part de ses remarques, lui signifiant en même temps le désir qu'il avait d'aller en sa compagnie examiner ce qui se passait dans les bois. L'idée d'aller seul avec M. de St-Luc, ne souriait pas fort à l'économe; mais comme il n'y avait pas à reculer, à moins de passer pour un lâche, il accepta. Cependant, il eut la précaution de prévenir les matelots du *Zéphyr* avec ordre de suivre à distance sous la conduite d'un nègre fidèle qu'il leur donna pour guide.

Après s'être tous deux armés, le capitaine s'étant préalablement excusé auprès des officiers, ils se dirigèrent vers la forêt en faisant un circuit assez considérable. Ils n'eurent aucune difficulté tant qu'ils furent en plein champ; mais quand ils furent arrivés à la lisière du bois, il leur fallut avancer avec la plus grande précaution. Tout semblait aller assez bien. Le capitaine s'arrêta un instant, quand il se crut à peu près vis-à-vis du sentier qui conduisait au bayou-chêne, il se trouvait alors justement auprès du grand sycomore.

— Trouxillo, dit-il, je veux aller jusqu'au bayou bleu.

— Capitaine, c'est une imprudence, répondit l'économe.

— Trouxillo, si vous avez peur, restez ici, j'irai seul.

— Mordiou! peur! moi! Capitaine, vous ne pensez pas?

— Je ne dis pas que vous avez peur mais que si vous avez peur.

— C'est bien, capitaine, je vous suis.

Ce petit dialogue, que le capitaine et l'économe croyaient n'avoir été entendu que d'eux seuls, avait néanmoins été entendu par une dizaine d'oreilles avides qui, cachées au milieu des ronces autour du grand sycomore, n'osaient se montrer, de peur d'enfreindre les ordres positifs que leur avait donnés Sambo.

Ils laissèrent donc passer le capitaine et son compagnon, quoique plus d'un nègre eût mis la main à son poignard pour se venger sur le champ des outrages de l'économe.

Le capitaine poussa jusqu'au bayou, et, n'ayant rien découvert, s'en revenait vers l'habitation, où il se serait sans doute rendu sans accident si un des chiens ne se fut échappé. Ce chien, prenant la piste de l'économe, arrivait au grand sycomore au moment où le capitaine y arrivait aussi à son retour du bayou bleu. Le chien ne tarda pas à s'élancer sur l'un des déserteurs, qu'il saisit à la jambe. Le nègre lâcha un cri de douleur, et l'économe, qui reconnut la voix d'un des esclaves, s'élança, le pistolet à la main, pour le faire prisonnier. En un instant vingt têtes se levèrent; toute retraite fut coupée; l'économe déchargea ses deux pistolets et le capitaine son fusil à deux coups. Mais la partie était inégale; l'économe fut bientôt terrassé et garrotté. Le capitaine, qui n'avait point encore repris toutes ses forces, se défendait néanmoins avec vigueur, quand Sambo arriva. La lune, qui peu à peu s'était élevée au-dessus de la forêt, laissait tomber à travers la chevelure des arbres, ses rayons qui jetaient une lumière incertaine sur la scène qui se jouait au pied du grand sycomore.

Sambo s'élança, avec quelques-uns des siens, sur le capitaine qui, accablé par le nombre, fut bientôt fait prisonnier.

— Mort aux blancs! cria une voix.

— Mort au tyran! cria Sambo, qui venait de reconnaître l'économe dans le premier prisonnier.

Saisissant une hache, il s'élança sur l'économe et d'un coup lui fendit le crâne. Puis se dirigeant vers le capitaine, brandissant au-dessus de sa tête sa hache toute fumante de sang, il hurla:

— Mort aux blancs!

Mais, par un de ces revirements presque incroyables, une dizaine de ses esclaves, qui l'avaient reconnu, et desquels il devait attendre le plus de cruauté et de vengeance, l'entourèrent pour le protéger contre la fureur de Sambo.

Le capitaine, qui avait conservé tout son sang-froid, profitant de cette disposition, offrit le pardon à tous ceux de ses esclaves qui se rangeraient de son côté. Mais sa voix fut étouffée par les hurlements de tous les autres nègres, qui se précipitèrent, Sambo à leur tête, sur la faible troupe qui défendait le capitaine. Des torches avaient été promptement allumées et jetaient une vive lumière, ne considérant pas que leurs cris et leurs torches

514

pouvaient donner l'alarme à l'habitation, sinon attirer sur eux toutes les forces de la côte.

Un autre que Sambo avait entendu les coups de fusil et le cri que lâcha le capitaine au moment de l'attaque; et cet autre, auquel le capitaine ne pensait pas, accourait à son secours.

Cependant, Sambo n'eut pas de peine à se faire jour jusqu'au capitaine, et de la main gauche le saisissant aux cheveux il agita sa hache au-dessus de sa tête, se préparant à l'ensevelir dans sa cervelle; quand tout à coup un cri, comme le rugissement d'un tigre qui fond sur sa proie, un homme s'élança sur Sambo et, saisissant sa hache d'une main puissante, lui cria à l'oreille: « Sambo ».

— Trim, murmura Sambo, en reconnaissant son frère, et baissant la vue malgré lui sous le feu de sa prunelle ardente.

— Trim! répétèrent presque d'une voix tous les esclaves du capitaine.

— Mes amis! cria Trim, qu'avez-vous fait, que voulez-vous faire? vous êtes tous perdus. Rendez-vous, ou vous êtes tous morts; les milices de la Nouvelle-Orléans sont arrivées.

— Pardon à tous ceux qui mettront bas les armes, répéta le capitaine, s'ils n'ont pas versé de sang.

Il y eut un moment de silence, pendant lequel Trim, se penchant à l'oreille de Sambo, lui dit: — Sauve-toi; tu as tué, il n'y a pas de pardon pour toi!

En ce moment arrivaient les matelots du *Zéphyr*; et, à quelque distance en arrière, on entendit retentir la plaine sous la chute cadencée des pas des milices, qui s'avançaient au pas accéléré.

Sambo, abandonnant sa hache aux mains de Trim, se retourna vers ceux qui l'avaient accompagné depuis l'île Perdue, et saisissant une carabine il leur cria: « En avant! suivez-moi. Mourons libres plutôt que de vivre esclaves »!

Il alluma alors une fusée bleue, qu'il lança dans les airs. C'était le signal aux colonnes qu'il avait laissées en arrière, de se presser en avant. Il suivit un instant de l'œil la fusée qui s'éleva en droite ligne au-dessus de la forêt, et éclata dans les airs en faisant une forte détonation.

Maintenant, marchons! Et il se précipita aveuglément sur la compagnie des *Zéphyrs* qui accouraient au secours de leur capitaine.

À la première décharge, Sambo tomba frappé d'une balle au cœur; deux des siens furent blessés, et le reste tourna le dos, jetant le désordre parmi les colonnes de nègres, qui se hâtaient d'arriver, et les entraînèrent dans leur fuite.

Tous les esclaves du capitaine Pierre qui étaient restés près de lui, hésitant sur ce qu'ils devaient faire, se jetèrent à ses genoux, pour implorer son pardon, aussitôt qu'ils virent la fuite des compagnons de Sambo.

— Retournez tous chacun dans vos cases, leur dit le capitaine, je ne connais aucun d'entre vous et demain, je ne saurai distinguer entre ceux qui sont restés fidèles et ceux qui se sont révoltés.

Les nègres du capitaine ne se firent pas prier, puis prenant un détour dans le bois pour ne pas tomber aux mains des patrouilles, ils se rendirent à leurs cases. Les autres se dispersèrent.

Ainsi se termina, sans plus d'effusion de sang, une des plus menaçantes insurrections qu'ait vues la Louisiane. Les nombreuses arrestations qui furent faites sur plusieurs points de l'État, firent voir avec quelle vigueur la trame avait été ourdie et quelles vastes ramifications elle avait.

Plan d'émancipation

Pierre de St-Luc crut que les circonstances étaient favorables pour mettre à exécution un plan d'émancipation, qu'il avait conçu depuis plusieurs années.

Quelques jours après les événements dont nous avons parlé dans le chapitre précédent, il invita plusieurs des planteurs les plus influents de la paroisse St-Charles à se réunir chez lui, pour discuter avec eux l'opportunité et les avantages de ce plan.

Les idées de liberté, qui peu à peu s'étaient réveillées dans l'esprit des esclaves, faisaient craindre de nouvelles tentatives de révolte, sinon prochaines, du moins pour l'avenir. Il était donc important pour les propriétaires d'adopter un système qui, tout en leur assurant une aussi grande somme de travail de la part de leurs esclaves, pourrait les mettre à l'abri de ces coups de mains qui, par leur fréquence, leur causaient beaucoup d'inquiétude, et pouvaient mettre leur vie sérieusement en danger.

Le plan du capitaine visait à produire ce résultat. Il fallait pour cela présenter à l'esclave une perspective de liberté, résultant du travail et de la bonne conduite. C'est ce que Pierre de St-Luc avait eu en vue.

Lorsque tous les planteurs furent réunis, le capitaine leur exposa ainsi son plan:

— Je vous ai prié de vous réunir ici, messieurs, non pas tant dans l'espoir que vous adopteriez le système d'émancipation que je vais vous soumettre, qu'afin d'obtenir de vous votre consentement à ce que je le mette en opération sur mon habitation. Quoique je sois persuadé individuellement que ce système serait avantageux sous le point de vue pécuniaire, et encore bien plus au point de vue de la tranquillité et de la sécurité personnelle, je ne voudrais pas même en faire l'essai chez moi, si vous pensiez qu'il pourrait vous causer quelque inconvénient, au cas où vous ne seriez pas d'opinion de l'adopter pour vous-mêmes.

L'émancipation générale des noirs dans les colonies anglaises, que vient de proclamer l'Angleterre, doit nous faire réfléchir. Nous ne pouvons nous cacher que l'esprit public en Europe est hostile à l'esclavage; des sociétés négrophiles se forment partout, ils envoient des émissaires jusque chez nous; nous devons être sur nos gardes contre ces agents du désordre et du massacre. Mais ce que nous devons craindre par-dessus toute chose, ce n'est pas seulement ces révoltes partielles, comme celle que nous venons d'étouffer, c'est cet esprit de fanatisme abolitionniste qui commence à souffler dans les États du Nord de l'Union. J'y vois des tempêtes. L'état de l'opinion n'est point encore bien dessiné en ce pays; mais vous savez, comme moi, combien est rapide chez nous toute idée de liberté. Les abolitionnistes du Nord sauront exploiter avec une astucieuse adresse, les préjugés populaires; ils représenteront sous les couleurs les plus fausses la situation des esclaves; ils s'adresseront à la sensualité des uns, à la générosité des autres; à la pitié de ceux-ci, aux mauvais sentiments de ceux-là; tout cela sera employé pour parvenir à leur but. Ah! qui peut mesurer l'étendue des malheurs que ces fanatiques préparent à notre pays si heureux, si prospère.

Je me fais illusion peut-être. Ces temps sont éloignés sans doute; nous ne les verrons point de nos jours. Lentement, mais sûrement, ils viendront. Il ne faudra qu'une étincelle pour allumer un vaste incendie, qui ne s'éteindra que dans une mer de sang. Ce sera le Sud qui en souffrira le plus.

S'il était possible de prévenir de tels malheurs, en commençant dès aujourd'hui, nous aurons fait une bonne œuvre, sous tous les rapports; et je crois que nous pouvons y parvenir sans que nous en souffrions, même pécuniairement.

En effet que faut-il?

Obtenir de ses esclaves la plus grande somme de travail possible.

Obtenir pour chaque esclave sa valeur entière.

Obtenir l'assurance d'une bonne conduite de la part de chaque esclave.

Voilà les trois choses que nous devons tous désirer. Si nous pouvons l'obtenir, nous avons résolu le problème le plus difficile du système de l'esclavage des nègres.

Dans l'ordre ordinaire des choses, les derniers événements confirment ce que déjà vous avez plus d'une fois compris, qu'il est presqu'impossible de vivre dans la sécurité tant que nous serons entourés par une population noire, si hostile et si ennemie des blancs. Il faut agir avec la plus grande sévérité pour les contenir, et cette sévérité même, si impolitiquement nécessaire, est la cause première de la haine invétérée que nous porte l'esclave. La perspective d'une captivité perpétuelle, que le nègre redoute quelquefois autant que la mort, le pousse sans cesse vers les désirs de s'émanciper. Et l'émancipation, dans l'esprit du nègre, c'est l'anéantissement des blancs; ces deux idées dans sa tête n'en font qu'une. Peut-être n'aurons-nous pas toujours la chance de supprimer si aisément une autre révolte.

Offrons-leur donc une perspective de liberté, tout en nous assurant une rémunération équivalente à la valeur de chaque esclave.

Chaque esclave est la propriété de son maître, et est une valeur réelle, estimable à prix d'argent.

Le travail de l'esclave appartient à son maître.

La valeur de l'esclave est en général en proportion de la somme de travail qu'il peut donner.

Les heures de travail, que l'on peut raisonnablement exiger d'un esclave, sont de douze heures par jour. Ces douze heures de travail répétées tous les jours, offrent la valeur de l'esclave. Ainsi en supposant pour un instant que l'esclave vaille six cents dollars, cette somme représente les douze heures de travail de l'esclave durant sa vie. Si l'on divise ces six cents dollars en douze parties, on aura la somme de cinquante dollars pour la valeur de chaque heure de travail de cet esclave.

Maintenant si l'on offre à l'esclave de lui vendre une heure de son travail par jour, pour cinquante dollars, il ne sera pas effrayé par la somme. Car il n'y a pas un nègre qui ne puisse facilement mettre de côté cinquante dollars tous les ans. D'abord, tous les dimanches lui appartiennent, ce qui lui permet de gagner un dollar par dimanche[1] ensuite il en est peu qui ne puissent économiser sur le produit de leur petit jardin, et sur la vente de leurs volailles. Les premières heures seront le plus difficile à acheter; à mesure qu'ils auront plus d'heures libres, ils pourront bien plus vite réaliser les cinquante dollars nécessaires à la libération de chacune des heures restantes.

Quand une fois on aura fait comprendre aux nègres qu'aussitôt qu'ils auront racheté leurs douze heures de travail, ils seront libres, je n'ai aucun doute qu'ils ne se mettent tous à l'œuvre, et de bon cœur, pour commencer le rachat graduel de leur liberté.

— Quand un nègre aura acheté une heure, demanda quelqu'un de l'assemblée, devra-t-il néanmoins continuer à travailler les douze heures par jour, jusqu'à ce qu'il ait accompli le rachat de ses douze heures de travail?

— Non, répondit Pierre de St-Luc, cette heure libre appartiendra à l'esclave qui l'emploiera à travailler comme bon lui semblera, en donnant néanmoins la préférence à son maître, qui le paiera. Le maître ne saurait s'en plaindre ayant en ses mains les $50, qui représentent la valeur de cette heure de travail.

Et, afin de ne créer aucune confusion, je serais d'opinion que la dernière heure de la journée fût la première libérée; ainsi de suite en commençant à retrancher les dernières.

— Ne pensez-vous pas, M. de St-Luc, reprit le premier interlocuteur, que les nègres ne craignent, qu'après avoir payé leur $50, leur maître leur refuse leur heure libre; et que cette crainte ne les empêche de travailler à leur rachat?

— Cette crainte, répondit le capitaine, pourrait en effet empêcher les nègres d'avoir confiance en leur émancipation future, s'ils la voyaient laissée entièrement à la promesse du maître; c'est pourquoi je suggèrerais, pour la satisfaction du maître et de l'esclave, que le payement fût fait entre les mains du registrateur de la paroisse, qui serait autorisé à l'enregistrer et à en donner certificat à l'esclave.

— Mais si le maître, après avoir touché l'argent, refusait ensuite la libération?

— Quant à cela, il n'y a pas de doute que le maître pourrait refuser la libération, à moins qu'il n'y eût une loi de passée à cet effet. Si le plan que je vous ai soumis rencontre la faveur du public, il faudra demander à la

---

1. À la Louisiane les dimanches, comme les autres jours de la semaine, sont considérés jours ouvrables. Les magasins, les boutiques, les théâtres sont ouverts ces jours-là. Ce jour-là comme les autres, les ouvriers et les cultivateurs travaillent. Les esclaves néanmoins sont exempts, par la loi, de travailler pour leurs maîtres. G. B.

législature une loi qui règle les dispositions et les formalités du rachat graduel des heures de travail.

— Je vois une autre objection, dit un second planteur; le nègre, qui est naturellement indolent et paresseux, se dira à lui-même: « À quoi me servira de racheter une heure, deux, trois ou quatre heures, si je meurs, je perdrai tout et j'aurai donné mon argent pour rien »? Cela seul l'empêchera de travailler à son rachat.

— Le nègre, continua Pierre de St-Luc, ne sera pas arrêté par cette crainte, car chaque certificat que lui aura donné le registrateur sera la représentation d'une valeur de \$50, et ce certificat étant une véritable valeur de \$50 sera la propriété privée de l'esclave qui pourra le léguer à qui bon lui semblera. Bien plus, je serais d'opinion que ces certificats pourraient être donnés ou négociés; pourvu qu'ils ne pussent être donnés qu'à un parent de l'esclave, ou négociés qu'entre les esclaves et au pair, et ce du consentement des maîtres.

Vous sentez bien que lorsque j'ai dit que chaque certificat représentait une valeur de \$50, c'était dans la supposition que la valeur du nègre, qui l'aurait obtenu, aurait été estimée à \$600. Si la valeur était plus grande, le certificat serait en proportion; ce qui serait facile à déterminer, en l'exprimant sur le certificat.

— Si je comprends bien, dit le premier interlocuteur, chaque certificat représente la valeur d'une heure de travail mais comment ce certificat pourrait-il représenter la valeur d'une heure de travail pour un nègre qui vaudrait une plus grande somme, s'il lui était transporté?

— Dans ce cas, le certificat, représentant aussi une somme fixe qui est sa valeur absolue, servirait à déterminer sa proportion à la valeur du nouvel acquéreur du certificat. Par exemple, en supposant que le certificat fût de \$50, il représenterait une heure de travail pour un nègre dont le prix serait de \$600; comme ce certificat ne représenterait qu'une demi-heure de travail pour un nègre valant \$1200; comme il représenterait deux heures de travail pour celui qui ne vaudrait que \$300.

— Mais comment reconnaîtrait-on que le certificat a été transporté en due forme?

— Ceci, répondit le capitaine, est une affaire de pur détail. Il suffirait que le transport en fût fait par-devant le registrateur, qui, sur son registre ainsi que sur le dos du certificat, certifierait la transaction, la date et les noms des parties contractantes, ainsi que le consentement des maîtres.

— Je trouve le plan assez raisonnable en théorie, reprit le second interlocuteur, mais en pratique je suis presque certain qu'il ne réussira pas. Il y a une chose néanmoins que je ne trouve pas juste pour le propriétaire. C'est que le nègre qui meurt ait le droit de transmettre ses certificats à un autre esclave, qui par là se trouverait avoir racheté une grande partie de son temps par le travail d'un autre. N'est-ce pas déjà assez que le maître fasse une grande perte, par la mort de son esclave, sans que cet esclave lui en fasse subir encore une autre après sa mort, en libérant un autre esclave de tant d'heures de travail?

Le capitaine ne put s'empêcher de sourire à l'objection un peu spécieuse du planteur qui semblait avoir fait une forte impression sur les auditeurs.

— Il paraîtrait en effet qu'il n'est pas juste, mes amis, que le maître doive souffrir et par la mort de son esclave et par son legs; mais si nous examinons un peu nous verrons qu'il ne souffrira rien de plus.

D'abord, d'après notre système actuel, quand un nègre meurt, nous perdons bien son travail et nous n'avons pas à nous en plaindre; de plus, s'il ne lègue pas de certificat, il ne nous en a pas payé la valeur en bon argent dont nous avons joui et qui nous reste.

— C'est vrai, c'est vrai, répondirent plusieurs voix.

— Oui, mais je suis certain que le système ne fonctionnera pas. Quant à moi, je l'aimerais assez bien, mais je suis sûr que les nègres ne s'en occuperont pas.

— Eh! bien, mes amis, continua Pierre de St-Luc, je suis décidé à essayer ce plan; si les nègres n'en font pas de cas, je serai tout aussi avancé que je le suis maintenant; s'il réussit, j'espère que j'aurai occasion d'en être satisfait. Mais comme je vous l'ai dit, avez-vous quelque objection à ce que j'en fasse l'essai parmi mes nègres?

— Pas du tout, pas du tout, M. de St-Luc; au contraire, nous serons fort aises de voir comment votre plan fonctionnera.

La conversation prit alors un caractère général; et, quelques instants après l'assemblée se sépara, les uns blâmant, les autres approuvant le plan du capitaine mais tous consentant à le laisser essayer avant d'en venir à une opinion définitive.

Le capitaine, de son côté, retourna à la Nouvelle-Orléans, décidé plus que jamais à mettre à exécution son plan d'émancipation et de rachat graduel.

JOSEPH-CHARLES TACHÉ (1820-1894)

Fondateur et animateur des *Soirées canadiennes* (1861-1865), Joseph-Charles Taché a participé de façon très importante au mouvement littéraire québécois de 1860. Homme politique et médecin qui avait beaucoup conversé avec les pêcheurs et les chasseurs, les forestiers et les voyageurs, et beaucoup écouté aussi les « diseurs » des vieilles paroisses agricoles, entre autres de celles qui bordent la rive sud du Saint-Laurent, de Kamouraska à Gaspé surtout, Taché s'était donné la mission de noter pour la postérité ce qu'il avait entendu. La richesse de sa langue folklorique fait oublier la lourdeur de son style.

FORESTIERS ET VOYAGEURS

Les hommes-de-cages

Jusqu'ici j'ai surtout parlé, dans cette étude, des forestiers cultivateurs, de ces jeunes gens qui travaillent, dans les chantiers voisins des établissements agricoles, une partie de l'année, et qui, le reste du temps, sont occupés sur les terres de leurs parents ou sur leurs propres terres; mais il est une classe d'hommes qui consacrent tout leur temps à l'exploitation forestière qui se fait loin des centres de population. Ces travailleurs, que le peuple a appelés *hommes-de-cages*, du nom donné aux immenses trains de bois particuliers aux grandes rivières de notre pays, ces travailleurs passent toute l'année à préparer et à convoyer le bois d'exportation. De bonne heure l'automne ils *montent aux bois*, et là, jusqu'à la saison du printemps ils abattent les grands arbres, les équarrissent, et les amènent aux rivières; à la fonte des glaces, ils confient les pièces de bois aux courants, les réunissent en *cribes, drames* et *cages*, s'établissent dessus, et, conduisant leurs demeures mobiles à travers les mille et mille difficultés de la route, ils flottent ainsi sur les eaux du Saint-Laurent et de ses grands tributaires pendant des semaines et des mois, jusqu'à ce qu'ils atteignent les *foulons*, ou dépôts de bois, de la vaste rade de Québec.

Déjà j'ai décrit les *camps* des chantiers au milieu des grands bois; cette description convient à tous, à cette exception près que le poêle des *camps* dont j'ai surtout parlé est remplacé, dans les chantiers de l'Outaouais et des grands lacs, par la *cambuse*, cadre de charpente grossière, élevé de quelques pouces au milieu du logis, et rempli de terre. C'est sur cet âtre qu'on allume le vaste brasier dont la fumée s'échappe par une ouverture ménagée dans le toit et qui sert à la cuisne et au chauffage. La vie et les allures des bois sont les mêmes partout mais il me reste à donner une idée de la besogne des forestiers *cageurs* et *flotteurs*.

Cette vie des hommes-de-cages prête bien à des descriptions; elle ne manque certainement pas de pittoresque; mais c'est, en fin de compte, une assez triste existence, pleine de dangers de toutes sortes, et surtout de dangers de l'ordre moral. Sous ce dernier rapport, cependant, le sort de ces malheureux travailleurs a été amélioré, depuis que de bons religieux, les Pères Oblats, se sont fait une mission de les aller visiter dans leurs chantiers, de les accompagner dans leurs voyages, et de les surveiller aux endroits où les occasions de mal leur font courir les plus grands périls.

Ces hommes de Dieu parcourent les bois, en suivant les divers chemins de chantiers. Voyez-les, au soir d'une journée de pénible voyage à travers les neiges, descendre de voiture et franchir en se courbant la porte d'un camp de chantier! entendez-les s'enquérir de l'état des travailleurs, sonder leurs dispositions, leur distribuer le pain de la parole divine, les inviter à s'approcher du tribunal où les péchés sont remis!

Après l'instruction et la prière en commun, les pères disent leur bréviaire, tandis que les travailleurs examinent leur conscience; puis on dresse le confessionnal, et le temps propice du repentir et du pardon commence.

Savez-vous comment s'établit le confessionnal dans le camp d'un chantier? voyez. Deux alènes ou deux fourchettes ont fixé aux deux parois du camp dans un coin, une *couverte* qui, tombant comme un rideau, fait de ce coin une petite pièce à part, au fond de laquelle s'établit, dans l'angle étroit, sur un siège de chantier, le ministre de Dieu. Chaque pénitent vient à son tour *soulever la couverte* et s'installer à genoux près du prêtre. La couverte en retombant dérobe aux regards ces deux hommes autour desquels toutes les idées du monde font silence, pour ne les laisser occupés que de la présence d'un Dieu offensé mais plein de miséricorde.

Puis le matin, un quart de lard ou de farine mis sur ses jables reçoit l'autel portatif qui suit partout le missionnaire; l'homme de la prière y attache le crucifix qu'il porte à sa ceinture. De l'armoire qui constitue le tombeau de cet autel le prêtre retire les vases sacrés, les ornements, les espèces saintes du sacrement; le divin sacrifice commence, et bientôt fait monter jusqu'au ciel, du sein de la vaste forêt, de l'humble et rude demeure des chantiers, l'encens de la grande propitiation, et les forestiers reçoivent dans la sainte communion leur Sauveur et leur Dieu.

Ah! toi surtout, peuple travailleur, qui peux tant mériter, n'oublie jamais ce que font pour toi Dieu, ton maître, et l'Église, ta bonne et sainte mère; car, autrement, ton travail ne sera qu'un sceau de réprobation!

Ce sont donc ces hommes-de-cages qui amènent au port de l'ancienne capitale du Canada, ces immenses trains de bois que vous voyez défiler sur le fleuve les uns à la suite des autres, et sans interruption depuis le mois de mai jusqu'au mois de septembre; caravanes flottantes, qui donnent au Saint-Laurent une animation si singulière.

Tout le monde a vu ces *cages*, avec leurs mâts de sapin couronnés d'une petite touffe de feuillage, leurs banderolles de couleurs variées, leurs nombreuses voiles, et leurs cabanes faisant de chacune d'elles un petit village qui marche sur l'onde. Tout le monde les a vues voguer à la voile quand le vent et les courants sont favorables, dirigées par les longues rames disposées sur chacun des côtés de leur carré long, ou traînées contre le vent et le courant par un vapeur remorqueur, qui fume et pouffe à ce travail pénible.

Qui n'a pas passé des heures à voir ces trains de bois la nuit, alors que le brasier de leur vaste *cambuse* les illumine d'une étrange lumière qui se reflète dans l'eau; alors que les hommes-de-cages, qui marchent, rament, ou dansent au son de la voix ou du violon, apparaissent dans le clair-obscur comme autant d'êtres fantastiques faisant sorcellerie sur l'eau?

Mais étudions un peu la composition de ces trains de bois, et suivons un peu les procédés du laborieux travail de leur descente *(la dérive)* accidentée à travers les rapides et les lacs.

Les pièces de bois carré du commerce, *plançons*, une fois amenées, au moyen des travaux déjà décrits, à une grande rivière, l'Outaouais par exemple, sont réunies en radeaux plus ou moins considérables, lesquels, à leur tour, s'articulent ensemble pour former une *cage*.

Les radeaux qui constituent la *cage* sont de deux espèces, les *cribes* et les *drames*. Les premiers, plus petits et moins solides, sont faits pour les descentes comparativement moins rudes et moins périlleuses, les *drames* pour les circonstances plus difficiles. C'est ainsi que le bois, qui a dû traverser les grands lacs et les énormes rapides du Saint-Laurent, arrive à Québec en *drames*; les mesureurs de bois ou *colleurs* et les débardeurs, qui les reçoivent au port de Québec, disent que c'est du bois *de la Rivière du Sud*. Les cages de l'Outaouais au contraire arrivent composées de *cribes*; les colleurs et débardeurs disent alors que ce bois est venu *par la Rivière du Nord*.

Au reste, si les *cribes* et les *drames* diffèrent par leurs dimensions et le plus ou moins de solidité qu'on leur donne, la disposition des matériaux est la même; et voici comment on les confectionne. Les pièces de bois sont amenées, à flot, les unes près des autres à se presser du mieux possible; puis, de chaque côté de cet assemblage de plançons on ajoute deux pièces de bois rond, qu'on nomme *flottes*, lesquelles sont liées ensemble par d'autres pièces de bois de rebut équarries sur deux faces, qu'on appelle *traverses*, au moyen de grosses chevilles qui les transpercent. Sur ces *traverses* on dispose un second rang de plançons dont le nombre varie; ces pièces du second rang se maintiennent en place par leur propre poids; quelquefois on arrête celles des bords par des harts. S'agit-il de la confection d'une *drame*, on ajoute à ces moyens de liaison des pièces de bois rond placées comme les traverses, qui prennent le nom de *bandages*, auxquelles on attache chaque plançon un par un ou deux par deux, selon leur grosseur, avec d'énormes harts à lien, qu'on noue par un procédé fort ingénieux qu'il serait difficile de faire comprendre à la simple lecture. Les *drames* portent, en outre, une beaucoup plus grosse charge de plançons de second rang que les *cribes*.

Les *cribes* sont faits pour passer dans les *glissoires*, construites par l'État sur les rivières de grande exploitation comme moyen de détourner les chutes et les rapides trop violents; c'est pour cela que leur largeur ne dépasse pas vingt-six pieds, les glissoires ayant environ trente pieds de largeur; la longueur des cribes n'a de limite que celle des plançons qui les composent, car les *cribes* n'ont jamais plus qu'un plançon de longueur.

Les *drames* n'ont point à passer de glissoires; mais quelquefois elles peuvent avoir à passer par les canaux du Saint-Laurent, d'autres même par le canal Welland; elles ont alors des dimensions réglées par les nécessités de la route qu'elles suivent. Les grandes drames ont quelquefois cent et quelques pieds de long sur quarante et quelques pieds de largeur.

Les *drames* et les *cribes* sont amenés, côte à côte et les uns à la suite des autres, pour former la *cage*; on les lie ensemble avec de longs bâtons et de fortes harts, dont chaque train de bois est amplement pourvu pour cet objet, et encore pour être toujours en mesure de réparer les avaries qui, assez souvent, arrivent dans les rapides ou par l'action du vent et des flots.

Le cribe ainsi fait (prenons-le pour type commun) est l'élément de la cage, qu'on doit pouvoir diminuer de surface selon les exigences des endroits que l'on traverse. Sur les cribes sont distribués les objets nécessaires au voyage, câbles, chaînes, ancres, canots d'écorces ou de bois, pirogues, provisions, cabanes. Ordinairement les cabanes sont faites pour deux hommes; longues de sept à huit pieds, hautes de quelques pieds seulement, elles sont construites d'écorces disposées sur des cerceaux, ou de planches minces fixées à une légère charpente.

Un cribe se distingue entre tous les autres dans chaque cage, c'est celui qui porte la cambuse; on le bâtit avec plus de soin, puis on construit sur des traverses exprès placées une plate-forme de planches à joints serrés, sur laquelle on dispose environ dix-huit pouces de terre retenue par un cadre de bois pour servir de foyer; un vaste abri de planches recouvre cet âtre géant et le met à l'abri des orages. Des crémaillères de bois pendent au-dessus de ce foyer; de grands chaudrons et de grandes poêles sont rangés autour; ils servent à confectionner les soupes au lard et les amas de crêpes, que digèrent sans peine les vigoureux estomacs des hommes-de-cages.

Une cage contient souvent cent cribes et plus, c'est-à-dire quelquefois jusqu'à 2,500 plançons, et couvre plusieurs arpents de superficie. Ces cages sont conduites par un nombre d'hommes proportionné à leur grandeur, souvent trente hommes et plus.

Avant la construction des *glissoires* sur les chutes et les points où les rapides ne permettent pas de descendre les cribes, il fallait envoyer les plançons en liberté, et les recueillir pour refaire les cribes au pied des rapides; mais, aujourd'hui, les cribes auxquels il n'arrive pas d'accident se confectionnent au départ pour tout le voyage.

Supposons une cage, une fois faite, engagée dans un bon courant; elle ira ainsi, guidée par les rames, jusqu'à ce que se présente un lac sans courant, une chute ou un gros rapide, ou que souffle un vent assez fort pour empêcher les hommes de la diriger. Si c'est le vent qui empêche la cage d'avancer, on l'accoste au rivage où elle reste alors attachée, et son équipage dort ou s'amuse jusqu'à ce qu'il plaise à messire vent, comme dirait le bon La Fontaine, de ne plus souffler si fort. Si c'est un lac sans courant, alors il faut à la cage un vent favorable ou la remorque. Dans les cas ci-dessus décrits, la cage est laissée en son entier; mais s'il s'agit d'une chute détournée par une glissoire, ou d'un rapide trop considérable pour y engager le train tout entier, oh! alors il faut désarticuler la cage et la passer en détail.

Dans ce dernier cas la cage est amarrée à la rive, aussi près que possible de la glissoire, ou du rapide; on détache les cribes les uns après les autres; deux hommes ou plus montent chaque cribe qu'ils engagent dans le courant ou dans la glissoire en la dirigeant avec leurs rames, et... là, là, là, les voilà qui descendent, doucement d'abord, puis comme un trait, à travers les bouillons ou les replis de l'onde, à la grâce de Dieu. Le cribe est tantôt soulevé, et on dirait qu'il va être éparpillé dans l'espace, tantôt il s'enfonce, et, à l'eau qu'on voit sourdre à travers les interstices de sa charpente, on croirait que tout va être englouti, hommes et choses. Sauf de très rares exceptions, cependant, tout arrive en bon ordre au pied du rapide; on arrête le cribe au rivage, et les hommes remontent, en *portageant,* pour aller *descendre* d'autres cribes, jusqu'à ce que toute la cage, ayant été ainsi descendue cribe par cribe, se trouve reconstituée pour continuer sa route.

Et ainsi l'on va, pendant des semaines et des semaines, portés par les courants, poussés par les vents, ou traînés par la vapeur, jusqu'à ce qu'on arrive à cette rade que Jacques-Cartier trouvait « belle en toute perfection. »

Quand il s'agit du bois qui vient par les lacs Huron, Érié, Ontario, ce sont encore les mêmes procédés; seulement au lieu de glissoires pour passer la chute de Niagara, on a le canal Welland. D'ailleurs tout le bois carré qui se fait au-dessus de Niagara ne passe pas, à beaucoup près, par le canal; une grande partie fait portage, du lac Huron au lac Ontario, par le chemin de fer du Nord, et une partie vient en bâtiments jusqu'à la décharge de l'Ontario. Là, en face de Kingston, qu'on devrait bien appeler de son nom sauvage Katarakoui, se trouve une petite île qui se nomme l'Île-au-jardin; c'est là que ces bâtiments viennent décharger leur bois. Si vous avez jamais occasion de visiter cette île pendant la belle saison, vous y verrez des centaines d'hommes-de-cages occupés à *cager* ce même bois pour la descente, et, de temps à autre, vous verrez partir pour Québec d'immenses trains de bois de près de deux arpents de large sur plusieurs arpents de long quelquefois, montés d'une quarantaine d'hommes, qui vont sauter les rapides du Saint-Laurent et notamment le sault Saint-Louis, le plus terrible qu'il soit possible à une *drame* de traverser[1].

Les *drames* sont préparées pour cet effet, et on élève au milieu une espèce de petite estrade, sur laquelle montent les hommes une fois lancés dans les terribles courants, afin d'éviter le danger d'être emportés par l'eau qui balaye la surface des radeaux. C'est quelque chose de terrifiant que de voir s'engager ces hommes dans ce passage dangereux: ils sont là d'abord qui rament avec force, tantôt d'un côté, tantôt de l'autre, sur l'ordre du guide iroquois qui leur sert de pilote; puis, lorsque le radeau est engagé dans le chenal, les efforts de l'homme devenant impuissants, on retire les rames, et, s'abandonnant à la merci des grandes eaux, les hommes-de-cages montent à l'estrade et s'y cramponnent, pendant que tout est précipité dans le gouffre tourmenté qui mugit et bouillonne sous leurs pieds.

On amène aussi à Québec des trains de *billots* de sciage et des cages de madriers; mais comme cette espèce de flottage n'a qu'une importance comparativement médiocre, et qu'il est, du reste, facile d'imaginer les modifications que subit ici le *cageage*, il n'est pas nécessaire d'entrer dans de plus longs détails à ce sujet.

Tous ces grands trains de bois, ces îles flottantes, avec ces troupes d'hommes qui s'agitent à leur surface, qui descendent, poussés par toutes ces forces qui les emportent, vents, courants et vapeurs,... qui s'éparpillent, quelquefois, laissant aux rivages qu'ils parcourent leurs débris d'hommes et de choses, et finissent, après leur long voyage, par aller se perdre au sein du vieux monde!... tout cela ne vous semble-t-il pas une image des vents et des courants qui emportent, sur le fleuve du temps, les peuples, les générations et les individus vers les régions du tombeau?

---

1. Les trains de bois venant de l'Outaouais descendent par la rivière des Prairies et, par consé-quent, évitent le sault Saint-Louis.

NAPOLÉON BOURASSA (1827-1916)

Les Anciens Canadiens (1863) évoquait la vie des Canadiens au temps de la conquête; *Jacques et Marie* (1865-1866) fait état de la misère et du courage du peuple acadien à l'époque du « grand dérangement ». Si l'œuvre de Philippe Aubert de Gaspé, excellent conteur, se lit agréablement, celle du peintre Napoléon Bourassa, qui compose et écrit laborieusement, intéresse plus qu'elle ne plaît par la solidité et l'ampleur de sa fresque, ainsi que par la thèse qui se cache derrière la touchante histoire de deux amoureux que la déportation de 1755 éloigne cruellement l'un de l'autre: les Acadiens, vaincus par les armes, l'emportent par leur grandeur morale sur les Anglais, vainqueurs mais perfides.

JACQUES ET MARIE

(Jacques Hébert et Marie Landry, jeunes gens de Grand-Pré, sont fiancés lorsque la guerre américaine que se livrent l'Angleterre et la France vient les séparer; à partir de ce moment, leur sort et celui de leurs familles deviennent typiques du drame de leurs compatriotes: les Acadiens sont victimes de vexations diverses de la part des Anglais qui, finalement, décident de les déporter en pays étrangers et de confisquer leurs biens. Après des péripéties diverses, qui sont autant d'occasions que l'auteur se donne de parler de l'histoire et des mœurs acadiennes, Jacques et Marie finiront par se retrouver, héros exemplaires, mi-réels et mi-fictifs, à L'Acadie, village québécois où Napoléon Bourassa avait vu le jour et connu maints descendants des exilés.)

La convocation de Grand-Pré*

(Au début de 1755, la guerre ayant repris au Canada et en Acadie entre l'Angleterre et la France, les Anglais, craignant que les Acadiens ne joignent les rangs français, imaginent un plan cruel: la déportation, qu'ils vont exécuter avec ruse et brutalilé. À Grand-Pré, le 2 septembre 1755, le colonel Winslow émet une proclamation qui oblige tous les hommes de la région, s'ils ont dix ans ou plus, à se réunir trois jours plus tard dans l'église du village; le vague des motifs invoqués fait naître la crainte chez les habitants.)

On vit bientôt arriver des renforts de troupes dans tous les petits villages du Bassin-des-Mines; des vaisseaux de guerre vinrent jeter l'ancre en face de ces demeures agrestes qui n'abritaient que la paix et la bienveillance. Le colonel Winslow, le vainqueur de Beauséjour, vint établir sa résidence au presbytère de Grand-Pré. On remarqua un mouvement inaccoutumé de courriers entre Halifax et tous les centres de population, et l'on se demanda ce que signifiaient tous ces soldats, toutes ces patrouilles, tous ces préparatifs, toutes ces dépêches à propos de gens désarmés et qui se trouvaient, plus que jamais, privés de tout secours de leur ancienne patrie. Les natures confiantes, ceux qui avaient quelques rapports avec le gouvernement, les nouvellistes bien renseignés répondirent que les troupes venaient tout simplement prendre leurs quartiers d'hiver là où elles savaient trouver plus facilement à vivre. La chose était vraisemblable; on ignorait les coutumes de la guerre; on avait l'âme encore ingénue; on crut facilement et l'on resta tranquille.

Mais voilà que, le 2 septembre, des pelotons militaires se mettent à parcourir les champs et les villages, au son du tambour; ils distribuaient dans toutes les maisons une proclamation du colonel Winslow. Voici quelle en était la teneur:

« Aux habitants du district de Grand-Pré, des Mines, de la Rivière-aux-Canards, etc., tant vieillards que jeunes gens et adolescents.

« Son Excellence le gouverneur nous ayant fait connaître sa dernière résolution concernant les intérêts des habitants, et nous ayant ordonné de la leur communiquer en personne; Son Excellence étant désireuse que chacun d'eux soit parfaitement instruit des intentions de Sa Majesté, qu'elle nous ordonne aussi de leur exposer telles qu'elles lui ont été confiées: en conséquence, nous ordonnons et enjoignons strictement, par ces présentes, à tous les habitants tant du district sus-nommé que de tous les autres districts, aux vieillards comme aux jeunes gens, de même qu'aux enfants au-dessus de dix ans, de se rendre dans l'église de Grand-Pré, vendredi le 5 du courant, à 3 heures de l'après-midi, afin que nous puissions leur faire part de ce que nous avons été chargés de leur communiquer; déclarant qu'aucune excuse ne sera reçue, sous aucun prétexte quelconque, et que toute désobéissance encourt la confiscation des biens, et de tous les meubles à défaut d'immeubles.

«Donné à Grand-Pré, le 2 septembre 1755, la 29e année du règne de Sa Majesté.[1]

« JOHN WINSLOW. »

Ce document étrange, les secrets importants qu'il semblait receler, son laconisme, sa forme entortillée, impérative, et la manière extraordinaire que l'on avait adoptée pour le faire parvenir à la connaissance des Acadiens, tout cela fit grande sensation. Le soir même de sa publication, un grand nombre de ceux qui ne savaient pas lire se rendirent chez le notaire LeBlanc, pour le prier de le leur déchiffrer; et comme le vieillard était le père d'une nombreuse famille et l'oracle ordinaire de Grand-Pré, beaucoup d'autres vinrent lui demander des explications et des conseils. Les Landry se trouvèrent à cette réunion.

On parla fort et dru, pendant que le notaire relisait et méditait la pièce tout bas. Plusieurs affirmaient que c'était une perfidie voilée; qu'on ne pouvait rien attendre de bon des Anglais, dans de pareilles circonstances. Pourquoi, disaient d'autres, sur un ton sinistre, pourquoi tant de mystères et de hâte? pourquoi rassembler nos enfants pour leur parler d'affaires si importantes?... et puis, cette réunion convoquée le vendredi... à trois heures du soir... le jour des grands malheurs, du sacrifice du calvaire... à l'heure de la mort du Christ! Ah! il y a là quelque chose de diabolique! Il faut s'armer, résister, ou il faut fuir!...

---

1. C'est la traduction du document historique.

L'agitation était indescriptible; quand le chef octogénaire se leva, le silence se fit dans toute la salle. Tout en lui commandait le respect. Il avait vingt enfants dans l'assemblée, et cent cinquante de ses petits-enfants reposaient sous la sauvegarde de l'honnêteté et de l'honneur du gouvernement: il n'avait pas intérêt à se faire illusion, ni à donner de vaines espérances aux autres. Il avait toujours été, par le choix même des habitants, leur juge suprême et unique dans tous leurs petits différends; et, depuis l'expulsion du curé, c'est autour de lui qu'on venait se ranger, le dimanche et les jours de fête, pour faire quelques prières, chanter des hymnes, entendre quelques enseignements de la sagesse chrétienne. Il avait l'extérieur et le caractère d'un patriarche, il était vénéré à l'égal d'un pasteur.

— Mes enfants, dit-il, — et sa voix, et sa main qui tenait la proclamation, tremblèrent. — Mes enfants, je sais que vous avez toujours mis votre confiance en moi, et que vous avez toujours suivi mes conseils; je n'ai jamais hésité à vous les donner; les connaissances que j'avais acquises dans ma profession me faisaient une obligation de vous être utile; je remercie le ciel, si ma longue vie vous a servis.

Mais, aujourd'hui, je sens que les circonstances sont bien graves, et qu'il faut plus que la sagesse des livres pour diriger nos actions. Je n'ose pas vous donner d'avis, et je laisse à Dieu de vous inspirer ce qu'il est bon que vous fassiez. Je vous dirai seulement ce que je pense du décret du commandant et ce que ma conscience me suggère pour ma propre conduite dans ce moment critique. D'abord, je ne devine pas plus que vous les nouvelles destinées que semble nous annoncer ce parchemin. Je n'y vois qu'une chose: c'est que l'autorité a voulu nous en faire un mystère, maintenant, pour avoir l'avantage, sans doute, de nous le révéler et nous l'expliquer plus minutieusement quand nous serons tous réunis. Vous savez que beaucoup d'entre nous manquent de l'instruction nécessaire pour bien comprendre les lois nouvellement promulguées. Le gouvernement a peut-être eu l'intention de nous épargner beaucoup d'embarras.

Il y en a qui soupçonnent des desseins perfides, qui parlent de fuir ou de résister... Je crois que rien de tout cela n'est raisonnable. D'abord, l'Angleterre est une noble nation; elle est incapable d'un acte, d'un guet-apens aussi infâme, d'un subterfuge aussi lâche, pour tromper des hommes confiants et honnêtes, pour enchaîner des vaincus désarmés, qui, depuis cinquante ans, lui gardent fidélité sur leur honneur et sur leur serment; pour trahir et rejeter des sujets qui ont plus d'une fois souffert pour elle. Quelques subalternes ont pu, souvent, nous imposer leurs volontés injustes; mais aujourd'hui, c'est au nom du roi qu'on nous commande: si l'on abusait de ce nom, nous pourrions toujours en appeler au tribunal de notre souverain; tout citoyen anglais a le droit de se faire entendre de lui.

Quant à ceux qui veulent résister, quels moyens ont-ils de le faire? Nous n'avons pas une arme, et personne ne peut nous en fournir; nous sommes environnés de soldats et de forteresses, nul ne peut nous secourir, les Français ont été repoussés de nos frontières... « Mais nous pouvons fuir, au moins, disent d'autres... »

Fuir?... comment?... où?... Le pays est partout occupé par des corps armés; nous ne possédons pas une embarcation; la flotte anglaise garde toutes nos côtes, la mer nous est fermée. Et, mes chers enfants, je vous l'ai souvent dit, malgré tous les efforts que pourra faire la France, sa puissance n'en sera pas moins perdue en Amérique... Nous ne la retrouverons nulle part, sur ce continent! Pourquoi irions-nous errer dans les bois, avec nos femmes et nos enfants, à la veille de l'hiver, pour chercher une autre patrie qui sera toujours l'Angleterre?...

Non, je crois qu'il ne nous reste qu'une voie à suivre, celle du devoir; qu'une chose à faire, obéir à l'ordonnance. Nous ne sommes pas libres de changer notre sort, nous pouvons peut-être l'améliorer en montrant notre soumission et notre confiance à l'autorité. Il y a toujours de la grandeur et du courage dans la confiance que l'on donne à ceux qui nous la demandent, et cela ne peut inspirer que l'estime et la clémence. Remarquez que, depuis quelque temps, notre gouvernement nous a traités avec plus d'équité que par le passé: c'est peut être le commencement d'un règne de justice; et dans ce cas, le moment serait mal choisi de nous soulever contre le pouvoir qui nous régit. Puisque nous ne connaissons pas les intentions de l'Angleterre, nous ne pouvons pas les juger et nous serions criminels de nous insurger d'avance contre elles.

Je vous le répète, mes enfants, le devoir est notre unique ressource; c'est la seule garantie de tranquillité que nous ayons; tous sont soumis à cette grande loi de la vie sociale, ceux qui commandent comme ceux qui obéissent. S'il nous arrive du mal, nous n'en serons que les victimes, nous n'en serons pas coupables; Dieu prend pitié de ceux qui souffrent, il ne punit que ceux qui font souffrir; il sera pour nous!

Ces paroles firent un grand effet; elles étaient pleines de bon sens. Le silence religieux avec lequel on les avait écoutées se continua; chacun se dirigea vers la porte, le regard abaissé, s'arrêtant, en passant, pour serrer la main du vieillard; on était à peu près convaincu, mais on méditait encore; personne ne répliqua; seulement, quand on fut dehors, on entendit la voix d'un jeune homme qui disait à son voisin: — Le vieux notaire! il est toujours coiffé de ses Anglais.

L'annonce de la déportation*

(Le 5 septembre 1755, Winslow fait part aux hommes réunis dans l'église de Grand-Pré des ordres du roi d'Angleterre, tels qu'ils lui ont été transmis par Lawrence, gouverneur de l'Acadie. C'est la consternation et le désarroi chez ces hommes désarmés.)

[...] vers midi, près de deux mille personnes étaient réunies dans le bourg de Grand-Pré. Beaucoup étaient venus d'une assez grande distance, avec toute leur famille. Tous étaient groupés le long de la rue principale, devant les maisons, autour de l'église; la plupart s'occupaient à expédier un léger repas qu'ils tenaient sous le pouce. Il n'y avait pas de tumulte; au contraire, une sorte de stupeur régnait sur toute cette foule. On s'entretenait à demi-voix, comme autour d'une guillotine, à l'heure de l'exécution, comme sur la porte d'une tombe où l'on va déposer un ami du bien public.

Quand les vieilles horloges qui avaient marqué tant de moments heureux, dans ces chaumières ignorées, commencèrent à sonner trois heures, tous sentirent leur cœur se serrer; les groupes se mirent à s'ébranler. Au même instant, un roulement de tambour se fit entendre du côté du presbytère: c'était le signal annonçant l'ouverture de l'assemblée. Aussitôt la population tout entière se mit en marche. La plupart des membres d'une famille se tenaient réunis. On voyait çà et là quelques têtes blanchies, et autour, se pressaient les représentants de plusieurs générations, échelonnés selon leur âge: on aurait dit des patriarches s'acheminant dans les plaines de la terre promise. Quelques femmes, quelques filles, avides de connaître plus tôt le résultat de cette grande et mystérieuse affaire, s'étaient aussi mêlées à la masse des hommes.

Marie voulut suivre son vieux père; elle l'accompagna jusqu'au perron de l'Église. La grande porte était ouverte à deux battants, et la population l'encombrait, en s'y précipitant, comme aux plus beaux jours de fête, lorsque Grand-Pré jouissait de son prêtre et de son culte.

La compagnie de M. George était distribuée de chaque côté du porche; lui-même se tenait tout près de l'entrée, veillant à ce qu'il n'y eut pas de désordre. Sa vue rassurait les braves gens, et tous s'empressaient de le saluer, en passant, comme d'habitude. Mais lui, en rendant la civilité, n'avait plus ce sourire naturel et bienveillant qui naît sur le visage de tout homme bien né, devant ceux qui le respectent et qui l'estiment: chacun de ces saluts lui faisait monter le rouge à la figure, et il semblait désirer se soustraire à ce témoignage de confiance et d'amitié. Mais quand il vit Marie, il pâlit; car la jeune fille avait attaché sur lui un regard terrible comme celui de la justice. Le sien ne put y résister, il tomba vers la terre Elle était à deux pas de lui.

Au moment de se séparer de son père (car les femmes n'avaient pas la permission d'entrer), elle le retint un instant lui demandant à l'embrasser; et comme il se penchait tendrement vers elle, elle lui dit en lui montrant le sanctuaire, et assez fort pour que le lieutenant pût l'entendre: — Voilà notre autel, notre saint autel! Si c'est un sacrifice qu'on va faire, Dieu sera plus près des victimes et des faux prêtres...

Pour se retirer et sortir du courant de la foule, Marie dut passer si près du jeune officier que ses habits frôlèrent les siens; dans ce moment, elle l'entendit qui disait: — Miséricorde pour moi, Marie, et courage pour vous... pauvre enfant!

Elle se détourna fièrement, puis elle alla se mêler au noyau des autres femmes qui s'étaient assises sur les bancs et sur la pelouse de la place, à une petite distance de l'église.

Quand le dernier de cette longue procession d'hommes fut entré et que le petit temple fut plein de tous ceux qu'il avait vus jadis prier et chanter, on vit s'avancer Winslow, Butler et Murray, entourés d'une garde qui portait l'épée nue; tous franchirent le seuil de l'église, et après avoir ouvert un sillon au sein de l'assemblée, ils allèrent s'arrêter sur les degrés de l'autel. La porte se referma derrière eux et un double rang de soldats fit le tour de l'église, l'enfermant dans une double ceinture de baïonnettes aiguisées.

Un silence effrayant s'établit partout, au dehors comme au dedans. Winslow, quoique homme de résolution, en paraissait accablé; il hésita quelque temps à le rompre; il semblait faire des efforts pour ramener sa voix dans son gosier devenu tout à coup aride et tendu; sa main tournait et retournait le fatal parchemin, sans pouvoir le déployer; elle était agitée de spasmes nerveux comme celle d'un assassin novice. Murray et Butler se sentaient déjà de la pitié pour tant de faiblesse, quand le colonel, prenant énergiquement sur lui, put enfin formuler ces quelques phrases: « Messieurs, j'ai reçu de son excellence le Gouverneur Lawrence la dépêche du roi que voici. Vous avez été réunis pour connaître la dernière résolution de Sa Majesté concernant les habitants français de la Nouvelle-Écosse, province qui a reçu plus de bienfaits, depuis un demi-siècle, qu'aucune autre partie de l'empire...

« Vous ignorez moins que personne comment vous avez su le reconnaître...

« Le devoir qui me reste à remplir maintenant est pour moi une dure nécessité; il répugne à mon caractère, et il va vous paraître bien cruel... vous avez, comme moi, le pouvoir de sentir.

« Mais je n'ai pas à censurer, je dois obéir aux ordres que je reçois. Ainsi donc, sans plus hésiter, je vous annonce la volonté de Sa Majesté, à savoir: *que toutes vos terres, vos meubles et immeubles, vos animaux de toute espèce, tout ce que vous possédez, enfin, sauf votre linge et votre argent, soit déclaré, par les présentes, biens de la couronne; et que vous mêmes soyez expulsés de cette province.*

« Vous le voyez, c'est la volonté définitive de Sa Majesté que toute la population française de ces districts soit chassée.

« Je suis chargé, par la bienveillance de notre souverain, de vous laisser prendre votre argent et autant d'effets de ménage que vous pourrez en emporter, sans encombrer trop les navires qui doivent vous recevoir. Je ferai tout ce qui est en mon pouvoir pour vous assurer la possession de ces choses et empêcher que personne ne soit molesté en les transportant.

« Je veillerai à ce que les familles soient embarquées sur les mêmes vaisseaux, et à ce que ce déplacement s'opère avec autant d'ordre que le permettra le service de Sa Majesté.

« J'espère que, dans quelque partie du monde que vous soyez jetés, vous serez des sujets fidèles, paisibles et heureux.

« Je dois maintenant vous informer que c'est le plaisir de Sa Majesté que vous restiez en sûreté, sous la garde et la direction des troupes que j'ai l'honneur de commander. En conséquence, je vous déclare tous prisonniers du Roi. »[2]

Ces derniers mots produisirent une commotion générale, comme le premier effort d'un volcan qui entre soudainement en éruption il s'échappa de toutes ces poitrines tendues une exclamation déchirante pleine d'angoisse et de sanglots; c'était le cri de mille cœurs broyés, de mille victimes atteintes du même coup. Tous ces malheureux, subitement frappés, se sentirent instinctivement portés vers celui d'où partait le coup, comme ces naufragés sous

---

2. Haliburton.

les pieds desquels vient de s'ouvrir l'abîme, s'élancent avec l'instinct de la vie vers le rocher qui les a perdus. Tous les bras s'élevèrent simultanément vers Winslow, implorant... implorant sans paroles, avec des cris étouffés, avec un désespoir déchirant... Mais la sentence était portée, le sacrifice était accompli; Winslow, Murray, Butler descendirent les marches de l'autel; les épées de leur garde éloignèrent les bras implorants, les poitrines haletantes, et les trois bourreaux passèrent, mornes, froids; ils semblaient s'efforcer de paraître impassibles, comme s'ils eussent voulu, après avoir commis cette mauvaise action, mieux cacher la honte qui devait les poursuivre devant tant de consciences honnêtes si cruellement mystifiées. Les portes s'ouvrirent pour les laisser passer; mais elles se refermèrent derrière eux...

Cet instant fut le plus terrible; tout espoir de clémence était évanoui, la poignante clameur des infortunés n'avait pas pu briser l'arrêt qui venait de les foudroyer, n'avait pas pu faire entrer la pitié dans les entrailles d'airain de leurs maîtres... Alors il se produisit un revirement violent dans cette tempête de douleur; le désespoir aveugle prit un moment le dessus, revêtit toutes ses formes hideuses, s'abandonna à toutes ses inspirations frénétiques, surtout parmi les jeunes gens. Il est si dur d'être saisi tout à coup dans la force et l'ardeur de la vie, au centre de ses affections, au seuil de l'édifice de bonheur qu'on s'était créé, devant tous les enchantements de l'avenir, pour être lié par une main inhumaine à laquelle on ne peut résister, pour être encore arraché du sein de l'amitié et de la famille, chassé, livré à tous les supplices de la proscription!... Les uns se précipitèrent vers les ouvertures, s'attaquant aux gonds et aux serrures, essayant de broyer sous leurs poings les vieux panneaux de chêne. Le bois craquait sous ces violents efforts, mais rien ne cédait; les assaillants se retournaient de rage, laissant le sang de leurs mains déchirées sur les rivets de fer dont on avait hérissé les portes. D'autres, ceux qui avaient prévu ces malheurs, qui en avaient averti les incrédules, criaient, vociféraient en passant devant les Landry et les LeBlanc: — Ah! nous vous l'avions bien dit! — Autour du vieux notaire ils se pressaient comme une avalanche, dirigeant vers sa tête leurs mains dont les doigts tendus semblaient devenus des griffes de lion; et tous lui jetaient une accusation, un sarcasme: — Voilà ce que vous avez fait! Nous étions des fous... nous avions des terreurs imaginaires, des soupçons déraisonnables;... eh bien! les connaissez-vous maintenant vos Anglais? Vous pensiez être épargné, peut-être, parce que vous les aviez si bien servis:... allez maintenant, vieux lâche!

Au milieu de cet orage, le vieillard s'était tenu au bas de l'autel, agenouillé sur le premier degré; il avait les mains jointes et il regardait vers le ciel dans une attitude de douleur inspirée qui aurait dû en imposer à ses accusateurs, s'ils n'eussent pas été aveuglés par la passion. En entendant tomber sur ses cheveux blancs le mot insultant de lâche, il se leva comme une ombre de saint, et se tournant du côté de la foule, il articula ces quelques paroles d'une voix brisée:

— Mes amis, venez, arrachez ces cheveux blancs, écrasez-moi au pied de cet autel, vous le pouvez impunément; il n'y a de justice à craindre ou à espérer pour personne, dans ce lieu. Tuez-moi... allez, vous n'ajouterez pas à mes maux, et j'ai fini maintenant de vous être utile; mais vous, mes compatriotes, mes enfants, que j'ai aimés pendant quatre-vingts ans, ne m'insultez pas au milieu de tant de douleur!... À mon âge, l'insulte est plus dure que la mort; et je croyais avoir vécu pour n'en pas mériter une aussi dure!... Je me suis confié à la générosité d'une nation, j'ai cru à la parole d'un roi... si c'est un crime, il m'a perdu, et j'en suis suffisamment puni. Maintenant, je baise l'autel de mon Dieu, j'appuie dessus ces deux mains épuisées; si j'ai voulu vous tromper, vous vendre, que le ciel confonde mon imposture; qu'il dise si je suis un lâche ou un renégat!...

— Non, non, crièrent quelques voix: pardonnez-nous! priez pour nous! priez avec nous!...

Ces voix dominèrent et entraînèrent toutes les autres.

Le notaire était resté prosterné devant le tabernacle; le mouvement saccadé de ses épaules laissait voir que ses larmes l'étouffaient. Il y a quelque chose de tout-puissant dans les pleurs d'un vieillard, quelque chose de saint qui dompte les hommes et qui touche le ciel. Celles du père LeBlanc produisirent une réaction subite dans toutes ces âmes bouleversées: le sentiment du malheur commun, de la douleur partagée, rétablit chez tous celui de la justice. On ne songea plus à s'accuser entre frères, entre victimes; l'injustice qui pesait sur tous était à elle seule assez lourde à porter, on avait trop besoin de miséricorde et de consolation. Peu à peu, un calme contenu s'établit au milieu de tout ce monde; le silence religieux de la résignation envahit cette enceinte; on n'entendit plus que les sanglots des enfants pressés dans les bras de leurs pères, et ce balbutiement uniforme d'une foule en prières. La vieille église semblait avoir repris son caractère pieux d'autrefois pour faire descendre sur ses enfants les consolations célestes, un peu des béatitudes du Dieu des infortunés.

La chasse à l'Acadien*

(Pendant l'annonce de la déportation, les femmes entouraient l'église, anxieuses; lorsque les portes s'ouvrent, elles tentent de rejoindre leurs hommes dont elles ont entendu les cris de protestation, mais c'est en vain: Winslow et ses soldats les en empêchent. S'ensuivent des scènes de désolation. Dans le reste du pays se jouent des drames semblables. Et l'on s'acharne à traquer les fuyards, comme s'il s'agissait de bêtes sauvages.)

Pendant que ces scènes se passaient à Grand-Pré, d'autres, peut-être plus lamentables encore, se produisaient sur tous les points du territoire acadien. Soit que les conquérants n'eussent pas tenté partout la même ruse; soit que les habitants fussent prévenus de leurs projets, une grande partie d'entre eux s'étaient déjà enfuis dans les forêts, à la date de la proclamation. Les Anglais se mirent donc à les poursuivre, à les traquer jusque dans les habitations des sauvages, où un grand nombre s'étaient réfugiés. La terreur de ces pauvres gens était si grande, que, dans leur départ précipité, ils s'étaient à peine pourvus des choses les plus nécessaires à la vie, de sorte qu'après quelques jours de souffrances extrêmes, ils revinrent se livrer à leurs maîtres. Ceux qui furent saisis en voulant s'échapper, ou qui firent quelques tentatives de résistance, furent fusillés, comme le gibier à l'affût; partout le long des rivières, dans les sentiers sauvages, sur les routes publiques, on rencontrait des détachements de milice qui chassaient devant eux, comme des troupeaux égarés, quelques familles qu'ils avaient arrêtées au passage, ou saisies dans leurs dernières retraites: ils les conduisaient ainsi, au bout de leurs armes, vers les endroits de la côte où stationnaient les navires qui devaient les recevoir; il y avait parmi ces captifs des femmes enceintes qui portaient d'autres enfants; des vieillards, des filles adolescentes; ils étaient affamés, dénudés et frileux.

L'embarquement*

(La nuit durant, à Grand-Pré, on fait pareillement la chasse aux fuyards. Le matin venu, c'est l'embarquement dans des conditions sinistres.)

Durant toute la nuit, une partie des troupes s'était tenue sur pied, battant les chemins autour du village, furetant les bois voisins. À six heures, toutes les trompettes sonnèrent, les tambours firent entendre un roulement sinistre dans toutes les directions; le canon de la caserne appela celui des vaisseaux, et leurs grandes voix annoncèrent sur terre et sur mer le jour d'adieu; la garnison tout entière sortit de ses gîtes et envahit bientôt toutes les rues, passant par pelotons, au pas pressé, avec ce bruit d'armes heurtées et tout cet appareil de guerre qui glace d'effroi les natures pacifiques. L'autorité préparait au drame qu'elle allait jouer une mise en scène et un décor menaçants. C'était d'ailleurs le même jour triste de la veille, le même ciel monotone, la même atmosphère accablante; seulement, une brise du nord-ouest chargée de brume commençait à souffler: un orage s'avançait dans le lointain.

Jusqu'à midi les femmes et les enfants s'occupèrent à placer le long du chemin qui conduisait à la grève les choses qu'elles voulaient emporter, croyant pouvoir en livrer une partie aux hommes quand ils passeraient. Elles faisaient ce travail en pleurant, mais avec activité; le besoin d'y appliquer tout leur esprit bannissait d'elles les grands accès de la douleur.

On dit que, dans le secret, beaucoup de ces mères attentives cachèrent sous terre, dans les lieux qu'elles croyaient sûrs, des sommes d'argent et leurs objets les plus précieux, par la crainte qu'on ne les leur enlevât plus tard. Elles espéraient que quelqu'un de leur famille pourrait venir un jour redemander à la terre de la patrie la restitution de ces trésors confiés à ses soins. Elles ne voulaient pas encore croire à leur proscription perpétuelle, elles ne pouvaient pas s'imaginer qu'on les punirait jusque dans leurs postérités; ignorant les limites de notre continent, elles croyaient, dans leur amour naïf de la patrie, qu'on ne pourrait jamais les jeter sur des rivages assez éloignés pour que leur retour fût une éternelle impossibilité. Elles croyaient que la haine de leurs persécuteurs aurait une limite et qu'ils s'attendriraient sur le berceau de leurs enfants... Il fallait bien aimer pour se faire de pareilles illusions!...

Vers midi, donc, la pénible corvée des femmes était terminée; quelques-unes seulement circulaient encore, prises de cette excitation involontaire que l'attente des grands événements communique aux personnes sensibles; presque toutes les autres se tenaient assises sur les paquets qu'elles avaient transportés, groupées dans ces poses brisées et immobiles qui peignent plus que les paroles le deuil et la douleur du peuple. Les plus jeunes enfants jouaient çà et là avec cet abandon que le silence et le désordre du ménage encouragent; les petites filles se faisaient des toilettes burlesques avec les chiffons épars qu'elles trouvaient sous la main; les petits garçons convertissaient en armes, en chevaux, en mille autres jouets caractéristiques tous ces ustensiles abandonnés dont on ne savait que faire. Leurs mères ne prêtaient qu'une attention distraite à cette mascarade innocente jouée en face de leur malheur; elles ne regardaient attentivement que deux points: l'église et le rivage.

Mais il vint un moment où leurs regards se portèrent tous à la fois du côté de l'église; ce fut celui où les trois portes s'ouvrirent au commandement de Winslow pour laisser passer les hommes.

Alors commença le triage des jeunes et des vieux. À mesure que les prisonniers franchissaient le seuil du petit temple, les gardes qui se trouvaient au porche séparèrent les enfants d'avec leurs pères, comme le maître d'un troupeau sépare les agneaux qu'il envoie à différents marchés. Les malheureux crurent que c'était tout simplement une mesure d'ordre et de précaution. Winslow leur avait dit que les familles s'en iraient ensemble; ils se fiaient à cette promesse, confiants encore dans la bonne foi de ces hommes qui les avaient si impudemment trompés. Rien ne pouvait détruire la crédulité de ces âmes honnêtes; elles ne s'habituaient pas à croire qu'on pouvait si souvent mentir à un peuple. Ils se séparèrent donc sans se faire leurs adieux, pensant se rencontrer un instant plus tard, sur le même vaisseau, avec leurs femmes, leurs mères et leurs filles; et cette idée de se retrouver encore tous ensemble tempérait dans leurs cœurs les angoisses du départ; ces quelques jours de séparation leur avaient fait désirer l'exil qui devait les rendre au moins aux affections de leurs foyers... Ils obéirent tous sans murmurer à ce qu'ils croyaient être les dispositions nécessaires de l'autorité.

Les jeunes gens furent mis à l'avant, distribués par rangs de six, et les vieillards, placés à leur suite, dans le même ordre, attendirent avec calme le signal du colonel pour s'acheminer vers la côte. Tous étaient résignés; il ne s'élevait pas une réclamation du milieu de cette foule; au contraire, quelques-uns semblaient refléter sur leur figure cet enthousiasme que les martyrs apportaient sur le théâtre de leurs tortures; beaucoup d'entre eux croyaient véritablement souffrir pour leur foi: à leurs yeux, le serment qu'on avait voulu leur imposer était un acte sacrilège. Mais Butler vint bientôt soulever une tempête dans leurs cœurs pacifiés, en commandant aux jeunes gens de s'avancer seuls du côté des vaisseaux:

— Il faut que vous montiez à bord avant vos parents.

Tous se récrièrent:

— Non, non! nous ne voulons pas partir sans eux!... Nous ne bougerons pas à moins qu'ils ne nous suivent!... Pourquoi nous séparer?... Nous sommes prêts à obéir, mais avec eux... Nos parents! nos parents!...

En même temps ils se retournèrent pour aller se confondre dans les rangs de ceux-ci. Mais ce cri de leurs entrailles avait été prévu, et ils trouvèrent derrière eux une barrière de soldats qu'ils ne purent enfoncer, et devant laquelle ils s'arrêtèrent, protestant toujours avec la même fermeté. Butler cria à ses gens de marcher sur eux et de les pousser à la pointe de leurs armes. Ces hommes n'attendaient qu'un ordre semblable pour satisfaire leur haine. Ils s'élancèrent donc, dirigeant des faisceaux de baïonnettes vers ces poitrines trop pleines d'amour, contre ces bras levés vers le ciel, sans armes, et qui ne demandaient qu'un embrassement paternel! Le sang de ces enfants coula devant leurs mères, devant leurs vieux parents qui leur tendaient aussi les bras, mais qui, voyant pourquoi on les blessait, les prièrent de s'en aller sans eux, sans s'inquiéter d'eux...

Ils furent bien obligés d'obéir; ils n'avaient d'autre alternative que celle de se faire massacrer sous les yeux de ceux qu'ils aimaient. Ils tournèrent la face du côté de la mer et s'avancèrent au mouvement rapide que leur imprimait les armes que les troupiers tenaient toujours fixées sur leurs reins.

Mais bientôt leur marche précipitée se ralentit, on les laissa respirer. On vit que c'était se lasser inutilement que de poursuivre ainsi des gens soumis. Leur acte n'avait pas été une révolte inspirée par la colère, mais le premier mouvement de cœurs qu'on vient de briser: maintenant, dépouillés du dernier bien de leur vie, de la seule consolation qu'ils pouvaient apporter dans leur exil, la société et l'affection de leurs parents, ils ne faisaient entendre aucune menace, aucune imprécation; ils souffraient seulement, beaucoup, mais sans faiblesse, comme des hommes chrétiens savent souffrir.

Ce qu'ils firent dans ce moment, en s'en allant vers le rivage, quand l'ordre se fut rétabli dans leurs rangs, on ne le croirait pas si l'historien de la Nouvelle-Écosse ne l'avait pas raconté!... Pendant que leurs pères les regardaient s'éloigner en les bénissant, que leurs mères, que leurs jeunes épouses, que leurs fiancées leur jetaient des paroles d'amour et d'adieu, au milieu de leurs sanglots, en se tordant dans la douleur, ces enfants se mirent tous ensemble à chanter... Et ces chants n'étaient pas sur leurs lèvres une bravade jetée à leurs bourreaux, un mépris et une insulte impie lancée à leur infortune: c'était un acte de foi, une prière, une expression consolante de leur courage qu'ils adressaient aux âmes faibles qui succombaient en les voyant passer. Ils chantaient les hymnes qu'ils avaient appris en servant à l'autel leur vénérable pasteur: accents d'espérances, cris résignés de la souffrance chrétienne, saintes harmonies de l'Église militante, ces couplets naissaient naturellement sur leurs lèvres, à cette heure de déchirement où on ne leur laissait plus rien à aimer sur la terre que leur malheur, où il leur était interdit de faire entendre un seul mot de pitié à ceux qu'ils laissaient en arrière... Les soldats ne firent pas taire ces supplications qui semblaient ne s'adresser qu'à Dieu; et ce chœur de voix à l'unisson, poussé par toutes ces fortes poitrines, domina longtemps tous les bruits, tous les commandements; les anciens et les mères en furent consolés et ravis, les Anglais l'écoutèrent avec étonnement, et il alla apprendre aux échos lointains des forêts, qui devaient rester longtemps silencieuses, l'agonie de cette jeune nation. Le chant funèbre ne cessa d'être entendu que lorsque les flancs des navires eurent reçu cette première cargaison de martyrs.

On en remplit un, puis deux, et ce qui resta fut mis sur un troisième...

Les maîtres, après cela, se trouvèrent satisfaits. C'était pour eux une rude besogne accomplie: ils avaient enfermé les forts, il ne leur restait plus que l'embarras des faibles.

Les vieillards reçurent aussitôt l'ordre de partir. Ce fut le même spectacle navrant; les mêmes scènes de douleur les accompagnèrent; seulement, leur marche fut plus silencieuse: il ne leur restait pas assez de voix pour chanter, ils se contentèrent de prier en silence. Ils s'avançaient lentement, courbés par l'âge et le chagrin, comptant leurs derniers pas sur cette terre qu'ils avaient rendu bienfaisante. Plusieurs allèrent tête nue, comme s'ils se fussent crus sur le chemin du calvaire; patriarches pieux, ils saluaient l'heureux berceau qu'ils avaient préparé à ces générations venues comme une bénédiction du ciel et qu'on allait maintenant livrer, comme une mauvaise semence, aux caprices des vents et de la mer; ils montraient aux petits, à leurs filles et à leurs vieilles compagnes qui allaient les suivre, leurs fronts résignés et sans souillure, leurs beaux cheveux blancs, pour leur enseigner encore comment on s'achemine sur le chemin de l'infortune quand on y est conduit par le respect de son devoir et de sa conscience. Ces pauvres femmes, en les regardant passer, sentaient comme des flots d'affection s'éloigner de leur vie; il leur semblait que leur cœur se vidait tout-à-fait.

Rendus sur le rivage, les soldats firent trois parts de cette seconde bande et ils les distribuèrent sur les vaisseaux qui restaient à charger. Un seul renferma des vieillards et des jeunes gens; ce fut celui qu'on n'avait pu remplir au premier envoi, et celui-là ne réunit de pères et de fils que ceux qu'un pur hasard y fit se rencontrer.

— Bah! se dirent les bourreaux, l'infortune est féconde, elle engendre les liens de la famille parmi les enfants du même malheur; s'il fallait prendre le temps de nous occuper à grouper toutes ces générations autour de leurs aïeuls et de leurs bisaïeuls, on découvrirait qu'ils sont tous de la même famille.

Après ce second embarquement, les vaisseaux se trouvèrent remplis à pleins bords, comme on l'avait prévu, et même davantage; il fallut donc de toute nécessité attendre d'autres voiles pour embarquer les femmes. Heureusement qu'elles ne tardèrent pas longtemps à se montrer.

Lawrence avait donné ordre au corps chargé de dépeupler le bassin de Chignectou de s'arrêter en passant avec sa flottille sur les côtes de Grand-Pré pour prendre le reste de la population. Les difficultés qu'avait éprouvées cette expédition à s'emparer des habitants l'avaient retenue plus longtemps qu'on ne s'y était attendu; et ces vaisseaux, arrivés depuis le matin près du Cap-Fendu, avaient manqué d'une brise favorable pour franchir la passe étroite qui s'ouvre sur le Bassin-des-Mines; mais, profitant du passage du *bore*, ce flot précurseur de la marée, qui entraîne tout sur son chemin, ils doublèrent le promontoire et parurent enfin, peu d'instants après, à l'embouchure de la Gaspéreau.

Dans ce moment, les femmes assemblées sur le rivage erraient en désordre; oubliant les choses qu'elles avaient amassées pour l'exil, elles appelaient leurs maris et leurs pères et suppliaient les Anglais de les entasser avec eux plutôt que de les laisser ainsi languir en arrière. La vue des voiles de la petite flotte les fit tressaillir de joie... Tant il est vrai qu'il n'y a pas de situation si poignante dans la série des souffrances humaines qui n'aient des degrés et des contrastes qu'on ne puisse appeler heureux par l'impression qu'ils causent: le mal qu'on appréhende et qui n'arrive pas devient encore du bonheur.

Le jour était encore assez haut pour permettre d'embarquer tout ce qui restait d'Acadiens à Grand-Pré: c'était seulement un problème que de les loger dans l'espace laissé vide sur ces derniers transports, qui, quoique plus nombreux, se trouvaient déjà à moitié remplis. Cependant il fallait tout amener, on n'attendait plus d'autres voiles. On s'ingénia...

— Des compatriotes et des amis peuvent bien se presser un peu les uns contre les autres, dit spirituellement Butler.

Lawrence avait prescrit à ses lieutenants, dans ses instructions, de ne prendre sur les navires *que deux prisonniers par tonne*: ce n'était déjà pas leur donner du confort, en supposant qu'on leur laissât la liberté d'apporter quelques effets avec eux. Mais on enferma le double de ce nombre dans la même capacité, et ce fut avec des femmes et des petits enfants que l'on fit ce remplissage. On mit d'ailleurs, dans cette tâche brutale, encore plus d'expédition et moins d'égards: le temps pressait, la mer devenait houleuse, la brume hâtait la nuit. En quelques heures, les rivages, les maisons et les rues de Grand-Pré devinrent une solitude.

Poète

OCTAVE CRÉMAZIE (1827-1879)

Premier poète québécois qui possédât du souffle et un certain sens musical, Octave Crémazie connut, de par sa faute même, liée peut-être à quelque faiblesse caractérielle, un destin tragique: libraire à Québec, il fit, derrière des apparences de prospérité, de mauvaises affaires qui l'amenèrent, dès 1862, à s'exiler en France sous un nom d'emprunt; il devait y mourir, dix-sept ans plus tard, dans la misère et dans la solitude. Barde national durant treize ans, il n'avait plus osé chanter son pays depuis qu'il l'avait quitté, mais sa réputation lui restait, que son sort tragique auréolait. Toutefois, elle ne troublait plus son jugement, ainsi qu'il ressort des lettres que l'exilé écrit à l'abbé Casgrain. Dorénavant, en effet, Crémazie considère comme un malheur d'être né poète en un pays qui ne fait pas vivre ses écrivains et il désavoue la poésie « cocardière » qui lui a valu sa gloire; en même temps, il déplore le manque de goût littéraire de ses compatriotes, « société d'épiciers », et il se prend à douter du destin international de la littérature canadienne, qui n'a même pas une langue à elle. Ce sont ces pages que l'on relit avec le plus de plaisir aujourd'hui; Crémazie s'y montre plus moderne et meilleur critique que ses contemporains.

Le vieux soldat canadien[1]

Vous souvient-il des jours, vieillards de ma patrie,
Où nos pères, luttant contre la tyrannie,
Par leurs nobles efforts sauvaient notre avenir?
Frémissant sous le joug d'une race étrangère,
Malgré l'oppression, leur âme toujours fière
De la France savait garder le souvenir.

Or, dans ces tristes temps où même l'espérance
Semblait ne pouvoir plus adoucir leur souffrance,
Vivait un vieux soldat au courage romain,
Descendant des héros qui donnèrent leur vie
Pour graver sur nos bords le nom de leur patrie,
La hache sur l'épaule et le glaive à la main.

Mutilé, languissant, il coulait en silence
Ses vieux jours désolés, réservant pour la France
Ce qui restait encor de son généreux sang;
Car, dans chaque combat de la guerre suprême,
Il avait échangé quelque part de lui-même
Pour d'immortels lauriers conquis au premier rang

Alors Napoléon, nouveau dieu de la guerre,
De l'éclat de son glaive éblouissant la terre,
Avait changé l'Europe en un champ de combats.
Et, si vite il allait, fatiguant la victoire,
Qu'on eût dit que bientôt, trop petit pour sa gloire,
Le vieux monde vaincu manquerait sous ses pas.

Quand les fiers bulletins des exploits de la France
Venaient des Canadiens ranimer l'espérance,
On voyait le vieillard tressaillir de bonheur;
Et puis il regardait sa glorieuse épée,
Espérant que bientôt cette immense épopée
Viendrait sous nos remparts réveiller sa valeur.

Quand le vent, favorable aux voiles étrangères,
Amenait dans le port des flottes passagères,
Appuyé sur son fils, il allait aux remparts:
Et là, sur ce grand fleuve où son heureuse enfance
Vit le drapeau français promener sa puissance,
Regrettant ces beaux jours, il jetait ses regards!

---

1. Cette pièce de vers a été composée à l'occasion de l'arrivée à Québec de *La Capricieuse*, corvette française envoyée en 1855, par l'empereur Napoléon III, pour nouer des relations commerciales entre la France et le Canada.

Alors il comparait, en voyant ce rivage,
Où la gloire souvent couronna son courage,
Le bonheur d'autrefois aux malheurs d'aujourd'hui:
Et tous les souvenirs qui remplissaient sa vie,
Se pressaient tour à tour dans son âme attendrie,
Nombreux comme les flots qui coulaient devant lui.

Ses regards affaiblis interrogeaient la rive,
Cherchant si les Français que, dans sa foi naïve,
Depuis de si longs jours il espérait revoir,
Venaient sous nos remparts déployer leur bannière:
Puis, retrouvant le feu de son ardeur première,
Fier de ses souvenirs, il chantait son espoir.

Chant du vieux soldat canadien

« Pauvre soldat, aux jours de ma jeunesse,
« Pour vous, Français, j'ai combattu longtemps;
« Je viens encor, dans ma triste vieillesse,
« Attendre ici vos guerriers triomphants.
« Ah! bien longtemps vous attendrai-je encore
« Sur ces remparts où je porte mes pas?
« De ce grand jour quand verrai-je l'aurore?
« Dis-moi, mon fils, ne paraissent-ils pas?

« Qui nous rendra cette époque héroïque
« Où, sous Montcalm, nos bras victorieux
« Renouvelaient dans la jeune Amérique
« Les vieux exploits chantés par nos aïeux?
« Ces paysans qui, laissant leurs chaumières,
« Venaient combattre et mourir en soldats,
« Qui redira leurs charges meurtrières?
« Dis-moi, mon fils, ne paraissent-ils pas?

« Napoléon, rassasié de gloire,
« Oublîrait-il nos malheurs et nos vœux,
« Lui, dont le nom, soleil de la victoire,
« Sur l'univers se lève radieux?
« Serions-nous seuls privés de la lumière
« Qu'il verse à flots aux plus lointains climats?
« Ô ciel! qu'entends-je? une salve guerrière?
« Dis-moi, mon fils, ne paraissent-ils pas?

« Quoi! c'est, dis-tu, l'étendard d'Angleterre,
« Qui vient encor, porté par ces vaisseaux,
« Cet étendard que moi-même naguère,

« À Carillon, j'ai réduit en lambeaux.
« Que n'ai-je, hélas! au milieu des batailles
« Trouvé plutôt un glorieux trépas
« Que de le voir flotter sur nos murailles!
« Dis-moi, mon fils, ne paraissent-ils pas?

« Le drapeau blanc, — la gloire de nos pères, —
« Rougi depuis dans le sang de mon roi,
« Ne porte plus aux rives étrangères
« Du nom français la terreur et la loi.
« Des trois couleurs l'invincible puissance
« T'appellera pour de nouveaux combats,
« Car c'est toujours l'étendard de la France.
« Dis-moi, mon fils, ne paraissent-ils pas?

« Pauvre vieillard, dont la force succombe,
« Rêvant encor l'heureux temps d'autrefois,
« J'aime à chanter sur le bord de ma tombe
« Le saint espoir qui réveille ma voix.
« Mes yeux éteints verront-ils dans la nue
« Le fier drapeau qui couronne leurs mâts?
« Oui, pour le voir, Dieu me rendra la vue!
« Dis-moi, mon fils, ne paraissent-ils pas?... »

Un jour, pourtant, que grondait la tempête,
Sur les remparts on ne le revit plus.
La mort, hélas! vint courber cette tête
Qui tant de fois affronta les obus.
Mais, en mourant, il redisait encore
À son enfant qui pleurait dans ses bras:
« De ce grand jour tes yeux verront l'aurore,
« Ils reviendront! et je n'y serai pas! »

Tu l'as dit, ô vieillard! la France est revenue.
Au sommet de nos murs, voyez-vous dans la nue
Son noble pavillon dérouler sa splendeur?
Ah! ce jour glorieux où les Français, nos frères,
Sont venus, pour nous voir, du pays de nos pères,
Sera le plus aimé de nos jours de bonheur.

Voyez sur les remparts cette forme indécise
Agitée et tremblante au souffle de la brise:
C'est le vieux Canadien à son poste rendu!
Le canon de la France a réveillé cette ombre,
Qui vient, sortant soudain de sa demeure sombre
Saluer le drapeau si longtemps attendu.

Et le vieux soldat croit, illusion touchante!
Que la France, longtemps de nos rives absente,
Y ramène aujourd'hui ses guerriers triomphants,
Et que sur notre fleuve elle est encor maîtresse:
Son cadavre poudreux tressaille d'allégresse,
Et lève vers le ciel ses bras reconnaissants.

Tous les vieux Canadiens moissonnés par la guerre
Abandonnent aussi leur couche funéraire,
Pour voir réalisés leurs rêves les plus beaux.
Et puis on entendit, le soir, sur chaque rive,
Se mêler au doux bruit de l'onde fugitive
Un long chant de bonheur qui sortait des tombeaux.

Envoi aux marins de « La Capricieuse »

Quoi! déjà nous quitter! Quoi! sur notre allégresse
Venir jeter sitôt un voile de tristesse?
De contempler souvent votre noble étendard
Nos regards s'étaient fait une douce habitude.
Et vous nous l'enlevez! Ah! quelle solitude
Va créer parmi nous ce douloureux départ!

Vous partez. Et bientôt, voguant vers la patrie,
Vos voiles salûront cette mère chérie!
On vous demandera, là-bas, si les Français
Parmi les Canadiens ont retrouvé des frères.
Dites-leur que, suivant les traces de nos pères,
Nous n'oublîrons jamais leur gloire et leurs bienfaits.

Car, pendant les longs jours où la France oublieuse
Nous laissait à nous seuls la tâche glorieuse
De défendre son nom contre un nouveau destin,
Nous avons conservé le brillant héritage
Légué par nos aïeux, pur de tout alliage,
Sans jamais rien laisser aux ronces du chemin.

Enfants abandonnés bien loin de notre mère,
On nous a vus grandir à l'ombre tutélaire
D'un pouvoir trop longtemps jaloux de sa grandeur.
Unissant leurs drapeaux, ces deux reines suprêmes
Ont maintenant chacune une part de nous-mêmes:
Albion notre foi, la France notre cœur.

Adieu, noble drapeau! Te verrons-nous encore
Déployant au soleil ta splendeur tricolore?

542

Emportant avec toi nos vœux et notre amour,
Tu vas sous d'autres cieux promener ta puissance.
Ah! du moins, en partant, laissez-nous l'espérance
De pouvoir, ô Français, chanter votre retour.

Ces naïfs paysans de nos jeunes campagnes,
Où vous avez revu vos antiques Bretagnes,
Au village de vous parleront bien longtemps.
Et, quand viendra l'hiver et ses longues soirées,
Des souvenirs français ces âmes altérées
Bien souvent rediront le retour de *nos gens*!

Comme ce vieux soldat qui chantait votre gloire
Et dont, barde inconnu, j'ai raconté l'histoire,
Sur ces mêmes remparts nous porterons nos pas;
Là, jetant nos regards sur le fleuve sonore,
Vous attendant toujours, nous redirons encore:
   Ne paraissent-ils pas?

Québec, 19 août 1855.

Les morts

Ô morts! dans vos tombeaux vous dormez solitaires,
Et vous ne portez plus le fardeau des misères
   Du monde où nous vivons.
Pour vous le ciel n'a plus d'étoiles ni d'orages;
Le printemps, de parfums; l'horizon, de nuages;
   Le soleil, de rayons.

Immobiles et froids dans la fosse profonde,
Vous ne demandez pas si les échos du monde
   Sont tristes ou joyeux;
Car vous n'entendez plus les vains discours des hommes,
Qui flétrissent le cœur et qui font que nous sommes
   Méchants et malheureux.

Le vent de la douleur, le souffle de l'envie
Ne vient plus dessécher, comme au temps de la vie,
   La moelle de vos os;
Et vous trouvez ce bien, au fond du cimetière,
Que cherche vainement notre existence entière,
   Vous trouvez le repos.

Tandis que nous allons, pleins de tristes pensées,
Qui tiennent tout le jour nos âmes oppressées,
        Seuls et silencieux,
Vous écoutez chanter les voix du sanctuaire
Qui vous viennent d'en haut et passent sur la terre
        Pour remonter aux cieux.

Vous ne demandez rien à la foule qui passe
Sans donner seulement aux tombeaux qu'elle efface
        Une larme, un soupir;

Vous ne demandez rien à la brise qui jette
Son haleine embaumée à la tombe muette,
        Rien, rien qu'un souvenir.

Toutes les voluptés où notre âme se mêle
Ne valent pas pour vous un souvenir fidèle,
        Cette aumône du cœur
Qui s'en vient réchauffer votre froide poussière,
Et porte votre nom, gardé par la prière,
        Au trône du Seigneur.

Hélas! ce souvenir que l'amitié vous donne
Dans le cœur meurt avant que le corps abandonne
        Ses vêtements de deuil,
Et l'oubli des vivants, pesant sur votre tombe,
Sur vos os décharnés plus lourdement retombe
        Que le plomb du cercueil!

Notre cœur égoïste au présent seul se livre,
Et ne voit plus en vous que les feuillets d'un livre
        Que l'on a déjà lus;
Car il ne sait aimer, dans sa joie ou sa peine,
Que ceux qui serviront son orgueil ou sa haine:
        Les morts ne servent plus.

À nos ambitions, à nos plaisirs futiles,
Ô cadavres poudreux, vous êtes inutiles!
        Nous vous donnons l'oubli.
Que nous importe à nous ce monde de souffrance
Qui gémit au delà du mur lugubre, immense
        Par la mort établi?

On dit que, souffrant trop de notre ingratitude,
Vous quittez quelquefois la froide solitude
        Où nous vous délaissons;
Et que vous paraissez au milieu des ténèbres

544

En laissant échapper de vos bouches funèbres
    De lamentables sons.

    Tristes, pleurantes ombres,
    Qui, dans les forêts sombres,
    Montrez vos blancs manteaux,
    Et jetez cette plainte
    Qu'on écoute avec crainte
    Gémir dans les roseaux.

    Ô lumières errantes!
    Flammes étincelantes,
    Qu'on aperçoit la nuit
    Dans la vallée humide,
    Où la brise rapide
    Vous promène sans bruit;

    Voix lentes et plaintives,
    Qu'on entend sur les rives
    Quand les ombres du soir,
    Épaississant leur voile,
    Font briller chaque étoile
    Comme un riche ostensoir;

    Clameur mystérieuse,
    Que la mer furieuse
    Nous jette avec le vent,
    Et dont l'écho sonore
    Va retentir encore
    Au nuage mouvant;

    Clameur, ombres et flammes,
    Êtes-vous donc les âmes
    De ceux que le tombeau,
    Comme un gardien fidèle,
    Pour la nuit éternelle
    Retient dans son réseau?

    En quittant votre bière,
    Cherchez-vous sur la terre
    Le pardon d'un mortel?
    Demandez-vous la voie
    Où la prière envoie
    Tous ceux qu'attend le ciel?

Quand le doux rossignol a quitté les bocages,
Quand le ciel gris d'automne, amassant ses nuages,

Prépare le linceul que l'hiver doit jeter
Sur les champs refroidis, il est un jour austère
Où nos cœurs, oubliant les vains soins de la terre,
Sur ceux qui ne sont plus aiment à méditer.

C'est le jour où les morts, abandonnant leurs tombes,
Comme on voit s'envoler de joyeuses colombes,
S'échappent un instant de leurs froides prisons;
En nous apparaissant, ils n'ont rien qui repousse;
Leur aspect est rêveur et leur figure est douce,
Et leur œil fixe et creux n'a pas de trahisons.

Quand ils viennent ainsi, quand leur regard contemple
La foule qui pour eux implore dans le temple
La clémence du ciel, un éclair de bonheur,
Pareil au pur rayon qui brille sur l'opale,
Vient errer un instant sur leur front calme et pâle
Et dans leur cœur glacé verse un peu de chaleur.

Tous les élus du ciel, toutes les âmes saintes,
Qui portent leur fardeau sans murmure et sans plaintes
Et marchent tout le jour sous le regard de Dieu,
Dorment toute la nuit sous la garde des anges,
Sans que leur œil troublé de visions étranges
Aperçoive en rêvant des abîmes de feu;

Tous ceux dont le cœur pur n'écoute sur la terre
Que les échos du ciel, qui rendent moins amère
La douloureuse voie où l'homme doit marcher,
Et, des biens d'ici-bas reconnaissant le vide,
Déroulent leur vertu comme un tapis splendide,
Et marchent sur le mal sans jamais le toucher;

Quand les hôtes plaintifs de la cité dolente,
Qu'en un rêve sublime entrevit le vieux Dante,
Paraissent parmi nous en ce jour solennel,
Ce n'est que pour ceux-là. Seuls ils peuvent entendre
Les secrets de la tombe. Eux seuls savent comprendre
Ces pâles mendiants qui demandent le ciel.

Les cantiques sacrés du barde de Solyme,
Accompagnant de Job la tristesse sublime,
Au fond du sanctuaire éclatent en sanglots;
Et le son de l'airain, plein de sombres alarmes,
Jette son glas funèbre et demande des larmes
Pour les spectres errants, nombreux comme les flots.

Donnez donc en ce jour où l'Église pleurante
Fait entendre pour eux une plainte touchante,
Pour calmer vos regrets, peut-être vos remords,
Donnez, du souvenir ressuscitant la flamme,
Une fleur à la tombe, une prière à l'âme,
Ces doux parfums du ciel qui consolent les morts.

Priez pour vos amis, priez pour votre mère,
Qui vous fit d'heureux jours dans cette vie amère,
Pour les parts de vos cœurs dormant dans les tombeaux
Hélas! tous ces objets de vos jeunes tendresses
Dans leur étroit cercueil n'ont plus d'autres caresses
Que les baisers du ver qui dévore leurs os.

Priez pour l'exilé, qui, loin de sa patrie,
Expira sans entendre une parole amie;
Isolé dans sa vie, isolé dans sa mort,
Personne ne viendra donner une prière,
L'aumône d'une larme à la tombe étrangère!
Qui pense à l'inconnu qui sous la terre dort?

Priez encor pour ceux dont les âmes blessées
Ici-bas n'ont connu que les sombres pensées
Qui font les jours sans joie et les nuits sans sommeil;
Pour ceux qui, chaque soir, bénissant l'existence,
N'ont trouvé, le matin, au lieu de l'espérance,
À leurs rêves dorés qu'un horrible réveil.

Ah! pour ces parias de la famille humaine,
Qui, lourdement chargés de leur fardeau de peine,
Ont monté jusqu'au bout l'échelle de douleur,
Que votre cœur touché vienne donner l'obole
D'un pieux souvenir, d'une sainte parole,
Qui découvre à leurs yeux la face du Seigneur.

Apportez ce tribut de prière et de larmes,
Afin qu'en ce moment terrible et plein d'alarmes,
Où de vos jours le terme enfin sera venu,
Votre nom, répété par la reconnaissance
De ceux dont vous aurez abrégé la souffrance,
En arrivant là-haut, ne soit pas inconnu.

Et prenant ce tribut, un ange aux blanches ailes,
Avant de le porter aux sphères éternelles,
Le dépose un instant sur les tombeaux amis;
Et les mourantes fleurs du sombre cimetière,

Se ranimant soudain au vent de la prière,
Versent tous leurs parfums sur les morts endormis.

Québec, 2 novembre 1856.

Lettres à l'abbé H.-R. Casgrain*

[Lettre du 10 avril] 1866

Cher monsieur,

J'ai reçu, il y a quelques jours, le numéro du *Foyer canadien* qui contient votre article magistral sur le mouvement littéraire en Canada.

Dans cette étude vous avez bien voulu vous souvenir de moi en termes beaucoup trop élogieux pour mon faible mérite; c'est donc plutôt à votre amicale bienveillance qu'à ma valeur d'écrivain que je dois cette appréciation louangeuse de mon petit bagage poétique.

Dans ce ciel sombre que me font les tristesses et les amertumes de l'exil, votre voix sympathique a fait briller un éclair splendide dont les rayons ont porté dans mon âme, avec les souvenirs chers de la patrie absente, une consolation pour le présent, une espérance pour l'avenir.

Pour ces fleurs que vous avez semées sur mon existence maintenant si aride, soyez mille fois remercié du plus profond de mon cœur.

Comme toutes les natures d'élite, vous avez une foi ardente dans l'avenir des lettres canadiennes. Dans les œuvres que vous appréciez, vous saluez l'aurore d'une littérature nationale. Puisse votre espoir se réaliser bientôt! Dans ce milieu presque toujours indifférent, quelquefois même hostile, où se trouvent placés en Canada ceux qui ont le courage de se livrer aux travaux de l'intelligence, je crains bien que cette époque glorieuse que vous appelez de tous vos vœux ne soit encore bien éloignée.

MM. Garneau et Ferland ont déjà, il est vrai, posé une base de granit à notre édifice littéraire; mais, si un oiseau ne fait pas le printemps, deux livres ne constituent pas une littérature. Tout ce qui s'est produit chez nous en dehors de ces deux grandes œuvres ne me semble pas avoir chance de vie. Qui lira X*** dans cinquante ans? Et, s'il m'est permis de parler de moi, qui songera à mes pauvres vers dans vingt ans?

Nous n'avons donc réellement que deux œuvres hors ligne, les monuments élevés par MM. Garneau et Ferland. Dans la poésie, dans le roman nous n'avons que des œuvres de second ordre. La tragédie, le drame sont encore à naître. La cause de cette infériorité n'est pas dans la rareté des hommes de talent, mais dans les conditions désastreuses que fait à l'écrivain l'indifférence d'une population qui n'a pas encore le goût des lettres, du moins des œuvres produites par les enfants du sol.

Dans tous les pays civilisés, il est admis que si le prêtre doit vivre de l'autel, l'écrivain doit vivre de sa plume. Chez tous les peuples de l'Europe, les lettres n'ont donné signe de vie que lorsqu'il s'est rencontré des princes pour protéger les auteurs. Avant la Renaissance, les couvents possédaient le monopole des travaux intellectuels, parce que les laïques qui auraient eu le goût et la capacité de cultiver les lettres ne pouvaient se vouer à un travail qui n'aurait donné du pain ni à eux ni à leurs familles.

Les moines, n'ayant pas à lutter contre les exigences de la vie matérielle, pouvaient se livrer, dans toute la sérénité de leur intelligence, aux travaux littéraires et aux spéculations scientifiques, et passer ainsi leur vie à remplir les deux plus nobles missions que puisse rêver l'esprit humain, l'étude et la prière.

Les écrivains du Canada sont placés dans les mêmes conditions que l'étaient ceux du Moyen Âge. Leur plume, à moins qu'ils ne fassent de la politique (et Dieu sait la littérature que nous devons aux tartines des politiqueurs), ne saurait subvenir à leurs moindres besoins. Quand un jeune homme sort du collège, sa plus haute ambition est de faire insérer sa prose ou ses vers dans un journal quelconque. Le jour où il voit son nom flamboyer pour la première fois au bas d'un article de son cru, ce jour-là il se croit appelé aux plus hautes destinées; et il se rêve l'égal de Lamartine, s'il cultive la poésie; de Balzac, s'il a essayé du roman. Et quand il passe sous la porte Saint-Jean, il a bien soin de se courber de peur de se cogner la tête. Ces folles vanités de jeune homme s'évanouissent bientôt devant les soucis quotidiens de la vie. Peut-être pendant un an, deux ans, continuera-t-il à travailler; puis un beau jour sa voix se taira. Le besoin de gagner le pain du corps lui imposera la dure nécessité de consacrer sa vie à quelques occupations arides, qui étoufferont en lui les fleurs suaves de l'imagination et briseront les fibres intimes et délicates de la sensibilité poétique. Que de jeunes talents parmi nous ont produit des fleurs qui promettaient des fruits magnifiques; mais il en a été pour eux comme, dans certaines années, pour les fruits de la terre. La gelée est venue qui a refroidi pour toujours le feu de leur intelligence. Ce vent d'hiver qui glace les esprits étincelants, c'est le *res angusta domi* dont parle Horace, c'est le pain quotidien.

Dans de pareilles conditions, c'est un malheur que d'avoir reçu du ciel une parcelle du feu sacré. Comme on ne peut gagner sa vie avec les idées qui bouillonnent dans le cerveau, il faut chercher un emploi, qui est presque toujours contraire à ses goûts. Il arrive le plus souvent qu'on devient un mauvais employé et un mauvais écrivain. Permettez-moi de me citer comme exemple. Si je n'avais pas reçu en naissant, sinon le talent, du moins le goût de la poésie, je n'aurais pas eu la tête farcie de rêveries qui me faisaient prendre le commerce comme un moyen de vivre, jamais comme un but sérieux de la vie. Je me serais brisé tout entier aux affaires, et j'aurais aujourd'hui l'avenir assuré. Au lieu de cela, qu'est-il arrivé? J'ai été un mauvais marchand et un médiocre poète.

Vous avez fondé une revue que vous donnez presque pour rien. C'est très beau pour les lecteurs. Ne pensez-vous pas que si l'on s'occupait un peu plus de ceux qui *produisent* et un peu moins de ceux qui *consomment*, la littérature canadienne ne s'en porterait que mieux? Si une société se formait pour fournir le pain à un sou la livre, à la condition de ne pas payer les boulangers, croyez-vous que ceux-ci s'empresseraient d'aller offrir leur travail à la susdite société?

Puisque tout travail mérite salaire, il faut donc que l'écrivain trouve dans le produit de ses veilles, sinon la fortune, du moins le morceau de pain nécessaire à sa subsistance. Autrement vous n'aurez que des écrivains amateurs.

Vous savez ce que valent les concerts d'amateurs; c'est quelquefois joli, ce n'est jamais beau. La demoiselle qui chante: *Robert, toi que j'aime*, sera toujours à cent lieues de la Pasta ou de la Malibran. Le meilleur joueur de violon d'une société philharmonique ne sera toujours qu'un racleur, comparé à Vieuxtemps ou à Sivori. La littérature d'amateurs ne vaut guère mieux que la musique d'amateurs. Pour devenir un grand artiste, il faut donner toute son intelligence, tout son temps à des études sérieuses, difficiles et suivies. Pour parvenir à écrire en maître, il faut également faire de l'étude non pas un moyen de distraction, mais l'emploi et le but de toute son existence. Lisez la vie de tous les géants qui dominent la littérature, et vous verrez que le travail a été au moins pour autant dans leurs succès que le génie qu'ils avaient reçu de Dieu. Tous les grands noms de la littérature actuelle sont ceux de piocheurs, et ils ont trouvé dans leur labeur incessant la fortune en même temps que la gloire. Pour qu'un écrivain puisse ainsi se livrer à un travail assidu, il faut qu'il soit sûr au moins de ne pas mourir de faim. Pour donner le pain quotidien au jeune homme qui a le désir et la capacité de cultiver les lettres, il faudrait fonder en Canada une revue qui paierait cinq, dix et même quinze sous la ligne les œuvres réellement supérieures. Quand un jeune auteur recevrait pour un travail d'un mois, pendant lequel il aurait produit 400 à 500 lignes bien limées, bien polies, soixante à quatre-vingts piastres, comme il trouverait dans cette somme de quoi vivre pendant deux mois, soyez sûr que, s'il avait réellement le *mens divinior*, il continuerait un métier qui, en lui donnant le nécessaire, lui apporterait encore la gloire par-dessus le marché!

Mais comment arriver à ce résultat? Par une société en commandite. C'est ainsi qu'ont été fondées toutes les grandes revues européennes. On perd de l'argent les premières années, mais un jour vient où le goût public s'épure par la production constante d'œuvres grandes et belles, et alors la revue qui a produit cet heureux changement, voit chaque mois sa liste d'abonnés augmenter, et cette affaire, qui ne semblait d'abord n'être qu'un sacrifice patriotique, devient bientôt une excellente opération commerciale. Il en a été de même dans tous les pays. Pourquoi en serait-il autrement dans le Canada?

On jette, chaque année, des capitaux dans des entreprises qui présentent beaucoup plus de risques aux actionnaires et qui n'ont pas pour elles le mérite de contribuer à conserver notre langue, le second boulevard de notre nationalité, puisque la religion en est le premier.

J'ai souvent rêvé à cela dans les longues heures de l'exil. J'ai tout un plan dans la tête, mais les bornes d'une lettre ne me permettent pas de vous le détailler aujourd'hui. D'ailleurs la tête me fait toujours un peu souffrir, et je suis éreinté quand j'écris trop longtemps. Je finirai demain cette trop longue missive...

Ce qui manque chez nous, c'est la critique littéraire. Je ne sais si, depuis que j'ai quitté le pays, on a fait des progrès dans cette partie essentielle de la littérature; mais de mon temps c'était pitoyable. Les journaux avaient tous la même formule, qui consistait en une réclame d'une dizaine de lignes.

Pour parler de vers, on disait: « Notre poète, etc. » S'agissait-il de faire mousser la boutique d'un chapelier qui avait fait cadeau d'un gibus au rédacteur, on lisait: « Notre intelligent et entreprenant M*** vient d'inventer un chapeau, etc. » Réclames pour poésies, pour chapeaux, pour modes, etc., tout était pris dans le même tas.

Dans votre article sur le mouvement littéraire, vous venez de placer la critique dans sa véritable voie; comme vous aviez pour but de montrer la force de notre littérature canadienne, vous avez dû naturellement ne montrer que le beau côté de la médaille. Si je me permettais de vous adresser une prière, ce serait de continuer ce travail plus en détail, en louant ce qui est beau, en flagellant ce qui est mauvais. C'est le seul moyen d'épurer le goût des auteurs et des lecteurs.

Personne n'est mieux doué que vous pour créer au Canada la critique littéraire.

Du long verbiage qui précède, je tire cette conclusion: aussi longtemps que nos écrivains seront placés dans les conditions où ils se trouvent maintenant, le Canada pourra bien avoir de temps en temps, comme par le passé, des accidents littéraires, mais il n'aura pas de littérature nationale.

Dans votre lettre du 1er juin 1864, à laquelle des douleurs physiques et morales m'ont empêché de répondre, vous me demandez de vous envoyer la fin de mon poème des *Trois morts*. Cette œuvre n'est pas terminée, et des sept ou huit cents vers qui sont composés pas un seul n'est écrit. Dans la position où je me trouve, je dois chercher à gagner le pain quotidien avant de songer à la littérature. Ma tête, fatiguée par de rudes épreuves, ne me permet pas de travailler beaucoup. Ce que vous me demandez, d'autres amis me l'ont également demandé, en m'écrivant que je devais cela à mon pays. Ces phrases sont fort belles, mais elles sont aussi vides qu'elles sont sonores. Je sais parfaitement que mon pays n'a pas besoin de mes faibles travaux, et qu'il ne me donnera jamais un sou pour m'empêcher de crever de faim sur la terre de l'exil. Il est donc tout naturel que j'emploie à gagner ma vie les forces qui me restent. J'ai bien deux mille vers au moins qui traînent dans les coins et les recoins de mon cerveau. À quoi bon les en faire sortir? Je suis mort à l'existence littéraire. Laissons donc ces pauvres vers pourrir tranquillement dans la tombe que je leur ai creusée au fond de ma mémoire. Dire que je ne fais plus de poésie serait mentir. Mon imagination travaille toujours un peu. J'ébauche, mais je ne termine rien, et, suivant ma coutume, je n'écris rien. Je ne chante que pour moi. Dans la solitude qui s'est faite autour de moi, la poésie est plus qu'une distraction, c'est un refuge. Quand le trappeur parcourt les forêts du Nouveau Monde, pour charmer la longueur de la route solitaire, il chante les refrains naïfs de son enfance, sans s'inquiéter si l'oiseau dans le feuillage ou le castor au bord de la rivière prête l'oreille à ses accents. Il chante pour ranimer son courage et non pour faire admirer sa voix: ainsi de moi.

J'ai reçu hier les journaux qui m'apprennent la mort de Garneau. Le Canada est bien éprouvé depuis quelque temps. C'est une perte irréparable. C'était un grand talent et, ce qui vaut mieux, un beau caractère. Si ma tête me le permet, je veux payer mon tribut à cette belle et grande figure. Je vous enverrai cela, et vous en ferez ce que vous voudrez. [...]

[Lettre du] 10 août 1866

Cher monsieur,

Je ne saurais vous exprimer le bonheur que j'ai éprouvé en lisant votre lettre du 29 juin. Vos paroles sympathiques et consolantes ont ramené un peu de sérénité dans mon âme accablée par les douleurs du passé, les tristesses du présent et les sombres incertitudes de l'avenir. Cette lettre, je l'ai lue et relue bien des fois et je la relirai encore; car me reportant à ces jours heureux où je pouvais causer avec vous de cette littérature canadienne que j'ai, sinon bien servie, du moins tant aimée, cette lecture saura chasser les idées noires qui trop souvent s'emparent de moi.

En même temps que votre lettre, le courrier m'a apporté la notice biographique de Garneau. Ce petit volume m'a causé le plus grand plaisir. Le style est élégant et sobre, comme il convient au sujet, et on sent à chaque page courir le souffle du patriotisme le plus vrai. Tous les hommes intelligents endosseront le jugement que vous portez sur notre historien national. On ne saurait apprécier ni mieux ni en meilleurs termes la plus belle œuvre de notre jeune littérature.

Il est mort à la tâche, notre cher et grand historien. Il n'a connu ni les splendeurs de la richesse, ni les enivrements du pouvoir. Il a vécu humble, presque pauvre, loin des plaisirs du monde, cachant avec soin les rayonnements de sa haute intelligence pour les concentrer sur cette œuvre qui dévora sa vie en lui donnant l'immortalité. Garneau a été le flambeau qui a porté la lumière sur notre courte mais héroïque histoire, et c'est en se consumant lui-même qu'il a éclairé ses compatriotes. Qui pourra jamais dire de combien de déceptions, de combien de douleurs se compose une gloire?

Dieu seul connaît, dites-vous, les trésors d'ignorance que renferme notre pays. D'après votre lettre je dois conclure que, loin de progresser, le goût littéraire a diminué chez nous. Si j'ai bonne mémoire, le *Foyer canadien* avait deux mille abonnés à son début, et vous me dites que vous ne comptez plus que quelques centaines de souscripteurs. À quoi cela tient-il?

À ce que nous n'avons malheureusement qu'une société d'*épiciers*. J'appelle *épicier* tout homme qui n'a d'autre savoir que celui qui lui est nécessaire pour gagner sa vie, car pour lui la science est un outil, rien de plus. L'avocat qui n'étudie que les Pandectes et les Statuts refondus, afin de se mettre en état de gagner une mauvaise cause et d'en perdre une bonne; le médecin qui ne cherche dans les traités d'anatomie, de chirurgie et de thérapeutique, que le moyen de vivre en faisant mourir ses patients; le notaire qui n'a d'autres connaissances que celles qu'il a puisées dans Ferrière et dans Massé, ces deux sources d'où coulent si abondamment ces œuvres poétiques que l'on nomme protêts et contrats de vente; tous ces gens-là ne sont que des *épiciers*. Comme le vendeur de mélasse et de cannelle, ils ne savent, ils ne veulent savoir que ce qui peut rendre leur métier profitable. Dans ces natures pétrifiées par la routine, la pensée n'a pas d'horizon. Pour elles, la littérature française n'existe pas après le dix-huitième siècle. Ces messieurs ont bien entendu parler vaguement de Chateaubriand et de Lamartine, et les plus forts d'entre eux ont peut-être lu les *Martyrs* et quelques vers des *Méditations*. Mais les noms d'Alfred de Musset, de Gautier, de Nicolas, d'Ozanam, de Mérimée, de Ravignan, de Lacordaire, de Nodier, de Sainte-Beuve, de Cousin, de Gerbet, etc., enfin de toute cette pléiade de grands écrivains, la gloire et la force de la France du dix-neuvième siècle, leur sont presque complètement inconnus. N'allez pas leur parler des classiques étrangers, de Dante, d'Alfieri, de Goldoni, de Goethe, de Métastase, de Lope de Véga, de Caldéron, de Schiller, de Schlegel, de Lemondorff, etc., car ils ne sauraient ce que vous voulez dire. Si ces gens-là ne prennent pas la peine de lire les chefs-d'œuvre de l'esprit humain, comment pourrions-nous espérer qu'ils s'intéresseront aux premiers écrits de notre littérature au berceau? Les *épiciers* s'abonnent volontiers à une publication nouvelle, afin de se donner du genre et de se poser en protecteurs des entreprises naissantes; mais, comme cette mise de fonds, quelque minime qu'elle soit, ne leur rapporte ni plaisir *(margaritas ante porcos)* ni profit, ils ont bien soin de ne pas renouveler leur abonnement.

Le patriotisme devrait peut-être, à défaut du goût des lettres, les porter à encourager tout ce qui tend à conserver la langue de leurs pères. Hélas! vous le savez comme moi, *nos messieurs riches et instruits* ne comprennent l'amour de la patrie que lorsqu'il se présente sous la forme d'actions de chemin de fer et de mines d'or promettant de beaux dividendes, ou bien encore quand il leur montre en perspective des honneurs politiques, des appointements et surtout des chances de *jobs*.

Avec ces hommes vous ferez de bons pères de famille, ayant toutes les vertus d'une épitaphe; vous aurez des échevins, des marguilliers, des membres du parlement, voire même des ministres, mais vous ne parviendrez jamais à créer une société littéraire, artistique, et je dirai même patriotique, dans la belle et grande acception du mot.

Les *épiciers* étant admis, nous n'avons malheureusement pas le droit de nous étonner si le *Foyer canadien*, qui avait deux mille abonnés à sa naissance, n'en compte plus que quelques centaines. Pendant plus de quinze ans, j'ai vendu des livres et je sais à quoi m'en tenir sur ce que nous appelons, chez nous, un homme instruit. Qui nous achetait les œuvres d'une valeur réelle? Quelques étudiants, quelques jeunes prêtres, qui consacraient aux chefs-d'œuvre de la littérature moderne les petites économies qu'ils pouvaient réaliser. Les pauvres donnent souvent plus que les riches; les produits de l'esprit trouvent plus d'acheteurs parmi les petites bourses que parmi les grandes. Du reste, cela se conçoit. Le pauvre intelligent a besoin de remplacer par les splendeurs de la pensée les richesses matérielles qui lui font défaut, tandis que le riche a peut-être peur que l'étude ne lui apprenne à mépriser cette fortune qui suffit, non pas à son bonheur, mais à sa vanité. En présence de ce déplorable résultat de quatre années de travaux et de sacrifices de la part des directeurs du *Foyer canadien*, je suis bien obligé d'avouer que vous avez raison, cent fois raison, de traiter mon plan de rêve irréalisable. Il ne nous reste donc plus qu'à attendre des jours meilleurs. Attendre et espérer, n'est-ce pas là le dernier mot de toutes les illusions perdues comme de toutes les affections brisées? Pourquoi Fréchette n'écrit-il plus? Est-ce que le *res angusta domi* aurait aussi éteint la verve de ce beau génie? N'aurait-on pas un peu le droit de l'appeler marâtre cette patrie canadienne qui laisse ainsi s'étioler cette plante pleine de sève, qui a déjà produit ces fleurs merveilleuses qui se nomment *Mes loisirs?* Alfred de Musset a dit dans *Rolla*:

Je suis venu trop tard dans un pays trop vieux

Fréchette pourra dire:

Je suis venu trop tôt dans un pays trop jeune.

Vous voulez bien me demander de nouveau la fin de mes *Trois morts*, et vous m'offrez même une rémunération pécuniaire. Je vous remercie de tout mon cœur de l'importance que vous voulez bien attacher à mes pauvres vers. Je ne sais pas trop quand je pourrai me rendre à votre désir. J'ai bien, il est vrai, 700 à 800 vers composés et mis en réserve dans ma mémoire, mais la seconde partie est à peine ébauchée, tandis que la troisième est beaucoup plus avancée. Il faudrait donc combler les lacunes et faire un ensemble. Puis il y a bientôt quatre ans que ces malheureux vers sont enfermés dans les tiroirs de mon cerveau. Ils doivent avoir une pauvre mine et ils auraient joliment besoin d'être époussetés; c'est un travail que je ne me sens pas le courage de faire pour le moment. Puisque le *Foyer canadien* ne compte plus que quelques centaines d'abonnés, ce n'est pas dans la caisse de cette publication que vous pourriez trouver les honoraires que vous m'offrez. C'est donc dans votre propre bourse que vous iriez les chercher. Pourquoi vous imposer ce sacrifice? Le public canadien se passera parfaitement de mon poème, et moi je ne tiens pas du tout à le publier. Qu'est-ce que cela peut me faire?

Quand j'aurai le temps et la force, car depuis que j'ai reçu votre lettre j'ai été très malade, je mettrai un peu en ordre tout ce que j'ai dans la tête, et je vous enverrai ces œuvres dernières comme un témoignage de ma reconnaissance pour la sympathie que vous me témoignez dans le malheur. Je ne vous demanderai pas de livrer ces poèmes à la publicité, mais seulement de les garder comme un souvenir.

Oui, vous m'avez parfaitement compris quand vous me dites que je n'avais nulle ambition, si ce n'est de causer poésie avec quelques amis et de leur lire de temps en temps quelque poème fraîchement éclos. Rêver en écoutant chanter dans mon âme l'oiseau bleu de la poésie, essayer quelquefois de traduire en vers les accords qui berçaient mes rêveries, tel eût été le bonheur pour moi. Les hasards de la vie ne m'ont malheureusement pas permis de réaliser ces désirs de mon cœur. Aujourd'hui j'ai trente-neuf ans, c'est l'âge où l'homme, revenu des errements de ses premières années, et n'ayant pas encore à redouter les défaillances de la vieillesse, entre véritablement dans la pleine possession de ses facultés. Il me semble que j'ai encore quelque chose dans la tête.

Si j'avais le pain quotidien assuré, j'irais demeurer chez quelque bon curé de campagne, et là je me livrerais complètement au travail. Peut-être est-ce une illusion, mais je crois que je pourrais encore produire quelques bonnes pages. J'ai dans mon cerveau bien des ébauches de poèmes, qui, travaillés avec soin, auraient peut-être une valeur. Je voudrais aussi essayer la prose, ce mâle outil, comme l'appelle Veuillot; y réussirais-je? je n'en sais rien. Mais tout cela est impossible. Il ne me reste plus qu'à bercer dans mon imagination ces poèmes au maillot, et à chercher dans leurs premiers vagissements ces beaux rêves d'or qu'une mère est toujours sûre de trouver près du berceau de son enfant. [...]

[Lettre du] 29 janvier 1867

Cher monsieur,

Nous voici à la fin de janvier, et je n'ai pas encore tenu la promesse que je vous faisais dans ma lettre du 10 août. Depuis, j'ai eu le bonheur de lire les paroles sympathiques et bienveillantes que vous m'avez adressées au mois d'octobre. Je suis soumis depuis assez longtemps à un traitement médical qui a pour but de me débarrasser de ces douleurs de tête qui ne m'ont presque jamais quitté depuis quatre ans. C'est ce qui vous explique pourquoi j'ai tant tardé à répondre à vos lettres si bonnes et si amicales.

Aujourd'hui que ma tête est en assez bon état, je viens causer avec vous du *Foyer canadien* et de la critique des *Trois morts*.

Permettez-moi de vous dire que, dans mon opinion, le *Foyer canadien* ne réalise pas les promesses de son début. La rédaction manque de variété. Vous avez publié des œuvres remarquables sans doute: les travaux de l'abbé Ferland, le *Jean Rivard* de Lajoie, votre étude sur le mouvement littéraire en Canada, votre biographie de Garneau peuvent figurer avec honneur dans les grandes revues européennes; mais on cherche vainement dans votre recueil les noms des jeunes écrivains qui faisaient partie du comité de collaboration formé à la naissance du *Foyer*. Pourquoi toutes ces voix sont-elles muettes? Pourquoi Fréchette, Fiset, Lemay, Alfred Garneau n'écrivent-ils pas? De ces deux derniers, j'ai lu une pièce, peut-être deux, depuis bientôt quatre ans. Il ne m'a pas été donné d'admirer une seule fois dans le *Foyer* le génie poétique de Fréchette.

Je reçois ici les journaux de Québec et je vois dans leurs colonnes le sommaire des articles publiés par la *Revue canadienne* de Montréal. Comment se fait-il donc que presque tous les jeunes littérateurs québecquois écrivent dans cette revue au lieu de donner leurs œuvres à votre recueil? Est-ce que, par hasard, leurs travaux seraient payés par les éditeurs de Montréal? J'en doute fort. La métropole commerciale du Canada n'a pas, jusqu'à ce jour, plus que la ville de Champlain, prodigué de fortes sommes pour enrichir les écrivains. Il y a dans ce fait quelque chose d'anormal que je ne puis m'expliquer.

Dès la naissance du *Foyer canadien*, j'ai regretté de voir, comme dans les *Soirées canadiennes*, chacun de ses numéros rempli par une seule œuvre.

Avec ce système, le *Foyer* n'est plus une revue; c'est tout simplement une série d'ouvrages publiés par livraisons. Une œuvre, quelque belle qu'elle soit, ne plaît pas à tout le monde; il est donc évident que si, pendant cinq ou six mois, un abonné ne trouve dans le *Foyer* qu'une lecture sans attrait pour lui, il prendra bientôt votre recueil en dégoût et ne tardera pas à se désabonner. Si, au contraire, chaque livraison apporte au lecteur des articles variés, il trouvera nécessairement quelque chose qui lui plaira et il demeurera un abonné fidèle. Je crois sincèrement que le plus vite le *Foyer* abandonnera la voie qu'il a suivie jusqu'à ce jour, le mieux ce sera pour ses intérêts.

Ne pouvant remplir toutes les pages du *Foyer* avec les produits indigènes, la direction de ce recueil fait très bien d'emprunter quelques gerbes à l'abondante récolte de la vieille patrie. Ce que je ne comprends pas, pardonnez-moi ma franchise, c'est le choix que les directeurs ont fait du *Fraticide*. D'abord ce n'est pas une nouveauté, car, dans les premiers temps que j'étais libraire, il y a déjà vingt ans, nous vendions ce livre. Puisque vous faites une part aux écrivains français, il me semble qu'il faudrait prendre le dessus du panier. Le vicomte Walsh peut avoir une place dans le milieu du panier, mais sur le dessus, jamais. J'ai un peu étudié les œuvres littéraires du XIXᵉ siècle, j'ai lu bien des critiques, et jamais, au grand jamais, je n'ai vu citer l'auteur du *Fraticide* comme un écrivain du premier ordre; et s'il me fallait prouver qu'il est le premier parmi les seconds, je crois que je serais fort empêché.

Écrivain catholique et légitimiste, le vicomte Walsh a été sous Louis-Philippe la coqueluche du faubourg Saint-Germain, mais n'a jamais fait un grand tapage dans le monde littéraire. Il a publié un *Voyage à Locmaria* qui l'a posé on ne peut mieux auprès des vieilles marquises qui ne juraient que par Henri V et la duchesse de Berry. Quelques années plus tard, son *Tableau poétique des fêtes chrétiennes* le faisait acclamer par la presse catholique comme le successeur de Chateaubriand. Cet engouement est passé depuis longtemps et de tout ce feu de paille, s'il reste une étincelle pour éclairer dans l'avenir le nom du noble vicomte, ce sera certainement le *Tableau poétique des fêtes chrétiennes*.

Qu'il y a loin de Walsh, écrivain excellent au point de vue moral et religieux, mais médiocre littérateur, à ces beaux génies catholiques qui se nomment Gerbet, Montalembert, Ozanam, Veuillot, Brizeux, etc. Ne croyez-vous pas que vos lecteurs apprécieraient quelques pages de la *Rome chrétienne* de Gerbet, des *Moines d'Occident* de Montalembert, *Du Dante et de la philosophie du XVIIIᵉ siècle* d'Ozanam, des *Libres penseurs* de Louis Veuillot? Et ce charmant poète breton, Brizeux, ne trouverait-il pas aussi des admirateurs sur les bords du Saint-Laurent?

Je ne cite que les écrivains catholiques, mais ne pourrait-on pas également faire un choix parmi les auteurs ou indifférents ou hostiles? Puisque dans nos collèges on nous fait bien apprendre des passages de Voltaire, pourquoi ne donneriez-vous pas à vos abonnés ce qui peut se lire de maîtres tels que Hugo, Musset, Gautier, Sainte-Beuve, Guizot, Mérimée, etc? Ne vaut-il pas mieux faire sucer à vos lecteurs la moelle des lions que celle des lièvres?

Je crois que le goût littéraire s'épurerait bientôt en Canada si les esprits pouvaient s'abreuver ainsi à une source d'où couleraient sans cesse les plus belles œuvres du génie contemporain. Le roman, quelque religieux qu'il soit, est toujours un genre secondaire; on s'en sert comme du sucre pour couvrir les pilules lorsqu'on veut faire accepter certaines idées bonnes ou mauvaises. Si les idées, dans leur nudité, peuvent supporter les regards des honnêtes gens de goût, à quoi bon les charger d'oripeau et de clinquant? C'est le propre des grands génies de donner à leurs idées une telle clarté et un tel charme, qu'elles illuminent toute une époque sans avoir besoin d'endosser ces habits pailletés que savent confectionner les esprits médiocres de tous les temps. Ne croyez-vous pas qu'il vaudrait mieux ne pas donner de romans à vos lecteurs (je parle de la partie française, car le roman vous sera nécessairement imposé par la littérature indigène), et les habituer à se nourrir d'idées sans mélange d'intrigues et de mise en scène? Je puis me tromper, mais je suis convaincu que le plus tôt on se débarrassera du roman, même religieux, le mieux ce sera pour tout le monde. Mais je m'aperçois que je bavarde et que vous allez me répondre: C'est très joli ce que vous me chantez là, mais pour faire ce choix dans les œuvres contemporaines. il faudrait d'abord les acheter, ensuite il faudrait payer un rédacteur pour cueillir cette moisson; or vous savez que nous avons à peine de quoi payer l'imprimeur.

— Mettons que je n'aie rien dit et parlons d'autre chose.

Plus je réfléchis sur les destinées de la littérature canadienne, moins je lui trouve de chances de laisser une trace dans l'histoire. Ce qui manque au Canada, c'est d'avoir une langue à lui. Si nous parlions iroquois ou huron, notre littérature vivrait. Malheureusement nous parlons et écrivons d'une assez piteuse façon, il est vrai, la langue de Bossuet et de Racine. Nous avons beau dire et beau faire, nous ne serons toujours, au point de vue littéraire, qu'une simple colonie; et quand bien même le Canada deviendrait un pays indépendant et ferait briller son drapeau au soleil des nations, nous n'en demeurerions pas moins de simples colons littéraires. Voyez la Belgique, qui parle la même langue que nous. Est-ce qu'il y a une littérature belge? Ne pouvant lutter avec la France pour la beauté de la forme, le Canada aurait pu conquérir sa place au milieu des littératures du vieux monde, si parmi ses enfants il s'était trouvé un écrivain capable d'initier, avant Fenimore Cooper, l'Europe à la grandiose nature de nos forêts, aux exploits légendaires de nos trappeurs et de nos voyageurs. Aujourd'hui, quand bien même un talent aussi puissant que celui de l'auteur du *Dernier des Mohicans* se révélerait parmi nous, ses œuvres ne produiraient aucune sensation en Europe, car il aurait l'irréparable tort d'arriver le second, c'est-à-dire trop tard. Je le répète, si nous parlions huron ou iroquois, les travaux de nos écrivains attireraient l'attention du vieux monde. Cette langue mâle et nerveuse, née dans les forêts de l'Amérique, aurait cette poésie du cru qui fait les délices de l'étranger. On se pâmerait devant un roman ou un poème traduit de l'iroquois, tandis que l'on ne prend pas la peine de lire un livre écrit en français par un colon de Québec ou de Montréal. Depuis vingt ans, on publie chaque année, en France, des traductions de romans russes, scandinaves, roumains. Supposez ces mêmes livres écrits en français, ils ne trouveraient pas cinquante lecteurs.

La traduction a cela de bon, c'est que si un ouvrage ne nous semble pas à la hauteur de sa réputation, on a toujours la consolation de se dire que ça doit être magnifique dans l'original.

Mais qu'importe après tout que les œuvres des auteurs canadiens soient destinées à ne pas franchir l'Atlantique. Ne sommes-nous pas un million de Français oubliés par la mère patrie sur les bords du Saint-Laurent? N'est-ce pas assez pour encourager tous ceux qui tiennent une plume que de savoir que ce petit peuple grandira et qu'il gardera toujours le nom et la mémoire de ceux qui l'auront aidé à conserver intact le plus précieux de tous les trésors: la langue de ses aïeux?

Quand le père de famille, après les fatigues de la journée, raconte à ses nombreux enfants les aventures et les accidents de sa longue vie, pourvu que ceux qui l'entourent s'amusent et s'instruisent en écoutant ses récits, il ne s'inquiète pas si le riche propriétaire du manoir voisin connaîtra ou ne connaîtra pas les douces et naïves histoires qui font le charme de son foyer. Ses enfants sont heureux de l'entendre, c'est tout ce qu'il demande.

Il en doit être ainsi de l'écrivain canadien. Renonçant sans regret aux beaux rêves d'une gloire retentissante, il doit se regarder comme amplement récompensé de ses travaux s'il peut instruire et charmer ses compatriotes, s'il peut contribuer à la conservation, sur la jeune terre d'Amérique, de la vieille nationalité française.

Maintenant, parlons un peu de M. Thibault et de sa critique de mes œuvres. Le jeune écrivain a certainement du talent, et je le félicite d'avoir su blâmer franchement ce qui lui a semblé mauvais dans mon petit bagage poétique. Dans une de mes lettres je vous disais que ce qui manquait à notre littérature, c'était une critique sérieuse. Grâce à M. Thibault, qui a su faire autrement et mieux que ses prédécesseurs, la critique canadienne sortira bientôt de la voie ridicule dans laquelle elle a marché jusqu'à ce jour. M. le professeur de l'École normale n'a que des éloges pour toutes les pièces qui ont précédé la *Promenade de trois morts*. Ses appréciations ne sont pas toutes conformes aux miennes, mais comme un père ne voit pas les défauts de ses enfants, je confesse humblement que le critique qui est tout à fait désintéressé dans la question doit être un meilleur juge que moi. Pour M. Thibault, comme pour beaucoup de mes compatriotes, *le Drapeau de Carillon* est un *magnifigue poème historique*. Je crois vous l'avoir déjà dit: à mon avis, c'est une pauvre affaire, comme valeur littéraire, que ce *Drapeau* qui a *volé sur toutes les lèvres*, d'après mon bienveillant critique. Ce qui a fait la fortune de ce petit poème, c'est l'idée seule, car, pour la forme, il ne vaut pas cher. Il faut bien le dire, dans notre pays on n'a pas le goût très délicat en fait de poésie. Faites rimer un certain nombre de fois *gloire* avec *victoire, aïeux* avec *glorieux. France* avec *espérance*; entremêlez ces rimes de quelques mots sonores comme notre *religion*, notre *patrie*, notre *langue*, nos *lois*, le *sang de nos pères*; faites chauffer le tout à la flamme du patriotisme, et servez chaud. Tout le monde dira que c'est magnifique. Quant à moi, je crois que si je n'avais pas autre chose pour me recommander comme poète que ce malheureux *Drapeau de Carillon*, il y a longtemps que ma petite réputation serait morte et enterrée aux yeux des littérateurs sérieux. À la vogue du *magnifique poème historique*, comparez l'accueil si froid qui fut fait à la pièce intitulée *les Morts*. Elle parut, le 1er novembre 1856, dans le *Journal de Québec*. Pas une seule autre feuille n'en souffla mot, et pourtant, c'est bien ce que j'ai fait de moins mal. L'année suivante, Chauveau reproduisit cette pièce dans le *Journal de l'Instruction publique*, et deux ou trois journaux en parlèrent dans ce style de réclame qui sert à faire l'éloge d'un pantalon nouveau tout aussi bien que d'un poème inédit.

M. Thibault me reproche de n'avoir pas donné, dans *la Fiancée du marin*, plus de vigueur d'âme à mes héroïnes et de ne pas leur faire supporter plus chrétiennement leur malheur. Si la mère et la jeune fille trouvaient dans la religion une consolation à leur désespoir, ce serait plus moral, sans doute, mais où serait le drame? Cette légende n'en serait plus une, ce ne serait plus que le récit d'un accident comme il en arrive dans toutes les familles. On ne fait pas de poèmes, encore bien moins des légendes, avec les faits journaliers de la vie. D'ailleurs, la mère tombe à l'eau par accident et la fiancée ne se précipite dans les flots que lorsque son âme a déjà sombré dans la folie. Où donc la morale est-elle méconnue dans tout ce petit poème? La morale est une grande chose, mais il ne faut pas essayer de la mettre là où elle n'a que faire. M. Thibault doit bien savoir que lorsque la folie s'empare d'un cerveau malade, cette pauvre morale n'a plus qu'à faire son paquet.

Si le critique du *Courrier du Canada* est tout miel pour mes premiers écrits, ce n'est que pour mieux tomber à bras raccourci sur mes pauvres *Trois morts*, qui n'en peuvent mais.

Les dieux littéraires de M. Thibault ne sont pas les miens; cramponné à la littérature classique, il rejette loin de lui cette malheureuse école romantique, et c'est à peine s'il daigne reconnaître qu'elle a produit quelques œuvres remarquables. Pour moi, tout en admirant les immortels chefs-d'œuvre du XVIIe siècle, j'aime de toutes mes forces cette école romantique qui a fait éprouver à mon âme les jouissances les plus douces et les plus pures qu'elle ait jamais senties. Et encore aujourd'hui, lorsque la mélancolie enveloppe mon âme comme un manteau de plomb, la lecture d'une méditation de Lamartine ou d'une nuit d'Alfred de Musset me donne plus de calme et de sérénité que je ne saurais en trouver dans toutes les tragédies de Corneille et de Racine. Lamartine et Musset sont des hommes de mon temps. Leurs illusions, leurs rêves, leurs aspirations, leurs regrets trouvent un écho sonore dans mon âme, parce que moi, chétif, à une distance énorme de ces grands génies, j'ai caressé les mêmes illusions, je me suis bercé dans les mêmes rêves et j'ai ouvert mon cœur aux mêmes aspirations pour adoucir l'amertume des mêmes regrets. Quel lien peut-il y avoir entre moi et les héros des tragédies? En quoi la destinée de ces rois, de ces reines peut-elle m'intéresser? Le style du poète est splendide, il flatte mon oreille et enchante mon esprit; mais les idées de ces hommes d'un autre temps ne disent rien ni à mon âme, ni à mon cœur.

Le romantisme n'est après tout que le fils légitime des classiques; seulement les idées et les mœurs n'étant plus au XIXe siècle ce qu'elles étaient au XVIIe, l'école romantique a dû nécessairement adopter une forme plus en harmonie avec les aspirations modernes, et les éléments de cette forme nouvelle, c'est au XVIe siècle qu'elle est allée les demander. Le classique, si je puis m'exprimer ainsi, c'est le grand-père que l'on vénère, parce qu'il est le *père de votre père*, mais qui ne peut prétendre à cette tendresse profonde que l'on réserve pour celui qui aida notre mère à guider nos premiers pas dans le chemin de la vie.

M. Thibault préfère son grand-père, j'aime mieux mon père.

Des dieux que nous servons telle est la différence.

Je n'ai nullement le désir de faire l'éloge du romantisme, et ce n'est pas à vous, l'auteur des *Légendes canadiennes*, de ces poétiques récits qui portent si profondément creusée l'empreinte de l'école contemporaine, qu'il est nécessaire de présenter une défense de cette formule de l'art au XIXe siècle.

Le romantisme n'aurait-il d'autre mérite que de nous avoir délivrés de la mythologie et de la tragédie que nous devrions encore lui élever des autels. À propos de mythologie, j'ai vu, il y a deux ans, dans les journaux canadiens une longue discussion au sujet des auteurs païens; j'ai toujours été de l'opinion de l'abbé Gaume; on nous fait ingurgiter beaucoup trop d'auteurs païens quand nous sommes au collège. Pourquoi n'enseigne-t-on que la mythologie grecque? Les dieux scandinaves, la redoutable trinité sévienne, sont, il me semble, bien plus poétiques et surtout bien moins immoraux que cet Olympe tout peuplé de bandits et de gourgandines. Dans l'histoire des dieux scandinaves, on reconnaît les plus nobles instincts de l'humanité divinisés par la reconnaissance d'un peuple, tandis que, sous ce ciel tant vanté de la Grèce, on a élevé beaucoup plus d'autels aux vices qu'aux vertus. Cette mythologie grecque, ces auteurs païens qui déifient souvent des hommes qui méritent tout bonnement la corde, ne peuvent à mon sens inspirer aux élèves que des idées fausses et des curiosités malsaines. Est-ce que les chefs-d'œuvre des Pères de l'Église ne peuvent pas partager avec les auteurs païens le temps que l'on consacre à l'étude du grec et du latin, et corriger l'influence pernicieuse que peuvent avoir les écrivains de l'Antiquité? Je sais bien que saint Basile et saint Jean Chrysostôme, que saint Augustin et saint Bernard ne peuvent, sous le rapport littéraire, lutter avec les génies du siècle de Périclès, ni avec ceux du siècle d'Auguste; mais ne vaudrait-il pas mieux être moins fort en grec et en latin, deux langues qui ne sont en définitive que des objets de luxe pour les quatre cinquièmes des élèves, et recevoir dès l'enfance des idées saines et fortes, en rapport avec l'état social actuel, qui, malgré ses cris et ses blasphèmes, est fondé sur les grands principes chrétiens et ne vit que par eux? J'ai été heureux de voir cette discussion s'élever en Canada. Car j'ai toujours pensé, dans mon petit jugement, qu'il était bien ridicule de tant nous bourrer d'idées païennes, qui prennent les prémices de notre jeune imagination et nous laissent bien froids devant les grandeurs splendides mais austères de la vérité chrétienne.

Mais revenons à nos moutons.

Le genre fantaisiste, dit M. Thibault, est un genre radicalement mauvais. Je crois que mon critique est dans l'erreur. La fantaisie n'est pas un genre dans le sens ordinaire du mot. Est-ce que la *causerie* dans un journal est un genre spécial de littérature? Quand on écrit en tête de sa prose: *Causerie,* cela veut dire tout simplement qu'on parlera *de omnibus rebus et quibusdam aliis*, comme feu Pic de la Mirandole, qu'on racontera des anecdotes, des âneries, sans prendre la peine de les lier les unes aux autres par des transitions. Il en est de même de la fantaisie, c'est un prétexte pour remuer des idées, sans avoir les bras liés par les règles ordinaires de la poétique. C'est justement parce que la fantaisie n'est pas et ne saurait être un *genre* qu'elle s'appelle la fantaisie, car du moment qu'elle serait soumise à des règles comme les autres parties du royaume littéraire, elle ne serait plus la fantaisie, c'est-à-dire la liberté pleine et entière dans le fond et dans la forme. Qu'est-ce que le *Faust* de Goethe, ce drame impossible, sinon une formidable, une titanesque fantaisie, où se heurtent, dans un monde énorme, les idées les plus étranges et les plus magnifiques?

Il y a une autre espèce de fantaisie qui consiste à donner une forme à des êtres dont l'existence est certaine, mais dont la manière d'être nous est inconnue. Les anges et les démons existent, quelle est leur forme? C'est à cette espèce de fantaisie qu'appartient la première partie de mon poème des *Trois morts*. Les morts dans leurs tombeaux souffrent-ils physiquement? Leur chair frémit-elle de douleur à la morsure du ver, ce roi des effarements funèbres? Je l'ignore, et je serais bien en peine s'il me fallait prouver l'affirmative; mais je défie M. Thibault de me donner les preuves que le cadavre ne souffre plus. C'est là un de ces mystères redoutables dont Dieu a gardé le secret pour lui seul. Cette idée de la souffrance possible du cadavre m'est venue il y a plusieurs années: voici comment. J'entrai un jour dans le cimetière des Picotés, à l'époque où l'on transportait dans la nécropole du chemin Saint-Louis les ossements du Campo-Santo de la rue Couillard. En voyant ces ossements rongés, ces lambeaux de chair qui s'obstinaient à demeurer attachés à des os moins vieux que les autres, je me demandai si l'âme, partie pour l'enfer ou le purgatoire, ne souffrait pas encore dans cette prison charnelle dont la mort lui avait ouvert les portes; si, comme le soldat qui sent toujours des douleurs dans la jambe emportée par un boulet sur le champ de bataille, l'âme, dans le séjour mystérieux de l'expiation, n'était pas atteinte par les frémissements douloureux que doit causer à la chair cette décomposition du tombeau, juste punition des crimes commis par le corps avec le consentement de l'âme.

Cette pensée, qui me trottait souvent dans la tête, a donné naissance à la *Promenade de trois morts*.

Je puis avoir mal rendu cette idée, mais c'est elle que l'on doit chercher dans cette fantaisie qui fait jeter les hauts cris à M. Thibault. La suite du poème, si jamais je la publie, lui montrera que, du moment que l'expiation est finie, la souffrance du cadavre cesse en même temps, et que les vers ne peuvent plus toucher à ces restes sanctifiés par l'âme qui vient d'être admise à jouir de la présence de Dieu.

Le réalisme, pas plus que la fantaisie, ne trouve grâce aux yeux de mon critique. La nouvelle école, dit-il, a une prédilection pour tout ce qui est laid et difforme. M. Thibault se trompe. L'école romantique ne préfère pas le laid au beau, mais elle accepte la nature telle qu'elle est; elle croit qu'elle peut bien contempler, quelquefois même chanter ce que Dieu a bien pris la peine de créer. Si je puis m'exprimer ainsi, elle a démocratisé la poésie et lui a permis de ne plus célébrer seulement l'amour, les jeux, les ris, le ruisseau murmurant, mais encore d'accorder sa lyre pour chanter ce qu'on est convenu d'appeler le *laid*, qui n'est souvent qu'une autre forme du beau dans l'harmonie universelle de la création. Je ne dis pas, comme Victor Hugo, que *le beau, c'est le laid*, mais je crois qu'il n'y a que le mal qui soit laid d'une manière absolue. La prairie émaillée de fleurs est belle, mais le rocher frappé par la foudre, pour être beau d'une autre manière, l'est-il moins?

Toute cette guerre que l'on fait au réalisme est absurde. Qu'est-ce donc que ce monstre qui fait bondir tant de braves gens? C'est le 89 de la littérature qui devait nécessairement suivre le 89 de la politique; ce sont toutes les idées, toutes les choses foulées aux pieds, sans raison, par les privilégiés de l'école classique, qui viennent revendiquer leur place au soleil littéraire; et soyez sûr qu'elles sauront se la faire tout aussi bien que les serfs et les prolétaires ont su faire la leur dans la société politique.

Le réalisme, la fantaisie, est-ce qu'ils n'ont pas pour chefs Shakespeare, Dante, Byron, Goethe.

Ézéchiel, le plus poétique, à mon avis, de tous les prophètes, n'est-il pas tantôt un magnifique, un divin fantaisiste, et tantôt un sombre et farouche réaliste?

La fantaisie, elle est partout. Le monde intellectuel et moral nous fournit à chaque instant matière à fantaisie, ou si vous l'aimez mieux, à hypothèse, car tout ce tapage n'est qu'une querelle de mots. La foi et la raison nous apprennent l'existence d'un lieu de punition éternelle pour les méchants et d'un séjour de délices sans fin pour les élus. Mais sous quelle forme de souffrance le damné doit-il expier ses crimes? Comment se manifestent la bonté et la grandeur de Dieu dans la récompense de ses serviteurs? Nous en savons bien peu de chose, et la description qu'on nous en fait, qu'est-elle, sinon une sainte, une austère fantaisie?

Pourquoi rechercher l'horrible? dit M. Thibault. Pourquoi s'écarter du vrai et du beau?

Je pourrais bien demander au professeur de l'École normale, qu'est-ce que le vrai, qu'est-ce que le beau en littérature? Je sais bien qu'il me répondrait tout de suite par le récit de Théramène ou par les imprécations de Camille. C'est magnifique, sans doute, mais il y a une foule de choses qui sont tout aussi belles, mais d'une autre manière; et ce qu'il appelle horrible n'est souvent qu'une des formes, non pas du beau isolé, mais du beau universel; tout cela dépend du point de vue. Et, après tout, quand ce serait aussi horrible que vous voulez bien le dire, pourquoi ne pas regarder en face ces fantômes qui vous semblent si monstrueux? Pour ma part, je crois qu'il est plus sain pour l'intelligence de se lancer ainsi à la recherche de l'inconnu, à travers ces fantaisies, horribles si vous le voulez, mais qui ont cependant un côté grandiose, que d'énerver son âme dans ces éternelles répétitions de sentiments et d'idées à l'eau de rose, qui ont traîné dans la chaire de tous les professeurs de rhétorique.

S'il fallait supposer, ajoute mon jeune critique, que le corps souffrira encore des morsures du ver, que deviendrait l'existence, grand Dieu!

— Pourquoi pas? croyez-vous donc que les tourments que Dieu infligera aux coupables ne seront pas plus terribles que les morsures de ce malheureux ver? Pour moi, je me suis toujours formé de l'enfer et du purgatoire une idée beaucoup plus formidable que M. Thibault, et je croirai en être quitte à bon marché si le bon Dieu, pour me faire expier mes péchés, ne me fait souffrir d'autres tourments que la morsure du ver. Pour le moment, je ne vois pas du tout en quoi la perspective de souffrir dans mon corps en même temps que je souffrirai dans mon âme, peut me rendre l'existence insupportable. Ce que je sais, c'est que je dois souffrir, parce que j'ai offensé le Seigneur; mais, quelle que soit la forme de cette souffrance, je suis certain que Dieu proportionnera mes forces à l'intensité de la douleur et à la longueur de l'expiation.

Sommes-nous à ce point devenus sybarites que nos esprits ne puissent plus concevoir que des idées anacréontiques, que nos regards ne puissent plus s'arrêter que sur des tableaux riants comme ceux de l'antique Arcadie?... M. Thibault ne sait pas trop quel charme la *douce fiancée* pourrait trouver à contempler dans son bouquet nuptial le cœur de sa sœur trépassée. Ni moi non plus; mais ce que je sais, c'est que la matière ne s'anéantit pas, qu'elle se transforme au contraire et que nous sommes tous, êtres et choses, imprégnés de la poussière humaine tout aussi bien que de la poussière terrestre.

Mais il est inutile de prolonger cette discussion. M. Thibault est attaché d'une manière trop absolue à l'école classique pour que je songe à le convertir.

L'éclectisme, absurde en religion et en philosophie, m'a toujours paru nécessaire en littérature. Vouloir ne regarder que par l'œil classique, c'est rétrécir volontairement l'horizon de la pensée. Au siècle où nous vivons, nous devons marcher en avant, en suivant, tant qu'elles ne sont pas contraires à la religion et à la morale, les aspirations de notre temps. Quand on ne marche pas, on recule, puisque ceux qui sont derrière nous vont en avant. À cette époque tourmentée d'une activité fiévreuse qui nous entraîne malgré nous, il me semble que nous devons dire comme chrétiens: *Sursum corda!* et, comme membres d'une société en travail d'un monde nouveau, nous devons ajouter, en politique comme en littérature: *Go ahead!*

Je ne connais pas M. Thibault. Je ne me rappelle même pas de l'avoir jamais vu. Si par hasard vous le rencontrez, veuillez le remercier pour moi de tout le bien qu'il a dit de mes œuvres. Nous n'avons pas les mêmes opinions, mais si j'ai le droit d'admirer l'école actuelle il est également dans son droit en la blâmant, voire même en la détestant. *De gustibus non est disputandum.*

Pour ce poème des *Trois morts*, voici le plan de la deuxième et de la troisième partie. Les trois amis vont frapper, le père à la porte de son fils, l'époux à celle de sa femme, le fils à celle de sa mère. Le malheureux père ne trouve chez son fils que l'orgie et le blasphème. Pour l'épouse, elle est occupée à *flirter* avec les soupirants à sa main, et le pauvre mari se retire tristement en se disant à lui-même:

Oui, les absents ont tort... et les morts sont absents.

Seul, le fils trouve sa mère agenouillée, pleurant toujours son enfant et priant Dieu pour lui. Un ange recueille à la fois ses prières pour les porter au ciel, et ses larmes, qui se changent en fleurs et dont il ira parfumer la tombe d'un fils bien-aimé. Ces trois épisodes occupent toute la seconde partie. Dans la troisième, le lecteur se trouve dans l'église, le jour de la Toussaint, à l'heure où l'on récite l'office des morts. Le père et l'époux viennent demander à la mère universelle, l'Église, ce souvenir et ces prières qu'ils n'ont pu trouver à leurs foyers profanés par des affections nouvelles. Le fils les accompagne, mais son regard n'est pas morne comme celui de ses compagnons; on sent que les prières de sa mère ont déjà produit leur effet. La scène s'agrandit, le ciel et l'enfer se dévoilent aux regards des morts. Les chœurs des élus alternent avec les chants des damnés. Les habitants du ciel qui ont été sauvés par les conseils de ces morts qui souffrent encore dans le purgatoire, demandent à Dieu de les admettre dans le paradis, tandis que les damnés, pour qui ces mêmes morts ont été une cause de scandale, demandent comme une justice que ceux qui les ont perdus partagent leurs tourments. Ici je crois être dans le vrai, car il faut être bien pur pour n'avoir jamais contribué à la chute de son prochain, et il faut être bien abandonné du ciel pour n'avoir jamais, par ses conseils ou ses exemples, empêché son frère de commettre une faute, peut-être un crime. Le duo des élus et des damnés est assez difficile à faire. Le chant des maudits éternels va assez bien, mais celui des élus offre plus d'obstacles dans son exécution. L'homme, *rempli de beaucoup de misères*, comprend facilement les accents de la douleur et du désespoir; mais le bonheur lui est une chose tellement étrangère, qu'il ne sait plus que balbutier, quand il veut entonner un hymne d'allégresse; cependant j'espère réussir. Pendant que les morts sont dans le temple, une autre scène se passe au cimetière. Les vers, privés de leur pâture, s'inquiètent. Ils montent sur la croix qui domine le champ du repos et regardent si leurs victimes ne reviennent pas. Un vieux ver, qui a déjà dévoré bien des cadavres, leur dit de ne pas se faire d'illusions, que tous les corps dont les âmes pardonnées monteront ce soir au ciel, deviendront pour eux des objets sacrés qu'il ne leur sera plus permis de toucher. Il y a là un chant des vers qui devra joliment bien horripiler M. Thibault. Revenons à l'église. La miséricorde divine, touchée par les prières des bienheureux et par celles des vivants qui sont purs devant le Seigneur, abrège les souffrances du purgatoire, et, s'élançant sur l'un des caps du ciel, un archange entonne le *Te Deum* du pardon.

Voilà, en peu de mots, mon poème dans toute sa naïveté. Ce n'est pas merveilleux, mais, tel qu'il est, je crois qu'il est bien à moi et que je puis dire, comme Musset:

Mon verre n'est pas grand, mais je bois dans mon verre.

Plusieurs le trouveront absurde, mais quand j'écris, c'est pour exprimer mes idées et non pas celles des autres.

Quand finirai-je ce poème? Je n'en sais rien, je suis un peu maintenant comme Gérard de Nerval. Le rêve prend dans ma vie une part de plus en plus large; vous le savez, les poèmes les plus beaux sont ceux que l'on rêve mais qu'on n'écrit pas. Il me faudrait aussi corriger la première partie, qui renferme de trop nombreuses négligences. Dans votre dernière lettre, vous voulez bien me dire que tout un peuple est suspendu à mes lèvres. Permettez-moi de n'en rien croire. Mes compatriotes m'ont oublié depuis longtemps. Du reste, dans la position qui m'est faite, l'oubli est peut-être la chose qui me convient le mieux. Si je termine les *Trois morts*, ce ne sera pas pour le public, dont je me soucie comme du grand Turc, mais pour vous qui m'avez gardé votre amitié, et pour les quelques personnes qui ont bien voulu conserver de moi un souvenir *littéraire*.

La poésie coule par toutes vos blessures, me dites-vous encore. De tout ce que j'avais, il ne me reste que la douleur: je la garde pour moi. Je ne veux pas me servir de mes souffrances comme d'un moyen d'attirer sur moi l'attention et la pitié, car j'ai toujours pensé que c'était chose honteuse que de se tailler dans ses malheurs un manteau d'histrion. Dans mes œuvres, je n'ai jamais parlé de moi, de mes tristesses ou de mes joies, et c'est peut-être à cette impersonnalité que je dois les quelques succès que j'ai obtenus. Aujourd'hui que je marche dans la vie entre l'isolement et le regret, au lieu d'étaler les blessures de mon âme, j'aime mieux essayer de me les cacher à moi-même en étendant sur elles le voile des souvenirs heureux.

Quand le gladiateur gaulois tombait mortellement blessé au milieu du Colisée, il ne cherchait pas, comme l'athlète grec, à se draper dans son agonie et à mériter, par l'élégance de ses dernières convulsions, les applaudissements des jeunes patriciens et des affranchis. Sans s'inquiéter, sans même regarder la foule cruelle qui battait des mains, il tâchait de retenir la vie qui s'échappait avec son sang, et sa pensée mourante allait retrouver et dire un dernier adieu au ciel de sa patrie, aux affections de ses premières années, à sa vieille mère qui devait mourir sans revoir son enfant.

Orateurs

IGNACE BOURGET (1799-1885)

En 1840, Ignace Bourget devient le deuxième évêque de Montréal; il succède à Mgr Jean-Jacques Lartigue, dont il était le coadjuteur depuis 1837, après avoir été son secrétaire à partir de 1821. Jusqu'en 1876, il dirige avec vigueur et dynamisme le diocèse de Montréal; il se retire ensuite à la résidence Saint-Janvier (Sault-au-Récollet), où il décède en 1885. Durant une soixantaine d'années donc, Ignace Bourget a travaillé à la difficile organisation du diocèse de Montréal et participé efficacement à la conduite de son peuple en de graves moments: ceux des troubles de 1837-1838, de l'Union, de la Confédération. La seconde moitié du siècle porte sa marque; c'est à lui, en effet, que l'on doit principalement, pour le meilleur et pour le pire, l'homogénéité nationale et religieuse du peuple canadien-français au cours de cette période et des premières décades du XXe siècle. Ultramontain, il a fait triompher le pape aux dépens de la couronne; conservateur, il a donné le coup de grâce au libéralisme en matant les libéraux de l'Institut canadien; nationaliste, il a contribué à faire de la survivance de son peuple une cause sacrée; éducateur, il a fait passer, en le développant, le système scolaire sous l'emprise du clergé; écrivain, il a laissé des lettres et des mandements pastoraux qui comptent parmi les meilleurs essais de l'époque.

Sur l'Institut canadien et contre les mauvais livres

(Fondé en 1844 « dans un but d'union et d'instruction mutuelle», l'Institut canadien de Montréal tombe sous la coupe de disciples de Papineau en 1847-1848; à mesure qu'il se radicalise, l'anticléricalisme de plusieurs de ses membres et le contenu libéral de son excellente bibliothèque le rendent suspect aux yeux des autorités religieuses. Une pastorale collective de 1850 et un règlement disciplinaire édicté en 1854 par le deuxième concile provincial le visent sans le nommer; la pastorale de Msr Bourget « contre les erreurs du temps » fait de même, plus visiblement, le 10 mars 1858. Le 13 avril suivant, l'Institut répond à ces mises en garde en prétendant que sa bibliothèque ne contient pas de mauvais livres et que, par ailleurs, il a seul compétence pour en juger; le 22, cent trente-huit membres catholiques, qui avaient jusque-là espéré pouvoir réformer l'Institut de l'intérieur, démissionnent; le 30, Msr Bourget publie la pastorale qui suit, « sur l'Institut canadien et contre les mauvais livres ».)

Dans notre dernière Lettre Pastorale, Nous vous recommandâmes, N. T. C. F., entre autres choses, de ne vous agréger à aucun Institut Littéraire que vous connaîtriez garder des mauvais livres dans sa bibliothèque, et que, si déjà vous faisiez partie d'un tel Institut, vous deviez vous en retirer, si l'on continuait, malgré vos réclamations, à vouloir conserver des livres irréligieux ou immoraux.

Fidèles à cet avis paternel de notre part, plusieurs membres de l'Institut canadien, animés d'un courage digne de tout éloge, proposèrent, dans une séance extraordinaire, tenue le treize Avril dernier, d'aviser aux moyens de constater quels seraient les livres qu'il faudrait retrancher de la bibliothèque.

Une demande aussi juste, exprimée d'ailleurs dans les termes les plus réservés, fut rejetée par la majorité des membres présents. Or, il est à bien remarquer ici que l'Institut n'ignorait pas que l'Église avait parlé, par la bouche du Souverain Pontife, qui avait fait entendre sa voix dans toutes les Chaires de ce Diocèse: et que cette Voix Vénérable, Nous devons le dire, en bénissant la divine bonté, avait fait, sur tous les cœurs catholiques, de religieuses impressions.

Ce fut donc, pour ainsi dire, au pied de la Chaire Apostolique, et en quelque sorte sous les yeux du Chef Suprême de l'Église, qu'il refusa de rendre cette justice à la minorité. Car, elle avait incontestablement le droit d'exiger que la bibliothèque cessât enfin d'être une cause si malheureuse d'impiété et d'immoralité, non seulement pour les membres de l'Institut, mais encore pour tous les citoyens, qui peuvent y avoir accès, puisqu'elle est ouverte au public.

Maintenant, c'est pour Nous, N. T. C. F., un devoir impérieux de vous signaler ici deux grandes erreurs, commises par la majorité de l'Institut canadien, quand il a refusé de répondre favorablement à l'appel de la minorité. Car, hélas! il a fait dans cet acte, peut-être suprême pour lui, profession de principes anti-catholiques, et tout-à-fait dangereux, dans la pratique.

La première erreur est exprimée dans les termes suivants, savoir: *Que l'Institut a toujours été, et est seul compétent à juger de la moralité de sa bibliothèque, et qu'il est capable d'en prendre l'administration, sans l'intervention d'influences étrangères... et que le Comité de Régie est suffisant pour gérer les affaires de l'Institut, et pour voir à l'administration de la bibliothèque.*

Pour relever cette étrange erreur, Nous allons nous contenter, N. T. C. F., de vous faire entendre les paroles de l'Église elle-même qui, dans le St. Concile de Trente, a déclaré que c'est à l'Évêque, ou à son Député, qu'appartient le droit d'approuver et d'examiner les livres: *Ad Episcopum, vel alium... ab eodem Episcopo deputandum...* (libri) *approbatio et examen pertineat*; que celui-là serait un téméraire qui donnerait à lire, vendrait, ou prêterait un livre quelconque, qui n'aurait pas été approuvé, ou reconnu pour un bon livre, par les personnes députées à cet effet: *Nemo vero audeat librum... alicui legendum tradere, vel aliqua racione alienare, vel commodere nisi ostenso prius libro, et habita licentia a personis deputandis, aut nisi notorie constet librum jam esse omnibus permissum* (Regulae. Ind. S. Syn. Trid. juss. editæ).

Nous n'avons pas besoin de vous faire remarquer, N. T. C. F., que c'est une autorité infaillible qui parle ici. Car, vous savez tous qu'un Concile Général est l'assemblée des Évêques du monde entier, qui, avec le Pape, forment l'Église enseignante, à qui J. C. a fait cette solennelle promesse que les portes de l'enfer, c'est-à-dire, les erreurs inspirées par les esprits de malice, ne prévaudront jamais contre elle: *Portæ inferi non proevalebunt adversus eam* (Matth. 16, 18).

Vous savez aussi que ceux qui n'écoutent pas l'Église ne peuvent plus être regardés que comme des payens et des publicains: *si autem Ecclesiam non audierit, sit tibi sicut ethnicus et publicanus* (Matth. 18, 17).

Avec des principes aussi clairs, il vous est facile de tirer cette conséquence que si l'Institut canadien méprise l'autorité de l'Église, jusqu'à lui préférer celle de son Comité de Régie, et même jusqu'à affecter de la regarder *comme une influence étrangère*, dans une chose qui évidemment intéresse le salut, de lui-même et de son propre choix, il cesse d'être Catholique.

Ce n'est pas tout; car, il est cause, par cette coupable témérité qui le porte à se croire plus capable que l'Église de choisir les bons livres, que beaucoup de personnes sont séduites et empoisonnées. Pour mieux comprendre ceci, supposons, N. T. C. F., que l'Honorable Maire de cette ville découvre que le réservoir de la Cité a été empoisonné. Tout le monde comprend que son devoir sera d'abord de bien constater le fait, par les expériences des plus habiles chimistes, et d'en donner ensuite avis public, pour que chaque citoyen s'abstienne de boire des eaux qui renfermeraient un poison mortel, pendant que de son côté il ferait toute diligence pour purifier cette fontaine de mort.

Il est aisé de se figurer que de toutes parts on se donnerait toutes les peines imaginables pour mettre tout le monde en garde contre des eaux si malfaisantes, et sans doute que l'on n'aurait de repos que lorsque l'on se serait bien assuré que le réservoir aurait été parfaitement purifié, et qu'il n'y aurait plus rien à craindre pour sa vie.

Que si des personnes égarées, ou mal intentionnées, cherchaient à contredire le rapport de ce premier Magistrat, chargé de veiller à la santé publique, comme on s'en défierait! Il n'y aurait qu'un cri pour les traiter d'ennemis publics. Comme, d'un autre côté, l'on plaindrait ceux qui auraient le malheur de se laisser tromper, dans une chose de si grande importance; et qui, dans leur excessive bonne foi, s'obstineraient à s'abreuver de ces eaux empoisonnées!

Il est maintenant facile de faire l'application de cette comparaison toute simple et toute naturelle. Car, d'après ce que nous venons de dire, chacun comprend sans peine qu'une bibliothèque ouverte à tous les citoyens est comme une fontaine publique, qui porte ses eaux dans toutes les maisons où on les reçoit. Or, telle est la bibliothèque de l'Institut canadien, comme Nous allons vous le prouver tout à l'heure. Le Pasteur a, pour l'aider à bien distinguer les mauvais livres d'avec les bons, les règles de l'Église; et il est strictement obligé d'élever la voix pour avertir ses brebis qu'elles ne trouveront que des doctrines empoisonnées et damnables dans ces livres détestables. Que si quelques-uns ont la témérité de penser et de dire qu'il n'a pas le pouvoir, en conduisant son troupeau dans les gras pâturages de la vérité, de l'éloigner de tous les lieux où croissent des herbes venimeuses, et où croupissent des eaux marécageuses, qui donnent la mort, n'est-il pas alors évident qu'ils sont animés de mauvais desseins? Ne s'ensuit-il pas qu'ils sont à craindre? Tout le monde n'en conclut-il pas qu'ils sont à éviter, comme l'on craint, comme l'on évite des empoisonneurs.

Il vous est maintenant facile de vous convaincre, N. T. C. F., que l'Institut canadien, en prétendant *qu'il est seul compétent à juger de la moralité de sa bibliothèque*, est tombé dans une étrange erreur; et que cette erreur vous serait souverainement préjudiciable, s'il réussissait à vous faire tomber dans une erreur qu'il a commise, et qui n'est que la conséquence de la première, que Nous venons de vous signaler.

La voici, cette erreur, telle qu'il l'a lui-même formulée, dans ladite assemblée du treize Avril dernier, et qu'il l'a publiée et professée à la face du pays tout entier. Il déclare donc *qu'il a toujours veillé, avec la plus scrupuleuse sollicitude, à ce que sa bibliothèque fût exclusivement composée de livres moraux... propres à nourrir le cœur, et à développer l'intelligence... et que sa bibliothèque n'a jamais contenu de livres d'une nature obscène ou immorale.*

Remarquons d'abord dans quelle circonstance l'Institut fait cette solennelle protestation. C'est lorsque plusieurs de ses membres, parmi lesquels se trouvent quelques-uns de ses généreux fondateurs et de ses insignes bienfaiteurs, demandent, en de très bons termes, que l'on examine les livres de la bibliothèque commune. En se rendant à cette demande si juste, l'Institut prouvait au public qu'en effet sa bibliothèque était religieuse et morale; il s'épargnait de bien tristes déboires; et il ne s'exposait pas au malheur de perdre l'élite de ses membres.

Pour mieux comprendre ceci, supposons qu'un Apothicaire soit faussement accusé de vendre du poison à des personnes mal intentionnées. Tout le monde comprend que son intérêt est de dissiper, par tous les moyens possibles, un soupçon qui lui serait si préjudiciable. Or, le plus court, le plus simple pour lui, ne serait-il pas de confondre ses accusateurs, en leur prouvant qu'il n'y a nul poison dans son magasin?

L'Institut n'a donc pas connu ses vrais intérêts, et il a été souverainement imprudent de ne pas se rendre aux désirs de la minorité, qui ne demandait pas autre chose qu'un examen de la bibliothèque, si, comme il le prétend, il ne s'y trouve aucun mauvais livre. Cela seul serait un préjugé bien fondé contre son incroyable prétention.

Mais venons-en au fait; et voyons si cette bibliothèque de l'Institut canadien ne renfermerait pas des livres contraires à la foi et aux mœurs; et, par conséquent, si elle ne serait pas mauvaise et très mauvaise.

Pour en avoir une preuve convaincante, Nous allons d'abord prendre le témoignage d'hommes honorables, dont les noms vous soient bien connus, N. T. C. F., et qui soient d'autant plus dignes de foi, qu'ils sont mieux instruits du fait lamentable qu'il s'agit de constater. Or, nous trouvons ce témoignage irréfragable dans une certaine protestation, qui a été publiée dans divers Journaux du pays.

Les auteurs et signataires de cette protestation témoignent au public en général, qu'ils étaient membres de l'Institut canadien; qu'ayant demandé à s'enquérir s'il n'y aurait pas de mauvais livres, dans la bibliothèque de leur Institution, leur demande, toute juste et raisonnable qu'elle était, a été rejetée avec un déploiement d'idées si révoltantes, qu'ils se sont crus obligés de donner leur résignation, comme membres de l'Institut.

Cette protestation porte les noms de cent trente-huit citoyens, qui, malgré les intérêts de plus d'une sorte, qui les attachaient à l'Institution, croient accomplir un devoir impérieux, en renonçant à tous leurs droits, parce que, disent-ils, avec autant de franchise que de modération, ils ne peuvent plus partager les convictions de la majorité.

Ces témoins irréfragables vont eux-mêmes nous apprendre ce qu'il faut penser de la bibliothèque de l'Institut canadien. Car, Nous empruntons aux Journaux, et Nous reproduisons ici leurs propres paroles, qui porteront sans doute, dans vos âmes, l'intime conviction qui pénétrait la leur, quand ils les ont écrites, ou approuvées par leur signature.

Ils déclarent donc hardiment et sans crainte:

« Qu'ils ne peuvent donner plus longtemps à l'Institution le concours de leur présence, de leur parole ou de leur contribution... qu'en sortant des rangs de l'Institut, ils croient de leur devoir d'exposer les motifs pressants qui les forcent à cette pénible démarche... que malheureusement... l'Institut a failli à sa mission, que sa Bibliothèque, au lieu de se composer exclusivement d'ouvrages instructifs, moraux et religieux, renferme des ouvrages considérés, non seulement par les Catholiques, mais par les chrétiens de toute dénomination, comme essentiellement futiles, irréligieux et immoraux; que cette bibliothèque est ouverte, non seulement à tous les membres, mais à toute personne étrangère; que, comme conséquence nécessaire de ce déplorable état de choses, la tribune de l'Institut est devenue la trompette au moyen de laquelle on répand à grand bruit, parmi nos compatriotes, les idées les plus absurdes, en fait de religion, de morale et de nationalité. »

Telle est, N. T. C. F., l'énergique protestation de ceux de l'Institut qui ont été forcés de donner *leur résignation*, pour ne pas, ajoutent-ils, « contribuer au maintien d'une Association, qu'ils considèrent comme dangereuse, pour la jeunesse et pour le pays, sous le rapport religieux, moral et national. »

Cette protestation est, avec cela, si claire et si bien motivée, qu'elle ne demande aucun commentaire, pour être bien comprise, et pour faire déjà une preuve sans réplique, que la Bibliothèque de l'Institut est mauvaise et très mauvaise.

Nous allons donc passer à une autre preuve, qui va être d'autant plus convaincante qu'elle est fondée sur des principes et sur une autorité infaillible, comme vous allez le voir.

Nous avons sous les yeux le Catalogue des livres de l'Institut canadien, imprimé en 1852. Depuis cette époque, cette Bibliothèque, qui alors se composait de quinze cents volumes, a probablement augmenté; mais elle n'a certainement pas été purgée. C'est ce qu'attestent encore les membres de la *minorité* qui, en sortant de l'Institut, disent à la majorité, que *deux fois la minorité a tenté de porter remède à un mal aussi profond;* mais qu'*elle n'a pu réussir.* D'ailleurs, comment aurait-on pu réformer cette bibliothèque, que la majorité prétend encore, à l'heure qu'il est, avoir toujours été *exclusivement composée de livres moraux.*

Comparant ce Catalogue des livres de l'Institut canadien avec le Catalogue appelé l'*Index*, sur lequel l'Église inscrit les livres qu'elle condamne comme dangereux, Nous n'y voyons, hélas! figurer qu'un trop grand nombre de ceux de l'Institut. [...]

Nous faisons un nouvel Appel à tous ceux de l'Institut canadien, qui, Nous en avons la confiance, tiennent encore à l'Église, par le lien sacré de la foi, pour que mieux instruits des principes catholiques, ils reculent enfin devant l'abîme qui s'ouvre sous leurs pieds. Il en est encore temps; et en se soumettant aux lois d'une aussi bonne Mère, ils consoleront son cœur affligé de leur égarement. Que si, hélas! ils venaient à s'opiniâtrer dans la mauvaise voie qu'ils ont choisie, ils encourraient des peines terribles, et qui auraient les plus déplorables résultats.

Et, en effet, il s'ensuivrait qu'aucun catholique ne pourrait plus appartenir à cet Institut; que personne ne pourrait plus lire les livres de sa bibliothèque, et qu'aucun ne pourrait à l'avenir assister à ses séances, ni aller écouter ses lectures. Ces fâcheux résultats seraient la conséquence nécessaire de l'attitude anti-catholique que prendrait cet Institut, en persistant dans sa révolte contre l'Église.

Car, il est à bien remarquer ici, que ce n'est pas Nous qui prononçons cette terrible excommunication, dont il est question, mais l'Église dont Nous ne faisons que publier les salutaires Décrets. Mais, dans notre tendre sollicitude, Nous crions aussi haut que possible que là est un abîme affreux. À chacun de vous maintenant de l'éviter, et malheur à ceux qui y tomberont!

Le journal libéral et le patriotisme religieux*

(Le 31 mai 1858, Mgr Bourget continue sa lutte contre les libéraux et l'Institut, en publiant sa pastorale « contre les mauvais journaux »; après avoir fait référence à ses pastorales du 10 mars et du 30 avril, puis avoir défini ce qu'il entend par mauvais journal et, plus spécifiquement, par journal irréligieux, journal hérétique, journal immoral et journal impie, il s'en prend surtout au journal libéral, visant ainsi, semble-t-il, Le Pays, sorte de porte-parole de l'Institut, et certains journaux européens que ce dernier reçoit.)

Le *Journal libéral* est celui qui prétend, entr'autres choses, être *libre* dans ses opinions religieuses et politiques; qui voudrait que l'Église fût séparée de l'État; et qui enfin refuse de reconnaître le droit que la Religion a de se mêler de la politique, quand les intérêts de la foi et des mœurs y sont intéressés.

Nous allons donc examiner si un tel journal, qui se proclame publiquement comme *libéral* sous ce triple rapport, peut-être encouragé, comme journal à bons principes.

Dans l'examen de ces trois graves questions, Nous nous faisons un devoir de vous exposer fidèlement la doctrine de l'Église, dont le Siège Apostolique est l'interprète infaillible. C'est pour cette raison que Nous citerons souvent l'autorité du Souverain Pontife qui, quand il parle à l'Église, ne saurait tomber dans l'erreur, parce que N. S. J. C. a demandé et obtenu pour Pierre, et pour tous ses Successeurs, le don divin de l'infaillibilité. C'est d'ailleurs la ligne de conduite, qui nous est tracée par les Saints Canons, comme vous pouvez en juger par ce Décret du Premier Concile Provincial de Québec, dont voici les propres paroles:

« Nous voulons, disent les Pères, que les Prêtres et tous les Fidèles soient souvent avertis de lever les yeux, en tout temps, mais surtout quand l'Église est agitée par de plus violentes tempêtes, vers cette chaire de Pierre, qui est le fondement de l'Église Catholique et de la vraie foi: lequel fondement est aussi inébranlable qu'un rocher. Or, c'est de là que toute la vigueur de l'unité se répand dans tout le corps. »

1° Montrons d'abord qu'il n'est permis à personne d'être *libre dans ses opinions religieuses et politiques*; mais que c'est à l'Église à enseigner à ses enfants à être de bons citoyens, comme de bons chrétiens, en leur apprenant les vrais principes de la foi et de la morale, dont elle est seule la dépositaire.

Le Souverain Pontife, Grégoire XVI, de sainte et heureuse mémoire, va nous dire ce que nous devons croire de cette proposition. Comme le Diocèse de Montréal doit son existence à cet Immortel Pontife, c'est pour nous tous une raison spéciale de recevoir les paroles, qui tombent de sa bouche paternelle, avec une piété toute filiale.

« Que tous se souviennent, écrivait-il dans sa mémorable Encyclique du 15 Août 1832, que le jugement sur la saine doctrine, dont les peuples doivent être instruits, et le gouvernement de toute l'Église, appartiennent au Pontife Romain, à qui la pleine puissance de paître, de régler et de gouverner l'Église universelle, a été donnée par J.-C., comme l'ont expressément déclaré les Pères du Concile de Florence. »

J.-C. a donc donné à son Église le pouvoir d'enseigner à tous les peuples la *saine doctrine*, savoir, cette doctrine pure qui leur apprenne à se gouverner, comme le doivent faire des peuples vraiment chrétiens. Car c'est là évidemment un point de haute et importante morale. Or, tout point de morale est sous le domaine de l'Église, et tient essentiellement à son enseignement. Car sa divine mission est d'enseigner aux Souverains à gouverner avec sagesse, et aux sujets à obéir avec joie. Elle est chargée par le Ciel d'avertir les uns et les autres, quand ils oublient la loi de Dieu, qui impose à chacun des devoirs de conscience; et les péchés des grands comme ceux des petits, sont soumis aux clefs, que J.-C. lui a laissées, pour ouvrir ou fermer le Ciel à tous, sans exception.

Il est facile de conclure de là que tout journal, qui prétend être libre dans ses opinions religieuses et politiques, est dans l'erreur, et Notre Vénérable Pontife va nous dire dans quel affreux abîme cette *liberté d'opinions* fait tomber non seulement les sociétés religieuses, mais encore les sociétés civiles.

Il commence par nous montrer qu'elle mène à l'*indifférentisme*, qui est une des plaies hideuses de notre siècle. Puis il ajoute: « On prépare la voie à cette pernicieuse erreur, par la liberté d'opinions pleine et sans bornes, qui se répand au loin pour le malheur de la société religieuse et civile, quelques-uns répétant, avec une entière impudence, qu'il en résulte quelque avantage pour la religion. » Mais, disait St. Augustin, « *qui peut mieux donner la mort à l'âme que la liberté de l'erreur?* »

La *liberté d'opinions* n'est donc rien autre chose que la *liberté de l'erreur*, qui donne la mort à l'âme, qui ne peut vivre que de la vérité. Ainsi tout journal qui fait profession de la *liberté d'opinions*, fait marcher ses lecteurs dans les voies de l'erreur, qui mène les sociétés comme les particuliers à la ruine et à la mort.

« En effet, continue notre bien-aimé Pontife, tout frein étant ôté, qui peut retenir les hommes dans les sentiers de la vérité, leur nature inclinée au mal tombe dans un précipice; et nous pouvons dire avec vérité que le *puits de l'abîme* est ouvert, ce *puits* d'où St. Jean vit monter une fumée « qui obscurcit le soleil, et sortir des sauterelles qui ravagèrent la terre. »

Ici, le Pape empruntant un passage de l'Apocalypse, qui s'applique, dans son sens naturel, à notre sujet, compare la *liberté d'opinions* à ces puits si profonds, que c'est un véritable abîme, et les conséquences qui en résultent, à une fumée si épaisse, qu'elle empêche de rien voir, ou à une nuée de sauterelles voraces, qui ravagent la terre tout entière.

« De là, poursuit-il, le changement des esprits, une corruption plus profonde de la jeunesse, le mépris des choses saintes et des lois les plus respectables, répandu parmi le peuple, en un mot, le fléau le plus mortel pour la société, puisque l'expérience a fait voir de toute antiquité que les États, qui ont brillé par leur richesse, par leur puissance, par leur gloire, ont péri par ce seul mal, la liberté immodérée des opinions, la licence des discours, et l'amour des nouveautés. »

Il est aisé de conclure de tout cela que la *liberté d'opinions* est une source empoisonnée, puisqu'il en sort des eaux si malfaisantes qu'elles donnent la mort aux nations, et qu'elle ne saurait être un principe régénérateur, comme on le prétend, puisqu'elle produit des résultats si déplorables. Oh! loin de là; c'est un *principe erroné, absurde, ou plutôt un vrai délire*; car c'est ainsi qu'il est qualifié et noté par notre Pontife.

Nous allons maintenant mettre en regard de cette céleste doctrine, comme en présence d'un miroir lumineux, cette *liberté d'opinions*, en faisant parler un de nos journaux, qui en fait sa profession de foi. Vous allez voir, N. T. C. F., d'un seul coup d'œil, toute la laideur et la difformité du corps monstrueux de doctrine, qu'a enfanté cette *liberté d'opinions*.

La conscience de l'homme, dit ce journal, *est inviolable; et il ne peut être appelé à rendre compte que de ses actes extérieurs, quand ils sont nuisibles au bien-être de la société.*

Si cela était vrai, Dieu n'aurait plus à se mêler de la conscience de l'homme qui, dans le secret, pourrait faire impunément tout le mal qu'il voudrait, sans avoir rien à craindre de personne, dans ce monde ni dans l'autre. Ainsi, on pourrait tout simplement fermer la porte de l'enfer, qui, loin d'être une de ces vérités terribles, qui met nécessairement un frein à la licence des mœurs, ne serait plus qu'une chimère ridicule. Que d'autres conséquences désastreuses on pourrait tirer de ce peu de lignes, tracées par une main libérale!

« La tolérance pratique est un progrès inestimable, et une conquête de la raison sur le fanatisme le plus cruel, et le plus dégoûtant. »

Arrêtons-nous un instant pour observer, qu'aux yeux de notre écrivain libéral, c'est tout simplement la religion catholique qui est ici représentée comme étant elle-même le fanatisme le plus cruel et le plus dégoûtant. Car, il n'y a qu'elle, remarquez-le bien, N. T. C. F., qui condamne et repousse avec horreur *cette tolérance pratique*, mais damnable, qui admet que toute religion est bonne; et cette *conquête de la raison*, qui est ce fatal *rationalisme* du jour, qui met la raison de l'homme au-dessus de la raison de Dieu, que la foi nous apprend à adorer, quoique nous ne puissions pas la comprendre. Que de blasphèmes dans ce peu de mots! Mais écoutons encore une fois ce que va nous dire ce journal, libre dans ses opinions.

« L'esprit d'une institution délibérante doit être libre. Ses inspirations sont dégagées de tout contrôle, autre que celui du bon sens et de la morale de ses membres... Toute opinion... pourvu qu'elle se rattache à une question sérieuse, est érigée en principe, en dogme. »

Encore une fois, Dieu n'aurait pas à intervenir dans une *Institution délibérante*, et pourquoi? parce qu'elle doit être *libre*, c'est-à-dire, qu'elle n'aurait rien à faire avec la religion; puisque sa seule règle est le bon sens de ses membres. Avec ce prétendu bon sens, on peut être payen, mahométan, infidèle, hérétique et schismatique. Car il n'y a pas à douter qu'il n'y ait eu des hommes de génie et de bon sens, dans toutes ces classes d'hommes. Et cependant, dans quels pitoyables écarts ils sont tombés, en fait de religion!

Cette *liberté d'opinions* est donc, N. T. C. F., un principe absurde et insoutenable. Il serait d'ailleurs souverainement dangereux dans la pratique; d'où il s'en suit qu'il ne peut être permis à aucun catholique d'encourager un journal qui en ferait profession. Car il est tout clair que c'est toujours un crime de faire le mal, en propageant des erreurs, qui ont nécessairement des conséquences malheureuses, pour les peuples comme pour les particuliers.

2° Montrons maintenant que l'*Église ne doit pas être séparée de l'État:* car c'est une autre prétention du *parti libéral,* pour se débarrasser de la gêne que lui cause la religion, avec ses principes invariables.

Observons d'abord que cette singulière prétention fut principalement soulevée, et soutenue avec opiniâtreté, par un trop fameux incrédule de ce siècle, qui, plein de son dangereux talent, se crut, dans son orgueil insensé, appelé à régénérer l'Église de Dieu, et à changer les immuables constitutions sur lesquelles l'a posée, dès le principe, son divin fondateur. Cette question brûlante, à cette époque, excita nécessairement de chaudes discussions; et finalement, le St. Siège dut intervenir pour la trancher. Or, c'est ce qu'il fit, avec sa sagesse ordinaire, par la bouche de Grégoire XVI, qui occupait alors la chaire de St. Pierre.

« Nous n'aurions, dit ce Souverain Pontife, rien à présager de plus heureux, pour la religion et pour les gouvernements, en suivant les vœux de ceux qui veulent que l'Église soit séparée de l'État, et que la concorde mutuelle de l'empire avec le sacerdoce soit rompue. Car il est certain que cette concorde qui fut toujours si favorable et si salutaire aux intérêts de la religion et à ceux de l'autorité civile, est redoutée par les partisans d'une liberté effrénée. »

Ainsi, comme vous le voyez, N. T. C. F., l'union de l'Église et de l'État se trouve consacrée par cette doctrine, que vous enseigne le Père commun comme *favorable* aux peuples; elle est proclamée comme *salutaire* aux intérêts civils comme aux intérêts religieux; les seuls *partisans d'une liberté* effrénée sont dits la *redouter;* et il n'y a qu'eux qui cherchent à la rompre.

C'était en conformité avec cette doctrine du Chef Suprême de l'Église, que tout dernièrement les Évêques de Belgique et de Sardaigne rappelaient à leurs peuples leur obligation de faire valoir leurs droits de citoyens, pour se maintenir dans la profession de tous leurs droits religieux, qui font partie de la constitution de ces deux royaumes. C'est d'ailleurs une chose bien connue de tous ceux qui ont lu l'histoire des différentes nations, que cette union de l'Église et de l'État est sans contredit le meilleur moyen de ne pas entrer en révolution, ou d'en sortir, si on est tombé dans ce déplorable malheur.

Écoutez maintenant, N. T. C. F., la pernicieuse doctrine du *Journalisme libéral,* qui, par un de ses organes, prétend que l'Église et l'État doivent avoir « une existence séparée, vivre chacun de leur propre vie, et non s'identifier dans une action commune... qu'une telle opinion est bien fondée, et que nous ne serons sûrs de voir régner la paix, l'harmonie, la prospérité, dans cette Province du Canada, que lorsque ce principe aura reçu sa pleine consécration... que des hommes libres répudieront toujours cette prétention absurde, sacrilège, de faire de la religion la servante d'une mauvaise cause « politique. »

À ce langage impie, vous reconnaissez aisément N. T. C. F., *les partisans de la liberté effrénée*, dont vient de nous parler le Père commun. Lui, qui écrit sous les divines inspirations du St. Esprit, il signale comme *favorable et salutaire la concorde de l'Empire avec le sacerdoce*. Eux, sous d'autres inspirations sans doute, ils ne craignent pas de dire *que la paix, l'harmonie, la prospérité* ne pourront régner ici que lorsque la Religion et le Gouvernement seront entièrement séparés.

Une telle impiété vous fait sans doute horreur, N. T. C. F., et Nous pourrions nous en tenir là. Nous allons toutefois vous signaler deux faits incontestables, qui vous feront comme toucher du doigt la fausseté et l'absurdité de ce principe, que la Religion est un obstacle *à la paix, à l'harmonie et à la prospérité des gouvernements*.

Voici le premier fait. À une certaine époque qui n'est pas encore éloignée de nous, la France répudia la Religion, qui en avait fait une si grande nation. D'horribles commotions s'agitèrent alors en tous sens; des gouvernements plus sanguinaires les uns que les autres se culbutèrent en peu d'années; à la tête de ces gouvernements parurent des hommes qui commirent des cruautés inouïes chez cette nation, si renommée jusqu'alors par ses mœurs douces et aimables; des flots de sang coulèrent dans toutes les villes et les provinces; toutes les Églises furent détruites ou fermées; tous les Évêques et les Prêtres furent massacrés ou exilés; enfin, malgré des succès étonnants en apparence, la France fut vaincue par les nations qu'elle avait fait trembler; et son immense Capitale tomba sous le pouvoir des peuples, alliés pour arrêter ce torrent révolutionnaire, qui répandait partout la désolation, la frayeur et la mort.

Tels sont les fruits, amers de la *liberté d'opinions* que l'on cherchait à faire régner, à la place du principe de l'obéissance, que la Religion enseigne à ses enfants, envers tous les gouvernements. Or, ces fruits amers, nous les goûterons un jour, si jamais la *liberté d'opinions* vient à prévaloir parmi nous. À vous donc, N. T. C. F., de vous préserver de cet épouvantable malheur, en repoussant avec horreur ce mauvais principe, que l'on travaille à répandre, par tous les moyens possibles, et surtout par la voie des mauvais journaux.

Voici maintenant le second fait, qui nous montre tout le contraire, savoir, que la *concorde de l'Empire avec le Sacerdoce* assure le bonheur et la prospérité des peuples. La France, revenue de son délire religieux, a rappelé, de l'exil, la Religion dont l'absence lui avait été si fatale. Elle a ouvert de nouveau ses temples, et relevé ses autels. En se constituant sur de nouvelles bases, elle a fait une nouvelle alliance avec le Sacerdoce. Elle est allée chercher le Pontife Romain, réfugié à Gaëte; et elle l'a fait asseoir sur le Trône des États Pontificaux, qui sont le patrimoine de St. Pierre. Elle a inauguré solennellement, sur ses flottes, les Images de l'Auguste Marie, qui fut toujours la première Reine, comme la première Impératrice de cette puissante nation. Or, depuis cette réconciliation, voyez comme la France est prospère et heureuse; comme son nom est grand dans le monde entier; comme ses armées sont victorieuses, comme son Souverain est prodigieusement entouré de la protection du ciel; comme son amitié est recherchée et son alliance ambitionnée!

Ces deux faits, que Nous choisissons de préférence entre beaucoup d'autres, parce qu'ils se trouvent liés avec l'histoire de notre ancienne Mère-Patrie, suffiront sans doute pour vous prouver de plus en plus, N. T. C. F., que l'expérience est là pour attester que les enseignements de l'Église sont vrais; et par une conséquence nécessaire, que ceux du libéralisme sont faux et trompeurs. D'où vous conclurez qu'il nous faut nous attacher plus que jamais à cette sainte Mère, qui ne s'unit si tendrement avec tous les Gouvernements, sous lesquels la divine Providence la place, que pour mieux travailler au bonheur spirituel et temporel de ses enfants. Enfin, vous en conclurez que ce serait être bien aveugle sur ses propres intérêts, que de retirer à ses Pasteurs la confiance que l'on a toujours eue en eux, pour la donner à des hommes qui professent des principes si mauvais et si dangereux.

3° Montrons enfin que la Religion peut et doit s'allier avec une bonne et sainte politique; parce que, dans les vues de la divine Providence, qui veille sur la Société Civile comme sur la Société Religieuse, l'une et l'autre sont faites pour contribuer au bonheur de l'homme sur la terre.

C'est là, N. T. C. F., ce qu'il faut appeler le *patriotisme religieux* qui, comme vous le voyez clairement, est l'intime et sainte alliance qui unit le citoyen au chrétien, le Laïque au Prêtre, le Fidèle au Pasteur, le Ministre d'État à l'Évêque, le Roi au Pape, la Société Civile au Divin Sacerdoce de J.-C.

Mais vous comprendrez et sentirez mieux les motifs qui Nous portent à insister ici assez longuement, sur ce patriotisme religieux, quand nous aurons lu ensemble ce que dernièrement un journal libéral écrivait, à propos des élections qui ont fait gémir tous les gens de bien, à cause de la démoralisation qui en a été le triste résultat.

« Le cri religieux, dit ce journal, a été employé avec profit... Il est à regretter que la Religion soit ainsi introduite sur le terrain de la politique; rien n'est plus préjudiciable à nos propres intérêts... C'est le comble de la folie que de risquer l'avenir du Pays, pour le plaisir de faire triompher telle ou telle doctrine religieuse. »

Il est donc évident que le parti libéral, dont ce journal est l'écho, répudie la Religion, et qu'il ne peut ni la voir ni la rencontrer sur le terrain de la politique. Car ce serait, selon lui, *toujours à regretter*, parce que *c'est une chose préjudiciable*, et même *le comble de la folie*.

D'un autre côté, l'Église, par la bouche du Souverain Pontife, nous déclarant que *cette concorde est favorable aux intérêts de la Religion et aux Autorités civiles*, il devient nécessaire de vous bien faire connaître le *patriotisme religieux*, que l'Église bénit, tandis que *les partisans d'une liberté effrénée* la répudient de toute leur âme. D'ailleurs, ce religieux patriotisme étant comme vous allez le voir, un bien de famille, que nous ont légué nos pères, c'est un devoir pour nous de le conserver précieusement.

Le patriotisme religieux est l'amour tendre, fort et désintéressé, que la religion seule peut inspirer pour la patrie. Ceux qui sont animés de ce patriotisme ont pour principe que leur âme est à Dieu, et leur corps à leur pays. Ils vivent donc de la même vie, en ne vivant que pour la religion et la patrie. Voilà pourquoi ils sont en même temps bons chrétiens et bons citoyens.

Ce patriotisme religieux fait que le bon citoyen aime et défend la religion comme s'il était prêtre; et que le prêtre aime et défend sa patrie comme s'il était citoyen. Avec cet amour mutuel, ces deux hommes se rencontrent, tantôt sur le terrain de la politique, et tantôt sur celui de la religion, sans jamais se blesser. Tout au contraire, ils s'entr'aident, avec tant de cordialité, que toujours ils prospèrent dans leurs entreprises, qui n'ont du reste d'autre but que le maintien des bons principes et le bonheur du peuple.

Car c'est un axiome, avoué de tout le monde, et proclamé avec enthousiasme par toutes les bouches religieuses et politiques: *Que l'union fait la force.*

Mais revenons à quelque exemple, pour rendre ces vérités encore plus lumineuses et plus frappantes. Nous n'irons pas loin pour le chercher; car il se trouve dans notre propre histoire; il appartient à notre nationalité; il fait partie de nos chroniques; enfin, c'est un exemple domestique et comme un trait et caractère de famille. Rien ne saurait par conséquent nous intéresser davantage. Le voici cet exemple remarquable, avec tous ses détails.

Lorsque nos pères, il y a déjà plus de deux siècles, quittèrent leur belle et heureuse patrie, pour s'en faire une adoptive, dans ce pays alors sauvage, ils apportèrent ici le *patriotisme religieux*, qui, pour leur cœur de foi, était le vrai feu sacré. Car ce fut l'amour de leur antique religion et de leur nouvelle patrie, qui leur fit traverser les mers, qui leur fit planter la croix sur ce rivage et au milieu de leurs pauvres cabanes; qui les arma du crucifix et de l'épée et leur fit faire des prodiges de valeur pour défendre leurs autels et leurs foyers contre de cruels sauvages et de fanatiques hérétiques.

Mais enfin, après un siècle de généreux dévouement pour défendre la cause commune, la religion et la patrie, la divine providence toujours adorable dans ses desseins, donna la victoire aux anglais qui, en 1759, assiégeaient Québec; et qui, l'année suivante, vinrent occuper Montréal, et complétèrent ainsi la conquête de tout le pays.

Le Canada était donc vaincu, mais le patriotisme canadien ne l'était pas. Car nos pères, avant de mettre bas les armes se souvinrent qu'ils n'étaient venus peupler ce pays que pour en faire un pays religieux. Ils capitulèrent donc avec leurs vainqueurs; et forts de leur patriotisme ils demandèrent hardiment pour tous les habitants de la colonie *le droit d'être conservés dans la possession de leurs biens;* pour tous les catholiques, *le libre exercice de la religion*; pour leur Clergé et leurs Communautés, *des sauvegardes, les dîmes et tous les droits accoutumés*; et pour leur Évêque, *le libre exercice de ses fonctions épiscopales* (Capitulation de Québec et de Montréal).

Voilà comme nos religieux ancêtres pensèrent et agirent, dans des circonstances si critiques pour eux, puisqu'ils étaient sur le point de passer sous une domination étrangère, et de tomber au pouvoir d'un gouvernement qui à cette époque, faisait mourir ses propres sujets pour cause de religion.

Ils devaient donc prévoir, qu'en demandant le libre exercice de leur sainte religion à leurs nouveaux maîtres ils s'exposaient à un refus formel;

et qu'ils compromettaient gravement leurs intérêts civils et matériels en cherchant à conserver leurs droits religieux. Par conséquent, s'ils eussent été libéraux, comme on voudrait que vous le fussiez, ils n'auraient pas dû risquer de perdre leurs biens et tous leurs droits civils, *pour le plaisir de faire triompher* la cause de la religion. Ils ont au moins tout risqué; et Dieu les a bénis, comme il bénit toujours les peuples qui mettent en lui toute leur confiance. Car il en est résulté qu'ils ont été maintenus dans la possession de leurs biens et dans le libre exercice de la religion. Ainsi ils n'ont pas *eu à regretter* d'avoir fait cause commune avec la religion; et leur zèle si noblement exercé pour la protéger, est loin d'être le *comble de la folie.*

C'est là le précieux héritage que nous ont légué nos pères; et si nous le recueillons avec soin, il nous sauvera tous, dans ces terribles commotions qui se font sentir si souvent, dans toutes les parties du monde. Grâce à Dieu, nous l'avons conservé jusqu'ici. Car il fait encore partie de notre Constitution; il entre dans toutes nos lois; il siège dans toutes nos cours de justice; il tient à toutes nos habitudes; il s'infiltre dans toutes nos institutions; il se glisse enfin dans tous les rangs de notre société. Qui donc serait assez ennemi de tout bien pour vouloir travailler à déchirer nos entrailles, pour en arracher le patriotisme religieux qui fait notre gloire nationale, aussi bien que le bonheur de nos familles?

Aussi, vous voyez comme il se déploie avec magnificence dans nos joyeuses fêtes patriotiques; comme il traverse pompeusement nos rues, aux jours anniversaires de nos solennités; comme, dans nos villes et nos campagnes, il va, chaque année, sous la bannière de St. Jean-Baptiste, se retremper au pied des saints autels; comme il excite en tous lieux l'enthousiasme des prédicateurs et des orateurs, qui s'abandonnent à ses ardentes inspirations, pour répéter à l'envie, et dans les chaires évangéliques, et dans la tribune patriotique, que nous avons toujours été, que nous sommes encore, et que nous serons toujours *Canadiens-Catholiques*, que nous ne pouvons pas être autre chose, que nous sommes faits pour vivre d'accord comme de bons frères, que notre plus grand malheur serait de rompre cette heureuse société; que le laïque doit participer, par son dévouement pour la religion, à ce *sacerdoce royal*, dont parle St. Pierre, pendant que le prêtre travaille à mériter *la couronne civique*, par ses sacrifices pour le bien de la patrie. *Quam bonum et quam jucundum habitare fratres in unum* (Psaume 132, 1).

Ceux-là, N. T. C. F., ne connaîtraient donc pas nos vrais intérêts qui, en toute occasion, crieraient *contre l'influence religieuse et l'intervention cléricale*; contre les *membres du clergé*, qu'ils accuseraient *de laisser l'autel pour le husting, la chaire pour la tribune*; qu'ils chercheraient à faire passer pour des hommes *qui oublient les intérêts du peuple*, ou qui inventent de *nouveaux péchés.* Le cœur ne saigne-t-il pas de douleur, quand on lit et entend des inculpations si injurieuses et si fausses, contre un clergé qui, grâce à Dieu, a toujours été le tendre et sincère ami du peuple! Mais revenons à nos religieux parents.

Ils demandèrent, en capitulant, au gouvernement dont ils allaient devenir les sujets, que leur Évêque fut protégé, afin qu'il pût *exercer librement et avec décence... les sacrés ministères de la Religion Romaine...*

Ils furent exaucés, comme vous le savez tous, N. T. C. F., et c'est bien là où nous devons admirer la conduite de l'adorable Providence, qui ne manque jamais de protéger ceux qui font leur devoir, en s'abandonnant aveuglément à ses soins maternels. Aussi, devons-nous à la justice et à la reconnaissance de dire ici que notre Canada, sous un gouvernement protestant, est un des pays du monde entier, où la religion catholique s'exerce avec plus de liberté, de décence et de pompe. Les enfants de l'Église seraient-ils donc les premiers à mépriser leur sainte et bonne Mère, qui jusqu'ici a su se faire respecter par ceux qui ne croient pas en elle!

Nos pères demandèrent aussi que leurs communautés fussent protégées, parce qu'ils voyaient, dans ces saintes Institutions destinées à donner l'éducation ou à exercer la charité, des éléments de gloire nationale, aussi bien que des moyens de protection pour leur sainte religion. Vous voyez aujourd'hui qu'ils ne se sont pas trompés dans leur calcul. Car outre les services que ces pieuses maisons n'ont cessé de rendre à ceux qui vous sont les plus chers, vos enfants et vos pauvres, ne font-elles pas, à l'heure qu'il est, bénir le *nom Canadien*, dans les immenses territoires de la baie d'Hudson, de la rivière Rouge, de l'Orégon ou Colombie, du Chili et dans la grande île de Vancouver.

Nous sommes heureux de pouvoir vous rendre ici le glorieux témoignage que vous avez religieusement conservé cet attachement de nos pères pour toutes les communautés, dont la divine Providence a doté notre jeune pays. Cet attachement se manifeste avec éclat, par le zèle que l'on montre, en toute occasion, à les défendre; par les sacrifices généreux que l'on fait pour les établir, et par l'empressement que l'on témoigne à profiter de leurs services. Car quoique Dieu ait daigné les multiplier, par les bénédictions dont il se plaît à les combler, elles ne peuvent encore satisfaire à tous les besoins. Vous en avez donné des preuves éclatantes, dans ces dernières années; et tout dernièrement encore, en répondant à l'appel qui vous a été fait en faveur de la mission de Vancouver, pour laquelle vous avez donné plus de cinq cents louis. Que Dieu, N. T. C. F., vous le rende au spirituel et au temporel, dans ce monde et dans l'autre!

Mais ne vous arrêtez pas à ces beaux commencements; au contraire, montrez-vous de plus en plus zélés pour toutes ces intéressantes Missions canadiennes, en vous agrégeant tous à l'Association de la Propagation de la Foi. À ce propos, Nous aimons à vous annoncer que bientôt de nouveaux sujets partiront pour la rivière Rouge et pour l'Orégon. Or, il est à désirer que nous les aidions à se rendre avec courage, dans leur nouvelle patrie, et à travailler avec ardeur à faire connaître, aimer et servir Dieu et son Immaculée Mère.

Enfin, nos pères demandèrent et obtinrent, à la capitulation du pays, pour leur Clergé, le droit de percevoir les dîmes et autres oblations accoutumées. Mais remarquez-le bien, ils voulurent que ce fût, pour eux et leurs enfants, un droit légal, comme déjà c'était un devoir de conscience.

Cet acte de patriotisme religieux est aujourd'hui, plus que jamais, N. T. C. F., digne de notre attention, aussi bien que de notre étonnement. Nous allons donc le considérer ici sous les différents points de vue, religieux et politiques, qu'il se présente à nous; et nous verrons quel était l'esprit qui animait nos bons pères, quand ils s'imposaient si généreusement un si noble sacrifice.

Sentant vivement le bonheur qu'ils avaient de vivre au sein de la vraie religion, hors de laquelle il ne saurait y avoir de salut, ils comprirent qu'ils devaient prendre un moyen sûr de ne jamais manquer de Pasteurs, dont le ministère est indispensablement nécessaire, pour l'administration des sacrements et la sanctification des âmes.

Ce moyen leur parut tout trouvé, dans la loi de la dîme, à laquelle ils étaient accoutumés, et dont, par conséquent, ils pouvaient apprécier les avantages par leurs propres expériences. Et en effet, ils voyaient que chacun payait selon son moyen; et rien ne pouvait être plus juste. D'un autre côté, ils ne pouvaient prévoir ce qui remplacerait la dîme, si elle était supprimée. En recourant aux taxes, pour que tous fussent obligés de contribuer au soutien des Pasteurs, ils se seraient exposés à deux graves inconvénients, celui surtout de faire vivre un collecteur, en même temps que leur curé, et aussi de payer autant dans les mauvaises années que dans les bonnes. En laissant à chacun la liberté de payer ce qu'il voudrait, pour une chose qui intéresse également tout le monde, il en serait résulté l'inconvénient qui se fait sentir partout, quand il s'agit de souscriptions volontaires, savoir que c'est toujours aux gens de bonne volonté à tout faire; et qu'assez souvent les gens qui sont le plus en moyens sont ceux qui donnent le moins. Raisonnez comme eux, N. T. C. F., et malgré toutes les trompeuses insinuations que pourraient vous faire des hommes qui cherchent plus leurs intérêts que les vôtres, vous n'en viendrez jamais à demander la suppression d'une loi dont vos pères ont d'eux-mêmes sollicité le maintien.

Vivant d'ailleurs dans l'intimité avec leurs pasteurs, ils connaissaient leur bon cœur pour les pauvres de la paroisse, pour l'église, pour l'école, pour le couvent, pour la maison de charité, et pour tout ce qui pouvait contribuer au bien commun. Ils ne craignaient donc pas de trop les enrichir, en voyant ainsi de leurs yeux l'emploi honorable qu'ils faisaient de leurs revenus ecclésiastiques. Mais si aujourd'hui, ils pouvaient, comme vous, voir le pays couvert de tant d'établissements, que la dîme a si puissamment encouragés, comme ils béniraient Dieu de leur avoir donné une si heureuse inspiration!

Étant surtout pénétrés de foi comme ils l'étaient, ils comprenaient que Dieu récompense, dans ce monde, au centuple, tout ce que l'on donne à son Église, qui le représente sur la terre. Or, leur confiance a été abondamment récompensée, comme il est facile de s'en convaincre, en considérant combien nous sommes heureux, nous qui sommes les enfants de pères si généreux et si dévoués pour la religion.

À ce sujet, il faut, N. T. C. F., que Nous vous disions ici une de nos impressions de voyage, qui revient à notre sujet; c'est que vous êtes un des peuples les plus heureux du monde, parce que vraiment Dieu s'est plu à vous combler de toutes sortes de bénédictions. *Plenus erit benedictionibus Domini* (Deut. 33, 23).

Vous êtes heureux d'avoir eu, pour pères, des hommes de foi, qui vous ont transmis des bénédictions plus abondantes que celles que leur avaient léguées leurs ancêtres. *Benedictiones patris tui confortatœ sunt benedictionibus patrum ejus.* (Gen. 49, 26). Puissent ces bénédictions se multiplier encore dans vos enfants et dans vos petits-enfants, et jusqu'à la dernière génération!

Vous êtes heureux, dans le pays que la Divine Providence vous a donné, pour votre part d'héritage. Car il est un des plus beaux, des plus fertiles, et des plus salubres du monde. *Benedictio in medio terræ* (Isai. 19, 24). Il est arrosé par notre magnifique St. Laurent, qui, par l'immense quantité de ses eaux, est comme le roi des fleuves de l'univers. *Benedictio illius quasi fluvius inundavit* (Eccli. 35, 37). Il est couvert de belles églises et de riches habitations, qui en font comme un Paradis. *Gratia sicut Paradisus in benedictionibus* (Eccli. 40, 17).

Vous êtes heureux dans vos épouses, qui pour la plupart offrent le beau caractère de la femme forte, dont l'Écriture fait un si admirable portrait, et qui, au témoignage de l'Esprit-Saint lui-même, est un des plus beaux dons que Dieu puisse faire à l'homme sage et vertueux. *Dicatur benedictio super uxorem tuam* (Tob. 9, 10).

Vous êtes heureux dans vos enfants, qui forment partout des familles patriarchales. *Benedictio Patris confirmat domos filiorum* (Eccle. 3, 11). Ces chers enfants, vous les voyez sans doute, avec complaisance s'élever aux différents degrés du sanctuaire, de la magistrature, du barreau, et autres professions honorables, quand vous avez pu leur donner une éducation soignée. Vos Évêques, vos Prêtres, vos Juges, vos Magistrats et autres citoyens marquants se glorifient presque tous d'appartenir aux respectables familles du peuple d'un pays si privilégié.

Vous êtes donc heureux, honorés et glorifiés, N. T. C. F., lorsque vous savez profiter de toutes les faveurs que vous prodigue la Divine Providence, dans ce cher Canada, qui est la portion chérie de votre héritage. Fixez-vous donc tout de bon sur ce sol béni, et ne croyez pas ceux qui, pour vous faire émigrer sur une terre étrangère, chercheraient à vous faire croire qu'ici, dans votre belle patrie, vous êtes malheureux. À l'exemple de vos pères, craignez le Seigneur, attachez-vous à la religion, bâtissez-lui des temples, et soyez dociles à la voix de vos Pasteurs, et vous verrez comme le Seigneur est bon envers ceux qui l'aiment et qui s'attachent de tout leur cœur à cette divine Religion.

Mais il est temps, N. T. C. F., de tirer quelques conclusions pratiques de tout ce que Nous venons de vous dire.

1° Il vous est défendu de lire, ou d'encourager d'une manière quelconque, une gazette qui serait *irréligieuse, hérétique, impie, immorale* ou *libérale*, dans le sens qui vous a été expliqué. C'est à vos Pasteurs à vous indiquer celles qui seraient dangereuses à la foi ou aux mœurs, s'il vous restait encore du doute après tout ce qui vous a été dit.

2° Dans vos élections de Représentants, Maires, Conseillers, Commissaires d'école, Syndics pour bâtisses d'églises et autres laissées à votre choix, vous devez vous considérer comme obligés en conscience de ne voter que pour ceux que vous croyez, au meilleur de votre connaissance, avoir la bonne volonté et la capacité nécessaire pour remplir honorablement les charges que vous voulez leur confier. Autrement, vous répondrez devant Dieu du mal qu'ils feraient par leur malversation.

3° Il ne vous est pas permis de recevoir de l'argent, ou autre chose estimable à prix d'argent, comme prix de votre vote ou suffrage dans les élections.

4° Il vous est sévèrement recommandé de bien faire attention, lorsque l'on exige de vous le serment, durant les élections, afin de ne pas vous laisser surprendre. Car, devant Dieu, c'est toujours un parjure damnable et un faux serment que de jurer contre la justice ou la vérité, pour faire triompher une élection quelconque.

5° Dans les temps d'élections, comme dans tout autre, il faut éviter avec soin les excès de boisson, les querelles, les animosités, les mensonges, les calomnies, les injures, les batailles et les meurtres. C'est comme de raison à vos Pasteurs à vous avertir alors, comme toujours, de vous abstenir de ces horribles scandales, qui vous exposeraient au malheur de la damnation éternelle, si vous veniez à succomber dans quelqu'une de ces commotions, qui si souvent troublent la paix qui devrait toujours régner dans les élections.

6° Ainsi ne croyez pas ceux qui voudraient vous faire croire que vos Pasteurs n'ont rien à dire ou à faire, durant les élections. Car c'est tout le contraire, pour la raison toute simple qu'alors vous êtes exposés à commettre plus de péchés que dans tout le reste de l'année. Sachez donc qu'il leur faut accomplir ce devoir rigoureux, en dépit de toutes les déclamations des journaux mal-intentionnés. De votre côté, c'est votre devoir de les écouter, lorsqu'ils vous prêchent ainsi l'ordre et la paix, non seulement en chaire, mais en tout autre lieu où ils vous trouveraient exposés au danger d'offenser Dieu.

7° Enfin, faites-vous un devoir d'encourager les bons journaux, qui répandent les bonnes doctrines, qui recommandent l'ordre et la paix, qui respectent la pudeur et les mœurs, qui honorent la Religion et la font aimer, qui enseignent à être de bons citoyens, qui donnent d'utiles leçons et de sages conseils, pour apprendre à chacun ce qu'il doit faire, pour servir la patrie utilement, sans oublier les devoirs imprescriptibles de la Religion, et qui enfin sont le fruit de tant de veilles, de sacrifice et de peine.

Car, n'en doutez pas, N. T. C. F., il en coûte beaucoup à ceux qui, oubliant leur propre tranquillité, se livrent à un ouvrage si ingrat, par zèle pour la propagation des bons principes, et font un si noble usage des talents que leur a donnés la Divine Providence. Vous devez donc leur en savoir gré, puisqu'en les consacrant à la gloire de la Religion et de la Patrie, ils rendent à vos familles un éminent service, en les prémunissant contre tout danger de séduction et d'erreur.

LOUIS-ANTOINE DESSAULLES (1817-1895)

Neveu et disciple de Louis-Joseph Papineau, membre de l'Institut canadien, journaliste et homme politique, Louis-Antoine Dessaulles est l'un des libéraux les plus actifs au milieu du siècle dernier. Polémiste ardent, il se fait remarquer en prenant la défense de son oncle contre les partisans de Lafontaine, puis en attaquant de façon virulente plusieurs membres du clergé, dont Mgr Bourget. À l'ultramontanisme bien structuré de ce dernier, Dessaulles oppose, avec plus de verve rageuse que de force habile, son libéralisme radical. En ce temps-là, c'est l'évêque qui l'emporta; aujourd'hui, Dessaulles ne fait plus scandale.

Discours sur la tolérance*

(Chaque année, à la mi-décembre, l'Institut canadien avait l'habitude de célébrer l'anniversaire de sa fondation —17 décembre 1844 —par une grande assemblée publique; à celle du 17 décembre 1868, L.-A. Dessaulles prononça l'un de ses meilleurs discours, celui sur la tolérance, dont nous reproduisons de larges extraits.)

Mesdames et Messieurs,

Les membres de l'Institut sont toujours heureux, chaque année que le temps pousse inexorablement dans le gouffre du passé, de recevoir l'encouragement d'une société d'élite qui vient régulièrement lui témoigner l'intérêt qu'elle prend à ses succès. Ayant malheureusement à lutter sans cesse contre l'esprit d'intolérance que l'on semble cultiver avec tant de soin au milieu de nous; étant constamment en butte aux attaques et même aux calomnies d'un parti qui semble avoir pris pour mission de détruire toute indépendance d'esprit et toute liberté de pensée et de discussion dans notre société; entendant chaque jour gronder, dans notre atmosphère, les colères, et quelquefois les tonnerres, des amateurs de ténèbres, nous nous sentons heureux de pouvoir de temps à autre réaffirmer les principes qui ont présidé à la formation de l'Institut et l'ont toujours guidé dans sa carrière; et rappeler au public quelles sont les seules idées inspiratrices de notre action commune.

On nous accuse sur tous les tons d'impiété, d'irréligion, d'hostilité à l'ordre social! De tous côtés nous viennent des reproches d'orgueil et d'insubordination intellectuelle! Nous lisons chaque matin, dans une certaine presse qui n'est guère remarquable que par sa nullité morale, des injures formidables au corps et à ses membres, ce qui n'empêche pourtant pas les inspirateurs et directeurs de cette presse de venir chez nous comme partout ailleurs solliciter la libéralité ou la bienfaisance envers les œuvres relatives au culte ou à la charité publique. Nous sommes toujours de grands criminels sur les journaux, mais privément de bons citoyens quand on a besoin de nous. Il doit donc nous être permis au moins une fois l'an de repousser les diatribes que l'on nous sert régulièrement une fois par semaine, et de nous expliquer sur notre vrai but comme sur nos vrais motifs. Nous devons sûrement avoir le droit de dire que nous les connaissons au moins aussi bien que nos calomniateurs.

II

Nous formons une société ayant pour but l'étude et l'enseignement mutuel. Le principe fondamental de notre association est la tolérance, c'est-à-dire le respect des opinions d'autrui. Nous invitons tous les hommes *de bonne volonté*, à quelque nationalité ou quelque culte qu'ils appartiennent. Nous voulons la fraternité générale et non l'éternelle hostilité des races! Nous voulons que des chrétiens s'entr'aiment, au lieu de se regarder éternellement comme des ennemis, et cela au nom de Dieu! Nous voulons que la religion cesse d'être une cause constante de mépris et d'insultes mutuelles! Nous croyons que des hommes servant le même Dieu, et possédant en commun ces mêmes principes fondamentaux du Christianisme qui ont civilisé le monde, devraient cesser d'être perpétuellement en lutte les uns avec les autres sous prétexte de religion. Singulière manière de comprendre la religion que de tenir les hommes en perpétuelle hostilité! Ne pouvons-nous rester fidèles à notre culte tout en vivant en bons termes avec ceux qui ne pensent pas comme nous?

PAIX AUX HOMMES DE BONNE VOLONTÉ! a-t-il été écrit. D'où viennent donc ces écoles qui semblent n'avoir d'autre mission que d'empêcher les hommes de bonne volonté appartenant aux diverses dénominations religieuses d'être en paix les uns avec les autres? Sont-ce vraiment là des écoles chrétiennes?

Le plus fondamental de tous les principes de la religion est d'aimer Dieu et de s'aimer les uns les autres. Voilà les lois et les prophètes.

Eh bien, on dirait qu'il y a des gens qui ne savent tirer de la religion que l'esprit d'intolérance et de haine.

On a osé écrire en toutes lettres qu'admettre des gens de diverses croyances dans notre Institut, c'était montrer qu'on les acceptait toutes, conséquemment que l'on n'en avait aucune. Ainsi donc, vivre en paix avec son voisin, c'est admettre que l'on partage toutes ses opinions. Voilà les habiles conclusions de la réaction! Si le catholique ne dit pas *Raca* au protestant, cela prouve qu'il est lui-même protestant! Mais, grand Dieu, pourquoi donc ne rallume-t-on pas de suite les bûchers? On ne serait que logique après tout. Ah! c'est sans doute parce que l'on craindrait peut-être, en ce siècle, que l'édificateur du bûcher n'y fût jeté le premier! Quel malheur que l'on n'ait pas songé à cela plus tôt! Comme les bûchers se seraient vite éteints!

III

Mais de quoi s'agit-il donc, au fond?

Nous formons une société d'étude; et de plus, cette société est purement laïque. L'association entre laïques, en dehors du contrôle religieux direct, est-elle permise catholiquement parlant? Où est l'ignare réactionnaire qui osera dire NON?

L'association entre laïques appartenant à diverses dénominations religieuses est-elle catholiquement permise? Où est encore l'ignare réactionnaire qui osera dire non?

Eh bien, dans un pays de religion mixte, où donc est le mal que les esprits bien faits appartenant aux diverses sectes chrétiennes se donnent mutuellement le baiser de paix sur le champ de la science? Quoi! quand des protestants et des catholiques sont *juxtà-posés* dans un pays, dans une ville, il ne leur sera pas permis de travailler en commun à leur progrès intellectuel! Certaines gens ne seront tranquilles que quand ils en auront fait des ennemis, et dans le domaine de la conscience et dans celui de l'intelligence! Où donc ces gens prennent-ils leurs notions évangéliques?

Et pourtant, où sont donc la prudence et le simple bon sens? Ce sont ceux qui sont en minorité dans l'État qui ne veulent endurer personne et ont toujours l'ostracisme à la bouche! Mais nous vous endurons bien, nous, avec tous vos travers d'esprit, et de cœur surtout! Imitez donc un bon exemple au lieu d'en donner un mauvais!

Nous formons donc une société littéraire *laïque*! Notre but est le progrès, notre moyen est le travail, et notre lien est la tolérance. Nous avons les uns pour les autres ce respect que les hommes sincères ne se refusent jamais. Il n'y a que les hypocrites qui voient le mal partout, et qui se redoutent *parce qu'ils se connaissent.*

IV

Qu'est-ce, au fond, que la tolérance? C'est l'indulgence réciproque, la sympathie, la charité chrétienne. C'est le bon vouloir mutuel, donc le sentiment que doivent entretenir les uns pour les autres *les hommes de bonne volonté*. La grande parole: « Paix sur la terre aux hommes de bonne volonté, » est autant un précepte de charité qu'un souhait de paix intérieure à leur adresse.

La tolérance, c'est l'une des applications pratiques du plus grand de tous les principes moraux, religieux et sociaux; « Faites aux autres ce que vous voulez qui vous soit fait à vous-même. » La tolérance, c'est donc la fraternité, l'esprit de la religion bien comprise.

La charité est la première vertu du chrétien, la tolérance est la seconde. La charité, c'est l'amour actif, le secours: c'est le bon Samaritain pansant le lépreux. La tolérance, c'est le respect du droit d'autrui, c'est l'indulgence pour l'erreur ou la faute; c'est le Christ disant aux accusateurs de la femme adultère: « Que celui d'entre vous qui est sans péché lui jette la première pierre. »

La tolérance, c'est, au fond, l'humilité, l'idée que les autres nous valent; c'est aussi la justice, l'idée qu'ils ont des droits qu'il ne nous est pas permis de violer. Mais l'intolérance, c'est l'orgueil; c'est l'idée que nous valons mieux que les autres; c'est l'égoïsme ou l'idée que nous ne leur devons rien; c'est l'injustice, ou l'idée que nous ne sommes pas tenus de respecter leur droit de créatures de Dieu.

La tolérance, c'est toujours la vertu, puisqu'elle se résume dans la bonté; l'intolérance, c'est presque toujours la cruauté et le crime, parce que c'est la destruction des sentiments dont la religion exige la présence active au cœur de l'homme.

V

Et pourquoi donc faire de l'intolérance aujourd'hui, dans la seconde moitié du dix-neuvième siècle: du siècle qui a forcé tous les fanatismes de reconnaître, dans l'ordre des faits au moins, l'indépendance de la pensée humaine; du siècle qui fait disparaître les castes et consacre peu à peu en faveur des peuples le grand dogme de l'égalité politique et civile; du siècle qui a irrévocablement substitué le principe de la persuasion à celui de la contrainte; du siècle conséquemment qui a substitué l'esprit de fraternité à celui de rivalité hostile; du siècle qui a plus fait pour consacrer les libertés publiques que tous ceux qui l'ont précédé, réunis; du siècle dans lequel toutes les causes justes trouvent des sympathies, les réactionnaires seuls aujourd'hui se montrant les implacables ennemis du droit, et de la liberté, et souvent de la conscience humaine; du siècle enfin qui a plus fait pour l'avancement de l'humanité que tous les autres ensemble, puisqu'il a, par la presse et par la vapeur, fait parvenir le livre et le journal jusque dans les recoins les plus reculés des pays les plus inconnus?

Eh bien, franchement aujourd'hui, l'intolérance, est un anachronisme, et il semble que l'ignorance seule devrait rester entachée de ce vice de la pensée. Et elle est non seulement un anachronisme, mais une violation de tous les principes que l'on nous prêche. Elle n'a jamais produit que du mal, le passé de l'humanité est là pour le prouver: et quant au présent, le simple bon sens est là pour le faire craindre.

VI

Quoi! toujours des préjugés entre gens faits pour s'entendre et pour s'estimer réciproquement! Toujours des aspérités là où l'harmonie devrait régner! Toujours la guerre au nom d'une religion qui repose sur le principe fondamental de la paix: « Aimez votre prochain comme vous-même! » Mais le prochain, est-ce seulement les co-religionnaires, ou le genre humain tout entier? N'y devrait-on pas comprendre au moins tous les chrétiens?

Prenez toutes les sectes chrétiennes. N'y trouvez-vous pas à peu près la même somme de morale, la même somme de religion, la même somme de bienfaisance publique? Chacune de ces sectes n'offre-t-elle pas ses esprits élevés, ses nobles intelligences, ses grands cœurs, ses âmes d'élite? Y a-t-il moins d'intentions droites chez elles que chez nous!

Eh bien! là où une certaine école nous prêche la haine par ses journaux, nous venons, nous, essayer de faire pratiquement de la conciliation, de la cordialité, de la sympathie, de l'union. Nous voulons la réunion de tous les bons cœurs dans l'obtention d'un but commun, le progrès général.

Pourquoi ces éternelles distinctions entre protestants et catholiques dans l'ordre purement social? Les sectes dissidentes ne possèdent-elles pas autant d'honnêtes gens que nous? Les chrétiens n'ont-ils pas tous également contribué à la civilisation moderne? N'est-ce pas chez les nations chrétiennes seules que la civilisation a atteint son apogée? Les nations protestantes n'y apportent-elles pas chaque jour leur contingent tout comme les nations catholiques? Or, si nous contribuons tous également au bien général, cessons donc

586

de nous regarder comme ennemis, respectons donc mutuellement nos convictions, et sympathisons au moins avec les personnes, si nous ne sympathisons pas toujours avec les doctrines! Qu'est-ce qui nous empêche d'être bons catholiques et de vivre en parfaite harmonie avec les protestants? La religion bien entendue, loin de nous le défendre, nous l'ordonne! C'est là tout à la fois la religion et le bon sens! Ce n'est peut-être pas sans doute la religion de la réaction, mais c'est certainement la religion de l'Évangile. [...]

XIV

Mais je sais que l'école va prétendre que la tolérance est une idée *anti-catholique*; elle l'écrit tous les jours dans ses journaux. Allons donc! une idée *fondamentalement chrétienne* qui, par tous les grands écrivains de l'Église, remonte jusqu'à son fondateur, serait anti-catholique! Eh non! la chose n'est pas possible; la réaction s'oublie et semble quelquefois ne plus se comprendre elle-même. Pour ceux qui comprennent le catholicisme, c'est l'intolérance qui est anti-catholique, car intolérance et persécution sont presque toujours synonymes et marchent toujours de pair. Intolérance et persécution sont diamétralement opposées aux idées de charité et d'amour qui forment la vraie base du catholicisme, dans son essence au moins, sinon tel que la réaction nous le représente quelquefois. La réaction ne fait donc souvent que discréditer le catholicisme au lieu de le représenter tel qu'il est.

Mais il est incontestable, par exemple, que la tolérance est une *idée anti-réactionnaire*, est essentiellement une idée de progrès, puisqu'elle tend directement à gagner, à unir les esprits par la concorde, la douceur et la charité. Voilà sans doute pourquoi la réaction, dont les organes ont toujours la trompette de guerre en bouche, abhorre l'idée de la tolérance. Et comment en serait-il autrement? La tolérance c'est la paix universelle, et depuis sept siècles surtout la réaction n'a fait que prêcher l'*extermination* — il est vrai qu'aujourd'hui elle ne parle que de la simple *élimination* par la force séculière — de tous ceux qui pensent autrement qu'elle! Tous ses organes proclament que sa mission dans le monde est la guerre à tous ceux qui ne veulent pas se laisser dominer moralement; la tolérance n'est donc pas son fait. Pour elle, la tolérance c'est *la liberté de l'erreur*; et elle comprend si bien la philosophie du droit social, qu'elle se dit responsable devant Dieu de l'existence de ce qu'elle appelle l'erreur. Si elle pouvait jamais accepter un conseil, je lui donnerais en vérité celui de recommencer sa philosophie, et de sonder un peu les grandes questions de la liberté morale et de la correction fraternelle.

XV

Mais si la tolérance est une idée *anti-catholique*, cela voudrait donc dire que la réaction peut imposer ses idées à l'individu sans se mettre le moins du monde en peine de le convaincre par la discussion! Dieu nous aurait donc inutilement donné l'intelligence et le libre-arbitre! Dieu se serait donc trompé!

C'est toujours à de pareilles impasses que la réaction arrive avec ses principes. [...]

XVIII

[...] Or les droits de tous les membres de la grande famille humaine sont les mêmes, quelles que soient leurs convictions religieuses. J'ai le droit d'être catholique et le protestant n'a rien à y voir. Tel autre a le droit d'être protestant et je n'ai rien à y voir. C'est là une affaire exclusivement entre l'homme et Dieu, une affaire qui ne ressort entièrement et absolument que de la conscience de chacun. Si le protestant se trompe — et les catholiques doivent croire qu'il se trompe — eh bien, il n'échappera pas au jugement tôt ou tard; mais c'est à Dieu seul qu'il appartient de le juger, et non à nous! Et c'est une impiété, à n'importe quel homme, que de vouloir violenter la conscience de son frère. Persuader, à la bonne heure, c'est là le prosélytisme. Mais du moment que l'on sort de la persuasion pour tomber dans la contrainte, alors le droit de celui qui subit la contrainte est violé dans son essence et l'ordre établi de Dieu est renversé. Le véritable impie c'est l'intolérant!

XIX

D'ailleurs, le principe de la tolérance n'est-il pas aussi nettement posé et affirmé que possible, dans l'Évangile, par cet anathème même infligé par le Christ à ceux qui demandaient que le feu du ciel descendît sur une ville qui refusait de recevoir la prédication?

Et si la liberté d'association est *de droit naturel* soit pour le travail, soit pour la spéculation, soit pour la prière, soit pour la charité, soit même pour le plaisir, le serait-elle donc moins pour l'étude? Pas avec des protestants! nous dit l'intolérance. Eh bien, voyons! Dans presque toute l'Allemagne rhénane, dans l'Alsace et la Franche-Comté, en France, nombre de communes n'ont qu'une église dans laquelle les catholiques et les protestants se réunissent à des heures différentes. Et ces gens vivent en paix ensemble; et les catholiques font leur religion là comme ici. Quel plus grand mal y a-t-il donc d'étudier ici dans le même lieu, que de prier là-bas dans le même lieu?

Dans une société essentiellement mixte comme la nôtre, va-t-il donc falloir toujours demander à chacun quelle est sa religion avant de savoir si l'on peut mêler ses capitaux aux siens, faire du bien en sa compagnie, ou former une bibliothèque commune? Déclarons donc de suite l'hostilité perpétuelle? Toute acquisition de science commune serait-elle un poison pour nous! Mais si nous déclarons tous les livres écrits par des protestants mauvais, croit-on que cela les induira beaucoup à lire les nôtres? Allons! la raison n'est pas là! C'est tout simplement le despotisme moral!

Mais la réaction nous conduit directement à l'anarchie sociale avec ses principes! Comment pouvons-nous espérer maintenir notre propre liberté si nous ne respectons pas celle d'autrui! Sur quoi baserons-nous notre propre droit, si nous ne reconnaissons pas celui des autres? Le droit naturel n'existe-t-il que pour nous?

L'homme est essentiellement libre, sorti tel de la main de Dieu; mais sa liberté est nécessairement limitée par les lois morales et par la liberté de ses frères. La liberté de l'individu ne saurait s'étendre jusqu'à violer celle des autres. Elle est donc limitée par la charité, le devoir, l'amour du prochain.

Ce sont ces idées qui doivent régir les lois que les sociétés policées établissent pour définir les droits généraux et individuels, et laisser intactes toutes les libertés ou les droits individuels qui ne nuisent pas à autrui. La société ne fait donc, par ses lois, qu'équilibrer les libertés et empêcher les unes de prévaloir sur les autres. [...]

XXVIII

Il faut bien le dire, l'intolérance enserre en quelque sorte tout notre système social. Elle y jette chaque jour de plus profondes racines! La réaction envahit constamment le domaine temporel et ne veut permettre ni remontrances ni observations! Nous sommes tenus de croire, sous peine d'être décrétés d'irréligion, que, quand elle se mêle au mouvement temporel elle ne peut jamais avoir que des motifs irréprochables et ne saurait se tromper! Chaque jour elle nous affirme sur la politique les choses les plus erronées en fait ou les plus insoutenables en droit, et personne ne doit être assez téméraire pour oser dire, ou même penser, qu'elle se trompe!

Le dire, fût-on poussé par le plus énergique sentiment de devoir envers un pays appauvri et trompé, c'est n'avoir ni foi ni loi! « Silence sur toute la ligne! » crient ses valets!

Eh bien, Messieurs, il me semble que nous ne sommes pas faits pour recevoir un pareil ordre, et surtout par de pareils intermédiaires.

Elle inculque partout au peuple, par les puissants moyens dont elle dispose, l'idée qu'il doit se soumettre de cœur à tout ce qui tombe de la bouche du plus encroûté réactionnaire, par cela seul qu'il appartient à la rédaction d'un journal religieux, ou parce qu'il porte l'habit ecclésiastique, et personne n'a le droit de réclamer!

Tous ses journaux insultent avec rage ceux qui veulent défendre le domaine purement laïque contre un envahissement constant! Un prêtre aura beau exprimer les erreurs les plus graves sur la liberté d'opinion du citoyen; aura beau violer tous ses devoirs, et toute convenance religieuse et sociale, au point de dire de la chaire aux citoyens qu'ils n'ont pas catholiquement le droit de choisir entre deux candidats également honorables; et même qu'ils sont obligés *en conscience* de voter pour un candidat qu'ils savent être souillé par la corruption, mais qui convient à la réaction parce qu'elle le domine, la défaveur s'attachera à celui qui relatera les faits et en fera ressortir le danger!

Messieurs, ce système ne tue finalement que ceux qui l'emploient!

XXIX

Bien des gens sincères gémissent de fautes qui sautent aux yeux: mais on leur a tellement inculqué l'idée certainement fausse que même quand le prêtre se trompe on ne doit pas le dire parce que cela compromet la religion, qu'ils préfèrent souffrir et se taire plutôt que de maintenir avec fermeté ce que leur conscience, et même le simple bon sens, leur montrent être le vrai et le juste. On arrive ainsi à faire accepter, ou au moins à empêcher toute protestation contre les doctrines les plus anti-nationales et les plus anti-patriotiques.

Tous les jours les journaux de la réaction faussent l'opinion sur les questions les plus vitales; mais comme on habitue le peuple à penser le moins possible, à ne lire que les journaux qui sont stipendiés pour voir tout en rose, à recevoir ses idées toutes faites, à s'abstenir d'examiner ce qu'on lui dit, et à faire de la politique une pure affaire de confiance aveugle dans les hommes, l'opinion s'endort, ou se fausse, et devient indifférente aux plus terribles écarts! On a façonné le public à l'idée du *laisser-faire*; on a conséquemment démoralisé l'opinion, et c'est une triste chose que de voir la réaction si tranquille sur les désastreuses ruines qui se produisent incessamment autour d'elle! Le dépeuplement même du pays ne lui ouvre pas les yeux! 500,000 canadiens expatriés! C'est un Évêque des États-Unis qui nous l'affirme! Nous fondons comme neige au soleil de la confédération! Le système nous appauvrit, nous décime, et il faut l'accepter de cœur sous peine d'irréligion!

Essentiellement aveugle le parti réactionnaire ne voit que sa domination du moment, et semble ne pas comprendre que toute action exagérée produit tôt ou tard sa réaction, nécessairement proportionnée à l'action produite.

XXX

Qu'a fait la réaction, jusqu'à présent, dans le monde, sinon produire périodiquement des révolutions, soit par incapacité de comprendre les besoins, les exigences, ou les aspirations de la nature humaine; soit par son obstination à se prononcer contre toute réforme et tout progrès? Et quand enfin une révolution arrive, toujours par sa faute, toujours par ses refus de céder aux demandes les plus légitimes, toujours par son invincible éloignement à se mettre au niveau des idées d'une époque, à accepter le progrès des institutions; alors elle crie à fendre les rochers contre ces passions humaines dont son obstination seule à refuser toute réforme a provoqué le déchaînement! Au lieu de creuser un lit au torrent elle lui oppose une digue, et elle s'étonne finement ensuite que le torrent ait tout renversé!

Et, chose remarquable, elle semble avoir l'entendement irrévocablement fermé aux enseignements si répétés, si palpables, si évidents qui lui viennent de toutes parts. Partout elle voit des leçons, ou des châtiments pour les autres; mais jamais pour elle-même. Vingt révolutions ne sont faites contre elle et non seulement elle n'y veut pas voir le doigt de Dieu, mais elle n'a pas abandonné une seule de ses prétentions surannées! Dans ce siècle où tout a marché, elle seule est restée immobile! Elle a tenu bon vingt ans contre les chemins de fer! Voyez-la il y a mille ans, voyez-la aujourd'hui, c'est la même chose. Elle semble avoir pris pour symbole le Dieu Terme de l'Antiquité! Aussi est-elle repoussée partout! Pas un pays où elle règne qui ne soit en ébullition constante! Les seuls gouvernements qui n'aient aucune assiette dans l'opinion, aucunes racines dans la conscience publique, sont ceux qu'elle contrôle ou qu'elle dirige! Sûrement il y a une raison à cela! Les institutions qu'elle chérit sont les seules qui semblent n'avoir aucune base et qui s'écroulent d'elles-mêmes au moment où l'on y songe le moins! On n'a qu'à souffler dessus, comme Garibaldi sur les Bourbons de Naples; ces rois sanguinaires et parjures qui se disaient obligés *en conscience* de violer et renverser les constitutions qu'ils avaient juré de maintenir; OBLIGÉS EN CONSCIENCE DE VIOLER LEURS SERMENTS!! ces Nérons modernes qui ont, en plein dix-neuvième siècle, rétabli la torture dans leurs prisons; et qui y ont laissé commettre des infamies si innommables qu'il ne me serait pas possible d'en effleurer seulement l'idée! [...]

XXXII

Le gouvernement réactionnaire part du principe que le pouvoir n'a pas sa racine dans la nation, mais que c'est une délégation purement divine! C'est une famille, ou un homme, qui a reçu de Dieu le pouvoir de gouverner l'État. Partant, point de responsabilité.

Louis XIV inculquait avec le plus grand soin au Dauphin l'idée que le Roi n'est responsable qu'à Dieu seul, et qu'il est propriétaire des personnes et des biens de ses sujets *qui lui appartiennent en propre*! Or l'idée: responsable à Dieu, chez le despote, n'a aucune signification pratique, puisqu'il est le seul juge de sa propre responsabilité. Prenez les plus grands crimes de Louis XIV, ses persécutions et ses dragonnades; les maris livrés à la torture, les épouses au soldat, les enfants de sept ans séquestrés et arrachés à leurs mères; des hommes vénérables condamnés au martyre perpétuel des galères ou du bagne... le Roi, admettons-le, se croyait sans doute responsable à Dieu de ces actes. Mais quand le père Lachaise, ou le père Tellier, instigateurs des persécutions, lui avaient donné l'absolution, la conscience du Roi était en repos, et sa responsabilité à Dieu cessait puisqu'il avait son pardon. Confondant deux idées essentiellement distinctes, le pardon de ses fautes et ses devoirs envers son peuple, le Roi tranquillisait sa conscience sans même songer le moins du monde à l'obligation de la *satisfaction*, qui est pourtant le corollaire de la responsabilité. Le pardon donné ici-bas ne signifie rien en l'absence de la réparation du mal infligé à autrui. C'était donc une fausse conscience que se faisait le Roi, ou plutôt que l'on entretenait chez lui; et il croyait sincèrement que sa responsabilité à Dieu cessait avec son absolution. Voilà le terrible danger du despotisme. Qu'une idée fausse se loge dans la tête d'un despote et les plus grandes abominations peuvent s'en suivre.

Or dans ce système, dont l'absence de responsabilité est la base, les abus pullulent nécessairement comme les mauvaises herbes; mais comme le Roi n'est responsable à personne ici-bas, la plainte est inutile, car l'autorité ne se déjuge jamais, et maintient ses fonctionnaires, même quand ils ont tort, plutôt que d'avouer une erreur ou une faute. On persuade facilement au despote que la plainte ne vient que de l'insubordination, et de ce moment la plus juste réclamation cesse d'avoir la moindre chance d'être écoutée.

XXXIII

Et puis si ceux qui souffrent d'abus souvent séculaires osent s'en plaindre, on met de suite en campagne le parti qui a partout été le protecteur des abus, et ce parti crie à l'idée révolutionnaire, au renversement de la religion! Tout est toujours bien quand il peut tirer quelque chose pour lui-même, et s'il a quelques privilèges dans l'État, peu lui importe qu'une nation souffre pourvu qu'il les conserve. Toute réforme lui est antipathique parce qu'il n'est presque pas un abus dont il ne profite indirectement. Et c'est ici que l'intolérance religieuse et l'intolérance politique se donnent la main. Attaquer les abus, c'est attaquer le pouvoir; c'est donc attaquer Dieu même. Logique réactionnaire!

Le pouvoir despotique n'admet pas que le sujet puisse exprimer la moindre opinion sur l'administration des affaires publiques. Toute expression de blâme est un acte de rébellion. De là le TAISEZ-vous universel. Hasardez-vous quelques conseils, comme Fénélon à Louis XIV, vous êtes un utopiste, un visionnaire, une tête exaltée, qui vous permettez de *juger le pouvoir*.

Celui qui est au-dessus de toute responsabilité humaine est par là même au-dessus de toute remontrance humaine. Il ne comprend que l'obéissance aveugle. C'est là la quintessence de l'intolérance! Donc les plaintes les plus justes sont réprimées comme actes d'insubordination. Comme le disait M. de Bonald: *vous n'avez pas le droit de penser tout haut!* Il doit donc forcément arriver un moment où l'indignation publique, longtemps comprimée, fait explosion. Et alors le pouvoir qui croit ne rien devoir à personne, et qui agit d'après l'idée anti-chrétienne et impie qu'il n'a pas de responsabilité ici-bas, est renversé par une révolution dont lui seul est la cause, et que lui seul a provoquée par son obstination à se croire au-dessus du devoir!

XXXIV

Que les coupables cherchent leur excuse dans les passions humaines, dans leur déchaînement incontrôlable, cela se conçoit; mais il n'en reste pas moins vrai que les peuples attendent et souffrent toujours bien longtemps avant de se révolter, et que ce sont les seuls pouvoirs qui ne veulent rien céder qui tombent! La réaction aura beau crier contre les révolutionnaires, le mot de Fénélon restera toujours vrai: « Les vrais coupables d'une révolution sont ceux qui l'ont rendue nécessaire par le refus de corriger les abus. » Toutes les révolutions qui se sont faites contre la réaction n'ont jamais eu d'autre cause. Elle ne veut jamais céder; elle réclame toujours l'obéissance même dans ses plus grands torts, voilà pourquoi elle finit toujours par être brisée.

Et pourtant ce n'est pas celui qui réclame justice qui est coupable devant Dieu et devant les hommes; c'est celui qui la refuse, surtout quand il la refuse au nom de Dieu! Et c'est précisément là ce que fait toujours la réaction. Même dans ses massacres et ses parjures, il faut la croire inspirée. Preuve: le catéchisme politique du royaume de Naples, et aussi le catéchisme russe, dont je vous donnerai des extraits une autre fois.

L'intolérance, c'est donc au fond l'absence de la notion du devoir chez soi, et l'absence par conséquent, de la notion du droit chez les autres. L'intolérance c'est la négation des droits de l'homme « tel qu'il est sorti des mains de Dieu, » dit Mgr Rendu.

L'intolérant ou n'a pas lu l'Évangile, ou ne l'a pas compris; on s'en moque après l'avoir lu et compris. Donc l'intolérance, soit dans le domaine religieux, soit dans le domaine social, soit surtout dans le domaine politique, est une chose contre nature, anti-sociale, anti-chrétienne et anti-évangélique! C'est la violation de tous les droits; c'est donc l'*anarchie intellectuelle*, précisément comme ses effets dans l'ordre politique sont l'anarchie sociale.

XXXV

Et Messieurs, où trouverions-nous un plus frappant exemple d'intolérance que la situation que l'on nous a faite à nous-même? J'en parle ici parce que les journaux de la réaction ont redoublé d'insultes, dernièrement, à notre adresse; et puisque c'est là leur manière de pratiquer l'Évangile, il doit nous être permis de résumer les faits qui nous concernent.

D'où viennent nos difficultés? De ce que nous avons des membres protestants; de ce que nous recevons des journaux protestants, et de ce que nous avons quelques livres philosophiques à *l'index*. On nous chicane aussi beaucoup sur ce que quelques membres de l'institut ont exprimé des idées erronées.

Admettons que quelques-uns d'entre nous aient pu parler avec irréflexion, ou sans étude suffisante des questions; pourquoi donc est-ce un cas beaucoup plus pendable chez nous que chez les autres? Les membres de l'Institut sont-ils donc les seuls en Canada qui manquent *quelquefois* de maturité? N'avons-nous jamais entendu, ailleurs, que des choses brillantes et justes? Personne ne se trompe excepté nous, en Canada? Eh bien, même si nous nous trompons, est-ce par l'injure et l'insulte qu'on nous le fera voir? Est-ce même par des condamnations passionnées, portées sans nous entendre, et sur des rapports inexacts.

Quoi! les membres de l'Institut seraient les seules gens en Canada qui n'eussent pas le droit de se tromper? Que vous semble de la prétention? [...]

XLIV

Quand nous lisons dans St. Pierre: « Paissez le troupeau qui vous est commis non par une contrainte forcée, mais par une affection toute volontaire; » et dans St. Jérôme, parlant aux évêques de son temps: « Souvenez-vous que vous êtes des pasteurs et non des maîtres: » et dans St. Grégoire le Grand: « Nous ne sommes points *des violents*, mais des Évêques, et St. Paul ne nous donne d'autre pouvoir que de reprendre, remontrer et réprimander en toute sorte de patience: » et dans St. François de Sales: « La rigueur et l'inflexibilité sont antipathiques au sacerdoce: » et dans Fénélon: « Écoutons toujours avec tendresse; la rigueur ne mène à rien; le vrai pasteur n'est jamais inflexible; » et enfin dans Mgr Maret: « Ce sont souvent nos *injustices et nos amertumes* qui éloignent les gens de la vérité: » il nous semble toujours que les traditions d'autrefois ont récemment subi de pénibles modifications.

Et quelle est la vraie raison de tout cela? L'intolérance, l'habitude de l'inflexibilité, le parti pris d'exiger la soumission de l'esprit sous quelques circonstances que ce soit, et sur quelque sujet que ce soit; et cela envers les hommes faits comme envers les enfants; la restriction systématique de tout libre-arbitre individuel; le désir de tout contrôler et de tout dominer même dans le domaine que *Dieu a livré aux disputes des hommes*.

Eh bien, on aura beau faire, il faudra pourtant qu'ici comme ailleurs la raison et le bon droit finissent par l'emporter. On veut nous traiter tous comme des enfants de collège... eh bien, nous ne nous laisserons pas nullifier ainsi! Nous ne demandons que la considération que l'on accorde ordinairement aux gens respectables, et cela nous avons droit de l'exiger.

Nous ne sommes pas hostiles, mais quand nous sommes condamnés sans être entendus nous le ressentons! Quand nous montrons du bon-vouloir et que nous allons nous heurter à la plus raide inflexibilité, nous trouvons que la charité et le devoir pastoral ne sont pas là!

Espérons donc que l'on finira par comprendre que la doctrine que l'on nous applique, celle de l'intolérance et de la sévérité opiniâtre, ne peut faire que du mal ici comme partout ailleurs; et que celle dont nous réclamons l'application est la seule que l'esprit chrétien, et les lumières du siècle, et les progrès de la civilisation, recommandent comme juste, sensée, et même politique.

LA SURVIE MESSIANIQUE (1866-1895)

Historiens

HENRI-RAYMOND CASGRAIN (1831-1904)

Historien, biographe, conteur, poète et critique, Henri-Raymond Casgrain a recouvert des oripeaux du romantisme tous les genres littéraires qu'il a touchés; il a, de plus, sacralisé pour des décades notre histoire et notre littérature. Il ne lui déplaisait pas qu'on l'appelât le père de la littérature canadienne et on l'a longtemps considéré comme tel. Aujourd'hui, l'on fait mieux le partage entre ce qu'il a désiré être et ce qu'il a été; de fait, il s'est institué légataire universel du mouvement patriotique de 1860 et il a déposé sur sa propre tête les lauriers de ceux dont il répandait les œuvres. On doit lui reconnaître plus de gloriole que de vraie gloire, en même temps qu'un dévouement certain à la cause des lettres canadiennes et le mérite d'avoir cristallisé en 1866, dans un texte important, la doctrine littéraire qui sera celle de la fin du siècle.

Le mouvement littéraire au Canada

I

L'histoire de chaque peuple, comme celle de chaque individu, est toujours marquée par un double mouvement d'expansion physique et intellectuelle. Chez le peuple naissant, comme chez l'enfant, c'est d'abord le développement matériel qui se manifeste avec le plus d'énergie. Avant de s'asseoir au banquet des nations, une longue série de luttes l'attendent; et c'est en essayant ainsi ses forces qu'il acquiert cette virilité qui assure son existence.

À cette première période de développement, en quelque sorte physique, succède le mouvement intellectuel. La nation, confiante dans l'avenir, se replie, pour ainsi dire, sur elle-même, compte ses titres de gloire, les trophées qu'elle a conquis sur les champs de bataille. Jusqu'alors, plus occupée à donner de la besogne à l'histoire qu'à en tenir le burin, elle n'avait eu que le temps, entre deux coups d'épée, de marquer sur son bouclier le nombre de ses victoires. L'action avait absorbé la pensée. Mais à l'heure du repos, elle éprouve le besoin de chanter ses exploits, et de se créer une patrie dans le monde des intelligences aussi bien que dans l'espace. C'est l'époque de la littérature.

Il semble que l'époque actuelle marque, pour le peuple canadien, cette seconde phase d'existence. L'activité littéraire qui se manifeste de toutes parts, en fait pressentir l'avènement, ou, du moins, en laisse naître l'espérance.

Après deux siècles de luttes incessantes, de combats sans relâche, des jours plus calmes sont venus, et ont offert aux esprits ce recueillement indispensable au développement de la pensée. L'éducation s'est répandue rapidement; les sources intellectuelles ont été versées à flots sur la génération présente, tandis que l'horizon politique s'élargissait devant elle et donnait libre cours à toutes ses généreuses aspirations; et aujourd'hui l'on peut compter parmi nous toute une pléiade d'hommes lettrés, animés d'un noble enthousiasme et qui s'occupent avec ardeur à exploiter nos vieilles chroniques et à célébrer nos gloires nationales.

On n'a pas assez remarqué la coïncidence de ce progrès littéraire avec l'ère de liberté qui succédait, à la même époque, au régime oligarchique dont le despotisme avait amené les sanglantes journées de 1837 et 38, et d'où sont sorties toutes nos libertés constitutionnelles. L'ébranlement imprimé alors aux intelligences avait été merveilleusement secondé par ces conquêtes politiques. La génération nouvelle, plongée dans cette atmosphère féconde, éblouie par les séduisantes perspectives de l'avenir, s'élançait avec amour dans l'étude afin d'être prête un jour à remplir toutes les carrières que ce règne d'indépendance nationale ouvrait à ses légitimes ambitions.

Il faut aussi tenir compte d'une troisième influence, non moins importante, exercée sur la jeunesse qui prend aujourd'hui possession de l'avenir, par quelques esprits d'élite qu'on peut regarder à la fois comme ses ancêtres et ses contemporains: ses ancêtres, car ils l'ont devancée par l'âge et la renommée, en dotant le pays d'œuvres qui ne mourront pas; ses contemporains, puisque plusieurs d'entre eux vivent encore au milieu de nous. L'impulsion qu'ils donnèrent aux lettres se personnifie en deux hommes éminents, dont l'un s'est emparé, par ses travaux historiques, de la reconnaissance de tous les Canadiens, et dont l'autre a peut-être sa place marquée à la suite des premiers poètes de la France du dix-neuvième siècle. Nous voulons parler de MM. Garneau et Crémazie. [...]

II

Sans doute notre littérature n'en est encore qu'à ses premiers essais; le terrain est à peine déblayé sous nos pas; comme autrefois les vieilles forêts en face de nos pères, l'immensité inculte s'étend encore devant nous. Mais enfin les premiers jalons qui indiquent la route à suivre, sont plantés, les premières assises de notre édifice littéraire sont posées. Pourquoi désespérerions-nous de donner à la France une colonie intellectuelle, comme nous lui avons donné une France nouvelle sur ce continent? Certes, elle ne serait pas moins fière de cet autre joyau ajouté à sa couronne.

Quel est maintenant le devoir de la critique en présence des louables efforts dont nous sommes témoins? De la direction qu'elle imprimera aux idées dépend, en grande partie, l'avenir des lettres canadiennes. La critique a un double écueil, également dangereux, également fatal, à éviter. D'un côté, une fade flatterie, des éloges prodigués sans discernement, la plupart du temps dans le but de se débarrasser du fardeau d'une critique sérieuse, et qui peuvent perdre les plus beaux talents en les enivrant par de faciles succès. D'un autre côté, le persiflage, qui n'est qu'une forme de l'impuissance, et qui peut jeter le découragement dans certaines intelligences d'autant plus faciles à froisser qu'elles ont toujours le défaut de leurs qualités, une sensibilité exquise inhérente à leur talent: natures frêles et délicates qui s'étiolent au contact des mesquines passions, et se replient sur elles-mêmes, semblables à la sensitive, souvent pour ne plus se rouvrir.

Une étude attentive, un examen sérieux des ouvrages qui surgissent, de sobres encouragements, mêlés de conseils graves, telles sont les qualités d'une saine critique, propre, à la fois, à fortifier le talent et à le diriger, à réprimer ses excès et à favoriser son essor. [...]

Il est un autre écueil de la critique contre lequel peuvent venir s'échouer bien des tentatives, se briser bien des espérances, et qu'il importe de signaler en passant: c'est le dédain un peu superbe de certaines plumes contre tout ce qui se publie au Canada; plumes élégantes et finement taillées, mais qui professent une espèce de scepticisme en littérature. Tout en accordant une juste louange au mérite, elles affectent d'établir des parallèles ironiques entre les meilleurs écrivains canadiens et les auteurs français, mettant invariablement une distance immense entre les plus heureuses inspirations, les plus beaux produits de notre sol, et les œuvres du génie français. Certes, nous sommes loin de nous faire illusion sur la faiblesse des débuts littéraires du Canada; mais, d'un autre côté, nous ne sommes pas disposé à décerner à notre pays, en toute occasion, un brevet... d'infériorité. D'ailleurs, c'est précisément à cause de cette faiblesse même qu'il faut se garder de couper les ailes, d'avance, à toute inspiration. Quelle confiance voulez-vous qu'un écrivain ait dans ses forces, quel élan voulez-vous qu'il prenne, si vous ne cessez de lui crier: « Vous avez beau vous consumer de travail, quelque effort que vous fassiez, vous ne ferez jamais que vous traîner bien loin à la suite des grands maîtres; vous ne serez jamais qu'un pâle imitateur, crayonnant plus ou moins artistement des pastiches. »

Souvent, les nerfs un peu agacés par ces prédictions blessantes pour l'amour-propre national, et qui peuvent laisser de fâcheuses impressions, nous avons pris la peine de mettre en regard certaines pages de nos meilleurs auteurs canadiens, poètes ou prosateurs, avec les écrits du même genre des célébrités françaises d'aujourd'hui. Et, nous le disons sans hésiter, nous n'avons pas eu à rougir de la comparaison. [...]

III

[...] Si nous avons tardé longtemps à diriger notre attention vers la culture des lettres, c'est qu'après de difficiles commencements, des guerres interminables, au lendemain des désastres de la conquête, nous avions tant de précieuses choses à sauver du naufrage! notre foi, notre langue, nos lois, toutes nos libertés, la patrie tout entière. Il y a lieu même de s'étonner des progrès qui ont été faits, malgré tant d'obstacles.

Ainsi rien ne justifie les conjectures sceptiques de certains esprits superficiels, à l'égard de notre avenir littéraire. Au fond, ces sentiments prennent leur source dans une pensée antipatriotique, qu'on n'ose s'avouer ou proclamer: on ne croit pas à notre avenir intellectuel, parce qu'on n'a pas de foi dans notre avenir national... Mais, heureusement, ces voix isolées ne trouvent point d'écho.

Nous pouvons donc l'affirmer avec une légitime assurance, le mouvement qui se manifeste actuellement ne s'arrêtera pas, il progressera rapidement et aura pour résultat de glorieuses conquêtes dans la sphère des intelligences. Oui, nous aurons une littérature indigène, ayant son cachet propre, original portant vivement l'empreinte de notre peuple, en un mot, une littérature nationale.

On peut même prévoir d'avance quel sera le caractère de cette littérature.

Si, comme cela est incontestable, la littérature est le reflet des mœurs, du caractère, des aptitudes, du génie d'une nation, si elle garde aussi l'empreinte des lieux, des divers aspects de la nature, des sites, des perspectives, des horizons, la nôtre sera grave, méditative, spiritualiste, religieuse, évangélisatrice comme nos missionnaires, généreuse comme nos martyrs, énergique et persévérante comme nos pionniers d'autrefois; et en même temps elle sera largement découpée, comme nos vastes fleuves, nos larges horizons, notre grandiose nature, mystérieuse comme les échos de nos immenses et impénétrables forêts, comme les éclairs de nos aurores boréales, mélancolique comme nos pâles soirs d'automne enveloppés d'ombres vaporeuses, comme l'azur profond, un peu sévère, de notre ciel, chaste et pure comme le manteau virginal de nos longs hivers.

Mais surtout elle sera essentiellement croyante et religieuse. Telle sera sa forme caractéristique, son expression; sinon elle ne vivra pas, et se tuera elle-même. C'est sa seule condition d'être; elle n'a pas d'autre raison d'existence; pas plus que notre peuple n'a de principe de vie sans religion, sans foi; du jour où il cesserait de croire, il cesserait d'exister. Incarnation de sa pensée, verbe de son intelligence, la littérature suivra ses destinées.

Ainsi sa voie est tracée d'avance: elle sera le miroir fidèle de notre petit peuple dans les diverses phases de son existence, avec sa foi ardente, ses nobles aspirations, ses élans d'enthousiasme, ses traits d'héroïsme, sa généreuse passion de dévouement. Elle n'aura point ce cachet de réalisme moderne, manifestation de la pensée impie, matérialiste; mais elle n'en aura que plus de vie, de spontanéité, d'originalité, d'action.

Qu'elle prenne une autre voie, qu'elle fausse sa route, elle sèmera dans un sillon stérilisé, et le germe mourra dans son enveloppe d'où il s'échappe à peine, desséché par le vent du siècle, comme ces fleurs hâtives qui s'entr'ouvrent aux premiers rayons du printemps, mais que le souffle de l'hiver flétrit avant qu'elles aient eu le temps de s'épanouir.

Heureusement que, jusqu'à ce jour, notre littérature a compris sa mission, qui est de favoriser les saines doctrines, de faire aimer le bien, admirer le beau et connaître le vrai, de moraliser le peuple en ouvrant son âme à tous les nobles sentiments, en murmurant à son oreille, avec les noms chers à ses souvenirs, les actions qui les ont rendus dignes de vivre, en couronnant leurs vertus de son auréole, en montrant du doigt les sentiers qui mènent à l'immortalité. Voilà pourquoi nous avons foi dans son avenir.

IV

Quelle action la Providence nous réserve-t-elle en Amérique? Quel rôle nous appelle-t-elle à y exercer? Représentants de la race latine, en face de l'élément anglo-saxon, dont l'expansion excessive, l'influence anormale doivent être balancées, de même qu'en Europe, pour le progrès de la civilisation, notre mission et celle des sociétés de même origine que nous, éparses sur ce continent, est d'y mettre un contrepoids en réunissant nos forces, d'opposer au positivisme anglo-américain, à ses instincts matérialistes, à son égoïsme grossier, les tendances plus élevées, qui sont l'apanage des races latines, une supériorité incontestée dans l'ordre moral et dans le domaine de la pensée.

« Il ne nous semble point être dans la destinée du Canada, » dit avec beaucoup de justesse M. Rameau, « d'être une nation industrielle ou commerciale; il ne faut point forcer sa nature et dédaigner des aptitudes réelles pour en rechercher d'imaginaires; non pas qu'il faille pour cela négliger le nécessaire; on peut, comme nous le faisons en France, s'adonner aux sciences et aux beaux-arts, et cependant entretenir un mouvement d'industrie et de commerce proportionné à l'importance de son pays. Mais en attribuant le premier rang à l'agriculture, à la science et aux arts libéraux, les Canadiens auront plus fait pour la consolidation de leur nationalité et l'extension de leur influence, qu'ils ne pourraient obtenir avec de grosses armées et de riches trésors... Tandis qu'aux États-Unis les esprits s'absorbent avec une préoccupation épuisante dans le commerce, dans l'industrie, dans l'adoration du veau d'or, il appartient au Canada de s'approprier avec désintéressement et une noble fierté le côté intellectuel, scientifique et artistique du mouvement américain, en s'adonnant avec préférence au culte du sentiment, de la pensée et du beau... C'est en effet à cette prééminence de l'esprit que la France doit la meilleure part de son influence en Europe. »

Tel est aussi le partage réservé à la France américaine; telle est l'action spéciale qui nous est départie par la nature de notre esprit, les tendances spiritualistes de nos croyances catholiques, nos inclinations artistiques, la puissance de généralisation de notre intelligence, aussi bien que par les circonstances de lieux et de relations dans lesquelles nous sommes placés. Et, certes, nous n'avons pas à nous plaindre; car « c'est en quelque sorte la meilleure part de l'Évangile, celle de la poétique Marie, en opposition à celle de Marthe l'affairée. L'infériorité du nombre et de la fortune n'empêche nullement de conquérir cette situation, qui tôt ou tard devient toujours la première. »

Car dans la lutte des deux puissances, l'idée finit toujours par l'emporter sur la force, a dit un homme qui s'entendait en puissance matérielle, l'empereur Napoléon Ier.

À moins d'une de ces réactions souveraines, dont on n'aperçoit aucun indice, ce vaste *marché d'hommes* qui s'appelle le peuple américain, aggloméré sans autres principes de cohésion que les intérêts cupides, s'écrasera sous son propre poids. Qui nous dit qu'alors le seul peuple de l'Amérique du Nord (tout naissant qu'il est aujourd'hui), qui possède la sève qui fait vivre, les principes immuables d'ordre et de moralité, ne s'élèvera pas comme une colonne radieuse au milieu des ruines accumulées autour de lui? Que reste-t-il aujourd'hui de ces empires primitifs, qui ont tant pesé jadis sur l'Afrique et l'Asie, les colosses de Babylone et d'Égypte; tandis que l'éclat immortel dont brillèrent les petites républiques de la Grèce, se projette jusque dans l'avenir?

Utopie! chimère! s'écriera-t-on. — Mais n'y eût-il que l'espoir de réaliser une faible part de ce rêve légitime, ne serait-ce pas déjà un mobile suffisant pour enflammer le patriotisme d'une jeunesse enthousiaste, studieuse et intelligente? Ah! s'il nous était donné de nous adresser à la jeune génération qui voit l'avenir souriant lui tendre les bras, nous lui dirions avec l'accent de cette affectueuse émotion que l'on éprouve au sortir d'un âge auquel on vient de dire adieu:

— Vous avez devant vous une des plus magnifiques carrières qu'il soit donné à des hommes d'ambitionner. Issus de la nation la plus chevaleresque et la plus intelligente de l'Europe, vous êtes nés à une époque où le reste du monde a vieilli, dans une patrie neuve, d'un peuple jeune et plein de sève. Vous avez dans l'âme et sous les yeux toutes les sources d'inspiration: au cœur, de fortes croyances; devant vous, une gigantesque nature, où semblent croître d'elles-mêmes les grandes pensées; une histoire féconde en dramatiques événements, en souvenirs héroïques. Vous pouvez, si vous savez exploiter ces ressources inépuisables, créer des œuvres d'intelligence qui s'imposeront à l'admiration et vous mettront à la tête du mouvement intellectuel dans cet hémisphère. Souvenez-vous que *noblesse oblige*, et que c'est à vous de couronner dignement le monument élevé par vos aïeux, et d'y graver leurs exploits en caractères dignes d'eux et de vous. Mais souvenez-vous aussi que vos pères n'ont conquis le sol de la patrie que par les sueurs et le travail, et que ce n'est que par le travail et les sueurs que vous parviendrez à conquérir la patrie intellectuelle. D'une main saisissant les trésors du passé, de l'autre ceux de l'avenir, et les réunissant aux richesses, du présent, vous élèverez un édifice qui sera, avec la religion, le plus ferme rempart de la nationalité canadienne.

Québec, janvier 1866.

Notre histoire est sainte*

(Lorsqu'il publie, en 1864, son Histoire de la Mère Marie de l'Incarnation, *qui fut la première supérieure des Ursulines en Nouvelle-France, H.-R. Casgrain la fait précéder d'une « esquisse sur l'histoire religieuse des premiers temps de cette colonie ». Cette esquisse, plus et mieux que tout autre texte de la seconde moitié du XIXᵉ siècle, illustre à quel point l'on a eu tendance à sacraliser notre histoire: l'on voit dans la colonie française des débuts une seconde Église primitive, dans nos découvreurs, missionnaires et soldats-colons des élus de Dieu, dont la sainteté est garante du destin providentiel de la race française en Amérique.)*

Avant la découverte du Nouveau Monde, les peuples de l'Amérique étaient dans l'attente d'envoyés qui devaient venir de l'Orient. Les enfants du soleil viendront de l'aurore, — annonçaient d'anciennes prophéties, — les sacrifices humains seront abolis, et les peuples régénérés. Cette espérance, dernier lambeau de la révélation, s'est retrouvée chez toutes les nations de l'univers; car les ténèbres de l'idolâtrie, amoncelées sur la tête des sociétés, ne purent jamais intercepter entièrement toute lumière venue d'en haut. Chaque peuple, plié sous le joug de l'erreur, est venu, à son tour, secouer ses chaînes devant l'autel invisible du Dieu inconnu, et faire éclater le cri de la délivrance. À mesure que l'heure approche, on voit ces lueurs d'espérance se multiplier et s'accroître: ce sont les premiers rayons de l'aube qui précède le grand jour de la Vérité.

Pendant bien des siècles, les enfants de l'extrême Occident, — de cette Atlantide qu'avaient rêvée jadis les voyants du vieux monde, — tournèrent en vain, dans l'attente, leurs regards vers l'Orient.

L'heure n'était pas encore venue.

L'Europe, prédestinée de Dieu pour aller porter le rameau de la croix au nouvel hémisphère, devait d'abord se rendre digne d'un si glorieux privilège, et mériter cette gloire en accomplissant quelque grande œuvre en faveur de la vérité. Ce jour arriva enfin.

Plusieurs fois, à la voix du chef de l'Église, toute la chrétienté s'était précipitée sur l'Asie pour écraser le Croissant et reconquérir le sépulcre du Sauveur. L'enthousiasme de la foi avait accompli des prodiges d'héroïsme et de dévouement.

C'était le sacrifice exigé de Dieu.

L'Europe chrétienne avait pris la croix pour conquérir un tombeau, en récompense Dieu lui donna tout un monde.

En effet, la découverte du continent américain fut l'œuvre des croisades. Le résultat de ces grandes expéditions, impénétrable d'abord aux regards des hommes, était prévu dans les desseins de Dieu. Les croisades développèrent cet esprit chevaleresque et aventureux qui donna l'impulsion à une foule de voyageurs, dont un grand nombre pénétrèrent alors jusqu'aux extrémités de l'Orient. Les récits qu'à leur retour ces voyageurs firent des pays qu'ils avaient parcourus, des merveilles qu'ils avaient admirées, enflammèrent les imaginations. L'amour des découvertes fermenta dans tous les cœurs. C'est alors que l'homme qui personnifie toute cette époque, Christophe Colomb, se lève, et que debout sur les rivages européens, il scrute du regard les horizons des mers où l'esprit d'en haut, qui l'illumine, lui découvre les terres nouvelles promises à son génie.

Ce fut à Ferdinand le Catholique et à Isabelle, son épouse, que Dieu réserva l'honneur de comprendre la pensée de ce grand homme. Car ces deux souverains venaient de mettre la dernière main à l'œuvre des croisades, en rejetant de l'Espagne sur les côtes d'Afrique, le dernier sultan de Grenade, Boabdil avec ses Maures.

Sur les traces de Christophe Colomb, s'élancèrent bientôt d'autres découvreurs, qui, chaque jour, levèrent un nouveau pan du voile mystérieux qui, pendant tant de siècles, avait dérobé à l'univers ancien cette moitié du monde. Alors s'ouvre la première page de l'histoire de la Nouvelle-France.

Ici, l'on nous pardonnera de nous arrêter quelques instants, et de baiser avec amour et respect cette première page de nos annales, si fervente et si pure, qui prophétise toute la suite de notre histoire; — de nous prosterner tout ému devant ces premiers vestiges qu'ont laissés nos pères sur la route d'une conquête qui fut plus encore celle de Dieu que celle de leur roi.

C'était par une matinée du printemps de l'année 1535. Toute la ville de Saint-Malo était dans une sainte allégresse, car on célébrait la solennité de la Pentecôte. Dans ces temps heureux où la société était encore imprégnée de l'idée religieuse, un profond recueillement et une tendre piété sanctifiaient toutes les fêtes de l'Église. Cependant, ce jour-là, la vieille cathédrale gothique de Saint-Malo était remplie d'une foule encore plus nombreuse qu'à l'ordinaire; car à l'issue de l'office du matin devait avoir lieu une touchante cérémonie.

Au milieu de la nef était réunie une troupe, composée de plus de cent hommes, qu'à leur air et à leur accoutrement, il était facile de reconnaître pour des marins. À la veille de partir pour une longue et dangereuse expédition, ils venaient, par une démarche solennelle, implorer la protection de Celui qui commande au vent et aux tempêtes. Un cercle de plusieurs gentilshommes entourait leur chef, qui, appuyé sur le pommeau de son épée, était absorbé dans la méditation et la prière. Ce chef, on l'a reconnu, c'était Jacques Cartier, accompagné de ses braves marins; ces gentilshommes, c'étaient Claude de Pontbriand, fils du seigneur de Montcevelles et échanson du Dauphin; — c'étaient Garnier de Chambeaux, Charles de la Pommeraye, de Goyelle, Philippe de Rougemont et plusieurs autres jeunes gens de distinction qui, par amour pour les aventures, avaient voulu s'associer, comme volontaires, à l'expédition.

À l'heure de la communion, tous, Cartier en tête, vinrent s'asseoir à la table sainte. Il faisait beau voir, agenouillés sur les dalles du temple, comme de simples enfants, ces fiers gentilshommes aussi chevaleresques que François Ier; et ces vieux loups de mer, qui, toute leur vie, avaient affronté la furie des flots et l'horreur des tempêtes. Ces âpres visages, dont les traits, hâlés par le soleil et l'écume des vagues, se détendaient sous les rayons de la prière, apparaissaient épanouis, transfigurés, doux comme des visages d'enfants.

Elle est grande et belle aujourd'hui la France, drapée dans sa force et sa gloire. Mais était-elle moins grande et moins belle en ces jours où ses enfants, dignes fils des croisés, venaient courber leur front dans les temples; quand son roi s'agenouillait sur le champ de bataille; quand, arrivé aux dernières étapes du malheur, il pouvait encore dire: *Tout est perdu, fors l'honneur!*

Après la célébration des saints mystères, toute la troupe s'avança jusque dans le chœur de la cathédrale, et vint se ranger autour du trône où l'évêque de Saint-Malo, Mgr Bohier, revêtu des ornements pontificaux, appela sur eux et sur leur expédition les grâces du ciel, et leur accorda sa bénédiction.

Cet acte solennel fut le sacre de la France américaine à son berceau. Ainsi fut écrite, aux clartés du sanctuaire, la première page de son histoire; plus tard, bien d'autres furent écrites au pied des autels, et souvent avec le sang des martyrs; car c'étaient encore *les gestes de Dieu* que faisaient *les Francs*, en créant une France nouvelle sur les rivages canadiens. Israël, au désert, marchait à la lumière de la colonne de feu; — la croix, cette autre colonne lumineuse, guida toujours nos pères au désert du nouveau monde. Et lorsqu'on ouvre aujourd'hui le sépulcre des générations où dorment ces preux chevaliers de la civilisation, l'odeur de l'encens et les parfums de l'autel nous embaument encore. [...]

La noble figure de Cartier, d'une grandeur et d'une simplicité antiques, ouvre dignement la longue galerie de portraits héroïques qui illustrent les annales canadiennes. Jamais la civilisation chrétienne, en mettant le pied sur le sol américain, n'eut de plus digne représentant. La foi naïve et ardente des beaux jours du christianisme coule à pleins bords à travers la vie et les écrits de ce chef auguste de la hiérarchie des héros canadiens.

Le premier, il pénètre au cœur de ce continent, en remontant, avec une poignée d'hommes, les eaux du Saint-Laurent, — arborant partout le drapeau du Christ et de la France, et dotant ainsi l'empire des lis de contrées plus vastes que l'Europe entière. À son passage, les peuplades descendent de leurs montagnes et apportent leurs malades aux pieds de ce grand pèlerin de la civilisation, qui leur impose les mains à l'exemple du divin Maître, *priant Dieu qu'il leur donnât grâce de recouvrer chrétienté et baptesme.* [...]

Cet acte religieux de quelques pauvres émigrés européens, perdus au milieu d'un immense désert, est de bien peu d'importance aux yeux de quiconque n'a pas conservé ardente en son cœur la vie de la foi. Mais pour le chrétien, dont le regard s'ouvre au delà du monde visible, cet acte, si simple en apparence, est un événement. Derrière chaque détail de cette cérémonie se cache un mystère, toute une révolution morale.

Au moment où l'aurore de ce jour apparaissait au-dessus des forêts du Canada, l'aube d'un autre jour se levait aussi, dissipant des ténèbres bien autrement obscures. À l'instant où le prêtre éleva, pour la première fois, l'hostie sainte au-dessus de la foule prosternée dans l'adoration, un soleil nouveau répandit ses rayons sur cette terre. La nature entière se réjouit. Chaque feuille des bois frémit et palpite avec amour au passage de la brise que parfume l'encens de la prière. Le flot radieux se déroule et baise avec respect cette plage devenue sacrée. Les échos embrassent avec transport, et renvoient au loin les chants, mêlés aux salves d'artillerie, qui annoncent à ces contrées le jour de la régénération et de la délivrance. Désormais abritée sous les deux ailes de la France et de la religion, la petite colonie française pourra lutter contre les ennemis qui la menacent de tous les points de l'horizon. Car, à peine sorti de terre, ce faible arbrisseau sera assailli par des tempêtes. Bien souvent, à moitié déraciné, en apparence prêt à mourir, il penchera tristement sa tête flétrie et désolée vers l'abîme; mais cent fois battu de l'orage, toujours il se relèvera, pour soutenir de plus violents assauts. Enfin vainqueur de tous les combats, il plongera dans le sol de fortes et profondes racines, et élèvera son front au-dessus des nuages, jusqu'au jour (déjà venu) où il étendra ses vastes rameaux, chargés de fleurs et de fruits, sur les deux rives du plus beau fleuve du monde.

À la fin de l'année 1635, Champlain, frappé de paralysie, s'éteignait au milieu des compagnons de son entreprise. Un long cri de deuil suivit le père de la Nouvelle-France rappelé vers un séjour meilleur. Jamais, dans la suite, le Canada ne fit de plus grande perte. Aujourd'hui que nous avons appris à admirer autre chose dans l'histoire que les héros qui ont laissé après eux un sillon de sang, nous pouvons plus facilement apprécier la grandeur du caractère et de l'œuvre de Champlain.

Lorsque nous rêvons la perfection chez l'homme, nous nous plaisons à le créer entouré des dons les plus précieux de l'esprit et du cœur; intelligence vaste et éclairée, vues hautes et larges, expérience consommée des hommes et des choses, honneur, désintéressement, loyauté, courage, fermeté dans les revers, grandeur d'âme, persévérance. Or l'énumération de ces qualités résume toute la vie et le caractère de Champlain. Que sont tous ces brigands de l'histoire, qu'on est convenu d'appeler héros, auprès de tels bienfaiteurs de l'humanité? Tandis que les premiers ont semé chacun de leurs pas de larmes et de sang, les autres ont laissé derrière eux une trace féconde où germent la reconnaissance et l'amour.

Quand, aux heures de solitude, dans le silence et le recueillement de l'âme, nous remontons vers le passé, et que, saisis d'une religieuse émotion, nous pénétrons dans le temple de notre histoire; parmi tous ces héros, dont les robustes épaules soutiennent les colonnes de l'édifice, nul mieux que Champlain ne porte sur un visage plus serein de plus majestueuses pensées. Type et modèle de tous ces héros qu'un même honneur assemble, il occupe le rang suprême près de l'autel de la patrie. Nul, en effet, parmi ces rois de notre histoire, ne réunit plus d'éminentes qualités, ne déploya un caractère plus énergiquement trempé, ne fit éclater plus d'intrépidité et de persévérance. Car c'était l'œuvre de Dieu que le gentilhomme saintongeois avait eu la conviction d'accomplir, lorsque, la croix sur le cœur, le regard au ciel, il descendit les degrés du château de ses pères pour venir s'enfoncer dans les solitudes américaines. En portant pendant plus de trente-cinq ans le fardeau de notre avenir, l'âme déchirée par les soucis, les fatigues, et les obstacles sans nombre, il sut toujours rafraîchir son front baigné de sueurs, aux sources pures et limpides de la foi. Aussi, lorsqu'à son lit de mort il promena un dernier regard d'adieu sur le cercle de vaillants hommes qu'il avait formés, qu'il appelait ses enfants, et qui le regardaient comme leur père, dut-il avoir foi dans l'avenir de son œuvre. Car il leur léguait le plus sûr gage d'immortalité: la sève vigoureuse de mœurs austères, la pratique de toutes les vertus chrétiennes qu'il leur avait constamment enseignée de paroles et d'exemples.

La discipline qu'il avait établie parmi cette petite société était admirable. « Le fort, dit un chroniqueur du temps, paraissait une académie bien réglée... Bon nombre de très honorables personnes viennent se jeter dans nos bois, comme dans le sein de la paix, pour vivre ici avec plus de piété, plus de franchise et plus de liberté... Les exactions, les tromperies, les vols, les rapts, les assassinats, les perfidies, les inimitiés, les malices noires, ne se voient ici qu'une fois l'an, sur les papiers et sur les gazettes que quelques-uns apportent de l'ancienne France. »

À l'exemple de leur chef, tous menaient la conduite la plus édifiante, et s'approchaient régulièrement des sacrements de l'Église. Pour rappeler plus souvent à chacun la pensée du ciel, Champlain établit la coutume si pieuse et si touchante, conservée jusqu'à nous, de sonner l'angelus trois fois par jour. L'intérieur du fort ressemblait plus à une communauté religieuse qu'à une garnison. La lecture se faisait régulièrement à chaque repas; au dîner, on lisait quelque livre d'histoire; au souper; c'était la vie des saints. Une douce et franche gaîté assaisonnait les moments de loisir; et, chaque soir, le vénérable patriarche de la colonie rassemblait tous ses enfants pour réciter la prière en commun et faire l'examen de conscience.

Telle était la vie des premiers colons. L'Église, dont la jeunesse se renouvelle comme celle de l'aigle, ramenait ici l'âge d'or de ses années primitives. [...]

Nous nous trouvons ici en présence d'un des plus beaux phénomènes que la terre ait jamais offerts au ciel et qui fera l'éternelle admiration des anges et des hommes: la vie du missionnaire dans les bois au milieu des nations sauvages! Qui dira les travaux de son apostolat, ses dangers, ses longues et pénibles marches, ses privations, ses jeûnes, ses veilles, ses incomparables vertus? À peine descendu au rivage de sa nouvelle patrie, il s'enfonce dans le dédale de la forêt. Il a dit adieu à tout ce qu'il avait de cher au monde; — adieu aux cheveux blancs de sa mère, qu'il a baignés de ses larmes dans une suprême et dernière étreinte; — adieu au seuil de ses ancêtres, où il laisse peut-être une opulente fortune et un beau nom, car souvent cet humble soldat du Christ est le rejeton d'une noble lignée;[1] adieu au beau pays de France, dont le souvenir attendri vivra longtemps dans son cœur et sera l'holocauste quotidien qu'il immolera sur l'autel de ses affections parmi tant d'autres sacrifices.

Il s'avance, entouré d'êtres barbares dont il ne comprend pas même la langue, qui l'abandonneront sans peine et le laisseront expirer seul au bord du chemin, si la lassitude, la misère, quelque blessure viennent à exténuer ses forces; ou qui peut-être, dans une heure de défiance et de férocité, l'assommeront à coups de tomahawk, ou l'exposeront sur quelque rapide à une mort inévitable.[2] Assis au fond d'un frêle canot d'écorce, le bréviaire suspendu au cou, l'aviron à la main, dans une posture incommode, sans avoir la liberté de se tourner de crainte de chavirer et de se noyer ou de se briser sur les rochers, il rame tout le long du jour avec des fatigues inouïes, rendues encore bien plus pénibles par le manque d'habitude. Il remonte ainsi les fleuves, les lacs, les rivières jusqu'à ce qu'une cascade ou un *rapide* l'oblige de mettre pied à terre et de charger sur ses épaules engourdies le canot, le bagage, ou les provisions. Souvent un soleil brûlant darde ses rayons entre des rives encaissées et l'enveloppe d'une atmosphère de feu; ou bien une pluie torrentielle le surprend pendant une longue marche à travers la forêt. Peut-être un heureux hasard lui offrira-t-il quelquefois un abri; mais si, après l'orage, il veut continuer sa course, pendant que ses pieds plongeront dans la fange, il ne pourra remuer une branche d'arbre sans être inondé d'un déluge d'eau. Enfin lorsque harassé, baigné de sueurs, ou trempé jusqu'aux os, il s'assoit le soir au feu du bivouac, il n'a pour toute nourriture qu'une poignée de maïs

---

1. Le père de Brébeuf, entre autres, descendait d'une ancienne et noble famille de Normandie, que l'on dit avoir été la souche de l'illustre maison d'Arundel, en Angleterre.
2. C'est ainsi que périt en 1625 le p. Nicolas Viel, récollet, qui se noya avec un jeune néophyte, près de Montréal, sur le rapide qui depuis a porté le nom de Sault-au-Récollet.

moulue entre deux pierres et cuite avec un peu d'eau; pour abri que les étoiles; pour lit où reposer ses membres endoloris, ses pieds écorchés, que la terre nue et humide, ou bien des roches inégales et raboteuses. Encore avant de s'étendre sur cette rude couche lui faut-il réciter son bréviaire à la lueur du bûcher. Bien souvent la nuit ne fait que varier son supplice; étouffé par la fumée, ou dévoré par les moustiques, à peine peut-il clore la paupière. Heureux encore si l'insomnie, le forçant malgré lui à faire sentinelle, lui laisse le temps de crier aux armes et d'éviter la hache que lève sur sa tête l'Iroquois rôdant furtivement derrière les broussailles.[3] [...]

[...] le nouvel apôtre, à peine remis du voyage, se livre avec ardeur à l'étude d'une langue informe, hérissée de mille difficultés et entremêlée de divers dialectes. Cet homme, aussi distingué par sa science que par ses vertus, devient l'humble disciple d'enfants de la nature ignorants et grossiers. Il ira ensuite rompre le pain de la divine parole à quelques néophytes dispersés çà et là en différents villages, ou bien durant la saison d'hiver, il suivra en raquettes les partis de chasse, marchant le jour enveloppé dans un tourbillon de neige, dormant la nuit sur un lit de sapin. Un canot sauvage abordait un soir aux Trois-Rivières; les Français accourus au rivage furent touchés jusqu'aux larmes en reconnaissant parmi les Indiens le P. Daniel, qui arrivait d'une de ses missions. Il avait l'air joyeux, le regard rayonnant; mais la figure amaigrie, brûlée et toute défaite. Il avait les pieds nus et était vêtu d'une vieille soutane déchirée en lambeaux;[4] sa chemise était toute pourrie sur son dos. Mais il était heureux, car il avait eu le bonheur de baptiser un pauvre malheureux qu'on menait à la mort. Tous se jetèrent à son cou et embrassèrent avec attendrissement ce glorieux apôtre de Jésus-Christ. *Qu'ils sont beaux sur les montagnes et sur les âpres sentiers du désert les pieds de ceux qui annoncent la paix.* [...]

Toutefois l'histoire de l'apostolat indien ne révèle qu'un côté du plan divin dans la fondation de la Nouvelle-France. Ce n'est, pour ainsi dire, que le rayonnement de la pensée providentielle qui présidait à la naissance d'une nation chrétienne. Nous avons déjà vu quels purs éléments avaient été réunis pour en former le premier noyau; quels hommes choisis la main divine avait groupés autour de Champlain.

Depuis le jour où le Verbe de Dieu s'est associé une Vierge dans l'œuvre de la rédemption du monde, rien de grand ne s'opère dans l'Église sans l'intervention de la femme. Elle apparaît à l'origine de toutes les sociétés chrétiennes, exerçant une puissance inconnue aux âges païens. Car, de même que Dieu, le christianisme est amour; et nulle part sur la terre le fleuve de l'amour ne jaillit avec tant d'abondance que du cœur de la femme; aussi est-ce sur ses genoux que le christianisme est venu déposer les générations naissantes pour les abreuver du lait de cet amour, après l'avoir purifié et sanctifié.

---

3. Le p. Bressani échappa ainsi à la mort, et sauva la vie à ses compagnons en donnant l'alarme au moment où les Iroquois, qui s'étaient glissés près d'eux pendant la nuit, allaient fondre sur leur camp.

4. Les sauvages obligeaient les voyageurs de se déchausser en entrant dans les canots d'écorce, de crainte de les briser.

Tel est le secret de la grandeur et de la puissance de la femme chrétienne. [...]

Les peuples sauvages, témoins de cette charité de la Mère de l'Incarnation et de ses sœurs, se sentent attirés par un charme invisible et apprivoisés. Accoutumés aux mœurs les plus cruelles, ignorant même le nom de la pitié, ils voient ces créatures célestes essuyer leurs larmes, vêtir leur misère, panser les plaies de leurs âmes en même temps que celles de leurs corps; ils sont ravis, le ciel s'ouvre à leurs yeux, ils croient que des anges sont descendus sur la terre, ils se jettent à genoux, et adorent Dieu.

On n'est pas étonné après cela de voir la solitude fleurir de toutes parts, et une Jérusalem nouvelle sortir du désert. En peu d'années, plus de cinquante mille sauvages furent évangélisés, et plusieurs milliers d'entre eux reçurent le baptême.

Toutefois, la Providence ne bâtissait pas sur eux l'avenir de sa nouvelle Église. Elle ne faisait que glaner, en passant, sa gerbe d'élus au milieu de ces races aborigènes destinées à s'éteindre peu à peu. À côté d'elles, grandissait la colonie canadienne, héritière future de leurs dépouilles, et dont elle surveillait la mâle éducation. [...]

En parcourant cette époque de nos annales, l'exemple le plus frappant qui s'offre tout d'abord, comme type de grandeur d'âme et d'élévation morale, c'est l'épisode de Daulac et de ses compagnons, de ces vaillants soldats, suscités par l'enthousiasme religieux, qui sauvèrent la colonie aux dépens de leur vie, et auxquels il n'a manqué qu'un Homère pour inscrire leur exploit à côté de tout ce que l'Antiquité a célébré de hauts faits et d'actes de dévouement.[5] Cette expédition de quelques représentants de la civilisation, marchant contre la barbarie après s'être armés au pied des autels, semble un épisode renouvelé du temps des croisades. [...]

Cette société naissante, nous l'avons étudiée dans sa triple hiérarchie du prêtre, de la femme et du soldat-colon. Nous avons admiré l'organisation vigoureuse de cette race en qui nous avons vu circuler un sang virginal et une foi sans mélange. Nous nous sommes extasiés devant cette transformation merveilleuse qui s'était opérée sous l'action de l'Église.

Nous pourrions pousser plus loin cette étude, suivre la Nouvelle-France dans sa carrière, indiquer à grands traits l'accroissement de sa puissance matérielle, morale et intellectuelle, et montrer surtout le développement de ses superbes institutions, qui font aujourd'hui sa force et sa gloire. Mais cette courte esquisse suffit pour faire voir ce qu'était devenue cette société façonnée par la main de Dieu.

Après avoir médité l'histoire du peuple canadien, il est impossible de méconnaître les vues providentielles qui ont présidé à sa formation; il est impossible de ne pas entrevoir que, s'il ne trahit pas sa vocation, de grandes destinées lui sont réservées dans cette partie du monde.

La mission de la France américaine est la même sur ce continent, que celle de la France européenne sur l'autre hémisphère. Pionnière de la vérité

---

5. Certaines pages de l'histoire du Canada semblent le récit renouvelé des commencements héroïques de Rome au milieu des tribus latines; l'expédition de Daulac rappelle à s'y méprendre le dévouement des Coclès et des Curtius. (E. Rameau, *La France aux colonies*.)

comme elle, longtemps elle a été l'unique apôtre de la vraie foi dans presque toute l'Amérique du Nord.

Depuis son origine, elle n'a cessé de poursuivre fidèlement cette mission; et aujourd'hui elle envoie ses missionnaires et ses évêques jusqu'aux extrémités de ce continent. C'est de son sein, nous n'en doutons pas, que doivent sortir les conquérants pacifiques, qui, en se liguant avec les légions d'apôtres répandues aujourd'hui sur tout cet hémisphère, ramèneront sous le joug du catholicisme les peuples égarés du Nouveau Monde. Loin de douter de son avenir, comme quelques hommes de peu de foi, loin de trembler devant le flot des races étrangères qui semble menacer de la déborder de toutes parts, nous avons l'intime conviction qu'elle continuera de grandir, qu'elle conservera sa langue, ses institutions et sa foi, et qu'elle n'est qu'à l'aurore de l'ère de prospérité qui va s'ouvrir devant elle.

Messagère de l'Évangile, elle portera au loin la bonne nouvelle, et secondée par les races celtiques du midi, elle promènera le drapeau de Jésus-Christ de l'un à l'autre océan.

Ici, comme en Europe, et plus vite encore qu'en Europe, le protestantisme se meurt, fractionné en mille sectes, il tombe en poussière, et va se perdre dans le rationalisme. Bientôt, — pour nous servir d'une expression du comte de Maistre, — l'empire du protestantisme, pressé du côté du golfe mexicain et du Saint-Laurent, fendra par le milieu; et les enfants de la vérité, accourant du nord et du midi, s'embrasseront sur les rives du Mississipi, où ils établiront pour jamais le règne du catholicisme.

L'Acadie ressuscitée*

*(L'histoire des Acadiens de l'île Saint-Jean, que l'on connaît aujourd'hui sous le nom d'Île-du-Prince-Édouard, tel est le sujet d'*Une seconde Acadie, *que Casgrain fait paraître en 1894; la conclusion du volume fait ressortir le caractère providentiel de l'histoire acadienne, puis laisse entrevoir la mission qui incombe à l'Acadie ressuscitée.)*

Il en est de l'histoire comme des spectacles de la nature. Après en avoir examiné les détails, il faut les regarder de plus haut pour en bien juger.

Transportons-nous un instant dans le passé.

Une poignée de Français, catholiques ardents comme on l'était au dix-septième siècle, quittent la vieille Europe pour venir se créer une patrie nouvelle en Acadie, désert alors à peine exploré, perdu aux confins du monde, sous un ciel brumeux et froid, propre à tremper les forces et les caractères. Ils deviennent les instruments de Dieu pour la conversion de toutes les peuplades aborigènes qui les environnent. Ils s'en font des alliés, des amis, marchent toujours avec eux la main dans la main, et parviennent avec le temps à tempérer leurs violentes passions, leurs instincts féroces, autant que la nature sauvage en est susceptible.

Cet apostolat, dont leurs missionnaires sont les hérauts, attire sur eux et sur leurs colonies les bénédictions du ciel. Ils grandissent et se multiplient

610

merveilleusement à l'ombre de la croix, dans cette solitude, nouvelle Thébaïde, que leurs fortes mains transforment en une terre où coule, comme en Israël, le lait et le miel. Toute une lignée de prêtres zélés, hommes de Dieu, pleins de l'esprit évangélique, les forment à leur image, en font plus que jamais de vrais croyants, aux mœurs paisibles et pures.

Les voilà prêts et armés pour l'épreuve: elle ne manquera pas; car toute société chrétienne, comme tout individu qui la compose, doit y passer, à l'exemple du Maître dont elle suit les préceptes. Cette épreuve sera terrible, immense par sa durée autant que par sa violence. Le siècle qui l'a vue naître ne la verra pas finir.

L'abandon de la mère patrie fait tomber les Acadiens entre les mains de leurs plus cruels ennemis, qui en veulent plus encore à leur religion qu'à leur nationalité. Les tromperies, les menaces, les conspirations sourdes, la guerre ouverte, tout sera mis en œuvre pour vaincre leur patience et leur courage. Ils en sortiront victorieux. Enfin leur extermination est décrétée: tous les villages acadiens seront rasés, et leur population jetée aux quatre vents du ciel.

Ce n'est pas ici le lieu de répéter les scènes du grand dérangement, que n'ignorent pas ceux qui prendront la peine de lire ces pages, où il n'en est question que secondairement. Un seul fait suffit pour faire connaître l'âme de ce peuple qui, sans autre instruction que celle tombée de la chaire chrétienne, a su s'élever à la hauteur des martyrs. Qu'on lise la requête adressée au colonel Winslow par les habitants de la Grand-Prée, lorsque, retenus prisonniers dans leur église, où ils venaient d'entendre la sentence qui leur apprenait que tous leurs biens étaient confisqués, et qu'eux-mêmes allaient être transportés hors de leur pays.

« Nous vous supplions, lui disaient-ils en la terminant, que, s'il nous faut abandonner nos propriétés, il nous soit au moins permis d'aller dans les endroits où nous trouverons des compatriotes..., d'autant plus que par ce moyen nous pourrons conserver notre religion, que nous avons profondément à cœur, et pour laquelle nous sommes contents de sacrifier nos biens ».

N'est-ce pas ainsi que parlaient les premiers chrétiens, lorsqu'ils étaient traînés devant les juges païens, pour être de là jetés dans les amphithéâtres?

On sait comment, depuis Beaubassin jusqu'à la Grand-Prée, depuis Port-Royal jusqu'à Pomcoup, tous les villages acadiens furent livrés aux flammes, les moissons détruites, les bestiaux tués ou enlevés. Tout fut si complètement ruiné que l'Acadie redevint une solitude. Toutes les familles, qui n'avaient pu échapper à la proscription, furent traînées en captivité, comme autrefois les Israélites à Babylone. Comme eux, assis au bord des fleuves d'une terre étrangère, les exilés n'eurent plus qu'à pleurer au souvenir de Sion. Ils ne fléchirent pas plus que les Hébreux devant l'épreuve, et à leur exemple, bien des fois ils répétèrent:

> Si je t'oublie, Jérusalem,
> Ô sainte religion de mes pères,
> Que ma droite s'oublie elle-même,
> Que ma langue s'attache à mon palais.

L'Acadie était bien anéantie. Ses ennemis triomphants étaient venus peu à peu s'établir sur les ruines des villages abandonnés. Ils en avaient même changé les noms pour en mieux faire oublier le souvenir.

Par quel miracle inattendu est-elle ressuscitée? Comment expliquer que les Acadiens comptent aujourd'hui 130,000 de leur race dans ces mêmes Provinces Maritimes, d'où l'on croyait les avoir bannis pour toujours? Ils sont revenus un peu de partout, en petit nombre; mais ils se sont multipliés avec la même fécondité qu'autrefois. Ils ont été recueillis et formés en paroisses par des prêtres, la plupart confesseurs de la foi comme eux, que la Providence leur a envoyés à l'heure voulue. Aujourd'hui ils sont forts et invincibles. L'avenir est à eux.

Ne faut-il pas fermer les yeux à la lumière pour ne pas voir qu'il y a là un fait providentiel, un secret dessein de Dieu? Quel est ce dessein? Il ne peut être autre que celui de continuer l'œuvre que les premiers Acadiens avaient commencée à accomplir en ouvrant les terres d'Acadie: celle d'étendre la foi catholique en en donnant d'abord l'exemple, et ensuite en la faisant connaître autour d'eux. Qu'ils soient fidèles à leur vocation, et ils la feront encore une fois dominer dans cette même région, dont ils ont été jadis les seuls maîtres.

LAURENT-OLIVIER DAVID (1840-1926)

Historien, journaliste et homme politique, Laurent-Olivier David perpétue, tout en la laissant s'affaiblir au fil des ans, la tradition libérale que F.-X. Garneau avait inaugurée.

LES PATRIOTES DE 1837-1838

(Ce livre, qui, plusieurs années après la révolution, soit en 1884, prend la défense des Patriotes et leur rend un hommage ému, est un classique; nous en citons l'avant-propos et la conclusion sous les deux titres qui suivent.)

La situation des Canadiens français en 1837*

Il y avait, en 1837, cinquante ans que les Canadiens-français luttaient pour les droits religieux, politiques et nationaux qui leur avaient été garantis par les traités. Au lendemain même de la conquête, la lutte avait commencé, lutte de tous les jours et de tous les instants, contre des gouverneurs et des fonctionnaires arrogants qui avaient entrepris de nous angliser et de faire de la province de Québec une autre Irlande.

La justice souillée par toutes les infamies; la malversation protégée par le pouvoir; la domination de la Chambre d'assemblée par un conseil législatif composé d'hommes nommés par la couronne, irresponsables au peuple et antipathiques à tout ce qui était français et catholique; les places, les honneurs et les gros traitements prodigués à une misérable faction, au détriment des droits de la majorité; la proclamation audacieuse des projets les plus effrontés d'anglification; l'infériorité de tout ce qui n'était pas anglais et protestant passée à l'état de principe; la violation constante de toutes les lois constitutionnelles et parlementaires; le contrôle sur les dépenses publiques refusé à la Chambre d'assemblée.

Voilà un coin seulement du tableau que l'histoire déroule à nos regards pendant trois quarts de siècle.

Nous étions insultés, méprisés, humiliés et volés par des gens qui se moquaient de toutes les lois divines et humaines. Nous avions trouvé heureusement pour nous défendre des hommes d'État, des orateurs puissants qui avaient prouvé à nos ennemis qu'il serait aussi difficile de nous vaincre dans l'arène parlementaire que sur les champs de bataille. Après Bédard et Papineau père, nous avions eu Papineau fils, le tribun dont la voix puissante fut pendant trente ans la gloire et le bouclier de notre nationalité.

Un jour vint où l'Angleterre, effrayée de l'attitude de la Chambre d'assemblée, que soutenait la population, parut vouloir lui accorder ce qu'elle demandait; mais il était trop tard. La jeunesse, dont le sang bouillonnait depuis longtemps dans les veines, soulevait le sentiment national, et poussait M. Papineau sur la pente de la violence. Ce n'étaient plus des lambeaux de concessions qu'il fallait au peuple; car il réclamait à grands cris l'adoption des quatre-vingt-douze résolutions préparées par M. Papineau lui-même et rédigées par M. Morin.

La Chambre d'assemblée, malgré trois dissolutions dans l'espace d'une année, avait persisté à refuser les subsides au gouvernement, tant qu'elle n'aurait pas obtenu le redressement des griefs contenus dans les quatre-vingt-douze *résolutions*.

Lord John Russell avait cru trancher la difficulté en faisant autoriser par le parlement anglais lord Gosford à prendre de force dans le coffre public l'argent dont il avait besoin pour le service civil. Ce procédé arbitraire et humiliant pour la Chambre d'assemblée fit déborder la mesure; le peuple partout s'assembla pour protester contre les procédés de lord Russell et approuver la conduite de la Chambre.

Il n'y a pas de doute que ces procédés étaient illégaux et inconstitutionnels, et le digne couronnement de la politique arbitraire et tyrannique dont les Canadiens étaient victimes depuis tant d'années. Ce fut l'opinion exprimée en Angleterre, au sein de la Chambre des communes, par les hommes les plus distingués, par les Warburton, les Hume et les Stanley.

Citons pour la réfutation et la confusion de ceux qui ne veulent voir dans l'insurrection de 1837 qu'un acte de rébellion injustifiable, les paroles éloquentes du célèbre lord Brougham:

« On blâme, dit-il, avec véhémence, les Canadiens; mais quel est le pays, le peuple qui leur a donné l'exemple de l'insurrection? Vous vous récriez contre leur rébellion, quoique vous ayez pris leur argent sans leur agrément et anéanti les droits que vous vous faisiez un mérite de leur avoir accordés... Toute la dispute vient, dites-vous, de ce que nous avons pris vingt mille livres, sans le consentement de leurs représentants! Vingt mille livres sans leur consentement! Eh bien! ce fut pour vingt shillings qu'Hampden résista, et il acquit par sa résistance un nom immortel, pour lequel les Plantagenets et les Guelfes auraient donné tout le sang qui coulait dans leurs veines! Si c'est un crime de résister à l'oppression, de s'élever contre un pouvoir usurpé et de défendre ses libertés attaquées, quels sont les plus grands criminels? N'est-ce pas nous-mêmes, qui avons donné l'exemple à nos frères américains? Prenons garde de les blâmer trop durement pour l'avoir suivi. »

Le fameux lord Durham, venu exprès dans le pays pour faire une enquête sur les causes de l'insurrection, a admis la légitimité de nos plaintes et la nécessité de remédier aux abus du pouvoir. Il condamne les prétentions ridicules et tyranniques du conseil exécutif et du conseil législatif, et admet que la Chambre d'assemblée n'avait pas d'autre moyen de faire respecter ses droits que de refuser les subsides au gouvernement.

« La Chambre, dit-il, était parfaitement justifiable de demander les pouvoirs pour lesquels elle luttait. Il est difficile de concevoir quelle aurait été la théorie gouvernementale de ceux qui s'imaginent que, dans une colonie anglaise, un corps portant le nom et le caractère d'une assemblée représentative, pouvait être privé d'aucun des pouvoirs qui, dans l'opinion des Anglais, sont inhérents à une législature populaire. »

Lord Gosford, qui devait plus que tout autre condamner une insurrection dont on cherchait naturellement à lui faire porter en partie la responsabilité, a fait dans le parlement anglais l'aveu suivant:

« Il y a, à Montréal et dans ses environs, une certaine classe d'Anglais à qui tous les hommes libéraux et indépendants ne peuvent qu'être hostiles, et dont les actes et la conduite ont été caractérisés par un esprit de domination insupportable; ils ont toujours aspiré à posséder le pouvoir et le patronage, à l'exclusion des habitants d'origine française. C'est à eux surtout qu'il faut attribuer les troubles et les animosités. »

Un soir, il y a quelques années, M. le Dr Dumouchel, membre du sénat, dînait à Rideau Hall. Se trouvant placé à côté de lord Dufferin, la conversation s'engagea entre eux et tomba sur la loyauté des Canadiens-français.

— Je pense, disait le gouverneur du Canada, qu'il n'y a pas de sujets plus loyaux que les Canadiens-français.

— Très certainement, répondit M. Dumouchel; il y eut, il est vrai, en 1837, un mouvement de nature à compromettre la réputation des Canadiens-français sous ce rapport...

Lord Dufferin ne le laissa pas achever:

— Avec un gouvernement corrompu comme celui que vous aviez alors, ajouta-t-il, il est bien surprenant que les choses n'aient pas été plus loin.

En face de pareils témoignages donnés en faveur des patriotes par des hommes aussi désintéressés, le moins que nous puissions faire, nous pour qui ces patriotes ont combattu et tout sacrifié, est bien de défendre leur honneur, et de rendre hommage à leur courage.

Qu'on ait les idées qu'on voudra sur les révolutions, qu'on soit fils de bureaucrate ou de patriote, il est un fait qu'on ne devrait pas nier, au moins, c'est que l'insurrection de 1837 a été la conséquence d'une lutte glorieuse d'un demi-siècle, l'explosion de sentiments nobles et patriotiques.

À quoi bon discuter si strictement si les patriotes avaient le droit de se révolter? Que resterait-il dans l'histoire, si on en faisait disparaître tous les actes condamnables au point de vue de la loi et de la froide raison? Que deviendraient tous ces héros dont les exploits font l'orgueil des nations et l'honneur de l'humanité?

On voyait à la tête du mouvement les hommes les plus honorables, les plus recommandables par leurs talents, leur patriotisme ou leurs vertus; les Morin, les Girouard, les Lafontaine, les Fabre, les Duvernay, les Perreault et les Rodier. Ajoutons MM. Berthelot, le Dr O'Callaghan, Cherrier, Meilleur, Viger, Roy et même quelques-uns des hommes les plus éminents parmi la population anglaise: MM. Leslie, De Witt, W. Scott, et surtout les deux frères Nelson, Robert et Wolfred, deux médecins distingués.

On peut blâmer ces hommes estimables de n'avoir pas su s'arrêter à temps dans la voie de l'insurrection, mais on ne peut nier sans mentir à l'histoire, la noblesse de leurs motifs et la sincérité de leur patriotisme.

Dans le testament politique que de Lorimier écrivit, la veille de sa mort, il dit:

« Pour ma part, à la veille de rendre mon esprit à mon Créateur, je désire faire connaître ce que je ressens et ce que je pense. Je ne prendrais pas ce parti, si je ne craignais qu'on ne représentât mes sentiments sous un faux jour; on sait que le mort ne parle plus, et la même raison d'État qui me fait expier sur l'échafaud ma conduite politique pourrait bien inventer des contes à mon sujet... Je meurs sans remords; je ne désirais que le bien de mon pays dans l'insurrection et l'indépendance; mes vues et mes actions étaient sincères. »

Dans une lettre écrite, quelques jours auparavant, de Lorimier disait: « Ô ma patrie, à toi j'offre mon sang comme le plus grand et le dernier des sacrifices. »

On doit croire que de Lorimier a exprimé les sentiments et les dernières volontés de ses compagnons d'infortune, de tous ceux qui en 1837-1838 sont morts sur les champs de bataille et les échafauds.

Le seul but de ce livre est de montrer qu'ils ont droit à notre reconnaissance, et que nous devons accepter l'offrande de leurs sacrifices et de leur sang pour l'honneur de notre nationalité et le triomphe de la liberté.

Les Patriotes avaient raison*

Nous disions au commencement de ce livre que notre intention n'était pas de démontrer que les patriotes de 1837 avaient eu droit de se révolter, mais uniquement de prouver que leurs griefs étaient sérieux, leurs motifs honorables, leur patriotisme incontestable, leurs sacrifices et leur dévouement héroïques, le résultat de leurs actes utile à la liberté, à l'avenir de leur pays.

Nous croyons avoir établi notre thèse par des faits que jamais on ne pourra contredire sérieusement, par des citations dont la valeur n'est pas contestable.

Nous avons pris plaisir à nous appuyer autant que possible sur l'opinion d'hommes étrangers et souvent peu sympathiques à notre nationalité, d'ennemis déclarés même des patriotes, afin que jamais on ne pût nous accuser d'exagération.

Nous nous sommes borné à raconter les faits, louant autant que possible les patriotes sans dénigrer leur adversaires, évitant de rappeler des souvenirs qui auraient pu être désagréables à des familles dignes de respect. Nous aurions même voulu passer sous silence le malheureux livre de M. Globenski et les deux ouvrages qu'il cite à l'appui de ces appréciations, mais nous en avons déjà dit un mot, et nous croyons devoir en parler encore en terminant. On pourrait nous reprocher plus tard de n'avoir pas mentionné des ouvrages dont nous devions avoir eu connaissance.

M. Globenski, pour réhabiliter la mémoire de son père auquel personne ne pensait, a tiré de la poussière deux écrits qui auraient dû y dormir éternellement. Nous voulons parler du fameux *Journal des événements arrivés à Saint-Eustache en 1837 par un témoin oculaire*, et des *Mémoires* de M. Paquin. On a toujours pensé que le *témoin oculaire* était M. Paquin lui-même, mais nous croyons avoir prouvé dans *la Minerve* que c'était M. Desève, alors vicaire à Saint-Eustache. Nous avons cité les propres paroles de M. Paquin qui dit dans ses *Mémoires*:

« Nous répéterons ici pour cette bataille ce qu'en a dit dans le journal des événements de Saint-Eustache un témoin oculaire, M. Desève, maintenant curé de Saint-Augustin, et alors vicaire de M. Paquin curé de Saint-Eustache. »

Pour persister à dire que ce n'est pas M. Desève, il faut supposer que M. Paquin aurait eu recours à un mensonge pour rejeter la responsabilité d'un ouvrage dont il avait honte. Il faut croire aussi que M. Paquin était capable de se contredire grossièrement du jour au lendemain sur les points les plus importants. En effet, voici ce qu'on lit dans le *Journal*:

« La conduite de sir John Colborne pendant toute cette campagne a été remplie d'une douceur admirable, et ses troupes, officiers et soldats, méritent de grands éloges. »

Voici maintenant ce qu'on lit dans les *Mémoires* de M. Paquin:

« Il en fut à Saint-Benoît comme à Saint-Eustache, encore plus, car pas une maison ne fut sauvée... Voilà ce que c'est que de recevoir la visite des Visigoths et des Vandales... Depuis ces jours de désolation et de calamité, nous n'avons cessé de réclamer et rien encore n'a été fait. Ce qui fait voir que sir John Colborne n'avait pas une âme d'homme ni un cœur anglais en causant des pertes si affreuses pour rien. »

Plus loin il le traite de génie malfaisant et lui applique les vers suivants de Rousseau:

Des remparts abattus, des palais mis en cendre,
Sont de ta cruauté les plus doux ornements?
Tigre à qui la pitié ne peut se faire entendre,

Tu n'aimes que le meurtre et les embrâsements
La frayeur et la mort vont sans cesse à ta suite,
Monstre nourri de sang, cœur abreuvé de fiel.

Comment prétendre sérieusement que le même homme a pu se rendre coupable d'une pareille contradiction?

D'ailleurs, que le *Journal* et les *Mémoires* aient été écrits ou non tous deux par M. Paquin, peu importe; ces deux ouvrages ne valent guère mieux l'un que l'autre et portent la même marque, le même cachet, le cachet de l'esprit de parti le plus injuste. L'éloge que l'auteur des *Mémoires* fait de la *générosité*, de la *douceur* du vieux *brûlot* Colborne, devait seul faire condamner à mort ce livre.

Il est un spectacle que nous trouvons plus beau que celui de M. Paquin, c'est celui du noble et courageux curé de Saint-Charles bénissant les patriotes agenouillés à ses pieds avant le combat. Nous voulons parler de M. Blanchet que son patriotisme n'a pas empêché de devenir un saint évêque, un missionnaire dont la religion et la patrie sont fières.

Entre le prêtre qui prêche la paix et l'écrivain qui se laisse dominer par le ressentiment, il y a une distinction à faire. Nous respectons le premier, il remplissait un devoir; nous condamnons le second, l'homme de parti, c'est notre droit.

S'il fallait en croire M. Globenski et ses autorités, le beau rôle en 1837 n'a pas été joué par les patriotes mais par les bureaucrates!

C'est le renversement de l'histoire, la contradiction monstrueuse de toutes les idées reçues, l'anéantissement des traditions les plus populaires. Ce ne sont pas les victimes qui auraient droit à nos sympathies, mais leurs bourreaux!

Ce ne sont pas les volontaires et les soldats qui ont brûlé les villages, jeté sur les chemins publics des centaines de femmes et d'enfants, pillé, tué et volé; on dirait que ce sont les patriotes.

On s'enthousiasmait au récit de la mort héroïque de Chénier; on pleurait en lisant le testament politique et national de De Lorimier; on s'apitoyait sur le sort de l'infortuné Duquet.

Erreur! erreur profonde!

C'étaient, paraît-il, des insensés, des ambitieux, des révoltés.

Les héros de l'époque, les bienfaiteurs de notre pays sont Colborne et ses braves soldats, les volontaires, les bureaucrates et tous ceux qui ont combattu par la parole ou les armes leurs compatriotes. C'est à eux qu'on devrait adresser nos hommages, élever nos monuments.

Pauvre de Lorimier! Toi qui, à la veille de mourir, ne nous demandais, en retour de tes sacrifices, que de croire à la sincérité de ton patriotisme, tu ne t'attendais pas que des Canadiens-français refuseraient d'écouter ta prière, d'accepter l'offrande de ton sang. Mais ils sont si peu nombreux ces Canadiens-français que leur opinion ne compte pour rien.

C'était une lutte inutile, insensée, dit-on.

À qui la faute? Qui a rendu cette lutte inutile en empêchant le soulèvement d'être général? Ceux mêmes qui aujourd'hui reprochent aux patriotes leur insuccès et se font une gloire de les avoir affaiblis!

Il y eut un moment où la cause de l'indépendance américaine ne tenait qu'à un fil; aurait-on eu le droit de dire, si le fil eût cassé, que Washington était un fou, un imbécile? Daulac et sa poignée de héros se vouent à une mort certaine pour sauver la colonie naissante de Montréal? Était-ce de la folie?

Notre histoire est pleine de ces actes héroïques enfantés par la folie du dévouement, du sacrifice.

N'appelle-t-on pas le plus grand sacrifice dont le monde et le ciel aient été témoins « la folie de la croix? »

Jésus-Christ a été vaincu, lui aussi, vaincu par le nombre, par les bureaucrates, les soldats de César? Il est le modèle, le patron, le soutien de tous ceux qui meurent pour une cause qu'ils croient juste, sainte, nationale.

Plus on blâme l'imprudence et la témérité des patriotes, plus on trouve absurde qu'ils aient songé à entreprendre une lutte aussi inégale, plus on devrait au moins louer leur courage et leur énergie.

Que resterait-il dans l'histoire, si on en faisait disparaître toutes les causes vaincues, tous les héroïsmes écrasés par la force? Qu'auraient à nous montrer la Pologne et l'Irlande?

Si l'insurrection eût triomphé, dit-on, le Canada eût été annexé aux États-Unis, et l'annexion c'était la ruine de notre religion, la mort de notre nationalité.

Lorsque les patriotes américains invoquèrent l'aide de la France, des voix indignées s'élevèrent contre cet appel aux armes étrangères. On disait que c'était une honte, qu'on paierait cher les secours qu'on obtiendrait. Aujourd'hui, les fils des puritains et bureaucrates qui combattaient avec tant d'acharnement Washington, élèvent presque des autels à ce grand homme et proclament la sagesse de ses actions. On peut affirmer sans crainte que si l'insurrection de 1837-1838 eût réussi, ceux qui blâment si sévèrement les patriotes, seraient les plus ardents à bénir le résultat de leurs sacrifices.

Jusques à quand se servira-t-on dans notre pays du spectre de l'annexion pour faire excuser toutes les faiblesses, toutes les trahisons et flétrir les convictions les plus nobles?

Les patriotes étaient, disent leurs détracteurs, des révolutionnaires, des hommes violents, imbus de mauvaises idées, ils organisèrent même des sociétés secrètes.

Quel enfantillage!

Quand et dans quel pays a-t-on vu des insurgés commettre aussi peu d'excès, traiter avec tant de douceur ceux qui les combattaient?

M. Paquin et M. Desève qui essaient de faire croire que leur vie a été en danger, admettent que tous les jours ils allaient et venaient au milieu des patriotes qui se contentaient de les prier de rester avec eux pour leur donner l'absolution avant le combat. Dans quel pays, encore une fois, des insurgés auraient-ils ainsi traité des ennemis déclarés de leur cause? Ignore-t-on que pendant des mois plusieurs centaines de familles anglaises se sont trouvées à la merci d'une population soulevée en grande partie et provoquée tous les jours par leur fanatisme et leur orgueil?

N'est-il pas étonnant qu'il y ait eu aussi peu d'actes de violence?

Nous les avons connus d'ailleurs ces hommes dangereux, il en vit encore plusieurs. Existe-t-il de meilleurs citoyens, des chrétiens plus sincères, des amis plus fidèles de leur religion et de leur patrie? Les Morin, les Girouard, les Lafontaine, les Cartier et les Fabre étaient-ils des hommes bien dangereux?

Le clergé lui-même ne les a-t-il pas reconnus comme les chefs du peuple pendant quarante ans?

Ceux qui moins heureux ont péri dans la tourmente et ont poussé le sacrifice jusqu'à la mort, sont-ils moins dignes de notre estime?

On pousse la malice jusqu'à faire un crime à de Lorimier et à quelques autres patriotes d'avoir essayé d'échapper aux fureurs de la cour martiale en niant la vérité des accusations portées contre eux. Est-ce raisonnable, et cette accusation mérite-t-elle d'être relevée? Depuis quand, sous la loi anglaise, fait-on un crime à l'accusé de plaider « non coupable? » Du reste, en supposant même que pour sauver leur vie, ils auraient eu un moment de faiblesse, ils ne seraient pas les premiers qui avant d'être tout à fait résignés à mourir auraient dit: « Éloignez de moi ce calice. »

On prétend aussi que plusieurs ont reconnu leur erreur et demandé pardon de s'être révoltés. On devrait avoir honte de faire un usage aussi scandaleux des déclarations faites, à la veille de mourir, par de pauvres gens qui abandonnés des hommes, ont dit tout ce qu'ils ont cru nécessaire pour mourir en paix avec Dieu.

Mais pourquoi les défendre davantage? Il y a déjà longtemps que l'opinion publique et le sentiment national ont rendu jugement en leur faveur.

De Lorimier, Cardinal et Duquet! vous avez offert à Dieu vos souffrances et votre martyre pour le bonheur et la liberté de votre patrie. Vous saviez que Dieu regarde avec complaisance les pays où le sang a coulé pour les causes saintes et nationales, et qu'il pardonne beaucoup aux nations qui ont beaucoup souffert.

Le sang que vous avez versé pour la liberté mérite d'être mêlé à celui que nos ancêtres ont répandu pour la foi et la civilisation. Vos sacrifices font partie de notre héritage national.

Acceptez l'offrande de ce livre.

Puissent les larmes que le récit de vos souffrances, fera couler et les sentiments généreux qu'il inspirera vous prouver que le patriotisme n'est pas éteint dans le cœur de vos compatriotes, et que votre souvenir vivra aussi longtemps que la nationalité canadienne-française sur les rives du Saint-Laurent. Pardonnez à ceux qui vous insultent, car ils ne savent ce qu'ils font.

MÉLANGES HISTORIQUES ET LITTÉRAIRES

(Les textes que l'on va lire reflètent assez bien la façon de voir et de penser qui fut celle de l'intellectuel moyen à la fin du XIXᵉ siècle et au début du XXᵉ; la conscience, même lorsqu'elle est lucide, manque de vigueur et le libéralisme s'amende.)

Canadiens-Anglais et Canadiens-Français (1870)

L'étranger qui, partant de l'embouchure du Saint-Laurent, le remonte jusque près de sa source, est frappé des différences que présente l'aspect du pays. À mesure qu'il s'avance vers l'Ouest, il remarque un progrès toujours croissant dans les signes extérieurs qui révèlent la prospérité d'un pays. Cette observation est juste, et, quelles que soient nos susceptibilités nationales, il faut avouer que dans le vaste panorama qui se déroule à ses regards le Canadien-Français n'occupe pas la place la plus brillante.

Il nous en coûte de faire cet aveu, mais les circonstances le justifient et l'exigent même. Il est de ces vérités que la sagesse et le patriotisme commandent de proclamer. Il est bon de mettre quelquefois une société comme un individu en face de ses défauts, de sa situation morale et matérielle. Combien d'hommes auraient évité des chutes fatales, si un ami courageux eût éclairé du flambeau de l'amitié leurs premiers pas dans une route ténébreuse! Il est plus agréable, sans doute, de flatter ceux qu'on aime, d'encourager leur amour-propre et leurs illusions, mais là n'est point le vrai courage, le véritable dévouement.

Disons-le donc franchement: il n'est pas étonnant que le jugement porté sur des faits aussi manifestes nous soit défavorable; notre pays et les diverses populations qui l'habitent offrent des lignes de démarcation faciles à constater. On peut reconnaître partout l'élément anglais à ces dehors brillants qui sont l'apanage de la fortune. C'est lui qui, dans les villes et les campagnes, possède les plus belles propriétés, les terres les mieux cultivées; c'est lui qui occupe la première position dans le commerce, l'industrie et les grandes entreprises. Il a la haute main sur les banques, les compagnies de chemins de fer et de navigation, sur presque toutes ces puissantes associations par lesquelles s'opère le progrès d'un pays.

Ces quartiers aristocratiques, ces palais somptueux, ornement de nos villes, sont habités surtout par des Anglais. Ces équipages magnifiques qui sillonnent nos rues leur appartiennent. C'est sous leur direction que s'agitent ces centres d'activité d'où la vie s'échappe à flots pressés dans les artères du corps social et porte partout la force et la prospérité. Dans toutes les circonstances où l'esprit d'entreprise et la charité font appel aux capitaux, où l'influence et la fortune peuvent se manifester, on les voit figurer au premier rang. Les plus riches marchands, les médecins et les avocats les plus fortunés sont anglais, et il en est ainsi de toutes les classes de la société.

Voilà des faits incontestables dont la malveillance tire des conclusions déplorables pour notre amour-propre national. Mais ces conclusions sont-elles justes? De ce que la population française est moins riche que la population anglaise, s'en suit-il qu'elle soit moins intelligente? Non, c'est une erreur et une calomnie que nous repoussons de toutes nos forces. Nous avons fait nos preuves. Dans la politique, les lettres, les sciences et les arts, nos compatriotes ne sont inférieurs à personne, et lorsque, dans l'industrie, ils peuvent lutter à armes égales, ils manifestent des aptitudes remarquables. Nos hommes d'État n'ont-ils pas, depuis trente ans, joué le premier rôle dans les destinées du pays, et forcé quelquefois la jalousie et la malveillance à s'incliner devant leur talent? Nos avocats et nos écrivains ont-ils moins de talent et de savoir que leurs confrères d'origine anglaise? Non, non, les Canadiens-Français ne manquent pas d'intelligence, tous les jours des étrangers distingués le reconnaissent hautement et ne craignent pas de proclamer que, si nous sommes dignes de la France par le courage et la valeur, nous ne sommes pas moins dignes de notre noble origine par les facultés intellectuelles.

D'où vient donc cette infériorité matérielle qu'on nous reproche? Quelles sont donc les causes qui nous retiennent en arrière des autres races dans cette course au progrès et à la prospérité matérielle qui entraîne, comme dans un tourbillon, toutes les nations de ce continent?

Il faut d'abord tenir compte d'une vérité dont l'expérience et la raison constatent l'existence et les effets. Les nations comme les individus, diffèrent de caractère et d'aptitudes, et cette diversité est, dans l'ordre de la Providence, un élément nécessaire du progrès de l'humanité. Chaque nation a un rôle spécial à jouer dans les destinées du monde et des facultés propres à l'accomplissement de sa mission. Il est incontestable, par exemple, que les races latines si intelligentes ne possèdent pas, autant que les races anglo-saxonnes, l'esprit pratique nécessaire à la spéculation et au commerce. Quoique le milieu dans lequel nous vivons ait réagi sur notre caractère, il est évident qu'il n'a pas détruit l'œuvre et l'empreinte de la nature. Ne nous en plaignons pas trop, car si Dieu nous a choisis pour contrebalancer par l'influence salutaire des idées morales et civilisatrices dont la France nous a confié le dépôt sacré, le matérialisme qui semble, en Amérique, dominer toutes les âmes, c'est un rôle dont nous devons nous glorifier. Mais la richesse, sur ce continent, étant nécessaire à l'exercice de ce noble rôle, on méprisera, au lieu de les adopter, nos institutions et nos principes, si on ne démontre pas qu'ils peuvent se concilier avec l'esprit d'entreprise et le succès dans le commerce et l'industrie.

Les besoins de notre époque (1870)

Il est pour toutes les sociétés des époques de crises et de transitions, des moments d'incertitude et de danger.

Une nation vit pendant un certain temps des dévouements et des grandes vertus qui ont présidé à son origine; l'auréole qui couvre son berceau illumine plusieurs générations, et le sang de ses fondateurs, encore humide sur le sol qu'ils ont illustré, parle aux cœurs, agit sur les âmes.

Le bien-être et la prospérité manquent rarement à une jeune nation; la terre où elle a planté sa tente satisfait pleinement à ses besoins et à ses désirs.

Ce sont là deux principales causes du bonheur et de la tranquillité qui signalent les premiers temps de l'existence d'un peuple.

Plus tard viennent avec l'oubli du passé et les besoins du présent les époques de décadence morale et matérielle, et c'est alors que le patriotisme et l'intelligence sont nécessaires au salut et à la conservation d'un peuple.

La société canadienne-française a une origine et un passé magnifiques. La gloire ne lui a pas manqué à l'ombre du drapeau de la France, et elle a conservé pendant longtemps les nobles sentiments et les glorieuses traditions de ses généreux fondateurs. Établie par des missionnaires et des soldats, elle puisait dans le souvenir de leurs héroïques actions la force et l'énergie qui font les grandes nations.

De plus elle avait ce qui, sur ce continent, vaut mieux que la gloire, elle était riche: un sol fertile et immense lui offrait des ressources inépuisables; pendant près d'un siècle elle a vécu dans la prospérité.

Notre jeune société est-elle ce qu'elle était et a-t-elle réalisé surtout ce qu'elle promettait?

Peut-on affirmer que nous sommes, comme autrefois sur ce continent, les représentants de ces sentiments chevaleresques et de ces traditions d'honneur dont la France se glorifie; que la religion et la probité sont aussi fermes et vivaces dans nos cœurs qu'ils l'étaient dans ceux de nos pères?

Il y a certes encore du patriotisme et des sentiments nobles au sein de notre société, il y a de belles intelligences et de nobles caractères, mais il semble que le niveau moral de notre population a baissé depuis quelques années et qu'il se manifeste, dans les diverses classes qui la composent, des éléments de décadence, des symptômes de dépression, des apparences d'amoindrissement.

Nous avons, au commencement de cet article, exprimé implicitement la pensée que l'état moral d'un pays subissait l'influence de sa situation financière: c'est une vérité incontestable. Le corps réagit constamment sur l'âme et lui communique ses affections et ses souffrances; de même l'ordre matériel exerce sur les facultés morales d'une société une influence heureuse ou fatale.

Un peuple ne vit pas que de sentiments, de souvenirs et de gloire, il lui faut du pain, et ce pain, il ne peut le gagner qu'à la sueur de son front. Ainsi Dieu l'a voulu dans ses décrets éternels, et, depuis six mille ans, l'homme obéit à cette loi immuable, exécute cette terrible sentence. Vivre est donc le principal but de ses efforts, le point de concentration de ses tendances et de ses facultés.

Dans ce siècle surtout de positivisme et de matérialisme, le bien-être et la prospérité sont des éléments nécessaires du bonheur et de la conservation d'un peuple. La patrie, pour la majorité des hommes, est le pays où ils vivent heureux, le gouvernement le plus populaire et le plus légitime est celui qui donne aux peuples la plus grande somme de bien-être et de prospérité.

L'Amérique offre une éclatante démonstration de cette vérité. Pourquoi ce courant magnétique qui pousse vers ses rivages heureux les peuples de l'Europe? Pourquoi cette considérable expatriation des enfants de la France et de l'Angleterre, si enthousiastes de la grandeur de leur patrie et des immortels souvenirs de leur histoire?

Est-ce l'attrait des institutions républicaines, qui attire ces flots d'immigration? Non, c'est le mirage séduisant de la fortune et de la prospérité matérielle, c'est le travail que l'industrie offre à des millions de bras. L'Europe épuisée par le travail de plusieurs siècles ne suffit plus aux besoins de sa population, à l'énergie et à l'activité des nations qui l'habitent.

Pour nous, quels que soient les souvenirs glorieux de notre histoire et la noblesse de notre origine, nous n'en resterons pas moins en arrière des populations qui nous entourent, si nous ne tournons pas nos facultés et nos capitaux vers le développement de nos ressources matérielles. Il est glorieux d'avoir des champs de bataille qui s'appellent Carillon, Châteauguay, ou les plaines d'Abraham, mais encore faut-il ne pas y mourir de faim. L'esprit de tradition est louable, quand il sait se concilier avec les exigences et les besoins du temps, et qu'il n'est pas un obstacle au progrès d'une nation et au perfectionnement continu de l'humanité voulu par Dieu. D'ailleurs, ce n'est pas en restant pauvres que nous conserverons mieux notre foi et les vertus de nos pères, et que nous consoliderons notre existence nationale. Au contraire, la pauvreté nous détruira en nous faisant les humbles serviteurs des populations énergiques au milieu desquelles nous vivrons et en nous privant des moyens de faire respecter notre héritage national.

On attribuera notre infériorité à notre origine et à notre foi et on regardera comme des éléments de faiblesse ce qui fait, à juste titre, notre gloire et devrait être notre force. La foi n'exclut pas l'esprit d'entreprise; au contraire, il est dans l'ordre de la Providence que l'homme cherche constamment à améliorer sa position, à acquérir les moyens de faire du bien à ses semblables et de créer une position honorable à sa famille, à ses descendants. C'est par cette noble ambition que s'opèrent les destinées du monde, et il n'est ni chrétien ni raisonnable celui qui enseigne et pratique le contraire.

Notre mission (1870)

Nous avons dit que les Canadiens-Français devaient conserver leur langue et les institutions religieuses et nationales qu'ils tiennent de la France, pour être dignes de leur noble origine et répondre aux vues de la Providence. Or, c'est par les lettres que se fait surtout cette œuvre de conservation et de propagation; c'est par la littérature qu'un peuple fait sentir l'influence de son génie, de sa nationalité.

Inutile de nous faire l'écho de tous les siècles et de tous les peuples, et de rappeler le souvenir de Rome et d'Athènes, pour constater une vérité aussi évidente.

Qu'il suffise de nommer la France. N'est-ce pas à ses savants, à ses poètes, à ses artistes et à ses orateurs que la France doit l'empire intellectuel du monde et l'expansion de son génie et de son caractère national?

Quand la France parle, l'univers écoute et recueille avec respect ses paroles, ses magnifiques accents.

La France est le Parnasse de l'Europe, le jardin littéraire où toutes les nations sont heureuses de cueillir les fleurs les plus fraîches, les plus exquises de l'intelligence humaine; son souffle répand sur le monde une chaleur vivifiante qui fait germer les grandes pensées, les sentiments généreux.

La poésie a implanté la civilisation française dans les pays où les balles avaient déchiré le drapeau de la France et décimé ses héroïques bataillons.

Sur ce continent d'Amérique, dont la race anglo-saxonne a fait un immense comptoir et le théâtre de son activité et de son ardeur pour le développement des intérêts matériels, nous ne pourrons attirer l'attention du monde qu'en remplissant, par l'expansion de nos nobles institutions, la mission civilisatrice que Dieu semble nous avoir destinée.

M. Rameau, cet écrivain distingué, qui a laissé de profonds souvenirs au Canada, affirme avec énergie que nous sommes appelés à exercer une action salutaire sur la civilisation en Amérique par le culte de la poésie et des beaux-arts, et que nos aptitudes et notre tournure d'esprit nous rendent propres à cette mission.

Français par l'origine, nous le sommes aussi par le caractère et les aptitudes intellectuelles; sur ce terrain du moins, nous avons le droit de porter la tête haute et d'affirmer notre égalité, notre supériorité même, en face des autres races. Elles ne peuvent, elles-mêmes, s'empêcher de constater nos dispositions pour les opérations de l'esprit, et d'applaudir à nos succès littéraires et oratoires.

Du moment que les Canadiens-Français purent goûter à l'arbre de la science, dont pendant si longtemps on les avait tenus éloignés, ils déployèrent de brillantes facultés dans les joûtes parlementaires et littéraires.

On retrouva dans leurs discours et leurs écrits la vivacité de sentiment et l'élévation de pensée qui caractérisent les écrivains français.

Au barreau, à la tribune et dans les professions libérales, dans toutes les branches où le succès et la supériorité dépendent des facultés intellectuelles et morales, nous figurons au premier rang.

Les essais poétiques publiés dans nos revues et nos journaux depuis vingt-cinq ans ont révélé des talents qui, sous un ciel plus clément, se seraient élevés à une hauteur considérable.

Comment se fait-il donc que tous ces talents n'aient pas produit plus d'œuvres durables?

La raison en est toujours la même: la pauvreté!

Il n'y a point de carrière, point d'avenir pour l'homme de lettres au Canada; le talent poétique y est presque déplacé; les muses n'élisent pas domicile dans un pays où elles ne trouvent ni gloire ni fortune.

Une seule voie s'offre ici aux aspirations de la jeunesse et à ses besoins d'existence, c'est celle des professions libérales où elle se jette pêle-mêle sans égard pour les exigences du talent et la diversité des aptitudes.

Bienheureux ceux qui, sur le grand nombre, viennent à bout de s'y créer un avenir! les autres vont s'oublier et se faire oublier dans les bureaux publics ou partent pour les États-Unis.

Il faudrait des Mécènes à ces talents que la pauvreté condamne à étouffer le germe poétique dont Dieu avait orné leur âme. Or, nous n'en avons pas. La fortune, le goût des lettres et la générosité qui font ces hommes précieux, manquent à notre société. Il faut, pour comprendre toute la portée de l'encouragement donné aux lettres dans un pays, un développement intellectuel que nous ne possédons pas encore.

Aussi, que de talents perdus! Que d'existences flétries qui auraient fait la gloire du Canada français et porté son nom et son influence chez les nations étrangères!

Combien qui ont brisé leurs ailes de désespoir et qui auraient pu dire, comme André Chénier, en se frappant le front: « Il y a pourtant quelque chose, là! »

Inutile d'insister davantage sur ce pénible sujet.

Notre pensée est claire: l'accomplissement de cette mission civilisatrice qui semble nous être dévolue dépend de notre prospérité matérielle; nous aurons des écrivains et des poètes qui donneront toute la mesure de leur talent lorsqu'ils pourront vivre du produit de leurs œuvres.

Le clergé et sa mission (1916)

Plus je vieillis, plus je me convaincs que le clergé est la plus grande force nationale et morale du pays, le moteur le plus puissant des œuvres de charité et de dévouement, le corps de l'État le plus ouvert aux idées généreuses, aux sentiments élevés. Combien de fois j'ai constaté que, sans le clergé, il est difficile de fonder une œuvre qui demande du zèle, du dévouement! C'est pour la conserver toujours, cette force bienfaisante, que je me suis permis parfois de mettre le clergé en garde contre certains abus d'autorité, surtout en matière politique, et de lui dire des choses désagréables, malgré la sympathie que je lui porte. J'étais de bonne foi, j'étais convaincu que la religion souffrirait sérieusement de l'usage que des politiciens faisaient de son influence religieuse, et qu'il était dangereux de donner raison de croire et de dire que les catholiques, dans ce pays, n'étaient pas libres de parler et de voter suivant leur conscience et leur jugement. Les autorités romaines ont adopté cette manière de voir et nous avons eu depuis, dans une certaine mesure, la paix religieuse. Les relations entre le clergé et nos hommes politiques n'ont jamais été plus amicales; bien des préjugés sont tombés, beaucoup de rancunes regrettables sont disparues.

Jamais le clergé n'a été dans des conditions plus favorables pour accomplir sa bienfaisante mission parmi nous, pour exercer son action dans l'intérêt religieux, moral et national de notre population. C'est lui qui, dans nos collèges, nos écoles et nos chaires paroissiales, forme l'esprit et le caractère du peuple, de ceux surtout qui sont destinés à le conduire, à exercer, dans certains milieux, leur influence sur leurs semblables.

C'est une grande et noble mission qui demande beaucoup de zèle, de dévouement et de tact.

Si les hommes qu'il a formés ne sont pas au point de vue moral et national ce qu'ils devraient être, si, dans la vie privée ou publique, ils commettent des fautes graves, on l'en rend plus ou moins responsable. « Voilà, dit-on, les résultats de notre système d'éducation. » Naturellement les opinions, à ce sujet, sont souvent injustes ou exagérées.

Toutefois, dans nos collèges et nos écoles, on devrait plus que jamais stimuler chez les élèves le respect de soi-même et des autres et combattre des défauts qui sont de nature à nous amoindrir aux yeux des autres races comme Français et catholiques, à leur faire méconnaître la valeur de notre formation morale, de notre système d'éducation.

Plus que jamais il faut former des hommes forts, à la conscience éclairée, aux principes solides, des hommes de caractère, de volonté et d'action, pénétrés du sentiment du devoir, capables de résister aux tentations, aux séductions néfastes, comme aux désenchantements si cruels de la vie. On devrait les préparer à faire face aux dangers de l'avenir, leur indiquer les moyens de les combattre. Que de naufrages, que d'existences brisées, faute de connaissance, d'avertissement ou de direction! Aux motifs religieux qui devront les guider, on devrait joindre le sentiment du devoir, le culte de l'honneur privé et national, le respect des lois, de l'autorité, de la propriété publique et privée, la crainte de tout ce qui est vil, vulgaire, grossier, de tout ce qui peut faire mal juger notre population.

À quoi nous servira-t-il de faire étalage de nos convictions religieuses et nationales, de célébrer sans cesse les vertus de nos ancêtres, si nos actes ne justifient pas nos prétentions, si, dans la vie publique comme dans la vie privée, nous ne valons pas mieux que les autres. Il est certaines vérités que le clergé devrait entendre; il devrait faire la distinction entre les hommes sincèrement religieux qui lui disent ces vérités dans son intérêt et pour le bien de la religion, et ceux qui, en dénonçant certains abus, sont inspirés par un mauvais esprit, par le désir de faire accepter des théories dangereuses. Ces hommes de bien se croyant mal notés, dans les cercles ecclésiastiques, pour avoir dit des vérités qu'ils croyaient utiles, finissent par se taire et laissent le champ libre à ceux que les scrupules religieux ne fatiguent pas.

De ce qui précède, voici la conclusion.

Les Canadiens-Français en général, nos prêtres en particulier, ont intérêt à ce que le clergé conserve son influence et son autorité pour le bien moral et national de notre population. À cette fin, ils devraient s'entendre pour faire ce que le bonheur et le progrès de notre province exigent, pour empêcher ou éviter des abus, des fautes et des erreurs, des mécontentements et des irritations funestes à cette autorité.

Si nous devons avoir le plus grand respect pour le caractère, les vertus et les enseignements de nos prêtres et reconnaître, en toute occasion, leur zèle religieux et national, ils doivent, de leur côté, tenir compte de nos droits, de nos devoirs et de nos intérêts dans les sphères soumises à notre juridiction. Dans l'administration des fabriques, des écoles, des affaires publiques en général, ils doivent écouter les conseils des bons citoyens, prêter l'oreille aux plaintes qui souvent se font entendre. Il est toujours dangereux d'abuser de la bonne volonté, de la sympathie et de la générosité des gens, il est bon même quelquefois de modérer un zèle momentané, un excès de sympathie. Lorsque, sous l'empire d'un sentiment généreux, les citoyens ont contracté des obligations trop onéreuses, ils oublient qu'ils ont consenti à tout et ils cherchent à jeter sur d'autres épaules la responsabilité de leur imprudence. La construction des églises et des presbytères donne souvent lieu à des cas de cette nature.

Combien de fois des catholiques sincères, ardents même, n'ont pas voulu dire ce qu'ils croyaient juste et bon, ou protester contre certains abus, afin de ne pas s'exposer à être mal notés par leur curé et par son entourage?

Mais il faut avouer que dans la plupart des cas, le conseil privé est plus convenable, vaut mieux et a plus d'effet que la critique publique.

Convaincu comme je le suis que nos destinées dépendent en grande partie de notre clergé et de la sagesse de ses actes, que nulle autre autorité n'a autant d'influence sur les opinions, les sentiments de notre population, je ne puis me lasser de répéter ce que je crois nécessaire à la conservation de cette influence.

Avoir entre les mains les destinées nationales et morales d'un peuple est un grand honneur, une tâche glorieuse, mais aussi une lourde responsabilité. Savoir concilier dans un milieu comme le nôtre, les intérêts éternels de ce peuple avec ses intérêts temporels, avec les exigences de son progrès matériel et de son influence nationale, demande beaucoup de sagesse et de prudence.

Le prêtre a été l'ami le plus fidèle, le plus dévoué, le conseiller le plus sage de nos pères, il était à côté d'eux dans leurs luttes et leurs souffrances, pour les fortifier et les consoler, pour leur apprendre à vivre saintement et à mourir héroïquement. Sans lui, auraient-ils réussi à fonder une Nouvelle-France, à implanter en Amérique la civilisation française et le christianisme?

Il doit continuer son œuvre de conservation nationale et religieuse, en tenant compte des besoins nouveaux, du progrès des idées, des exigences du temps et de notre situation sociale et politique, en démontrant que le catholicisme, au lieu d'être un élément de faiblesse, est pour un peuple un élément de force morale et nationale, de vertu, d'honnêteté, de patriotisme, de véritable progrès, qu'enfin une société soumise à son autorité est une société de bons chrétiens, de citoyens vertueux et utiles, accomplissant avec zèle et intelligence leurs devoirs envers Dieu et la patrie.

Toutes les rigueurs dont j'ai été et pourrais être l'objet, ne m'empêcheront pas de croire et de dire qu'il n'y a rien de plus beau et de meilleur sur la terre que le sacerdoce catholique et que nulle part plus qu'au Canada il n'a exercé son influence salutaire. Et c'est sous l'empire de cette conviction que je me suis permis de dire des choses qui m'ont attiré ses rigueurs. Plus j'étais convaincu, plus je me croyais obligé de le mettre en garde contre certains abus en lui répétant ce qui se disait dans le monde où je vivais.

Il faut qu'il y ait dans le monde des hommes qui aient le courage de dire des vérités désagréables même à ceux qu'ils aiment; c'est un rôle ingrat et qui demande beaucoup de courage, de discrétion, de dévouement et une force de conviction que les déboires ne puissent pas ébranler.

Ils sont nombreux ceux que la critique exagérée, l'agression violente et les dénonciations humiliantes jettent dans l'indifférence ou le scepticisme religieux et national.

L'orgueil blessé fournit un grand nombre de recrues à l'armée des libres-penseurs.

Poètes

LOUIS FRÉCHETTE (1839-1908)

Romantique à la façon de Victor Hugo, c'est-à-dire avec beaucoup de démesure et un goût pas toujours très sûr, Louis Fréchette, journaliste et homme politique, a connu une vie mouvementée; poète, conteur et dramaturge, il a produit des œuvres où le meilleur voisine avec le pire. En ces dernières années, l'on a voulu ressusciter son théâtre: il reste illisible; l'on n'a pas réussi non plus à faire de ses contes et de ses mémoires ses meilleures œuvres, bien que leur couleur locale nous intéresse et que l'esprit de leur auteur ne soit pas sans charme. Pour peu que l'on veuille bien le situer dans son époque, Louis Fréchette demeure le grand poète que ses contemporains ont sacré barde national et celui que l'Académie française a récompensé par le prix Montyon en 1880. Fréchette a beau n'être, en effet, qu'un petit Hugo, il n'empêche qu'un Canadien français ne peut lire sans fierté ni sans émotion *La Légende d'un peuple*. L'on y retrouve tout entier, à travers les visions colorées et grandioses d'un amant de la nature, le vaste espace américain que nos ancêtres gagnèrent à la France avant que celle-ci ne le perdît aux Américains, et tout entière aussi l'histoire de nos valeureux pères: chacun de nous y reconnaît les siens, que ce soit parmi les découvreurs et les pionniers du régime français ou parmi les combattants de l'anglais et les lutteurs du régime britannique, voire parmi les excommuniés de la théocratie et les révolutionnaires de 1837-1838, car Fréchette est un rouge qui adore la liberté et chérit le peuple. Superficiel, le poète compense par la variété de ses thèmes et de ses sentiments, ainsi que par l'abondance de ses couleurs, la profondeur qui lui manque; grandiloquent, il fait accepter sa rhétorique en la nourrissant d'objets à sa mesure.

Renouveau

Il faisait froid. J'errais dans la lande déserte,
Songeant, rêveur distrait, aux beaux jours envolés;
De givre étincelant la route était couverte,
Et le vent secouait les arbres désolés.

Tout à coup, au détour du sentier, sous les branches
D'un buisson dépouillé, j'aperçus, entr'ouvert,
Un nid, débris informe où quelques plumes blanches
Tourbillonnaient encor sous la bise d'hiver.

Je m'en souvins: — c'était le nid·d'une linotte
Que j'avais, un matin du mois de mai dernier,
Surprise, éparpillant sa merveilleuse note
Dans les airs tout remplis d'arôme printanier.

Ce jour-là, tout riait; la lande ensoleillée
S'enveloppait au loin de reflets radieux;
Et, sous chaque arbrisseau, l'oreille émerveillée
Entendait bourdonner des bruits mélodieux.

Le soleil était chaud, la brise caressante;
De feuilles et de fleurs les rameaux étaient lourds...
La linotte chantait sa gamme éblouissante
Près du berceau de mousse où dormaient ses amours.

Alors, au souvenir de ces jours clairs et roses,
Qu'a remplacés l'automne avec son ciel marbré,
Mon cœur, — j'ai quelquefois de ces heures moroses, —
Mon cœur s'émut devant ce vieux nid délabré.

Et je songeai longtemps à mes jeunes années,
Frêles fleurs dont l'orage a tué les parfums,
À mes illusions que la vie a fanées,
Au pauvre nid brisé de mes bonheurs défunts!

Car quelle âme ici-bas n'eut sa flore nouvelle,
Son doux soleil d'avril et ses tièdes saisons —
Épanouissement du cœur qui se révèle!
Des naïves amours mystiques floraisons!

Ô jeunesse! tu fuis comme un songe d'aurore...
Et que retrouve-t-on, quand ton rêve est fini?
Quelques plumes, hélas! qui frissonnent encore
Aux branches où le cœur avait bâti son nid.

II

Et je revins chez moi, ce soir-là, sombre et triste...
Mais, quand la douce nuit m'eut versé son sommeil,
Dans un tourbillon d'or, de pourpre et d'améthyste,
Je vis renaître au loin le beau printemps vermeil.

Je vis, comme autrefois, la lande, ranimée,
Étaler au soleil son prisme aux cent couleurs;
Des vents harmonieux jasaient dans la ramée,
Et des rayons dorés pleuvaient parmi les fleurs!

La nature avait mis sa robe des dimanches...
Et je vis deux pinsons, sous le feuillage vert,
Qui tapissaient leur nid avec ces plumes blanches
Dont les lambeaux flottaient naguère au vent d'hiver.

629

Ô temps! courant fatal où vont nos destinées,
De nos plus chers espoirs aveugle destructeur,
Sois béni! car, par toi, nos amours moissonnées
Peuvent encor revivre, ô grand consolateur!

Dans l'épreuve, par toi, l'espérance nous reste...
Tu fais, après l'hiver, reverdir les sillons;
Et tu verses toujours quelque baume céleste
Aux blessures que font tes cruels aiguillons.

Au découragement n'ouvrons jamais nos portes:
Après les jours de froid viennent les jours de mai;
Et c'est souvent avec ses illusions mortes
Que le cœur se refait un nid plus parfumé!

Jolliet

Le grand fleuve dormait couché dans la savane.
Dans les lointains brumeux passaient en caravane
De farouches troupeaux d'élans et de bisons.
Drapé dans les rayons de l'aube matinale,
Le désert déployait sa splendeur virginale
    Sur d'insondables horizons.

Juin brillait. Sur les eaux, dans l'herbe des pelouses,
Sur les sommets, au fond des profondeurs jalouses,
L'été fécond chantait ses sauvages amours.
Du Sud à l'Aquilon, du Couchant à l'Aurore,
Toute l'immensité semblait garder encore
    La majesté des premiers jours.

Travail mystérieux! les rochers aux fronts chauves,
Les pampas, les bayous, les bois, les antres fauves,
Tout semblait tressaillir sous un souffle effréné;
On sentait palpiter les solitudes mornes,
Comme au jour où vibra, dans l'espace sans bornes,
    L'hymne du monde nouveau-né.

L'Inconnu trônait là dans sa grandeur première.
Splendide, et tacheté d'ombres et de lumière,
Comme un reptile immense au soleil engourdi,
Le vieux Meschacébé, vierge encor de servage,
Déployait ses anneaux de rivage en rivage
    Jusques aux golfes du Midi.

630

Écharpe de Titan sur le globe enroulée,
Le grand fleuve épanchait sa nappe immaculée
Des régions de l'Ourse aux plages d'Orion,
Baignant le steppe aride et les bosquets d'orange,
Et mariant ainsi dans un hymen étrange
      L'Équateur au Septentrion.

Fier de sa liberté, fier de ses flots sans nombre,
Fier des grands bois mouvants qui lui versent leur ombre,
Le Roi-des-Eaux n'avait encore, en aucun lieu
Où l'avait promené sa course vagabonde,
Déposé le tribut de sa vague profonde,
      Que devant le soleil et Dieu!...

Jolliet! Jolliet! quel spectacle féerique
Dut frapper ton regard, quand ta nef historique
Bondit sur les flots d'or du grand fleuve inconnu!
Quel sourire d'orgueil dut effleurer ta lèvre!
Quel éclair triomphant, à cet instant de fièvre,
      Dut resplendir sur ton front nu!

Le voyez-vous, là-bas, debout comme un prophète,
L'œil tout illuminé d'audace satisfaite,
La main tendue au loin vers l'Occident bronzé,
Prendre possession de ce domaine immense,
Au nom du Dieu vivant, au nom du roi de France,
      Et du monde civilisé?

Puis, bercé par la houle, et bercé par ses rêves,
L'oreille ouverte aux bruits harmonieux des grèves,
Humant l'âcre parfum des grands bois odorants,
Rasant les îlots verts et les dunes d'opale,
De méandre en méandre, au fil de l'onde pâle,
      Suivre le cours des flots errants!

À son aspect, du sein des flottantes ramures,
Montait comme un concert de chants et de murmures;
Des vols d'oiseaux marins s'élevaient des roseaux,
Et, pour montrer la route à la pirogue frêle,
S'enfuyaient en avant, traînant leur ombre grêle
      Dans le pli lumineux des eaux.

Et pendant qu'il allait voguant à la dérive,
On aurait dit qu'au loin les arbres de la rive,
En arceaux parfumés penchés sur son chemin,
Saluaient le héros dont l'énergique audace

Venaient d'inscrire encor le nom de notre race
Aux fastes de l'esprit humain!

Ô grand Meschacébé! — voyageur taciturne,
Bien des fois, aux rayons de l'étoile nocturne,
Sur tes bords endormis je suis venu m'asseoir;
Et là, seul et rêveur, perdu sous les grands ormes,
J'ai souvent du regard suivi d'étranges formes
Glissant dans les brumes du soir.

Tantôt je croyais voir, sous les vertes arcades,
Du fatal De Soto passer les cavalcades
En jetant au désert un défi solennel;
Tantôt c'était Marquette errant dans la prairie,
Impatient d'offrir un monde à sa patrie,
Et des âmes à l'Éternel.

Parfois, dans le lointain, ma prunelle trompée
Croyait voir de La Salle étinceler l'épée,
Et parfois, morne essaim sortant je ne sais d'où,
Devant une humble croix — ô puissance magique! —
De farouches guerriers à l'œil sombre et tragique
Passer en pliant le genou!

Et puis, berçant mon âme aux rêves des poètes,
J'entrevoyais aussi de blanches silhouettes,
Doux fantômes flottant dans le vague des nuits:
Atala, Gabriel, Chactas, Évangeline,
Et l'ombre de René, debout sur la colline,
Pleurant ses éternels ennuis.

Et j'endormais ainsi mes souvenirs moroses...
Mais de ces visions poétiques et roses
Celle qui plus souvent venait frapper mon œil,
C'était, passant au loin dans un reflet de gloire,
Ce hardi pionnier dont notre jeune histoire
Redit le nom avec orgueil.

Jolliet! Jolliet! deux siècles de conquêtes,
Deux siècles sans rivaux ont passé sur nos têtes,
Depuis l'heure sublime, où, de ta propre main,
Tu jetas d'un seul trait sur la carte du monde
Ces vastes régions, zône immense et féconde,
Futur grenier du genre humain!

Deux siècles sont passés depuis que ton génie
Nous fraya le chemin de la terre bénie

Que Dieu fit avec tant de prodigalité,
Qu'elle garde toujours dans les plis de sa robe,
Pour les déshérités de tous les points du globe,
        Du pain avec la liberté!

Oui, deux siècles ont fui! La solitude vierge
N'est plus là! Du progrès le flot montant submerge
Les vestiges derniers d'un passé qui finit.
Où le désert dormait grandit la métropole;
Et le fleuve asservi courbe sa large épaule
        Sous l'arche aux piles de granit!

Plus de forêts sans fin! la vapeur les sillonne;
L'astre des jours nouveaux sur tous les points rayonne:
L'enfant de la nature est évangélisé;
Le soc du laboureur fertilise la plaine;
Et le surplus doré de sa gerbe trop pleine
        Nourrit le vieux monde épuisé!

Des plus purs dévoûments merveilleuse semence!
Qui de vous eût jamais rêvé cette œuvre immense,
Ô Jolliet, et vous, apôtres ingénus,
Vaillants soldats de Dieu, sans orgueil et sans crainte,
Qui portiez le flambeau de la vérité sainte
        Dans ces parages inconnus?

Des volontés du ciel exécuteurs dociles,
Vous fûtes les jalons qui rendent plus faciles
Les durs sentiers où doit marcher l'humanité...
Gloire à vous tous! du Temps franchissant les abîmes,
Vos noms environnés d'auréoles sublimes
        Ont droit à l'immortalité!

Et toi, de ces héros généreuse patrie,
Sol canadien, qu'on aime avec idolâtrie,
Dans l'accomplissement de tous ces grands travaux,
Quand je pèse la part que le ciel t'a donnée,
Les yeux sur l'avenir, terre prédestinée,
        J'ai foi dans tes destins nouveaux!

Papineau (I)

De nos jours comme au temps de la Grèce et de Rome,
Souvent un peuple entier s'incarne dans un homme.

Quarante ans transformant la tribune en créneau,
L'homme-type chez nous s'appela Papineau!
Quarante ans il tonna contre la tyrannie;
Quarante ans de son peuple il fut le bon génie,
L'inspirateur sublime et l'âpre défenseur;
Quarante ans, sans faiblir, au joug de l'oppresseur
Il opposa ce poids immense, sa parole.
Il fut tout à la fois l'égide et la boussole;
Fallait-il résister ou fallait-il férir,
Toujours au saint appel on le vit accourir;
Et toujours à l'affût, toujours sur le qui-vive,
Quarante ans de son peuple il fut la force vive!

La persécution, ne pouvant l'écraser,
Avec l'appât, un jour, tente de l'apaiser.
Alors du vieux lion l'indomptable courage
Frémit sous la piqûre et bondit sous l'outrage.
Vous savez tous, ô vous que sa verve cingla,
Ce qu'il vous fit payer pour cette insulte-là!
Ô les persécuteurs arrogants ou serviles,
Fauteurs intéressés de discordes civiles,
Comme il vous foudroyait de son verbe éclatant!
Il savait être doux et pardonner pourtant

Plus tard, après l'orage et les luttes brûlantes,
Ni les longs jours d'exil, ni les haines sanglantes,
Ni les lazzi moqueurs, ni l'oubli des ingrats
— Quand l'athlète vaincu sentit vieillir son bras —
Ne purent ébranler cette âme fière et haute.
Sans fiel devant la honte, indulgent pour la faute,
Tout entier au pays, son cœur ne put haïr
Même les renégats payés pour le trahir!

Ô Papineau! bientôt disparaîtra la trace
Des luttes qu'autrefois dut subir notre race.
Déjà, sur un monceau de préjugés détruits,
De tes combats d'antan nous recueillons les fruits.
Mais, quel que soit le sort que l'avenir nous garde,
Ainsi qu'au temps jadis, debout à l'avant-garde,
À notre tête encore, ô soldat des grands jours,
Demain comme aujourd'hui, nos yeux verront toujours
— Que l'horizon soit clair ou que le ciel soit sombre —
Se dresser ton génie et planer ta grande ombre!

634

Saint-Denis

Un jour, après avoir longtemps courbé le front,
Le peuple se leva pour venger son affront.

Comment, dans ce conflit de forces inégales,
Armés de vieux mousquets chargés avec des balles
Qu'ils fondaient de leurs mains sous le feu des Anglais
On les vit tout un jour riposter aux boulets,
Et puis, finalement, remporter la victoire
On croit rêver devant cette page d'histoire.
Un de mes vieux amis me l'a contée cent fois.

Et, quand il relatait ces choses-là, sa voix
Tremblait toujours un peu, car c'était de son père
Un des seuls et derniers survivants de l'affaire
Qu'il tenait les détails du drame ensanglanté,
Où son grand-père était mort pour la liberté.

Ils n'étaient pas en tout quatre cents. Dès la veille,
Ils s'étaient confessés; et l'esprit s'émerveille
À songer que ces gens, sans chefs, mal équipés,
Fiers revendicateurs de leurs droits usurpés,
Dans leur révolte sainte et leur courage austère,
Osaient braver ainsi la puissante Angleterre.

Mais la force et l'audace au nombre suppléant,
La lutte fut épique et le combat géant.
Aux éclats du canon, sous les balles sifflantes,
Sous le toit effondré des masures croulantes,
Dans les folles clameurs et les trombes de fer,
Le village assiégé grondait comme un enfer.
Par moments, on pouvait, à travers la fumée,
Voir tout un régiment, et presque un corps d'armée,
Dans un cercle de feu, s'avancer pas à pas,
Cherchant des ennemis qu'on n'apercevait pas.

Les lourds affûts, traînés à grand bruit de ferrailles,
Disloquaient çà et là, charpentes et murailles;
Aux vitres, sur les toits, partout le plomb strident
Crépitait, ricochait, grêlait; et cependant
C'étaient eux, les soldats — chose incompréhensible —
Qui pour un tir fatal semblaient servir de cible,
Et, criblés, ne sachant à quels saints se vouer,
Voyaient leurs masses fondre et leurs rangs se trouer.

Ils avaient cru n'avoir qu'à cerner un village
Avant d'y promener la torche et le pillage;
Et voilà que battus, décimés, écharpés,
Ce sont eux qui se voient partout enveloppés!

Et comment repousser ces attaques étranges?
Au coin des murs, au seuil des maisons et des granges,
Dans le creux des fossés, aux pentes d'un guérêt,
Où son costume gris s'efface et disparaît,
Partout, la crosse en joue, un insurgé se dresse
Et les fusille avec une incroyable adresse.
Où pointer les canons? où fondre? où se porter?
Dans ce dédale affreux comment s'orienter?...
Là, qui s'arrête tombe; ici, feu sur qui bouge!
Mort à tout ce qui porte un uniforme rouge!...
Cela faisait un sombre et farouche tableau.

Le commandant, un vieux soldat de Waterloo,
Pâle, et voyant déjà, sans être un grand prophète,
Venir l'humiliante et fatale défaite,
Devant cet ennemi qui glisse dans ses mains,
Aux premiers rangs s'épuise en efforts surhumains.
Il comprend que pour lui l'échec serait la honte;
Et, courant au-devant de la mort qu'il affronte,
Il cherche en vain, par des appels exaspérés,
À rallier un peu ses soldats effarés...

Le vieux patriote

Moi, mes enfants, j'étais un « patriote », un vrai!
Je n'en disconviens pas; et, tant que je vivrai,
On ne me verra point m'en vanter à confesse...
Je sais bien qu'aujourd'hui maint des nôtres professe
De trouver insensé ce que nous fîmes là.
Point d'armes, point de chefs, c'est ceci, c'est cela;
On prétend que c'était faire d'un mal un pire
Que de se révolter. Tout ça, c'est bon à dire,
Lorsque la chose est faite et qu'on sait ce qu'on sait!

Ces sages-là, je puis vous dire ce que c'est;
Ça me connaît, allez; c'est un vieux qui vous parle,
Nous en avions ailleurs, mais surtout à Saint-Charle.
Ah! la sagesse même! et pleins de bons conseils.
Si tous les Canadiens eussent été pareils,
On en aurait moins vu debout qu'à quatre pattes.

Nous les nommions torys, chouayens, bureaucrates;
Avec bien d'autres noms — peu propres, je l'admets.

Ces gens-là, voyez-vous, cela ne meurt jamais;
Et si, ce dont je doute, ils ont une âme à rendre,
Le bon Dieu n'a pas l'air bien pressé de la prendre.
D'ailleurs il en revient; on en voit tous les jours.
Aussitôt les loups pris, ils connaissent les tours;
Moisson faite, ils sont là pour gruger la récolte.
J'en ai connu qui nous poussaient à la révolte,
Et qui, le lendemain de nos premiers malheurs,
Nous traitaient de brigands, d'assassins, de voleurs.
Ou qui criaient: — Je vous l'avais bien dit! Ah! dame,
On aurait pu bourrer la nef de Notre-Dame,
Après l'affaire, avec ces beaux prophètes-là!
Il en poussait partout, en veux-tu en voilà!
Qu'on me montre un pouvoir qui frappe ou qui musèle,
Je vous en fournirai de ces faiseurs de zèle!

Et puis n'avions-nous pas les souples, les rampants,
Les délateurs payés, les mouchards, les serpents?
Ces Judas d'autrefois, je les retrouve encore.
Tout ce qui les anime et ce qui les dévore,
C'est le bas intérêt, l'instinct matériel.
Ils pullulaient autour du gibet de Riel;
Les noms seuls sont changés. Quand le cruel Colborne
Incendiait nos bourgs, leur joie était sans borne.
Ils disaient, en voyant se dresser l'échafaud,
Alors comme aujourd'hui: — C'est très bien, il le faut!
On doit défendre l'ordre et venger la morale! —

Et puis, dame, il faut voir la mine doctorale
Qu'ils prennent pour vous dire un tas d'absurdités
De cette force-là. Pour eux, les lâchetés
Ne comptent pas; allez, je les ai vus à l'œuvre;
Il en est qui rendraient des points à la couleuvre
Pour faire en serpentant leur tortueux chemin.
Et puis, messieurs vous font passer à l'examen!
Quand on ne peut comme eux se faire à tous les rôles,
On n'est que des cerveaux brûlés, ou bien des drôles.
Charmant d'avoir affaire à de pareils grands cœurs!

Mais laissons de côté rancunes et rancœurs.
Je voulais, mes enfants, tout bonnement vous dire
Que j'étais patriote alors, et pas pour rire!
J'en ai vu la Bermude, — un pays, en passant,
Sans pareil pour qui veut faire du mauvais sang;

Un pays bien choisi pour abrutir un homme; —
Eh bien, mes compagnons pourront vous dire comme
J'ai toujours été fier, en mes plus durs instants,
D'avoir été comme eux l'un des fous de mon temps!
Je me moque du reste. Et puis, voyons, que diantre!
Si nous étions restés, comme on dit, à plat ventre,
Ainsi que j'en connais, courbés sous le mépris
De ceux qui nous voulaient asservir à tout prix;
Si nous eussions subi la politique adroite
Dont on cherche à leurrer les peuples qu'on exploite;
Que dis-je? non contents du titre de sujets,
Si nous avions servi les perfides projets
De ceux qui nous voulaient donner celui d'esclaves,
Dites-moi donc un peu, que serions-nous, mes braves?

Quand furent épuisés tous les autres moyens,
Nous avons dit un jour: — Aux armes, citoyens!...
Nous n'avions pas, c'est vrai, de très grandes ressources!
Nous avions même un peu le diable dans nos bourses;
Il fallait être enfin joliment aux abois,
Avec de vieux fusils et des canons de bois
Pour déclarer ainsi la guerre à l'Angleterre;
Mais des hommes de cœur ne pouvaient plus se taire.
Plutôt que sous le joug plier sans coup férir,
Nous avons tous jugé qu'il valait mieux mourir.

Le premier résultat fut terrible sans doute;
Bien du sang généreux fut versé sur la route;
Sur les foyers détruits, bien des yeux ont pleuré;
Mais, malgré nos revers, peuple régénéré,
Nous avons su montrer — que l'heure en soit bénie! —
Ce que peut un vaincu contre la tyrannie.

Au reste, l'on a vu le parlement anglais
— Qui ne vient pas souvent pleurer dans nos gilets,
Et qu'on accuse peu de choyer ses victimes —
Déclarer par le fait nos griefs légitimes.
Les droits qu'on réclamait, il les reconnut tous!
Et l'on nous traite encor de drôles et de fous!...
Mais l'insensé qui blâme avec tant d'assurance,
Si l'on ne lui fait plus crime d'aimer la France,
S'il n'a plus sous le joug à passer en tremblant,
S'il possède le sol, s'il mange du pain blanc,
S'il peut seul, à son gré, taxer son patrimoine,
S'il vend à qui lui plaît son orge ou son avoine,
Si des torts d'autrefois il a bien vu la fin,
S'il peut parler sa langue, et s'il est libre enfin,

Il aura beau hausser encor plus les épaules,
Il le devra toujours à ces fous, à ces drôles!

Oui, mes enfants, j'étais un patriote, un vrai;
Et jusques à la mort, je m'en applaudirai!

Tom Caribou

Cric, crac, les enfants! Parli, parlo, parlons! Pour en savoir le court et le long,
passez l'crachoir à Jos Violon. Sacatabi, sac-à-tabac! À la porte les ceuses
qu'écouteront pas!

Est-il besoin de dire que le conteur qui débutait ainsi n'était autre que
Jos Violon lui-même, mon ami Jos Violon, qui présidait à une *veillée de
contes*, la veille de Noël au soir, chez le père Jean Bilodeau, un vieux forgeron
de notre voisinage.

Pauvre vieux Jean Bilodeau, il y a maintenant plus de cinquante ans que
j'ai entendu résonner son enclume, et il me semble le voir encore assis à la
porte du poêle, les coudes sur les genoux, avec le tuyau de son brûle-gueule
enclavé entre les trois incisives qui lui restaient.

Jos Violon était un type très amusant, qui avait passé sa jeunesse dans
les chantiers de « bois carré », et qui n'aimait rien tant que de raconter ses
aventures de voyages dans les « pays d'en haut », comme on appelait alors
les coupes de bois de l'Ottawa, de la Gatineau et du Saint-Maurice.

Ce soir-là, il était en verve.

Il avait été « compère » le matin, suivant son expression; et comme les
accessoires de la cérémonie lui avaient mis un joli brin de brise dans les
voiles, une histoire n'attendait pas l'autre.

Toutes des histoires de chantier, naturellement: batailles, accidents,
pêches extraordinaires, chasses miraculeuses, apparitions, sortilèges, prouesses de toutes sortes, il y en avait pour tous les goûts.

— Dites-nous donc un conte de Noël, Jos, si vous en savez, en attendant
qu'on parte pour la messe de Mênuit, fit quelqu'un — une jeune fille qu'on
appelait Phémie Boisvert, si je me rappelle bien.

Et Jos Violon, qui se vantait de connaître les égards dus au *sesque*, avait
tout de suite débuté par les paroles sacramentelles que j'ai rapportées plus
haut.

À la suite de quoi, après s'être humecté la luette avec un doigt de jamaïque, et avoir allumé sa pipe à la chandelle, à l'aide d'une de ces longues
allumettes en cèdre dont nos pères, à la campagne, se servaient avant et même
assez longtemps après l'invention des allumettes chimiques, il entama son
récit en ces termes:

— C'était donc pour vous dire, les enfants, que, cette année-là, j'avions
été faire une cage de pin rouge en en-haut de Bytown, à la fourche d'une
petite rivière qu'on appelle la Galeuse, un nom pas trop appétissant comme
vous voyez, mais qu'a rien à faire avec l'histoire que je m'en vas vous raconter.

J'étions quinze dans not' chantier; depuis le boss jusqu'au choreboy, autrement dit marmiton.

Tous des hommes corrects, bons travaillants, pas chicaniers, pas bâdreux, pas sacreurs — on parle pas, comme de raison, d'un petit torrieux de temps en temps pour émoustiller la conversation — et pas d'ivrognes.

Excepté, un, dame! faut ben le dire, un toffe!

Ah! pour celui-là, par exemple, les enfants, on appelle pus ça ivrogne; quand il se rencontrait face à face avec une cruche, ou qu'il se trouvait le museau devant un flacon, c'était pas un homme, c'était un entonnoir.

Y venait de quèque part derrière les Trois-Rivières.

Son nom de chrétien était Thomas Baribeau; mais comme not' foreman qu'était un Irlandais avait toujours de la misère à baragouiner ce nom-là en anglais, je l'avions baptisé parmi nous autres du surbroquet de *Tom Caribou*.

Thomas Baribeau, Tom Caribou, ça se ressemblait, c'pas? Enfin, c'était son nom de cage, et le boss l'avait attrapé tout de suite, comme si ç'avait été un nom de sa nation.

Toujours que, pour parler, m'a dire comme on dit, à mots couverts, Tom Caribou ou Thomas Baribeau, comme on voudra, était un gosier de fer-blanc première qualité, et par-dessus le marché, faut y donner ça, une rogne patente; quèque chose de dépareillé.

Quand je pense à tout ce que j'y ai entendu découdre contre le bon Dieu, la sainte Vierge, les anges et toute la saintarnité, il m'en passe encore des souleurs dans le dos.

Il inventait la vitupération des principes, comme dit M. le curé.

Ah! l'enfant de sa mère, qu'il était donc chéti, c't'animal-là!

Ça parlait au diable, ça vendait la poule noire, ça reniait père et mère cinq six fois par jour, ça faisait jamais long comme ça de prière: enfin, je vous dirai que toute sa gueuse de carcasse, son âme avec, valait pas, sus vot' respèque, les quat' fers d'un chien. C'est mon opinion.

Y en avait pas manque dans not' gang qui prétendaient l'avoir vu courir le loup-garou à quat' pattes dans les champs, sans comparaison comme une bête, m'a dire comme on dit, qu'a pas reçu le baptême.

Tant qu'à moi, j'ai vu le véreux à quat' pattes ben des fois, mais c'était pas pour courir le loup-garou, je vous le persuade; il était ben trop soûl pour ça.

Tout de même, faut vous dire que pendant un bout de temps, j'étais un de ceux qui pensaient ben que si le flambeux courait queuque chose, c'était plutôt la chasse-galerie, parce qu'un soir Titoine Pelchat, un de nos piqueux, l'avait surpris qui descendait d'un grot' âbre, et qui y avait dit: « Toine, mon maudit, si t'as le malheur de parler d'ça, je t'étripe fret, entends-tu? »

Comme de raison, Titoine avait raconté l'affaire à tout le chantier, mais sous secret.

Si vous savez pas ce que c'est que la chasse-galerie, les enfants, c'est moi qui peux vous dégoiser ça, dans le fin fil, parce que je l'ai vue, moi, la chasse-galerie.

Oui, moi, Jos Violon, un dimanche midi, entre la messe et les vêpres, je l'ai vue passer en l'air, dret devant l'église de Saint-Jean-Deschaillons, sus mon âme et conscience, comme je vous vois là!

C'était comme qui dirait un canot qui filait, je vous mens pas, comme une ripouste, à cinq cents pieds de terre pour le moins, monté par une dizaine de voyageurs en chemise rouge, qui nageaient comme des damnés, avec le diable deboute sus la pince de derrière, qui gouvernait de l'aviron.

Même qu'on les entendait chanter en réponnant avec des voix de payens:

V'là l'bon vent! V'là l'joli vent!

Mais il est bon de vous dire aussi que y a d'autres malfaisants qu'ont pas besoin de tout ce bataclan-là pour courir la chasse-galerie.

Les vrais hurlots comme Tom Caribou, ça grimpe tout simplement d'un âbre, épi ça se lance su une branche, su un bâton, su n'importe quoi, et le diable les emporte.

Y font jusqu'à des cinq cents lieues d'une nuit pour aller marmiter on sait pas queux manigances de réprouvés dans des racoins où c'que les honnêtes gens voudraient pas mettre le nez pour une terre.

En tout cas, si Tom Caribou courait pas la chasse-galerie, quand y s'évadait le soir tout fin seul, en regardant par derrière lui si on le watchait, c'était toujours pas pour faire ses dévotions, parce que — y avait du sorcier là-dedans! — malgré qu'on n'eût pas une goutte de boisson dans le chantier, l'insécrable empestait le rhum à quinze pieds, tous les matins que le bon Dieu amenait.

Où c'qu'il prenait ça? Vous allez le savoir, les enfants.

J'arrivions à la fin du mois de décembre, et la Noël approchait, quand une autre escouade qui faisait chantier pour le même bourgeois, à cinq lieues plus haut que nous autres su la Galeuse, nous firent demander que si on voulait assister à la messe de Mênuit, j'avions qu'à les rejoindre, vu qu'un missionnaire qui r'soudait de chez les sauvages du Nipissingue serait là pour nous la chanter.

— Batêche! qu'on dit, on voit pas souvent d'enfants-Jésus dans les chantiers, ça y sera!

On n'est pas des anges, dans la profession de voyageurs, vous comprenez, les enfants.

On a beau pas invictimer les saints, et pi escandaliser le bon Dieu à cœur de jour, comme Tom Caribou, on passe pas six mois dans le bois et pi six mois sus les cages par année sans être un petit brin slack sus la religion.

Mais y a toujours des imites pour être des pas grand'chose, pas vrai! Malgré qu'on n'attrape pas des crampes aux mâchoires à ronger les balustres, et qu'on fasse pas la partie de brisque tous les soirs avec le bedeau, on aime toujours à se rappeler, c'pas, qu'un Canayen a d'autre chose que l'âme d'un chien dans le moule de sa bougrine, su vot' respèque.

Ça fait que la tripe fut ben vite décidée, et toutes les affaires arrimées pour l'occasion.

Y faisait beau clair de lune; la neige était snog pour la raquette; on pouvait partir après souper, arriver correct pour la messe, et être revenus flèche pour déjeuner le lendemain matin, si par cas y avait pas moyen de coucher là.

— Vous irez tout seuls, mes bouts de crime!... dit Tom Caribou, avec un chapelet de blasphèmes à faire gricher les cheveux, et en frondant un coup de poing à se splitter les jointures sur la table de la cambuse.

Pas besoin de vous dire, je présuppose, que personne de nous autres s'avisit de se mettre à genoux pour tourmenter le pendard. C'était pas l'absence d'un marabout pareil qui pouvait faire manquer la cérémonie, et j'avions pas besoin de sa belle voix pour entonner la *Nouvelle agréable*.

— Eh ben, si tu veux pas venir, que dit le foreman, gêne-toi pas, mon garçon. Tu garderas la cabane. Et puisque tu veux pas voir le bon Dieu, je te souhaite de pas voir le diable pendant qu'on n'y sera pas.

Pour lorse, les enfants, que nous v'là partis, la ceinture autour du corps, les raquettes aux argots, avec chacun son petit sac de provisions sur l'épaule, et la moiquié d'une torquette de travers dans le gouleron.

Comme on n'avait qu'à suivre la rivière, la route faisait risette, comme vous pensez ben; et je filions en chantant *La Boulangère*, sus la belle neige fine, avec un ciel comme qui dirait viré en cristal, ma foi de gueux, sans rencontrer tant seulement un bourdignon ni une craque pour nous interboliser la manœuvre.

Tout ce que je peux vous dire, les enfants, c'est qu'on n'a pas souvent de petites parties de plaisir comme ça dans les chantiers!

Vrai, là! on s'imaginait entendre la vieille cloche de la paroisse qui nous chantait: *Viens donc! viens donc!* comme dans le bon vieux temps; et des fois, le mistigri m'emporte! je me retournais pour voir si je voirais pas venir derrière nous autres queuque beau petit trotteur de par cheux nous, la crigne au vent, avec sa paire de clochettes pendue au collier, ou sa bande de gorlots fortillant à la martingale.

C'est ça qui vous dégourdissait le canayen un peu croche!

Et je vous dis, moi, attention! que c'était un peu beau de voir arpenter Jos Violon ce soir-là! C'est tout ce que j'ai à vous dire.

Not' messe de Mênuit, les enfants, j'ai pas besoin de vous dire que ça fut pas fionné comme les cérémonies de Monseigneur.

Le curé avait pas m'a dire comme on dit, un set de garnitures numéro trente-six; les agrès de l'autel reluisaient pas assez pour nous éborgner; les chantres avaient pas toute le sifflette huilé comme des gosiers de rossignols, et les servants de messe auraient eu, j'crais ben, un peu plus de façon l'épaule sour le cantouque que l'ensensoir au bout du bras.

Avec ça que y avait pas plus d'Enfant-Jésus que su la main! Ce qui est pas, comme vous savez, rien qu'un bouton de bricole de manque pour une messe de Mênuit.

Pour dire la vérité, le saint homme Job pouvait pas avoir un gréement pus pauvre que ça pour dire sa messe!

Mais, c't'égal, y a ben eu des messes en musique qui valaient pas c't'elle-là, mes p'tits cœurs, je vous en donne la parole d'honneur de Jos Violon!

Ça nous rappelait le vieux temps, voyez-vous, la vieille paroisse, la vieille maison, la vieille mère... exétéra.

Bon sang de mon âme! les enfants, Jos Violon est pas un pince-la-lippe, ni un braillard de la Madeleine, vous savez ça; eh ben, je finissais pas de changer ma chique de bord pour m'empêcher de pleurer.

Mais y s'agit pas de tout ça, faut savoir ce qu'était arrivé à Tom Caribou pendant not'absence.

Comme de raison, c'est pas la peine de vous conter qu'après la messe, on revint au chantier en piquant au plus court par le même chemin. Ce qui fait qu'il était grand jour quand on aperçut la cabane.

D'abord on fut joliment surpris de pas voir tant seulement une pincée de boucane sortir du tuyau; mais on le fut encore ben plusse quand on trouvit la porte toute grande ouverte, le poêle raide mort, et pas plus de Tom Caribou que dans nos sacs de provisions.

Je vous mens pas, la première idée qui nous vint, c'est que le diable l'avait emporté.

Un vacabond de c't'espèce-là, c'pas?...

— Mais c't'égal, qu'on se dit, faut toujours le sarcher.

C'était pas aisé de le sarcher, vu qu'il avait pas neigé depuis plusieurs jours, et qu'y avait des pistes éparpillées tout alentour de la cabane, et jusque dans le fond du bois, si ben encroisaillées de tout bord et de tout côté, que y avait pas moyen de s'y reconnaître.

Chanceusement que le boss avait un chien ben smart: *Polisson*, qu'on l'appelait par amiquié.

— Polisson, sarche! qu'on y dit.

Et v'là Polisson parti en furetant, la queue en l'air, le nez dans la neige; et nous autres par derrière avec un fusil à deux coups chargé à balle.

On savait pas ce qu'on pourrait rencontrer dans le bois, vous comprenez ben.

Et je vous dis, les enfants, que j'avions un peu ben fait de pas oublier c't'instrument-là, comme vous allez voir.

Dans les chantiers faut des précautions.

Un bon fusil d'une cabane, c'est sans comparaison comme le cotillon d'une créature dans le ménage. Rappelez-vous ben ça, les enfants!

Toujours que c't'fois-là, c'est pas à cause que c'est moi qui le manœuvrais, mais je vous persuade qu'il servit à queuque chose, le fusil.

Y avait pas deux minutes qu'on reluquait à travers les branches, que v'là not'chien figé dret sus son derriére, et qui tremblait comme une feuille.

Parole de Jos Violon, j'crois que si le vlimeux avait pas eu honte, y revirait de bord pour se sauver à la maison.

Moi, je perds pas de temps, j'épaule mon ustensile, et j'avance...

Vous pourrez jamais vous imaginer, les enfants, de quoi t'est-ce que j'aperçus dret devant moi, dans le défaut d'une petite coulée là où c'que le bois était un peu plus dru, et la neige un peu plus épaisse qu'ailleurs.

C'était pas drôle! je vous en signe mon papier.

Ou plutôt, ça l'aurait ben été, drôle, si ç'avait pas été si effrayant.

Imaginez-vous que not' Tom Caribou était braqué dans la fourche d'un gros merisier, blanc comme un drap, les yeux sortis de la tête, et fisqués sus la physiolomie d'une mère d'ourse qui tenait le merisier à brasse-corps, deux pieds au-dessous de lui.

Batiscan d'une petite image! Jos Violon est pas un homme pour cheniquer devant une crêpe à virer, vous savez ça; eh ben le sang me fit rien qu'un tour depuis la grosse orteil jusqu'à la fossette du cou.

— C'est le temps de pas manquer ton coup, mon pauvre Jos Violon, que je me dis. Envoie fort, ou ben fais ton acte de contorsion!

Y avait pas à barguiner, comme on dit. Je fais ni une ni deux, vlan! Je vrille mes deux balles raide entre les deux épaules de l'ourse.

La bête pousse un grognement, étend les pattes, lâche l'âbre, fait de la toile, et timbe sus le dos les reins cassés.

Il était temps.

J'avais encore mon fusil à l'épaule, que je vis un autre paquet dégringoler de l'âbre.

C'était mon Tom Caribou, sans connaissance, qui venait s'élonger en plein travers de l'ourse les quat'fers en l'air, avec un rôdeux de coup de griffe dans le fond... de sa conscience, et la tête... devinez, les enfants!... La tête toute blanche!

Oui, la tête blanche! la crignasse y avait blanchi de peur dans c'te nuit-là, aussi vrai que je vas prendre un coup tout à l'heure, avec la grâce du bon Dieu et la permission du père Bilodeau, que ça lui sera rendu, comme on dit, au *sanctus*.

Oui, vrai! le malvat avait vieilli au point que j'avions de la misère à le reconnaître.

Pourtant c'était ben lui, fallait pas l'ambâdonner.

Vite, on afistole une estèque avec des branches, et pi on couche mon homme dessus, en prenant ben garde, naturellement, au jambon que l'ourse y avait détérioré dans les bas côtés de la corporation; et pi on le ramène au chantier, à moitié mort et aux trois quarts gelé raide comme un saucisson.

Après ça, dame, il fallait aussi draver l'ourse jusqu'à la cambuse.

Mais vlà-t-y pas une autre histoire!

Vous traiterez Jos Violon de menteur si vous voulez, les enfants; c'était pas croyable, mais la vingueuse de bête sentait la boisson, sans comparaison comme une vieille tonne défoncée; que ça donnait des envies de licher l'animal, à ce que disait Titoine Pelchat.

Tom Caribou avait jamais eu l'haleine si ben réussie.

Mais, laissez faire, allez, c'était pas un miracle.

On comprit l'affaire quand Tom fut capable de parler, et qu'on apprit ce qui était arrivé.

Vous savez, les enfants — si vous le savez pas, c'est Jos Violon qui va vous le dire — que les ours passent pas leux hivers à travailler aux chantiers comme nous autres, les bûcheux de bois carré, autrement dits voyageurs.

Ben loin de travailler, c'te nation-là pousse la paresse au point qu'ils mangent seulement pas.

Aux premières gelées de l'automne, y se creusent un trou entre les racines d'un âbre, et se laissent enterrer là tout vivants dans la neige, qui font par-dessour, de manière à leux faire une espèce de réservoir, là y où c'qu'ils passent leux hivernement, à moitié endormis comme des armottes, en se lichant les pattes en guise de repas.

Le nôtre, ou plutôt celui de Tom Caribou avait choisi la racine de ce merisier-là pour se mettre à l'abri, tandis que Tom Caribou avait choisi la fourche... je vous dirai pourquoi tout à l'heure.

Seulement — vous vous rappelez, c'pas, que le terrain allait en pente — Tom Caribou, c'qu'était tout naturel, rejoignait sa fourche du côté d'en-haut; et l'ourse, c'qu'était ben naturel étout, avait creusé son trou du côté d'en-bas, où c'que les racines étaient plus sorties de terre.

Ce qui fait que les deux animaux se trouvaient presque voisins, m'a dire comme on dit, sans s'être jamais rencontrés. Chacun s'imaginait qu'il avait le merisier pour lui tout seul.

Vous allez me demander quelle affaire Tom Caribou avait dans c'te fourche.

Eh ben, dans c'te fourche y avait un creux, et dans ce creux notre ivrogne avait caché une cruche de whisky en esprit qu'il avait réussi à faufiler dans le chantier, on sait pas trop comment.

On suppose qu'il nous l'avait fait traîner entre deux eaux, au bout d'une ficelle, en arrière du canot.

Toujours est-il qu'il l'avait! Et le soir, en cachette, il grimpait dans le merisier pour aller emplir son flasque.

C'était de c't'âbre-là que Titoine Pelchat l'avait vu descendre, la fois qu'on avait parlé de chasse-galerie; et c'est pour ça que tous les matins, on aurait pu lui faire flamber le soupirail rien qu'en lui passant un tison sour le nez.

Ainsi donc, comme dit M. le curé, après not' départ pour la messe de Mênuit, Tom Caribou avait été emplir son flasque.

Un jour de grand'fête, comme de bonne raison, le flasque s'était vidé vite, malgré que le vicieux fût tout seul à se payer la traite; et mon Tom Caribou était retourné à son armoire pour renouveler ses provisions.

Malheureusement, si le flasque était vide, Tom Caribou l'était pas, lui. Au contraire, il était trop plein.

La cruche s'était débouchée, et le whisky avait dégorgé à plein gouleron de l'autre côté du merisier, dret sus le museau de la mère ourse.

La vieille s'était d'abord liché les babines en reniflant; et trouvant que c'te pluie-là avait un drôle de goût et une curieuse de senteur, elle avait ouvert les yeux. Les yeux ouverts, le whisky avait coulé dedans.

Du whisky en esprit, les enfants, faut pas demander si la bête se réveillit pour tout de bon.

En entendant le heurlement, Tom Caribou était parti à descendre; mais bougez pas! l'ourse qui l'avait entendu grouiller, avait fait le tour de l'âbre, et avant que le malheureux fût à moitié chemin, elle lui avait posé, sus vot' respèque, pour parler dans les tarmes, la patte dret sur le rond-point.

Seulement l'animal était trop engourdi pour faire plusse; et, pendant que not' possédé se racotillait dans l'âbre, le l'envers du frontispice tout ensanglanté, il était resté à tenir le merisier à brassée, sans pouvoir aller plus loin...

V'là ce qui s'était passé... Vous voyez que, si l'ourse sentait le whisky, c'était pas un miracle.

Pauvre Tom Caribou! entre nous autres, ça prit trois grandes semaines pour lui radouer le fond de cale. C'est Titoine Pelchat qui y collait les catapleumes sus la... comme disent les notaires, sur la propriété foncière.

Jamais on parvint à mettre dans le cabochon de notre ivrogne que c'était pas le diable en personne qu'il avait vu, et qui y avait endommagé le cadran de c'te façon-là.

Fallait le voir tout piteux, tout cireux, tout débiscaillé, le toupet comme un croxignole roulé dans le sucre blanc, et qui demandait pardon, même au chien, de tous ses sacres et de toutes ses ribotes.

Il pouvait pas s'assire, comme de raison; pour lorse qu'il était obligé de rester à genoux.

C'était sa punition pour pas avoir voulu s'y mettre d'un bon cœur le jour de Noël...

Et cric! crac! cra!

Sacatabi, sac-à-tabac!

Mon histoire finit d'en par là.

Au temps où rosser, c'était éduquer*

(Ce texte forme le chapitre XI des Mémoires intimes.*)*

Je n'ai encore fait jusqu'ici que des allusions bien indirectes à ma vie d'écolier, et je n'ai encore rien dit de mes maîtres d'école. Elle commença pourtant de bonne heure, ma vie d'écolier; je n'avais pas encore quatre ans. Quant à mes maîtres d'école, je renonce à les présenter tous à mes lecteurs, car ils s'appellent légion. Oui, en fait de maîtres et de maîtresses d'école, j'en ai eu de toutes les couleurs — je pourrais presque dire de toutes les nations: des Anglais, des Irlandais, des Canadiens, un Français de France et un sauvage.

Bien peu de chose à dire du premier, si ce n'est qu'il s'appelait Buchanan, et que ce fut lui qui m'enseigna les premières lettres de l'alphabet — en anglais, cela va sans dire... quand on s'appelle Buchanan... J'appris mes lettres en français de ma petite cousine Élodie, qui me jetait dans des accès d'hilarité folle en me révélant le nom de certaines lettres dans ma langue maternelle. Je ne voulais pas toujours la croire, et si le mot avait été inventé dans ce temps-là, je l'aurais accusée de me faire des fumisteries. Le *k*, par exemple, me renversait: ce fut à la longue seulement que je pus me faire à l'idée qu'un *ké* pouvait faire un *ka*. Je tenais mordicus au *ké*.

Chacun ses petites manies, comme on voit. Et pourtant, si je me souviens d'avoir appris quelque chose avec plaisir, c'est bien ce que m'enseignait la petite cousine, qui — l'âge n'a pas altéré la reconnaissance que je lui en ai gardée — avait un système d'enseignement qui contrastait fort avec celui des autres maîtres et maîtresses: elle ne me cognait seulement pas sur les doigts. Je crois devoir m'arrêter un peu là-dessus. Dans le chapitre qui précède — on m'a compris sans doute — il me semble avoir donné à entendre que, à la suite d'une malheureuse tentative de m'illustrer dans l'artillerie, j'avais reçu de mon père une correction aussi sérieuse que bien méritée. Je dois ajouter que la chose n'avait rien de particulièrement insolite dans nos environs. Au contraire, rien n'y était plus commun qu'une bonne rossée.

Les parents et les maîtres — à part une exception près dont je parlerai dans un instant — n'étaient certainement pas plus cruels dans ce temps-là qu'ils ne le sont aujourd'hui; mais l'immense majorité, sinon tous, étaient intimement persuadés qu'un enfant ne pouvait manquer de tourner mal, s'il n'était roué de coups au moins trois fois par semaine. La trique, le fouet, la hart, et souvent même le rottin, étaient considérés comme les agents essentiels du perfectionnement de la jeunesse et du salut des générations.

Élever un enfant, c'était le rosser à outrance; le corriger, c'était lui rompre les os. N'ayant pas d'autres notions philanthropiques, la victime trouvait cela tout naturel, et elle subissait son sort en se disant qu'un temps viendrait où elle prendrait sa revanche sur les petits, en leur flanquant des tripotées à son tour. Que voulez-vous, c'était la mode, et la méthode recommandée: « Pères et mères, corrigez vos enfants, prenez la verge, battez-les, domptez-les: chaque coup que vous leur donnez ajoute un fleuron à votre couronne future; cassez-leur un membre s'il le faut; il vaut mieux que votre enfant aille au ciel avec un bras ou une jambe de moins, que dans l'enfer avec tous ses membres ».

C'était, comme on le voit, la mise en application du principe de l'Inquisition: brûler les hérétiques en ce monde pour les sauver des flammes éternelles dans l'autre. Aussi fallait-il voir le zèle qu'on y mettait. On ne passait guère devant un recoin de notre village sans entendre hurler quelque moutard dont les parents étaient en train d'ajouter des fleurons à leur couronne dans le ciel. J'ai entendu une femme qui disait:

— Que le bon Dieu soit béni! jamais je ne me sauverai, j'ai trop d'enfants; je n'en ai pas claqué la moitié que j'ai déjà les mains hors de service.

— Pourquoi ne prenez-vous pas une verge? lui demanda-t-on.

— C'est pire, répondit-elle; l'autre jour, j'ai failli me démettre une épaule en frappant avec une hart sur le plus grand.

Une autre disait:

— Tenez, moi, gifler comme ça à droite et à gauche du matin au soir, je n'aime pas beaucoup ça; mais il faut bien faire son salut, n'est-ce pas?

C'en était rendu au point que les gens se confessaient de ne pas avoir eu l'occasion d'assommer quelqu'un de leurs enfants. Sans aspirer à une très haute sainteté sous ce rapport, mon père nous flambait quelquefois d'importance, mon frère et moi, pour l'acquit de sa conscience; mais ma pauvre mère, elle, se faisait une vilaine réputation. Elle fréquentait trop Mme Horatio Patton, qui lui donnait de mauvais conseils — une protestante fanatique qui prétendait qu'on ne doit battre un enfant qu'après avoir épuisé tous les autres moyens de réprimande.

— Voyez ça, disait-on, la malheureuse est en train d'élever deux garnements qui mourront sur l'échafaud, c'est sûr. Il est vrai qu'ils n'ont pas l'air méchant plus que les autres; mais elle ne mettra pas grand temps à les gâter si cela continue. Que voulez-vous que deviennent deux gamins comme ça, quand le père est tout seul pour les corriger? Et encore c'est bien rare qu'il leur touche. Pauvres petits, ils sont bien à plaindre.

Et ainsi de suite. Le fait est qu'à force d'entendre parler sur ce ton, je n'étais pas loin de penser qu'on avait peut-être raison de déplorer notre sort; cela faisait assez notre affaire dans le moment, mais la perspective de mourir sur l'échafaud ne laissait pas de m'inquiéter jusqu'à un certain point. J'avoue que j'aurais préféré une légère brossée de temps à autre, sûr que la maman, tout en mettant mon avenir et mon salut éternel en sûreté, ne frapperait jamais assez fort pour faire subir une trop sérieuse épreuve à mon physique.

L'âme, c'est le principal; mais à mon avis le corps n'est pas non plus dépourvu de certaines susceptibilités respectables. L'idéal — je l'ai compris surtout en vieillissant — c'est de concilier les deux. Étant donné ce qui précède, on ne sera pas surpris du rôle prépondérant que jouait le martinet dans nos écoles. La valeur de l'instructeur était jaugée d'après les proportions de son martinet et la vigueur des muscles appelés à faire fonctionner l'instrument de supplice. On disait:

« C'est un bon maître, il est strict ».

Dans le langage de l'endroit, le mot *strict* signifiait un peu moins que tortionnaire, mais pas beaucoup. Or, sous ce rapport tous les maîtres et maîtresses dont j'ai eu l'avantage d'apprécier les qualités, à cette phase de mes études, n'étaient pas loin de la perfection. Pas tous également instruits — oh non! — Mais tous ayant au même degré, ou à peu près, cette chose en commun: l'amour du martinet — un instrument éducateur que les uns appelaient une *férule*, d'autres une *garcette*, une *verdette*, que sais-je, mais que tous paraissaient s'accorder à considérer comme l'insigne de leur dignité d'abord, ensuite comme le principal facteur du savoir et de l'instruction parmi la jeunesse.

Un alphabet, un cahier, une ardoise avec son crayon, une plume et de l'encre, avaient bien leur utilité, si vous voulez; mais le martinet, voilà! c'était l'*article*, l'agent instructif et moralisateur par excellence, la première chose qu'on apercevait en entrant dans le sanctuaire de nos études. Comme chaque maître (ou chaque maîtresse) avait le sien, ils ne se ressemblaient pas tous. Il y en avait de longs, de courts, de larges, d'étroits, de minces, d'épais — mais tous étaient assez intéressants pour tenir une place respectable dans nos préoccupations. Quand le maître recevait son passeport pour aller distribuer le pain de l'intelligence sous d'autres cieux, le martinet disparaissait avec lui, naturellement; dame, c'était son gagne-pain, l'attribut de sa profession, et, suivant toute apparence, son principal article de bagage. De sorte que, sitôt le successeur annoncé, c'était le nouveau martinet qui faisait l'objet de nos conjectures.

Sera-t-il dieu, table ou cuvette?

C'est-à-dire sera-t-il plus ou moins actif et redoutable par ses proportions? Un seul de ces professeurs intermittents fit exception à la règle générale: il n'avait pas de martinet. C'était un Marseillais du nom de Chabrant que je ne sais quel vent de hasard avait échoué dans nos parages, et qui est mort ermite quelque part dans les *townships* de l'Est. Le nouveau maître avait deux qualités spéciales: la première, à nos yeux d'écoliers, c'était de ne pas savoir un mot d'anglais, ce qui simplifiait considérablement nos efforts intellectuels; la seconde, aux yeux du public, c'était de pouvoir enseigner à ses élèves le véritable *asseng* de la *Frrannce*!

Réforme complète, mes amis, jusque dans le nom des lettres. Un *b* pour lui c'était un *beu*. Nous avions jusque-là prononcé *bé*, n'est-ce pas, *f, j, n, p, v*; tout cela était changé: il fallait dire un *beu*, un *feu*, un *jeu*, un *neu*, un *peu*, un *veu*. Vous voyez d'ici pleuvoir les calembours. Sans compter qu'il fallait voir aussi l'ahurissement de nos parents quand ils nous entendirent dire un *bang*, un *chaudrong*, et surtout un *peigne* pour un *pain*. Qu'on ne soit pas surpris si je n'ai pas classé l'absence du martinet parmi les qualités qui distinguaient notre nouveau pédagogue. Il aurait plutôt fallu considérer cette lacune comme un défaut, car il y avait à peine deux semaines que notre Marseillais était chargé de nous cultiver l'intelligence, qu'il avait déjà à moitié assommé trois des nôtres à coups de pieds et à coups de poings. La satisfaction que nous avions éprouvée en constatant l'insolite particularité ne fut pas, en conséquence, de bien longue durée. Mais ce qui ne fut pas de longue durée non plus, heureusement pour nos côtes, ce fut le séjour parmi nous du futur ermite. Il dut aller cueillir au loin des fleurons pour sa couronne céleste. On le remplaça par une maîtresse de l'ancienne façon — c'est-à-dire qui disait un *b* et non un *beu* — et, à notre satisfaction relative, le martinet traditionnel fit sa réapparition normale.

On voit que les choses contre lesquelles on a le plus de préjugés peuvent quelquefois avoir du bon. Le martinet, lui, avait du bon, non seulement en ce qu'il remplaçait avantageusement pour nous les coups de pieds et les coups de poings; mais encore en ce que, considéré comme aide-mémoire, on peut dire qu'il a à son crédit l'expérience des siècles. Pour l'orthographe, par exemple, comment, sans recourir au dictionnaire, s'assurer que *dôme* prend un accent circonflexe et qu'*atome* n'en prend pas; que *siffleur* prend deux *f* et que *persifleur* n'en prend qu'un; que *sangloter* s'écrit avec un seul *t*, et *grelotter* avec deux? Mettons plusieurs *et cætera*. Par quel moyen se fixer tout cela dans la mémoire? Au Moyen Âge, on avait imaginé un excellent truc pour enseigner aux enfants l'histoire contemporaine. Quand il se passait quelque événement remarquable, on les fouettait suivant la gravité du cas, en leur disant:

— Vous vous en souviendrez, n'est-ce pas?

Et jamais cela ne s'oubliait. Lors de la fameuse exécution du monstre que l'histoire appelle Gilles de Retz et que la légende a surnommé Barbe-Bleue, tous les enfants de Nantes furent fouettés au sang. Aussi, bien que cela se soit passé, il y a juste quatre cent soixante et cinq ans, les descendants s'en souviennent encore.

Preuve que la mémoire peut quelquefois se cultiver par ailleurs que par le cerveau. Ce système appliqué à l'enseignement de l'orthographe peut sembler un peu rudimentaire, et pécher plus ou moins contre l'esprit philanthropique de notre âge; mais je sais par expérience qu'il n'y en a pas de plus efficace. Ainsi vous ne me prendrez jamais à écrire *inocent*, ni *printannier*, ni *personification*, ni *aparaitre*, ni *appercevoir*, ni *exitation*, ni *exhorbitant*. Savez-vous pourquoi? C'est que chacune de ces fautes représente pour moi une magistrale fessée, dont je vois encore l'instrument cruel m'attaquant par les œuvres vives. Un jour, j'arrive à la maison tout en pleurs, et le dossier tout endolori.

— Qu'as-tu donc? demanda ma mère.

— J'ai eu la volée.

— Encore quelque mauvais coup sans doute.

— Oui, maman.

— Qu'est-ce que tu as fait?

— J'ai écrit *apercevoir* avec deux *p*...

Le lendemain, cela se comprend, ma mère faisait des représentations à notre maître d'école, un nommé Hamel.

— Madame, répondit celui-ci, laissez-moi faire; une faute d'orthographe n'est pas un crime, comme vous dites, mais il est de ces fautes qu'on ne saurait faire éviter pour toujours, qu'en frappant... l'imagination. L'enfant me remerciera plus tard.

Je n'ai jamais eu l'occasion de remplir ce devoir de reconnaissance, mais le brave homme avait raison tout de même. Quoique mon imagination n'eût été frappée qu'indirectement et par des moyens détournés, je n'ai jamais écrit le verbe *apercevoir*, sans me dire: « Attention ici! pas de bêtise... Il n'y a qu'un *p* dans *apercevoir* ».

Mais, à part ces *bons* maîtres pour qui l'usage du martinet n'était que l'application d'un système pédagogique, il y en avait d'autres *excellents* — c'est-à-dire qui pratiquaient en artistes, pour le plaisir. Parmi ces derniers, il en est un qui mérite d'être spécialement mentionné pour la réputation exceptionnelle qu'il s'était acquise comme instituteur *strict*. Il était connu au loin. On parlait même d'un procès retentissant qu'il avait eu à subir dans certaine « paroisse d'en bas », pour avoir essayé d'empêcher quelques-uns de ses élèves d'aller en enfer avec tous leurs membres.

J'ai dit qu'au nombre de mes maîtres d'école il y avait un sauvage... c'est lui. Les fleurons à sa couronne ne se comptaient pas plus, paraît-il, que le sable des mers et les étoiles du firmament. De là sa renommée comme instituteur d'élite! Il répondait au nom euphonique de Gamache; mais je soupçonne le hasard d'avoir mis une jambe de trop à la troisième lettre de ce nom-là. Comme son école était située à plus d'une lieue de chez nous, je n'avais pas encore été à même d'apprécier personnellement les talents du grand homme; mais le sort me réservait d'en faire une épreuve des plus concluantes. Cette épreuve aurait manqué à ma carrière mouvementée: je l'eus dans toute sa plénitude.

Je vous ai dit que nous changions souvent de maîtres d'école. Un hiver, il y eut pénurie. Pas plus de maître d'école que sur la main; congé perpétuel par conséquent. Mon frère et moi — je ne parle que de mon frère Edmond, les deux autres étant trop jeunes pour aller à l'école — mon frère Edmond et moi, dis-je, n'avions pas l'amour de l'étude assez développé pour nous affliger outre mesure de cet état de choses; mais notre satisfaction, non suffisamment dissimulée, se changea bientôt en stupéfaction, quand notre père vint nous dire un bon soir:

— Mes enfants, je vais vous mettre à l'école de M. Gamache; on dit que c'est un excellent maître; il est strict, et puis...

— Mais, papa, c'est trop loin.

— Vous serez pensionnaires; je l'ai vu, il consent à vous prendre pour l'hiver.

Il fallut préparer nos paquets et partir. J'anticipe un peu ici, car nous n'étions plus alors des tout petits: j'avais dix ans et mon frère neuf. Mon père nous condamnait, sans le savoir, au *carcere duro*, ni plus ni moins. Ce que nous eûmes à souffrir dans cette exécrable maison ne se raconte pas. Voici d'abord comment se partageait notre journée; je parlerai plus bas des coups et des punitions: à six heures du matin, un cri nous éveillait:

— Debout!

Un quart d'heure après, montre en main, il fallait avoir fait sa toilette, sa prière et être en place pour le déjeuner. Nos repas se prenaient en silence, sur une petite table à part; il n'était pas même permis de demander ce dont nous avions besoin. Si personne ne nous l'offrait — il y avait là deux jeunes filles qui avaient quelquefois cette pitié-là — nous n'avions qu'à nous en passer. Ces repas duraient à peu près dix minutes; puis nous entrions en classe, où il fallait attendre, penchés sur nos livres, l'arrivée des externes.

Alors la classe commençait; et celle-ci terminée, quand les externes étaient repartis, nous nous remettions le nez dans nos livres jusqu'au dîner. Après le dîner, nous retournions à l'étude pour attendre les externes; et à quatre heures, quand ceux-ci nous quittaient, nous restions à l'étude jusqu'au souper. Après le souper, la prière du soir en commun — ce phénomène-là priait! — et après la prière, le coucher.

Et cela toujours en silence! pas une parole permise, pas un moment de récréation. Le samedi même, qui était pourtant jour de congé, se passait pour nous comme les autres jours de la semaine, moins la distraction que nous apportaient l'entrée et la sortie des externes.

Tout cela paraît exagéré, impossible, incroyable, n'est-ce pas? eh bien, c'est pourtant la vérité toute pâle et toute nue. Je me demande encore comment ce geôlier féroce pouvait lui-même supporter un pareil régime, sans relâcher sa surveillance. Quand il sortait pour cinq minutes, il se faisait remplacer par sa femme ou sa fille aînée, deux créatures assez compatissantes, mais qui avaient l'ordre le plus sévère de ne jamais nous adresser la parole. C'était à en devenir fou.

Nous passions ainsi des journées entières, le dos courbé sur nos pupitres, et les yeux fixés sur les pages d'un livre, dont, au bout de deux heures, nous ne pouvions distinguer une lettre. Nous voyions bleu, nous avions la berlue à l'état chronique. Les idées se mêlaient, le jugement se figeait, la mémoire fichait le camp: jugez de nos progrès!

Gamache, lui, pendant ce temps-là, arpentait la pièce de long en large, en fredonnant quelque bribe de cantique entre ses dents; et si l'un de nous avait l'imprudence de risquer un coup d'œil sur autre chose que sur son livre, en classe, ou sur son assiette, à table, clan!...

Car ce que je viens de raconter n'étaient que les roses; il y avait, comme à toutes les roses, des épines. Gamache — la bouche me crispe chaque fois que je prononce ce nom-là — n'avait point de martinet... Bah! un simple martinet, qu'eût-il fait de cette bagatelle? Chassé les mouches tout au plus. Il avait mieux: il avait des triques, qu'il appelait des règles. Il en avait toute une collection de différentes grandeurs, en chêne, en orme, en érable. Quand l'une lui fatiguait le bras ou lui donnait des ampoules aux mains, il l'échangeait pour une autre. Il en prenait une plus étroite ou plus large, plus lourde ou plus légère, suivant le besoin. Il n'en avait jamais trop, d'ailleurs, car il en brisait souvent.

Une fois il lui arriva d'en fendre une sur son propre genou, en manquant un élève qui lui avait joué le tour de retirer sa main au moment où la terrible trique s'abattait sur elle. Le pauvre petit paya pour la règle et pour le genou.

Frapper quelqu'un ou quelque chose — surtout quelqu'un — était passé chez cet énergumène à l'état de monomanie. Il frappait toujours, à tout propos, partout, sans relâche. Pour un rien, il vous faisait enfler les mains d'un pouce et vous faisait jaillir le sang du bout des doigts.

Les autres maîtres accrochaient leur martinet à un clou, quand ils ne s'en servaient pas: lui ne déposait jamais son arme; il l'emportait même à table, et la gardait sur ses genoux. Que voulez-vous, nous étions là, il le fallait bien! J'ai dit qu'il frappait partout; il y avait cependant une portion de nos individus où il aimait à s'exercer de préférence. C'était dans le dos; — sur les reins, sur les épaules, sur les lombes, au petit bonheur; un feu roulant, une pluie, une grêle. Et cela pour une tache d'encre sur un cahier, pour une erreur, pour une hésitation, pour un coup d'œil, pour un sourire.

À cette époque, on appelait les gens de la Pointe-Lévis des « Dosblancs »; l'appellation ne pouvait guère s'appliquer aux élèves de Gamache cependant, car du premier au dernier et d'une semaine à l'autre, nous avions tous le dos bleu. Le brutal individu ne parlait presque jamais, il frappait. Quand il ne frappait pas sur les enfants; il frappait sur les bancs, sur la table. Les roulements de tambour, les sonneries militaires, les coups de sifflet d'une machine à vapeur ont tous leur signification particulière; il en était de même des coups de trique de Gamache. Et malheur à celui qui ne comprenait pas! Ce n'était plus sur les tables ou les bancs que la terrible règle retombait. Voilà pour les coups; quant aux punitions, il me suffira d'en citer un exemple.

Un dimanche — la seule journée où il nous fût permis de sortir de prison — me trouvant rendu à l'église quelques minutes avant l'heure, je m'arrêtai à causer un instant sur le perron de la sacristie. Ne faisant aucun mal, je ne songeais pas à me cacher: Gamache m'aperçut. À mon retour à la maison, il m'attendait sa trique à la main. La raclée me laissa plus mort que vif; et, quand elle prit fin, j'étais condamné à rester à genoux durant trois jours de suite. Au milieu de la deuxième journée, je m'affaissai sans force aux pieds de mon bourreau, qui voulut bien me faire remise de ma peine, à la condition de passer le reste de la semaine assis par terre, les jambes allongées sur le parquet. J'en serais devenu infirme si la mesure n'eût été comble.

Mon frère et moi, nous complotâmes pendant la nuit; et, au moment du réveil, nous étions près pour enfiler la porte et prendre notre course, pendant que Gamache passait son pantalon. Nous courûmes près de deux milles sans prendre haleine; la peur nous donnait des ailes. Nos parents étaient venus nous voir tous les dimanches, cela va sans dire; mais, comme l'entrevue avait toujours lieu sous les yeux de Gamache ou de quelqu'un des siens, nous n'avions pu les mettre au courant de nos griefs, et l'on nous croyait les plus heureux enfants de la création... Je n'ai jamais gardé rancune à aucun des maîtres dont j'ai cru avoir à me plaindre, à l'école ou au collège. Mon Dieu, qui n'a pas quelques fautes à se faire pardonner? Mais quant à Gamache, il a toujours fait exception à la règle générale. Je n'ai jamais cherché à le revoir pour me venger; mais il ne m'aurait pas provoqué à deux fois, je vous en donne ma parole d'honneur, avant de se faire étriller à son tour, et dans les grands prix.

Je ne l'ai revu qu'une seule fois, l'individu ayant émigré à la Beauce, m'a-t-on dit. Je venais, je crois, d'être élu député. C'était sur le bateau passeur entre Québec et Lévis. Il s'approcha de moi d'un air cauteleux:

— Vous êtes M. Fréchette?

— Oui.

— Louis?

— Oui, Louis.

— Je parie, dit-il, que vous ne me remettez pas.

Je l'avais reconnu du premier coup d'œil.

— Vous gagneriez, lui répondis-je, car je ne vous connais pas du tout.

— Vraiment? Vous ne vous souvenez pas de Gamache?

— Quel Gamache? J'ai entendu parler de Gamache, de l'île d'Anticosti, un mécréant qui vivait en relations intimes avec le diable; seriez-vous son fils?

— Non, non! Gamache le maître d'école; vous ne vous rappelez pas... à Saint-Joseph?

— En effet, dis-je, attendez donc. Je me souviens avoir connu une espèce de pédagogue de ce nom-là, dans le temps: une méchante bête à fond noir, une vraie peste, un barbare, un sauvage, une brute...

— Permettez!

— Mais ce ne peut pas être vous, car je ne croirai jamais que vous auriez le toupet de vous en vanter.

Et je tournai les talons, laissant mon individu tout ébaubi, et pliant le dos sous les rires et les quolibets de la foule que cette petite scène avait attirée.

Le malheureux doit être mort maintenant, que Dieu ait pitié de son âme! Mais si j'ai jamais place au ciel, faites, Seigneur que ce soit dans un autre quartier. En tout cas, ma petite cousine avait d'autres notions pédagogiques, et je m'en trouvais bien. Chère cousine Élodie! ce n'est pas en pédagogie seulement, et dans mon enfance, que j'eus l'occasion d'apprécier un heureux contraste entre ses procédés et ceux des autres.

WILLIAM CHAPMAN (1850-1917)

William Chapman s'est rendu célèbre par ses querelles avec Louis Fréchette, son maître et son rival, qu'il a attaqué dans *Le Lauréat* (1894) et *Deux Copains* (1894). *Les Aspirations* (1904) lui ont valu le prix Archon-Despérouses de l'Académie française. Ce genre de récompense est la seule gloire que Chapman ait partagée avec Fréchette, encore que certains de ses poèmes vaillent ceux de son aîné et qu'on l'ait parfois appelé, lui aussi, poète national. Chapman avait beaucoup d'ambition, de la fougue et un certain don de l'image, mais ni mesure ni sens critique.

Notre langue

Notre langue naquit aux lèvres des Gaulois.
Ses mots sont caressants, ses règles sont sévères,
Et, faite pour chanter les gloires d'autrefois,
Elle a puisé son souffle aux refrains des trouvères.

Elle a le charme exquis du timbre des Latins,
Le séduisant brio du parler des Hellènes,
Le chaud rayonnement des émaux florentins,
Le diaphane et frais poli des porcelaines.

Elle a les sons moelleux du luth éolien,
Le doux babil du vent dans les blés et les seigles,
La clarté de l'azur, l'éclair olympien,
Les soupirs du ramier, l'envergure des aigles.

Elle chante partout pour louer Jéhova,
Et, dissipant la nuit où l'erreur se dérobe,
Elle est la messagère immortelle qui va
Porter de la lumière aux limites du globe.

La première, elle dit le nom de l'Éternel
Sous les bois canadiens noyés dans le mystère.
La première, elle fit monter vers notre ciel
Les hymnes de l'amour, l'élan de la prière.

La première, elle fit tout à coup frissonner
Du grand Meschacébé la forêt infinie,
Et l'arbre du rivage a paru s'incliner
En entendant vibrer cette langue bénie.

Langue de feu, qui luit comme un divin flambeau,
Elle éclaire les arts et guide la science;

Elle jette, en servant le vrai, le bien, le beau,
À l'horizon du siècle une lueur immense.

Un jour, d'âpres marins, vénérés parmi nous,
L'apportèrent du sol des menhirs et des landes,
Et nos mères nous ont bercés sur leurs genoux
Aux vieux refrains dolents des ballades normandes.

Nous avons conservé l'idiome légué
Par ces héros quittant pour nos bois leurs falaises,
Et, bien que par moments on le crût subjugué,
Il est encore vainqueur sous les couleurs anglaises.

Et nul n'osera plus désormais opprimer
Ce langage aujourd'hui si ferme et si vivace...
Et les persécuteurs n'ont pu le supprimer,
Parce qu'il doit durer autant que notre race.

Essayer d'arrêter son élan, c'est vouloir
Empêcher les bourgeons et les roses d'éclore;
Tenter d'anéantir son charme et son pouvoir,
C'est rêver d'abolir les rayons de l'aurore.

Brille donc à jamais sous le regard de Dieu,
Ô langue des anciens! Combats et civilise,
Et sois toujours pour nous la colonne de feu
Qui guidait les Hébreux vers la Terre promise!

Arriérés

> Ni M. Chapman, ni Crémazie,
> ni même Fréchette, ne sont des
> artistes... Ils sont trop éloignés
> du foyer central de leur langue
> pour être à la mode du jour.
>
> VIRGILE ROSSEL

Non, nous ne sommes pas des poètes épris
Du fini reluisant des lignes lapidaires.
Nous sommes simplement des primitifs sévères
Qui pour la mode avons un farouche mépris,
Et voulons conserver le parler de nos pères.

Non, nous ne sommes pas des forgeurs obstinés
À remettre vingt fois nos rimes sur l'enclume.
Nous ne sommes pas des artistes de la plume

Qui, ciselant sans fin les morceaux terminés,
Blanchissons et mourons sur un mince volume.

Pour noircir en un mois un tout petit feuillet,
Nous ne mettons pas notre esprit à la torture.
Nous façonnons les vers à grands coups d'écriture.
Pardon! Je voulais dire à grands coups de maillet,
Comme Pierre Puget faisait de la sculpture.

Maladroits, nous raillons l'adresse du métier.
Insouciants, heureux de suivre la routine,
À peine avons-nous lu Chénier et Lamartine;
Crémazie ignora jusqu'au nom de Gautier,
Et pour les novateurs rêvait la... guillotine.

Nous sommes arriérés, vieillots et sans fraîcheur,
À la tradition dévotement fidèles,
Préférant aux récents couplets nos ritournelles,
Nous imitons un peu le printemps rabâcheur
Qui fait toujours ses fleurs sur les mêmes modèles.

Pour couler nos quadrains honnis du ciseleur,
Nous avons des fondeurs désuets pris les moules...
Le poète pour nous n'est pas l'homme des foules
Qui joue avec les mots comme le bateleur
Jonglant avec ses poids, ses anneaux et ses boules.[1]

Il n'est pas l'ouvrier subtil que l'on connaît,
Sertissant les joyaux de Bahia, de Mascate.
Il hait du raffiné l'œuvre trop délicate,
Et ne se lasse pas à limer un sonnet
Comme un sicilien à polir une agate.

Amoureux du passé, dédaignant l'art pour l'art,
Et sans se demander si quelqu'un doit le lire,
Le souffle de l'Esprit sur son front qui délire,
Il répand sa pensée à grands jets, au hasard,
Et fait avec des doigts distraits vibrer la Lyre.

Plein du feu qui brûlait Isaïe et saint Paul,
Parfois son vers jaillit et bout comme la lave.
Le barde a les ardeurs de l'apôtre et du brave;
Il plane comme l'aigle et le cygne, et son vol
Ne trahit nul orgueil et nargue toute entrave.

---

1. Pensée d'Émile Chevé.

Aussi, nous, qui gardons le culte des anciens,
Loin du brillant foyer de la langue de France,
Nous chantons sans apprêt, sans effort, sans jactance,
Comme chantent l'oiseau des bords laurentiens,
L'écho du bois profond, le flot du fleuve immense.

Nous chantons rudement, comme, au retour de mai,
Le joyeux malelot revenu dans la rade,
Comme le laboureur obscur et rétrograde
Qui, le soir, regagnant son logis enfumé,
Jette au vent le refrain d'une vieille ballade.

Nous chantons nos forêts et nos lacs; nous chantons
Nos mœurs, nos hivers, nos aurores boréales,
Nos saguenays sans fond, nos plaines sans rivales,
Tout ce qui fait pour nous, Picards, Normands, Bretons,
De nos rivages neufs des plages idéales.

Nous chantons les exploits de soldats immortels,
Les ondes et les champs qui leur servaient d'arène;
Nous chantons des aïeux la grandeur souveraine;
Nous chantons pour le peuple et pour les saints autels,
Pour la nouvelle France et pour la France ancienne.

Nous chantons cependant comme dans un désert.
Nos voix n'arrivent pas aux foules, si distraites.
On préfère, en ces jours de guerre et de conquêtes,
Au rythme des vieux mots le cliquetis du fer,
Les éclats des clairons aux strophes des poètes.

Qu'importe! nous croyons servir notre pays
En lui donnant de temps en temps un nouveau livre,
Et nous comptons, pleins d'un espoir qui nous enivre,
Que l'Avenir lira nos grands vers incompris,
Que nous vivrons, quand nous aurons cessé... de vivre.

PAMPHILE LE MAY (1837-1918)

Faible de santé, mais courageux, Pamphile Le May a produit au fil de ses longues années une œuvre considérable. Romancier assez gauche, dramaturge terne, conteur et fabuliste médiocre, essayiste nationaliste et traducteur de talent, Le May est avant tout un poète lamartinien, délicat, sincère, perfectionniste, qui se plaît à décrire et à chanter au coin de son cœur la vie des humbles, leurs coutumes et leurs traditions. Il a publié, en 1884, une traduction magistrale du roman de William H. Kirby, *The Golden Dog*, et, en 1904, un recueil de cent soixante-quinze sonnets, *Les Gouttelettes*, qui sont sa meilleure œuvre.

Le retour aux champs

Enfin j'ai secoué la poussière des villes;
    J'habite les champs parfumés.
Je me sens vivre ici, dans ces cantons tranquilles,
    Sur ces bords que j'ai tant aimés.

L'ennui me consumait dans tes vieilles murailles,
    Ô noble cité de Champlain!
Je ne suis pas, vois-tu, l'enfant de tes entrailles,
    Je ne suis pas né châtelain.

Je suis né dans les champs; je suis fils de la brise
    Qui passe en caressant les fleurs;
Je souris à la digue où le torrent se brise
    Avec d'impuissantes clameurs.

Mes premières amours, douces fleurs des vallées,
    N'ont-elles pas été pour vous?
Pour vous, rocs au front nu, forêts échevelées,
    Vagues des fleuves en courroux?

Pour vous, petits oiseaux qui semez, à l'aurore,
    Les doux accords de votre voix?
Et pour vous, diamants qu'égrène un vent sonore,
    Après l'orage, sous les bois?

Je souffrais dans ces murs où s'entasse la foule,
    Où l'herbe ne reverdit pas,
Où la fleur s'étiole, où la poussière roule
    Comme pour effacer nos pas.

J'avais bien assez vu comme le fort repousse
    Le faible à son boulet rivé,
Comme de son orgueil la sottise éclabousse
    L'esprit qui monte du pavé.

Nul vent harmonieux ne passait sur ma lyre,
    Et mes chants étaient suspendus.
Je ne retrouvais point le souffle qui m'inspire,
    Et je pleurais les jours perdus.

Il me fallait revoir, au milieu de la plaine,
    Ou sur le penchant du coteau,
Le laboureur qui rêve à la moisson prochaine
    En ouvrant un sillon nouveau.

Il me fallait l'odeur du foin qui se dessèche
    Sur le sol où passe la faux,
L'odeur du trèfle mûr que flairent dans la crèche,
    En hennissant, les fiers chevaux.

Il me fallait le jour, pour voir combien de voiles
    S'ouvrent blanches sur le flot bleu;
Il me fallait la nuit, pour voir combien d'étoiles
    S'allument sous les pieds de Dieu.

Il me fallait encore entendre l'harmonie
    Des nids que berce le rameau,
Il me fallait entendre encor la voix bénie
    Des vieux clochers de mon hameau,

À un vieil arbre

Tu réveilles en moi des souvenirs confus.
Je t'ai vu, n'est-ce pas? moins triste et moins modeste.
Ta tête sous l'orage avait un noble geste,
Et l'amour se cachait dans tes rameaux touffus.

D'autres, autour de toi, comme de riches fûts,
Poussaient leurs troncs noueux vers la voûte céleste.
Ils sont tombés, et rien de leur beauté ne reste;
Et toi-même, aujourd'hui, sait-on ce que tu fus?

Ô vieil arbre tremblant dans ton écorce grise;
Sens-tu couler encore une sève qui grise?
Les oiseaux chantent-ils sur tes rameaux gercés?

Moi, je suis un vieil arbre oublié dans la plaine,
Et, pour tromper l'ennui dont ma pauvre âme est pleine,
J'aime à me souvenir des nids que j'ai bercés.

À mes compatriotes anglais

Vous ne nous aimez pas, cela nous le savons.
Nous avons nos défauts et vous avez les vôtres.

Vous êtes des marchands, nous sommes des apôtres;
Vous achetez la terre, et nous, nous la sauvons.

Notre langue est très belle et nous la conservons.
Nous sommes tous égaux et vos droits sont les nôtres.
Amassez des louis, disons des patenôtres,
Et servons librement le Dieu que nous servons.

L'Église, à ses autels, dans toute la patrie,
Pour notre souverain avec foi chante et prie,
Et tous, agenouillés, nous répondons: Amen.

Pourquoi donc des soupçons? pourquoi des mots acerbes?
La paix soit avec nous! Nos deux races superbes
Doivent s'unir, un jour, dans un fécond hymen.

Ultima verba

Mon rêve a ployé l'aile. En l'ombre qui s'étend,
Il est comme un oiseau que le lacet captive.
Malgré des jours nombreux ma fin semble hâtive;
Je dis l'adieu suprême à tout ce qui m'entend.

Je suis content de vivre et je mourrai content.
La mort n'est-elle pas une peine fictive?
J'ai mieux aimé chanter que jeter l'invective.
J'ai souffert, je pardonne, et le pardon m'attend.

Que le souffle d'hiver emporte, avec la feuille,
Mes chants et mes sanglots d'un jour! Je me recueille
Et je ferme mon cœur aux voix qui l'ont ravi.

Ai-je accompli le bien que toute vie impose?
Je ne sais. Mais l'espoir en mon âme repose,
Car je sais les bontés du Dieu que j'ai servi.

La mission de notre littérature*

(Discours prononcé lors des fêtes de la Saint-Jean-Baptiste en 1880.)

[...] Quand un peuple sort des ténèbres de l'ignorance et de la barbarie pour
entrer dans la lumière de la civilisation, il garde un caractère spécial et des
traits distinctifs; il y a des goûts particuliers; il voit à un point de vue qui
lui est propre; il pense et juge différemment des autres peuples; son langage
a des formes neuves; sa poésie s'inspire à des sources nouvelles: et sa rhé-

torique revêt des ornements étranges qui plaisent souvent autant qu'ils surprennent. L'attention se porte vers ce peuple: sa littérature devient une chose importante, et on l'étudie avec curiosité. Et elle, sous le souffle bienfaisant qui l'anime, elle croît, grandit, monte et brille comme un soleil sur la terre où elle est née.

Mais quand une nation se forme d'une autre nation, comme un rameau que l'on détache du tronc pour le planter dans un sol étranger, elle n'offre d'abord guère d'aspects intéressants; elle n'a rien de neuf. La langue qu'elle parle est connue depuis des siècles; et sa littérature, son industrie, sa science et ses beaux-arts ne sont qu'un rayon des beaux-arts de la science, de l'industrie et de la littérature d'un grand peuple.

Ce peuple colon, car c'est bien là le nom de ce rameau détaché de l'arbre, ses œuvres, fussent-elles marquées au coin du génie, ne semblent jamais extraordinaires, et ne sauraient s'étendre au delà d'une sphère humble et circonscrite.

Le monde préjugé ne veut pas que l'on produise de grandes choses lorsque l'on est petit.

De quel droit une nation de 500,000 âmes aurait-elle du talent ou du génie tout comme une nation de 30 millions? On sourit de pitié au récit de ses gloires; on écoute avec impatience ses appels à la justice; on passe en branlant la tête devant les statues de ses grands citoyens. Le droit du plus fort brille ici dans tout son infernal éclat; grandis, petit peuple, et quand tu seras assez fort pour élever autel contre autel, ou plutôt, pour braquer canon contre canon, alors, en même temps que tes soldats inspireront la terreur ou le respect, tes écrivains, tes artistes, tes savants recueilleront l'estime et l'admiration!

Nous sommes un peuple de colons, et voilà pourquoi j'appuie sur la condition désavantageuse, au point de vue des lettres surtout, des peuples qui commencent comme nous.

Nous parlons une belle langue, mais elle est même parlée par des millions de nos frères; nous écrivons des livres, mais le monde est inondé de livres écrits dans notre idiôme.

Nous sommes enveloppés par des races étrangères, mais ces races haïssent une grande nation qui porte à un degré éminent les traits qui nous distinguent.

Pourtant nous avons au milieu de nous des hommes qui brilleraient sur une scène plus vaste, et plus d'une renommée qui devrait s'élever jusqu'aux cieux, s'éteint dans la froide atmosphère où elle s'agite vainement. Nous sommes relégués dans l'ombre, et jusqu'au jour où nos vallées profondes et nos plaines magnifiques seront peuplées d'une foule intelligente, jusqu'au jour où nous serons devenus un grand peuple, nous devons courber le front et attendre dans la résignation.

Mais si l'on nous ignore à l'étranger, il ne nous est pas permis, à nous, de méconnaître nos gloires et de perdre le souvenir de ceux qui nous ont instruits et charmés par leurs récits ou enthousiasmés par leur ardeur poétique.

[...]

La littérature est une arme dans la main de quelques soldats privilégiés, et ces soldats doivent combattre; elle est un flambeau, et ce flambeau doit éclairer; mais trop souvent l'arme devient un fouet, et le flambeau dégage une fumée qui obscurcit la lumière.

Elle peut et doit être la plus haute expression de la civilisation et du progrès, car elle est une œuvre toute de l'intelligence. Cependant, comme la vapeur légère qui monte du sol tiédi par le soleil, s'élève dans les airs et retombe en pluie bienfaisante ou en torrent dévastateur, elle retombe sur les intelligences pour les féconder ou y porter le désordre.

La littérature reflète les qualités et les défauts d'une société, car elle a ses sources dans les passions qu'elle développe étrangement et qu'elle guide presque toujours. De là des devoirs impérieux pour l'écrivain et des précautions sages pour le lecteur.

Nous n'avons tous cependant qu'une seule et unique mission à remplir, mais nous devons employer des moyens divers selon le lieu où la Providence nous a mis et les facultés dont elle nous a doués. Or cette mission c'est le progrès; et le progrès c'est la marche de l'humanité vers Dieu.

La mission de notre littérature canadienne-française n'est donc pas une mission nouvelle; non, mais elle est une mission bien oubliée partout.

Tout ce qui purifie le cœur éclaire l'esprit, élève la pensée, rend l'homme plus parfait et le rapproche de son Créateur; mais l'homme peut fermer les yeux pour ne pas voir la lumière qui l'éblouit; il peut toujours, dans son orgueil et sa liberté, jeter à la face de son maître le *non serviam* de l'ange maudit.

Et ce cri de sédition retentit de nos jours plus haut que jamais parce que bien des écrivains ont oublié leur mission. Ils ont flatté les passions mauvaises au lieu de les flageller; ils ont excusé le vice quand ils ne l'ont pas glorifié, ils ont négligé la vertu quand ils ne l'ont pas ridiculisée.

Nous devons donc par nos écrits, inspirer l'amour du travail, le respect des lois, le culte des beaux-arts; un peuple qui travaille est un peuple chaste et fort, et un peuple chaste et fort résiste aux persécutions, grandit vite, et se prépare un bien-être durable; un peuple qui respecte les lois n'est point la victime des perturbations sociales et il jouit de la paix, le plus grand des biens.

Un peuple qui aime et cultive les beaux-arts devient en quelque sorte le maître des autres peuples, car il ne saurait perdre, dans les catastrophes qui peuvent l'atteindre ses connaissances et son génie. Ses vainqueurs mêmes s'inclinent devant son prestige, et lui demandent le secret des merveilles qu'il opère.

Nous ne sommes qu'une poignée de français jetés dans les vastes contrées de l'Amérique, et notre langue n'a plus la délicatesse et les beautés de celle de nos frères. Le devoir de nos écrivains est aussi de bien apprendre cette langue superbe que trop d'hommes négligent imprudemment, afin de l'écrire dans sa pureté, et de la transmettre dans son intégrité.

Les lieux, les temps et les circonstances lui apporteront sans doute certaines modifications; mais le discernement et le goût de nos auteurs peuvent faire que ces modifications deviennent des charmes pour l'oreille et des richesses pour la pensée.

Chez les infidèles, la littérature ne peut propager que la loi naturelle et les vertus humaines; chez les chrétiens elle doit proclamer la loi divine et le triomphe de l'âme.

Elle a pour mission de prévenir ainsi la décadence des grands peuples et de favoriser l'agrandissement des jeunes nations. Souvent elle suit les pas de ceux qu'elle devrait précéder, et caresse les caprices d'une époque. Que la nôtre ne subisse point un joug qu'elle doit imposer et qu'elle n'abdique point sa royauté pour se faire servante. Que le désir de plaire ne séduise pas l'écrivain et que l'auteur sache préférer les louanges des esprits éclairés aux applaudissements de la foule ignorante. Notre littérature, alors, n'en sera pas moins la peinture vraie de nos mœurs et de notre histoire intime.

En effet on finira par croire ce qui sera enseigné de toute part, par aimer ce que tous les livres déclareront aimable, et par pratiquer ce qui sera reconnu comme l'essence du bien.

Dieu appelle à lui tous les hommes, mais les uns plus que les autres. Il appelle aussi toutes les nations, mais il a des bontés infinies pour quelques-unes; et celles-ci, il les comble de bienfaits. Telle fut la nation juive; telle est, dans notre ère, la nation française: tel sera dans l'avenir, — ses origines sacrées et le sang de ses martyrs en sont un gage, — le peuple canadien-français.

Écrivains qui m'entendez, comprenez donc votre tâche et ayez le courage de remplir votre devoir. L'avenir de votre pays dépend de vous. Il sera ce que vous le ferez: il deviendra ce que vous êtes. Vous n'avez pas à retirer un peuple des ténèbres, vous n'avez qu'à l'encourager dans la voie où il marche, sous l'égide de la foi. Votre mission est facile, parce que vous êtes en communion avec la vérité. Vos paroles sont des semences prodigieuses qui se répandent partout et se multiplient à l'infini. Vous êtes la force qui détruit ou édifie. Parlez de Dieu avec respect, et le peuple qui vous lit respectera Dieu; ne rougissez pas d'affirmer vos pieuses croyances, et la foule croira jusqu'au martyre; enseignez la pureté du cœur, et la chasteté embaumera vos pages.

On subit nécessairement l'influence du milieu où l'on vit, et de notre temps l'on vit surtout au milieu des livres. Les livres, voilà les amis de tous, les compagnons inséparables de chacun, de l'enfance jusqu'à la vieillesse. S'ils sont bons, la société est sauvée; s'ils sont mauvais elle est perdue pour Dieu. Mais qu'ai-je à craindre? un souffle admirable de foi s'exhale des pages que vous avez écrites, le venin de l'envie n'empoisonne pas vos pensées, la pureté triomphe, et la chasteté jette un voile gracieux sur vos œuvres. Comment alors la nation qui vous lit, et se forme d'après les modèles que vous lui offrez dans vos récits ingénieux, ne serait-elle pas une nation admirable? Et comment une telle nation pourrait-elle se diviser contre elle-même, se laisser frustrer de ses droits et souffrir jamais l'ignominie d'un joug odieux?... Comment une telle nation pourrait-elle ne pas aimer le sol qui est son berceau, les institutions où elle s'instruit, le temple où elle prie, et la religion sainte qui lui ouvre les portes de l'immortalité?

NÉRÉE BEAUCHEMIN (1850-1931)

Nérée Beauchemin n'a guère quitté son pays d'origine, Yamachiche, que pour faire son cours classique au collège de Nicolet et ses études médicales à l'Université Laval. Sa muse n'a pas voyagé davantage, sauf au gré de quelques lectures, historiques surtout. Il a chanté sa « patrie intime » en des « harmonies » rares au XIXe siècle.

Ma lointaine aïeule

Par un temps de demoiselle,
Sur la frêle caravelle,
Mon aïeule maternelle,
Pour l'autre côté de l'Eau,
Prit la mer à Saint-Malo.

Son chapelet dans sa poche,
Quelques sous dans la sacoche,
Elle arrivait, par le coche,
Sans parure et sans bijou,
D'un petit bourg de l'Anjou.

Devant l'autel de la Vierge,
Ayant fait brûler le cierge
Que la Chandeleur asperge,
Sans que le cœur lui manquât,
La terrienne s'embarqua.

Femme de par Dieu voulue,
Par le Roy première élue,
Au couchant, elle salue
Ce lointain mystérieux,
Qui n'est plus terre ni cieux.

Et tandis que son œil plonge
Dans l'azur vague, elle songe
Au bon ami de Saintonge,
Qui, depuis un siècle, attend
La blonde qu'il aime tant.

De la patrie angevine,
Où la menthe et l'aubépine
Embaument val et colline,
La promise emporte un brin
De l'amoureux romarin.

Par un temps de demoiselle,
Un matin dans la chapelle,
Sous le poêle de dentelle,
Au balustre des époux,
On vit le couple à genoux.

Depuis cent et cent années,
Sur la tige des lignées,
Aux branches nouvelles nées,
Fleurit, comme au premier jour,
Fleur de France, fleur d'amour.

Ô mon cœur, jamais n'oublie
Le cher lien qui te lie,
Par-dessus la mer jolie,
Aux bons pays, aux doux lieux,
D'où sont venus les Aïeux.

La branche d'alisier chantant

Je l'ai tout à fait désapprise
La berceuse au rythme flottant,
Qu'effeuille, par les soirs de brise,
La branche d'alisier chantant.

Du rameau qu'un souffle balance,
La miraculeuse chanson,
Au souvenir de mon enfance,
A communiqué son frisson.

La musique de l'air, sans rime,
Glisse en mon rêve, et, bien souvent,
Je cherche à noter ce qu'exprime
Le chant de la feuille et du vent.

J'attends que la brise reprenne
La note où tremble un doux passé,
Pour que mon cœur, malgré sa peine,
Un jour, une heure en soit bercé.

Nul écho ne me la renvoie,
La berceuse de l'autre jour,
Ni les collines de la joie,
Ni les collines de l'amour.

La branche éolienne est morte;
Et les rythmes mystérieux
Que le vent soupire à ma porte,
Gonflent le cœur, mouillent les yeux.

Le poète en mélancolie
Pleure de n'être plus enfant,
Pour ouïr ta chanson jolie,
Ô branche d'alisier chantant!

Roses d'automne

Aux branches que l'air rouille et que le gel mordore,
Comme par un prodige inouï du soleil,
Avec plus de langueur et plus de charme encore,
Les roses du parterre ouvrent leur cœur vermeil.

Dans sa corbeille d'or, août cueillit les dernières:
Les pétales de pourpre ont jonché le gazon.
Mais voici que, soudain, les touffes printanières
Embaument les matins de l'arrière-saison.

Les bosquets sont ravis, le ciel même s'étonne
De voir, sur le rosier qui ne veut pas mourir,
Malgré le vent, la pluie et le givre d'automne,
Les boutons, tout gonflés d'un sang rouge, fleurir.

En ces fleurs que le soir mélancolique étale,
C'est l'âme des printemps fanés qui, pour un jour,
Remonte, et de corolle en corolle s'exhale,
Comme soupirs de rêve et sourires d'amour.

Tardives floraisons du jardin qui décline,
Vous avez la douceur exquise et le parfum
Des anciens souvenirs, si doux, malgré l'épine
De l'illusion morte et du bonheur défunt.

Le vieux Fort

Morne et sombre, au sommet d'un rocher de basalte,
Glorifiant le deuil, la pensée et l'effort
De ces vieux temps français que l'épopée exalte,
Se dresse, audacieux quand même, le vieux Fort.

De l'illustre poussière et de la noble cendre
De ceux qui, les derniers au poste sont restés,
Et qui, de leurs créneaux n'ont pas voulu descendre,
Les suprêmes terrains sont encore incrustés.

Jadis, malgré l'éclair et malgré le tonnerre
Du vieil épouvantail qui surplombe le sol,
L'aigle y venait, avant de regagner son aire,
Pour y reprendre souffle et reposer son vol.

La guerre est comme en fuite au loin dans le silence.
L'aigle ne revient plus. Le vieux Fort est muet.
Nul alarme ne vient troubler la somnolence
Des nocturnes veilleurs de la ronde et du guet.

Mais le soleil blessé de l'époque première,
Dont la gloire a saigné longuement sous nos cieux,
Il n'a pas après lui retiré sa lumière,
Il ne s'est pas éteint dans l'âme et dans les yeux.

Par les plus humbles toits, par les plus hautes flèches,
Par tous les monuments de la fidélité,
Par la ruine même aux glorieuses brèches,
Le vieil astre royal est sans fin reflété.

Sur tous les souvenirs que couronne et décore
La palme des prélats ou le laurier des rois,
C'est le même rayon qui plane et vibre encore,
Et le nimbe est visible à la cime des croix.

Où donc est la conquête? Où donc est la défaite?
Les flots ont-ils rongé le granit immortel?
L'éclair a-t-il rompu le trépied du prophète?
Les vents ont-il soufflé les flambeaux de l'autel?

Le peuple a-t-il cessé d'espérer et de croire?
A-t-il perdu le bon aloi du vieil esprit?
A-t-il cessé de lire à ce livre de gloire
Que, de leur rude main, les siècles ont écrit?

Non. La Place est quand même encore haute et forte.
La vieille Garde veille, et son front est serein;
L'armure de justice et d'honneur qu'elle porte
Est plus impénétrable aux coups qu'un triple airain.

ALFRED GARNEAU (1836-1904)

L'œuvre d'Alfred Garneau, fils de l'historien François-Xavier, ne compte que quelques dizaines de pièces. Comme Nérée Beauchemin, ce poète de fin de siècle a le sens de l'harmonie, mais sa poésie, délicatement triste, a plus de gravité et le doux charme d'un murmure de confidence.

Mon insomnie (I)*

Mon insomnie a vu naître les clartés grises.
Le vent contre ma vitre, où cette aurore luit,
Souffle les flèches d'eau d'un orage qui fuit.
Un glas encor sanglotte aux lointaines églises.

La nue est envolée, et le vent, et le bruit.
L'astre commence à poindre, et ce sont des surprises
De rayons; les moineaux alignés sur les frises,
Descendent dans la rue où flotte un peu de nuit...

Ils se sont tus, les glas qui jetaient tout à l'heure
Le grand pleur de l'airain jusque sur ma demeure.
Ô soleil, maintenant tu ris au trépassé!

Soudain, ma pensée entre aux dormants cimetières.
Et j'ai la vision, douce à mon cœur lassé,
De leurs gîtes fleuris aux croix hospitalières...

Devant la grille du cimetière

La tristesse des lieux sourit, l'heure est exquise.
Le couchant s'est chargé des dernières couleurs,
Et devant les tombeaux, que l'ombre idéalise,
Un grand souffle mourant soulève encor les fleurs.

Salut, vallon sacré, notre terre promise!...
Les chemins sous les ifs, que peuplent les pâleurs
Des marbres, sont muets; dans le fond, une église
Dresse son dôme sombre au milieu des rougeurs.

La lumière au-dessus plane longtemps vermeille..
Sa bêche sur l'épaule, contre les arbres noirs,
Le fossoyeur repasse, il voit la croix qui veille.

Et de loin, comme il fait sans doute tous les soirs,
Cet homme la salue avec un geste immense...
Un chant très doux d'oiseau vole dans le silence.

Croquis (I)*

Je cherchais, à l'aurore, une fleur peu connue,
Pâle fille des bois et de secrets ruisseaux,
Des sources de cristal aux murmurantes eaux
Enchaînèrent mes pas et surprirent ma vue.

Ô fraîche cascatelle! En légers écheveaux,
Son onde s'effilait, blanche, à la roche nue,
Puis, sous un rayon d'or un moment retenue,
Elle riait au ciel entre ses bruns roseaux!

Et comme j'inclinais quelques tiges mutines,
Sans bruit, l'oreille ouverte aux rumeurs argentines,
Pareilles aux soupirs d'un luth mystérieux.

Soudain, glissant vers moi sur son aile inquiète
À travers les rameaux, doux et penchant sa tête,
Un rossignol vint boire au flot harmonieux.

Romanciers

JOSEPH MARMETTE (1843-1895)

Joseph Marmette, le romancier historique le plus prolifique de son époque, a composé ses œuvres dans le sillage de l'abbé Casgrain: il veut instruire et édifier. Marmette se documente donc avec beaucoup de soin chez les historiens, puis il construit son intrigue de façon que le bien l'emporte sur le mal. Ses lectures romantiques lui permettent de peindre des tableaux colorés et de créer des personnages honnêtes, tendres et beaux ou méchants et laids. Malheureusement, ses héros ne sont que des types moraux ou immoraux que l'on retrouve, engagés sous des noms et des visages différents, dans des intrigues qui se répètent plus ou moins d'un roman à l'autre. Il arrive à Marmette d'avoir de l'imagination, mais la vraisemblance manque à maints passages de ses œuvres. Certains l'ont appelé « notre Fenimore Cooper », d'autres ont vu en lui de l'Alexandre Dumas; dans l'un et l'autre cas, on lui a fait trop d'honneur. Marmette n'a été qu'un bon artisan d'un roman historique qui a choisi pour espace-temps le vieil empire colonial français d'Amérique et pour personnages des héros fabriqués d'après la vision nostalgique que ses contemporains avaient de cette Nouvelle-France d'autrefois. Il a voulu ainsi magnifier le Canadien et son pays.

Une soirée chez l'intendant Bigot*

*(L'Intendant Bigot, *deuxième roman de Marmette, parut en 1872; nous citons la seconde partie du prologue.)**

Somptueux devait être l'intérieur de la résidence d'un homme tel que Bigot, qui avait apporté de France ces goûts de luxe, de bien-être et de mollesse qui distinguèrent le règne du roi Louis XV.

L'histoire et la tradition, d'ailleurs, sont là pour nous prouver que M. l'intendant du roi sembla chercher à imiter son illustre souverain, en ayant, comme lui, des maîtresses, avec en outre, comme nous le verrons plus tard, maisons de ville, de campagne et de chasse.

Aussi pouvons-nous avancer sans crainte que le coup d'œil présenté par les salons de l'intendant, le soir du vingt-quatre décembre mil sept cent cinquante-cinq, était des plus ravissants.

Les flots de lumière jetés par mille bougies dont la flamme scintille en gerbes multicolores sur le cristal des lustres, éclairent superbement les lambris dorés, les tapisseries luxueuses et les riants groupes de petits Amours et de colombes amoureuses qui se becquettent sur le plâtre des plafonds au milieu de guirlandes de fleurs artistement dessinées; pendant que de hautes glaces semblent doubler en nombre un riche mobilier d'acajou que l'esprit du temps a chargé d'une profusion surannée de ciselures et de reliefs.

Enfin, sur un moelleux tapis de Turquie, où les souliers à boucle s'enfoncent et disparaissent presqu'entièrement, s'agitent et se croisent de nombreux invités dont les brillants costumes sont en harmonie avec les somptuosités qui les entourent.

Entre tous les galants cavaliers qui papillonnaient auprès des dames, lesquelles n'étaient pas le moins bel ornement de ce lieu enchanteur, M. l'intendant, leur hôte, se faisait remarquer autant par la coupe gracieuse et la richesse de ses habits que par l'exquise urbanité de ses manières.

Il portait un habit de satin aurore, à très larges basques et à revers étroits lisérés d'or. Ce brillant justaucorps laissait voir une veste de satin blanc, par l'échancrure de laquelle s'échappait une cravate de mousseline dont les bouts très longs pendaient par devant en compagnie des cascades de dentelle qui tombaient de la chemise.

La culotte, de même étoffe que l'habit, descendait en serrant la jambe jusqu'au dessous du genoux; là, elle s'arrêtait retenue par de petites boucles en or et recouvrait le bas bien étiré sous lequel se dessinait avec avantage un musculeux mollet.

Des souliers à talon, attachés par des boucles d'or, emprisonnaient ses pieds.

Quant à ses cheveux roux, ils étaient poudrés à blanc, relevés et frisés sur le front et les tempes, pour venir se perdre en arrière dans une bourse de taffetas noir.

Une épée de parade à poignée d'ivoire ornée de pierreries, relevait par derrière les basques de son justaucorps.

Mais la nature avait gratifié M. Bigot d'un défaut terrible, puisque, disent les intéressants mémoires de M. de Gaspé, Bigot était punais! Aussi parfumait-il à outrance et sa personne et ses habits, afin de rendre son approche tolérable aux intimes.

François Bigot était d'une famille de Guyenne, illustre dans la robe. Nommé d'abord commissaire à Louisbourg, où il se distingua tout de suite par cet éminent esprit de calcul qui lui fit toujours accorder ses préférences à la soustraction, il avait été élevé plus tard à l'emploi d'intendant de la Nouvelle-France, qu'il occupait depuis quelques années au moment où nous le présentons au lecteur.

Il pouvait avoir trente-cinq ans. Doué d'une taille au-dessus de la moyenne, d'une figure sympathique où se lisait pourtant une expression de ruse et d'astuce aussitôt qu'il parlait d'affaires, tranchant du grand seigneur par ses manières courtoises et sa prodigalité, Bigot avait su se faire un grand nombre d'amis.

Porté par tempérament aux excès qui caractérisent l'époque de Louis XV[1], cette fièvre de jouissance dont l'incessante satisfaction exigeait un revenu dix fois plus considérable que ses ressources personnelles et ses appointements, lui fit bientôt rejeter le masque d'honnête homme dont la nature l'avait doué. Alors, il se montra tel qu'il était réellement, c'est-à-dire le plus effronté pillard que jamais roi de France ait eu pour fermier général ou pour intendant.

Afin de voiler un peu ses exactions, il sut inviter ses subordonnés et leurs commis au silence, et leur inspira des goûts de luxe qu'ils ne pouvaient satisfaire qu'en imitant ses propres malversations.

L'on croira sans peine que ses amis et complices formaient non seulement la grande majorité, mais même la totalité de ses hôtes. Car les honnêtes gens de Québec fréquentaient peu Bigot, déjà suspect à cette époque.

Après le maître, celui qui par ses saillies se faisait le plus valoir auprès des dames était le secrétaire de l'intendant, Brassard Deschenaux. Il était fils d'un cordonnier de Québec.

Les mémoires de l'époque nous le montrent comme un homme laborieux et de beaucoup d'esprit, mais d'un caractère rampant. « Il avait une envie si demesurée d'amasser de la fortune, que son proverbe ordinaire était de dire: « qu'il en prendrait jusque sur les autels. »

Puis l'on voyait le sieur Cadet, fils d'un boucher. Protégé par Deschenaux, qui avait eu occasion de reconnaître son esprit intrigant, par l'entremise de M. Hocquart, prédécesseur de Bigot à l'intendance, Cadet, qui dans sa jeunesse avait gardé les animaux d'un habitant de Charlesbourg, remplissait maintenant les fonctions de munitionnaire général.

---

1. En cela Bigot tenait de race. On peut s'en convaincre en lisant les *Historiettes* de Tallemant des Réaux, où le nom des aïeux de Bigot figure *honorablement* à côté de ceux des grands personnages dont Tallemant raconte, avec un peu trop de détails, les amoureuses prouesses. Voir, entre autres, l'article sur M. Servien, « qui était amoureux d'une Mme Bigot, une belle femme mariée à un M. Bigot dont le père avait été procureur général du Grand-Conseil. » Cette dame Bigot demeurait à Angers.

Venaient ensuite le contrôleur de la marine, Bréard, qui, de très pauvre qu'il était lors de sa venue en Canada, s'en retourna extrêmement riche; puis le sieur Estèbe, garde-magasin du roi à Québec, et son commis Clavery, préposé, comme on l'a vu, à l'administration de la Friponne.

Enfin, c'était Jean Corpron, l'associé et le commis de Cadet, que ses coquineries avaient fait chasser de chez plusieurs négociants dont il était l'employé, et bien d'autres fonctionnaires de même acabit, dont l'histoire n'a pas jugé à propos de nous conserver les noms.

Le plus laid et le moins spirituel de toute cette société d'intrigants, c'était sans contredit l'aide-major des troupes de la marine, Michel-Jean-Hugues Péan. Bien qu'il n'eût aucun talent et nulle disposition pour la guerre, il avait obtenu ce poste élevé grâce aux charmes de sa moitié qui avait su plaire à M. Bigot.

C'était une adorable coquette que Mme Péan. Elle avait de la beauté, de la jeunesse, de l'esprit, disent les mémoires; et sa conversation était amusante et enjouée.

« L'intendant fut attaché à elle tout le temps qu'il demeura en Canada, et lui fit tant de bien qu'on envia sa fortune. Il allait régulièrement chez elle passer ses soirées; car elle s'était faite une petite cour de personnes de son caractère, ou approchant, qui méritèrent sa protection par leurs égards et firent des fortunes immenses. »

Le mari fermait les yeux sur la liaison de sa femme avec l'intendant, et comme il s'enrichissait vite, grâce à Bigot, il s'efforçait de porter noblement son infortune en faisant la cour à la femme de l'un de ses collègues en pillerie, Pénissault, qui était chargé, à Montréal, de la direction d'une maison succursale de la Friponne.

Mais la chronique impitoyable nous apprend que Péan ne fut guère plus heureux de ce côté que dans son ménage, vu que la jolie et spirituelle dame Pénissault finit par lui préférer le chevalier de Lévis, qui l'enleva pour l'emmener en France.

Il va s'en dire que Mme Péan éclipsait toutes les autres femmes auxquelles la faveur, plus encore que le rang, avait, ce soir-là, ouvert les portes du salon de l'intendance.

Aussi se sentait-elle parfaitement à l'aise dans cette somptueuse demeure où elle régnait en maîtresse.

Inondée de bouillons de soie, noyée de brouillards de blonde, elle était mise avec tout le superbe mauvais goût auquel surent arriver, par trop de recherche, les femmes du temps de Louis XV.

Elle portait une robe de soie moirée, à dos flottant, ouverte de corsage et à la jupe qui ondoyait d'autant plus à la lumière des lustres, qu'un énorme panier — cet ancêtre de la crinoline, laquelle vient de disparaître à son tour — gonflait de manière à obliger ceux qui lui parlaient de se tenir à six pieds de distance.

Des échelles de rubans couvraient la poitrine au défaut de la robe, tandis qu'un gros nœud à deux feuilles s'étalait tout en haut d'un corsage que la mode lascive du temps voulait être très échancré; chose dont ne semblait nullement songer à se plaindre la jeune femme qui étalait avec complaisance les épaules les plus parfaitement blanches et arrondies qu'ait jamais effleurées l'haleine d'un valseur.

Un mignon collier d'or et de rubis d'Orient s'enroulait comme une couleuvre autour de son beau cou.

Ses luxuriants cheveux noirs, dont la couleur tranchait vivement sur son teint de blonde, se relevaient sur le sommet de la tête, de manière à former autour du front et des tempes une espèce de diadème terminé par une rivière de diamants.

Des manchettes à trois rangs composées de dentelle, de linon et de fine batiste, retombaient en éventail sur un avant-bras nu, rond, blanc et potelé comme en dut rêver le statuaire qui créa la Vénus de Médicis.

Quand cette femme arrêtait sur un homme son œil bleu, dans lequel se miraient, ainsi que de grands roseaux sur les bords d'un lac limpide ses longs et soyeux cils noirs, et qu'un sourire frissonnait sur ses lèvres voluptueuses, il se sentait aussitôt vaincu par le charme magnétique de cette fascinatrice beauté.

Bigot, son esclave, ne le savait que trop.

Cependant, l'on avait apporté des tables de jeu autour desquelles s'étaient placés ceux qui voulaient tenter la fortune.

À l'exception de Mme Péan qui suivait le jeu avec intérêt, les autres dames, raides, guindées et la figure vermillonnée, se tenaient assises à l'écart.

Quelques invités, dont les habitudes de froid négoce se refusaient aux hasards du tapis vert, causaient avec elles en chiffonnant d'une main distraite la dentelle de leur jabot; tandis que certaines dames s'amusaient beaucoup de la contenance gauche de l'ex-bouvier Cadet, qui ne savait que faire de son petit tricorne galonné que l'étiquette ordonnait de porter sous le bras.

L'un des plus joyeux joueurs était sans contredit Bigot. Et pourtant, il était d'une malchance désespérante, pendant que la fortune favorisait Péan qui restait froid ou ne faisait entendre qu'un rire sec lorsqu'on le complimentait sur le monceau d'or qui allait toujours s'entassant devant lui.

Était-ce par affection pour son mari? je n'oserais vraiment répondre à cette question. Toujours est-il que Mme Péan suivait les différentes phases du trente-et-un avec une animation toujours croissante.

— Vingt-deux en pique, dit Bigot.

— Vingt-sept en cœur, répondit Péan qui étala son jeu.

— Vous gagnez, repartit nonchalamment Bigot, tandis que Péan tirait à lui deux jointées de pièces d'or avec un petit mouvement de langue qui lui était familier quand lui réussissait une opération monétaire.

— Vous devez avoir devant vous une vingtaine de mille francs, reprit à quelques moments de là Bigot. Si vous le voulez bien, Péan, nous les jouerons d'un seul coup. Il faut en finir; car je m'aperçois, dit-il en se retournant vers les femmes retirées à l'écart, que ces dames qui ne jouent point s'ennuient de ne pas danser.

Un imperceptible mouvement nerveux plissa le front de Péan.

C'était bien dommage, en effet, pour un homme âpre au gain, d'avoir à risquer une si forte somme d'un seul coup. Mais enfin, sous peine de passer pour un ladre, il lui fallait s'exécuter.

— C'est bien, dit-il en faisant les jeux, pendant que les autres joueurs plus timorés abandonnaient la partie et se penchaient vers la table, pour mieux voir l'intéressante tournée de cartes qui allait suivre.

— Trente en trèfle, dit Bigot avec insouciance.

— Trente-et-un en cœur répondit Péan d'une voix émue.

— Deschenaux, reprit l'intendant qui savait perdre en grand seigneur[2] et sans sourciller, vous compterez demain vingt mille francs à M. l'aide-major.

— Cordieu! comme les cartes.... et le cœur portent chance à ce damné Péan, souffla le contrôleur Bréard à l'oreille de Deschenaux.

— Oui; mais c'est parce que M. l'intendant joue à qui perd gagne, ajouta le malicieux secrétaire en jetant à la dérobée un regard à la belle Mme Péan.

— La Péan doit aimer beaucoup l'or pour rester attachée à ce punais, dit à sa voisine une femme laide et près du retour qui faisait tapisserie sur une causeuse.

— Oui! ma chère; et je pensais précisément que l'odeur désagréable exhalée par le cher homme, malgré tous les parfums qu'il emploie pour la combattre, est peut-être cause de la largeur démesurée des paniers de sa maîtresse, qui sait ainsi tenir... en société du moins, l'amant à une respectueuse distance.

Et l'envieuse jeta un regard de convoitise sur la robe chatoyante qui retombait avec une riche ampleur autour de la femme enviée.

On enleva les tables de jeu.

— Ne disiez-vous pas tantôt, Bréard, fit Bigot en se dirigeant vers les dames, que les bourgeois se plaignent hautement de la taxe que nous leur avons imposée pour l'entretien des casernes?

— Oui, monsieur. Il en est même qui ne se contentent pas de murmurer, mais qui menacent.

— Ah! bah! qu'importe, pourvu qu'ils payent!

Cette répétition du fameux mot de Mazarin eut un succès fou et fit rire aux éclats les courtisans de Bigot.

— Oui! riez, messieurs! répondit comme un écho une voix vibrante qui partit de l'extrémité de l'appartement.

Les femmes se retournèrent avec effroi, les hommes avec surprise.

Et tous aperçurent à la porte du salon un vieillard qui semblait plutôt un spectre, avec ses joues hâves et ses yeux creusés par la misère.

Derrière lui apparaissait la tête curieuse d'une pâle enfant dont les grands yeux noirs regardaient avec autant de timidité que d'étonnement la brillante réunion qui les frappait.

C'était M. de Rochebrune et sa fille, que le peu de lumière produit par l'éloignement des lustres ne permettait pas de reconnaître à l'endroit reculé où ils se trouvaient tous deux.

— Allez! continua le vieux militaire d'une voix puissante qui avait plus d'une fois dominé le tumulte des batailles, gaudissez-vous, valets infidèles,

---

2. L'histoire nous dit que pendant que les pauvres gens crevaient de faim dans les rues de Québec, il se faisait chez Bigot un jeu d'enfer, et que l'intendant perdit deux cent mille francs dans une seule saison.

car le maître est loin et le peuple, que vous volez sans merci, courbe la tête! Allons! plus de vergogne, vous êtes ici tout-puissants et le pillage amène l'orgie! Il fait si bon, n'est-ce pas, pour des roués de votre espèce, s'enivrer à table alors que la famine règne sur la ville entière! Certes, je conçois que ce raffinement réveille même l'appétit d'un estomac blasé!

« Prenez garde pourtant, mes maîtres! car de l'escroquerie à la trahison, il n'y a qu'un pas à faire! Et si le voleur risque au moins sa réputation, l'autre joue sa tête.

« Écoutez! continua le vieillard, comme saisi d'une subite inspiration. L'ennemi s'avance... j'entends au loin le bruit de son avant-garde qui franchit la frontière... Manquant de vivres et de munitions, nos soldats inférieurs en nombre, retraitent pour la première fois... l'Anglais les suit... il s'approche... il arrive... et je vois ses bataillons serrés entourer nos murailles... Bien qu'épuisés par la disette et la lutte, le soldat, le milicien, le paysan disputent avec acharnement à l'étranger le sol de la patrie... La victoire va peut-être couronner leur courage... Mais non! des hommes éhontés se sont dit: « Le moment est venu d'éteindre le bruit causé par nos exactions sous le fracas de la chute du pays que nous avons si mal administré... Entendons-nous avec l'Anglais... » Et guidés par un traître, je vois nos ennemis tant de fois vaincus, surprendre et écraser nos frères! Honte et malheur! Ce traître, c'est par vous qu'il sera soudoyé!

« Oh! puisse la malédiction d'un vieillard mourant et première victime de vos brigandages, stigmatiser votre mémoire, et, spectre funèbre, escorter votre agonie au passage de l'éternité! »

Stupéfiés par cette brusque apparition qui pesait sur eux comme un remords, subjugués par cette voix tonnante qui leur jetait si hardiment leurs méfaits à la face, tous, maîtres, femmes et valetaille, avaient écouté sans pouvoir interrompre.

Bigot fut le premier à recouvrer ses esprits.

— Tudieu! marauds! cria-t-il aux valets ébahis, ne mettrez-vous pas ce fou furieux à la porte!

— Arrière! manants! s'exclama Rochebrune, qui retraversa lentement l'antichambre et sortit du palais suivi de loin par les domestiques qui n'osaient se rapprocher de lui.

Lorsque le plus hardi d'entre eux sortit sa tête au dehors, par la porte entrebâillée, il vit le vieillard chanceler et s'abattre lourdement sur le dernier degré du perron.

— Au diable le vieux fou! fit le valet en refermant la porte, qu'il s'empressa cette fois de verrouiller au dedans.

— A-t-on jamais vu pareille impudence! murmuraient les invités.

— Bah! ce n'est rien, repartit Bigot. Seulement j'aurai soin désormais de placer le lieu de nos réunions hors des approches de pareils maroufles. Allons! mesdames, je crois qu'un peu de danse vous remettra. Violons! une gavotte!

Et tandis que les premiers accords de l'air demandé roulaient sous les hauts plafonds de la salle, l'intendant offrait le bras à Mme Péan avec laquelle il ouvrit le bal.

Quelques instants plus tard, à voir l'entrain des hommes et la coquetterie des femmes, on n'aurait jamais cru que la colère et l'effroi venaient de faire trembler cette foule enivrée maintenant de musique et de danse.

Cependant, un homme de cœur se mourait en ce moment de froid et d'inanition sur les degrés du palais.

À peine avait-il mis le pied hors de l'intendance, que cette exaltation fébrile, qui avait un instant rendu ses forces à M. de Rochebrune, l'abandonna complètement.

Saisi par le froid au sortir de la chaude atmosphère qui régnait dans le palais, il se sentit aussitôt faiblir. Ses pieds glissèrent sur la neige durcie; il tomba.

Quelque peu ranimé par les cris que jeta Berthe en voyant sa chute, il voulut se relever; mais ses forces brisées lui refusèrent leur secours et sa tête retomba lourdement sur le seuil.

L'enfant s'agenouilla près de lui dans la neige, entoura de ses pauvres petits bras le cou du vieillard, et essaya vainement de relever son père.

Mais voyant que ses efforts étaient inutiles:

— Viens-t'en, papa, dit-elle en sanglottant, j'ai peur! Allons-nous-en chez nous, où du moins il ne fait pas si froid qu'ici.

Le malheureux, aidé tant soit peu par son enfant, se souleva la tête.

Tout-à-coup, ses yeux gardèrent une effrayante fixité; puis il parut tendre l'oreille à la bise qui courait en sifflant sur la neige, comme pour mieux entendre un bruit lointain.

— Écoute! enfant, dit-il d'une voix sourde.

En effet, on entendait comme des voix plaintives qui pleuraient dans la nuit.

Ces sons lugubres venaient de la rivière Saint-Charles, qui, de l'autre côté de l'intendance, arrosait les jardins du palais.

C'était le souffle du vent de nord se mêlant avec le bruit des Rots qui gémissaient en se brisant sur les glaçons de la grève, à l'embouchure de la rivière.

Au même instant, les notes sémillantes d'un air de danse partirent de l'intérieur en joyeuses fusées de trilles, et vinrent déchirer l'oreille des deux infortunés comme un ironique éclat de rire.

— Oh! les traîtres infâmes!... grommela le vieil officier que le délire étreignait. Ils nous livrent à l'ennemi!... Entendez-vous, soldats?... Sus à eux! Apprêtez armes!... Joue!... Feu!...

Sa tête retomba sur la pierre.

L'engourdissement causé par le froid passa de ses membres au cerveau et il s'endormit.

Mais ce sommeil, c'était celui de la mort qui venait de fermer à jamais les paupières du brave.

La petite Berthe pleura longtemps; et après d'inutiles efforts pour réveiller son père qu'elle croyait endormi, le froid la gagna tellement à son tour qu'elle glissa sur le cadavre du vieillard et resta sans mouvement.

....

Le bal était fini et chaudement drapés dans leurs fourrures, les invités de M. l'intendant venaient de prendre congé de leur hôte.

Celui-ci donnait le bras à Mme Péan dont le cou de cygne se perdait dans le duvet d'une riche pélerine. Il la voulait reconduire jusqu'à sa cariole.

— Mais où sont donc vos domestiques? dit Bigot en sortant sur le perron. Je ne les vois point. Ah! je comprends. Ces messieurs sont à faire la noce à la cuisine avec mes serviteurs, leurs amis. Car je vois les voitures de ce côté.

En ce moment, la jeune femme poussa un cri terrible.

Elle venait de mettre le pied sur le cadavre de M. de Rochebrune.

— Valets! des flambeaux! cria l'intendant.

Aussitôt des domestiques sortirent avec des torches.

— Encore cet homme! fit Bigot, qui s'était penché sur le corps inanimé.

Attirés par les cris et la lumière, de braves bourgeois de Saint-Roch, qui revenaient de la messe de minuit et s'en retournaient chez eux, entrèrent dans la cour du palais et s'approchèrent du groupe sur lequel la flamme des torches agitées par le vent jetait d'étranges et vacillantes lueurs.

L'un des valets mit la main à l'endroit du cœur, sur la poitrine de M. de Rochebrune.

— Le vieux est bien mort! dit-il.

— Tant mieux pour lui, grommela Bigot, car cet homme était gênant!

— Mais la petite fille vit, continua le domestique. Elle respire encore.

— Oh! la pauvrette! dit un homme du peuple en se penchant vers Berthe qu'il enleva dans ses bras, je ne suis pas riche, mais il ne sera jamais dit que Jean Lavigueur aura laissé périr de froid une créature du bon Dieu.

Il perça la foule et s'éloigna avec l'enfant.

— Mon Dieu! fit Mme Péan, que Bigot déposa dans sa voiture, encore pâmée, la pauvre femme, de la peur qu'elle avait éprouvée au contact du cadavre; mon Dieu! je ne dormirai pas de la nuit, c'est bien sûr!

LAURE CONAN (1845-1924)

Laure Conan est le pseudonyme de Félicité Angers, première romancière canadienne-française. Son œuvre comprend quatre romans d'allure autobiographique et trois romans historiques. Jusqu'à 1950, l'on a surtout lu ces derniers, puis la psychocritique est intervenue, qui a attiré l'attention sur *Angéline de Montbrun* en transformant cette œuvre édifiante en roman incestueux: l'amour d'Angéline pour Maurice, son fiancé, ne serait, de vrai, qu'un masque abritant l'amour de cette fille pour son père; l'on a aussi découvert, qui s'inscrirait en filigrane dans les pages de l'œuvre, l'histoire d'un drame personnel que Laure Conan, écrivain, se plaisait à revivre de façon compensatoire dans ses écrits romanesques: les amours malheureuses que Félicité Angers auraient connues, très jeune, avec Pierre-Alexis Tremblay, de dix-huit ans son aîné, impuissant ou voué à la chasteté.

ANGÉLINE DE MONTBRUN

Monsieur de Montbrun*

(Mina Darville à son frère Maurice, qui veut savoir comment il doit s'y prendre pour demander à M. de Montbrun, chez qui il séjourne, la main de sa fille Angéline.)

À quoi sert-il de chasser aux chimères, ou plutôt pourquoi n'en pas faire des réalités? Va trouver M. de Montbrun, et — puisqu'il faut te suggérer les paroles, dis-lui: — « Je l'aime, ayez pitié de moi. »

Ce n'est pas plus difficile que cela. Mais maîtrise tes nerfs, et ne va pas t'évanouir à ses pieds. Il aime les tempéraments bien équilibrés.

Je le sais par cœur, et ce qu'il va se demander, ce n'est pas absolument si tu es amoureux au degré extatique, si tu auras de grands succès, mais si tu es de force à marcher, coûte que coûte, dans le sentier du devoir.

Compte qu'il tirera ton horoscope d'après ton passé. Il n'est pas de ceux qui jugent que tout ira droit parce que tout a été de travers.

Tu dis que je le connais mieux que toi. Ce doit être, car je l'ai beaucoup observé.

J'avoue que je le mettrais sans crainte à n'importe quelle épreuve, et pourtant, *c'est une chose terrible d'éprouver un homme.* Remarque que ce n'est pas une femme qui a dit cela. Les femmes, au lieu de médire de leurs oppresseurs, travaillent à leur découvrir quelques qualités, ce qui n'est pas toujours facile.

Quant à M. de Montbrun, on voit du premier coup d'œil qu'il est parfaitement séduisant, et c'est bien quelque chose, mais il a des idées à lui.

Ainsi je sais qu'à l'approche de son mariage, quelqu'un s'étant risqué à lui faire des représentations sur son choix peu avantageux selon le monde, il répondit, sans s'émouvoir du tout, que sa future avait les deux ailes dont parle l'Imitation: la simplicité et la pureté; et que cela lui suffisait parfaitement.

On se souvient encore de cet étrange propos. Tu sais qu'il se lassa vite d'être militaire pour la montre, et se fit cultivateur. Il a prouvé qu'il n'entendait pas non plus l'être seulement de nom.

Angéline m'a raconté que le jour de ses noces, son père alla à son travail. Oui, mon cher, — c'est écrit dans quelques pages intimes que Mme de Montbrun a laissées — dans la matinée il s'en fut à ses champs.

C'était le temps des moissons, et M. de Montbrun était dans sa première ferveur d'agriculture. Pourtant, si tu veux réfléchir qu'il avait vingt-trois ans, et qu'il était riche et amoureux de sa femme, tu trouveras la chose surprenante.

Ce qui ne l'est guère moins, c'est la conduite de Mme de Montbrun.

Jamais elle n'avait entendu dire qu'un marié se fût conduit de la sorte; mais après y avoir songé, elle se dit qu'il est permis de ne pas agir en tout comme les autres, que l'amour du travail, même poussé à l'excès, est une garantie précieuse, et que s'il y avait quelqu'un plus obligé que d'autres de travailler, c'était bien son mari, robuste comme un chêne. Tout cela est écrit.

D'ailleurs, pensa-t-elle, « un travailleur n'a jamais de *migraines* ni de *diables bleus* ». (Mme de Montbrun avait un grand mépris pour les malheureux atteints de l'une ou l'autre de ces infirmités, et probablement qu'elle eût trouvé fort à redire sur un gendre qui *s'égare dans un paradis de rêveries.*)

Quoi qu'il en soit, prenant son rôle de fermière au sérieux, elle alla à sa cuisine, où à défaut de brouet noir dont la recette s'est perdue elle fit une soupe pour son seigneur et maître, qu'elle n'était pas éloignée de prendre pour un Spartiate ressuscité, et la soupe faite, elle trouva plaisant d'aller la lui porter.

Or, un des employés de son mari la vit venir, et comme il avait une belle voix, et l'esprit d'à propos, il entonna allégrement:

Tous les chemins devraient fleurir,
Devraient fleurir, devraient germer
Où belle épousée va passer.

M. de Montbrun entendit, et comme Cincinnatus, à la voix de l'envoyé de Rome, il laissa son travail. Son chapeau de paille à la main, il marcha au devant de sa femme, reçut la soupe sans sourciller, et remercia gravement sa ménagère qu'il conduisit à l'ombre. S'asseyant sur l'herbe, ils mangèrent la soupe ensemble, et Mme de Montbrun assurait qu'on ne fait pas deux fois dans sa vie un pareil repas.

Ceci se passait il y a dix-neuf ans, mais alors comme aujourd'hui, il y avait une foule d'âmes charitables toujours prêtes à s'occuper de leur prochain.

L'histoire des noces fit du bruit, on en fit cent railleries, ce qui amusa fort les auteurs du scandale.

Un peu plus tard, ils se réhabilitèrent, jusqu'à un certain point, en allant voir la chute Niagara.

Cette entrée en ménage plaît à Angéline, et cela devrait te faire songer. L'imitation servile n'est pas mon fait, mais nous aviserons. Tiens! j'ai trouvé. Il y a au fond de ton armoire un in-folio qui, bien sûr, te donnerait l'air grave si tu en faisais des extraits le jour de tes noces.

Mon cher Maurice, crois-moi, ne tarde pas. Je tremble toujours que tu ne fasses quelque sortie auprès d'Angéline. Et la manière d'agir de M. de Montbrun prouve qu'il ne veut pas qu'on dise les doux riens à sa fille, ou la divine parole, si tu l'aimes mieux. Tu es le seul qu'il admette dans son intimité, et cette marque d'estime t'oblige. D'ailleurs, abuser de sa confiance, *ce serait plus qu'une faute, ce serait une maladresse.*

Avec toi de cœur.

Mina

Le père et le futur gendre*

(Charles de Montbrun à Maurice Darville)

Je n'ai pas perdu mon temps depuis votre départ, et il n'y a pas une personne en état de rendre compte de vous que je n'aie fait parler.

Vous êtes à peu près ce que vous devriez être; je l'ai constaté avec bonheur, et comme on ne peut guère exiger davantage de l'humaine nature, j'ai laissé ma fille parfaitement libre de vous accepter. Elle n'a pas refusé, mais elle déclare qu'elle ne consentira jamais à se séparer de moi. Faites vos réflexions, mon cher, et voyez si vous avez quelque objection à *m'épouser*.

Vous dites qu'en vous donnant ma fille, je gagnerai un fils et ne la perdrai pas. Je vous avoue que je pense un peu différemment, mais je serais bien égoïste si j'oubliais son avenir pour le bonheur de la garder toute à moi.

Vous en êtes amoureux, Maurice, ce qui ne veut pas dire que vous puissiez comprendre ce qu'elle m'est, ce qu'elle m'a été depuis le jour si triste, où revenant chez moi, après les funérailles de ma femme, je pris dans mes bras ma pauvre petite orpheline, qui demandait sa mère en pleurant. Vous le savez, je ne me suis déchargé sur personne du soin de son éducation. Je croyais que nul n'y mettrait autant de sollicitude, autant d'amour. Je voulais qu'elle fût la fille de mon âme comme de mon sang, et qui pourrait dire jusqu'à quel point cette double parenté nous attache l'un à l'autre?

Vous ne l'ignorez pas, d'ordinaire on aime ses enfants plus qu'on n'en est aimé. Mais d'Angéline à moi il y a parfait retour; et son attachement sans bornes, sa passionnée tendresse me rendrait le plus heureux des hommes, si je pensais moins souvent à ce qu'elle souffrira en me voyant mourir.

J'ai à peine quarante-deux ans; de ma vie, je n'ai été malade. Pourtant cette pensée me tourmente. Il faut qu'elle ait d'autres devoirs, d'autres affections, je le comprends. Maurice, prenez ma place dans son cœur, et Dieu veuille que ma mort ne lui soit pas l'inconsolable douleur.

Dans ce qui m'a été dit sur votre compte, une chose surtout m'a fait plaisir: c'est l'unanime témoignage qu'on rend à votre franchise.

Ceci me rappelle que l'an dernier, un de vos anciens maîtres me disait, en parlant de vous: « Je crois que ce garçon-là ne mentirait pas pour sauver sa vie. » À ce propos, il raconta certains traits de votre temps d'écolier qui prouvent un respect admirable pour la vérité. « Alors, dit quelqu'un, pourquoi veut-il être avocat? » Et il assura avoir fait un avocat de son pupille, parce qu'il avait toujours été *un petit menteur*.

Glissons sur cette marque de vocation. Votre père était l'homme le plus loyal, le plus vrai que j'aie connu, et je suis heureux qu'il vous ait passé une qualité si noble et si belle. J'espère que toujours vous serez, comme lui, un homme d'honneur dans la magnifique étendue du mot.

Mon cher Maurice, vous savez quel intérêt je vous ai toujours porté, surtout depuis que vous êtes orphelin. Naturellement, cet intérêt se double depuis que je vois en vous le futur mari de ma fille. Mais avant d'aller plus loin, j'attendrai de savoir si vous acceptez nos conditions.

C. de Montbrun

(Maurice Darville à Charles de Montbrun)

Monsieur,

Je n'essaierai pas de vous remercier. Sans cesse, je relis votre lettre pour me convaincre de mon bonheur.

Mademoiselle votre fille peut-elle croire que je veuille la séparer de vous? Non, mille fois non, je ne veux pas la faire souffrir. D'ailleurs, sans flatterie aucune, votre compagnie m'est délicieuse.

Et pourquoi, s'il vous plaît, ne serais-je pas vraiment un fils pour vous? Je l'avoue humblement, je me suis parfois surpris à être jaloux de vous; je trouvais qu'elle vous aimait trop. Mais maintenant je ne demande qu'à m'associer à son culte; il faudra bien que vous finissiez par nous confondre un peu dans votre cœur.

Vous dites, Monsieur, que mon père était l'homme le plus loyal, le plus franc que vous ayez connu. J'en suis heureux et j'en suis fier. Si j'ai le bonheur de lui ressembler en cela, c'est bien à lui que je le dois.

Je me rappelle parfaitement son mépris pour tout mensonge, et je puis vous affirmer que sa main tendrement sévère le punissait fort bien. « Celui qui se souille d'un mensonge, me disait-il alors, toutes les eaux de la terre ne le laveront jamais. »

Cette parole me frappait beaucoup, et faisait rêver mon jeune esprit, quand je m'arrêtais à regarder le Saint-Laurent.

Je vous en prie, prenez la direction de toute ma vie, et veuillez faire agréer à Mlle de Montbrun, avec mes hommages les plus respectueux, l'assurance de ma reconnaissance sans bornes.

Monsieur, je voudrais pouvoir vous dire mon bonheur et ma gratitude.

Maurice Darville

(Charles de Montbrun à Maurice Darville)

Merci de m'accepter si volontiers. Vous ai-je dit que je ne consentirais pas au mariage d'Angéline avant qu'elle ait vingt ans accomplis? mais je n'ai pas d'objections à ce qu'elle vous donne sa parole dès maintenant, et puisque nous en sommes là, je m'en vais vous demander votre attention la plus sérieuse.

Et d'abord, Maurice, voulez-vous conserver les généreuses aspirations, les nobles élans, le chaste enthousiasme de vos vingt ans? Voulez-vous aimer longtemps et être aimé toujours? « Gardez votre cœur, gardez-le avec toutes sortes de soins, parce que de lui procède la vie. » Faut-il vous dire que vous ne sauriez faire rien de plus grand ni de plus difficile? « Montrez-moi, disait un saint évêque, montrez-moi un homme qui s'est conservé pur, et j'irai me prosterner devant lui. » Parole aussi touchante que noble!

Hé! mon Dieu, la science, le génie, la gloire et tout ce que le monde admire, qu'est-ce que cela, comparé à la splendeur d'un cœur pur? D'ailleurs, il n'y a pas deux sources de bonheur. Aimer ou être heureux, c'est absolument la même chose; mais il faut la pureté pour comprendre l'amour.

Ô mon fils, ne négligez rien pour garder dans sa beauté la divine source de tout ce qu'il y a d'élevé et de tendre dans votre âme. Mais en cela l'homme ne peut pas grand-chose par lui-même. À genoux, Maurice, et demandez l'ardeur qui combat et la force qui triomphe. Ce n'est pas en vain, soyez-en sûr, que l'Écriture appelle la prière *le tout de l'homme*, et souvenez-vous que pour ne pas s'accorder ce qui est défendu, il faut savoir se refuser souvent et très souvent ce qui est permis.

Voilà le grand mot et le moins entendu peut-être de l'éducation que chacun se doit à soi-même. Dieu veuille que vous l'entendiez.

Je vous en conjure, sachez aussi être fort contre le respect humain. Et vous pouvez m'en croire, ce n'est pas très difficile. Dites-moi, si quelqu'un voulait vous faire rougir de votre nationalité, vous ririez de mépris, n'est-ce pas?

Certes, j'admire et j'honore la fierté nationale, mais au-dessus je mets la fierté de la foi. Sachez-le bien, la foi est la plus grande des forces morales. Vivifiez-la donc par la pratique de tout ce qu'elle commande, et développez-la par l'étude sérieuse. J'ai connu des hommes qui disaient n'avoir pas besoin de religion, que l'honneur était leur dieu, mais il est avec l'honneur, celui-là, du moins, bien des compromis, et si vous n'aviez pas d'autre culte, très certainement, vous n'auriez pas ma fille.

Mon cher Maurice, il est aussi d'une souveraine importance que vous acceptiez, que vous accomplissiez dans toute son étendue la grande loi du travail, loi qui oblige surtout les jeunes, surtout les forts.

Et, à propos, ne donnez-vous pas trop de temps à la musique? Non que je blâme la culture de votre beau talent, mais enfin, la musique ne doit être pour vous que le plus agréable des délassements, et si vous voulez goûter les fortes joies de l'étude, il faut vous y livrer.

Encore une observation. Je n'approuve pas que vous vous mêliez d'élections.

On m'a dit que vous avez quelques beaux discours sur la conscience... Je veux être bon prince, mais, je vous en avertis charitablement, s'il vous arrive encore d'aller, vous, étudiant de vingt ans, éclairer les électeurs sur leurs droits et leurs devoirs, je mettrai Angéline et Mina à se moquer de vous.

D'ailleurs, pourquoi épouser si chaudement les intérêts d'un tel ou d'un autre? Croyez-vous que l'amour de la patrie soit la passion de bien des hommes publics?

Nous avons eu nos grandes luttes parlementaires. Mais c'est maintenant le temps des petites: l'esprit de parti a remplacé l'esprit national.

Non, le patriotisme, cette noble fleur, ne se trouve guère dans la politique, cette arène souillée. Je serais heureux de me tromper; mais à part quelques exceptions bien rares, je crois nos hommes d'État beaucoup plus occupés d'eux-mêmes que de la patrie.

Je les ai vus à l'œuvre, et ces ambitions misérables qui se heurtent, ces vils intérêts, ces étroits calculs, tout ce triste assemblage de petitesses, de faussetés, de vilenies, m'a fait monter au cœur un immense dégoût, et dans ma douleur amère, j'ai dit: Ô mon pays, laisse-moi t'aimer, laisse-moi te servir en cultivant ton sol sacré!

Je ne veux pas dire que vous deviez faire comme moi. Et dans quelques années, si la vie publique vous attire invinciblement, entrez-y. Mais j'ai vu bien des fiertés, bien des délicatesses y faire naufrage, et d'avance je vous dis: Que ce qui est grand reste grand, que ce qui est pur reste pur.

Cette lettre est grave, mais la circonstance l'est aussi. Je sais qu'un amoureux envisage le mariage sans effroi; et pourtant, en vous mariant, vous contractez de grands et difficiles devoirs.

Il vous en coûtera, Maurice, pour ne pas donner à votre femme, ardemment aimée, la folle tendresse qui, en méconnaissant sa dignité et la vôtre, vous préparerait à tous d'eux d'infaillibles regrets. Il vous en coûtera, soyez-en sûr, pour exercer votre autorité, sans la mettre jamais au service de votre égoïsme et de vos caprices.

Le sacrifice est au fond de tout devoir bien rempli; mais savoir se renoncer, n'est-ce pas la vraie grandeur? Comme disait Lacordaire, dont vous aimez l'ardente parole: « Si vous voulez connaître la valeur d'un homme, mettez-le à l'épreuve, et s'il ne vous rend pas le son du sacrifice, quelle que soit la pourpre qui le couvre, détournez la tête et passez. »

Mon cher Maurice, j'ai fini. Comme vous voyez, je vous ai parlé avec une liberté grande; mais je m'y crois doublement autorisé, car vous êtes le fils de mon meilleur ami, et ensuite, vous voulez être le mien.

Mes hommages à Mlle Darville. Puisqu'elle doit venir, pourquoi ne l'accompagneriez-vous pas? Vous en avez ma cordiale invitation, et les vacances sont proches.

À bientôt. Je m'en vais rejoindre ma fille qui m'attend. Ah! si je pouvais en vous serrant sur mon cœur, vous donner l'amour que je voudrais que vous eussiez pour elle!

C. de Montbrun

(Maurice Darville à Charles de Montbrun)

Monsieur,

Jamais je ne pourrai m'acquitter envers vous; mais je vous promets de la rendre heureuse, je vous promets que vous serez content de moi.

Il y a dans votre virile parole quelque chose qui m'atteint au-dedans; vous savez vous emparer du côté généreux de la nature humaine, et encore une fois vous serez content de moi. Que vous avez bien fait de ne vous reposer sur personne du soin de former votre fille! Aucune autre éducation ne l'aurait faite celle qu'elle est.

Quant à votre invitation, je l'accepte avec transport, et pourtant, il me semble que vous me verrez arriver sans plaisir. Mais vous avez l'âme généreuse, et j'aurai toujours pour vous les sentiments du plus tendre fils.

Non, je n'aurais pas ce triste courage de mettre une main souillée dans la sienne!

Votre fils de cœur,

Maurice Darville

Le souvenir du père*

7 juillet.

La consolation, c'est d'accepter la volonté de Dieu, c'est de songer à la joie du revoir, c'est de savoir que je l'ai aimé autant que je pouvais aimer.

Dans quelle délicieuse union nous vivions ensemble! Rien ne me coûtait pour lui plaire; mais je savais que les froissements involontaires sont inévitables, et pour en effacer toute trace, rarement je le quittais le soir, sans lui demander pardon. Chère et douce habitude qui me ramena vers lui, la veille de sa mort. Quand je pense à cette journée du 19! Quelles heureuses folles nous étions, Mina et moi! Jamais jour si douloureux eut-il une veille si gaie? Combien j'ai béni Dieu, ensuite, d'avoir suivi l'inspiration qui me portait vers mon père. Ce dernier entretien restera l'une des forces de ma vie.

Je le trouvai qui lisait tranquillement. Nox dormait à ses pieds devant la cheminée, où le feu allait s'éteindre. Je me souviens qu'à la porte, je m'arrêtai un instant pour jouir de l'aspect charmant de la salle. Il aimait passionnément la verdure et les fleurs et j'en mettais partout. Par la fenêtre ouverte, à travers le feuillage, j'apercevais la mer tranquille, le ciel radieux. Sans lever les yeux de son livre, mon père me demanda ce qu'il y avait. Je m'approchai, et m'agenouillant, comme je le faisais souvent devant lui, je lui dis que je ne pourrais m'endormir sans la certitude qu'aucune ombre de froideur ne s'était glissée entre nous, sans lui demander pardon, si j'avais eu le malheur de lui déplaire en quelque chose.

Je vois encore son air moitié amusé, moitié attendri. Il m'embrassa sur les cheveux, en m'appelant *sa chère folle*, et me fit asseoir pour causer. Il était dans ses heures d'enjouement, et alors sa parole, ondoyante et légère, avait un singulier charme. Je n'ai connu personne dont la gaieté se prît si vite.

Mais ce soir-là quelque chose de solennel m'oppressait. Je me sentais émue sans savoir pourquoi. Tout ce que je lui devais me revenait à l'esprit. Il me semblait que je n'avais jamais apprécié son admirable tendresse. J'éprouvais un immense besoin de le remercier, de le chérir. Minuit sonna. Jamais glas ne m'avait paru si lugubre, ne m'avait fait une si funèbre impression. Une crainte vague et terrible entra en moi. Cette chambre si jolie, si riante me fit soudain l'effet d'un tombeau.

Je me levai pour cacher mon trouble et m'approchai de la fenêtre. La mer s'était retirée au large, mais le faible bruit des flots m'arrivait par intervalles. J'essayais résolument de raffermir mon cœur, car je ne voulais pas attrister mon père. Lui commença dans l'appartement un de ces va-et-vient qui étaient dans ses habitudes. *La fille du Tintoret* se trouvait en pleine lumière. En passant, son regard tomba sur ce tableau qu'il aimait, et une ombre douloureuse couvrit son visage. Après quelques tours, il s'arrêta devant et resta sombre et rêveur, à le considérer. Je l'observais sans oser suivre sa pensée. Nos yeux se rencontrèrent et ses larmes jaillirent. Il me tendit les bras et sanglota: « Ô mon bien suprême! ô ma Tintorella! »

Je fondis en larmes. Cette soudaine et extraordinaire émotion, répondant à ma secrète angoisse, m'épouvantait, et je m'écriai: « Mon Dieu, mon Dieu! que va-t-il donc arriver? »

Il se remit à l'instant, et essaya de me rassurer, mais je sentais les violents battements de son cœur, pendant qu'il répétait de sa voix la plus calme: « Ce n'est rien, ce n'est rien, c'est la sympathie pour le pauvre Jacques Robusti. »

Et comme je pleurais toujours et frissonnais entre ses bras, il me porta sur la causeuse au coin du feu; puis il alla fermer la fenêtre, et mit ensuite quelques morceaux de bois sur les tisons.

La flamme s'éleva bientôt vive et brillante. Alors revenant à moi, il me demanda pourquoi j'étais si bouleversée. Je lui avouai mes terreurs.

« Bah! dit-il légèrement, des nerfs. » Et comme j'insistais, en disant que lui aussi avait senti l'approche du malheur, il me dit:

« J'ai eu un moment d'émotion, mais tu le sais, Mina assure que j'ai une nature d'artiste. »

Il me badinait, me raisonnait, me câlinait, et comme je restais toute troublée, il m'attira à lui et me demanda gravement:

« Mon enfant, si, moi ton père, j'avais l'entière disposition de ton avenir, serais-tu bien terrifiée? »

Alors, partant de là, il m'entretint avec une adorable tendresse de la folie, de l'absurdité de la défiance envers Dieu.

Sa foi entrait en moi comme une vigueur. La vague, l'horrible crainte disparut. Jamais, non jamais je ne m'étais sentie si profondément aimée. Pourtant je comprenais — et avec quelle lumineuse clarté — que rien dans les tendresses humaines ne peut faire soupçonner ce qu'est l'amour de Dieu pour ses créatures.

Ô mon Dieu, votre grâce me préparait au plus terrible des sacrifices. C'est ma faute, ma très grande faute, si l'éclatante lumière, qui se levait dans mon âme, n'a pas été croissant jusqu'à ce jour.

Chose singulière! le parfum de l'héliotrope me porte toujours à cette heure sacrée — la dernière de mon bonheur. — Ce soir-là il en portait une fleur à sa boutonnière, et ce parfum est resté pour jamais mêlé aux souvenirs de cette soirée, la dernière qu'il ait passée sur la terre.

8 juillet.

Quand je vivrais encore longtemps, jamais je ne laisserai ma robe noire, jamais je ne laisserai mon deuil.

Après la mort de ma mère, il m'avait vouée à la Vierge, et d'aussi loin que je me rappelle j'ai toujours porté ses couleurs. Pourrait-elle l'oublier? C'est pour mes voiles d'orpheline que j'ai abandonné sa livrée, que je ne devais quitter qu'à mon mariage. Ces couleurs virginales plaisaient à tout le monde, à mon père surtout. Il me disait qu'il ne laissait jamais passer un jour sans rappeler à la sainte Vierge que je lui appartenais.

Le mardi d'avant sa mort, de bonne heure, nous étions montés sur le cap. Rien n'est beau comme le matin d'un beau jour, et jamais je n'ai vu le soleil se lever si radieux que ce matin-là. Autour de nous, tout resplendissait, tout rayonnait. Mais, indifférent à ce ravissant spectacle, mon père restait plongé dans une méditation profonde. Je lui demandai ce qu'il regardait en lui-même et répondant à ma question par une autre, comme c'était un peu son habitude, il me dit: « Penses-tu quelquefois à cet incendie d'amour que la vue de Dieu allumera dans notre âme? »

Je n'étais pas disposée à le suivre dans ces régions élevées, et je répondis gaiement: « En attendant, serrez-moi contre votre cœur. »

« Ma pauvre enfant, reprit-il ensuite, nous sommes bien terrestres, mais tantôt ce tressaillement de la nature à l'approche du soleil m'a profondément ému, et toute mon âme s'est élancée vers Dieu. »

L'expression de son visage me frappa. Ses yeux étaient pleins d'une lumière que je n'y avais jamais vue. Était-ce la lumière de l'éternité qui commençait à lui apparaître? Il en était si près — et avec quelle consolation je me suis rappelé tout cela, en écoutant le récit que saint Augustin nous a laissé, de son ravissement pendant qu'il regardait, avec sa mère, le ciel et la mer d'Ostie.

J'aime saint Augustin, ce cœur profond, qui pleura si tendrement sa mère et son ami. Un jour, en parlant à son peuple des croyances superstitieuses, le *fils de tant de larmes* disait: « Non, les morts ne reviennent pas »: et son âme aimante en donne cette touchante raison: « J'aurais revu ma mère. »

Et moi pauvre fille, ne puis-je pas dire aussi: Les morts ne reviennent pas, j'aurais revu mon père. Lui, si tendre pour mes moindres chagrins, lui qui était comme une âme en peine dès qu'il ne m'avait plus.

Tant d'appels désolés, tant de supplications passionnées et toujours l'inexorable silence, le silence de la mort.

Présence de la mort*

11 septembre.

Je travaille beaucoup pour les pauvres. Quand mes mains sont ainsi occupées, il me semble que Dieu me pardonne l'amertume de mes pensées, et je maîtrise mieux mes tristesses.

Mais aujourd'hui, je me suis oubliée sur la grève. Debout dans l'angle d'un rocher, le front appuyé sur mes mains, j'ai pleuré librement, sans contrainte, et j'aurais pleuré longtemps sans ce bruit des vagues qui semblait me dire: La vie s'écoule. Chaque flot en emporte un moment.

Misère profonde! il me faut la pensée de la mort pour supporter la vie. Et suis-je plus à plaindre que beaucoup d'autres? J'ai passé par des chemins si beaux, si doux, et sur la terre, il y en a tant qui n'ont jamais connu le bonheur, qui n'ont jamais senti une joie vive.

Que d'existences affreusement accablées, horriblement manquées.

Combien qui végètent sans sympathies, sans affection, sans souvenirs! Parmi ceux-là, il y en a qui auraient aimé avec ravissement, mais les circonstances leur ont été contraires. Il leur a fallu vivre avec des natures vulgaires, médiocres, également incapables d'inspirer et de ressentir l'amour.

Combien y en a-t-il qui aiment comme ils voudraient aimer, qui sont aimés comme ils le voudraient être? Infiniment peu. Moi, j'ai eu ce bonheur si rare, si grand, j'ai vécu d'une vie idéale, intense. Et cette joie divine, je l'expie par d'épouvantables tristesses, par d'inexprimables douleurs.

13 septembre.

Une hémorragie des poumons a mis tout à coup ce pauvre Marc dans un grand danger.

Je l'ai trouvé étendu sur son lit, très faible, très pâle, mais ne paraissant pas beaucoup souffrir. « Je m'en vas, ma chère petite maîtresse, » m'a-t-il dit tristement.

Le docteur intervint pour l'empêcher de parler. « C'est bon, dit-il, je ne dirai plus rien, mais qu'on me lise la Passion de Notre-Seigneur. »

Il ferma les yeux et joignit les mains pour écouter la lecture. L'état de ce fidèle serviteur me touchait sensiblement, mais je ne pouvais m'empêcher d'envier son calme.

Tout en préparant la table qui allait servir d'autel, je le regardais souvent, et je pensais à ce que mon père me contait du formidable effroi que ma mère ressentit lorsqu'elle se vit, toute jeune et toute vive, entre les mains de la mort. Son amour, son bonheur lui pesait comme un remords.

« J'ai été trop heureuse, disait-elle en pleurant, le ciel n'est pas pour ceux-là. »

Mais lorsqu'elle eut communié, ses frayeurs s'évanouirent. « Il a souffert pour moi, répétait-elle, en baisant son crucifix. »

Mon père s'attendrissait toujours à ce souvenir. Il me recommandait de remercier Notre-Seigneur de ce qu'il avait si parfaitement rassuré, si tendrement consolé ma pauvre jeune mère à son heure dernière. « Moi, disait-il, je ne pouvais plus rien pour elle. »

Horrible impuissance, que j'ai sentie à mon tour. Quand il agonisait sous mes yeux, que pouvais-je? Rien... qu'ajouter à ses accablements et à ses angoisses. Mais en apprenant que son heure était venue, il demanda son viatique, et le vainqueur de la mort vint lui adoucir le passage terrible. Il vint l'endormir avec les paroles de la vie éternelle. Qu'il en soit béni, à jamais, éternellement béni!

Paix, dit le prêtre quand il entre avec le Saint-Sacrement, paix à cette maison et à tous ceux qui l'habitent!

Je suis donc comprise dans ce souhait divin que l'Église a retenu de Jésus-Christ. Ah! la paix! j'irais la chercher dans le désert le plus profond, dans la plus aride solitude.

Ce matin, à demi cachée dans l'ombre, j'ai assisté à tout, et comme je me prosternais pour adorer le Saint-Sacrement, il se répandit dans mon cœur une foi si vive, si sensible. Il me semblait sentir sur moi le regard de Notre-Seigneur et depuis...

Ô maître du sacrifice sanglant! je vous ai compris. Vous voulez que les idoles tombent en poudre devant vous. Mais ne suis-je pas assez malheureuse? N'ai-je pas assez souffert? Oh! laissez-moi l'aimer dans les larmes, dans la douleur. Ne commandez pas l'impossible sacrifice, ou plutôt Seigneur tout-puissant, Sauveur de l'homme tout entier, ce sentiment où j'avais tout mis, sanctifiez-le qu'il s'élève en haut comme la flamme, et n'y laissez rien qui soit *du domaine de la mort.*

Anniversaire de la mort du père*

19 septembre.

Demain... le troisième anniversaire de sa mort.

Je crois à la communion des saints, je crois à la résurrection de la chair, je crois à la vie éternelle. Je crois, mais ces ténèbres qui couvrent l'autre vie sont bien profondes.

Quand je revins ici, quand je franchis ce seuil où *son corps* venait de passer, je sentais bien que le deuil était entré ici pour jamais. Mais alors une force merveilleuse me soutenait.

Oh! la grâce, la puissante grâce de Dieu.

Sans doute, la douleur de la séparation était là terrible et toute vive. Cette robe noire que Mina me fit mettre... Jamais je n'avais porté de noir, et un frisson terrible me secoua toute. Ce froid de la mort et du sépulcre, qui courait dans toutes mes veines, m'a laissé un souvenir horrible. Mais au fond de mon âme, j'étais forte, j'étais calme, et avec quelle ardeur je m'offrais à souffrir tout ce qu'il devait à la justice divine!...

Combien de fois, ensuite, n'ai-je pas renouvelé cette prière! Quand l'ennui me rendait folle, j'éprouvais une sorte de consolation à m'offrir pour que lui fût heureux.

Mais nos sacrifices sont toujours misérables, et bien indignes de Dieu. Bénie soit la divine condescendance de Jésus-Christ qui supplée par le sien à toutes nos insuffisances. Adorable bonté! Comment daigne-t-il m'entendre quand je dis: Pour lui! pour lui!

Ô mon Dieu, soyez béni! Tous les jours de ma vie je prierai pour mon père. Mieux que personne, pourtant je connaissais son âme. Je sais que sous des dehors charmants il cachait d'admirables vertus et des renoncements austères. Je sais que sa fière conscience ne transigeait point avec le devoir. Pour lui, *l'ensorcellement de la bagatelle* n'existait pas; il n'avait rien de cet esprit du monde que Jésus-Christ a maudit, et il avait toutes les fiertés, toutes les délicatesses d'un chrétien. Mais que savons-nous de l'adorable pureté de Dieu?

Si réglé qu'il soit, un cœur ardent reste bien immodéré. Il est si facile d'aller trop loin, par entraînement, par enivrement. Ne m'a-t-il pas trop aimée? Bien des fois, je me le suis demandé avec tristesse.

Mais je sais avec quelle soumission profonde il a accepté la volonté de Dieu qui nous séparait. Puis — ô consolation suprême! — il est mort entre

688

les bras de la sainte Église, et c'est avec cette mère immortelle que je dis chaque jour:

« Remettez-lui les peines qu'il a pu mériter, et comme la vraie foi l'a associé à vos fidèles sur la terre, que votre divine clémence l'associe aux chœurs des anges. Par Jésus-Christ Notre-Seigneur. »

JULES-PAUL TARDIVEL (1851-1905)

Journaliste catholique et nationaliste avant tout, ultramontain indéfectible, moraliste, admirateur de Louis Veuillot, Jules-Paul Tardivel n'a pas cessé, sa vie durant, de mener « le bon combat » pour la plus grande gloire du pape et le meilleur service de la vérité et de la patrie. *Pour la patrie* (1895), le seul roman qu'il ait écrit, est le premier de nos romans séparatistes.

POUR LA PATRIE

Avant-propos

Le R. P. Caussette, que cite le R. P. Fayollat dans son livre sur l'Apostolat de la Presse, appelle les romans une *invention diabolique*. Je ne suis pas éloigné de croire que le digne religieux a parfaitement raison. Le roman, surtout le roman moderne, et plus particulièrement encore le roman français me paraît être une arme forgée par Satan lui-même pour la destruction du genre humain. Et malgré cette conviction j'écris un roman! Oui, et je le fais sans scrupule; pour la raison qu'il est permis de s'emparer des machines de guerre de l'ennemi et de les faire servir à battre en brèche les remparts qu'on assiège. C'est même une tactique dont on tire quelque profit sur les champs de bataille.

On ne saurait contester l'influence immense qu'exerce le roman sur la société moderne. Jules Vallès, témoin peu suspect, a dit: « Combien j'en ai vu de ces jeunes gens, dont un passage, lu un matin, a dominé, défait ou refait, perdu ou sauvé l'existence. Balzac, par exemple, comme il a fait travailler les juges et pleurer les mères! Sous ses pas, que de consciences écrasées! Combien, parmi nous, se sont perdus, ont coulé, qui agitaient au-dessus du bourbier où ils allaient mourir une page arrachée à la *Comédie humaine*... Amour, vengeance, passion, crime, tout est copié, tout. Pas une de leurs émotions n'est franche. Le livre est là[1]. »

Le roman est donc, de nos jours, une puissance formidable entre les mains du malfaiteur littéraire. Sans doute, s'il était possible de détruire, de fond en comble, cette terrible invention, il faudrait le faire, pour le bonheur

---

1. Citation du père Fayollat.

de l'humanité; car les suppôts de Satan le feront toujours servir beaucoup plus à la cause du mal que les amis de Dieu n'en pourront tirer d'avantages pour le bien. La même chose peut se dire, je crois, des journaux. Cependant, il est admis, aujourd'hui, que la presse catholique est une nécessité, même une œuvre pie. C'est que, pour livrer le bon combat, il faut prendre toutes les armes, même celles qu'on arrache à l'ennemi; à la condition, toutefois, qu'on puisse légitimement s'en servir. Il faut s'assurer de la possibilité de manier ces engins sans blesser ses propres troupes. Certaines inventions diaboliques ne sont propres qu'à faire le mal: l'homme le plus saint et le plus habile ne saurait en tirer le moindre bien. L'école neutre, par exemple, ou les sociétés secrètes, ne seront jamais acceptées par l'Église comme moyen d'action. Ces choses-là, il ne faut y toucher que pour les détruire; il ne faut les mentionner que pour les flétrir. Mais le roman, toute satanique que peut être son origine, n'entre pas dans cette catégorie. La preuve qu'on peut s'en servir pour le bien, c'est qu'on s'en est servi *ad majorem Dei gloriam*. Je ne parle pas du roman simplement honnête qui procure une heure d'agréable récréation sans déposer dans l'âme des semences funestes; mais du roman qui fortifie la volonté, qui élève et assainit le cœur, qui fait aimer davantage la vertu et haïr le vice, qui inspire de nobles sentiments, qui est, en un mot, la contre-partie du roman infâme.

Pour moi, le type du roman chrétien de *combat*, si je puis m'exprimer ainsi, c'est ce livre délicieux qu'a fait un père de la Compagnie de Jésus et qui s'intitule: *Le Roman d'un Jésuite*. C'est un vrai roman, dans toute la force du terme, et jamais pourtant Satan n'a été mieux combattu que dans ces pages. J'avoue que c'est la lecture du *Roman d'un Jésuite* qui a fait disparaître chez moi tout doute sur la possibilité de se servir avantageusement, pour la cause catholique, du roman proprement dit. Un ouvrage plus récent, *Jean-Christophe*, qui a également un prêtre pour auteur, n'a fait que confirmer ma conviction. Puisqu'un père jésuite et un curé ont si bien tourné une des armes favorites de Satan contre la Cité du mal, je me crois autorisé à tenter la même aventure. Si je ne réussis pas, il faudra dire que j'ai manqué de l'habileté voulue pour mener l'entreprise à bonne fin; non pas que l'entreprise est impossible.

Un journal conservateur, très attaché au *statu quo* politique du Canada, répondant un jour à la *Vérité*, s'exprimait ainsi: « L'aspiration est une fleur d'espérance. Si l'atmosphère dans laquelle elle s'épanouit n'est pas favorable, elle se dessèche et tombe; si, au contraire, l'atmosphère lui convient, elle prend vigueur, elle est fécondée et produit un fruit; mais si quelqu'un s'avise de cueillir ce fruit avant qu'il ne soit mûr, tout est perdu. La maturité n'arrive qu'à l'heure marquée par la Providence, et il faut avoir la sagesse d'attendre[2]. »

Dieu a planté dans le cœur de tout Canadien-français patriote, « une fleur d'espérance. » C'est l'aspiration vers l'établissement, sur les bords du Saint-Laurent, d'une Nouvelle-France dont la mission sera de continuer sur cette terre d'Amérique l'œuvre de civilisation chrétienne que la vieille France

---

2. *La Minerve*, 11 septembre 1894.

a poursuivie avec tant de gloire pendant de si longs siècles. Cette aspiration nationale, cette fleur d'espérance de tout un peuple, il lui faut une atmosphère favorable pour se développer, pour prendre vigueur et produire un fruit. J'écris ce livre pour contribuer, selon mes faibles moyens, à l'assainissement de l'atmosphère qui entoure cette fleur précieuse; pour détruire, si c'est possible, quelques-unes des mauvaises herbes qui menacent de l'étouffer.

La maturité n'arrive qu'à l'heure marquée par la divine Providence, sans doute. Mais l'homme peut et doit travailler à empêcher que cette heure providentielle ne soit retardée; il peut et doit faire en sorte que la maturation se poursuive sans entraves. Accuse-t-on le cultivateur de vouloir hâter indûment l'heure providentielle lorsque, le printemps, il protège ses plants contre les vents et les gelées et concentre sur eux les rayons du soleil?

Entre l'activité inquiète et fiévreuse du matérialiste qui, dans son orgueil et sa présomption, ne compte que sur lui-même pour réussir, et l'inertie du fataliste qui, craignant l'effort, se croise les bras et cherche à se persuader que sa paresse n'est que la confiance en Dieu; entre ces deux péchés opposés, et à égale distance de l'un et de l'autre, se place la vertu chrétienne qui travaille autant qu'elle prie; qui plante, qui arrose et qui attend de Dieu la croissance.

Que l'on ne s'étonne pas de voir que mon héros, tout en se livrant aux luttes politiques, est non seulement un croyant mais aussi un pratiquant, un chrétien par le cœur autant que par l'intelligence. L'abbé Ferland nous dit, dans son histoire du Canada, que « dès les commencements de la colonie, on voit la religion occuper partout la première place ». Pour atteindre parmi les nations le rang que la Providence nous destine il nous faut revenir à l'esprit des ancêtres et remettre la religion partout à la première place; il faut que l'amour de la patrie canadienne-française soit étroitement uni à la foi en Notre Seigneur Jésus-Christ et au zèle pour la défense de son Église. L'instrument dont Dieu se servira pour constituer définitivement la nation canadienne-française sera moins un grand orateur, un habile politique, ou un fougueux agitateur, qu'un parfait chrétien qui travaille, qui s'immole et qui prie; moins un Kossuth qu'un Garcia Moreno.

Peut-être m'accusera-t-on de faire des rêves patriotiques qui ne sauraient se réaliser jamais.

Ces rêves, — si ce ne sont que des rêves, — m'ont été inspirés par la lecture de l'histoire de la Nouvelle-France, la plus belle des temps modernes, parce qu'elle est la plus imprégnée du souffle apostolique et de l'esprit chevaleresque. Mais sont-ce purement des rêves? Ne peut-on pas y voir plutôt des espérances que justifie le passé, des aspirations réalisables vers un avenir que la Providence nous réserve, vers l'accomplissement de notre destinée nationale?

Rêves ou aspirations, ces pensées planent sur les lieux que j'habite; sur ces hauteurs, témoins des luttes suprêmes de nos pères; elles sortent de ce sol qu'ont arrosé de leur sang les deux races vaillantes que j'aime, je puis le dire, également, parce qu'également j'appartiens aux deux.

Ma vie s'écoule entre les plaines d'Abraham et les plaines de Sainte-Foye, entre le champ de bataille où les Français ont glorieusement succombé et celui où glorieusement ils ont pris leur revanche. Est-il étonnant que dans cette atmosphère que des héros ont respirée il me vienne des idées audacieuses; qu'en songeant aux luttes de géants qui se sont livrées jadis ici pour la possession de la Nouvelle-France, j'entrevoie pour cet enjeu de combats mémorables un avenir glorieux? Est-il étonnant que, demeurant plus près de Sainte-Foye que des plaines d'Abraham, je me souvienne sans cesse que la dernière victoire remportée sur ces hauteurs fut une victoire française; que, tout anglais que je suis par un côté, j'aspire ardemment vers le triomphe définitif de la race française sur ce coin de terre que la Providence lui a donné en partage et que seule la Providence pourra lui enlever?

Pendant mes vingt années de journalisme, je n'ai guère fait autre chose que de la polémique. Sur le terrain de combat où je me suis constamment trouvé, j'ai peu cultivé les fleurs, visant bien plus à la clarté et à la concision qu'aux ornements du style. Resserré dans les limites étroites d'un journal à petit format, j'ai contracté l'habitude de condenser ma pensée, de l'exprimer en aussi peu de mots que possible, de m'en tenir aux grandes lignes, aux points principaux. Qu'on ne cherche donc pas dans ces pages le fini exquis des détails qui constitue le charme de beaucoup de romans. Je n'ai pas la prétention d'offrir au public une œuvre littéraire délicatement ciselée, ni une étude de mœurs patiemment fouillée; mais une simple ébauche où, à défaut de gracieux développements, j'ai tâché de mettre quelques idées suggestives que l'imagination du lecteur devra compléter.

Si tel homme public, journaliste, député ou ministre, retrouve dans ces pages certaines de ses thèses favorites sur les lèvres ou sous la plume de personnages peu recommandables, qu'il veuille bien croire que je combats, non sa personne, mais ses doctrines.

Chemin Sainte-Foye, près Québec, Jeudi Saint, 1895.

L'avenir national*

(En 1945, un Français et un Canadien français, séparatiste, parlent de la situation politique en Canada.)

Le baron de Portal et Leverdier allèrent s'asseoir sur une causeuse. Leur entretien nous renseignera sur l'état politique du Canada en l'an de grâce 1945.

— Je m'intéresse beaucoup à votre pays, dit le baron, mais j'avoue que vos affaires politiques m'intriguent quelque peu. Où en êtes-vous à l'heure présente? Je sais vaguement que le Canada était naguère colonie britannique et qu'il ne l'est plus. Expliquez-moi donc cela, je vous en prie, monsieur le journaliste.

— Volontiers, reprit Leverdier. La chose est bien simple. Depuis quelques années, vous le savez comme moi, l'Angleterre, jadis si fière, est tombée au rang des puissances de troisième ordre. À l'extérieur, elle a perdu les Indes, ou à peu près. La Russie ne tardera pas à s'emparer de ce qui lui reste de son empire oriental. En Afrique, l'Allemagne lui arrache ses colonies, morceau par morceau. L'Australie a secoué le joug impérial. L'Irlande vient de reconquérir son entière indépendance. L'Écosse s'agite de nouveau; et, à l'intérieur, les sociétés secrètes qu'elle a réchauffées et propagées l'ont bouleversée et affaiblie. Elle avait encore le Canada. Mais un beau matin, le gouvernement des États-Unis, ayant à sa tête un président américanissime, et profitant d'une difficulté diplomatique où l'Angleterre avait évidemment tort, s'est avisé de poser, comme ultimatum, la rupture du lien colonial. Nous soupçonnons fortement nos francs-maçons du Canada et ceux des États-Unis d'avoir été au fond de cette affaire. Quoi qu'il en soit, l'Angleterre, réduite à l'impuissance, dut se rendre à cet ultimatum. Il y a trois mois à peine, elle donnait avis officiel au Canada que le 1er mai prochain le gouverneur général serait rappelé et qu'il n'aurait pas de remplaçant.

— C'est-à-dire que vous voilà libres, fit le baron.

— Oui, reprit le journaliste, nous voici libres. Mais qu'allons-nous faire de notre liberté? Le cadeau est quelque peu embarrassant. Très certainement le cabinet de Washington avait une arrière-pensée en nous faisant octroyer notre indépendance: c'était dans le dessein de nous faire l'honneur de nous annexer de force, sous un prétexte quelconque. Mais la Providence s'en mêle, et voilà tout à coup nos entreprenants voisins en guerre avec l'Espagne à propos de l'île de Cuba; tandis que du côté du Mexique il y a des nuages très noirs; sans compter les grèves qui éclatent de plus en plus nombreuses, prenant les proportions d'une guerre civile chronique. Plus moyen de songer à s'annexer le Canada. Nous cherchons donc à nous constituer en pays tout à fait autonome.

— Cela doit être une tâche assez facile.

— Malheureusement non. Trois voies s'ouvrent devant nous: le *statu quo*, l'*union législative* et la *séparation*. Un mot d'explication sur chacune. Si nous adoptions ce que l'on appelle le *statu quo*, la transition se ferait à peu près sans secousse. Nous resterions avec notre constitution fédérative, notre gouvernement central et nos administrations provinciales. Le gouverneur général, au lieu d'être nommé par l'Angleterre, serait élu par nous, voilà toute la différence. Le parti conservateur, actuellement au pouvoir à Ottawa, est favorable au *statu quo*. Ce parti se compose des *modérés*. Les *modérés*, cela veut dire, en premier lieu, tous les gens en place, avec leurs parents et amis, ainsi que ceux qui ont l'espoir de se placer, avec *leurs* parents et *leurs* amis; ensuite, les entrepreneurs et les fournisseurs publics avec tous ceux qui les touchent de près ou de loin; enfin, les personnes qui n'ont pas assez d'énergie et d'esprit d'indépendance pour vouloir autre chose que ce que veulent les journaux qu'ils lisent et les chefs politiques qu'ils suivent.

— Le parti du *statu quo* doit être formidable par le nombre! Je me demande s'il reste quelque chose pour les deux autres partis.

— Dans toutes les provinces il y a des partisans de *l'union législative*. Ce sont principalement les radicaux les plus avancés, les francs-maçons notoires, les ennemis déclarés de l'Église et de l'élément canadien-français. Dans la province de Québec ce groupe est très actif. À sa tête est un journaliste nommé Ducoudray, directeur de la *Libre-Pensée*, de Montréal. Il va sans dire que les *unionistes* cachent leur jeu, autant que possible. Ils demandent l'*union législative* ostensiblement pour obtenir plus d'économie dans l'administration des affaires publiques. Mais ce n'est un secret pour personne que leur véritable but est l'anéantissement de la religion catholique. Pour atteindre la religion, ils sont prêts à sacrifier l'élément français, principal appui de l'Église en ce pays.

— Voilà un parti qui ne se recommande guère aux honnêtes gens! J'ai hâte de vous entendre parler du troisième.

— Le troisième groupe est celui des *séparatistes*. M. Lamirande, que vous avez vu tout à l'heure, en est le chef, et votre humble serviteur en fait partie. Nous trouvons que le moment est favorable pour ériger le Canada français en État séparé et indépendant. Notre position géographique, nos ressources naturelles, l'homogénéité de notre population nous permettent d'aspirer à ce rang parmi les nations de la terre. La Confédération actuelle offre peut-être quelques avantages matériels; mais au point de vue religieux et national elle est remplie de dangers pour nous; car les sectes ne manqueront pas de la faire dégénérer en union législative, moins le nom. D'ailleurs, les principaux avantages matériels qui découlent de la Confédération pourraient s'obtenir également par une simple union postale et douanière. Notre projet, dans la province de Québec, a l'appui des catholiques militants non aveuglés par l'esprit de parti. Le clergé, généralement, le favorise, bien qu'il n'ose dire tout haut ce qu'il pense, car depuis longtemps le prêtre, chez nous, n'a pas le droit de sortir de la sacristie. Dans les autres provinces cette idée de séparation paisible a fait du chemin. Il y a un groupe assez nombreux qui est très hostile à l'union législative et qui préférerait la séparation au projet des radicaux. Ce groupe se compose des catholiques de langue anglaise et d'un certain nombre de protestants non fanatisés. Il a pour cri de ralliement: Pas d'Irlande, pas de Pologne en Amérique! Il ne veut pas que le Canada français soit contraint de faire partie d'une union qui serait pour lui un long et cruel martyre. Le chef parlementaire de ce parti est M. Lawrence Houghton, protestant, mais homme intègre, honorable et rempli de respect pour l'Église, de sympathie pour l'élément français. Voilà, monsieur le baron, un aperçu de la situation politique du Canada en ce moment. J'espère que je me suis exprimé avec assez de clarté?

— Votre récit m'a vivement intéressé, cher monsieur, et je vous en remercie. Je suis séparatiste, moi aussi, je vous l'assure, et je ne conçois pas qu'un Français catholique puisse être autre chose, sans trahir sa religion et sa nationalité.

Chroniqueurs et essayistes

ARTHUR BUIES (1840-1901)

Notre plus grand et seul vrai romantique dans sa vie comme en littérature, Arthur Buies, le plus doué peut-être de nos écrivains du XIXᵉ siècle, le seul, en tout cas, qui ait pu vivre de sa plume, était allé étudier en France contre la volonté de sa famille et combattre contre le pape sous Garibaldi avant de militer contre l'obscurantisme du milieu canadien. Pendant une quinzaine d'années, soit de 1862 à 1878, dans ses articles, livres et opuscules, Buies a réclamé plus de liberté de pensée et davantage de conscience personnelle en ce pays; il a éveillé les esprits par son humour, choqué à loisir les tenants d'opinions courantes, scandalisé avec plaisir les dévots. Et puis, un jour de 1879, il a rencontré le curé Labelle, apôtre de la colonisation; ce fut la fin du révolté: désormais, le « prince des chroniqueurs canadiens » serait un homme rangé et un écrivain-géographe. Aujourd'hui encore, l'aventure intellectuelle de Buies, toute superficielle qu'elle soit, ne laisse pas d'intéresser, car elle manque rarement de style et nous est, en bien des points, presque contemporaine.

CHRONIQUES: HUMEURS ET CAPRICES (1873)

La Malbaie

C'est un petit volume qu'il faudrait écrire sur la Malbaie, un petit volume sur papier de soie rose, frais, mêlant l'odeur du varech au parfum de l'héliotrope, colorié, chatoyant, un de ces petits volumes qui s'égarent dans les boudoirs embaumés, ou que les jeunes filles portent avec elles lorsqu'elles vont sur le rivage marier les longues ombres de leurs cils au balancement des jeunes branches d'arbres ou aux somnolentes harmonies de la vague montante.

Rien n'est plus pittoresque, plus rafraîchissant, plus varié, plus gracieux que ce morceau du paradis terrestre oublié sur le flanc des Laurentides. Quelle diversité, quelle fécondité, quels luxueux caprices de la nature! Vous avez ici tous les aspects, toutes les beautés, toutes les grâces unies à toutes les pompes du paysage. Près du fleuve un rivage accidenté, coupé de petits caps et de ravines perdues; des sentiers qui sortent de toutes parts et qui mènent on ne sait où, des bordures verdoyantes qui s'échappent avec mystère d'un bois de sapins, des coteaux à peine ébauchés qui naissent pour ainsi dire sous les pas et qui bornent un instant l'horizon pour laisser entrevoir ensuite des perspectives illimitées; toute espèce de petites tromperies séduisantes, des mamelons innombrables, couronnés d'un petit bouquet d'arbres isolés comme la mèche de cheveux sur la tête rasée d'un Indien; des détours, des méandres imprévus, toutes les charmantes caresses brusques de la nature qui veut surprendre le regard, comme une mère qui invente à chaque heure de nouveaux plaisirs pour le petit dernier né.

La Malbaie n'est pas un village comme tous les autres villages du Bas-Canada, une longue suite de maisons blanches sur le bord du fleuve, suite monotone, toujours la même avec son paysage nu et les grands champs en arrière s'étendant jusqu'aux concessions. Ici, tout est rassemblé par groupes, groupes épars, distincts, ayant chacun une physionomie propre et pour ainsi dire un langage approprié. La Malbaie vous parle, elle va au devant de vous quand vous allez à elle, et elle a l'air de dire: « Venez; jouissez, admirez moi, regardez comme je suis belle, c'est pour vous que je me suis faite ainsi: demain je serai plus belle encore, et avant que vous me connaissiez bien, vous aurez épuisé toutes les jouissances du touriste et j'aurai porté l'ivresse jusque dans vos souvenirs, lorsque vous serez loin de moi. »

La poésie est ici vivante, animée; elle prend corps et fait sa toilette, toilette qui change cinq fois par jour, de sorte qu'il y en a pour tous les goûts. On trouve à la Malbaie tous les genres, le grand, le joli, le capricieux, le sauvage, le doux; on a derrière soi, en folâtrant dans les bosquets éparpillés parmi les petits caps qui ceinturent le rivage, la chaîne lourde et sombre des montagnes du nord; on y débarque au pied d'un promontoire plein de menaces et que les flots, en se brisant sur sa falaise tourmentée, font retentir de sourds grognements. Au bas de ce promontoire est un village d'Indiens de vingt à trente feux, bizarrement groupé, et qu'aucun visiteur ne manque d'aller voir, soit parce qu'il est curieux, soit qu'il veuille acheter un des mille petits objets en osier ou en frêne que fabriquent les Indiens, et qui consistent en corbeilles, paniers, vases de toute forme, pendants d'oreille, pendeloques, etc.

Rien encore au débarcardère que ce village d'Algonquins ou d'Iroquois déchus, et trois ou quatre maisons de mesquine apparence pour recevoir les gens d'équipage. Vous voyez bien, en promenant le regard, quelques toits et quelques cheminées surgissant au milieu des rocs qui se penchent sur votre tête, mais rien encore qui indique la subite apparition de la plus délicieuse campagne du Canada. Vous montez une côte qui est raide et dure, cailloteuse et pierreuse comme toutes les côtes du nord; c'est un escarpement rebelle et indompté, si ce n'est pas le sabot des vigoureux petits chevaux du nord qui ont des muscles d'acier; puis, tout d'un coup, la vue s'étend et c'est une perspective éclatante. Les maisons s'échelonnent au loin sur une distance d'un mille; elles sont à droite, à gauche, irrégulièrement, pittoresquement, se choisissent un nid et s'enveloppent d'arbres, se dissimulent si elles en ont la chance, s'éparpillent comme des fleurs jetées au hasard, et, plus loin, à quelques pas seulement, commence le village des étrangers, populeux, serré, dru, rempli jusqu'aux combles. C'est un village à part; le faubourg de la paroisse est à trois milles plus loin. Ici, les étrangers sont chez eux, ce village leur appartient; ils l'ont fondé en quelque sorte, et sans eux, il serait désert.

Il y a dix ou quinze ans, à peine trouvait-on dans cet endroit appelé la *Pointe-aux-Pics* plus de vingt maisons; la Malbaie était inconnue du touriste; depuis, elles ont surgi de toutes parts, et chaque année en voit accroître le nombre toujours insuffisant. On ne se fait pas d'idée de l'animation, du mouvement, du va-et-vient continuel de voitures et de promeneurs qui rayent ce court espace d'un mille; mais tout cela sans l'étalage bruyant, pompeux, raide et fatigant de Cacouna; ici l'on reste à la campagne et l'on va en déshabillé parmi une foule de deux à trois mille personnes venues de tous les points de notre province et d'Ontario. La grève est couverte, au beau temps, de baigneurs des deux sexes, et les hôtels regorgent.

Il y a à peu près quatre ou cinq hôtels attitrés; toutes les autres maisons, *toutes*, remarquez bien, sont louées à des étrangers ou prennent des pensionnaires qui, sans cesse, font place à d'autres. Cela dure à peu près deux mois, le temps que le ciel ingrat nous donne pour dégourdir nos membres figés par six mois d'hiver.

Il faut prendre ce qu'on trouve, s'arranger le plus souvent un lit tant bien que mal, payer modérément, ce qui vous étonnera sans doute, et se faire à tous les voisinages; mais, s'il n'y avait cela, où serait donc l'agrément et l'imprévu tant désiré des places d'eau? Comme partout et comme toujours, il y a dix Anglais contre un Canadien; mais, chose inexplicable, les anglais ôtent ici leurs cols et consentent à se désempeser pour ne pas enlaidir le paysage; c'est l'influence du lieu. La Malbaie abrupte, pleine de surprises et d'accidents de terrain, avec ses chemins sablonneux et pierreux, montants et descendants, ne permet pas de se guinder et de s'attifer dans une toilette métallique; il faut avoir la couleur locale et se chiffonner un peu, ce dont les Anglais, après tout, sont bien contents eux-mêmes.

La Malbaie a toute espèce de noms qui correspondent aux différents endroits qui la composent; mais l'étranger, qui n'est pas prévenu, s'embrouille. Les gens mêmes de la place ne savent plus à quoi s'en tenir, et ils disent maintenant la « Baie, » tout court, pour signifier le lieu où se trouve l'entrée de la rivière sur le long de laquelle est le village paroissial; l'étranger appelle volontiers *Murray Bay* la « Pointe-aux-Pics, » où nous sommes en ce moment; puis, il y a encore le *Cap-à-l'Aigle*, au loin, de l'autre côté de la rivière Malbaie, un nom qui s'étend à une succession de promontoires arrondis par la charrue, conservant encore assez de leur aspect sauvage et de leurs bois sombres pour projeter de grandes ombres qui vont se noyant dans le fleuve. Le « Cap-à-l'Aigle » peut avoir une lieue et demie de longueur, et toutes les maisons qui s'y trouvent sont déjà, depuis trois semaines, remplies d'étrangers. Avec eux nous n'avons, nous, habitants de la Pointe-aux-Pics, aucune espèce de rapports, et nous ne les voyons qu'à l'arrivée du vapeur, quatre fois par semaine; ce sont des sauvages qui vont se jucher près des nues pour échapper aux infirmités humaines; je ne sais pas comment ils s'y amusent, mais à coup sûr il leur faut des fourrures.

Il y a encore la *Malbaie* proprement dite, nom qui, chaque année, se restreint de plus en plus à l'estuaire que forme la rivière avant de se jeter dans le fleuve, et au village qui la borde. Là, pas un étranger, quoique ce soit un des sites les plus ravissants qui existent. On ne se doute pas en vérité de ce qu'est cet ensemble formé des paysages les plus variés, les plus dissemblables, et qui se complètent l'un l'autre en empruntant à la nature seule leur merveilleuse harmonie. C'est une petite Suisse avec les proportions même scrupuleusement gardées, et peut-être une variété d'aspects plus prolifique.

On s'étonne de trouver un pareil endroit sur l'aride, monotone, dure et rébarbative côte du nord; on dirait un sourire égaré sur la figure d'un vieillard en courroux, ou bien un îlot parfumé s'échappant tranquille au milieu des convulsions de la tempête.

Le Cap-à-l'Aigle domine la Malbaie et tous ses environs, j'entends ici, par environs, un espace de quarante lieues, comprenant devant soi le fleuve profond aux éternelles furies et aux apaisements réparateurs; de l'autre côté, la rive sud, tranquille, unie, qui s'incline en pente douce avec ses villages resplendissant au soleil comme une longue draperie frangée d'une lisière éblouissante. En arrière, les Laurentides, dans leur sombre vêtement de pierre, arrêtées dans leur course, semblent vouloir s'élancer frémissantes pour se jeter dans le St. Laurent; à gauche, plus rien que quelques maisons de plus en plus rares se perdant dans les montagnes qui ont repris leur cours, et, à droite, la Baie, la Pointe-aux-Pics, les coteaux Mailloux, tout ce gracieux tableau que j'aurais voulu peindre et que je n'ai fait que barbouiller. Hélas! l'homme peut concevoir et s'élever bien haut; dans les élans de sa pensée, il embrasse facilement des mondes sans bornes, mais quand il s'agit de les définir, il se retrouve ce qu'il est, un audacieux impuissant.

De Dalhousie à Bathurst*

De Dalhousie à Bathurst, ce n'est ni très gai ni très beau. Il y a là dix-huit lieues monotones, coupées de nombreuses savanes et de cours d'eau plus nombreux encore; pas de villages, mais une suite de maisons plus ou moins espacées; quatre à cinq chapelles protestantes et deux ou trois églises catholiques, dont la plus grande est celle de Madisco, l'endroit le plus peuplé, le plus riche de tout le littoral. Ces églises sont toutes sur le même modèle et les maisons d'école, qui sont bâties de distance en distance, leur ressemblent à s'y tromper.

On dirait que tout a été calculé d'avance dans ce pays pour reproduire de toutes choses une même image. C'est une stéréotypie énervante; pas de paysage, pas d'accidents de terrain, pas de variété, si ce n'est que la baie a parfois quinze milles, d'autrefois vingt milles, d'autrefois trente milles de largeur. À l'un des endroits où elle a vingt milles, j'ai appris qu'un pont de glace s'était formé, il y a quelques années, et que tous les maquignons du lieu avaient concouru pour le prix donné à celui qui traverserait le pont dans le moins de temps. C'était un fait merveilleux que ce pont de glace sur une largeur de vingt milles, et les vieux habitants en parlent encore avec un attendrissement qui vous gagne.

Ces vieux habitants sont en général des Écossais et des Acadiens, pour la plupart cultivateurs, et vivant assez à l'aise sur des terres ayant toutes la même fertilité. Ce qui frappe le plus le voyageur qui fait le parcours entre Dalhousie et Bathurst, c'est la beauté des chemins; le sol est partout sablonneux, argileux, et les pluies torrentielles qui, depuis trois mois, n'ont cessé de tomber sur lui presque tous les jours, l'ont à peine détrempé; il n'y a que les savanes, ayant rarement plus de dix à douze arpents de longueur, où les chemins soient difficiles, et encore a-t-il fallu, pour les rendre tels, le lourd charroyage de la pierre pour la maçonnerie de l'Intercolonial.

*
* *

Mais, si les chemins sont beaux, il n'en est pas ainsi des femmes. Tudieu! quelles girafes! Comment se fait-il que le Nouveau-Brunswick ne soit pas un désert quand il s'y trouve des créatures pareilles? Ce ne sont pas des monstres, mais ce ne sont pas des femmes; des grands homards sur des pattes de cinq pieds de long. On conçoit le laid, puisqu'on a l'idée du beau; mais on ne le conçoit que comme exception, caprice, désordre de la nature; personne ne s'imaginerait que les femmes de tout un pays s'entendent pour en faire la règle, et qu'elles aient, pour horripiler le voyageur, cette unanimité opiniâtre qui jamais les distingue dans le reste de leurs actes.

Ô Brunswickoises! vous m'avez fait bien du mal... Je vous aimais pourtant d'avance et je vous confondais dans mon ardente imagination, avec les truites et les morues fraîches qui courent dans vos eaux; j'étais arrivé sur les rivages de la baie de Chaleurs, séduit par ce nom historique et vénérable, comme le cerf altéré s'élance lorsqu'il entend au loin la source jaillissante; je vous aurais trouvé belles, quoique médiocres, car le voyageur emporté ne connaît pas les nuances; il mange aveuglément de tous les plats et se contente de tous les lits, surtout lorsqu'il vient, comme je l'ai fait à Dalhousie, chez des amis qui l'attendent et qui n'ont pas de meubles dans leurs maisons; vous m'auriez consolé des huîtres qui me fuyaient, et vous m'avez fait fuir comme elles!...

Parcourir trente lieues de littoral sous les bouffées toniques de l'air salin, avoir autour de soi, pour tous ses mouvements, pour tous ses actes, une liberté grande comme la mer; contempler à chaque instant des vaches laitières superbes qui donnent envie d'être veau; avoir sous les yeux, dans un heureux accord, les trois races les plus fécondes et les plus vigoureuses, irlandaises, canadiennes, écossaises, et ne pouvoir trouver une seule femme qui vous révèle le secret de cette harmonie partout ailleurs ignorée, c'est à donner le délire, à faire courir des tisons dans la racine des cheveux.

Pourtant, un jour, au milieu même de cette laideur épidémique, dans cette poignante uniformité de binettes retorses, j'ai failli faire un rêve, j'ai failli trouver une vraie fille de cette Ève adorée, quoique pécheresse, qui a laissé à toutes ses descendantes un morceau de la pomme fatale.

*
* *

C'était par une nuit terne et crue; l'atmosphère était pleine de gelées indécises, on se demandait s'il allait neiger ou pleuvoir; toutes les étoiles avaient un feutre, et des brouillards gris couraient dans le ciel qui semblait peuplé de saules pleureurs. La baie était nue et les rivages, recevant les gémissements de ses flots, semblaient se plaindre avec elle; de temps à autre, la lune s'amusait à jeter des lueurs sur les raies boueuses et les longues flaques d'eau du chemin; pas un passant, pas même un hibou éclairant la savane de ses deux yeux ronds comme des calus de lave; seul, le quac, ce gibier morose, éternel vieux garçon qui hante les grèves à la tombée du jour, lâchait par intervalles le cri sec et dur qui lui a valu son nom; les cieux, la mer, les champs, tout était désert, tout s'était réfugié, pour garder la chaleur et la vie, dans les entrailles de la nature; et, dans cette immensité froide, sous ce firmament transi d'où tombaient déjà les longs fils glacés qui couvrent la terre d'un réseau de frimas, seul, le chroniqueur du *National* s'avançait de ce pas de géant qui le distingue vers l'hôtel du père Chalmers, situé à vingt et un milles de Bathurst.

Il était onze heures du soir lorsque le poing héroïque et gelé du chroniqueur frappa à la porte de l'hôtel et que son talon, plein de terre glaise, retentit sur le perron du vestibule. Sarah était encore debout. Sarah, c'est la fille et la nièce des géants, c'est la reine de la baie, une femme de cinq pieds huit pouces, souple, veinée, aux muscles frémissants, comme la cavale d'Arabie qui fait cinq lieues à l'heure.

Le père de Sarah est un homme de soixante-seize ans, qui a six pieds trois pouces, écossais d'Écosse, venu pour fonder un foyer dans la baie de Chaleurs, il y a quarante-deux ans. D'abord, il construisit une petite auberge, sorte de station pour les quelques voyageurs qui, dans ces temps primitifs, faisaient en voiture tout le littoral du Nouveau-Brunswick. Puis, les voyageurs augmentèrent, et, avec eux, l'auberge du bonhomme qui s'accrût d'une *rallonge*, puis d'une autre, jusqu'à ce qu'enfin la maison eut quatre-vingts pieds de longueur. Aujourd'hui, elle est flanquée de grands bâtiments et de beaux troupeaux paissant dans la ferme qui l'entoure.

Cette maison est unique sur tout le littoral de la baie; elle est la seule où l'on puisse se faire servir, bien manger, être bien couché et chauffé! c'est là un *item*, comme nous disons dans notre pays barbare.

Ordinairement, les portes sont constamment ouvertes à tout venant et il n'y a pas de feu dans des maisons qui n'ont pas de doubles-croisées, mais un seul grand poêle dans la pièce la plus reculée où se tient la famille, et un autre dans le vestibule où les voyageurs, quels que soient leurs goûts, leurs répugnances, leur rang, doivent tous se réunir s'ils veulent se dégeler.

Or, l'hôtel du père Chalmers a des poêles dans chaque grande pièce; c'est merveilleux. L'aspect et l'atmosphère qu'on respire dans cette *albergo* vénérable rappellent ces bonnes vieilles maisons canadiennes du temps jadis, bien avant qu'il y eût des chemins de fer, où les gens comme il faut de toute la rive du St. Laurent se rencontraient dans des jours de prédilection, et s'amusaient comme on s'amusait alors sans craindre les intrus de catégories quelconques. Jamais ces maisons n'étaient envahies, jamais souillées par de grossiers passants; aussi elles conservaient cette dignité patriarcale qui répandait au loin leur réputation et l'odeur d'un confortable distingué. En entrant chez le père Chalmers, ce souvenir frappe immédiatement l'esprit, et vous êtes transporté dans le bon vieux Canada d'autrefois.

Le père Chalmers a six frères tous plus longs que lui; bout-à-bout, ces sept hommes font une pièce de cinquante-quatre pieds, un vrai cèdre du Liban.

Il a en outre quatre filles robustes, vigoureuses comme la mère Ève, debout à cinq heures du matin, prêtes à toute heure pour les voyageurs nombreux qui, depuis deux ans, passent et repassent sans cesse. Mais jamais elles se montrent, (c'est la règle inflexible de la maison) excepté Sarah, l'aînée, qui a droit d'être partout et de voir tout le monde; c'est elle qui serre la main des vieux amis et qui fait les honneurs aux nouveaux venus.

Quand Sarah s'habille, c'est une reine. Jamais plus beau buste ni démarche plus royale n'enchantèrent les rêves d'un poète. Quand elle met ses habits de travail et qu'elle porte dans ses bras vigoureux les brassées de bois ou les larges plats de mouton, elle a encore la majesté d'une Pénélope qui rehausse et anoblit le travail le plus vulgaire.

*
* *

Dans cette demeure puritaine, mais sans morgue, sans ostentation, il y a une discipline serrée, impitoyable, qu'exige le va-et-vient continuel de toute espèce de passants, dont quelques-uns, comme le chroniqueur, peuvent être dangereux. La mère Chalmers a l'œil là-dessus. Jamais, chez elle, de plaisirs bruyants ni de fêtes, quoique chacun ait la plus grande liberté d'action. Seulement, comme pour montrer les contrastes étranges qui marquent toutes les actions humaines, lorsque les villageois et villageoises d'alentour jugent à propos d'avoir des danses folles pendant toute une nuit, les quatre filles Chalmers fuient comme des hirondelles le vieux toit du bonhomme et se livrent à une chorégraphie infatigable qui met sur les dents les plus intrépides valseurs et giggeurs.

Après la danse, fût-il cinq heures du matin, toutes quatre sont à l'ouvrage, attisant les feux, balayant, charroyant, portant les fardeaux, préparant les repas. C'est un spectacle unique et superbe que de voir, à la dérobée, dans leurs robustes opérations, les trois cadettes qui ne se montrent jamais. Le bonhomme Chalmers, pendant ce temps, fume sa pipe à côté du grand poêle, ou bien il attèle ou détèle des chevaux. Je vous l'ai déjà dit; dans la baie de Chaleurs, ce sont les femmes qui travaillent, les hommes n'en ont pas besoin; Sarah fait à elle seule plus d'ouvrage et plus de mouvement qu'une compagnie de volontaires un jour de revue.

Maintenant, pourquoi ai-je parlé si au long de l'hôtel du père Chalmers qui semble ne pas mériter un si grand intérêt? C'est d'abord parce que je lui garderai une reconnaissance éternelle pour m'avoir chauffé et fait voir les seules femmes montrables de toute la baie de Chaleurs, et, ensuite, parce que c'est une maison unique qui, à elle seule, est un tableau des mœurs de toute cette contrée.

L'endroit où habite le père Chalmers n'a pas de nom; on dit simplement « Aller chez Chalmers, » comme on dirait « aller à Lachine. » Ce patriarche résume tout dans trois lieues à la ronde. Lorsque l'Intercolonial passera sur sa ferme dans deux ans, il faudra que les lecteurs du *National* arrêtent chez lui et, en voyant Sarah, lui parlent de ce séduisant voyageur qui, dans l'automne de 1872, l'aida à monter le poêle du petit salon privé. Si elle jette un cri, si ses joues s'empourprent, si ses yeux s'illuminent, vous aurez compris de suite et vous saurez pourquoi la blonde brunswikoise a failli me faire faire un rêve.

Chronique d'outre-tombe

Être seul près d'un feu qui rayonne et pâlit tour-à-tour, par une de ces nuits d'hiver où les rafales du vent font crier les toits et gonflent les cheminées de bruits qui courent dans tous les sens; quand l'ombre des arbres, luttant avec le froid et monotone éclat de la lune, s'étend sur la neige comme un crêpe sur un front de vierge, est-il rien dans la vie qui approche de cette jouissance que l'on concentre et que l'on réchauffe pour ainsi dire autour de soi? Est-il une heure comparable pour la rêverie, les tranquilles retours vers les tourmentes du passé, la douce fréquentation de tant de fantômes chéris qui reprennent un instant leur forme réelle pour inonder l'âme avide de se retrouver et de se rajeunir par l'illusion?

Veiller aussi tard qu'on le peut, étendre les longues soirées d'hiver jusque bien avant dans la nuit et se lever ensuite avec le jour, c'est un moyen de prolonger la vie, de fixer quelques minutes son éclair rapide. D'autres diront que c'est le plus sûr moyen de l'abréger: ils se trompent. On vit double, on vit triple durant ces longues et cependant fugitives heures que l'on donne à la méditation, à la revue silencieuse des années envolées, au bienfaisant espoir de revivre plus tard dans un monde sans regrets et sans alarmes.

Pour échapper aux misères qui nous entourent, à la certitude désolante que tout est faux, périssable, qu'il n'est rien, rien sur lequel on puisse fonder une assurance absolue, sans faire une large part aux défaillances humaines et à l'égoïsme d'autrui qui est l'écueil de toute confiance, il n'y a qu'un remède, se plonger dans l'idéal et créer par la pensée une existence en dehors de toutes les atteintes.

Lorsque je m'abandonne ainsi à cette divinité familière qu'on appelle la réflexion et qui m'attend toujours, patiente comme une veilleuse, dans quelque coin de ma chambre solitaire, il est une chose qui me frappe souvent, c'est l'impossibilité de la mort. Pourquoi la même pensée revient-elle toujours, sous une forme presque réelle, comme un ami qui me parle pour me rassurer? Je ne l'explique pas, si ce n'est que rien ne peut me contenter de ce que je vois, de ce que j'ai et de ce qui me charme un jour pour me laisser le lendemain le dégoût ou le regret.

La mort, comme toutes les choses de ce monde, est relative. On est dissous, on est disséminé, pulvérisé, mais on reste quelque chose. Il n'y a pas une petite parcelle de cadavre qui ne se trouve un jour, sous une forme ou sous une autre, mêlée à d'autres objets. Être quelque chose indéfiniment, toujours, faire partie d'une multitude d'existences futures qui, à leur tour, se transformeront, se mêleront, voilà pour le corps. Quant à l'âme, qui est entièrement séparée de son enveloppe, quoiqu'on en dise, elle reste immortelle, invariable dans son essence. Elle embellit, se spiritualise, se purifie de plus en plus, mais ne change pas.

L'autre soir, comme je songeais, fatigué des mille agitations du jour, et cherchant en vain à fixer ma pensée sur quelque chose de saisissable, moitié assoupi, moitié rêveur, je me sentis comme emporté dans une atmosphère inconnue, et une voix d'outre-tombe, une voix de trépassé que je reconnus pour l'avoir entendue souvent, vint frapper mon oreille:

« Tu ne mourras point, tu ne mourras jamais. Ton âme, étincelle divine, purifiée, flottera libre dans les cieux que tu ne fais qu'entrevoir. Ce qui pense ne peut être enfoui dans un tombeau. Tu seras toujours, parce que rien ne peut détruire ce qui est insaisissable, ce qui est à l'épreuve du temps. La poussière de ton corps seule ira se perdre dans la source sans fond, dans le creuset de la nature où tout se transforme, où la vie se renouvelle sans cesse en changeant d'aspect et de nom. Qu'étais-tu avant d'être un homme? Quelque chose que tu ne connais pas, mais qui a existé, et qui s'est brisé, détruit, pour te donner l'existence. Tu es né dans le mystère: mais ce mystère, devras-tu toujours l'ignorer? Non; en quittant ta forme présente, tu deviens un esprit qui s'agrandit, s'élève, passe par tous les degrés de la perfectibilité et arrive ainsi à la connaissance de toutes choses.

« Si cela n'était point, autant vaudrait dire qu'en devenant un homme, tu n'étais pas plus que l'objet inconnu, le germe mystérieux où tu as pris le jour, et que ta pensée est restée aussi faible qu'elle l'était à ton berceau. La nature entière marche au progrès; chaque être est dans un état continuel de perfectionnement. Cet état durera-t-il toujours? Oui, puisque le temps n'a pas de fin. Éternité veut dire perfection.

« J'ai habité comme toi la terre et je l'ai arrosée de larmes. Aujourd'hui l'espérance me porte sur ses ailes dans l'infini des cieux. Mon âme embrasse des mondes inconnus de toi; je vois comme un jour éclatant ce que les hommes appellent des mystères, parce qu'il n'y a de mystères que pour l'ignorance. Je contemple face à face la vérité que les hommes appellent souvent l'erreur, parce que leurs passions perverses leur cachent la lumière. »

....

Mourir! c'est une chose que je ne comprends pas. Il faudrait pour *mourir*, ce qui serait vraiment la mort, c'est-à-dire l'extinction complète de la vie et de la pensée, une philosophie au-dessus des forces humaines. Non, je ne me sens pas capable de tomber dans le néant; non, je n'ai pas le courage de n'être un jour qu'un cadavre hideux, masse infecte rongée par les vers.

Cette seule pensée me fait plus d'horreur que si je voyais la terre éclater, jetée à tous les vents de l'espace, et moi-même précipité de mondes en mondes dans l'infini.

Je dis qu'il est absurde, illogique, impossible de naître pour mourir. Je dis que si l'homme devait mourir, il n'aurait pas eu la pensée en partage, car la pensée et le néant se repoussent.

Peu importe d'où vient la pensée, qu'elle soit une sécrétion, qu'elle ait son siège invisible, mais certain, dans un lobe du cerveau, qu'elle soit un fluide électrique, qu'elle soit l'essence de la vie, la résultante de l'organisme, je dis qu'elle ne peut s'éteindre.

Cela ne se démontre pas, cela se conçoit, et cette conception est dans mon esprit si forte, si irrésistible, que j'ai beau me raisonner moi-même, invoquer les démonstrations les plus irréfutables du matérialisme, j'en viens toujours à me heurter à l'absurde.

Il faut que toute créature ait une raison d'être et un objet, et quand cette créature est intelligente, il faut qu'elle ait un but. Or, si l'âme n'est pas immortelle, nous n'avons plus ni raison d'être, ni but à atteindre.

Dites-moi, que servirait de venir au monde, jouer un jour la ridicule comédie de la vie, et puis disparaître? C'est à cela que se bornerait notre fonction, à nous qui mesurons le cours des astres et qui cherchons le secret de tous les mondes, non contents d'approfondir celui où nous sommes? Qui ne voit que si ces mondes ne devaient pas être un jour habités par l'homme, il n'y penserait même point? Qui ne comprend que si sa vie devait cesser avec sa disparition de cette terre, il se bornerait uniquement à la poursuite des choses dont il a immédiatement besoin, à la satisfaction de ses goûts et de ses penchants, à mesure qu'ils naissent? Il n'aurait aucune aspiration, aucun désir de se perfectionner, de se perpétuer par des œuvres qui lui survivront, et il se bornerait à l'horizon étroit qui entoure la petite scène où il s'agite.

Qu'est-ce qui me pousse à écrire ces lignes pour d'autres, au lieu de les penser tout simplement? C'est que j'ai une vie en dehors de ma vie propre, et par conséquent toute mon existence ne se borne pas à l'enveloppe qui entoure mon corps.

*
* *

Je dis que si l'âme n'était pas immortelle, l'idée n'en pourrait même pas venir à l'homme. Comment lui viendrait-elle? qu'est-ce qui pourrait la faire naître? Mais cette idée tombe sous les sens...

Quelques-uns diront qu'elle n'est qu'une aspiration. Soit. Mais cette aspiration, quelle serait sa raison d'être si elle n'était pas justifiée? Encore une fois, comment existerait-elle, comment surtout viendrait-elle au cœur de chaque homme, la même, oui toujours la même, partout, et dans tous les temps, si elle n'était pas comme une nécessité de son existence?

Je sens que cette aspiration est invincible, qu'elle résiste à tous les chocs, à toutes les réfutations scientifiques, et c'est pour cela que je réponds sans hésiter à ceux qui demandent des preuves, que « l'immortalité de l'âme étant au-dessus de la science, ce n'est pas la science qui puisse la démontrer, ce n'est pas elle non plus qui puisse la détruire. »

704

Si l'âme n'était pas immortelle, l'homme ne pourrait pas vivre; car le désespoir le prendrait à ses premiers pas dans le monde. Comment en effet résister aux déceptions, aux injustices, aux persécutions, à la méchanceté, aux illusions perdues, à ces peines profondes du cœur, plus cuisantes que toutes les blessures, si la certitude d'une vie plus heureuse ne soutenait pas la défaillance humaine.

Et cette certitude l'accompagne dans toutes ses espérances, le suit jusqu'au dernier jour, jusqu'au dernier soupir. L'homme, en mourant, espère encore. Pourquoi cela, si tout est fini? Pourquoi souffrir pour le bien, pourquoi se dévouer, pourquoi se rendre inutilement malheureux? Le voyez-vous? Le voyez-vous? Si l'âme n'est pas immortelle, il n'y a plus de vertus possibles, les hommes ne sont tous que d'horribles égoïstes et chacun d'eux est l'ennemi naturel de l'autre.

Qu'est-ce qui peut soutenir contre la méchanceté envieuse, contre le préjugé cruel, contre la calomnie envenimée? Est-ce la volupté d'accomplir le bien? Cela ne peut suffire longtemps. Est-ce le sentiment de sa supériorité? Il n'y a certes là rien de bien consolant, et toutes les fois qu'on veut se renfermer dans son orgueil, on fait au dedans de soi un vide plus affreux que tout le mal qu'on peut recevoir du dehors. Ce qui soutient, ce qui uniquement soutient l'homme, c'est le sentiment de son immortalité, c'est la certitude qu'il n'est pas né seulement pour souffrir, et que, s'il souffre, cela doit être en vue d'une récompense.

*

* *

Hélas! j'ai longtemps nié moi-même l'immortalité de l'âme, sans réfléchir. Aujourd'hui je ne la trouve même pas niable; et, à mesure que j'avance dans la vie, que j'approche du tombeau, l'espérance grandit et me soulève, et j'entends de plus en plus distinctement les voix de l'infini qui m'appellent. Peu disposé à croire en général, n'admettant que ce qui est irréfutable, dans l'ordre des démonstrations scientifiques, c'est-à-dire très peu de choses, je ne demande cependant pas de preuves de mon immortalité, parce que je la sens, je la sens, elle me frappe comme l'évidence et résulte à mes yeux de mon existence même.

Qui ne voit que la vie humaine, même la plus longue, n'est dans aucun rapport avec l'infini des désirs? qu'on ne saurait avoir des aspirations qui n'ont pas de limites et ne vivre que soixante à quatre-vingts ans? Cela est naturellement, physiquement impossible.

Voici encore une preuve que l'âme est non seulement immortelle, mais encore indéfiniment perfectible, car c'est là la condition de son immortalité. La vie se passe à enfanter des désirs qui, aussitôt satisfaits, se changent en dégoûts. Mais remarquez la progression ascendante de ces désirs. Ils passent toujours d'un ordre de choses inférieur à un autre ordre plus élevé; ce qu'hier on convoitait ardemment, aujourd'hui semble indigne de soi; et, ainsi de désir en désir, d'aspiration en aspiration, on arrive à ne plus pouvoir se contenter de ce qu'offre la terre, et l'on se porte vers les mondes inconnus où désormais tendent tous les vœux. Ces vœux doivent être satisfaits, car ils sont légitimes; ils naissent d'eux-mêmes, inévitablement, comme une conséquence propre de notre nature, et, ce qui prouve que la vie future sera meilleure que celle-ci, c'est qu'on y aspire.

*
* *

Souvent je suis allé contempler sur le bord de la mer le firmament profond d'une nuit étoilée. Oh! l'océan! l'océan! c'est l'infini réalisé, c'est l'insondable aperçu, devenu tangible, c'est l'immense inconnu qui se fait larme, murmure, harmonie, caresse; c'est l'éternité qui se circonscrit et se rassemble pour que l'homme puisse l'embrasser au moins du regard.

Je restais là des heures, des heures que j'ignore, car, alors, je n'appartenais plus à la terre. Parfois j'ai cru avoir des ailes et j'étais soulevé; tous les mondes lumineux m'attiraient et j'étais prêt à prendre mon vol. Oh! combien je sentais alors que je ne suis ici-bas qu'en fugitif, que j'y traverse une phase de mon existence, et que je ne peux plus avoir de terme que l'espace lui-même que je gravite par la pensée, jusqu'au dernier astre qu'atteint mon regard!

Malheur, malheur, à celui qui ne s'est jamais arrêté une heure pour contempler une nuit semée d'étoiles! Il a peut-être raison de se croire mortel, puisque sa pensée ne dépasse pas sa sphère ni son horizon.

Je n'ai jamais rien lu sur l'immortalité de l'âme, pas même l'entretien de Socrate avec ses amis la veille de sa mort. Je n'en ai pas besoin, parce que je ne tire pas mes arguments de la philosophie, mais de la nature des choses. Je n'ai qu'à me demander pourquoi je vis, je n'ai qu'à regarder un homme, chercher son regard presque toujours porté vers le ciel, contempler son front que les mondes ne peuvent remplir, pour savoir que ce qui, de cet être là, deviendra l'aliment des vers, n'est que cette enveloppe de nerfs et de muscles, semblable à celle qui retient le papillon jusqu'au moment où il s'envole dans les airs.

Les moustiques du Saguenay*

Les moustiques du Saguenay sont une race unique, indomptable, supérieure. Unies entre elles, par myriades de millions, elles affrontent tous les moyens de destruction connus. Elles ravagent et dévorent tout ce qui existe; aucune peau d'animal n'est à leur épreuve. Pour les anéantir on dit des messes, mais cela ne suffit pas toujours; on fait du feu, on enveloppe les maisons de fumée, on s'étouffe littéralement, mais sans jamais étouffer ces maudites petites bêtes, grosses comme des pointes d'aiguilles et que le vent emporte ainsi que des nuées invisibles. Ce ne sont ni des maringouins, ni des cousins, ni des brûlots; c'est une espèce à part, presque microscopique, armée d'une pompe terrible et d'un appétit colossal.

Vues au microscope, elles sont d'une beauté ravissante; ô perfidie des apparences! Être si petit et si vorace! Elles ont un dard plus long que leur corps tout entier, au bout duquel est une sorte de réservoir ou d'estomac; elles enfoncent ce dard dans les pores de la peau, à travers n'importe quelle peau, fût-ce celle d'un crocodile, arrivent jusqu'à la chair, la mordent et en arrachent un morceau qu'elles vont manger ensuite sur les piquets de clôture, ou sur les souches. Elles ne sucent pas le sang, elles mangent, de sorte qu'elles finiraient par avaler des corps d'hommes tout entiers, si on les laissait faire. Elles ne demandent pas mieux.

Dans les champs, sur les pauvres bêtes à cornes, les chevaux et les moutons, c'est une fureur. Pour les combattre, les moutons se tiennent ensemble, serrés les uns contre les autres, et ils courent droit devant eux afin de faire du vent. Les chevaux deviennent fous; on les voit s'élancer dans des courses vertigineuses jusqu'aux limites des champs, puis revenir, tourner pendant des heures, blancs d'écume, ne s'arrêter que pour prendre haleine et s'élancer de nouveau, tout ensanglantés, aveuglés par la colère et la douleur. Quant aux bestiaux, ils passent la journée à chercher partout un souffle d'air, se précipitent dans le moindre vent, se battent les côtes sans relâche, se lèchent et se frottent incessamment, et, de guerre lasse, tombent épuisés sur l'herbe et se laissent dévorer. Alors, les horribles moustiques font rage; elles entrent par centaines dans les oreilles, les yeux et à travers les poils des bêtes couvertes de sang; elles s'y repaissent, se gonflent de chair et meurent en éclatant, frappées d'apoplexie.

Vous ne voyez rien, vous n'entendez aucun bourdonnement, et en moins de cinq minutes votre corps n'est qu'une suite de boursouflures brûlantes; c'est la trahison organisée, savante, impitoyable. Rien ne saurait vous protéger; les mouches passent à travers votre chapeau et entrent jusque dans vos bottes; vous avez une moustiquaire? Elles la dévorent ou la déchirent, et arrivent jusqu'à vous dans votre sommeil confiant. Le plus horrible, c'est qu'on aggrave soi-même et que l'on complète l'œuvre de ces odieuses bêtes: la démangeaison est irrésistible; on se déchire après avoir été mordu, et l'on se met la plaie à vif, absolument comme celui qui, dans sa douleur aveugle, arrache le fer de sa blessure béante en arrachant avec lui des lambeaux de sa propre chair.

J'ai vu de pauvres vaches, la queue tout épilée, sèche et rude comme une queue de tortue à force de s'en être fouetté les flancs; j'ai vu des chiens tellement éreintés, morfondus par leur lutte avec les moustiques que, pour aboyer aux voitures qui passaient, ils étaient obligés de s'appuyer sur les clôtures, et qu'à peine ouvraient-ils la gueule qu'une nuée de brûlots s'y engouffraient comme au lit d'un ravin se précipitent les sables ardents.

Partout où les animaux des champs se réunissent, on fait un grand feu, de même que lorsqu'il faut aller traire les vaches. Toute action extérieure est impossible; on ne peut aller pêcher dans les lacs innombrables et poissonneux de cette région sans se voir, en deux ou trois minutes, les mains gonflées sous les piqûres de ces monstres atomiques que rien n'éloigne, que rien n'arrête ni ne diminue. Ils sont surtout friands de sang étranger. Ô dieux de mes pères! que j'en ai laissé de pâture artérielle dans les pompes de ces acharnés invisibles! J'en tremble encore de colère et de faiblesse; ils m'ont sucé jusqu'à l'imagination, et je les sens à cette heure, même en souvenir, comme s'il me passait un orage de feu entre la chair et la peau.

CHRONIQUES: VOYAGES, ETC., ETC. (1875)
Après

C'est le trois janvier enfin!... On a fini de serrer et de resserrer ma pauvre main toute empoulée. On a fini d'avoir du bonheur par-dessus la tête et de s'en souhaiter mutuellement à s'en rendre malade. Les paresseux ont eu leur congé du deux de l'an sans compter celui du premier, lequel est obligatoire, mais non gratuit. De braves gens, mes compatriotes, que je ne vois pas une heure de toute l'année durant, ont voulu rattraper le temps perdu; ils se sont précipités sur ma main comme sur des étrennes, et l'ont engloutie dans leurs transports; il me semble qu'ils la tiennent encore... Pendant deux jours, elle a été à tout le monde, excepté à moi, et j'ai peine à la reconnaître maintenant qu'elle m'est revenue.

Je regarde cette pauvre main qui essaie de reprendre la plume, et j'ai envie de lui souhaiter la bonne année. Si je me la serrais!... C'est une vraie frénésie. Le jour de l'an est épidémique; j'ignorais cela; s'il durait seulement une semaine, on ne pourrait plus se lâcher.

Les amis de nos amis sont nos amis; c'est le cas de le dire. Pour moi, j'en ai vu de nombreux, qui ne sont certainement pas les miens, ce que je regrette, car ils m'eussent sans doute épargné, — je les ai vus s'élancer vers moi, du plus loin qu'ils me voyaient, frémissant d'allégresse, transportés de bonheur. « Je vous la souhaite! » s'écriaient-ils tour-à-tour comme hors d'eux-mêmes. D'autres, ne faisant qu'un bond à travers la rue: « Je vous la souhaite! » s'écriaient-ils aussi, et crac, c'était encore un serrement de main à me faire trouver mal. Il y a même des amis de mes amis qui m'ont souhaité *les compliments de la saison;* d'autres, *beaucoup d'heureux retours!*... chacun fait et dit comme il peut; le jour de l'an étant le jour de tout le monde, il ne faut pas se montrer trop difficile.

Cette opération du serrement de main étant subie deux ou trois cents fois, j'avoue que, pour ma part, je ne déteste pas le jour de l'an. Mon triste état de vieux garçon m'oblige malheureusement à tout apprécier à un point de vue personnel; eh bien! je le déclare, le jour de l'an me plaît, malgré le danger que je cours d'une paralysie absolue du bras droit. Ce jour-là, je me distingue des sept huitièmes de mes compatriotes; ce jour-là, plus que tout autre, je suis libre et je savoure ma sauvage indépendance, comme si je devais la perdre pour le reste de l'année; je ne fais pas une visite, non, pas une, je m'affranchis de ce supplice ridicule et je ne vais pas marmotter à deux cents personnes indifférentes mes souhaits de convention.

Si le jour de l'an est vraiment un jour de bonheur, j'entends en jouir. Je garde au fond de mon cœur des trésors de souhaits pour mes amis, mes vrais amis, et je me garde bien d'aller confondre ces souhaits avec le flot de banalités qu'ils se condamnent à entendre. Pour les autres, les personnages, les gens à position, dont un abîme me séparera toujours, je me contente de les plaindre. Je les plains d'avoir tant de devoirs à remplir en un seul jour, et d'en avoir si peu tout le reste de l'année, puisqu'il est entendu que nous vivons dans un pays de cocagne où la sinécure est l'objet légitime des plus honnêtes ambitions.

Mais, d'un autre côté, je les envie. La plupart d'entre eux ont une famille... oh! la famille... Le matin, avant le jour, avant l'aube, il n'est pas encore cinq heures, les petits, ces petits qui donnent tant de mal et qui causent tant de joie, les petits enfants sont déjà debout: ils courent, ils accourent les bras ouverts, la bouche pleine de baisers, vers le lit où la maman, qui les épie déjà depuis plus d'une heure, sans faire semblant de rien, les reçoit sur son cœur frémissant, les couvre de caresses, leur trouve à chacun une place sur son sein gonflé de bonheur, les prend tous dans ses bras et les passe au papa qui pleure de joie et qui devient presque une mère, en oubliant tout dans cette heure unique, excepté ce qu'il a dans son cœur.

On entend, ensuite on voit les petits, tout rouges encore de tant de baisers, tout essoufflés, courir à la cachette des étrennes, ces trésors légers, parcelles fugitives détachées de cet autre trésor inépuisable, l'amour maternel.

Mais moi, ah! moi qui n'ai même pas eu de berceau et qui n'ai pas connu ma mère, moi, condamné solitaire dès ma naissance, je ne connais le jour de l'an que le bonheur des autres, et son fatal retour et son inexorable fuite. Comme chaque jour de ma vie, je me suis éveillé le jour de l'an de cette année dans le froid et dans l'étreinte de l'isolement. J'ai regardé le ciel; pour moi, il était vide. J'ai promené mon regard désolé autour de ma chambre... elle était muette: pas une voix, pas un écho, si ce n'est celui des souvenirs qui, en un instant, en foule, se sont précipités sur mon lit silencieux. Être seul ce jour-là, se réveiller seul, se sentir seul surtout, c'est plus qu'une infortune, c'est une expiation, et l'on éprouve comme un remords de ne pas mériter ce bonheur dont tant d'autres jouissent, sans le comprendre souvent et sans avoir rien fait pour en être dignes.

Le bonheur que tout le monde s'obstine à croire introuvable, est pourtant facile et vulgaire; mais comme toutes les choses de ce monde, il est purement négatif; il suffit, pour être heureux, de n'être pas malheureux. Réalisez toutes vos espérances, tous vos projets, vous en concevrez d'autres, et vous serez tout aussi inquiets, tout aussi impatients, tout aussi malheureux que vous l'étiez d'abord. Être heureux, c'est jouir de ce qu'on a et s'en contenter; mais être malheureux, c'est ne pouvoir jouir de rien, comme les vieux garçons qui sont toujours pauvres, fussent-ils millionnaires; ils manquent du premier des biens, celui d'une affection sûre qui partage leur fortune comme leur détresse. Les avares seuls croient trouver une jouissance dans ce qui n'est qu'une aberration, car on ne peut être heureux que du bonheur qu'on donne et de celui qu'on reçoit. Thésauriser est une maladie, répandre est un remède; et l'homme se soulage par la générosité comme l'arbre qui écoule sa sève et en nourrit les lianes qui se tordent en suppliant autour de sa tige. Ah! de tous les souhaits qu'on m'a faits le premier de l'an, on n'en a oublié qu'un seul, celui d'une compagne assez parfaite pour suppléer à toutes mes imperfections, assez indulgente pour ne pas m'en tenir compte, et assez discrète pour ne pas s'en apercevoir. Montrez-moi ce trésor, ô mes amis! et je le garderai pour moi seul, au risque de passer pour ingrat.

*

* *

Il est envolé déjà, ce premier jour de l'année qui entrouvre l'inconnu. Quelques heures de soleil, beaucoup de tapage, des félicitations et des poignées de main innombrables, voilà tout ce qui l'a marqué dans le cours du temps.

Maintenant, il faut songer à l'avenir, prévoir, préparer, édifier: c'est la tâche toujours nouvelle, toujours ancienne. Qu'allons-nous faire en 1874? Il ne suffit plus de se démener, de politiquer, de pousser dans une ornière de plus en plus profonde le coche boiteux et branlant de vieilles rivalités sans motif et de divisions sans objet; il faut marcher, sortir du sentier ingrat où nous épuisons notre jeunesse trop prolongée, il faut secouer nos langes, nous défaire du vieil homme dont les loques pendent obstinément à nos bras, il faut rompre avec les petitesses et les traditions mesquines, jeter hors du chemin les débris fossiles qui l'obstruent et devenir un peuple jeune de fait, comme nous le sommes de nom, avec toute l'activité, la souplesse et l'énergie qui conviennent à la jeunesse.

Voici des élections générales qui s'annoncent: profitons-en pour renouveler non seulement les hommes, mais les choses. Nous avons tout à faire ou à refaire; eh bien! faisons et refaisons. Cessons de languir; les peuples jeunes qui ne croissent pas, s'étiolent et meurent sur leur tronc plein de sève. Nous sommes déjà aux trois quarts anémiques; nous n'avons guère vécu, depuis vingt-cinq ans, que de la force que nous ont laissée les générations antérieures. Si nous ne fouettons pas notre sang qui s'épaissit et se caille à vue d'œil, nous allons mourir d'une syncope nationale. Ce n'est pas la peine que les années se renouvellent pour nous, si nous reculons au lieu d'avancer avec elles.

Ce qui a toujours manqué au peuple canadien, c'est l'action. Il en faut bien peu pour que nous fassions de grandes choses, car nous avons tout en main. Les ferons-nous? Que la jeunesse réponde; qu'elle mette hardiment le pied sur le vaste terrain qui s'étend des deux côtés du triste chemin que nous parcourons, qu'elle conquière cet espace qui s'offre à elle, et en moins d'une année, nous aurons grandi de tout ce que nous avons négligé de le faire en vingt ans.

Depuis un quart de siècle, notre race subit une décroissance qui la mène à une infériorité aussi évidente que douloureuse pour les esprits qui savent voir les choses au lieu de se payer de mots et de présomptions puériles. Rien n'est plus fatal que de vieillir en se croyant toujours jeune; l'impuissance vient et l'on compte encore sur l'avenir. Il ne suffit pas de se souhaiter de bonnes et heureuses années; il faut les rendre telles. Se féliciter, puis se croiser les bras, mène droit à la momification. Avant un autre quart de siècle, notre peuple sera pétrifié, et les Canadiens du pays orneront les musées de l'Europe.

Un trait distinctif de notre race, c'est la fossilisation dès le bas âge; il semble que nous ne soyons bons qu'à être mis en bocal ou conservés dans l'esprit de térébenthine. Tout Canadien a une peine infinie à sortir de l'écaille; s'il pouvait y vivre indéfiniment renfermé, comme l'huître, il attendrait, dans une immobilité satisfaite, le réveil des morts à la vallée de Josaphat, sans se douter un instant que le monde s'agite autour de lui. Pourvu qu'il puisse dire tous les ans: « Je vous la souhaite! » qu'il soit rond comme une balle les lendemains de chaque fête, qu'il en ait de ces fêtes à tout propos, inventées uniquement, je crois, pour faire concurrence aux innombrables fêtes d'obligation de son pays, c'est tout ce que le Canadien désire ici-bas. Le reste, il sait bien qu'il l'aura dans l'autre monde, pour lequel seul il semble vouloir vivre.

Nos institutions, notre langue et nos lois

C'était le 14 février 1874, cent douze ans après la conquête du Canada par la Grande-Bretagne et un mois après la clôture de la session locale, pendant laquelle notre langue avait reçu de nouvelles atteintes plus terribles que les précédentes, et où nos institutions et nos lois auraient sombré sans retour si un ancien honorable ne se fut hâté d'être défait par acclamation dans tous les comtés gardés en réserve pour amortir sa chute.

Il faisait un temps doux, tellement doux, que le pont de glace devant Québec était couvert de longues nappes d'eau; un vaste miroir, plein de cahots et de perfidies, s'étalait sous le regard inquiet; la route directe au depôt du Grand-Tronc à Lévis était devenue impraticable et il fallait traverser droit en face de la ville, pourvu toutefois qu'on osât faire ce trajet la nuit.

Or, il était samedi, huit heures du soir, et j'avais à prendre le train pour Montréal. Retarder mon voyage était impossible; l'homme ne dispose pas du lendemain, surtout quand ce lendemain est un dimanche, jour que Dieu se réserve spécialement. Je partis donc, je franchis héroïquement le noble fleuve retenu captif, et j'arrivai juste à temps pour prendre le train.

Le Grand-Tronc, depuis un mois, partait exactement à l'heure indiquée, ce qui avait été cause de nombreuses déceptions et récriminations. On était habitué à se plaindre, depuis quinze ans, de ce qu'il était toujours deux ou trois heures en retard; on s'était formé à cette plainte, devenue l'accompagnement invariable de tout départ; et voilà que tout-à-coup on en était privé; le Grand-Tronc allait être exact comme un chemin de fer d'Europe ou des États-Unis, on n'aurait plus rien à reprocher à cette compagnie maudite, si richement subventionnée par le public pour se moquer de lui; on n'aurait plus raison de récriminer, comment faire? Rester canadien sans se plaindre, tel était le problème, et il avait fallu le résoudre brusquement, inopinément, sans avoir reçu avis.

On avait bien essayé de reprocher au Grand-Tronc son exactitude même, pour inattendue, inespérée, dérogatoire, mais cela n'avait pas pris: les gens désintéressés se moquaient des voyageurs pris en flagrant délit de retard et l'on était réduit à partir sans grommeler; on évitait une heure d'attente à

Lévis et l'on arrivait à Richmond assez tôt pour faire la *connection* avec toutes les autres lignes, c'était prodigieux!

*
* *

Le soir du 14 février, le Grand-Tronc partit comme il avait coutume de le faire depuis un mois; je pris un *Pulman* car, sorte de boîte à ressorts douillets, au mécanisme moelleux et silencieux, dans laquelle on serre un passager, jusqu'à ce qu'il ne donne plus signe de vie. L'asphyxie y est lente, réglée, mutuelle; la chaleur, l'acide carbonique renvoyé par les poumons, la poussière, les chaussettes, un entassement de toute espèce d'objets presque innommables y forment les éléments variés et certains d'un empoisonnement insensible. Pour deux piastres, on a la liberté de recourir à ce suicide réciproque autorisé par la loi; il n'y a qu'un moyen d'y échapper lorsqu'on fait tout le trajet entre Montréal et Québec, c'est de se faire réveiller par le conducteur, à Richmond, où il y a une demi-heure d'arrêt, et où l'on peut descendre pour faire une nouvelle provision d'oxygène au dehors. C'est ce que je fis.

Il était en ce moment deux heures du matin; je laissai mes compagnons de voyage inconsciemment en proie aux derniers spasmes de l'asphyxie, et je sautai sur la plate-forme de la gare qui offre une promenade d'environ deux cents pieds de longueur. Au bout d'une minute, mes poumons, mes jambes et mes reins avaient repris leur élasticité, et je marchais superbement à grands pas, en regardant les étoiles qui me le rendaient au centuple.

La nuit était calme, tendre, presque souriante; ni plis, ni voiles, ni nuages descendant sur la terre comme pour épancher les tristesses d'un monde inconnu; sur un fonds clair, que ne rayait aucune ride, les étoiles secouaient leur tremblotante clarté, comme des perles suspendues dans l'air et frémissant au moindre souffle; on entendait au loin les sifflets de locomotives qu'un écho discret laissait doucement s'amortir; les trains, venus de tous les points, se faisaient, chacun dans la gare, une place tranquille et semblaient vouloir obéir au vœu de la nature qui, cette nuit-là, avait l'air de se recueillir; les cris mêmes des conducteurs n'étaient qu'une note assoupie, et le *all a' board* réglementaire ne frappait que sourdement l'atmosphère languissante. De temps à autre, quand s'ouvrait la porte d'un car, quelques ronflements étouffés passaient à travers; on voyait des allongements de jambes enchevêtrées menacer le plafond, des corps pliés en deux, tordus, renversés, et l'on sentait comme des souffles rapides s'agiter un moment et puis disparaître, ne laissant d'autre trace qu'un souvenir étrange, péniblement dissipé.

*
* *

La fin de la demi-heure d'arrêt approchait: conducteurs de tous grades, chauffeurs, garde-malles s'étaient repus au buffet; notre train, après mille déplacements et combinaisons, s'était enfin constitué, et nous allions repartir...

712

Alors, comme je faisais une dernière fois la longueur de la plate-forme, ayant repris une merveilleuse vigueur et capable de supporter une asphyxie prolongée, je vis arriver à moi, presque en courant, un homme effaré, qui, d'une voix pleine d'angoisse, s'écria: « C'est-il là la *traine* qui descend à Québec? celle qui monte à Montréal n'est pas sur c'te lisse cite? »...

En ce moment, quelques étoiles se couvrirent, la lune passa derrière un nuage, la locomotive jeta dans l'air son cri lugubre, comme une plainte aux échos du passé; la vapeur, jaillissant des soupapes, enveloppa la gare, tout fut confondu dans un brouillard rapide, je m'élançai dans le car, et seul, étendu sur un divan, je me mis à rêver.

*

* *

L'accent et les paroles de l'homme qui était accouru vers moi restaient ineffaçables dans ma pensée. Pourquoi avait-il dit « la traine » au lieu du « train? » Par quelle fantaisie ou quelle préférence bizarre un mot aussi ordinaire avait-il été si aisément féminisé? Qu'y gagnait-il, que gagnait de son côté le peuple par cette corruption inutile d'un mot à la portée de tous?

Alors, je pensai que les langues en elles-mêmes ne sont que des instruments, qu'elles n'existent que comme l'expression de ce qu'on veut représenter, et que les mots n'ont de sens que celui qu'on y attache; que ce nom de *train*, du reste rarement entendu dans le sens actuel par l'homme du peuple, ne signifiait rien à ses yeux; qu'au contraire la *traine* disait beaucoup plus et rendait bien mieux ce qu'il avait dans l'esprit; je réfléchis en outre que les langues ne sont pas seulement l'expression des idées, mais encore l'image vivante des sentiments, des habitudes, de l'éducation, des manières de voir et de comprendre les choses, d'organiser et de passer la vie, propres à certains groupes d'hommes, qu'elles sont le fruit direct du caractère ou du tempérament, qu'elles ne sauraient être indifféremment substituées l'une à l'autre; que le français, par exemple, ne conviendrait jamais à la nature des idées et au genre de vie d'un Anglo-Saxon, et, qu'en ce sens le mot de nationalité est d'une conception beaucoup plus étendue et plus haute que celle à laquelle on l'astreint généralement.

Je pensai que le mot propre, exact et grammatical, était réservé seulement à un petit nombre d'élus, et que le peuple avait d'autre part sa langue à lui, irrégulière, fantastique, si l'on veut, mais tout aussi raisonnée que la première; que le mot propre était à ses yeux celui qui rendait le mieux l'idée, et qu'il n'avait malheureusement pas pour cela le choix varié d'expressions familières aux esprits cultivés. Je compris alors que le nom de *traîne*, venant du mot traîneau et signifiant un véhicule quelconque glissant sur la neige ou sur des lisses, avait une signification plus saisissante que celui de *train* qui est tout spécial et technique; je jugeai en conséquence, que ce qui eût été une faute dans ma bouche ne l'était plus dans celle de l'homme qui m'avait abordé, et qu'il restait tout aussi bon, tout aussi vrai canadien-français que moi qui eus reculé d'horreur à la seule idée de ce pauvre *e* muet à la fin du *train*;

seulement j'en vins à penser au titre de ce chapitre, et je sondai de nouveau les abîmes du raisonnement.

*

* *

Qu'est-ce qui gouverne le monde? C'est le préjugé. La raison n'y est encore pour rien, et la routine n'est que le préjugé sous un nom différent. Avec des mots on conduit les hommes; telle devise prend l'autorité et la force d'un principe; elle se transmet de génération en génération, et, même lorsqu'elle n'a plus de sens, elle conserve encore une consécration poétique, un prestige qui écarte la puissance et la vertu des faits. Le souvenir a une attraction merveilleuse, et le passé, mis sous forme d'adage, a un charme qui captive jusqu'aux esprits les plus sûrs et les plus précis. Le fond des choses disparaît sous la forme qu'elles revêtent, et voilà pourquoi l'on se passionne pour certaines institutions, à cause du nom qu'elles portent bien plus que pour le principe d'où elles sont sorties. Qu'importe aux hommes que le pays où ils naissent et meurent soit une monarchie ou une république? C'est l'ensemble de leur éducation et de leurs goûts, ce sont les mœurs républicaines ou les mœurs monarchiques qui déterminent la question. Les gouvernants ne sont en somme que ce que les font et ce que sont eux-mêmes les gouvernés. On n'est pas plus libre avec une forme de gouvernement qu'avec une autre; montrez-moi un pays où les hommes ont le sentiment de leurs droits et le respect de la liberté d'autrui, et je vous dirai de suite que le caractère des institutions de ce pays est essentiellement républicain, quel que soit le nom qu'elles portent ou qu'elles ont gardé du passé.

Montrez-moi au contraire une république parfaitement organisée, avec tous les instruments et tous les rouages qui répondent à cette forme de gouvernement, mais où la liberté n'existe ni dans l'éducation ni dans les mœurs, et je comprendrai aussitôt qu'une telle république est le meilleur outil possible aux mains des tyrans, parce qu'il n'y a pas de peuple plus avili, plus propre à l'esclavage, que celui qu'on peut asservir avec les instruments mêmes de la liberté.

Que valent des institutions dont l'essence et le principe sont bannis? Et cependant c'est pour elles, c'est pour le nom qu'elles portent bien plus que pour la liberté, qu'elles sembleraient garantir, que des nations entières déchirent leur propre sein et se vouent fatalement au despotisme par l'épuisement.

Voilà ce que c'est que le préjugé. Voilà où mène l'amour des institutions substitué à celui des principes et des droits. Les institutions en elles-mêmes sont indifférentes, elles peuvent prendre à discrétion toutes les formes; mais ce qui n'est plus indifférent, c'est l'objet pour lequel elles sont faites, c'est le principe qu'elles renferment. Les institutions peuvent changer, être remplacées par d'autres suivant la nécessité des temps; à quoi sert alors de les élever à la hauteur d'un culte et d'en faire des fétiches? fétiches dangereux, parce que le peuple les respecte encore alors même qu'elles ont perdu tous les droits au respect.

*
* *

Tout est préjugé et la fiction règne partout; c'est à peine si l'on peut trouver, clairsemées dans le monde, quelques rares habitudes, quelques pratiques sociales, politiques ou autres, qui ne soient basées sur une idée fausse et maintenues par la tyrannie de la routine. Si ce n'était pas le préjugé qui gouverne le monde, ce serait la raison; et, alors, il n'y aurait plus besoin de rien établir ni de rien maintenir; les lois et les institutions deviendraient inutiles; la liberté, maîtresse souveraine et universelle, n'aurait plus à craindre aucune atteinte, enfin, toutes les formes de gouvernement se fondraient en une seule, forme idéale, étrangère aux préceptes, mais impérissable comme le bon sens et la justice mêmes, qui seraient ses seuls éléments.

Oui, tout est préjugé, tout, hélas! jusqu'à ce brillant axiome devenu chez nous une vérité élémentaire — qu'on parle mieux le français en Canada qu'en France. Comment faisons-nous pour cela? Je l'ignore; mais il est certain que cela est, tant de gens le croient, et puis, on le leur a dit!... Ah! Le « on le dit, » voilà encore un préjugé formidable. Quoiqu'il en soit, il est entendu que les Canadiens parlent mieux le français que les Français eux-mêmes. Je ne peux pas discuter l'universalité d'une croyance aussi absolue: je m'incline, mais je reste étourdi.

Où diable avons-nous pris la langue que nous parlons? Il me semble que nous la tenons de nos pères, lesquels étaient de vrais Français, venus de France, et qui n'ont pu nous transmettre un langage plus pur, plus en usage que celui-là même qu'ils avaient appris. Mais j'entends! c'est en Canada, pays privilégié, favori de la Providence, que la langue française a revêtu cette pureté idéale qui nous étonne nous-mêmes et nous ravit, quand nous daignons nous comparer aux barbares français. C'est depuis que nous sommes enveloppés d'Anglais et d'Irlandais, comme noyés au milieu d'eux, obligés de nous servir à chaque instant de leurs mots propres pour toutes les branches de l'industrie, du commerce et des affaires; c'est depuis que nous avons perdu jusqu'au dernier reste des habitudes domestiques et des coutumes sociales de la France, depuis que son génie s'est retiré de plus en plus de nous, que nous en avons épuré, perfectionné de plus en plus le langage! Ce qui serait une anomalie partout ailleurs devient, dans un pays étonnant comme le nôtre, où l'on voit les enfants en montrer à leurs pères, une vérité tellement évidente qu'on ne sait pas comment la prendre pour la combattre.

Un tel prodige a tout l'attrait du merveilleux, et voilà pourquoi tant d'esprits assez sérieux au fond, assez raisonnables, s'y sont laissé prendre. Le merveilleux! voilà encore un préjugé. Il n'y a rien de merveilleux; c'est notre ignorance qui crée partout des prodiges, et, ce qui le prouve, c'est que le plus grand des miracles aux yeux d'un étranger ignorant de toutes nos perfections, n'est pour nous qu'un fait banal, depuis longtemps reconnu.

Étant admis que nous parlons un français que ferait rêver Boileau, je me demande pourquoi nous consentons à y mêler un tel nombre d'expressions, absolument inconnues, même des anglais de qui nous prétendons les tirer, mais en les arrangeant à notre façon.

Ah! c'est ici que je reconnais l'étonnante supériorité du Canadien-français. « Notre langue! que signifie-t-elle, se dit-il, dès lors qu'elle ne peut plus servir aux trois quarts des choses qu'il nous faut exprimer journellement? Nos institutions! qu'est-ce que c'est? où sont-elles? on ne les voit plus que dans la devise du *Canadien*, de Québec, devise noble, s'il en fût, mais fort incomplète, puisqu'elle ne représente que le passé. Nos lois figurent aussi dans cette devise patriotique; mais qu'est-ce encore? Sans aucun doute les lois subsistent, tant qu'on ne les détruit ou qu'on ne les modifie pas. Mais quel est donc le peuple, dans cet âge de changements profonds et rapides, qui ne modifie pas ses lois de façon à les adapter aux conditions nouvelles de la société? Quel est donc le peuple qui change ou détruit ses lois pour le simple plaisir de le faire? Qu'est-ce qu'une devise peut ajouter, que peut-elle retrancher de plus ou de moins aux circonstances de la vie politique? Les lois, les institutions, la langue, tout change; et, si elles seules devaient rester immuables, il y aurait une confusion, une anarchie qui serait pire que le chaos, si seulement elle était possible. »

Qui songe à attaquer les lois, qui songe à attaquer les institutions existantes et utiles? Et qui pourrait nous ravir notre langue, si nous y tenons nous-mêmes? Préjugé, préjugé! Pense-t-on qu'une devise empêche ce qui est? Pense-t-on qu'elle ne forme pas un contraste brutal entre l'époque d'où elle est sortie et ce qui se passe sous nos yeux depuis vingt-cinq ans? Quelles lois, quelles institutions voulez-vous dire? Celles du passé? cherchez-en les débris. Quant à la langue, elle est immortelle dans son essence et par son génie propre, quelques nouveautés qu'on y ajoute, quelque altération qu'elle subisse du temps, des besoins et des créations nouvelles. — L'homme du vingtième siècle ne parlera pas assurément comme celui du dix-neuvième, et nous sommes loin de parler aujourd'hui comme le faisaient nos ancêtres; mais la langue française conservera, tant qu'elle existera comme forme distincte, son caractère essentiel, sa tournure, sa physionomie, l'ensemble de ses traits.

Le malheureux qui dit la *traine* pour le *train*, ne cesse pas d'être français parce qu'il n'est ni grammatical, ni exact; et personne n'empêchera le peuple de franciser à sa façon les mots, étranges pour lui, qu'il entend dire, pourvu qu'il en connaisse le sens. Nous-mêmes, gens communément appelés instruits, qui parlons une langue monstrueuse, qu'y a-t-il cependant de plus vraiment français que nous?

Il en sera ainsi pendant bien des siècles encore, jusqu'aux dernières générations de l'homme conservant son organisation actuelle; aucune forme ne se perd. On a beau dire que l'avenir du monde appartient à la race saxonne; il se dit bien d'autres absurdités! Autant vaudrait prétendre que la terre est le domaine d'une classe d'êtres spéciale, et que l'infinie variété des produits de la nature ne convient qu'à une seule espèce. Au contraire, plus l'homme se perpétuera et multipliera, plus augmentera le nombre, la diversité des types humains. Le développement actuel de la race saxonne n'est autre que la prédominance du progrès matériel; il est utile, il est nécessaire au progrès général, mais seulement pour une période plus ou moins prolongée. Dans le mouvement ascensionnel, indéfiniment multiple de la grande famille humaine, quelle race peut prétendre longtemps à primer toutes les autres? Déjà la race saxonne

716

donne elle-même des signes d'affaiblissement manifestes; dans les pays où elle se propage, en dehors de son foyer propre, elle a déjà reçu des modifications profondes, tandis que des peuples nombreux, encore jeunes, ne font que poindre à l'horizon de l'avenir, à peine initiés aux splendeurs scientifiques du monde moderne.

*

* *

La race saxonne, par elle-même, est très peu productive; elle n'a pas une grande vitalité, et il lui manque l'élasticité, la souplesse qui se prêtent à toutes les formes ou qui se les assimilent. Elle couvre le monde, parce qu'elle s'est répandue partout, mais elle multiplie guère, et, quand elle aura accompli son œuvre, déjà aux deux tiers parfaite, il faudra qu'elle fasse place à d'autres. L'avenir du monde appartient en somme à l'idée, à l'idée qui est la mère féconde, la grande nourrice de tous les peuples, et dont le sein est intarissable; l'avenir du monde appartient à la race dont la langue, mieux que toute autre adaptée aux démonstrations scientifiques, pourra mieux répandre la science et la vulgariser.

L'élément saxon, proprement dit, s'efface rapidement, lorsqu'il est placé au milieu de circonstances qui le dominent; l'élément latin, au contraire, ne fait qu'y puiser une énergie et une vitalité plus grandes; c'est que l'homme des races celtes et latines porte en lui les traits supérieurs de l'espèce humaine, ses traits persistants, indélébiles; c'est qu'en lui la prédominance morale et intellectuelle, qui donne sans cesse de nouvelles forces à l'être physique, en font bien plus l'homme de l'avenir que ne l'est celui de toutes les autres races. Je suppose la France amoindrie de moitié, réduite aux anciennes provinces qu'elle avait sous Charles VII; je suppose qu'elle ait perdu son prestige politique, sa prépondérance dans les conseils de l'Europe, aura-t-elle perdu pour cela la prépondérance de l'idée? Que les nombreux essaims saxons envahissent l'Amérique; qu'ils se répandent dans l'Australie, dans l'Inde, dans la Malaisie, dans la Polynésie, ils ne s'assimilent pas les populations et ne communiquent aucun de leurs traits particuliers, tandis que le Français, par son caractère d'universalité et sa nature sympathique, attire aisément à lui tous les éléments étrangers.

Les peuples civilisés ne disparaissent jamais, quelque petits, quelque faibles qu'ils soient, parce que leur concours est nécessaire aux modes variés du perfectionnement humain. Les plus petits ne sont pas toujours ceux qui ont le moins d'action sur la marche de ce progrès, et la race saxonne aura beau avoir encore pendant longtemps le nombre, elle n'aura jamais l'ascendant réel, l'ascendant intellectuel et moral sur le reste des hommes.

Réjouissez-vous donc, descendants des Normands et des Bretons qui habitez l'Amérique, en face de cette perspective splendide. Pendant un siècle, vous êtes restés intacts; rien n'a pu vous entamer, parce que vous étiez supérieurs, comme types, à toutes les atteintes; vous avez multiplié admirablement; faites-en autant pendant un siècle de plus et vous serez les premiers hommes de l'Amérique. Il est à cela toutefois une condition, une seule, bien simple et très facile:

Apprenez à lire.

La peine de mort

Si l'exécution par la main du bourreau n'était pas définitive, irréparable, je l'approuverais peut-être. Un homme casse la tête à un autre, on lui casse la sienne et on lui en remet une meilleure, très bien! Tête pour tête, c'est la loi du talion. Belle chose en vérité que cette loi-là! Ce n'est pas la peine, si la société, être collectif, froid, sans préjugés, sans passion, n'est pas plus raisonnable qu'un simple individu, ce n'est pas la peine qu'elle se constitue et se décrète infaillible. Vaut autant revenir à la justice par soi et pour soi, qui a moins de formes et tout autant d'équité.

Au Moyen Âge et plus tard, on trouvait que la mort ne suffisait point, qu'il fallait torturer et faire mourir un condamné des milliers de fois avant de lui porter le coup de grâce. La société moderne fait mieux; elle admet les circonstances atténuantes, elle n'inflige pas de supplices préalables, elle s'est beaucoup adoucie, et c'est beau de la voir balancer un pauvre diable, pendant des semaines entières, entre la crainte et l'espérance, et lui accorder ensuite, s'il est condamné, plusieurs autres semaines, pour bien savourer d'avance toute l'horreur de son supplice.

Que penser de la loi qui impose à un homme pour fonction et pour devoir d'en tuer un autre? Il faut pourtant bien, dit-on, qu'il y ait un châtiment pour punir le crime. Eh! mon Dieu! si cela même était une erreur? D'où vient cette nécessité du châtiment? Pourquoi ne pas prévenir au lieu de punir le crime? En médecine, on dit qu'un préservatif vaut mieux que dix remèdes. Il en est ainsi dans l'ordre moral. Mais les sociétés, encore barbares, quoiqu'on en dise, plongées dans une épaisse nuit d'ignorance, en sont encore au moyen primitif de la répression, tandis qu'en faisant un seul pas de plus, elles toucheraient à la vraie civilisation, qui n'a pas besoin d'être armée, parce qu'elle n'a rien à craindre.

Ce qu'on a compris jusqu'à présent par la civilisation n'en est pas même l'image. Chaque peuple célèbre, qui a laissé des monuments de littérature et d'art, n'avait qu'une surface très restreinte, ne couvrant qu'un petit groupe d'hommes policés, pendant que la masse restait sauvage, brutale et toujours féroce. La véritable civilisation ne peut exister sans une égalité parfaite de lumières et de conditions qui détruit l'envie, cause commune de tous les crimes, qui élève et purifie l'intelligence.

Niveler, dans un sens absolu, est un mot destructeur et criminel; il faut le repousser sans merci. Aspirer doit être le mot des sociétés modernes; aspiration des classes inférieures, des masses au niveau conquis par le petit nombre d'esprits éclairés qui servent comme de phare à chaque nation. Qu'il n'y ait plus d'ignorance ni de couches sociales, mais que toutes les classes soient également éclairées et humanisées, et le crime disparaîtra.

Ce n'est pas en donnant le spectacle du meurtre qu'on peut espérer de détruire le crime; on ne civilise pas en faisant voir des échafauds, on ne détruit pas les mauvais instincts en faisant couler le sang, on ne corrige pas et l'on n'adoucit pas les mœurs en entretenant le germe fatal qui porte en lui toutes les passions criminelles. La société n'a plus aujourd'hui l'excuse des siècles passés qui ne savaient se débarrasser d'un criminel qu'en l'immolant; elle doit prendre sur elle le fardeau des principes qu'elle proclame et rendre efficaces les institutions qui ont pour objet de prévenir le crime afin de n'avoir pas à le châtier.

L'horreur des échafauds s'est inspiré de chaque progrès de l'homme dans sa réconciliation avec les principes de la véritable justice. La peine de mort pour les hérétiques, pour les magiciens, pour les voleurs, a disparu; la peine de mort pour les assassins mêmes recule de plus en plus devant la protestation de l'humanité. Les circonstances atténuantes ont marqué la transition entre une époque barbare et les efforts que la société a faits pour détruire ses vices; il ne reste plus qu'à accomplir le dernier triomphe de la civilisation sur les préjugés qui seuls arrêtent encore le progrès des mœurs.

*

* *

Je dis que le châtiment, de même que le remède, est impuissant à guérir le mal tant que la cause de ce mal subsiste. C'est elle qu'il faut attaquer et détruire. L'ordre moral est analogue à l'ordre physique. Dans les pays où la fièvre jaune entasse ses victimes, si l'on ne faisait que soigner les sujets atteints, combien d'autres ne tarderaient pas à succomber au fléau? Mais ce qu'on cherche avant toutes choses, c'est de détruire les éléments corrompus de l'air; on combat l'épidémie dans ses causes permanentes, on dessèche les marais et l'on entretient la salubrité par tous les moyens connus de l'art. Souvent, ces moyens simples et faciles ne sont pas ou sont mal employés, parce que les préjugés, les discoureurs, les gens d'école et de routine s'y opposent au nom de l'usage et des procédés consacrés par le temps; il en est ainsi de l'état social où le mal subsiste, parce qu'on ne veut pas en reconnaître la véritable cause et parce qu'il y a toute espèce de classes d'hommes intéressées à ne pas le détruire.

« Quand un membre est gangrené, s'écrient les apôtres du talion, on le coupe; ainsi faut-il que la peine de mort délivre la société de ses membres corrompus. » Ah! si c'était là un raisonnement sans réplique, sont-ce bien les meurtriers seulement qu'il faudrait conduire à l'échafaud? Mais non; tant qu'il y aura une loi du talion et que la justice n'aura pas trouvé d'autre formule que celle-ci: « œil pour œil, dent pour dent; » tant qu'il y aura des lois de vengeance et non des lois de répression et d'amendement, la société n'aura rien fait pour se rendre meilleure et ne peut que consacrer par certaines formes ce qui redevient un crime quand ces formes disparaissent. Qu'on y songe bien un seul instant, en mettant de côté toutes les idées reçues, toutes les tromperies de l'éducation, et la peine de mort apparaîtra plus horrible que le plus épouvantable des crimes. La justice n'est-elle donc que l'appareil formidable d'un juge, d'un jury et d'un bourreau, ou bien est-elle ce sentiment profond, indestructible, éternel, de ce qui doit faire la règle des hommes?

Or, ce que je nie, ce que je nie avec toute l'énergie de la pensée, c'est que la société ait le *droit* d'élever des échafauds. Je dis le *droit*, le *droit* seul; je ne m'attache pas à l'opportunité, aux effets produits, à une nécessité de convention, à l'exemple de l'histoire, toutes choses qui sont autant d'armes terribles contre la peine de mort, je n'invoque que le droit, exclusivement le droit, et voici sur quoi je m'appuie:

Personne, pas plus la société que l'individu pris à part, n'est le maître de la vie humaine; elle ne l'est pas davantage sous prétexte de rendre la justice, car la justice des hommes ne peut aller jusqu'au pouvoir de Dieu. La société ne peut tuer non plus pour rendre au meurtrier ce qu'il a fait, car alors la justice n'est plus que la vengeance, et retourne à la loi rudimentaire et barbare du talion qui regarde le châtiment comme la compensation du crime. Or, toute compensation veut dire représaille: cela ne résout rien, car la compensation est arbitraire et relative. Vous voulez que le sang efface le sang; les anciens germains se contentaient d'imposer une amende à l'assassin; d'un côté comme de l'autre, il n'y a pas plus de justice, car le châtiment ne doit pas viser à compenser, mais à prévenir le mal.

Voici un homme qui a commis un crime, deux crimes atroces; il se trouve en présence de la société vengeresse. La société vengeresse! voilà déjà un mot qui étonne. Le penseur se demande si une société qui se venge a le droit de juger et de condamner: il se demande si la justice, qui est éternelle, peut bien aller de concert avec la loi qui n'est souvent qu'une convention fortuite, une nécessité qui emprunte tout aux circonstances et qui varie avec elles, parfois même au détriment de ce qui est juste.

Le criminel est en présence de son juge; il a un avocat pour le défendre. Tout se fait dans les formes; il a le bénéfice des circonstances atténuantes; mais rien ne peut le soustraire au sort qui le menace. On va le condamner; à quoi? à la peine de mort. Il a tué; n'est-ce pas juste?

Un instant! Qui dit que cela est juste? Vous, vous-même, la société. Vous vous décrétez de ce droit qui n'appartient qu'à Dieu, et puis vous le proclamez, vous l'érigez en maxime, il fait loi. Vous ne voyez donc pas que vous vous faites juge dans votre propre cause? Et si cette loi, contre laquelle la conscience humaine aujourd'hui proteste, n'est qu'un manteau qui couvre votre ignorance ou votre impuissance à trouver les vrais remèdes, n'est-elle pas cent fois plus criminelle que la passion aveugle qui a poussé le bras dans un moment de colère irréfléchie? Le meurtre est un grand crime, c'est vrai: mais souvent ce crime n'est que l'effet d'une surexcitation passagère, ou de quelque vice de nature, le plus souvent même d'une éducation qu'on n'a rien fait pour corriger, et dont la société est la première responsable. Et cependant cette société, qui veut être juste, punit le criminel d'un long supplice qui commence le jour de son emprisonnement et finit le jour de son exécution!

Qu'on ne parle pas de l'exemple: c'est monstrueux. N'y eût-il qu'un seul crime commis sur toute la surface du globe en un siècle, que cela suffirait à démontrer l'impuissance de ce raisonnement. L'exemple des autres, hélas! est toujours perdu pour soi, et c'est une vérité douloureuse qu'on ne se corrige jamais, de même qu'on n'acquiert d'expérience qu'à ses propres dépens. Non, jamais, jamais la vue d'une exécution n'a servi d'exemple ni produit autre chose qu'une démoralisation profonde. Et pourquoi? C'est bien simple. La vue du sang inspire une horreur qui vient de la sensibilité, mais qui corrompt l'esprit, et l'on voit bientôt avec plaisir ce qui ne donnait d'abord que du dégoût. Toute exécution offre le spectacle hideux d'une foule avide que le sang allèche et qui se plaît à ce qui est horrible, parce que cela donne des émotions fortes que chacun aime à ressentir.

Une dégradante curiosité l'emporte sur la répugnance; chacun se presse pour voir comment mourra la victime sociale. On ne va pas devant l'échafaud pour apprendre à détester le crime, mais pour se repaître d'un criminel. L'exécution n'est un exemple pour personne, parce que chacun se dit intérieurement qu'il ne commettra jamais un meurtre; l'assassin lui semble un être tellement à part, et la pendaison un fait si éloigné de lui qu'il ne peut s'en faire la moindre application, et, du reste, ce n'est pas le souvenir fortuit d'une exécution qui arrêtera le bras du meurtrier dans un mouvement de colère ou dans l'ivresse de la cupidité. De plus, l'idée dominante de tout homme qui commet un crime délibérément, est d'échapper à la justice; cette idée l'absorbe complètement et lui fait perdre le souvenir de toute autre chose.

Or, à quoi sert de donner un exemple, s'il ne doit être utile à personne?

Exécuter un criminel, c'est entretenir chez les hommes le goût de la cruauté; c'est donner toutes les satisfactions à cet instinct mauvais qui porte à suivre avec tant d'ardeur les convulsions de la souffrance; c'est contenter toutes les passions honteuses auxquelles cette satisfaction momentanée donne une excitation durable. Demandez à tous ceux qui voient le condamné se tordre dans son agonie, de quitter ce spectacle d'horreur. Ils resteront jusqu'au dernier moment, et le savoureront d'autant plus que la mort sera plus lente, le supplice plus atroce. Et c'est cela, un exemple! Je dis que c'est de la férocité, que c'est de la barbarie convertie en justice, autorisée, appliquée par les lois, et que la société protège au nom de la civilisation.

*
* *

Y a-t-il rien de plus horrible que de voir en plein soleil, sous le regard d'une foule immobile et palpitante, un homme assassiné froidement, donné en spectacle pour mourir, entre un bourreau payé pour tuer, et un prêtre qui prononce le nom de Dieu, ce nom qui ne devrait jamais descendre sur la foule que pour apporter la miséricorde et le salut? Quoi! vous donnez à un homme le pouvoir d'en tuer un autre; vous lui donnez des armes pour cela, et vous voulez que sa conscience ne se dresse pas en lui menaçante, qu'elle ne fasse pas entendre les cris d'un éternel remords, et qu'elle lui dise qu'il a commis là une action légitime! Et pourquoi, si cet homme rend la justice, inspire-t-il tant d'horreur, et ne peut-il trouver un ami qui serre sa main couverte de sang ou marquée encore de la corde du gibet? Pourquoi cette réprobation de la société contre un homme qui la venge, et qui n'est que son instrument? Pourquoi ne pas lui rendre les honneurs dus à l'accomplissement de tout devoir difficile? Si la société a vraiment le droit de détruire un de ses membres, ce droit est sacré comme le sont tous les autres. Pourquoi alors ne pas respecter le bourreau qui ne fait qu'appliquer ce droit? Pourquoi reculer d'horreur devant lui? Ah! j'entends le cri que lui jette la conscience humaine: « Si tu fais un métier de tuer tes semblables, est-ce à tes semblables de te serrer la main? » Ah! c'est en vain qu'on invoque un droit impie et une loi qui le consacre; la nature et la vérité sont plus fortes que lui, le sentiment universel l'emporte sur cette justice de fiction qui autorise le meurtre, parce qu'il est légal, et parce qu'il porte le nom de châtiment. La justice, la vraie justice, celle qui est au fond des cœurs, et que les codes n'enseignent pas, proteste contre le crime sous toutes les formes, et flétrit le bourreau par la haine et le mépris, ne pouvant pas l'atteindre avec les armes de la loi.

Qu'on n'invoque pas la parole du Christ: « Quiconque frappe avec le glaive périra par le glaive. » La morale du Christ, toute d'amour et de pardon, n'enseigne pas la représaille. En parlant ainsi, Jésus n'avait d'autre idée que de prouver que la violence attire la violence; il ne voulait pas instituer par là tout un système de représailles sociales, ni consacrer le meurtre juridique. Il connaissait trop le prix de la vie humaine, lui qui était venu pour sauver les hommes; et s'il souffrit d'être exécuté lui-même, c'était pour offrir, du haut du calvaire, une protestation immortelle contre l'iniquité de la peine de mort. Si la violence attire la violence, comment peut-on appliquer cette vérité lugubre à la société qui tue froidement, sans passion, sans haine, et au nom d'une justice qu'elle méconnaît? Ces paroles du Christ, on ne les a pas comprises, et l'on a fait de la méconnaissance d'une triste vérité le fondement d'une continuelle injustice.

La peine de mort comme tous les principes dont on commence à reconnaître la fausseté et le danger, a d'affreuses conséquences. On la maintient malgré les mœurs, malgré les protestations de la conscience publique et des esprits éclairés. Aussi, quels effets produit-elle? elle multiplie les crimes, car rien ne séduit plus que l'espoir d'un acquittement, quand on sait qu'une peine n'existe que dans la loi et qu'elle répugne à ceux qui l'appliquent. Cette situation est profondément immorale, comme tout ce qui est composite et se contrarie en matière de principes. L'exécution est une chose si horrible que chaque fois qu'un homme a commis un crime atroce, évident, et qu'il ne peut échapper à l'échafaud, l'opinion s'émeut en sa faveur; on le représente comme une victime, on provoque des sympathies insensées qui ont le triste résultat de faire oublier le crime, et de pervertir le sens moral. Chacun acquitte le criminel au fond de sa conscience, et s'insurge ainsi moralement contre la loi. Il y a conflit entre la justice naturelle et l'autorité; il faut entourer le gibet de troupes; il faut arracher le condamné à une pitié menaçante, et risquer de finir par la violence ce qu'on a commencé avec toutes les apparences du droit.

Rien n'est plus facile, je le sais, rien n'est plus expéditif que de se débarrasser d'un criminel en le suppliciant. Aux temps où la justice n'avait pas de règles certaines, où les notions en étaient inconnues, oblitérées sans cesse par l'arbitraire qui gouvernait les peuples, comme au Moyen Âge; aux temps où la violence était une maxime sociale, et que le combat s'appelait le jugement de Dieu, je comprends que l'on cherchât le moyen le plus simple et le plus prompt pour rendre ce qu'on appelait la justice. Il n'y avait pas alors d'institutions qui réformassent le criminel; on ne songeait pas au perfectionnement des sociétés. Dans un état de violence, il ne fallait pas chercher le calme et la réflexion qui conduisent aux saines idées philosophiques; il ne fallait pas chercher la justice là où la force s'érigeait en droit, et s'affirmait tous les jours par de monstrueux attentats. Mais nous qui avons passé par toutes les épreuves d'une civilisation qui a coûté tant de sacrifices, devons-nous hériter des erreurs de ces temps malheureux? devons-nous les sanctionner et les maintenir? Ah! il a coulé assez de sang innocent durant ces longs siècles de barbarie et d'ignorance pour expier à jamais tous les crimes des hommes!

*
* *

On ne peut rendre un jugement irrévocable que lorsqu'il est infaillible, parce qu'il faut toujours laisser place à la réparation quand on peut commettre une erreur fatale. Ne pouvant pas rendre la vie à un homme, on n'est donc pas en droit de la lui ôter.

Le châtiment n'a d'autre objet que d'amender. Or on ne corrige point un homme en l'immolant et l'on pervertit les autres hommes par le spectacle de cette barbarie. On les pervertit; des milliers de faits attestent la vérité de cette assertion; et c'est si bien le cas que pour échapper à l'inflexibilité de la logique, à une réforme radicale de la pénalité, on propose de rendre les exécutions secrètes. C'est donc le droit de pervertir les hommes que la société a réclamé jusqu'ici.

Dieu nous a donné le droit de nous protéger; c'est pour cela qu'il n'a pu nous donner celui de tuer un criminel qu'on a mis dans l'impuissance de nuire. Et comme corollaire, ajoutons que toute peine est injuste dès qu'elle n'est pas nécessaire au maintien de la sécurité publique.

La peine de mort n'est pas un droit, c'est une institution, et ce qui le prouve, c'est qu'elle s'est modifiée. Le droit, étant éternel, ne se modifie pas. Autrefois on condamnait à mort pour vol, pour cause politique, on mutilait, on torturait; la société disait qu'elle en avait le droit. Aujourd'hui dans bon nombre d'États, on n'exécute plus. La société aurait donc abdiqué un droit, et cela en faveur des criminels! Qui oserait le prétendre?

La notion du juste n'est pas encore acquise, parce que l'amour mutuel n'est pas encore répandu parmi les hommes. Quand on verra dans un criminel un malheureux égaré plutôt qu'un ennemi, alors il n'y aura plus de peine de mort.

On dit que la peine capitale a existé dans toutes les législations, et cela depuis que le monde est monde. Avant tout, quand on veut citer l'histoire, il faut la comprendre. Or, s'il est un enseignement historique dont l'évidence éclate, c'est la complète impuissance de l'échafaud à réprimer les crimes. Quoi! voilà un châtiment que l'on inflige depuis six mille ans, il n'a jamais produit d'effet... et l'épreuve n'est pas encore assez longue! Quoi! les statistiques démontreront que partout où la peine de mort est abolie, où l'instruction publique est répandue, les crimes sont moins nombreux... et l'on continuera de se servir de ce moyen pour moraliser les masses! Étranges moralisateurs qu'une corde et un gibet! Et quand bien même l'histoire ne donnerait pas cet enseignement, est-ce que l'exemple de tous les siècles peut être invoqué contre la vérité qui est éternelle et imprescriptible? Ah! la peine capitale n'est pas le seul débris que nous ait laissé un passé ténébreux, et dont la civilisation et le progrès modernes se défont péniblement, pas à pas. La somme des erreurs transmises de siècle en siècle est immense; quelques vérités surnagent à peine, et l'on vient parler des enseignements du passé!

*
* *

C'est la misère et l'ignorance qui enfantent les crimes; il n'y en eût jamais autant qu'au Moyen Âge et sous l'empire romain, époques où l'on mettait à mort sous les plus futiles prétextes. Or, on ne détruit pas l'ignorance et la misère par des spectacles horribles, mais par l'instruction publique qui est la condition du bien-être.

Les exécutions sont un non-sens dans une société civilisée, parce qu'elle a d'autres moyens de châtiment et de répression. Elles sont un reste de ces temps de violence où l'on ne cherchait pas à moraliser, mais à jeter la terreur dans les esprits. Aussi, de quels raffinements de cruauté s'entourait une exécution.

L'homme ignorait le droit dans l'origine, c'est pour cela qu'il en a faussé tous les principes. Il n'était qu'un être imparfait, rudimentaire, incapable de chercher la vérité que de grossières erreurs lui dérobaient sans cesse. Quand il forma une organisation sociale, ce fut au milieu des dangers; tout était un ennemi pour lui, la guerre et le carnage régnaient partout; il ne trouva d'autre remède que la mort, d'autre expiation que par le sang. Quand de grands crimes étaient commis, quand de grands malheurs frappaient un peuple, on prenait l'innocent et le faible, et on le sacrifiait aux dieux vengeurs. Mais à mesure qu'augmentait le nombre des sacrifices, l'esprit des peuples s'obscurcissait, et leur cœur devenait insensible.

On a fait l'histoire des siècles d'oppression et de barbarie; reste à écrire celle des temps civilisés. Dans cette histoire encore à faire, j'en atteste l'humanité et la raison, on ne verra pas ce mot affreux « La peine de mort. »

Desperanza

Je suis né il y a trente ans passés, et depuis lors je suis orphelin. De ma mère je ne connus que son tombeau, seize ans plus tard, dans un cimetière abandonné, à mille lieues de l'endroit où je vis le jour. Ce tombeau était une petite pierre déjà noire, presque cachée sous la mousse, loin des regards, sans doute oubliée depuis longtemps. Peut-être seul dans le monde y suis-je venu pleurer et prier.

Je fus longtemps sans pouvoir retracer son nom gravé dans la pierre; une inscription presqu'illisible disait qu'elle était morte à vingt-six ans, mais rien ne disait qu'elle avait été pleurée.

Le ciel était brûlant, et, cependant, le sol autour de cette pierre solitaire était humide. Sans doute l'ange de la mort vient de temps en temps verser des larmes sur les tombes inconnues et y secouer son aile pleine de la rosée de l'éternité.

Mon père avait amené ma mère dans une lointaine contrée de l'Amérique du Sud en me laissant aux soins de quelques bons parents qui m'ont recueilli. Ainsi, mon berceau fut désert; je n'eus pas une caresse à cet âge même où le premier regard de l'enfant est un sourire; je puisai le lait au sein d'une inconnue, et, depuis, j'ai grandi, isolé au milieu des hommes, fatigué d'avance du temps que j'avais à vivre, déclassé toujours, ne trouvant rien qui pût m'attacher, ou qui valût quelque souci, de toutes les choses que l'homme convoite.

J'ai rencontré cependant quelques affections, mais un destin impitoyable les brisait à peine formées. Je ne suis pas fait pour rien de ce qui dure; j'ai été jeté dans la vie comme une feuille arrachée au palmier du désert et que le vent emporte, sans jamais lui laisser un coin de terre où se trouve l'abri ou le repos. Ainsi j'ai parcouru le monde et nulle part je n'ai pu reposer mon âme accablée d'amertume; j'ai laissé dans tous les lieux une partie de moi-même, mais en conservant intact le poids qui pèse sur ma vie comme la terre sur un cercueil.

Mes amours ont été des orages; il n'est jamais sorti de mon cœur que des flammes brûlantes qui ravageaient tout ce qu'elles pouvaient atteindre. Jamais aucune lèvre n'approcha la mienne pour y souffler l'amour saint et dévoué qui fait l'épouse et la mère.

Pourtant, un jour, j'ai cru, j'ai voulu aimer. J'engageai avec le destin une lutte horrible, qui dura tant que j'eus la force et la volonté de combattre. Pour trouver un cœur qui répondît au mien, j'ai fouillé des mondes, j'ai déchiré les voiles du mystère. Maintenant, vaincu, abattu pour toujours, sorti sanglant de cette tempête, je me demande si j'ai seulement aimé! Peut-être que j'aimais, je ne sais trop; mon âme est un abîme où je n'ose plus regarder; il y a dans les natures profondes une vie mystérieuse qui ne se révèle jamais, semblable à ces mondes qui gisent au fond de l'océan, dans un éternel et sinistre repos. Ô mon Dieu! cet amour était mon salut peut-être, et j'aurais vécu pour une petite part de ce bonheur commun à tous les hommes. Mais non; la pluie généreuse ruisselle en vain sur le front de l'arbre frappé par la foudre; il ne peut renaître... Bientôt, abandonnant ses rameaux flétris, elle retombe goutte à goutte, silencieuse, désolée, comme les pleurs qu'on verse dans l'abandon.

Seul désormais, et pour toujours rejeté dans la nuit du cœur avec l'amertume de la félicité rêvée et perdue, je ne veux, ni ne désire, ni n'attends plus rien, si ce n'est le repos que la mort seule donne. Le trouverai-je? Peut-être; parce que, déjà, j'ai la quiétude de l'accablement, la tranquillité de l'impuissance reconnue contre laquelle on ne peut se débattre. Mon âme n'est plus qu'un désert sans écho où le vent seul du désespoir souffle, sans même y réveiller une plainte.

Et de quoi me plaindrais-je? Quel cri la douleur peut-elle encore m'arracher? Oh! si je pouvais pleurer seulement un jour, ce serait un jour de bonheur et de joie. Les larmes sont une consolation et la douleur qui s'épanche se soulage. Mais la mienne n'a pas de cours; j'ai en moi une fontaine amère et n'en puis exprimer une goutte, je garde mon supplice pour le nourrir, je vis avec un poison dans le cœur, un mal que je ne puis nommer, et je n'ai plus une larme pour l'adoucir, pas même celle d'un ami pour m'en consoler.

Maintenant tout est fini pour moi; j'ai épuisé la somme de volonté et d'espérance que le ciel m'avait donnée. Otez au soleil sa lumière, au ciel ses astres, que restera-t-il? L'immensité dans la nuit; voilà le désespoir. Mes souvenirs ressemblent à ces fleurs flétries qu'aucune rosée ne peut plus rafraîchir, à ces tiges nues dont le vent a arraché les feuilles. Je dis adieu au soleil de mes jeunes années comme on salue au réveil les songes brillants qui s'enfuient. Chaque matin de ma vie a vu s'évanouir un rêve, et maintenant je me demande si j'ai vécu. Je compte les années qui ont fui: elles m'apparaissent comme des songes brisés qu'on cherche en vain à ressaisir, comme la vague jetée sur l'écueil rend au loin un son déchiré, longtemps après être retombée dans le sombre océan.

J'ai mesuré au pas de course le néant des choses humaines, de tout ce qui fait palpiter le cœur de l'homme, l'ambition, l'amour... L'ambition! j'en ai eu deux ou trois ans à peine: cette fleur amère que les larmes de toute une vie ne suffisent pas à arroser, s'est épanouie pour moi tout à coup et s'est flétrie de même.

En trente ans j'ai souffert ce qu'on souffre en soixante; j'ai vidé bien au-delà de ma coupe de fiel; à peine au milieu de la vie, je suis déjà au déclin de ma force, de mon énergie, de mes espérances. Pour moi il n'y a plus de patrie, plus d'avenir!...

L'avenir! eh! que m'importe! Quand on a perdu l'illusion, il ne reste plus rien devant soi. J'ai souffert la plus belle moitié de la vie, que pourrais-je faire de l'autre, et pourquoi disputer au néant quelques restes de moi-même? Sur le retour de la vie, quand les belles années ont disparu, l'homme ne peut plus songer qu'au passé, car il voit la mort de trop près; il ne désire plus, il regrette, et ce qu'il aime est déjà loin de lui. Pour cette nouvelle et dernière lutte, j'arriverais sans force, épuisé d'avance, certain d'être vaincu, tout prêt pour la mort qui attend, certaine, inévitable, pour tout enfouir et tout effacer.

Non, non, je ne veux plus... je m'efface maintenant que je ne laisse ni un regret ni une pensée. Si, plus tard, quelqu'un me cherche, il ne me trouvera pas; mais, peut-être qu'en passant un jour près d'une de ces fosses isolées où aucun nom n'arrête le regard, où nulle voix n'invite au souvenir, il sentira un peu de poussière emportée par le souffle de l'air s'arrêter sur son front humide... cette poussière sera peut-être moi...

8 juin 1874.

Le dernier mot

31 décembre 1874.

Lorsque je fis mes adieux à l'année « 73 », je ne savais pas que cet adieu dût commencer un volume et bien des mois encore après, j'étais loin d'y penser. C'était par une nuit douce, étoilée, mélancolique. J'étais rentré bien tard dans ma chambre solitaire, après avoir essayé en vain de secouer un pressentiment sinistre qui m'étreignait comme l'angoisse serre le cœur au sentiment d'un danger invisible, mais qui plane sur soi, qui enveloppe et menace de toutes parts. Je ne savais si c'était la mort ou quelque chose de pis qui s'avançait avec cette nouvelle année dont je franchissais tant à regret le seuil; au prix de toutes les joies à venir j'aurais voulu arrêter le temps; j'attendais avec épouvante la première heure de « 74 » comme on regarde venir, dans un navire sans défense, un orage plein de ténèbres.

Et maintenant, voilà que cette année tant redoutée a déjà disparu! Que reste-t-il de ce souffle qui a passé dans l'infini de la durée? Pas la plus petite trace, pas même un souvenir, puisque les hommes sont tout entiers à l'année nouvelle. On croit vivre, on compte pour quelque chose cette miette du temps qui est donnée à notre globe, l'un des plus petits parmi les milliards d'astres qui peuplent l'espace; dans sa prétention enfantine, l'homme a divisé cet atome en années, en mois, en jours, en heures et jusqu'en secondes, comme si la vie tout entière de l'humanité était seulement une seconde même pour le reste du temps!

Sait-on bien ce que c'est que notre histoire? Soixante siècles! Prenez soixante hommes qui ont vécu chacun cent ans, et chaque siècle en produit d'assez nombreux, mettez-les côte-à-côte et vous aurez là toute l'humanité; à un bout, « 75; » à l'autre bout, Adam et le paradis terrestre. L'homme d'aujourd'hui, l'homme moderne qui croit en savoir long, parce qu il a trouvé la vapeur, l'électricité, le par-à-foudre et quelques secrets des autres mondes, pourrait parler au père commun de tous les hommes; un espace de soixante-quinze pieds seulement l'en séparerait, en donnant au buste de chaque homme une moyenne d'un pied et quart. Adam entendrait la voix du dernier cente-naire et chacun d'eux aurait vu la soixantième partie de tout ce qui s'est passé dans le monde!

Qu'auraient-ils à se dire? Résumez toute l'histoire et voyez si cela vaut la peine d'être raconté. Des folies, des guerres, des massacres, des impostures puériles et séculaires imposées à l'imagination effrayée, des persécutions, des atrocités de toute nature, la haine continuelle, toutes les plus mauvaises passions à peine mitigées par quelques correctifs, s'il est vrai que nos vertus elles-mêmes sont faites de vices et de bassesses, si l'orgueil joint à l'avarice engendre l'ambition, si l'amour vient de la concupiscence, si l'amitié naît de l'égoïsme, si la prudence vient de la peur, et si la folie ou l'arrogance enfan-tent le courage.

Maintenant, combien d'hommes en chaque siècle ont été les flambeaux de l'humanité, l'ont dirigée dans une voie sûre, portée vers de nouvelles connaissances, ont agrandi et éclairé ses horizons? Comptez-les. Reportez ensuite vos yeux sur cette masse confuse, épaisse, énorme, qui se débat dans les ténèbres de la vie, en augmentant tous les siècles par dizaines de millions, et voyez tout ce qui reste à faire et qu'on aurait fait si l'homme n'était pas le triste jouet de toutes les erreurs et de toutes les petitesses.

Et cependant on s'agite, on prépare, on dispose à l'avance, *à l'avance!* quel mot illusoire! on se bat, on se tue, on aime, on espère. Quoi! est-ce que l'homme a le temps d'espérer? Entre la conception du vœu et l'instant de sa réalisation, qu'est-ce qui s'écoule et cela vaut-il la peine d'être compté? On avance péniblement, douloureusement. Chaque conquête de la science est débattue, contestée, repoussée souvent et condamnée. On ne peut faire un pas de l'avant sans des luttes mortelles, et ainsi, en supposant que l'homme, par des transfomations multipliées indéfiniment, arrive à la perfection, ce ne serait qu'au prix d'une souffrance incessante.

*
* *

Voilà notre lot. Il faut le prendre et vivre. Vivre! que dis-je là? Eh quoi! nous mourons à toute heure, à chaque instant de ce que nous appelons la vie. L'homme commence à mourir du moment où il naît à la lumière; chaque jour, il perd quelque chose de lui-même et chaque instant est une souffrance, souvent inconsciente, mais toujours réelle, qui hâte pour lui l'heure solennelle où il doit devenir un être tout différent, tout nouveau. Il lui suffit de sept années pour se renouveler entièrement, après quoi il ne reste plus une seule fibre, une seule molécule de ce qui constituait auparavant son organisme. À chaque instant il a perdu et gagné de la matière; pas une seconde de la vie où il ait été absolument lui-même, si ce n'est par la pensée, par la conscience individuelle qui le sépare du reste des hommes.

Eh bien! qu'est-ce que c'est que la pensée? C'est la seule chose grande qu'il y ait en nous. Par la pensée l'homme est au-dessus et plus grand que tous les mondes réunis, et il y en a des milliards de milliards auprès desquels la terre n'est pas même comme un grain de sable. Par la pensée l'homme embrasse en un instant tous les astres qui parcourent des millions de lieues par seconde dans l'univers infini. Si l'immensité n'a pas de bornes, il n'en existe pas non plus pour la pensée humaine qui la conçoit et qui peut s'élever à toutes les hauteurs, se répandre dans toute l'étendue. Que dans un être qui n'est rien, il y ait une chose qui soit plus grande que tout ce qui existe, voilà la merveille! On reste confondu, éperdu, devant l'inanité de tout le reste.

Sait-on bien qu'il meurt par semaine trente-cinq millions de créatures humaines? Calculez le total que cela fait au bout de trois cent soixante jours, et voyez la folie des hommes qui saluent la nouvelle année. Le tour de chacun viendra, et ce qui serait risible si ce n'était lugubre, c'est le mal que chacun se donne pour échapper à ce qui est inévitable. Tout passe, et l'immortalité même du génie repose sur la plus fragile des bases, sur le souvenir des hommes. Cinquante, cent hommes de génie ne sont rien, parce que le torrent du temps passe et emporte tout.

Alexandre, Platon, Cicéron, César sont morts, il y a déjà vingt siècles et plus. Ces hommes-là en général vivent moins longtemps que les autres, mais ils vivent plus longtemps après leur mort. Qu'est-ce qui fait les hommes grands? C'est le souvenir plus long qu'ils laissent; ils prennent plus de place dans le vide. On mesure et on pèse le crâne de chacun d'eux; il contient plus de poussière que celui de la plupart des humains; cet excédent de poussière fait l'immortalité.

Diogène fut le plus sage des hommes. « Je ne demande qu'une chose, disait-il à Alexandre, c'est que tu t'ôtes de devant mon soleil. » Et ce philosophe chrétien à un grand empereur: « De tout ce que vous m'offrez, je ne désire qu'une chose, le salut de votre âme. » Ces deux hommes comprenaient que tout est rien.

*
* *

Ah! penser, espérer, aimer, dévouer toute sa vie à un objet ou à une affection, jeter les germes de choses qui dureront des siècles, avoir des aspirations infinies, rêver constamment des cieux, de l'éternité, de l'immensité, quand on est un pauvre petit être qui ne peut seulement pas s'élever à un pied de terre, sentir le monde comme trop petit pour le bonheur qu'on peut avoir dans une minute de ravissement, avoir des désirs qui, réalisés, feraient de chaque homme un dieu éternel, omniscient, omnipotent; tout concevoir, tout embrasser, tout vouloir, tout espérer, et savoir qu'un jour on sera sous six pieds de terre, pourrissant, et de sa mort même donnant la vie à des milliers de vers hideux!... Allez donc maintenant, tristes mortels, allez vous embrasser, vous serrer l'un à l'autre les mains, vous faire tous les souhaits possibles de succès, de félicité et de longue vie... malheureux! vous avez déjà sur les traits les reflets anticipés de la tombe. Vous faites un jour d'allégresse, de bruit, de mouvement animé et joyeux de celui-là même qui devrait être un jour de regrets et de tristesse. Tous ces dehors de fête, toutes ces réjouissances par lesquels on salue le nouvel an ne sont qu'une lamentable imposture: chacun, en effet, a perdu là une année, une année qu'il ne retrouvera jamais, dont le deuil est éternel, et que gagne-t-il? que peut-il attendre? Ce complaisant mensonge ne saurait attendrir le temps, et l'on a beau parer un jour la vieillesse qui s'avance, il lui reste trois cent soixante-quatre jours pour faire son œuvre et pour détruire tous les souhaits, toutes les illusions qui l'ont saluée à son aurore.

L'année qui vient de finir est pavée de jeunes tombes encore à peine fermées, et les fleurs qu'on eût déposées peut-être au jour de l'an sur des fronts pleins de fraîcheur et d'espérance, on va les mettre tristement sur des linceuls! Ah, oui, certes! pour beaucoup de ceux et de celles qui ne sont plus, on n'eût jamais songé à faire des souhaits; ils semblaient porter une vie pleine de force autant que de jeunesse et pouvoir tout attendre de l'avenir. La mort elle-même ne se doutait pas de ce qu'elle allait accomplir; elle n'avait pas marqué d'avance ces victimes égarées sur son chemin; sa moisson de têtes blanchies et de cœurs usés lui semblait suffisante, et lorsqu'elle emporta dans son noir manteau tant d'existences de vingt ans frappées à l'improviste, ce fut comme l'orage détourné brusquement de sa course dans les forêts et s'abattant sur les parterres pleins d'éclat et de rosée.

Maintenant, il en reste encore à atteindre et la mort peut choisir. Cette année aussi il y aura bien plus de deuils que de joies, et les hommes se lasseront peut-être enfin de se féliciter pour tous les chagrins qui les attendent. Oui, je n'ose en calculer le nombre de ceux qui tomberont cette année comme les épis verts sous une faulx avide; il me semble que, maintenant, plus on a de jeunesse, plus on brille, plus on s'offre aux coups de la mort jusqu'à présent aveugle et indifférente. Ce qu'il faut désormais à ce bourreau blanchi par les siècles, ce sont les printemps; il est las d'une œuvre monotone et de ramasser sans passion des victimes signalées d'avance: à sa fantaisie lugubre il faut se soumettre; l'homme, le maître de la nature, ne l'est pas d'un souffle de vie, et toutes les prières, toutes les supplications, tous les soins et toutes les résistances ne sont rien pour cette ombre qui passe, insaisissable, inexorable, toujours fuyante et jamais disparue. Fantôme éternel, il promène son énorme faulx sur la terre entière dans le même moment, abat tout ce qui se trouve sur son passage, et l'instant d'après il recommence; il moissonne, moissonne sans cesse, sans jamais rien semer, si ce n'est la pâture qu'il offre de nos corps à la terre qui les a nourris et qu'ils vont nourrir à leur tour. Ainsi, plus de cent générations ont en vain rempli la terre de leurs ossements; elle en a rendu la poussière à l'espace; il ne reste plus rien de palpable de ce qui a vécu, aimé, joui pendant soixante siècles. Que sommes-nous, chacun pris à part, dans cet épouvantable effacement, et à quoi bon nourrir des projets, des ambitions, des espérances? Cette protestation éternelle des aspirations de l'humanité contre le néant a quelque chose qui échappe à l'analyse et qui est au-dessus de la science. Nous savons que nous ne sommes rien, que notre vie n'est pas même une minute dans la durée, et, cependant, nous aspirons à l'infini. Rien ne prouve davantage la certitude pour l'esprit d'une vie sans limites.

*
* *

Non, je ne croirai jamais mourir tout entier; si cela était, je n'aurais plus ni bonheur, ni transports, ni élans, ni dévouement, ni rien de ce qui exalte l'homme dans l'abnégation, dans le témoignage de la conscience et du devoir accompli. Or, si le devoir, la conscience et le sentiment existent, il faut qu'ils servent à quelque chose en dehors de cette vie qui ne leur offre aucune compensation valable. Que me donnent l'estime, l'affection ou le respect d'un être périssable, aussi chétif, aussi fragile que moi-même, dont la vie est moindre que celle de la plupart des choses animées? La considération d'une créature que je sais n'être rien, puisque le néant l'attend, qui n'est qu'une illusion, qui revêt quelques instants une forme afin d'accomplir certains actes qui sont autant de fictions, ne vaut pas beaucoup la peine d'être recherchée; et, ainsi, toutes nos vertus, dépouillées de ce qui seul fait leur grandeur et leur mérite, ne conservent plus même les mesquins et vulgaires mobiles du respect humain et de l'amour-propre.

La mort, qui n'ouvre pas une vie future, est terrible, épouvantable, pleine d'horreurs et d'angoisses. Quel courage, quelle force d'âme peut la faire regarder de sang-froid, si elle doit être suivie du néant? Avoir été tout, du moins par la pensée, avoir été créé pour l'infini, l'éternel, puisque l'esprit l'embrasse toutes les fois qu'il s'y porte, avoir été un dieu par les aspirations et le sentiment invincible de l'immortalité, et savoir que dans un instant on ne sera rien, qu'il suffit pour cela d'un souffle de moins... non, non, il n'y a pas un homme qui se soumette à un pareil destin, et le blasphème naît immédiatement sur les lèvres. Il n'y a plus de Dieu possible; on ne pourrait plus supposer que l'existence éternelle d'un génie du mal procréant sans raison, sans objet, des êtres à qui il ferait sans cesse tout espérer afin de tout leur enlever, à qui il donnerait des aspirations infinies qui ne seraient que des déceptions et des chimères, des êtres faits uniquement pour souffrir, sans compensation après en avoir espéré une toute leur vie, d'une souffrance stérile parce qu'elle n'aurait ni objet ni récompense. Si cela était, l'homme maudirait sans cesse le jour de sa naissance; il en voudrait à la vie qui ne lui donne que des jouissances factices, et il serait sans force contre les dernières douleurs parce qu'il serait sans espoir. Son agonie serait horrible, inexprimable. Si cela était, la vie serait le plus grand des fléaux, et de la donner le plus grand des crimes.

Matérialistes insensés! Quand bien même votre système serait irréfutable, démontré à l'évidence, de le prêcher vous ferait encore les plus odieux, les plus abominables des hommes. Vous enlevez à la pauvre humanité le seul bien qu'elle possède, et encore ce bien n'est-il qu'une espérance; vous lui enlevez la source de toutes les belles et grandes choses, l'aiguillon, le mobile le plus certain des bonnes œuvres. En effet, du jour où je n'ai plus aucune raison d'être honnête, dévoué, vertueux, de croire enfin! il ne me reste plus rien.

Mais non, non, vous n'atteindrez jamais jusqu'au fond des âmes, vous ne saisirez jamais ce qui échappe à l'analyse, ce qui me fait vivre en dehors et dans une autre vie, bien plus qu'en moi-même. Votre science monstrueuse, qui mettrait fin du coup à toutes les sociétés humaines et renverrait l'homme à un état plus hideux que celui de la brute, s'arrête au seuil de la conscience, devant la même aspiration, universelle et inébranlable, de l'humanité entière. Que tous les hommes soient convaincus qu'ils n'ont plus rien à attendre en dehors de leur existence présente, et de suite l'amour entre eux disparaît, l'amour qui est le fond même, l'unique source de tout bien. Un désir effréné de jouissances exclusives s'empare de chacun et, pour y parvenir, tous les crimes deviennent permis et légitimes; car dès lors qu'il n'y a plus de conscience, il n'y a plus de crimes.

Voyez les pays où l'on remarque un développement excessif des choses matérielles. Un appétit féroce de richesse qui absorbe et consume toute la vie, le lucre violent et sauvage, une soif brûlante de plaisirs grossiers, aucun frein à la nature bestiale qui a déjà une si grande part de nous-mêmes; l'homme y perd rapidement toute conscience, tout sens moral, jusqu'à la plus vulgaire honnêteté; on n'est plus sûr de qui que ce soit; la confiance réciproque disparaît avec les autres vertus; et, si des lois antérieures n'existaient encore qui préservent la société d'une barbarie complète, on y verrait tous les crimes impunis. Le niveau général des sciences et des qualités morales diminue: dans ces pays il ne saurait y avoir de penseurs ni de grands hommes en aucun genre, car on n'y apprend que ce qu'il faut pour n'être inférieur à personne, savoir protéger ses intérêts et atteindre à cette hauteur commune où s'arrêtent également tous les fronts, où battent également tous les cœurs.

Hélas! hélas! les hommes n'avaient donc pas encore assez de moyens d'abréger et de souiller leur vie, ils n'avaient pas fait assez encore pour effacer en eux tout vestige de l'empreinte divine, de ce caractère glorieux qui les sépare du reste de la nature et leur donne quelque chose de Dieu même, il fallait qu'une école maudite vînt leur démontrer savamment qu'ils n'ont pas même de pensée, que tout en eux est une fonction, que leur libre arbitre n'est qu'un mot chimérique, qu'ils ne veulent pas ce qu'ils font, que le système complet de l'univers n'est qu'une machine aveugle, inconsciente, dont l'homme est une des innombrables molécules. Ah! périsse la création entière s'il en est ainsi, si nous n'avons pas d'âme, nous qui aimons, nous qui espérons, et dont les désirs s'élèvent vers une perfectibilité indéfinie. Alors mettons au plus vite un terme à cette existence pleine d'horreurs, de craintes et de souffrances, ne la propageons pas, ne la transmettons pas à d'autres, rentrons au plus vite et de nous-mêmes dans le néant d'où nous sommes sortis par un cruel mystère, rendons à la nature son perfide cadeau, et, afin de ne plus être quelque chose au prix de toutes les douleurs, ne soyons plus rien: voilà la seule solution conséquente et sensée du matérialisme. Ce système est l'ennemi de tout ce qui constitue l'homme spirituel, eh bien! qu'il le détruise, et, avec lui, l'homme physique qui en est inséparable. Quand notre pauvre planète sera ainsi dépeuplée, soyons tranquilles; l'humanité a encore bien d'autres lieux de refuge, à part ce petit morceau de l'univers froid, dur, noir et stérile, qu'elle arrose de ses sueurs depuis des milliers d'années.

*

* *

Il n'y a qu'une chose dont il vaille la peine que l'homme s'occupe, la vie éternelle, et c'est précisément la seule qu'il ne pourrait atteindre! Il n'a qu'un seul objet sérieux, un seul désir réel, et cet objet et ce désir ne seraient qu'une chimère de son imagination! Toute son existence depuis le berceau n'est qu'une marche plus ou moins rapide vers la limite qui le sépare du monde des esprits, un monde qu'il sait lui appartenir, vers lequel il tend avec une conviction qui peut être ébranlée, mais jamais détruite dans aucun homme, parce qu'elle est au-dessus de lui, au-dessus de son analyse et de sa science, et il ne trouverait au bout de cette marche, une fois finie, que le néant! Non, un destin aussi horrible pour une aussi frêle créature est impossible. Il y a au terme de l'agonie un moment inexprimable, que nul ne saurait franchir sans tout le renfort, sans tout l'appui des espérances futures. Que dis-je? La vie entière ne serait qu'une agonie continuelle, et quelle pourrait être notre mission, notre œuvre ici-bas? Quels progrès, quels perfectionnements pourrait-on désirer? À quoi servirait de travailler pour une succession d'êtres qui ne sont rien, dont les générations se poussent les unes les autres dans le vide? Naître uniquement pour mourir!... Je défie qu'il y ait un seul homnme au monde qui ose affirmer cela nettement et qui en soit convaincu. Si ce monstre existe, on ne peut lui répondre qu'une chose, c'est qu'il le mérite.

« Rien ne meurt et tout se transforme » dit le matérialiste. Soit: mon corps, je l'abandonne; qu'on le brûle, qu'on l'embaume, qu'il serve à l'étude médicale ou qu'il aille engraisser la terre, peu m'importe! mais mon âme... — « Il n'y a plus d'âme quand la vie est détruite » — ah! vraiment. Eh bien! si cela est, si cet esprit qui est en moi, pour qui l'immensité elle-même n'est pas trop grande, si cet esprit qui n'a de bornes dans aucun sens, qui conçoit tout, les choses même les plus en dehors de son atteinte, qui se porte en un instant au sein de tous les mondes, si cet esprit n'est pas autre chose que le morceau de boue, que la poussière accumulée qui a revêtu quelques jours une forme humaine, il n'y a plus rien de vrai, je n'existe pas, rien n'existe, il n'y a même de Dieu, car l'esprit de chaque homme ne peut être qu'une émanation de celui de Dieu, — tout ce qui est de la pensée est divin — les milliards d'astres qui peuplent l'étendue ne sont qu'une fiction, la grande âme universelle est effacée et ainsi la nature entière est anéantie.

Mais il faudra peut-être l'effort de bien des matérialistes réunis pour renverser la création; il en faudra bien autant pour qu'avec une raison infirme, pleine de ténèbres, qui erre sans cesse, ils puissent formuler quelque chose d'absolu.

RÉMINISCENCES (1892)

Les dernières années de l'Institut canadien*

La génération à laquelle j'ai l'honneur d'appartenir n'a connu l'Institut canadien que dans ses dernières années, années de spasmes, de convulsions, d'intermittences, d'alternatives d'espérance et de découragement, qui se terminèrent enfin par un trépas ignoré et une disparition sans éclat.

La coupe des humiliations et des désenchantements avait été épuisée; il ne restait plus que l'injustice de l'oubli et le silence fait autour de sa tombe pour compléter la destinée de l'Institut canadien.

Les « anciens » étaient devenus de plus en plus rares aux séances de l'Institut. On ne les y voyait guère que dans les occasions solennelles où il fallait donner de notre institution une opinion considérable.

Le fait est qu'une espèce de dégoût s'était emparé de plus en plus des libéraux de renom, et que, voyant le terrain leur échapper davantage tous les jours, ils aimaient mieux se retirer que de se compromettre sur l'arène brûlante où la jeunesse seule pouvait impunément se risquer. Puis il y avait d'autres considérations; on avait vieilli, on était père de famille, ce qui rendait l'intérieur plus difficile à quitter après les journées de travail; on avait des affaires, des soucis, des intérêts, mille choses qui n'embarrassent pas la jeunesse, de sorte que les hommes arrivés étaient bien aises de trouver des remplaçants; sans cela l'Institut aurait été obligé de fermer ses portes.

M. Joseph Doutre, cependant, venait plus souvent que ceux de sa génération. M. J. Doutre, que l'on regardait à bon droit comme le type de l'inflexibilité, de l'attachement inébranlable et immuable aux principes de la vieille école, n'avait pas voulu lâcher prise en face de l'intimidation et de l'intolérance. Il aimait à voir les jeunes gens s'affirmer, manifester hautement leurs opinions, ne relever que de leur conscience et de leurs convictions. Il aimait à les encourager de sa parole et de ses actes; aussi le trouvait-on plus souvent en contact avec eux, et se mêlait-il davantage à leurs réunions ou aux occasions diverses qu'ils avaient de se manifester ou d'agir.

Les anciens, ceux qui avaient été les fondateurs de l'Institut, ne faisaient donc, comme je viens de le dire, que de bien rares apparitions à nos séances. Oui, cela est vrai, en général, à fort peu d'exceptions près. Mais, parmi ces exceptions, il en est une qui vaut à elle seule tout un chapitre, et dont il est juste que deux générations au moins gardent le souvenir.

*
* *

En ce temps-là existait à Montréal un homme unique, indescriptible, tellement bizarre, paradoxal et phénoménal, qu'il ne comptait jamais avec les autres, et qu'il était impossible de le classer dans une catégorie quelconque d'hommes ayant certaines occupations ou habitudes connues et définies, vivant d'une vie commune à un certain nombre, ayant enfin des façons d'agir qu'on peut expliquer et qui se voient encore assez souvent, malgré leur étrangeté.

Celui-ci n'était rien de tout cela. Il était... enfin, quoi? Il était... le citoyen Blanchet.

Jamais, dans aucun pays, il ne s'était vu un type comparable à celui-là. La nature, pour le créer, avait dû tirer des ficelles inouïes. Eh bien! Cet être singulier, qui mit à quia toute une génération, vit aujourd'hui, aussi retiré et aussi inconnu que possible, sur un lopin de terre qu'il possède aux environs d'Arthabaska, où il ne lit peut-être pas un journal, lui qui en dévorait deux cents par jour.

Le citoyen Blanchet ne se rendait jamais aux séances de l'Institut; il s'y trouvait tout rendu d'avance, le matin, dès que les portes s'ouvraient, et l'on était sûr de l'y trouver toute la journée, à quelque heure que ce fût, lisant tous les journaux imaginables qui se publiaient sur le continent américain. Il avait fait l'Institut soi, il se l'était incorporé; les livres de la bibliothèque et les journaux de la salle étaient devenus sa chair et ses os ; il n'en sortait pas. Où mangeait-il? Où couchait-il? se demandait-on parfois; personne ne le savait. Moi, je crois qu'il mangeait des tranches de l'Institut et qu'il se couchait dans les derniers exemplaires de *L'Avenir*, qu'il avait été le dernier à rédiger.

À l'Institut, il ne disait mot à personne, et quand par hasard il s'en échappait pour aller au dehors, il allait droit devant lui, toujours par le même chemin, les yeux baissés, ne voyant, n'écoutant, ne regardant rien. Pourquoi aurait-il regardé ou écouté? Il n'y avait au monde que deux endroits pour lui, l'Institut et son gîte. « Citoyen, holà! d'où venez-vous donc? — De l'Institut. — Où allez-vous donc, citoyen? — À l'Institut. »

Tous les soirs, immanquablement, à la même heure, on voyait sourdre de l'Institut, comme le jus sort du citron, une forme invariablement la même, surmontée du même petit casque, qui comptait vingt ans, et chaussée d'une énorme paire de mocassins en feutre couleur de rouille. Cette forme suivait exactement le même côté du chemin qu'elle avait suivi la veille et qu'elle suivrait le lendemain, longeant silencieusement les maisons, roide comme un poteau d'alignement et muette comme une sentinelle qui se dérobe, tout en piquant droit devant elle. Où allait cette ombre? C'est ce que personne n'a jamais su: mais ce qu'elle était, c'est ce que tout le monde savait.

Le citoyen Blanchet avait été le dernier rédacteur de *L'Avenir*, alors qu'il ne restait plus à ce journal que deux ou trois cents abonnés, à peine. C'est lui qui le rédigeait tout entier, de la première à la dernière ligne, qui le composait, le corrigeait, l'imprimait et le portait lui-même en ville les samedis soir de chaque semaine. Il fit ce métier-là pendant un an, je crois, et il l'aurait fait indéfiniment, n'eût-il eu que dix abonnés à servir, si l'apparition, en 1852, du *Pays*, de ce cher vieux *Pays*, dans lequel j'ai vidé ma cervelle et mon cœur pendant huit ans, ne fût venue obliger *L'Avenir* à rendre l'âme sur le sein de son unique rédacteur.

*
* *

Le citoyen Blanchet parlait à toutes les séances de l'Institut, qu'il fût ou non inscrit parmi les discutants, quel que fût le sujet de la discussion. Il se levait droit comme un paratonnerre, disait à peine « M. le président », pour lui tourner le dos immédiatement après et parler tout le temps qu'on aurait voulu, dans la même attitude, sans bouger d'une semelle et le regard toujours fixé exactement sur le même point.

Sa nature, son essence même, c'était l'invariabilité. Il avait toujours la même allure, le même maintien, le même regard, le même geste et le même habit. Je ne l'ai pas vu un seul jour habillé différemment et se tenant autrement que je l'avais vu cent fois, et que j'étais certain de le voir cent autres fois.

Il faisait à l'Institut des harangues terroristes et proposait des « motions » d'un radicalisme farouche, et cependant il était l'homme le plus inoffensif et le plus doux au monde.

C'est lui qui avait un jour rédigé une requête pour faire abolir la dîme, laquelle commençait par ces mots: « Aux Citoyens Représentants du Canada... » Cependant, dans l'Institut, quand il se levait pour parler, il ne disait jamais « Citoyen Président, » mais comme les autres, tout simplement: « M. le Président » Je trouvais cela illogique et tout à fait dérogatoire au principe comme au langage rigoureux de la bonne et vraie démocratie; je lui en demandai la raison. Il me regarda fixement dans les deux yeux, vit bien que malgré le sérieux que je tenais à quatre, je lui faisais une plaisanterie à ma façon; il se retourna vivement et partit d'un immense éclat de rire dont le bruit me poursuit encore.

Pour nous, nous ne manquions pas d'assister à une seule de ses séances. Aussi le public était-il certain d'y entendre une discussion tous les jeudis soir. Quel que fût l'ordre du jour, la question à débattre, nous nous rendions scrupuleusement avec nos rôles distribués à l'avance et notre arsenal d'arguments laborieusement monté. Et tout cela, croyez-le bien, n'était pas une pure matière de forme ni un vain simulacre de gymnastique oratoire; nous voulions sérieusement et fermement nous former pour être un jour à la hauteur des grandes destinées que nous entrevoyions dans un avenir prochain pour notre pays.

Hélas! Comme ces destinées semblent avoir pris à tâche de faire voir toute la futilité de nos espérances, et comme elles ont l'air de reculer indéfiniment, à mesure que nous croyons avancer!

LES JEUNES BARBARES (1892)

Jeunesse et avenir*

Mes amis, vous êtes jeunes! Je vous en félicite. C'est là un aimable défaut, dont vous êtes certains de vous guérir avec l'âge. Plût au ciel que vous pussiez vous guérir aussi bien de la démangeaison d'écrire, qui est chez vous une maladie et non pas un don, croyez-m'en bien. Tout de même, tels que vous êtes, je vous aime suffisamment, en qualité de compatriotes, pour vous donner de salutaires conseils, qui ne seront pas écoutés, bien entendu, mais que je vous dois, afin d'empêcher, si possible, que vous déshonoriez, quelqu'involontairement et inconsciemment que ce soit, notre belle langue française, et que vous compromettiez, par vos scandales littéraires, l'honneur et la dignité de notre race.

Oh! C'est là une question plus sérieuse qu'elle n'en a l'air. Les parasites de la génération actuelle ont tellement infecté notre littérature qu'ils dévorent jusqu'aux germes mêmes, déposés en terre par nos prédécesseurs et cultivés par nous avec tant de soin et d'amour. Il est temps d'arrêter ce fléau; c'est là un devoir impérieux, si nous voulons mettre notre avenir à l'abri. Nous ne consentirons jamais, non jamais, à laisser outrager sous nos yeux, par de jeunes profanateurs, la plus vivante de nos traditions, la plus aimée de toutes, celle qui résume tout ce que nous sommes, tout ce que nous avons été et ce que nous espérons devenir. Que l'on commette contre notre bien-aimée mère, la langue française, toutes les gamineries, toutes les cruautés puériles même, soit, cela est de tous les temps, et la langue, toujours ancienne et toujours renouvelée, forme impérissable et toujours changeante, ne souffre pas de ces atteintes. Mais qu'on en fasse un objet de dérision, qu'on l'expose au mépris de ses ennemis invétérés, qu'on la déshonore par les plus grossiers abus, c'est ce qu'il faut empêcher sans retard, car elle est en péril imminent et de la main même de ses propres enfants.

*
* *

Nous dirons à ces « jeunes, » qui n'ont aucun souci de nous ni de ce que nous leur avons conservé avec une si vive tendresse filiale, qu'ils ne s'imaginent pas avoir acquis libre carrière pour commettre leurs vandalismes, et que nous les traiterons à l'égal des barbares qui envahissent les pays civilisés. C'est déjà bien assez que tout ce qui faisait l'orgueil et la distinction des Canadiens d'autrefois, savoir-vivre, urbanité, courtoisie, bonnes manières, ait sombré sous un déluge de façons prétentieuses et triviales, conservons au moins la langue, aussi intacte, aussi inviolée que possible; défendons-la pas à pas, nous qui sommes ses gardiens, et sauvons-la de l'invasion de tous les insectes destructeurs.

*
* *

Vous avez du temps devant vous, jeunes Visigoths! Eh bien! profitez-en pour ne pas écrire, ou du moins pour apprendre à écrire. Vous ne savez pas tout ce qui vous manque et tout ce que vous avez à apprendre. Quand bien même vous n'apprendriez qu'à douter suffisamment de vous-mêmes pour ne pas tomber dans les plus abominables excès, ce serait déjà quelque chose. Mais, tels que vous êtes, avec vos prétentions monstrueuses, édifiées sur des grains de sable, vous ne pourrez jamais commettre que des horreurs. Fussiez-vous d'incomparables génies, il vous manque encore l'étude, les connaissances, la pratique assidue, les leçons, la direction. On naît écrivain sans doute, de même qu'on naît artiste ou poète, mais personne ne naît avec l'intuition des règles de l'art ou du style. Plus on apprend et plus on découvre ce qu'on a à apprendre; bien plus, on ne se corrige jamais autant que lorsqu'on est le plus près de la perfection.

Quand bien même encore vous mettriez deux ou trois ans à apprendre comment exprimer convenablement vos idées, cela n'est toujours bien pas plus long qu'un apprentissage ordinaire, et vous en avez besoin, grands dieux! comme vous en avez besoin!

Étudiez non pas les « décadents », comme vous en avez évidemment l'habitude — les décadents sont des aliénés qui stationnent aux portes du sanctuaire et qui déroutent les néophytes, — mais étudiez les maîtres. Notre siècle si décrié, si calomnié, en compte peut-être plus que les autres. Jamais la langue française, malgré toutes les absurdités qui la compromettent journellement, n'est arrivée à une telle perfection dans les détails et à une expression aussi parfaite des plus délicates et des plus difficiles nuances. C'est ce qui en fait aujourd'hui l'ornement du peuple le plus civilisé du monde.

Pénétrez-vous de la clarté lumineuse du génie français, de la méthode et des procédés des maîtres. Vous trouverez peut-être que c'est dur de commencer par le commencement; mais on n'arrive à rien en commençant par le milieu. Hé! mon Dieu! Qu'est-ce que c'est que quelques années bien employées quand on est jeune? Vous vous rattraperez vite.

Appliquez-vous avant tout à avoir du bon sens. Le bon sens, c'est la qualité par excellence du français.

Soyez simples. Cela n'exclut ni le coloris, ni l'abondance des images, ni l'éclat du style. Je vous assure que vous pouvez être très simples et très brillants à la fois. Vous ne chercherez plus alors l'effet dans des bouts de phrases tapageurs qui ressemblent à du style comme les coups de baguette des sauvages sur leurs cymbales ressemblent à de la musique d'opéra; et quand vous aurez acquis les qualités essentielles et fondamentales du style, quand vous serez parvenus simplement à vous discipliner, vous aurez déjà parcouru une étape qui vous dédommagera du facile sacrifice de prétentions aussi ridicules que funestes.

*

* *

Vous direz peut-être que c'est par trop fort de vous voir de la sorte mis sur les bancs de l'école, quand vous vous croyiez de force à éblouir vos contemporains? Eh! mes pauvres amis, vous n'y êtes jamais allés, à l'école! Quels ont été vos instituteurs? Quels ont été vos maîtres! De jeunes ecclésiastiques, fraîchement émoulus des classes de collège, où ils ont reçu l'instruction que l'on sait, et bombardés, du jour au lendemain, professeurs dans n'importe quelle branche des connaissances humaines qu'ils ignorent à peu près également! Ce sont des produits ordinaires de ces institutions où l'on habitue bien plus notre jeunesse à des exhibitions puériles, dont l'objet principal est de flatter la vanité des élèves et de masquer l'inanité déplorable des études, qu'on ne les forme à des exercices sérieux qui développent le raisonnement et l'esprit d'analyse. Aussi n'est-on pas surpris de voir les produits de cette éducation-là épouvanter plus tard leurs contemporains avec des « Comme dans la vie » et autres singularités de la même famille.

Quelqu'un prétendra-t-il que ce sont là des faits exceptionnels? Je répondrai que c'est la règle. On enseigne bien mieux le français dans les institutions supérieures anglaises, auxquelles sont attachées des professeurs de France, qu'on ne le fait d'ordinaire dans ces réduits obscurs qu'on appelle les collèges canadiens. J'en donnerai comme exemple, entre beaucoup d'autres, les élèves de M. de Kastner, professeur de français au Morrin College et au High School de Québec.

En dehors d'un petit nombre d'hommes très restreint, qui se sont fait une réputation dans les Lettres canadiennes, réputation qu'ils doivent à l'instruction qu'ils se sont donnée eux-mêmes et aux efforts qu'ils ont accomplis, efforts doublement méritoires dans notre pays en raison des difficultés spéciales à surmonter, en dehors de ces hommes-là, dis-je, que sont les autres? C'est à peine si l'on peut trouver dans nos journaux — à l'exception de quelques-uns des plus importants d'entre eux, si l'on peut y trouver, dis-je, çà et là un fait divers convenablement raconté, des entrefilets avouables, des annonces qui ont seulement du bon sens et des traductions qui ont le moindre souci de la grammaire, de la construction des phrases, de la géographie, de l'expression simple et claire, de l'emploi et de l'intelligence des mots. À tout instant on est décontenancé et stupéfié par des trivialités de langage inexplicables, tellement que les façons de dire les plus intelligibles des gens les plus ignorants passent couramment dans nos journaux et font partie de leur style quotidien, comme par exemple « embarquer à bord des chars » pour dire tout simplement « prendre le train. » Et cela n'est qu'un exemple entre vingt mille, entre vingt mille, entendez-vous bien!

*
* *

Oh! Quand je vois ce qu'on a fait de notre jeunesse, si intelligente en somme et si bien douée, quand je pense à l'instruction qu'on lui a donnée en retour de la confiance illimitée et de l'obéissance passive de tout un peuple, quand je la vois livrée sans contrepoids à une caste d'hommes qui s'est constituée l'unique éducatrice des générations, qui repousse comme un sacrilège l'idée seule de recruter des professeurs en dehors de son propre sein et qui aime mieux nous abandonner au mépris des autres races, que de voir diminuer d'une infime fraction la domination qu'elle exerce, je me sens, — et bien d'autres se sentent comme moi, — saisis d'une indignation patriotique qu'il n'est plus possible aujourd'hui de contrôler ni de retenir en soi!

*
* *

Hélas! Hélas! Est-il donc vrai que cet état de choses soit décidément sans remède? Sommes-nous donc voués à une infériorité fatale, et devrons-nous nous débattre indéfiniment, sans espoir, sous le poids de ce cauchemar? Devrons-nous ronger éternellement un frein indigne d'hommes libres? C'en est fait de la race française en Amérique, si une instruction virile, sérieuse et libre, n'est pas enfin donnée à notre peuple. Car c'est nous qui, en somme, constituons la base de l'élément français sur ce continent; c'est nous qui formons la charpente de cet élément, à laquelle viennent se rattacher tous les fragments épars; c'est nous qui sommes l'âme de cet élément, qui rassemblons en nous toutes ses forces vives et toutes ses capacités reproductives. Sans nous l'élément français ne serait qu'une forme éphémère, un fait divers perdu dans l'existence de la grande famille américaine. Sans nous enfin, tout ce qui constitue la vie propre d'une nationalité, les traditions, les qualités natives, les liens du sang, la communauté des sentiments et des aspirations, tout cela n'existerait même pas ou n'aurait aucune cohésion, aucun point d'appui, aucune condition de vitalité.

Or, l'élément français est destiné à vivre et à se perpétuer dans le nouveau monde. Ce n'est pas par un pur hasard que le peuple canadien, si débile à l'origine, si isolé, si entouré d'éléments destructeurs, a passé à travers trois siècles d'une vie essentiellement distincte, s'est maintenu en dépit de tout et a formé aujourd'hui cette nationalité imposante de plus de deux millions d'âmes, qui est un phénomène historique et une véritable énigme pour l'observateur étranger.

Étant arrivés à l'âge où nous sommes et à un tel degré d'expansion, ayant acquis une viabilité victorieuse de tous les accidents et de toutes les forces hostiles, il ne peut plus être question désormais de l'effacement ou de la disparition de la nationalité canadienne-française. Mais il ne suffit pas pour elle de continuer à vivre, de se maintenir avec son caractère et ses qualités propres, il faut, bien plus, qu'elle se maintienne à la hauteur des autres nationalités et qu'elle ne se contente plus d'une place à l'ombre, quand toutes les autres prennent la leur au soleil.

Nous ne sommes plus à cette période de la vie où le mirage des souvenirs héroïques suffisait à nos regards et à notre esprit, que ne poursuivaient pas encore des visions d'avenir et d'horizons agrandis. Nous sommes entrés, à la veille de l'âge mûr, dans une humanité nouvelle, et si rapidement changeante et si étonnamment pressée d'arriver aux destins qu'elle entrevoit par le développement des sciences, que nous ne pouvons plus nous attarder dans les antiques conditions, dans les méthodes surannées et dans une croissance purement végétative. Tout autour de nous sollicite les hommes au progrès indéfini, à la conquête parfaite et entière d'une planète, qu'ils commencent à connaître que d'hier à peine et qui, dès aujourd'hui, livre à profusion ses trésors ignorés, entr'ouvre, larges et libres, les voies mystérieuses et secrètes qui mènent à la réalisation de tant de vagues, mais persistantes aspirations.

Eh bien! Sachons entrer dans ces voies, et nous qui avons eu un passé d'héroïsme, sachons nous conquérir un avenir de liberté.

H.-É. FAUCHER DE SAINT-MAURICE
(1844-1897)

Comme Arthur Buies, Henri-Édouard Faucher de Saint-Maurice a beaucoup voyagé et beaucoup pratiqué la chronique, mais alors que Buies pensait à gauche avec vigueur et originalité, Faucher de Saint-Maurice écrit sereinement à droite, comme tout le monde; celui-là s'était engagé sous Garibaldi, celui-ci s'est battu pour les Français au Mexique. Faucher de Saint-Maurice raconte parfois heureusement des drames intimes que voile la tranquillité du quotidien.

À LA BRUNANTE (1874)

Le feu des Roussi

I

Le petit Cyprien

Il est bon de vous dire que le petit Cyprien Roussi n'avait pas fait ses Pâques depuis six ans et onze mois.

La septième année approchait tout doucement; et, comme c'était l'époque où les gens placés en aussi triste cas se transformaient en loups-garous, les commères du village de la bonne Sainte-Anne du Nord s'en donnaient à cœur joie sur le compte du malheureux.

— Rira bien qui rira le dernier, disait dévotement la veuve Demers. Quand il sera obligé de courir les clos, et cela pendant des nuits entières, sans pouvoir se reposer, il aura le temps de songer aux remords que laissent toujours les fêtes et les impiétés.

— Courir les clos! ça c'est trop sûr pour lui, reprenait non moins pieusement mademoiselle Angélique Dessaint, vieille fille de quarante-huit ans; mais peut-on savoir au moins ce qu'il deviendra, ce pauvre Cyprien? J'ai ouï dire qu'un loup-garou pouvait être ours, chatte, chien, cheval, bœuf, crapaud. Ça dépend, paraît-il, de l'esprit malin qui lui est passé par le corps; et, tenez, si vous me promettiez de ne pas souffler mot, je dirais bien quelque chose, moi...

— Ah! jour de Dieu, bavarder! jamais de la vie, affirma hardiment la mère Gariépy, qui tricotait dans son coin. C'est bon pour la femme du marchand, qui est riche et n'a que cela à faire. Parlez, parlez toujours, mademoiselle Angélique.

— Eh! bien, puisque vous le voulez, je vous avouerai que j'ai dans mon poulailler une petite poule noire qui me donne bien du fil à retordre. Elle ne se juche jamais avec les autres, caquète rarement et ne pondrait pas pour tout le blé que le bonhomme Pierriche récolte le dimanche. Parfois, il me prend des envies de la saigner; il me semble qu'il doit y avoir quelque chose de louche là-dessous.

— Mais, saignez-la, Angélique; saignez-la, interrompit la veuve Demers. Qui sait? en la piquant du bout d'un couteau, peut-être délivrerez-vous un pauvre loup-garou; car, pour finir leur temps de peine, il faut de toute nécessité qu'un chrétien leur tire une goutte de sang; ce sont les anciens qui le disent.

— Ah! bien, ça n'est pas moi qui saignerai Cyprien Roussi; j'aurais trop peur de toucher à sa peau d'athée!

C'était la petite Victorine qui hasardait cette timide observation, et peut-être se préparait-elle à en dire plus long sur le compte de Cyprien, lorsqu'on entendit une voix avinée qui venait du chemin du roi.

Elle chantait:

> On dit que je suis fier,
> Ivrogne et paresseux.
> Du vin dans ma bouteille,
> J'en ai ben quand je veux.[1]

— Tiens! voilà le gueux qui passe, murmura modestement la charitable Angélique, en marmottant quelques douces paroles entre ses dents.

La voix était toute proche; et, avec cette solution de continuité qui caractérise les idées d'un chevalier de la bouteille, une nouvelle chanson faisait vibrer les vitres du réjouissant repaire où ces dames comméraient à loisir.

> Ell' n'est pas plus belle que toi,
> Mais elle est plus savante:
> Ell' fait neiger, ell' fait grêler,
> Ell' fait le vent qui vente
> Sur la feuille ron... don... don don
> Sur la jolie feuille ronde.
>
> Ell' fait neiger, ell' fait grêler,
> Ell' fait le vent qui vente,
> Ell' fait reluire le soleil
> À minuit, dans ma chambre.
> Sur la feuille, etc.

— Ah! sainte bénite! j'en ai les cheveux à pic sur la tête, gazouilla à sourdine la mère Gariépy. L'avez-vous entendu comme moi? vous autres:

> Il fait reluire le soleil,
> À minuit dans sa chambre!

— Oui, c'est triste, bien triste, toutes ces choses, continua la suave Angélique; et pourtant, ce soleil qui à minuit reluit dans sa chambre, n'est qu'un faible commencement de la fin. Le pauvre garçon en souffrira bien d'autres!

Ces dames se reprirent à jaser de plus belle; car, la voix s'était perdue dans le lointain et pourtant de prime abord celui qui en était le propriétaire ne méritait certainement pas si triste renommée.

Cyprien Roussi n'était pas né à la bonne Sainte-Anne du Nord; mais comme tout jeune encore il avait perdu père et mère, le hazard l'avait confié aux soins d'un vieil oncle, garçon et esprit tant soit peu voltairien, qui avait laissé Cyprien pousser à sa guise, sans jamais s'en occuper autrement que pour le gourmander sévèrement lorsqu'il n'arrivait pas à l'heure du repas.

---

1. La plupart de ces fragments sont tirés des *Chansons populaires du Canada, recueillies et publiées avec annotations par M. Ernest Gagnon*. Ce livre, qui se fait rare, est précieux à plus d'un titre pour celui qui veut se rendre compte des origines de notre poésie et de notre littérature populaire.

Pour le reste, liberté absolue.

Aussi, dès l'âge de vingt ans, Cyprien avait réussi à grouper autour de lui la plus joyeuse bande de lurons qui ait jamais existé, à partir du Château-Richer en remontant jusque dans les fonds de Saint-Féréol. Il était, par droit de conquête, le roi de tous ces noceurs, roi par la verve, par l'adresse, et par la force corporelle, car personne mieux que le petit Cyprien ne savait raconter une *blague*, adresser un coup de poing, décapuchonner avec une balle un goulot de bouteille, et vider en une heure les pintes et les chopines de rhum.

Sur lui, le mal de cheveux n'avait guère plus de prise que les Bostonnais sur les habitants de la bonne Sainte-Anne du Nord.

La nature n'avait rien épargné pour façonner au petit Cyprien une bonne et rude charpente.

Front haut et dégagé, œil fier et ferme sous le regard d'autrui, bouche agaçante et pleine de promesses, tête solidement assise sur un cou fortement planté entre deux larges épaules, poitrine musculeuse et bombée; tout était taillé chez Cyprien Roussi pour le pousser à une vieillesse de cent ans.

Lui-même, quand on lui parlait de rhumatismes, de maladies mysté-rieuses, de morts subites, et des peines de l'enfer, il se frappait l'estomac de son poing velu, et disait en ricanant:

— Est-ce qu'on craint le froid, la maladie, la vieillesse, le diable, avec un pareil coffre? Là-dessus le chaud et le froid passent sans laisser de traces. Cessez vos psalmodies, mes doux amis, et gémissez sur le compte d'autrui; car en me voyant naître, la bonne Sainte-Anne a dit à son mari:

— Tiens, je vois poindre là-bas un gaillard qui pendant la vie s'écono-misera bien des vœux.

Alors, tout le monde se signait; on le recommandait aux prières des fidèles, et les bonnes gens de l'endroit égrenaient le chapelet pour lui, et écoutaient dévotement les vêpres, pendant qu'en joyeuse compagnie, le petit Cyprien jurait haut et buvait sec dans les bois qui foisonnent autour de la Grande-Rivière.

Là, pelotonné à l'ombre, tout le village passait devant ses yeux, sans pouvoir trouver grâce.

Les vieilles avaient la langue trop affilée; ce qui était un peu vrai:

Les jeunes voulaient enjôler les garçons par des charmes d'importation anglaise, et par des vertus tout aussi artificielles:

Le marchand faisait passer un tributaire du Saint-Laurent dans son rhum et dans son genièvre:

Le curé buvait sec, mais en cachette; ce qui constituait un pénible cas d'ivrognerie:

La bonne Sainte-Anne ne se faisait pas assez prier pour opérer ses mira-cles:

Les béquilles suspendues à la voûte et aux parois de l'église étaient toutes de la même longueur; ce qui prouvait en faveur de la monotonie du talent de l'ouvrier chargé de la commande:

Les *ex-voto* étaient faits dans le but d'encourager la colonisation, au détriment de la navigation pour laquelle le petit Cyprien se sentait un faible décidé.

Et la bande joyeuse de rire aux éclats, de trinquer à chaque saillie, et de faire chorus autour de l'athée.

Il n'y avait pas de scandales cousus au fil blanc qu'il n'inventât, lorsqu'un beau dimanche ce fut au tour de tous ces lurons d'être scandalisés.

Pendant la grand'messe, le petit Cyprien Roussi qu'on n'avait pas vu depuis trois semaines, s'était pieusement approché du balustre, et, à la vue de tout le village ébahi, y avait reçu des mains de son curé la sainte communion.

II

Marie la couturière

Le secret de tout ceci était bien simple pourtant.

Si le dimanche qui suivit la fête au Bois, les farauds du Château-Richer et de Saint-Féréol, tout en pomponnant leurs chevaux et faisant leur tour de voiture, s'étaient adonnés à passer devant la porte de la modeste maison du père Couture, sise au pied d'une de ces jolies collines, qui traversent le village de Sainte-Anne, ils auraient aperçu le cabrouet de Cyprien, dételé et remisé sous le hangard.

Ce jour-là, bayant aux corneilles, fatigué de courir la prétentaine et de fainéantiser, Cyprien, avait appris, l'arrivée de Marie la couturière.

Marie la couturière, était une grande brune, ni belle ni laide, qui avec l'œuvre de ses dix doigts, gagnait un fort joli salaire à la ville, où elle s'était fait une réputation de modiste. Elle était venue prendre quelques jours de repos, chez l'oncle Couture, et comme le petit Cyprien, s'était levé ce matin-là, avec l'idée fixe d'aller lui conter fleurette, il avait attelé, après le dîner, et s'en était venu bon train, superbement endimanché, pipe virege sous la dent, mettre le feu dessus et faire un brin de jasette.

Le père Couture était un vieux rusé, qui, lui aussi, avait fait son temps de jeunesse. Aussi, vit-il, d'un très mauvais œil le vert galant, arrêter sa jument devant la porte, la faire coquettement se cabrer, puis s'élancer lestement sur les marches du perron, tout en faisant claquer savamment, son fouet. Mais, sa nièce Marie, lui avait montré une si jolie rangée de dents, elle l'avait appelé:

— Mon oncle!

avec une intonation si particulière, qu'il se prit à chasser cette mauvaise humeur, comme on chasse une mauvaise pensée et sans savoir ni pourquoi, ni comment, il s'en était allé tranquille mettre le cheval à l'écurie, et remiser la voiture sous le hangard.

Pendant l'accomplissement de cette bonne action, le petit Cyprien, le toupet relevé en aile de pigeon, le coin du mouchoir artistement tourmenté hors de la poche, avait fait son entrée triomphale, tenant d'une main son fouet, et de l'autre sa pipe neuve.

Marie était bonne fille, au fond. Cet air d'importance n'amena pas le plus petit sourire sur le bout de ses lèvres roses. Elle lui tendit gaiement la main, tout en disant:

— Eh! bien, comment se porte-t-on par chez vous, Cyprien?

— Mais cahin et caha, mademoiselle Marie: l'oncle Roussi est un peu malade; quant à moi, ceci est du fer, ajouta-t-il, en se passant familièrement la main sur la poitrine.

— Savez-vous que vous êtes heureux d'avoir bonne santé comme cela, Cyprien: au moins, c'est une consolation, pour vous qui mettez sur terre tout votre bonheur, car, pour celui de l'autre côté, on m'assure que vous n'y croyez guère.

— Ah! pour cela, on ne vous a pas trompé, et je dis avec le proverbe: un tu tiens vaut mieux que deux tu tiendras.

— C'est une erreur, Cyprien; on ne tient pas toujours, mais en revanche vient le jour où l'on est irrévocablement tenu: alors il n'est plus temps de regretter. Voyons, là, puisque nous causons de ces choses, dites-moi, cœur dans la main, quel plaisir trouvez-vous à être détesté par toute une paroisse, et à vous moquer continuellement de tout ce que votre mère n'a fait que vénérer pendant sa vie?

— Quel plaisir! mais Marie, il faut bien tuer le temps, et je conviens franchement, puisque vous l'exigez, que je m'amuserais beaucoup mieux à Québec. Ça, c'est une ville où l'on peut faire tout ce qu'on veut sans être remarqué; mais ici, pas moyen de dire un mot sans que de suite il prenne les proportions d'un sacrilège. Vous ne me connaissez pas d'hier, mademoiselle Marie, et vous savez bien qu'en fin de compte, je suis un bon garçon, mais je n'aime pas à être agacé, et dès que l'on m'agace, je...

— Eh bien, je... quoi?

— Sac à papier! je ris.

— Vous riez, pauvre Cyprien! mais savez-vous ce que vous faites? vous riez des choses saintes. Dieu, qui de toute éternité sait ce que vous fûtes et ce que vous deviendrez, se prend alors à considérer cette boue qu'il a tirée du néant et qui cherche maintenant à remonter vers lui pour l'éclabousser, et alors, cette bouche qui profère en riant le blasphème, il la voit à travers les ans, tordue, violette, disjointe et rongée par la vermine du cimetière.

— Vous lisez, mademoiselle Marie, vous lisez trop; vos lectures vous montent à la tête, et quelquefois, ça finit par porter malchance.

— Ne craignez rien pour moi, Cyprien, et vos facéties ne m'empêcheront pas d'aller jusqu'au bout, car je veux vous sermonner tout à mon aise. Vous le méritez et vous m'écouterez, je le veux!

Elle fit une moue tout enfantine, et Cyprien, étonné de se trouver si solidement empoigné par ces griffes roses, se prit à se balancer sur sa chaise, tout en se taisant courageusement.

Marie reprit doucement.

— Vous disiez tout à l'heure, Cyprien, que vous regrettiez de ne pouvoir pas demeurer à la ville; on y mène si joyeuse vie, pensiez-vous! Eh bien! voulez-vous savoir ce que c'est que la vie à Québec? Écoutez-moi bien alors.

— Ça y est, belle Marie; j'emprunte les longues oreilles du bedeau, et j'écoute votre aimable instruction.

— Aimable, non, franche, oui. Regardez-moi bien en face, Cyprien; je ne suis qu'une pauvre fille, qui a fait un bout de couvent, mais qui, restée orpheline à mi-chemin, a su apprendre et comprendre bien des choses que la misère enseigne mieux que les Ursulines. Livrée seule à moi-même, j'ai cru que le travail était la sauvegarde de tout, et je ne me suis pas trompée. J'ai travaillé, et en travaillant, j'ai vu et j'ai retenu ce que le paresseux ne voit pas et le riche ne sent pas.

J'ai vu de pauvres compagnes d'atelier, faibles et confiantes, tomber et se relever les mains pleines de cet argent que le travail honnête ne peut réunir que par parcelles.

J'ai coudoyé des hommes respectables et réputés très honorables, qui, la bonhomie sur le visage, le sourire de la vertu sur les lèvres, s'en allaient porter à l'orgie et au vice le salaire que la famille réclamait piteusement.

J'ai vu monter chez moi des femmes couvertes de soie et de dentelles fines, pendant que leurs enfants, au bras d'une servante, croupissaient dans l'ignorance.

J'ai vu déchirer à belles dents des réputations, par de saints marguilliers qui, pieusement et sans remords, ronflaient dans le banc-d'œuvre.

J'ai vu bien des beaux esprits se paralyser au contact de leur verre plein.

J'ai vu des jeunes gens bien élevés, employer leur intelligence à faire franchir le seuil de la débauche à de pauvres enfants, qui jusque-là n'avaient eu d'autre chagrin que celui qu'apporte la rareté du pain quotidien.

J'ai vu... mais à quoi sert de vous parler de toutes ces choses, Cyprien? Vous les savez mieux que moi, car si Québec regorge de ces horreurs, Sainte-Anne renferme bien aussi quelqu'un qui peut marcher sur leurs brisées, et ce que les autres font en plein soleil et sous des dehors de grand seigneur, vous le faites ici sans façon et à la débraillée. Ah! Cyprien, ce n'est pas pour vous faire de la peine que je dis ces choses-là; mais il est pénible de vous voir, vous, fils d'habitant, boire votre champ, au lieu de le cultiver.

Dans quel siècle vivons-nous donc, grand Dieu, et où l'intelligence humaine s'en va-t-elle?

Cyprien ne riait plus; la tête baissée, les joues vivement colorées, il réfléchissait silencieusement.

Mauvaise cervelle, mais cœur excellent, il ne trouvait plus rien à dire et, comme l'oncle Couture venait de rentrer, après avoir fait le train des animaux et le tour de ses bâtiments, il dit tout simplement à voix basse:

— Merci! merci du sermon! il profitera: et maintenant, il faut que je m'en aille; sans rancune, Marie, au revoir.

En route, il fut rêveur et fit, presque sans s'en apercevoir, tout le bout de chemin qui le séparait de la maison Roussi.

Dès ce jour, il y eut un changement notable dans sa conduite. Ses amis ne pouvaient plus mettre la main dessus; il était toujours absent, et même les mauvaises langues commençaient à chuchoter; car le cabrouet de Cyprien s'arrêtait souvent à la porte du père Couture.

Marie était légèrement malade depuis quelques jours; le travail avait un tant soit peu ébranlé cette frêle constitution et, sous prétexte d'aller chercher de ses nouvelles, le petit Cyprien passait ses après-midi à la maison de la couturière.

Or, un beau matin, comme Marie était à prendre une tisane, et que Cyprien tout distrait tambourinait de ses doigts sur la vitre de la fenêtre, il se prit à dire tout à coup:

— J'ai envie de me marier, Marie?

— Un jour le diable se fit ermite, murmura doucement la malade, en remettant son bol de tisane sur la petite table placée auprès de sa berceuse.

— Je ne suis plus le diable, pauvre Marie; depuis un mois me voilà rangé. Déjà ma réputation de viveur s'en va par lambeaux, et maintenant j'ai besoin d'une bonne fille pour me raffermir dans la voie droite. Vous savez... l'habitude de chanceler ne se perd pas facilement, ajouta-t-il en riant.

Puis, redevenant sérieux, il dit:

— Voulez-vous être ma femme, Marie?

— Vous allez vite en besogne, monsieur Cyprien, reprit la malade; et vous profitez de l'intérêt que je vous porte pour vous moquer de moi. Vous ne vous corrigerez donc jamais de votre esprit gouailleur?

— Dieu sait si je dis la pure vérité, Marie!

— Dieu! mais tout le village sait aussi que vous avez dit cent fois ne pas y croire.

— Ah! mon amie, c'étaient alors de folles paroles que je passerai toute ma vie à expier. J'y crois, maintenant. Plus que cela, j'y ai toujours cru!

— Et qui me le dit, maître Cyprien? avec des viveurs comme vous autres, nous, pauvres filles, il est toujours bon de prendre ses précautions.

— Mademoiselle Marie, Cyprien Roussi vient de se confesser, et il doit communier demain, répondit-il lentement.

Marie se tut: une larme erra dans son œil noir; puis, faisant effort pour rendre la conversation plus gaie, elle reprit:

— Bien, Cyprien, très bien! après avoir été le scandale, vous serez l'expiation; tout cela est raisonnable; mais je ne comprends pas comment monsieur le curé a pu m'imposer à vous comme pénitence.

— Oh! Marie, c'est à votre tour maintenant de railler! mais écoutez-moi: il vous est si facile d'être bonne que je serai bon. Tenez, si vous dites oui, et si vous voulez être madame Roussi, eh! bien, je ne suis pas riche, mais je vous ferai un beau cadeau de noce.

— Et ce cadeau de noce, que sera-t-il?

— Je vous jure que de ma vie jamais goutte de liqueur forte n'effleurera mes lèvres.

Marie resta silencieuse un instant; puis étendant sa main vers Cyprien:

— Puisque vous dites la vérité, je serai franche avec vous: je vous aime, Cyprien.

Et voilà comment il se fit que deux mois après avoir communié, le petit Cyprien, toujours au grand ébahissement du village, était marié à Marie la couturière.

III

Le feu des Roussi

Quinze ans s'étaient écoulés depuis ce jour de bonheur et d'union, quinze ans de paix, tels que Cyprien n'avait jamais osé les souhaiter lui-même à ses heures de rêveries les plus égoïstes.

La petite famille s'était augmentée d'un gros garçon bien fait et bien portant, et, comme Cyprien s'était vite apprivoisé à l'idée du travail, une modeste aisance l'avait bientôt récompensé de son labeur assidu.

C'était à Paspébiac qu'il habitait maintenant; il lui avait été difficile de demeurer plus longtemps en ce village de la bonne Sainte-Anne du Nord, qui ne lui rappelait que le souvenir de ses fredaines passées. Là, il avait trouvé de l'emploi auprès de la maison Robin qui avait su apprécier cet homme sobre, actif, rangé; et petit-à-petit les économies n'avaient cessé de se grouper autour de lui; car Marie aidait aussi de son côté, et tout marchait à merveille.

Chaque semaine, les écus s'en allaient au fond du grand coffre qui renfermait le linge blanc; et là, ils s'amoncelaient dans le silence, en attendant le mois de septembre suivant, époque où le fils Jeannot pourrait monter commencer ses études au petit séminaire de Québec.

Cyprien s'était bien mis en tête de lui faire faire son cours classique, et Jeannot avait débuté en écoutant attentivement sa mère lui inculquer ces principes sages, cet amour de la religion et cette triste expérience du monde qu'elle avait su jadis faire passer dans l'âme du petit Cyprien.

Le bonheur terrestre semblait fait pour cette humble maison; la paix de l'âme y régnait en souveraine, lorsqu'un soir une catastrophe soudaine y fit entrer les larmes et les sanglots.

C'était en hiver, au mois de janvier.

Marie était seule à préparer le souper auprès du poêle rougi: Cyprien et Jean s'en étaient allés causer d'affaires à la maison occupée par les employés de MM. Robin.

Que se passa-t-il pendant cette triste absence? Personne ne put le dire.

Seulement, lorsque Cyprien et son fils furent arrivés sur le seuil de leur demeure, ils entendirent des gémissements plaintifs. Ils se précipitèrent dans la cuisine, et le pied du malheureux père heurta le corps de sa pauvre femme, qui gisait sur le plancher au milieu d'une mare d'eau bouillante. À ses côtés, une bouilloire entr'ouverte, n'indiquait que trop comment ce malheur navrant était arrivé.

Pendant deux heures, Marie eut le triste courage de vivre ainsi; elle offrait à Dieu ses indicibles souffrances, en échange de cette absolution qu'elle savait ne pouvoir obtenir sur terre; car on était alors en 1801, et la côte était desservie par un pieux missionnaire qui restait à une trop grande distance de Paspébiac.

Agenouillés auprès de ce calvaire de douleur, Cyprien et Jean pleuraient à chaudes larmes. Déjà ce calme poignant qui se glisse sous les couvertures du moribond, était venu présager l'agonie, et Marie, les yeux demi fermés, semblait reposer, lorsque tout-à-coup elle les ouvrit démesurément grands. Cyprien vit qu'elle baissait: il se leva pour se pencher sur elle; mais la main de la pauvre endolorie s'agita faiblement sur le bord du lit, et il l'entendit murmurer:

— Ta promesse, Cyprien, de ne plus boire...

— Je m'en souviens toujours, et je la tiendrai; sois tranquille; dors, mon enfant!

Alors Marie s'endormit.

Le silence de l'éternité avait envahi la maisonnette du pauvre Cyprien, ne laissant derrière lui que des larmes et de l'abandon.

Le coup fut rude à supporter; aussi Cyprien prit-il du temps à s'en remettre. Ce départ avait tout dérangé et, comme bien d'autres projets, celui de mettre Jean au séminaire fut abandonné. En ces temps de douleurs, son père avait vieilli de dix longues années; cette vieillesse prématurée affaiblissait ses forces ainsi que son courage, et Jean lui-même avait demandé à rester pour venir en aide au travail paternel.

Les jours passaient devant eux, mornes et sans joie, lorsqu'un matin Daniel Gendron fit sa bruyante entrée dans la maison des délaissés.

Gendron arrivait en droite ligne de Saint-Féréol. Là, il avait entendu dire que par en bas la pêche était bonne.

Si la pauvreté contrariait maître Daniel, en revanche l'esprit d'ordre ne le taquinait pas trop et, repoussé de toutes les fermes du comté de Montmorency, il s'en était venu solliciter un engagement à la maison Robin. Elle avait besoin de bras: il fut accepté, et sa première visite était pour Cyprien avec qui il avait bu plus d'un joyeux coup, lors des interminables flâneries de jadis, sur les bords de la Grande-Rivière de Sainte-Anne.

Cyprien n'aimait pas trop à revoir ceux qui avaient eu connaissance de sa vie de jeunesse; aussi lui fit-il un accueil assez froid.

Gendron ne put s'empêcher de le remarquer:

— Comme tu as l'air tout chose aujourd'hui, maître Cyprien; est-ce que ça ne te ferait pas plaisir de me revoir?

— Oui, oui, Daniel, ça me ferait plaisir en tout autre moment; mais aujourd'hui c'est jour de pêche et, comme tu es novice, j'aime à te dire qu'on ne prépare pas en une minute tout ce qu'il faut emporter pour aller au large.

— Tiens! je serais curieux de t'accompagner pour voir ça; tu me donneras ta première leçon.

— Je veux bien; mais si tu veux suivre un bon conseil, tu ferais mieux de profiter de ton dernier jour de liberté; car on travaille dur par ici.

— Bah! ça me fait plaisir d'aller jeter une ligne; et puis; nous parlerons du bon temps.

— Ah! pour cela, non! dit énergiquement Cyprien, je n'aime pas qu'on me le rappelle!

— Pourquoi donc, mon cher? Nous buvions sec et nous chantions fort alors! est-ce que cela n'était pas le vrai plaisir, Cyprien?

— Daniel, ce qui est mort est mort: laissons ça là.

— Comme tu voudras, monsieur; mais tout de même, tu es devenu fièrement ennuyeux! et toi qui riais de si bon cœur de notre curé, tu as rattrapé le temps perdu, et te voilà maintenant plus dévot que le pape.

Sans répondre, Cyprien se dirigea vers la grève, suivi de Jean et de Daniel; là, ils poussèrent la berge à l'eau, et se mirent à ramer vers le large.

Le temps était légèrement couvert; un petit vent soufflait doucement, et tout promettait une bonne pêche. Daniel chantait une chanson de rameur, pendant que Cyprien et Jean fendaient silencieusement la lame; cela dura ainsi jusqu'à ce qu'ils fussent arrivés sur les fonds; alors, ils se mirent courageusement à pêcher.

Pendant deux bonnes heures, ils y allèrent de tout cœur, et la berge s'emplissait de morues, lorsque Daniel interrompit tout-à-coup son travail, en disant:

— Ne trouves-tu pas Cyprien que la brise renforcit? il serait plus prudent de rentrer, qu'en dis-tu?

Cyprien sembla sortir d'une longue rêverie: du regard, il fit le tour de l'horizon; puis, d'une voix brève, il commanda à Jean:

— Lève la haussière!

Et se tournant vers Daniel:

— Déferle la voile! je prends la barre! déferle vite, nous n'avons pas de temps à perdre, Daniel!

Une minute après, la berge était coquettement penchée sur la vague et volait à tire-d'aile vers la pointe du banc de Paspébiac.

On était alors vers les derniers jours de mai: il fait encore froid à cette époque, surtout par une grosse brise, et rien de surprenant si les mains s'engourdissaient facilement. Daniel ne le savait bien que trop; car il se soufflait dans les doigts depuis quelque temps, lorsque tout-à-coup, portant la main à sa poche, il en retira une bouteille de rhum.

Il la tendit triomphalement à Cyprien:

— Prends un coup, mon homme, ça réchauffe, et ça n'est pas l'occasion qui manque par cette température-ci. Diable! qui a eu l'idée d'appeler cette baie, la baie des Chaleurs?

— Garde pour toi, Daniel; je n'en prends pas, merci! Veille toujours à l'écoute! Et il secoua tristement sa pipe par-dessus bord de l'air d'un homme qui ne se sent pas le cœur à l'aise.

Cependant la brise montait grand train. De minute en minute, le temps se chagrinait; les nuages gris étaient devenus noirs comme de l'encre, et pour cette nuit-là la mer ne présageait rien de bon. Tout-à-coup la berge prêta le flanc, et une vague plus grosse que les autres, arrivant en ce moment, couvrit Cyprien des pieds à la tête.

Roussi tint bon tout de même; sa main n'avait pas lâché la barre; ses habits ruisselaient, le froid augmentait, et Daniel qui avait à demi esquivé ce coup de mer, s'en consolait en reprenant un second coup.

— Là, vraiment, Cyprien, tu n'en prendrais pas? Ça fait furieusement du bien pourtant, lorsqu'on est mouillé!

Cyprien eut un frisson; il ne sentait plus la pression de ses doigts sur la barre; l'onglée l'avait saisi, et détachant une main du gouvernail, il la tendit enfin vers Daniel et but à longs traits.

Il avait menti à sa pauvre morte!

Qu'advint-il d'eux depuis? Nul ne le sait.

Le lendemain matin, on trouva à l'entrée du Banc une berge jetée au plein, la quille en l'air, et à ses côtés, maître Daniel Gendron qui avait perdu connaissance.

Depuis ce sinistre, on aperçoit à la veille du mauvais temps une flamme bleuâtre courir sur la baie.

— Suivant les rapports de ceux qui l'ont examinée, dit l'abbé Ferland, elle s'élève parfois au sein de la mer, à mi-distance entre Caraquet et Paspébiac. Tantôt petite comme un flambeau, tantôt grosse et étendue comme un vaste incendie, elle s'avance, elle recule, elle s'élève. Quand le voyageur croit être arrivé au lieu où il la voyait, elle disparaît tout-à-coup, puis elle se montre de nouveau, lorsqu'il est éloigné. Les pêcheurs affirment que ces feux marquent l'endroit où périt dans un gros temps une berge conduite par quelques hardis marins du nom de Roussi; cette lumière, selon l'interprétation populaire, avertirait les passants de prier pour les pauvres noyés. —

Ceci est la pure vérité.

Aussi voyageurs et pêcheurs, lorsque vous verrez osciller un point lumineux au fond de la baie des Chaleurs, agenouillez-vous, et dites un *de Profundis* pour les deux défunts, car vous aurez vu le *feu des Roussi*.

ADOLPHE-BASILE ROUTHIER (1839-1920)

Adolphe-Basile Routhier a touché à tous les genres littéraires; il n'en a illustré aucun. Apologète chaque fois qu'il prend la plume ou la parole, cet homme de loi sermonne tout autant que Jules-Paul Tardivel, mais avec moins de vigueur; il représente à merveille le bien-pensant de son époque. On lui doit l'hymne national « Ô Canada, terre de nos aïeux... »

Notre situation

On me demande ce que je pense de notre situation actuelle comme peuple et quelle sera l'issue de cet état de choses. La question est embarrassante, et sa solution dépend moins de nos hommes d'État que de la politique impériale.

Il est évident que nous arrivons à des temps difficiles, et que le sentier dans lequel nous cheminions avec confiance se rétrécit et s'obscurcit singulièrement. L'immense horizon qui s'étendait sous nos yeux est maintenant voilé de gros nuages. De chaque côté de la route apparaissent de profonds abîmes, et l'on ne voit pas bien où nous conduit ce chemin ombreux qui se déroule devant nos pas.

Rien ne paraît certain, et tout semble possible dans l'avenir du Canada français, et c'est en ce moment qu'il convient de jeter les yeux sur la providence des nations. L'espérance est là: elle n'est que là, et je ne m'explique pas l'espoir et la confiance de ceux qui croient que la Providence est un mot vide de sens, et que le hasard est le grand dieu de ce monde.

Faire des prévisions sur notre avenir, sans compter avec la Providence, serait aussi absurde que de nier l'action providentielle dans notre passé. Le hasard et la fortune, a dit Bossuet, sont des mots dont nous couvrons notre ignorance.

Voyons donc ce que la Providence a fait pour la nationalité canadienne-française, et le passé nous instruira de l'avenir.

Il est impossible de nier que c'est la Providence qui a conduit Jacques Cartier sur nos bords, et qui a donné la vie à ce grain de sénevé qui s'appelait la Nouvelle-France.

Personne n'ignore que ce grain de sénevé a été arrosé du sang des martyrs et qu'il y a puisé une sève qui ne tarira jamais. Tout le monde sait qu'un bel arbre est sorti de cette semence, et qu'il a su résister aux vents et aux tempêtes. On disait que cette plante, étiolée et languissante en apparence, n'avait pas jeté de racines dans ce sol d'Amérique, et qu'un souffle étranger l'arracherait. Mais combien de preuves elle a données, depuis, de sa force et de sa vitalité!

La France a versé dans nos veines le plus pur de son sang, et cette glorieuse filiation ne peut pas être inféconde. Profondément religieuse alors, la fille aînée de l'Église n'avait d'autre but, en devenant mère, que l'extension de la foi catholique et la conquête d'un nouveau royaume à Jésus-Christ.

Telle a été l'origine de la nationalité canadienne-française, et c'est pour cela qu'elle est inséparable de la foi catholique, et qu'elle ne peut exister sans elle.

Or, ce petit peuple dont la vie est aujourd'hui en question, n'a-t-il pas été, comme le peuple hébreu, l'objet des prédilections divines. Dieu ne l'a-t-il pas guidé par la main à travers les dangers de sa pénible existence?

Quand la France en délire, ivre d'impiété, a renié sa mère la sainte Église et maculé sa face auguste, Dieu n'a-t-il pas arraché de ses bras de marâtre l'enfant qu'elle ne pouvait plus allaiter? N'a-t-il pas planté sur nos rives le drapeau conservateur d'Albion, pour nous servir de digue contre ce torrent du libéralisme qui inondait le monde?

Il est vrai que l'Angleterre était dans les mains de la Providence un instrument aveugle, et que nous ne devons pas être reconnaissants envers elle pour ce bienfait involontaire. Il est vrai aussi que ne voyant pas la main bienfaitrice nous ne voulions pas voir le bienfait, mais il n'en est que plus évident que c'est Dieu seul qui nous a conduits loin des citernes empoisonnées où notre première mère allait s'abreuver.

L'Angleterre, elle, avait d'autres desseins, et la nationalité canadienne-française n'était pas ce qu'elle voulait conserver; mais, grâce encore à la Providence, ses tentatives d'anglification furent vaines. Comme la nationalité juive, que toutes les rigueurs de la captivité n'ont jamais pu détruire, l'élément français a toujours surnagé malgré les flots envahisseurs de l'élément britannique.

Ce qui, dans les calculs humains, devait anéantir la race française, n'a été qu'une épreuve dont elle est sortie victorieuse, et n'a servi qu'à développer sa force et sa fécondité. L'union des deux Canadas, qui devait être son tombeau, n'a été qu'une arène glorieuse où l'enfant est devenu un homme!

Et quand ces frères de lait, devenus également forts, virent qu'ils s'épuisaient en luttes inutiles, ils se donnèrent généreusement la main, et contractèrent une nouvelle alliance avec d'autres frères qui voulurent partager leurs destinées. La confédération fut une révolution, mais une révolution pacifique que les circonstances avaient rendue nécessaire.

L'horizon politique se trouva agrandi, et l'horizon français dissipa ses nuages. L'ancienne Province de Québec, que les gouverneurs français avaient fondée, et que l'on croyait ensevelie pour jamais dans l'oubli le plus complet, se releva radieuse d'espérance et s'achemina librement vers l'accomplissement de ses destinées.

Telle a été la voie que nous avons suivie, et je ne crois pas me tromper en affirmant que notre race a pris ce développement graduel et bien conditionné qui fait les peuples grands. Pendant que les nations de l'Europe se livraient les guerres les plus sanglantes, nous marchions paisiblement à l'ombre du drapeau britannique, les bras tendus vers l'avenir.

Nous avons conservé notre langue, nos lois, nos institutions et la foi de nos pères. Nous avons défriché nos forêts, agrandi nos villes, multiplié nos paroisses, et bâti dans tous les centres importants des églises, des collèges et des couvents.

Notre population est libre, libre de cette bonne liberté qui permet tout le bien et qui proscrit le mal. Elle est plus religieuse que toutes les autres nations du monde, et ses lèvres ne font qu'effleurer cette coupe du libéralisme qui a débordé en Europe et aux États-Unis. Plaise à Dieu qu'elle la repousse toujours loin d'elle!

Voilà ce que nous avons été et ce que nous sommes. C'est la Providence qui nous a placés dans ces conditions de vie, et c'est elle qui nous préservera de la mort.

Je l'ai déjà dit, et je le répète: il est impossible que nous n'ayons pas un grand rôle à jouer dans les destinées futures de l'Amérique, et la Providence permettra que nous accomplissions notre fin.

Mais quel sera notre avenir probable? Et que devons-nous faire dans les circonstances présentes? Voilà ce qu'il me reste à examiner.

Du libéralisme en Canada

Après avoir parlé de la république américaine, il est naturel de dire un mot de ses amis en Canada. De l'objet aimé à l'amant la transition est à peine sensible.

Hélas! oui, tout laid qu'il soit, le yankee est une idole devant laquelle plusieurs de nos compatriotes se prosternent. C'est le type qu'ils admirent, l'idéal qu'ils entrevoient dans leurs rêves, le modèle qu'ils s'efforcent de copier. S'ils étaient parfaitement sûrs que Dieu a créé l'homme à son image et à sa ressemblance, ils affirmeraient qu'Adam était yankee, tant il est vrai qu'à leurs yeux le yankee est l'homme parfait.

Va sans dire que je parle ici d'Adam après sa chute; car avant sa chute, il ne méritait guère l'admiration de l'école libérale. Il était le crédule esclave de la révélation, le sujet servile de l'autorité divine, et il acceptait les enseignements de Dieu sans les juger au tribunal de sa raison. Lui, le chef du pouvoir civil, il admettait la prépondérance du pouvoir religieux. Il reconnaissait niaisement sa condition subalterne, et la subordination de ses droits civils au *droit divin*. En un mot, c'était un arriéré qui n'avait connu ni Luther, ni Voltaire, ces deux grands émancipateurs de la raison humaine.

Survint heureusement le serpent, qui était plus philosophe que Voltaire et un parleur des plus habiles. Aidé de la femme, qui a aussi son éloquence, il glissa dans l'oreille d'Adam les mots de liberté et d'indépendance, et lui fit bientôt comprendre qu'il fallait affranchir son esprit de toute contrainte et y laisser pénétrer les lumières de la science du bien et du mal.

Adam, flatté dans son orgueil, fut séduit et secoua le joug. C'est cet Adam que le libéralisme doit applaudir. Il s'est révolté contre l'intolérance religieuse et contre un précepte que sa raison n'admettait pas. Il a fait acte de courage et d'indépendance, et il s'est sacrifié pour l'émancipation de l'intelligence humaine. Il savait qu'il serait persécuté; néanmoins il a méprisé l'omnipotence théocratique, et dessillé les yeux de l'humanité.

L'homme parfait aux yeux des libéraux doit donc être cet Adam, sortant des mains de Dieu plein de jeunesse, de beauté, de force et d'intelligence, et secouant les chaînes du *droit divin* pour s'élancer dans la carrière libre du progrès; et c'est ainsi que le peuple modèle doit aussi leur apparaître. Ce peuple sans égal, dont ils se font les apologistes, méconnaît aussi les dogmes religieux, rejette la révélation, et admet la souveraineté de la raison humaine. Est-il étonnant qu'il soit devenu le fétiche de nos libéraux canadiens-français.

Il faut rendre cette justice aux Canadiens-anglais: ils sont moins enclins à donner dans le libéralisme. Leur instinct conservateur les avertit que les principes libéraux sont subversifs de l'ordre social. Ils n'ont pas non plus cet enthousiasme de la race française pour la liberté illimitée, enthousiasme qui devient un délire.

Aussi, le foyer du libéralisme dans le monde c'est Paris. C'est de là que cette grande hérésie étend ses ramifications dans tout l'univers, et ses adeptes, il faut en convenir, sont innombrables.

La déesse la plus honorée par l'antiquité païenne était Vénus, et c'est à Cythère qu'elle recevait le plus d'hommages.

Celle que le monde actuel adore est la Liberté, et c'est à Paris qu'elle s'est vu élever le plus d'autels. Au reste, le culte de l'une ne nuit pas à celui de l'autre dans la capitale du monde civilisé, et l'on peut imaginer les maux que cette double idolâtrie engendre.

Le libéralisme en Canada a son centre à Montréal. C'est là que se sont groupés les plus fervents adorateurs de la déesse Liberté, et qu'ils lui ont élevé un temple, l'Institut canadien! La tribune de l'Institut est le trépied sacré d'où ses pontifes rendent leurs oracles, et le *Pays* est l'écho fidèle qui répète au loin les enseignements de la déesse.

Pourtant, cet écho est souvent affaibli, et l'on dirait qu'il lui répugne quelquefois de reproduire les accents hardis des oracles. On sent qu'il est la voix d'un parti politique, et qu'il y a là des intérêts qu'il ne faut pas compromettre. Il tient à paraître catholique; mais il serait fâché de l'être. Il s'estime heureux d'être libre-penseur, mais il serait bien fâché de le paraître. C'est dire que ce pauvre journal vit de contraintes et de sacrifices; et je suis convaincu que ses rédacteurs ont pensé bien des articles qu'ils n'ont jamais écrits, et qu'ils en ont imprimé beaucoup qu'ils n'ont jamais pensés! Dans une telle condition, je comprends qu'on appelle à grands cris la liberté.

Je ne puis aucunement m'apitoyer sur cette contrainte que les libéraux canadiens s'imposent, parce que j'en connais les motifs intéressés. (Ce qui gêne un peu leur liberté, ce n'est pas l'autorité, mais l'opinion; ce qu'ils redoutent, ce n'est pas l'excommunication, mais la réprobation publique; ce qu'ils entendent gronder sur leurs têtes, ce n'est pas la voix des Évêques, mais la voix du peuple. Pour tout dire en une phrase, ils ne reculent pas devant le mal, mais devant l'insuccès.)

Au reste, il faut avouer qu'ils s'accordent assez souvent le plaisir de déchirer le masque qu'ils portent malgré eux. Cette déchirure ne les embellit pas, et leurs propres amis préfèrent généralement leur masque à leur figure.

Combien de fois ne leur ont-ils pas dit: « Vous vous découvrez trop; et vous nous perdez dans l'opinion. Il faudrait adoucir votre voix, voiler davantage votre face, déguiser vos mouvements, et lorsque, pour extirper le vieux préjugé catholique, vous allongez la main, il faudrait la ganter: le gant cache la griffe. Voyez donc ce que fait le dentiste lorsqu'il veut vous mettre dans la main une molaire que vous ne voulez plus souffrir dans votre bouche. Il vous fait respirer un gaz qui vous endort et paralyse vos sens, et lorsque votre tête appesantie est tombée dans ses mains, il attaque résolûment la molaire, et bientôt vous vous apercevez sans douleur qu'un convive de plus manque à votre mâchoire.

« Voilà l'exemple que vous devez suivre. Au lieu de surexciter la sensibilité des catholiques, il faut la calmer, l'endormir; et lorsque vous aurez produit la torpeur dans ces tempéraments nerveux, le moment sera venu d'agir et de laisser tomber le masque. »

Mais ces reproches et ces avis fraternels ont été vains, et la haine a été souvent plus forte que la prudence. Une nouvelle explosion d'impiétés vient encore de se produire à l'occasion de ce procès Guibord, qui sera bien célèbre dans les rapports judiciaires, et plus célèbre encore dans les annales religieuses.

Les libéraux n'ont pu laisser passer cette occasion de proclamer l'infaillibilité de la raison humaine, la souveraineté du pouvoir civil et les droits de l'homme. Ces *droits de l'homme* m'agacent les nerfs, et l'on n'a pas fini de nous ahurir avec cette fameuse déclaration *des droits de l'homme* que la révolution française a léguée à ses enfants.

Cette mère du XIXᵉ siècle, la révolution française, a oublié de faire une autre déclaration, celle des *devoirs de l'homme*, et nos libéraux font la même omission, c'est-à-dire qu'ils négligent toute une face des questions débattues.

Il n'y a pas de droits sans obligations, et c'est en passant par le devoir que l'on arrive au droit. Où le devoir manque, le droit finit. Ainsi tout homme a son droit au ciel, et ce droit renferme pour ainsi dire tous les autres. Mais il dépend de l'accomplissement d'un devoir: servir Dieu. Le droit est perdu si le devoir est négligé.

La grande erreur du libéralisme c'est de revendiquer des droits tout en s'affranchissant des devoirs; de réclamer la jouissance du bien, en prétendant user de la liberté du mal; de vouloir les bénéfices et non les charges, les effets et non les causes. Cette erreur fondamentale entraîne toutes les autres, et je ne suis pas étonné d'entendre un grand penseur proclamer que l'école libérale est la plus féconde en contradictions de toutes les écoles rationalistes.

Coup d'œil général sur la littérature française au XIXe siècle

Deux esprits opposés se disputent l'empire du monde, dit Mgr Gaume dans son admirable *traité du St-Esprit*.

Le domaine littéraire, comme le domaine religieux, subit constamment l'influence puissante de ce duel effrayant engagé sur la terre entre Lucifer et le St-Esprit. De là dans la littérature de tous les siècles, deux courants d'idées opposés, représentés à chaque époque par deux écoles ou par deux classes de littérateurs.

Pour apprécier justement la littérature d'un siècle, il ne faut pas perdre de vue cette vérité qui domine toute l'histoire, l'histoire littéraire comme l'histoire politique et religieuse de chaque peuple.

L'influence de ces deux puissances surnaturelles est plus ou moins apparente, plus ou moins forte à certaines époques ou chez certaines nations; mais on en trouve toujours et partout la trace. Parfois l'Esprit du Bien domine, et la littérature est alors florissante de vigueur, de beauté et de vérité. Le Bien est son objet, la vertu son but, l'Église son amour. Ainsi fut le XVIIe siècle pour la France.

Parfois l'Esprit du mal l'emporte, et la littérature se fait l'écho de l'impiété et de la corruption des consciences. La voix de la Vérité est étouffée sous les sarcasmes, et l'Église est traînée devant le tribunal de l'opinion, comme Jésus dans le Prétoire, abreuvée d'ignominies, et condamnée par les valets et les cuistres littéraires. Tel fut le XVIIIe siècle, non seulement pour la France, mais pour l'Europe entière.

Parfois la lutte devient terrible et le résultat de la bataille est incertain. Alors se rangent sous deux drapeaux, deux armées puissantes. Alors s'érigent en face l'une de l'autre, deux chaires, deux écoles ayant à leur tête des intelligences d'élite et luttant de science, de lumière et d'habileté. Ainsi nous apparaît la littérature du XIXe siècle. Ainsi combattent aujourd'hui, aux portes de l'Église catholique les deux phalanges d'écrivains que les deux esprits ont enrôlés sous leurs étendards.

Ces deux écoles ont leur origine dans les deux siècles qui précèdent. L'une est l'enfant naturel du XVIIIe; l'autre est la fille légitime du XVIIe, mais plus parfaite, plus grande, plus immaculée que son père.

Certes, je ne suis pas de ceux qui dénigrent le XVIIe siècle, qui certainement valait mieux que le nôtre. Mais quand je fais un parrallèle entre sa littérature et l'école catholique de notre temps j'avoue que mes préférences sont pour celle-ci.

Un coup d'œil rapide jeté sur le passé et sur le présent pourra peut-être me justifier.

Le siècle de Louis XIV est une époque éminemment glorieuse pour la littérature et jamais la langue française n'était arrivée à ce degré de perfection. L'apologétique chrétienne, la philosophie, l'histoire et la poésie n'avaient jamais compté jusque-là de plus illustres représentants. Bossuet, Fénélon, Bourdaloue, Pascal, Racine, Corneille, Descartes? Quelle réunion éblouissante de génies!

Et pourtant, il y a là quelques taches. Bossuet est le père du gallicanisme! Pascal est Janséniste! Fénélon, Racine et tous les littérateurs de ce temps, ont la tache payenne! La philosophie Cartésienne n'est pas exempte de tout danger.

Je ne parle pas de Boileau. Je n'ai jamais fort aimé ce vieux garçon à l'humeur acariâtre, qui ne voyait pas de poésie dans le Christianisme, et qui n'a trouvé dans nos temples qu'un lutrin qui valut la peine d'être chanté.

Je ne parle pas non plus de Molière. Ses comédies n'ont corrigé personne, pas même sa femme, et elles ont fait mentir le *castigat ridendo mores*, des anciens; ni de La Fontaine dont les jolies fables n'ont pu faire pardonner les contes.

Enfin, malgré le lustre remarquable que la France du XVIIe siècle a ajouté au front de l'Église, je ne puis m'empêcher d'y voir deux sociétés vivant l'une sous l'autre, puis l'une à côté de l'autre, et se confondant à la fin en une seule, qui était digne de donner naissance au XVIIIe siècle.

Sous la société sincèrement religieuse qui avait à sa tête Bossuet, Bourdaloue, Fénélon, Racine, et autres, il y avait une autre société, qui d'abord ne se montrait pas au grand jour telle qu'elle était, et qui tout en fréquentant les Églises était livrée au luxe, aux plaisirs et à la volupté.

Bientôt cette société releva la tête et afficha publiquement toute son élégante corruption. À côté de Mme de Maintenon trônait Ninon de Lenclos, dans l'opulence d'une luxure adulée, et l'aristocratie remplissait ses salons.

Molière et La Fontaine furent les échos de ce beau monde corrompu, et contribuèrent largement à populariser cette somptueuse luxure. Le Marquis de LaFare, l'abbé de Chaulieu, digne prédécesseur de l'abbé Prévost, continuèrent l'œuvre de La Fontaine et Molière, et se firent en poésie les apologistes de la licence des mœurs.

Quand la Régence arriva, Ninon de Lenclos avait éclipsé Mme de Maintenon. Le XVIIIe siècle recueillait de son prédécesseur une dangereuse succession. La corruption, partant des marches du trône, descendait dans les rangs inférieurs de la société, et n'attendait plus que Voltaire et ses disciples pour se répandre dans toutes les classes de la nation. Rousseau et Voltaire furent les deux larges canaux par lesquels cette semence délétère se répandit parmi le peuple.

Voltaire était l'Esprit du mal fait homme. Sa mère avait des mœurs plus que légères, et l'on a lieu de soupçonner que l'abbé de Châteauneuf qui l'a tant aimé et protégé, était son père! L'homme qui devait faire toute sa vie la guerre à Jésus-Christ et à son Église, méritait bien d'avoir cette honteuse origine; et le rôle qu'il a rempli était bien digne d'une naissance adultère et sacrilège.

Voltaire fut le roi de son siècle. Il entraîna avec lui la société dans l'abîme. Rousseau, Montesquieu, Diderot, D'Holbach, Dalembert et plusieurs autres vinrent lui aider à démolir le temple catholique; chacun arracha sa pierre qui roula sur la France avec un grand bruit. En même temps les continuateurs de Molière, Beaumarchais, LeSage et l'abbé Prévost précipitèrent la dissolution des mœurs en popularisant et répandant partout la littérature légère, sceptique et railleuse. Figaro, Gil-Blas et Manon Lescaut sont les descendants en ligne directe de Tartufe et du Misanthrope.

Il y eut pourtant dans ce siècle même où l'esprit du mal l'emportait, une école catholique subissant l'influence de l'Esprit du bien et combattant pour son triomphe.

Il y eut l'abbé Guénée, parfait écrivain, plein d'érudition, et polémiste spirituel, qui réfuta victorieusement les attaques de Voltaire contre la Bible. Il y eut Fréron, très habile journaliste, qui fit passer de mauvais quarts d'heure au patriarche de Ferney. En histoire il y eut LeBeau, et en poésie, Gilbert, qui mourut à l'hôpital, et André Chénier, qui porta sa tête sur l'échafaud.

Mais ces voix furent isolées et le vieil Arouet était à peine enterré que l'Église française et la royauté chancelaient déjà sur leurs bases. Hélas! l'esprit du mal allait être victorieux.

Mais Figaro avait fait fortune. Il était parvenu au faîte de la grandeur. Il échangea son nom contre celui de Robespierre et son rasoir contre la guillotine. Le torrent de sang qui inonda la France opéra soudain une double réaction littéraire, réaction contre le paganisme, réaction contre la littérature sceptique et railleuse; et le XIXᵉ siècle commença.

Chateaubriand réagit contre le paganisme littéraire; de Maistre contre la raillerie impie. Ils furent deux chefs d'école, et ils ont exercé une influence immense, à des degrés divers. Une grande distance les sépare pourtant. On pourrait dire que Chateaubriand a fait le tour du temple Catholique pour en admirer les formes, mais qu'il n'y est pas entré; tandis que de Maistre a parcouru l'intérieur de l'édifice et a même creusé jusqu'en ses fondements pour montrer au monde la pierre inébranlable sur laquelle il est assis. Chateaubriand a débarrassé la littérature française des langes payens dont la Renaissance l'avait enveloppée. Il a démontré que le Christianisme est le champ le plus vaste, le plus fécond et le plus riche en beautés qui puisse s'ouvrir à la poésie et à l'éloquence. C'est un titre ineffaçable à la reconnaissance du monde Catholique.

Malheureusement, Chateaubriand ne sut pas se garantir entièrement des émanations malsaines du XVIIIᵉ siècle. On trouve, particulièrement dans quelques-unes de ses œuvres, des traces visibles de la mélancolie et du sensualisme de Jean-Jacques Rousseau. Ce fut un germe de décadence qui a produit ses fruits, et les disciples du grand homme ne font pas tous honneur à l'Église.

Celui qui a donné à notre siècle la vraie impulsion Catholique, c'est de Maistre. Ses connaissances étendues, sa foi ardente, son style magique, sa position élevée dans l'échelle sociale, lui donnèrent une influence et une force remarquables qu'il employa au service de la vérité Catholique.

De Bonald apparut en même temps, et leurs génies élevèrent une digue au torrent révolutionnaire. L'école catholique du XIXe siècle était fondée.

Ah! grâce à Dieu, nous pouvons parcourir avec orgueil toute la littérature catholique de ce siècle, et nous aurons droit d'être fiers en la comparant à l'école du mal. Plus heureux que nos frères du siècle dernier, nous n'avons pas la douleur de voir la plus grande somme d'intelligence dans le camp des ennemis.

Je suis de ceux qui éprouvent la plus vive admiration pour la littérature de l'école Catholique contemporaine, et il me semble qu'elle a moins de taches que celle du XVIIe siècle. Ce qui manque particulièrement à celle-ci, c'est la vie. Ses monuments sont grands, splendides. Je les admire, je les contemple avec étonnement. Mais ils sont froids, et ils captivent mon intelligence plutôt que mon cœur.

Une image fera mieux comprendre ma pensée.

Du lieu où j'écris, j'aperçois sur la mer des îles verdoyantes qui reposent agréablement la vue, et des navires majestueux qui louvoient sous la brise, comme des goélands énormes, les ailes tendues. Ces rochers qui dominent la mer et dont la crète est couronnée d'une riche végétation, m'en imposent par leur masse, leur structure, leur grandeur et leur élévation. Mais ces beaux navires qui se balancent sur la vague, et qui luttent de vitesse pour arriver au but, m'intéressent et me plaisent davantage, parce qu'ils ont du mouvement et de la vie. Une âme les habite et les anime, une intelligence les dirige, un port les attend.

Ainsi en est-il des deux littératures que je compare, et pour nous, enfants d'un siècle exubérant de vie et d'activité, c'est l'action, le mouvement et la vitalité qui nous passionnent.

Aussi, quelle jouissance de parcourir cette bibliothèque si variée dont l'école catholique a doté la littérature contemporaine! Quel plaisir pour l'esprit! Quel bonheur pour le cœur! Quel bien pour l'âme! Ici je vois les œuvres des grands évêques dont l'Église s'honore: Pie, évêque de Poitiers, Parisis, évêque d'Arras, Gerbet, évêque de Perpignan, Berteaud, évêque de Tulle, Plantier, Dupanloup, de la Bouillerie et tant d'autres.

Là resplendissent les Conférences des grands prédicateurs, Lacordaire, de Ravignan, Ventura, Félix.

Plus loin c'est Mgr Gaume ajoutant les volumes aux volumes, les remplissant tous de savoir et d'éloquence et les animant du plus pur amour de la vérité. C'est l'abbé Martinet, philosophe et littérateur, revêtant les doctrines philosophiques d'une forme agréable, et indiquant aux peuples la solution des grands problèmes qui les agitent. C'est l'abbé Rohrbacher, consacrant trente années de sa vie à refaire l'histoire ecclésiastique au point de vue des doctrines romaines. C'est Maupied exposant dans un ouvrage des plus savants et des mieux écrits les lois éternelles de l'Église et des sociétés humaines. C'est l'abbé de Solesmes combattant avec la science et l'ardeur d'un bénédictin, le naturalisme dans l'histoire et le gallicanisme en théologie, et faisant resplendir aux yeux de ses lecteurs toute la poésie de la liturgie romaine.

759

Je voudrais pouvoir les nommer tous; mais ce serait à n'en plus finir tant le clergé français a fourni d'illustrations à la littérature contemporaine. Il y a l'abbé Darras, l'abbé Maynard, l'abbé Bautain et bien d'autres encore qui se sont montrés d'illustres et savants défenseurs de la Vérité; mais je ne veux jeter qu'un coup d'œil rapide sur la littérature contemporaine et je passe.

Les écrivains laïques ne sont pas restés en arrière dans ce grand mouvement littéraire et religieux dont le commencement de ce siècle a été témoin.

De Maistre, de Chateaubriand, de Bonald sont morts, mais leurs œuvres et leur esprit ont survécu. Le plus illustre disciple de De Maistre, celui qui l'a surpassé, c'est Louis Veuillot. C'est lui qui marche maintenant à la tête de l'école catholique, et certes, il sait se montrer digne de ce poste d'honneur! C'est lui qui est l'homme de lettres le plus parfait et le plus complet de cette époque.

Mais il n'est pas seul à défendre la cause catholique. Quels noms plus dignes de gloire dans l'histoire littéraire et religieuse de ce temps que Nicolas, Ozanam, Montalembert, de Falloux, Eugène Veuillot, Du Lac, Chantrel, Léon Gauthier, Nettement et un grand nombre d'autres que je pourrais nommer encore? Quels beaux monuments plusieurs d'entr'eux ne laisseront-ils pas à la postérité, dans l'histoire, dans la critique, dans la politique chrétienne; et, malgré les tendances gallicanes et libérales de Montalembert et de Falloux, qui se sont égarés quelque temps avec Mgr L'évêque d'Orléans, quels services éminents n'ont-ils pas rendus à la cause catholique!

Hélas! en dépit de toutes ces gloires vraiment françaises et catholiques, l'Esprit du mal a ses apôtres et ses défenseurs en grand nombre dans la patrie déchue de Charlemagne et de Saint Louis. En face de l'école catholique, on a vu grandir et prospérer un véritable pandémonium de toutes les hérésies, de toutes les impiétés.

C'est là qu'on a vu un Renan se poser en face du Christ, et lui dire audacieusement: Tu n'es pas Dieu! C'est là qu'il s'est rencontré un Taine, un Michelet qui ont chassé Dieu de l'histoire, et tenté d'expliquer tous les événements humains par les causes naturelles, le sol, le climat, la nature. Il s'est trouvé des poètes, des auteurs dramatiques, des romanciers qui ont nié l'immortalité de l'âme et proclamé les jouissances matérielles comme le but unique de l'homme en ce monde! On a entendu un énergumène s'écrier: la propriété, c'est le vol; Dieu, c'est le mal! Un Edmond About a proclamé les grands singes de l'Afrique centrale, pères de l'humanité, et divinisant le progrès indéfini de la matière et de l'industrie, il a prophétisé que l'industrie en viendrait à créer des hommes sans vices, comme elle a créé des taureaux sans cornes! Un Victor Hugo a dépensé toutes les forces d'un génie puissant, pour substituer la Révolution à l'Église, comme la véritable institutrice du genre humain!

Je n'en finirais pas si je voulais indiquer toutes les absurdités, et toutes les impiétés qui ont cours dans cette école du mal. Que de noms y ont conquis une triste célébrité, dans la philosophie, dans l'histoire, dans l'économie sociale, dans la critique littéraire, dans la poésie et dans le roman! Cousin, Jules Simon, Proudhon, Louis Blanc, Quinet, Leroux, Considérant, Sainte-Beuve, Béranger, Musset, Théophile Gauthier, Henri Heine, Dumas, Sue,

Balzac, Soulié, George Sand et vingt autres consacrent leurs talents et leurs veilles à démolir cette immortelle et divine institution qu'ils appellent une *vieillerie*, et que nous nommons la Sainte Église de Jésus-Christ.

Ah! leur œuvre de destruction n'est pas finie, et elle ne le sera jamais. C'est en vain qu'ils entasseront tous les mensonges, toutes les utopies, tous les systèmes, toutes les calomnies, toutes les corruptions pour en finir avec le Christianisme. Chaque fois que l'un d'eux arrache une pierre de l'édifice, il se rencontre un écrivain catholique qui la ramasse et la replace; et toutes les découvertes de l'histoire, comme tous les perfectionnements de la science donneront à l'Église un nouvel éclat et de nouvelles splendeurs!

Je crois au triomphe prochain de l'Église. L'ensemble des œuvres si nombreuses et si belles de l'école catholique, répandra dans le monde tant de lumière que les peuples en seront éclairés.

J'espère que la littérature canadienne saura s'inspirer de la grande école catholique du XIXᵉ siècle, et je prie mes jeunes compatriotes qui veulent entrer dans cette carrière, d'y choisir leurs modèles.

Nous entrons tous dans la littérature par une porte particulière qu'un grand homme du passé ou du présent vient nous ouvrir. Pour les uns, cet homme a été Homère, ou Dante, ou Virgile; pour d'autres il a été Bossuet, ou Shakespeare ou Voltaire. Pour moi cet homme a été Louis Veuillot. C'est lui qui m'a introduit dans le vestibule de cette école catholique dont je compte les colonnes et dont j'étudie les splendides ornements.

De nos jours un bon nombre entrent dans le domaine littéraire par Lamartine et Victor Hugo. Ce sont des guides dangereux, comme je le démontrerai plus loin.

Ce qu'il faut à notre pays c'est une littérature franchement, entièrement catholique, sans alliages, sans faiblesses, sans complaisances pour l'erreur, lors même qu'elle se présente avec le prestige du talent et de la renommée; et je ne saurais recommander assez à nos jeunes littérateurs, dont plusieurs ont déjà fait preuve des plus beaux talents, de ne pas s'abreuver à ces sources empoisonnées que je viens d'indiquer en passant. Ils y perdraient deux choses qui seules font les bons citoyens et les grandes nations, le patriotisme et la Foi.

EDMOND DE NEVERS (1862-1906)

Edmond Boisvert dit de Nevers fut à la fois un aventurier de l'esprit et un penseur savant. Avide de toute science humaine et fatigué du climat « d'indolence intellectuelle » qui lui semblait régner en Canada, il part pour l'Europe en 1888. Il étudie en Allemagne, visite, entre autres, l'Autriche, l'Italie et l'Espagne, s'établit enfin à Paris où il continue à parfaire sa formation d'humaniste éclectique tout en gagnant son pain comme rédacteur à l'Agence Havas. Éloigné de son pays, il ne cesse pas de s'interroger sur l'identité canadienne-française ni de réfléchir à la situation de sa langue et de sa race en Amérique du Nord. Lorsqu'il fait paraître *L'Avenir du peuple canadien-français* (1896) et *L'Âme américaine* (1900), il propose à ses compatriotes un programme d'action et une analyse lucide, dont les meilleurs esprits de l'époque savent reconnaître la pertinence et les lecteurs d'aujourd'hui l'originalité.

Aux futurs artistes, romanciers et savants canadiens

(Il s'agit du chapitre IV de L'Avenir du peuple canadien-français.*)*

[...] Le poète, le romancier, le peintre, le musicien, le sculpteur n'apportent pas seulement au monde un certain contingent de jouissances esthétiques, ils évoquent dans le passé les gloires de la race à laquelle ils appartiennent, ils ressuscitent ses héros et les imposent à l'admiration du monde: le poète par ses chants, le peintre par ses tableaux, le sculpteur par ses statues. Ils donnent une voix harmonieuse aux légendes, fixent sur la toile, ou éternisent dans le bronze et le marbre les grandes actions, les gestes inspirés par une pensée sublime.

L'histoire des petits peuples surtout a besoin de ces hérauts, car elle reste nécessairement une histoire locale, tant que ses fastes ne peuvent briller au dehors, au milieu du rayonnement des chefs-d'œuvre[1].

Tout notre passé, toute l'histoire des deux derniers siècles est une source à laquelle nos poètes et nos artistes peuvent puiser abondamment; elle est faite d'actes héroïques et de scènes pittoresques qui appellent la lyre et le pinceau. Quand nous n'aurions pas plus de dispositions artistiques que nos voisins des autres races, nous serions tenus plus étroitement qu'eux, il me semble, de cultiver les arts, car c'est à nous qu'incombe le devoir d'écrire en caractères ineffaçables pour l'avenir ce qu'ont fait les premiers pionniers de la Nouvelle-France, les premiers explorateurs du continent américain.

Il me semble avoir lu, dans un auteur ancien, que certaines villes de la Grèce professaient cette croyance naïve et poétique qu'une muse venait s'asseoir sur la tombe des héros et pleurer sur leurs cendres jusqu'à ce qu'un poète ou un artiste vînt donner à la mémoire du mort un autre gardien pour l'éternité. Les muses qui pleuraient ainsi sur notre sol n'ont pas toutes été relevées de leur pieux devoir, bien que des poètes et des historiens aient sauvé de l'oubli la plupart des mémoires qui doivent nous être chères. Beaucoup encore reste à faire.

Pour l'artiste, toutes les manifestations de la vie ont aujourd'hui, leur intérêt, leur beauté, leur côté pittoresque. L'esthétique moderne n'a plus les limites étroites d'autrefois. Cependant celui qui voudra rester fidèle à l'idéal unique du passé: l'idéal de la beauté, de la vertu et de la force, aura toujours

---

1. Pour ne citer qu'un exemple, l'histoire de la libération de la Suisse serait-elle aussi connue sans le *Guillaume Tell* de Schiller?

choisi *la meilleure part*. Chaque fois que l'art s'est mis au service de la vie mesquine, intéressée, sans envolée, sans rien de ce que Fichte appelle « l'idée divine » il n'a produit qu'une impression passagère.

Pour répéter une vérité très banale, il n'y a de réellement grand, que l'homme agissant sous l'impulsion d'un noble sentiment, d'une pensée d'héroïsme, de dévouement et de sacrifice; l'art n'élève les âmes que par la représentation de la grandeur et de la beauté.

Où l'artiste cherchera-t-il l'inspiration dans notre Amérique? La nature est éternellement belle, mais que lui offrira la vie? L'activité industrielle, les ruches de travailleurs, les *homes* confortables, les étalages de marchandises avec les patrons corrects et les commis avenants. *Business! Business!* Voilà, disait un chroniqueur parisien, les mots que l'on gravera sur les frises des Parthénons futurs. Le chemin qui conduit vers l'avenir passe en ce siècle, et surtout sur ce continent, à travers un territoire sans cachet, sans caractère, au point de vue de l'art, et sans beauté.

L'artiste canadien-français n'aura qu'à feuilleter les annales de notre passé pour y trouver l'inspiration qui fait éclore les œuvres grandes et durables.

*

* *

Bien souvent, songeant aux scènes d'autrefois, aux jours héroïques de la Nouvelle-France, je me prends à regretter de ne pas être peintre. À mesure que les visions évoquées acquièrent plus de consistance dans mon esprit et se dégagent des brouillards du rêve, elles se groupent sous des couleurs lumineuses, elles se condensent sur des espaces étroits, elles s'immobilisent dans un doux rayonnement et ce sont finalement des tableaux que j'évoque: des tableaux qui pourraient être l'ornement d'un musée national où, comme dans une autre galerie de Versailles, notre jeunesse irait réchauffer son amour de la patrie. [...]

Un peintre de bataille n'aurait qu'à choisir, au cours de deux siècles, parmi les centaines de sujets dignes de l'inspirer: depuis le premier combat auquel prend part Champlain contre les Iroquois, en 1608, jusqu'à la bataille de Châteauguay contre les Américains, en 1813, les exploits de D'Iberville, les batailles de la Monongahéla où parmi les vaincus se trouve Washington alors colonel sous Braddock, de Carillon, des Plaines d'Abraham, où nous fûmes défaits, de Sainte-Foye, etc., etc. [...]

Du nord au sud de l'Amérique septentrionale, partout l'explorateur, le missionnaire, le guerrier français, ont laissé de leur passage une trace héroïque que l'art peut faire revivre. [...]

À la vérité, les sujets sanglants sont plus communs, dans notre histoire, que les scènes légères et gracieuses; mais celles-ci sont de tous les pays.

J'aimerais voir décorant les murs de l'hôtel de ville de notre métropole quelque grande toile représentant *Le marché aux fourrures* qui se tenait chaque année, à Montréal, avant la conquête: Les longues rangées de tentes en écorces de bouleau, remplies d'étoffes voyantes, d'articles de bimbeloterie, de colliers, d'armes destinées à séduire l'Indien; les monceaux de fourrures, s'étalant avec leur chatoiement soyeux: peaux de daims, de castors, d'élans, de renards, de loups-cerviers, de martres, de visons etc., etc. Et tout ce monde bigarré, disparate, qui circule, pérorant, discutant, gesticulant: Indiens, coureurs des bois, colons, officiers, soldats, commis du gouvernement, etc., Indiens ivres d'eau de feu, chefs solennels, missionnaires parcourant les groupes, distribuant les paroles de paix.

Nos paysagistes non plus ne manqueront pas de merveilles dignes de leur pinceau; ceux que ne tentera pas le genre héroïque pourront esquisser l'ombre aurorale de nos nuits d'hiver, les immenses nappes de neige éblouissante, crépitant aux rayons de la lune, le feuillage argenté des arbres couverts de frimas, les sites enchanteurs des bords du Saint-Laurent, etc., etc.

Enfin, nous avons, même en ce siècle, des figures qui méritent d'être immortalisées: les champions de nos libertés constitutionnelles, Papineau, Bédard, Bourdages, Lafontaine, etc.; les derniers de nos martyrs, ceux de 1837, Cardinal, de Lorimier, Duquette, etc. Et de nos jours ce simple, gai et populaire héros, le défricheur patriote, Mgr Labelle.

II

Si notre passé offre un champ si vaste aux artistes, combien plus vaste encore est celui qu'il offre aux romanciers. Notre histoire est tellement belle que ce serait mal peut-être d'en altérer le caractère par la fiction. L'œuvre du romancier devra reconstituer la vie familiale des anciens pionniers, raconter comment nos ancêtres ont quitté leur mère-patrie, quel mystère, quel chagrin parfois cachait ce départ, quelle vision ils entrevoyaient aux champs d'outre-mer.

Les marins des bords de l'Atlantique entreprenaient, sans appréhension probablement, une longue traversée; les soldats obéissaient à leur consigne, tous cherchaient une terre où moins d'entraves gêneraient leur liberté, mais n'en est-il pas qui venaient enfouir une douleur, ensevelir des illusions mortes? De ce passé intime et obscur, rien ne nous reste. Quelquefois, en lisant les registres de l'émigration, on voit les noms de groupes de colons de la Rochelle, Poitiers, Nantes, et par le même navire, un jeune homme venu seul d'une province lointaine, de Bordeaux, de Paris. Pourquoi a-t-il ainsi quitté sa province? seul?...

Les contemporains d'Homère s'enquéraient de l'histoire de chaque étranger qui venait échouer sur leurs rives, car il est une histoire pour chaque homme que les circonstances de la vie ont jeté en dehors de la sphère d'action dans laquelle il semblait destiné à évoluer. Pour chaque homme qui quitte son pays, il est une histoire, ne serait-ce que celle de la lutte qui se livre dans son cœur entre le connu et l'inconnu, celle des affections qu'il abandonne, des rêves qu'il avait chéris et qui s'envolent, des visions qu'il avait caressées et qui s'évaporent.

Nos romanciers futurs qui connaîtront à fond les mœurs de ce temps, qui en auront étudié avec soin les mémoires, les vieilles chroniques, pourront faire revivre l'âme ardente des ancêtres, nous dire les exploits de D'Artagnan superbes, de Porthos invincibles dont les noms ont échappé à l'histoire, ou peut-être aussi de poétiques Attalas, de Renés mélancoliques...

Des centaines de noms de rivières, de villes, de villages, dans l'ouest des États-Unis, rappellent le souvenir de nos pères: les Illinois, Detroit, Prairie du Rocher, Prairie du Chien, la Baie verte, Gallopolis, Dubuque, etc., etc. Dans chacun de ces postes si nombreux établis par les Français de Québec à la Louisiane, et où leur nom est aujourd'hui presque oublié, n'y a-t-il pas le sujet d'un roman attachant, d'une idylle touchante, de quelque récit de vie solitaire, à la Robinson?

Dès que les peuples anciens ont acquis la conscience de leur vie, des poètes se sont hâtés de donner aux héros nationaux, les vertus surhumaines, la puissance magique, l'entourage mystérieux que leur prêtait la croyance populaire, car le peuple ne saura jamais voir les grands hommes tels qu'ils sont. Aujourd'hui le poème épique n'est plus de mode, on éprouve moins le besoin d'attribuer aux êtres une grandeur surnaturelle; pour les jeunes peuples de l'ère moderne le roman historique peut remplacer l'épopée et faire aux héros ce type mi-réel, mi-imaginaire, qui plaît à l'âme populaire.

L'œuvre du romancier complète l'œuvre de l'historien: ce dernier raconte les luttes, les batailles, les changements politiques, et d'une manière synthétique la vie de la nation. Le romancier entre dans les familles, dit la vie intime des êtres, les aspirations, les joies, les chagrins des âmes; les événements particuliers qui se sont perdus dans les bouleversements généraux. Il recueille dans le tumulte et le fracas de la bataille l'enthousiasme d'un seul cœur qui s'anime de la fièvre générale; au milieu des chants de victoire, la voix solitaire qui pleure dans un foyer abandonné. Il peint les bonheurs et les tourments de l'amour, qui est la vie, et qui dans tous les événements humains est le plus puissant inspirateur.

III

L'étude des sciences elle-même devra emprunter un attrait particulier à l'amour du pays, à la pensée patriotique. Les savants, en recueillant les secrets enfouis au fond des cœurs, révèlent l'homme à l'homme, en recueillant ceux que recèle la nature, ils révèlent la terre à ceux qui l'habitent. Étudier les sciences, c'est étudier l'œuvre de Dieu, c'est affirmer sur tous les êtres l'empire qui a été donné à l'homme. La physique, la chimie, la mécanique, ont été les grands instruments du progrès en ce siècle; il est du devoir de chaque peuple de contribuer à l'œuvre bienfaisante qu'elles accomplissent. [...]

Tant que nous manquerons de physiciens, de chimistes, de naturalistes, de botanistes, nous ne réussirons pas à tirer parti de nos terres et à instaurer dans notre pays une agriculture perfectionnée. Aussi longtemps que nous manquerons d'hommes de science qui, d'après l'étude des conditions particulières de notre climat, des qualités de notre sol, etc., pourront formuler des règles sur lesquelles se guideront nos agriculteurs, nous resterons fidèles à l'ancienne routine. Nous savons aujourd'hui d'une manière vague que certains terrains ne sont pas propres à certaines cultures, que certains engrais sont favorables à certaines plantes, mais nous l'avons appris par une expérience non scientifique. Ces connaissances ne reposent sur aucune loi reconnue, et si leur application, en raison de causes étrangères, cessait de donner les résultats attendus, on en conclurait probablement que ces résultats avaient été dans le passé dus à un simple hasard. Ni un agriculteur riche et dévoué à son pays, ni même un professeur d'agriculture quelconque ne saurait faire les expériences nécessaires, il faut un savant connaissant à fond la généalogie, la physique, la chimie, l'histoire naturelle, et tous les multiples phénomènes de la croissance des plantes, de leur nutrition, etc.

Or, cette science nous ne pouvons pas la demander à des auteurs étrangers; les conditions climatériques, biologiques et géologiques spéciales de notre pays exigent des expériences faites chez nous. [...]

Chaque point du globe a son histoire. Si ce travail mystérieux des âges intéresse le savant, ne doit-il pas aussi intéresser le patriote, lorsqu'il s'agit du sol que nous habitons et que nos pères ont conquis?

Notre âme, comme regard, aime les horizons lointains, les abîmes profonds, les au-delà insondables. Quelquefois je me prends à regretter que la nuit n'ait pas présidé à notre entrée en Amérique, que le passé de notre race sur ce sol qui nous est cher, n'embrasse pas des milliers d'années et qu'il ne flotte pas quelque étrange mystère de beauté ou d'horreur dans les plis obscurs de son voile. L'imagination a bientôt pénétré les trois siècles qui se sont écoulés depuis l'arrivée des premiers navires transportant des colons dans le golfe Saint-Laurent. Elle a embrassé en un instant l'épopée glorieuse dont nos pères furent les héros, mais elle voudrait encore aller plus loin, remonter plus haut vers le passé infini, en évoquant toujours sur son passage des âmes d'ancêtres, d'ancêtres qui auraient vécu, aimé, combattu et souffert dans la patrie. Il me semble que du haut de quelque dolmen primitif, près de quelque tombe inconnue, de quelque ruine enfouie qui me parlerait d'un passé de mille années, mon pays me serait encore plus cher et serait plus à moi.

Celui qui nous racontera l'histoire de notre sol, qui évoquera pour nous la vision des temps préhistoriques, avec leurs végétaux géants, leurs fleurs monstres, leurs mers de glace, qui fera entrer notre esprit plus profondément dans le passé, nous attachera davantage à ce sol canadien qui est nôtre; car notre prise de possession s'étendra à travers les âges.

Ce qui marque l'agrandissement de l'esprit humain, c'est cette faculté d'accroître ses jouissances dans le passé et dans l'avenir, d'unir par la pensée les trois termes de la durée, de rendre présent par la reconstitution et l'anticipation ce qui a été et ce qui sera. L'animal inférieur ne voit que le présent, ne jouit que du présent. L'homme sans culture n'occupe guère dans les temps que les cinquante ou soixante années que la Providence lui a dévolues; cependant il a de vagues aspirations vers le lointain, l'au-delà, l'infini; et ces aspirations, les religions ont toujours tendu à les satisfaire. Le savant seul s'empare des mondes disparus et prévoit, dans une certaine mesure, les mondes à venir.

Toutes les jouissances de l'esprit ne sont-elles pas faites principalement d'anticipations et de souvenirs? ont-elles une réalité dans le présent? Les émotions de l'art, de la musique, de la peinture, de la poésie, ne consistent-elles pas surtout en ce qu'elles entraînent notre âme au loin, dans un monde imaginaire qui peut être le passé ou l'avenir, mais qui n'est jamais le présent? Les conquêtes de la science, lors même qu'elles ne peuvent, en apparence, amener aucun résultat pratique, sont utiles à l'homme, car elles ouvrent son horizon et élargissent son esprit. Elles le rendent meilleur, plus tolérant, plus généreux, en diminuant en lui cet instinct égoïste qui veut tout rapporter à un gain actuel. En lui révélant des richesses qu'il ignorait, elles rendent moins absolu son attachement aux biens palpables et tangibles. [...]

Mais revenons pour une dernière fois à « l'homme pratique », car je sens combien tout ce que j'écris ici doit lui paraître ridicule.

« Vous voulez, me dit-il, que des peintres et des romanciers s'inspirent de notre histoire, que des savants pratiquent des fouilles dans notre sol, afin de nous raconter ses transformations, que des botanistes fassent le recensement de nos plantes, que des astronomes comptent les étoiles. Je ne m'y oppose pas, c'est affaire à eux. Mais que nous fassions des sacrifices d'argent, que nous payions des professeurs d'université, afin qu'un jour, un certain nombre de jeunes gens puissent s'élever à des contemplations plus ou moins poétiques, selon l'expression des gens du métier; qu'ils puissent raconter en prose ou en vers que nous ne sommes que de misérables atomes perdus dans l'infini, comme tous les savants s'évertuent à nous le prouver depuis des siècles, et qu'ils fassent des chansons sur tout cela; que nous travaillions pour ces flâneurs, qui ne seront pas mêmes capables de gagner leur vie! N'y comptez pas, cher monsieur! »

Sans doute nous ne parviendrons jamais à nous entendre. Le seul argument que je puisse faire valoir, ici, c'est que tous les États florissants se sont honorés de posséder ces flâneurs, ces chercheurs, ces fabricants de valeurs non cotées à la bourse; que tous se sont imposé des sacrifices pour les créer. Il est nécessaire que certains hommes, dans chaque pays, s'occupent de ces questions futiles et ridicules aux yeux de l'homme pratique et trouvent eux-mêmes futiles les poursuites ardentes de ce dernier, pour que tout soit bien dans le monde.

La matière a ses prêtres et ses fidèles, il faut que la pensée ait les siens, car nous sommes faits de matière et d'esprit. S'il importe d'augmenter le bien-être matériel, il n'importe pas moins d'agrandir l'horizon des âmes.

Orateurs

LOUIS-FRANÇOIS LAFLÈCHE (1818-1898)

Mgr Louis-François Laflèche, évêque des Trois-Rivières, n'a ni la grandeur de vue ni la profondeur humaine de Mgr Bourget; c'est, bien fin de siècle, un ultramontain absolu et un conservateur aveugle: il croit au pape comme à Dieu et il a peur des libéraux comme du diable. Querelleur tout autant que croisé, il participe à tous les débats de l'heure, qu'ils soient religieux, nationalistes ou politiques; il perd souvent ses batailles, mais il ne désespère jamais de gagner la guerre. De fait, « ce vieux prophète », comme on l'a appelé, continue l'œuvre de Bourget en poursuivant les libéraux jusque dans leurs retranchements politiques. Le Parti libéral finit par l'emporter, mais, en réalité, Mgr Laflèche triomphait peut-être, car le rouge de la doctrine avait dû être délavé pour flotter sur la colline parlementaire.

Sermon de la Saint-Jean*

(Prononcé à Ottawa le 25 juin 1866.)

> *Nolite timere, pusillus grex, quia complacuit*
> *Patri Vestro dare vobis regnum.* (Luc, Chap. XII.)
> « Ne craignez point, faible troupeau, parce qu'il
> a plu à votre Père de vous donner un royaume. »

Monseigneur[1] et mes Frères,

La solennité de cette grande fête, le nombre de Canadiens et surtout de Canadiens distingués, par leurs talents et leur position sociale que je vois réunis dans cette enceinte religieuse, fait du bien à mon cœur de prêtre et de Canadien. Je m'en réjouis vivement, et j'en suis même profondément ému. C'est que cette fête a un magnifique et double langage. Elle est l'affirmation de notre passé, et un acte solennel de foi dans notre avenir national. On me permettra de rappeler ici un souvenir d'enfance. Un homme distingué citait devant moi les paroles d'un journaliste qui ne croyait pas en notre avenir national. J'étais jeune alors, et je fus extrêmement surpris de voir révoquer ainsi en doute l'avenir du peuple canadien. Devenu grand, j'ai cherché à éclaircir à mes yeux cette question, savoir: si réellement les Canadiens-français n'étaient pas un peuple; si dans cette agglomération d'hommes on ne trouvait pas tous les traits distinctifs d'une véritable nation. Depuis, les associations formées en l'honneur de saint Jean-Baptiste ont parlé, et elles ont dit tout

---

1. Monseigneur Guigues, évêque d'Ottawa.

haut ce que l'on pouvait penser dans son cœur. Le but en est l'affirmation publique de notre nationalité. Je crois que leur langage est juste, et qu'elles expriment une réalité.

Si nous jetons un regard sur notre passé, et si nous étudions les premières pages de notre histoire, nous verrons que les familles françaises, jetées dans la vallée du Saint-Laurent, étaient des familles bénies de Dieu. Ces familles, en deux cents et quelques années, malgré toute espèce d'obstacles, ont acquis le développement d'un million d'âmes. C'est là un fait providentiel et que nous nous plaisons à constater, parce qu'il a sa signification. Ces familles paraissent avoir été choisies du Seigneur pour être la tige ou la source d'un grand peuple; et c'est à bon droit qu'on peut leur appliquer ces paroles de l'Évangile, dites à l'occasion de la formation du peuple chrétien avec lequel elles ont tant de rapports: « Ne craignez point, faible troupeau, parce qu'il a plu à votre Père de vous donner un royaume ». C'est le développement extraordinaire de ces familles qui s'affirme aujourd'hui solennellement sur tous les points du pays, et nous donne droit d'être considérés comme nation.

Si c'est un fait certain et constant que nous formons une nation distincte, il s'ensuit des conséquences nécessaires; c'est que comme nation nous avons un avenir, une mission à remplir, un but à atteindre.

Par ces solennités, non seulement nous affirmons publiquement notre existence comme peuple, mais nous voulons aussi faire un acte de foi religieuse en un avenir national, et déclarer que nous aurons le courage d'accomplir notre mission. Cet acte de foi, je le considère d'une extrême importance. Voilà pourquoi, j'essayerai d'en développer, en ce moment, la signification, et pourquoi je parlerai des qualités constitutives de toute nation, et de la mission que la Providence a assignée à la nôtre.

Dans toute exposition comme dans toute discussion, il faut s'entendre sur les mots si nous voulons arriver à la vérité. Nous aimons naturellement la vérité. Si les hommes la repoussent quelquefois, c'est qu'ils croient repousser l'erreur, et si nous les voyons assez souvent accepter l'erreur, c'est qu'ils croient accepter la vérité. Voilà pourquoi nous voyons chez des hommes également convaincus de grandes divergences d'opinions. Or un des mots sur lesquels on diverge le plus, c'est le mot *nationalité*. Vous verrez des hommes, aimant vraiment la nation, agir directement contre ses intérêts. En agissant ainsi, ils pensent servir leur pays. Il est donc de la plus haute importance de bien s'entendre sur le sens des mots et l'étendue qu'ils comportent.

Vous me permettrez ici quelques explications sur ce qu'il faut entendre par *nationalité*.

La nationalité est ce qui constitue la nation. Mais que signifie le mot nation? Ce mot vient d'une langue étrangère, et veut dire naissance; en sorte qu'une nation, en remontant à la racine même des mots, est la descendance d'une même famille. La famille est ainsi la source de la nation. Quand une famille est bénie du Seigneur, elle se développe, s'étend sur un vaste territoire comme la famille d'Abraham, et l'ensemble de ses descendants forme la nation. Voilà le vrai sens qu'il faut donner à ce mot.

Mais quelles sont maintenant les qualités constitutives de la nation? Nous les examinerons dans la famille même, dont la nation est le développement.

Prenons l'homme à l'entrée de la vie, et étudions-le dans les diverses phases de son existence au sein de la famille, jusqu'au jour où il s'en détache comme un fruit mûr, pour s'implanter dans une autre terre. Cette étude nous donnera les éléments constitutifs de la nation. Comme le dit l'Écriture par la bouche de Job, l'homme arrive ici-bas dépouillé de tout. La Providence ne donne à l'enfant que la vie. C'est pourquoi l'enfant de l'homme civilisé, en venant au monde, n'est pas différent de l'enfant de l'homme sauvage. Donc la nationalité n'est pas une chose que donne absolument la nature. Nous naissons tous de la même manière. Cependant chaque groupe d'hommes présente des traits distinctifs. D'où viennent ces différences? Elles proviennent de l'éducation. L'enfant, qui est assis sur les genoux de sa mère, ne peut devenir, seul, homme parfait. Il est vrai qu'il a tout ce qui constitue l'homme, mais il n'est pas encore l'homme complet. C'est là que s'opère le développement, non seulement corporel, mais aussi moral, de l'enfant, et ce dernier s'opère par le moyen de la langue. La parole de la mère est la première lumière, la première intelligence de l'enfant. C'est la mère, en effet, qui a mission de lui faire saisir et comprendre les premières choses qui l'environnent. Elle est à son intelligence comme l'aurore à l'œil de l'homme. Quand nous sommes plongés dans un profond sommeil, si nous ouvrions tout-à-coup les yeux à la grande lumière du soleil, nous n'en pourrions supporter l'éclat. Il faut d'abord une lumière faible et douce qui ne fatigue pas. Elle peut s'accroître ensuite et s'agrandir sans mauvais effet, comme il arrive le matin dans la nature. Tel est le ministère de la mère. Elle commence par faire distinguer à l'enfant les objets qui l'entourent et à les lui faire nommer. L'enfant nommera d'abord les objets qui lui sont les plus chers. Il prononcera, par exemple, le nom de ses parents. Peu à peu, il répètera les paroles de sa mère, premièrement sans intelligence et sans attention, ensuite avec connaissance et réflexion, et finalement il parlera la langue de sa mère. Ainsi l'enfant du Français parlera le français, l'enfant de l'Anglais parlera l'anglais, et l'enfant du sauvage, le sauvage. L'observation nous montre donc clairement que le premier élément national est l'unité de langage. La langue, voilà certainement le premier lien de la nation.

Si nous consultons l'histoire, elle nous donne un enseignement conforme à celui de la raison.

D'après ce principe, il semble qu'il ne devrait y avoir qu'un seul peuple. En effet, ce fait de la diversité des langues ne peut s'expliquer que par la révélation. Quand l'Éternel voulut briser ce premier lien national, l'Écriture nous apprend qu'il dit: « Humilions ces hommes orgueilleux et confondons leur langage ». La diversité des langues, dans son origine, est donc un fait surnaturel; car, d'après la nature, tous les hommes devraient parler la même langue. Ce fut le châtiment de leur orgueil. Mais comme Dieu châtie toujours en père, cette réunion des hommes parlant diverses langues, en groupes nationaux, fut un remède à un grand mal. On voit par le contexte de l'histoire que Dieu, par la confusion du langage, voulut éviter la confusion des principes.

Donc, de par la révélation comme de par la raison, la langue est le premier lien national.

Mais l'enfant, en grandissant, a besoin d'être initié à un autre monde plus élevé, le monde des principes. Il faut à l'enfant une base plus solide que le sol sur lequel il marche et s'appuie. Cette base, ce sont ces vérités fondamentales qui l'empêcheront de faire naufrage quelle que soit la tempête qui l'assaillera sur la mer orageuse de la vie. L'intelligence de l'enfant s'appuiera sur cette base, comme sur un roc inébranlable. Mais qui jettera cette base, qui déposera ces principes dans l'âme de l'enfant?

C'est le père. La mère, elle, a fait les fonctions de l'aurore; mais le père, lui, arrivera comme la lumière du soleil, et communiquera, à l'âme de l'enfant, les principes immuables de la vérité, et son autorité supérieure les y consolidera d'une manière efficace.

Si donc une nation a marché dans la voie que lui ont tracée ses pères, les principes des premières familles ont dû se transmettre de génération en génération, et ont créé un autre élément national, la croyance, l'unité de foi. Voilà le second lien de la nation et le plus fort, parce qu'il ne tient pas seulement au monde matériel, mais à l'intime de l'âme, à la conscience humaine.

D'où l'on conclut qu'une nation qui a conservé ses caractères nationaux, a conservé sa langue et sa foi, et que celle qui les a tous perdus, a perdu aussi la langue et la foi de ses pères.

Or, il est ici quelque chose de bien remarquable à observer, et dont nous devons tirer notre profit particulier. C'est que les hommes dont Dieu a confondu le langage n'avaient pas encore grandement erré en principes, ni perdu la foi. On voit bien, il est vrai, dans l'Écriture, la distinction en enfants de Dieu et en enfants des hommes; mais cette distinction n'est due qu'à la corruption des mœurs des enfants de Caïn, et non point proprement à l'abandon des principes. C'étaient des hommes de mœurs perverses, mais qui avaient conservé la foi. La perversité du cœur entraîne néanmoins promptement l'obscurcissement de l'intelligence. Or, ces hommes dépravés commencèrent bientôt à s'éloigner de Dieu, à s'enfoncer dans d'épaisses ténèbres, à adorer les créatures. Ce fut ce qui les porta à se révolter contre le Seigneur, auquel ils ne voulaient plus rendre hommage. À peine eurent-ils commencé à perdre la foi, que dès lors Dieu confondit leur langage et opposa de la sorte une barrière à la communication des erreurs naissantes. Nous voyons par là comme Dieu est adorable dans toutes ses œuvres, et combien nous devons le bénir, nous, en particulier, pour avoir usé d'un semblable moyen de miséricorde à l'égard du peuple canadien.

Arrêtons-nous, maintenant, à faire quelques considérations sur ces deux éléments nationaux, la langue et l'unité de foi.

Si la langue est le premier élément national, le premier devoir de tout citoyen est donc de la parler, de la respecter et de la conserver. Or, nous mettant, ici, la main sur la conscience, demandons-nous si nous avons toujours rempli fidèlement ce devoir sacré. N'est-il pas arrivé quelquefois que des hommes qui se glorifiaient de porter un nom Canadien, ont, cependant, rougi de ce nom, l'ont travesti, et ont ainsi cherché à effacer le premier caractère national. Ils se donnaient néanmoins comme de grands amis de la nation.

Cette conduite ne pouvait venir que d'une erreur grave, et de l'ignorance absolue des choses simples et naturelles que nous venons de dire.

Nous sommes, il est vrai, dans une situation particulière, placés au milieu de nationalités différentes. Nous devons assurément respecter les autres nations. Mais il se produit un fait regrettable; c'est qu'un grand nombre d'entre nous parlent trop la langue étrangère. Mes frères, je ne vous dissimulerai en rien ma pensée: la plus lourde taxe que la conquête nous ait imposée, c'est la nécessité de parler la langue anglaise. Il est à propos, je l'avoue, que plusieurs sachent parler l'anglais, mais de cette taxe, ne payons que le strict nécessaire. Que les hommes d'affaires qui n'ont pas d'autres moyens de gagner leur vie, que les hommes publics qui sont obligés de discuter les intérêts de la nation, avec nos compatriotes d'origine étrangère, l'apprennent, c'est bien. Mais faudra-t-il pour cela que toutes nos conversations ou nos discussions se fassent dans la langue étrangère? J'ai assisté assez souvent à vos débats parlementaires, et je vous avoue franchement que j'ai été, plusieurs fois, profondément affligé de voir de nos compatriotes s'exprimer presque toujours dans l'idiome étranger. La langue française a pourtant le droit de cité dans nos Chambres. Les Anglais sont complaisants à nous enseigner leur langue. Pourquoi ne le serions-nous pas aussi? Pourquoi ne leur donnerions-nous pas des leçons de français comme ils nous donnent des leçons d'anglais? Tout Canadien, s'il aime son pays, à quelque degré de la hiérarchie sociale qu'il se trouve placé, parlera toujours le français, et ce ne sera que quand il s'y verra forcé qu'il emploiera la langue anglaise. S'il y a ici des hommes d'une origine étrangère, j'espère qu'ils ne trouveront pas mauvais que je conseille à mes compatriotes de les imiter. Voyez comme ils tiennent, eux, à leur langue. Est-ce que nous aimons moins notre nationalité que ces hommes n'aiment la leur? Je le sais, cette concession que nous leur faisons si aisément est une suite de la politesse proverbiale que nous ont léguée nos pères; nous voulons leur épargner des moments d'ennui, et nous parlons leur langue. Mais cette politesse doit avoir ses limites, et ne pas aller trop loin.

Je le dis donc de nouveau, la plus lourde taxe que la conquête nous ait imposée, c'est la nécessité d'apprendre l'anglais. Payons-la loyalement, mais n'en payons que le nécessaire. Que notre langue soit toujours la première. Tenons à parler la première langue de l'Europe; et fortifions, chez nous, ce puissant lien national.

Il m'a été donné de voyager aux États-Unis. J'y ai rencontré des compatriotes qui m'ont accueilli avec hospitalité. J'ai adressé la parole en français aux petits enfants qui entouraient leur mère, et ils ne m'ont pas compris. Ah! mes Frères, pour un homme qui aime vraiment sa nation, que cette scène est vraiment poignante!

Combien de compatriotes aux États-Unis qui, après deux ou trois générations, auront perdu leur langue, peut-être leur foi, et n'auront plus de canadien que le nom, si même ils le conservent? Si nous voulons sincèrement le bien de la patrie, nous nous efforcerons toujours de détourner nos frères d'aller dans un pays où ils perdent si facilement le caractère national.

Le second lien national et le plus fort, comme nous l'avons dit, c'est la foi. Je ne suis pas venu, ici, prêcher le principe des religions nationales. Je dirai seulement que si tous les hommes étaient restés fidèles à Dieu, il n'y aurait qu'une seule nation, et que si le Seigneur a divisé le monde en groupes nationaux, avec l'obstacle de la diversité des langues, ç'a été pour empêcher la diffusion de l'erreur. Mais, nous avons, nous, la certitude de posséder la vérité. Enfants de l'Église Catholique, nous avons, par excellence, le lien religieux. Il nous est impossible de différer sur les questions de principe. L'Église est notre tribunal, et ce tribunal est infaillible. C'est là un immense avantage pour conserver l'unité religieuse, et que ne peuvent revendiquer les sectes ou autres congrégations quelles qu'elles soient. Comprenons-le bien, l'autorité de l'Église est un principe social de premier ordre. *In necessariis unitas*, dit saint Augustin. « Dans les choses nécessaires, unité. » Or, quelles sont ces choses nécessaires? Ce sont justement ces questions de principe sur lesquelles on ne peut avoir deux opinions. *In dubiis libertas:* dans les choses douteuses, on a la liberté de son choix, chacun peut avoir son opinion, pourvu qu'il soit de bonne foi, et qu'il conserve la charité pour ses frères, selon la maxime: *in omnibus caritas;* envers tous la charité. Mais toujours dans les questions de principes qui touchent aux deux ordres temporel et spirituel, il faut l'unité, ainsi que l'a proclamé le souverain Pontife dans les enseignements de la dernière Encyclique. Nous devons donc, nous, Canadiens, conserver soigneusement, et même au prix des plus grands sacrifices, notre unité religieuse. C'est le lien dans lequel consiste notre principale force, ne l'oublions jamais, et qui nous aidera à traverser, avec gloire et sans péril, tous les orages et les plus grandes crises que la Providence pourra nous réserver.

Je citerai deux faits à l'appui de cette vérité. Le premier sera celui de l'Irlande. Les Irlandais ont conservé leur nationalité. Pourquoi? Parce qu'ils ont conservé leur foi. Aussi l'Angleterre l'a bien compris, et elle nous a également fait voir quelle importance elle attache à ce lien national. Elle a essayé par tous les moyens possibles de le briser; elle y a même employé les persécutions. L'Écosse n'a pas été traitée de la même manière. Si les Irlandais ne s'étaient pas montrés plus fidèles à leur religion que les Écossais, ils n'auraient pas subi un sort plus rigoureux. Mais il est certain qu'ils ne compteraient pas davantage, non plus, au rang des nations.

Et l'infortunée Pologne! On a voulu lui arracher aussi sa langue et sa foi. On connaît les efforts incessants de la cruelle Russie pour atteindre ce double objet. Si la Pologne avait voulu apostasier, la Russie ne l'aurait pas inhumainement traitée, comme tout le monde le sait. Elle se serait apaisée devant ce grand sacrifice, qui n'eût été de la part de la victime, autre chose qu'un suicide national.

Voilà deux faits qui nous révèlent toute la force des deux grands éléments nationaux, la langue et principalement la foi.

Nous avons le bonheur de posséder ces éléments. Tenons-y plus que jamais à cause des dangers qui nous environnent. Naturellement, nous rejetons du nombre de nos compatriotes ceux qui les ont perdus. Celui qui ne parle pas le français, et qui n'est plus catholique, à nos yeux, n'est plus Canadien. Il n'est qu'un renégat. Et même pour nous, catholique et canadien sont une seule chose. Ce que nous avons fait par instinct de conservation, nous le ferons, désormais, par conviction.

Passons au troisième point. Mais l'enfant ne grandit pas seul. Il a des frères et des sœurs. Il s'établit entre eux des rapports, des habitudes, des coutumes; ce sont les mœurs de la famille. Ces relations se reflétant de la société domestique dans la société civile forment les mœurs de la nation. En effet, l'enfant devenu grand emportera avec lui les coutumes et les habitudes qu'il a contractées dans la famille. Semblable à un fruit mûr détaché de la tige qui l'a produit, il ira s'implanter ailleurs, et sera comme une semence féconde déposée dans une terre fertile. Il deviendra bientôt à la tête d'une nouvelle famille en qui se perpétueront, de génération en génération, les mœurs de ses pères. De là le troisième lien national, les coutumes, les mœurs.

Comme l'on voit, il y a entre la famille et la nation, la nation et la famille, des rapports étonnants. La famille est en petit ce que la nation est en grand, et la nation est en grand ce que la famille est en petit.

Mais, où ces mœurs de la famille acquerront-elles leur complément, ou leur parfait développement? Car entre la société domestique et la société civile, il doit y avoir un trait d'union. Il existe en effet. Ce sont nos institutions religieuses, nos communautés, nos collèges, nos couvents. Là, on apprend mieux sa langue, on étudie spécialement la religion, on redresse, on perfectionne ses mœurs par l'éducation, en même temps que l'on éclaire son intelligence par l'instruction. C'est donc dans ces institutions que s'acquièrent les développements de la vie civile. Et quels services ne nous ont-elles pas rendus, en fortifiant si puissamment, si constamment les trois grands liens nationaux, la langue, la foi et les mœurs? Elles nous ont sauvés! En effet, que serions-nous devenus, je le demande à tout homme éclairé, que serions-nous devenus, après la conquête, si nous n'avions pas eu nos collèges, nos couvents? Nous étions complètement séparés de la mère-patrie, nous étions abandonnés de la noblesse et de la bourgeoisie françaises, nous étions laissés seuls au fond des forêts, entourés et dominés même par nos ennemis. Je ne crains pas de le dire, sans nos institutions et notre clergé, nous ne serions plus rien. Je dis, notre clergé, parce que c'est lui qui les a dirigés, et que le prêtre, à l'ombre de son clocher, est pour le peuple, ce que sont nos communautés pour la classe instruite. Je dis, nos institutions, parce que le clergé lui-même en est sorti, et qu'elles ont fourni au pays ses hommes publics. Ne leur doit-on pas, dans l'Église et dans l'État, ceux qui ont le plus brillé par les connaissances, la parole et la plume, et qui ont employé leurs lumières et leurs forces au soutien et à la défense de la nation? Je pourrais également parler de ceux qui, quoique sur un degré moins élevé de l'échelle sociale, ont cependant, par milliers, concouru grandement dans leur sphère à l'avancement général de la nation, et qui n'avaient pas puisé ailleurs leur instruction.

Oui, ce sont certainement nos institutions qui nous ont sauvés, en mettant à couvert notre langue, notre foi et nos mœurs. Combien donc ils nous doivent être chers! Nous devons les conserver comme les sources de la force nationale. Celui qui porterait contre elles une main sacrilège, frapperait sa patrie au cœur. Nous les conserverons en les aidant, en les protégeant, en les environnant de tout le respect qu'elles méritent.

Eh bien! maintenant que nous avons examiné les éléments nationaux, avons-nous les trois caractères distinctifs d'une nation? Assurément, et sans nul doute.

Quand je vois plus d'un million d'hommes parlant la même langue, se lever sur tous les points du pays, comme il arrive, en ce jour, et proclamer qu'ils sont canadiens, je dis: c'est là le premier trait caractéristique d'un peuple.

Quand je vois un million d'hommes entonner et chanter ensemble le même *credo*, comme vous allez le faire dans un instant, je dis, ce peuple possède l'unité de foi.

Quand je parcours le pays, et que je vois dans toutes les maisons canadiennes les mêmes habitudes, les mêmes coutumes, les mêmes mœurs, j'affirme que j'ai, sous les yeux, dans le sens propre du mot, une véritable nation.

Avant de finir sur ce sujet, je répondrai à une objection.

Des journalistes peu éclairés ont écrit: C'est la forme du gouvernement qui fait la nation. C'est une erreur. Est-ce que la Pologne a cessé d'exister, parce qu'elle a été divisée, et soumise à trois gouvernements divers? Les Irlandais, les Indiens, et d'autres encore ne forment-ils plus des nations distinctes, pour être passés aux mains d'un gouvernement étranger? Je comparerai la nation à un arbre. Une nation qui a son territoire et son gouvernement, et qui a reçu son parfait développement, ressemble à un bel arbre qui a crû d'une semence féconde, dans une bonne terre, au bord des eaux. Il a grandi, et poussé vigoureusement ses branches. Sous l'action bienfaisante du soleil et de la rosée, il s'est chargé de feuilles, de fleurs et de fruits. Tel fut autrefois le peuple juif, peuple privilégié, type et modèle. Est-ce à dire qu'il faille que toute nation soit ainsi constituée pour avoir droit de porter ce nom? Non, le gouvernement et le territoire même ne sont pas de l'essence d'une nation. Le peuple juif, ce type, n'en est-il pas lui-même une preuve des plus frappantes? Il est un des plus anciens; il a survécu à la ruine successive de tous les autres peuples et des plus grands; aujourd'hui, il est sans patrie, sans gouvernement, dispersé aux quatre vents, parlant toutes les langues; il n'est retenu que par un seul lien, l'unité de principes, et cependant, c'est encore le peuple juif. J'ai donc dit, avec vérité, qu'une nation peut exister sans patrie ni gouvernement. Maintenant, à quoi comparerai-je la nation captive ou sujette? Le jardinier use d'un art qui servira, ici, d'expression à ma pensée. C'est l'art de la greffe. Quand il veut unir ensemble les fruits de deux arbres différents, il coupe, avec soin, une jeune pousse, et l'implante sur un autre tronc. Cette branche ne périt pas, mais elle prend un nouveau principe de vie. La sève du nouvel arbre se communiquant à elle, lui fera porter des fleurs et des fruits différents. Cette branche vivra donc sur un tronc étranger, avec des fruits qui lui seront propres. Il en est ainsi des nations que le Seigneur soumet à l'action d'un gouvernement étranger; et c'est absolument ce qui nous arrive à nous, Canadiens-français. Une horrible tempête s'abattit sur le monde. Dès les commencements, nous fûmes détachés, comme une jeune branche, de l'arbre français qui nous avait produits, et laissés gisant sur le sol. La Providence eut pitié de cette branche vivace, la releva, et la planta sur le tronc vigoureux de la Constitution Britannique. Nous nous y sommes développés, comme vous en êtes les témoins, d'une manière étonnante, tout en conservant nos caractères nationaux, et nous portons nos fruits. Ce serait donc une erreur capitale de croire que nous ne sommes pas une nation; erreur qui pourrait avoir les plus funestes conséquences. Car, en portant le découragement dans les âmes, elle paralyserait l'action des forces vitales de la nation, et pourrait nous conduire peu à peu jusqu'à la mort nationale. Mais, non, heureusement, il n'en est pas ainsi; nous savons que nous sommes une nation, et nous venons même l'affirmer devant Dieu par notre présence, en ce moment, au pied des autels.

Je crains, mes frères, de vous avoir déjà fatigués, en donnant trop de développements à ces considérations. Il reste, cependant, un autre côté de la grande fête de ce jour à examiner; c'est la foi en notre avenir national, et en notre mission. J'espère que vous aurez encore la bienveillance de m'écouter quelques instants, je serai le plus bref possible.

La formation des nations n'est pas l'œuvre du hasard, mais l'œuvre d'une Providence infiniment sage qui assigne un but à tout ce qu'elle fait. Dieu avait donc un but en nous formant un corps de nation; c'est là une vérité que la foi comme la raison nous enseigne, et que nous ne pouvons révoquer en doute. Cette fin est notre mission. Si nous admettons que nous avons une mission, il faut admettre aussi que nous avons les moyens de l'accomplir. Car, autrement, ce serait accuser la Providence, et proférer un horrible blasphème. Dans notre mission et nos moyens se prépare notre avenir national.

Mais quelle est notre mission? C'est là la plus grande question que nous puissions nous faire comme peuple. Pour connaître nos destinées, il faut certainement étudier l'histoire du passé. Car l'homme connaissant mieux le passé que le futur peut en tirer des leçons ou des déductions qui soulèveront un peu le voile du temps, et lui découvriront quelque chose de l'avenir. Cependant, cette étude ne suffit pas. Il faut s'élever dans une sphère plus haute, et aider la raison des enseignements de la foi. C'est ainsi que nous connaîtrons nos véritables destinées nationales. Or, la foi nous apprend que toutes les œuvres de Dieu sur la terre s'opèrent en vue du salut éternel de l'humanité, et par conséquent pour l'extension de son royaume parmi les hommes.

Vous avez choisi saint Jean-Baptiste pour patron et pour protecteur. Vous avez été bien inspirés. En étudiant ce type et ce modèle, nous trouverons des rapports frappants entre sa mission et celle du peuple Canadien. Le grand-prêtre Zacharie, parlant sous l'inspiration de Dieu, dit de Jean-Baptiste: *Et tu puer, Propheta Altissimi vocaberis; prœbis antefaciem Domini parare vias ejus. Illuminare his qui in tenebris et in umbra mortis sedent.* « Et toi, petit enfant, tu seras appelé prophète du Très-Haut, et tu iras préparer les voies devant la face du Seigneur. Va éclairer ceux qui sont assis dans les ténèbres et à l'ombre de la mort. » Jean-Baptiste est donc envoyé de Dieu pour éclairer un peuple plongé dans les ténèbres, et assis à l'ombre de la mort. Mais comment a-t-il été préparé à remplir cette grande mission? Il fut sanctifié dès le sein de sa mère; il arriva au monde pur comme un ange. Cependant, il ne dit pas qu'il est la parole de Dieu, mais simplement la voix de celui qui crie dans le désert de préparer les sentiers du Seigneur. Au désert, que fait-il? Il avait à convertir un peuple criminel, livré à l'intempérance et au luxe, ces deux vices si ruineux pour un peuple, et dont nous ne saurions trop nous défier; il mène pour cela la vie la plus austère. Sa nourriture grossière, son vêtement de poil de chameau condamnent rigoureusement les excès du peuple juif qu'il est appelé à guérir. Après une vie si mortifiée, Jean-Baptiste sort du désert en vrai Précurseur et prêche à tous la pénitence. Ceux qui l'écoutent, il les baptise; ceux qui résistent, il les reprend et les menace en leur disant: « Races de vipères, qui vous a appris à fuir la colère à venir? » Nous voyons par l'histoire sacrée que beaucoup vinrent entendre sa parole, mais peu avec de bonnes dispositions; c'est pourquoi la masse de la nation resta égarée et assise à l'ombre de la mort. Mais Dieu qui avertit avant de châtier, frappe après que les avertissements sont méprisés. Il frappa donc le peuple juif, et le dispersa comme la poussière des grands chemins, sur toute la surface de la terre.

Nous avons vu la mission de Jean-Baptiste, auprès de ce peuple infidèle. Ne voyez-vous pas, maintenant, le rapport qu'il y a entre la mission du Précurseur du Christ et celle de nos pères? Il me semble entendre Zacharie dire à nos ancêtres par la bouche de leurs souverains, comme à Jean-Baptiste: « Et toi, petit peuple, tu iras préparer les voies du Seigneur sur les bords lointains de l'Amérique. Va éclairer les tribus sauvages qui s'y trouvent assises à l'ombre de la mort et dans les ténèbres de l'infidélité ». Nos pères, à l'exemple du Précurseur du Messie avaient été préparés à cette noble mission. Ils étaient un petit peuple choisi, formé des familles les plus pures de la vieille France, familles pieuses, chastes, sobres, laborieuses, toutes imbues des vérités et des vertus chrétiennes. Aussi, ils n'ont pas failli à leur noble mission. Ils vinrent ici, d'après l'intention des Rois de France, non pour s'y enrichir et y faire des conquêtes, mais comme des missionnaires pour y établir le royaume de Dieu. Ils n'étaient pas la lumière, mais ils l'annonçaient par leur foi, leurs mœurs et leurs paroles, et surtout par les ministres de Jésus-Christ qui les accompagnaient. Ils pénétrèrent avec leurs missionnaires jusque dans les plus extrêmes solitudes de l'Ouest, et cet endroit même fut témoin de leur passage. Ils aidèrent de tous leurs efforts les apôtres de la bonne nouvelle à instruire, éclairer et convertir les peuplades sauvages. Mais qu'est-il arrivé? Un petit nombre seulement prêta une oreille docile à la parole du salut. Ceux-là furent baptisés et trouvèrent la vie. Les autres résistèrent obstinément comme le peuple juif. Comme chez ce peuple à l'égard du Messie, des mains cruelles se levèrent contre les missionnaires et contre nos pères. On en fit d'affreux massacres et d'horribles festins, et leur sang coula pour purifier le sol de toutes les souillures dont ces nations l'avaient couvert.

Nos pères avaient accompli leur mission, qui était la première partie de celle du peuple canadien, c'est-à-dire la prédication du royaume de Dieu aux tribus sauvages. Ces peuplades, elles, avaient pour la plupart fermé les yeux à la lumière, et rejeté la vérité chrétienne. Le temps de la miséricorde était passé pour elles. Dieu devait les juger dans sa justice. Il souffla sur elles, et elles disparurent comme la neige devant le soleil du midi. Que sont-ils devenus, ces sauvages? Regardez, cherchez autour de vous; vous ne voyez plus rien. Interrogez les forêts, et le silence de la tombe vous répondra: « J'ai parlé, dit le Seigneur ». *Dixi: Ubinam sunt?* « Où les trouverez vous? » Pourtant ils étaient destinés à être nos frères! Et c'est ce que sont devenus, aussi, ceux qui ont écouté la voix du Seigneur; ils ont été incorporés à la nation, et ils demeurent encore paisiblement au milieu de nous. Mais les autres, Dieu les a fait disparaître, parce qu'ils ont refusé de rendre gloire à son nom. Et la Providence nous a donné le pays qu'ils habitaient. Ce pays, nous le possédons, non par le droit du massacre et de la conquête, mais par la dispersion providentielle de ceux qui l'occupaient, et comme un don du Seigneur pour la généreuse effusion du sang de nos pères. En présence de ce fait éloquent de notre histoire, je crois entendre l'Éternel dire à nos ancêtres, comme à Abraham, autrefois: « Levez les yeux, regardez du lieu où vous êtes vers le Septentrion et le Midi, à l'Orient et à l'Occident; ce pays que vous apercevez, je vous le donnerai, à vous et à vos descendants ». Et quand je considère, sur ce sol, la multiplication prodigieuse de la race canadienne, il me semble encore entendre le Seigneur ajouter: « Je multiplierai votre race à l'égal de la poussière de la terre, des étoiles, du Ciel et du sable de la mer ». Ces événements parlent fortement à l'esprit et au cœur de celui qui a de la foi. Ils annoncent que nos pères ont été aimés et bénis de Dieu, parce qu'ils lui ont été fidèles, et que nous le serons, comme eux, si nous continuons leur religieuse mission. Oui, mes Frères, pour ne pas prolonger davantage ces considérations, soyons-en profondément convaincus, notre mission, comme celle de nos pères, est toute religieuse. Elle consiste à travailler à la propagation de la vérité, et à l'expansion du royaume de Dieu sur ce continent; et, à cette fin, nous deviendrons un grand peuple.

Tels sont, je ne crains pas de le dire, notre destinée et notre avenir national, si nous conservons nos caractères distinctifs de peuple, la langue, la foi, et les mœurs, et que nous soyons fidèles à Dieu. Mais, hélas! si nous allions être infidèles, quel ne serait pas notre malheur! Nous serions rejetés comme des instruments inutiles, ainsi que les nations dont nous avons vu le triste sort. Éloignons de nous cette sombre pensée. Nous avons lieu d'espérer qu'il n'en sera jamais ainsi, mais que le peuple canadien, parlant toujours le français, avec la foi vive de ses ancêtres, et leurs mœurs pures, marchera constamment sur leurs traces, et terminera glorieusement leur digne et sainte mission.

Je termine, ici, ces réflexions qui ont déjà été trop longues.

Aujourd'hui que nous sommes tous ensemble réunis aux pieds des autels, pour célébrer chrétiennement et solennellement notre grande fête nationale, spectacle qui, comme je le disais en commençant, fait du bien au cœur, formons un acte religieux de foi en notre avenir national; puis, mettons notre espoir et notre confiance en Dieu, qui tient en ses mains les destinées des peuples. *Nolite timere, pusillus grex; quia complacuit Patri vestro dare vobis regnum.* Ne craignez point, vous répéterai-je, faible troupeau, parce qu'il a plu à votre Père de vous donner un royaume. Et si quelqu'un doutait de cet avenir, je dirais en finissant: qu'il regarde les grandes et nombreuses épreuves du passé, et les victoires qui les couronnent, et qu'il espère. Il ne s'agit donc que d'être fidèles à Dieu, et Dieu nous bénira, comme il a béni nos pères, ainsi que je vous le souhaite de tout cœur, avec la bénédiction de Monseigneur.

WILFRID LAURIER (1841-1919)

Député libéral à Québec en 1871, puis à Ottawa en 1874, chef de son parti au Canada de 1887 à 1919 et premier ministre de 1886 à 1911, Wilfrid Laurier, qui maîtrisait également bien les deux langues officielles de son pays, s'est acquis une solide réputation d'orateur parlementaire à la parole d'argent (*The Silver Tongue*). Malgré l'opposition indue de Mgr Laflèche, il a rendu le parti « rouge » acceptable à ses compatriotes catholiques, en prenant soin de distinguer clairement le libéralisme politique anglo-saxon et canadien du libéralisme doctrinaire français.

Le libéralisme politique*

(Nous citons de larges extraits du discours que Laurier prononça à Québec le 26 juin 1877; c'est presque un manifeste par lequel le jeune député entendait rendre son parti acceptable aux Canadiens français, catholiques et conservateurs.)

Je ne me fais pas illusion sur la position du parti libéral dans la province de Québec, et je dis de suite qu'il y occupe une position fausse au point de vue de l'opinion publique. Je sais que, pour un grand nombre de nos compatriotes, le parti libéral est un parti composé d'hommes à doctrines perverses et à tendances dangereuses, marchant sciemment et délibérément à la révolution. Je sais que, pour une portion de nos compatriotes, le parti libéral est un parti composé d'hommes à intentions droites peut-être, mais victimes et dupes de principes par lesquels ils sont conduits inconsciemment, mais fatalement, à la révolution. Je sais enfin que pour une autre partie, non pas la moins considérable peut-être de notre peuple, le libéralisme est une forme nouvelle du mal, une hérésie portant avec elle sa propre condamnation.

Je sais tout cela, et c'est parce que je le sais que j'ai accepté de venir devant vous. Je n'ai pas l'outrecuidance de croire que rien de ce que je pourrai dire ici ce soir, aura l'effet de dissiper aucun des préjugés qui existent aujourd'hui contre nous; ma seule ambition est d'ouvrir la voie, comptant que la voie ouverte sera suivie par d'autres, et que l'œuvre commencée sera complètement achevée; ma prétention ne va pas au delà. [...]

Toutes les accusations portées contre nous, toutes les objections à nos doctrines, peuvent se résumer dans les propositions suivantes: 1° le libéralisme est une forme nouvelle de l'erreur, une hérésie déjà virtuellement condamnée par le chef de l'Église; 2° un catholique ne peut pas être libéral.

Voilà ce que proclament nos adversaires.

M. le Président, tous ceux qui me font en ce moment l'honneur de m'écouter me rendront cette justice que je pose la question telle qu'elle est, et que je n'exagère rien. Tous me rendront cette justice que je reproduis fidèlement les reproches qui nous sont tous les jours adressés. Tous admettront que c'est bien là le langage de la presse conservatrice.

Je sais que le libéralisme catholique a été condamné par le chef de l'Église. On me demandera: qu'est-ce que le libéralisme catholique? Sur le

779

seuil de cette question, je m'arrête. Cette question n'entre pas dans le cadre de mon sujet; au surplus, elle n'est pas de ma compétence. Mais je sais et je dis que le libéralisme catholique n'est pas le libéralisme politique. S'il était vrai que les censures ecclésiastiques portées contre le libéralisme catholique. dussent s'appliquer au libéralisme politique, ce fait constituerait pour nous, Français d'origine, catholiques de religion, un état de choses dont les conséquences seraient aussi étranges que douloureuses.

En effet, nous Canadiens Français, nous sommes une race conquise. C'est une vérité triste à dire, mais enfin c'est la vérité. Mais si nous sommes une race conquise, nous avons aussi fait une conquête: la conquête de la liberté. Nous sommes un peuple libre; nous sommes une minorité, mais tous nos droits, tous nos privilèges nous sont conservés. Or, quelle est la cause qui nous vaut cette liberté? C'est la constitution qui nous a été conquise par nos pères, et dont nous jouissons aujourd'hui. Nous avons une constitution qui place le gouvernement dans le suffrage des citoyens; nous avons une constitution qui nous a été octroyée pour notre propre protection. Nous n'avons pas plus de droits, nous n'avons pas plus de privilèges, mais nous avons autant de droits, autant de privilèges que les autres populations qui composent avec nous la famille canadienne. Or, il ne faut pas oublier que les autres membres de la famille canadienne sont partagés en deux partis: le parti libéral et le parti conservateur.

Maintenant, si nous qui sommes catholiques, nous n'avions pas le droit d'avoir nos préférences, si nous n'avions pas le droit d'appartenir au parti libéral, il arriverait de deux choses l'une: ou nous serions obligés de nous abstenir complètement de prendre part à la direction des affaires de l'État, et alors, la constitution — cette constitution qui nous a été octroyée pour nous protéger — ne serait plus entre nos mains qu'une lettre morte; ou nous serions obligés de prendre part à la direction des affaires de l'État sous la direction et au profit du parti conservateur, et alors, notre action n'étant plus libre, la constitution ne serait encore entre nos mains qu'une lettre morte, et nous aurions par surcroît l'ignominie de n'être plus, pour ceux des autres membres de la famille canadienne qui composent le parti conservateur, que des instruments et des comparses.

Ces conséquences absurdes, mais dont personne ne pourrait contester la rigoureuse exactitude, ne montrent-elles pas jusqu'à l'évidence à quel point est fausse l'assertion qu'un catholique ne saurait appartenir au parti libéral?

Puisque la Providence a réuni sur ce coin de terre des populations différentes d'origine et de religion, n'est-il pas manifeste que ces populations doivent avoir ensemble des intérêts communs et identiques, et que, sur tout ce qui touche à ses intérêts, chacun est libre de suivre soit le parti libéral, soit le parti conservateur, suivant que sa conscience lui dicte de suivre l'un ou l'autre parti?

Pour moi, j'appartiens au parti libéral. Si c'est un tort d'être libéral, j'accepte qu'on me le reproche; si c'est un crime d'être libéral, ce crime, j'en suis coupable. Pour moi, je ne demande qu'une chose, c'est que nous soyons jugés d'après nos principes. J'aurais honte de nos principes, si nous n'osions pas les exprimer; notre cause ne vaudrait pas nos efforts pour la faire triompher, si le meilleur moyen de la faire triompher était d'en cacher la nature. Le parti libéral a été vingt-cinq ans dans l'opposition. Qu'il y soit encore vingt-cinq ans, si le peuple n'est pas encore arrivé à accepter ces idées, mais qu'il marche le front haut, bannières déployées, à la face du pays!

Il importe cependant avant tout de s'entendre sur la signification, la valeur et la portée de ce mot « libéral », et de cet autre mot « conservateur ».

J'affirme qu'il n'est pas une chose si peu connue en ce pays par ceux qui l'attaquent, que le libéralisme. Il y a plusieurs raisons à cela.

Nous n'avons été initiés que d'hier aux institutions représentatives. La population anglaise comprend le jeu de ces institutions, en quelque sorte d'instinct, en outre par suite d'une expérience séculaire. Notre population, au contraire, ne les connaît guère encore. L'éducation ne fait que commencer à se répandre parmi nous, et pour ceux qui sont instruits, notre éducation française nous conduit naturellement à étudier l'histoire de la liberté moderne, non pas dans la terre classique de la liberté, non pas dans l'histoire de la vieille Angleterre, mais chez les peuples du continent européen, chez les peuples de même origine et de même religion que nous. Et là, malheureusement, l'histoire de la liberté est écrite en caractères de sang, dans les pages les plus navrantes que contiennent peut-être les annales du genre humain. Dans toutes les classes de la société instruite, on peut voir, effrayées par ces pages lugubres, des âmes loyales qui regardent avec terreur l'esprit de liberté, s'imaginant que l'esprit de liberté doit produire ici les mêmes désastres, les mêmes crimes que dans les pays dont je parle. Pour ces esprits de bonne foi, le seul mot de libéralisme est gros de calamités nationales.

Sans blâmer tout à fait ces craintes, mais sans nous en laisser effrayer, remontons jusqu'à la source même, et examinons avec calme ce qui se trouve au fond de ces deux mots: *libéral, conservateur.* Quelle idée cache ce mot de *libéral* qui nous a valu tant d'anathèmes? Quelle idée cache ce mot de *conservateur*, qui semble tellement consacré qu'on l'applique modestement à tout ce qui est bien? L'un est-il, comme on le prétend, comme de fait on l'affirme tous les jours, l'expression d'une forme nouvelle de l'erreur? L'autre est-il, comme on semble constamment l'insinuer, la définition du bien sous tous ses aspects? L'un est-il la révolte, l'anarchie, le désordre? L'autre est-il le seul principe stable de la société? Voilà des questions qu'on se pose tous les jours dans notre pays. Ces distinctions subtiles, que l'on retrouve sans cesse dans notre presse, ne sont cependant pas nouvelles. Elles ne sont que la répétition des rêveries de quelques publicistes de France, qui, renfermés dans leur cabinet, ne voient que le passé et critiquent amèrement tout ce qui existe aujourd'hui, pour la raison que ce qui existe aujourd'hui ne ressemble à rien de ce qui a existé autrefois.

Ceux-là disent que l'idée libérale est une idée nouvelle, et ceux-là se trompent. L'idée libérale, non plus que l'idée contraire, n'est pas une idée nouvelle; c'est une idée vieille comme le monde, que l'on retrouve à chaque page de l'histoire du monde, mais ce n'est que de nos jours qu'on en connaît la force et les lois, et qu'on sait l'utiliser. La vapeur existait avant Fulton, mais ce n'est que depuis Fulton qu'on connaît toute l'étendue de sa puissance et qu'on sait lui faire produire ses merveilleux effets. C'est la combinaison du tube et du piston qui est l'instrument dont on se sert pour utiliser la vapeur; c'est la forme des gouvernements représentatifs qui a révélé au monde les deux principes libéral et conservateur, et cette forme de gouvernement est l'instrument qui leur fait rendre tous leurs effets.

Sur quelque sujet que ce soit, dans le domaine des choses humaines, le vrai ne se manifeste pas également à toutes les intelligences. Il en est dont le regard plonge plus loin dans l'inconnu, mais embrasse moins à la fois; il en est d'autres dont le regard, s'il est moins pénétrant, aperçoit plus nettement dans la sphère où il peut s'étendre. Cette distinction primordiale explique de suite jusqu'à un certain point l'idée libérale et l'idée conservatrice. Par cette seule raison, le même objet ne sera pas vu sous le même aspect par des yeux différents; par cette seule raison, les uns prendront une route que les autres éviteront, quand cependant les uns et les autres se proposeront d'arriver au même but. Mais il y a une raison concluante qui explique clairement la nature, la raison d'être et le pourquoi des deux différentes idées. Macaulay, dans son histoire d'Angleterre, en donne la raison d'une manière admirable de clarté. Parlant de la réunion des chambres pour la seconde session du Long Parlement, sous Charles Ier, le grand historien s'exprime ainsi:

« De ce jour date l'existence organique des deux grands partis qui, depuis, ont toujours alternativement gouverné le pays. À la vérité, la distinction qui alors devint évidente, a toujours existé. Car cette distinction a son origine dans la diversité de tempéraments, d'intelligences, d'intérêts, qu'on retrouve dans toutes les sociétés, et qu'on y retrouvera aussi longtemps que l'esprit humain sera attiré dans des directions opposées, par le charme de l'habitude ou par le charme de la nouveauté. Cette distinction se retrouve, non pas seulement en politique, mais dans la littérature, dans les arts, dans les sciences, dans la chirurgie, dans la mécanique, dans l'agriculture, jusque dans les mathématiques. Partout il existe une classe d'hommes qui s'attachent avec amour à tout ce qui est ancien, et qui, même lorsqu'ils sont convaincus par des arguments péremptoires qu'un changement serait avantageux, n'y consentent cependant qu'avec regret et répugnance. Il se trouve aussi partout une autre classe d'hommes exubérants d'espérance, hardis dans leurs idées, allant toujours de l'avant, prompts à discerner les imperfections de tout ce qui existe, estimant peu les risques et les inconvénients qui accompagnent toujours les améliorations, et disposés à regarder tout changement comme une amélioration ».

Les premiers sont les conservateurs; les seconds sont les libéraux. Voilà le sens réel, l'explication véritable et du principe libéral et du principe conservateur. Ce sont deux attributs de notre nature. Comme le dit admirablement Macaulay, on les retrouve partout: dans les arts, dans les sciences, dans toutes les branches ouvertes à la spéculation humaine; mais c'est en politique qu'ils sont le plus apparents.

Ainsi ceux qui condamnent le libéralisme comme une idée nouvelle, n'ont pas réfléchi à ce qui se passe chaque jour sous leurs yeux. Ceux qui condamnent le libéralisme comme une erreur, n'ont pas réfléchi qu'ils s'exposaient, en le faisant, à condamner un attribut de la nature humaine.

Maintenant, il ne faut pas oublier que la forme de notre gouvernement est celle de la monarchie représentative. C'est là l'instrument qui met en relief et en action les deux principes libéral et conservateur. On nous accuse souvent, nous libéraux, d'être des républicains. Je ne signale pas ce reproche pour le relever: le reproche ne vaut pas d'être relevé. Je dis simplement que la forme importe peu; qu'elle soit monarchique, qu'elle soit républicaine, du moment qu'un peuple a le droit de vote, du moment qu'il a un gouvernement responsable, il a la pleine mesure de la liberté. Cependant, la liberté ne serait bientôt qu'un vain mot, si elle laissait sans contrôle ceux qui ont la direction du pouvoir. Un homme dont la sagacité étonnante a formulé les axiomes de la science gouvernementale avec une justesse qui n'a jamais erré, Junius, a dit: « *Eternal vigilance is the price of liberty* ». Une vigilance éternelle est le prix de la liberté. Oui, si un peuple veut rester libre, il lui faut comme Argus avoir cent yeux, et être toujours en éveil. S'il s'endort, s'il faiblit, chaque moment d'indolence lui coûtera une parcelle de ses droits Une vigilance éternelle, de tous les instants, c'est là le prix dont il doit payer ce bienfait inappréciable de la liberté. Or, la forme de la monarchie représentative se prête merveilleusement, — plus peut-être que la forme républicaine, — à l'exercice de cette vigilance nécessaire. D'un côté, vous avez ceux qui gouvernent, et de l'autre, ceux qui surveillent. D'un côté, vous avez ceux qui sont au pouvoir et qui ont intérêt à y rester, de l'autre, vous avez ceux qui ont intérêt à y arriver eux-mêmes. Quel sera le lien de cohésion qui unira chacun de ces différents groupes? Quel sera le principe, le sentiment qui rangera les divers éléments de la population, soit parmi ceux qui gouvernent soit parmi ceux qui surveillent? Ce sera ou le principe libéral, ou le principe conservateur. Vous verrez ensemble ceux qu'attire le charme de la nouveauté, et vous verrez ensemble ceux qu'attire le charme de l'habitude. Vous verrez ensemble ceux qui s'attachent à tout ce qui est ancien, et vous verrez ensemble ceux qui sont toujours disposés à réformer.

Maintenant, je le demande; entre ces deux idées qui constituent la base des partis, peut-il y avoir une différence morale? L'une est-elle radicalement bonne et l'autre radicalement mauvaise? N'est-il pas manifeste que toutes deux sont ce qu'on appelle en morale, *indifférentes*, c'est-à-dire que toutes deux sont susceptibles d'appréciation, de pondération et de choix? Ne serait-il pas aussi injuste qu'absurde de condamner ou d'approuver, soit l'une soit l'autre, comme absolument mauvaise ou bonne?

L'une et l'autre sont susceptibles de beaucoup de bien comme de beaucoup de mal. Le conservateur qui défend les vieilles institutions de son pays, peut faire beaucoup de bien, de même qu'il peut faire beaucoup de mal, s'il s'obstine à vouloir maintenir des abus devenus intolérables. Le libéral qui combat ces abus, et après de longs efforts parvient à les extirper, peut être un bienfaiteur public, de même que le libéral qui porterait une main légère sur des institutions sacrées, pourrait être un fléau non seulement pour son pays, mais pour l'humanité tout entière.

Certes, je suis loin de faire un reproche à nos adversaires de leurs convictions, mais pour moi, je l'ai déjà dit, je suis un libéral. Je suis un de ceux qui pensent que partout, dans les choses humaines, il y a des abus à réformer, de nouveaux horizons à ouvrir, de nouvelles forces à développer.

Du reste, le libéralisme me paraît de tous points supérieur à l'autre principe. Le principe du libéralisme réside dans l'essence même de notre nature, dans cette soif de bonheur que nous apportons avec nous dans la vie, qui nous suit partout, pour n'être cependant jamais complètement assouvie de ce côté-ci de la tombe. Notre âme est immortelle, mais nos moyens sont bornés. Nous gravitons sans cesse vers un idéal que nous n'atteignons jamais. Nous rêvons le bien, nous n'atteignons jamais que le mieux. À peine sommes-nous arrivés au terme que nous nous étions assignés, que nous y découvrons des horizons que nous n'avions pas même soupçonnés. Nous nous y précipitons, et ces horizons, explorés à leur tour, nous en découvrent d'autres qui nous entraînent encore et toujours plus loin.

Ainsi en sera-t-il tant que l'homme sera ce qu'il est; tant que l'âme immortelle habitera le corps mortel; ses désirs seront toujours plus vastes que ses moyens, ses actions n'arriveront jamais à la hauteur de ses conceptions. Il est le véritable Sisyphe de la fable; son œuvre toujours finie est toujours à recommencer.

Cette condition de notre nature est précisément ce qui fait la grandeur de l'homme; car elle le condamne fatalement au mouvement, au progrès; nos moyens sont bornés, mais notre nature est perfectible, et nous avons l'infini pour champ de course. Ainsi il y a toujours place pour l'amélioration de notre condition, pour le perfectionnement de notre nature, et pour l'accession d'un plus grand nombre à une vie plus facile. Voilà encore ce qui, à mes yeux, constitue la supériorité du libéralisme.

En outre, l'expérience constate qu'insensiblement, imperceptiblement, il se glissera dans le corps social des abus qui finiront par entraver sérieusement son ascension progressive, peut-être par mettre son existence en danger.

L'expérience constate encore que des institutions qui, au début, auront été utiles, parce qu'elles étaient appropriées à l'état de société où elles avaient été introduites, finiront par devenir, par le fait seul que tout changera autour d'elles, d'intolérables abus. Telle a été parmi nous la tenure seigneuriale. Il est incontestable qu'aux débuts de la colonie, ce système avait singulièrement facilité l'établissement du sol. Mais en 1850, tout avait tellement changé parmi nous que ce système aurait fini par produire des complications déplorables, si notre assemblée, sur l'initiative des libéraux, n'avait eu la sagesse de l'abolir.

Comme conséquence de cette loi que j'ai indiquée comme la cause déterminante des idées libérale et conservatrice, il se trouvera toujours des hommes qui s'attacheront avec amour à ces abus, qui les défendront à outrance, et qui verront avec terreur toute tentative d'y porter la main. Malheur à ces hommes, s'ils se trouvent avoir le pouvoir, et s'ils ne savent pas faire le sacrifice de leurs préférences! Malheur à ces hommes, s'ils ne savent pas céder et adopter les réformes proposées! Ils attireront sur leur pays des commotions d'autant plus terribles que justice aura été refusée plus longtemps. L'histoire, hélas! constate surabondamment que bien peu de ceux qui gouvernent ont su comprendre ces aspirations de l'humanité et y faire droit. Il y a eu plus de révolutions causées par l'obstination des conservateurs que par les exagérations des libéraux.

L'art suprême de gouverner est de guider et diriger, en les contrôlant, ces aspirations de l'humanité. Les Anglais possèdent cet art au suprême degré. Aussi voyez l'œuvre du grand parti libéral anglais. Que de réformes il a opérées, que d'abus il a fait disparaître, sans secousse, sans perturbation, sans violence! Il a compris les aspirations des opprimés, il a compris les besoins nouveaux créés par des situations nouvelles, et, sous l'autorité de la loi, et sans autre instrument que la loi, il a opéré une série de réformes qui ont fait du peuple anglais le peuple le plus libre, le plus prospère et le plus heureux de l'Europe.

Voyez au contraire les gouvernements du continent. La plupart n'ont jamais su comprendre les aspirations de leurs peuples. Quand les malheureux relevaient la tête, pour faire arriver jusqu'à leurs poumons quelques souffles d'air et de liberté, ils ont été brutalement repoussés dans un cercle toujours de plus en plus indissolublement resserré.

Mais un jour est venu où les obstacles ont volé en éclats, où ces peuples se sont rués hors des machines qui les paralysaient, et, alors, sous le nom sacré de la liberté, on a vu s'accomplir les plus effroyables crimes. Faut-il s'en étonner?

S'étonne-t-on quand les nuages, amoncelés sur notre tête, éclatent en grêle et en foudre? S'étonne-t-on quand la vapeur fait voler en éclats les parois qui la retenaient captive, parce que le mécanicien n'a pas eu la prudence de lever la soupape qui doit la dégager de l'exubérance de sa propre force? Non, il y a là une loi fatale, qui aura toujours le même effet, dans l'ordre moral, comme dans l'ordre physique. Partout où il y a compression, il y aura explosion, violences et ruines. Je ne dis pas cela pour excuser les révolutions; je hais les révolutions; je déteste toute tentative de vouloir faire triompher ses opinions par la violence. Au surplus, je suis moins disposé à en faire retomber la responsabilité sur ceux qui les font que sur ceux qui les provoquent par leur aveugle obstination. Je dis cela pour expliquer la supériorité du libéralisme qui, comprenant les aspirations de la nature humaine, au lieu de les violenter, tâche de les diriger.

Croyez-vous par exemple que si l'Angleterre avait persisté à refuser aux catholiques leur émancipation; si elle avait persisté à refuser aux catholiques, aux juifs, et aux dénominations protestantes qui ne font pas partie de l'Église établie la plénitude des droits civils et politiques; si elle avait persisté à conserver le suffrage restreint au petit nombre; si elle avait persisté à refuser le libre commerce des céréales; si elle avait persisté à refuser le droit de suffrage aux classes ouvrières, pensez-vous qu'un jour ne serait pas venu où le peuple se fût levé en armes, pour se faire à lui-même cette justice qui lui aurait été obstinément refusée? Pensez-vous que le lion hideux de l'émeute n'aurait pas grondé sous les fenêtres de Westminster, et que le sang de la guerre civile n'aurait pas ensanglanté les rues de Londres, comme il a tant de fois ensanglanté les rues de Paris? La nature humaine est partout la même, et là, comme ailleurs, la compression aurait produit explosion, violences et ruines. Ces calamités terribles ont été évitées, grâce à l'initiative des libéraux qui, comprenant le mal, ont proposé et appliqué le remède. [...]

Il est vrai qu'il existe en Europe, en France, en Italie et en Allemagne, une classe d'hommes qui se donnent le titre de libéraux, mais qui n'ont de libéral que le nom, et qui sont les plus dangereux des hommes. Ce ne sont pas des libéraux, ce sont des révolutionnaires; dans leurs principes ils sont tellement exaltés qu'ils n'aspirent à rien moins qu'à la destruction de la société moderne. Avec ces hommes, nous n'avons rien de commun; mais c'est la tactique de nos adversaires de toujours nous assimiler à eux. Ces accusations sont au-dessous de nous, et la seule réponse que nous puissions faire dignement, c'est d'affirmer nos véritables principes, et de faire de telle sorte que nos actes soient toujours conformes à nos principes. [...]

Certes, je respecte trop l'opinion de mes adversaires, pour ne leur lancer jamais aucune injure; mais je leur fais le reproche de ne comprendre ni leur époque, ni leur pays. Je les accuse de juger la situation politique de notre pays, non pas d'après ce qui s'y passe, mais d'après ce qui se passe en France. Je les accuse de vouloir introduire ici des idées dont l'application serait impossible dans notre état de société. Je les accuse de travailler laborieusement, et par malheur trop efficacement, à rabaisser la religion aux simples proportions d'un parti politique.

C'est l'habitude, dans le parti de nos adversaires, de nous accuser, nous libéraux, d'irréligion. Je ne suis pas ici pour faire parade de mes sentiments religieux, mais je déclare que j'ai trop de respect pour les croyances dans lesquelles je suis né, pour jamais les faire servir de base à une organisation politique.

Vous voulez organiser un parti catholique. Mais n'avez-vous pas songé que si vous aviez le malheur de réussir, vous attireriez sur votre pays des calamités dont il est impossible de prévoir les conséquences?

Vous voulez organiser tous les catholiques comme un seul parti, sans autre lien, sans autre base que la communauté de religion, mais n'avez-vous pas réfléchi que, par le fait même, vous organisez la population protestante comme un seul parti, et qu'alors, au lieu de la paix et de l'harmonie qui existent aujourd'hui entre les divers éléments de la population canadienne, vous amenez la guerre, la guerre religieuse, la plus terrible de toutes les guerres?

Encore une fois, conservateurs, je vous accuse à la face du Canada de ne comprendre ni votre pays ni votre époque.

Nos adversaires nous font encore un reproche: ils nous reprochent d'aimer la liberté, et ils appellent l'esprit de liberté un principe dangereux et subversif.

Est-il quelques raisons à ces attaques? Aucune, sinon qu'il existe en France un groupe de catholiques qui poursuivent la liberté de leurs imprécations. Certes, il n'y a pas en France que des ennemis de la liberté qui la regardent avec terreur. Les amis les plus ardents de la liberté la contemplent souvent avec le même sentiment. Rappelez-vous le dernier mot de Madame Roland. Elle avait ardemment aimé la liberté, elle l'avait appelée de tous ses vœux, et son dernier mot est ce mot navrant: Ô liberté! que de crimes on

786

commet en ton nom! Combien de fois les mêmes paroles n'ont-elles pas été répétées aussi sincèrement, par des amis aussi sincères de la liberté!

Je conçois très bien, sans cependant les partager, les sentiments de ces Français qui, regardant ce que la liberté leur a coûté de larmes, de ruines et de sang, appellent quelquefois pour leur pays un despotisme vigoureux; je conçois leurs anathèmes; mais que ces anathèmes contre la liberté soient répétés parmi nous, c'est ce que je ne saurais comprendre.

Eh quoi! c'est nous, race conquise, qui irions maudire la liberté! Mais que serions-nous donc sans la liberté? Que serions-nous maintenant, si nos pères avaient eu les mêmes sentiments que les conservateurs d'aujourd'hui? Serions-nous autre chose qu'une race de parias? [...]

Nos adversaires, tout en nous reprochant d'être les amis de la liberté, nous reprochent encore, par une inconséquence qui serait très grave, si l'accusation était fondée — de refuser à l'Église la liberté à laquelle elle a droit. Ils nous reprochent de vouloir fermer la bouche au corps administratif de l'Église, au clergé, de vouloir l'empêcher d'enseigner au peuple ses devoirs de citoyen et d'électeur. Ils nous reprochent, pour me servir de la phrase consacrée, de vouloir empêcher le clergé de se mêler de politique et le reléguer dans la sacristie.

Au nom du parti libéral, au nom des principes libéraux, je repousse cette assertion!

Je dis qu'il n'y a pas un seul libéral canadien qui veuille empêcher le clergé de prendre part aux affaires politiques, si le clergé veut prendre part aux affaires politiques.

Au nom de quel principe les amis de la liberté voudraient-ils refuser au prêtre le droit de prendre part aux affaires politiques? Au nom de quel principe les amis de la liberté voudraient-ils refuser au prêtre le droit d'avoir des opinions politiques et de les exprimer, le droit d'approuver ou de désapprouver les hommes publics et leurs actes, et d'enseigner au peuple ce qu'il croit être son devoir? Au nom de quel principe le prêtre n'aurait-il pas le droit de dire que si je suis élu, moi, la religion est menacée, lorsque j'ai le droit, moi, de dire que si mon adversaire est élu, l'État est en danger? Pourquoi le prêtre n'aurait-il pas le droit de dire que si je suis élu, la religion va être infailliblement détruite, lorsque j'ai le droit de dire que si mon adversaire est élu, l'État s'en va droit à la banqueroute? Non, que le prêtre parle et prêche comme il l'entend, c'est son droit. Jamais ce droit ne lui sera contesté par un libéral canadien.

La constitution que nous avons invite tous les citoyens à prendre part à la direction des affaires de l'État; elle ne fait d'exception pour personne. Chacun a le droit, non seulement d'exprimer son opinion, mais d'influencer s'il le peut, par l'expression de son opinion, l'opinion de ses concitoyens. Ce droit-là existe pour tous; il ne peut y avoir de raison pour que le prêtre en soit privé. Je suis ici pour dire toute ma pensée, et j'ajoute que je suis loin de trouver opportune l'intervention du clergé dans le domaine politique, comme elle s'est exercée depuis quelques années. Je crois au contraire que le prêtre a tout à perdre, au point de vue du respect dû à son caractère, en s'immisçant dans les questions ordinaires de la politique; cependant son droit

787

est incontestable, et s'il croit bon de s'en servir, notre devoir à nous, libéraux, est de le lui garantir contre toute conteste.

Cependant, ce droit n'est pas illimité. Nous n'avons pas parmi nous de droits absolus. Les droits de chaque homme, dans notre état de société, finissent à l'endroit précis où ils empiètent sur les droits d'un autre.

Le droit d'intervention en politique finit à l'endroit où il empièterait sur l'indépendance de l'électeur.

La constitution de notre pays repose sur la volonté librement exprimée de chaque électeur. La constitution entend que chaque électeur dépose son vote, librement, volontairement, comme il l'entend. Si le plus grand nombre des électeurs d'un pays sont d'une opinion actuellement, et que, par suite de l'influence exercée sur eux par un ou plusieurs hommes, par suite des paroles qu'ils auront entendues ou des écrits qu'ils auront lus, leur opinion change, il n'y a là rien que de parfaitement légitime. Bien que l'opinion qu'ils expriment soit différente de celle qu'ils auraient exprimée sans cette intervention, cependant, l'opinion qu'ils expriment est bien celle qu'ils veulent exprimer, celle qui est *au fond* de leur conscience; la constitution reçoit son entière application. Si, cependant, malgré tous les raisonnements, l'opinion des électeurs est restée la même, mais que par intimidation ou par fraude, vous les forciez à voter différemment, l'opinion qu'ils expriment n'est plus leur opinion, et la constitution est dès lors violée. La constitution, comme je l'ai déjà dit, entend que l'opinion de chacun soit librement exprimée comme il la conçoit, au moment qu'il l'exprime, et la réunion collective de chacune de ces opinions individuelles, librement exprimées, forme le gouvernement du pays.

La loi veille d'un œil jaloux à ce que l'opinion de l'électeur soit exprimée telle qu'elle est, que si, dans un comté, l'opinion exprimée par un seul des électeurs n'est pas son opinion réelle, mais une opinion arrachée par la crainte, par la fraude ou par la corruption, l'élection devra être annulée.

Il est donc parfaitement permis de changer l'opinion de l'électeur, par le raisonnement et par tous les autres moyens de persuasion, mais jamais par l'intimidation. Au fait, la persuasion change la conviction de l'électeur, l'intimidation ne la change pas. Quand, par persuasion, vous avez changé la conviction de l'électeur, l'opinion qu'il exprime est son opinion; mais quand, par terreur, vous forcez l'électeur à voter, l'opinion qu'il exprime, c'est votre opinion; faites disparaître la cause de terreur, et alors il exprimera une autre opinion, la sienne propre.

Maintenant, on le conçoit, si l'opinion exprimée de la majorité des électeurs n'est pas leur opinion réelle, mais une opinion arrachée par fraude, par menace ou par corruption, la constitution est violée, vous n'avez pas le gouvernement de la majorité, mais le gouvernement d'une minorité. Or, si un tel état de choses se continue et se répète; si, après chaque élection, la volonté exprimée n'est pas la volonté réelle du pays, encore une fois, vous entravez la constitution, le gouvernement responsable n'est plus qu'un vain mot, et tôt ou tard, ici comme ailleurs, la compression amènera l'explosion, la violence et les ruines.

Mais il ne manquera pas de gens qui diront que le clergé a droit de dicter au peuple quels sont ses devoirs. Je réponds simplement que nous sommes ici sous le gouvernement de la Reine d'Angleterre, sous l'autorité d'une constitution qui nous a été accordée comme un acte de justice; et que, si l'exercice des droits que vous réclamez devait avoir pour effet d'entraver cette constitution et de nous exposer à toutes les conséquences d'un pareil acte, le clergé lui-même n'en voudrait pas.

Je ne suis pas de ceux qui se donnent avec affectation comme les amis et les défenseurs du clergé. Cependant, je dis ceci: comme la plupart des jeunes gens, mes compatriotes, j'ai été élevé par des prêtres, et au milieu de jeunes gens qui sont devenus des prêtres. Je me flatte que je compte parmi eux quelques amitiés sincères, et à ceux-là du moins je puis dire, et je dis: « Voyez s'il y a sous le soleil un pays plus heureux que le nôtre; voyez s'il y a sous le soleil un pays où l'Église catholique soit plus libre et plus privilégiée que celui-ci. Pourquoi donc iriez-vous, par la revendication de droits incompatibles avec notre état de société, exposer ce pays à des agitations dont les conséquences sont impossibles à prévoir »!

Mais, je m'adresse à tous mes compatriotes indistinctement, et je leur dis: « Nous sommes un peuple heureux et libre; et nous sommes heureux et libres, grâce aux institutions libérales qui nous régissent, institutions que nous devons aux efforts de nos pères et à la sagesse de la mère-patrie.

« La politique du parti libéral est de protéger ces institutions, de les défendre et de les propager, et, sous l'empire de ces institutions, de développer les ressources latentes de notre pays. Telle est la politique du parti libéral; il n'en a pas d'autre ». [...]

LOUIS-ADOLPHE PAQUET (1859-1942)

Nul écrivain ni orateur n'illustre mieux que Mgr Louis-Adolphe Paquet l'infiltration des premières années du XXe siècle par l'ultramontanisme et le messianisme du siècle précédent. Le sermon que ce prélat prononça le 23 juin 1902, à Québec, sur « la vocation de la race française en Amérique » est un parfait condensé de la doctrine nationaliste qui relie les deux siècles. En 1925, le chanoine Émile Chartier, doyen de la faculté des lettres de l'Université de Montréal, considérait encore ce discours comme le « bréviaire du patriote canadien-français ».

La vocation de la race française en Amérique

Le vingt-cinq juin seize cent quinze, à quelques pas d'ici, sur cette pointe de terre qui du pied de la falaise où nous sommes s'avance dans l'eau profonde de notre grand fleuve, se déroulait une scène jusque-là inconnue. À l'ombre de la forêt séculaire, dans une chapelle hâtivement construite, en présence de quelques Français et de leur chef, Samuel de Champlain, un humble fils de saint François, tourné vers un modeste autel, faisait descendre sur cette table rustique le Fils éternel de Dieu, et lui consacrait par l'acte le plus saint de notre religion les premiers fondements d'une ville et le berceau d'un peuple.

Ce peuple, depuis lors, a grandi. Cette ville a prospéré, et voici qu'à une distance d'à peu près trois siècles la nation, issue de cette semence féconde, s'assemble, non plus au pied de la falaise, mais sur ses hauteurs, pour renouveler son acte de consécration religieuse et retremper sa vie dans le sang de l'Agneau divin.

Quelles transformations et quels contrastes! Tout autour, malgré l'immuabilité des grandes lignes qui forment le cadre du tableau, la nature a reçu l'empreinte de l'esprit et de la main de l'homme, le désert s'est animé: les solitudes se sont peuplées. Plus près de nous, au lieu de tentes mobiles où s'abritait la barbarie, l'œil contemple de massifs châteaux et d'artistiques édifices; des tours, des flèches altières ont remplacé la cime des pins; toute une civilisation déjà adulte a surgi; et le fondateur de Québec, du haut de ce monument que lui élevait naguère la reconnaissance publique, fier de son œuvre, plus fier encore des progrès merveilleux qui en ont marqué la durée, peut plonger dans l'avenir un regard plein d'espoir et saluer avec confiance l'aube blanchissante de jours nouveaux et de destinées de plus en plus glorieuses.

Mes Frères, c'est pour envisager ce même avenir que nous sommes ici ce matin. Le cor résonnant de nos fêtes patriotiques a retenti, et des quatre coins de la Province, des extrémités du pays, je pourrais presque dire, de tous les points de l'Amérique où la race française a planté son drapeau, vous êtes accourus en foule, la tête haute, le cœur vibrant. On ne pouvait répondre à l'appel avec plus d'unanimité ni avec plus d'enthousiasme.

Aussi bien, le moment est solennel. Et sous ces airs de fête et à travers cet éclat de nos communes réjouissances, je vois des esprits qui s'inquiètent, des regards qui interrogent, des fronts sur lesquels se traduisent de soucieuses pensées; j'entends d'une part, des clameurs vagues et confuses, et, de l'autre, comme l'écho d'émotions contenues et de secrets frémissements passant dans l'âme de la nation. Que signifie cela?

C'est que, mes Frères, dans notre marche historique, nous sommes parvenus à une de ces époques où les peuples prennent conscience d'eux-mêmes, de leur vitalité et de leur force. C'est que, en assistant aux manifestations grandioses provoquées par d'heureux anniversaires de notre vie intellectuelle et sociale, nous sommes en même temps et plus spécialement peut-être conviés à de véritables assises nationales. C'est que, dans ces assises, il s'agit pour nous d'étudier et d'approfondir le problème de nos destinées et de proclamer une fois de plus, sans forfanterie comme sans faiblesse, prudemment, sagement, ce que nous avons été, ce que nous sommes, ce que nous devons et voulons être.

Voilà pourquoi je vous citais tout à l'heure ces paroles de nos lettres sacrées: *Populum istum formavi mihi; laudem meam narrabit.* C'est moi qui ai formé ce peuple, et je l'ai établi pour qu'il publie mes louanges. Dans ce langage, en effet, d'une si haute signification, et à travers ces accents inspirés, j'aperçois des indices de la noble mission confiée à notre nationalité; je crois découvrir, à cette lumière, la sublime vocation de la race française en Amérique.

I

Y a-t-il donc, mes Frères, une vocation pour les peuples?

Ceux-là seuls peuvent en douter qui écartent des événements de ce monde la main de la Providence et abandonnent les hommes et les choses à une aveugle fatalité. Quant à nous qui croyons en Dieu, en un Dieu sage, bon et puissant, nous savons comment cette sagesse, cette bonté et cette puissance se révèlent dans le gouvernement des nations; comment l'Auteur de tout être a créé des races diverses, avec des goûts et des aptitudes variés, et comment aussi il a assigné à chacune de ces races, dans la hiérarchie des sociétés et des empires, un rôle propre et distinct. Une nation sans doute peut déchoir des hauteurs de sa destinée. Cela n'accuse ni impuissance ni imprévoyance de la part de Dieu; la faute en est aux nations elles-mêmes qui, perdant de vue leur mission, abusent obstinément de leur liberté et courent follement vers l'abîme.

Je vais plus loin, et j'ose affirmer que non seulement il existe une vocation pour les peuples, mais qu'en outre quelques-uns d'entre eux ont l'honneur d'être appelés à une sorte de sacerdoce. Ouvrez la Bible, mes Frères, parcourez-en les pages si touchantes, si débordantes de l'esprit divin, depuis Abraham jusqu'à Moïse, depuis Moïse jusqu'à David, depuis David jusqu'au Messie figuré par les patriarches, annoncé par les prophètes et sorti comme une fleur de la tige judaïque, et dites-moi si le peuple hébreu, malgré ses hontes, malgré ses défaillances, malgré ses infidélités, n'a pas rempli sur la terre une mission sacerdotale.

Il en est de même sous la loi nouvelle. Tous les peuples sont appelés à la vraie religion, mais tous n'ont pas reçu une mission religieuse. L'histoire tant ancienne que moderne le démontre: il y a des peuples voués à la glèbe, il y a des peuples industriels, des peuples marchands, des peuples conquérants, il y a des peuples versés dans les arts et les sciences, il y a aussi des peuples apôtres. Ah! reconnaissez-les à leur génie rayonnant et à leur âme généreuse: ce sont ceux qui, sous la conduite de l'Église, ont accompli l'œuvre et répandu les bienfaits de la civilisation chrétienne; qui ont mis la main à tout ce que nous voyons de beau, de grand, de divin dans le monde; qui par la plume, ou de la pointe de l'épée, ont buriné le nom de Dieu dans l'histoire; qui ont gardé comme un trésor, vivant et impérissable, le culte du vrai et du bien. Ce sont ceux que préoccupent, que passionnent instinctivement toutes les nobles causes; qu'on voit frémir d'indignation au spectacle du faible opprimé; qu'on voit se dévouer, sous les formes les plus diverses, au triomphe de la vérité, de la charité, de la justice, du droit, de la liberté. Ce sont ceux, en un mot, qui ont mérité et méritent encore l'appellation glorieuse de champions du Christ et de soldats de la Providence.

Or, mes Frères, — pourquoi hésiterais-je à le dire? — ce sacerdoce social, réservé aux peuples d'élite, nous avons le privilège d'en être investis; cette vocation religieuse et civilisatrice, c'est, je n'en puis douter, la vocation propre, la vocation spéciale de la race française en Amérique. Oui, sachons-le bien, nous ne sommes pas seulement une race civilisée, nous sommes des pionniers de la civilisation; nous ne sommes pas seulement un peuple religieux, nous sommes des messagers de l'idée religieuse; nous ne sommes pas seulement des fils soumis de l'Église, nous sommes, nous devons être du nombre de ses zélateurs, de ses défenseurs et de ses apôtres. Notre mission est moins de manier des capitaux que de remuer des idées; elle consiste moins à allumer le feu des usines qu'à entretenir et à faire rayonner au loin le foyer lumineux de la religion et de la pensée.

Est-il besoin que je produise des marques de cette vocation d'honneur? La tâche, mes Frères, est facile: ces marques, nous les portons au front, nous les portons sur les lèvres, nous les portons dans nos cœurs!

Pour juger de la nature d'une œuvre, d'une fondation quelconque, il suffit très souvent de reporter les yeux sur les débuts de cette œuvre, sur l'auteur de cette fondation. La vie d'un arbre est dans ses racines; l'avenir d'un peuple se manifeste dans ses origines. Quelle est donc la nation mère à laquelle nous devons l'existence? quel a été son rôle, son influence intellectuelle et sociale? Déjà vos cœurs émus ont désigné la France; et, en nommant cette patrie de nos âmes, ils évoquent, ils ressuscitent toute l'histoire du christianisme. Le voilà le peuple apôtre par excellence, celui dont Léon XIII dans un document mémorable a pu dire: « La très noble nation française, par les grandes choses qu'elle a accomplies dans la paix et dans la guerre, s'est acquis envers l'Église catholique des mérites et des titres à une reconnaissance immortelle et à une gloire qui ne s'éteindra jamais. » Ces paroles si élogieuses provoqueront peut-être un sourire hésitant sur les lèvres de ceux qui ne considèrent que la France maçonnique et infidèle. Mais, hâtons-nous de l'ajouter, dix ans, vingt ans, cent ans même de défections, surtout quand ces défections sont rachetées par l'héroïsme du sacrifice et le martyre de l'exil, ne sauraient effacer treize siècles de foi généreuse et de dévouement sans égal à la cause du droit chrétien.

Quand on descend d'une telle race, quand on compte parmi ses ancêtres des Clovis et des Charlemagne, des Louis IX et des Jeanne d'Arc, des Vincent de Paul et des Bossuet, n'est-on pas justifiable de revendiquer un rôle à part et une mission supérieure? Par une heureuse et providentielle combinaison, nous sentons circuler dans nos veines du sang français et du sang chrétien. Le sang français seul s'altère et se corrompt vite, plus vite peut-être que tout autre; mêlé au sang chrétien, il produit les héros, les semeurs de doctrines spirituelles et fécondes, les artisans glorieux des plus belles œuvres divines.

C'est ce qui explique les admirables sentiments de piété vive et de foi agissante dont furent animés les fondateurs de notre nationalité sur ce continent d'Amérique, et c'est dans ces sentiments mêmes que je trouve une autre preuve de notre mission civilisatrice et religieuse.

Qui, mes Frères, ne reconnaîtrait cette mission, en voyant les plus hauts personnages dont notre histoire s'honore, faire de l'extension du royaume de

792

Jésus-Christ le but premier de leurs entreprises et marquer, pour ainsi dire, chacune de leurs actions d'un cachet religieux? Qui n'admettrait, qui n'admirerait cette vocation, en voyant, par exemple, un Jacques Cartier dérouler d'une main pieuse sur la tête de pauvres sauvages les pages salutaires de l'Évangile[1]; en voyant un Champlain ou un Maisonneuve mettre à la base de leurs établissements tout ce que la religion a de plus sacré; en voyant encore une Marie de l'Incarnation et ses courageuses compagnes, à peine débarquées sur ces rives, se prosterner à terre[2] et baiser avec transport cette patrie adoptive qu'elles devaient illustrer par de si héroïques vertus? Est-ce donc par hasard que tant de saintes femmes, tant d'éminents chrétiens, tant de religieux dévoués se sont rencontrés dans une pensée commune et ont posé, comme à genoux, les premières pierres de notre édifice national? Est-ce par hasard que ces pierres, préparées sous le regard de Dieu et par des mains si pures, ont été baignées, cimentées dans le sang des martyrs? L'établissement de la race française dans ces contrées serait-il une méprise de l'histoire, et le flot qui nous déposa sur les bords du Saint-Laurent n'aurait-il apporté au rivage que d'informes débris, incapables de servir et d'accomplir les desseins du ciel dans une œuvre durable?

Non, mes Frères, et ce qui le prouve mieux encore que tout le reste, c'est l'influence croissante exercée autour d'elle par la France d'Amérique sur les progrès de la foi et de la vraie civilisation.

Chose digne de remarque, et qui jette une belle lumière sur la mission d'un peuple: chaque fois que nos ancêtres, dans leurs courses d'explorations et même dans leurs guerres, vinrent en contact avec les rudes enfants des bois, ce fut pour les civiliser plutôt que pour les dominer; ce fut pour les convertir, et non pour les anéantir. Que n'ai-je le temps de rappeler les travaux de nos évêques, en particulier de l'immortel Laval, de nos prêtres, de nos missionnaires, de nos découvreurs, de tous nos apôtres? C'est d'ici qu'est partie l'idée religieuse qui plane aujourd'hui sur une large portion de l'Amérique septentrionale. C'est ici qu'ont jailli ces sources de doctrine, de vertu, de dévouement, dont les ondes se sont propagées d'un océan à l'autre, et, devançant nos grandes routes de feu, ont porté aux races étrangères les trésors de christianisme dont la nôtre est dépositaire.

Et cette influence si étendue jadis, si puissante et si bienfaisante, menacerait-elle maintenant de décroître? Aurait-elle du moins perdu, par le fait d'influences rivales, son caractère propre et ce cachet de spiritualisme qui l'a rendue si remarquable dans le passé? Ah! demandez-le, mes Frères, aux vénérables prélats qui, par leur présence au milieu de nous, ajoutent à ces fêtes tant de lustre, et dont le sceptre, semblable à la verge de Moïse, a fait surgir comme par miracle de la bruyère inculte ou de l'épaisse forêt d'innombrables paroisses et de florissants diocèses. Demandez-le à cette Université, l'orgueil de notre patrie, dont l'enseignement projeté par un double foyer rayonne avec tant d'éclat, et qui après cinquante ans d'existence voit accourir vers elle, des diverses parties de ce continent, des milliers d'anciens

---

1. Ferland: *Cours d'histoire du Canada*, I, p. 31.
2. Casgrain: *Histoire de l'Hôtel-Dieu de Québec*, p. 73.

élèves, sa joie et sa couronne. Demandez-le à tous ceux des nôtres que le souffle de l'émigration a dispersés loin de nous, soit dans d'autres provinces, soit sur le territoire de la vaste république américaine, et dont les groupes compacts, toujours catholiques, toujours français, resserrés autour de l'Église et de l'école paroissiale, émergent çà et là, comme de solides rochers au-dessus de la mer déferlante et houleuse. Demandez-le enfin à nos frères acadiens, chez qui le patriotisme, l'adhérence à la foi, l'attachement à la langue et l'indomptable ténacité, n'ont été égalés que par le malheur, et que Dieu récompense de tant de fidélité par une progression constante dans le nombre et dans l'influence.

Populum istum formavi mihi; laudem meam narrabit.

C'est moi, dit le Seigneur, qui ai formé ce peuple; je l'ai établi pour ma gloire, dans l'intérêt de la religion et pour le bien de mon Église; je veux qu'il persévère dans sa noble mission, qu'il continue à publier mes louanges.

Oui, faire connaître Dieu, publier son nom, propager et défendre tout ce qui constitue le précieux patrimoine des traditions chrétiennes, telle est bien notre vocation. Nous en avons vu les marques certaines, indiscutables. Ce que la France d'Europe a été pour l'ancien monde, la France d'Amérique doit l'être pour ce monde nouveau. Mais dans l'état social où nous sommes, à quel prix, mes Frères, et par quels moyens remplirons-nous efficacement cette mission? Quels sont les droits qu'elle comporte? quels sont les devoirs qu'elle impose? Voilà ce dont il me reste à vous entretenir.

II

Pour exercer parmi les nations le rôle qui convient à sa nature et que la Providence lui a assigné, un peuple doit rester lui-même; c'est une première et absolue condition, que rien ne saurait remplacer. Or, un peuple ne reste lui-même que par la liberté de sa vie, l'usage de sa langue, la culture de son génie. Il ne m'appartient pas de discuter ici l'avenir politique de mon pays. Mais ce que je tiens à dire, ce que je veux proclamer bien haut en présence de cette patriotique assemblée, c'est que le Canada français ne répondra aux desseins de Dieu et à sa sublime vocation que dans la mesure où il gardera sa vie propre, son caractère individuel, ses traditions vraiment nationales.

Et qu'est-ce donc que la vie d'un peuple? Vivre, c'est exister, c'est respirer, c'est se mouvoir, c'est se posséder soi-même dans une juste liberté! La vie d'un peuple, c'est le tempérament qu'il tient de ses pères, l'héritage qu'il en a reçu, l'histoire dont il nourrit son esprit, l'autonomie dont il jouit et qui le protège contre toute force absorbante et tout mélange corrupteur.

Qu'on ne s'y trompe pas: la grandeur, l'importance véritable d'un pays dépend moins du nombre de ses habitants ou de la force de ses armées, que du rayonnement social de ses œuvres et de la libre expansion de sa vie. Qu'était la Grèce dans ses plus beaux jours? un simple lambeau de terre, comme aujourd'hui, tout déchiqueté, pendant aux bords de la Méditerranée, et peuplé à peine de quelques millions de citoyens. Et cependant qui l'ignore? de tous les peuples de l'Antiquité, nul ne s'est élevé si haut dans l'échelle de la gloire; nul aussi n'a porté si loin l'empire de son génie et n'a marqué d'une plus forte empreinte l'antique civilisation. J'oserai le déclarer; il importe plus à notre race, au prestige de son nom et à la puissance de son action, de garder dans une humble sphère le libre jeu de son organisme et de sa vie que de graviter dans l'orbite de vastes systèmes planétaires.

Du reste, la vie propre ne va guère sans la langue; et l'idiome béni que parlaient nos pères, qui nous a transmis leur foi, leurs exemples, leurs vertus, leurs luttes, leurs espérances, touche de si près à notre mission qu'on ne saurait l'en séparer. La langue d'un peuple est toujours un bien sacré; mais quand cette langue s'appelle la langue française, quand elle a l'honneur de porter comme dans un écrin le trésor de la pensée humaine enrichi de toutes les traditions des grands siècles catholiques, la mutiler serait un crime, la mépriser, la négliger même, une apostasie. C'est par cet idiome en quelque sorte si chrétien, c'est par cet instrument si bien fait pour répandre dans tous les esprits les clartés du vrai et les splendeurs du beau, pour mettre en lumière tout ce qui ennoblit, tout ce qui éclaire, tout ce qui orne et perfectionne l'humanité, que nous pourrons jouer un rôle de plus en plus utile à l'Église, de plus en plus honorable pour nous-mêmes.

Et ce rôle grandira, croîtra en influence, à mesure que s'élèvera le niveau de notre savoir et que la haute culture intellectuelle prendra chez nous un essor plus ample et plus assuré. Car, on a beau dire, mes Frères, c'est la science qui mène le monde. Cachées sous le voile des sens ou derrière l'épais rideau de la matière, les idées abstraites demeurent, il est vrai, invisibles; mais semblables à cette force motrice que personne ne voit et qui distribue partout avec une si merveilleuse précision la lumière et le mouvement, ce sont elles qui inspirent tous les conseils, qui déterminent toutes les résolutions, qui mettent en branle toutes les énergies. Voilà pourquoi l'importance des universités est si considérable, et pourquoi encore les réjouissances qui auront lieu demain sont si étroitement liées à notre grande fête nationale et en forment, pour ainsi dire, le complément nécessaire.

Ah! l'on me dira sans doute qu'il faut être pratique, que pour soutenir la concurrence des peuples modernes il importe souverainement d'accroître la richesse publique et de concentrer sur ce point tous nos efforts. De fait, tous en conviennent, nous entrons dans une ère de progrès: l'industrie s'éveille; une vague montante de bien-être, d'activité, de prospérité, envahit nos campagnes; sur les quais de nos villes, la fortune souriante étage ses greniers d'abondance et le commerce, devenu chaque jour plus hardi, pousse vers nos ports la flotte pacifique de ses navires géants.

À Dieu ne plaise, mes Frères, que je méprise ces bienfaits naturels de la Providence, et que j'aille jusqu'à prêcher à mes concitoyens un renoncement fatal aux intérêts économiques dont ils ont un si vif souci. La richesse n'est interdite à aucun peuple ni à aucune race; elle est même la récompense d'initiatives fécondes, d'efforts intelligents et de travaux persévérants.

Mais prenons garde; n'allons pas faire de ce qui n'est qu'un moyen, le but même de notre action sociale. N'allons pas descendre du piédestal où Dieu nous a placés, pour marcher au pas vulgaire des générations assoiffées d'or et de jouissances. Laissons à d'autres nations, moins éprises d'idéal, ce mercantilisme fiévreux et ce grossier naturalisme qui les rivent à la matière. Notre ambition, à nous, doit tendre et viser plus haut; plus hautes doivent être nos pensées, plus hautes nos aspirations. Un publiciste distingué a écrit: « Le matérialisme n'a jamais rien fondé de grand ni de durable. » Cette parole vaut un axiome. Voulons-nous, mes Frères, demeurer fidèles à nous-mêmes, et à la mission supérieure et civilisatrice qui se dégage de toute notre histoire, et qui a fait jusqu'ici l'honneur de notre race? Usons des biens matériels, non pour eux-mêmes, mais pour les biens plus précieux qu'ils peuvent nous assurer; usons de la richesse, non pour multiplier les vils plaisirs des sens, mais pour favoriser les plaisirs plus nobles, plus élevés de l'âme; usons du progrès, non pour nous étioler dans le béotisme qu'engendre trop souvent l'opulence, mais pour donner à nos esprits des ailes plus larges et à nos cœurs un plus vigoureux élan.

Notre vocation l'exige. Et plus nous nous convaincrons de cette vocation elle-même, plus nous en saisirons le caractère vrai et la puissante portée mora-lisatrice et religieuse, plus aussi nous saurons trouver dans notre patriotisme ce zèle ardent et jaloux, ce courage éclairé et généreux qui, pour faire triom-pher un principe, ne recule devant aucun sacrifice. L'intelligence de nos des-tinées nous interdira les molles complaisances, les lâches abandons, les résignations faciles.

Soyons patriotes, mes Frères; soyons-le en désirs et en paroles sans doute, mais aussi et surtout en action. C'est l'action commune, le groupement des forces, le ralliement des pensées et des volontés autour d'un même dra-peau qui gagne les batailles. Et quand faut-il que cette action s'exerce? quand est-il nécessaire de serrer les rangs? Ah! chaque fois que la liberté souffre, que le droit est opprimé, que ce qui est inviolable a subi une atteinte sacrilège; chaque fois que la nation voit monter à l'horizon quelque nuage menaçant, ou que son cœur saigne de quelque blessure faite à ses sentiments les plus chers.

N'oublions pas non plus que tous les groupes, où circule une même sève nationale, sont solidaires. Il est juste, il est opportun que cette solidarité s'af-firme; que tous ceux à qui la Providence a départi le même sang, la même langue, les mêmes croyances, le même souci des choses spirituelles et immor-telles, resserrent entre eux ces liens sacrés, et poussent l'esprit d'union, de confraternité sociale, aussi loin que le permettent leurs devoirs de loyauté politique. Les sympathies de race sont comme les notions de justice et d'hon-neur: elles ne connaissent pas de frontières.

Enfin, mes Frères, pour conserver et consolider cette unité morale dont l'absence stériliserait tous nos efforts, rien n'est plus essentiel qu'une soumis-sion filiale aux enseignements de l'Église et une docilité parfaite envers les chefs autorisés qui représentent parmi nous son pouvoir. Cette docilité et cette soumission sont assurément nécessaires à toutes les nations chrétiennes; elles le sont bien davantage à un peuple qui, comme le nôtre, nourri tout d'abord et, pour ainsi dire, bercé sur les genoux de l'Église, n'a vécu que sous son égide, n'a grandi que par ses soins pieux, et poursuit une mission inséparable des progrès de la religion sur ce continent. Plus une société témoigne de respect, plus elle accorde d'estime, de confiance et de déférence au pouvoir religieux, plus aussi elle acquiert de titres à cette protection, parfois secrète, mais toujours efficace, dont Dieu couvre, comme d'un bouclier, les peuples fidèles. Quelle garantie pour notre avenir! et combien le spectacle de ce jour est propre à affermir notre foi et à soutenir nos meilleures espérances! L'Église et l'État, le clergé et les citoyens, toutes les sociétés, toutes les classes, tous les ordres, toutes les professions, se sont donné la main pour venir au pied de l'autel, en face de Celui qui fait et défait les empires, renouveler l'alliance étroite conclue non loin d'ici, à la naissance même de cette ville, entre la patrie et Dieu. Et pour que rien ne manquât à la solennité de cet acte public, la Providence a voulu qu'un représentant direct de Sa Sainteté Léon XIII, que d'illustres visiteurs, des fils distingués de notre ancienne mère-patrie, rehaussent par leur présence l'éclat et la beauté de cette cérémonie.

Eh! bien, mes Frères, ce pacte social dont vous êtes les témoins émus, cet engagement national auquel chacun, ce semble, est heureux de souscrire par la pensée et par le cœur, qu'il soit et qu'il demeure à jamais sacré! Qu'il s'attache comme un signe divin au front de notre race! C'est la grande charte qui doit désormais nous régir. Cette charte, où sont inscrits tous les droits, où sont reconnues toutes les saintes libertés, qu'elle soit promulguée partout, sur les portes de nos cités, sur les murs de nos temples, dans l'enceinte de nos parlements et de nos édifices publics! Qu'elle dirige nos législateurs, qu'elle éclaire nos magistrats, qu'elle inspire tous nos écrivains! Qu'elle soit la loi de la famille, la loi de l'école, la loi de l'atelier, la loi de l'hôpital! Qu'elle gouverne, en un mot, la société canadienne tout entière!

De cette sorte, notre nationalité, jeune encore, mais riche des dons du ciel, entrera d'un pas assuré dans la plénitude de sa force et de sa gloire. Pendant qu'autour de nous d'autres peuples imprimeront dans la matière le sceau de leur génie, notre esprit tracera plus haut, dans les lettres et les sciences chrétiennes, son sillon lumineux. Pendant que d'autres races, catholiques elles aussi, s'emploieront à développer la charpente extérieure de l'Église, la nôtre par un travail plus intime et par des soins plus délicats préparera ce qui en est la vie, ce qui en est le cœur, ce qui en est l'âme. Pendant que nos rivaux revendiqueront, sans doute dans des luttes courtoises, l'hégémonie de l'industrie et de la finance, nous, fidèles à notre vocation première, nous ambitionnerons avant tout l'honneur de la doctrine et les palmes de l'apostolat.

Nous maintiendrons sur les hauteurs le drapeau des antiques croyances, de la vérité, de la justice, de cette philosophie qui ne vieillit pas parce qu'elle est éternelle; nous l'élèverons fier et ferme, au-dessus de tous les vents et de tous les orages; nous l'offrirons aux regards de toute l'Amérique comme l'emblème glorieux, le symbole, l'idéal vivant de la perfection sociale et de la véritable grandeur des nations.

Alors, mieux encore qu'aujourd'hui, se réalisera cette parole prophétique qu'un écho mystérieux apporte à mes oreilles et qui, malgré la distance des siècles où elle fut prononcée, résume admirablement la signification de cette fête: *Eritis mihi in populum, et ego ero vobis in Deum.* Vous serez mon peuple, et moi je serai votre Dieu.

Ainsi soit-il, avec la bénédiction de Mgr l'Archevêque!

TABLE DES RÉFÉRENCES

d'Acadie, éditée par Lucien Campeau, Rome, Apud Monumenta Historica Societatis Jesu et Québec, PUL, 1967, p. 460-462.

« Jamais Salomon n'eust son hostel mieux ordonné »; *ibid.*, p. 483-486.

« Adieus pitoyables »; *ibid.*, p. 504-505.

« Aider solidement à salut »; *ibid.*, p. 509-511.

« C'est un grand fruict que la confiance »; *ibid.*, p. 600-602.

GABRIEL THÉODAT SAGARD (?-c. 1636)

« Ces bons Sauvages et les Mistigoches »; Sagard, Gabriel, *Le Grand Voyage du pays des Hurons*, Paris, Tross, 1865, p. 55-61.

« À la volonté de la femme »; *ibid.*, p. 110-116.

« Il se nourrist de l'odeur des fleurs »; *ibid.*, vol. II, p. 209-210.

PAUL LE JEUNE (1591-1664)

« Le port tant désiré »; Le Jeune, Paul, *Relation du voyage de la Nouvelle-France*, Québec, Côté, 1858, p. 7-9.

« L'yvrognerie que les Europeans ont ici apportée »; *ibid.*, p. 9-10.

« Des choses bonnes qui se trouvent dans les Sauvages »; Le Jeune, Paul, *Relation de ce qui s'est passé en la Nouvelle-France en l'année 1634*, Québec, Côté, 1858, p. 27-30.

« Comment Messou repara le monde »; Le Jeune, Paul, *Relation de ce qui s'est passé en la Nouvelle-France en l'année 1633*, Québec, Côté, 1858, p. 16.

« Chants et tambours »; Le Jeune, Paul, *Relation de ce qui s'est passé en la Nouvelle-France en l'année 1634*, Québec, Côté, 1858, p. 18-20.

« Niganipahau »; *ibid.*, p. 20-22.

JEAN DE BRÉBEUF (1593-1649)

« Orphée sauvage »; Brébeuf, Jean de, « Relation de ce qui s'est passé dans le pays des Hurons en l'année 1636 », dans *Relation de ce qui s'est passé en la Nouvelle-France en l'année 1636*, Québec, Côté, 1858, p. 104-107.

« Le festin des âmes »; *ibid.*, p. 131-137.

FRANÇOIS LE MERCIER (1604-1690)

« Les voyes du salut »; Le Mercier, François Joseph, « Relation de ce qui s'est passé en la mission de la compagnie de Jésus, Au pays des Hurons, en l'année 1637 », dans *Relation de ce qui s'est passé en la Nouvelle-France en l'année 1637*, Québec, Côté, 1858, p. 109-118.

BARTHELEMY VIMONT (1594-1667)

« Une grande porte ouverte aux croix »; Vimont, Barthelemy, *Relation de ce qui s'est passé en la Nouvelle-France ès années 1644 et 1645*, Québec, Côté, 1858, p. 23-28.

MARIE DE L'INCARNATION (1599-1672)

« Il venait à moi »; Marie de l'Incarnation, *Écrits spirituels et historiques*, réédités par Dom Albert Jamet, Paris, Desclée de Brouwer & Québec, L'Action Sociale, 1929 et 1930, tome II, p. 160 ssq.

« Pâtissant l'amour »; *ibid.*, tome I, p. 349-352.

FRANÇOIS DE LAVAL (1623-1708)

« Comme membre infect et gâté »; Laval, François de, *Mandements, lettres pastorales et circulaires des évêques de Québec*, publiés par Mgr H. Têtu et l'abbé C.-O. Gagnon, Québec, Côté, 1889, tome I, p. 14-15, 30-32.

« Je vous ouvre mon cœur trop librement »; Laval, François de, « Lettres », dans *Québeccens. Beatificationis et Canonizationis Ven. Servi Dei Francisci de Montmorency-Laval Episcopi Quebecensis (1708). Altera Nova Positio Super Virtutibus. Ex officis Critice Disposita*, Typis Vaticanis MCMLVI, p. 397 et 548-552.

JÉRÔME LALEMANT (1593-1673)

« Le tremble-terre »; Lalemant, Jérôme, *Relation de ce qui s'est passé de plus remarquable aux missions des pères de la compagnie de Jésus en la Nouvelle-France ès années 1662-1663*, Québec, Côté, 1858, p. 2-7.

TROISIÈME PARTIE
Un pays à construire

PIERRE BOUCHER (1622-1717)

« Avec le plus de naïveté qu'il m'est possible »; Boucher, Pierre, *Histoire véritable et naturelle des mœurs et productions du pays de la Nouvelle-France vulgairement dit le Canada*, Boucherville, Société historique du Boucherville, 1964 (avant-propos du livre).

« Parler de Québec »; *ibid.*, p. 11-19.

« Il y a quatre sortes d'escurieux »; *ibid.*, p. 53-67.

« Il ne manque que du monde »; *ibid.*, p. 135-136 et 142-145.

CHARTIER DE LOTBINIÈRE (1641-1709)

« Sur des chevaux de fisselles »; Lotbinière, Chartier de, « Sur le voyage de Monsieur de Courcelles, vers burlesques », dans *Le Bulletin des recherches historiques*, XXXIII, n° 5 (mai 1927), p. 264-273 et 281-282.

NICOLAS DENYS (1598-1688)

« Lettre d'un pêcheur d'Acadie »; Denys, Nicolas, *Description géographique et historique des costes de l'Amérique septentrionale. Avec l'histoire naturelle du Païs*, Toronto, The Champlain Society, 1908, p. 457.

« La chasse aux bébés phoques »; *ibid.*, p. 476-477.

« Le jeune Latour »; *ibid.*, p. 477-478.

« L'Isle Percée »; *ibid.*, p. 505-506.

« La pesche des moluës »; Denys, Nicolas, *Histoire naturelle des peuples, des animaux, des arbres et plantes de l'Amérique septentrionale et de ses divers climats*, Toronto, The Champlain Society, 1908, p. 521-525.

« Civiliser »; *ibid.*, p. 601-606.

CHRESTIEN LE CLERCQ (1641-?)

« Le Soleil en pleura de douleur »; Le Clercq, Chrestien, *Nouvelle Relation de la Gaspésie*, Toronto, The Champlain Society, 1910, p. 337-338.

« Je m'étonne fort que les François aient si peu d'esprit »; *ibid.*, p. 345-347.

« Papkootparout et Ledelstaganne »; *ibid.*, p. 389-392.

« L'amertume du cœur »; *ibid.*, p. 408-409.

LOUIS JOLLIET (1645-1700)

« Le plus beau pays qui se puisse voir sur la Terre »; Jolliet, Louis, « Lettre au Comte de Frontenac » citée par Pierre Margry dans *Revue Canadienne*, IX (1872), p. 68-69.

« Tcharacou »; Jolliet, Louis, « Journal de Louis Jolliet allant à la descouverte de Labrador, 1694 » dans *Rapport de l'archiviste de la province de Québec pour 1943-1944*, Québec, 1944, p. 169-203.

« L'esté de ces climats toujours froids »; *ibid.*, p. 204-206.

JEAN-BAPTISTE DE SAINT-VALLIER (1653-1727)

« Les meilleurs n'en valent rien »; Saint-Vallier, Jean-Baptiste de, « Avis donnés au Gouverneur et à la Gouvernante », dans *Mandements, lettres pastorales et circulaires des évêques de Québec*, publiés par Mgr H. Têtu et l'abbé C.-O. Gagnon, Québec, Côté, 1887, tome I, p. 169-175

« Comme pourrait être la comédie du Tartuffe »; *ibid.*, p. 301-308.

PIERRE LE MOYNE D'IBERVILLE (1661-1706)

« Brigantin, frégate, quaiche et chaloupe »; Iberville, Pierre Lemoyne d', « Journal d'une expédition » dans Abbé A. Gosselin, *Les Normands au Canada*, Evreux, 1900, p. 71-77.

« Jeter une colonie »; Iberville, Pierre Lemoyne d', « Mémoire... », dans P. Margry, *Découvertes et établissements des Français*, Paris, Maisonneuve et Cie, 1881, tome IV, p. 548.

PIERRE DE TROYES (?-1688)

« Le feu y devint furieux »; Troyes, Pierre de, *Journal de l'expédition du Chevalier de Troyes à la Baie d'Hudson*, édité par l'abbé Ivanhoe Caron, Beauceville, L'Éclaireur, 1918, p. 49-53.

MARIE MORIN (1649-1730)

« Sans parler hardiment »; Morin, Marie, « Annales de l'Hôtel-Dieu de Montréal », collationnées et annotées par MM. A. Fauteux, E. Z. Massicotte et C. Bertrand, avec une introduction par M. Victor Morin, dans *Mémoires de la Société Historique de Montréal*, douzième livraison, Montréal, 1921, p. 1-8.

« La précieuse ridicule »; *ibid.*, p. 22-23.

« Cette chère ville future »; *ibid.*, p. 60-62.

« Ils vivaient en saints »; *ibid.*, p. 113-114.

« Monsieur de Chomedy »; *ibid.*, p. 77-84.

« Le bras mort »; *ibid.*, p. 90 et 96-99.

« Monsieur l'Yroquois »; *ibid.*, p. 155-160.

MARGUERITE BOURGEOYS (1620-1700)

« L'année des cent hommes »; Bourgeoys, Marguerite, *Les Écrits de Mère Bourgeoys*, édités par sœur Saint-Damase-de-Rome, c.n.d., Montréal, 1964, p. 44-47.

« Qu'elle ne soit pas infidèle à Dieu »; *ibid.*, p. 21-23.

« J'entends une voix plus ancienne »; *ibid.*, p. 72-73.

« Sans se mettre du nombre »; *ibid.*, p. 140-144.

LOUIS-ARMAND DE LOM D'ARCE DE LAHONTAN (1666-1715)

« Haute et basse ville »; Lahontan, Louis Armand de Lom d'Arce de, *Les Nouveaux Voyages de M. le Baron de Lahontan dans l'Amérique septentrionale*, La Haye, Les Frères L'Honoré, 1703, p. 14-19.

« Rat et ruses »; *ibid.*, p. 188-194.

« Les Canadiens ou Créoles »; Lahontan, Louis Armand de Lom d'Arce de, *Mémoires de l'Amérique septentrionale*, La Haye, Les Frères L'Honoré, 1703, p. 81-83.

« Les Hurons le tien et le mien »; Lahontan, Louis Armand de Lom d'Arce de, *Suite du voyage de l'Amérique ou Dialogues de Monsieur le Baron de Lahontan et d'un Sauvage dans l'Amérique*, à Amsterdam, chez la Veuve de Boeteman, 1704, p. 51-72.

DIÈREVILLE (?-?)

« Chacun sous un rustique toit »; Dièreville, *Relation du voyage de Port Royal de l'Acadie*, Toronto, The Champlain Society, 1933, p. 255-263.

« Remet la vie au corps »; *ibid.*, p. 301-303.

« Sur le vaste sein d'Amphitrite »; *ibid.*, p. 308-309.

QUATRIÈME PARTIE
La civilisation de la Nouvelle-France

CANTIQUES ET CHANSONS

« Walker, Vetch et Nicholson »; Juchereau, Paul-Augustin, dans Hugolin, R. P., o.f.m., *Échos héroï-comiques du naufrage des Anglais sur l'Île-aux-Oeufs en 1711*, Québec, 1910, p. 11-12.

« Maintes troupes parpaillottes »; Esgly, François Mariauchau d', *ibid.*, p. 8-10.

« Ah! quel bonheur »; Colombière, Joseph de la, *ibid.*, p. 22-25.

« Objet de nos cœurs »; Villette, Louis de, *ibid.*, p. 31-32.

MARIE-ANDRÉE DUPLESSIS DE SAINTE-HÉLÈNE (1687-1760)

« C'étoit l'image de l'enfer »; Duplessis de Sainte-Hélène, Marie-Andrée et Juchereau, Jeanne-Françoise, *Les Annales de L'Hôtel-Dieu de Québec*, éditées par Dom Albert Jamet, Québec, à l'Hôtel-Dieu, 1939, p. 359-373.

NICOLAS JÉRÉMIE (1669-1732)

« Il l'aimait plus que les autres »; Jérémie, Nicolas, « Relation de Détroit et de la Baie d'Hudson », dans *Bulletin de la Société historique de Saint-Boniface*, 1912, vol. II, p. 21-22.

BACQUEVILLE DE LA POTHERIE (1663-1736)

« Essuyer la tempête »; Le Roy de la Potherie, dit Bacqueville de la Potherie, Claude-Charles, *Histoire de l'Amérique septentrionale*, Paris, Nyon Fils, 1753, tome I, p. 1-15.

JOSEPH-FRANÇOIS LAFITAU (1681-1746)

« Le feu c'est notre livre »; Lafitau, Joseph-François, *Mœurs des sauvages amériquains comparées aux mœurs des premiers temps*, Paris, Saugrain l'aîné, 1724, tome I, p. 382-394.

« Le calumet du soleil »; *ibid.*, tome II, p. 314-336.

ÉTIENNE MARCHAND (1707-1774)

« Ces hommes de Dieu »; Marchand, Abbé Étienne, *Les Troubles de L'Église du Canada en 1728*, édité par Pierre-Georges Roy, Lévis, *Bulletin des recherches historiques*, 1897, p. 9-13.

CLAUDE LE BEAU (?-?)

« Célébration du batême du Grand Banc de Terre Neuve »; Le Beau, Claude, *Aventures du Sr C. Le Beau, avocat en parlement, ou Voyage curieux et nouveau parmi les Sauvages de l'Amérique septentrionale*, Amsterdam, Herman Uytwerf, 1738, p. 30-43.

PIERRE-FRANÇOIS-XAVIER DE CHARLEVOIX (1682-1761)

« Rien d'éclatant »; Charlevoix, Pierre-François-Xavier de, *Histoire et description générale de la Nouvelle-France*, Paris, Rolin Fils, 1744, tome I, p. I-IV.

« Les François canadiens »; Charlevoix, Pierre-François-Xavier de, « Journal d'un voyage fait par ordre du roi dans l'Amérique septentrionale », dans *Histoire et description générale de la Nouvelle-France*, Paris, Rolin Fils, 1744, tome III, p. 164-175.

ÉLISABETH BEGON (1696-1755)

« Adieu jusqu'à demain »; Begon, Élisabeth, *Lettres au cher fils*, éditées par Nicole Deschamps, Montréal, Hurtubise HMH, 1972, p. 31-39.

« Le bal chez Bigot »; *ibid.*, p. 81-85.

« Regretter le Canada »; *ibid.*, p. 153-161.

BONNEFONS (?-?)

« La capitale du Canada »; J.C.B., *Voyage au Canada dans le nord de l'Amérique septentrionale fait depuis l'an 1751 à 1761*, édité par l'abbé H.-R. Casgrain, Québec, Léger Brousseau, 1887, p. 23-37.

« Les loups de Montréal »; *ibid.*, p. 48-49.

« Une jeune fille nommée Rachile »; *ibid.*, p. 116-120.

MARIE-JOSEPH LEGARDEUR DE REPENTIGNY (?-?)

« Le Ciel semblait vouloir combattre contre nous »; Legardeur de Repentigny, Marie-Joseph, « Relation du siège de Québec », dans *Le Siège de Québec en 1759 par trois témoins*, présentation de Jean-Claude Hébert, Québec, ministère des Affaires culturelles, 1972, p. 17-29.

VOLUME II

PREMIÈRE PARTIE
Les origines canadiennes (1760-1836)

Journaux

LA GAZETTE DE QUÉBEC

« The Printers to the Publick », « Les Imprimeurs au Public »; *The Quebec Gazette/La Gazette de Québec*, 21 juin 1764.

LA GAZETTE DE MONTRÉAL

« Au Spectateur tranquille »; Moi, un (pseud.), *La Gazette de Commerce et littéraire pour la ville et district de Montréal*, 1er juillet 1778; *Études françaises*, vol. V, no 3, août 1969, p. 261-264.

« À l'Ennemi des sciences, signé « Moi, un »; Adieu (pseud.), *ibid.*, 8 juillet 1778; *Études françaises, ibid.*, p. 264-267.

LE CANADIEN

« Prospectus, d'un Papier périodique »; *Le Canadien*, 13 novembre 1806.

« La souveraineté du peuple* »; Un Canadien (pseud.), *ibid.*, 4 novembre 1809; *Études françaises*, vol. V, no 3, août 1969, p. 346-350.

LA MINERVE

« Prospectus »; *La Minerve*, 9 novembre 1826.

LE POPULAIRE

« À la jeunesse canadienne »; *Le Populaire*, 10 avril 1837.

Orateurs

JOSEPH-OCTAVE PLESSIS (1763-1825)

« Oraison funèbre de Mgr J.-O. Briand* »; Plessis, Joseph-Octave, 27 juin 1794; Lévis, Bulletin des recherches historiques, 1906, p. 12-21.

« Sermon à l'occasion de la victoire d'Aboukir* »; Plessis, Joseph-Octave, 10 janvier 1799; *Discours à l'occasion de la victoire remportée par les forces navales de Sa Majesté britannique dans la Méditerranée le 1er et 2 août 1798, sur la flotte françoise (...)*, Québec, 1799, p. 1-24.

LOUIS-JOSEPH PAPINEAU (1786-1871)

« Éloge de George III* »; Papineau, Louis-Joseph, 1er juillet 1820; *La Gazette de Québec*, 13 juillet 1820; Chapais, Thomas, *Cours d'histoire du Canada*, tome 3 (1815-1833), 2e éd., Québec, Librairie Garneau, 1933, p. 91-93.

« Discours de Saint-Laurent* »; Papineau, Louis-Joseph, 15 mai 1837; *La Minerve*, 25 et 29 mai 1837.

Poètes

MICHEL BIBAUD (1782-1857)

« Satire contre l'ignorance* » (1819); Bibaud, Michel, *Épitres, satires, chansons, épigrammes et autres pièces de vers*, Montréal, imprimées par Ludger Duvernay, à l'imprimerie de *La Minerve*, 1830, p. 43-55.

CHANTRES DU PAYS ET DE LA LIBERTÉ

« Chanson patriotique » (1825), Morin, A.-N.; *Le Répertoire national ou recueil de littérature canadienne*, compilé par J. Huston, 2e éd., vol. I, Montréal, J. M. Valois & Cie, 1893, p. 166.

« Chanson batelière » (1828?); *ibid.*, p. 209-210.

« Avant tout je suis Canadien » (1832); *ibid.*, p. 246-247.

« Chant patriotique » (1834); *ibid.*, p. 292-293.

Essayiste

ÉTIENNE PARENT (1802-1874)

« Adresse au public canadien »; Parent, Étienne, *Le Canadien*, 7 mai 1831; *Étienne Parent, 1802-1874*, biographie, textes et bibliographie présentés par Jean-Charles Falardeau, Montréal, Éditions La Presse, 1975, p. 69-73.

« Soyons des réformistes et non des révolutionnaires* »; Parent, Étienne, *Le Canadien*, 13 novembre 1837, *ibid.*, p. 81-85.

« L'industrie considérée comme moyen de conserver la nationalité canadienne-française »; Parent, Étienne, dans *Le Répertoire national ou recueil de littérature canadienne*, compilé par J. Huston, 2ᵉ éd., vol. IV, Montréal, J. M. Valois & Cie., 1893, p. 1-19.

DEUXIÈME PARTIE
La patrie littéraire (1837-1865)

Historiens

FRANÇOIS-XAVIER GARNEAU (1809-1866)

« Au Canada (1837) »; Garneau, François-Xavier, *Le Canadien*, 10 février 1837; *Le Répertoire national ou recueil de littérature canadienne*, compilé par J. Huston, 2ᵉ éd., vol. II, Montréal, J. M. Valois & Cie, 1893, p. 48-51.

« Préface »; Garneau, François-Xavier, *Histoire du Canada depuis sa découverte jusqu'à nos jours*, 3ᵉ éd. revue et corrigée, tome I, Québec, P. Lamoureux, 1859, p. v-x.

« Discours préliminaire »; *ibid.*, p. xi-xxii.

« Conclusion »; *ibid.*, tome III, p. 358-360.

« Lettre au gouverneur Elgin* »; Garneau, François-Xavier, 19 mai 1846; Casgrain, H.-R., *De Gaspé et Garneau*, Montréal, Librairie Beauchemin, 1922, p. 108-113.

« Lettre au premier ministre Lafontaine* »; Garneau, François-Xavier, 17 septembre 1850; *ibid.*, p. 114-116.

« Quelques vues sur l'Angleterre* »; Garneau, François-Xavier, *Voyage en Angleterre et en France dans les années 1831, 1832 et 1833*, texte établi, annoté et présenté par Paul Wyczynski, Ottawa, Éditions de l'Université d'Ottawa, 1968, p. 165-176.

J.-B.-A. FERLAND (1805-1865)

« Introduction »; Ferland, J.-B.-A., *Cours d'histoire du Canada*, première partie, 1534-1663, Québec, Augustin Côté, 1861, p. iii-vi.

Romanciers et conteurs

PHILIPPE AUBERT DE GASPÉ, FILS (1814-1841)

« Préface »; Aubert de Gaspé, Philippe, fils, *L'Influence d'un livre: roman historique*, Québec, imprimé par William Cowan & Fils, 1837, p. iii-iv.

« L'étranger »; *ibid.*, p. 36-47.

« L'homme de Labrador »; *ibid.*, p. 76-88.

JOSEPH DOUTRE (1825-1886)

« Préface »; Doutre, Joseph, *Les Fiancés de 1812: essai de littérature canadienne*, Montréal, Louis Perrault, 1844, p. v-xx.

« Il ne faut pas juger sans connaître* »; *ibid.*, p. 355-364.

« Le grand voleur et les mauvais prêtres* »; *ibid.*, p. 428-435.

PATRICE LACOMBE (1807-1863)

« L'engagement d'un voyageur* »; Lacombe, Patrice, *La Terre paternelle*, 1846; *Le Répertoire national ou recueil de littérature canadienne*, compilé par J. Huston, 2ᵉ éd., vol. III, Montréal, J. M. Valois & Cie, 1893, p. 362-364.

« Misères de l'habitant devenu citadin* »; *ibid.*, p. 380-383.

PIERRE-JOSEPH-OLIVIER CHAUVEAU (1820-1890)

« L'encombrement des professions* »; Chauveau, Pierre-Joseph-Olivier, *Charles Guérin*, 1852-1853; *Charles Guérin: roman de mœurs canadiennes*, introduction de Ernest Gagnon, illustrations de J.-B. Lagacé, Montréal, la Cie de publication de la *Revue canadienne*, 1900, p. 8-9.

« Voués à la misère collective* »; *ibid.*, p. 46-49.

« Est-ce que nous avons un pays, nous autres?* »; *ibid.*, p. 60-74.

« De la campagne à la ville* »; *ibid.*, p. 273-280.

ANTOINE GÉRIN-LAJOIE (1824-1882)

« Le fils incorruptible* »; Gérin-Lajoie, Antoine, *Le Jeune Latour*, 1844; *Le Jeune Latour: tragédie en trois actes*, Montréal, Réédition-Québec, 1969, p. 41-43.

« Choix d'un état »; Gérin-Lajoie, Antoine, *Jean Rivard, le défricheur: récit de la vie réelle*, 2ᵉ éd. revue et corrigée, Montréal, J. B. Rolland & Fils, 1874, p. 4-16.

« Bonheur de l'homme des champs* »; *ibid.*, p. 41-45.

« Malheur du citadin* »; *ibid.*, p. 72-77.

« Le mariage et la noce »; *ibid.*, p. 195-205.

PHILIPPE AUBERT DE GASPÉ, PÈRE (1786-1871)

« Les sorciers de l'île d'Orléans et la Corriveau* »; Aubert de Gaspé, Philippe, père, *Les Anciens Canadiens*, précédé d'une chronologie, d'une bibliographie et de jugements critiques, texte intégral conforme à l'édition de 1864, Montréal, Fides, 1967, p. 40-55.

« La débâcle »; *ibid.*, p. 58-73.

« Le bon gentilhomme »; *ibid.*, p. 137-149.

« Le refus de Blanche »; *ibid.*, p. 240-243, 267-268.

GEORGES BOUCHER DE BOUCHERVILLE (1815-1898)

« Révolte des esclaves »; Boucher de Boucherville, Georges, *Une de perdue, deux de trouvées*, présentation par Réginald Hamel, Montréal, Hurtubise HMH, 1973, p. 265-273.

« Plan d'émancipation »; *ibid.*, p. 273-278.

JOSEPH-CHARLES TACHÉ (1820-1894)

« Les hommes-de-cages »; Taché, Joseph-Charles, *Forestiers et voyageurs*, Montréal, Fides, 1946, p. 204-213.

NAPOLÉON BOURASSA (1827-1916)

« La convocation de Grand-Pré* »; Bourassa, Napoléon, *Jacques et Marie: souvenir d'un peuple dispersé*, Montréal, Eusèbe Senécal, 1866, p. 70-73.

« L'annonce de la déportation* »; *ibid.*, p. 82-87.

« La chasse à l'Acadien* »; *ibid.*, p. 89.

« L'embarquement* »; *ibid.*, p. 213-219.

Poète

OCTAVE CRÉMAZIE (1827-1879)

« Le vieux soldat canadien »; *Œuvres complètes de Octave Crémazie*, publiées sous le patronage de l'Institut canadien de Québec, Montréal, Beauchemin & Valois, 1882, p. 110-111.

« Chant du vieux soldat canadien »; *ibid.*, p. 112-114.

« Envoi aux marins de « La Capricieuse »; *ibid.*, p. 115-116.

« Les morts »; *ibid.*, p. 117-123.

« Lettres à l'abbé H.-R. Casgrain* »; *ibid.*, p. 18-58.

Orateurs

IGNACE BOURGET (1799-1885)

« Sur l'Institut canadien et contre les mauvais livres »; Bourget, Ignace, dans *Mandements, lettres pastorales, circulaires et autres documents publiés dans le diocèse de Montréal depuis son érection*, tome VI, Montréal, imprimés par J. A. Plinguet, 1887, p. 24-37.

« Le journal libéral et le patriotisme religieux* »; Bourget, Ignace, dans *Mandements, lettres pastorales, circulaires et autres documents publiés dans le* *diocèse de Montréal depuis son érection jusqu'à l'année 1869*, tome III, Montréal, Typographie Le Nouveau Monde, 1869, p. 393-410.

LOUIS-ANTOINE DESSAULLES (1817-1895)

« Discours sur la tolérance* »; Dessaulles, Louis-Antoine, 17 décembre 1868; *Annuaire de l'Institut canadien pour 1868*, Montréal, Imprimerie du journal *Le Pays*, 1868, p. 4-21.

TROISIÈME PARTIE
La survie messianique (1866-1895)

Historiens

HENRI-RAYMOND CASGRAIN (1831-1904)

« Le mouvement littéraire au Canada »; Casgrain, Henri-Raymond, *Œuvres complètes*, tome I: *Légendes canadiennes et variétés*, Montréal, Beauchemin & Valois, 1884, p. 353-375.

« Notre histoire est sainte* »; *ibid.*, tome III: *Histoire de la Vénérable Mère Marie de l'Incarnation, première supérieure des Ursulines de la Nouvelle-France, précédée d'une esquisse sur l'histoire religieuse des premiers temps de cette colonie*, Montréal, C. O. Beauchemin & Fils, 1886, p. 10-64.

« L'Acadie ressuscitée* »; Casgrain, Henri-Raymond, *Une Seconde Acadie: L'Île Saint-Jean — Île du Prince-Édouard*, Québec, Imprimerie de L.-J. Demers & Frère, 1894, p. 365-369.

LAURENT-OLIVIER DAVID (1840-1926)

« La situation des Canadiens français en 1837* »; David, Laurent-Olivier, *Les Patriotes de 1837-1838*, Montréal, Eusèbe Senécal & Fils, 1884, p. 5-10.

« Les Patriotes avaient raison* »; *ibid.*, p. 287-294.

« Canadiens-Anglais et Canadiens-Français » (1870); David, Laurent-Olivier, *Mélanges historiques et littéraires*, Montréal, Librairie Beauchemin, 1917, p. 38-41.

« Les besoins de notre époque » (1870); *ibid.*, p. 42-46.

« Notre mission » (1870); *ibid.*, p. 47-50.

« Le clergé et sa mission » (1916); *ibid.*, p. 269-274.

Poètes

LOUIS FRÉCHETTE (1839-1908)

« Renouveau »; Fréchette, Louis, *Les Fleurs boréales, Les Oiseaux de neige: poésies canadiennes couronnées par l'Académie française*, 3e éd., Montréal, C. O. Beauchemin & Fils, 1886, p. 81-85.

« Jolliet »; Fréchette, Louis, *Poésies choisies*, première série: *La Légende d'un peuple*, éd. définitive revue, corrigée et augmentée, Montréal, Librairie Beauchemin, 1908, p. 99-107.

« Papineau (I) »; *ibid.*, p. 241-243.

« Saint-Denis »; *ibid.*, p. 253-256.

« Le vieux patriote »; *ibid.*, p. 277-283.

« Tom Caribou »; Fréchette, Louis, *Contes, I: La Noël au Canada*, Montréal, Fides, 1974, p. 145-156.

« Au temps où rosser, c'était éduquer* »; Fréchette, Louis, *Mémoires intimes*, texte établi et annoté par George A. Klinck, Montréal, Fides, 1961, p. 133-146.

WILLIAM CHAPMAN (1850-1917)

« Notre langue »; Chapman, William, *Les Aspirations: poésies canadiennes*, Paris, Librairies-Imprimeries réunies, 1904, p. 61-64.

« Arriérés »; Chapman, William, dans *Le Parler français*, bulletin de la Société du Parler français au Canada, Québec, L'Action sociale, vol. XIV (septembre 1915 — septembre 1916), p. 161-163.

PAMPHILE LE MAY (1837-1918)

« Le retour aux champs »; Le May, Pamphile, *Les Épis: poésies fugitives et petits poèmes*, Montréal, La Cie J.-Alfred Guay, 1914, p. 21-23.

« À un vieil arbre »; Le May, Pamphile, *Les Gouttelettes: sonnets*, Montréal, Librairie Beauchemin, 1904, p. 144.

« À mes compatriotes anglais »; *ibid.*, p. 162.

« Ultima verba »; *ibid.*, p. 227.

« La mission de notre littérature* »; Le May, Pamphile, dans Chouinard, H.-J.-J.-B., *Fête nationale des Canadiens-Français célébrée à Québec en 1880*, Québec, Imprimerie A. Côté et Cie, 1881, p. 375-383.

NÉRÉE BEAUCHEMIN (1850-1931)

« Ma lointaine aïeule »; Beauchemin, Nérée, *Patrie intime: harmonies*, Montréal, Librairie d'Action canadienne-française, 1928, p. 16-18.

« La branche d'alisier chantant »; *ibid.*, p. 55-56.

« Roses d'automne »; *ibid.*, p. 79-80.

« Le vieux Fort »; *ibid.*, p. 175-177.

ALFRED GARNEAU (1836-1904)

« Mon insomnie (I)* »; Garneau, Alfred, *Poésies*, publiées par son fils, Hector Garneau, Montréal, Librairie Beauchemin, 1906, p. 17-18.

« Devant la grille du cimetière »; *ibid.*, p. 25-26.

« Croquis (I) »; *ibid.*, p. 35-36.

Romanciers

JOSEPH MARMETTE (1843-1895)

« Une soirée chez l'intendant Bigot* »; Marmette, Joseph, *L'Intendant Bigot: roman canadien*, Montréal, George E. Desbarats, 1872, p. 7-10.

LAURE CONAN (1845-1924)

« Monsieur de Montbrun* »; Conan, Laure, *Angéline de Montbrun*, dans *Œuvres romanesques*, édition préparée par Roger Le Moine, tome I, Montréal, Fides, 1974, p. 102-105.

« Le père et le futur gendre* »; *ibid.*, p. 115-121.

« Le souvenir du père* »; *ibid.*, p. 183-187.

« Présence de la mort* »; *ibid.*, p. 211-213.

« Anniversaire de la mort du père* »; *ibid.*, p. 216-218.

JULES-PAUL TARDIVEL (1851-1905)

« Avant-propos »; Tardivel, Jules-Paul, *Pour la patrie: roman du XXe siècle*, Montréal, Cadieux & Derome, 1895, p. 3-12.

« L'avenir national* »; *ibid.*, p. 74-80.

Chroniqueurs et essayistes

ARTHUR BUIES (1840-1901)

« La Malbaie »; Buies, Arthur, *Chroniques: humeurs et caprices* (1873), édition nouvelle, Québec, Typographie de C. Darveau, 1873, p. 165-170.

« De Dalhousie à Bathurst* »; *ibid.*, p. 257-264.

« Chronique d'outre-tombe »; *ibid.*, p. 312-320.

« Les moustiques du Saguenay* »; *ibid.*, p. 365-367.

« Après »; Buies, Arthur, *Chroniques: voyages, etc., etc.* (1875), vol. II, édition nouvelle, Québec, Typographie de C. Darveau, 1875, p. 8-14.

« Nos institutions, notre langue et nos lois »; *ibid.*, p. 25-37.

« La peine de mort »; *ibid.*, p. 38-50.

« Desperanza »; *ibid.*, p. 64-67.

« Le dernier mot »; *ibid.*, p. 325-337.

« Les dernières années de l'Institut canadien* »; Buies, Arthur, *Réminiscences* (1892), dans *Réminiscences, Les Jeunes Barbares*, Québec, L'Électeur, 1892, p. 39-45.

« Jeunesse et avenir* »; Buies, Arthur, *Les Jeunes Barbares* (1892), *ibid.*, p. 102-110.

H.-É. FAUCHER DE SAINT-MAURICE (1844-1897)

« Le feu des Roussi »; Faucher de Saint-Maurice, H.-É., *À la brunante: contes et récits*, Montréal, Duvernay, Frères et Dansereau, 1874, p. 95-119.

ADOLPHE-BASILE ROUTHIER (1839-1920)

« Notre situation »; Routhier, Adolphe-Basile, *Causeries du dimanche*, Montréal, C. O. Beauchemin & Valois, 1871, p. 61-65.

« Du libéralisme en Canada »; *ibid.*, p. 91-96.

« Coup d'œil général sur la littérature française au XIXe siècle »; *ibid.*, p. 141-153.

EDMOND DE NEVERS (1862-1906)

« Aux futurs artistes, romanciers et savants canadiens »; Nevers, Edmond de, *L'Avenir du peuple canadien-français*, Montréal, Fides, 1964, p. 203-219.

Orateurs

LOUIS-FRANÇOIS LAFLÈCHE (1818-1898)

« Sermon de la Saint-Jean* »; Laflèche, Louis-François, 25 juin 1866; *Œuvres oratoires de Mgr Louis-François Laflèche, évêque des Trois-Rivières*, publiées par Arthur Savaète, Paris, Arthur Savaète, s.d., p. 49-62.

WILFRID LAURIER (1841-1919)

« Le libéralisme politique* » (26 juin 1877); Laurier, Wilfrid, *Discours à l'étranger et au Canada*, Montréal, Librairie Beauchemin, 1909, p. 82-106.

LOUIS-ADOLPHE PAQUET (1859-1942)

« La vocation de la race française en Amérique »; Paquet, Louis-Adolphe, *Bréviaire du patriote canadien-français*, sermon du 23 juin 1902, commenté par le chanoine Émile Chartier, Montréal, Bibliothèque de l'Action française, 1925, p. 49-59.

TABLE

2 — LA PATRIE LITTÉRAIRE
par René Dionne

Cet ouvrage composé en Times corps 10
a été achevé d'imprimer
le vingt-quatre février mil neuf cent quatre-vingt-quatorze
sur les presses de l'Imprimerie Gagné
à Louiseville
pour le compte des
Éditions de l'Hexagone.

Imprimé au Québec (Canada)